“中央支持地方专项——科研平台建设——现代商科创新发展研究”出版资助

下册

周易文化读本

刘韵冀 著

中国财经出版传媒集团
中国财政经济出版社

图书在版编目（CIP）数据

周易文化读本：全2册 / 刘韵冀著．—北京：中国财政经济出版社，2016.5
ISBN 978－7－5095－6558－2

Ⅰ.①周…　Ⅱ.①刘…　Ⅲ.①《周易》－研究　Ⅳ.①B221.5

中国版本图书馆CIP数据核字（2015）第307350号

责任编辑：卢关平　　责任校对：刘　靖
封面设计：逸品文化　　版式设计：董生萍

中国财政经济出版社 出版

URL：http：//www.cfeph.cn
E－mail：cfeph@cfeph.cn

社址：北京市海淀区阜成路甲28号　邮政编码：100142
发行处电话：010－88190406　北京财经书店电话：010－64033436
北京中兴印刷有限公司印刷　各地新华书店经销
787×1092毫米　16开　24印张　484 000字
2016年8月第1版　2016年8月北京第1次印刷
定价：98.00元（上、下册）
ISBN 978－7－5095－6558－2/B·0030
（图书出现印装问题，本社负责调换）
本社质量投诉电话：010－88190744
打击盗版举报热线：010－88190492、QQ：634579818

彩色插图页（下册）

插图1　1870年的江西九江街头

插图2　护身符和术数丛书

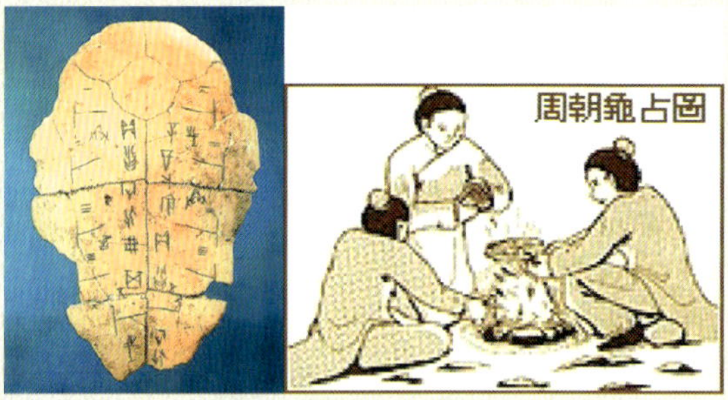

插图3　甲骨文和灼龟图

插图4　揲蓍用的蓍草策筹

插图5　西方术数——塔罗占卜

插图6　西方占星术

插图7　道士陈抟立像

插图8　阴阳家——邹衍

插图9　大儒董仲舒

插图10　射覆高手东方朔和射覆图

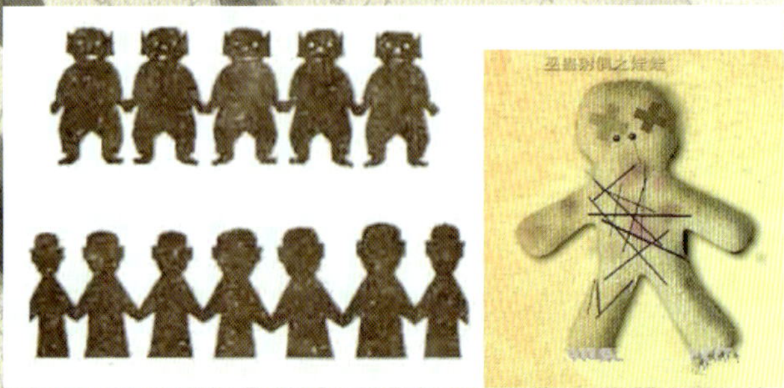

插图11　巫蛊之术——射偶人

插图12　邵雍与他的梅花易数

插图13　术数大家袁天罡和李淳风

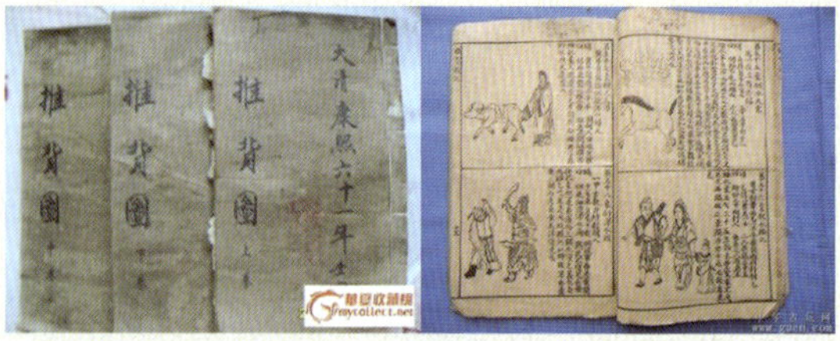

插图14　旧版推背图书

插图15　周公释梦之书

插图16　道士画符

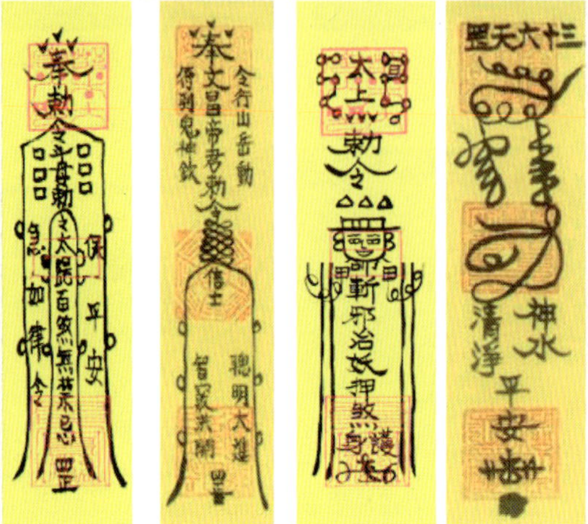

插图17　各式道符

插图18　扶乩场景图

插图19　扶乩图书

插图21　金钱卦所用的钱币

【扶箕】　【碟仙】　【笔仙】

插图20　扶箕、碟仙和笔仙

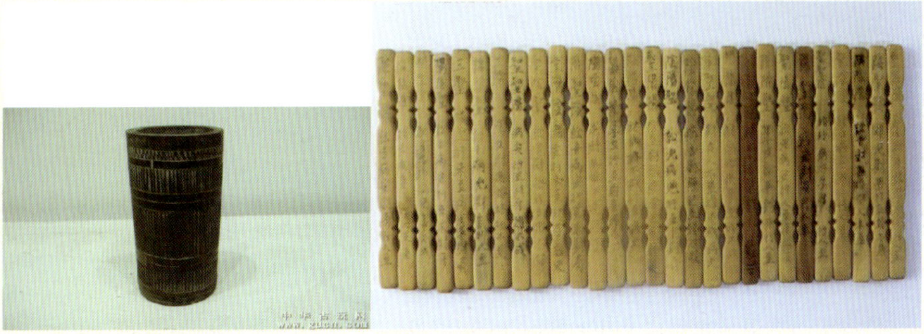

插图22　卦签筒和卦签

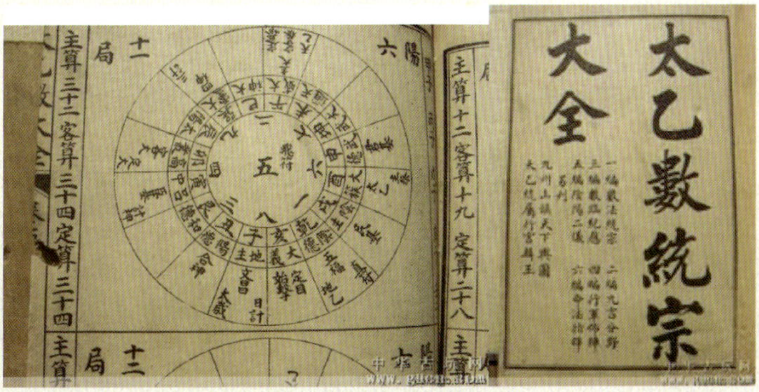

插图23　太乙神数书

插图24　奇门遁甲占盘

插图25　六壬占盘和六壬书籍

插图26　十二生肖

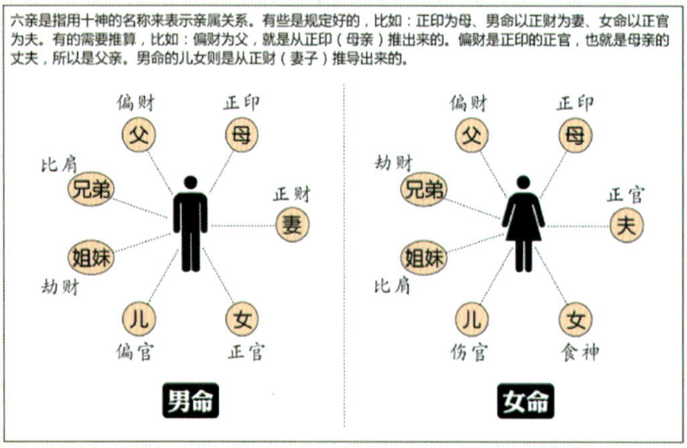

插图27　命理所讲的六神和六亲的内容

插图28　命理中的十二宫运程

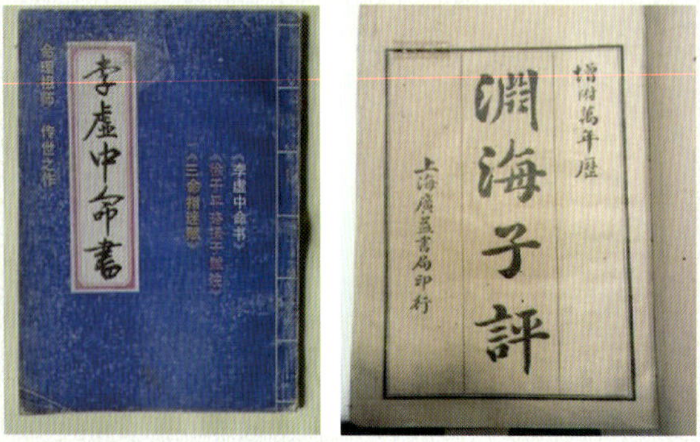

插图29　命理图书

插图30　周易姓名学

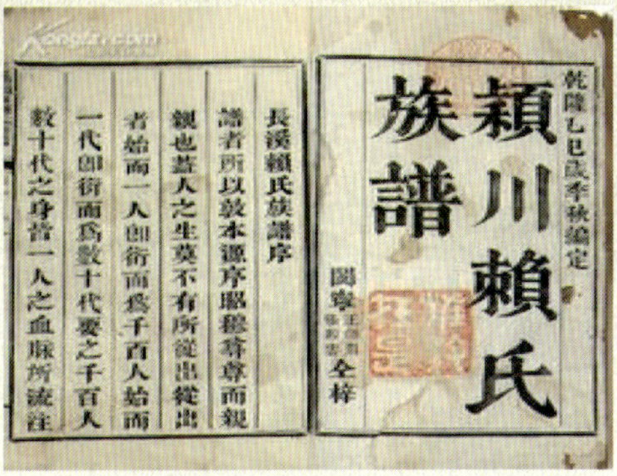
乾隆乙巳歲季秋編定

潁川賴氏族譜

閩寧 全梓

長溪賴氏族譜序

譜者所以敦本源序昭穆尊尊而親親也蓋人之生莫不有所從出從出者始而一人卽衍而爲千百人始而一代卽衍而爲數十代要之千百人數十代之身皆一人之血脈所流注

插图31　姓氏族谱

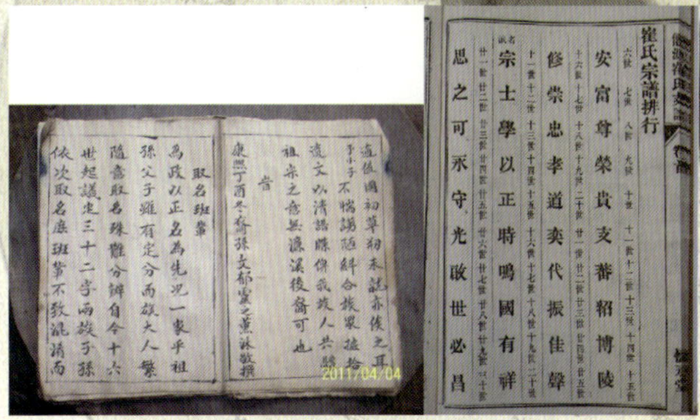
崔氏宗譜排行

安富尊榮貴支蕃韶博陵

修崇忠孝道奕代振佳聲

宗士學以正時鳴國有祥

思之可永守光啟世必昌

插图32　字辈取名规定及字辈诗文

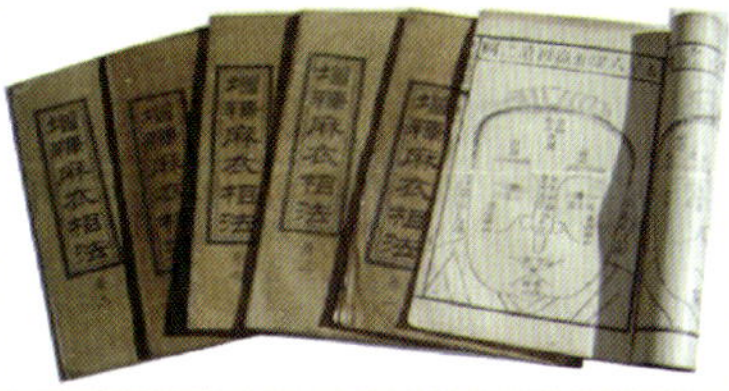

插图33　相书里的流年运气图

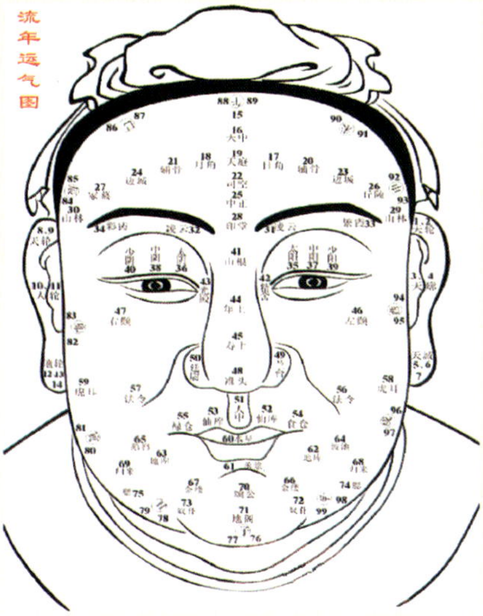

插图34　旧版相书

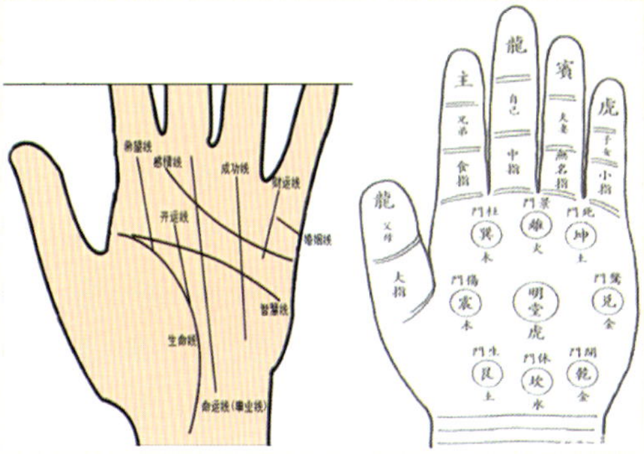

插图35　手相图

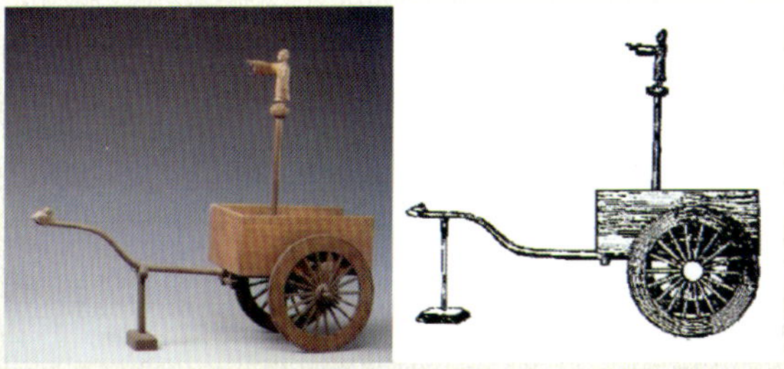

插图36　指南车

插图37　奢华的“黄肠题凑”葬式

插图38　风水理论的创始人——郭璞

插图39　风水理论中的四灵图

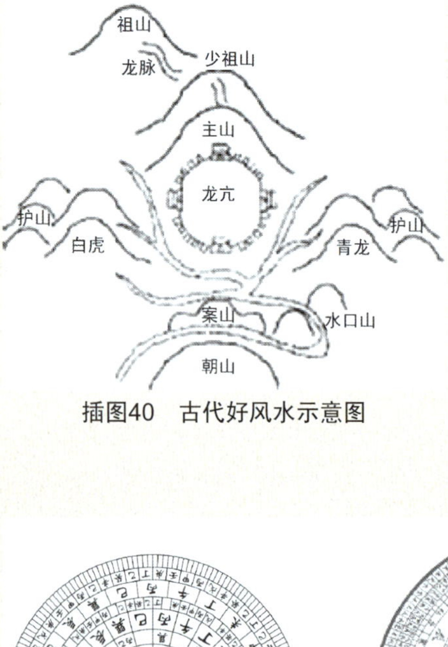

插图40　古代好风水示意图

插图41　好风水图——毛泽东祖居风水

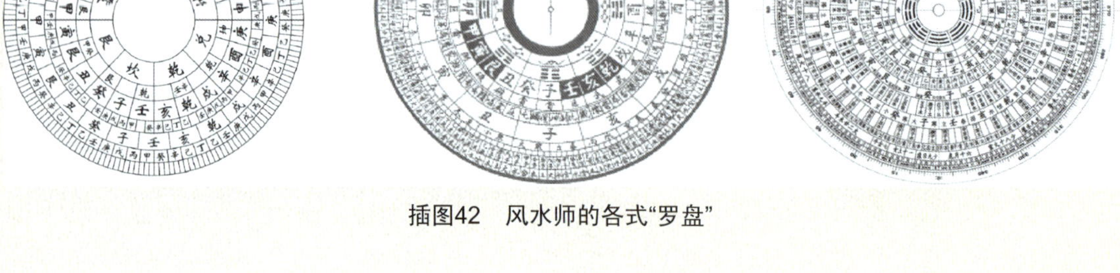
插图42　风水师的各式“罗盘”

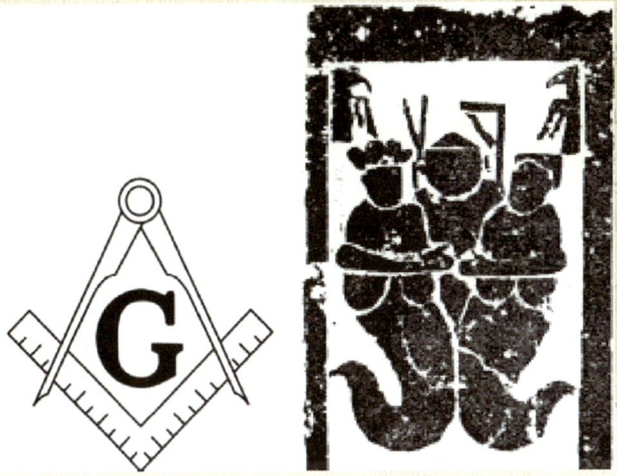

插图43　风水师的“规”和“矩”

插图44　风水大师杨筠松

插图45　养生大家嵇康

插图47　养生大家——孙思邈

插图46　马王堆导引图

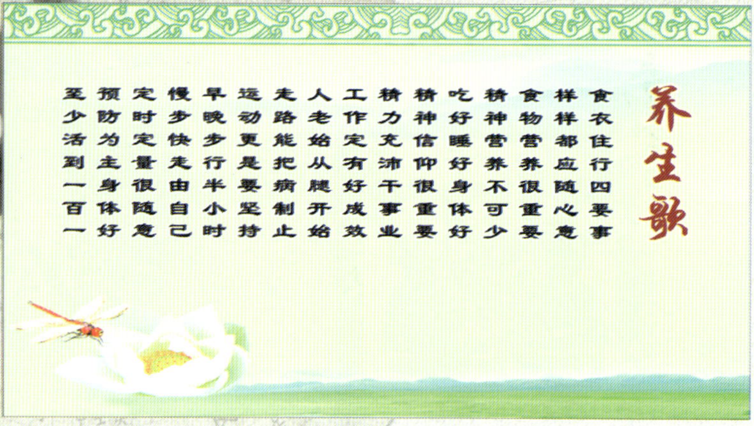

插图48　养生歌

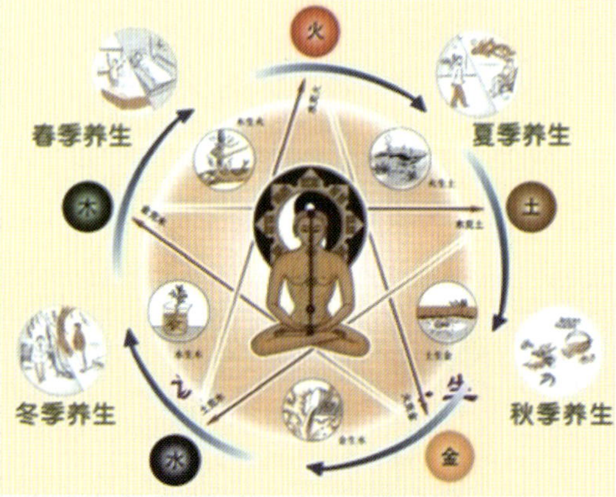

插图49　四季养生图

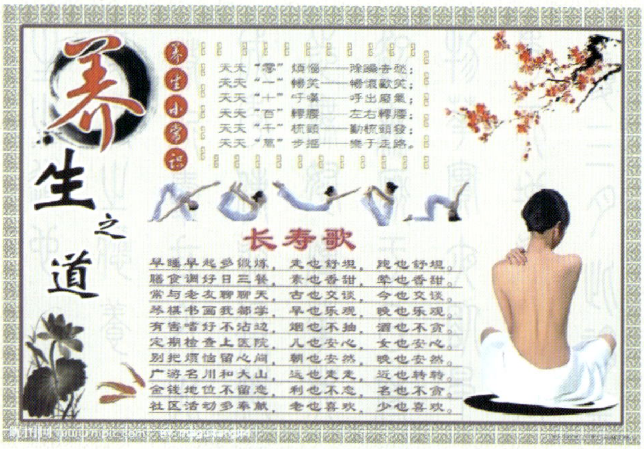

插图50　长寿歌

插图51　弘扬优秀传统文化

插图52　推荐“和”文化

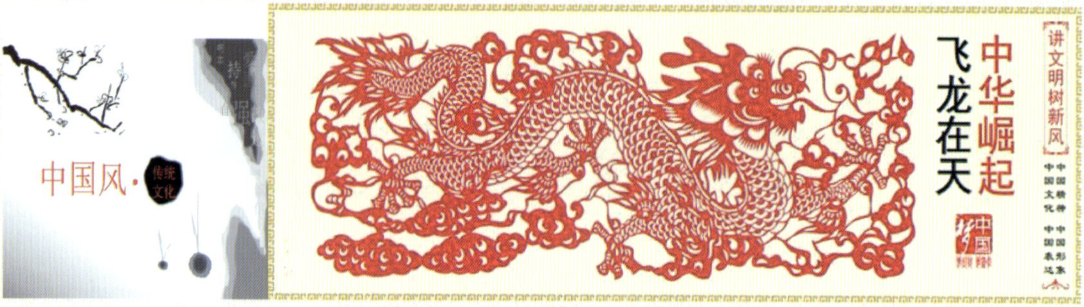

插图53　中华复兴与中国风

《周易文化读本》简介

《周易文化读本》是著者在大学讲授“周易文化”课程的讲稿基础上系统整理的一个成果。《周易》同中国古代其他经典的最大区别在于它是“学”与“术”的结合，“易学”部分是它的精华所在，“易术”部分是它的有机构成，“术”里面有精华，也有糟粕。知“学”不知“术”，失之片面；知“术”不知“学”，拾小而失大。对于我们，既要了解《周易》义理的道理，也要了解《周易》象数的知识，既要知道“易学”部分，也要知道“易术”部分，这才是对《周易》的整体把握。《周易文化读本》分上下两册，上册主要是对《周易》源流的介绍和“易学”部分的阐释，下册主要是对《周易》中“易术”部分的介绍和评述。书在归结语部分郑重向全世界推荐了《周易》“和”的理念，指出世界各民族文化的差异性和多种文化的相互包容、借鉴是世界和平发展的必由之路。本书的宗旨是要继承包括《周易》在内优秀传统文化，借以重塑中国人的精神家园，提出了做自信而睿智的中国人的期许。一个伟大民族的复兴一定是在经济与政治复兴基础上的文化的复兴。

本书的最大特点在于首先构建了一个周易文化的理论体系，这对于读者全面了解《周易》及周易文化提供了一个机会和一个全新的视角；其次该书还构建了一个周易文化教育与普及的教学知识平台，这对于繁荣国学和优秀传统文化，对于传播与普及《周易》及周易文化也会有所助益。

《周易文化读本》

全书目录

（上册）

（下 册）

《周易文化读本》（下册）

目　录

第十三章

周易文化与传统术数文化

术数文化是中国传统文化中最神秘、最独特的部分，也是最具争议的部分。在其中科学与迷信杂陈，精华与糟粕共存。周易文化不可避免带有术数文化，这样也多少干扰或拖累了周易文化中精华部分的传播，因此，术数文化是需要我们严肃对待并且认真剥离的。我们不应以它是封建社会垃圾全盘将其弃之，要区别它、分析它、在克服的基础上有所保留，取其精华以应用于今天的实践。

第一节 术数是中国传统文化的组成部分

一、普遍的术数文化现象

（一）中国术数及其传统的分类

1. 何谓术数

《周易》包括术数，这是无须回避的。了解术数，才能了解《周易》的全貌，才能更准确地把握《周易》的主旨。

各个民族都存在由原始的巫术发展到各式术数的共同的文化现象，中华民族亦不例外。中华术数是中国古代先民留给我们的丰厚遗产。何谓术数呢？术数来源于生活，特别是生活中或成功或失败的经验；来源于观念，来源于“三观”，也来源于禁忌。术数是古代先民在一定理念指导下，处理人和自然关系、人和社会关系所采用的一种最基本方法，其目的是趋利避害，以求得生存与发展。或者简言之，是古人解读世界的一种哲学的体系，包括世界观和方法论，但更偏重于方法。中华术数一般是指以阴阳五行生克制化理论为指导，针对不同的对象，运用不同方式和方法来推测未来福祸吉凶、实现趋吉避凶的各种方术系统，是远古易文化的重要构成。这里的术，主要指方法、技巧；这里的数，指的是宇宙间万物生灭的规则，即一切事物的气数或命运存在区间的一种数量关系或数字表达。数为术服务。《汉书·艺文志》曾云：“数术者，皆明堂、羲和、史、卜之职也。”这是班固从术数从业者身份角度来理解术数。《三国志·方技传》云：“华佗之医诊，杜夔之声乐，朱建平之相术，周宣之相梦，管辂之术筮，诚皆玄妙之殊巧，非常之绝技矣。昔史迁著扁鹊、仓公、日者之传，所以广异闻而表奇事也。故存录云尔。”《三国志》中这段话既可以看做是陈寿对司马迁工作的肯定，也可以看作是陈寿本人对术数的一种态度（参见彩色插图1和2）。

2. 术数的传统分类

术数有传统的分类，古代道教所总结的“五术”最流行，“五术”即指所谓“山、医、命、相、卜”。

山：指山中修炼之术。传统“山术”有玄典，即以老子、庄子思想为基础，进而达到修心养性的一种方式。筑基，即利用禅修、静坐法以控制精、气、神，进而增进体力的一种方法。还包括有拳法、食饵等内容。道教保留了“山术”较多的内容，后来佛家的禅定、瑜伽术也算是山中修炼之术。

医：指中医术。传统“医术”是利用方剂、针灸、推拿、灵治等方法治疗疾患，以求保持健康的一套学问，中国传统的医术和养生术是密不可分的。

命：指依据生辰资料来推算和改善人命运的一整套方法的学说。传统“算命术”有“紫微斗数”、“子平推命”、“星平会海”等。总之，“命”是以排定“命局”来推定“命运”，进而达到趋吉避凶，改善自身发展的一套学问。

相：指通过对人、事、地、物诸“形相”的细致观察，给予预判吉凶的一种方式或方法。传统“相术”一般包括印相和字相、名相、人相、宅相、墓相等。印相和字相的部分内容被今天的笔迹学所继承；名相被姓名学所涵盖；人相被今日的相学范畴所概括；而宅相和墓相已被后来的风水学说所替代。

卜：指通过卜筮或签卦等形式进行预测的一系列方式和方法的总称。术数中最突出的功能就是占卜，中国中原地区的占卜主要形式是龟甲占和蓍草占（参见彩色插图3和4）。传统“卜术”大致有占卜、择吉、测局三种基本形式，其理论的依据均来自于《周易》。术数其他形式多数均具有占卜的性质，如占梦、扶乩、测字、签书等都具“卜”的性质，所以人们爱将“占卜”与术数等同看待。

3. 广义术数和狭义术数

现如今术数有广义和狭义之分。广义术数，作为远古时代的“母学科”，思辨的意味较浓，近乎于古代的哲学，是一个包括天文、地理、历法、气象、物候、数学、化学、医药、心理、预测等众多科学知识形态在内的一个宽泛的范畴，随着一些科学知识的积累与趋向成熟，其中有些学科便逐步脱离了术数的范畴而独立了出去，成为了具有实证意义的完全的科学形态。如上面提到的那些学科。其中还有一些学科呈现为半独立状况，即一部分成为了具有实证意义的科学形态，另一部分则仍留在术数之中，有待于取得实证的验证而获得科学的意义，如风水、养生和相学等。狭义术数，则专指占断吉凶的各式法术或方术，是指运用各式不同的方式或方法来推测自然和社会所发生的各类事物，说明其变化和发展的趋向，用以指导人们趋吉避凶、趋利避害的一种社会文化现象。狭义术数，仍保留着远古哲学的气息，有思辨的意味，甚至有诡辩的意味。狭义术数，除养生外，多数形式或多或少的仍具备占卜的或命理的功能，其推测的事物大可以到国家的兴衰，小可以到个人的寿夭休咎。

在狭义的术数中，科学和非科学界限仍不甚分明，不可一概而论。术数中的“数”概念和偏于方法的“术”，里面就有科学的成分；术数中包含一些尚未明了的东西，要允许留出继续探求的空间。同时，术数里面包含有大量非科学的东西，有些属于朴素的民俗，也有些是包含着迷信的意识及其活动；民俗中的禁忌有些来源于直接经验或间接经验，有一定的道理，有些则或来源于道听途说，或来源于粗陋习俗，迷信的成分较浓。因此，由于术数门类多、范围广，还有品味、层次上的差异，必须要仔细地厘清。

术数大致包括有卜筮、命理、姓名、相术、风水、养生等，还有图谶、占梦、符箓、厌胜、扶乩、招魂术、驱鬼捉妖、呼风唤雨、魔幻术等等。术数若细分的话，每个项目下又有不同的流派、风格和不同的仪轨或作法、作派。这些术数不论从形式，还是内容都既有所侧重又相互交叉、重叠，构成一个繁复而庞杂的文化体系。

（二）西方传统的术数形式

1. 西方术数的特点

远古人类的宗教意识受地理环境和生产方式影响，其巫术内容与形式都有所不同，最终发展出来的术数形式也会不同。例如，从事术数的人，不同地区就有不同的叫法。西方多称其为祭司、巫师或神父等，中国多称其为巫祝、大卜或太史等。古代西方术数文化较发达地区有：美索不达米亚和以后的巴比伦王朝地区；古埃及的尼罗河流域；古希腊和古罗马区域，并由此而扩展到整个的西方世界。在西方，负责人神沟通的祭司大多出身于名门望族，职业是世袭的，称号也可代代相传，这些人往往成为了一个国家垄断了知识文化，同时也垄断了思想的极少数人。当然，祭司有等级也有分工，有负责祭酒的、有负责吟诵诗篇或领唱圣歌的、有负责驱魔仪式的，有的祭司本人是占星家，这类人专门负责求神问吉、看相预卜的，总之，高级祭司负责主持重大的祭祀活动，而普通祭司按其等级各司其责，如琴师、乐师和祭祀物品的管理人员等。

2. 西方三大神秘之学

西方术数形式流传到今天的，大致包括所谓西方三大神秘之学的占星术、塔罗占术和灵数学。其他形式还有西方的相术、释梦术和其他杂占形式等。

（1）占星术。占星学也称占星术（astrology）居西方神秘学之首，是西方术数的重头。西方占星学源于西亚的美索不达米亚。公元前两千年时苏美尔人在乌尔和乌鲁克建造了七级的庙，每一级代表一个天体：月亮、太阳、水星、金星、火星、木星和土星。人们虔诚地认为这七颗天体为祭师们铺就了一条通向神祇的路。稍后一些的巴比伦文化将黄道分为十二个星座。古埃及也是古代历法成熟较早的地区。古埃及人认识到了天狼星的上升与尼罗河大水之间存在着对应的关系。古埃及的法老墓穴——金字塔的四边是按天的四个方向确定的，他们为法老死后的灵魂升天铺平了道路，而法老的灵魂去向则是北极星。所有这些天文的成果后来被欧洲文明所继承，之后，古希腊的占星学家们将深受巴比伦人所信仰的神话故事中的名字与古希腊神话中的诸神产生相互的联结，不但赋予了每个星体神话般的名称，而且也将占星学进一步系统化了。占星学，说到底实际是西方术数家或预言家通过观测日月星辰等天体，依据在黄道上运行的十二宫，将其归于十二个星座，这十二个星座又将其分别归属于水、火、土、风四大元素，依据它们之间流转变化、相互制约的关系，然后再结合具体个人所属星座的特点和运势作出某种解释或回答，以此来预测吉凶祸福的一种方术形式。西方占星学曾提出过“微观宇宙”（小宇宙、人间世界）与“宏观宇宙”（大宇宙、天上世界）的关系问题、即对应的问题，因此，西方占星学实际是“西方式的天人合一”理论。西方占星学术也有流派之分，有古典占星学和近现代新派的占星学，古典派又分希腊占星学和罗马占星学，还有灵魂占星学等（参见彩色插图5）。

（2）塔罗占术。塔罗（tarot）一词源于埃及语的道（tar）和王（ro），含有“王道”的意思。它原本并不是以牌的形式做占卜之用，而是一本专门用来传达天神旨意的神秘之书，每当古代的法老王有任何疑难问题需要解决时，便会打开它，其问题便能迎刃而解了。后来，埃及王朝衰败之时，为防止此书落入异族之手，便将它用图画的形式绘在卡片上，交付于神官之手。后由亚历山大带入欧洲。于中世纪时形成了现在我们所见的专于占卜之用的塔罗牌形式。塔罗牌是古代智者将古老的智慧宝典绘成图案而流传下来，是神秘的生存智慧的结晶。塔罗牌是通过几十张牌随机码放的牌局来预卜命运，其工作原理类似于中国的周易里面的命理格局（参见彩色插图6）。

（3）灵数学。灵数学（numerology）作为西方神秘学是西方的命理学，是西方的“批八字”学说。它的原理在于透过我们的出生年月日及其名字，经过生命数字的计算方式，便能够预卜出我们的性格、长处、短处、工作特质、与人相处的态度等等。灵数学源于古希腊数学家、哲学家毕达哥拉斯，他认为：世界不但由数字所构成，而数字同时还提供能量与律动。在这种理念指导下，经过他对日常生活观察，再与天文地理文史哲学等学科的结合，创造了这神秘的灵数学。灵数学对西方的数学和科学的发展都起到了一定的作用。

3. 西方其他的占卜形式

在古代西方，不同的地域还有许多不同形式的杂占。有各种动物占，如有鹰、鼠、鸡、鹦鹉、蛇等，人们认为这些动物可以成为沟通神灵的使者。有植物占，古希腊有咖啡占、树叶占，日本有茶占。在其他地方还出现过水占、盐占、梦占等。西方文字是由拼音字母构成，每个字母均带有特定的意义，因此西方还盛行字母占。在西方也有相术，有相头、相面和相手等，这些相术均有命理的意义和预测未来的意义。

（三）术数之人的命运

1. 术数者曾经是统治集团的宠儿

术数来源于远古的巫术。早期术数的记载不但和传说中的上古先王有关，而且还和许多神话相连。例如，女娲氏捏黄土造人，炼五彩石补天；伏羲氏依黄河中龙马身上的图纹创制了八卦；黄帝向赤松子学习仙术，向玄女学习御女（房中）术，与蚩尤大战时，又有九天玄女授以六壬之术，助战“指南车”，黄帝成就了人间功业后，又骑龙升天，成仙而去；嫦娥偷吃了轻身的仙丹，飞升去了月宫等。早期术数既有天真质朴的一面，也有庄重神秘的一面。术数中间始终交织着“易”的思维，而“易”思维从一开始就带有着哲学的味道，亦即思辨的意味。术数既是官方的意识形态，还是上流社会人们生活方式的一部分。说到底，面对自然与社会的挑战，术数是早期统治者以隐秘的方式和神秘的方法解决自身生产和生活问题的基本态度及其解决天人关系的一套综合的方法，早期从事术数之人不但是当时社会的具有渊博学识的智者和勇敢探索者，而且也是受到崇敬的上流尊者，是社会及统治集团的宠儿。

2. 术数人命运随时代而改变

随着社会生产力的发展，随着自然知识和社会知识的积累，笼罩在科学间的迷雾消散了些；特别是随着早期的社会上层建筑，即“国家”的形态发生了变化，意识形态也随之发生了变化，术数也必然发生了变化，这一变化出现在中国，大致是处于春秋之际。“皮之不存，毛将焉附”，天下大乱，礼崩乐坏，原来社会中的精英、人群中的高级知识分子——祝由、巫史们逐渐失去了往日的受人尊重、被人宠信的地位，有的丢了饭碗，有的被迫改行。术数开始由官方走到民间，由幽闭走向开禁。有的术数因时代而蜕变、而媚俗堕落；有的术数因时代而嬗变、而升华提高。术数之人的命运也由此改变，他们由高贵而趋于庸常，由繁华而走向零落，一些人卷起铺盖，背上简囊，从此流落江湖。老子是这些人中的佼佼者。

作为高级的朝廷史官，他为避乱世而西行，在出函谷关时留下了宝贵的精神遗产《道德经》。大致也就是从那时起，术数之人开始分化成多支，因学识的不同而有高下之分，因境遇的不同而身份各异，既有身居庙堂者，也有游走江湖者，大致说来有四类人：

一类人是学识高深且身居庙堂者，为皇家所倚重。这类人是饱学之士，既懂天文也晓地理。同时这类人功名心重，乐群而好施，可为太史官，或尊为国师，或封为少师、太师之职，服务于皇亲国戚，为统治者所御用。

另一类人是学识高深且游走于江湖之中者，这类人心高气傲，愿意过闲云野鹤般的生活，不为私家所役，隐居山野，潜心研究。这些人有的终得彻悟，修得圆满成为一代宗师；有的则秘藏真功并不轻易示人成为世外高人。

还有一类是学识低且居庙堂者，此类人术数的东西知道些，但容易装腔作势，有些卖弄，喜好左右逢迎，以图维护其既得的利益。

最后一类是学识低且游走江湖者，此类人蝇营狗苟，为着生计只得游走于街头巷尾，巧嘴如簧，说着一些口不对着心的话，这些人中的有些人到底也未必搞懂了“术语”。

一般说来，学识高者，人数少且寡言慎语；反之，学识低者，人数众且多言妄语。因此，总的说来人们对术数的印象不是美好的，对从事术数的人的态度也不是友善的。

二、传统术数的流变与演进

术数文化的流变与演进，大致有五个重要的时期。第一个是先秦时期，第二个是秦汉时期，第三个是汉末、魏晋南北朝时期，第四个是唐宋时期，第五个是明清时期。

（一）先秦时期的术数文化

先秦之际，当术数走下神坛的时候，恰好又迎来了一个思想解放的好契机，春秋战国时代，诸子兴起，百家争鸣，因此，为术数出现第一个繁盛的时期创造了条件。先秦时期术数样式繁多。占筮形式主要有龟卜占、蓍草占，后来有着浓厚数理色彩的筮占（蓍草占）逐渐成为了时代的主流；有和天文历法相关的星占、占候；还有专门的占梦之人；形法中的相术时兴，以相马为主，相人次之；相术中还出现了一批相阴阳宅地的堪舆之人，这些人后来成为了风水的术士。先秦的术数大都承继了商周时期的思想遗产，《周易》的阴阳思想和象数思想始终渗透其间。商周之际，随着阴阳五行、干支、星宿诸学说的相互融合，术数中更增添了关注气运的阴阳家和五行家。大致春秋前后，先前这些术数理论便逐渐都向《周易》靠拢，向阴阳五行靠拢，并以此作为自己立说的依据。术数中著名的三式——六壬术、奇门遁甲和太乙神数，大都在这个时候趋向成熟。六壬产生最早，甚至早到商周时期就出现了，而太乙最晚出。著名术数三式在功能上略有分工，民间通常的说法是：太乙主天道，以防灾异为主，利占国运；奇门主地道，以克敌制胜为主，利占兵机；六壬主人道，以日用求吉为主，利占百事。三式术数虽各有其重点，然而每一法式又自无所不占，无所不能。医药，先秦时期归在术数名下，《内经》曰："法于阴阳，和于术数。"张隐庵注："术数者，调养精气之法也。"先秦时期，中医术和养生也均在术数之列，医巫同源。

先秦最有影响的术数家，被称为"术士"的是齐人邹衍，他倡导的"五行生胜说"是术数理论的最基本的范式，里面既有辩证思维的一面，也有庸俗"套路"的一面；他的"始终五德说"构成了术数家眼中的历史观，带有历史唯心主义的痕迹。邹衍是先秦阴阳家的重要代表（参见彩色插图8）。

（二）秦汉时期的术数文化

1. 术数幸免于秦火

术数演变的第二个时期是秦汉。《四库全书总目·术数》说："术数之兴，多在秦汉以后。"这话是事实，但却是需要认真分析的。"六王毕，四海一"（杜牧《阿房宫赋》语），秦朝统一中国，这是载入史册的大功绩。但为了巩固这个统一的局面，秦始皇实行了"焚书坑儒"政策，政治的专制常导致文化的萧条，但这次术数却成了例外。秦始皇听从了李斯的建议：史书中只保留秦国的史书，其他史书都要焚毁；诸子之书只有皇家可以留存，民间的都要限期交出烧毁；医药卜筮农家之书可以保留。包括《周易》在内，由于划归于卜筮之书而得以幸免。一些务实的、"议政"的文化人被坑杀了，而一些务虚的"术数"之人感到了庆幸，更记住了这"血"的教训。秦后的所谓"术数之兴"是兴在这样一个大背景下，那么，为而后术数发展的样式和品位便不能不留下伏笔。秦始皇本人非但不反感术数，而且相信术数中的"神仙术"，他曾经派秦代著名的方士徐福出海寻找长生不老的仙药，徐福率领三千童男童女自山东沿海东渡，足迹遍及韩国的南部与日本，成为历史上中日韩文化交流史上的一段佳话。

秦人兴趣于《周易》，在乎《周易》里的术数，却不懂得《周易》中的大道理。一种评价说，秦人不懂得阴阳平衡的道理，威武阳刚有余，抚慰阴柔不足；秦人也不通周易变化的道理，固守其不变的政策，因此最终失掉民心而导致了速亡。如汉初政治家贾谊的名篇《过秦论》，他把秦灭亡的经验总结为"仁义不施，而攻守之势异也"，贾谊的结论是深刻的。

2. 质疑"罢黜百家，独尊儒术"命题

汉代是术数发展的重要时期。汉高祖刘邦原本也不懂治国的道理，是个粗人，一向看不起儒生，他曾拿儒冠当做溺器，就是拿儒生的帽子盛小便使。夺取天下后，刘邦听取了陆贾的劝说，懂得了"以行仁义守天下"的道理，自此以后，汉朝的统治者接受了秦朝灭亡的教训，开始重视了"文治"，这样，儒家思想便有了施展的天地。后人常把这一政策的转变归于董仲舒的"罢黜百家，独尊儒术"命题的提出（参见彩色插图9）。今有一些专家、学者对汉武帝采纳了董仲舒建议

“罢黜百家，独尊儒术”的命题提出异议。考辨认定董仲舒并未向汉武帝提出过所谓“罢黜百家，独尊儒术”这一建议。董仲舒在《举贤良对策》中至多提出过“诸不在六艺之科孔子之术者，皆绝其道，勿使并进”①。班固在《董仲舒传》中评论道“推明孔氏，抑黜百家”，而在《武帝纪赞》中，班固用的是“罢黜百家，表章《六经》”。均未连用“罢黜百家，独尊儒术”的传统说法。严格地说，有“罢黜百家”词，没有“独尊儒术”语，两句联说乃后人演绎耳。既然董仲舒没有提出“罢黜百家，独尊儒术”的建议，因而也就谈不上“汉武帝采纳”之说了。但从此重视儒学和教化确是事实。所谓汉武帝采纳董仲舒建议“罢黜百家，独尊儒术”一说，始自清末民初的思想家易白沙（1886—1921），他在1916年《新青年》杂志上发表的《孔子平议》一文最先下了如此的断语。新文化运动是近代中国的启蒙运动，作为提出“打倒孔家店”口号的最早反孔檄文，作为新文化运动一员猛将的易白沙如此解读古典文献是可以理解的。与他同时代的国学大师梁启超（1873—1929）并未承认或者使用这一说法。

从西汉学术发展的实际状况以及董仲舒个人学术方向和重点这两个方面来看，似乎“罢独”之说不能充足成立。与董仲舒同时代的淮南王刘安（前179—前122），就公然驳斥“儒术”而崇尚道术，他与众门客著成《淮南子》，又名《淮南鸿烈》，其著作凸显了道家思想。汉武帝本人对“儒术”也并不是十分热衷，而是几乎一生都迷恋着神仙方术。起码“仙术”在汉代并未受到打压。至于说到先秦诸子百家的其他学派为什么没有及时跟上来，应当与董氏的建议有一定的关系，但更主要还要到历史的大背景中找其原因。

客观说，汉代学术还是多样的。汉代在天文、历法、地理、水利、数学、农学、医学、纺织、建筑、冶炼、酿造、交通诸方面，都获得前所未有的大发展，涌现了许多卓有建树的专家、学者。《周易》作为儒学经典，其地位在汉初便排到了最高的地位，以“五经”为重心的经学获得了空前的繁荣，出现了“古文经学”与“今文经学”之辨。术数借此也获得了发展，据《史记·日者列传》，当时的术数学界有五行家、堪舆家、建除家、历家、天人家、太乙家和形法家（看相术士）等。足见汉代术数学范围更加扩大了。汉代术数不但将先秦各术数继承下来，其样式还有所增加，出现《焦氏易林》、《京房易》和《太玄经》等术数派别作品。东汉末年的道教确立，更使得术数的种类和水平获得了更大空间的发展和提高。两汉期间相阴阳宅盛行，让一些堪舆术士大发其财。汉宫廷内术数的游戏“射覆”也很流行。“射”乃猜度之意，“覆”乃覆盖之意。覆者用瓯盂、盒子等器皿覆盖某一物件，射者通过占筮等途径，猜测里面是什么东西，说白了就是猜物游戏，是古时候术数家为了提高自己的占卜技能而玩的一种高超而又有趣的游戏。《汉书·东方朔传》曰：“上尝使诸数家射覆。”颜师古注曰：“于覆器之下置诸物，令闇射之，故云射覆。”射覆所藏之物大都是一些生活用品，如饰物、手帕、扇子、笔墨文具等。据说术数家中东方朔的“射覆”水平高，能够连猜连中（参见彩色

① 班固：《汉书·董仲舒传》。

插图 10）。汉代是谶纬最鼎盛的时期，同时，巫蛊之术和符箓之术也十分盛行。汉代的相人之术也大有进展，这是由于汉高祖刘邦和他的老婆吕皇后都是热衷于相术之人的缘故。

3. 谶纬和符箓

西汉到东汉的数百年间，术数之中增添了谶纬之学和道教的符箓之术，图谶和符箓并无多少数理的论证，并无太多的道理而言，至多有一些心理学意义的元素，因此实际上加重了术数中负面的比例和消极的因素。对这两种术数形式，稍后我们还会专门论述到。

谶纬之学的泛滥。汉代相对宽松的学术环境，在经学繁荣的同时，纬学也繁荣起来。何谓纬学？纬学是汉代学术中的一个畸形儿，虽然纬学中间保存有古代一些有价值的资料，但却是将经学庸俗化、神学化倾向的学说，掺杂有更多的迷信色彩。一些学者将纬学的繁盛归罪于董刘即董仲舒和刘向不无道理。如近代学者刘师培指出："周秦以来，图箓遗文渐与儒道两家相杂。入道家者为符箓，入儒家者为谶纬。董（仲舒）、刘（向）大儒，竞言灾异，实为谶纬之滥觞。"① 纬学的兴盛又进一步激活了品位较低术数类的滋长，在天人感应和谶纬迷信的影响下，谶纬之学、神仙方术在汉代大行其道就不难理解了。西汉末年，王莽曾利用符命做上了皇帝，但导致其下台的其实还是符命。东汉刘秀当初为了称帝，就用符瑞图谶来证明他当皇帝是"天命"所归，是神的意志。建立东汉政权后，他对符瑞崇信更甚，其用人、施政都要找符瑞作根据；对于儒家经典的解释，也都以符瑞为指归。

4. 巫蛊之术的祸害

东汉末年，道教兴起，道教将符箓文化发扬光大了。符箓原生于巫蛊之术。巫蛊之术起源古老，其中包括诅咒、厌禳（谓以巫术祈祷鬼神除灾降福，或致灾祸于人，或降伏某物）、毒蛊（利用蜘蛛、蝎子、蟾蜍、毒蛇、蜈蚣等毒虫制作成毒物害人）和射偶人等。诅咒、厌禳后来逐渐被道教的符箓所替代，毒蛊后来搞得人也不多了，射偶人则延续了下来，其实它也是诅咒的一种形式。射偶人又称作偶人厌胜术（参见彩色插图 11）。使用偶人厌胜术克敌最早的要算是姜子牙，这在《太公金匮》中有记载。"厌胜术"最早的记载见于《后汉书·清河孝王庆传》："因诬言欲作蛊道祝诅，以菟为厌胜之术。"菟，老虎的别称。偶人厌胜术一般是用木、胶土或纸布之类材料做成仇家偶人，藏于暗处，每日对其诅咒之，或用箭射之，或用针刺之；行此术者相信，经过这样的魔法，被诅咒者的灵魂就可以被控制或被摄取，最后使其致病或夭亡。

偶人厌胜术害人最惨痛的教训是发生在汉武帝晚年的太子被害一案。征和二年（公元前 91 年），丞相公孙贺之子公孙敬声被人告发用巫蛊咒武帝，并与阳石

① 《国学发微》，载《刘师培全集》第 1 册，中共中央党校出版社 1997 年版，第 481 页。

公主有奸，贺氏父子下狱死，诸邑公主与阳石公主、卫青之子长平侯卫伉皆坐诛。随后，武帝命宠臣江充治巫蛊，江充与太子刘据有隙，遂勾结宦官苏文等陷害太子。江充诈称武帝得病是由于巫蛊在作祟，以预先埋设在太子宫的偶人诬害太子，在太子处“掘得桐人六枚，尽以针刺之”[①]。其结果造成皇后卫子夫和太子刘据被迫相继自杀，累及家属和各级官员数万人由此蒙难。冤案发生后的第二年，武帝对巫蛊之事有所察觉，此时，又正值近臣田千秋等人上书讼太子冤，武帝便借田千秋而为太子平反，乃夷江充三族，烧死苏文，修建“思子宫”，于太子被害处作“归来望思之台”，以志哀思。班固在《汉书·武五子传》为此叹曰：“巫蛊之祸，岂不哀哉！”大作家曹雪芹在《红楼梦》中也有关于偶人厌胜术的描写。在《红楼梦》第二十五回有这样的情节：赵姨娘嫉恨凤姐和宝玉，使用钱买通女巫马道婆剪了个纸人，在上面写上所咒之人的“八字”，施其厌胜法来陷害凤姐与宝玉。到后来《红楼梦》第八十一回，又描写了赵姨娘和马道婆的厌胜伎俩最终败露的情节。可见，从汉代至清代利用偶人厌胜的巫术就从来没有停止过。

5. 术数高下不同其命运就大不同

统治者喜好术数，是术数人的荣幸；可是，术数水平的高低关乎荣辱事小，关乎性命则事大。汉书中曾记载东方朔射覆（一种猜物游戏）水平高的故事：“上尝使诸数家射覆，置守宫盂下，射之，皆不能中。朔自赞曰：‘臣尝受《易》，请射之。’乃别蓍布卦而对曰：‘臣以为龙又无角，谓之为蛇又有足，跂跂脉脉善缘壁，是非守宫即蜥蜴。’上曰：‘善。’赐帛十匹。复使射他物，连中，辄赐帛。”[②]说的是某日，武帝曾经让一些擅长占卜的术士射覆，他把一只壁虎扣在盂盆的下面，让他们猜是什么东西，都没有猜中。东方朔自我介绍说：“臣曾学《易》，请允许我猜猜是什么。”于是他通过揲蓍草，画出卦象来，回答说：“我认为是龙又没有角，说它是蛇又有足，悄悄爬行又脉脉而视，善于爬墙，这东西不是壁虎就是蜥蜴。”皇上说：“猜对了。”赐给他十匹帛。随后，又让他猜别的东西，连着都猜对了，每次都赐帛给他。“上以朔为常侍郎，遂得爱幸。”[③]史上记载东方朔是很得汉武帝喜欢的。历史上有因术数受宠的，就一定有因术数受辱的。一些江湖术士，所学不深，仅靠阿谀奉承和小骗术原初赢得人主的欢心，到后来终因事情败露，反遭诛杀。如齐人李少翁，自身会一些小魔术，尤其擅长幻术。汉武帝思念死去的夫人，少翁言能致其神。乃夜施帷帐，明灯烛，而令帝居他帐遥望之。只见美女居于帐中，如李夫人之状，还幄坐而步，只是不得近视。凭借这一招曾得到汉武帝的信任，被封为文成将军。汉武帝迷恋神仙术，多次让李少翁去请神仙，但他始终没有把神仙请来，后来终因“牛腹之书”一事弄巧成拙，被汉武帝识破，后被杀掉[④]。李少翁的同门师弟栾大又被人推荐到汉武帝身边，栾大更加油嘴滑舌，

① 王先谦：《汉书补注》。
②③ 《汉书·东方朔传》。
④ 见司马光：《资治通鉴》卷第十九，《资治通鉴·第1册》，陕西师范大学出版社1997年版，第395页。

开始也是靠要弄小把戏获得恩宠。如他利用磁石的原理，设计了所谓“斗棋”游戏，即先用磁石作棋子，然后用带磁的铁棒在棋盘下控制，使得棋子在棋盘上移动，或相互排斥、追逐，或互相吸引并且撞击，引得汉武帝大为惊奇，以为他有神术，拜其为“五利将军”，后又封“乐通侯”。栾大称求仙者必先要成为皇戚方灵验，武帝求仙心切，便将自己的女儿卫长公主许配给他，让他入海求仙。仅靠骗术终究不得长久，栾大哪里有请仙的本领，他仅到泰山走了一遭，回来竟称已见到了仙师，谁想汉武帝暗中派去监视的人揭穿了栾大的谎言，汉武帝一怒之下将其腰斩，连中间的推荐人也被判了死罪①。仅仅一年的工夫，武帝自己的女儿卫长公主就成了寡妇。

（三）汉末、魏晋南北朝时期的术数形式

1. 这一时期新增添的术数形式

东汉到魏晋南北朝时期，术数中逐步增添了炼丹、择吉等术数形式。此时，筮法从内容到形式的改变应当是最值得指出的。由于人们嫌传统的筮法繁琐，有些麻烦，这时对筮法的最大改革是“金钱卦”的出现。人们以钱代蓍，用三枚铜钱就可以画出卦来，成卦简易方便，很快在民间得到了推广。“金钱卦”应出现在南北朝时代，到隋唐时期逐渐成熟起来，唐代《仪礼正义》里面已经有了完备程序的记录。“金钱筮法”为术数的发展与普及做出了贡献。

2. 炼丹术的兴起

从汉到唐，内外丹的修炼聚集了一大批的术士与方家。炼丹术在中国起源甚早，发明源自古代神话传说中的长生不老观念。如后羿从西王母处得到了不死之药，嫦娥偷吃后便轻身飞上月宫，成为了月中仙子。至少在战国时期已有方士在炼制不死之药——仙丹，这一行为且受到最高统治者的支持和鼓励，秦始皇、汉武帝都好长生之说，信神仙之术，诸如方士徐福、李少君、栾大等在朝廷为他们提供了这方面的服务。我们没有确切的记录知道古代的服药者吃的是怎样配方的丹药以求长生，武帝时的刘安也曾是著名的炼制金丹的人物，在其著作《淮南子》中曾提到汞、丹砂、雄黄等药物。后来，人们根据晋人编纂的《列仙传》了解到所谓的仙丹，除了上述的东西外，其原料还包括硫磺、云母、玉、代赭石、硝石、人参、灵芝、月桂、大枣等未经制炼的矿物和植物。汉景帝时炼金术流行，后炼丹术与炼金术相互融合，成为了中国古代化学的开拓者，也为中华医药开辟了道路。西汉末年的王莽也喜神仙思想和炼丹术。东汉的魏伯阳梳理了炼丹理论，花心血撰写《周易参同契》，他将炼丹分为内外两部分，炼内丹是气功，炼外丹就是炼制“长生不老”仙丹的实验。三国以后，炼丹术逐渐和道教紧密结合起来，方士和道士一起开始了炼丹的探索。因此许多著名炼丹家如葛洪、陶弘景等，既是术士，也是道士，又是大医药家和养生专家。葛洪，字稚川，自号抱朴子，世称

① 见司马光：《资治通鉴》卷第二十，《资治通鉴·第1册》，陕西师范大学出版社1997年版，第412页、414页。

小仙翁，他对炼丹术和早期化学的贡献保留在他的代表作《抱朴子》中，其中《抱朴子·内篇》纪录了许多长生不老药（如太清丹、金液）及它们的制炼方法，他是中国化学的先驱。陶弘景，人称“山中宰相”，道教茅山派祖师，修道极深，医药和养生方面的著述甚丰。

古代的丹药名称繁多，种类复杂，如有以太极八卦或六十四卦命名的叫太极丸、乾坤丹、既济丹等，有以道家术语或道教神仙命名的叫灵宝丸、还魂丹、太乙备急散、神仙不老丸、神仙万应丸、神仙聚宝丹等、还有以四灵命名的大补药，如西方之神的白虎汤、东方之神青龙汤，北方之神玄武汤，又叫真武汤，南方之神朱雀则有朱雀丸等等。我们现在仍比较缺乏较详细的丹药配方及其疗效的纪录，更缺乏古代的服药者服食丹药以求其长生的具体情形的纪录。但是，关于丹药的基本配方还是略知一些的。如汉武帝时的刘安曾是著名的炼制金丹的人物，在他的著作《淮南子》中曾提到汞、丹砂、雄黄等药物。后来，人们根据晋人编纂的《列仙传》中，了解到所谓的仙丹，除了上述的东西外，其原料还包括硫磺、铅、铜、云母、玉、代赭石、硝石、雌黄等矿物，其中铅、汞有毒性，而雌黄的成分是三硫化二砷，有剧毒；原料中甚至包括黄金和白银等矿物；丹药的配方中还包括人参、灵芝、月桂、大枣等植物。先秦之前，人们服食长生的丹药是以植物为主，辅之以矿物；两汉以后，丹药逐步演化为人工炼制的矿物成分为主了，植物反倒成为了辅助的配药了，使得丹药的毒副作用增大了，其危险性也就大大增加了。魏晋时期，炼外丹的黄白师们对《周易参同契》的文字理解上出现分歧，于是有了“铅汞派”和“硫汞派”之分。铅汞派，比较传统，以《周易参同契》为经典，视铅汞为至宝大药，丹药以矿物铅为主，适当配上水银、朱砂、雄黄、硫黄等。该派道士或炼丹师们认为铅汞“合天地之元纪，包巨月之精华，上冠于乾，下顺于坤，统天地之精光，修炼成丹，服之延驻”。硫汞派稍晚一些时候兴起。以硫汞之说解读《周易参同契》的道士或炼丹师们认为硫磺是“太阳之精”，水银是“太阴之精”，由阴阳二者相合成的丹砂才是“大药之祖”、“金丹之宗”。说到金丹，其实炼丹术和炼金术分不开。有人认为中国的炼丹何止“铅汞派”和“硫汞派”两派，还应当有一派叫“金砂派”，且资格最老。汉景帝时炼金术就已经流行，后来，炼金术与炼丹术相互融合，相互借鉴，不但为炼丹理论提供了思想材料和实践经验，也为中华医药的发掘开辟了通道，而且还由此成为了中国古代化学的奠基者和开拓者。

中国的皇帝们惜命，好服丹药希望延生。历史上许多皇帝都因服食丹药中毒身亡，如晋哀帝、唐宪宗、唐穆宗等。明代的嘉靖皇帝痴迷炼制和服食丹药，他听信道士之言，以采女孩子初潮时的经血炼制所谓“红铅”丹药，这叫“采阴补阳”，据称有壮阳延寿之功效。因此嘉靖帝几次下令大规模选择民间的幼女入宫，以“供炼药用也”。由于获取炼丹的原料——经血采用了摧残宫女们身心健康甚至是残害其生命的手段，最终引来了少女们的激烈反抗，导致 1542 年明皇寝室内“壬寅宫变”事件的发生，那一次，差点要了嘉靖帝的命，以杨金英为首的宫女们商量着想用黄花绳勒死皇上，实施中只因“绳股缓不收”，即慌忙中绳索结成了死扣，收不紧，嘉靖帝才逃过了大劫，结果是十余名宫女惨遭杀害。清代雍正帝也笃信道教的丹药，他曾下密旨给各地的官员，要求各地方官举荐炼丹高人，他不仅留宿一些道人们在紫禁城内，而且还在圆明园里专设了丹炉来炼丹。清史载至少从雍正四年（公元 1726 年）开始，雍正就经常吃道士们炼制的一种叫“既济丹”的丹药，还经常拿出一部分来赏赐给亲信的官员。雍正帝的中年暴死，后世的许多人就怀疑是服用了丹药中毒而亡的。丹药含毒是许多人知道的，如一种叫金英丹的丹药就含水银和砷，这两样东西都是能对人体造成持久的伤害的有害毒素，但一些人仍坚持服用丹药，是顽固呢？还是无知？虽然中国人意识中的“以毒攻毒”观念在现代医学看来并非不可以成立，但须严格操作，如此简单粗陋的操作，若没有了精确的数量观念，没有了精细化学做基础平台，加之缺乏一个规范的实验手段和一个毒副作用的验证的过程，这样制造出来的药，没有不死人的，吃了没死反而是一种万幸。

3. 术数形式——择吉

择吉实际就是对时间的考察和讲究。是指以干支为基础，根据其时间因素：年、月、日、时，以及空间因素：方向和方位，各个要素所值吉凶神煞进行推演运算，综合参考各个因素的宜忌，并以此确定其趋避的一整套的方式和方法，最终选择一个吉利的时辰。所谓择吉，按民间的通俗说法就是选个吉日，雅称为“诹吉”或“涓吉”，俗称是“选个好日子”或“拣个好日子”等，如此事情才会办得顺利。如果说风水理论主要是对空间考察的话，那么，择吉理论主要是对时间的考察，这两者相辅相成，再加之正人君子因素，便构成了天地人“三才”的“和谐场”。“和谐场”是成事的前提条件和基础。

择吉作为术数之一，其源已久，大约在商周时期就已出现，远古时的卜筮就包含着卜时辰的内容。但作为专门占卜时间、作为一种单独的时间因素加以考察和选择的仪式性的形式——择吉是汉代以后才出现的。汉代形成的择吉术实际上是一个大杂家，流派众多，依据各异，诸家学说，自为一体。据《史记·日者列传》和《汉书·方术列传》记载，汉代的择吉术有五行、堪舆、建除、丛辰、历家、天人、太一、风角、奇门、七政、元气、六日七分、逢占、日者、挺专、须臾、孤虚、六壬、禽星、禄命等共二十余家。后世的择吉术，以综合为特征。将历史上的各家学说，融为一体，杂糅其说，常以黄历为其表现形式，黄历背后所依据的理论仍然是一个头绪纷繁复杂的知识复合体。择吉的里面有心理的因素自不必说，同时也有自然的和社会的因素也必须看到。自然的因素起码要气候宜人、风和日丽，如 1990 年的北京第 11 届亚运会，2008 年的北京第 29 届夏季奥林匹克运动会和 2014 年北京 APEC 峰会均选在了金色秋季前后，这不是偶然。社会的因素包括的更多，自身经济、政治、文化的因素以及国际影响诸因素等，如 2008 年的北京奥运会开幕式定于 8 月 8 日晚 8 时举行，本身就带有浓厚的选择的意味，其中的人文味道、求吉心理也表露无遗。我们怎么可能没有求吉心理呢？作为生物体的我们人类，生活在地球上的某一个角落里（空间），生活在时间的某一片断中

（时间），每时每刻，我们都进行着各种活动，进行着能量的交换和信息的交流，围绕我们周围的日月星辰每时每刻都在变化着，各种引力场、磁场、气场，各种外在环境条件都在变化着，我们自身肌体内部也在变化着，我们可以看到四季的变化对周边动植物的生长或繁殖的影响，难道对人类就没有影响吗？有的，只是我们学会了增减衣服，逐渐学会了适应环境；适应了环境不等于消除了影响，而有些影响总是我们未曾想到的。由于大自然可变的因素太多，再周全的考察也会有疏漏，因此事情一定会有吉有凶，有意择吉都未必能躲避灾害，更何况若忽视这一程序，所带来的危险只会是更大。

一般说来，择吉应用在古代范围较广，如有祭祀、求嗣、求医、结婚、嫁娶、远行、搬移、开市、挂匾、破土、动工、修宅、凿井、栽种、纳畜、安葬、出殡、入学、升迁等。今人范围要小一些，如有嫁娶、开业、开幕、安居、搬家等。

择吉方面最早的专门书籍应是假托东晋道士许真人编著的《玉匣记》和《增补玉匣记》，此类书一般都爱假托周公、鬼谷子、张天师、诸葛孔明、李淳风、袁天罡等术数大家之名而作。《玉匣记》作为集各类占卜之术合编，作为求吉类的图书，自明代问世以来，一直就畅销不衰。择吉方面的经典不能不说到清代乾隆年间编著的《协纪辨方书》，它是中国古代择吉学典籍中的集大成者，该书由乾隆皇帝亲自作序，并纳入到《四库全书》中，此书可谓博大精深、包罗万象，同人们的衣食住行息息相关，具有很强的实用性。由于迎合和满足人们的求吉心理，所以求吉类的图书始终畅销。过去的《玉匣记》里面还是要讲一些择吉原理的，而后的择吉书，例如，每年出版更新的“黄历”图书里面的择吉道理就讲得少了，因为现在的人们只想知道书中说了什么能做，什么不能做就够了，告知每日的宜忌就够了，不必知道为什么。因此，图省事每日的宜忌只要印在年历上就可以了，导致现如今“黄历”图书畅销，带着每日的宜忌的年历挂历也很畅销。“黄历”上所说的宜忌准确吗？我们是否要遵循？迷信者自然听话，而不信者总归是不屑的。这里，我们要强调的是，“黄历”所依据的理论基础不同，其结论自然就不同。“黄历”不会详尽交待宜忌的依据，人们也就不会了解其缘由，仅是一个结论而已，可信度自然就降下来了。若你手上如果有两本“黄历”的话，就难免它们之间产生冲突，打嘴仗，让你无所适从。所以，黄历一般总要劝人“从一而终”，仅持有一本就够了。其实，在实际的生活中，我们行动的最终判断还是要由科学的方法和你的价值的取舍来决定，由具体的条件来决定，而不是由“黄历”说了算。

（四）唐宋时期的术数文化

1. 唐宋术数的发展

唐宋时期术数的演变有一个共同的特点，就是人们更加关注自身的命运，更加关注功名利禄。科举的制度化打破了世袭的垄断，加速了人群中不同等级的流动性，当然也就带来了命运的较大起伏度，人们对自身的前途处于更加不确定性的状态，寻找答案途径的需求大大提升了。在此种情况下，术数便发生了三个显著的变化：一是迷信色彩较浓的扶乩等术数形式流行开来，利用扶乩来问前途、问功名，在民间，这一形式一直到明清时期仍具有很大的市场。二是星命学的兴盛，也称禄命学，或八字批命法。星命，在先秦即有发端，唐朝李虚中作《命书》三卷，后为宋代徐子平等人发展，成为中国颇有影响的命理学说的主流。三是较简便形式的占卜形式——签书也普及起来，签书也就是抽签形式开始在社会上盛行。这种活动起初多在庙宇内进行，后来演化为街头术士的黄雀抽签等形式。签中的文字既像汉代的谶语，也像西域传入的佛教偈语，多数是一首有韵的小诗，具有朦胧的、暗喻的特征，是需要术数高人进一步解释的。借着人们对抽签形式的认可，测字也在这个期间产生并流行开来。宋代还是易学中图书派产生的重要时期，这和著名道人陈抟有着密切的关系（参见彩色插图7）。术数的一些典籍图书在这个时期问世，体现出这一阶段的学术繁荣。如由唐人袁天罡和李淳风合编的谶书《推背图》是唐代时期的产物，是预测学的一部奇书。宋代易大家邵雍的《皇极经世》是象数易的经典著作（参见彩色插图12）；命理学的经典《渊海子评》则是八字批命的奠基之作；《麻衣神相》则是相学中的一部经典。

2. 术数大家陈抟的故事

唐宋术士中大家很多，陈抟值得一说。陈抟（871—989）字图南，号扶摇子，赐号希夷先生。五代宋初著名道教学者、隐士，其寿118岁。陈抟继承汉代以来的象数学传统，并将道、儒、佛会归一流，对宋代理学影响较大。陈抟的事迹正史、野史均有不少记载。现流行的先天太极图，黑白子构成的河图、洛书均由陈抟的手中传出，由此衍生出易学中图书派。陈抟还是易学象数派的重要代表人物，他的象数学后由邵雍所继承和发扬。陈抟好睡，后人称其为“陈抟老祖”或“睡仙”，他是传统神秘文化中富有传奇色彩的一代宗师。

据说陈抟能卜国运，预言人事祸福也极准。后周世宗皇帝召陈抟来，问他国运长短。陈抟随口吟出四句：“好块木头，茂盛无赛。若要长久，添重宝盖。”世宗皇帝姓柴，名荣，“柴”为此木，“荣”草头加宝盖，下面一个木字，木头茂盛，正合荣意，荣又有“长久”之意，以为是佳话和吉兆。其实陈抟已经预见到了赵太祖赵匡胤会代周为帝，国号为宋，“木”字上添加一个宝盖是“宋”字。所谓长久的不是后周，乃是宋朝。有一次，陈抟在长安一酒店饮酒，恰遇赵匡胤兄弟和赵普三人也在此饮酒。陈抟见赵普坐在二赵的上方，就一把将他拉到下席说：“你不过是紫坛的一个小星儿，如何敢占在上位？”赵匡胤于是问先生前程之事，陈抟随即答道：“你们兄弟俩的星运比他大！”后果然应验。陈桥兵变，宋太祖赵匡胤黄袍加身，登上帝位。在位期间，宋太祖屡次派人迎陈抟入朝，陈抟不肯。后来太祖驾崩，他弟弟太宗赵光义即位，念及酒店奇遇，又再次召陈抟入朝相见，并且说好不用行君臣之礼，陈抟这才随使者进京，时年已98岁。史书是这样记载的：“陈抟复至汴京，以羽服见于延英殿，太宗甚为礼重。因语宰相宋琪等人曰：‘抟独善其身，不干势利，所谓方外之士也。入华山四十年，度其年近百岁人，且言天下安治，故来朝觐，此意亦可念也。’”太宗嘱宋琪好生接待陈抟。这期间，宋琪问及养生的秘方，抟曰：“抟山野之人，于时无用，亦不知神仙黄白之术，吐纳养生之理，非有方术可传。”宋又问及治国之道，抟曰：“今圣上龙颜秀异，有天人之表，博达今古，深究治乱，真有道仁圣之主也。正是君臣协心同德、兴化致治之秋，勤行修炼，无出于此。”此时的陈抟快变成活神仙了，活得明白，其话也滴水不漏。宋琪将此话转告太宗，太宗更加敬重陈抟。随后下诏，赐号“希夷先生”。希指视而不见，夷指听而不闻，语出自《道德经》。这些材料均在宋正史《太宗实录》上有所记载。

（五）明清时期的术数文化

1. 术数仍有很大市场

明清时代术数在朝野仍有很大的市场。朱元璋原本出身卑微，更愿意神话自己。和大多数封建社会的皇帝一样，朱元璋的出世被人为增添了几分传奇色彩，贫寒之人，一旦发达以后更加容易相信自命不凡的道理，朱元璋便是如此。明代命理学昌盛的背后有官家的推动。明万历年间《帝里盱眙县志》便有朱元璋出生时当地有“二郎移庙之异，红罗浮水之奇”等诸多祥瑞之兆的记载。地方志这样说不奇怪，作为正史的《明太祖实录》同样这样记载：“方在娠时，太后常梦一黄冠自西北来，至舍南麦场，取白药一丸置太后掌中，有光，起视之，渐长，黄冠曰：‘此美物可食。’太后吞之。觉，以告仁祖，口尚有香气。明日，上生，红光满室，自后，夜数有光，邻里遥见惊以为火，皆奔救，至则无有，人咸异之。”其大意是：朱元璋的母亲刚怀孕时，做了个梦，梦中有一个神仙给了她一粒仙药，放在手中闪闪发光，于是她就吃了下去，他母亲从梦中惊醒，此时口内仍有余香。朱元璋出生时，红光满屋，时值夜晚，红光从屋中射出，邻居见后，以为朱家失火，忙赶来相救，结果是虚惊一场，原来是一个不凡的孩子出生了。正如《春秋公羊传》所说：“圣人皆无父，感天而应。”这不过是统治者自命不凡，其“君权神授”的惯用手法再一次施展罢了。

2. 厌镇术使得凤阳中都胎死腹中

厌胜术在明清的流行有增无减，并已从偶人厌胜术扩展了，其术在于施法于一些对象物之上，使之具有某种魔力或法力，并且能够随其所愿达到某种效果，或使自身获益，或致他人遭殃，被称为“厌镇术”。厌镇术曾使得朱元璋怒杀工匠，并最终放弃了凤阳中都的建设。朱元璋曾执意要建凤阳中都，刘基反对说凤阳不是天子居住的地方。在大臣刘基、胡子祺的反对声中凤阳中都仍在建设着，由于追求奢华，导致人力和物力的极大消耗，劳民伤财，工匠中疲倦、不满的情绪在蔓延。据史书载，朱元璋视察新建的凤阳宫殿时，坐在里面总好像听到屋脊上有人在打斗，很是嘈杂，于是有人告诉他，这是修建宫殿的工匠们捣的鬼，用所谓“厌镇术”表达他们的不满。朱元璋闻后大怒，下令杀了许多建设宫殿的工匠。但此工程由于工艺繁复，要求标准高，原本宫殿建设的工期就不快，这样一来，其进度就更加被耽搁了下来，一拖还真给拖“黄”了。“厌镇术”不排除是刘基等人所设计的环节。总之，不知是迷信起了作用，还是意识到这是个错误的决策，朱元璋没有再顽固地坚持，凤阳中都最后终于没有建成。

3. 由厌镇术衍生出荒唐的“阴门阵”

厌镇术在明代还衍生出用于战争的“阴门阵”战法。所谓“阴门阵”，就是藉以裸体妇女对抗敌方火炮的一种御敌之术，是厌胜术的变种。

最早论及裸妇御敌的是《明史·李锡传》，书中云：“贼奔大巢，亘数里，崖壁峭绝，为重栅拒官军，镖弩矢石雨下。妇人裸体扬箕，掷牛羊犬首为厌胜。”说的是隆庆六年（1572 年），西南一些地方瑶民起义，万历元年（1573 年）正月，李锡奉命征剿，瑶民妇女不仅脱光衣裤，还抛牛羊犬头以拒官兵。原本是发生在少数民族中的一种迷信现象，很快被“以阴克阳”的学说所提升：火炮形似阳具，雄性特征明显，属阳；女人属阴，妇人的阴门处阴气最重，有抑阳降火之功效，有致“哑炮”、甚至“倒泄”的功效，裸阴既可以制敌之炮火，也可以保护本方炮火的有效，由此“阴门阵”就出现了。明代学者方以智在《物理小识》卷十二“厌法”中提到：“李霖寰大司马征播，杨应龙败逃囤上，李公以大炮攻之，杨裸诸妇向炮，炮竟不燃，此受厌也。崇祯乙亥，流贼围桐，城上架炮，贼亦逼人裸阴向城，时乃泼狗血、烧羊角烟以解之，炮竟发矣。故铸剑、铸钟、合至丹药，皆忌裙之厌。”具有一定自然科学知识的方以智都肯定“阴门阵”有效果，可见，中国人讲阴阳竟能讲出如此的歪理和迷信来，怎不叫人唏嘘。

至清代，使用“阴门阵”更加地频繁。主角是女性裸露的身体，特别强调裸露女阴的部位，这些女性大多是已婚、孕妇或社会地位较低的妓女等，所谓“厌胜物”除了裸妇之外，还包括妇人的经血、装着妇人尿、粪便的溺器等。既然有“阴门阵”的战术，就有破它的法子，清代进而又发展出了许多破解阴门阵的方法。方法中首推“阳门阵”，即裸露十五岁以上男子及和尚的阳具来厌阴门阵，也有用洒狗血、鸡血、烧羊角烟等来加以克制。最可笑的是面对对方用裸阴厌炮之战术，破此阵的方法是本方将少男的阴毛剃下，塞入炮筒中居然能收到奇效，每炮必响，每发必中。清人屠绅在《六合内外琐言·万人冢》中记述道：“是时统军荆公，以天子命率王师解清渊之围。公善韬略，先斩一大将军，军中股栗，无或敢退避者，贼至薄城，公命以大炮击之，贼以女弟子厌炮咽其声，公大惊曰：‘此阴门阵也，须破之。’令城中卒剃下体毛，置炮中，击死贼无算。贼又令小男子，年十五以上者，裸体执弩矢，射城中，多死伤，公曰：‘贼猖獗以阳门来乎？’令以群娼列于城上，露其阴，老阴少阳，小男子败矣。”面对此情节真让人哭笑不得。鲁迅在他的著作中也提到了“阴门阵”的话题。《朝花夕拾·阿长和山海经》中，保姆阿长曾对幼年的鲁迅说：“城外有兵来攻的时候，长毛就叫我们脱下裤子，一排一排地站在城墙上，外面的大炮就放不出来，再要放，就炸了。”阿长所说的“长毛”指的是洪秀全领导的太平天国的军队。

历史上记载不仅是太平军如此，后来的义和团等也都特别笃信“阴门厌炮”的说法。记载 1900 年义和团运动的史料有这方面的记录，较详尽的是记录义和团进攻北京西什库教堂时的情形最为鲜活。如清代仲芳氏《庚子记事》载：“西什库开仗，忽有赤身妇女走出，团民受伤者众，楼周围挂妇人皮，并各秽物，以致团民难以得胜，东交民巷亦用此法。”“晚饭后，伯茀来、傅梦岩来，谈及本日临拳民荡平西什库之期，摆金网阵，惟洋人有万女旗一具，以女人阴毛编成，在楼上执以指麾，则义和团神皆远避不能附体，是以不能取胜。”清廷和义和团居然将西什库教堂久攻不下的原因归于洋人所施的阴门厌胜之法，真是让人啼笑皆非。相同的记述还有清代高树《金銮琐记》载：“徐荫轩相国传见翰林，山东张翰林曰：‘东郊民巷及西什库洋人，使妇女赤身围绕，以御枪炮。’闻者皆匿笑，荫老信之。”清代侨析生《京津拳匪纪略》也记载：“连日每战不利，皆由西人用赤身妇女裸骑炮上，或赤身高楼巅，妇女皆租界旁西开一带娼妓及河东住户也。吾辈神术最恶污秽，妇女又为最忌。”据说“阴门厌炮”最忌怕受到反制，义和团人普遍认为“红灯照”则不惧怕反制。还是《庚子记事》中曾写道：“一切军器皆不畏惧，枪炮遇之即不能燃，义和团法术虽大，然尚畏惧秽物，红灯照则一无所忌，与义和团联合一气。”“红灯照”是义和团的女性结社组织，成员均为少女或幼妇，所以被视为不畏惧任何的阴性之人以及妇人的秽物，因而在战场上有天生的优势。

“阴门阵”这一巫术在近代中国人反抗外来的殖民统治、争取民族独立的不少战事中均使用过，遗憾的是非但没有带来任何真正的效果，只带来惨痛的失败在史书上记录得真真切切又悲悲切切。文化人的迂腐，普通百姓的愚昧，由原本合理的思维居然生出了如此荒唐的意识和愚蠢的举动。这样的民族在军事上不打败仗才是怪事呢！

4. 清代对术数的贡献

清代对术数的贡献在于历史文献的编辑和整理，目前在江湖术士中仍然流传的许多术数典籍多出自于这个时期。有筮法方面的《卜筮正宗》、《增删卜易》、《断易大全》、《六壬金口诀》；有命理方面的《命理探源》；有相术方面的《柳庄相法》等。明清人中术数高人亦不少。如辅佐朱元璋完成帝业、开创明朝的刘基。史上说他通经史、晓天文、精兵法。朱元璋多次称刘基为：“吾子房也。”中国民间广泛流传着“三分天下诸葛亮，一统江山刘伯温；前朝军师诸葛亮，后朝军师刘伯温”的说法。他以神机妙算、运筹帷幄著称于世。明代术数高人还有相人术高超的袁珙父子。清代还有著名的命理学家任铁樵。任铁樵的命理理论仅以阴阳五行分析八字，对传统命理学说中的格局说、神煞说和纳音说等都提出了挑战，任铁樵的命理学说曾引出了清代命理学界的激烈辩论。

三、对术数文化的整理

（一）历代学者对术数文化的整理

1.《汉书》的整理

从事传统文化的学者很早就对古老的术数文化给予了关注，并进行了初步整理。对术数文化进行初步梳理的是班固。《汉书·艺文志》首次将古代占卜术大致分为六种：一天文，天文占，就是日月、星辰之占，亦即看所谓天象或星象。《汉书·艺文志》中说："天文者，序二十八宿、步五星日月，以纪吉凶之象。"二历谱，历谱占，运用干支的时历推算吉凶，或冲或合，现流行的皇历是之。《艺文志》中说："历谱者，序四时之位，正分至之节，会日月五星之辰，以考寒暑杀生之实。……凶厄之患，吉隆之喜，其术皆出焉。"三五行，五行占，按金木水火土的生克制化关系进行推演。批八字是其应用。《艺文志》中说："其法亦起五德终始，推其极则无不至。"四蓍龟，中国古代占卜用的两种主要方法。蓍即蓍草占，这种方法也叫"筮"。龟即龟甲或兽骨占，这种方法也叫"卜"。五杂占，包括字占、签占、骰子占，凡依气象、草木、山川、禽兽、梦幻、器皿什物等占断吉凶的都属杂占。六形法，包括堪舆术和相术等，堪舆术后来改做"风水"的方术，其意在藏风得水，好风水有福气。相术重点在通过骨相和面相来相人，进而占断人生的寿夭顺逆。《艺文志》记载书籍有一百零九家，二千五百二十八卷。

2. 隋唐以后的整理

《隋书·经籍志》无术数类，有关的历法、占法书，归在天文、历数、五行三类，兵家书中亦稍有涉及；载有风角、堪舆、九宫、太一、遁甲、周易占、易林、东方朔占、八卦阵图、相法等四百余种书目。《旧唐书·经籍志》及《新唐书·经籍志》均沿《隋书》的体例，将术数归于五行类，收书二百余种。《宋史·艺文志》除沿《旧唐书》列五行一类外，并增列蓍龟类图书，收书近千种。《明史·艺文志》之子部亦无术数类。仍归于五行类，收书一百零四部、八百六十一卷。

3.《四库全书》的整理

清代对史籍的整理比较重视。乾隆年间编著《四库全书》时由清代学者对《周易》图书有过分类。《四库全书总目·经部·易类》云："《左传》所记诸占，盖犹太卜只遗法。汉儒言象数，去古未远也；一变而为京、焦，入于禨祥；再变而为陈（抟）、邵（雍），务穷造化。《易》遂不切于民用。王弼尽黜象数，说以老庄；一变而胡瑗、程子，始阐明儒理；再变而李光地、杨万里，又参证史事。《易》遂日启论端。此两派六宗，已相互攻驳。"这里，《四库全书总目》将"易类"图书分为"两派"象数派和义理派，各派下又有三宗。象数派下有占卜宗（太卜遗法），禨祥宗（京房、焦赣论机祥），造化宗（陈抟、邵雍穷造化）；义理派下有老庄宗（王弼承老庄，黜象数），儒理宗（胡瑗、程颐儒理释易），史事宗（李光地、杨万里利用史事参证）。清人如此的分类虽然有不科学、不规范的地方，但毕竟是对"易类"图书做了理性的归结，应算是一个功德。

清代《四库全书》的编纂者认为："术数之兴，多在秦汉以后，要其旨，不出乎阴阳五行、生克制化，实皆《易》之支派，傅以杂说耳。物生有象，象生有数，乘除推阐，务究造化之源者，是为数学。星土云物，见于经典，流传妖妄，渐失其真，然不可谓古无其说，是为占候。自是以外，末流猥杂，不可殚名，《史》

《志》总概以五行。今参验古书，旁稽近法，析而别之者三，曰相宅相墓，曰占卜，曰命书相书。并而合之者一，曰阴阳五行。杂技术之有成书者亦别为一类附焉。中惟数学一家为《易》外别传，不切事而犹近理，其余则皆百伪一真，递相煽动。”① 显然，清乾隆年间，修订《四库全书》时，编纂者已将数学单独划出，将天文和历法也另眼看待，再次将术数归纳为数学、占候、相宅相墓、占卜、命书相书、阴阳五行、杂技术共七类了。《四库全书》的编纂者实际上在继续做着术数的梳理工作。这里，首先要肯定《四库全书》的功绩，它全书共收录各种书籍达 3503 种，79337 卷，存目达 6783 种。其中有 380 多种佚书是经过众多学者长期搜集失而复得的珍品。还有不少书籍，经过艰苦的考订而恢复了原貌，对保存和整理中国古代文化遗产功不可没。但是，由于它的编纂是一种官方行为，有着严格的取舍标准，这在《四库全书》卷首的《圣谕》中说得很清楚。因此《四库全书》在钩沉、辑佚、保存古籍的同时，也在干着对一些古代书籍进行销毁、删除或改动的行为，使收录的一部分书籍尤其是宋元以后的许多具有异端色彩的书籍失去了原有的风貌，有资料表明，编纂《四库全书》期间，光销毁、删除的书目就达 2600 多种，对这种破坏、摧残文化的行径我们必须予以揭露和谴责。

4. 现代人的整理

现代辞书的整理。《辞海》术数条目云：“除天文、历谱外，后世称术数者，一般专指各种迷信，如星占、卜筮、六壬、奇门遁甲、命相、拆字、起课、堪舆等。”②《辞海》上的说法是不够准确的，好在还是做了一些区别，尽管一些区别的划分是粗糙的。例如，“起课”仅为“卜筮”的一个程序，而六壬、奇门遁甲、拆字等都均为“卜筮”的不同形式而已。但辞书编辑在这里却将其并列举出。由辞书编辑用语的不规范，可以窥见到我们术数知识的贫乏。同时，以一语“迷信”概括之不免显得有些轻率，当然，轻率结论的背后隐藏着的还是术数知识的贫乏。

20 世纪末，广西人民出版社曾编辑了一套“神秘文化丛书”，对术数文化的整理做了有益的尝试，这是需要肯定的。但这种整理仍然是不够的，其存在的缺陷类似于辞书的编辑们，在于丛书的体系和分类仍是不严谨，表现为：其一，在冠之以“神秘”旗号下，将《周易》中的核心内容，如“五行”、“八卦”等基本思想与其具体的应用相提并论，将具有“科学”意味的方法论同在不同领域的具体运用混同，这是不行的。这无益于彰显《周易》中的“易理”，因为《周易》中的许多“大道理”是凭借着“五行”、“八卦”而阐明的。其二，“神秘文化丛书”一方面肯定“术数”是个大概念，但同时又把“命理”放在其下，一本名为《神秘的术数》一书里面实际讲的是命理内容，命理仅是术数中的部分内容，如同小

① 《四库全书总目提要》。

② 《辞海·术数条目》，上海辞书出版社 1989 年版，第 3265 页。

脑袋上戴了一顶大帽子。如此一来，此书与该丛书中的另一部书《神秘的八字》中的内容便有些重叠，因为“八字命理”是传统命理学的基础，讲命理的其他理论都是在“八字命理”基础上的衍生和发挥。这一现象仍表现为我们对术数知识的不熟悉。

术数作为中国传统文化的重要组成部分，涵盖丰富，内容庞杂。术数涵易，易涵哲学，而哲学又有“学科之母”的特点。面对有些混沌的“母科学”术数来说，我们态度要端正和谨慎，对其内容要仔细甄别，为此，我们不得不开启现今再整理的工作。

（二）我们对术数的再整理

前人的研究，其中有成熟的见解，也有不成熟探索，给了我们正反两个方面的借鉴，我们再来梳理要比前人有利得多。我们认为，术数现阶段大致可分成四类情况：

1. 相对独立出去、已经发展成为具有实证性质的科学学科

术数中对“数”的偏爱最终发展为数学学科，使之成为了整个科学殿堂中的皇冠。术数中较早的观天象、占星术发展为具有科学性质的天文学、相对统一的历法、气象学；术数中堪舆风水术中的大部分知识发展为具有实证性质的地理学、地质学、土壤学、水文观测学、环境科学、生态科学、建筑工程等具有实证性质的学科；术数中的自然知识、节气知识和占候发展为自然地理学和物候学等。术数中的医术后来发展出医疗科学、保健科学和药物学等。

2. 半独立状态的科学学科

术数中的有些学科的内容没有完全被厘清，其中有些扯不清内容仍带有“术”的痕迹而被遗留在术数中。风水学中有些内容尚未被今天的生态环境科学等学科所认识和接纳。中医学有些内容未被一些人认可为科学，由于有些概念还存在着内涵不清晰的状态，因此，导致有些人甚至想将整个中医学排除出科学界。术数曾是调养、锻炼身体的方法。《素问·上古天真论》曰：“法于阴阳，和于术数。”张隐庵注：“术数者，调养精气之法也。”因此，古代养生学和当今医疗科学，特别是与预防医学、营养保健理论之间处于何种的关系，相互间的概念和范畴如何区分、界定目前学术界梳理得仍不够清晰。术数中相学情况也大致如此，“术”的成分太浓，而能够提供的反复验证的例证仍然太少，找到其所以然的路仍旧漫长。正因为如此，这部分术数形式呈现为半独立状态的科学学科性质。

3. 尚未独立出去，保留在术数中但较多运用象数和数理原理的术数形式

术数中凡是能够较多运用象数和数理原理的，一般而言，近科学而远迷信，这是需要我们对其继续进行剥离和梳理的。这部分术数内容包括占筮术、命理、姓名、相学、养生等。传统术数中，占筮术的种类最多，同时不同的占筮术形式

多样，规则各异。由占卜中又发展出了命理学说，命理学说有星命、紫微斗数、子平八字等不同形式。邵康节的“一撮金”是卜术，由“一撮金”后又发展出测字或拆字的算命，测字或拆字而后又形成姓名学，姓名学与命理学说关系密切。术数中的形法后来演变出了相术，相山水的风水学里面科学的元素较多，导致风水学部分内容后来融入了实证科学中。形法中的相人之术现仍遗留在术数中，尽管它里面暗藏着许多值得科学探索的生理的和心理的秘密。养生学中有些内容已被实证科学所证明，而有些内容则还需要继续的实验和验证。

4. 术数中象数和数理原理运用较少的其他形式

这部分术数由于象数和数理原理运用得少，便不能不是远科学而近迷信的一类形式了。签书，即抽签由于远离了象数和数理原理，凸显其“偶然性”，无形中加重了宿命的色彩。较少运用数理原理的有图谶、占梦、符箓、扶乩等术数形式。还有一些术数的形式其迷信的色彩更加浓重，例如：招魂术、驱鬼捉妖、呼风唤雨、魔幻术等。以上这些术数形式，虽然汉代时就已经存在，但当《汉书》对术数进行分类时，均未将其包括在内，体现了作者班固的一种态度。清代《四库全书》编纂者虽然将这些术数形式列入了杂技术类，但认为这些是属于所谓“其余则皆百伪一真，递相煽动”一类的术数，在这里，显然编纂者的用语带有明显的批判的语调（见表 12－1）。

表 12－1　　术数的现代分类表

原在术数中并已从术数中脱离出的具有科学形态的形式	能够较多应用《周易》象数和数理原理的术数形式	较少体现《周易》象数和数理原理的术数形式
术数中“数”→数学 星占、风角、占候→天文学、历法、气象学、自然地理学、物候学 堪舆→地理学、地质学、土壤学、水文观测学、环境科学、生态科学、建筑工程 巫医→医疗科学、保健与养生科学、心理科学、中医药学 炼丹→化学、药物学	占筮（大致分占问、选吉、测局三种形式。占问又分复杂形式和简单形式，复杂形式有六壬术、奇门遁甲、太乙神数等，简单形式有测字、抽签等） 命理（星命、紫微斗数、子平八字） 姓名（运用五行平衡原理） 相学（相骨、相面、相手等） 风水（主要有形势派和理气派） 养生（服饵、导引、吐纳即气功、房中术、时令及各式仙术等）	占梦 厌胜（起源巫蛊术，各种什物厌胜，射偶人） 图谶（语谶、图谶） 符箓（起源巫蛊术，三大流派） 扶乩 射覆 驱鬼捉妖（厌禳术） 呼风唤雨（堪舆术、风角术） 招魂术（巫医术） 魔幻术

术数作为周易文化的有机构成，我们对于较多地运用了象数和数理原理的术数形式辟有专门的章节加以介绍。对于数理原理运用较少的几种术数形式我们将在下一节作简略的介绍。

第二节 较少运用数理原理的术数形式批判

一、语谶和图谶

（一）关于谶纬学说

1. 何谓“谶”

谶（chen），本义是应验，《说文》曰：“谶，验也，从言，韱声。”原指是一些方士和巫师制造出来的，带有诡秘色彩的隐语或预言，假托神意对自然和社会现象进行某种预告，后来演变为一些人为实现某种特定的目的，特别是对国运兴衰或某人的吉凶祸福而进行预测或者宣告，谶常与图画相伴，被称之为谶语或图谶。谶，始现于春秋，盛行于两汉魏晋，隋朝曾一度禁绝，但至隋末又复兴起来。谶常借助的传播手段有：策简书籍，民谣童谣，石上图画等。最早运用此招数的是燕人卢生，《史记·秦始皇本纪》载燕人卢生“奏《录图书》曰：‘亡秦者胡也’”。这里《录图书》就是图谶，王充《论衡·实知篇》说：“亡秦者胡，《河图》之文也。”意思是说，亡秦者胡，是带图示的文字。“亡秦者胡”便是谶语。宣扬这种谶语的书，便叫谶书。谶书的作者为了增强神秘性，还在谶书中增添了很多的插图，因此谶书也叫图书或图谶。谶的特点，拿东汉张衡的话说即为“立言于前，有征于后”①。

2. 关于谶纬神学

谶在西汉与纬学连在一起，构成谶纬神学。纬学是针对经学而言的，是假借神意篡改儒经的“学问”，企图将经学庸俗化、神学化倾向的学说。关于谶纬是否一体，历代学者多有分歧。有人认为两者一致，顾颉刚先生在《秦汉的方士与儒生·谶纬的造作》中认为：“谶是预言，纬是对经而立的……这两种在名称上好像不同，其实内容并没有什么大分别。实在说来，不过谶是先起之名，纬是后起的罢了。”② 也有人认为两者并非一类。《四库全书总目提要》作者称：“儒者多称谶纬，其实谶自谶，纬自纬，非一类也。谶者诡为隐语，预决吉凶。纬者，经之支流，衍及旁义……渐杂以数术之言，即不知作者为谁，因附会以神其说，迨弥传

① 《后汉书·张衡传》。

② 顾颉刚：《汉代学术史略》，东方出版社 2005 年版，第 116 页。

弥失，又益以妖妄之词，遂与谶合而为一。”① 我们倾向四库全书作者的观点，认为谶纬还是有区别的。晚清学者李越缦对张衡《驳图谶疏》所言“宜收藏图谶，一禁绝之”之语评价道：“凡此皆绝不及纬，是衡特不信谶，非不信纬也。”名士章士钊在引述李越缦话后总结说：“越缦此一文独大特色，是将谶与纬劈分两部，认为谶属离经叛道，而不可信，纬则与经相对，各守内外部位，终不失为足可信据之学。”② 谶打一出生就常伴着图，且多为短语，谶自身本无须论证，若有“纬学”的助力更好。谶自伪也，谶须纬助；而纬不必有谶，更可以无图。纬者“衍及旁义……渐杂以数术之言”（张衡语），说明纬书是有一定论证的，这和谶便有所区别。由于这里仅讲术数中象数原理运用较少的术数形式，那么，我们就仅限于讲谶，而不必涉及纬学。

3. 语谶和图谶

谶后世的发展实际循了两条路径在走。一条是语谶之路，这里包括诗谶、秘语、偈语、民谣、童谣等，这是最早、最普遍的谶的形式。语谶就其内容而言又大致分为两种：一种是对将要发生国运大事进行的预警，另一种是对个人命运将要发生变化的预言，历史上有着许多有名的谶言典故。语谶自先秦到明清就从没有断过。其代表作有《乾坤万年歌》、《马前课》、《黄蘖禅师诗》、《梅花诗》、《步虚大师预言诗》等，《透天玄机》、《烧饼歌》也是有名的谶书。另一条是图谶之路，即由图画加简短的文字共同构成。此类图书有《藏头诗》、《推背图》等，图谶最著名的应算是唐人李淳风、袁天罡所著的《推背图》。

（二）现实与文学中的图谶

1. 历史上著名的图谶之事

历史上“亡秦者胡”的谶语最著名。“亡秦者胡”的谶语，使得秦始皇误以为灭亡秦国的是北方的胡人，即匈奴人，于是下命大将蒙恬率 30 万大军北击匈奴，并修万里长城而北御。后来历史表明，“亡秦者胡”并非匈奴人，乃为秦二世胡亥是也。建武元年（公元25 年），人献《赤伏符》（《河图》的一种），上曰：“刘秀发兵捕不道，四夷云集龙斗野，四七之际火为主”③，当时流行的《春秋演孔图》说：“卯金刀，名为刘，赤帝后，次代周。”表示从汉高祖到刘秀共二百二十八年（四七之际），刘秀当继汉的火德当皇帝。刘秀以为天命所归，就顺众议即位称帝。光武帝从发兵，到称帝，以至登基之后，多次利用图谶服务于帝国的统治，使得图谶之学大行其道。《后汉书·张衡传》所云：“自中兴之后，儒者争学图谶，兼附以妖言。”光武帝刘秀把图谶（嬗变了的河图洛书）作为遵照天命当皇帝根据的第一人，甚至临死前的头一年，还做了两件与图谶高度相关的事：其一，泰山封

① 《四库全书总目提要》卷六，《易》类六《易纬》案语。

② 章士钊：《柳文指要》下卷十五《谶纬》条。

③ 《后汉书·光武帝纪》。

禅；其二，宣布图谶于天下。谶在东汉达到了盛极。

隋文帝当政时曾一度抵制谶语，可是到了隋炀帝却又时兴了起来。最有名的诗谶来自于隋炀帝。隋炀帝开凿了京杭大运河，顺运河乘豪华龙舟下扬州，一日，得意之时忽得一诗，吟曰："三月三日到江头，正见鲤鱼波上游。意欲持钓往撩取，恐是蛟龙还复休。"此诗虽有韵脚，其内容平庸，然而炀帝却交付乐工，令随行的宫女随音律唱和，炀帝闻歌甚为惬意，而有识者却大为惊讶，认为诗里面暗藏着十足的谶意。鲤李二字同音，而此时李渊已渐成势，诗中将鲤鱼和蛟龙并提，含有李渊由鲤化龙之意，甚为不祥；后来果然应验。当然，这里面难免有史家们附会夸大的成分。

《资治通鉴》第一九九卷记载了李世民利用谶语冤杀李君羡一事。当时，太白星屡现于白昼，史官占卜曰：女主昌。民间又传《秘记》云："唐三世之后，女主武王代有天下。"上（指唐太宗）对此恶之。于是，特意在宫廷宴请诸位武官，行酒令时要求各自讲出自己的乳名。君羡乳名为"五娘子"，太宗听后愕然，君羡的官称和封邑皆有"武"字，其官职武卫将军，封邑武安县，唐太宗误以为传言中的"代唐武者"指的就是李君羡，深恶之，于是此后不久便找个借口把他杀了。事后不久，唐太宗感觉杀错了人，曾密问太史令李淳风对《秘记》所言内容的态度，李淳风或许就是预言的源头，他当然心知肚明，但岂敢揭底，仅劝太宗别查了；太宗进一步表态道：把所有的嫌疑人都杀了，如何？李淳风言：天之所命，人不能违也。杀无辜于事无补。李淳风的话最后让太宗只好作罢。结果历史表明预言所说的"武"者不是别人，乃是武则天。后人苏轼评曰："唐太宗以谶而杀李君羡，武后以谣言而杀裴炎，世皆以为非也。"① 毛泽东读史读到这里曾批道："李君羡冤死"②。

唐代李淳风、袁天罡所著的《推背图》使图谶达到了一个高峰，该书六十幅图像，以六十甲子和卦象分别命名，每幅图像之下均有谶语，并附"颂曰"开头的诗四句，预言后世治乱兴衰之事。书名之谓"推背图"，是根据书中第六十图像中的颂曰："万万千千说不尽，不如推背去归休"而得名（参见彩色插图13和14）。

元明之际还有许多新的谶语出现并流传，出版了如《透天玄机》、《烧饼歌》等有名的谶书。两部书传言都和刘伯温有关。《透天玄机》以铁冠道人与刘伯温的对话为内容。铁冠道人俗名张贞常，号景华，临川人；少遇异人，教以太乙神数，能预言祸福，毫厘不爽；因平素头戴铁冠，因此号称铁冠道人。《透天玄机》以二元推算一万五千年，二百七十劫数，尽天地之气运，绕轮一周，治乱兴亡，屡有论断。但由于隐征暗喻颇多，所言玄虚，实则难以验证。《烧饼歌》相传为明刘伯温所著，它用40余首隐语歌谣构成内容，"易"的象、数、理、占多种手段轮流运用，实际是用隐语写成了一部"预言"大全，在民间流传较广，影响较深。由于故事是以一个"烧饼"开头，所以名曰"烧饼歌"。其原文："明太祖一日身居

① 《苏轼集·卷一百五志林十三条》。

② 毛泽东：《读文史古籍批语集·读〈旧唐书〉批语》，中央文献出版社1993年版，第221页。

内殿，食烧饼，方啖一口，内监忽报国师刘基进见，太祖以碗覆之，始召基入。礼毕，帝问曰：‘先生深明数理，可知碗中是何物件?’基乃捏指轮算，对曰：‘半似日兮半似月，曾被金龙咬一缺，此食物也。’开视果然。”说的是一日明太祖朱元璋在内殿里吃烧饼，只咬了一口，便听到内监报刘伯温进见。太祖想测试一下他的术数本领，于是便以碗扣住只咬了一口的烧饼，再召他入殿晋见。刘伯温行礼后，太祖便问曰：“先生心明数理，可知碗中是何物件?”基乃掐指一算，对曰：“半似日兮半似月，曾被金龙咬一缺。依臣所见碗中为一烧饼是也。”明太祖不得不佩服之。随后便向其讨教起治国的理念和国运前程的话题来。刘伯温的神奇，应是世间演义的结果。但也不是无中生有，空穴来风。明史《刘基传》载：“基虬髯，貌修伟，慷慨有大节，论天下安危，义形于色。帝察其至诚，任以心膂。”即说刘基的胡须蜷曲，貌修长伟岸，为人胸襟开阔，有宏大的气节，议论到天下的安危，义形于色。皇帝明白他的忠诚，任其做心腹重臣。“每召基，辄屏人密语移时”，即说每次召见刘基，总是要别人走开，秘密谈话很长时间。“帝每恭己以听，常呼为老先生而不名，曰：‘吾子房也。’又曰：‘数以孔子之言导予。’顾帷幄语秘莫能详，而世所传为神奇，多阴阳风角之说，非其至也。”意思为皇帝自己每次都恭敬地听他讲，常常称他作老先生而不直呼刘基的名字，而是说这是我的张子房（张良）。史家特别说道，他多次用孔子的话引导我。但这些帷幄内的话没有人能详细知道，而世上流传的关于刘基的事都很神奇，大多是阴阳风角之类的说法（代指术数的东西），但这些都不是他最精髓的东西。明史中《刘基传》所言更为可信些。

清末，反清志士利用了谶语的功能，制造了所谓“十羊九不全”的谶语。慈禧属羊（道光十五年，即 1835 年生人），革命党人为了推翻她，于是民间便宣称属羊的命不好，命不长。加之晚清朝廷的几个重臣曾国藩（1811 年）、李鸿章（1823 年）、袁世凯（1859 年）均为羊年生人，都属羊，而清朝末年吏治腐败，老百姓对其愤恨，“谶语”的内容实际表达了老百姓的心声。“谶语”运用传统文化的“命理”原理，无疑增强了普及性和说服力，既起到诅咒那几个属羊之人早死、以解百姓心头之恨，又为革命运动大造了舆论，可谓是一举两得。当然，从事后看，“谶语”所诅咒的几位属羊的人早死，除袁世凯命短些外，其余几位的效果并不算灵验。自此以后，人们普遍对羊的属相有了偏见，不愿生羊宝宝的习俗似乎在社会上有了一些效果，这种事与愿违的结果是当年的革命党人万万没有想到的。

抗战后期，在日本统治下的东北曾流传着“小日本鬼子过不了鸡年”的说法，1945 年是乙酉年，鸡年，值守的太岁星君正好姓蒋，即蒋嵩。这“谶语”有为蒋介石摆功的意思在里面。1949 年新中国成立后，大陆的民间曾流传这样一种说法：蒋介石选择台湾为栖身地，是因为中山先生生前曾给蒋留下几句隐语，其中一句为“遇台而安”。蒋后来才悟出“台”即是台湾。蒋虽在台湾安度了晚年，却由此带来了海峡两岸长期的血脉阻断和骨肉分离。庆幸的是时至今日海峡两岸的走动已经日趋频繁了。我们欣喜的看到，2015 年 11 月 7 日，海峡两岸的领导人习近平与马英九在新加坡实现了历史性的会面，可以想见，由此必将翻开两岸关系的崭新的一页。

2. 古典文学名著中的谶语

中国古典文学名著中有运用谶语的情节。关羽年轻时，一位老人对他说："雨水盛，麦子亡。"《三国演义》中这句谶语恰恰勾勒了关羽一生。雨水盛，即关羽水淹七军，名声大噪；麦子亡，败走麦城而被谋害。《水浒传》里九天玄女赠与宋江的四句，很像是谶语："遇宿重重喜，逢高不是凶。北幽至南睦，两处见奇功。"这恰是宋江生平的写照。"遇宿重重喜"，宋江的梁山兄弟都是天上的星宿；"逢高不是凶"，遇到高俅后，得到了招安的机会；"北幽至南睦，两处见奇功"，向北抗击辽兵，向南镇压叛军，为保卫大宋立下功劳。《水浒传》中一位禅师曾告诉鲁智深几句话："遇林而起，遇山而富。遇水而兴，遇江而止。逢夏而擒，遇腊而执。听潮而圆，见信而寂。"这几句偈语恰好概括了鲁提辖的一生。"遇林而起，遇山而富。"林即林冲；山有二龙山、桃花山、梁山等。"遇水而兴，遇江而止。"水即水泊梁山；江即钱塘江。"逢夏而擒，遇腊而执。"活捉夏侯成，生擒方腊。"听潮而圆。见信而寂。"即所谓"听见潮信而圆寂"的意思。鲁智深剿灭方腊后落脚杭州的六和寺，夜里被钱塘江的浪涛声惊醒，以为是示警的战鼓声，寺中僧人告诉他这是江水的潮信声。花和尚一闻此言，立刻顿悟，留下一偈后坐地化去。此偈写道："平生不修善果，只爱杀人放火。忽地顿开金绳，这里扯断玉锁。咦！钱塘江上潮信来，今日方知我是我。"乃终结善缘，果然觉悟。

文学名著《红楼梦》里的谶语最多，里面甚至还有图谶。《红楼梦》第二十二回的题目就含谶语一词，"听曲文宝玉悟禅机，制灯谜贾政悲谶语"。其他章回的内容中类似谶语或预言的地方不胜枚举。第二十二回中的灯谜谶语是《红楼梦》全书的重点之一，里面的人物各自写的灯谜诗也被认为是暗示了他们各自的悲剧命运和结局。所以，最后贾政会心觉不祥地发出了"皆非福寿之辈！"的感慨。曹雪芹在第一回中即自题诗云："满纸荒唐言，一把辛酸泪。都云作者痴，谁解其中味？"为整部作品定下了感伤主义的基调。后来的学者王国维和鲁迅等都在各自的论著中对《红楼梦》的悲剧气氛有过精到的论述。曹雪芹是《红楼梦》的创作者，他当然知晓里面人物的命运和结局，但他事先并不点透，只用隐秘的判词、诗歌、谜语等形式示意出来，然后呕心沥血地用现实主义的手法，用合乎生活逻辑的情节安排，最终地予以一一兑现，这一艺术手法是高超的。从某种意义上讲，《红楼梦》简直就是一个谶语大全。由于全书前后有环扣交待、暗线相连，使得整部作品内容紧凑曲折，同时又不是荒诞离奇，而是有着深刻的社会背景和生活根基。因此，《红楼梦》整部作品更像是一场惆怅的梦，一曲凄婉的歌，一件完美的艺术图景，一幅多彩的历史画卷，所有这些才使得她成为了中国小说的一座高峰。

（三）对图谶的抵制

1. 汉代学者的抵制

历史上从不乏反对图谶之人。《后汉书·儒林·尹敏传》载："世祖令校图谶，敏对曰：‘谶者非圣人所作，其中多近鄙别字，颇类世俗之辞，恐贻误后生。’帝不纳。”《郑兴传》载：帝尝问兴郊祀事，曰：“吾欲以谶断决之，何如？”兴对曰：“臣不为谶。”《桓谭传》载：有诏会议灵台所处。帝谓谭曰：“吾欲以谶决之，何如？”谭默然良久，曰：“臣不读谶。”帝问其故，谭复极言谶之非经。帝大怒曰：“桓谭非圣无法，将下，斩之！”谭叩头流血，良久，乃得解。后桓谭被贬去六安郡做郡丞，走到半道上就病死了。尹敏、郑兴等人虽然保住了命，但也都遭到了不同程度的迫害，这些人抵制图谶的精神和勇气可嘉。《论衡》的作者王充，也因反对谶纬而终身不得仕进，“贫无一亩庇神”，穷困潦倒，令人扼腕。

2. 张衡反对图谶——《驳图谶疏》

张衡是反对图谶而冲锋陷阵的一员猛将。张衡与前面几人不同，他不但职位高，做过尚书郎、太史令，而且本人还是科学家、思想家，学问大。他反对图谶有四个显著的特点：

第一，他专门写了《驳图谶疏》，从历史和现实角度说明了图谶不管用。他举例说，汉初，刘邦打天下，靠武力成功，连喜欢讲术数的夏侯胜等人也未提到过。成帝、哀帝之时，命刘向、刘歆父子校书秘府，所编书目中也没有谶书，到哀平之际才听说有图谶。讲谶的人都说它非常应验。既然图谶能预知未来祸福，那么，西汉最大的祸害莫过于王莽篡权，他们为什么没有能事先警诫呢？和帝永元年间，图谶专家宋景说他能预知大水，吓得很多人抛家舍业，窜入山林，结果没有发生水灾。

第二，他将谶纬区分开，抓住最荒诞的图谶揭露，语言犀利，让人一目了然。“此皆欺世罔俗，以昧势位，情伪较然”①，“譬犹画工，恶图犬马，而好作鬼魅，诚以实事难形，而虚伪不穷也。”②最后希望人君“宜收藏图谶，一禁绝之”③。

第三，他从数理的、科学的角度指出了谶纬的实质，维护了《周易》中象数和义理的合理部分。“且律历卦候、九宫、风角，数有征效；世莫肯学。”④提倡去伪存真，以达到“朱紫无所眩，典籍无瑕玷”⑤之目的。

第四，他利用自己在历法上的特长，驳斥谶纬的谬误，增强说服力。西汉初年，用的是《太初历》，东汉章帝元和二年（公元 85 年）改用《四分历》。《四分历》虽然是当时最好的历法，但仍有一些与天象不合的现象。有人便从图谶和灾异等迷信观念出发，非难《四分历》，提出或倒退回去采用《太初历》，或改用合于图谶的《甲寅元历》。为此，张衡进行了艰难的抵制，并提出了以“九道法”方案来补充和修改《四分历》的缺陷，最后“九道法”在当时未获通过。但是，半个多世纪后，张衡等人方案的合理部分被刘洪制订的《乾象历》所采纳，减少了历法中不协调的地方。张衡从专业的角度去说服帝王，敢于在执迷于图谶的皇帝面前揭露图谶的实质，这种不畏权势、坚持真理的态度令后人敬重。

①②③④⑤ 均引自张衡：《驳图谶疏》。

二、释梦

（一）中国周代就有了释梦的官员

1. 何谓释梦

梦始终是古今中外永恒的话题，也是术数家爱谈论的话题。古人云："众占非一，而梦为大，故周有其官。"① 释梦或曰占梦曾是术数家的重要职责，在周代有专门占梦的官员。占梦内容最早出现在殷墟甲骨文卜辞中。殷商时代上下都对做梦极为重视，每逢殷王得梦，总要拿到朝廷与大臣们一起认真求解。从卜辞中可以看出，一些梦或殷王自占，或由卜官代占，内容繁杂且频率较高，可见占梦是殷人的一项国家大政。"占梦"最早出现在文献上是《诗经》。《诗·小雅·斯干》："乃寝乃兴，乃占我梦。吉梦维何？维熊维罴，维虺维蛇。大人占之：维熊维罴，男子之祥；维虺维蛇，女子之祥。"《诗·小雅·无羊》："牧人乃梦，众维鱼矣。旐维旟矣，室家溱溱。"两首诗都提到有专人占梦，而占梦人对梦见的不同事物赋予不同寓意，有着不同的解释。何谓占梦？占梦是根据梦中内容所反映出的征兆来预测现实中人和事吉凶祸福的一种方法。

2. 最早释梦的是大卜巫咸

东汉的张衡，在《思玄赋》中把占梦术归之于大卜巫咸。他说："发昔梦于木禾兮，毂昆仑之高冈。""抨巫咸以占梦兮，乃贞吉之元符。"就是这个巫咸，史上说他"初作筮"，相传黄帝出战时，要请巫咸作筮，史上又说他为"尧帝之医"，现在他还是占梦第一人。"咸"乃全也，可见他是一个全能之巫人，巫咸者，术数大师也。《楚辞》载有"巫咸将夕降兮"。王逸注为"巫咸，古神巫也"。巫成或许不是一个人，或许是官称，是术数事物的高级管理人。史传巫咸还是一个占星术专家，是中国早期的天文工作者。楚文化崇鬼尚巫，据说长江之上的巫峡之名便来源于大巫师巫咸。

3. 历代占梦的文献和书籍

占梦活动虽然在商周时代就有了，但将其系统化成书则稍嫌晚些，是佚失？还是毁于秦火？令人生疑尚不能确定。占梦的古代文献和书籍大致可分为三个时期介绍。

早期（南北朝以前时期）《汉志》载有：秦汉时期有《黄帝长柳占梦》十一卷、《甘德长柳占梦》二十卷；有汉京房撰《占梦书》三卷；三国时有周宣《占梦书》；南北朝时期有崔元著《占梦书》一卷，竭伽仙人《占梦书》一卷，还有未著作者名的《梦书》十卷、《解梦书》二卷、《新撰占梦书》十七卷、《杂占梦书》

① 《汉书·艺文志》。

一卷等；流传较广的《周公解梦书》应是南北朝时的产物，后到隋唐时期流行开来。

中期（隋唐至两宋）有《敦煌遗书》，《敦煌遗书》中有占梦内容的文书共16件。其中藏文文书1件、《新集周公解梦书》3件、《周公解梦书》3件、《解梦令》甲类4件、《解梦书》乙类2件、《占梦书》甲类2件、《占梦书》乙类1件。《宋志》载唐代占梦图书有：卢重玄《梦书》四卷，柳璨《梦隽》一卷，王升《缩或无"缩"字占梦书》十卷，陈襄《校定梦书》四卷，无名氏《周公解梦书》三卷，僧绍端《神释应梦书》三卷，詹省远《梦应录》一卷等；唐人段成式所著的《酉阳杂俎》是笔记类的杂文集，里面记录了不少占梦的实例，也应是唐代的占梦文化的一部分。五代两宋时期有《梦书》、《周公解梦书》十卷。

晚期（元明清时期）有明代刘基（伯温）的《断梦秘书》，明代张凤翼的《梦占类考》十二卷，在梦书整理上花过大量心力的明人陈士元的《梦占逸旨》八卷、《梦林元解》等。清人何栋如在《梦林元解》基础上重辑，整理出《梦林玄解》三十四卷，成为释梦图书的集大成者。

（二）梦分类理论中的科学与迷信

1.《周礼》讲到"三梦"和"六梦"

释梦或占梦是周代占梦家的职责。《周礼》曾讲到"三梦"。《周礼》云："太卜掌三梦之法：一曰致梦，二曰觭梦，三曰咸陟。"[①] 其占梦方法呈多样性，"其经运十，其别九十。"[②]郑玄作注以为：致梦，夏后氏作焉，即夏人占梦之法。觭梦，殷人作焉，即殷人占梦之法。咸陟者，言梦皆得，周人作焉，即周人的占梦之法。由此可见，由做梦人的梦象到占梦人对梦兆或梦意解读的整个占梦模式在周代已经基本成形。周人解梦是历史的事实，而周公本人是否会解梦已不可真知。在笔者看来，周公作为周人的代表，所谓"周公解梦"只不过是"周人解梦"的代名词罢了（参见彩色插图15）。

《周礼》还曾讲到"六梦"。《周礼》云："占梦掌其岁时，观天地之会，辨阴阳之气，以日月星辰占六梦之吉凶。一曰正梦，二曰噩梦，三曰思梦，四曰寤梦，五曰喜梦，六曰惧梦。"[③]正梦，郑玄注："无所感动，平安自梦。"自然而成的寻常梦。噩梦，郑玄注："谓惊愕而梦"，贾公彦疏："惊愕则心为之感动，故而因成梦。"其梦境常令人惊愕。思梦，郑玄注："觉时所思念之而梦。"孙诒让《周礼正义》："思念则情感蕴结，因而成梦。"寤梦，郑玄注："觉时道之而梦。"寤本义睡醒，居然仍做梦。李光坡《周礼述注》："寤梦者，谓如觉所见而实梦也。"似寤还未寐状态中所作之梦。王昭禹《周礼祥释》："寤梦谓寤时而梦。"理解为一般所讲的白日梦。喜梦，郑玄注："喜悦而梦"。贾公彦疏："未睡心悦，睡而为梦。"心有喜悦之事所致的梦，其梦境也常令人喜悦，俗称美梦是也。惧梦，郑玄注："恐惧而梦。"心存恐惧而成的梦。其梦境一般也令人恐惧。可见，近三千年前，中国

①②③ 《周礼·春官》。

人对梦的研究已达到比较精细的程度了。

2. 明代学者对梦的分类

在前人梦的分类基础上，明代学者陈士元在《梦林玄解》中把梦分为了以下十五类：直梦：即梦见什么现实就发生什么，梦见谁就见到了谁。象梦：即梦意在梦境内容中通过象征手段表现出来。我们所梦到的一切，都是通过象征手法表现的。因梦：因身体原因而作的梦。“阴气壮则梦涉大水，阳气壮则梦涉大火，藉带而寝则梦蛇，飞鸟衔发则梦飞”。想梦：想梦是意想所作之梦，是内在精神活动的产物，通常所说“日有所思，也有所梦”也。精梦：由精神状态导致的梦，是凝念注神所作的梦。性梦：是由于人的性情和好恶不同引起的梦。人梦：人梦是指同样的梦境对于不同的人有不同的意义。感梦：由于气候因素造成的梦为感梦。即由于外界气候的原因，使人有所感而作之梦。时梦：时乃四时，由于季节因素造成的梦为时梦。“春梦发生，夏梦高明，秋冬梦熟藏，此谓时梦也”。反梦：反梦就是相反的梦，阴极则吉，阳极则凶，谓之反梦。反梦在人的梦中占有很大的比重，世间也常有人笃信是这样。籍梦：也就是托梦，此类梦在古代书籍中也有不少记载。人们认为神灵或祖先会通过梦来向我们预告吉凶祸福。寄梦：就是甲的吉凶祸福在乙的梦中出现，乙的吉凶祸福在甲的梦中出现，或者异地感应做同样的梦。寄梦是由于人们之间的感应而形成的梦。转梦：转梦是指梦的内容多变，飘忽不定。病梦：病梦是人体病变的梦兆，从中医角度来讲，是由于人体的阴阳五行失调而造成的梦。鬼梦：即噩梦，梦境是可怕恐怖的梦。鬼梦多是由于睡觉姿势不正确，或由于身体的某些病变而造成的梦。

3. 释梦话题引出的思考

周人解梦的本事是否为周公所传授不能确定，但周人会解梦已是事实。中国自周代始就设有占梦的官员，并对梦进行了简单的分类，如果说周人对梦的研究还算不上科学层面的话，则《黄帝内经》对梦进行了有科学意义的考察，仅从《黄帝内经》年代算起，中国人梦的研究其上限是春秋时代。这一事实表明中国人对梦的研究大大超前于西方两千多年，这是我们可以引以为豪的。西方人梦的话题在古希腊时代就有，其时间亦不短，但对梦进行科学意义的考察大约开始于17世纪。19世纪奥地利著名心理学家西格蒙德·弗洛伊德对梦的解释达到新的深度，他的1899年11月出版的《梦的解析》对梦的研究做出了突出的贡献。我们应当承认这样的事实：西方人对梦的解释多是建立在分析和实验的基础之上；而中国人对梦的解释多是建立在经验基础上，建立在简单归纳的基础上。相比较而言，浅白粗陋是中国人“梦”理论的特征，这是令我们汗颜的。之所以如此，吃亏还在于缺乏逻辑思维上。思维的工具若不进行更新改造，其理论进步的幅度就不会大！例如，仅就占梦理论而言，《周礼》中的周人曾将梦分了六类，而明人则分的更多一些；《周礼》乃战国时的产物，两千多年过去了，中国“梦”理论的进步仅仅是一种量的变化，没有质的飞跃，其启示的作用令人感慨，其背后的原因又是什么呢？令人思考！

（三）释梦的要求和规矩

释梦亦即占梦。古人不但对占梦人有要求，而且对占梦也有许多规矩，在古代多部文献中均有较详细的介绍。

1. 首先对占梦人资格的要求

占梦人首先要具备基本资质：第一，观天地之会。“如分至有节，建厌有位，春秋之中曰分，故昼夜长短同也。冬夏之中曰至，夏至者，阳极之至，阴气始至。冬至者，阴极之至，阳气始至。建厌者，日辰所会也。皆為天地交会之宸也。占梦者，必考於其会，始能按候而定吉凶。”① 第二，辨二气之乘。“如制伐阴义专及王相休囚也。干克支曰制，支克干曰伐。干生支曰阴，支生干曰义。干支比和曰专。王所胜者死，相所胜者囚。故春则木王，火相，土死，水休，金囚；夏则火王，土相，金死，木休，水囚；秋则金王，水相，木死，土休，火囚；冬则水王，木相，火死，金休，土囚也。（王者旺也）占梦者，必究干支生克之情，王行胜败之实而后可迎其气以详之。”②第三，审三辰之象。“如宿舍轮转及五星所行合散犯守陵历斗拍彗孛飞流与日月薄蚀晕适抱珥之类也。占梦之必探宿舍所临，而五星者变，日月之异，皆不可不精察以为推者也。”③

2. 占梦原则

第一，贵贱有别。“帝王有帝王之梦，臣宰有臣宰之梦，圣贤有圣贤之梦，常人有常人之梦，不得以至卑至践者，乃妄以尊贵之象加之耳。”第二，邪正有分。“君子当察人之为邪为正，为邪中之正，正中之邪，则吉凶如列了，祸福如随影也。”第三，吉凶有概。“见梦鲜美开明之象，皆吉；污秽倾晦之象，皆凶。优俳戏弄之类虽吉成虚。妖异幻妄之事虽凶必散。占梦者，皆当以类推之，毋庸执泥。”第四，敬肆有端。“祸兮福倚，福兮祸伏。天道无常，惟人自召。故梦瑞而德益修者，福必臻；梦瑞两纵恣者，福转为祸矣。梦妖而骄益甚者，祸必成；梦妖而戒惧者，祸转為福矣。故梦之妖瑞，视乎其人之德不德。召感见微，转移呼吸，不可不慎，岂执经而论哉！”④

3. 梦有五不占

有五种梦不能入占。第一，神魂未定而梦者不占。人的精神由魂与魄组成，魂为阳，魄为阴，神魂未定就是所谓“丧魂落魄”，不是“真梦”便不能呈现吉凶之兆。第二，妄虑而梦者不占。因日间各种邪想而致梦。如白天见一美艳女子，而晚间作春梦者。邪想所梦一般不出眼、耳、鼻、舌、身、意六识所为，无“天机”所藏，也无吉凶所兆。第三，寤知凶厄者不占。也就是说梦中凶险之兆极其

---

①②③④　《梦林玄解》。

鲜明，用不着再占。第四，寐中酣病而梦未终者不占。在古人看来，有头有尾的梦才透吉凶之兆。如果梦而未终，尤其是中途被人吵醒，那么便是神谕未明，不可轻易占卜。假若被梦中凶象吓醒，则另当别论。第五，梦有始终而觉佚其半者不占。一些人梦后便忘，或者醒后只能记起一些杂乱的情节，其间的玄机已被扰乱，不完整的梦不能进行占断。

4. 占梦还有五不验

这实际是对占梦者的职业操守和业务水平提出的要求。第一，昧其本原者不验。明代陈士元的解释是："梦有本原，能通乎本原，则天地人物，与己一也。"①占梦者必须对天人之际、宇宙万物的道理参究透彻，彻悟人生如梦，睡梦之梦为小梦，人生为大梦，由梦而觉者，才能占断天下之梦。第二，业术不专者不验。占梦者须掌握基本的梦占方法。只有这样才能遵循正确的途径，将梦中之暗示破译并明白无误地揭示出来。一个高明的占梦家必须知识丰富，善于勾连，于细微的处中找出吉凶的征兆，否则就有可能对兆熟视无睹，错失机会。第三，精诚未至者不验。有些梦象明白易懂，有些则迂回曲折、扑朔迷离，这就要求占梦者必须虚其神明，以精诚的态度去感知梦境所示，这样才能揭示梦象的含义。不加思索，随意而占，是误己害人。第四，削远为近小者不验。意指占梦者不能将道与术分割。占梦虽属小术，但也蕴含着大道理，可以由术而通向大道。一些术数之士，割裂道与术的关系，把占梦局限为只言梦境吉凶的小术，不懂得由梦中之梦了解人生之梦，由小觉转入大觉的道理。这样不但不能灵验，也不可能通入大道。第五，依违两端者不验。对梦境所预示的吉凶，占梦者必须明白地揭示出来，不能含糊其辞，依违两端。否则就违背了占梦术的原则，成为欺世盗名之徒。

5. 占梦五须知

《梦林玄解》还有占梦的五须知：第一，梦无昼夜，必有吉凶。凡人觉而兴也，形役寐而寝也，神游形有兴寝。古今，一昼夜也，昼夜，一息也。固有辨乎形神，必无分於昼夜，占梦者。勿异视焉。第二，怪异无占，寻常有验。如所梦之兆，虽奇诞可惊而原其情事，真属荒唐迂谬者，经固无占，强占不验。又如梦甚平常，似无足异，而究其根由度其时势，非无关系者经纵无文，比类而推，则亦有验，不可忽也。第三，仙神灵秘，未可妄占。凡泛常之梦，不必用占。唯精诚所感，神灵所告者，方为可占。或神灵指示姓名、数目，文字、器皿之类，如天机微露不尽洩漏者，必俟后应，乃见灵验。虽善占之士，不可妄占。第四，梦变。见一梦而种种传变，如俄见白日，日出忽雨，才得欢笑，笑者随泣，方登山而泛舟，乃舟行陆地，顷立地而升天。又如一寝之梦，或屡迁多化，或屡梦不更，梦固多端，记宜全备。是故占梦者，必求其备，审其变，稽其微候。第五，梦寄。凡见梦而互相微应，如他人之梦，忽见诸我，己身之梦，反见于人。故臣有忠良，

① 《梦林玄解》。

主得之梦；子有贤贵，亲得之梦；夫有荣显，妻得之梦；人有穷达，友得之梦。或共寝而梦各异，或隔绝而梦实同，逮至久不相见，素不相识，远不相及之人，本无缘感，突如托梦，甚是神灵昭现，英魂吖诚，凡此之梦皆宜精详细究。

（四）历史上有名的占梦典故

1. 圣贤之梦

最早黄帝有“华胥之梦”，尧有“攀天、乘龙之梦”，舜“长眉、击鼓之梦”，《东观汉记》云：“尧梦攀天而上，汤及天舔之，此皆圣王之梦。”《帝王世纪》云：“舜梦眉长与发等，尧乃赐以昭华之玉，老而命舜代己摄政。”《白孔六帖》注引《梦书》云：“尧梦乘青龙上泰山，舜击梦鼓。”《太平御览·宗空篇》云：“舜有长眉、击鼓之梦。”禹有山书、洗河、乘舟过月之梦。《吴越春秋》：“禹登衡山，梦得金简玉字之书，得治水之要，遂周行天下。”《帝王世纪》：“禹梦自洗于西河。”《白孔六帖》：“夏禹未遇时，梦乘舟月中过。”

远古圣贤之梦的例子无非是后人为占梦增添说服力而已，显然有加工演绎的成分。而后时代的做梦以及占梦的典故更有意思，也更具文化的意义。

2. 刀开其心之梦

汉郑玄梦人以刀开其心，占梦者认为是启心开智的征兆。《太平广记》引《异苑》曰：“郑玄师马融，三载无闻。融还之，玄过树阴下假寐，梦一人以刀开其心，谓曰：‘子可学矣。’于是寤而即返，遂洞精典籍。后东归，融曰：‘诗、书、礼、乐皆东矣。’”做梦前，久学不开窍，让老师很失望；做梦后，梦见有人用刀开其心，实则心窍开、心智开的预兆，而后学业大有进步，让老师满意和称赞。因郑玄是向西行来求学的，所以马融称他为满载着知识，即满腹经纶东归了。

3. 魏武梦兆

曹操在南征刘备和孙权之前，梦见有一头长着两条尾巴的牛向北奔跑。曹询问谋士。谋士回曰：“牛字再加一条尾巴，就是‘失’字。”认为南征必定失败，于是竭力劝阻。后来果然赤壁大败。曹操晚年也常做怪梦，一次梦见三匹马在一个马槽里抢料吃，即“三马同槽”，起初曹操以为是马腾马超父子在捣乱，找个理由将马腾杀了。到后来，司马懿和他的两个儿子司马师、司马昭，相继当朝秉政，使曹操的子孙成了傀儡，最后取代了曹氏，魏就这样被晋所取代。民谚云：司马昭之心路人皆知。司马昭之心便是篡权夺位的野心。所谓“三马”哪里是马腾马超马岱三人之事，而是姓氏司马的父子三人的事情。当然，等到曹操这个怪梦被揭底的时候，已经是几十年以后的事情了。

4. 堕瓦之梦

周宣是释梦的高手。《三国志·魏志·周宣传》云：“文帝问周宣曰：‘吾梦殿屋两瓦堕地，化为鸳鸯，此何谓也？’宣对曰：‘后宫当有暴死者。’帝曰：‘吾诈卿耳’。宣对曰：‘夫梦者，意耳。苟以形言，便占吉凶。’言未毕，而黄门令奏宫人相杀。”魏文帝曹丕以两瓦堕地化为鸳鸯的梦象，询问占梦者周宣。宣认为这是后宫有暴死的征兆。谁想曹丕戏言道：梦是我虚构的，骗你玩的。周宣答，说出来便成意象，即含吉凶。这不果然应验了。

5. 水木之梦

《资治通鉴》第一八二卷记载：隋文帝梦见发大水，洪水滔天，河边的杨树纷纷倒下，而李树却不倒，询问身边的大臣，为隋文帝解梦的大臣说，这是李氏要取代杨氏之兆，造反的人姓李，其名字中必定有三点水。并且进一步劝皇上将海内姓李的尽诛。隋文帝身边的人宇文述借机诬陷说，一个叫李浑的人企图谋反，隋文帝派人一查，李浑有个侄儿李敏，其小名叫洪儿，“帝疑其名应谶”，于是隋文帝找了个借口，将李浑、李敏及李氏宗族共 32 人斩首，以绝后患。让人没想到的是，隋文帝却放过了另一个带三点水姓李的，即一个叫李渊的人，恰恰后来是李渊灭了隋朝，最终建立起了唐朝。

6. 堕床梦占

唐高祖李渊登基前曾梦身死后堕于床下，为群蛆所食，占梦者认为是亿万臣民趋附、将得天下的征兆。《太平广记》引《广德神异录》云：“唐太宗年十八，与晋阳令刘文清首谋之夜，高祖梦堕床下，见遍身为虫蛆所食，甚恶之，咨询于安乐寺智满禅师。师曰：‘床下者，陛下也。群蛆食者，所谓群生共仰一人活耳。’高祖嘉其言。”一个叫智满的禅师为李渊的解梦曰：其死，是毙也；堕于床，是下也；谐音乃“陛下”也。群蛆所食者，是亿兆之所仰仗，万众之所趋附也。和尚如此释梦，高祖当然高兴啦，历史上拍马屁达到如此水平的出家人也是不多见的。

（五）释梦及其评价

1. 古人对待梦的五种倾向

人自有了意识就有了梦，梦与意识相伴始终。人对梦的认识从未停止过，古代中国人对梦的态度大致可分五种倾向：其一，神秘主义倾向，向其不可知的方面引领，意图达到玄虚、幽暗的效果，以求蛊惑和愚弄人，达到政治的或经济的目的。正如鲁迅先生所说：“做梦，是自由的，说梦，就不自由。做梦，是做真梦的，说梦，就难免说谎。”① 其二，信仰主义倾向，首先强调要敬天敬神，将其理解为天的旨意的传达并力求对旨意的理解，由于天人合一，我们是可以领会天意的。其三，中国特色的人本主义倾向，认为天道合于人道，人道顺应天道，别管什么梦，只要通过专人指点，领悟神旨，完善德行，就能趋吉避凶、化险为夷。其四，中国特色的科学主义倾向，将其理解为思维的产物，日有所思，夜有所梦。多数时候将做梦解释为阴阳五行的失调，是身体有病的征象。最后其五，经验主

① 鲁迅：《听说梦》，《鲁迅杂文全集》（上下册），北京燕山出版社 2011 年版，第 699 页。

义色彩的机会主义倾向。这类释梦多从现实出发，企图从近期的人和事的关系中寻找答案，将其理解为自然性的、暂时性的，无须太认真对待。事情或许确实如此，因为许多占梦和解梦的古籍对梦到的同样事物，有时解释的大相径庭，让人无所适从。至于书中说到梦到什么，就一定会在现实中遇到怎样的情况，即使重复出现，也仅为低概率的偶然，缺乏必然性的论证，因此，也就不具有规律的性质。带有机会主义色彩释梦的有典型的例子：释梦者黄幡绰，唐玄宗时代的宫廷乐师，深得玄宗皇帝的喜爱。安史之乱，王室出逃，黄陷在长安服务于逆贼。一日，安禄山问黄："我做了一个梦，梦见衣袖忽然变长，一直掉到台阶之下。"黄释梦曰："吉梦也，表明您垂衣而治天下也。"安禄山听后甚喜。又一日，安禄山问黄："我梦见宫殿里的槅子（有格眼的门窗）倒了。这个梦如何解释呢？"黄回答道："旧槅子倒了应该再立新的槅子，这是表示革故鼎新之意啊。"安禄山听了也很高兴。后来，唐军打败安禄山收复了长安城，人们要治黄幡绰的罪，黄辩解道："微臣陷落在贼人手里，只好暂且哄着他，保留一条性命。微臣早已知道他必定完蛋，叛贼梦见衣袖变长，这是出不得手；梦见槅子倒掉，这是胡（糊）不得的（安禄山是胡人）。"玄宗佩服他的乖巧机智，就赦免了他①。可见，巧嘴如簧不仅可以胜任释梦，关键时刻还可以救命呢！

2. 理性对待梦的学者

多数中国人对梦的态度是现实的、理性的。《诗·小雅·正月》曰："召彼故老，讯之占梦。"郑玄笺："召之不问政事，但问占梦，不尚道德而信徵祥之甚。"显然郑玄在这里是以批评的口吻说到占梦，认为有比占梦更要紧的事。对占梦不迷信的还有齐国名相晏子。《晏子春秋》记载晏子为齐景公释梦就是个例子：齐景公得了肾病，一晚梦见与两个太阳搏斗，却被打败了。他问晏子这是不是我要死了的先兆？晏子建议召一个占梦人来听听他是如何圆这个梦。当占梦人请来时，晏子嘱咐占梦人道：大王所患的肾病属阴，而梦中的双日属阳，一阴不可能战胜二阳，所以这个梦正好说明大王的肾病就要痊愈了。你进宫后，只要照这样说就行了。占梦人见到景公后，将晏子嘱咐的话转述给了景公听，齐景公不觉大喜，放下了思想包袱，由于积极配合治疗，再加上合理用药和改进膳食，数日后，病果然好了。为此，齐景公想重赏占梦人。占梦人说：这不是我的功劳，是晏子教我这样说的。齐景公又决定重赏晏子，而晏子则说：我的话只有由占梦人来讲，才有效果；如果我直接说，大王不一定肯相信，所以，这件事还是占梦人的功劳。可见，晏子释梦充满着理性和智慧。元末明初大学者叶子奇在其所著《草木子》中有"北人不梦象，南人不梦驼"之说，大象产于南方，骆驼产于北方，叶子奇借做梦的话题阐明了意识对物质的依赖关系，也颇有见地。

① 《毛诗正义》卷十二。

3. 中国人释梦的几个特色

中国管释梦也叫占梦。“占”便有预测、释兆的意思。占梦人能否将梦境、梦象解释得圆满，能否将景象与问梦人心目中的所思、所愿联系在一起并合理地转译出来，是个经验与水平的问题。传统占梦有所谓“三说”：正说、反说和联说。正说，也就是直说或者直解，即梦象本身直接作为预言或事物发展的结果告之了做梦者，只不过最终实现有时间的不同。反说，也称悖说，就是梦中所遇的东西均具反向性质，景象是颠倒的，结果是悖逆的；好与坏，福与祸，失与得是相互更换位置的。联说，也做旁说、侧说和连说，是占梦者最常见的方法。即梦境、梦象不甚清晰，情节凌乱，正说和反说都有困难，这时便需要联说出面了。联说有联想到其他事物，可以旁征博引其他知识来解梦圆梦。联说一般有这样几种方法的运用：比附说，拆字说，谐音说，代入五行说，运用卦爻说，结合命理说等等。

中国释梦历史悠久，传统的释梦有这样几个特色：

第一，经验的现实的色彩浓重。《关尹子·六匕》曰：“好仁者多梦松柏桃李，好义者多梦刀兵金铁，好礼者多梦簠簋笾豆，好智者多梦湖川洋泽，好信者多梦山丘原野。”同时古人还有“南人不梦马，北人不梦船”之说，也是强调生活经验的。

第二，总和“礼”或伦理的观念分不开。《二程粹言·卷七·圣贤篇》云：“高宗得傅説于梦，何理也？子曰：其心求贤辅，虽寤寐不忘也。故精神既至，则兆见梦。文王卜猎而获太公，亦犹是也。”又云：“圣人无梦，气清也；愚人多梦，多昏也。孔子梦周公，诚也，盖诚为夜梦之影也。学者于此亦可验其心态之定否，操术之邪正也。”贾谊《新书·春秋》：“天子梦恶则修道，诸侯梦恶则修政，大夫梦恶则修官，庶人梦恶则修身。”

第三，断言只要行得正，君子不怕做恶梦。鲁哀公问于孔子曰：“‘夫国家之存亡祸福，信有天命，非唯人也？’孔子对曰：‘存亡祸福，皆己而已，天灾地妖不能加也。……故天灾地妖，所以儆人主者也；寤梦征怪，所以儆人臣者也。灾妖不胜善政，寤梦不胜善行’。”①《淮南子·缪称训》曰：“身有丑梦，不胜正行；国有妖祥，不胜善政。”说的是同样的意思。

4. 进一步开展梦的科学研究

梦到底是什么？梦文化实际涉及多种学科，似乎说的再多也说不完。《黄帝内经·灵枢》例举了淫邪发梦十二种症状：“阴气盛则梦涉大水而恐惧，阳气盛则梦大火而燔焫，阴阳俱盛则梦相杀。上盛则梦飞，下盛则梦堕。甚饥则梦取，甚饱则梦予。肝气盛则梦怒，肺气盛则梦恐惧、哭泣、飞扬，心气盛则梦善笑、恐畏，脾气盛则梦歌乐、身体重不举，肾气盛则梦腰脊两解不属。凡此十二盛者，至而

① 《孔氏家语·五仪》。

泻之，立已。”《黄帝内经》代表了中国科学主义一派对梦的解释。弗洛伊德在《梦的解析》中说：“梦，不是空穴来风，不是毫无意义，不是荒谬，不是半睡半醒的意识产物。梦完全是有意义的精神现象。实际上，梦是一种愿望的达成；梦是一种清醒状态精神活动的延续；梦是高度错综复杂理智活动的产物。梦是一种被压制愿望的假装满足，梦是‘被压制的冲动要求’与‘自我检查能力的阻挠作用’之间的一种妥协。梦中的表现只是意愿，梦潜在的内容才是它本质所在。”①弗氏代表了一部分西方学者对梦的解释。其实，这些都仍然是远远不够的。

5. 梦话题常在

梦话题常在，但中国古老的占梦术似乎在走着下坡路。其原因在于一部分人在具备了解释梦的基本知识后，少了一些疑惑，也少了一些盲从，可以自我分析，自我调适了；还有原因在于古老的释梦掺有较多非理性和非科学的成分，加之用语和遣词的陈旧与疏离，便使得一部分人产生鄙视和偏见，采取远离的态度就很自然了。对梦的解析需要现代科学更进一步地渗透，需要脑科学、生理学、心理学和其他学科的更广泛的参与，更加科学的解答还有赖于后继者。不管怎么说，梦文化既然是中国古代文化中不可缺少的重要组成部分，我们就有义务用理性的态度好好地梳理它，并用科学的精神继续深入地研究它。

三、符箓

（一）符箓的源流

1. 符箓释义

和图谶在有些地方相类似的术数形式是符箓。符箓主要由文字和图形构成，同时往往带有咒语，而咒语具有谶语的某些功能，符箓也可称符咒。追求所谓的“灵验”是图谶和符箓的共同目的。二者的区别在于图谶仅是一种预言，具有“未来时”的特征，而符箓则具有一种“法力”，更多地运用于“现在进行时”；制造图谶的人什么身份都可以，而符箓的制造者必是道士。符箓作为术数形式之一，虽然是道士们做法时常用，但它并非是在道教成立后才出现的，它渊源久远，远古时代巫卜祭祀就已经有它身影存在了，只不过道教将其继承并发扬光大了。

符箓实际上分为符和咒两部分功能。符是符箓的简称。符是指书写于黄色纸、帛上的笔画屈曲、似字非字、似图非图的符号、图形；箓指记录于诸符间的天神名讳秘文。道教声称，符箓是天神的文字，是传达天神意旨的符信，用它可以召神劾鬼，降妖镇魔，治病除灾。咒是诅咒的简称。黄帝时设官职祝由，又叫咒由，祝即咒，负责古代祭神时念诵祝词的职责。《说文解字》曰：“祝者咒也。”《尚书·无逸》曰：“民否则厥心违怨，否则厥口诅祝。”孔颖达疏：“诅祝，谓告神明令

① 弗洛伊德：《梦的解析》，赖其万、符传孝译，中国民间文艺出版社1986年版，第55页。

加殃咎也；以言告神谓之祝，请神加殃谓之诅。”符咒关系密切，符谓有形，咒谓有声，形声配合才显威力。符箓是祝咒的图文形式，祝咒是符箓的声音表达。画符时要念咒语，用符时也有咒语，作一切法都有一定的咒语相伴。咒语是施法者发自肺腑的精诚意念，是感召神灵的声音，唯此才能保证法术的奏效。

2. 符箓产生于道教之前

符箓中的咒并无实物考，但符可有实物考。符箓的记载始见于东汉。《后汉书·方术传》云：“河南有麴圣卿，善为丹书符，劾厌杀鬼神而使命之。”同时，还记载了一个有意思的故事：费长房向卖药翁（被称为壶公）学道术，临别时卖药翁作一符赠予费，曰：“以此主地上鬼神。”这符可以驱使鬼神。费学成后归家，“遂能医疗众病，鞭笞百鬼，及驱使社公。”费长房自此能够医治各种疾病，鞭打众鬼，还能驱使土地庙里的神仙。但很不幸，“后失其符，为众鬼所杀。”后由于遗失了仙人送的符，没有了护身符的保护，被鬼魅们杀害。近代考古也曾多次在东汉墓葬中发现符箓，至少证明符箓产生于道教之前。

（二）符箓的一般原理

1. 法事四大要诀：符、咒、掐诀、步罡

《道法会元》云：“法中之法者，步罡、掐诀、念咒、书符，外此则皆术数。”（这里术数做贬义讲，即妖术）道教的做法术或法事一般有这样几种因素不可少，首先是所谓的四大要诀：符：就是书符，表达灵界的公文和法规。咒：就是咒语，传达灵界的密码与歌诵号令，是一种沟通，感念神灵、厌劾鬼怪，起到一种契约的作用。掐诀：又称捻诀、手诀，即各种手式和手法，不同的法事有不同的指法，用以增强做法的效果。步罡：又称“步罡踏斗”或简称“斗步”，是做法者参拜星斗唤请诸神的一种仪式，其步法依北斗七星排列的位置而行步转折，宛如踏在罡星斗宿之上。步罡取法于“禹步”，（即大禹创制的召神步法）分五行、七星、八卦等各种不同罡步，各有其不同的作用，以展示灵界的强大威力。另据史载，“禹步”实为足疾所致。西汉扬雄《法言》卷七《重黎》云：“巫步多禹”。李轨注曰：“姒氏禹也，治水土，涉山川，病足，故行跛也。而俗巫多效禹步。”仿效人家跛行乃属不敬，后世本应为尊者讳，然而反倒成了法定的步法了，总感觉多少有些搞笑。做法事的四诀之间，其关系是符为法术之魂，咒为法术之魄，掐诀和步罡为法术之形。做法事还会用到印，法印：表示灵界的权威和印信。加盖在符咒上以增强符咒的威力，法印的材质金石木均可。有时还会用到剑，即法剑，又称“宝剑”或“七星剑”。材质也分金或木，木质一般为桃木剑，剑身上刻有符咒。在传统观念中，桃木有镇灾避邪之说，被称为神木。上述符咒诀步，加之印、剑、再配合使用令旗、灵幡、灵图、照妖镜和其他法器，构成行法的一整套手段和方法。

2. 符箓的书写

在道家看来，符箓是一种灵修的学问，是一种意念的修炼，在这过程中凝聚气运和力量。符是气场体验下的记录，曲线符表现的阴柔和缓的气运，直线符表现的阳刚剧烈的气运；而咒语则是强大意念的流露和表达。

道教十分重视符箓的书写。写符，道教经典《道法会元》说到两个前提：一要心诚。诚则灵，不诚则不灵。曰："符者，阴阳契合也。唯天下至诚者能用之。诚苟不至，自然不灵矣。故曰：以我之精，合天地万物之精；以我之神，合天地万物之神。精精相附，神神相依。所以假尺寸之纸，号召鬼神，鬼神不得不对。"二要运气。气运笔端，附于图文中。曰："符，朱墨耳，岂能自灵；其所以灵者，我之真气也。故曰，符无正形，以气而灵。"并诀曰："画符不知窍，反惹鬼神笑；画符若知窍，惊得鬼神叫。"《了凡四训》上记载有符箓家的心得："符箓家有云：'不会书符，被鬼神笑。'此有秘传，只是不动念也。执笔书符，先把万缘放下，一尘不起。从此念头不动处，下一点，谓之混沌开基。由此而一笔挥成，更无思虑，此符便灵。"有些人相信灵符若有验，会使鬼神叫的（参见彩色插图16）。

3. 符箓的四要素

符箓式样千奇百怪，但有四要素：复文，多数由二个以上小字组合而成，少数由多道横竖曲扭的笔画组合成形。云篆，据说是天神显现的天书，实即模仿天空云气变幻形状或古篆籀体而造作的符箓。灵符、宝符，由更为繁复的圈点线条构成的图形。符图，由天神形象与符文结为一体的完整的图文。符的结构通常由上而下：符头、神灵、符腹、符胆、符脚构成。符头好比人的头，代表威仪，或书"敕令"，或画"三勾"代表三清（太上老君、元始天尊、通天教主）。神灵好比思想和心脏；代表该符的主事神。符腹好比腹腔，表示主要的诉求。符胆好比肝胆，是符的护卫，不容怠慢亵渎，常由秘字构成。符脚好比一个人的脚，一张完整的符立在那里。符图的颜色蕴涵寓意：红色为文，黑色为武。禳解、安胎、治病等多是朱砂所画，丹属南，寓意长生；诛妖、斩鬼、神将、镇宅多为黑色，皂属北，寓意凶杀。符有多种：平安符、开运符、旺运符、招财符、姻缘和婚姻和合符、文昌符、事业符、祛病符、镇宅符、镇妖符、破太岁符等。（参见彩色插图17）

4. 符箓法事中咒语的意义

道教也十分重视咒语的意义。葛洪在《抱朴子·内篇·登涉》夸咒语道："祝曰，临兵斗者，皆阵列前行。凡九字，常当密祝之，无所不辟。要道不烦，此之谓也。"竟然说到咒语"无所不辟"，可见，信心满满。符由心写，咒自心出，如此才能动天地而惊鬼神。咒语结句常念出奉某某神仙之名讳，按其敕令执行符令，然后用"急急如律令""神兵火急如律令"等作押咒之句。对应着不同符，咒的种类也多种多样，有平安、开运、请财、长寿、向善、姻缘、和合、去灾、去病、镇宅、请仙、杀鬼等咒语。

5. “结煞”的重要性

咒完符成。符成之后，还必须结煞。俗语：“刀无钢不快，符无煞不灵”，“画符容易结煞难”。何谓“结煞”？结煞是完成符咒的最后一道程序，是赋予该符生气或灵气的一个重要步骤，不可缺少。否则，就如同画龙没有点睛一般。一些道教古籍中，原管这一步骤叫做“结讳”或者“入令”；后多数道教派别称之为“结煞”，故道教典籍《道藏》从之。“结煞”其实还是两个步骤，“结讳”就是结束讳令，“入令”就是气入讳令。何谓“讳令”？讳令就是面前的这道“符”。“讳”就是不能直呼神仙名，在这里，“讳”代表的就是该符的“主事神”。“令”就是主事神下达的命令。“结煞”意思一是告知主事神已经结束了讳令的书写，二是借神的仙气，注入到符中，使之附上魔力。“煞”，阴气也，结煞就是扶阳抑阴，借助阳神气，结束阴妖气，符的最终目的也在于此。“结煞”要做的一件重要事情就是采气，然后送气入符。由于采气需要有时令和方位的复杂计算，所以结煞的具体方法也不尽相同。

6. 符箓流派

符箓有不同的流派。唐末宋初，道教中的天师道和上清、灵宝派分别以龙虎山、茅山、阁皂山为活动中心，形成著名的“三山符箓”。即茅山的上清箓，阁皂山的灵宝箓，龙虎山的正一箓，称为符箓三宗。以后出现的天心派、神霄派、清微派、东华派均为符箓三宗分衍的支派。

（三）符箓的典故

符箓典故很多，试举历史文献中的四则。

1. 郭璞利用符箓设局

《晋书》所载郭璞利用符咒扰人视听、设局拐走人家婢女的故事。庐江战事吃紧，太守胡孟康图眼前安逸，不想过江南去。请郭璞占局势，得到的结果是“败”，胡仍不相信。郭璞正欲离开，一眼看上了房主家中的一婢女，于是取小豆三斗，把它撒在房主人宅院四周。主人早晨起来，看到数千穿红衣的人把院子围了起来，到近看又没有了，心里又厌恶又恐惧，于是再请来郭璞为他占卜。璞云：“你家中不该收留这婢女，可把她领到东南方二十里远的地方卖掉，千万不要和买主讨价还价，这样妖孽可除。”主人依此行事。郭璞则暗中派人以很低的价买下了这个婢女。之后璞再画了符投入井中，那数千个红衣小人都被反绑着双手，一个接一个自己跳入井中，主人非常高兴。事毕，郭璞便带着这个婢女离开了此地。数旬后庐江就沦陷了。

2. 积德后得到善报

纪晓岚的《阅微草堂笔记》记录了民间的许多奇闻异事，其中涉及符箓的故事也很多。转录其中三则：东光县南乡有个姓廖的，募捐建造埋葬无主尸骨的义冢，村民相助完成了这件事，已经过了三十多年了。雍正初年，东光发生大的瘟疫。姓廖的梦见一百多个人站立在门外，其中一个上前致词说："疫鬼将要来了，向您恳求焚烧纸旗十多面，用银箔纸糊的木刀一百多把，我等将同疫鬼战斗，以报答一村的恩惠。"廖本来是一个好事的人，就按照嘱托制作了纸旗和木刀焚烧。几天之后，夜里听到四周旷野里嘈杂的呼叫和格斗的声音，直到清晨才停止。全村果然没有一个人染上瘟疫。

3. 吕道士画符施魔法

有位吕道士，善长幻术。一次在朋友田山口家做客。正值紫藤花开，田请来一些客人聚会赏花。席间一位俗士言谈低级鄙陋，喋喋不休地很扫大家的兴。还有一位年轻人举止轻薄，令人生厌。有人委婉制止，不想两人大怒，几乎要到动手的地步。一位老学究出面劝解，他俩也毫不给面子，使得老学究也怒形于色。满座客人都弄得很不愉快。吕道士和小童耳语了几句，随即拿来纸笔，画了三道符烧了。只见这三个人忽然都站了起来，在院内转了几圈。那位俗士奔向东南角坐下，喃喃自语起来。仔细听来，是在与妻妾谈家事。他一会儿左顾右盼地似在劝解，一会儿和颜悦色地为自己辩解，一会儿作出承认过错的样子，一会儿跪下一条腿，一会儿两条腿都跪了下去，一会儿叩头不已。看那位年轻人，坐在西南角上，飞眼送情，卿卿我我地细声软语，一会儿嬉笑，一会儿谦逊地推辞，还低声吟唱《浣纱记》，咿呀不已，手打着拍子，极尽放荡的丑态。那位老学究则端坐在石凳上，在讲解《孟子》中"齐桓晋文之事"那一章，分析字句，指东点西、左顾右盼，好像在和四五个人对话，忽而摇手说不是，忽而瞪大了眼睛说还不明白么？同时还咯咯地咳喘不已。大家又惊又笑，道士摇手制止大家笑。等到酒会快结束时，道士又烧了三道符。于是那三个人怅惘地呆坐着，过了一会儿才醒过来。他们都自称酒醉不觉睡着了，向大家道歉。诸位客人憋着笑散了。

4. 张真人的实话实说

叶旅亭御史的住宅，忽然有狐魅作怪，大白天和人说话，叫叶御史将这住宅让出来。它不断地胡闹，让杯盘自己在空中飞旋，桌子和床自行走动。叶御史将这告诉了张真人，张真人把这事就委托给法官办理。法官先书写符一道，刚刚将符贴出去，便被撕裂了。又写牒文告到城隍，也没有效验。法官说："这肯定是天狐，非上奏章不可。"于是设七天道场，到第三天时，狐怪还是谩骂不休，第四天才说好话求和。叶御史不想与狐怪为仇，请张真人作罢。张真人说："奏章已经拜送上界，是追不回来了。"第七天，忽然听到格斗声，门窗都被打破掉落下来。一直到黄昏，格斗之声还没平息。法官又作檄文，请其他神灵助战，才把狐怪擒住，用一个大腹小口的瓶子装起来，埋在广渠门外。有人曾问张真人驱鬼役神的原因，他说："我也不知道其中的所以然，只是依法施行而已。一般说来，鬼神都听命于印，而符口则掌握在法官手中。真人像是长官，法官像是小吏。真人离开了法官就不能使用符口，法官没有真人的印，符口就不灵验。其中的符口有的灵验，有的不灵验。就如官府中的行文奏章，有的批准，有酌被驳回，不可能都那么有效验。”这话很有些道理。有人又问张真人，如果在空房子里或深山之中，突然遇到狐精鬼怪，你能制伏它们吗？他说：“譬如大官从这里经过，强盗自然都避开了。假若有些无知的猖狂者，突然冒犯了大官，大官虽说掌有兵权，但一时不可能将大兵调来，对此强寇，一时也无可奈何。”这话也很实在。可见世间所有的神奇传说，大多是牵强附会的。

（四）符箓的评价

1. 符箓探源

如果说咒语来源于上古祝由的祷词，那么道符制作思路则模仿了春秋战国时的兵符。兵符主要由文字变形而来，常做成虎形，体现威严，又称虎符。兵符原是古代君王用以传达命令或者调动军队的凭信。初刻竹为之，后多用金、玉制作，朝廷、前方将帅各执一半，符之相合，以为号令。现代词汇“符合”、“相符”等词语，就是对“符”古义的保留。执符的使者因代表王命，将领须听从其传达的命令而执行之。司马迁在《史记·魏公子列传》里用妙笔记载下信陵君“窃符救赵”的故事。可见“符”的作用不容小视。将人间权利象征的“符”搬到了神鬼世界，于是便有了天符和神符的出现。

2. 符箓的文化意义

符箓术的思想基础是鬼神信仰。认定符箓有召神劾鬼、镇魔降妖之功效，这自然有迷信一面，不足信。符的制作依照了文字的“六书”原理，取现成的或自创的文字（符字）配以厌胜物、星图、神像等构成的。简单的符有其中的一种或少数几种配合而成，赋义较为单纯，而复杂的符则由多种成分、经多项步骤绘就，故赋义丰富，实际相当于一定篇幅的告示或檄文。由于符的绘制仅流传于造符者及其传承者的狭小圈子里，囿于派系之见，更加大了对符内容解读的障碍。保持符箓之术的独特性和神秘性，也许恰是造符者的目的。创造符的背后还是有值得肯定的地方。符箓类似于文书，在古人眼中，文书足可以惊天地而泣鬼神。《淮南子·本经》云：“昔者仓颉作书，而天雨粟，鬼夜哭。”文字居然有如此的威力，惊天地，所以天雨粟；泣鬼神，导致鬼夜哭。高诱在此作注云：“鬼恐为书文所劾，故夜哭。”符箓之术沿袭并强化了古人对文字的崇拜，这对文化的敬重与传播有着积极的意义。

道教符箓使用十分广泛，广泛运用于道法和斋醮科仪的各个环节，凡建坛、召将、上章、立狱、驱邪、破幽、水火炼度等，都要用到符。符深深影响到了民俗，一些人愿意请符贴于寝门之上，或用于救灾止害，或用于驱鬼镇邪。有人佩带在身上，名曰“护身符”（参见彩色插图2）。影响民俗最大的应是“桃符”。古人在辞旧迎新之际，用桃木板分别写上“神荼”、“郁垒”二神的名字，或者用纸画上二神的图像，悬挂、嵌缀或者张贴于门首，意在祈福灭祸。这就是最早的桃符。五代时开始在桃木板上书写联语，其后书写于纸上，称为春联。春联源于桃符。最著名的是北宋王安石的《元日》诗："爆竹声中一岁除，春风送暖入屠苏；千门万户曈曈日，总把新桃换旧符。"至宋代，桃符已经被春联所取代。如今，迎春时写春联贴春联已成为了普遍的中华民俗。

符箓原本起源于远古时代的巫祝之术，在被中国的道教所承继和利用后不久，也深深地影响到中国的佛教，默念咒语、相信诵咒的力量遂在佛教中流行开来。在佛教典籍《四分律》卷二十七和《十诵律》卷四十六里面都有用咒语治病的记载。依照佛之根本法则，有病应当看医生，有灾难先要自我忏悔、然后存善心、做善事，才能逢凶化吉；在佛家看来，解冤释结，消除业障最好的办法是行善修德，结善缘而不结孽缘，所以，佛家原则上是不提倡咒语的使用，也不相信咒语力量的。但随着佛教中国化的进程，佛家弟子也逐步接受了咒语的效验的意识，相信一种特定的语句若反复地持诵，便会产生力量，一种物质的力量。大致到五代以后，《楞严经》受到重视，随着"楞严咒"被人们所认识，进而较早时候的"孔雀王经咒"、"大悲咒"等才被人们重新拾起，咒语才得以在中国的佛教界流行开来。在佛者看来，咒语中固然有代表神明的灵力，但更重要的还是持诵者心念的集中之力，如果诵咒者能够专心致志，反复持诵同一咒文，便能够达之身心同一，达之从有念至无念的禅定状态，便会出现效果。所以，后期的佛教并不反对使用持咒的法门。佛家的咒语多为惩戒，如《西游记》中的唐僧总念紧箍咒来惩罚孙悟空。但是佛家反对损人利己邪法、邪咒，一些为了报复仇家、营私泄愤的害人图财的咒语是不提倡的，也是不会灵验的。

3. 符箓能否治病？

符箓真的能治病吗？符箓能治病须两面看。首先有迷信的一面，符箓本身不治病，得了病不请大夫诊疗，请人驱鬼除妖，会误事丧命的。还有人相信服食所谓的"符水"治病，若得的是消化系统的疾病，如此一来，只会加重自身的病情。但为什么有的时候"灵符有验"呢？有些人确是通过它看好了病呢？原因：其一，可能原本就是"微恙"，靠自身的免疫功能也会逐步恢复的。其二，因相信符箓，或饮了符水后，造成了一种鬼已驱去、病已脱身的心理态势，这类似于医学上的心理疗法，这只不过是符箓引发出积极的心理状态，进而调动起患病者自身的免疫系统发挥了作用，加之注意休息，最终促使其疾病痊愈了。在缺医少药的条件下，符箓的治疗只能算是一种无奈的选择。

四、神秘的术数形式——扶乩

（一）扶乩的源流

1. 何谓扶乩

扶乩，是中国道教的一种占卜方法，又称架乩、扶箕、扶鸾等。扶鸾是因传说神仙来时均驾风乘鸾。扶，指扶架子；乩，谓卜以问疑。扶乩首先要具备道具，一般是用一支笔插在箕盘上，两人轻轻扶着；此时还需要有人扮演被神明附身的角色，这种人被称为鸾生或乩身。神明会附身在鸾生身上，写出一些字迹，以传达神明的想法。扶乩中据说笔会自己动起来，两人便顺势在沙中写字，信徒通过这种方式，与神灵沟通，以了解神灵的意思。

2. 扶乩起源于紫姑祭拜

扶乩雏形最早应出现在南北朝，是由紫姑祭拜演变而来的。紫姑是汉族民间传说中的司厕之神，又有子姑、厕姑、茅姑等不同说法。紫姑祭拜至少在南朝刘宋时就有，首次记载在刘敬叔的《异苑》卷五云："世有紫姑神，古来相传云：是人家妾，为大妇所嫉，每以秽事相次役。正月十五日，感激而死，故世人以其日作其形，夜于厕间或猪栏边迎之，祝曰：子胥不在，是其婿名也。曹姑亦归曹，即其大妇也。小姑可出戏，投者觉重，便是神来，奠设酒果，亦觉貌辉辉有色，即跳躞不住，能占众事，卜未来，蚕桑。又善射钩，好则大舞，恶便仰眠。"《古今图书集成・神异典》又引《显异录》："紫姑，莱阳人，姓何名媚，字丽卿。寿阳李景纳为妾。其妻妒之，正月十五阴杀于厕中。天帝悯之，命为厕神。故世人作其形，夜于厕间迎祀，以占众事。俗呼为三姑。"也有人说，紫姑是杜撰出来的名字，其实指的是西汉时的戚夫人，她是死于厕所的。后来"戚"演变成了"七"，又转化为"紫""子"，是音近而变了称呼。

中国历史上，迎请紫姑神在正月十五日夜，"正月十五迎紫姑"遂成风俗。每当上元节前夜，居家妇女便要迎接厕神。风俗较奇怪，节前的一天，备粪箕一只，饰以钗环，簪以花朵，另用银钗一只插箕口，放在坑厕侧设供。同时，另设供案，点烛焚香，让小儿辈对它行礼。汉族民间多以箕帚、草木或筷子，着衣簪花，请神降附。妇女们就把自己的心事向其诉说，世人谓紫姑能先知，多迎祀于家，占卜诸事。随着各地迎紫姑方式的不同，祭拜中逐步增添了图画和写字的内容，这便向扶乩靠拢了。《稽神录》云："正月望夜，江左风俗，取饭箕，衣之衣服，插著为嘴，使画粉盘以卜。"《游宦纪闻》云："请紫姑，以著插筲箕，布灰桌上画之。"文化的意味渐浓。福建一些地区，演变成新的习俗。清施鸿宝《闽杂记》云："闽俗，妇女多善扶紫姑神。上诸府则在七月七日，称为姑姑，下诸府则在上元夜，称为东施娘。又下（诸）府未字少女，多于是日潜揭门前所贴春联，于紫姑前焚之，以为他日必得读书佳婿。"旧时代，妇女受教育有限，向往识文断字的文化人，希望借拜紫姑找到会读书的心上人。据《酉阳杂俎》、《梦溪笔谈》等载，还有请紫姑作诗、写字、下棋等游戏。这就进一步地向扶乩靠拢。《异苑》卷五云："世有紫姑神……能占众事，卜未来蚕桑，又善射钩，好则大舞，恶便仰眠。""射钩"具体是什么？是扶乩一部分？还是傩戏一部分？在清施鸿宝的《闽杂记》中云"具体作法已不详"。迄今也再无具体考证。

3. 扶乩的流变

扶乩来源于拜紫姑活动，后逐渐独立出来成为一种占卜形式应成型于唐代。唐代李商隐就有“羞逐乡人赛紫姑”的诗句。宋代人洪迈在《夷坚志》中认为是唐朝武则天时期已有扶乩的活动。扶乩成型于唐，而盛行于宋。宋代沈括《梦溪笔谈》云“近岁迎紫姑仙者极多”。《夷坚志》中已有较详细地宋代扶箕情形的描述。宋代民间流行扶乩，以文为盛。苏轼的《子姑神记》有较详细的描述：“神复降于郭氏。予往观之，则衣草木为妇人，而箸手中，二小童子扶焉，以箸画字曰：‘妾，寿阳人也，姓何氏，名媚，字丽卿。自幼知读书属文，为伶人妇。唐垂拱中，寿阳刺史害妾夫，纳妾为侍妾，而其妻妒悍甚，见杀于厕。妾虽死不敢诉也，而天使见之，为直其冤，且使有所职于人间。盖世所谓子姑神者，其类甚众，然未有如妾之卓然者也。’公少留而为赋诗，且舞以娱公。诗数十篇，敏捷立成，皆有妙思，杂以嘲笑。问神仙鬼佛变化之理，其答皆出于人意外。坐客抚掌。”苏轼的记载活脱脱描述了一个扶乩的过程。宋代诗人陆游在《箕卜》诗描述道：“孟春百草灵，古俗迎紫姑。厨中取竹箕，冒以妇裙襦，竖子夹扶持，插笔祝其书，俄若有物凭，对答不须臾。岂必考中否，一笑聊相娱，诗章亦间作，酒食随所须。兴阑忽辞去，谁能执其袪。持箕畀灶婢，弃笔卧墙隅。几席亦已彻，狼藉果与蔬。纷纷竟何益，人鬼均一愚！”宋代时分，拜紫姑活动与扶乩活动已经合二为一了，或者说扶乩活动中的紫姑印记已经在逐渐地消退，用来卜占的色彩渐浓。扶乩的兴起与隋唐时代科举考试开始实行有关联。读书人临考前心中空落没底，常以扶乩祈求神示，陆游诗中说的“岂必考中否”的疑问就是在预测科举之事。在陆游看来，扶乩仅为娱乐耳，一笑了之，若相信其灵验，“人鬼均一愚”，不免陷入愚见，陆游的态度是端正而释然的。

扶乩到了明清时代虽然依然红火，但市场渐小，似乎演变为一种消遣方式了，而且越来越局限于文化人之间。曹雪芹在《红楼梦》讲到了扶乩，其第九十四回说到贾宝玉不小心丢了挂在脖子上的“通灵宝玉”，在众人寻找无果的情况下，邢岫烟提议：“我在南边闻妙玉能扶乩，何不烦她问一问。况且我听见说这块玉原有仙机，想来问得出来。”其第九十五回说到妙玉答应了岫烟的请求，“妙玉笑了一笑，叫道婆焚香，在箱子里找出沙盘乩架，书了符，命岫烟行礼，祝告毕，起来同妙玉扶著乩。不多时，只见那仙乩疾书道：‘噫！来无迹，去无踪，青埂峰下倚古松。欲追寻，山万重，入我门来一笑逢。’书毕，停了乩。岫烟便问请是何仙，妙玉道：‘请的是拐仙。’”在曹雪芹这里，扶乩仍有卜占的功能。其实，扶乩原有的卜筮的功能到明清时代已经大大降低了，而越来越演变为文人卖弄的一种把式，一种文人圈子里的娱乐游戏了。

（二）扶乩的形式和特点

1. 扶乩的操作过程

一千多年来，扶乩的用具几乎没有太多的变化，一般有专用的木制沙盘，沙盘是簸箕上放细沙或精米；乩笔就是两根小木棒，钉成丁字形或Y字形的乩架，或筐箩、筛、箩等作笔架；扶乩就是用乩笔在沙盘上写字。扶乩时必须有正鸾、副鸾各一人，另需唱生二人及记录二人，合称为六部（三才）人员。进行扶乩活动时，烧香点烛，请神下凡，让乩笔在沙盘上抖动。在默认的沙盘上，由鸾生运用由Y字型桃木和柳木制成的木笔，执笔挥动成字，并经唱生依字迹唱出内容来，然后经记录生抄录成为文章诗词，最后对该讯息作出解释。所写文字，虽然是由人记录下来，但这就是神灵的指示 ，整理成文字后，就成了有灵验的经文了。根据这些经文内容来预测吉凶（参见彩色插图19）。

扶乩的方法有大致分为五种。其一为天坛，空悬铁笔，下放沙盘，请仙圣临坛，铁笔自动下降沙盘并写出字来。其二为法坛，须长期斋戒的不动荤腥的人，该人且具童贞体的男或女，其一人双手扶着木笔，仙圣临坛，他（她）即能感应地写出字来。其三为仙坛，只要是长期食素者，须二人共扶乩笔写出字来。其四为神坛，二人只要有诚心，亦能请神临坛，领会神意。其五为鬼坛，任何人皆可以扶动，亦须二人矣。总之，扶乩形式从直接参与人数的角度又可以分为三种，即无人乩、单人乩和双人乩（参见彩色插图18）。

当然，各地区各时期的扶乩方法大同小异。降临乩坛的角色却随着时代变迁，有着与时俱进的特点，是变化着的。在早年，降临乩坛的一般为鬼、神、仙等角色，到后来也有借助各式的名人降临乩坛的。早年乩坛上一般人常卜问的是来年的农耕桑织之事或功名利禄之事，后期的卜问则变得五花八门了。扶乩到了明清时期已大不如前，缩小了范围，多盛行于士大夫之间，成为士大夫们消遣的一种方式，其庄严性打了折扣。

扶乩在民间始终没有断绝，近些年来，在一些大学或中学的校园里，流传着"碟仙"、"笔仙"、"筷仙"等，"笔仙"似乎更普遍些，这些都是扶乩的不同演变形式。据称偶尔还有"银仙"形式，即用钱币实施的降灵术，流行于日本。对于这些变种的扶乩形式，一些人困惑难道真能请到神仙吗？为什么碟、笔、筷等，或者是硬币会自行移动，进而留下活动轨迹或痕迹？其实回答起来并不困难。与其说能请到神仙，不如说是在一个具有"半催眠"的氛围下，并且在敞开心扉的基础上和自己内心的对话，是一次"潜意识"和"显意识"的对话。所谓的能够留下痕迹或笔迹，主要的理由就是在一个较长时间的静止中，受人呼吸、心跳、脉搏、血流等生理原因的制约，我们的身体出现轻微的晃动，甚至不自主的抖动都难以避免，痕迹或笔迹就这样留下来了。至于如何破解"大仙"们留下的"天书"的内容，也只好请所谓的"高人"来解读，其答案也只能是见仁见智的事情了（参见彩色插图20）。

2. 扶乩具谶纬遗风

扶乩这种人代神来书写神旨的形式虽然是道士们愿意做的事情，但有人认为实际上这是汉代的谶纬遗风，特别具有谶的特点。谶是秦汉间巫师、方士编造的预示吉凶的隐语或断言，其着眼点在于谶本身所蕴含的内容，而并不在意它是由什么方式传达到人间的。扶乩则是要彰显神意传达的整个过程，道教的法师们承袭其技，扶乩降笔，边口念边书写依托神灵造作的有灵验效果的经书文字，将这一过程完整展示在信众的面前，这一过程的神秘性和庄重性会提升扶乩文字的权威性。扶乩的语言文字通常是一首带朦胧色彩的小诗，或者是宽泛且笼统议论，具有“两头通”的意思特征，亦即多歧义性。记住，乩仙的话是需要做法事之人翻译和传达的。

3. 扶乩和符箓

扶乩和符箓像是一母所生的兄弟，都是道家文化的产物，也为道士们所热衷。但二者略有不同，无论是从产生的时间上看，还是就其重要性而言，符箓是兄长，扶乩是小弟。二者有相同的地方，也有不同的地方。相同的地方是两种术数形式都有一套操作的程序，都会产生具有“天意”色彩的文书；不同的是符箓中的道符常常是由道法高深的道士在运气过程中的亲自书写完成的，而扶乩的文字则是由鸾生运笔，由记录生抄录下来的文字。二者的功能也稍有差异，扶乩多用于卜问，扶乩的文字是对卜问的回答，是一种神示；而符箓多用于役鬼驱邪，道符里的图画和文字是有魔法效力的。

（三）有关扶乩的各类故事

1. 摘编扶乩故事的作者简介

下面我们摘编了一些有关扶乩的故事，我们所选择的故事均出自清代三位大学者、大散文家的文集。他们是《阅微草堂笔记》的作者纪昀，《子不语》的作者袁枚，《客窗闲话》的作者吴炽昌。对他们我们为大家做一简介。

纪昀（1724—1805 年），字晓岚，直隶献县（今河北沧州）人。卒后谥号文达，乡里世称文达公。清代政治家、文学家，乾隆年间官员。历官左都御史，兵部、礼部尚书、协办大学士加太子太保管国子监事致仕。纪晓岚年轻时才华横溢，任官 50 余年，曾任《四库全书》总纂修官。他学宗汉儒，博览群书，诗文俱佳，尤长于考证训诂。《阅微草堂笔记》则是纪晓岚步入晚年时期的产物。书中主要搜辑了各种狐鬼神仙、因果报应、劝善惩恶等当时代坊间所流传的乡野怪谭，或者是自己亲身所听闻的奇情轶事，而以笔记形式所编写成的文言短篇志怪小说。《阅微草堂笔记》由五种笔记小说合集而成，有《滦阳消夏录》、《如是我闻》、《槐西杂志》、《姑妄听之》、《滦阳续录》，共二十四卷。纪晓岚的诗文，后人搜集编为《纪文达公遗集》。

袁枚（1716—1797 年），字子才，号简斋，晚年自号仓山居士、随园主人、随园老人，钱塘（今浙江杭州）人。乾隆四年进士，授翰林院庶吉士，清代诗人、散文家、文学评论家。他曾先后在江苏几地任县令，为官勤政廉洁，颇有名声，无奈仕途不顺，无意吏禄；于乾隆十四年（1749 年）辞官隐居于南京小仓山随园，吟咏其中，以著述终老，世称随园先生。留有《随园诗话》、《小仓山房集》。其作品《子不语》，取意于《论语》所谓“子不语怪、力、乱、神”，表明所记正是孔子所“不语”者。如袁氏自序所言，这是他从事文史之余，“广采游心骇耳之事，妄言妄听，记而存之”的自娱之作。《子不语》共二十四卷，又有续集十卷，其故事共约一千则。虽说是记录了许多奇特怪异的传闻故事，但作者诙谐而放达的性格和反对旧传统的思想，仍时时有所流露，如嘲讽假道学和腐儒、主张人欲合理等，对官吏的贪暴也多有讥讽，其进步思想明显。

吴炽昌（约1770—约1856），字芗厈，盐官（今浙江海宁）人。《客窗闲话》是受《聊斋志异》影响出现的大批《志异》小说中的一种，内容多涉及遗闻逸事或奇人异事，以及鬼怪狐仙等。该书的序中有“甲申来都，已越二纪，犹是一领青衫，而从事于莲华幕里”之语，可证作者当为科举之人，后来累试不第，改而做了幕僚。故此书中时时流露出不平之气，而所述故事更多描写的是人世间的鬼态。《客窗闲话》正续集各八卷，共十六卷，一百三十篇，正集初刻于道光十九年（1839年），而后时代陆续有正续集多种版本的流行。该书被后人赞为是与《聊斋志异》、《阅微草堂笔记》鼎足而立的清代三大笔记小说之一。

2. 摘编自《客窗闲话》的三则

（1）其年童子试，诸生群集请仙。鸾书曰：“今日上真皆赴元玄会，不暇降坛，命吾土地权摄，诸生何问?”众曰：“明日小试，请问试官所命何题?”鸾曰：“题目在吾堂内，尔等自往寻之。”于是众皆执香入土地祠堂，跪拜讫，遍览一周，并无只字。再祷之，鸾不动矣。皆腹诽土神谬。翌日赴试，题纸下“土地”二字，此神可谓现身说法。

（2）有狂生不信鸾仙者，适友家，见骈集多士开坛请仙，其诚肃之容，如对严师，如临大祀，咸端庄拱立，无敢出声者。狂生大笑曰：“清平世界，敢以妖言惑众，我将治之。”其友曰：“慎毋哗，真仙在此，汝若不信，可作文字，固封以叩之，能直言其隐。岂我辈所妄托耶?”生曰：“果尔，请尝试之，然公等所请者何仙?”友曰：“麻姑耳。”生又大笑，至密室，潜书一封掷坛上，曰：“请判!”鸾少息，生曰：“其技穷矣。”忽大书曰：“调寄《耍孩儿》，其词曰：立似沙弥合掌，坐如莲瓣微开。无知小子休弄乖，是你出身所在。”狂生失色而遁，众开其封，大书一“屄”字也。文人墨客，借乩坛以消遐，其所极至，大概如此。此则趣闻虽然似有“染黄”的嫌疑，但确是对轻狂者的痛击。

（3）有诸生群集鸾坛问功名者，鸾书曰：“赵酒鬼到。”众皆詈曰：“我等请吕仙，野鬼何敢干预？行将请天师剑斩汝矣。”鸾乃止，而复作曰：“洞宾道人过此，诸生何问?”众皆肃容再拜，叩问科名，鸾书曰：“多研墨。”于是各分砚研之，顷刻盈碗，跪请所用。鸾曰：“诸生分饮之，听查判断。”众乃分饮讫，鸾大书曰：“平时不读书，临时吃墨水，吾非吕祖师，依然赵酒鬼。”诸生大惭而毁其坛。这里戏弄诸生的，与其说是赵酒鬼，不如说是扶乩的巫师，因为鸾文是巫师译出的，说白了是巫师胡诌的。

3. 摘编自《子不语》的三则

（1）题目是“乩仙示题”。康熙戊辰，会试举子们纷纷求乩仙示题，乩仙书“不知”二字。举子们心有不甘，再拜求曰：“岂有神仙而不知之理？”乩仙乃大书曰：“不知不知就不知。”众人大笑，以为仙真无知也。是科，题乃“不知命，无以为君子也”三节。举子们方恍然大悟。又甲午乡试前，秀才求乩仙示题，仙书“不可语”三字。众秀才苦求不已，乃书曰：“正在‘不可语’上。”众愈加不解，再求乩仙明示之，仙书一“署”字，众再叩之，则不应矣。不久题目揭晓，题目为“知之者，不如好之者”一章。秀才们只得怪自己愚笨，而乩仙的透露也过于晦涩了吧。

（2）题目是“关神下乩”。明朝末期，某人起乩，请到关帝下凡，关帝给某个士人下的断言是：“官可以坐到都堂，寿命只有六十。”后来这个士人中举，一路升迁到了中丞的官职。再后来清军入关，明朝灭亡，某人主动投降，免了一死，但也没有再晋升，一直到他八十岁都是如此。某天，他正好路过关帝的神坛，赶上又有人在请关帝下凡。某人心想，肯定是因为自己有阴德，所以才能延寿，因而就跪下来禀告关帝神说：“您给弟子的判语，在官爵方面很准，但寿数却远远超过了您的断语，是不是因为修寿在人，我自身注意修阴德而寿数有所增加，果真如此的话，就是您老这样的神明也会预测不准呀？”此刻，扶乩的大笔就在沙盘上写出了一行字回答：“我关某人生平以忠孝待人，甲申之变（明亡之年），你自己不愿意自杀殉国，与我何干？”士人一算，甲申年也就是崇祯皇帝自尽那一年，自己恰好是六十岁。借神仙口揭露某些缺少气节的人，真是一个莫大的讽刺！

（3）题目是“马盼盼”。寿州刺史刘介石，喜欢扶乩。而他主管泰州时，则在西厅设了天坛。一天，乩盘大动，上面写了“盼盼”两个字，继而又书有“两世缘”。刘介石非常害怕，以为是关盼盼，而很期待。因为关盼盼是唐代有名的美女，才貌双全，更兼有一副清丽动人的歌喉和高超的舞技。更重要的是她是张愔的爱妾，张愔是寿州人，任徐州刺史。张愔死后，关盼盼为之守节十多年，郁郁而终。徐州燕子楼，关盼盼的故事世代相传，世人皆知。刘怀着忐忑的心情问：“是什么样的两世缘？”“事载《西湖佳话》。”刘心想这回是八九不离十了，就焚纸说“可否见一面？”坛盘上显现“在今晚”三个字。

果然他傍晚就病了，神失而眼直，他的妻妾恐惧又焦虑，陪着他等待着有着两世情缘的女子出现。此时，华灯初上，阴风袭来，一女子容色绝世，从头到脚，遍身华丽服饰，手执红纱灯，从户外入，径直向刘扑来。刘冷汗如雨下，心生悔意。女子道：“您害怕我了吗？咱俩缘分未到的缘故吧。”随后又出门去了。刘的身体更差了。以后只要刘稍微有所心动，女子就会过来。

一天，刘在扬州天宁寺暂住，秋雨后闷坐，又想起了这个女子，焚乩纸唤她来。这时乩盘上大书：“我韦驼佛也。念你被妖孽所缠，特来相救。你可知道上天的律条否？上帝最憎恶的是，自己是生人之身而好与鬼神厮混，其罪孽在淫、嗔之上。你以后应该立即悔改，不得再邀仙媚鬼，作践自己的性命。”刘闻之毛骨悚然，连连叩头，焚乩盘，烧符纸，自此之后，妖精便再没有出现。数年之后，刘阅读《西湖佳话》："泰州有宋代营妓马盼盼墓，在州署偏左的位置上。"《青箱杂志》记载："盼盼机巧，能学东坡书法。"刘这才知道此非关盼盼，而是马盼盼。

4. 摘编自《阅微草堂笔记》的四则

（1）沧州樊氏举行扶乩降神时，管理水利的某位官员也来祈祷求神。降临的神是关帝。忽然，乩架写出大字说："某某官员到前面来！"写出这位官员的名字，该官员赶紧跪下。"你写出文字作忏悔，言语多是为自己辩护。对神还这样，对人如何也就可想而知了。误伤人仅不过是一种过错，可你这一次狡辩则是构成了罪恶。上天可以原谅过错，但不可以原谅罪恶，难道肯听你进行巧辩吗？"这位水利官员伏在地上不敢动，吓出了一身冷汗。从此以后，闷闷不乐，似乎像丢了魂一样，几个月以后就病死了。人们自始至终也不知道他忏悔的到底是什么事情。

——摘编自《阅微草堂笔记》卷三·滦阳消夏录五

（2）田白岩说，康熙年间，江南发生了征漕案，官吏有好几人为此伏法。其中一人的鬼魂在几年之后降乩到他的朋友家，说正在地府里告某公。朋友惊道："某公是个好官，况且他总督两江漕运任上时，是在这个案子发生前的十多年，你为什么要无缘无故地告他？"鬼魂又在坛上写道："这案子是冰冻三尺，非一日之寒。在刚刚有了苗头时，革除一个官员、流放一两个小吏，就可以把隐患消除了。但某公为了博取勤政廉洁的名声，眼看着脓肿而不治，终于溃烂，导致我们触法被杀。我们害民害国，不能恨现在的执法者。追根溯源，我们不去告他还去告谁？"写到这里，乩不动了。如今不知在九泉之下，是怎么结的案。《金人铭》说："涓涓之流不塞住，终于成为江河；细小的树苗不拔去，将来就得找斧子来砍。"古时圣人真是看得远啊。这个鬼魂说的，不能说没有道理。

——摘编自《阅微草堂笔记》卷六·滦阳消夏录五

（3）乩仙大多伪托古人，然而有时也稍有应验。温铁山前辈（名温敏，乙丑年进士，官至盛京侍郎）曾经遇到扶乩人，问到自己寿命有多长。乩仙判词说："甲子年华有二秋。"他以为寿数为六十二岁。后来过了两年就去世了，家人才知道"二秋"是指两年。因为灵鬼有时也能先知命运。又听说山东巡抚国公扶乩时请问寿数，乩仙判词说："不知道"。国公不满问："仙人难道会有不知道的事吗？"其判词说："别人的寿数能够知道，您的寿数却不能知道。寿命的长短有定数，一般人只是享尽他所应有的寿数而已。如果是封疆大臣等担负国家重任的人，执掌生杀予夺的大权，一件政事处理得当，那么千百万人都受到他的福惠，寿数就可以增加；一件政事处理不当，那么千百万人都受到他的祸害，寿数也就可以减少。这就是司命之神也不能预先注定啊，何况是我？难道没有听说过苏龛误杀两个人，减寿两年；娄师德也误杀两个人，减寿十年吗？既然这样，关于寿数的事，公应当问自己，不必来问我了。"这话讲得确实有道理，恐怕他所遇到的竟然是真神仙了。

——摘编自《阅微草堂笔记》卷二十二·滦阳续录四

(4) 卧虎山人在田白岩家扶乩求神，大家都烧香拜祷。唯独一个狂傲的后生斜坐在几案上说："走江湖的练熟了手法，不过糊弄糊弄观众而已，哪有神仙天天听人使唤的?"随即，乩诗一首现在坛上，诗写道："鶗鴂惊秋不住啼，章台回首柳萋萋。花开有约肠空断，云散无踪梦亦迷。小立偷弹金屈戌，半酣笑劝玉东西。琵琶还似当年否？为问浔阳估客妻。"狂生看后大惊，禁不住屈膝下拜。原来这首诗是他几日前偷偷地寄给过去的妓女的，没有留存底稿。卧虎山人又下判词道："这首诗幸亏没有寄到，寄到的话将又出第二个风流公子步飞烟了。这个女子既然已经从良，你这样做就是勾引良家妇女。过去白居易只是偶然写一首情诗聊以相思，你却来真格的。大凡风流淫词都是进地狱的征兆。昨天在阴官籍册里看见了此诗，所以我便抄录了下来。孽海无边，回头是岸，山人多饶舌了，实是出于一番苦心，先生不要怪我多言语了吧。"狂生呆立在几案旁，面无血色。过了一年多就死去了。我见过的扶乩者，只有这位不谈吉凶祸福，而喜欢劝人改错，几乎是灵鬼中耿直之正人君子吧！先父姚安公一直讨厌胡乱祭祀，唯有遇到这种神仙，则一定要恭敬的作揖，并且说："类似如此的端方严正，就是鬼也应当受到尊重。"

——摘编自《阅微草堂笔记》卷四·滦阳消夏录四

(四) 扶乩的评价

1. 扶乩原理初探

首先，扶乩是一种旧时代的迷信活动。扶乩自宋代开始就遭到人们的质疑和批评。明代以后，渐有士人设坛结社，举行扶乩活动，至清代"相沿尤盛，风气所至，几乎遍及全国"。有人评价道，扶乩这类的活动"不外乎士大夫之卜行藏，问功名，以及文人墨客之藉作吟咏唱和之助而已"[①]。后来扶乩逐渐与民间的宗教组织结合，成为一种吸引信众的方式。清人昭连在《啸亭续录·彭氏科目之盛》言："余素恶扶乩之事，以为假鬼神以惑众。"雍乾时期，大乘教、白莲教等教门就常常利用扶乩招纳教众，一贯道的前身青莲教中的扶乩活动更为普遍，"教众行事无不托为无生老母降乩之言"[②]。清末，扶乩被不少民众运动借作宣传的手段，席卷北方的义和团曾设坛请乩，一些神仙如吕祖、关帝这些最流行的乩坛常客纷纷被请出来，帮助义和团民鼓动人心[③]。到了近代，扶乩已被一贯道、会道门等团体所利用，成为帮会聚合会众和收敛资财的手段。这些组织借神仙之谕向问乩者发号施令，信众鲜有不从，由此财源滚滚，成员茂盛。扶乩活动逐渐成为了社会中一种不安定的因素。因此，面对日盛的扶乩活动，《大明律》中即有相关条文严禁"扶鸾祈圣"等煽惑民众的活动[④]。清代律法仍沿袭此条例。对扶乩，官方的态度始终是限制的；而当扶乩活动与教众相结合，官方的态度更是反对且剪除的。

① 兴亚宗教协会：《华北宗教年鉴》，第529页。

② 刘平：《清代教门的神秘语言文化研究》，张捷夫主编：《清史论丛》，中国广播电视出版社2002年版，第100—101页。

③ 陈振江、程歗编著：《义和团文献辑注与研究》，天津人民出版社1985年版，第96—126页。

④ 《中华传世法典——大明律》，怀效锋点校，法律出版社1999年版，第388—389页。

明俞如楫的《礼部志稿》载有马文升《复奏四事疏》，疏云："宜令各该巡城监察御史及五城兵马司并锦衣卫巡捕官逐一搜访，但有扶乩祷圣驱雷唤雨捉鬼耳报，一切邪术人等及无名之人，俱限一月内尽逐出京。"可见态度之坚决。但扶乩在民间始终不绝，仍受到一些人的关注或追捧。鲁迅在 1934 年写文章批评道："说灵乩的合于科学是荒谬的，……'五四'时代，陈大齐先生曾作论揭发过扶乩的骗人，隔了十六年，白同先生却用碟子证明了扶乩的合理，这真叫人从那里说起。"[①] 扶乩的不绝，显然仅用封建迷信活动的一句话简单概括是不顶事的。

其次，扶乩也是有着心理学意义的一种活动。是有意识地进入无意识状态的一个过程，是一个清醒的意识和非清醒的意识互动交流的过程。在扶乩过程中有人是清醒的，是主动的一方；而有人是非清醒的，是被动的一方。整个的扶乩过程有点像心理学上的催眠的过程，中间有催眠的实施者，还有被催眠的对象，催眠会使人进入对自己希望事情的自我迷茫和陶醉之中，人在似睡非睡时更容易受到外界刺激或接受外界暗示，进而做出非己所愿，而他人所愿的事情来。扶乩，人们最想知道的是沙盘上的字是谁写的？是神？是仙？还是扶乩人？当然还是扶乩人自己所写，而不是真有降临的神仙所写。我们知道行为总是受意识所支配，若再问：所写的字，是扶乩人自己有意所为，还是无意所为，是受显意识的支配，还是潜意识所为之，情况是复杂的，所以回答起来就困难，只能说，各种可能性都有。还有人从物理学与生理学的角度来解释"笔动"的现象。从物理学的角度讲，任何物体的运动总有速率和频率的差异，接触就会留下痕迹；从生理学的角度讲，较长时间的站立，两臂平端着扶着乩笔，若清醒着则控制身体需要维持一定张力，会感觉疲劳，出现抖动而留下痕迹；若不清醒着则放松着，因为缓慢而松弛也会留下痕迹。物体动是绝对的，不动是相对的。一片平沙，一张白纸留下痕迹是必然的。原会写字的自然留下的是字，据说不识字的也会留下可识的字，那就很难说了。至于对那些痕迹的解读以及解读成怎样的内容那是另外的问题了。总之，最终的解读者应当是那个在整个扶乩过程中都是清醒者的那个人。有人将扶乩当"饭碗"，作职业。袁枚《子不语》卷二十二记载："乾隆丙午，严道甫客中州，有仙降乩巩县刘氏，自称雁门田颖，诗文字画皆可观，并能代请古时名人，如韩、柳、欧阳、苏来降。刘氏云：'有坛设其家，已数载矣。'中州仕宦者，感敬中信之。"可见，巩县的刘氏家族便将扶乩做为其祖业传承。

最后，扶乩还是一群文化人的娱乐消遣活动。这方面文献上多有反映。史载大才子金圣叹年少时靠扶乩混饭吃。文盲迷信抽签算卦看手相，文化人迷信扶乩。金圣叹从十九岁起就给他文化圈的朋友扶乩，一直扶到四十多岁，当神汉当了大半生。他以"泐公""泐大师"名义在吴中一带扶箕降坛、广行法事，他对于叶小鸾形象的塑造和传播起到了重要的作用。多数文学评论家们说，如果没有金圣叹的扶乩活动以及叶绍袁的文学记录，叶小鸾的形象肯定会呈现为另一种面貌。清代青城子的《志异续编》中也夸到金圣叹，该书卷四说乩仙书"王马温赵四帅"，

---

① 《鲁迅杂文全集（下）·花边文学·偶感》，北京燕山出版社 2011 年版，第 992 页。

无人以对，乩仙又说："定有才人来对。"这时金圣叹来了，对曰："禹汤文武四王。"旧时代利用扶乩对对子，成为了明清文人们的一种时尚的消遣方式。《坚瓠首集》卷二载：明代江南才子唐伯虎与箕仙交手，唐伯虎召来箕仙，出了个"雪消狮子瘦"的上联，箕仙即对"月满兔儿肥"。当时的刑部郎中黄暐亦令箕仙对"羊脂白玉天"。乩仙未自对，而是说对句当出自丁家巷田夫口中。黄次日去试，一耕者正锄土，问："此何土?"耕者说："鳝血黄泥土。"恰好对上"羊脂白玉天"。《巧对录》卷六载：《痂留编》云：有才士偶出一对云："冬夜灯前，夏侯氏读春秋传。"久未有人对上，后请乩仙对云："东门楼上，南京人唱北西厢。"遂成巧对。其实，东西南北对春夏秋冬不过是老套子而已。《客座新闻》载：江西有一提学，出了"雨洒芭蕉，恰似千手佛摇折叠扇"一联，请诸生员联对，诸生员苦对不出，祈请乩仙，仙托名李太白，遂书"风翻荷叶，浑如独脚鬼戴逍遥巾"为下联，属对甚工整。《留青日扎》载：明代田艺蘅扶乩请来了何仙姑，出了一联"日月为明分昼夜"请对，乩仙遂书"女生合姓别阴阳"为对，反应敏捷，也属应对颇工整。

所以，我们实际上要分清三种类型的扶乩活动：其一，封建迷信的扶乩活动，愚弄民众，有欺骗性和危害性，一些术士借扶乩占卜人事吉凶，里面掺有虚假性，常伴有骗人钱财的勾当。其二，民俗祈福的扶乩活动，祈望丰收，功成名就，美满姻缘，幸福安康，具有社会民俗的、文化遗产的意义。其三，文人游戏性质的扶乩活动，增进了解和友谊，展示文化修养，切磋文字功力等，就是一个寻乐，非但不具有社会危害性，且具有文化的价值。对于前人有关扶乩的记载，我们不能简单地视之为"封建迷信"，而应当有所区别，既要看到不良一面，同时也应当肯定扶乩作为一种民俗和游戏活动所具有的人文价值和文化价值的一面。

2. 借乩仙说话乃具时代特征

扶乩者均有"炼二话手法而为之"的特征。何谓"二话手法"？其一，说话者可以一分为二或一分为多。可以变幻着身份说话，如同戏剧的表演，即布莱希特的戏剧理论所提倡的那样，随时地"跳入"或"跳出"。其二，说话的意思要能够"两头通"。要运用语词的多义性，乩仙的字义起码要有着两种以上的解释才是。"二话手法"的好处在于说话人有多个，可以是神仙，还可以是名人，也可以是扶乩者自己。话若效果好，扶乩者得利；话若"捅了娄子"，可以说"不是我说的，是'他'说的"，有退步的余地。同时，"二话手法"的话语多歧义，既可以这样理解，也可以那样理解。不至于被人轻易地抓住"辫子"，找到漏洞。

如果说宋人扶乩活动里面卜筮的、庄重的色调还比较浓重的话，那么到了明清人那里，扶乩的卜筮功能已经减退，特别是在文人的圈子里，扶乩越来越趋向是一种寄托或游戏的形式了。明清时代，封建的社会制度走在下坡路上，国际上的风云变幻也开始在国内有所反映。整个人类历史发展的节奏在加快，人们生活的压力在增大。因此，明清时代对于较正直的文化人来说，并不是一个轻松的年代。

明代是中国社会发展比较晦暗的时期。明代的皇帝中有作为的少，昏庸的多。皇家自身执政能力不够，只好借用外力来维系。因此明代的特务机关发达，先有锦衣卫，后有东西厂。难怪有人追究明朝灭亡的原因，不是亡于流寇，而是亡于厂卫，其说法不是没有道理的。明代统治者实行思想管制，大兴文字狱，文士们往往因一字一句之误而罹大祸，不说少说为妙。明代曾对文艺创作实行过严格控制，永乐九年（1411 年）颁有榜文："今后乐人倡优装扮杂剧，除依律神仙道扮、义夫节妇、孝子顺孙、劝人为善及欢乐太平者不禁外，但有亵渎帝王圣贤之词曲、驾头杂剧非律所该载者，敢有收藏、传诵、印卖，一时拿送法司究治。奉圣旨，但这等词曲，出榜后，限他五日都要干净，将赴宫烧毁了，敢有收藏的，全家杀了。"[①] 因此，文人们说乩仙语，写乩文体就等于给言语和文字上了一个保险。当然，即便环境如此的严苛，明代文学中小说的成就最高，戏曲次之，总体上在中国文学史上的成就仍旧是辉煌的。

清代统治者由于自身是少数民族，戒惧心重，因此清代文字狱同样猖獗；告发、诬告盛行，即使是所谓康乾盛世也是如此。文人必须管住自己的嘴，管不住自己的嘴，就等于扛不住自己的脑袋，后果是很严重的，金圣叹就是一个例子。文人们只好用更加隐秘的语言来表达自己的思想。乩仙话语"谶味"十足，朦胧感强，不仅符合中国人心理模式，而且还可以运用"发散式"的解释，似还不是，不似却是，避开了一些不必要的麻烦，这是比较符合清代文人胃口的。

清人中借着神鬼仙妖说人话、说实话的当首推蒲松龄，他嬉笑怒骂皆成文章。郭沫若先生曾撰一联赞扬蒲松龄"写鬼写妖技高一筹，刺贪刺虐入木三分"。在蒲松龄之后，清代还有三位大才子、大杂文家：纪晓岚（《阅微草堂笔记》的作者）、袁枚（《子不语》的作者）、吴炽昌（《客窗闲话》的作者），他们在各自的作品中都写了不少灵怪之事，其中也有不少谈及扶乩的事情。他们三人的文笔均有蒲松龄的风格，尤以纪晓岚为甚。纪晓岚也是三人中涉及扶乩案例，谈及狐仙话题最多的人。当然，蒲氏和纪氏在揭露道学家的虚伪面目，对人民的悲惨遭遇寄予同情方面有其一致性，但两人又有显著的区别，蒲氏风格是在塑造幽冥凄寂的氛围中表达更多的是一种"讥讽"和"悲愤"；而纪氏风格则是在记述幽微灵怪的语境下表达更多的是一种"谐趣"和"睿思"。这种区别是由二人较大反差的职业背景和经历所造成的。鲁迅先生在《中国小说史略》中评论纪晓岚道："惟纪昀本长文笔，多见秘书，又襟怀夷旷，故凡测鬼神之情状，发人间之幽微，托狐鬼以抒己见者，隽思妙语，时足解颐；间杂考辨，亦有灼见。叙述复雍容淡雅，天趣盎然，故后来无人能夺其席，固非仅借位高望重以传者矣。"[②] "后来无人能夺其席"，鲁迅对纪晓岚的评价甚高矣！至于清代的三位才子都好借着乩仙的题材表达自己的观点，这也只能到那个时代中去找寻原因了。现实生活中哪里真有什么乩仙临坛？无非是"借着神鬼说人话，趁着扶乩揭疮疤"而已。

---

① 顾起元：《客座赘语》卷十《国初榜文》。

② 鲁迅：《中国小说史略》第二十二篇（清之拟晋唐小说及其支流）。

3. 扶乩社会影响的两面性

《客窗闲话》的作者吴炽昌指出：“扶鸾（扶乩）之术，南方为盛，真伪不一，传闻者夥矣。”我们需要具体的分析扶乩兴盛现象的背后原因。扶乩从形式到内容充满着迷信的色彩，在社会中有负面作用，这是不言而喻的。但能够拣出它里面精华的部分和闪光的地方则是需要花费一番功夫的。

针对扶乩，纪晓岚有过一番评价，大意为：“先父姚安公没有登第的时候，遇到扶乩的人，问有无功名，判道：‘前程万里。’又问登第当在哪一年，判道：‘登第须要等候一万年。’姚安公以为是说或者应当从别的途径进身。等到癸巳年皇上寿诞开恩科登第，方才领悟了万年的说法。后来官居云南姚安府知府，请求回家奉养父母而归，就没有再出仕。连前程万里的说法也应验了。大抵幻术多半手法快速灵巧，只有扶乩一件事，倒是的确有所凭借依附，但都是灵鬼当中的能舞弄笔墨的罢了。所称说的某神某仙，固然属于假托，就是自称某代某人的，问到本人集子中的诗文，也多半说年代久远忘记，不能回答了。那扶乩的人，碰到善书的就书写工整，碰到能诗的就作诗工巧，碰到完全不善于作诗、书写的，则虽能成篇却很缓慢。我稍稍能诗而不善书，堂兄坦居善书而不能诗。我扶乩时，则作诗敏捷而书写潦草；坦居扶乩时，则书写清整而诗意浅近粗率。我同坦居其实都没有留心，大概也是借人的精神，才能够运动。就是通常所说的鬼不自灵，待人而灵。用来占卜的蓍龟本来是枯草和腐朽的甲壳，而能够知道吉凶，也是待人而灵罢了。”① 纪晓岚的此段话实际帮助我们进行了某种的总结。

扶乩“所称说的某神某仙，固然属于假托”，但却在一定意义上发挥着扬善除恶，奖优罚劣的功能，起码在文人圈子里的扶乩形式是如此。如提倡爱国、清廉、谦逊，同时戒贪、刺虐、克淫，教育人行善事、做好人，始终起着的正面作用。扶乩文字中有爱国的内容，如《子不语》的“关神下乩”，借关帝君口吻，指责一些人苟且，不够尽忠的行为。有清廉的内容，如《阅微草堂笔记》的“国公问乩”，高官要想获得高寿就得勤政清廉；“地府告某公”，揭露了某公假清廉嘴脸。有谦逊的内容，如《客窗闲话》的“狂生闹鸾坛”。有戒贪的内容，如《阅微草堂笔记》的“关帝斥河工”。有刺虐的内容，如《客窗闲话》的“童子试”、“赵酒鬼”，《子不语》的“乩仙示题”，都是揭露一些学子们学风不正、一副酸腐的丑态。有克淫的内容，如《子不语》的“马盼盼”，《阅微草堂笔记》的“卧虎山人劝善”等。

总之，许多扶乩的言论还会涉及积德行善、因果报应的话题，涉及教人如何为人处世，如何处理好各种人际关系的话题等。如《阅微草堂笔记》卷十记载：“海宁陈文勤公言：昔在人家遇扶乩，降坛者安溪李文贞公也。公拜问涉世之道，文贞判曰：‘得意时毋太快意，失意时毋太快口，则永保终吉。’公终身诵之。”译成今天的大白话便是：得意勿忘形，失意别失态。此乃处世之箴言也。由此可见，

① 纪昀：《阅微草堂笔记》滦阳消夏录四。

扶乩之事并不全是迷信之举，其中有着浓厚的伦理教化的意味在里头，扶乩仅为人们借助的形式罢了。所以，我们宜用“扬弃”的观点看待之，取其精华，去其糟粕。

第三节 术数文化的评价

一、周易文化对术数文化的整体提升

（一）哲学高度的审视

1. 中西术数文化导向不同路径

周易文化对传统术数给予了哲学高度的审视。传统术数从远古走来，必然带有神秘甚至神圣的色彩。这里，既有认识有限性的局限，也有历代术数家们不断的提升、加工整理的附会成分。应当承认，在抽象的过程中会使得朴素的东西离它本来的面貌远了。即便如此，也与西方文化形成了区别。西方文明源头的古希腊有许多英雄的神话。这些半人半神的英雄主要是依靠自身体力的强大，或角斗战胜、或历险征服，赢得了后人的景仰。最后古希腊的神话导致了以人格化的全能的神为特征的西方宗教的产生。中国远古也有许多英雄的神话。如盘古开天辟地，羿射九日；伏羲氏除创制八卦外、还授人以渔、规范嫁娶；神农尝百草以教农耕；黄帝则始制衣冠、建舟车、制音律、创医学等。这些神话传说充满着生活气息，不光具备了人文情怀，而且有着务实精神和科技的意识，正循此路径，我们的先祖没有将希冀完全寄于外在的、超自然的力量上，而是企图从自然界自身，从人的自身去寻求答案。

2. 理性思维关照下的术数

因此，中国开启的不是一部宗教的历史，而是开启了一段探赜索隐、制礼作乐的文化的旅程。从伏羲、炎黄始，到文王、老子、孔子等，传统术数都受到理性思维的关照，受到哲学思想的洗礼。周易给予传统术数的是一种哲学高度的指导和梳理。二者的关系，与其说是周易关照了术数，不如说是术数主动地向周易靠拢，向周易中的哲学理念靠拢。虽然我们没有绕太大的弯子，即没有经历更偏执的宗教的干扰，但是由于中国哲学理念仍不够精致化，内在意识特征的“合一”、而不是“二分”的思维障碍，向外张力的动力缺乏，以及术数形式在向科技转化中所遇到的重重阻力，加之外在的制度和机制上的羁绊，所有这些因素加在

一起导致了中国人寻求“自在的他物”的答案之路进展相对的缓慢。反观西方，当西方人醒来或者说迷途知返后，经过了“文艺复兴”的民主和科学的洗礼后，理性思维逐步替代了非理性思维后，西方的科技很快就超越了原始术数的层面，他们寻求大自然答案之路反而走在了中国人的前面。

（二）逻辑和数理原理的输导

术数形式最终指向的是预测，为防止臆想与荒谬，周易对传统术数给予了逻辑和数理原理的输导。其体现在以下三点上：

（1）在周易影响下，术数或多或少保留了数理的原则，虽然数为术服务，但数字的形式，起码保有了理性思维的内核，不至于走到荒诞不经的地步。

（2）在周易影响下，坚持象数与义理并重原则，义理又包含着带有一定范式的归纳和演绎，而不会荒唐走板到哪里去。

（3）坚持庄重的仪式，繁复的程序。坚持起卦的复杂性和解卦的综合性等。周易文化对术数文化的渗透和提升，必然导致其分化：一部分活下来，另一部分死掉；一部分转化为实证的科学，另一部分增加了思辨的或证明的成分。总之，经周易梳理过的术数是向着哲学和科学的靠拢，而疏远了蒙昧与迷信。

二、如何理性对待术数文化遗产

（一）术数文化对东方学术的贡献

古代中国人很多时候是通过术数形式和自然与社会打着交道，术数是人们认识自然、社会和人自身的一种方式。这种多方面的、繁复的方式最终形成了中国特有的术数文化。术数文化对东方人的思维、心理和行为方式都产生了巨大影响。对东方学术有着重要的贡献，体现在这样几个方面：

1. 术数启迪和深化了古代中国人的哲学观

早期巫祝们从日月昼夜理解了阴阳，从四季更替看到了变化，看到了周期性的循环发展。“是故，易有太极，是生两仪，两仪生四象，四象生八卦，八卦定吉凶，吉凶生大业。”“是故，法象莫大乎天地；变通莫大乎四时；悬象著明莫大乎日月；探赜索隐，钩深致远，以定天下之吉凶，成天下之亹亹（音伟，勤勉之义）者，莫大乎蓍龟。”[1] 当然，术数的吉凶观念也造成了思想的局限和迷信的滋长。正如司马谈评价术数曰：“尝窃观阴阳之术，大祥而众忌讳，使人拘而多所畏。”[2] 国人在现实生活的种种禁忌和术数有着密切的关系。禁忌和大多数术数形式是拖累中国科技进步的思想包袱之一。

---

① 《周易·系辞》。
② 《史记》司马谈《论六家要旨》。

2. 术数向中国人灌输了"天道"的信仰

中国人对天有一种非人格化的自然崇拜，这具有唯物主义的思想倾向。荀子曰："天行有常，不为尧存，不为桀亡。应之以治则吉，应之以乱则凶。"[①] 荀子认为大自然的运行有其自身规律，这个规律不会因为尧的圣明或者桀的暴虐而改变。人应对的正确与否决定其吉凶。王充针对"卜者问天，筮者问地"说，论述了他的"天道自然无为"的观点。"蓍神龟灵，兆数报应，故舍人议而就卜筮，违可否而信吉凶。其意谓天地审告报，蓍龟真神灵也。如实论之，卜筮不问天地，蓍龟未必神灵。有神灵，问天地，俗儒所言也。"[②] 大学士纪晓岚有相同的见解："通常所说的鬼不自灵，待人而灵。用来占的蓍龟本来是枯草和腐朽的甲壳，而能够知道吉凶，也是待人而灵罢了。"[③] 总之，天行有健。在"天"信仰基础上，便有了天有命，而命有贵贱和等级；这里，自由与平等的元素相对缺乏。中国人常纠结于如果天老大，那么天底下谁又是老大呢？在顺天的口号下，中国旧时代的统治者爱自封为"天子"，借机进行愚民教育，进行忠君教育，把他们的专制统治或家天下美其名曰"奉天承运"，因此，中国老百姓的"顺天"最后常常变味于"顺人"，安于或乐于将自己的希望寄托于贤人政治和明君统治上，因而自主的意识和民主的意识也是相对缺乏的。

3. 术数萌发和培育了中国人象数意识和数理思维

象数意识和数理思维，这是科学的思维。一门学科，凡能自觉运用象数思维，运用数理知识体系，就近科学而远迷信。从术数的演变历史可以看到：哪里数理运用得多，哪里理性就多，其应验的事就多；哪里数理运用得少，哪里理性就少，其应验的事就少。虽然术数在操作过程中常陷入"数"为"术"服务，"数"成为了为"术"进行某种的推衍和论证的工具，但数理思维里面毕竟包含着科学思维的芽胞。

4. 术数的演变过程是放大人伦的过程

术数演变过程中，卜向筮的转变，实际体现了人们对"天"认识的转变。殷人不可谓不敬天，但仍然没有能够避免自身覆灭的命运。周人反思其教训，认识到"皇天无亲，唯德是辅"的思想，认为"敬德保民"才能得到"天"的庇佑。因此，周代的术数之人在转述天意时便放大了人伦的成分，增添了善恶的评判，这实际上强化了术数的道德教化的功能。在中国传统社会里，人治色彩浓，法治思想缺失，术数的一些功能和作用某种程度上弥补了这种缺失，因此不但得到了统治者的默许，而且也得到了一些学者的认可。例如，即便王充对"术数"有质

① 《荀子·天论》。

② 《论衡》。

③ 纪晓岚：《阅微草堂笔记》。

疑，但他仍认为“卜筮非不可用”，并且认为“善人”卜筮总会得到吉兆，而“恶人”总会得到凶兆。因此，他宣称卜筮还是能反映事情的吉凶的，有时之所以不灵验，是占卜人吉凶判断的功夫不到家，“吉凶失实者，占不巧工也”[①]。当我们说术数的发展过程是放大人伦的过程，既有肯定解卦理论依据中“伦理”评价的意义，也同时看到了一些解卦人自身品德和业务水平对解卦结果所具有的一定影响。传统社会知识文化不普及，文盲较多，就一般民众而言，迷信成分就大，笃信者居多。这样，就为一些人提供了机会，占卜和算命遂成为了职业和“饭碗”。这期间，一部分解卦人自身修行不够，动机不纯，借机信口雌黄，利用术数之名行“骗钱”之实便屡见不鲜了。

5. 术数所起的社会作用

中国古代社会教育不普及，多数人不识字，参与社会的经济和政治事务诵读诗书是士大夫和文化人的事，文盲是排除在外的；而文盲参与到术数活动中来，在民间便有着不可缺少和替代的作用。清代学者、乾隆年间进士沈孝瞻曾这样理解术数的作用：“人能知命，则营竞之心可以息，非分之想可以屏，凡一切富贵穷通寿夭之道，皆听命于天，而循循焉各安于义命，以共勉于圣贤之路，岂非士君子之厚幸哉！观于此而君安之不没人善，公诸同好，其功不亦多乎哉?”[②] 术数活动显然有麻痹和镇痛的效果，在一定的历史阶段上，对抚平积怨、减缓社会的张力起到一定的作用。在人类历史发展的进程中，稳定社会的作用里面既包含有堕性的因素，包含着负能量，同时也必然包含着正能量，包含有正面的、积极的作用，这是我们应当看到的。

（二）术数文化的负面影响不容小视

1. 术数的下行化趋势

术数的古老、神秘和复杂的特性，使得我们很难对它做出全面的价值评价。术数文化的传承实际遵循了这样两条轨迹：一条是原本是高层的、精英的文化形态，经过朝代的更替、人员的流动，开始向低层的、大众的文化形态转变，由庙堂走到江湖中，这样的术数形式有星占、卜筮、相术和巫医等。一条是在民间萌生，由江湖走到庙堂里，而后又回归到江湖上，回到世俗社会中，这样的术数形式有仙术、命理、祈福择吉、厌胜符咒等。两条轨迹有着共同的趋势：下行化趋势。正是由于下行化趋势，参与的人多了，沙金俱下，任何原本好的东西，都容易被世风所低俗化、庸俗化，这就需要我们警觉起来：一方面，我们要增强保护的意识，保护我们文化中的精英成分和精华部分；另一方面，防止腐朽意识和堕性意识的侵扰和污染。术数文化好比是一个门槛很低的、但路径很长的、有着众多岔口的幽深的通道，恰似一个“迷宫”，只有谨慎而智慧的人，有着诚心和善意

① 《论衡》。

② 沈孝瞻：《子平真诠·序》。

的人，才有可能找到光明的出口。

2. 术数文化的负面影响

上一小节提到的贡献部分，其实里面也都包含有负面的因素。后面的各章我们将对数理原理运用较多的术数形式分别加以论述，即便是数理原理运用的多，其负面的东西依旧俯拾皆是，这是我们要着意提醒的。本章所涉及的数理原理运用较少的术数形式其主要倾向是负面的。还有一些我们没有涉及的术数形式其负面内容更是明显的，如迷幻术、招魂术、劾鬼捉妖术等。星占作为术数形式，有知识的成分，有合理的地方，但占星术将星和自然、和人机械地对应起来：所谓箕星出现会有风，毕星出现会有雨，彗星出现是不吉利的，而陨星出现就会死人，这已经不再是科学的普及，而是迷信的宣传了。

3. 术数负面的近代例证

前面已经讲到了“厌胜术”害人的例子，这里，再用一个近代史中的类似的例子来警醒国人。《全球通史》是美国著名历史学家斯塔夫里阿诺斯写的代表作，全球畅销书之一。书中讲到了中国的鸦片战争，讲到了宁波和诸暨这两个地方。其中一段的标题为“火攻船和猴子”的论述让人印象深刻。该书这样写道：“在1839年（书中记载的时间——笔者注）的鸦片战争期间，配备老式武器的中国人没有打败装备蒸汽炮舰和火炮的英国人的任何可能。这一点在中国人试图重新夺回宁波这座城市时得到了证明。”讲完这段带有结论性的话语后，美国历史学家又引述了当时留下的一些中文资料：“有人建议应该在猴子背后拴上鞭炮，扔到英国船只上，或许能引燃弹药库，将整条船炸沉。于是，19只猴子买了回来并被带到了战场上，由于中国人的进攻失利，没有一个人敢向外国船只靠近到足以将猴子扔到甲板上的地步，于是，这一计划流产了。猴子和人一起撤到了诸暨，随着中国军队的继续后撤，人们开始纷纷从这座城里逃走，包括照管猴子的冯先生也走了。这些猴子最终饿死在冯先生的前屋里。”[①] 美国学者的这段记述让国人汗颜。这个民族怎么了？是知识装的太多，把脑袋撑坏了？还是知识太旧，整个脑袋锈住了？范晔引司马迁的话说：“观阴阳之书，使人拘而多忌。”[②] 阴阳讲过了头就是在滥用、在俗用，其实何止是“拘而多忌”，简直就是僵化和迂腐！对于这样一群迷信“厌镇物”的家伙们、一群迷信阴门厌炮的家伙们、一群迷信民间的偏方，想找蟋蟀作药引子也一定要雌雄配对的家伙们，近代国家和民族被殖民、受屈辱的历史——这剂“猛药”会对他们有疗效吗？我们又将利用怎样的科学的利器和方法而使这帮家伙清醒呢？

---

① 斯塔夫里阿诺斯：《全球通史》，北京大学出版社2006年版，第584—585页。

② 《后汉书·方术》。

4. 术数负面的现代例证

术数误事害人。相信术数而导致迷信的事历史上俯拾皆是。古代不说，就说现代吧。山东军阀韩复榘很迷信术数，身边总有术士陪同。韩自认为精于相术，一次，为整顿吏治，他先将平阴县所有官吏革职，然后亲自以相面的方式挑选新县长，只要被他相中就是，至于身份、学识、资历、以往业绩统统不管。最终一个叫丁世恭的人被选中。此人身躯高大，方脸粗脖，额宽耳阔，悬胆鼻，细凤眼，丁世恭做梦也想不到凭着一脸“福相”居然做了平阴县县长。随后，凭借着面相、骨相和身相，原巡警丁长庚和原民团中队长邱佩成被韩复榘分别委任为平阴县公安局长和平阴县民团大队长。这真可谓胡来！抗战爆发，山东被日寇侵占，蒋介石急需替罪羔羊分担罪责，同时也为整肃军纪，提升士气，为此，败退徐州的韩复榘便成为了首选。蒋以开会名义致电韩诱邀其到开封。韩原本有些犹豫，恰前晚又做了一个梦，梦见自己骑着一匹白马，向西奔去，恍惚中好像前方有座辉煌的宫殿。韩复榘立刻招来术士青天鉴问询。青天鉴解梦道：此是吉兆。西部乃主席发达之地，开封又在西，梦中宫殿是主席高就殿堂的象征，主席此去乃是快马加鞭、洪福齐天呐。韩复榘很相信青天鉴的术数，遂乃放心西去，谁想这一西去乃是西天一去，到开封随即被扣押，后以“违抗命令，擅自撤退”的罪名被枪毙。由此看来，韩复榘和青天鉴的术数水平都不算高呀。

国民党高级将领中迷信术数的不在少数。1948 年淮海战役期间，第 2 兵团司令邱清泉已失去了抗战时期的锐气，变得敏感而多疑。他先是忌讳军队的驻扎的地名，当时，邱率部驻扎在河南的商丘，“商丘”与“伤邱”同音，于是，他整天琢磨着如何离开商丘，避开这个让他晦气的地方。随后，当战役中被解放军包围之际，他又迷信地认定主帅杜聿明院子中间长着一棵大树，解喻为一个“困”字，影响了战局，要求将树砍掉。杜聿明闻之哭笑不得，只好派人将树砍掉了。即便如此，邱清泉到底也没有能够“脱困”，没有能够逃脱覆灭的命运，其结局因兵败而自杀。邱将军到死也未必明白，失败哪里是由术数所导致，战争的胜负最终是由战争的性质和人心的向背所决定的。

（三）术数文化的研究任重而道远

1. 对术数应有正确的态度

两千多年来，古代中国的文化人其主要精力都耗费在了学术上。但所谓学术无非就有两个方面。一是“学”，即对经史子集的钻研和注释，这是显学或热学、是重头，也是多数知识分子所追逐的，因为“学”和“经济”、“仕途”紧密联系在一起。“学得文武艺，卖与帝王家”，关键是要学的文武艺一定是“帝王家”、亦可理解为精英社会所认可的学问才是，有“买”才有“卖”。二是“术”，即对方术、神秘之学的探究上，这常为隐学或冷学，同时，这方面的学问也常为精英社会所不认可，多数情况下是“卖”不出去的。虽然这方面的经典同样是浩如烟海，丰富多彩，中国古代的一些科学思想和有价值的思想也往往蕴含其中，但人们往往对前者知之较多，对后者则知之较少。人们爱将“术数”认作是“旁门左道”而轻看和鄙视。何谓“迷信者”？世间有因笃信而为迷信者，但世间也有对自己不知的事而斥之、诬之者亦为迷信者。诚如南怀瑾先生所言：“由于‘术数’的发展而演变为各式各样求预知的方法，推寻个人的、家庭的、国家的、宇宙的生命之究竟者，分歧多端，迷离莫测。世界上有其他学识的人虽然很多，但对于这些学识未曾涉猎者，由于自我心理抗拒‘无知’的作祟，便自然地生起‘强不知以为知’的潜在意识，冒然斥拒它为‘迷信’。其实，迷信的定义，应指对某一些事物迷惘而不知其究竟，但又盲目地相信其说，才名为“迷信”。如果自己未曾探讨便冒昧地指为迷信，其实反为迷信之更甚者。”① 无知本已经有些悲哀，而误解和偏见就更加的悲催和悲惨了。

然而，对《易经》说不好便被指责为不懂或者无知，此论证的方法曾经被鲁迅点明是一种“老掉牙”的套路。20世纪的新文化运动时，鲁迅曾提出过“不看中国书”的主张，为此他举例说：“中国书都是好的，说不好即不懂；这话是老得生了锈的老兵器。讲《易经》的就多用这方法：‘易’，是玄妙的，你以为非者，就因为你不懂。”② 在一个特定的年代，针对看什么书的话题，鲁迅举《易经》的例子并不令人意外。一般的书，当说不好时即说你不懂，显然偏于武断；而泛说《易经》不好，实则真的不懂，却是极有可能真实发生的！这是因为《易经》深邃且浩繁，歧义颇多，加之常常被“术数”所遮掩，被“江湖术士”所歪曲利用，有些人避之不及，哪有精力去做“去伪存真”、“事倍功半”的事情呢？在中国，不懂五经之首的《周易》者，大有人在，其中包括许多的学者或文化人在内。

有人会这样想，《周易》若只有“学”而没有“术”该多好呀，就高级了，就纯粹了，这既不是科学的态度，也不符合历史主义的观点。术数在《周易》那里，既不意味着减少些什么，也不意味着增加些什么，精华与糟粕共生，易理出生于此，相伴于此，升华于此耳！现代哲学家冯友兰先生对中国古代的术数在思想史上的作用曾有过评价：“术数的本身是以迷信为基础的，但是也往往是科学的起源。术数与科学有一个共同的愿望，就是以积极的态度解释自然，通过征服自然使之为人类服务。术数在放弃了对于超自然力的信仰并且试图只用自然力解释宇宙的时候，就变成科学。这些自然力是什么，其概念在最初可能很简单，很粗糙，可是在这些概念中却有科学的开端。”③ 类似的评价在另一位现代哲学家冯契先生那里同样如是：“所谓‘术数’，据《汉书·艺文志》所说，包括天文、历谱、五行、蓍龟、杂占、形法等，无非是通过观察自然界的变异以及运用卜筮（蓍龟）、占梦、看相和相地形等方法，来预测人事的吉凶、祸福。这些‘术数’固然是迷信，却也包含着从实践经验中获得的零碎的知识和技能。例如，天文和历谱的术数包含着最早的天文学知识，形法的术数包含着最早的生理学和地学的知识

① 南怀瑾：《中国文化泛言·易经之部》，复旦大学出版社1995年版，第58页。

② 《鲁迅杂文全集》（下），北京燕山出版社2011年版，第1313页。

③ 冯友兰：《中国哲学简史》，北京大学出版社1985年版，第157页。

等。正是由于零碎的知识和技能日积月累，达到一定阶段，人们的认识产生了飞跃，从中概括出一些基本原理，并试图运用这些原理来解释自然界和社会的一切现象，这就由‘术’而进到‘道’了。虽然当时的‘道术’仍然是没有分化的统一体，不过‘道’（基本原理）的提出，正标志着哲学思维的开始。”① 很显然，两位冯先生的评价都是理性的、公允的。人们总容易这样想，像人出生时剪断与母体联结的脐带一样，我们可以剪断科学与术数的联系，但是，后者的问题远没有人们想象的这样简单。

2. 开展术数的研究

术数是古代哲学的一种粗陋的表达。术数不属于任何一门具体的自然科学，但又与许多具体自然科学相联系；术数也不属于任何一门具体的社会科学，但也和许多具体社会科学相联系；术数不属于任何一个学术派别，也不属于儒、释、道，但诸子百家又都有各自的方术，以应对复杂的大千世界。在中国古代，术数作为人们认识自然、社会和人自身的一种方式，不能不是与众多的学科相联系，显得有些混沌，不能不是那样的理解和解释自然的和社会的现象，显得有些质朴和天真。不能不是比较晦涩而玄虚的遣词，使得其有些术语让人难以清晰的辨识和正确的把握。

掌握一定的术数知识，对于了解中国的神秘文化，整理古代典籍是很有帮助，也是扬弃祖国传统文化的唯一途径。刘逸生先生在《中国方术大辞典·序》中严肃指出：“有些学者，碰到方术语词，常会弄出错误。不妨举几例。中华书局校点本《南齐书·高帝纪论》：‘主人与客俱得吉，计先举事者胜。’将‘吉计’分逗，不知‘吉计’即吉课，是太乙占中的术语。北京大学校注本《论衡》，把‘飞尸流凶’解为‘会飞的尸体，行走的凶怪’，而不知‘飞尸’是丛辰之名。……《辞源》释‘七损八益’，以为‘中医以七指女，八指男’。但据马王堆出土的《养生方》，七损是七种有害健康的房事，八益则为八种有益健康的房术。可见在中国学术界中，‘方术’的研究确实是个弱门，今天很有必要扭转这种局面。”② 像刘先生所列举的学术出版的权威机构，如中华书局、北京大学等都在术数知识方面出了问题，可见，进行术数的研究是多么必要啊。

面对种类繁多、内容艰涩、数量庞大的传统术数，客观地说，到目前为止，整个学术界对术数的研究还是很肤浅的，其中的原因是多方面的。我们呼唤理性的、历史主义的态度，而激进否定的态度或者是采取虚无主义的传统文化观都是要不得的。《周易》不等于术数，《周易》包含着术数的内容；术数也不等于迷信，术数中包含着科学的成分，也包含有一些未知的因素。我们不能因为几个街头算命的和看相的打着《周易》的旗号，就轻易的否定掉《周易》；社会上有几个江湖郎中打着传统中医的幌子无照行医，甚至开错药、治死人，就轻易否定整个的传

① 冯契：《中国古代哲学的逻辑发展》，上海人民出版社 1983 年版，第 64—65 页。
② 陈永正：《中国方术大辞典》，中山大学出版社 1991 年版。

统中医药学。我们千万别干这样的蠢事！近代中国所遭受的耻辱，科学技术的落后，国力式微，有文化上的原因，有术数的责任，但这些都不构成是直接的原因，也并非是真正的病根。

术数文化作为远古文化的一部分，作为原生态的东西，我们既不应像掘到聚宝盆一样，如获至宝、抱残守缺，百般呵护，拒绝批评；也不应用一句封建社会的腐朽文化来囊括，采取粗暴而简单地方式加以排斥和抛弃。用“封建迷信”一言以蔽之是最省脑子、也是最省事的处理方法。偏见对于无知来说，距离真理更远。面对术数，作为现代人，首先，我们要有一种敢于探索的勇气，不被“迷信”的说法所迷信。其次，我们要有善于明辨真假是非的鉴别能力，让《周易》里的学与术清浊分明。最后，要大胆运用起“扬弃”的辩证思维的方法，勇于担当起去其糟粕，让渣滓永远沉淀；取其精华，让珠宝放出光彩的历史责任。

传统文化中的术数文化，保留有远古文明的大量信息，有着今天哲学、自然科学和社会科学、文化人类学等许多学科宝贵的研究素材，为我们研究初始阶段的人们认识世界和把握世界的方式，研究早期的意识文化、宗教文化乃至国家文化的形成与发展都有着重要的价值。术数文化的研究仍旧任重而道远。

第十四章

周易文化与占筮文化

占筮文化是周易文化的重要组成部分，也是鲜明特色之所在。占筮并不是用一句“封建迷信”加以概括，然后就可以心安理得地像对待垃圾一样将其丢弃的，不是这样的。占筮是我们的先人面对浩瀚的宇宙和无限的时空，面对天人之际，在敬畏和虔诚的心理驱使下，所表现出来的一种的求真态度和探索方式。它一种东方式的哲学意识，也是一种古老的科学精神。我们不应哂之、嘘之、藐之、诬之，而应当习之、辨之、析之、汲之。

第一节 占筮以及多种形式的占筮活动

一、关于占筮文化

（一）占筮文化的哲学思考

1. 人认识的三定律

占筮文化不仅是术数的重要组成部分，而且也是周易文化的重要组成部分，这是无须回避的。但占筮文化不是用一句“封建迷信”加以概括，而后就可以随意丢弃在道旁的思想的垃圾。占筮是我们的先人面对浩瀚宇宙所表现出的一种虔诚态度和求真意识，一种东方式的哲学精神。它里面包含着深刻的思想，这一思想可以用下面的三个命题来表达：

你自以为知道了，你所知道的是让你知道并且你能够知道的。

你所知道的，永远小于你所不知道的。

你不知道的里面或许有你知道的东西；但你知道的里面必定有你不知道的东西。

这三个命题可以称之为“学习的信仰”，更准确地说，应称之为“认知三定律”或“认识三定律”。这三个定律像三个“魔咒”一样将永远伴随着人类，像“紧箍咒”一样永远扣锁在我们的额间，拿下来是万无可能的！如此看来占筮既像是一种无奈的选择，也像是一种永恒的宿命。其实，它所体现的恰是一种东方式的悠长的、安静的、玄虚的智慧。可以想见，伴随着人类历史的进程，占筮从内容到形式都会有所改变，但产生占筮的思想根基却不会消失。运用逻辑归纳和逻辑推衍，人类可以由规律的角度，以有限来推测无限，把握未来发展的趋向，但其结论永远是局部的，永远带有或然的性质；因此，疑问并不会因此消失。

2. 只有敬畏，才有未来

有疑问就有追问，因此，作为追问形式之一的占筮形式也就不会轻易地退出人类生活的舞台。面对占卜，有一副对子做了一种态度的表达：诚询乾坤，诚惶诚恐虔诚意；善解玄机，善始善终慈善心。人只有了敬畏，才会有平顺的未来，人所做的一切仅仅源自今天的人们所知的一切，我们切勿哂之、嘘之、藐之、诬之，而只应当习之、辨之、析之、汲之。殊不知占筮曾是远古的“科学”，对古人所为，我们曾是以怎样的态度对待的呢？面对今天的我们所取得的一切科学的成就，包括理论形态的或物化形态的，未来人们的态度又会是怎样的呢？他们会像我们那样吗？会像我们那样不算很公正地对待先人那样来对待我们吗？但愿他们的态度会比我们的态度要好些，理应也会好一些吧。

（二）占筮的概况

1. 古代占筮的大致程序

古代的先民们为了生存和发展，不可避免地要与大自然打交道，他们仰观天象，俯察地理，在时刻面临死亡的威胁下，千方百计地为着抵御自然灾害的侵袭，竭尽心力地选择和创造有利于自己生存和发展的各种条件。在严酷的自然环境中，先民们不可能仅选择躲避或逃亡，或者是选择仓促地应对；而是选择了更加积极地态度面对。由此，先民们动用了探索的精神，提前对各种情况作出评估和预测，并且采取了各种措施予以戒备和防范，于是，占筮的活动就应运而生了。在《周易文化读本》上册我们已经对“占卜”做过一些分析，使我们对此有了一些了解。古代文献对“占”释义会加深我们的认识，占，就是占卜和占验。如《说文》曰：“视兆问也。从卜口。”这里从会意角度，强调的是对兆示的判定。《韵会》云：

“凡相侯谓之占，占亦瞻也。”这里强调的它预测的性质。《尔雅·释言》曰：“隱占也。”《疏》：“占者，视兆以知吉凶也。必先隱度，故曰隱占也。”这里以为占是以较私密的形式来断定吉凶的过程。总之，在当时的条件下，应当说这种占筮活动，实际上是古人创立的一整套的预测系统，是古代一项庄重且严肃的科学活动。

古人的占筮仪式，随着思维的发展，有一个由简到繁、由零散到规范的过程。一般地说，占筮活动都要经过三个必要的程序：起卦—装卦—断卦。不同的占筮方法其以上三个阶段的繁简程度就会不同。古老的占筮方法我们已无法知晓。我们只有根据现有的史料，了解其中的一些主要情节。先秦的蓍筮礼仪在《仪礼·士冠礼》中有所记载：在那个时代贵族为决定大事均要进行占筮，首先占筮要选择吉辰，即好日子且好时间；同时占筮的时间还要按照所要占问事情的类型来选择，占问外部的事情要选择阳日（单数日），占问内部的事情要选择阴日（偶数日）。其次，占筮要在宗庙内举行。占筮时，求占的贵族穿礼服戴礼帽，站立在宗庙门的东侧，面向西；执行占筮的太史也要穿礼服戴礼帽，站在庙门西侧，面向东。在这之前，门内已经铺好了竹席作为占筮的场所。太史在西塾中取出蓍草，向贵族请示占问的内容后，跪在竹席上进行占筮。占筮的几个步骤是：首先，诵念向神灵提出所要占问的问题，称为“命筮”；其次，运用筮法的过程，即用蓍草进行推演求卦；再次，是把求得的卦象符号记录下来，并画在木板上，交给主人过目；最后，依据筮法占断，向主人报告最终的占断结果。先秦时的占筮情景大致如此。

唐宋以来民间的占筮仪式要比先秦时简单了一些，南宋朱熹《周易本义·筮仪》有记载。占筮的仪式要选择座北朝南开门的清洁房间作为蓍室，房间中央处放床，床上放木架，用于搁置蓍策（蓍草）。实行的筮者穿戴好清洁的衣冠，面向北站立床前，先洗手焚香致敬，然后向主人问明所要占问的问题，即可进行占筮。经过命筮祷告、揲蓍演卦、画卦、分析判断等大致也是四个过程，最后向主人报告得出的结论。

2. 依繁简难易而划分的占筮形式

在古代，官方对占筮是区别对待的。如李世民初登基就下诏曰：“民间不得妄立妖祠。自非卜筮正术，其余杂占，悉从禁绝。”① 可见，禁绝的是民间的杂占，而对于卜筮正术还是认可的。至于何谓“正术”？何谓“杂占”？恐怕还要从运用数理的多寡来判别。

传统的“卜术”，大致有占问、择吉、测局三种基本形式，其基本理论依据均来源于《周易》。占卜形式是多样的，其难易程度大致分为三档。复杂形式的有所谓著名的术数三式：太乙神数、大六壬、奇门遁甲。明代学者、嘉靖年间进士万民英在所著《三命通会·论支干源流》中云：“古今高人达士，稽考天数，推察阴

① 司马光：《资治通鉴》卷一九二，陕西师范大学出版社1997年版，第1005页。

阳，以太乙数而推天运吉凶，以六壬而推人事吉凶，以奇门而推地方吉凶，以年月日时而推人一生吉凶……无不奇中。”可见，术数三式略有分工，坊间通常的说法是：太乙主天道，以防灾异为主，利占国运；奇门主地道，以克敌致胜为主；利占兵机；六壬主人道，以日用求吉为主，利占百事。此三者虽各有重点，亦各又无所不占。三式之中太乙神数最神秘，大六壬术最久远，而奇门遁甲最具盛名。古人有所谓“精通三式谓之神”之说。三式原本都属于古代的帝王之术，因而能熟练掌握三式中任何一式的人都很难得，是稀缺的。术数的中间形式有火珠林法，即纳甲筮法，有邵氏的易数占断法等，纳甲筮法和易数占断法虽较三式为简约，但仍然入门不易，所以真正会熟练运用的人也是不多的。简单一些的筮法有易理占法、卦爻辞直断法，还有测字法、抽签法等，会此类筮法的人相对多些。又由于测字法和抽签法比较简便易行，因此在民间得到了广泛的流传。从古至今，筮法自身发展有一个由简单到复杂、再由复杂到简单的过程。清代大学者纪昀便表达过这样的意思：“古代用龟卜，孔子在《系易》中大力提倡用蓍草占卜，于是龟卜渐渐没人用了。《火珠林》中首先用钱、代替蓍卜，但是要掷六次，还嫌烦琐。《灵棋经》中的卜法是掷一次便能成卦，但是排列起来也很麻烦。轮到神祠中的签，一抽便得卦辞，就更简便了。”① 抽签虽然其程序简单，但老百姓中的多数仍然是认可的。纪昀认为：“神祠都有签，但都不如关帝祠灵验；关帝祠的签，最灵验的是正阳门边的关帝祠。一年之中，从元旦（著者注：旧历第一天就是现在的春节）到除夕，一天之中，从凌晨到黄昏，始终琅琅地摇筒者不断。”②可见，简便的筮法还是有市场的（参见彩色插图22）。

一般说来，占问多应用六壬、纳甲、六爻等方法，然后结合易理或周一的卦爻辞而推断福祸吉凶。择吉多应用奇门遁甲，通过布局、布斗、结合符咒，排除事物发展中的不利因素，最后遴选出最佳的方案，其形式多运用于军事；测局大都运用太乙神数，通过十二运卦象之术，来预测国家大事；如推算国家政权的命运、气数、历史变化的规律等。太乙神数真正属于帝王之术，基本上秘不外传，几乎成为了绝学；加之测局多涉及到具体的数字或者是由数字所表达的一个区间，由于其要求较高、难度较大，所以精到者寡，应用者稀（参见彩色插图23）。

二、起卦的几种形式介绍

（一）揲蓍法

1. 何谓揲蓍法

《周易·系辞》中记载了这一筮法，曰：“天一地二，天三地四，天五地六，天七地八，天九地十。天数五，地数五，五位相得而各有合。天数二十有五，地数三十，凡天地之数，五十有五，此所以成变化而行鬼神也。大衍之数五十，其

①② 参见纪昀：《阅微草堂笔记》滦阳消夏录六。

用四十有九。分而为二以象两，挂一以象三，揲（音社）之以四以象四时，归奇于扐（音了）以象闰。五岁再闰，故再扐而后挂。《乾》之策，二百一十有六。《坤》之策，百四十有四。凡三百六十，当期之日。二篇之策，万有一千五百二十，当万物之数也。是故，四营而成《易》，十有八变而成卦，八卦而小成。引而伸之，触类而长之，天下之能事毕矣。”①

我们用更通俗的方式将这段文字转述出来：首先从一到十共十个数，五个奇数和五个偶数。一、三、五、七，九，奇数代表天，二、四、六、八、十偶数代表地。五个天数相加：1 +3 +5 +7 +9 =25，天数累计为二十五；五个地数相加：2 +4 +6 +8 +10 =30，地数累计为三十。天地之数相加为五十五，五十五这个数也叫“天地之数”，有学者认为五十五这个数也是“大衍之数”，后面落下“有五”两字。这里学术界有分歧，多数人认为“大衍之数”就是五十，而非五十五。后面的文字就是对这一蓍法程序的叙述了。

2. 揲蓍法程序

筮法用“大衍之数”。五十策，先抽出一策不用，象征天地未开之前的太极。余下四十九策，先混在一起再随意分开，握于左右手中。左象征天，右象征地，放置案上，这叫“分二以象两”（两仪），这是第一步，亦为一营。第二步，从右手那簇策中抽出一策，夹在左手的四、五指间，就叫“挂一以象三”。三就是天、地、人三才，象征有了天地之后，又产生了人类。二营也。第三步，每四根为一组去数左右两簇策，先左后右，这就是“揲之以四以象四时”，即象征一年有春夏秋冬四季的运行。余数夹于三、四或二、三指间，三营也。四十九策，经过“挂一”“揲四”之后，第四步是“归奇于扐”。“奇”，就是零散的策数；“扐”，手指之间。将夹在指间的策合计，这个合起来的数必定是九或五。这叫“归奇于扐以象闰”，至此完成第一变。在这一变中包括了“分二”、“挂一”、“揲四”、“归奇于扐”四个环节，所以叫四营。第一变后，剩下的策数不是四十四就是四十这两个数。第二变，在四十四或四十策数的基础上，又经过“分二”、“挂一”、“揲四”、“归奇于扐”四个环节，剩下的策数则出现三个数，或者是四十，或是三十六，或是三十二。第三变，在四十，或三十六，或三十二的基础上再经过“分二”、“挂一”、“揲四”、“归奇于扐”四个环节，剩下的策数会出现四个数，或三十六，或三十二，或二十八，或二十四。

经过以上三变出现的四个数，分别用四去除，其商为九、八、七、六。七、九为奇数，也叫阳数，为少阳和老阳，其爻画为“—”；八、六为偶数，也叫阴数，为少阴和老阴，其爻画为“- -”。如此，每经三变而画出一爻，由下至上每卦有六爻，所以积十八变而画六爻，始成一卦。

在此基础上再来统计策数。乾卦六爻都是“九”老阳，策数应是三十六，用六爻去乘，其结果是：36 ×6 =216（策）。坤卦六爻都是“六”老阴，策数应是二

① 《周易·系辞》。

十四，用六爻去乘，其结果是 24 × 6 = 144（策）。这乾坤两卦共得的策数则是 216 + 144 = 360（策），与一年三百六十天相等，所以称为“当期之日”。《易经》六十四卦，每卦六爻，共三百八十四爻，阳爻、阴爻各占一半，即各为一百九十二爻。根据筮法运算，阳爻（老阳）三十六策，与一百九十二爻相乘，得六千九百一十三策。阴爻（老阴）二十四策与一百九十二策相乘，得四千六百零八策。两策数相加，为一万一千五百二十策。古人认为这个数与天地万物的数量相当，所以谓“当万物之数也”。用此数就能够将天地间的一切变化揽括无遗了。

这种通过揲蓍成卦的方法，后人称之为“揲蓍法”或“过揲法”。

（二）挂扐法

1. 挂扐筮法的原理

挂扐法与揲蓍法一样，也是一种通过揲蓍求数以定爻性的成卦方法，为宋人朱熹在古筮法基础上稍加变动而创立的。揲蓍法强调的是余下的蓍数，依此来定爻性；挂扐法则强调的是手指间夹着的数，即“挂扐”之数的组合状况，并依此来定爻性。其具体方法简述如下：

挂扐法前面的筮法与揲蓍法一样，也要经过“四营”，即“分二”、“挂一”、“揲四”、“归奇于扐”，这是“一变”；再重复以上“四营”两次，便是“三变”，

“三变”之后的“挂扐”之数无非有四种情况：

或为 5，此数只包含“一”个四，由于是一，所以定为奇数；

或为 4，此数也只包含“一”个四，也由于是一，定为奇数；

或为 8，此数包含有“两”个四，由于是二，所以定为偶数；

或为 9，此数也包含有“两”个四，也由于是二，定为偶数。

凡为 4 或 5，是为奇数，也称“小数”、“少数”；凡为 8 或 9，是为偶数，也称“大数”、“多数”。

在实际演变过程中，每三变后只能出现三个数，其排列规律如下：

一变若为五，则：5、8、8（奇）（偶）（偶）

5、8、4（奇）（偶）（奇）或 5、4、8（奇）（奇）（偶）；

5、4、4（奇）（奇）（奇）

一变若为九，则：9、8、8（偶）（偶）（偶）

9、8、4（偶）（偶）（奇）或 9、4、8（偶）（奇）（偶）

9、4、4（偶）（奇）（奇）

依奇偶数组合情况就可以确定爻性了：三数均为奇，是为老阳；三数均为偶，是为老阴；一奇二偶，是为少阳；二奇一偶，是为少阴。老阳、老阴为变爻，少阳、少阴为不变爻。

2. 挂扐法与揲蓍法的异同

其实，挂扐法与揲蓍法都是通过揲数的方法来确定爻性的。只不过途径稍有不同，而结果一样。例如运用揲蓍法求得蓍数是 36，而后被 4 除得 9，9 为老阳之

数。运用挂扐法一变之后“挂扐”的蓍草余数是5，第二变的蓍草余数为4，第三变的蓍草余数也是4，三数之和：5+4+4=13，和为13，亦即49-13=36，用四十九减去十三，正得三十六。5、4、4均为奇数，三个奇数即为老阳。确定老阴、少阳和少阴的原理也可由此得出。可见，挂扐法与揲蓍法的方法有异，但结果却是一样的（见表14-1）。

表14-1　“揲蓍法”与“挂扐法”对照表

揲蓍法			挂扐法					
爻性	策数	揲数	三变后挂扐数	奇偶组合	和数	总策数减去挂扐数	差数	爻性
老阳	36	9	5—4—4	奇奇奇	13	49-13	36	老阳
老阴	24	6	9—8—8	偶偶偶	25	49-25	24	老阴
少阳	28	7	5—8—8 9—8—4	奇偶偶 偶偶奇	21	49-21	28	少阳
少阴	32	8	5—8—4 9—4—4	奇偶奇 偶奇奇	17	49-17	32	少阴

备注：所谓揲蓍法与挂扐法，筮法是同步的，两者互为表里。

（三）“文王课”的课程和典故

1. 简易的金钱占法

唐代《仪礼正义》“士冠礼”所记，占筮方法还有一种比较简便的“掷币法”，也叫金钱占、金钱卦。即用三个铜钱抛掷，依落下后两面的状况而画出爻象，反复六次，定出卦象，古人称此法为“文王课”（参见彩色插图21）。

掷钱币的占法程序为：先找好三个相同的硬币，约定好阴阳两面或正反两面。古人称阳爻为“背”，今天可记作正面，记符号为圈；称阴爻为“面”，今天可记作反面，记符号为㸚。三个“背”、正面为老阳，称之“重”，画阳爻，记为变爻；三个“面”、反面为老阴，称之“交”，画阴爻，记为变爻。两反一正（两㸚一圈）时，爻的笔画数为五，为奇数，为少阳，称之“单”，画阳爻，记为不变爻；两正一反（两圈一㸚）时，爻的笔画数为四，为偶数，为少阴，称之“拆”，画阴爻，记为不变爻。三个硬币同时抛出，总会产生四种结果：“重”和“单”，画阳爻，“交”和“拆”，画阴爻，每抛掷一次画一爻，六次就可以得到一个由下而上的六爻成卦。若遇到变爻则出现了卦变，因此，占卜的卦爻辞都要依卦变情况而有相应的变化和调整。

2. “数字占”出卦法

随着金钱卦的普及，人们发现还有一种较简便的出卦方法，它虽然比“掷币法”稍嫌繁琐，程序上多一些，但每一次都交待的直白简明，易于人们的把握和操作，所以在民间也有相当的市场。这种出卦方法叫“数字占”出卦法，这是一种利用民间众多的什物，只要求能够出得数字，然后依据数字，最终画出爻象的比较简便的出卦方法。

众多什物包括有：金属片、石片、玉片、瓷片、陶片、木片等。利用扁平而光滑的玉片和石片为多。玉片则是经过加工的，形成中间厚边缘薄的圆形，类似于围棋子，比围棋子稍大。石片则多采用河滩上寻得的比较规整圆的扁平鹅卵石。在玉石片的两面分别标上两点，表示数字 2，标上三点，表示数字 3，二个数字既可以用刻刀浅刻，也可以用墨或用漆填写上。这些事做完，就可以操作出卦了。

先双手捧定，然后让它自由地落在土地上，这样就能出现一个数字：2 或者 3。如此反复投放三次，就可能出现以下四种数字的组合：2、2、2；2、2、3；2、3、3；3、3、3。每一种组合的相加，可以得到如下的结果：

第 1 种：2 + 2 + 2 = 6　画阴爻，表示老阴；

第 2 种：2 + 2 + 3 = 7　画阳爻，表示少阳；

第 3 种：2 + 3 + 3 = 8　画阴爻，表示少阴；

第 4 种：3 + 3 + 3 = 9　画阳爻　表示老阳。

每投放三次，就会出现一个爻画，而投放了十八次就可以得到一个自下而上的、完整的六爻卦象，这是本卦。我们可以先读出本卦，查找出该卦的卦爻辞，便会得出所问事情的休咎吉凶来。若六爻中有数字 6 老阴，数字 9 老阳，均表示是可变之爻，须阴变阳，阳变阴，然后再读出卦象，这是之卦。依据本卦和之卦的卦象，参照两个卦的卦爻辞，然后依变爻的规则进行占断，最终得出所问事情的休咎吉凶来。

当然，假若不用一片玉石而用大小、形状相同的三片玉石同时投放的话，每一次可以画一爻，这样则只需投放六次就可以得到一个六爻的卦象，这便和掷币法的大同小异了。

不论你后面运用何种的方法进行占断，总之，只要你是利用了掷币的方法出卦，或利用数字方式、或利用其他任何什物进行出卦，后人就将这种出卦形式和而后进行占断的整个程序，统称为“文王课”。

3. 运用“文王课”的二则故事

《红楼梦》中“文王课”的故事。曹雪芹懂得“文王课”，在《红楼梦》第一百零二回，题目是“宁国府骨肉病灾祲，大观园符水驱妖孽”，讲的是贾珍的妻尤氏病了，贾珍的儿子贾蓉建议请人来占卜。借此记录下用三个铜钱出卦的全过程。书中写道：“贾蓉道：‘不是说不治。为的是前日母亲从西府去，回来是穿着园子上来家的，一到了家就身上发烧，别是撞客着了罢？外头有个毛半仙，是南方人，卦起的很灵，不如请他来占卦占卦。看有信儿呢，就依着他，要是不中用，再请别的好大夫来。’贾珍听了，即刻叫人请来。坐在书房内喝了茶，便说：‘府上叫我，不知占什么事？’贾蓉道：‘家母有病，请教一卦。’毛半仙道：‘既如此，取净水洗手，设下香案。让我起出一课来看就是了。’一时下人安排定了。他便怀里掏出卦筒来，走到上头恭恭敬敬的作了一个揖，手内摇着卦筒，口里念道：‘伏以太极两仪，絪缊交感。图书出而变化不穷，神圣作而诚求必应。兹有信官贾某，为因母病，虔请伏羲、文王、周公、孔子四大圣人，鉴临在上，诚感则灵，有凶报凶，有吉报吉。先请内象三爻。’说着，将筒内的钱倒在盘内，说‘有灵的头一爻就是交。’拿起来又摇了一摇，倒出来说是单。第三爻又是交。检起钱来，嘴里说是：‘内爻已示，更请外象三爻，完成一卦。’起出来是‘单拆单’。那毛半仙收了卦筒和铜钱，便坐下问道：‘请坐，请坐。让我来细细的看看。这个卦乃是‘未济’之卦。……’”在这里，曹雪芹将出卦的程序交待得很清楚：此卦初“交”画阴爻，二“单”画阳爻，三“交”画阴爻，四“单”画阳爻，五“拆”画阴爻，上“单”画阳爻，恰为“未济卦”。须注意的是，此卦的初爻和三爻都是变爻，由此产生了“变卦”，本卦是《未济》卦，之卦则是《大有》卦。因此，卦师在解卦时要以本卦《未济》卦的卦辞为主，但须参考《大有》卦的卦辞。曹雪芹能够将“金钱卦”说得头头是道，可见自身术数的功底不一般。

张学良掷币求卜杀逆臣的故事。民国期间，有过张学良“掷币求卜杀逆臣”的传闻。大帅张作霖由于和日本人闹翻，被日本人算计，在“皇姑屯事件”中遇害，此后少帅张学良接掌了整个东北的政局。张作霖手下的旧臣元老杨宇霆、常荫槐二人有些瞧不起年少的张学良，在其面前常摆出傲慢，甚至是有些轻侮的举动，张学良出于大局，都被迫隐忍了。后来在东北易帜的问题上，张与杨、常又出现了严重分歧，而后杨、常则表现得更加肆无忌惮，直接威胁到了刚刚易帜后的东北政局的稳定，为此，张学良痛苦异常，反复斟酌，决意剪除二人。夫人于凤至几番劝慰无效后建议道：“古人在遇到难事时，以卜决疑。今日不妨一试，让我们遵从天意!”张表示赞同，顺手摸出一块银元道：“这块大洋我向高处投掷三次。若结果相同，就是杀杨、常乃天意。”夫人无奈地表态说：“好，你投我来看。”张将银元向空中接连投掷了三次，结果三次都是袁大头朝上。张仰天长叹：“天要我杀掉二贼啊!”于凤至赶忙解释说：“银元两面的图案不一样，可能有轻重之别，袁大头这面可能轻，所以都朝上了。”张学良言道：“大姐，你这是妇人之仁，是要坏大事的啊!”于凤至说：“那就再来最后一回吧!”张勉强同意，重新将银元向空中掷去，而后三次居然都是袁大头朝下，结果再次相同! 六次掷币，恰好完成了一个六爻的成卦，前三爻均正面朝上，记为阳爻；后三爻均反面朝上，记为阴爻，构成下乾上坤的“泰卦”，乃大吉之卦象。张学良对夫人说：“天意不可违，夫人不必再阻拦了。”此事虽杀人见血，血溅帅府的老虎厅，但天兆吉祥，最终张学良顺从了天意，剪灭了杨、常二人，稳定住了东北的大局。

三、常用的几种占断形式介绍

（一）周易易理释卦法

1. 最常见的易理占断

易理占法，如同成卦方法一样，在《周易》的古经部分里并没有记述。我们所见的易理占法，都是后世的学者根据《易大传》及一些史料文献中的易卦卦例的记载，经过研究分析后整理出来的。日后，凡是运用揲蓍法或挂扐法出卦，运用易理来释卦占断，后人便称这样一套占筮法为典型“周易卦”。

《周易·系辞》说：“圣人设卦观象，系辞焉而明吉凶，刚柔相推而生变化。是故，吉凶者，失得之象也。悔吝者，忧虑之象也。变化者，进退之象也。刚柔者，昼夜之象也。六爻之动，三极之道也。是故，君子所居而安者，《易》之序也。所乐而玩者，爻之辞也。是故，君子居则观其象而玩其辞；动则观其变而玩其占。是以‘自天祐之，吉，无不利’。”这段话的意思是：圣人，指伏羲、周文王与周公，他们观察宇宙万物的现象，设定卦爻，并将卦爻所显示的象征附之说明的文辞，所谓“系辞”，使人了解未来的吉凶趋势；以刚与柔相推演示其变化。所以，吉与凶，是成功与失败的象征。悔与吝，是忧愁与顾虑的象征。卦爻的变化，是前进与后退的象征。刚与柔，是日以继夜的动与静的象征。天、地、人称作“三极”，六爻的变动，显示天的灾害与祥瑞，地的险阻与平坦，人的良善与歹恶的道理。所以，君子平时立身处世，所求淡定心安的原则，便是卦爻所显示的消长盈亏的变化顺序，盈满时不骄傲自满，亏损时不沮丧颓废，而能听其自然，处之泰然。君子平时反复玩味乐趣无穷的，是各爻所附的“爻辞”，吉祥时不得意而忘形，凶险时不惊慌而失态，能够冷静镇定，从容应对。所以，君子平时观察卦爻的象征，玩味所附的文辞；行动时，观察卦爻的变化，玩味吉凶的占断；这样，就能够把握动静进退的原则，就能够得到上天的庇护，吉祥而无往不利。后来的历代学者常将这段话视为“周易卦”或“文王卦”的纲要。

2. 解卦的基本原则和程序

“周易卦”或“文王卦”虽然没有统一的权威的说法，但利用易理占筮，依此再到《国语》、《左传》等史书上找出运用易理占筮的事例进行比对验证，经过后人的概括总结，易理占筮法还是可以归纳出一些大的原则或思路的。

这些原则或思路是：（1）据象占断；（2）据辞占断；（3）据数占断；（4）运用象、数、辞的综合占断。这些占断大致都存有三个基本的程序：

第一，或注重所揲之卦的卦象、卦位、爻象和爻位，所谓“观其象”；或注重所揲之卦的卦名及其引申义，所谓“玩其辞”；或注重所揲之卦的卦序及该卦的先天之数和后天之数，所谓“记其数”；或上面三者均有所兼顾。

第二，将所占问对象物象的类别、性质等归属妥当；采用取象比类或以象类推方式尽可能扩展其所要涉及的范围和因素，尽可能汇集占问对象的物象性质和存在方式所代表的相关数据，通过象或数两个途径扩展其解释的空间。

第三，将所揲之卦与所占之事联系起来，运用易理中的“象”理论或“数”理论予以阐释；或者运用其卦辞和爻辞予以阐释；或者综合运用易理知识予以阐释。

据象占断要注重卦象、卦位、爻象和爻位等，要注重“观其象”。所谓卦象，即是大象，有两重意义：一是卦本身的基本物象及其性质，如乾为天，为父；坤为母，为地；震为雷，为长男；巽为风，为长女等；同时乾、震、坎、艮为阳卦，坤、巽、离、兑为阴卦，而阴阳有刚柔强弱之别。二是卦所表征和概括的物象。《说卦传》中例举到了众多的具体物象。所谓卦位，是指两个经卦在重卦中的位置。位置在下的为下卦、先卦、内卦，位置在上的为上卦、后卦、外卦。

《周易》六十四卦都是重卦，组成重卦的两个经卦有这样几种关系：第一，上下关系。例如，《蒙》卦䷃，是由坎卦与艮卦组成，下坎上艮，坎为水，艮为山，表示山下有泉（水）。此卦的卦爻辞意多由此引出。第二，前后关系。例如，《需》卦䷄，下卦为乾，上卦为坎，坎为险。《象传》曰："需，须也，险在前也。刚健而不陷"。说前边有险，在时间顺序上为将来。按出现卦的顺序，乾是已经出现的象，已有刚健之身，所以前边遇险"而不陷"。第三，内外关系。例如，《明夷》卦䷣，内卦为离，表示文明。外卦为坤，坤为柔顺。所以《象传》曰："内文明而外柔顺"。卦位的内外在占筮中还有不同的意义：内卦一般代表自己或自己所在的方面；外卦代表他人或与自己对立的方面。内卦为体，为主；外卦为用，为辅。内卦为贞卦，贞表示吉庆喜乐之事；外卦为悔卦，悔表示凶伤忧虑之事。

古代据象占断的例证很多。一例为《国语·周语》载："成公之归也，吾闻晋之筮之也，遇乾之否，曰'配而不终，君三出焉'。"说的是晋成公原客于周。晋人赵穿杀掉晋灵公，迎成公为晋君。当成公由周归晋的时候，晋人为此占了一卦，得到乾卦，而该卦初、二、三诸爻皆为变爻，由阳变阴，便成了否卦，晋人只讲乾、否两卦的卦象，乾为天、为君，天在上，君在下，所以《乾》上卦的乾为天，下卦的乾为君，有国君配上天之象，但是乾的下卦由乾变为了坤，《说卦传》曰：坤为臣，便是君变为臣了。所以说："配而不终"。即不能配天而终，国君是做不到头的。《乾》卦的下卦三爻都由阳变阴，"君三出焉"，即君主有三次出走的可能。

又一例为《左传·昭公元年》载：晋侯因病向秦国求医，秦伯派医和为他诊治。医和看后直说："疾不可为也，是为近女室，疾如蛊。"再问什么是蛊？医和回答说："淫溺惑乱之所生也。于文皿虫为蛊，谷之飞亦为蛊，在《周易》女惑男，风落山谓之《蛊》䷑，皆同物也。"这里医和引用《蛊》卦来解释晋候的病为"蛊疾"。所谓"蛊疾"就是精神迷惑错乱的疾患。医和先是分析了蛊字的字形，从文字上看，皿和虫二字合起来就是蛊字，庄稼生了飞虫也叫蛊。接着他又解释了《蛊》卦的卦象，《蛊》卦䷑上艮下巽，艮为少男，巽为长女，蛊卦是女感男之象；同时，艮为山，巽为风，其卦象又是风吹落山木之象。所以，在医和看来，此病已难医也。这里，医和主要根据的《蛊》卦卦象分析晋候的病，而没有涉及《蛊》卦的卦辞和爻辞。

据辞占断要注重卦名、卦序、卦爻辞义及其引申义，还要注重"玩其辞"。玩辞，就是仔细研究、体会卦辞和爻辞的意蕴，关注其背后的义理。揲蓍成卦后六爻中有无卦主？进行占断究竟是用卦辞还是用爻辞？如用爻辞，究竟用哪一爻的爻辞是关键？这些问题周易本经没有给出答案。同样是后人根据《周易·系辞》总结出来的。会用到哪些卦爻辞理论呢？《周易·系辞》开篇曰："动则观其变而玩其占”提出了依卦中有无变爻及变爻的多少确定用何卦辞、爻辞的方法。变爻为动，不变爻为静。首先，要运用到变爻的知识，如有变爻，则阴变阳，阳变阴，由此引出“卦变”，整个卦也就变化了，由此产生出“之卦”，便有了所谓“本卦”与“之卦”之分。六爻中若有一个“变爻”时，占断时看此爻辞；有两个以上的变爻时，占断时看卦辞。其次，要运用到互体的知识，由此产生“互体卦”，占断时要考虑到互体卦的卦辞，因而便有了更多的解释空间。再次，要运用到承、乘、比、应知识，由此可以窥测到贞悔吉凶。最后，还要运用到当位与得中的知识，是否“中正”由此也可以窥测到贞悔吉凶。易理告诉我们：当本卦、互卦、变卦形成以后，要运用到体用原理、五行生克原理、卦气原理等，这些原理再与八卦所象征的各种事物联系在一起，进行综合分析和逻辑上推理，从而对所问事物的吉凶作出判断。“玩其辞”是要将以上因素加以综合才可最终占断。

古代据辞占断的例证也很多，试举几例。《左传·昭公七年》记载卫襄公死，卫国的大夫孔成子对立新君之事犹豫，在立元还是立絷问题上难以自决，因而占了一卦，遇到《屯》卦䷂，初爻由阳变阴，便成了《比》卦䷇，史朝看到卦辞中有“元亨”二字，“元”字与元的名字偶合，而亨该为“享”之义，于是肯定元应该立为卫君，享有卫国。而孔成子却认为卦辞中的“元亨”的元是“长”的意思，依此应该立长子孟絷为君。在此出现分歧。史朝进一步解释道，元才能叫长，孟絷脚有疾，又非嫡妻所生，不能认作长。随后举出《屯》卦的卦辞及初九爻辞均有“利建侯”语，以证明他的主张是不错的。同时，再举《屯》卦辞云“元亨”，《比》卦辞云“元永贞”，贞乃正，坚持应该立元为君。这里我们可以看到，二人始终仅围绕着本卦和之卦的卦爻辞争辩，并以此来论断，没有涉及象数的运用。

再一例《国语·晋语》所载，秦穆公接纳了流亡的晋国公子重耳，并表示愿意帮助他重返晋国。后董因迎接重耳返晋做国君，并为此占了一卦，得《泰》卦䷊，未有变爻。董因释《泰》卦，先分析了卦象，泰乃天地相配，上坤下乾，坤为地为浊，乾为天为清，天虽在下，但清气欲升于上；地虽在上，但浊气将降于下，为天地交通之象，是为吉象。然后董因又依据《泰》卦卦辞来占，卦辞曰：“小往大来，吉亨。”表示重耳此次回国将由小变大，得到大的收获。为此，董因断定重耳返晋必将遇亨通之运，必定能成为晋国的国君。

据辞占断的突出例子是记载在《左传·襄公九年》的一件事：鲁宣公的夫人鲁成公的母亲穆姜，与大夫叔孙侨如私通。成公十六年，侨如与穆姜合谋，想废掉成公，兼并孟孙氏与季孙氏，结果阴谋失败，叔孙侨如逃到了齐国，而穆姜被迁居于东宫。此时，穆姜用《易经》为自己占了一卦，想依此卜问一下自己的前途，遇《艮》卦䷳，初六为变爻，由阴变阳；九三为变爻，由阳变阴，四爻、五爻为变爻，均由阴变阳；上爻还是变爻，由阳变阴。整个一卦，五个变爻，因而便成了《随》卦䷐。史官解释说《随》卦有外出之意，这是依卦义而言，劝其应迅速离开这里。但穆姜不同意史官的分析，她有自己的解释，穆姜依《随》卦的卦辞言道，其卦辞“元亨，利贞，无咎”。何谓“元亨，利贞”呢？穆姜认为：能

“体仁”才能称得上“元”；有“嘉德”才能称得上“亨”；能“利物”才能称得上“利”；能“坚操”才能称得“贞”。而她自己以淫乱而祸国，卦辞的四德一条也不具备，岂能无咎？所以她的结论是“必死于此，弗得出”。因此没有动出逃的念头，准备接受发落。

3. 解卦的其他事宜

所谓体用原理，就是动静和主次的道理。静者为体，动者为用。没有变爻的卦，属静，为体，八经卦为体卦。有变爻的卦，属动，为用。互卦、变卦是用卦，用卦就是用来占筮的。体卦与用卦的关系是：体卦为主，用卦为事；体卦应当受用卦之生，不应当受用卦之克；体生用，有耗失之患，用生体，有进益之喜；体克用诸事吉，用克体诸事凶；体卦卦气应当盛旺，而不应当衰弱。

所谓五行生克原理，就是将五行引入到易占之中。八卦所属五行是：乾兑属金，坤艮属土，震巽属木，坎属水，离属火。五行生克关系为金生水，水生木，木生火，火生土，土生金；金克木，本克土，土克水，水克火，火克金。

所谓卦气原理，就是将八卦与四时气候相配，将时间、气候的概念引入易占之中。震巽春季卦气旺，而秋季卦气衰；离夏季卦气旺，而冬季卦气衰；乾兑秋季卦气旺，春季卦气衰，坎冬季卦气旺，夏季卦气衰，坤艮属土，二月、五月、八月、十一月卦气旺，其余月卦气衰。

至于八卦所象征的各种事物，《易传》里多有叙述，这里不再赘述。

易理还告诉我们：本卦，常表示事物发展的开始阶段；互卦，常表示事物发展的中间阶段；变卦，常表示事物发展的最后阶段。判断吉凶，要考虑到事物发展的不同阶段，有的是先吉后凶，有的是先凶后吉，这就要根据本卦、互卦、变卦所表现出来的不同阶段的吉凶发展的总趋势，作出或吉或凶的最后判断。

据数占断要注重以下的数字：所揲之卦的卦序之数；该卦上下两个经卦的先天之数和后天之数；占问对象的物象类别、归属、性质所代表的数字；综合这些数字所蕴含的意义，然后运用易理中的“数”理论予以阐释。史上坊间多认为宋人邵雍是运用数字占断比较精致和纯熟的高手，而传“梅花易占”是他所创立并且应用自如的一种筮法。

（二）梅花易数占断法

1. 何谓梅花易数

《梅花易数》相传为宋代易学家邵雍所著，该书扉页写着邵康节先生著。“康节”是邵雍的谥号。该书是一部以易学中的数学为基础，结合易学中的“象学”进行占筮的书。为什么称为“梅花易数”？据称是邵雍观赏梅花时，偶见麻雀在梅枝上争吵，以易理推衍后，预言明晚会有女子前来摘折梅花，被园丁发觉而追逐，女子惊慌跑动中跌倒伤及膝盖；该预测果真在第二天丝毫不差地应验了，由此邵雍声名鹊起。后人便将这种预测方法取名为“梅花易数”。相传邵雍运用此筮法时每卦必中，屡试不爽。这里面或许有着夸大的一面。其实，在后来的学者中，有相当一部分人不认为《梅花易数》是邵雍所著，最主要的理由就是《宋史》中未曾提及。同时还有一些人认为该书内容错乱粗俗，与邵雍所著《皇极经世》中的思想水平相去甚远。我们这里不讨论该书是否为邵雍所写，仅因为它比较详细地论述了易象数的占筮方法，流传较广，故予以介绍之。

《梅花易数》的占断方法分为两大类：一类是以数起卦法，另一类是以卦起数法。

2. 以数起卦法

我们先说以数起卦法。以数起卦法中有两个最基本方法要知道：第一，数字八为求卦之数。梅花易数依先天八卦数理，即乾一，兑二，离三，震四，巽五，坎六，艮七，坤八，超过八的数，用八去除此数，用余下的零数作卦数。例如，有一数被八所除余三，三为“离”卦之数，便为占得离卦；如果用八正好除尽，就是“坤”卦之数。第二，数字六为求变爻之数。如果此数大于六，就用六除此数，用余下的零数求出变爻。如果余数是一，应变之爻就是初爻；余数二，应变之爻就是二爻，其余类推。

以数起卦法多种多样，灵活多变，甚至听个声，写个字，报个数都能起卦。以数起卦其他方法有：

（1）年月日时起卦法。以年月日数字之和为上卦。年数是子年为一，丑年为二，直至亥年为十二。月数是正月数为一，二月数为二，直到十二月的数为十二。日数是初一的数为一，初二的数为二，直到三十日的数为三十。如果三数之和等于八或小于八，可直接作上卦数，如果大于八，就用八除此数，用余下零数作上卦数。例如，余数是五，五就是巽卦之数，巽为上卦。年月日数再加时数为下卦。时数是子时为一，丑时为二，直到亥时为十二。如果四数之和等于八或小于八，可直接作下卦数，如果大于八，用八整除，余下之数作下卦数。

（2）物数起卦法。用所见的可数之物的物数作上卦，如该事物的数量、大小、长短、高低等；用见到此物时的时数作下卦数。用卦数与时数之和除以六，求此卦应变之爻。

（3）声音起卦法。凡听到声音，数得几声便作上卦，听到声音时的时数作下卦。再以上卦数、下卦数、时数之和除以六求此卦应变之爻。

（4）字数起卦法。字数多，直接以字数起卦。凡字数如为偶数，则上下平分，一半为上卦，一半为下卦；如为奇数，就用此字数减一的平均数作上卦的字，用平均数加一的和数作下卦的字。字数少，则以字之笔画起卦。四个字以下的，根据作上下卦字的笔画数求上下卦；上下卦字的笔画之和除以六，求此卦应变之爻。如果仅一个字，则左边或上边笔画为上卦，右边或下边笔画为下卦。再以该字笔画总和数除以六，求此卦应变之爻。

3. 以卦起数法

另一类是以卦起数法。我们知道易数中分先天之数和后天之数。先得数，以数起卦，这个数叫先天之数。先得卦，再以卦起数，这个数叫后天之数。这里不是要用到后天八卦所代表的数字，而是要用到后天八卦的方位。其实，《梅花易数》作者始终用先天八卦的次序为一至八的数字表达，而方位却用后天八卦，但并不用后天八卦的数字表达。

以卦起数，就是先以物起卦，根据八卦所象征的事物，这里又要借助《易传》里的叙述，看一看所占问事物属于哪一卦的范围，定出所属卦数，事物本身作为上卦之数。事物方位作为下卦之数。八卦都有方位所属，离在南，坎在北，震在东，兑在西，巽在东南，坤在西南，乾在西北，艮在东北。再用物所属卦之数、方位卦之数加上占问时的时数之和除以六，求得此卦应变之爻。

4. 梅花易数筮法评价

无论是以数起卦，还是以卦起数，卦成之后，都要再依据本卦、之卦和互体卦的诸卦象，结合《易经》中相关的卦爻辞，再结合体用原理、五行生克原理、卦气原理等，进行综合分析和逻辑上推衍，进而对所问事物的吉凶作出判断。据一些史书记载，梅花易数占筮法在邵康节先生那里应用得出神入化，至于他人应用的效果如何则记载的不多。邵雍留世的还是他的代表作、有着学术上独特的价值《皇极经世》。宋史载“雍知虑绝人，遇事能前知”。我们或许学不来老先生预卜先知的本领，但我们可以学习他的勤奋的事迹。《宋史·邵雍传》曾记载道：“少时，自雄其才，慷慨欲树功名。于书无所不读，始为学，即坚苦刻厉，寒不炉，暑不扇，夜不就席者数年。”① 即是说邵雍年少的时期，也是自称有雄才大志的人，慷慨激扬的欲求取功名。凡是书籍他都要去认真的去读。开始为学就是艰苦而勤奋的。冬天不生炉子，夏天不打扇子，夜里不睡觉地刻苦学习好几年。其好学精神为后辈的楷模。邵雍曾云：“一日之计在于晨，一岁之计在于春，一生之计在于勤。”② 在前两句古训的后面加上后面一句话，他是原创者，也是忠实的践行者。

（三）“一撮金”占法

后世的测字占法源于“一撮金”。所以我们先要了解“一撮金”测字法。北宋以后，测字术从“一撮金”测字法中演化开来，围绕着方块的汉字形成了多样性的测字占法。

1. 何谓“一撮金”测字法

“一撮金”相传是邵雍即邵康节发明的筮法。此法的大致程序是：首先要形成一个六爻卦，然后算出爻位，再依卦、依爻位找到对应的已写好的言辞，将已有的言辞和你想占问的事情再联系起来分析，最后判断其成败、吉凶。“一撮金”的

① 《宋史·列传第一百八十六·道学一》。
② （清）李文炤：《恒斋文集》。

某些程序有点类似邵康节的梅花易数占筮法，但两者成卦的途径不同，“一撮金”是通过写字成卦。二者最大的不同还在于：梅花易数占筮法是要兼顾《周易》卦爻辞的，而“一撮金”虽然查验的卦名还是《周易》里面的，但后面爻中的言语，即所谓“爻诀”与《周易》的文本没有任何的关系！“爻诀”应是宋人编写的。“爻诀”的内容这里不刊出，请读者自行查询。

了解了“一撮金”的筮法后，听起来好像仍然有些麻烦，须知，这比上述的几种筮法已经大大简化了，正是由于简便才得以流行。实施“一撮金”，要求有一个六爻卦做基础，所以要先写两个汉字，第一个字为内卦、下卦，第二个字为外卦、上卦。每个字数出笔画来，依笔画的数目将其归为八卦中的某一卦。先天八卦的顺序：乾一、兑二、离三、震四、巽五、坎六、艮七、坤八，到九以后再复起为乾，十为兑，如此类推。记住先天八卦每卦所代表的数字。两个卦画叠放，即成六爻卦。然后求爻位。用二字合计的笔画之和用六除，余数即为所要的爻位。卦有了，爻位有了，便去找对应的爻诀，看看这些言词对于你所要占问的事情之关系，如何理解便只好见仁见智了。具体各爻的爻诀这里就不转录了，我们仅把八卦的卦序录在下面，对此，我们不应当完全陌生，“一撮金”卦序与前面介绍的“八宫卦”的卦序有些相类似，但每宫里面的卦名及排列稍有不同，这是需要注意的。它是将八个经卦做为本宫的主卦，后面七个卦的上卦或外卦都是本宫的三爻卦，下卦或内卦则按照乾、兑、离、震、巽、坎、艮、坤排序，最终排列卦序的结果更接近于数理卦序（见表 14－2）。

表 14－2　“一撮金”八卦顺序表

乾为天	天泽履，天火同人，天雷无妄，天风姤，天水讼，天山遁，天地否
兑为泽	泽天夬，泽火革，泽雷随，泽风大过，泽水困，泽山咸，泽地萃
离为火	火天大有，火泽睽，火雷噬嗑，火风鼎，火水未济，火山逢，火地晋
震为雷	雷天大壮，雷泽归妹，雷火丰，雷风恒，雷水解，雷山小过，雷地豫
巽为风	风天小畜，风泽中孚，风火家人，风雷益，风水涣，风山渐，风地观
坎为水	水天需，水泽节，水火既济，水雷屯，水风井，水山蹇，水地比
艮为山	山天大畜，山泽损，山火贲，山雷颐，山风蛊，山水蒙，山地剥
坤为地	地天泰，地泽临，地火明夷，地雷复，地风升，地水师，地山谦

2. “一撮金”测字法举例

想要利用“一撮金”求占，须先静下心来，不用刻意想什么，然后端坐，随心写出两个字，字体不可连笔，不可潦草。求占不是玩笑之事，不可亵渎，也不可再占。

举例：假若写“就”“行”两字，“就”12 画，“行”6 画。第一个字数一圈后又到“震”，第二个字是“坎”，叠放为下震上坎，“水雷屯”。然后两个字笔画加起来 18 画，用六去除，刚好除尽，0 算六爻。好了，去查“屯”卦六爻对应的爻诀：上六六爻下下：不足不足，难伸心曲。野塘雨过，月如钩，梦断邯郸眉黛蹙。

再举例：写“古”“董”两字，“古”5 画，“董”12 画。第一个字是“巽”，第二个字“震”，叠放为下巽上震，“雷风恒”。然后两个字笔画加起来17画，用六去除余5，就是五爻。好了，去查“恒”卦五爻对应的爻诀：湖水悠悠，孤舟浪头。来人未识，残月山楼。

（四）测字术

1. 关于测字占法

介绍完了“一撮金”，我们再来看更具普及意义的测字占法。虽然民间有了“一撮金”测字法，但人们普遍地仍然嫌弃“一撮金”有些费事，写两个字就有些麻烦，还要计算笔画后再去查验所对应的爻诀。可不可以就一个字给出答案？这样，为了迎合人们一个字也可以测字的愿望，于是社会上就有了各式各样的“测字术”，即测字占法就出现了。

测字占法在古代是一种具有广泛影响的算命术。所谓测字，就是人们利用汉字的特点，用加减笔画、拆合字体结构的方式附会人事和社会间的各类事务，进而推断其祸福凶吉的一种预测的方法及其活动。测字术虽然脱胎于“一撮金”，但已经发生了很大的变化：它已经摆脱了《周易》卦爻的形式上的关联关系，也没有了现成诀辞的言语束缚，成为了一个完全可以较自由地发挥测字先生个人的主观能动性，发挥其联想的功能的过程。测字占法给了测字先生对其所写的汉字进行所谓“装头”、“接脚”、“穿心”、“包笼”等，总之进行一个全方位的、多层次的再加工，然后在此基础上予以断定的广大空间。应当看到，测字算命形式，包括前面介绍的“一撮金”形式，主要还是在文化人之间进行的一种互动活动，因为毕竟要写出字来，而不会写字的文盲就只能通过其他形式：如相面、相手等进行算命活动了。在古人看来，人写字时的笔画由心生成，一个人写出的字，与本人的善恶修行、性格禀赋、学识才情以及人的命理命运、吉凶贵贱等，都有着千丝万缕的联系，这样，“测字算命”的行当也就应运而生。事实上，汉字本身并不具备反映凶吉祸福的功能。因此，测字活动自身能包含有多少科学性其实取决于测字先生的德行与学识，取决于测字先生借用汉字这个媒介在推衍过程中运用科学性知识的多寡。

2. 测字的类型和方法

中国古代的“测字术”，人们测字占问一般有这样几个方面：测命运，包括身世、疾患、寿夭等；测财运，包括生意、合作、旺衰等；测官运，包括仕途顺逆、升迁、合纵连横的力量等；测事由，时机、路径、方法、成败、毁誉、吉凶等；测前程，求学、交友、婚姻、生子、交往、境遇、安危等。

测字术的方法大致分为离合、引申、事兆三大类型。

所谓离合，就是对字的拆分或组合。举个离合的例子：范时行，清乾隆年间江苏苏州人。传说他的测字，话语不多，但义理明澈，指示吉凶祸福如神。有一天，一个理发师，改换了一套着装，来找范时行测字。他拈了一个“村”字，请范时行测前程。范时行看了看说：“木以长为贵，寸木焉有大用？但君可凭寸木吃饭。"那人大吃一惊，剃刀之柄乃寸木也，断的极准。范时行接着说："贵贱不分行当，凡事肯努力，定会出息的。"后来此人果真靠自身的勤劳，过上了小康生活。

所谓引申，依据字形，进行字义、字理的延伸，加之联想。举个引申的例子：一位年轻尼姑来测字。她拈出了一个"青"字。测字先生问她测什么，她说："测前程。"测字先生说："清不清，静不静，出家非宜，择人而嫁，可望生育"意思是说你出家不合适。如果你想出嫁，找个好男人，还有生儿育女的希望。人奇而询之，测字先生答曰：尼姑测终身，可知其尘念不绝，有婚嫁之心不难断出，可何能断出生育？你看，青字的上部象个生字，下部是育字的底部，"青"乃生字头，育字底，含生育之意啊。"尼姑听后顿时羞得满脸通红，忸怩而去。旁边有知情的人说，该尼姑早就动了还俗的念头了。

所谓事兆，由字的形或义直接会意，用引申的方法来推断吉凶。举个事兆的例子：明成祖朱棣微服私访，碰到了一位测字先生，随手写了个"帛"字。测字先生见字立刻跪下称罪，成祖问他何故？测字先生说："帛字，皇头帝脚，必非凡人。"可见，这位测字先生的眼力非同一般。不久，又有一人用"帛"字求测，该测字先生却对此人说："顺便节哀"。旁人不解，问其故，测字先生说："帛字，拆开是白巾。白巾为孝服，他家中定有人去世了。"同字因人而不同解，这里全依仗测字先生自己的灵活性了。

后来人们对测字活动又进行了细分，实施起来大致为这样几种方法：

(1) 汉字本身有象形的特征，利用字的象形进行占卜解释。例如，李白登岳阳楼，见前人在壁上留下了三个字："一，虫、二。"众人不解，向李白请教。李白道："这是仙人留下的一副对联，'一'指水天一色，'虫、二'便是風月无边。"人们不禁叹服。

(2) 依据字本身，直接会意的占法，还可以对该字的字义进行字理、转义、延伸等，有时还要用到联想的成分。如有人拿着瓜子问父亲的病，测字先生依此说："死期快到了。瓜子合起来便是孤字，你快成孤儿了。"病家愕然。

(3) 根据字本身的形态，进行拆分或组合，然后附会其意思来占断吉凶，其中联想、延伸的成分很大。例如，南朝时一才子出联曰："蚕是天下虫"，将"蚕"字拆为"天"和"虫"，且为上下结构；另一才子很快对曰："鸿为江边鸟"，将"鸿"字拆为"江"和"鸟"，恰为左右结构。联文可谓工整矣。

(4) 根据字的笔画数，引入五行或者八卦的数理概念，或利用五行生克原理进行吉凶的占断，或利用八卦的引申义进行吉凶的占断。这里，联想和随意的成分也很大。

(5) 还有依据字的谐音占断。如隋文帝杨坚最初立国号为"随"，后来想到会有国祚随时遁走之虞，遂去掉"辶"为"隋"，意为稳固。

"测字"活动上千年经久不衰，里面有着迷信的色彩毋庸置疑。但同时里面也包含着人们对汉字的崇拜，对文化知识的渴求。千百年来，测字先生的执业，一来为自身谋求着生路，二来也为芸芸众生排忧解惑，劝善求安，也算是一种功德的行为和教化的方式，当然其中难免也掺杂着不端。从历史主义的观点来看，古代社会的“测字”现象应当是利弊参半的。

3. 历史上测字典故二则

其一：崇祯帝的后期，大明江山已经岌岌可危了。一次，崇祯微服来到街面上，见一卦摊在路边，便有意请测字先生算一算前程。测字先生说：“既要测字，那么请问客官测个什么字呢?”崇祯随口说：“测个‘友’字吧，朋友的‘友’。”测字先生稍加思索，眉头微皱，“‘友’乃反字出了头，天下不太平呀。”崇祯闻后赶快改口说：“不是这个‘友’字，而是有没有的‘有’字。”测字先生面露难色：“‘有’有字上为‘大’字少一捺，下为‘明’字缺半边。乃为大明江山已丢了一半”之义。崇祯听后更加地慌张起来，要求再次换个字说：“也不是这个‘有’字，而是申猴酉鸡的‘酉’字。”测字先生一听，更为大惊失色，“哎呀，‘酉’是‘尊’字去掉上下，乃为‘尊者’斩首去足，即是天塌了。”崇祯听后，早已吓得脸色土灰，慌忙告辞回宫去了。果然不久之后，李自成率领的起义军攻进北京城，大明朝从此走到了头，崇祯皇帝最后落得上吊身亡。

其二：抗战期间，汪精卫在日本人的卵翼下，当上了伪国民政府主席。背着汉奸的名声，因怕有人暗算他，整天里提心吊胆度日。一天，他换上便装，来到南京街上散心解闷，看见路旁有一个测字摊，摊前挂着一条幅，上书“凡字有三解，便可知一生”十个大字。他便走了过去，请测字先生给他占算并随手抽了个“哥”字。测字先生说：“哥者，两‘可’相连，第一解：可父可师；第二解：可敬可佩。”汪精卫听后觉得自己资格老、地位显赫，确实“可父可师”；又想起年青时曾有过行刺清摄政王载沣的壮举，也配得上可敬可佩，认为测字先生确实有些水平。于是便急不可耐地向测字者追问“哥”字的第三解，测字先生只说此事涉及天机，不便透露。汪精卫由于不便暴露自己的身份，便只好怏怏离去。第二天，汪精卫还惦记着此事，再次来到测字摊前，已不见了测字者的身影，只见地上用白粉写着九个字：“哥字第三解，可杀可剐。”见此，汪精卫如同挨了一个闷棍，冷汗都流下来了，如丧家之犬，赶忙匆匆地离去了。

4. 测字依据的初步探索

客观地讲，测字背后的科学性是需要探索的。我们知道，现实性的背后有其合理性，合理性的后面就有规律性隐藏着。支配一个人想到并且写出这个字或那个字，那么，这个字就一定与他求测的事有着某种的联系，看似像随意的写出字，实则是特定的人物处在特定的思维支配下，受特定目的的驱使，在特定的时间、地点、条件的综合作用下的一个结果，是一个人精神活动的“物化产物”，当然就带有意义。汉代哲学学家杨雄指出：“言者，心声也；书者，心画也。心正则笔正，心乱则笔乱，笔正则万物咸安，笔乱则千灾竞起。”[①] 邵雍也说：“尝闻相字，乃前贤妙术，古今秘文，为后学之成规。辩吉凶之易风，相人不如相字。即相其

① 杨雄：《法言》。

人，变化如神，精微入圣。自古结绳为政，如今花押成数。言心声也；字心画也。心形如笔，笔画一成，分八卦之休囚，定五行之贵贱，决平生之祸福，知目前之吉凶。富贵贫贱，荣枯得失，皆于笔画见之。”① 杨雄和邵雍二人虽然都说得有些过了，但毕竟也揭示了字迹背后确有意义。字迹背后有哪些意义呢？

首先，写字是心理活动的一种反映，是心理活动征象。“字心画也”，“心正则笔正，心乱则笔乱”，笔迹上常会反映出写字人的心态，在不同的环境里或处于不同的心情下，同一个人写出的字也会有微妙的变化。恬淡时，写出的字清秀疏朗；激越时，写出的字厚重奋发；烦躁时，写出的字散乱歪斜；疑惑时，写出的字迟滞、呆板。

其次，写字有性格方面的表露。注重字的结构和比例的人，往往是有全局观念，做事严谨；为人谨慎，有责任心的人；若字体松散则表示写字的人系统性和规范化都稍差，是一个做事较粗心、不拘小节的人。写字时整个字体流畅、圆润，显示其人随和的、灵巧的秉性；若字体刻板、棱角分明，显示其人原则性强、有固执坚守的一面。写字笔画较粗的人，自信的豪爽之人，也可能是简单之人，粗心大意之人；写字笔功较细的人，纤弱细致之人，也可能是思维敏捷且缜密的人。性格稳笃的人，写出的字较方正、持重；性情浪漫的人，富有才气，写的字就会龙飞凤舞，形象感强。性情急躁的人，字迹潦草，喜好连笔，有丢失笔画的现象；性情怠慢的人，字迹凝重工整，但有拖笔的现象。性情外向的人，写的字刚健且飘逸；性情内向的人，写的字拘谨且尖锐。

最后，写字有人际关系方面的流露，即交往过程中“情商”的显现。字是语言的“物化”，归根结底是为交往服务的。从字的大小来看，字体很大表示写字人个性较强、喜欢标新立异，为人光明磊落、敢作敢当，但容易犯粗心大意的毛病；字体写的较小，表示写字人自信力稍差，做起事来比较谨慎、思虑较多，比较本分和保守。字迹整洁清晰，表明为人正派，能为他人着想，同时表明意志坚定、精力充沛、善于合作；字迹模糊且用涂改不洁，表明为人委琐，人际关系不畅，同时表明条理性差，疏于懒散，易半途而废。

笔迹学（graphology）又称“笔相学”，在西方亦有传统。据称笔迹同人的精神品质有关联，反映人性格、思想，其渊源是古希腊的亚里士多德。著名戏剧家莎士比亚曾经说过：“给我一位女士的笔迹，我就能告诉你她的个性。”并且莎翁在自己的戏剧作品中有过多次涉及笔迹鉴定方面的台词。将笔迹研究最先带入学术领域的是法国人佛兰科尼·迪尔，1609 年他写了一篇关于笔迹鉴定的论文，这是笔迹鉴定领域中较早的学术文章。1625 年，意大利人卡米洛·巴尔蒂（Camillo Baldi）发表了专著《根据字迹判断人的性格和气质》，这是笔迹鉴定领域中较早的学术著作。创立“笔迹学”名词，将笔迹学进行系统化研究的是法国人米尚（Jean Hippolyte Michon），作为一位高级神职人员，1872 年他出版了《笔迹学的体系》和《笔迹学的方法》两部书，1875 年他创立了第一个笔迹学社团。所以他被

① 邵雍：《梅花易数·字画卷》。

誉为“欧洲笔迹学之父”。从此，欧洲的笔迹学研究便开展起来。西方笔迹学研究历经几百年的发展，其理论构架、研究手段和方法以及应用体系都已相当完备。西方笔迹学家运用弗洛伊德的精神分析学说、阿德勒的个性心理学、瑞士心理学家荣格的心理类型学、法国心理学家勒森的人格类型理论和实证分析手段，总结出西方字母文字中与书写者个性和心态有关的300多种特征，如压力、速度、大小、方向、布局、形式、连续性、运动等。这些特征的不同组合，揭示了千姿百态的个性心理差异。现今，德国、英国、意大利、荷兰、比利时、瑞典、奥地利、澳大利亚、以色列、捷克、日本、瑞士等国笔迹学非常发达，许多国家还建有专门的“笔迹学学院”，很多大学都设有“笔迹学”专业，例如，法国的马赛第二大学、德国的波恩大学、瑞士苏黎士大学、英国笔迹学研究学院、比乌尔比诺大学高等笔迹学研究学院、比利时的心理笔迹学学院、意大利的莫海蒂笔迹学院等。在这些国家还设有专门的笔迹学学会和全国性学术组织，如国际笔迹学学会，欧洲笔迹学学会，美国的国家笔迹学学会，美国笔迹分析基金会等。在这些国家笔迹学已成功地应用于刑侦、公关、军事、经济、管理、心理学、人才学及教育学等广阔领域。

现代社会，通过书写和笔迹的技术分析，可以运用于刑事侦查学，对于物证的认定与鉴别、对于是否为是同一个人所写，有着重要的意义。书写和笔迹的技术分析，还可以成为人力资源管理的一项内容。在一些欧洲国家已经将其运用于人才招聘和选拔过程中一种非常重要的测评方法，列出了比较详尽的分类和层次，使之成为人力资源管理中的简捷、方便、高效度、高信度、成本低的辅助手段。总之，笔迹学（graphology）是一门运用现代多种科学形式，结合生理学、心理学等学科的原理和方法，研究书写习惯的规律特点及其鉴别方法的科学，无论是在西方，还是在现代的中国，都仍在发展和完善过程中。

四、不常用的几种占断形式简介

（一）六壬筮法

1. 何谓六壬筮法

六壬筮法即六壬术，它与奇门遁甲、太乙神数合称为占卜中的著名三式，均是最高层次的预测之学，其中的六壬术被誉为三式之最，即历史最久、程式最繁的一种。久远，相传为九天玄女授之轩辕黄帝，以灭蚩尤，至今已有五千余年，但这仅为传说耳。然清朝六壬家程树勋经考证认为六壬最先出，奇门次出，太乙晚出。他考证曰：六壬纯用干支神将推演，并不用九星、八门、文昌计神等项，以是知其先出。奇门所用天三门、地四户、天马方则采用的是六壬之占法；太乙所用九星、八门、五符等类，则采用六壬、奇门之法，故断言奇门、太乙皆在六壬之后。程树勋还认定六壬稍晚于《周易》。繁琐，是由于它用式盘推衍、通过较多环节的排课布局来反映吉凶休咎的态势，然后再进行占断，所以它是一种比较复杂的术数形式，奇门遁甲、太乙神数均是参考六壬的术式而来的，因此六壬术又常被称之为术数三式之首。六壬术又称大六壬，作为中国最古老的占卜术，由于它还运用到了星象学知识，推衍中要配以十二天神，附以各种星煞，因此也算作是古老的占星术之一。

关于六壬的起源，纪晓岚在总纂《四库全书》时说道："六壬与遁甲、太乙，世谓之三式。而六壬其传尤古。"又说："大抵数根于五行，而五行始于水。举阴以起阳，故称壬焉。举成以该生，故用六焉。"[①] 清人俞正燮考据更为详实："名六壬者，《神机制敌太白阴经》云：'玄女式者，一名六壬式，玄女所造，主北方万物之始。因六甲之壬，故曰六壬。'《武经总要》云：'六壬之说，大衍数谓天一生水，始于北方。'许慎《说文》'言水者准也。生数一，成数五，以水配之成六壬也……壬数主北方阴。'《白虎通》云：'亥者阴之始，又亥位为易之乾，为盖天之天门，壬寄于亥，名六壬宜也。'"[②] 上述各说法的大意是，按《洪范》五行来说，五行起于水；水属阴，"举阴以起阳"，阴生阳，水是万物造化的开始，六壬依此为主旨起点；在十二地支的五行属性中，壬癸属水，而壬属阳水，故以"壬"之名代指水，有阴阳相合之意。在河图数中，所谓"天一生水，地六成之"，"六"为水之成数，因此又可以"六"代指为水；壬属阳水，六属阴，"六壬"合一使用，又体现了阴阳相合之意。上述解释最具权威性。与上述解释稍有不同的是祝泌的见解。《四库未收书提要》载录了宋代祝泌的《六壬大占》，并介绍云："是编《宋志》不著录，郑樵《通志略》所列六壬，多至八十二家。焦宏《经籍志》凡八十九家，钱遵王《述古堂书目》凡一十八家，皆无是册，盖佚已久矣。此从宋刻本依样影抄，卷首有泌边书序及六壬起例。案泌云六壬立名，古今不宣其旨，惟《周礼·哲蔟氏》掌覆夭鸟之巢以方书十日、十二辰、十二月、十二岁、二十八星之号，即壬盘之体，三代之壬书，惟此一证，与术家以五行始于水，水生于一，成于六之说异。"对于六壬的解释还有另外一些说法，如按照六壬中"十干寄宫"的法则，壬寄于亥，亥为西北方，西北则属于乾卦，乾卦乃八卦之首，古人认为那里是所谓"天门"的方位，是万物所出的方位，这实际是突出了根源、起源之意，"六壬"名称的意义在于此。还有一说，六壬源于古代的天文，与历法有关。中国最早的历法是六龙历，全年分六季，两个月一季，一季六十天，《黄帝内经·素问》中云"天以六六之节（律），以成一岁"。意为花甲一周凡 60 天 ×6，"六"乃是一个周期概念，这便是六壬之"六"的缘起。

2. 六壬筮法在术数中的位置

六壬筮法以占卜人事著称，始终名头响亮，历代繁荣，其法由来已久，多见于诸多古籍经典中。《吴越春秋》、《越绝书》等载吴国大臣伍子胥曾以六壬神课来卜吴国命运将灭亡，后成真；公孙圣为吴王占梦说了真话而遭到不幸；越国大臣

① 《四库全书·六壬大全提要》。

② 俞正燮：《癸巳类稿·六壬古式考》壹卷。

“范蠡、文种忧而占之”[①]，为国君勾践的安危祈祷；较多材料证实六壬术在先秦已有。《吴越春秋》、《越绝书》都是汉代书籍，起码汉代时六壬术已趋成熟。三国时诸葛亮撰有《六壬类苑》，世传有“诸葛亮六壬时课预测法”，又被称之为“小六壬时课预测法”，后也有人认为此法实则是唐人李淳风所创。《晋书》较详细记载了军师戴洋用六壬神课占测军事动态，后果然应验。《隋书·经籍志》载有《六壬式经杂占》、《六壬释兆》。唐李靖撰有《王帐经》，唐代天文学家僧一行撰有《六壬髓经》，《唐书·艺文志》也提及六壬之术，中唐诗人王建《贫居》诗云：“避雨拾黄叶，遮风下黑帘。近来身不健，时就六壬占。”[②] 托名柳宗元所著之书《龙城录》卷下载有“明皇识射覆之术”一节，记述道士冯存澄为唐明皇李隆基占课，后得以应验。说明唐代时六壬术已经很流行了。《新五代史·贺瑰传》载梁太祖朱温用六壬占得“斩关”课，以奇计出兵获得大捷。北宋时宋仁宗还亲为扬维德编撰的《景祐六壬神定经》作序，六壬书籍有徐次宾的《口鉴》，祝泌的《六壬大占》和《壬易会元》，宋沈括《梦溪笔谈》、《宋书·艺文志》均谈及六壬。说明宋代时六壬术已经较普及。明代时六壬类书籍更多，其中以袁祥著，郭御青校刊的《六壬大全》最具影响，还有陈公献的《大六壬指南》、尹希吉的《六壬捷录》等。清代六壬专著有徐端华的《六壬直指》，张宏的《大六壬说约》等。民国时的六壬类著作主要有徐养浩的《大六壬金铰剪》，袁树珊的《大六壬探源》、《六壬占卜讲义》和韦千里的《千里秘笈》等。传说宋美龄女士曾找过韦千里大师占卜六壬神课，所言皆验，为此，使韦大师扬名而与袁树珊大师同享“南袁北韦”之盛名。

在历代史书或地方志中，记载六壬内容及善六壬术的专家就更多了。值得注意的是一些精于六壬者，除政治家外，还有科学家和儒学家，这是令人瞩目的。

懂得六壬理论的科学家除有僧一行外，还有沈括。沈括在代表著作《梦溪笔谈》中就有大段谈及六壬的内容，如他特别谈到：“六壬天十二辰之名，古人释其义曰：‘正月阳气始建，呼召万物，故曰徵明。二月物生根魁，故曰天魁。三月公叶从根而生。故曰从魁。四月阳极无所传，故曰传送。五月草木茂盛，逾于初生，故曰胜先。六月万物小盛，故曰小吉。七月百谷成实，自能任持，故曰太一。八月枝条坚刚，故曰天罡。九月木可为枝榦，故曰太冲。十月万物登成，可以会计，故曰功曹。十一月月建在子，君復其位，故曰大吉。十二月为酒醴，以报百神，故曰神后。’此说极无稽。据义理，余按：徵明者，正月三阳始兆于地上，见龙在田，天下文明，故日徵明。天魁者，斗魁第一星也，斗魁第一星抵于戌，故曰天魁。从魁者，斗魁第二星也，斗魁第二星抵于酉，故曰从魁。斗杓一星建方，斗魁二星建方，一星抵戌，一星抵酉。传送者，四月阳极将退，一阴欲生，故传阴而送阳也。小吉，夏至之气，大往小来，小人道长，小人之吉也，故为婚姻酒食之事。胜先者，王者向明而治，万物相见乎此，莫胜莫先焉。太一者，太微垣所在，太一所居也。天罡者，斗刚之所建也。斗杓谓之刚，苍龙第一星亦谓之刚，

① 《吴越春秋·外传第七》。
② 《全唐诗》卷二九九王建《贫居》。

与斗刚相直。太冲者，日月五星所出之门户，天之冲也。功曹者，十月岁功成而会计也。大吉者，冬至之气，小往大来，君子道长，大人之吉也，故主文武大臣之事。十二月子位，并方之中，上帝所居也。神后，帝君之称也。天十二辰也，故皆以天事名之。"[①] 沈括的言论不失为真知灼见，在尽现科学精神和务实态度的同时，也显示出他本人不俗的六壬修为。

懂得六壬理论的儒学家是北齐大儒颜之推，他是孔门弟子颜回的后人。颜曾著有《颜氏家训》，这部书既是古代士大夫立身、治家、处事、为学的经验总结，也是一部系统的家庭教育示范文本。颜之推在《颜氏家训》中说道："吾尝学《六壬式》，亦值世间好匠，聚得《龙首》、《金匮》、《玉軨变》、《玉历》十许种书，讨求无验，寻亦悔罢。"[②] 先表达了自己对术数的兴趣，但由于没有效验，为此又有些感到后悔。紧接着他又说道："凡阴阳之术，与天地俱生，亦吉凶德刑，不可不信；但去圣既远，世传术书，皆出流俗，言辞鄙浅，验少妄多。"[③]阴阳之术，与天地一齐产生，这也是上天对人间昭示吉凶、恩威并施的手段，不可不相信；但我们距离圣人的时代已经很远，世间所传的术数之书，都出自平庸之手，言语粗鄙肤浅，因而虚妄的多，应验的少。这里，颜之推进而又概括说："卜筮者，圣人之业也；但近世无复佳师，多不能中。古者，卜以决疑，今人生疑于卜；何者？守道信谋，欲行一事，卜得恶卦，反令忕忕，此之谓乎！且十中六七，以为上手，粗知大意，又不委曲。凡射奇偶，自然半收，何足赖也。"[④]意思说，卜筮，是圣人的一项事业，但近代还没有好的卜师，卜筮的结果多不能应验。古时候，用占卜是用来解决疑惑的，而现在的人们却因为占卜反而产生了疑惑；这是为什么呢？一个人恪守道义，相信自己的谋划，打算去干一件事，却卜得一个恶卦，反而使他恐惧不安，疑惑就这样产生了。况且今天的人们以为十次占卜有六七次应验，就认作是占卜高手，这是粗知大意，对情况没有详尽考察，凡是猜数目是单还是双，自然也就有一半应验了，无须太信赖嘛。可见，作为大学问家颜之推的分析充满着理性和睿智的色彩，其话锋切中时弊，其见地也是中肯的。

六壬术衍生的子科目众多，这也是它一个特点。如传世的"六壬金口诀"，又称《六壬神课金口诀》，简称《金口诀》，是六壬古籍中的经典版本（参见彩色插图 17）。该书题署明代洞春道人真阳子辑。原序中说："命谓述自孙膑……"并且书中又有十余处提到孙膑，故后人便有人认定为孙膑所作。所以该书又称"孙膑预测学"，它属于高层预测学，有所谓"大金口""袖中金"之誉，名声很大。总之，六壬术数大致可分为四种：大六壬、中六壬、小六壬和六壬金口诀，我们通常所说的六壬一般通指大六壬，我们这里介绍的也主要是大六壬的内容。

3. 六壬筮法原理

六壬术注重河洛文化和五行文化。五行以水为首，壬癸皆属水，壬为阳水，

---

① 沈括：《梦溪笔谈》卷七。

②③④ 《颜氏家训·杂艺篇》。

癸为阴水，舍阴取阳，故名为壬。十天干与十二地支相配用以纪年，六十年为一个轮回，六十甲子中有六个壬，即壬申、壬午、壬辰、壬寅、壬子、壬戌，六壬本意是焉。六壬术由天盘和地盘构成，天盘上刻有十天干，十二辰分野也在天盘中，地盘上刻有十二地支，也对应着十二辰方位。天盘以太阳日行为主，日行即是太阳运行的度次，一年三百六十度，二十八宿分列在四周。地盘以地球的四方、五行、河图洛书为准。调和阴阳、和于术数的六壬以天圆地方、天规地矩的天地盘为主，太阳日行加占时，则形成正反的六壬格局，合之则为天地人之际。天盘左旋右转，便会产生交易三才，阴阳、五行、四方都在其中，岁、月、日、时为数。岁时为万，月时为千，日时为百，时时为十，五行求数，数求五行。将天盘和地盘重叠起来，起课时转动天盘，地盘不动，待其稳后视天盘、地盘得出干支和时辰，然后据以占卜吉凶（参见彩色插图25）。

六壬术受《周易》中诸多思想和五行生克原理影响是比较深的。六壬其法以月将加时辰，立四课，发三传，观阴阳，辩生克，以决吉凶成败。其推演原理是沿袭了周易中的推演方法，首先由“占时”至“月将”，是无极生太极；再由月将至干支，是太极生两仪；由干支而产生四课，是两仪生四象。从天盘变化到四课，它表示的象（即老阴、老阳、少阴、少阳）。主要变化方式有九种课式。即：贼克、比用、涉害、遥克、昴星、别责、八专、伏吟、返吟。以阴阳干支、五行生克制化为用，从四课变化三传。然后便排发三传，即发三才；三传为易卦象之三爻。有了三，便可通达万事万物，正如老子所说：“道生一，一生二，二生三，三生万物。”[①] 故用爻，一爻为初，二爻为中，三爻为末。三段论证，对应于天时、地利、人和而应用。之后再布各天将及神煞，用五行生克原理预测吉凶进退。

六壬推算判断难度较大，主要是它每考查一事物时都采用立体形式，全方位、多种思维的方法进行的。其课体虽有一定，但课式信息量却有上万个。其中60为六十花甲，12为十二地支，2为阴阳，共有 $60 \times 12 \times 2 = 1440$；12分别有12神，12将，正转一圈，反转一圈，共有 $12 \times 12 \times 12 \times 12 = 20736$；因此，六壬的推演可以得到 $1440 \times 20736 = 29859840$ 种式子。由于是万中求一，古人认为六壬的准确率还是较高的。

4. 六壬筮法的评价

古人对整个六壬术数近乎有些迷信。相信所谓“学会大六壬，来人不用问”的口诀，迷信在于对六壬术灵验的认可。古人认为六壬术占验吉凶是灵验的，这在古代文学作品中有所反映。清代李汝珍所著《镜花缘》曾专门讲到了六壬术。《镜花缘》第七十六回题目“讲六壬花前阐妙旨，观四课牖下窃真传”。在此章回中，作者通过里面人物芸芝之口，以极其浓厚的兴趣滔滔不绝地大讲其六壬术中天地盘四课三传等内容，反映出《镜花缘》作者李汝珍对六壬术数的认识及对六壬课式的熟悉。名著《西游记》中也描述了一个会六壬神课的先生，在《西游记》

① 《道德经》第四十二章。

第九回“袁守诚妙算无私曲，老龙王拙计犯天条”章回中。这个叫袁守诚不是别人，是确有其人的唐代著名术士袁天罡的叔叔，足见袁家术数的家学深厚。这位袁守诚居然能算准河中鱼儿的位置，然后告诉渔夫何时何地下网，渔夫自豪表白：“他教我在泾河湾头东边下网，西岸抛钓，定获满载鱼虾而归。”“我每日送他一尾金色鲤，他就与我袖传一课，依方位，百下百着。”后来，此消息被泾河龙王听说，他非常生气也非常恐惧，就化妆去长安城里找袁守诚的麻烦，龙王让袁算下雨的时间点数。结果袁算对了。泾河龙王却就想出一个非常愚蠢的主意，私改了下雨的时辰点数，结果被玉帝知道。触犯了天条，要被魏征处死，泾河龙王想托唐王说情免死，不想最后还是被魏征在梦里给斩了。吴承恩把个六壬神课的卦师说得神乎其神了。夸六壬的还有名著《红楼梦》。《红楼梦》第一百零二回，章回题目“宁国府骨肉病灾祲 大观园符水驱妖孽”。说的是贾蓉的母亲病了，贾蓉去请毛半仙卜卦，毛半仙用的是铜钱法出卦，画卦为“未济”，解卦时用的是“纳甲筮法”，但这位半仙忙活了半天，自己也仍不大明白老太太的病情，而贾蓉也还是不知道母亲到底生的是什么病。毛半仙只好说“若要断得清楚，揲蓍也不太明白，除非用‘大六壬’才断的准”。贾蓉只好问：“先生都高明的么?”毛半仙道：“知道些。”后又按六壬术占断，算得“魄化课”。“谓之‘魄化魂归’。先忧后喜，是不妨事的。只要小心些就是了。”毛半仙最后也只得说些不痛不痒的话，算应付过去了。显然，曹雪芹的《红楼梦》通过对毛半仙的这段描写，可以窥见到在曹雪芹的眼中，六壬筮法还是要胜过纳甲筮法的。曹雪芹的这一描述是真实的，因为坊间的一般人，包括执业的术数之人都普遍对六壬术是比较认可的。

作为清代《四库全书》的总纂官纪晓岚在编纂六壬书籍后有自己的评论：“六壬与遁甲、太乙，世谓之‘三式’，而六壬其传尤古，或谓出于黄帝元女，固属无稽，要其为术，固非后世方技家所能造。大抵数根于五行，而五行始于水，举阴以起阳，故称壬焉；举成以该生，故用六焉。其有天地盘与神将加临，虽渐近奇遁九宫之式，而由干支而有四课，则亦两仪、四象也；由发用而有三传，则亦一生二、二生三、三生万物也；以至六十四课，莫不原本羲爻，盖亦《易》象之支流，推而衍之者矣。”[①] 纪晓岚揭示了六壬源流，特别指出“要其为术，固非后世方技家所能造。”他肯定了六壬历史价值，其评价是公允的。我们当如何看待六壬筮法呢？或者说扩而展之，我们应当如何看待一切的筮法呢？我想有六个方面：

第一，六壬筮法较早创立了一个中国术数中的模块结构的、又相互勾连的百科全书式知识体系。在中国特有的“天人合一”思维框架下，天人之际的哲学问题和百姓日用的琐碎杂事可以有机地混淆在一起，其特点是庞杂而笼统，缺乏严格意义上的分门别类。这种庞大的百科全书式的知识体系就足以让人感到敬畏，这就如同西方的教堂一定要修得高耸一样，让里面的人们感到自身的渺小和压抑就够了；这里，只要你感到自己的无知和无助，其效果就达到了。

第二，六壬筮法无疑强化了中国人网格状的一种思维模式，它并不是一种简

① 《四库全书·术数类四·六壬大全序》。

单的线性思维或单向思维。阴阳、五行、干支等知识既各成体系，又具不同渠道的联系，在相互作用、相互制化中产生综合的效应。这中间会无形中强化了归纳思维的训练。形成中国式的归纳逻辑。当然，与此同时便弱化了一种寻求确定性的追问，缺乏了一种沿着一个方向刨根问底的探索的执着精神。无形中弱化了因果联系式的链条思维，进而也弱化了演绎的逻辑。

第三，六壬筮法所使用符号系统，如天地盘、四课、三传、神将等都有其广泛的意义，并只有在中国的历史文化背景下才能被合理的解释，解释系统的核心理念是“依类相推”，或者说是中国式的类比逻辑。这种类比逻辑的前提是中国式的“归类”和中国式的“类推”。其“归类”并非是严格的科学的分类，其“类推”也并没有严格的规则。“异类不比”是人们批评周易使用占筮语言时犯得通病，是明显的逻辑缺陷；尤其是要应用《周易》卦爻辞来解卦的一些筮法，其占断时有时会显得比较受局限，进而出现尴尬，而六壬筮法则不然，它起码撇开了已有卦爻辞的束缚，合理联想、自由发挥的余地要大些。

第四，六壬筮法过程中，多方面的知识累积和充足的信息量，常使人无所措手足。海量的选择面前常使人反而无法选择，此时，占筮人的机会就来了，帮助你选择其中的一个便是他份内之职了。海量的信息和选择，实际上提供了多个途径的“思想接口”，为“偶合”即偶然的契合提供了条件，所谓“算准”或“应验”的几率也就提升了。

第五，中国的语言和文字具有同义和多义的性质，筮法过程中借用其这种模糊性是常用的手段。借代、转借、会意、联想、谐音都用得上。这也有助于提升“算准”和“应验”的概率。

第六，中国文化自身具备深厚的人文气息，带有强烈的伦理色彩。筮法过程中综合运用相关的知识，如伦理学、心理学知识，常能够起到指点迷津的效果，起到安抚和慰藉的功效，筮法的作用也就显现了。

古人有云：“壬五车，壬十万，壬白头”，这些都是形容六壬之学繁多且艰深的意思；古人还话云：“船装六壬，车载遁甲”，言壬遁之学卷帙之多，壬遁之理渊幽浩博，非积以年月之沉思潜究，不能领悟。明代六壬大家陈公献有体会说：“六壬更饶繁剧，非九年面壁，莫竟其源。”[①] 我们既不会因浩繁且艰深而畏难，也不会因有人为此“扣帽子”、“打棍子”而退缩，我们应当虚其心、立其志、优其法、壮其行，将包括六壬在内的术数文化中的精华发掘出来，贡献于民族的精神文明建设中。

（二）奇门遁甲

1. 何谓奇门遁甲

与六壬术影响不相上下是奇门遁甲，奇门遁甲也是一套较繁复的占筮方法，又称“奇门”或“奇门遁”，是占筮中复杂三式，即六壬、奇门、太乙中名头最响

① 陈公献：《大六壬指南》。

亮、应用最广泛的一种术数形式。据称其预测的准确度也非常高，有所谓“学好奇门遁，来人无须问”之说。相传黄帝、姜太公、张良、诸葛亮、刘伯温等都会此法。

奇门遁甲筮法以十天干中的乙（日）、丙（月）、丁（星）为“三奇”，又以十天干中的戊、己、庚、辛、壬、癸为“六仪”，将“奇”“仪”分置于九宫之中，以甲统领之。甲指“六甲”，即甲子、甲戌、甲申、甲午、甲辰、甲寅。由于在具体运用过程中只用“三奇”和“六仪”来推算，甲作为十天干之首最为尊贵，它藏而不现。“遁”即隐藏的意思，隐遁的原则是甲子同六戊，甲戌同六己，甲申同六庚，甲午同六辛，甲辰同六壬，甲寅同六癸。甲隐遁于“六仪”之下，因此称其为“遁甲”。

“奇门”为何意？我们知道九宫是与后天的八卦相匹配的，后天八卦分别代表着震、巽、离、坤、兑、乾、坎、艮八方，而每一方又对应着“八门”，“奇门”一般意义指的就是“八门”。“八门”是伤、杜、景、死、惊、开、休、生等八个门，其中开、休、生为三吉门，伤、死、惊为三凶门，杜门和景门处于中间的状态。奇门遁甲筮法的特点在于在九宫间排局布盘，排局时顺行布局为阳局，逆行布局为阴局，当乙、丙、丁的“三奇”碰到开、休、生三吉门时，便是得到了“奇门”。“奇门”的关键是寻找到吉门。以“遁甲”方式求得“奇门”的吉利结果就是“奇门遁甲”。

2. 奇门遁甲的筮法原理

奇门遁甲是利用时空因素来趋吉避凶，其要点同大六壬一样也是通过排局布盘来占断的。盘分天地人三盘，象征三才。天盘布九星（天蓬、天芮、天冲、天辅、天禽、天心、天柱、天任、天英）；地盘用九宫八卦；人盘设八门。排局布盘时以顺仪（戊、己、庚、辛、壬、癸）逆奇（乙、丙、丁）为阳局，以逆仪顺奇为阴局。按年份、节令、时辰将八门、九星、八神（八诈）值符、滕蛇、太阴、六合、白虎（阳遁为勾陈）、玄武（阳遁为朱雀）、九地、九天在九宫八卦盘上排列成局。奇门中的八神，又叫八将，在古人看来实际是八种神秘的力量、八种符号，类似于用神的性质。诸神之性情，古书中略有所述。《奇门法窍》云：“值符天乙之神，螣蛇虚诈之神，太阴阴祐之神，六合护卫之神，白虎凶暴之神，玄武盗拓之神，九地坚固之神，九天威悍之神，勾陈牵滞之神，朱雀文明之神。”八神各有其功能，能够产生或吉或凶的作用。

奇门占断时，天盘和人盘动，地盘不动，根据具体的时日，以六仪，三奇，八门，九星排出具体格局以断吉凶。冬至到夏至之间阳气回升，用阳遁；夏至到冬至之间阴气渐长，用阴遁。为了将时间的干支与二十四节气密切联系起来；布局时按正授、超神、接气、置闰的规律，将上元符头（十五日值一个节气，分上中下三元，每元五日，第一日为符头）和节气调整好。这样就能够占测出事物的性状、关系、动向和强弱，进而可以排出一种奇门遁甲的日历，从而用以选择时间、方位并依此占断其吉凶，当然，在运用时还必须兼看临何宫以及旺相休囚情况来综合评价，若能选择出吉时吉方就能够成功，否则就不会成功。为此，古人有歌诀曰：吉门被克吉不就，凶门被克凶不起；吉门相生有大利，凶门得生祸难避。吉门克宫吉不就，凶门克宫事更凶（参见彩色插图 24）。

世间曾传奇门遁甲的排局最早有四千三百二十局，但这仅是理论上的，按奇门历法，一个时辰一个格局，全年 360 日，每日十二个时辰，全年的局数是 12 × 360 = 4320，即四千三百二十局。由于一些局是重复的，后便有全年一千零八十局之说；这 1080 局，并不是每一局都要用一个盘去演示，假若用活盘来演示，每个活盘都可以演示从甲子到癸亥 60 个时辰的格局，所以 1080 ÷ 60 = 18，最终可以用十八个活盘就可以演示整个年所有的时辰格局。因此，现奇门遁甲一共有十八局，就是阳遁九局、阴遁九局（见图 14 – 1、表 14 – 3）。

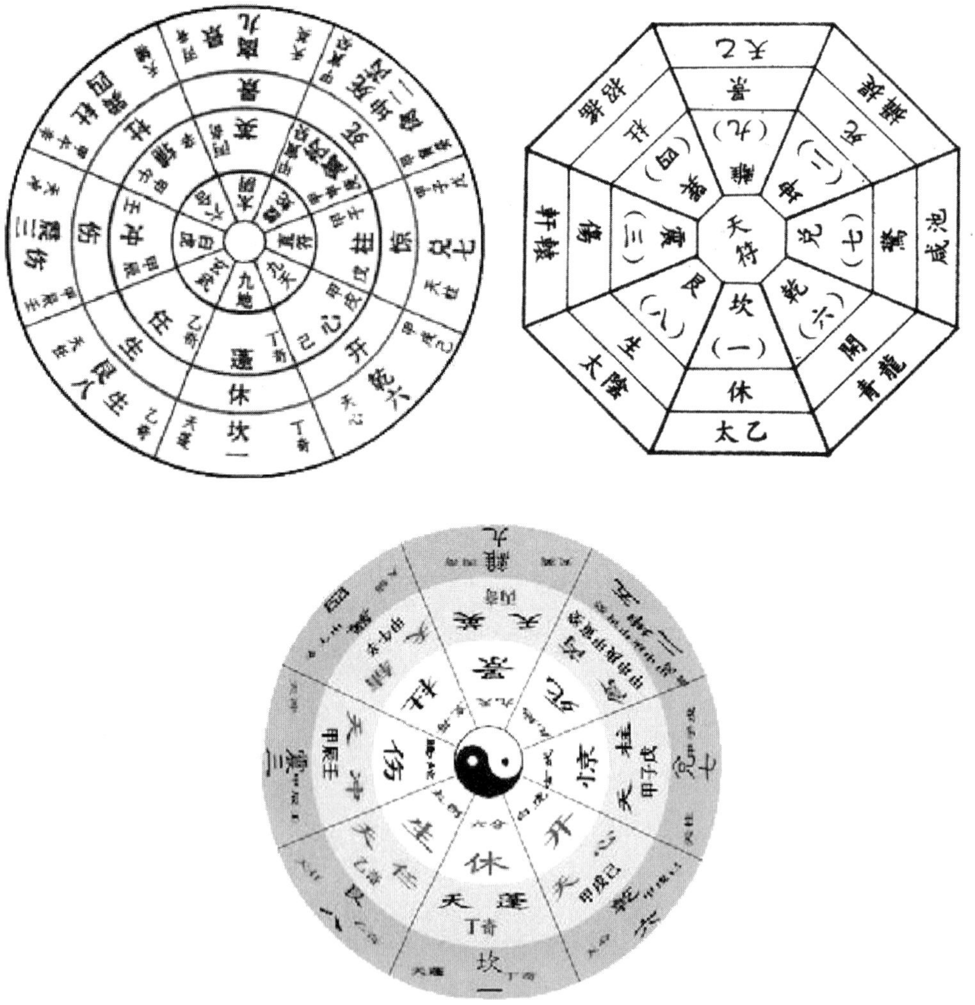

图 14 – 1　奇门遁甲占盘图示

表 14－3　　奇门遁甲内容对应表

项目名称	九宫数字	八卦	八门	方位	九星	二十四节气
具体内容	三	震	伤	东	天冲	春分、清明、谷雨
	四	巽	杜	东南	天辅	立夏、小满、芒种
	九	离	景	南	天英	夏至、小暑、大暑
	二	坤	死	西南	天芮	立秋、处暑、白露
	五			中	天禽	
	七	兑	惊	西	天柱	秋分、寒露、霜降
	六	乾	开	西北	天心	立冬、小雪、大雪
	一	坎	休	北	天蓬	冬至、小寒、大寒
	八	艮	生	东北	天壬	立春、雨水、惊蛰

3. 奇门遁甲的评价

在术数中，奇门遁甲占有较重要的地位，自古对它的评价都是较高的，清代《四库全书》在撰写提要中称“奇门遁甲于方技之中，最有理致”的评价，《中国神秘文化百科全书》称奇门遁甲是“中国方术中式占的集大成者”，称其为“帝王之学”。奇门遁甲实际是一门较高等的天文学和物理学，它要考虑到星象、考虑到地球的磁场和方位、因此，奇门遁甲是与古代天文历法之学联系最紧密、综合性最强的一种术数，它将古代术数家创造的阴阳、五行、天干地支、河图洛书、八卦九宫等学说都囊括了进去，并形成一个有机的大系统学说。奇门遁甲在演绎过程中，用八卦记载方位，配九宫记载天象及地象之交错，用八门记载人事，用九星八神记载周遭的环境。有时间，有空间，充分的表达出古人宏大宇宙观的智慧。由于奇门遁甲是用来选择时间和方向的一种术数，因此运用于军事较多。相传古代的军事家，如姜太公、范蠡、张良、诸葛亮等都精通奇门遁甲。奇门遁甲有时也可运用于重大的土建工程中，用于勘验风水，选择吉地等。由于这一筮法考虑的因素较多，条件稍显严苛，因此出现大纰漏的概率要低，其口碑便比较好。

奇门遁甲之所以出名，还与文学名著中的渲染有关。《三国演义》第六十八回写道：曹操问道士左慈：你会什么法术？左慈回答：贫道在峨眉山修行三十年，忽然有天雷震碎石壁，得天书三卷，名曰《遁甲天书》，分《天遁》、《地遁》、《人遁》三卷。书中将道士左慈描绘为得道的神人也。《水浒传》第四十一回的标题为“还道村受三卷天书，宋公明遇九天玄女”。书中如此道来：娘娘对宋江道：“宋星主，传汝三卷天书，汝可替天行道，星主全忠仗义，为臣辅国安民；去邪归正；勿忘勿泄。”同样将奇门遁甲誉为“天书”。有文学名著的推波助澜，使得奇门遁甲的名声更加显赫，也更增添了神秘的色彩。

由于奇门遁甲这一术数比较复杂，人们在理解和运用的方法也有一些差异，因此，真正掌握奇门遁甲筮法的人并不多。奇门遁甲筮法历史上具体运用的实例史料记载并不多，多为赞誉之辞，其实际效果的验证则无从谈起。

（三）纳甲法

1. 何谓纳甲法

纳甲法又称火珠林法、六爻占卦法，是中国影响力最大的一种占断方法。至迟到隋唐时，这一筮法已经成熟，在敦煌发现的文书中存有大量应用此法的卦例。大约在唐宋年间，流行一种叫《火珠林》的卜筮书，相传是宋初著名方士陈抟的师父麻衣道者所著，宋以后便又将这种占法称之为“火珠林法”。至于“火珠林”三个字的确切含义，现有文献上没有给出明确的答案。

2. 纳甲占断程序

纳甲法通常分为三个步骤进行：画卦、装卦、断卦。由于在它的画卦阶段，最早普及应用了掷币法，即用三枚铜钱放在竹筒内摇，掷出后看背和面的组合情况而画爻象，所以，后人也俗称纳甲法为“文王课”。

“文王课”虽以文王命名，但这种占断方法的发明人既不是周文王，也不是麻衣道者，而是西汉的京房。京房（公元前 77—前 37）是西汉的经学家，河南人氏，著有《京房易传》等多部研究易的作品，后人称为“京氏易”。《京房易传》将《周易》六十四卦分为乾震坎艮坤巽离兑八宫。前四卦为阳卦，后四卦为阴卦。每一宫的纯卦统领七个卦，八宫纯卦共统领五十六卦，再加上八宫本位卦，总共六十四卦。

如果说纳甲法，就是把十天干纳入八卦中的一种占卦方法，这是很不准确的，因为事实上所要纳的内容比这复杂得多。纳甲法的一个鲜明特点是完全抛开《周易》的卦爻辞，只用五行生克原理进行占断。但事实要纳入的内容远不止五行的知识。纳入的过程就是装卦的步骤。所谓装卦，就是把用以占断的诸要素统统标记在已画出的六爻边，以供占断参考。那么，装卦装些什么？要纳入些什么呢？主要内容和步骤有：

（1）确定卦名和八宫归属。一经确定卦象、卦名，便确定了八宫归属。

（2）配五行。八宫各有五行属性。不但卦配五行，各爻也要配上五行。纳甲法将八卦与五行相配：乾、兑属金，离属火，坎属水，震、巽属木，坤、艮属土。

（3）纳甲和纳支。给八宫六十四卦各卦六爻纳入天干和地支的内容。先“纳甲”。即把甲乙丙丁戊己庚辛壬癸纳入八宫各卦之中，由于“甲”为十天干之首，为了便于称述，特举“甲”以概括十个天干，所以称之为纳甲。然后纳支。即把子丑寅卯辰巳午未申酉戌亥纳入八宫各卦之中。

（4）定“六亲”。纳甲法以“六亲”作为取用神的依据。六亲就是指“我”的亲属关系。定六亲的方法是以本宫卦所属的五行为“我”，各爻所纳地支的五行为“亲”，由“我”和“亲”之间的关系定出每爻所属的“亲”。原则为：生我者为父母，我生者为子孙，克我者为官鬼，我克者为妻财，与我比和者为兄弟。为便于记忆，今将古代《六亲歌》的口诀抄录于下：

乾兑金宫土父传，木财火鬼水子然；

坎宫水兄火为财，土鬼金父木子来；

坤艮土兄火为父，木鬼水财金子路；

离宫火兄水为鬼，土子木父金财助；

震巽木兄水父母，金鬼火子财是土。

（5）装“六神”。除了要配比“六亲”外，纳甲法还要给卦的各爻装配上“六神”。“六神”又称“六兽”，它们是青龙、朱雀、勾陈、螣蛇、白虎、玄武。定六神依据占日的日干（不论日支），口诀为：甲乙日起青龙，丙丁日起朱雀，戊日起勾陈，己日起螣蛇，庚辛日起白虎，壬癸日起玄武。从青龙到玄武，顺序不变，首尾相接。“六神”性质不同，功能不同，所起的作用就不同。古代占筮书上一般认为，青龙属木，主生发，青龙爻动，万事亨通，福禄无穷。朱雀属火，主是非口舌，朱雀爻动，多有争讼。勾陈和螣蛇均属土，勾陈主田土之争，螣蛇主多噩梦，爻动多属不吉。白虎属金，主凶丧病患，爻动则凶。玄武属水，主盗贼，玄武爻动则破财。占卜或命理都爱讲到“空亡”一词，空则虚无，亡则死亡，似乎都是不好的词，但辩证地看，则未必是坏事。如六神各有所属，各表达或吉或凶，筮书认为，若遇到相关的其他爻所属五行是克它的，或落入“空亡”则性质向相反的方向转化。青龙遇金或空亡则凶；朱雀遇水或空亡则吉，争讼消失；勾陈和螣蛇也如此。白虎遇火或空亡则凶灾可免；玄武遇土或空亡，则幸免失财。对于“空亡”的作用有一歌诀表达：

青龙空亡空虚喜，朱雀空亡讼得理；勾陈空亡无勾连，螣蛇空亡怪异已；白虎空亡病可痊，玄武空亡盗贼毙。

一般情况下，“六神”中青龙、白虎最为占筮者所倚重，应用较多，朱雀、玄武也有应用，勾陈、螣蛇则用得较少一些。

（6）安“世”、“应”、“身”。《京氏易传》说：“定吉凶只取一爻之象”。这一爻就是世爻。八纯卦世爻在上爻，一世卦在初爻，二世卦在二爻，三世卦在三爻，四世卦在四爻，五世卦在五爻，游魂卦在四爻，归魂卦在三爻。与世爻相呼应的称为应爻。世爻隔二位即为应爻。今以乾官八卦为例，其世、应的位置：乾卦世在上爻，应在三爻；姤卦世在初爻，应在四爻；遁卦世在二爻，应在五爻：否卦世在三爻，应在上爻；观卦世在四爻，应在初爻；剥卦世在五爻，应在二爻；晋卦世在四爻，应在初爻；大有卦世在三爻，应在上爻。其余各宫仿此类推。

纳甲法用三枚铜钱代替蓍草取卦后，为每爻配上干支，定出六亲，安排好世、应所在爻位，起好六神，这种给卦中纳入各种断卦依据的做法和过程，被称为“装卦”。卦装好之后，就可以断卦了，而这些纳入的内容，都是断卦的重要依据。断卦时除了要依据上述内容外，还要审视占卦日期以及卦爻变动等情况，在此基础上进行综合分析，才有可能做出准确的吉凶判断。

3. 纳甲占法的评价

纳甲占法装卦的内容较多，同时断卦的因素和过程繁密，这里就不详述了。总之，纳甲占法与其他占卦法相比，具有缜密、规则性强、随意性小等特长；但缺陷也显而易见：头绪繁杂、推衍难记、术语较多，而这些是一般人不易掌握的。

第二节 对占筮文化的分析

一、占筮文化存在的客观基础

（一）现实中存在未知之谜或神秘现象

占筮文化存在有其客观基础，未知之谜、神秘现象或一时解释不清的现象存在，难以预料的大量偶然性现象存在都是占筮文化存在的客观基础。依据不同领域的划分，未知之谜或神秘现象大致可分为以下这样几类。

1. 星际之谜及神秘现象

此类问题有：宇宙的诞生与年龄？宇宙为什么在不断地膨胀？暗物质之谜？黑洞理论？星际间的吞并与绞杀？脉冲星与中子星的奥秘？奇异的哈雷彗星？宇宙间到底有多少个太阳系？太阳的周期与末日？流星雨形成机制？小行星撞击地球的概率和后果？美国亚利桑那州的“恶魔之坑”？通古斯大爆炸之谜？类地行星和地外文明？大量的神秘的UFO现象？外星人谜团等？

2. 地球与自然之谜及神秘现象

此类问题有：地球是怎样诞生的？地球的年龄与地球的未来？地球内部的奥秘？地球磁场及其变化规律？臭氧层真的会消失殆尽吗？氧气是否会被耗尽？地震为何难以预测？探索火山爆发的规律？“温室效应”的争议？危险的极地融冰现象？深海海沟中的秘密？厄尔尼诺与拉尼娜现象的成因？龙卷风成因、海市蜃楼、球形闪电之谜？百慕大神秘三角区？神奇的麦田怪圈是人为的吗？恐龙灭绝之谜？神农架白化动物之谜？巨型深海动物？鲸鱼等海洋巨兽的自杀之谜？到底有没有尼斯湖水怪及世界各地的湖中怪兽呢？

3. 人类和人体之谜及神秘现象

此类问题有：人类的起源？人类是由猿进化来的吗？有海猿吗？现代智人的起源？消失的尼安德特人？到底有没有野人？神农架野人之谜？喜马拉雅雪人之谜？神秘的大脚怪？被野兽养大的人？人为什么会做梦？梦游之人？梦与灵感？有无具有透视功能的人？被人忽略的人体“第三眼”？奇异的人体第六感？人际间神

奇的相互感应？匪夷所思的意念疗法？气功现象？人体磁场和磁力现象？有“起死回生”的人吗？濒死体验？灵魂出窍的体验？肿瘤之谜？渐冻人与艾滋病防治？神奇的复明？神奇的获取到某种超能力现象？失忆失语失聪的离奇恢复？神秘的人体自燃现象？神秘的人体不腐现象？

4. 人文历史之谜及神秘现象

此类问题有：消失的古大陆：亚特兰蒂斯之谜？消失的古代文明？玛雅人及美洲金字塔？印度文明的古城摩亨佐－达罗为何称“死丘”？迈锡尼古城及其毁灭？克里特岛上的迷宫？印加人的“巨石文化”？印加人神秘的藏宝点之谜？神秘的奥尔梅克石像？英国的“巨石阵”？复活节岛上的神秘巨大石像？谁绘制了最早的古地图？三星堆文化之谜？巴人王朝为何湮没？神秘消失的楼兰古城？尼雅文明为何消亡？

5. 信仰与宗教之谜及神秘现象

此类问题有：埃及金字塔的方位与建造之谜？法老陵墓造访者死亡之谜？阿迪密斯神庙之谜？释迦牟尼出身皇室吗？印度佛教的衰落？神秘的佛门舍利子？基督教到底产生于何地？寻找伊甸园？耶稣复活之谜？耶稣裹尸布真伪之谜？麦加朝觐？婆罗浮屠之谜？玛雅人水晶头颅的预言？

（二）现实中存在偶发性、解释不清的现象或事件

人世间还会出现许多意想不到的事情。其中有些事情或事件是由以往的经验所不能理解，或者是现有的知识一时难以解释的。这种偶发性的、让人诧异、难以预测和解释不清的现象或事件从性质上可大致分为：

1. 灵异之事

灵异之事是指在现实中出现了类似“幽灵”一类的诡异的事件，通俗地讲就是见到“鬼”了。此类事件不但偶发，而且出现在相似环境的个别人身上，很难再现。如：有人称在北京故宫里看见了穿着古代服饰的宫女；有人看到已死去人又回到现实中；有人听到故去人的声音或接到死人的电话；总之，有人声称看见了“鬼”在做各种各样的事情等等。

科学家曾试图用科学原理解释故宫的灵异事件，说道：因为宫墙是红色的，含有四氧化三铁，闪电有可能会将电能传导下来，如果碰巧有宫女经过，那么这时候宫墙就相当于录像带的功能，如果以后再有闪电出现，可能就会像录像放映一样，出现那个被录下来宫女的影子。科学家还解释道：被静电作用而悬浮的微尘，在有些目击者眼中，往往会看成是某个人型的影，甚至还会看到该影在移动。有些“鬼影”会伴随着地下分解出来的磷元素一起随风移动，而磷元素会在地上1至2米处发出微光，这就是所谓晚间的“鬼火”。次声波或高磁场都会使人不舒服，也会使火苗摇曳不定。科学家发现，产生“鬼”的环境具有某种相似性，是声波、磁场、光线和气流诸因素共同作用的结果：稍冷的湍急的气流、周围存在

较强的磁力场或次声波源、昏暗的或变化不定的照明、阴森幽闭、相对安静的周边环境等。心理学家发现，那些发现所谓灵异生物的人，常是较敏感和细腻类型的人，多数人也了解此地区以往历史而产生了心里面的“暗示”效应，加之环境，便易造成一种不安的感觉，有些人会把这种感觉解释为有鬼。由于这类环境因素不断地影响同一处地区，这些地区很快就会得到“闹鬼”的名声了。

所谓“灵异”的话题，俗称就是“鬼”的话题，其实是一种涉及“类人形影”的话题。有些人愿意谈论“鬼”话题，虽然没有确定的例证证明有鬼，但到底有没有鬼？对此现有的科学原理似乎既无法完全证实，也无法彻底证伪。可以证实的是多数的所谓“鬼”的故事，后经探究，都是活人在“装神弄鬼”、是有人在背后“捣鬼”的结果；只有极少数的例证不明就里。不论在中国还是在西方，都有相信“鬼”存在的人。中国人谈论“鬼”，多数时候是较严肃的，因为中国人常把“鬼”和死去的人相联系，尤其在中国的鬼节——中元节时分，实际上那是在为阴间的祖先们祭祀，庄重肃穆是恰当的气氛。西方人则不然，在西方人眼中，“鬼”是传说中撒旦派出的邪恶灵魂，如果我们信奉上帝，上帝则会护佑我们，因此，西方人似乎更不怕鬼。“鬼”在现实生活中常常成为了被取笑或被游戏的对象，西方的鬼节——万圣节往往变成了人们自我欢娱或相互娱乐的时机。总之，针对“鬼”话题，敬畏和探索的两种态度都是应当坚持的，起码对于中国人来说是如此。

2. 怪诞之事

怪诞之事是指现实中出现的各种一时无法解释的光怪陆离的现象或事件。如：载有众多人的车或船消失一段时间后复现，但人没有了；失踪多年的人突然回家，而中间的时间被完全略过；一人在此地，可瞬间却在数百里的彼地再现；一些人的超能力现象：比如精神意念，通灵，心电感应，透视力，意念制动，预知能力，人体异能等等。还有所谓第三类接触，即一些人声称与外星人有过接触等。

3. 难料之事

难料之事是指未曾预料到的、突然降临的或喜或悲之事件。喜事有：喜获某项荣誉，喜获某项奖金，抽中大奖等。悲事有：突如其来的天灾，各类不幸事故的发生，被确诊的严重疾患等。正是由于有难料之事，世间才有众多的人想通过各种途径，或靠自身悟得，或靠高人指点，将“天机”泄露出来，以此能够使自己预知和掌握未来。

4. 巧合之事

巧合之事是指现实中出现了令人难以置信、极为碰巧的事情。多数人将此认作是一种“机缘”或“缘分”。例如，美国的两位著名总统林肯和肯尼迪巧合地方就很多；香港过去5位教区主教，均在数尾为“3”的日子逝世；而更巧合的是历任3位华籍主教，均在“23日”魂归天国。巧合的现象引起了众多科学家的兴趣，并试图探索其隐含背后的关系。英国的著名数学家考莱克雷教授说：有些巧合并非神秘莫测，可以用数学中的概率学方法来预测将发生的事情。而另一些科学家则对用概率论的解释持否定态度。美国医学博士卡尔曼教授指出：世上巧合之多远远超过概率学的观测，许多巧合一定存在超自然的因素，只是当今科技水平无法揭开此谜的谜底而已。

5. 应验之事

应验之事既是指在实际生活中一些人在特定场合或许了愿，或进行了某种推测，最终得以应验或实现的事件；也是指一些人或做了好事和善事后有一个善的回报，或做了坏事和恶事，后有一个恶的回报这样的事情。例如，现实中许多人许愿，然后应验，最后还愿的人很多；有些高人不但能准确推测某事的发生，还能预言自己的死期；参与埃及法老墓的发掘的人和参与成吉思汗墓陵考古的人都遭遇到不幸的后果等等。

二、占筮文化存在的主观因素

（一）与世界的无限性相联系

1. “无限存在”是导致“占筮”存在的宿命

占筮文化存在是与世界的无限性和人认知的有限性的矛盾存在相联系。黑格尔说：“关于理念或绝对的科学，本质上应是一个体系，因为真理作为具体的，它必定是在自身中展开其自身，而且必定是联系在一起和保持在一起的统一体，换言之，真理就是全体。”① 可见，人的认识永远是在无限世界中的有限的展开，未知永远大于已知。自在世界的“无限存在”是导致人“占筮”存在的必然宿命。在哲学的发展史上，东西方人几乎同时涉及了世界的“无限性”话题。古希腊米利都学派中的阿那克西曼德（约公元前610—前546）最早表达了这一思想：“万物的本原是无限者，因为一切都生自无限者，一切都灭入无限者。”② 同时，他还首次提出了“命运”的概念，指出：“万物由之产生的东西，万物又消灭而复归于它，这是命运规定了的。”③ 当然，他称之的“命运”并不神秘，而是一种自然存在的必然性。中国的老子（约公元前571—前471）讲到“无限性”话题。《老子》开篇就云：“无，名天地之始；有，名万物之母。故常无，欲以观其妙；常有，欲以观其徼。”④ 王弼注：“徼，归终也”。“无”包含“有”，“有”又归于“无”。

① 黑格尔：《小逻辑》，商务印书馆1980年版，第56页。

② 《西方哲学原著选读》上卷，商务印书馆1981年版，第16页。

③ 《古希腊罗马哲学》，三联书店1957年版，第7页。

④ 《老子》第一章、四章、四十五章。

《老子》又云："道冲，而用之或不盈。"[①] 冲：通"盅"，《说文》："盅，器虚也。盈：满，亦有"尽"意。道虚空，其用永远没有穷尽。这与"大盈若冲，其用无穷"[②]是一个意思。赞诵"道"曰："渊兮，似万物之宗；湛兮，似或存。吾不知谁之子，象帝之先。"[③]道啊，是那样的幽深莫测，像是一切存在的本源依归。它无形无迹啊，似无还有，似有还无。我不知道在它之上还能有什么更本源的存在，它都存在于天帝之前。老子学说的继承者、而后的庄子（约公元前369—前286）也谈到"无限性"话题，《则阳篇》中曰："有国于蜗之左角者，曰触氏，有国于蜗之右角者，曰蛮氏。时相与争地而战，伏尸数万……"[④] 由两个国家在蜗牛角间打仗来寓意天地之大，以至于无穷。中国的智慧之人庄子知晓"小中见大"的道理，所以庄子曾叹曰："吾生也有涯，而知也无涯。以有涯随无涯，殆已。"[⑤] 人生是有限的，但知识是无限的（即没有边界的），用有限的人生去追求无限的知识，是必然要失败的。庄子的态度，既是一种对自然和人生的深层次的感悟，也是一种智慧的痛苦。如果我们从《周易》中"变易"与"不易"的思想说起，从卦序"既济"到"未济"的意识来看，则中国人的无限的观点应当比西方更早一些。

2. 祈冀"外力"的思想恒在

明知人的认知能力是有限的，却总想获取"更多"；明知自身存在有其短暂性，却总想有所"超越"；这种存在于人身上的深刻矛盾性是人祈冀"外力"的深层缘由和原始动因。日本当代著名中国古代思想史家金谷治（1920—2006）曾任日本东北大学名誉教授，日本中国学会理事长，著有《易的占筮与义理》一书，在书中，金谷治先生认为："人的迷茫是本质性的东西。一般说来，没有迷茫，没有疑惑的人生不是真正的人生。"[⑥]《近思录》曾曰："不知疑者，只是不便实作。既实作则须有疑，有不行处是疑也。"[⑦] 可见，疑虑人人有，无非在大小。小疑虑常可以自行解决，问题是大疑虑则不易自行解决。金谷治先生认为，当解决大疑虑需要借助于"外力"才能得以突破时，占筮便有了它存在的空间。进而他说到了佛教的"自力法门"与"他力法门"的话题。金谷治先生认为"佛教的净土宗弃我，依靠阿弥陀佛的裁夺而获救，称为'他力法门'。禅宗通过坐禅，自力修行，在自己的内心发现佛陀，称为'自力法门'。"[⑧] "自力法门"，顾名思义就是凭借自己的力量觉悟，修戒定慧，自己来破烦恼障与所知障，自己证得佛果，净土宗以外的其他宗派都是"自力法门"。净土法门是"他力法门"，顾名思义就是只有凭借他人的力量才能够得到解脱。净土宗认为在阿弥陀佛的加持下，人可以明心见性，只要念"南无阿弥陀佛"，临终后就能凭借阿弥陀佛的愿力往生净土。金谷治先生借助于佛教的方法谈到《周易》，认为"荀子有一句话：'善为易者不

---

①②③ 《老子》第一章、四章、四十五章。

④ 《庄子·则阳》。

⑤ 《庄子·养生主》。

⑥⑧ （日）金谷治：《易的占筮与义理》，于时化译，齐鲁书社1990年版。

⑦ （宋）朱熹和吕祖谦合编：《近思录》。

占。’也就是说深入地学懂了易的人是不做占筮的，不搞以竹签画卦等神秘技术，也能取得同样的效果。当然，这可能是因为这种人充分积累了占筮的经验，熟知易对于各种情况的解答。但是，不占而知，意味着能够直接从《易》这部书里吸取现实的意义，它是把《易》视为义理之书的。这大概是一种适合理性主义知识分子意向的想法吧！要达到荀子所说的那种境界是不容易的，但是，我们某种程度上也是能够实践的。了解《易》的整体结构，理解各种卦的含义，然后把自己的处境放进去思考，就能够在某种程度上做到不占而知。这可称为‘自力’方式。但是，人终归是一个短暂的存在，当自觉其未知的事情甚多，而又非常软弱时，就会转向‘他力’。”① 这个“他力”就是“外力”，在借助“外力”的过程中，《易》的占筮文化就仍然是有意义的。金谷治先生认为“占筮在有限的人类的极限的状态下显示出其存在的意义。”②实际表明，占筮文化说到底是在承认人认识能力有限的前提下，对已有的合理性的答案或解决方式不满意，对所谓“人谋”持怀疑的态度，企图借助于“外力”，即“神力”，借助于所谓“鬼谋”，来达之自己的目的。只要疑惑、疑虑在，人类祈冀“外力”的思想就一定在。占筮文化不可以简单归结于“神秘主义”，也不可以简单归结于“不可知论”；占筮文化里面包含着人类的质疑精神是可贵的，里面的当人们试图用那个时代所理解的“科学”方式去解读自然奥秘的方式同样是可贵的。占筮文化企图通过“天意”立刻得到释疑，得到“抉择”的勇气和动力，既有其无奈性，同时又是不严谨、不周全的，在此意义上展开批评和批判是正当的。同时我们还须知，真理的揭示是一个过程，因此，科学也必然是一个过程。探索的无限性与单个人生命的有限性、与一定阶段上的人类整体视野的有限性始终存在着矛盾。这个矛盾只要存在着，那么解决这个矛盾，即解答问题的方法和途径就必然呈现为开放性。问题的关键始终在于过去的以及现有的所谓求助于“神力”和“鬼谋”的方式是否能够获取到更多的可靠真实的信息？信者恒信，不信者恒不信，或许我们各自都是孔见呢。

（二）与自然哲学和科学哲学相联系

1. 科学是什么？

占筮文化存在是与哲学的本性相联系的。我们知道，哲学属性与科学属性不同。哲学是什么？在古希腊人那里，哲学是爱智慧。哲学是通过对于宇宙人生的不断探索，对于一切存在的和不存在的事务，给予一种认识和评价，进而获得一步步趋向正确认识的指导。拿老话说，是世界观和方法论的统一。科学是什么？其定义并未统一。中国1999年版《辞海》：“科学：运用范畴、定理、定律等思维形式反映现实世界各种现象的本质的规律的知识体系。法国《百科全书》：“科学首先不同于常识，科学通过分类，以寻求事物之中的条理。此外，科学通过揭示支配事物的规律，以求说明事物。”《苏联大百科全书》：“科学是人类活动的一个范畴，它的职能是总结关于客观世界的知识，并使之系统化。‘科学’这个概念本

①② （日）金谷治：《易的占筮与义理》，于时化译，齐鲁书社1990年版。

身不仅包括获得新知识的活动，而且还包括这个活动的结果。”日本《世界大百科辞典》：“科学是认识的一种形态，是指人们在漫长的人类社会生活中所获得的和积累起来的、现在还在继续积累的认识成果，是知识的总体和持续不断的认识活动本身。所谓科学，是具备客观性和真理性的既具体又普遍的有体系的学术上的认识，是学问达到最高程度的部类形式。”将以上各种定义归结起来，可以说，科学是实践中的人们永无止境地探索、在趋于逼近真理过程中的阶段性成果；其普遍性、可重复性、一定条件下的唯一性、可验证性是其鲜明的特征，是尽可能不包含自相矛盾的、亦可证伪的知识体系；还是一项永远伴随人类文明始终的庄重且圣洁的事业。科学用较粗线条划分的话，大致可分五大门类：自然科学、社会科学、思维科学、哲学和数学。

2. 理解古今“科学模式”的不同

纵观科学史可以看出这样的端倪：科学作为阶段性的成果，有些时候它的前段科学成果与它的后段科学成果之间出现较大的差异，以致于人们容易质疑前段科学成果，甚至会导致将其归于“迷信”的范畴。美国科学史家，科学哲学家托马斯·库恩（Thomas Samuel Kuhn）曾拿西方第一位科学家、哲学家泰勒斯举例：当泰勒斯说：“万物皆源于水”时，我们会发现出现了这样的分歧：第一，如果这种信念被当做“迷信”，或者是“古人幼稚的胡言乱语”，那么迷信本身竟然是通过与创造科学知识的同样的方法和理性被创造出来的，而且在当时的情况下，人们有同样足够的理由被说服去理性地相信这一说法；第二，如果这种信念被当做科学，那么科学本身就包含着大量与我们今天的科学知识有着如此不能相容的内容。其原因何在呢？差异究竟从何而来？很显然，研究结果的差距就来源于现代科学研究方法与过去的科学研究方法之间的不同。库恩得出了在不同的时代有着完全不同的科学模式的结论。其核心思想是，整个科学科学发展史不应被看作是一个循序渐进的缓慢和持续的积累性过程，而应被看作是各自独立的大量片段，而每一个片段都拥有一个被当时的科学界广泛接受的“科学模式”。这些模式本身以一种或几种当时公认的理论为基础（亚里士多德物理学、牛顿运动律、广义相对论等），整个科学界的研究就是建立在这个基础之上、构架起与之相符合的整个世界观和运动观。库恩认为现代科学所要求的理论，即有着严格的演绎论证体系支撑以及具备可证伪性的科学理论，在科学史上从未出现过。由此可见，纵观科学发展史，所谓科学的结论有时可以包含着不同的、甚至可能是相反的道理！难道说科学本身也具有悖论的性质？闹半天，缘由就在于科学知识也是具有“相对性”的，也是有“保质期”的。

3. 由“科学知识具有保质期”引出的话题

20世纪中后期，科学领域内的两个“加速度现象”先后被科学史方面的专家发现到。首先，科学知识增长的加速度出现了。人们的科学知识不论是绝对数量的增长上，还是涉及领域的深度和广度上，甚至于在传播速度上以及普及程度上，都呈现前所未有的增长态势。这方面的“加速度现象”最先被英国物理学家、数学家、科学史家、资讯学家耶鲁大学教授德瑞克·约翰·德索拉·普莱斯（Derek John de Solla Price，1922—1983）所发现。一次，他整理家里寄存的一套完整的《皇家学会哲学学报》，当他把这些杂志按照年份分批堆放时，意外发现书堆的高度呈现指数函数的曲线增长。于是，好奇心驱使普莱斯开始分析其中的数据以及其他的各方面数据，而后得出结论：自17世纪起，科学知识便以每年4．7%的速度稳定增长着，这意味着科学数据的数量每15年就要翻一番。“也就是说，知识的“数量”每10到15年便会翻一倍，每半个世纪增加一个数量级，而我们现在的知识积累是300年前的近代科学初始阶段的大概100万倍。”普莱斯不但发现了科学指数增长的规律，而且还在其代表作《小科学，大科学》中提出如下论述：在同一主题中，半数的论文为一群高生产能力作者所撰，这一作者集合的数量上约等于全部作者总数的平方根。这一见解被称之为“普莱斯定律”，普莱斯因此被人们称之为科学计量学之父。其次，科学知识的内容有衰减性，这种衰减也呈现出加速度现象。两个“加速度”现象似乎有些矛盾，实则不然，其背后不过是科学发展的规律在起着作用；是知识的“保鲜期”在缩短，要求知识更新的周期在加快的一种必然表现。后一个加速度现象是被另一位数学家、科学史家、哈佛大学教授塞缪尔·阿贝斯曼（Samtlel ATbesman）所发现。其实，在普莱斯那里，已经初步涉及到了科学文献的利用率和半减期的一些术语的使用，但这一思想的明确表达则是由塞缪尔·阿贝斯曼完成的，阿贝斯曼借用“半衰期”的概念来表达这个问题。“半衰期”概念原先指的是放射性原子半数发生衰变所需要的时间。这一时问在放射性元素那里，其半衰期的长短差别极大，短的小于一秒钟，长的则可达至百亿年以上。比如，锶的放射性同位素锶-90的半衰期大约是29rh．阿贝斯曼教授把“半衰期”的概念运用在了知识的“衰变”上，并且引用了自己关于肝硬化和肝炎临床知识真实性衰减的研究，在此基础上提出了“知识的半衰期”概念，认为关于肝硬化和肝炎临床知识的半衰期是45年。虽然不同学科知识的半衰期不尽相同，但随着社会的发展，总体说来，知识更新的周期越来越短。联合国教科文组织曾经做过一项研究，结论是：信息通信技术带来了人类知识更新速度的加速度。在18世纪时，知识更新周期为80—90年，19世纪到20世纪初，缩短为30年，20个世纪60—70年代，一般学科的知识更新周期为5—10年，而到了20世纪80—90年代，许多学科的知识更新周期缩短为5年，而进入新世纪以后，许多学科的知识更新周期已缩短至3年。由此可见，《周易》中的“不易”和“变易”的思维仍然有着指导的意义。一方面，我们应当相信科学，相信科学里面不变的东西；对待科学，采取虚无主义的态度不对，质疑没有错，从怀疑进而走向认识的“相对主义”就错了。另一方面，又要认识到科学本身的变易性，那种挥舞着“科学至上”的大棒，将思维固化，将现有认识和成果神圣化处理，这种认识的“绝对主义”也是不对的。迷信和“伪科学”万万要不得，同样，“科学”的迷信或“迷信”的科学也是要不得的。

（三）与满足探究和追求圆满的心理有关

1. 占筮文化中的哲学意味与科学意味

哲学与科学比较，是挺有意思的。总是哲学提出问题，科学回答问题；科学寻求的是答案，而哲学寻找的是问题；科学研究的是什么？而哲学思考的是为什么？哲学告诉我们要相信科学，相信人类探索发现的无限可能性；但同时也告诉我们不要迷信科学，要承认科学研究和科学理论的局限性。现实中科学所不能解决和回答的问题，远比科学所能解决和回答的问题要多得多。《周易》是一种哲学的思维体系，也是古代科学思维的体现。《周易》中的占筮文化既是一种积极的科学探索精神的体现，也是一种古老的“科学范式”的体现。人所具有的哲学意味与科学意味都将导致“占筮文化”的存在，只不过这种存在方式会“与时偕行”的变化而已。

2. 占筮文化将以满足某种心理需求而存在

占筮文化将更多地具有哲学的意味。哲学有三方面的特质：追问、反思和批判性。占筮文化与哲学追问的特质相联系，与企图探究，追求圆满的两大心理需求相联系。好奇、企图寻求答案的探究心理是占筮文化存在的重要因素，窥探“天机”、了解自身的命运，预知自己的未来是众多求卜者的普遍心理，这是一方面；另一方面，每一个求卜者都存有想要圆满的心态，弥合与复圆的心理需求其实也是一种希冀，如果再加之信任其个体，认同其所为，便会强化和升腾这一愿望，自然就会在占筮过程中与释卦者的意向趋同，有所配合，不但占筮过程中契合点会增多，所谓灵验的问题也就迎刃而解了。很多人爱引用弗朗西斯·培根的一段话：“一个人若以确信为起始者，他将终止于怀疑；但假如他以怀疑作为起始者的话，那他将终止于确信。”随后，人们将培根的语意解释为：起初盲目跟随的人容易导致最终的怀疑，而开始就带有疑问的人，最终会得到确证和真理。培根是在强调怀疑精神的重要性；这样的解释没错。但我们从中还可以体会到探索知识过程的反复性和循环性，以及最终获取到收益的满足。《周易》是赞美探究并欣赏圆满的。“以体天地之撰，以通神明之德”①，《易》曰：“极天下之赜者，存乎卦；鼓天下之动者，存乎辞；化而裁之，存乎变；推而行之，存乎通；神而明之，存乎其人；默而成之，不言而信，存乎德行。”②极尽天下繁杂的现象，都存在于“卦”间；鼓动起天下蓬勃的事业，都存在于“爻辞”间；能否将这些资源适当剪裁领会，在于掌握情势的“变化”；能否将这些资源推演实行，在于有无贯彻通达的本领；能否将这些资源发挥出神明的效果，在于人才的运用；若是静默中便有所成就，不用张口就已经取信于人，则归功于修来的德行。人人都有夙愿，人人都可发愿，能实现否，取决于天意，取决于神力，取决于众人，最关键的还是取决于你自己，坚毅的信念，美丽的梦想，聪颖的智慧，圆满的德行是实现愿景的

①② 《周易·系辞》。

几个必备的条件。

三、对占筮相关人的分析

（一）对问卜者或求卦者的分析

我们可以从主观和客观两个方面加以分析：

1. 客观方面

问卜者或求卦者多数是在社会生活或家庭生活处于变动时期或敏感时期来求占的。常常是这样的：由于事业、家庭、身体或将出现、或已经出现较大变故，出现情感的或事件的纠结，为此需要作出抉择而又难以决断、不知所措。这一阶段的人，由于经验的有限和判断力的缺失，此时处于迷茫、无助状态，需要他人指点迷津，或者需要外力的助力。

2. 主观方面

多数问卜者或求卦者处于心理焦虑和不安全状态。一些人由于失败和挫折使他们的精神和肉体处于被伤害阶段，需要抚慰；一些人由于难以抉择处于抑郁、烦闷状态，需要疏导；还有一些人出于好奇心或从众心理，也愿意通过预卜来预知命运的走向和未来的状况。总之，求助与倾诉常容易导致辨别力下降，人变得敏感而易于接受暗示；问卜者或求卦者常带有强烈的补偿心理，渴望被理解，被怜爱，这种补偿心理容易导致对占筮的结果产生认同及放大的效应。当然，问卜者或求卦者首先要心诚、要言真，要静心调神，专心冥想卜问之事，以求达到和预卜者、进而和“天意”的心神合一，最终便能取得较好的结果。所谓好结果就是对占卜结论的相信，对此心理学上称为选择性接受。任何的问卜者、求卦者都或多或少具有选择性接受或者选择性记忆的心理特征。

（二）对预卜者或释占者的分析

我们可以从预卜者或释占者的预占的种类和样式、从业者主体状况、求卜和预卜模式以及预卜职业所需技能和技巧运用等四个方面来加以分析：

1. 预占的种类和样式差异明显

首先分有不同的层次：有国家政经、军事的大事；有社会团体与企业的发展规划，有家族或家庭计划安排，有个人前途预测等。其次分有不同领域和方面的不同诉求：成功圆满、平安吉祥、健康疾患、职场升迁、婚恋交友等。最后分有时间的差别：长远期、中期、近期以及即时等。

2. 释占者从业主体复杂

预卜者或释占者从业人员构成成分复杂。首先从业背景差异较大，有职业半职业之分。有的有家学背景，世袭传承；有的半路出山，自学成才。其次知识和学历水平参差不齐，水平高低悬殊，大致可分高中低三种层次的职业人。高者乃是真正懂得周易之精髓之人，此等人熟习较复杂的占卜原理，如奇门遁甲、大六壬等，真正上知天文、下知地理，中间通晓历史；此等人即精于人情世故，也精通术数、机变和权谋，其预测常是军政大事、国计民生，他们对时代大情势的把握高人一等。这类人如历史上的诸葛亮、刘伯温这样的战略家、神算师。中者则是领悟了周易义理和象数道理的人。此等人对阴阳八卦、五行干支等原理能够较纯熟地运用，精通周易预测的机理和技巧，知晓自然和社会运行的态势，有着丰富的人生阅历，其预测的大事小情应验者居多。低者知道五行八卦的基本知识，懂得一些预测原理的人。此等人阅人众多，其预测之事有所应验。社会上以此执业的多为这样的人。这里仅仅是就业务的功力和水平而言，若加之职业操守、德行评价、利益因素则会趋向更加的复杂。

3. 释占职业所需的技能和技巧

释占的技能和技巧首先体现在出卦及装卦程序和方法上，这是赢得尊敬、赢得信任重要一环，这里会因从业者境界、水平的高低而差别很大。其次体现在释占仪式要肃穆而庄重，释占态度要敬畏而虔诚。释占过程大致存在三个阶段：一是调查研究阶段。预测师通过表象观察、言语沟通和询问、心理分析，获取各种信息。二是材料梳理阶段。此时也恰是业务或功力展示阶段，高者利用心理优势和强势语言，运用丰富知识、阅历和娴熟技能，对求卜者产生压力，为的是获取信任，达到好效果；而低者最常使用诈、哄、吓等手法使求卜者处于紧张或恐惧的状态，以求更好地利用。三是破解释卦的阶段。预卜者向求卜者表达抚慰的同时，表达愿意并且可以帮忙，此时职业者都会不同程度地交替运用心理暗示方法和语言的模糊性、双关性的逻辑方法等，当然，不同人运用的目的则泾渭分明，高明者出于善意，力求在意向趋同基础上达到说服人，为人解惑排难消灾的目的；而低劣者解答疑惑则多出于谋财的目的。在使用较宽泛的、含糊的概念过程中，求卜者的选择性接受或选择性记忆的心理将会起到作用：即接受愿意听到的消息，记忆住有利的、对的上的东西，哪怕这部分只有百分之五！此时，求卜者就已经认定算的比较准了，而绝大多数不准的话语便被忽略掉了。

4. 互动的三种基本模式

求卜者和预测师，二者间的互动模式大致分为三种基本形式：完全开放式、有限开放式和背靠背双盲式。完全开放式是二者处于面对面充分交流的形式，由于可以用上相学技法，语言技巧等，预测师的社会经验和自身素质将发挥重要作用。因此这种形式获取信息最多，也较易获取到好的效果。有限开放式是借助一些材料，外加上现场的咨询问答，由于可能不是本人亲自求卜，其形式就稍逊于前一种，信息量也会少一些，其预测的准度就会降低。背靠背双盲式是二者不见面，纯粹的资料分析形式，此种方式最吃易学的功夫，全凭预测师按易理或占筮方法的推测，最考验预测师的易学功底。但是，这种形式也极容易为江湖上的骗子所利用，信口开河，胡乱占断，导致和最终的结果差距很大。不同水平的预测师的工作，最终预测的结果会有很大的不同。

第三节 占筮文化的理性思考

一、预测何以可能？

（一）古人预测高手的典故

1. 鬼谷子对他两个学生的预测

史传鬼谷子预测极准，他曾用两朵花占断他两个学生的未来，这两个学生就是大名鼎鼎的庞涓和孙膑。庞涓学成后向老师辞行，同时表达了对前程的担忧，鬼谷子让其采花来占，他只找到了一只草花，不好意思拿出手，藏在袖中，回老师说山中无花，鬼谷子问："你袖内是什么？"庞涓只好将草花拿出来说："仅是草花，有些卑贱。""同样为花，何言贵贱？"鬼谷子言道："此花乃马兜铃。一开就是十二朵，是你发迹的年数。花采下后见日而萎，又采于鬼谷，你成功的地方是魏国。"叮嘱他说日后一定不可欺骗他人。鬼谷子给他八个字："遇羊而荣，遇马而瘁。"后庞涓被推荐给魏王，觐见时赶上魏王正在用膳，庖人送上一头蒸羊，正应了"遇羊而荣"一句，从此庞涓一路青云直上。后来，孙膑也要告别老师独闯江湖了，鬼谷子也让他去摘一朵花来。因无山花，孙膑顺手便把花瓶中的黄菊递给了老师。鬼谷子说："此花久在瓶中，已经残缺，恐你有疾残之难；但此花性耐岁寒，经霜不坏，但若发达还须回归故土，你终究会功成名就的。我再送你一锦囊，危机时刻再打开看。"随后，孙膑到了魏国后，被庞涓嫉妒其才华，使计加害于孙膑而成了残疾，孙膑为活命打开了老师的锦囊，乃为"诈疯癫"几个字，他于是装疯，躲过了庞涓的猜忌，回到了齐国，最终成就了他的功名。后来庞涓被孙膑用减灶之计引入马陵道，并在深谷中设伏，后来庞涓果然死于马陵道的乱箭之下，正应了"遇马而瘁"之语。

2. 占卜大家郭璞的神奇故事

郭璞是历史上的占卜大家。《晋书》作为正史的记录，里面记载着他的很多事迹。而他能算准了自己的死期算是最神奇的地方。史载是这样的：郭璞在王敦手下当差，王敦是西晋皇室的亲戚，曾有功于晋室，但却一直想谋反自立。逆乱前，他问郭璞结果会是怎样？郭璞卜筮后答曰："无成。"王敦之前就怀疑郭璞与自己不是一心，这回又见他算出"凶卦"，心里很不高兴，随命郭璞："你再算一算我的年寿几何？"郭答道："如果你起兵，祸殃将至，留在此地，寿命则长不可测。"郭璞的话意思很明白，潜台词是警告王敦不要起兵与朝廷作对。这下王敦更火了，怒问郭璞，"你知道你能活多久？"郭从容对答道："我的命，就在今日正午时。"旋即，王敦真的将郭璞逮捕，送往一个叫南冈的地方砍头。当郭璞知晓行刑地点后，他又卜道：一定是在双柏树下。人们到达后，刑场附近果真有两棵大柏树。郭璞继续说，树上还有一个大喜鹊窝，前来的人不信，找了半天，果然在茂密的树叶丛中找到了。更离奇的是，行刑的刽子手都是郭璞之前已经算到了的，他将自己死后的寿衣裤早已托付给了此人。那是当年，郭璞刚到建康（南京的古称）时，在街头碰到了一个人，郭璞喊出了他的姓名，并把自己的一身衣裤交到他手上。但此人不认识郭璞，当时推辞不收。郭璞说，你收下就是了，以后你会明白的。这个人就是今天的刽子手本人，看来，郭璞不但算准了自己的死期，而且还将死后穿寿衣的事也一并交由此人办了。此种事情真是让人难以相信啊！

3. 唐代大相师袁天罡的故事

能预测自己死期的不只是郭璞，袁天罡亦是。袁天罡是唐代著名的大相师，曾相出襁褓中的武则天当为天子是他相术神奇的地方。他的许多故事，新旧《唐书》均有记载。据《新唐书·方技》载：袁天罡不仅精相术，还是预测的高手，神算他人的寿夭穷通，也知晓自己生命的归期。武德初年，高士廉曾经问他："您最后会当上什么样的官？"天罡回答说："到今年夏天四月，我的阳数即尽。"果然，天罡如期而逝，当时他正在火山令的官职任上。

4. 邵康节先知的故事

宋人朱弁，即朱熹的族叔祖著有《曲洧旧闻》一书，上面记载了宋代术数大家邵雍先知的故事。欧阳修做宰相时，久闻邵雍大名，当儿子欧阳叔弼上任途经洛阳的时候，欧阳修嘱其一定要去拜访邵先生。叔弼去了邵先生家，据说邵先生鞋都没穿好就出来迎接，两人一坐便叙谈了一整天。交谈中邵雍主动向叔弼述说了自己一生中所见到的人、所学到的知识和所做的事情，每说完一件事后，总要追问叔弼一句："我说的你都能记得住吗？"叔弼虽恭敬地听着，却不明白他说此话的目的。叔弼回来后说与欧阳修听，欧阳修也不明就里。宋神宗元丰年间，邵雍逝世，朝廷主管部门推崇他的品行，准备封他个"康节"的谥号，此时欧阳叔弼已是太常博士了，朝廷命他负责作谥议，这时他才恍然大悟，知晓了从前邵康节先生向自己滔滔不绝地详细述说自己经历的真正用意。记录此事的朱弁感慨道："先生其神哉，世以比郭景纯之于青衣兒，虽其事不同，而前知实相类也。"[①] 此话的意思是：邵先生真神啊，此事堪比晋代郭璞所做的托付之事，虽然两人的情况有所不同，但在"前知"这一点上实在是太相似了。朱弁由衷钦佩邵先生料事如神的本事。

5. 倒霉的明代占候大家

料事如神还有一位姓胡的明代占候大家。史传1420年紫禁城完工，宫殿盖好之后，意得志满的永乐皇帝朱棣把一位会推算未来的姓胡的官员找来，让他卜一下吉凶。这位老兄竟然回答说："明年四月初八宫殿会发生火灾。"永乐帝大怒，把他关进监狱，并表示到时候若不着火就砍你的头。到了公元1421年5月9日（阴历四月初八）这一天，天气晴好，午时三刻已到，由于宫殿没有起火的迹象，这位姓胡的预言家犯了欺君之罪，果真成了刀下之鬼。古代杀人讲究时辰，午时三刻便是接近中午的时分，此时阳气最盛，在此刻被杀的人做鬼都难。谁想午后没过多久，天气骤变，阴云密布，电闪雷鸣，新建的宫殿真的被雷电击中，大火突起，当永乐皇帝追问那位姓胡的官员时，被告知已经斩首，皇帝后悔动手早了些。史载那场大火烧了整整2天才得到控制，紫禁城内的三大殿尽毁。直到十多年后，也就是正统元年（1436年），明英宗朱祁镇即位，紫禁城三大殿的重修事宜才被提到日程上来。如此看来，被朱棣杀的那位预言家死的有些冤啊！

（二）事物征兆致使预测得以可能

1. 凡事皆有兆

古人云"吉凶未来先有兆"。凡事皆有兆。本质总要通过现象表现出来，哪怕是蛛丝马迹的微细现象，现象就是"兆"，依各种征兆就可以预测。在古人看来，如能事先观察事物的征兆，并通过"出兆"和"验兆"，通过自然知识的"象数"来进行一番计算，再通过社会知识的"德行"进行体会，便可以觉悟到"天意"，便可以进行吉凶休咎之后果的预测。今人仍少不了预测，只不过在手段上大大超越了古人，工具的使用大大延伸了人的感觉和认识，今人可以借助于现代工具或仪器，对各种现象和征兆进行观测，可采集到的信息不知要超越古人多少倍，通过对取得的数据进行周密的计算和整理，进而可以实现预测的目的。

2. 古今预测的区别

现代社会中存在有众多的与预测相关的学科。自然方面预测：天象观测，它能够准确预报某种天象或星象的出现，如日食、月食、流星雨等；还有天气预报，地震预测等。自然学科运用预测的还有很多：农业从种到收的整个环节都离不开预测，没有预测就等于没有收获。最新的预测是所谓致病基因的检测。好莱坞影

---

① 朱弁：《曲洧旧闻》。

星安吉丽娜·朱莉由于自身携带有一种特别的基因——乳腺癌致病基因，因此听从了医生的建议，不久前，预防性地进行了切除双侧乳腺的手术，据说这是为了降低自身患乳腺癌的风险。对此种有些极端的做法以及对整个生物基因预测方法的评价都还在进行中。预测在经济领域也很突出：有经济宏观指标的预测，各类经济指数的预估、预判，市场动态，股市和期货市场动向、趋势等。社会人文科学带预测性质的有各类的规划，如前瞻研究、战略研究，社会科学中还有专门的趋势学和未来学等学科。可见，古今中外都离不开预测。占筮同样是古人的一种预测形式，是一项严肃的科学活动，只不过式样比较古老些，而运用的手段有些粗糙罢了。

（三）占筮是古人预测的一种形式

1. 占筮是积极认识自然的行为

卜筮是中国特有的一种文化现象和文化实践。对中华民族的文化心理有着深刻的影响，带有东方神秘主义色彩。这类文化现象和文化实践活动，许多部分还处于未引起重视或未被认识的境地，而有些地方确实很难依靠逻辑的、实证的、西方传统样式的科学知识进行归类和解释。易占固然本源于巫术，但它与时偕行，已然挣脱了巫术，成为了冷静的数理推衍，成为了根据严密的逻辑的和复杂的联系性对宇宙间万事万物的一种特殊的认识和把握。它所尊重的不是大自然的神不可测东西，也不是某种人格化的超人魔力，而是自然本身所呈现的现象背后的数理的规律性。哲学或曰思辨地看，在人与客观世界的关系上，人类历史所带来的改变更多的是手段和技术的提升，而非基本态度的转变；更何况中国古人的态度有其合理性。总之，面对自然的和社会的种种现象，古代中国人将占筮认定为是一项“科学”范畴的活动，是一种积极的认知的行为，它理应得到足够的尊重，而不应当得到轻蔑、嘲弄和讥讽。

2. 台湾学者傅佩荣的见解

以往人们总是把占筮和鬼神迷信混为一谈，认为相信占筮便是相信鬼神迷信，这个习惯性观念应该打破。一些人戒备传统的算命预测，但却相信计算机的算命预测，相信采用了现代技术的设备和手段的预测，其实这是个大大的误区。天气预报准不准？由于气流难以把握和预测，所以天气预报常有不准确的时候。我们不会因某人信天气预报而嘲笑他迷信，也不会因某人不信天气预报夸赞他有坚守。台湾学者傅佩荣在他的博客里说得好：“迷信如果针对正信（正确的信仰）来说，大致包含四点特色：一、出于恐惧心理；二、增强个人欲望；三、崇拜教主法力；四、强调世俗成就。其中‘崇拜教主法力’，是说忽略信徒自己应该努力修行，而只知借用教主的权威来为自己谋求福利。依此看来，易经占卦不是迷信，因为它所根据的是易经这本书，而这本书中的数据是需要理性充分运作才可能明白的。‘解卦无定法’，所以研究易经百家争鸣，各显心得，永远有提升的空间。易经占卦具有某种类似算命功效，但是并无神秘之处。更重要的是：经由这种占问而认清自己的处境，朝着正确方向去努力，既要修德行善，又要增强应变能力。合乎此一条件，就可以存着请益之心在占卦结果出来之后，仔细研究易经文本提供的资料，如此应可得到有用的启示。”

3. 应验的高低与认知自然规律的多寡成正比

今天，不光占筮的形式在变化，更主要的是占筮的内容变化更多。中国上千年的占筮实践说明，在占筮高手那里，由于信息收集多，科学性一面就多一些；在流俗的占筮者那里，不科学的一面则是主要的。如果说，占筮高手能够应验其占筮，并非靠什么不可思议的神奇力量，完全是把握了自然规律的结果。顺其自然者、智慧者其预测的准确率就会高些，否则就低些，占筮应验的高低与认知自然规律的多寡成正比。

二、著名学者论占筮的预测功能

（一）《周易》学者对占筮的理解

1. 认为占筮对预测毫无作用

《周易》学者对占筮理解大致有两种意见。一种认为占筮对预测毫无作用，北京大学朱伯昆属于此类。他说：“用《周易》算卦科学不科学呢？我认为是不科学的，它毫无科学根据。”“比如有人生了病，问吉凶，算了一卦，得坤卦，爻辞上说：西南得朋，东北丧朋。朋在古代是贝的意思，当钱使。那么你能否从这两句话得出病情能否好转的答案？坤卦的爻辞讲的是钱财得失的问题，和你问的问题是两类不同的事物，这种推论违背了形式逻辑上遵循的‘异类不比’的原则。用《周易》算卦所做的推测往往就是这一类的推测，这种推测只能说是一种比附或联想，它得出的结论是没有科学根据的。”①

2. 认为占筮对预测有作用

另一种认为占筮对预测有作用。山东大学刘大钧指出：《周易》之所以在汉代以后被尊为群经之首，跟它的实用功能分不开。《周易》的实用功能的一个重要方面就是预测。刘先生认为，虽然不能把《周易》仅仅看作卜筮之书，但它本来就是供卜筮之用的，朱子的《周易本义》就这么看。不过，占筮之所以可能，则因为《周易》本身蕴涵了一整套的形上的天道。对深远幽微的易道，《系辞》作了系统专门的阐释，从而使《周易》成为经典，并进一步上升为群经之首。《易经》原本就是占筮的书，易学研究确实有纳甲筮法，我们给学生讲的时候也要讲，不讲对易的研究就不完整，这样也容易让人们误解。但这种误解主要是由于民间搞算

① 陈建军、珊泉著：《中华周易》（中央电视台大型电视系列片《中华周易》解说辞），北京师范大学出版社 1993 年版，第 108—109 页。

卦的人造成的。同时，有些人故意拿算卦来降低你，这是一种文人相轻的战术。其实他们并不知道，孔子也算卦，他讲："吾百占而七十当，唯周梁山之占也，亦必从其多者而已矣。"研究《易经》而不懂占筮，不是一个全面通《易》的学者。刘大钧特别指出，即使不谈易传，仅仅在卜筮这个角度看待《周易》，也不能简单地把《周易》所讲的卜筮看作迷信。他几次说到一句颇为精警的话：如果说《周易》及其卜筮完全是骗人的，那么我们这个民族一代一代地相互欺骗，一直欺骗了几千年，实在太可悲了！当然，江湖上的看相算命的，大多并不懂《周易》，只是打着《周易》的幌子赚钱，从而败坏了《周易》的声誉。刘大钧还指出，用《周易》解释和处理我们今天的生活，要懂得与时俱进的道理，面对新问题，创造新方法[①]。武汉大学唐明邦说："周易到底有无预测功能？我想，还是有的。这从两个方面来看，一方面《周易》有丰富的朴素辩证法思想，它可以根据宇宙变化的规律进行预测；另一方面，象数学家们利用《周易》建立了一整套预测体系，关于这套预测体系，古代一些思想家还是基本肯定的，比如朱熹就肯定这一条，王船山也肯定它。王船山指出，卜以决疑，不疑不卜，又指出，君子占疑不占利。王船山说，人们有了疑问可进行人谋，就是找一些朋友来商议，另一方面亦可进行鬼谋，所谓鬼谋就是指的占卜，他认为鬼谋可以助人谋不及面。"[②] 在唐明邦看来，"对《周易》的预测功能到底做何解释？目前似乎有些困难。易卜或易筮就是一种创造解释机会以及解释资料和解释根据的方法……占卜乃是在不确卜为什么能决疑，一时说不清楚，应该允许一些学者对其研究。"[③]成中英先生解释说："定的处境下所作的基于解释的自由抉择，要做此一占卜，自然仍以具备一般对世界的认识为佳。易象即提出此一世界景观。故易卜与易筮即为相对此一世界景观的、亦可以看作易象的宇宙图象所作的决策方法。从这一角度看，卜筮并非迷信，而是理性思维的产物。其成为迷信，乃是科学发展后，相对科学和经验已有的成效和方法而言。"[④]

（二）荣格对占筮的理解

1. 提出"同时性原理"

荣格（1875—1961），瑞士著名哲学家，分析心理学的创始人，他独树一帜的心理学理论赢得了世人的普遍认同和赞誉，从而成为了与弗洛伊德比肩而立的世界级心理学大师。荣格对东方哲学的喜好众人皆知，他对《周易》有着偏爱和独特的研究，荣格以心理学家的身份，从心理学角度出发，对占筮提出了独特的见解。他认为在一定的心理状态下通过占筮得出的结果与实际情况相符乃是常事，这与他多年研究的情况相吻合：即潜意识中浮现出的心理事件有时会以意味深长

---

① 《刘大钧教授在武汉大学哲学学院演讲》。

②③ 陈建军、珊泉著：《中华周易》（中央电视台大型电视系列片《中华周易》解说辞），北京师范大学出版社 1993 年版，第 106—107 页。

④ 成中英：《〈周易〉象、数、义、理》，见张其成主编：《易经应用大百科》，东南大学出版社 1994 年版。

的方式与外部事件相契合。他通过多年的临床和个人经验，认为正规的占筮活动可以将人的潜意识以象征的形式展现出来，从而显示出心理世界与现实世界奇妙的对应性和平行性，这是一种与因果律完全不同的联系。他说："东方人的思维与他们对事实的评价是建立在另一种原则之上的。对于这种原则，我们甚至还没有相应的称谓。"① 后来，荣格将其称为"同时性原理"或"共时性原理"（sychronicity）。

荣格相信，因果联系不过是事物普遍联系的一种，此外还有别的联系，例如，万物在连绵不断的时间之流中并排地进行着，其中有些东西在许多地方基本上同时出现，它们可能是思想、符号、心理状态、某个数字、某种物品……尽管性质不同，形态不同，却有着相合和等价的意义。由于它们分属各自独立的不同的时间演进系列，出现在不同的地方，因而不可能发生因果性的联系，但却有着巧合性的对应关系。

2. 对"同时性原理"解释

为了说明"同时性"的确切含义，荣格曾举过一个例子，那是他在为一位年轻的女患者治疗时发生的真实事情。荣格说道："她尽管做事想扣两端以执中，诸事求好，结果总是做不到，问题的症结在于她对事懂得太多了。她受的教育相当好，因此提供了她良好的武器，以完成此种目的——意即一种高度明亮洁净的笛卡儿式之理性主义。我曾数度尝试以更合理的态度，软化她的理性主义，结果证明无效之后，我不得不盼望某些不可预期而且非理性的事情会突然出现，如此方可粉碎她用以封闭自己的理智之蒸馏作用。某天，我恰好坐在她对面，背依窗户，聆听她不绝的陈述。前晚，她作了一场印象极为深刻的梦，梦中有人赠她一只金色的甲虫——一件很贵重的珠宝。当她正对我诉说其梦时，我听到背后有轻拍窗户的声音，我转过头来，发现窗外有只相当大的昆虫正在飞撞窗棂，试图进入这黝黑的房间。此事颇为怪异，我立即打开窗户，在昆虫飞进之际，从空中抓住了它，是种甲虫，或说是种普通的玫瑰金龟子，它那种黄绿的颜色与金色甲虫极为相肖，我将之交给我的患者，并附数语：'这就是你的甲虫。'此一经验洞穿了她的理性主义，打碎了她理智抗拒的坚冰，如今治疗可持续下去，且成效显著。"②

3. 筮法与占问是同时性原理的运用

荣格认为《易经》的筮法与占问过程正是同时性现象的体现。尽管拈取蓍草或抛掷硬币以起卦的方法，纯属偶然，但是这并不妨碍所得卦爻的涵义，与起卦人主观所要了解的事件在性质上相契合。荣格说：同时性原理认为"事件在时空中的契合，并不只是几率而已，它蕴涵更多的意义，一言以蔽之，也就是宏观的

① 李德荣编译：《荣格性格哲学》，九州出版社 2003 年版，第 362 页。

② 荣格：《东洋冥想的心理学——从易经到禅》，杨儒宾译，社会科学文献出版社 2000 年版，第 240 页、第 209 页、210 页。

诸事件彼此之间，以及它们与观察者主观心理状态之间，有一特殊的互相依存的关系”①。但是问题的关键在于观察者如何通过“随机”起卦，却能使所起卦爻的涵义与自己主观所希望了解的客观情境相契合呢？荣格的回答是：“《易经》认为要使同时性原理有效的唯一法门，乃在于观察者要认定卦爻辞确实可以呈现他心灵的状态，因此，当他投掷硬币或者区分蓍草时，要想定它一定会存在于某一现成的情境当中。”②也就是说，观察者只有通过心诚来实现卦与事的契合。这里，荣格仅是力求以同时性原理来解释起卦为何可以灵验而已。

4. 将筮法与占问提升为方法论高度

总之，作为一个西方人的荣格能够如此理性地看待占筮已经让我们感动，他中肯地评价道：“中国人的心灵探究的是在一起和在恰当的时候一起出现，它有一种西方所不知道的实验方法，这方法在东方哲学中起着重要的作用，这是一种预测可能性的方法，这种方法最早成型于公元前1143年。”③ 他睿智地指出了《易经》代表了另一个科学系统，肯定了利用易进行预测之方法的可行性。荣格的见解不仅是对科学史和科学观有重大的突破，也极大地鼓舞着中国人将此遗产承继下来并发扬光大。

三、正确看待占筮与预测

（一）《易经》的智慧强调“有意义的偶然”

1. 台湾学者傅佩荣欣赏荣格的见解

台湾学者傅佩荣不但欣赏荣格的见解，而且他本人实际属于赞同占筮有一定作用观点的。他将荣格的对《易经》的理解概括为两个特点：一是有意义的偶然；二是共时性联想。傅佩荣对占筮有他自己的理解，他说：占卦不是让你知道一个结果就不管了。占卦最主要是让你了解，第一，是自己现在的处境怎么样，比如现在要问事业，现在事业面临什么样的情况，下一步的发展大概怎么样，这跟时机有关，时势。第二，让你知道自己的位置，因为每一个人在个人生命的阶段，或者是在跟别人互动的情况之下，他都有相对的位置。当有人问：在《易经》这部书中蕴藏的最大的智慧是什么？傅佩荣回答：最大的智慧是对因果关系的超越。因果关系就显得生命是一个单向发展，因为你不可能重来一次。所以，《易经》的智慧表现在你不要只看一种时间上的因果，你还要注意到同时发生的事。同时发生的事，比如说我今天来新浪网做介绍，现在说不定正好有朋友在困难之中，他看到这个节目，听到几句话，觉得可以参考，这就是一种我们叫做同时发生的事。你为什么早

①② 荣格：《东洋冥想的心理学——从易经到禅》，杨儒宾译，社会科学文献出版社2000年版，第240页、第209页、210页。

③ 李德荣编译：《荣格性格哲学》，九州出版社2003年版，第362页。

不看、晚不看现在看呢？我们为什么早不讲，晚不讲，现在讲呢？这是同时性。

2. 大胆提出“有意义的偶然”

傅佩荣说，同时性就让你注意到一个词，叫做“有意义的偶然”。我们讲偶然发生的事都是无意义的，我偶然碰到一个人。我们讲《易经》的智慧，强调“有意义的偶然”，就是所有偶然发生的事，都不是那种碰巧，而是有意义的。其实人生里面，很多事情都是开始看起来是偶然的，后来发现，那个偶然决定了你一生，对你一生的改变有很大的影响。同时发生的事是偶然的吗？它们之间的关联也许比过去对现在的影响更直接也更深刻。易经占卦正是持这种观点的典型代表。“我一直强调：占卦不只是算命，《易经》不只是占卦，把这两句话记得，《易经》就没有什么太大的被误会的问题，因为它的占卦不只是算命，它可以算，但是不只是算命，它希望你了解到人生命的主动性、能动性，也要设法注意到整个生命的过程，不要只看结果，我只希望知道这个事情成不成，而完全忘记了我怎么样奋斗才能达成这个结果。”①

3. 预测是对人“意识遥感征象”的解读

其实，不论是荣格的“同时性原理”也好，还是傅佩荣的“有意义的偶然”也好，我们说，占筮或预测只不过是作为高智能动物——人的一种“心智潜功能”的唤醒，随着人的进化，特别是意识的进化，人的这部分原有功能被暂时储存起来、搁置起来了。而现实中有心人用心寻找和唤醒是可能的；“心智潜功能”可以作为人的“意识遥感征象”而反映在一些人的脑海中，成为一种和预测结果相契合的、具有形象感的事物。现实中的占卜或预测，实际上是占卜人对“意识遥感征象”的一种解读。当然，这种“遥感征象”与其说体现于占断的最终结果上，还不如说体现于占筮由始至终的整个认知过程中，应当是一个不断地接近于真实，不断地被清晰化的过程。

（二）占断的原则和方法

1. 占断的三原则

准确占断是由多因素构成，因而，占断所遵循的基本原则即所谓“三不占”原则：不诚不占，不疑不占，不义不占。

何谓不诚不占？占卦首先要心诚，真心实意有求于外在的意志和力量。有一部电影，叫“非诚勿扰”，假若生活中不是诚恳的态度，怎么可能交到朋友呢？非诚勿拜，非诚勿占是同样的道理。《系辞传》曰：“无有师保，如临父母”，又曰：“人谋鬼谋，百姓与能”②。占筮如同面对父母，如同面对先人助力之神灵，必须虔诚，否则，不会得到好启示，也不会获得好结果。因此，蔑视者和轻侮者远遁。

① 傅佩荣：《易经与人生》和傅佩荣博客文章。

② 《系辞传》。

何谓不疑不占？一般说来，占疑都应是大事，是人生路上重要节点或重大事件；而鸡毛蒜皮的小事无须占卜。一定处于难于抉择、难于取舍的境地才求助于占卜。因此，懈怠者和嬉戏者止步。

何谓不义不占？所占问题一定要有“正当性”。对此，《朱子语类》卷六十七记曰：“横渠说‘易为君子谋，不为小人谋’，盖自太极一判而来，便已如此了。”又举例《否》卦曰：“易中亦有时而为小人谋，如‘包承，小人吉，大人否，亨’。言小人当否之时，能包承君子则吉。但此虽为小人谋，乃所以为君子谋也。”为此，宋人王应麟解释道：“张子曰：‘《易》为君子谋，不为小人谋。’朱子谓：圣人作《易》，示人以吉凶，言利贞，不言利不贞；言贞吉，不言不贞吉；言利御寇，不言利为寇也。”① 可见，古人的态度是一致的，占卜者不能为不义的作为而占。如若为违法乱纪、忤逆错败之事问卜将是徒劳无益的，也不会有好的结果。因此，歹意者和猥琐者绝念。

《周易》的重点在于提醒人注重“德行、智慧、能力”的培养，占卦、解卦也都是针对这些而特别设计。谨守“三不占”原则，就可以运用占卦来获得启示，帮助自己做出恰当的选择。

2. 占断的三项方法

占断还有三项基本的方法，即综合性、灵活性和辩证性。

综合性方法。占断时多重因素的考虑，除了考虑所占之事外，还要考虑的是：所出的卦象、卦辞、爻象、爻辞与所占之事的关联；占断时的其他因素的参与：时间、方位（背后的数理关系）；占断所出的易数及其相互关系（占断时运用阴阳、五行、八卦、星宿、干支各系统中的数理关系）；使判断成为顾及各种因素的综合性结论。需要善于体察多种因素，不执于一端，敏锐地体察到所占事物与所占到的卦中各种因素的联系，如卦辞、爻辞、卦象、爻象及时间、方位、易数、五行等诸多的联系；这种联系察知得越多，所占事物在易的宇宙图式中的座标点就越多，即所谓的像素就会越高，该事物所呈现出来的形态也就越清晰、脉络也就越明确，这样所下的占断也就会越准确。

灵活性方法。即充分考虑卦辞爻辞的全部意蕴，又不生搬硬套卦理的教条，而是要灵活联系实际的具体状况，因时、因地、因人、因条件来占断。

辩证性方法。知微知彰，知柔知刚，随时间变化，过犹不及；存亡、安危、治乱都是相对的，吉凶福祸相伴，有损有益，不盈满。

在占断中不会综合，也不会运用这三项基本的方法，就很难占准。

（三）占断的准确率问题

1. “概率论”在起着作用

占筮到底灵不灵？其命中率或应验率到底有多高？对此，多数人常感到困惑

① 王应麟：《困学记闻》。

不解，似乎也难以回答。在回答这个问题之前，我们不妨作个简单的实验。将一枚硬币抛在地面上或桌子上，它可能出现图案的一面，也可能出现币值的一面。抛一次、二次、三次乃至上百次、上千次，这时，你就会发现一个有趣的现象：图案面和币值面出现的次数趋向于一样多。再如，在一个装着围棋黑白两色棋子各一枚的袋子里随便摸出一枚棋子，记下它的颜色，然后再放回袋子里；若仅摸一两次，尚不会发现其中的规律，但是，如此反复多次，即如果摸上几百次，几千次后就会发现：摸到黑棋和白棋的次数几乎一样多。这种现象和规律，在数学上就称之为“概率论”。

2. 提高应验率的三因素

讲过这个道理后，占筮灵验的问题也就算回答了，也就是说，它既灵又不灵。因为占筮无非是回答准或者不准，那么，具有一般水平的占筮者，其应验率再不好能达到50%。实际上，占筮的应验率还要更高一些。这主要有三个方面的因素：

一是六十四卦卦象和卦爻辞本身具有高度的概括性、抽象性和辩证性。占筮者可似依据所熟悉的卦象、卦爻辞、易数以及五行、六亲等信息材料，冷静地进行分析推演，因而具有较为广阔的回旋余地。即使对于同一事物，既能作出准确的判断，也能得出一正一反的结论，既能进行合理的分析演绎，又可牵强地加以附会。

二是求卦者的希望和补偿心理因素非常重要。一般说来，求筮者大都是在心理失去平衡的情况下才去问卦的。他们或忧患，或困苦，或烦恼，或彷徨，或亢奋，或颓丧，或疑惧，或偏执，心理是不平衡的。当然也有的是完全出于好奇。而占筮者就是通过设卦作为工具或参照物以探测他们的心理，从而找出其心理平衡的支撑点。这一支撑点距平衡点越近，占断的准确率就越高。而在实际的占筮过程中，哪怕只有一点占断准确，使求卦者思想倾斜度缩小，也会使之得到某种满足。由于受神秘化观念的支配，人们常常忘却那些不灵的结果，而对其中灵验的部分总是记忆犹新，甚至终身不忘。

三是占筮者的促进作用。当人们问下一步应采取什么行动，或者一项计划是否能成功，占筮者往往会给出一个较为满意答案。原因何在？因为《易经》所指示人们的多是利或者不利，吉或者凶。这种非此即彼的断语，往往决定着求筮者的行动。人们都有趋吉避凶的心理，当然不会强行去做那些有凶险的事情。至于那些应做的有利的事情，经过占筮者一番精心的分析，并指出其中的不利因素，求筮者便会顿开茅塞，疑云消散，既开阔了思路，又增强了信心；敏感时期易接受暗示，此时求筮者极易认同占筮者的话，并将其效应放大，如此，往往就能达成默契，取得成功。所以，高明的占筮者的预言容易产生很强的心理暗示作用，其精到者，合理合情的演绎分析对求筮者尤具有一种独特的点醒或启发的作用。这样，占筮的命中率必然会高些。

3. 永远追问未济的世界

"夫《易》，彰往而察来，而微显阐幽，……其旨远，其辞文，其言曲而中，其事肆而隐，因贰以济民行，以明失得之报。"《周易》的主旨是彰显以往的事故，作为镜鉴以察勘未来，使细微显著，将隐秘阐明；周易之文辞旨意深远，文辞高雅，于委婉曲折中，表达的事理无不中肯，于叙事的直截了当，却隐藏着深意；其用意总以两点论思维即祸福吉凶来告诫人们，以规范人们的行动，并明晓善恶得失报应的道理。《周易》的本意如此，其实卜占的意义也在于此。

不同的人由于立场、视角和目的的不同，因此看待卜占的态度也就不同，这是许多人懂得的道理。但你知道吗？卜占在不同的人那里，其表现的效果也会不一样？占询或占问，对智者而言，是划开夜空的一道闪电，而对愚者说来，却是震荡魂魄的一声惊雷；占卜或占筮，对智者而言，是启动智慧的锁钥，而对愚者说来，却是关闭思想的按钮。同样是占，对智者是口渴时的半盏清茶，对愚者却是苦闷时一壶浊酒；对智者是划向彼岸的一叶扁舟，对愚者却是免于沉沦的一根稻草。占，常常是智者颈下一串美丽的项链，也往往是愚者脖上一条可怕的绞索。不是占询或占问的内容与形式多变，而是世间多变，人心多变。人们卜占虽说都想讨要吉祥，都想讨要一个好的说法，但人境界有高低，目光有远近，见地分优劣，因此，问询的结果不尽相同便是正常的。

利用卜筮进行询问既有现有的科学可以解释通的一面，又有现有的科学解释不通的一面；既有当下认知能够理解的一面，又有当下认知一时无法理解的一面。有人爱将术数或占筮划归于神秘的一类，无论言说者是褒义还是贬义，总归算是一种客观的叙述。为什么这么说呢？因为这类东西里面命定的就有神秘的方面。怎么可能没有神秘感呢？面对未知的世界而产生神秘的情感恰恰确证了我们是人，而非他物；确证了我们是一种"自为的存在"，而非是"自在的存在"。面对大千的世界，面对浩瀚的星河，面对无限的时空，狐疑而谦询、卑微而敏学永远是我们应有的态度。好奇而后追问，既是人的天性，也是人类始终的常态，而卜占（预测）是人类常态思维下的表现形态之一；只不过随着人类的进步，这一形态会有所变化，会隐匿在众多科学原理的后面和深处，会藏身于现代的科学范式的研究课题中，或者被众多的先进的工具所遮蔽或冲淡，或者被新名词、新范畴所包装或包裹，但其前瞻的本质性质是不变的。人类若在，这种现象就在，谁也改变不了。针对卜占，世间有诀曰：审慎者智，预警者安，轻慢者悔，诋侮者咎，我以为其言是焉。

第十五章

周易文化与命理文化

中国人爱谈“命”且信命，由此构成了中国的命理文化。命理文化是将命相与命运进行综合的考察，同时将属相的知识、阴阳、干支、五行等知识结合在一起，运用周易中的象数原理和预测的方法来诠释人生的一种理论体系。由于它强调改变和变通，倡导改变我们的态度，活出人生的精彩，所以不宜将中国的命理理论完全归于宿命论的范畴。中国较严肃的命理家们应算是积极的、有为的“命运决定论”者，而中国命理理论至多可以算是“半宿命论”或“宿命有限论”的理论。

第一节 命理文化与生肖知识

一、悠久的命理文化

（一）命理和命理文化

1. 何谓命理

命理是古代中国人在对人的命相态势和命运轨迹进行因果规律的探究过程中，依据阴阳五行、天干地支及周易义理理论，试图通过一系列的质和量的测定和考察，对人的性格、婚姻、职业、健康诸方面，对人的未来生活状态和走向给予一种判定的文化现象。命理旧时民间的俗称是算命术或批八字，是周易文化的重要支派。命理有广义和狭义之分，狭义命理仅是对其生辰八字的测定与评估，仅限于八字命理。而广义命理还包括星命、紫微斗数等命理派别，还要动用大六壬、奇门遁甲等更为复杂的系统、再配以面相手相等其他相关知识进行综合评估的文化活动。

命理实际包括命相与命运二个方面。命相是具有静态的、原生的意义；而命运则是动态的，是后天环境中各要素间相互影响、相互作用关系的体现。将命相与命运进行综合考察，并且运用周易的原理加以诠释，便构成了命理文化。

2. 命理文化

命理文化吸收了民俗中的生肖知识，将十二种生肖动物按阴阳分为两大类，一方面将人的属相与干支文化中的“合会冲刑”观念结合，另一方面又与五行文化中的“生克”观念结合，在这两个结合的基础上，再将人的命相和命运同自然的、社会的众多其他现象相联系，从而构成了多角度多层次的命理学说体系。命理学说体系的主要目的是强调人的“命”所具有的先天的、既定的属性。告知人们在意识到自身命相具有天然性、客观性的同时，也意识到其命运还是一种可以通过综合分析而描述出来，通过数理的方式被预测出来的。不可否认，在这中间或许带有某种牵强的成分与“测不准”情形，但这在古人那里毫不奇怪。一旦有了预卜便有了“易”的味道，命理文化的精妙就在于它将生肖风俗和命理学说都纳入到周易文化大系统中，利用周易文化巨大影响力，告诫人们虽然人的生死寿夭、盛衰穷通非人力所能主宰，但如果能够乐观地接受命运的安排，用积极的而不是消极的态度去面对，在实际生活中做出主动的、趋利避害的努力，缓解或者减轻其负面的程度不仅是必要的，也是可能的。而这一点，既是命理文化具有的进步的积极的元素，也是它得以流行的现实基础。

总之，这种将属相知识与阴阳、干支、五行等知识对应和结合起来，并试图运用周易中的象数原理和预测方法进行阐释的人生文化现象的理论，我们就称之为命理文化。中国的命理理论是认可主动性和改变的，它似乎是在承认整体宿命的框架下肯定变化和变通，所以说，中国的命理理论不能完全划归于宿命论的范畴。中国的命理家们都应算是积极的、有为的宿命论者，他们在不断地为每一个命运的趋利避害而谋划；而中国的命理文化也只能算是“半宿命论”或“宿命有限论”的一种理论。

（二）命理文化的古老传承

1. 命理文化并非中国所独有

用特定的动物纪历，不是中国独有，这一现象也流行于亚洲国家，如印度、古巴比伦等，同时在埃及、希腊及一些东欧国家也都存在。中国人将人归属于十二个属相，西方人将人归属于十二个星座；可见，命理文化并非中国独有。算命的文化现象是共有的。在西方，有所谓灵数学（numerology），是西方的“批八字”，其原理是依据人们出生的年月日因素，经过繁复的计算方式，便能预卜出性格、长短之处、工作特质及与人相处的态度等信息，是西方的命理学。中国的命理学说将生肖风俗、干支文化、数理知识杂糅于一体，发展成为具有民族特质和丰富内涵的文化现象，即发展成为了一门浩繁的命理理论或者说发展成为一种命理文化。

2. 跌宕起伏的命理文化

旧时称命理为批命的学问，这里的“批”意为评判、审定的意思。也称之为批八字，或称算命术。人们将此类活动归于术数的一部分，并视其为封建迷信或宿命论的表现，认定是文化的糟粕。这是一种片面的认识。算命之术有糟粕，算命之人有骗子，但不能以偏概全。在中国民间，命理文化有着广泛而深刻的社会基础，芸芸众生普遍承认有一种冥冥之力对其命运进行着安排，面对不同的安排，人们采取了普遍的认同态度。与此同时，人们总想探究神秘力量背后的奥秘，总想预知自己未来的命运，这就造就了命理文化的长盛不衰。

3. 命理文化的沿革

从华夏时代起，我们的先人就意识到了命运的问题。例如，传说商人的祖先是顺从天命，吞了鸟蛋而生的。周人的祖先是踩了“天帝”的足迹而孕育的。这里面虽然有“君权神授”、“强化等级”的糟粕，但同时也灌输了敬天尊命，不逾法度的合理思想。春秋时，中年的孔子体会到了命运弄人，才有了“五十而知天命”①，“不知命，无以为君子”② 的感叹；才有了顽强“学易”的决心。儒家始终宣扬“天命论”，所谓“生死有命，富贵在天”。汉儒董仲舒、杨雄等人，汉代的《淮南子》、《白虎通》诸书，无一不是命理学说的信奉者。汉代开始了将阴阳五行、天干地支与人命运相匹配，提出了人有金木水火土不同之命，甲子纳音始汇入命理。而后便有了以五行、干支为基础，配合出生年月日的算命术，这种算命术经魏晋南北朝的推行发挥，到唐代方构筑起较完善的体系。

构筑命理理论较完善体系的是唐人李虚中（761—813）。魏郡（今河北大名）人，祖籍陇西（今甘肃陇西南）。贞元十一年进士及第，官至殿中侍御史。史称他精通阴阳五行，他最先系统地将五行与生辰干支结合，初步形成后来的“四柱八字”的框架，他依此能够推定该人的贵贱寿夭，吉凶祸福，准确率极高。《三命通会·论年月日时》云：“唐李虚中独以日干为主，却以年月时合看生克制化，旺相休囚，取立格局。此发前贤所未发，故今术家宗之。”《渊海子平·论日为主》云：“予尝观唐书所载，有李虚中者，取人所生年月日时干支生克，论命之贵贱寿夭之说，已详之矣！”这两部典籍明确记载八字术源于李虚中。李虚中病逝后，李贺邀请韩愈为其作墓志铭，韩愈欣然接受。韩愈的墓志铭曰：“年少喜学，学无所不通，最深于五行书。今世有《李虚中命书》以人之始生年月日所值日辰干支，相

① 《论语·为政》。
② 《论语·尧曰》。

生胜衰死，象以斟酌，推人寿夭贵贱、利与不利，辄先处其年时，百不失一二。其说汪洋奥美，关节开解，万端千绪，参错重出。”① 溢美之词不绝，可见韩愈对李虚中及其学识十分推崇。后人将李虚中尊为命理学的鼻祖。

五代宋初人徐子平将李虚中的命理理论进一步发展完善，最终形成命理预测的“四柱八字”推命术。徐子平在命理理论上的最大贡献，是把李虚中推算年月日干支的办法，进一步演进为年月日时同时预测的“四柱八字”法。人们为了表彰他所做的重要贡献，常把八字推命术称之为“子平术”。而宋代徐子升根据徐子平命理研究的成果，纂辑了《渊海子平》一书，这是八字命理理论的最重要的经典之一（参见彩色插图 29）。

明清是八字推命术发展的鼎盛时期。明代开国功臣宋濂曾写《禄命辨》，对命理学做了较系统的总结。一时关于命理的著述如雨后春笋般地涌现。明代较有影响的此类书还有张神峰的《神峰通考》，万民英的《三命通会》，其中《三命通会》影响最大，口碑最好。《四库提要》曾评价道：“自明以来二百余年，谈星命者皆以此本为汇总，几于家有其书。…… 特以其阐发子平之遗法，于官印、财禄、食伤之名义，用神之轻重，诸神煞所系之吉凶，皆能采撮群言，得其精要，故为术家所恒用。”清代也出了几位命理大家。沈孝瞻先生著的《子平真诠》一书，对命理学说作了进一步的发挥。清道光年间士人任铁樵将托名刘基写得《滴天髓》进行了分篇增注，成为后世命理研究者必读的经典著作之一。

民国时期以及新中国成立以后，命理学说几度沉浮，最终柳暗花明。现如今，命理理论面临着新的发展机遇，同时也需要理性的再次梳理。可喜的是年轻的一代开始再次认真审视自己的文化，认真思考自己的命运，规划自己的人生，而在这方面，命理文化有着优势，可以起到其不可替代的作用。

二、生肖文化融入命理文化

（一）十二生肖及其由来

1. 中国人的生肖符号

中国人在出生之年都命定着有一种特定的文化符号，便是将十二地支对应着十二种动物，即用鼠、牛、虎、兔、龙、蛇、马、羊、猴、鸡、犬、猪十二种动物来配合记录人的出生年份，人们称作十二生肖或十二属相。例如，子年出生的肖（属）鼠，丑年出生的肖（属）牛，以后每逢子年或丑年，即称之是此人的本命年（参见彩色插图 26）。

2. 生肖的起源

大致有三种说法：一认为起源于华夏中原说。有专家认为生肖与地支同源，

① 韩愈：《昌黎先生集》卷二十八 · 碑志五。

可以追溯到史前的传说时代，《史记》中所载黄帝“建造甲子以命岁”，“大挠作甲子”就是这类说法的反映，学者认为这里所说的甲子指的就是十二生肖。二认为起源于中国的少数民族说。《唐书》载：“黠戛斯国以十二物纪年，如岁在寅，则曰虎年。”清代考据学家赵翼在《陔馀丛考》中考证道：“盖北狄俗初无所谓子、丑、寅、卯之十二辰，但以鼠、牛、虎、兔之类分纪岁时，至汉时呼韩邪（单于）款塞人居五原，与齐民相杂，浸寻流传于中国，遂相沿不废耳。”民族学家刘尧汉先生认为十二生肖与彝族“十二兽”纪日及“十月历”法有关[①]。三认为起源于西域的外国说。郭沫若认为十二生肖是由古巴比伦传入中国的：“十二肖象于巴比伦、埃及、印度均有之，然均不甚古，无出于西纪后百年以上者。意者此始汉时西域诸国，仿巴比伦之十二宫而制定之，再向四周传播者也。”[②] 认为生肖为中东地区居民模仿巴比伦黄道十二宫而制定，传入中国的时间，当在汉武帝通西域之时。佛经《大集经》记有十二生肖轮流游行的故事，但其中无虎而有狮子，据此有人认为，十二生肖是由古印度传入中国的，以虎代狮，可能与中国不产狮子有关。现通过最新的考古材料和大量的文献资料表明，生肖的确起源于中国，是中原华夏先民将动物的图腾崇拜与早期的天文历法知识相结合的产物。

3. 十二生肖的文献记载

最早记录十二生肖的是《诗经》：“吉日庚午，即差我马”[③]，意思是庚午吉日时辰好，是跃马出猎的好日子，这是首次将午与马对应的例子。1975 年，湖北省云梦县睡虎地十一号墓出土的竹简，进一步证明了十二生肖在春秋前后业已存在。出土竹简有一章标题为《盗者》，该章内容实为盗者相面，将生肖与盗者的容貌联系起来。《盗者》云：“子，鼠也，盗者兑口希须；丑，牛也，盗者大鼻长颈；寅，虎也，盗者状，希须，面有黑焉；卯，兔也，盗者大面头。辰，（原文脱漏）盗者男子，青赤色；已，虫也，盗者长而黑蛇目。午，鹿也，盗者长颈小哳，其身不全；未，马也，盗者长须耳；申，环也，盗者圆面；酉，水也；戌，老羊也；亥，豕也。”其中的“虫”，即蛇。“环”即猿，与猴同。“水”雉，即野鸡。西汉吕后名雉，汉代因避其讳而改为鸡。《盗者》中所记十二生肖与现流行不同的地方有：午为鹿，未为马，戌为老羊三条，其他的都一致。据考证，睡虎地十一号墓下葬于秦始皇三十年（公元前 217 年），因此十二生肖的产生至少可以追溯到春秋时期。和今天流行的十二生肖说法一致的是东汉王充的记载。王充《论衡·物势》载：“寅，木也，其禽，虎也。戌，土也，其禽，犬也。……午，马也。子，鼠也，酉，鸡也。卯，兔也。……亥，豕也。未，羊也。丑，牛也。……已，蛇也。申，猴也。”以上文字中，十二生肖动物唯独缺了辰龙。该书《言毒篇》云：“辰为龙，已为蛇。辰、已之位在东南。”如此，十二生肖便齐备了，这是迄今为止古

① 参见刘尧汉：《彝族社会历史调查研究文集》。
② 郭沫若：《甲骨文字研究·释支干》。
③ 《诗经·小雅·吉日》。

文献中关于生肖的最完备的记录。明代学者方以智讲：“《方言》以十二生肖配十二辰，命所属，莫知所起。”[①]《方言》的作者是西汉扬雄。可见自汉代，“为人命所属”的十二生肖文化现象就已经流行开来了，并且对其来源已经是说不清了。史载北周的宇文护之母被扣押在北齐，写信给宇文护说：“生汝兄弟，大者属鼠，次者属兔，汝身属蛇。”[②] 可见，此时进入中原的鲜卑族已接受了汉族人的习俗，足见南北朝时十二生肖的说法已成为习以为常的民俗了。

（二）十二生肖的特点和排列

1. 十二生肖的特点

汉族生肖中的十二种动物都与人的日常生活相接近，体现了古人思维的直观和务实。十二种动物，大致可分为三类：第一类是被人驯化的“六畜”，即牛、马、羊、猪、狗、鸡，它们是人类为了经济或其他目的而饲养的，占了一半。“六畜兴旺”在中国人的传统观念中就代表着家族人丁兴旺、美满富足。第二类是为人们所熟知的野生动物或与人密切接触的动物，它们是鼠、虎、兔、蛇、猴。其中为人敬畏的，如虎；为人忌讳、厌恶的，如鼠、蛇；也有为人喜欢的，如兔和猴。第三类是中国人传统的想象中的“灵物”——龙，龙代表富贵吉祥。可见，生肖动物的选择并非随意的。

中国人信阴阳的观念，十二种动物也分为阴阳。动物的阴与阳是按动物足趾的奇偶参差排定的。动物的前后左右足趾数一般是相同的，而鼠独是前足四，后足五，奇偶同体，物以稀为贵，排在第一，其后是牛，四趾（偶）；虎，五趾（奇）；兔，四趾（偶）；龙，五趾（奇）；蛇，无趾（同偶）；马，一趾（奇）；羊，四趾（偶）；猴，五趾（奇）；鸡，四趾（偶）；狗，五趾（奇）；猪，四趾（偶）。持这种说法的是宋人洪巽，是他在《旸谷漫泉》中表达的。

2. 十二生肖的排列

据说十二生肖的排列是依照十二种动物的生活习惯和活动的时辰来确定的。深夜至次日凌晨，属子时，老鼠趁夜深人静，活动频繁，称“子鼠”。随后丑时，牛习惯吃夜草，农家常在深夜起来挑灯喂牛，称“丑牛”。随后寅时，老虎昼伏夜行，古人常在此时听到虎啸声，故称“寅虎”。随后卯时，天刚亮，兔子出窝，喜欢吃带有晨露的青草，称“卯兔”。天大亮属辰时，此时容易起雾，传说龙喜腾云驾雾，又值旭日东升，蒸蒸日上，故称“辰龙”。稍后巳时，大雾散去，艳阳高照，蛇类出洞觅食，故作“巳蛇”。临近中午到午后属午时，古时野马未被人类驯服，每当午时，四处奔跑嘶鸣，故称“午马”。稍后未时，意思是放羊的好时候，故称“未羊”。再稍后申时，太阳偏西了，猴子喜在此时啼叫，故为“申猴”。傍晚太阳落山了，属酉时，鸡在窝前转，称“酉鸡”。晚上该休息了属戌时，狗卧在

① 《通雅》卷十二。

② 《周书·宇文护传》。

门前守护，一有动静，就汪汪叫，故为“戌狗”。夜深人静属亥时，能听见猪拱槽的声音，故称“亥猪”。

（三）十二地支（生肖）的计时功能

1. 十二地支（生肖）应用于记时

十二生肖首先应用于记时。一昼夜是二十四小时，古代天文学家将一昼夜分为十二个时辰。子时（鼠）夜间11点至次日凌晨1点；丑时（牛）凌晨1点至3点；寅时（虎）凌晨3点至5点；卯时（兔）清晨5点至7点；辰时（龙）上午7点至9点；巳时（蛇）上午9点至11点；午时（马）上午11点至午后1点；未时（羊）午后1点至3点；申时（猴）下午3点至5点；酉时（鸡）下午5点至晚7点；戌时（狗）晚7点至9点；亥时（猪）夜间9点至11点。

2. 十二地支（生肖）应用于记月

后来人们又将十二地支用于记月。首月建寅，而不是定为子。这样，就有了正月为寅，二月为卯，三、四、五、六、七、八、九、十，分别为辰、巳、午、未、申、酉、戌、亥，十一月为子，十二月为丑。一些人容易将一月误认为子月，二月误认为丑月，并以此类推，便导致各个月都错位，陷入了错误。

3. 十二地支（生肖）应用于记年

后来人们又把这种记时法用于了记年，就出现了十二生肖年概念。生肖记年原本是按照农历的“立春”节气为基准计算的。只要农历年的立春没过就算上一年，农历年的立春过了就算下一年。例如，2008年2月4日农历十二月二十八日戌时立春，即19：03（北京时间）立春，以此时间为基准，2008年2月4日19：03（北京时间）前出生的人算2007年（丁亥年）的属相——猪，而这一天19：03（北京时间，含19：03）以后出生的人都算2008年（戊子年）的属相——鼠。但现在的人们通常以“春节”的零时作为新一年的开始，“春节”成为了属相划分的界限了。所以2月4日晚7点以后到2月6日夜12点以前出生的人，人们仍认为他们属猪，而不认为他们属鼠，认为过了除夕，即2月6日夜12点以后出生的人才属鼠（见表15－1）。

表15－1　　十二地支与生肖、月份、时辰对应表

地支	子	丑	寅	卯	辰	巳	午	未	申	酉	戌	亥
属相	鼠	牛	虎	兔	龙	蛇	马	羊	猴	鸡	狗	猪
月份	11	12	1	2	3	4	5	6	7	8	9	10
时辰	23时至1时	1时至3时	3时至5时	5时至7时	7时至9时	9时至11时	11时至13时	13时至15时	15时至17时	17时至19时	19时至21时	21时至23时

第二节
命理——对人生轨迹的诠释

一、八字命理原理对人本命的测定

（一）命理学中的“四柱”“八字”

1. 何谓“四柱”“八字”

“四柱”是古人用天干地支来表示一个人出生时的年、月、日、时四个时间的概念。年干和年支组成年柱，月干和月支组成月柱，日干和日支组成日柱，时干和时支组成时柱；年月日时就像四根大柱子一样撑起人生命的“时间”的大厦，故谓之四柱。

“八字”就是用天干地支符号表达四柱的一种具体形式。每柱两个字，共计八个字。我们常说的一个人的八字，其实就是他出生时间的四柱的记录。当然，在记录的同时也承载着和规定着大大小小自然环境的一些时空信息对生命的细微影响。命理学说恰恰是看重并强调这些信息对人的影响的。

2. “四柱”“八字”是命理学基础

应当说以“四柱”“八字”为基础的命理学是经过了上千年风雨洗礼、大浪淘沙而凝结而成的，它里面包含有众多的人生智慧，是无数命理学家经过长期实践，反复提炼而总结出来的，并非一句“封建迷信的糟粕”所能定性、并且可以随意抛弃的。有人说，自己的命运自己掌握。实质上看，这句话仅对了一半，因为有一半的命运掌握在自然的“老天”那里，掌握在社会的“人际关系互动的势态”那里，并不由你能决定。因此，只有剩下的一半掌握在你自己的手上。无论是掌握的、还是不掌握的我们都要有所了解，若不知道自己命运的格局现状及其发展趋势中的顺逆吉凶，那么，所谓掌握自己的命运，就只能是一句空话。传统命理学就是在这方面可以助力的。古人的命理理论是以阴阳变化为原理、以五行生克制化为法则，以人的出生时间为依据而进行命运预测的，以此来推测人的事业、婚姻、财运、学业、健康等诸多事宜，是教人认识自己，并且做到趋吉避凶的一门学科。

在“四柱八字”命理体系中，“日柱”处中心位置，一个人的“日干”为本命。对一个人的影响力最大的是出生的月令，即“月柱”：然后再是时辰，即“时柱”。因“年柱”距离“日柱”较远，所以原有的命理理论认为出生的年份在

“八字”命理中影响命盘之力道较月、时为薄弱。但在日后发展过程中，十二生肖的作用被人们凸显，人们逐渐看重生肖间的相互关系，因而“年柱”的作用就加强了。而纳音理论实际也在强调年份对命主及其时运的影响，因此，年柱在较新的命理理论中占有了越来越重要的位置。

（二）生辰八字的推算

1. 天干、地支的五行所属的知识

十天干的五行所属：甲乙——木，丙丁——火，戊己——土，庚辛——金，壬癸——水。

详细内容为：甲为栋梁之木，乙为花果之木，属东方；丙为太阳之火，丁为灯烛之火，属南方；戊为城墙之土，己为田园之土，属中方；庚为斧钺之金，辛为首饰之金，属西方；壬为江河之水，癸为雨露之水，属北方。

十二地支的五行所属：寅卯——木，巳午——火，辰戌丑未——土，申酉——金，子亥——水。

详细内容为：寅（虎）属阳木，卯（兔）属阴木，属东方；巳（蛇）属阴火，午（马）属阳火，属南方；辰（龙）、戌（犬）属阳土，丑（牛）、未（羊）属阴土，属中方；申（猴）属阳金，酉（鸡）属阴金，属西方；子（鼠）属阳水，亥（猪）属阴水，属北方。

2. 实测举例

举例：若某人公元1988年10月23日早上4时15分生。其后的程序是：

（1）先折算出阴历，该人阴历是戊辰年九月十三日寅时。过去，有由年推首月，即寅月的口诀，再由寅月往下顺推就能推算出该月的干支。《年干起月干口诀》是：

甲己之年丙作首，乙庚之岁戊为头；
丙辛便向庚寅起，丁壬壬寅顺流行；
戊癸之年从何起，甲寅年首好追求。

歌诀意思是可以从纪年的天干得知该年纪月的寅月天干，再依六十甲子的顺序，推算出本年其他各月的干支表示。现在省事了，已不用掰手指头掐算了，用上《万年历》，查出年、月、日的干支表达，前三柱的六字有了。

（2）最后一柱的地支字好办，有了时辰，字就定了。难在天干字要从日柱天干之字去推算，好在也有推算的口诀。《日干起时干口诀》是：

甲己还加甲，乙庚丙作初；
丙辛起戊子，丁壬庚子居；
戊癸推壬子，时元定不虚。

现在也已不用掰手指头掐算了，可以查日上起时表。在表中找出命主日柱天干之字所在列，顺列找出与出生时辰相符的行、处在列与行交叉点上天干就是时柱的天干之字。这样，八字就凑齐整了。即为：戊辰（年），壬戌（月），辛亥

（日），庚寅（时）。

（3）代入阴阳和五行。八字命理主要是应用阴阳学说和五行学说，讲八字间的“生克制化”原理的。天干地支各具阴阳，又各与五行相对应，各有木火金水土的不同属性，不同属性间有其生克关系。所有这些，是推断一个人未来命运的重要依据。

上述人的八字代入阴阳和五行后，整理为：

八字：	戊 辰	壬 戌	辛 亥	庚 寅
阴阳：	阳 阳	阳 阳	阴 阴	阳 阳
五行：	土 土	水 土	金 水	金 木

（三）初批八字

1. 先定“本命”

有了上述命主的八字基本材料，就可以尝试着评价了。一般说来，在基本材料的基础上，加入的命理原理越多，其涉及的范围就越广，也越周全，准确率也会有所提高。但会费时，也受学识限制，因此便捷一些的方式方法不妨尝试。针对以上八字材料，我们加入其时令的因素，即看命主处于春夏秋冬哪个时节。阴历以正、二、三为春，四、五、六为夏，七、八、九为秋，十、冬、腊为冬。这样，就可以初批该人的八字了。

命理讲年柱为祖先，月柱为父母，日柱为自己，时柱为子孙。真正在八字命理是以出生日的天干属性为核心论命的；也就是说，八字中的第五个字的五行属性为自己的本命。因此，上述举例之人日柱天干“辛”为该人“本命”，是为金命。说到此，有两点要明确：

第一，日常所说的“本命年”概念，更多关注的是年支，如说“又到了我的本命年”，强调的是十二年一个周期的属相重合的意义，与八字中的“本命”不是一个意思。“辛”为阴金，所以该人金命。这里没有金命就贵，土命就贱的意思，仅为五行中一属性而已。

第二，社会上有些人常将自己出生年中的纳音五行认作是自己的“本命”，如看到“大溪水”、“松柏木”、“海中金”等术语，就说自己属水、属木、属金，这是错误的。纳音五行和八字本身所归属的五行不是一个层次的概念，二者也不能直接发生生克制化的作用。八字主要讲命相、格局，是本命；纳音讲的是重要影响和条件，是时运，讲的是人的运程对本命的影响，两者不应混淆。同时，纳音五行之间也是不能简单地以生克相论及，即便是天河水也浇不灭炉中火，而天上火也克不到金箔金的。

2. 批八字的最基本原则是动态的平衡

八字最讲究平衡原则，但这种平衡是动态的平衡。看此人八字，阴阳稍显不均，此人命里缺火，不吉。本命为金，值秋最宜，本是气势最旺盛的时候，金旺不惧火，若此时有火来锻炼，必铸成将帅之才。但由于缺火，便少了机遇，好材料也得不到施展。金原本不少，偏偏此人土多且重，土生金，导致其命相更加的不平衡。此人将始终有怀才不遇之感，终将碌碌无为一生。

这仅是命理的初批，如果加上干支间的各种利害关系，加上“六亲”和“六神”的内容，就会扩展到更大范围，增添更多的与命运相关的内容（见表 15－2、表 15－3）。

表 15－2　　年上起月表

（年查万年历）

月支＼年干	甲、己	乙、庚	丙、辛	丁、壬	戊、癸
寅（正月）	丙　寅	戊　寅	庚　寅	壬　寅	甲　寅
卯（二月）	丁　卯	己　卯	辛　卯	癸　卯	乙　卯
辰（三月）	戊　辰	庚　辰	壬　辰	甲　辰	丙　辰
巳（四月）	己　巳	辛　巳	癸　巳	乙　巳	丁　巳
午（五月）	庚　午	壬　午	甲　午	丙　午	戊　午
未（六月）	辛　未	癸　未	乙　未	丁　未	己　未
申（七月）	壬　申	甲　申	丙　申	戊　申	庚　申
酉（八月）	癸　酉	乙　酉	丁　酉	己　酉	辛　酉
戌（九月）	甲　戌	丙　戌	戊　戌	庚　戌	壬　戌
亥（十月）	乙　亥	丁　亥	己　亥	辛　亥	癸　亥
子（冬月）	丙　子	戊　子	庚　子	壬　子	甲　子
丑（腊月）	丁　丑	己　丑	辛　丑	癸　丑	乙　丑

表 15－3　　日上起时表

（日查万年历）

时辰＼日	甲、己	乙、庚	丙、辛	丁、壬	戊、癸
子（23—1）	甲　子	丙　子	戊　子	庚　子	壬　子
丑（1—3）	乙　丑	丁　丑	己　丑	辛　丑	癸　丑
寅（3—5）	丙　寅	戊　寅	庚　寅	壬　寅	甲　寅
卯（5—7）	丁　卯	己　卯	辛　卯	癸　卯	乙　卯
辰（7—9）	戊　辰	庚　辰	壬　辰	甲　辰	丙　辰
巳（9—11）	己　巳	辛　巳	癸　巳	乙　巳	丁　巳
午（11—13）	庚　午	壬　午	甲　午	丙　午	戊　午
未（13—15）	辛　未	癸　未	乙　未	丁　未	己　未
申（15—17）	壬　申	甲　申	丙　申	戊　申	庚　申
酉（17—19）	癸　酉	乙　酉	丁　酉	己　酉	辛　酉
戌（19—21）	甲　戌	丙　戌	戊　戌	庚　戌	壬　戌
亥（21—23）	乙　亥	丁　亥	己　亥	辛　亥	癸　亥

二、命理学说中常用的其他原理

（一）用神和命理格局

1. 用神、喜神和忌神

用神、喜神和忌神是中国传统四柱八字预测术中的专用术语，与鬼神没有一点关系，是体现于命局中正面和负面力量对比关系的一组概念。四柱命局以用神为核心，用神健全有力与否，影响人一生的命。四柱中有强力用神，并有喜神协助，日主命运就顺当，否则就存在风险。四柱中若没有用神，就只能靠行运流年来补救，来扭转颓势。对于命局五行较为平衡的，用神不紧缺的四柱，其日主一生较为平顺，无大起大落。

何谓用神，就是八字命局中对于日干来说，具有补弊救偏或促进助成之作用的一种五行，就是用神，用神对日干起直接作用。何谓喜神，命局中用神之力不足，凡有生或助用神者，或在四柱的刑冲克害格局中能助用神制凶、化凶者，就是喜神。注意，由于喜神仅具间接的作用，所以它与日干即使存在生克关系也要由整个命局格局来判明其好坏，而不是依表面就可以下定论的。何谓忌神，对于日干形成损害的五行是忌神。对日主最有利的是用神，用神定扶助；对日主次好的是喜神；喜神能减负；对日主最不利的是忌神，忌神会添堵。

2. 命理格局的确定

八字命局的关键是综合评估、通盘考虑。这里，确定格局，找准用神，辨明喜神，规避忌神是命理师水平高低的试金石。如命理所说：金能生水，金多水溢，水泛金沉；水能生木，水多木浮，木茂水缩；木能生火，木多火炽，火旺木焚；火能生土，火多土焦，土重火晦；土能生金，土多金埋，金盛土泻。这些都是物极必反的原理，里面渗透着辩证的道理。基于此理，所以：日干弱为水，克我者为土，不但要以金制其壅，还要以金生我身；日干弱为火，克我者为水，不但要以木泄其势，还要以木生我身；日干弱为土，克我者为木，不但要以火化其顽，还要以火生我身；日干弱为金，克我者为火，不但要以土消其焰，还要以土生我身；日干弱为木，克我者为金，不但要以水挫其锋，还要以水生我身。五行本身相生相克，充满着辩证转化的思想，命局中的用、喜、忌会因一定的条件而转化，既可能转化为对命主有利的一面，也可能转化为对命主不利的一面，只有熟悉命局，熟练掌握到生克原理并且能够灵活辩证的运用者，才算迈入了命理学说的殿堂。

分辨命理格局，这里再归纳几点：

第一，命理学得以成立，是由于人们相信作为一个生命体，其生存状态不能不受到外在环境的影响，生命演进的过程本身就肯定了这一点。四柱八字理论中最看重的是外在环境的具体态势，看重的是气候和节气，也就是说，在命理家们看来，出生时的空间和时间都是有意义的，体现为天人仍处在一个大系统里的，外在因素对人是有着作用的。

第二，命理学中最讲究的是阴阳中和的理念，动态平衡的理念。一个人八字命局贵在阴阳或五行的中和。当然可以不是绝对的均衡，但要有相对的动态的平衡。八字命局本身允许有些不平衡，但是，在运行的过程中，缺陷部分应有所补益，在行大运的动态过程中应有所弥补。总之，努力做到趋利避害，动员和联合一切有利的因素，克服和限制一切不利的因素，在这一过程中主体并非是无能为力的。

第三，四柱八字的命局常常动用类象思维。比如说，一个神煞的格局可以表示为多个象，如伤官（神煞的一种）既可以表示为女儿和异性晚辈，又可以表示为自己的精神状态，还可以表示为吃喝，要具体分析，不可妄下断语。

第四，对待八字命理中的阴阳概念、五行概念要进行辩证的分析，仅从表面现象入手，僵死的看待是不行的。八字命理理论中的体和用、喜和忌诸概念，都是相对的概念，而不是绝对的概念。有些时候，喜神和忌神在一定条件下可以相互转化，这是需要提醒注意的。

（二）命理中装“六神”

1. 何谓装“六神”

装“六神”是“批八字”的重要程序。“装”即代入命局的意思。“六神”也仅是八字命理中的一个术语，与鬼神没有关系，它们是附在干支上的一些内容与日主之间制约关系的一种简便称呼。上面所讲的“用神”便是在这些要素中找准同盟者，提防侵害者。释“六神”的关键就在于能否化敌为友，逢凶化吉。

2. 六神的构成

周易文化中“六神”概念有两大类，它们之间既有区别又有一定联系，不要混淆。

一类是具有指代方位的“六神”，它们是：东青龙、西白虎、南朱雀、北玄武；还有主上下的勾陈、螣蛇。这“六神”在纳甲占筮法中有重要意义，由于各自具有不同的性质，所以若占卜到的话，或吉或凶的意义便不同。同时，方位“六神”在不同解释系统中带有不同的数字，因此，在占卜、择吉和风水上有着较广泛的用途。

另一类就是针对命理的“六神”，它们是：印绶、官杀、比劫、食伤、妻财和自己（日干命主）。印绶：生日干五行的干支，分正印，偏印；官杀：克日干五行的干支，分正官，偏官；比劫：与日干五行相同的干支，分比肩，劫财；食伤：日干五行所生的干支，分食神，伤官；妻财：日干五行所克的干支，分正财，偏财。命理“六神”用途较窄，仅在八字命理格局中使用，男命和女命又稍有区别。

同样的五行，还有阴阳的不同，如丙和丁，五行皆为火，丙为阳火，丁为阴火，它们相对于日干的作用也就会不同，并产生不同的结果（见表 15－4）。

表 15－4　　　　六　神　表

（命主）阳日干									
生我的干支		克我的干支		同类的干支		我生的干支		我克的干支	
阴	阳	阴	阳	阴	阳	阴	阳	阴	阳
正印	偏印	正官	偏官	劫财	比肩	伤官	食神	正财	偏财
阳	阴	阳	阴	阳	阴	阳	阴	阳	阴
生我的干支		克我的干支		同类的干支		我生的干支		我克的干支	
（命主）阴日干									

在上面的表格中的“命主日干”指的是我，同时注意，在经典的算命书中，常常又称偏官为“七杀”，它们是一个概念。

我们以乾隆的八字来具体分析六神的内容。

乾隆的八字为：　辛卯　　丁酉　　庚午　　丙子

庚金为日主，为我，为自身。年干辛金与庚五行相同，但辛为阴金，庚为阳金，因此，年干辛金为“劫财”。年支卯木受庚金之克，卯为阴木，因此，年支卯木为“正财”。月干丁火克庚金，克我，同时丁火为阴火，因此，月干丁火为“正官”。月支酉金为阴金，与庚金同类但阴阳不同，因此，酉金为“劫财”。日支午火为阳火，火克金，午火克我，因此，午火为“七杀”。时干丙火为阳火，火克金，丙克我，因此，丙火也为“七杀”，时支子为阴水，金生水，庚金生子水，因此，子水为“伤官”。

3. 六神的功用

（1）正印与偏印的功用：正印与偏印可以生身，可以增强日干的力量，当日干衰弱时，最喜正印与偏印相生；同时正印与偏印可以克制伤官与食神，使正官与七杀免受伤官与食神之害。当日主喜正印或偏印时，最忌正财与偏财克制。

（2）正官与七杀的功用：七杀之所以称为“七”，这是因为十天干相隔七位必是相克之神，如甲为第一位，第七位为庚，乙为第二位，第八位为辛，两者隔七位而相克，故曰七杀。正官与七杀皆有克我的作用，皆对日主起着帮扶与矫正的作用，只要正官与七杀同命上的其他干支配合适当，往往预示着权力与能力。能克制比肩与劫财的危害。

（3）比肩与劫财的功用：当日干不得时令、衰弱无气之时，最喜得比肩与劫财之助。或当命上官杀太旺之时，或财太多之时亦喜比肩与劫财相助。但是当命上财星微弱之时，最忌比肩与劫财来分夺有限的财产。

（4）伤官与食神的功用：伤官与食神能吐发我的精华，使人的才干得以最大的发挥，给人以杰出的办事能力和漂亮的外表。同时伤官与食神可以生财，给人们带来财运。但是伤官与食神能够克制正官与七杀，容易给人带来是非与官司。

（5）正财与偏财的功用：财为养命之源，无论是正财，还是偏财，都是命上不可缺少的组成部分。但是，正财或偏财太多，有时反而会成为一种负担，给人的一生带来灾难。当日主旺时最喜财来养育，同时财可以生官、生杀，给人带来权力和力量。最忌比肩和劫财来分夺之（见图 15－1）（参见彩色插图 27）。

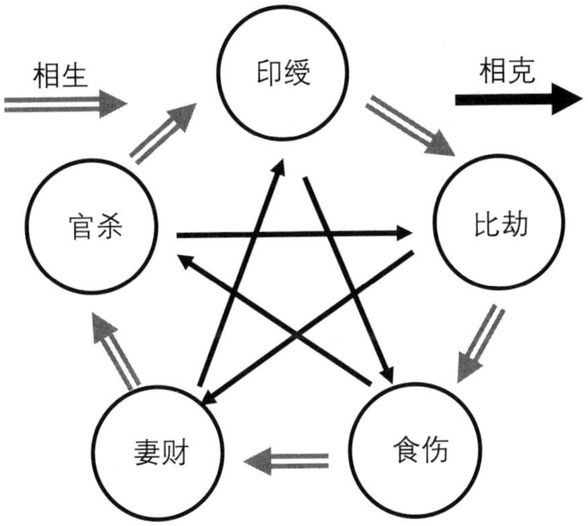

图 15－1　“六神”生克图

（三）命理中的定“六亲”

1. 何谓“六亲”

人有六种亲缘关系，或者说血缘关系：祖父母，父母、兄弟、妻子、子女，加上自己。一个人的八字也蕴含着这些人的信息。蒋介石出生于公历 1887 年 10 月 31 日午时。我们以蒋介石的生辰八字为例（见表 15－5）：

表 15－5　　四柱和亲属的关系

命主八字：蒋介石							
年柱		月柱		日柱		时柱	
祖辈		父辈		同辈		下辈	
年干	年支	月干	月支	日干	日支	时干	时支
祖父	祖母	父亲	母亲	自己	妻兄	儿子	女儿
丁	亥	庚	戌	己	巳	庚	午

你遇到的任何一个八字，都可以遵循上面的干支对应规律。从蒋介石的八字看，日干“己土”代表其本人，日支“巳火”代表了妻和兄弟姐妹，年干“丁火”代表了他的祖父，年支“亥水”代表了他的祖母，月干“庚金”代表了他的父亲，月支“戌土”代表了他的母亲，时干“庚金”代表了他的儿子，时支“午火”则代表了他的女儿。代入五行则：火水、金土、土火、金火，本命为土命，缺木。从纳音看，“丁亥”为“屋上土”，其自身为“己土”，命与时运比和。

2. 命理中的“六亲”

命理中的“六亲”与日常生活中理解的六亲稍有不同。它们是指人一生中遇到六种重要的关系：父母、兄弟、子孙、妻财、官鬼和自己。“六亲”反映在表面上实际上只有五个，加上表面上没有的“我”才为六。定“六亲”的方法，必须先要熟悉五行生克的关系。其原则是：生我者为父母，我生者为子孙，克我者为官鬼，我克者为妻财，比我者为兄弟（见表 15－2）。

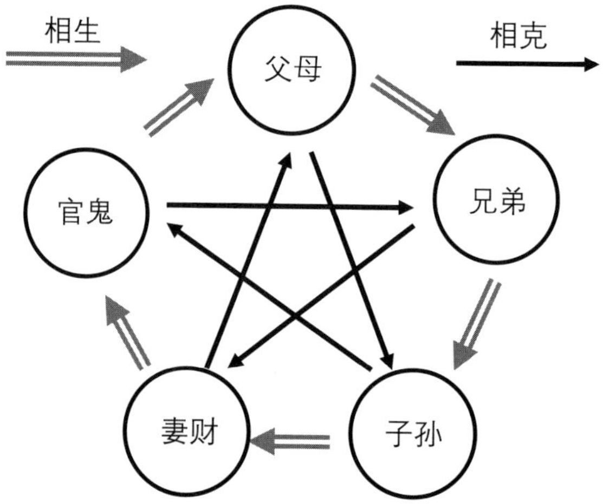

图 15－2　“六亲”生克图

我们认真分析六亲图可知，其“六亲”的生克所体现的是循环轮回的外在逻辑关系，基本上反映出人们认识上的一种平衡观念，这和五行所反映的大自然中物质的阴阳平衡关系是一样的。图中“六亲”的关系按顺时针方向依次相生，隔位依次相克。即：子动生财，兄动克财；财动生鬼，子动克鬼；父动生兄，鬼动克兄；鬼动生父，财动克父。兄动生子，父动克子。“六亲”之间的生克关系在命理中经常用到，研修者是应当记住的。

3.《红楼梦》里的“批八字”

曹雪芹不但是伟大的小说家，还是一位各方面知识都很渊博的杂家。他在命理学上对“六神”、“六亲”的运用不但纯熟，而且准确，让人钦佩不已。《红楼梦》第八十六回中有关算命的一段是这样描述的：

“前几年正月，外省荐了一个算命的，说是很准。那老太太（指贾母）叫人将元春的八字夹在丫头们的八字里头，送出去叫他推算。他独说这正月初一生日的那位姑娘只怕时辰错了，不然真是个贵人，也不能在这府中。老爷和众人说，不管它错不错，照八字算去。那先生便说，甲申年正月丙寅这四个字内有伤官劫财，唯申字内有正官禄马，这就是家里养不住的，也不见什么好。这日子是乙卯，初春木旺，虽是比肩，那里知道愈比愈好，就像那个好木料，愈经砍削，才成大器。

独喜得时上什么辛金为贵，什么巳中正官禄马独旺，这叫作飞天禄马格。又说什么日禄归时，贵重得很，天月二德坐本命，贵受椒房之宠。这位姑娘若是时辰准了，定是一位主子娘娘。这不是算准了么！我们还记得说，可惜荣华不久，只怕遇着寅年卯月，这就是比而又比，劫而又劫，譬如好木，太要做玲珑剔透，本质就不坚了。他们把这些话都忘记了，只管瞎忙。我才想起来今年那里是寅年卯月呢。”

根据曹雪芹的描述，我们经推算，知道了元妃的八字：

八　字：	甲 申	丙 寅	乙 卯	辛 巳
阴阳为：	阳 阳	阳 阳	阴 阴	阴 阴
五行是：	木 金	火 木	木 木	金 火

元妃，木为本命，八字里缺土和水，木缺土和水难长久。曹雪芹借算命人之口直接套用六神：乙木为日主，八字中木多，有劫财、有比肩关系，木在春天的时候最旺。“乙禄居卯”，即乙木以卯支为禄旺之地，必与官爵结缘。时干辛金为偏官，木旺正要金来加工才成大器。因时支有“巳”，后来命中果然应了所谓“飞天禄马格”，大富大贵。只可惜仅活了四十出头，恰死于寅年卯月，也是命该如此矣。由此可见，曹雪芹的命理知识是很扎实的。

（四）干支间存在着和顺关系

传统文化认为干支间存在着和顺或者不和顺的诸多关系。这些关系的利害影响着与此相关的人们，地支方面的关系尤为密切。

1. 干支间的合与会

干支的合、会是解释命局的理论中较常用的术语。无论是干合，还是支合，总为命局和顺协调的方面，对命主的影响一般为多吉少凶。天干合化者，秀气也；地支合局者，福德也。合中有生，指无论夫妻关系、朋友关系，越合越好；合中有克，指无论夫妻关系、朋友关系，有先好后坏，先热后冷，先合后分的趋向。凡四柱地支中有六合局者、三合局者，合为吉神则吉，合为凶神则凶。相生之合最吉，相克之合不吉，死绝之合则一生不得志。具体是凶还是吉，是合为喜神，还是合为用神之所忌，须通盘分析才是（见图 15－3）。

2. 具体的合、会关系

天干“合化”—— 甲己合化土，乙庚合化金，丙辛合化水，丁壬合化木，戊癸合化火。

地支“六合”—— 子丑合土，寅亥合木，卯戌合火，辰酉合金，巳申合水，午未合日月。

地支“三合”—— 亥卯未合化木，即猪、兔、羊——木；寅午戌合化火，即虎、马、狗——火；巳酉丑合化金，即蛇、鸡、牛——金；申子辰合化水，即猴、鼠、龙——水。以上即为四库。同时，再单抽出龙、狗、牛、羊合化为土。

地支“三会”—— 寅卯辰三会东方木，巳午未三会南方火，申酉戌三会西方

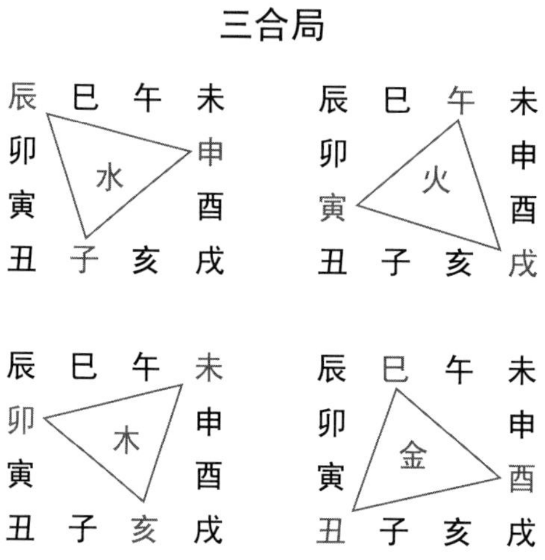

图15－3　地支“三合”图

金，亥子丑三会北方水。

由于所谓的“合会”是依据不同的说法而制定的，所以地支间的“合会”是有交集的，在实际运用起来，需要有所注意。

（五）干支间存在着不和顺关系

1. 干支间的刑、冲、害、破

命理学说认为干支间不但存在着和顺的合、会关系外，还存在着不和顺的关系，它们是刑、冲、害、破诸关系。这些关系在命局中体现为凶多吉少。具体是凶还是吉，须通盘考虑，刑、冲、害、破，是用神有益还是有损，须具体地分析。古代命理师在分析的过程中，既有辩证的一面，也有诡辩的一面。

2. 地支间的“相刑”

相刑说，是命理学中关于生克制化在地支间的一种表现形式，但与地支所代表的五行之间的生克关系不是一回事。刑，惩戒，惩罚之意，可以理解为一种惩戒行动。古有刑主伤病、官非之说，但刑的幅度、力度小于冲。相刑亦有吉有凶，要具体看喜用与忌仇神之损益。不可轻下断语。

“相刑”内容：寅刑巳，巳刑申，申刑寅，为无恩之刑；未刑丑，丑刑戌，戌刑未，为恃势之刑；子刑卯，卯刑子，为无礼之刑；辰刑辰、午刑午、酉刑酉、亥刑亥，为自刑之刑。进而导致：虎刑蛇，蛇刑猴，猴刑虎，为无恩之刑；羊刑牛，牛刑狗，狗刑羊，为恃势之刑；鼠刑兔，兔刑鼠，为无礼之刑；龙刑龙，马刑马，鸡刑鸡，猪刑猪，为自刑之刑。

3. 地支间的“相冲”

地支相冲也是五行生克关系在地支中的一种表现形式。命理术语之一。地支取七位为冲，犹天干取七位为煞之义。如子午对冲，子至午七数，甲逢庚为煞，甲至庚七数。数中六则合，七则过，故相冲击为煞也。地支相冲为方位之冲，相冲最大的特点就是地支中藏干之间的相互角力，最后通过相冲后，本气之干达到透天的，五行受的影响大的为胜，否则为负。地支相冲不等于相克论，但可以理解为通过相冲促进其转化。子午卯酉相冲谓之四正之冲，冲力最大；寅申巳亥相冲为四维之冲、四生逢冲；辰戌丑未为四墓库，辰戌丑未相冲为四墓库相冲。“相冲”内容：地支子午相冲，生肖鼠马相冲；地支丑未相冲，生肖牛羊相冲；地支寅申相冲，生肖虎猴相冲；地支卯酉相冲，生肖兔鸡相冲；地支辰戌相冲，生肖龙狗相冲；地支巳亥相冲，生肖蛇猪相冲（见图 15－4）。

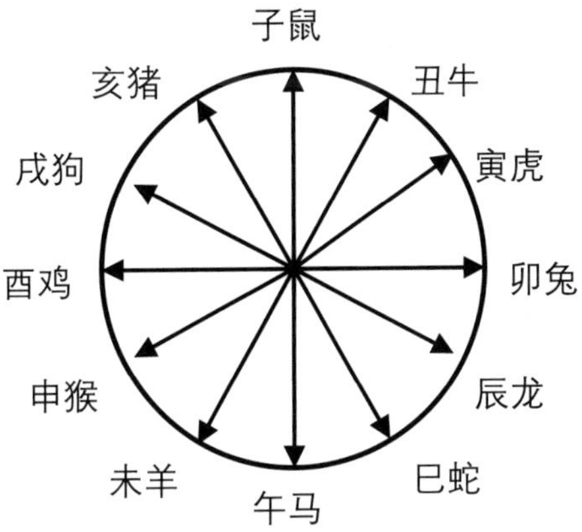

图 15－4　地支相冲示意图

4. 地支间的“相害”

地支相害是论述命局的术语之一。因昼夜阴阳之气交感而生六合。因六合而生六害。六害者，不和也。凡吉事莫不喜合而忌冲，因冲致害。子与丑合而未冲之，故子与未害；丑与子合而午冲之，故丑与午害；寅与亥合而巳冲之，故寅与巳害；卯与戌合而辰冲之，故卯与辰害；申与巳合而亥冲之，故申与亥害；酉与辰合而戌冲之，故酉与戌害。逢相害双方均损害，命理中逢害对命主一般是不吉的。

“相害”内容：子未相害，丑午相害，寅巳相害，卯辰相害，申亥相害，酉戌相害。致使其：鼠羊相害，牛马相害，虎蛇相害，兔龙相害，猴猪相害，鸡狗相害。

5. 地支间的“相破”

地支相破是论述命局的术语之一。指地支之间相互妨害，破坏。子酉、卯午、辰丑、戌未、寅亥、巳申等六对地支，若在一个命局中相遇，即为相破，相互有妨碍作用。地支六破理论应用面窄，命理流派中盲师派多用此说。同时该理论与地支六合说有所谓悖逆之嫌，地支六合讲虎猪合化木，蛇猴合化水，有好事、成事之意，而这里却是两两相破关系，与主流说法不合辙。

“相破”内容：鼠鸡相破，马兔相破，蛇猴相破 ，虎猪相破，龙牛相破，狗羊相破（见图 15－5）。

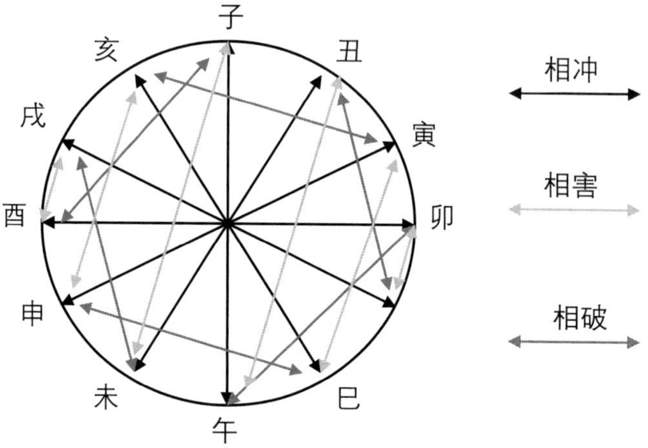

图 15－5　地支间的刑、冲、害、破示意图

三、人运程的测定及其评价

（一）人运程的测定

1. 关于“命运”

命运二字是有区别的，命为天生，相对是静；运为后天的运行轨迹，相对是动。四柱为命，大运为运，命和运合一方为完整的人生命运，命运结合方知吉凶祸福。人的大运是十年一变，所以才有“十年河东，十年河西”的说法。

大运是以四柱中的月柱来排定的，有男女顺逆之分，起运数的计算也有顺逆之别。大运顺逆的推排方法是阳年男命和阴年女命顺排，阴年男命和阳年女命逆排；一般排八步运。如：庚戌年己卯月生男，为阳年生男，其大运为：庚辰，辛巳，壬午，癸未，甲申，乙酉，丙戌，丁亥。庚戌年己卯月生女，为阳年生女，其大运为：戊寅，丁丑，丙子，乙亥，甲戌，癸酉，壬申，辛未。丁酉年甲辰月生男，为阴年生男，其大运为：癸卯，壬寅，辛丑，庚子，己亥，戊戌，丁酉，丙申。丁酉年甲辰月生女，为阴年生女，其大运为：乙巳，丙午，丁未，戊申，己酉，庚戌，辛亥，壬子。

2. 大运起运数计算方法

以出生日为原点，分阴阳年、分男女或顺或逆算出到某一节气之日的天数，这个数字被 3 除，商数就是该人开始行大运的年龄数。若不能整除，四舍五入取整数。举例：

某男，生于 1988 年 9 月 24 日 23 点 10 分。

八字是：戊辰　辛酉　壬午　庚子

大运为：壬戌　癸亥　甲子　乙丑　丙寅　丁卯　戊辰　己巳

本例为阳年男命，大运起运数应从出生日顺数到下一个“节气”，下一个节气为“寒露”，时间为1988年10月8日，自9月24日到10月8日共计为14天，再以14÷3=4.6，按照四舍五入原则，取整数5，即大运的起始岁数为5岁。因每一步大运之间相差十岁，所以每步大运年龄跨度为：5、15、25、35、45、55、65、75。

某女，生于1988年9月24日23点35分。

八字同上，即：　戊辰　辛酉　壬午　庚子

大运为：庚申　己未　戊午　丁巳　丙辰　乙卯　甲寅　癸丑

因为是阳年女命，不但大运由月令要往上逆推，而且大运起运数也要由出生之日起，逆数到上一个“节气”。上一个节气为“秋分”，时间为1988年9月23日，从9月24日逆数到9月23日，共计1天（计为1年），再以1（年）÷3=4个月，即大运的起始岁数为四个月。因每一步大运之间相差十岁，所以每步大运年龄跨度为：0.4、10.4、20.4、30.4、40.4、50.4、60.4、70.4。

（二）流年与纳音

从命理角度，对人命运产生影响的除了八字命局及大运之外，还有流年与纳音。大运和流年对命局都具影响，二者均既可以确定应事，又可以确定应期。一般来说，大运是趋势，影响作用的是远期。而近期起作用的便是流年。

1. 流年及其作用

何谓流年？“流年”理解上有两种意义。一种是文学修辞上的意义，即形容如水般流逝的年华与光阴。如：南北朝诗人鲍照的《登云阳九里埭诗》云：“宿心不复归，流年抱衰疾。”唐朝诗人黄滔的《寓言》诗：“流年五十前，朝朝倚少年；流年五十后，日日侵皓首。”元代张可久的《殿前欢·离思》曲：“花落流年度，春去佳期误。”这里的“流年”，顾名思义，似水的流年，是一种比喻，表达的是对青春年华、对短暂而美好事物的一种感叹。还有一种是命理学上的意义，作为命理学上“术语”的“流年”，意思是对人命运中吉凶休咎的一种时间上的推测和判定。由于流年具有连续性和周期性变化的特征，因此，这一年间人们的福祸盛衰、吉凶休咎的命运也将随之变化和发展。换句话说，流年就是具体个人的八字命局以年为单位的一种历时性变化的轨迹。具体来讲，“流年”，即所经历的那一年的天干地支，算算跟你命局中的天干地支的生克关系是处于怎样的状态？比如某人命局中有官运，大运周期又恰逢其时，对他升迁有利，那什么时候可以实现其晋升呢？这时就要看流年了，如果流年财旺的话，而财是生官的，那么他这一年就有官升了。反之，原本当官的人，如果走到败运上来，大运不顺，那什么时候丢掉官呢？也要具体看流年的运程，如果流年遇食伤，食伤是克官的，伤官的事情出现，这一年就会有丢官罢职的事发生。因此，民间常有“流年不利”说。所谓“流年不利”是指在这一年的本命局中的五行、干支与运程上五行、干支必有不合、不顺利的方面，从而提醒我们注意防范。流年之所以被人重视，只是由于它最接“地气”。梦境美，毕竟是虚幻；远景好，毕竟在未来。昨天已经过去，明天还未来到，我们所能把握的只有今天。流年最贴近生活，最接近真实的感受，我们最想知道的就是当下！因此，对于我们来说，了解流年的走势，了解命局在当前格局下的态势，对于我们自身近期的人生规划和该年内的趋利避害，都有着极为现实的意义。

制定流年规划，同时还离不开对纳音的认识以及对纳音作用的考察。

2. 何谓纳音？

纳音也叫“干支纳音”。纳，包容、归纳，音，指宫、商、角、徵、羽五音。五音居五行，宫音为土、商音为金、角音为木、徵音为火、羽音为水。“纳音”来源于董仲舒的五行之序和洪范五行。“纳音”原本是中国古代玄学的专用术语，也是古典中医运气学说的组成部分，在《黄帝内经》有着比较详细的记载。后来，命理学家看重其中的运行的原理，天干五行运行地支十二宫，也就是五音运行十二宫，十天干与十二地支按顺序两两相配，从甲子直到癸亥，共六十个组合，故称六十甲子。命理学家们在此基础上又每两组配一纳音五行，便形成了纳音学说。

3. 纳音的作用

题麻衣道者著的《火珠林·易中明义》云：“夫三才者，天干为上，能占九天之外，日月星辰，风雷云雨明晴之事；地支为中，能占九地之上，山川草木，人伦吉凶，否泰存亡之事。又问：纳音为下，能占九泉、六道、四生、虚无等事？答曰：六十甲子生成，变化而行鬼神，是故天干管天文，地支管人事，纳音管地理。”后来的命理学稍作了调整，提出天干代表天元，地支代表地元，纳音代表人元的三元理论，三元各有对应的运作范围。三元配合四柱五行，通过对流年大运的生克制化来协助对命局的判断。人们相信通过纳音五行可测察事物气数的盛衰，进而能够判别人一生的吉凶。另外，纳音五行还有一个特点在于，它不同天干、地支的组合，它本身里面带有许多具体的事物——如“屋上土”、“炉中火”、“桑柘木”等，这些内容的加入就使它充满了生活的气息，更加亲切，其预测更容易为人所接受。四柱五行中加入纳音五行后，其命理的推衍便更具丰富性和灵活性了。注意，纳音中的五行之间不能简单地论及生克，也就是说，即便是大海水也扑不灭炉中火，天上火也烧不熔金箔金。同时，纳音中的五行和八字本命的五行也不是一个层次的概念，它们之间是不能直接发生生克制化的作用，其作用仅仅用它来调和五行间的关系，在一年的时间内起到顺逆吉凶的作用，总之，纳音是通过流年的概念间接地对命主起到作用的。

说到纳音，民间曾经出现过很大的误区：即把纳音中的五行直接说成是人的本命了，这是不对的。例如，2014 年是甲午年，甲属木，午为马，即为木马年。但有人依据纳音表，查到表中甲午年是砂石金，便称之为 2014 年是金马年，这是不正确的，传统的命理学不是这样解释的。纳音的砂石金通过流年大运对甲午年全年起作用，对在该年的一切人，即不同属相的所有人均起作用。要求不同属相所有人审慎地对待砂石金的流年运期，依据自身的命相，做到趋利避害。而不是简单地用该年流年大运的纳音五行直接套到人的本命上，说某人是某某命，二者不具有这样的套用关系，命理学不是这样讲的。2014 年是甲午年，是木马年，而

2014 年的流年大运是砂石金，依据五行生克的原理，金克木，因此 2014 年所有属马之人，在甲午年应当谨慎行事，以防咎错或霉运。同理，2015 年是乙未年，乙属木，未为羊，仍旧是木羊年，而不是社会上所传的是金羊年。真正的金羊年是 1991 年的辛未年，辛属金，恰为金羊年。辛未的纳音是路旁土，我们并不能说那年的羊是土羊年。然而，依据五行生克的原理，土生金，因此，1991 年的金羊可以说欣逢了好时运，甚至对于所有的金命之人，那年都是一个吉祥年（见表 15－6）。

表 15－6　　六十甲子纳音表

干支年		纳音	干支年		纳音	干支年		纳音
甲子	乙丑	海中金	丙寅	丁卯	炉中火	戊辰	己巳	大林木
庚午	辛未	路旁土	壬申	癸酉	剑锋金	甲戌	乙亥	山头火
丙子	丁丑	涧下水	戊寅	己卯	城头土	庚辰	辛巳	白蜡金
壬午	癸未	杨柳木	甲申	乙酉	泉中水	丙戌	丁亥	屋上土
戊子	己丑	霹雳火	庚寅	辛卯	松柏木	壬辰	癸巳	长流水
甲午	乙未	砂石金	丙申	丁酉	山下火	戊戌	己亥	平地木
庚子	辛丑	壁上土	壬寅	癸卯	金箔金	甲辰	乙巳	灯头火
丙午	丁未	天河水	戊申	己酉	大驿土	庚戌	辛亥	钗钏金
壬子	癸丑	桑柘木	甲寅	乙卯	大溪水	丙辰	丁巳	沙中土
戊午	己未	天上火	庚申	辛酉	石榴木	壬戌	癸亥	大海水

（三）命相与命运之关系

1. 十二运程或十二生旺库

在算命术中，大运对一个人十分重要。大运是对一个人的一生中，在每个具体阶段生存状态及生活质量好坏的评价。命理学中有所谓“十二运程”或“十二生旺库”。“十二运程”，又称十二大运，还叫做长生十二宫，简称为“长生诀”。在占筮师那里又被叫做“十二生旺库”。它从长生开始，接着是沐浴、冠带、临官、帝旺、衰、病、死、墓、绝、胎、养，共十二个项目，它标志着一个人的运程，也指代着一个人从出生到死亡的全过程。其具体含义是：（1）民生：稚芽萌发，如人初生。（2）沐浴：个体生成，承受大自然的沐浴，如人出生时要洗去胎中污垢或所谓接受洗礼。（3）冠带：长成丈夫，如男人成年二十岁的弱冠，即要加冠系带。（4）临官：事物渐荣，有人将出仕做官。（5）帝旺：成熟干练，如同人当盛年，可辅佐帝王建功立业。（6）衰：气竭形衰，好比人盛极而衰。（7）病：陷于困顿，有如人衰极而生病。（8）死：生命死灭，如人气尽身亡。（9）墓：万物入土而藏之于库，犹如人之终而埋入坟墓。（10）绝：万物在地中，未有其象，但无中孕有，有从无来。（11）胎：天地气交，氤氲成物，始有其气，犹如人之受于父母之气孕育成胎。（12）养：万物无不在地成形，人之养育于母体而成形，之后又出生，即为“长生”。如此循环不已。

这十二个发展阶段分属十二地支，每一个五行都有从长生到死亡的过程，往复循环。推八字要看命主生日的天干（日干）在十二宫中所处的态势。研究八字格局，十二运程是必不可少的命理基础。分析一个人命运的好坏休咎，既要结合日柱和大运，还要结合“长生”的运程，因此，“十二运程”是八字命理理论的重要依据（参见彩色插图28）。

“十二生旺库”有下列检索表，只要记住五行中的“长生”的地支，依次顺推，就可知其余各库的地支。木“长生”在亥；火“长生”在寅；金“长生”在巳；水“长生”在申；土“长生”在寅（见表15－7）。

表15－7　　五行与“十二生旺库”对照表

库 五行	长生	沐浴	冠带	临官	帝旺	衰	病	死	墓	绝	胎	养
木	亥	子	丑	寅	卯	辰	巳	午	未	申	酉	戌
火	寅	卯	辰	巳	午	未	申	酉	戌	亥	子	丑
金	巳	午	未	申	酉	戌	亥	子	丑	寅	卯	辰
水	申	酉	戌	亥	子	丑	寅	卯	辰	巳	午	未
土	寅	卯	辰	巳	午	未	申	酉	戌	亥	子	丑

2. “命”和“运”之关系

命和运是一个整体，但各自又有所侧重以及有不同的特点。“命”是先天及内部因素，是人命运的主体，构成“命”格局的基本框架、其长短、宽窄、高低注定了一个人一生承受富贵福寿能力所达到的最高限额。“运”则是外部因素、人生机遇，是外界的时空场能变化，能否为人所捕捉、所适应的一种能力。我们常说，内因起主要作用，外因通过内因而起作用。“命”是主要因素，“运”通过“命”起作用。这指的是一般情况，在一些特殊情况下，“运”的发展变化也可以影响到“命”的结局。

命与运组合大致有四类人：第一类人是命好运也好，当然这是最理想的了。这种人好事都赶上了，一路走得很顺，几乎没有坎坷。第二类人是命好运不好。单从八字结构看，这个人命相很好，但一测大运，完全不走运，这就是好命无好运，总在倒霉的时候赶上背运的事。第三类人是有些人八字的命不好，但大运好。这种人便是遇上了好时候，又有贵人相助，常常时来运转，这属于命不好但运气好的。第四类人是最糟糕的，即命不好又不走运，所谓背透了，生活中总有这样一些倒霉蛋。民间有传《心命歌》，系清代命理学家袁树珊在其《命理探源》中所作的一首诗，意在说明一个人在世上的贫贱富贵，除了先天的命理因素外，更重要的是后天的修心养性积德行善。摘录如下：

心好命也好，富贵直到老。心好命不好，天地终有保。
命好心不好，中途夭折了。心命俱不好，贫贱受烦恼。
心乃命之源，最要存公道。命乃形之本，穷通难自料。
信命不修心，阴阳恐虚桥。修心不听命，造物终须报。
善乃福之基，恶乃祸之兆。阴德与阴功，存忠更存孝。
富贵有宿因，祸福人自招。救困与扶危，胜如做斋醮。
天地有洪恩，日月无私照。子孙受余庆，祖宗延寿考。

萌心欲害人，鬼神暗中笑。命有五分强，心有十分好。

心命两修持，便是终身宝。

根据日常应用的经验，好的命理师对命运的预测也只能说出个基本趋势，时间上也只能说出个大概的区间，一般来说，若说的模糊，其应验度就高些，而说的越具体，其灵验的程度就越打折扣。这是因为影响一个人命运的因素并不仅在于“十二运程”的周期上，甚至也并不完全在格局的命理中，它有着随时变化的种种可能性。命运并不是一个僵死的框框，在一定程度上，命运是自我塑造、自己创造出来的。一个人的出身，就是他最大的命运。出生在什么样的家庭环境下，接受了怎样的家庭教育和社会教育，培养出了什么样的个性，那末，这个人就有什么样的人生。这是人生的大格局，任何人无法超越。如果足够的幸运，有些人可能会遇到人生旅途中的若干贵人，那么他或她的人生格局，会有局部的改变，但是，想要超越命运的束缚，超越所处的阶层，还需要这个人几十年持续不断的努力，同时还需要有一点点的机遇或者和奇迹。

3. 积德可以转运

所以，“命”和“运”都重要，二者共同组成了时而高亢、时而低回，时而激越、时而婉约，时而欢快、时而悲怆的人生命运交响曲。我们观察一下周边，确有各式各样的人，有的拥有亿万财富，有的三餐不饱；有的健康长寿，有的多病夭亡；有的相貌端正，有的相貌丑陋。即使是双胞胎，相貌相似，八字相同，其命运也会出现贵贱穷达的差异。对此基因不能圆满解答。佛家倒有答案，此乃因缘。这些人“缘”虽相同，“因”却不同。“因”是往生中自己种下的，是主要的。“缘”是今生得之于父母的，是次要的。所以佛家讲此生要积德，用今生功德来消往生之业。命理学对此的见解，同佛教有相通的地方，认为多积德是转变命运的重要途径。《了凡四训》里讲了许多积德转运的道理，积德转运也是命理师们劝慰一些人所常用的话语。

第三节 命理文化及其评价

一、中西命理学说的比较

（一）西方的命理学说

西方所谓的三大神秘学科都具命理的特征。只不过星座和塔罗使用的频率高一些罢了。

1. 灵数学中的命理

灵数学中有三个重要的参考数字：生日数、命运数和天赋数。灵数学重要特点是将大数字只认作都是个位数字的彼此相加，进而简化到只用很简单的 1 到 9 共 9 个基本数字，同时赋予了 9 个数字正面的和负面的多重意义。生日数是最容易计算的，取出生日当天的日期，例如一个人生日数是公元 1988 年 11 月 29 日，他的生日数就取 29 日，29 = 2 + 9 = 11，11 = 1 + 1 = 2，这个人的生日数就是 2。命运数的计算公式：出生年 + 出生月 + 出生日 = 命运数字。还拿上面的人为例，(1 + 9 + 8 + 8) + (1 + 1) + (2 + 9) = 39，3 + 9 = 12，1 + 2 = 3。3 就是这个人的命运数。天赋数的计算公式：年 + 月 + 日数字相加的总和就是天赋数。上面的人天赋数是 39。灵数学透过不同数字的重新组合，而新组合的数字对每一人、每一件事物都因此有了新的特殊的意义。当某人一旦对应上某一个数字，便依此对应赋予的意义来解释其生命中的奥妙。

2. 塔罗牌中的命理

塔罗牌是由 22 张图画牌（大阿卡那）与 56 张数字牌（小阿卡那）所组合而成，共七十八张，每张精致的纸牌都有它独特的图案和意义。22 张图画牌，也称主牌，分别绘有人物：魔术师、女祭司、女皇、皇帝、教皇、恋人、愚者、隐者等；自然物和实物：日、月、星星、世界、塔、战车等；属性的概念：正义、力量、节制、审判、恶魔、死神等。56 张数字牌，也称副牌，有四种花色，每一花色的 14 张牌中除了有 1 至 10 十张数字牌外，还分别有仆人、骑士、王后和国王四张牌。四种花色含义是：权杖——代表元素火，象征激情、能量和创造；星币——代表元素土，象征金钱、物质和享受；圣杯——代表元素水，象征情感、关系、爱和灵感；宝剑——代表元素风，象征思想、智慧、交流和冲突。

塔罗牌占卜的方法是以某种形式将牌排列好，然后再查看牌的所在位置以及与周围牌的关系来做判断。现实中的恋爱、婚姻、健康、财运、事业等都可用塔罗牌来占卜，不管是什么方面，都可以由塔罗牌中获取前行的方向和力量。在利用塔罗占卜的同时，塔罗师还爱配合展示另外的一些画片，这些画片是精心准备的用来窥测人们的心理辅助手段，画片大致有心理相关图、错觉图以及大量的不同方面的测试图，不少西方的画家也热衷于画此类的图画。如错觉图，它可以使得一些建筑产生诡异的效果；有一些画片变换不同的角度就会构成内容完全不同的构图。有些测试图粗看是一个内容，细看则有着更多的内容，甚至还暗藏着玄机等等。为此，有学者指出，正是在丰富的图案中，在相互的问答中，不断地传达出信息来，塔罗师以随机性的、同步的方式来获知了求卜人的包括潜意识在内意识内容，因而能够俘获住求卜人的心理，针对其心理的需求，予以开释和解答，可以达到解决实际问题的效果。在今天的西方社会中，塔罗牌占卜还有一定的市场，但其形式和内容心理学的味道极浓，常被作为心理咨询的一种手段或工具

（参见彩色插图 6）。

3. 十二个星座的命理

西方有十二星座理论，来自古老的占星术，据说起源于古巴比伦。它是按人的出生的月份和日期来划分的，代表了 12 种基本的性格原型。西方人认为每个星座不但有各自的特性，而且它们又分别归属于土、风、水、火四组不同的性质中，它们之间也有所谓的生克制化的关系，即相互制约、相互起作用。十二个星座性质分别是：土象星座：摩羯座，金牛座，处女座。风象星座：水瓶座，双子座，天秤座。水象星座：双鱼座，巨蟹座，天蝎座。火象星座：白羊座，狮子座，射手座（见表 15－8）（参见彩色插图 5）。

表 15－8　十二星座表

星座	起止日期	人物性格特征
摩羯座	12 月 22 日起 1 月 19 日止	严谨刻板的星座。有过人的耐力、意志坚决、有时间观念、有责任感。略带忧郁和内省。
水瓶座	1 月 20 日起 2 月 18 日止	理性而自重的星座。聪慧、富理性，喜欢追求新事物。同时又是个理想主义者。
双鱼座	2 月 19 日起 3 月 20 日止	多愁敏感且爱幻想的星座。他们是仁慈、和善、宽厚、与世无争，有奉献精神，纯情主义者。
白羊座	3 月 21 日起 4 月 20 日止	精力旺盛、活力充沛的星座。有好奇心和意志力，有创新求变的精神，是行动派人物。
金牛座	4 月 21 日起 5 月 20 日止	慢条斯理的星座。勤勉，刻苦耐劳，耐心韧性是其特征。真诚、善解人意、实际且不浮夸。
双子座	5 月 21 日起 6 月 21 日止	易变化的星座。具双重性格，有灵性、聪明、活跃敏锐，人缘好，有语言天分，复杂多变。
巨蟹座	6 月 22 日起 7 月 22 日止	需要爱与安定的星座。生性慷慨和善、感情丰富，乐意助人，想象力丰富，顺从性强。
狮子座	7 月 23 日起 8 月 22 日止	华丽的星座。受人尊重，做事独立。擅长组织事务，具领袖气质，好大喜功。自信也很自负。
处女座	8 月 23 日起 9 月 22 日止	追求完美的星座。做事一丝不苟，有旺盛的批判精神。做事谨慎而有条理，有时缺乏自信心。
天秤座	9 月 23 日起 10 月 22 日止	爱美又怕空虚的星座。天性温和沉着。爱好和谐平衡，有时吃力不讨好。性格有矛盾、反复。
天蝎座	10 月 23 日起 11 月 21 日止	神秘费猜疑的星座。有毅力，深思熟虑地朝目标前进。有强烈责任感、韧性强。
射手座	11 月 22 日起 12 月 21 日止	自由浪漫的星座。不爱受约束的个性，生性乐观、热情，是个享乐主义派。

（二）中西命理学说的共性和个性

1. 中西命理的共性

第一，不论何种命理或多或少都引入了数字的计算，用以说明并非漫无边际，都有数理的支撑以增强说服力。命理力求引入历法或引入其他学科的知识，如社会学、心理学等，以增加自身的科学元素。第二，每一范畴都有其象征义或引申义，尽可能包容更多的事物，以扩展其范围，加大会合的概率。都普遍运用概念推衍的方法，以逻辑性加大可信度。第三，命理都具神秘学科自身的一套，独门的东西或绝技。塔罗牌的牌局类似于八字命局，十二星座的命相类似于十二属相的命相。凡命理都不可缺少仪式性或程序化的环节，用以增加庄重感和信任度。

2. 中西命理的个性

（1）中国生肖中的十二个“动物”，除龙是虚拟动物外，其他都较常见，其中包括人们熟悉的“六畜”，即牛、马、羊、猪、狗、鸡，除鸡是禽类外，剩下的十种生肖都是哺乳动物，占到80%以上，品种显得单一，视野相对狭窄，同时也体现出中国人思维的感性直觉的一面。西方命理的十二个星座，哺乳动物仅占四分之一：白羊、狮子、金牛；还有其他的种类。有人：处女和双子；有节肢动物：巨蟹和天蝎；有鱼类：双鱼；有物件，天秤和水瓶；还有两种想象的合成动物：射手和摩羯。相比较起来显得繁杂，视野相对开阔，思维中具备了一定的抽象力和想象力。

（2）中国是“年”周期。十二年属相重合，严格地说，六十年干支再次轮回，所以中国命理的特点是“大轮回”。相比之下，西方是“月”周期。一年十二个月后便又开始了新的轮回，所以是“小轮回”。虽然中西方表面都只有十二种类型的人，但中国十二年才会有相同属相的人出现，而西方一年就有十二种不同星座的人面世，其中的差异还是明显的。考虑到任何生命都不能不受自然环境的制约，受其气候和温湿度的显著影响，那么，出生于不同季节的人其生命的体征有所不同就较好理解了。从这个角度看，西方命理的“小轮回”比中国命理的“大轮回”更容易讲得通，因为更具有自然周期的依据，更容易用四季的变幻来辐射人生。当然，中国的八字命理学说中也考虑到了月份的因素。

（3）文化大背景不同，命理的样式和内容就存在较大差异。西方命理常有实证的知识做背景，如有生理知识的血型说、有心理知识的性格气质类型说。血型不同易患的病就有所不同，人的性格、气质禀性也会影响到人的心理和生理，这些最终都会影响到人的命运。中国命理有《周易》中的哲学思辨知识为背景，以经验积累为依托，形成了自身特色。例如，依照中医临床经验的总结，中医学将人的体质分为九种类型，不同类型人其心理和生理也会有所不同，体质的不同易患的疾病也会不同，进而影响到人的健康与寿命，最终影响到人的命运。

二、对待命理文化的正确态度

（一）正确看待“生克”“合冲”在婚姻上的影响

民间将五行间的“生克”以及地支上的合、会、刑、冲、害、破机械地移植到社会上的婚姻和家庭中，最终影响到婚姻的美满和家庭的和睦。人有五行之本命，相生就吉祥或平安无事，相克就会吵闹或出现灾祸。人都具属相，也有合、会、刑、冲、害、破，这些便导致了属相间有了匹配或禁忌的种种说法。

1. 婚姻中的“八字”相合

传统婚姻中要看八字，讲究婚姻“合八字”。这是因为男有阳，女有阴，男女都有金、水、木、土、火五种命。因此，男女婚配实质是阴阳五行相生相合的结果。从命相“八字”角度，有男益妻、女助夫的；也有男损妻、女伤夫的。传统婚姻观还认为男女的命相，最好男命宜旺，旺则福，衰则灾。女命益衰，衰则福、旺则灾。柔为本为福，刚为刑为灾。这符合阴阳刚柔的理论。如果是女刚女旺，男衰男柔，这叫阴阳反错，违背阴阳规律，便有咎患。这里，如果撇开歧视妇女的意思，难道不是包含着某种道理吗。在现实婚姻中，有的夫妻恩爱如初、白头偕老；有的夫妻情深似海、中途却丧偶；有的如鸳鸯戏水，有的却劳燕分飞，古人爱将此归到八字合或者不合的问题，这是肤浅的看法。把简单的问题复杂化是愚，把复杂的问题简单化是蠢。婚姻大事岂可仅由八字命理来简单归结？这是一个需要综合看、辩证分析的复杂问题。

婚姻讲究合八字是一种民俗。作家赵树理写的小说《小二黑结婚》，里面说到二黑爹二诸葛就不同意小二黑和小芹相好，理由是两人命相不合，所谓小二黑是金命，小芹是火命，火克金，小二黑会短命的。《红楼梦》里贾宝玉、林黛玉、薛宝钗三人之间的关系，作者曹雪芹也是依五行原理而设计的：贾宝玉属土（玉从石、从土），林黛玉属水（黛为黑，黑属水），土克水，故宝玉黛玉命理相克，两人之间的爱情便有阻隔，导致黛玉早逝。从测字拆字的角度，林字带木，宝黛虽有“木石前盟”说，但五行中木偏克土，两人的命理依旧不合。再看薛宝钗，钗字带金，宝钗属金，贾宝玉与薛宝钗命理相配，乃土生金，所谓是“金玉良缘”。二女争男，金克木，宝钗得胜，自然最终宝钗得以婚配。当然，最终这个婚姻也是不幸的，“都道是金玉良缘，俺只念木石前盟。”（红楼梦语）由此可见，曹雪芹并不迷信命理，而是尊重和遵循了现实生活的逻辑。

2. 正确看待属相间的匹配与忌讳

民间认为属相的匹配一定要符合地支“和”“会”理念。首先地支六合导致属相六合。以属相定合婚，最佳搭配为：鼠牛合化土，虎猪合化木，兔狗合化火，龙鸡合化金，蛇猴合化水，马羊为阴阳，中正合日月。为此还有歌诀：

黑鼠黄牛正相合，男女相配无差错，儿女百年多长久，富贵荣华福禄多。
青虎黑猪上等婚，男女相合好缘姻，财禄丰盈百事顺，人口兴旺有精神。
黄龙白鸡更相投，过门发达好来由，儿女成才子孙壮，福寿长绵永不休。
红蛇白猴满堂红，合婚相配古来兴，大婚相对子孙有，福寿双全多康宁。
红马黄羊两相随，这等婚姻最完美，日子富裕久长在，子孙寿禄更夺魁。
青兔黄狗古来有，合婚相配定长久，家门吉庆福寿多，万贯家财足北斗。

其次地支三合导致属相三合。它们是：猪兔羊合成木局；虎马狗合成火局；蛇鸡牛合成金局；猴鼠龙合成水局；龙狗牛羊合成土局，即为四库。地支三会导致属相三会：虎兔龙会东方木局；蛇马羊会南方火局；猴鸡狗会西方金局；猪鼠牛会北方水局。

民间认为属相间的忌讳是由地支间的刑、冲、害、破导致的。所以，婚姻也要尽量避免属相间的刑、冲、害、破。当然有时刑、冲要看具体的命局态势，看喜用神格局，有些时候刑、冲不一定就是坏事。依中国传统命理讲，自刑之刑属相之人，即属龙、马、鸡、猪四类人，不宜本命年结婚，其他属相的人无忌。婚姻最好是避免属相间“相害”发生。古诀云：

自古白马怕青牛，羊鼠相交一旦休；
蛇虎婚配如刀错，兔见龙王泪交流；
金鸡玉犬难躲避，猪与猿猴不到头。

这里的观念来自地支间的相害说，由于鼠羊相害、牛马相害、虎蛇相害、兔龙相害、猴猪相害、鸡狗相害，因此这样两种属相的人不宜婚配。其实，在有辩证思维的命理家看来，有时候刑、冲、害、破要看具体的命局势态，看喜用神的格局，有些时候刑、冲等因素不一定就是坏事，或许可以成为“友邦”，敌人的敌人即便成不了朋友，也是可以利用的。

3. 正确对待属相在婚姻与生育中的位置

民间所传的命理中的种种禁忌，虽然里面有生活经验的总结，甚至有一些鲜活事例的验证，但仍然是不完全的归纳，论证不仅不是充分的，还掺杂着迷信的成分。由于强调命相不合，在婚配方面还有一些禁忌：什么“青龙克白虎”，“虎鼠不结婚”，“两只羊，活不长”，“鸡狗不到头”。一些人认为，命理不合的人一旦走入婚姻，便有相克的危险，或克夫、或克妻。在中国古代，妇女地位低，一旦丈夫早死，便被认定为克夫之命，被视为洪水猛兽，终生要面对社会的歧视、冷遇，甚至迫害。如今一些青年男女找对象时爱将命相或属相之配合作为自身的信条，作为是否结为连理的前提，这是迷信在作祟，是本末倒置的行为。还有一些人很看重生育的属相，如愿龙年或马年生子，所谓“龙马合体”；不愿羊年生子，认定羊年人命苦；愿生虎儿，愿生蛇女等。中国人的“类比思维”显现，人为地将属相中动物的某些习性放大或者延伸到人身上，束缚住自己的思想，导致了生育的潮汐现象，由此带来了不必要社会问题。现如今，职场上居然也有人以属相作为取舍升迁的依据。以上所列种种举动都是极其愚蠢的表现。

针对生活中不愿生羊宝宝现象要多说几句。“十羊九不全”原本是近代革命党人为推翻清政府的腐朽统治而散布的舆论，是利用民俗观念所从事的一种政治斗争的策略。事也凑巧，晚清几个重要人物恰好都属羊，慈禧太后（1835 年）属羊，曾国藩（1811 年）属羊，李鸿章（1823 年）属羊，袁世凯（1859 年）属羊，“十羊九不全”，革命党人便利用这一“谶语”诅咒这些革命对象，以此博得老百姓对革命党人行动的认可和支持。哪里真有羊年人命苦的说法！其实，原来的说法是“十羊九福全”，后来有人借着谐音故意将“福”错写成“弗”，念成“十羊九弗全”，弗，不也，后来就演变成了“十羊九不全”的说法了。羊，祥也，原本是吉祥之物。汉字中的養、羮、善、義，从饮食到德行都包含“羊”字，足见羊在古人心目中的位置。何为美？从羊、从大，羊大为美。何为鲜？鱼和羊混炖之味最鲜。古人借“三阳开泰”说变通为“三羊开泰”的吉祥话。可见，羊在古代中国人眼中是美好和吉祥的象征，哪里有“倒霉”的影子！谁能想到原本一句“策略”的说法，却以讹传讹，几乎弄假成真了。

作为一个人的婚姻，首要考虑的是情感因素，爱情始终是走入婚姻的基础，“破锅自有破锅盖，啥人自有啥人爱”，“萝卜白菜，各有所爱”。“缘分”这东西是有的，有没有“眼缘”，来没来“电”；有没有“心动、心仪”的感觉；“缘分”有时耀眼，带来甜蜜，有时炫目，带来苦涩。所以，婚姻还要加入“理性”的因素：看对方是否正派负责任？是否向上努力？两个人彼此性格是否匹配，志趣是否相投，生活习性能否相互地适应，至于其他的，所谓“文化”的因素或者是太“物化”的指标都可以往后排。婚姻的考虑，其各种关系的前后顺序的摆放是重要的，这是因为婚姻贵在相爱、相合，贵在相扶持、长厮守，这个问题上的任何短视和轻率都是对己对人的伤害。

总之，属相作为一种文化现象，具有千百年的积淀，它的影响力直接体现在心理的暗示作用上，兴利除弊，因势利导应是我们采取的正确方针。

（二）古训的内容和启示

面对命运，古人有自己的见解。大约在明清之际，便有了：“一命二运三风水，四积阴德五读书”的说法了。其内容并非低俗，其次序不容颠倒。

1. 何谓“一命”

所谓“一命”，就是命主自身的规定，决定命主命运的诸多先天因素及后天的诸多偶然因素的集合。首先，“命”有先天因素，如出生的时间、空间，温湿度，磁场等因素；出生的人种、民族和家族；出生的性别、血型、容貌和体态；甚至还有心理学意义上的性格气质类型等。先天因素主要说的就是遗传因素，对自身而言它具有不可选择性，其对命运的影响占有很大比重。所谓古语讲“命里一尺，难求一丈”。但是，我们又不宜夸大其作用，虽然家族遗传基因具有相对稳定的特性，但仍有基因组合的差异以及基因突变的情况。人们仍然不能圆满地解释为什么一个家族中有的成员能创造出辉煌的业绩，有的成员却一无所成，有的成员身强力壮，享有高寿，有的成员则多病多灾，早年夭折。可见，作为科学理论的遗传学也不能将“命”解释详尽。命乃先天之本，不可改变。人各具其命，形形色色，千变万化。我们都不会否认这样的事实：人活一世有人大富大贵，有人平庸度日；有人大起大落，有人平平安安；有人寿比南山，有人英年早逝……古今中外的大成就者，其父其子都远不如他本人，显然人与人之间确实存在着聪慧富贵贫贱夭寿的区别。为什么呢？因为“命”还有后天因素，即出生以后其他诸多的偶然因素的影响，即使是同卵双胞胎姐妹，日后的差异有的仍旧较大，因为后面要讲到的“运”“风水”“积德”“读书”等都是影响一个人最终成为他自己的必不可少的因素。总之既要顺命又要努力。顺乎自己命运特点去行动犹如顺水推舟，反之便如逆水行舟。孟子在《尽心篇》云：“夭寿不贰，修身以俟之，所以立命也。”告诉人们，短命长寿难以改变，修身，就是尽心，俟之，就是等待，在这里就是接受或坦然面对的意思，这便是安身立命。

2. 何谓“二运”

所谓“二运”，是命主自身所处时代和成长过程的大情势。人生经历童年青年中年晚年，犹如四季；运气在各时段也犹如春夏秋冬，起伏而具周期。“命乃时也，时即命也”。人命好不如时运好，有人一生旺，有人一生衰；人又分早年旺、中年旺或晚年旺。同样的命在不同的时代，不同的境遇可以导致不同的命运。要依时势决定自己的选择：顺昌逆亡。命是车，运是路；命如舟，运如水。路况影响行车，水情影响行舟。天有不测风云，人有旦夕祸福。传统文化认定运有周期，十年一大运，五年一小运。但实际情况要复杂得多，要因时、因地、因人而异，并非如此严格。

3. 何谓“三风水”

这里的风水包含着两个层次：一是自然环境；二是人居环境。自古认为好风水为“明堂平旷，万象森罗；众水朝归，诸山会聚；草盛木繁，水深土厚”。地吉则苗旺，宅吉则人旺。黄帝建城时就有：察其阴阳，观其向背。所谓“一方水土养一方人”，“山清水秀出美人，穷山恶水出刁民”，“鸟择良木而栖，人择吉地而居”地灵而人杰。仁者乐山，智者乐水，近水者多智慧，靠山者多道义。同时，好风水还须维护，与养护相伴，与环保同行。有关风水的更多话题在本书第十七章有所论述。

4. 何谓“四积阴德”

积阴德即“慎独”、即“暗室不欺”。古人认为“阴德”与“阳善”相区别：“凡为善而人知之，则为阳善；为善而人不知，则为阴德。阴德，天报之；阳善，享世名。名，亦福也。名者，造物所忌；世之享盛名而实不副者，多有奇祸。”①

① 《了凡四训》。

积了德不为人知多亏呀，这恰恰是在修炼其“心性”，天知地知就够了，积阴德是需要强大的内心力量的。正由于此，古人认为“积阴德”胜过“行阳善”，并提倡“修身以俟之。”命中劣根者“务要积德，务要包荒，务要和爱，务要惜精神。从前种种，譬如昨日死；从后种种，譬如今日生。……汝今扩充德性，力行善事，多积阴德，此自己所做之福也，安得而不受享乎？”[1] 只要对社会有所贡献就是积了阴德，就是立了功劳。功劳越大，回报越大，命运越好。反之就越差。

现在社会上有些人相信命运，有的人时常关注于算命、求签、看相、问卜，把自己的前程、未来的命运都寄托在这些事情上面，却不静下来反躬自问：自己每天都在干些啥？有的人频繁跑寺庙，烧香拜佛，祈求菩萨保佑，但想一想你都要菩萨保佑你什么呢？保佑你升官发财、宝马香车、娇妻美妾？满脑子是物欲和肉欲，陷在滚滚红尘中。这种人不想一想自己究竟种的是什么业因？这种业因是否能够获得好的果报呢？这些人其实都是舍本逐末，不反求诸己，不修省内心，不从自己心田上去下种、耕耘，却向外祈求，想获得福果，获得好的命运是绝不可能的。不种福因哪来福果？没有善出，何来福报？菩萨也好，神灵也好，只会帮助那些积德行善之人，“天之所助者，顺也；人之所助者，信也。”[2]《周易》是相信好人有好报道理的。孔子也认为有道德的人是不会感到孤单的，子曰：“德不孤，必有邻”[3]，就是这个道理。所以说，积德不仅可以避难，也可以转运。

国人中的一些人是相信“善有善报，恶有恶报”道理的。果真有这样的因果联系吗？近些年，英国加德夫大学和美国得州大学的学者对“因果报应”现象做了初步的研究，研究表明“恶有恶报”有一定科学根据。统计发现，少年罪犯的身体虽然常比起同年龄的守法少年强壮，但当他们步入中年之后，健康状况便会急速下降，住院和残障的风险比正常人高出好多倍，这很可能跟犯人长期的不良生活习惯与心理状态有关系。科学家们在神经化学领域的研究中发现了这样一种现象：当人心怀善念、积极思考时，人体内会分泌出令细胞健康的神经传导物质，免疫细胞也变得活跃，人就不容易生病，正念常存，人的免疫系统就强健；而当心存恶意、负面思考时，走的是相反的神经系统：即负向系统被激发启动，而正向系统被抑制住，身体机能的良性循环会被破坏。所以善良正直的人往往更加健康长寿。美国的耶鲁大学和加州大学曾合作研究了一个“社会关系如何影响人的死亡率”的课题，研究者随机抽取了7000人进行了长达9年的跟踪调查，统计研究发现，乐于助人且与他人相处融洽的人，其健康状况和预期寿命明显优于常怀恶意、心胸狭隘、损人利己的人，而后者的死亡率比正常人高出1.5到2倍。在不同种族、阶层、健身习惯的人群中，都得出了相同的结论，于是科学家公布了他们的研究成果——行善能延长人的寿命。

在中国人中间，绝大多数人也是相信“好人有好报”的，我们应当如何理解

---

① 《了凡四训》。

② 《周易·系辞》。

③ 《论语·里仁》。

"好人有好报"呢?《周易》是相信这个"理"的。同《周易》一样，笔者也是相信这个"理"的。笔者认为有三条理由支持"好人有好报"说法：第一，做个好人，心里踏实，就神闲气定，各个循环系统就正常，免疫力强，不宜生病，健康长寿就是回报。第二，做个好人，社会上冤家对头就会少，遭横祸的几率就低，安全性高就是回报。第三，做个好人，让人喜，使人怜，遇到贵人的概率就大，予以扶助的人就一定多，成事的成功率就会大，善人心想事成的概率大就是回报。这三种结果都是"好人有好报"的证明。"好人有好报"虽然仍旧带有着中国人特有的效用理念的色彩，惟愿做了善事、好事求得有好的回报，本质上还属于功利主义的，或者说还属于"利己主义"范畴，而非"利他主义"范畴，但仍算是良善之念，不必苛求。与其说"好人有好报"是一个科学的命题，不如把它看作是一个价值的命题，更准确地说是作为一种信念持有就是了。

5. 何谓"五读书"

万般皆有用，唯有读书高。读书才能懂得"四理"：即大道理、中物理、小事理和内在的微心理。少年读书，知书达理；志存高远，博学笃行。读书可以扩展路径，懂得变通的道理，提高成功的机率。中国传统文化的道理尽在儒、释、道的典籍中。中青年时读儒尊儒，懂得达则兼济天下，穷则独善其身；壮年时读道崇道，懂得张弛有度，进退欣然，学会颐养，讲究延生；晚年时读佛敬佛，懂得春去秋来，花开花落；明白灵魂欲往何处，一切过往，没有常驻。人的境界是可以和时间同步的，少年时要看得远，中年时要看得透，晚年时要看得淡。读书是提升境界的途径，读书是一辈子的事。有些人仍不明白来问我，众所周知读书能改变命运，怎么会放在第五的位置上呢?我回答说，其他的作用是潜隐的，而读书的作用比较彰显，便暴露出来了。读书是学习或习得知识的途径之一，也是转运的途径之一，但不是唯一的途径。

6. 古训的启示

需要强调的是上述五个方面的顺序不可变更。越靠前就越具有客观的性质，发挥主体作用的余地就越小。第一项具有不可更改性；二三项可以有条件、有限度地减缓、减轻或者避开；四项和五项是可以通过调动主观能动性加以改善甚至改变的。

这一古训后面还有内容，其说法是"六名七相八敬神，九交贵人十养生"。"六名"，第六位的是姓名字号，属于姓名学的范畴。"七相"，第七位是相貌仪表，属于相学的范畴。"八敬神"，第八位是要敬畏神明，属于信仰和宗教的范畴。"九交贵人"，第九位是结交贵人，属于社会人际关系和公关的范畴。"十养生"，第十位是养生之道，属于养生学的范畴。后面还有内容，有所谓"十一择业与择偶；十二趋吉又避凶；十三逢苦要无怨，十四不固执善恶，十五荣光因缘来"等，这些口诀内容都是后人陆陆续续添加上去的，难免有些啰嗦和重复，大有狗尾续貂之嫌，不必过分地在意。古训的内容是平实的，态度是积极的，值得我们思考和学习。

（三）活出人生的智慧

1. 命理的意义

古人制定阴阳五行、天干地支的理论，原本是有自然观察与社会实践作基础的。古人顽强地认为，世间万事万物都和大自然有着千丝万缕的联系。不但有其自身的生命周期，同时在生命过程中还有着生命的节律。比如中医针灸取穴，有所谓“子午流注”之说，即在不同的日子和时辰，针灸取穴是有讲究的，认为只有这样，才能取得最好的疗效。命理学说实际就是企图穿越生理的和社会的重重迷雾探寻这命运的奥秘，找寻到这生命的节律。

流年年年有，命局局局新。人的命运为什么会不同？古人在解释人的命运为何不同是理直气壮的：宇宙星体在不停地运行着，它们的相互作用产生了宇宙各种力，古人称为阴阳五行之气。人是万物之灵，受到宇宙力的影响最敏感，人与宇宙无时无刻不在进行着信息和能量的交换，不同的时空场所，宇宙天体对人的影响力是不同的。宇宙天体的运行速度迅捷，分秒之间已过十万八千里，每个人出生的时间和出生时所处的经纬度都不同，加上父母遗传、具体小环境的不同，所以人的命运也是千姿百态，各不相同。

人的一生对命运的态度其实是和生命活力的曲线有同步性。如何理解这种同步性呢？如果死亡是一条平滑的直线的话，那么，人生命曲线的总趋势就是从出生时的远离到逐步接近、重合这条线的过程，其对人生的态度也就是越活越明白的过程。“不怕年少嘴上硬，就怕活不到天命。”所谓十岁不愁、二十无悔、三十而立、四十不惑、五十知天命、六十耳顺、七十随心、八十乐天、九十老顽童、一百活神仙。人生就是这样一个过程：少年不知愁滋味；二三十岁不信命；四十岁时半信疑；五六十岁始信命，再往后便开始了顺命、乐命的过程。越活越明白才是人生的正理。

2. 我们所能改变的是我们的态度

人的命运能否改变呢？这个问题，不是简单的肯定回答或否定回答就能解决的。这里实际有两个问题：其一是如何理解改变？其二是我们能做哪些的改变？如何理解改变呢？我们改变不了大自然新陈代谢的规律，改变不了人这一物种百年寿命的周期；人活在天地之间，对上，我们改变不了雨雪风霜的侵害，对下，我们也改变不了地震洪水的袭扰；就中间的社会和人来说，我们既改变不了现存的社会生产力状况，我们也改变不了人先天禀赋的才能，平庸者自然不会变得卓越，而非凡者自有其超人的道理；知识会有所补益其才能，但作用有限，不宜夸大。我们能做哪些的改变呢？我们能改变的是自身提高对自然规律的认识，力求掌握它们的规律进行有效地预防，将灾害减低；我们能改变的是我们的态度：顺应自然，利用自然，保护自然。古代圣人制易，其意就是帮助人们趋吉避凶，趋利避害，至今这个目标没有改变。面对命运，孔子的态度是“不怨天，不尤人，下学而上达，知我者其天乎！”① 意思为我不埋怨老天，也不责怪别人，下学习礼乐而上明晰天命，了解我的只有天吧！孔子的态度是我们应当效仿的，我们应当学会先接受命运的考验，再应对命运的挑战。庄子也表达过相似的看法：“知不可奈何而安之若命，唯有德者能之。”② 国外有篇含有哲理的韵文是这样讲述的：一个老人感叹道，当我年轻时，我曾计划改变整个世界；当我渐渐长大了，我感觉到，这份野心似乎太大了，于是我计划改变我的国家；可是，随着年纪渐长，我发觉到这份抱负依然太高，所以我决定改变我所居住的社区；当我发觉连这一点也很难做到时，我退而求其次，只求得改变我的家庭，最终仍然没有如愿。如今，我已白发苍苍，我终于明白到，我应从改变自己开始；如果我当初由改变自己开始的话，也许我能够成功地改变我的家庭、我的社区，进而甚至改变我的国家，而天晓得——也许整个世界也都会因此而得到改变！是啊，要改变世界，先改变自己！这就是天底下的道理。

3. 活出人生的智慧来

孔子曰：“不知命，无以为君子。”③ 一个聪明人必须知道何时走好运，何时走败运，只有这样，才能做到既可以有趋吉避凶措施，又可以有接受失败的心理准备。个人的成功往往是在较好的先天基础上的努力外加机遇。一个聪明人还必须知道所谓命好和命不好转化的辩证性：当一个人经过不懈地努力终于登上了峰巅，当一旦回撤，无论往山的哪边走，都是下坡路，越走越低；相反，人逢谷底，无论往哪边走都是上坡路，都会越走越高。《泰》九三曰：“无平不陂，无往不复。”孔颖达疏：“是初始平者，必将有险陂也；初始往者，必将有反复也。无有平而不陂，无有往而不复者。”④ 起伏是生活的常态，命运亦如此。

理解了生活的人就懂得命理的道理，毛泽东就懂得这个道理。相传从1947年春到1948年春，历时一年零五天，毛泽东和蒋介石与胡宗南的军队在陕北的千沟万壑中周旋，辗转两千余里，途径十余个县域。一次歇脚在黄河边的一座小庙里，庙里的方丈动员毛身边的人抽个签，试试运气，谁想身边的人随便一抽，抽的竟然是个下下签，签上的意思是情况危急，境遇很不好。周围的人为此都紧张了起来，此时，毛泽东表现得很坦然，反而安慰身边的人说，签还是准的，现在正是我们最走背的时候，被人家追得天天赶路，已到了谷底，何尝不是个下下签！从今往后，我毛泽东每走一步，都是向上的了。周围的人听后如释重负。果然不出所料，不久，毛泽东便决定东渡黄河，由山西进入到了河北，随后驻足在西柏坡，在那里运筹了著名的国共的三大战役，由此展开了战略大反攻，最终夺取了在大陆的胜利。可见，所谓“签中有乾坤，全凭解签人”。解签是需要勇气和智慧的。

---

① 《论语·宪问》。
② 《庄子·德充符》。
③ 《论语·里仁》。
④ 孔颖达：《周易正义》。

既存留对命运的敬畏，又须活出人生的精彩。不认可命运者为愚夫蠢才，不奋起努力者为懦夫懒汉。命运看透了无非是修行；富贵看透了无非是云烟；情感看透了无非是聚散；生命看透了无非是往来。认“命”之叹，常常是失败者的借口；幸“运”之慨，往往是成功者的谦辞。命运既在我们自己的手中，又不全在我们自己的手上；不在我们手上的那部分的得与失既取决于“老天”的厚爱与垂青，也取决于我们的态度与选择。命运是“恩赐的”，我们要学会感恩；命运是“借来的”，而借来的东西终究是要偿还的。古代四位圣贤用他们对命运的态度为我们做了最好的注解：孔子提倡“知命”，主张不怨天尤人，下学而上达，欣赏纳言而敏行。孟子提倡“立命”，主张养浩然之气以承接命运所要担当的重任和所要经历的磨难，赞美有为的大丈夫品格。庄子提倡“安命”，主张安时顺命，散淡超脱，既怜惜生命之苦短、又向往生命之绚烂。荀子提倡“制命”，人性有恶的一面，所以主张由圣王及礼法的教化，丰富人文教养，以此改变人生。古代四位圣贤不但表达了他们各自对命运的态度，而且以他们的功德和事迹为我们作出了师范，他们不但给我们留下了丰厚的精神遗产，也是我们走好人生路的楷模。

第十六章

周易文化与姓名文化

起名原本就包含着学问，它是父母给孩子的第一件厚礼；姓名，也是孩子独自走向社会的第一张名片，岂有不用心的道理。至于起名字后来上升为姓名文化，并且和《周易》经典发生关系，这是与人们重视命理文化相关联的，人们认定好名字能补救命理的缺憾，能带来时运的好转。所以，姓名文化是命理文化的延伸，是汉文字内涵的有益拓展。所谓好名字应当具备意、声、形三佳，即美意、悦声、靓形三者齐备，好名字确是一种“心能”，愿我们都重新重视起姓名文化来。

第一节 中国古代社会的姓氏文化

一、中国人的姓氏

（一）炎黄与百家姓

1. 姓氏文化是必要的知识

中华姓氏文化源远流长，博大精深。作为中华五千年文明的一个重要组成部分，姓氏文化的内涵十分丰富而深广，涉及历史学、考古学、民俗学、社会学、民族学、语言学、文献学、遗传学、文化人类学等诸多学科，生动而具体地反映着中国历史上的社会形态演进、文明起源、民族融合、中外交流以及历代政治、经济、文化与社会习俗的发展与变革。中华姓氏文化在世界文明史上独树一帜，具有世界上其他民族姓氏文化所未有的鲜明特色。姓氏文化“是每个国民不可缺少的文化知识”（著名民俗学家钟敬文教授语），它对于发扬爱国主义传统，增强民族凝聚力、向心力，推动全球华人的文化认同，都会产生积极的作用。

2. 姓氏来自于炎黄

炎帝这一氏族居住在姜水边，以水为名，姓姜。在今陕西宝鸡附近，或称渭水流域。黄帝这一氏族居住在姬水边，以水为名，姓姬。也在陕西境内，有称泾水流域，后东迁至桑干河流域，今河北涿鹿境内。炎黄以前，在中国大地上有很多的氏族，这些氏族后来又组成部落，再组成部落联盟。在这种情况下各个部落、各个氏族都有它的标志，图腾，就是一个记号。这个标志记号，后来慢慢就变成了姓氏。它是一个氏族的标志。如作为中华民族的人文初祖，炎帝又号称连山氏、烈山氏。黄帝又号称轩辕氏、有熊氏。上古时代，除炎黄二帝之外，历代相传的氏族首领还有女娲氏、燧人氏、伏羲氏、蚩尤氏、少昊金天氏、颛顼高阳氏、帝喾高辛氏、帝尧陶唐氏、帝舜有虞氏等，他们都是中华民族的共同先祖。

当华夏先民进入氏族社会后，人们对种族繁衍规律有了一定的认识，开始了族外婚制。于是，各个氏族便有了自己的图腾符号，再往后，这种图腾符号逐渐演变成了更为直接的形式——姓氏就产生了。伏羲“正姓氏，通媒妁”、女娲“定姓氏以判万民”等传说，是对姓氏起源的忠实描绘。炎黄二帝是远古两大部落集团的领袖，他们所领导的部落集团及其后代在中华大地上长期居于主导地位，构成了中华民族的主体。提到炎黄，人们想到的是我们整个中华民族五千年的文明历史，960 万平方公里的山河故土，炎黄已成为中华民族的象征。

3. 中国人的姓名状况

现在中国人都自诩为炎黄子孙、龙的传人，公认炎黄是中华人文始祖。中华民族的众多姓氏，相传大都与炎黄二帝有关。2010 年出版的《中国姓氏大辞典》收录了中国各个历史时期的绝大多数汉字姓氏，数量达 23813 个。其中，单字姓 6931 个，复姓和双字姓 9012 个，三字姓 4850 个，四字姓 2276 个，五字姓 541 个，六字姓 142 个，七字姓 39 个，八字姓 14 个，九字姓 7 个，十字姓 1 个。

（二）关于姓和氏

1. 姓氏的发展

中国人的姓名，有这样几个阶段：在最初的阶段，既没有名也没有姓。也许为了有所区别，叫个 1、2、3 次序号罢了。随着炎黄氏族部落的发展，出现了姓氏。再后，氏逐步让位于名，姓名才登场亮相。中国人的姓，大概有两个比较高潮的时期。第一个高潮时期就是炎黄延续至五帝时期，由于部落联盟大发展，出现的姓非常多。再一个高潮就是氏逐步转变为姓的战国至秦汉时期。我们从字面上来看“姓”。它是“女生”，一个“女”字，一个“生”字加起来，姓名学研究者多数由此认为“姓”产生于远古母系氏族社会。正如汉代许慎《说文解字》所说：“姓，人所生也……从女从生”。中国最早的姓差不多都带有女字边，如姬、姜、姒、妫、姞、妘、媧、姶、嫪等。有的后来不再是姓了，现今留下的除姬姓姜姓外，还有母，姚，娄，晏，安等。商周以前，姓和氏是两个完全不同的概念。所谓“三代姓氏不同”，是一个什么概念呢？就是说“姓”是“因生而得”，代表一种母系的承递的脉络。而“氏”是另外一个概念，就是说它是“因土而名”。“天子建德，因生以赐姓，胙之土而命之氏。”① 氏有很多起源，比如以国为氏，如姜太公因被封于齐国而称齐氏；以地为氏，如商鞅本姓姬，按世系称公孙鞅，被封于商地后按采邑而称商鞅；还有的以官职为氏，如司马氏、司徒氏；氏一般出现在男子的姓名中。总之，姓：“姓者，统其祖考之所自出。”② 姓产生于母系氏族社会，是标示家族系统的母系血缘符号，主要功能是“别婚姻”；先秦时妇人称姓，姓可呼为氏。氏：“氏者，别其子孙之所自分。”③产生于父系氏族社会，是标示拥有一定经济利益、政治特权之家族系统的父系血缘符号。其名称来源于氏族酋长或部落联盟首领的封赐。主要功能是“别贵贱”；先秦时男子称氏，氏不可呼为姓。《通志·氏族略》曰：“姓，所以别婚姻，氏，所以别贵贱。”氏本源于姓。但到了战国以后，别贵贱的功能逐渐减弱，它们之间的区别便逐步消失了。尤其，“秦灭六国，子孙或以国为姓，或以姓为氏，或以氏为氏，姓氏之失，由此始……兹姓与氏浑为一者也。”④ 许多“氏”的后人将“氏”转变为新的“姓”，逐渐由新的姓名所取代。最初的姓和名并不连用，比方说，在春秋时期，很多贵族只是说一个名，但在具体介绍他的时候，再说是什么氏，即说到他的家族，把姓氏和名连起来用。大致到了战国后期或秦汉时期，姓名逐渐自然连用，像嬴政、陈胜、吴广、项羽、刘邦、萧何、张良都是有姓又有名。

2. 多姓氏形成的原因

姓氏形成主要有以下几类：

（1）因古姓传承，如姬、姜、任、风等。

（2）因先人名或字，如连、熊、施、高、刁等。

（3）因居住地名、方位、封国而姓，如赵、齐、郑、韩、赵、魏、鲁、蔡、曹、苏、东郭、西门、南宫、闾丘等。

（4）因爵位、官职名称而姓，如史、司徒、司寇、太史、公、候、子等。

（5）因兄弟行次顺序而姓，如伯、仲、叔、季。

（6）因职业技艺而姓，如陶、巫、屠、优、卜等。

---

① 《左传·隐公八年》。

②③ 《通鉴·外纪》。

④ 《通志·氏族略》。

(7) 因民族融合而姓，古代少数民族与汉族大融合，如北魏孝文帝推行汉化改革，几乎所有的鲜卑的姓氏均被改为了汉姓，如拓跋氏改为元，独孤姓氏改为刘，叱卢氏改为祝。后来满人入关，将关尔佳氏改为关，钮祜禄氏改为钮，叶赫那拉氏改为那等。

(8) 因赐姓而改原来的姓氏，唐赐李姓、宋赐赵姓、明赐朱姓。

(9) 因避讳而改原来的姓氏。古代人规矩较多，古籍载："为尊者讳，为亲者讳，为贤者讳。"① 古籍还列举历史上的避讳："籍氏避项羽讳，改为席氏；庄氏避汉明帝讳，改为严氏；师氏避晋景帝讳，改为帅氏……"② 项籍，字羽，西楚霸王，籍氏避其讳改姓席；汉明帝刘庄，庄氏改姓严；晋景帝司马师，天下师姓皆缺笔改为姓帅。避讳的还有：汉文帝刘恒，恒姓改姓常；汉宣帝刘询，荀姓改姓孙；汉哀帝刘欣，欣姓改姓喜。历史上"敬"姓人家改姓风波最为曲折。因避后晋帝石敬瑭名讳，敬姓一律改姓苟；一些人本以为后晋灭亡可以很快再改回来，谁想大宋开国皇帝赵匡胤的祖父为赵敬，避其讳一些恢复姓敬的又被迫改回姓苟，苟因与狗同音，为此带来不尽的烦恼。

(10) 因逃避仇家追杀而改姓，商纣王时期的比干，本姓子，本人遇害后，后人改姓孙；端木子贡后代避仇改姓沐；牛娃避仇改姓牢；司马迁因受"李陵案"牵连，被汉武帝处以宫刑。他的两个儿子为保全家族，被迫先后改了姓。其中长子司马临将"马"字左边加两个点，姓冯；次子司马观将"司"字左边加一竖，姓同。千百年来，冯、同二姓的人一直保持着同祭一祖、互不通婚的习俗，因为他们本来就是一家。

(11) 其他原因形成的姓氏。除"百家姓"之外，现如今还有数千个的姓氏在使用，其中有些姓只有极少数人在用，例如，有人姓柴、米、油、盐、酱、醋、茶，还有人姓山、人、初、把、滴、腰、绳、独、正、点、岁、但、接等，甚至还有人姓鼠、猪、偷、死、毒、老、丑、劣、皮、畜、耻、难等等。

(三) 中国姓氏中的宗族色彩

1. 中国姓氏的"群体文化"象征

中国人姓氏特征是姓在前名在后，突出"姓"。中国人之间一见面，首先得问姓。"您贵姓?" "免贵姓李。" 然后问："宝号?" "四，李四。" 是先从姓问到名。要是外国人，以英语国家为例吧。他问你：What is your name? 他先问你的名。他甚至不一定问你的姓。所以这里边体现出了一个很大的差别，就是说中国人很看重姓。因为在《说文》里面说"姓"人所生也。就是说代表你的血统。根据《通鉴·外纪》说这个姓是"统其祖考之所自出"，就是说"姓"不仅仅是我一个人问题，而是一个大家族，所以中国人重视姓氏，实际上是重视"群体文化"。西方文化则不然。你看牛津英汉双解辞典，英国人解释他的名儿，叫 First name，就是姓

① 《公羊传·闵公元年》。
② 《通志·氏族略》。

名里头第一组为名。西方最大的姓叫约翰逊，它是 Last name，姓名里头最后一组为姓。它没有把姓和名分得那么清楚。比较讲究一点儿的说法，就是把 Last name 解释成一个家族共同的名儿，它还是 name。西方的语言里面没有一个单独叫作“姓”的，都是 name。惟一和中国相近的，它表达出是一个血缘的 line，即一个血缘线，只有在这个意义上来说它和中国的姓以及对姓的看法有相似的。从对名字的重点来讲，国外的人比较强调的是个体，代表的是一种“个体文化”。

作为自给自足农业经济，与之相匹配的便是一种宗族的社会。在农村，你说姓什么，哪个村，立刻就可以给你大致归到一个类中，其身世、家庭的经济状况、受教育情况，就可以大致了解了一二。如果再能报上名来，名中若带有字辈字的话，很快就可以从你的族群里面给你定了位。家族宗族的势力强大，除了经济因素之外，还有政治的和思想的因素。家长、族长或家族的祠堂等都是维护家族和宗族整体利益的重要力量。在农村，如果一人家有一个孩子上了大学，人们往往会这么夸：瞧人家老王家的孩子多有出息，他不强调个体，却强调姓氏，这是姓氏文化积淀的使然。由于在生产领域男性居于支配地位，家族或宗族的力量强大，这些因素使得妇女的社会地位下降。旧时代对妇女歧视，反映在姓氏文化上就是妇女没有自己的姓名。随着女子的出嫁，随夫家姓，叫什么什么氏。

2. 姓氏维系着族群的荣辱

在中国人看来，一个姓是代表着一大家子，所以才有光宗耀祖之说；否则，就是败坏家风、辱没家门。每个人都是希望自己的家族里面要么出过忠臣，对国家有功劳；要么出过孝子，对族群有贡献。假若祖上没留下好名声该怎么办呢？历史上有过一个“秦大士妙语得状元”的故事。乾隆十七年（1752 年），皇太后万寿恩科，殿试结束后，主考官照例将前十名考生试卷上呈皇帝，等待钦点状元。评卷大臣们一致推秦大士为一甲一名，但最后还得皇帝定夺。秦的文章没的说，但当乾隆看到秦大士籍贯时，有些犹豫，他怎么和大奸臣秦桧籍贯相同，姓氏也一样，他会不会是秦桧后代呢？奸臣的后代当状元该如何向世人解释呢？于是，乾隆立即召见秦大士，直接发问：“你是不是秦桧的后代？”事关重大，秦大士趴在地上，顿时汗如雨下，不知该如何应答。他面临着两难抉择：要么如实相告，前程恐怕完了；要么矢口否认，但这就出卖了祖宗，这是不孝，而且犯了欺君大罪，这是不忠。无论哪种选择，都是死路，秦大士思索片刻，索性壮起胆子，高声叫道：“皇上，一朝天子一朝臣。”不愧是大才子，机智过人，此言一出，便流传后世。秦大士绕开了皇帝的问题，直接阐述了自己的观点，又捎带拍了皇帝的马屁，不露声色，恰到好处。乾隆何等聪明，哪里会听不出这弦外之音，更加欣赏他的过人才智，当即龙颜大悦，欣然钦点秦大士为新科状元。秦大士妙语化解了难题，成为清朝第四十三位状元，被授翰林院修撰。秦大士无奈与奸臣沾边，陷入巨大的信誉漩涡，他要想办法改变这一切。于是，高中状元后秦大士做的第一件事，就是前往杭州祭拜岳飞。在岳飞墓前，看到秦桧夫妇的塑像被反绑双手，长跪于此，秦大士沉思良久，写下千古名句：“人自宋后羞名桧，我到坟前愧姓秦！”情真意切，立场鲜明。此话传出，人们顿时对秦大士刮目相看，无不肃然起敬。自秦桧后，秦家数百年的名誉危机，终于被秦大士成功化解。秦大士一生为官清廉，造福百姓，至今传为佳话。两百多年后的今天，在南京长乐路的秦大士故居门前，前来参观缅怀的人依然络绎不绝。

所以说，姓氏在传统社会里不但是一个群体文化的符号，一个族徽，也是维系人伦道德、社会秩序的辅助工具，它既约束着后人子弟莫要给自己的族姓抹黑，又激励着后人子弟应该踏实做好人，做好事，爱惜和维护自己及族群的名誉。

二、传统文化中的名、字、号

（一）古代取名字的一些规矩

1. 取名的规矩

在古代的“名”和“字”是不同的。根据古代礼俗，婴儿出生3个月后由父亲命“名”，不管是大名、还是小名、乳名，是该人代表的符号与称呼。关于名的由来，《说文》解释曰：“名，自命也。从口从夕。夕者，冥也。冥不相见，故以口自名”。意思是说：天黑以后，彼此之间看不见、认不出，所以每人都给自己取一个“名”，作为互相称呼的标志。这就是个人取名的最初动机。很快，人们体会到了使用“名”的便利性；所以，取名的习俗便逐渐流行起来。并且，人们对命名也逐渐讲究起来。

早在春秋时代，取名就有了官方的规定。《左传·桓公六年》记载着当时鲁国大夫申儒在回答桓公问名时提出的命名“五个规矩”和“六项禁忌”：“公问名于申儒。对曰：名有五，有信，有义，有象，有假，有类。以名生为信，以德命为义，以类命为象，取于物为假，取于父为类。不以国，不以官，不以山川，不以隐疾，不以畜牲，不以器币。”申儒的“起名五法”今译是：名生为信，即尊重出生的时令、时辰，这是信；德命为义，以祥意美辞入名，这是义；类命为象，依其相貌和性情取名，这是象；取于物为假，即凭借各种事物寓其志趣，这是假；取于父为类，以族群、祖辈及父亲的姓氏入名，这是类。申儒对六项禁忌也做了说明，即上述的六个“不以”，破坏了禁忌，便有了危害：“以国则废名，以官则废职，以山川则废主，以畜牲则废祀，以器币则废礼，”并最后总结道：“是以大物不可以命。”申儒的规矩和禁忌毕竟已是久远事了，今天的我们不必太拘泥。

2. 姓名中的避讳话题

姓名中的避讳是古代姓名文化中的重要内容。所谓姓名中的避讳，古人理解主要为“为尊者讳，为亲者讳，为贤者讳。”[①]《说文解字》解释“讳，忌也”，有顾忌不敢说或不愿说。《广雅·释诂三》释义：“讳，避也”，就是避开的意思。前

① 《公羊传·闵公元年》。

面我们已经说到因为避讳，一些人要改变姓氏，而这里所说的避讳主要是要改变其他的方面。我们就从古语中避讳的三者，即尊者、亲者、贤者说起。

首先是为尊者讳。尊者既包括皇帝本人，还包括皇后、皇帝的父辈和先祖，包括他们的名字、年号、谥号等。尊者讳又可称为“国讳”、“圣讳”或“官讳”。如始皇帝嬴政，避始皇名讳，改“正月”为“端月”。汉高祖刘邦因他的名字叫“邦”，避其讳，凡称“邦”的地方均改称“国”，先秦时的“家邦”“邦家”从此改称“家国”“国家”了，“国家”一词一直沿用至今。刘邦的老婆吕后名雉，从此凡称“雉”都要改称为“鸡”。中国的十二属相里原本是“水雉”，意为一种水鸟，避其讳，变成现在的“酉鸡”了。汉文帝叫刘恒，为避其名讳，把姮娥改名“嫦娥”，把恒山改称为“常山”。东汉光武帝名叫刘秀，为避其名讳，曾一度把秀才的名称改为“茂才”。美女王嫱字昭君，为避晋文帝司马昭讳，改称“明君”或“明妃”了。唐太宗名世民，为避其名讳，唐人行文用“代”字代替世字，用“人”字代替民字；观世音略称为“观音”，民部改称为“户部”。宋仁宗名赵祯，同“蒸”音，故将“蒸”字改为“炊”字，所以武大郎卖的蒸饼只能叫“炊饼”了。清代也是很讲究姓名中的避讳的。“玄武”自是北方之神，城郭凡北门多称之“玄武门”。唐初曾有过著名的为争夺长幼继承权的“玄武门之变”。明人的北京故宫在北面就修建了玄武门。康熙即位后，康熙名为玄烨，为避讳“玄”字，“玄武门”改称为“神武门”；那时的蒙童读本《千字文》中“天地玄黄”就改念成“天地元黄”。清代入关的第一朝皇帝顺治名福临，为了缓和民族矛盾，特许臣民可不避讳福字，曾下诏曰：“不可为朕一人，致使天下之人无福。”但他的后人们，如雍正、乾隆等人并没有严格执行顺治的旨意，乾隆就曾下令不许在门联中出现“五福临门”的字样，以避讳先祖顺治帝福临之名。雍乾严格执行的是姓名中的避讳，因此，其执政期间的“文字狱”不断，有些“文字狱”正是因“圣讳”引起的。雍正年间，浙江海宁人查嗣庭为清朝大臣，他曾官至内阁学士兼礼部侍郎。雍正四年（1726）他出任江西乡试主考官，他曾以“维民所止”为题出题，此典出自《诗经·商颂·玄鸟》：“邦畿千里，维民所止”，谁想被人告发说题中的“维止”二字是暗示将“雍正”砍头示众；查嗣庭本人又著有《维止录》一书。因而雍正帝认同了揭发，也认同查文中“语多悖逆”，为铲除隆科多党羽，遂以“讽刺时事，心怀怨望”等罪将其下狱。雍正五年（1727）五月戊午查嗣庭死于狱中，但仍被朝廷戮尸枭首，其子十六岁以上判斩刑，十五岁以下流放。同时停止浙江乡试、会试三年，史称“查嗣庭试题案”。查嗣庭是当代著名作家金庸的先祖。乾隆年间，内阁学士胡中藻引用《周易》中的爻象之说，以“乾三爻不象龙”为试题，题中有“乾龙”二字，龙与隆同音，竟判定是影射乾隆皇帝被送上断头台。江西举人王锡侯删改钦定的《康熙字典》，重编作《字贯》一书，本已犯罪；《字贯》凡例写入康熙帝、雍正帝、乾隆帝之名讳（玄烨、胤禛、弘历），没有缺笔避讳，更被认为是大不敬。王锡侯被监送京城问斩，子孙七人都被判斩，其他人流放。江西布政使周克开、按察史冯廷丞也因为看过《字贯》一书，未指出悖逆之处，遭到革职处分。后人将此事总结成两句话，“王举人好心上书，书呆子身首异处”。

其次是为亲者讳。即是家族内部要遵守避父辈或祖辈名讳的作法。亲者讳也称为“家讳”，前者的“国讳”若称为“公讳”的话，这里的“家讳”就是“私讳”。是“国讳”的延伸，是传统社会家国一体，纲常伦理观念的体现。如司马迁把《史记》中所有讳其父的“谈”字都去掉了。淮南王刘安其父名长，讳其“长”，他主持编修的《淮南子·齐俗训》中引《老子》“长短相形，高下相倾”时，改句为“高下之相倾也，短修之相形也”。家讳并不全是避父亲的讳，也包括避母亲的讳。唐代大诗人杜甫因其母亲名叫海棠，所以一代诗圣一生中创作了三千多首诗，流传下来的也有一千四百余首，其题材十分广泛，但他从未写过海棠诗，尽管他的寓居地四川的海棠颇负盛名亦是如此，足见他对母亲的敬重。为亲者讳不能不提到唐朝“诗鬼”李贺。李贺父亲名叫晋肃，“进”与“晋”音同而犯家讳，因此他便不能参加进士考试，也不能求取功名，纵然他才华横溢，终无用武之地，郁郁不得志，27 岁上便英年早逝。为李贺考进士一事，韩愈专门作了《讳辩》一篇短文，文中他引经据典，对当时“避讳”的坏风气给予了激烈的抨击与批评，将假卫道者的面目揭露出来。他言道：“父名晋肃，子不得举进士；若父名‘仁’，子不得为人乎？”父亲的名字叫晋肃，儿子就不能参加进士科的考试，假若父亲名“仁”，儿子就不能做人吗？韩愈对“避讳”搞得如此的泛滥表达了他的反对意见。

最后是为贤者讳。贤者，封建社会所推崇的圣贤之人，德高望重的名人。有时也称“贤讳”为“圣讳”，汉以后“圣讳”就多指皇帝之名了。“贤讳”没有“国讳”、“家讳”那样严肃或严明、由于其要求不够统一规范，因而也就常常没有那样严格。“贤讳”有朝廷规定的圣人讳，也有人们自发的为圣贤避讳，而各朝代的“贤讳”略有不同，其人物就略有出入。“贤讳”人物一般有伏羲、女娲、炎帝、黄帝、周文王、周公、老子、孔子、孟子等。《礼记·曲礼》中说：“入竟（境）而问禁，入国而问俗，入门而问讳。”这里的“入门而问讳”的“讳”指的就是“贤讳”，即主人家的长辈都是贤良之人，作为客人不能直接说出主人家的“私讳”来，否则就是不礼貌。

古人在姓名避讳中的实践中，总结出了一套方法，常用的避讳手法主要有三种，即改字法、缺笔法和空字法。“改字法”用得最普遍，改字法就是用义同字不同或音同字不同的字取代原有的字，以示尊重。上面的多数例证都是运用的此法。“缺笔法”是用减少了笔画的字代之的一种方法，以显示原字的尊贵。这一方法不仅在“名讳”中运用，在其他地方也有所运用。古人的这种“缺笔法”特别容易引起今人的误会，以为是书写的错误。古代出现缺笔画的字，多数情况下是由“避讳”造成的，即或因“名讳”或因“敬讳”的原因造成的，而不宜轻率地认定为错别字。最典型的例子就是“德”字。“德”字有尊贵的性质，因“敬讳”常常少写心上的一小横，以显示对“德”的尊重。明代宣德年间的铜香炉著名，其炉外底部有款识，款式为楷书“大明宣德年制”六字，其中的“德”字缺一小横；北京国子监孔庙里有清代康熙皇帝御笔的《大学碑》，碑文中的“德”字也没有中间一横；北京著名的老字号“全聚德”烤鸭店的招牌，其中的“德”字也缺少中间一横。今人的解释中有说是古人的两种写法，此类现象用“名讳”或“敬讳”的解释最为贴切。

当《春秋公羊传》说：“《春秋》为尊者讳，为亲者讳，为贤者讳。”并非仅仅是姓名的避讳，为此，《春秋谷梁传》则说得更透彻些，所谓避讳，其意：“为尊者讳耻，为贤者讳过，为亲者讳疾”。也就是说凡是尊者、贤者、亲者的工作上的耻辱或过失，身体上的缺陷或不足，都最好隐而不说；对那些有损三者威望、有失三者体面的事，不记为好，知道的人越少越好。这是儒家提倡的所谓“春秋笔法”，也这是中国传统“避讳文化”的宗旨或要害所在。不管“春秋笔法”是出于何种的“善性”的动机，其事情本身违背了实事求是的根本原则，抱着对民众的轻视与偏见，因此总是弊大于利，讨不到便宜的。更何况有些东西是掩饰不住的，历史的真相总会以顽强的姿态暴露出来的。可见，“避讳文化”所承载的负面的方面要远远大于正面的方面。

（二）取字的讲究和意趣

1. 古人有“名”还有“字”

古代人取名之后，还有取字的事情。按照我国古代礼仪，男子到 20 岁行成人礼，叫“二十始冠”，又称行“冠礼”。这时候男子不但可以戴冠，还可以加“字”，与名合称“名字”。而女子则在 15 岁举行笄礼时取字，表示他们都已长大成人，可以婚嫁了。取字在古代一般只限于士大夫和知识分子家庭，贫民百姓则有名无字。古人先有名，后有字。《礼记·檀弓上》曰“幼名，冠字……周道也”。疏：“人年二十，有为人父之道，朋友等类，不可复呼其名，故冠而加字。”《仪礼·士冠礼》云：“冠而字之，敬其名也。”《白虎通义·姓名》分别解释了名和字：“人必有名何？所以吐情自纪，尊事人者也。《论语》曰：‘名不正，则言不顺。’”“人所以有字何？冠德明功，敬成人也。”可见取字为了敬名。字，也称表字，字是对名的解释或补充，二者互为表里。《颜氏家训》中也有“名以正体，字以表德”之说。取字后表示在社会上可以独立行事，自称一般用名，别人为表示礼貌，不称其名，而称字或号。尤其是小辈称长辈、学生称老师，人前背后都必须称字号，切忌直呼其名。

2. 取字的规矩

《白虎通德论·姓名》曰：“闻名即知其字，闻字即知其名。”王引之曰：“名、字者，自昔相承之诂言之……盖名之与字，义相比附。”① 所谓“名之与字，义相比附”，正是取字的一条原则。取字大致有这样几种：

（1）其义相同。“名”“字”意思相同，仅再强调而已。东汉创制地动仪的张

① 《春秋名字解诂》。

衡，字平子；“击鼓骂曹”的文学家祢衡，字正平；他们俩名中都有“衡”，而字中均有“平”。诸葛亮，字孔明，亮即明也。鲁肃字子敬，肃与敬同义；孙权字仲谋，权、谋是同义词；周瑜，字公瑾，瑜、瑾都是美玉；朱元璋，字国瑞，璋、瑞也都是美玉。

（2）其义相辅。“字”对“名”予以释解或进一步的说明。东汉“举案齐眉”的文学家梁鸿，字伯鸾，“鸿”、“鸾”都是为人称道的飞禽；刘备，字玄德，意为“玄德具备”。张飞，字翼德，是对“飞”的解释，飞乃翼之德。关羽，字云长，意为“羽者，云之长”。西晋文学家陆机，字士衡，“机”、“衡”都是斗中的星名。唐代诗人白居易，字乐天，因“乐天”故能“居易”；元稹，字微之，缜密当然微之。孟郊，字东野，郊一定乡野。宋代作家晁补之，字无咎，“咎”乃过错，能“补”过方能“无咎”。

（3）其义联想。诗人范成大，字致能，顶级能力必成大。辛弃疾，字幼安，小时候去病便平安了。宋代史学家、《通志》的编者郑樵，字渔仲，“渔”（打鱼）、“樵”（砍柴）常结伴；岳飞，字鹏举，像大鹏鸟那样展翅高飞。元曲大家马致远，字千里，千里马是也。明清人中，三言作者冯梦龙，字犹龙，总做成龙梦。大才子唐寅，字伯虎，寅当然为虎。桃花扇作者孔尚任，字聘之，名字有意思，尚任当然要聘之。明文学家谭元春，字友夏，春与夏相连为友；清代文学家李渔字笠翁，“渔翁”常戴“笠”；扬州八怪之一的仇英，字实父，英是花，实是果，花当然为果实之父。

（4）其义相对。“名”“字”意义相反的。孔子的学生、72贤人之一的曾点，字子皙，点，小黑也，皙，色白也。晋大夫赵衰，字子馀；衰乃减少之意，馀乃增多之意。初唐诗人王绩，字无功；北宋晏殊，字同叔。宋代理学家朱熹，字元晦，元代书画家赵孟頫，字子昂。他们“名”“字”中的“熹”与“晦”、“頫（俯）”与“昂”都呈反义。元代画家曹知白，字又玄，白与玄是相对的颜色；现代戏剧家洪深，字浅哉，深与浅也呈反义。

（5）取自经典，其义递进。“名”“字”均取自经典，体现一种递进关系。赵云，字子龙，取自《周易》“云从龙，风从虎”。曹操，字孟德，取自《荀子》“夫是之谓德操”。元末戏曲家《琵琶记》作者高明，字则诚，取自《礼记》“诚则明矣”;”明末清初文坛领袖钱谦益，字受之，取自《尚书·大禹谟》“满招损，谦受益”。蒋中正的名“中正”和字“介石”，典均出于《豫》卦六二爻“介于石，不终日，贞吉”。其《象》六二曰：“不终日贞吉，以中正也。”李宗仁，字德邻，取自《论语·里仁》“里仁为美”，“德不孤，必有邻。”陈毅，字仲弘，取自《论语·泰伯》“士不可以不弘毅，任重而道远”。

3. 历代有意思的“名”和“字”

唐人韩愈，字退之，愈有甚之意，退之，取得平衡好；愈还有痊愈之意，病好了烧当然就退了。李贺，字长吉 ，李贺27岁夭亡，真的不长吉！宋诗人陆游，字务观；诗人秦观，字少游，游必观，观须游，两人的名字恰能互补。南唐李后主，名李煜，字重光，然而终于没有重现光明。近代以后，取字的人越来越少了，但仍出现一些有意思的“名”与“字”。陈天华，字星台，观天美景当然要上星台。康有为，字广厦，安得广厦方有为。毛泽东，字润芝或润之；东属木，名和字都有水润木之意。朱德，字玉阶，玉自有君子之德。贺龙，字云卿，龙何止是云中的高官，简直是天上最大的头了。张学良，字汉卿，张良是西汉名臣，想学习张良做国之栋梁。戴笠，字雨浓，雨下大了，自然要戴上斗笠。

（三）彰显个性的号

1. 号起于商周

古人在名字之外还有号，这是中国文化中的一种特有现象。号也叫别称、别号。《周礼·春官·大祝》：“号为尊其名更美称焉”。名是由尊长取，字被名所限，而号则不然，号具自由度。可自取，称自号；也可由他人赠送，称尊号、雅号等。还有死后封的谥号，私底下叫开的绰号等。

起号之风，源于何时，古文献没有详载。最早见于史载的是古代周族的始祖弃“教民稼穑”，“天下尽得其利，功莫大焉，帝舜封弃于邰，赐号曰：‘后稷’，其后子孙繁衍，逐渐强大，是为周。”① 后稷应算最早的“号”。倾商克殷谋略家姜尚，封于吕地，因此也叫吕尚，字子牙，号飞熊，尊号太公望。可见号在商周已有。至春秋战国时已偶见，“老聃”、“鬼谷子”均可视为别号。辅助勾践打败吴国的范蠡，后经商成巨贾，人称“陶朱公”，亦为尊号。但取号在两汉时人数并不多，至南北朝增多的趋势加速，有更多的人给自己起了号，流行成风尚是唐宋，乃至元明清达到鼎盛，那时的士子文人不但人人有号，而且一个人可以起许多号。号的流行，一方面与魏晋之后的士风及儒道文化对文人性格的影响有关；另一方面，也与唐宋以来发达的都市经济和繁荣的文学密切相关。这些文人骚客们一方面要应对科举和仕途的重压，委身或周旋于官场和生意场间；另一方面，又企图用一种委婉的手法表达自己超然物外、特立独行的理想和情趣，取号便成为了一个途径。元人王炎午曾说：“上古有名，中古有字，末世或以号行耳。”② 他概括的未必准确，但取号确有后来者居上的趋向，明清人不但爱取号，而且一个人曾取多个号。如明末清初著名书画家、诗人陈洪绶，字章侯，号老莲、小净名、老迟、悔迟、悔僧、云门僧等。清代画家、中国画一代宗师石涛，本姓朱，名若极，靖江王朱守谦十世孙，字石涛。石涛的号更多，有苦瓜和尚、大涤子、枝下叟，有清湘遗人、清湘陈人、靖江后人、清湘老人，晚号有瞎尊者、零丁老人等。

2. 号能彰显出人的格调和志趣

诸葛亮，号卧龙，谥号忠武侯；东晋陶渊明，号五柳先生；唐代李白，号青

① 《史记·周本纪》。
② 《戴正传斋号说》。

莲居士；杜甫，号少陵野老。宋代欧阳修，晚年自号“六一居士”，即六个“一”：一万卷书，一千卷古金石文，一张琴，一局棋，一壶酒，一老翁。南宋爱国诗人陆游忧世愤俗，被权贵们讥为不守礼法，他就自号为“放翁”，以表示对他们的蔑视。苏轼，号东坡居士；黄庭坚，号山谷道人；明代王夫之，号船山先生；明代大才子唐寅，命运多舛，感触良多，因此自号六如居士，“六如”按他自己的说法，即人生如幻、如梦、如泡、如影、如露、如电。《三国演义》作者罗贯中，号湖海散人；《西游记》作者吴承恩，号射阳山人；旅游家徐霞客，名弘祖，字振之，号霞客；朱耷，在明亡时取号为“八大山人”，连写“八大山人”四字时，形似“哭之”或“笑之”二字，实则寓哭笑不得之意，以表达亡国之悲愤。清代郑燮，号板桥；近代孙文，字逸仙，号中山；秋瑾，号鉴湖女侠。这里头许多人的号后来盖过其名，人们便只熟其号而不熟其名了。当然，古代社会还有更多的封建的官僚缙绅和庸俗的文人雅士所取的各种动听的别号都只不过是附庸风雅、沽名钓誉而已。

三、家谱与字辈谱

（一）关于族群和家谱

1. 家谱是中国特有的文化遗产

大的族群一般都有自己的宗谱或谱牒，即为家谱。又称族谱、祖谱等。它由记载古代帝王诸侯世系、事迹而逐渐演变来的，是中国封建宗法制度的产物。自宋以后，家谱由官修变为私修，其内容和形式也随之发生很大变化。作为记载某个姓氏家族子孙世系传承之书，它以记载父系家族世系、人物为中心，具有区分家族成员血缘关系亲疏远近的作用，不仅为区别姓氏源流，可作为数典认祖、研究历史、地理、社会、民俗等参考资料，它还是姓名文化的重要组成部分。家谱是中国特有的文化遗产，在汉族有悠久的历史，后来在民族融合中。逐渐在其他各民族中也开始出现家谱。家谱是中华民族的三大文献（国史，方志，家谱）之一，属珍贵的人文资料，对于历史学、民俗学、人口学、社会学和经济学的深入研究，均有其不可替代的独特功能。

2. 家谱的内容和意义

家谱的主要内容包括：姓氏的源流和族群的变迁，世系的图表，家训，家传，艺文著述和谱系图像，还有其他内容等。

在古代，修家谱的目的主要是“辩婚姻”“详世系”团结族人，增强宗族意识；当然还有光宗耀祖、激励后辈的功能。修家谱是家族大事，严肃的事；一般由家族中德高望重的长辈、并有学识的人来主持操办，增修家谱时的原则是好人、名人入谱，坏人不入谱，但应记录在备注中。作为一般的族人，应当了解家谱中的家训部分，因为这里不但有祖先教导后人如何为人处事的训诫言语，字辈谱也常在这

里面。也有的家谱为显示字辈谱的重要，单列了一个科目。（参见彩色插图31）

（二）关于字辈谱

1. 字辈谱形成历史

谱牒学形成后，字辈谱便应运而生。字辈谱主要功能是标明辈分。字辈谱何时产生？有人说起源于汉，还有人说起源于魏晋，理由相似：即用于同辈名字方面在选字上开始考虑相同的汉字或相同的部首。这仅是表明有了在汉字上进行区别意识，算是萌芽吧。我们知道，两汉魏晋以前，取名多单字，这样便很难完成字辈的区别任务。更有甚者，东晋大书法家王羲之父子几代名中均带有“之”字，非但没有字辈意识，且违反后世字辈要求，极易造成他们是同辈的误区。所以说，这一时期，即使有字辈迹象，也仅是处于自发萌芽状态。南北朝以后，起双字名的现象多起来了，这为字辈谱的初步发展创造了必要前提。特别经过隋唐和五代，人们开始较自觉地意识到在不同辈分的人之间其姓名的用字要有所区分。一些有文化优势的大户人家或大姓氏族子弟，开始以字辈里的一些基本规矩起名，如相同的汉字、相同部首或偏旁，如果是双字名，字辈字可能在名字的中间，也可能在名字的最后。一般形式是：姓 + 字辈 + 名。然而，真正有意识地使用共同的字来区别辈分，进而预先选取一定数量的，且有一定意义的吉字作为一种规定性、后代子孙取名时必须遵守的字辈，则始于北宋。最早的字辈内容就是赵匡胤为其后代拟定的字辈，那是一幅加上自己的匡字组成的对联“匡德惟从世令子，伯师希与孟由宜”。北宋始，上至皇亲国戚，下至黎民百姓，均以字辈起名。从此形成习俗，形成中国姓名文化的重要部分。

字辈谱一般由族内尊长或饱学之士撰定。其内容无外包含有忠孝传家，定国安邦，克勤克俭，光大家业之意，有的则赋予其颂扬祖上功德，敦励后昆奋进的内涵，其形式大致两类：一类是上面大宋皇帝撰拟的对联体，这属于少数情况；另一类是由字数不等韵文构成的近诗体，这属于多数情况。（参见彩色插图32）

2. 著名家族字辈谱例举

摘录几家字辈谱，并做简单的说明。

山东曲阜孔府的字辈谱：希言公彦承，弘（宏）闻贞尚胤（衍），兴毓传继广，昭宪庆繁祥，令德维垂佑，钦绍念显扬，建道敦安定，懋修肇彝常，裕文焕景瑞，永锡世绪昌。

浙江奉化蒋氏家族的字辈谱：祁斯开周国，奕世庆吉昌，崇德长受福，贻谋维有常，荣光永炳焕，和乐致嘉祥，坤载自久远，乾行在健强，匡济望仁智，安宁思俊良，垂范为邦则，承运颂时康，昭漠百代盛，绳武守纪纲。

蒋介石的父亲谱名蒋肇聪，并未按字辈排。蒋同父异母之兄谱名是蒋周康，蒋介石本人谱名是蒋周泰，均体现在蒋氏字辈谱第四代上。蒋成年后，自行取了中正之名和介石之字。蒋介石的两个儿子经国、纬国均在蒋氏字辈谱第五代上，蒋经国和蒋纬国的儿女们均未按蒋家字辈排，而是遵从了蒋介石的意思起名的。

湖南韶山毛氏家族的字辈谱：立显荣朝士，文方运济祥，祖恩贻泽远，世代永承昌，孝友传家本，忠良振国光，起元敦圣学，风雅列明章。

毛泽东的曾祖父毛祖人，是“祖”字辈，祖父毛恩普，是“恩”字辈，父亲毛贻昌，是“贻”字辈，毛泽东和兄弟毛泽民、毛泽覃都是“泽”字辈，毛泽东的下一代是“远”字辈，毛泽东的两个儿子毛岸英和毛岸青均未按字辈排，毛泽东的侄儿毛远新为是，毛泽东的孙辈也没有按字辈排序。

蒋介石和毛泽东对待字辈的态度有意思。蒋本人没有接受族谱的名称，但让两个儿子遵循了族谱的字辈。毛本人则接受了族谱字辈的称谓，但其儿子们均未按字辈起名。两个人同作为激荡年代的风云人物，对旧传统、旧习俗的反叛一定会有的，但表现出来的形式却有所差异。其实对待谱名的态度从来因人而异。一些人就以谱名作为自己的学名或本名，也有在谱名之外，另取学名或本名的。另取名的原因多种多样，有因自己不满意的，有因家长或老师认为不合适的，也有的是因为命理的需要，由补救的原因而另取新名。

第二节 易理指导下的起名学问

一、周易文化对姓名文化的影响

（一）姓名缘何与周易结缘

1. 姓名因命理和周易结缘

姓名原本和周易无缘，但社会发展了，关系增多了，缘分就来了。缘分主要来自命理的需要，讨吉利的需要。大致有三个方面原因：其一，汉字有不同的偏旁，有五行的属性，起名要和本人命理相合，而不能相悖。其二，易中原有“相”的功能，“名相”本身就和起名关系密切，“印相”和“字相”都和起名中汉字有关。其三，汉字笔画有数字，出于数理需要，也要借助于易理。因此便有了周易和起名的结缘（参见彩色插图30）。

2. 姓名影响一生

姓名不单单是一个称谓，不单单是一个符号，负载的内容越多就越要用心才是。姓名原本仅有血缘的意义，这主要体现在姓名的第一个字，即“姓”上。当字辈字加入后，即姓名中第二个字，这时，姓名中的内容已经扩展到族群，有了更复杂的社会关系。姓名中第三个字，即要符合自己的心愿，又要遵守社会的规范，构成了一个民族文化的内涵，这样便具备了更广泛的社会意义。可见，起名不是件小事。何况人名是人生的第一张名片，本身是要到社会上去使用，其意、其声、其形有着强烈的暗示作用和沟通功效，不能不认真对待。起名里面有学问，姓名构成文化形态一点不奇怪。

人的命运要受到诸多方面的影响，姓名是影响人命运的一个因素。什么人最有体会？其人所从事的职业社会化程度越高，则越有感触和心得。哪些人对姓名敏感呢？媒体和影视从业者对姓名敏感，演员歌星对姓名敏感，凡希望社会认可的无不希望有个自己认可的好名字，他们中的许多人都希冀借助好名字，让人记住并迅速走红，名扬海内。因此热衷于取个艺名或者干脆改名，这些人做的都是无用功吗？不是的，姓名中暗藏着命理的道理。叫“陈港生”的是谁？改名“成龙”则名扬天下；叫“刘福荣”的是谁？改名“刘德华”便成就了“天王”；“王靖雯”是谁？改名“王菲”从此唱红歌坛。李美林改名李玟；杨岗丽改名杨钰莹；梁碧枝改名梁咏琪；汪建刚改名汪涵等，这些人均是改名转运的例证。一些孩子的家长似乎从社会上取名或改名的风潮中嗅出了味道：早知今日，何苦当初，所以起名最该从娃娃抓起！古语说得好：“赐子千金，不如教子一艺；教子一艺，不如赐子好名。”

姓名对命局有影响。古语云“不怕生薄命，就怕起坏名”。取名若和命局相补益，对命局有帮扶当然是好事，否则就糟糕了。命局好比形体，姓名好比服饰，好形体穿上合适的外衣是锦上添花；好形体穿上不合适的外衣是令人痛惜；不好的形体穿上合适的外衣是重拾自信；不好的形体穿上不合适的外衣则是雪上加霜。因姓名而影响命运的事历史上俯拾皆是。顺治年间，昆山人徐元文参加殿试时成绩并不是最优等的，但顺治帝认为他的名字起的好，便封他为状元。乾隆五十年，乾隆帝在审阅主考官呈上来的试卷时，见一人叫胡长龄，不禁欣喜，便封胡长龄为状元。这是因为当时乾隆帝已是七十五岁高龄，而乾隆皇帝本是出生于北方游牧民族的“胡人”，“胡长龄”正合乾隆的心意。光绪年间，慈禧太后主政。直隶人刘春霖参加殿试，原本成绩平平，考在末等。因名字“春霖”有春天的雨露之意，再加上姓氏与“留”谐音，这与慈禧太后企望自已恩泽永存的心境正好相合，便钦点刘春霖为头名，成为清代最后一名状元。有因名春风得意的，就有因名倒霉吃亏的。明代永乐年间，经殿试后状元本应是孙曰恭，榜眼是邢宽，可到了发榜时，邢宽成了状元，孙曰恭变成了第三名，据说原因就是永乐皇帝认为“曰恭”两字合起来是“暴”字，自古皇帝最忌别人说他是暴君；而邢宽这个名字很好，刑政宽和之意，如此必得人心，便将状元之位给了这位叫邢宽的人。清代同治七年，慈禧太后因江苏进士王国钧的名字谐音“亡国君”不吉利而忌讳之，将殿试成绩由初定为一甲一下改为第三甲了。

3. 好名字可以是一种“心能”

姓名对个人心理有影响。好的名字能自我抚慰，不论命运坎坷，也不论环境多差，只要我们自己积极作为，立德建功，是可以改变的，天助自助者；好的名字能自我激励，永远不失梦想，有着不懈的追求，老天不负有心人。好名字能导致自信，而不致自负；能导致自强，而不致自虐。好名字都具有心理暗示力，亦即心能，这对整个命局的改变有着重要意义，因名开运或改名转运在历史上屡试不爽。当然，起名或改名都需要有十分专业、广博的知识，如所谓“五行调理”、“生肖配置”、“三才五格”、“吉祥数理”等。既然姓名和命理、命运相关，所以取名应向专家求教或咨询。在这个意义上，姓名文化自然就和周易文化沟通起来。

（二）起名中易理的彰显

易理繁复，起名中的易理运用需要有所选择，否则会陷入左右为难。当然，不管选择什么方案，都应当从被起名人的命理基础上的起名。有人会这样想，起名是我们做父母人的事，无须他人介入，若如此请自便。不考虑命理情况的起名不是周易原理程序的起名，那就无须劳驾起名专家的费心，当然就可以“天马行空”了。其实，遵从易理，有一些“框框”，可以缩小范围、找准路径、更易于较快做出抉择，不受任何拘束，反而会无所适从陷入茫然，有时难免会落入起名的俗套。依据易理的起名方案大致有：

1. 五行原理的代际命名法

此法不考虑起名人具体本人的八字命理，遵从宗族利益为大的原则。如朱熹家族的起名：朱熹的父，名松（字从木）；朱熹本人，熹（字从火），木生火意；朱熹的儿，名塾（字从土）火生土意；朱熹的孙，名钜、钧、铎、铨（字从金）土生金意；朱熹的曾孙，名湔、洽、潽、济（字从水）金生水意。而后又是木字偏旁或草字头的名字，其意是水生木的意思。如此循环。

2. 遵从五行生克的简单类型命名法

了解被起名人的命理情况，即该人生辰八字，先确定是什么命？然后看八字中缺什么？依据五行平衡原则，原则上是缺什么补什么。华人巨富李嘉诚给大儿子起名为李泽钜，取用金字旁，给二儿子起名为李泽楷，取用木字旁，便是依据命理格局中的五行原理进行补救的结果；“泽”为李家字辈字，而“钜”和“楷”则是对两个儿子八字命理的补救。当然，实施补救并不如此单纯，关键是八字命局的具体格局如何？这里要运用到命理的“用神”知识。依命局中吉凶力量对比来确定用神的方向和重点，根据“喜神”和“忌神”的分布，最后还是依据平衡原则，来确定在姓名中的策略，最终寻找到合适的字。这是程序相对简单，易于操作的一种起名方案。

3. 遵从五行生克的复杂类型命名法

在起名人的命理基础上，确定日主后，套装上“六神”、“六亲”，运用到命理的“用神”知识进行综合平衡，先确定找寻的方向，然后再寻找到合适的字。

4. 综合各个原理命名法

起名过程中既考虑五行生克的原理，又兼顾属相合冲的原理，在平衡两大原理基础上确定姓名的方案。

5. 五格剖象命名法

五格剖象法也叫日本五格剖象法。是日本人熊崎健翁在1918年根据数理原理，按五格剖象说确定姓名的格局，然后寻找到满足好格局的适宜的字。里面运用到了五行生克原理，是目前较有影响的一种取名法。

6. 命理不相悖命名法

不考虑易理的任何其他原理，仅在命理基础上，找寻不与命理相悖的，能让孩子平安的、吉利的、美好的字。这是最值得推荐的起名方案。

二、起名原则和好姓名的要素

（一）起名中的三原则

1. 命理原则

起名坚持命理原则就是坚持科学的因素。这首先是坚持了客观的态度：任何人都是一定时空的产物，尊重干支历法，尊重生辰八字。人总要受阴阳的影响，或为阴，或为阳，姓名是姓为阳，名为阴。坚持命理原则实际是坚持了个性的态度。孩子是大自然的恩赐，尊重这种缘分是尊重自然的体现。有人为了孩子有一个所谓算好的八字格局，用“剖腹产”来人为干预孩子的出生，这不是顺应自然的行为，是非科学的、愚蠢的行为，是迷信。在周易看来，是否顺应自然才是一个人是否吉凶的关键，执凶而求吉是荒唐的。孩子出生是自然的过程，是随机的，八字中的五行属性也是随机的，确定了孩子是什么命后，依据传统文化中的平衡原则，八字中缺什么便用名字来进行补救，这是质朴的期许，这是文化的积淀和传承。提倡运用易理起名，这不必划作迷信的范畴。一些人运用天格、人格、地格、外格、总格构成“五格剖象法”来为孩子起名，虽然此法起源于日本，但由于包含了五行生克的易理，运用了一定的数理原理，也算是坚持了中国命理文化的基本原则，也是可以应用的。

2. 真善美统一原则

起名坚持真善美统一原则就是坚持科学因素基础上进一步坚持人文因素。这种人文的因素包涵着三个向度的内容。自然方面：我们应当顺应自然的规律，尊重物候的节拍，我们的名字不能与此相悖，如高山凹、谷仞峰、冷阳、夏雪等。应当培育亲近山水，爱惜一切生命的良好情感。社会方面：我们应当学会尊重民族的差异、学会尊重不同的宗教信仰，尊重民间的伦常事理、尊重邻里的朴风良俗。不唯我独尊、唯我独大，不我行我素、恣肆妄为。思想意识方面：既要尊重优秀的传统文化，又要尊重健康的时代风尚，尊重大众的审美意识。做到不古板、不怪异，讲文明、讲包容。起名或多或少带有时代的气息，要与时俱进。旧时的女孩多起名淑珍、淑贞、淑琴、桂珍、桂芬、秀英，显得有些保守；而男孩多起名满仓、满囤、有财、守财、有根、有银、富贵等，显得有些俗气。二妞、二妮、胖丫、秃子、狗蛋、黑娃则略显得有些土气。因此，今日的起名应有时代气息，自然、清丽、大气、舒展，应有个性，应当新颖。总之，起名要坚持真善美，抵制假恶丑。

3. 宗亲原则

起名坚持宗亲原则就是坚持姓名的原始要素，即血缘因素。在今天，血缘仍是维系亲缘的最重要依据，也是亲情的最原始的根源。姓名中的字辈因素也属于宗亲范畴。孩子是双方的，虽然随父姓、随母姓是自由的，但强调宗亲原则在今天仍具有社会上法律的和财产上的多重意义；因继嗣、继承、过继、抚养、赡养等方面经济的和社会的问题不时地出现在我们生活中，严肃姓名中的宗亲内容对建设和谐社会有帮助。现在有些年轻的父母愿意按自己的喜好随意给孩子起名，孩子既不随父姓，也不随母姓，甚至有些名字稀奇、古怪，超出了传统姓氏的范围，出现了新姓氏，这不但会给孩子长大后的社会生活带来麻烦，也会给社会埋下隐患。尊重宗亲原则是对传统的尊重，是对婚姻家庭的尊重，也是对和谐社会的负责任的体现。

（二）好姓名具备的三元素

名字给人的是第一印象或者是最初的感受，从心理学意义上讲，叫首因效应。好听的名字容易让人对自己产生好感，对增进接触或加快交往有促进的作用。好名字如同是一张金名片。好名字中一定有三个基本元素：义、音、形。义就是美意，音就是悦声，形就是靓形。好名字是美的名字，而美的名字则是这三个元素都不能缺失（见图 16－1）。

1. 起名要美意

所谓美意，就是寓意要美。名字中的寓意实际应当包含真善美三要素。

寓意美首先包涵着真诚。起名应敦信而朴素，相符而平实。这里有四忌。一忌“狂妄自大”。如朕、帝、明皇、英皇、盖天、盖世、震宇、镇宇、驭寰、人杰、豪杰等。二忌“太过或者溢满”。过誉不好，如王冠军、平天下、卜万策、管万民、李国权、万超群、蔡超雄、杨百万、赛神仙等；过谦也不好，如赵老憨、李拙愚、章效愚、王迂、丑娃、病秧等。三忌“赚人”。即在应答时已占了人家的

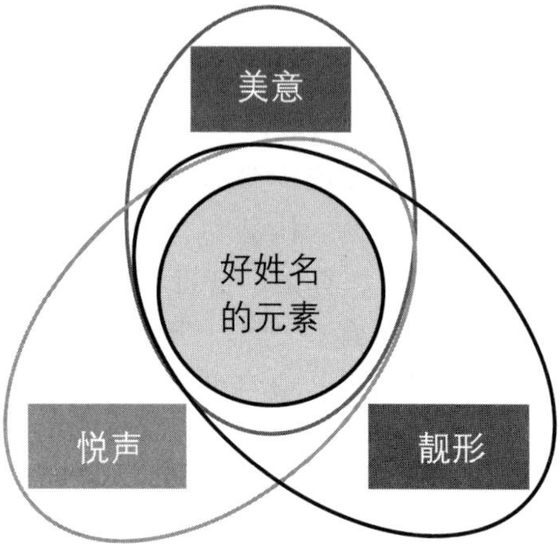

图 16－1　好姓名的三元素

便宜。如世祖、示祖、士伯、阿叔、阿娘、晓姑等；凡与师长、官衔、尊称关联的词都不宜入名。四忌“姓名异性化”。包括男人起女性化名字，如取名带妇、女、姐、妹、彩、红、香、花等字的要杜绝；女人起男性化名字，如取名带郎、汉、震、雷、刚、强、龙、虎等字的都是不宜的；但女孩子起名胜男、来哥、喜哥、连弟、招弟等还是可以的。试想如果一个小伙子第一次与姑娘约会，若只闻姑娘的芳名，他更愿意的会面之人是“张宗汉”、“李万全”、“沈成钢”呢？还是“谢静娴”、“郑婉莹”、“陈佳颖”呢？

寓意美其次包涵着良善。起名应温良而和平，谦恭而向上。这里也有四忌。一忌“险恶凶坏”。自然灾害相关的词不可入名：如塌、陷、砸、坠；如淹、溺；如毁、荡；凶兽不可入名：如豺、狼、罴、豹。战争和杀戮、血腥和残害的词不可入名：如枪、射、弹、毙、屍。牢狱和诉讼的词不可入名：如罪、刑、罚、押等。二忌“疾病残亡”。如恙、疡、殃、盲、聋、哑、老、衰、死、卒、夭等。三忌“炫富粗野”。如霸天、富豪、帝豪、巨富、款爷、桀骜、枭、嚣、猖、暴、虐、狂、野等。四忌“对先贤不敬或与先贤、名人同名”。如赛孔孟、孟若轲、曹操、李白、孟浩然、杜又甫、康熙、甄乾隆、冀中山。邓小平幼时曾用邓先圣之名上私塾，被私塾先生改为邓希贤。

寓意美最终包涵着美丽。起名不但要寓意美好，还要赏心悦目，有着动人的画面感。这里还有四忌。一忌“丑陋卑劣”。如贱、嫖、娼、猥亵、委琐、谄媚、跪、窥、歹、毒、谗、孽、诈、骗、猪、狗等。二忌“怪诞妖邪”。如荒诞、诅咒、鬼、魅、魔、幽、魂、狰、狞、惊、恐等。三忌“堕落肮脏”。消沉萎靡之词要避免，如沮、丧、悲、哀、忧、愁、叹、息、寂、寞、阴、暗、昏、弱、仇、恨、郁、寡、颓、废等；肮脏污秽之词也要避免，如浊、垢、尘、腐烂、糟朽、垃圾、渣滓等。四忌“生僻繁难”。起姓名不可用生僻繁难之字，生僻得一般字典查不到，多数人也识不得；繁难得不但书写不易，也难有人识得。

整理归纳一下，起名总共有十二项禁忌，它们是：(1) 忌狂妄自大；(2) 忌盈满过度；(3) 忌炫富粗野；(4) 忌险恶凶坏；(5) 忌丑陋卑劣；(6) 忌怪诞妖邪；(7) 忌堕落肮脏；(8) 忌疾病残亡；(9) 忌赚人；(10) 忌对先贤的不敬或与先贤、历史名人同名；(11) 忌生僻繁难之字；(12) 忌取名异性化倾向。

2. 起名要悦声

所谓悦声，就是声音要美。名字叫出来时，音调要悦耳、动听。它要求这样几个方面：讲究声韵音调；拒绝拗口；留意谐音；不选多音字。

讲究声韵音调首先要声音有韵律，抑扬顿挫、跌宕起伏。这里要注意的就是汉字的声母和韵母，几个同声母或同韵母的字一起读，就像绕口令，如张湘江、冯晴风、苑蕴玉、李尼丽、柯戈克等。其次还要注意音调，汉语分四声，语音由此分出高低、升降、长短的不同，它们是阴平、阳平、上声和去声。俗称一、二、三、四声。人们又称阴平、阳平为平声，称上声、去声为仄声。姓名三个字平仄要间隔开，如孙晋芳、董其昌、陈道明、王宝强、张汉卿。忌平平平，也忌仄仄仄。专家还建议，因为上声字响亮程度相对差一些。名字中少选取上声字，而名字的尾音最好是平声。拒绝拗口是紧接着第一项的要求，或者说，拗口的姓名都是不注意字的韵母或声调造成的。拗口的名字有：华宏发、蒋祥强、楚玉柱、汪望旺、游晓友、杨祥江、南依兰、孙存春、杨养阳。须留意谐音。好的谐音提气，增添亲近感；不好的谐音晦气，令人丧气，产生不好的联想。好的谐音有：牛得草、于得水、龙乘云、雷震天、白如冰、毕世成、成方圆、周而复、钟声、陈醉、李响、高峰；也一定要防止不好的谐音：胡岩（胡言）、胡伟（胡为）、胡丽晶（狐狸精）、侯岩（喉炎）、范婉（饭碗）、赵美云（罩霉运）、白莽和（白忙活）、夏建仁（下贱人）、姬丛梁（妓从良）、秦寿生（禽兽生）、韦俊梓（伪君子）、霍卜昶（活不长）、马虎、刘产、刘能、范建、梅韵、史珍香、庞光、杨伟、殷晶等。还有取名时名字寓意好，但谐音不好便容易产生歧义：如任自健，取义天行健，人自强，但谐音“人自贱”。姚培谦，意思是要培养谦逊的品德，但念起来“要赔钱”。劳博才，希望有广博的才学，但念起来“老破财”谐音，不免让人有些晦气。吴大勇，取大智大勇之意，但和姓连在一起，像说“无大用”的意思。起名尽量不要选用多音字，多音字读起来容易让人无所适从，如茜、行、都、朝等。

3. 起名要靓形

所谓靓形，就是字形要美。字形美有利于签名的设计，增进与人交往，助力事业成功。它包括这样几个方面：正字形、均笔画、易书写。首先，字形要端正。汉字有独立结构的；也有左右、上下、内外两部分结构的；还有三部分结构的；还有走之、走字旁、虎字头等偏字形的字。选用做名字的字其结构既不能太杂，也不能太单一。与姓的搭配要适宜。像张长强、杨桦林、吕晏昌、过道远、回固国、章常量，这些姓名的字形就略显单调，缺乏变化，整体看上去便有些呆板。其次，姓名每个字的笔画相对要均匀。姓和名笔画数字不能差别大，起名字讲究阴阳平衡，姓为阳，名为阴。如果姓笔画多，名笔画也可多些；姓笔画少，名笔画也要少些。几个字组合在一起应疏密有致，舒展流畅。不好的姓名如：魏力、冀乙、薄一丁、卜繁、丁默然、于冀鼐，这些名字严重阴阳失衡。最后，易书写的意思就是书写要流畅。这里既要注意字的结构，关注结束笔画的位置在哪。又注意总体笔画不宜太多。姓名用字应使用简体汉字，不要使用繁体字。仅从字形美、易书写角度讲，简体汉字中，我们还应少用、慎用多部分构成的字，如冀、鼻、赢、慕、摹、幂、蹇、矗、礬、罄、馨、蠢、饕、餮；少用、慎用内外结构的字，如胤、函、幽、匡、匠、句、匍、厦、庆、庚、鹰、痕、痛、摩、靡、阖、阒、圜、圈；少用、慎用字形偏的字，如延、建、遵、遣、毬、爬、趁、趣、虑、虞、麋、麝。

三、起名的步骤与构思

（一）起名的几个步骤

在美意、悦声、靓形总原则下，起名步骤大致有三：

1. 要先分析解读好姓氏

这里又有三个方面的问题，其一，明了姓氏的分类；其二，姓的义、象和音（谐音）的可利用性；其三，姓的笔画可具备拆字组合的可能性。

2. 加入起名者附带要求

以姓为基，满足起名者附加要求，如：嵌入字辈字，嵌入特别的字，然后在此基础上，依不同构思，设计名中的其他的汉字，须义、音、形兼备。

3. 审定姓与名综合匹配度

全面审定姓与名的搭配，综合匹配度要高。审定的程序是：满足起名的三原则；满足姓名的三要素，满足度越高越好；最好能够满足五格数理的要求，符合度越高越好。总之，要兼顾命理、易理、数理的“三理”，要具备义美、音美、形美的“三美”。

（二）对姓氏的分析

这里主要说两个问题。一个是姓氏的分类，再一个是姓氏结构的分析。

1. 姓氏的分类

姓氏大致分五类：

（1）有意义的兼有形象感的，可与名连用的姓氏：李、杨、林、叶、汪、江、黄、朱、白、蓝、马、牛、熊、龙、毛、钟、石、田、金、钱、雷、高。

（2）有意义但形象感弱化，可与名连用的姓氏：张、章、陈、周、徐、何、程、丁、余、戴、夏、范、方、陆、孔、崔、康、史、顾、万、黎、常、文、武、乔、贺。

(3) 有意义的，但与名一般不连用的姓氏：王、孙、郭、罗、谢、萧、肖、傅、姜、段、易、汤、赖。

(4) 无确定的意义的姓氏：吕、卢、邓、尹、杜、任、邵、胡、许、邹、邱、苏、曾、唐、阎、袁、侯、曹、蒋、彭、蔡、董、魏。

(5) 具有谐音效果的姓氏：刘（留），赵（照），吴（无），梅（没），步、布（不），宋（送），梁（粱），冯（逢），于、余、俞（鱼），沈（沉），贾（假），甄（真），潘（盼），解（泄），姚（要），谭（谈），郝（好），秦（勤），孟（梦），薛（雪），郑（正），韩（寒），龚（共）等。

有些姓氏的转化意义不止一种，须要注意。例如胡姓，其义有“乱来”意思，其谐音与“狐”同。特别要谨慎的还有几个姓氏，如吴、梅、步、贾，由于这些姓的谐音有特定相反的意思，所以起名时须格外留意。

2. 姓氏结构的分析

分析姓氏结构是起名构思的基础。通过结构分析，可以拆分或组合，从中产生出一些有意思的名字。可以作结构分析的姓氏如下：

王：干一、千一、一土；叶：十口；田：口十；刘：文刀；李：木子、子木；张：弓长、长弓；杨：木易；吴：口天；孙：小子；胡：古月；朱：牛八；许：午言、言午；卢：一户；宋：山木；何：可人；罗：四夕；冯：二马；肖：小月；林：双木；吕：双口；程：呈禾；贾：西贝；黄：田共；余：禾人；杜：土木；夏：百友；钟：金中；武：止戈；贺：加贝；姜：女羊；方：万点；姚：女兆；康：广录；雷：雨田；常：尚巾；傅：付甫；谢：射言、讨身；龚：共龙。

（三）起名的多种构思

1. 声方面的构思

与姓组合的谐音：刘（留）青山、何（河）思源、朱（珠）满庭，宋（颂）太平，姚（遥）远途，谭（谈）天地，艾（爱）中华、龚（共）休戚，薛（雪）中晴。

名字中的谐音：如马如辛（如新），康敬敏（敬民），李公朴（公仆）。

利用成语的谐音：毕恭敬（毕恭毕敬），安思危（居安思危），程万里（鹏程万里），叶知秋（一叶知秋）。

2. 形方面的构思

利用汉字方块字特点，或合成或分解的方式来构名。

笔画的变化构名：林木森，从人众，吕品田。

姓上加笔构名法：牛一生、牛文牧、羊大美、田力男、田心思、白水泉、公木松、古月胡、王白皇、高山嵩、文而斋。

拆姓构名法：王一士、王三一、王一川、王干一，何人可、何可人，李木子、李子木，张弓长，章立早、章早立，舒舍予、舒予舍，贺加贝、贺贝加，贾西贝、贾贝西，许言午、许午言，徐余人、岳丘山，岑今山、黄共田，栾亦木，雷雨田，还有许多，不一一列举了。

拆字构名法：林白水（泉）、彭加木（架）、苗力田（男）、李心田（思）、赵广大（庆）、袁古文（故）、俞心草（芯）。

3. 文言虚词的构思

利用文言虚词构造名字是不少人采用的方法。虚词包括副词，介词、连词、助词、叹词、象声词、代词等，里面的字有而、何、乎、乃、其、且、然、若、所、为、焉、之、也、以、矣、于、与、者、则等，这些字大部分均可以入名。有些字是有意义的，还颇具古韵；有些字本身虽无实际的意义，但入名后，却可对名字在形式上作些调节，使其具有变化之美，读起来也有抑扬顿挫音律美感。例如，“而”入名：顾而已、周而复；“何”入名：陆何方、邵何求；“乃”入名：芮乃伟、朱乃文；“其”入名：董其昌、高士其；“然”入名：李默然、焦孝然、赵伯然、杨思然；“若”入名：王若水、方若宏、董若雨、高若云、汤文若。“哉”入名：孟伟哉、刘承哉、顾良哉；“为”入名：郝为之、江为民；“之”入名：黄会之、王献之、李勉之、章含之、陈散之；“也”入名：如孙久也、许也纯；“以”入名：如黎以常、周以言、邵以先。“可”入名：如常适可、吴文可、林明可。“如”入名：萧如翰、姜如农、王如晦。“斯”入名：如王百斯、李斯和、杨如斯。

4. 美辞诗文、名言警句、成语典故的构思

美辞入名。称谓美辞，己：克己、正己；予：舍予、无予；卿：良卿、少卿；相应的字还有：吾、君、臣、公、汝、尔、郎等。身份美辞，士：士元、士龙；彦，美士为彦：彦博、彦方、文彦；子：子良、子荣、英子、木子；民：泽民、爱民。次序美辞，伯，排行为大：玄伯、伯韬、伯远、伯义；仲，排行老二：仲景、仲年；叔，排行老三：叔同、叔文。

诗文入名。胡乔木，“乔木”出自（诗经·伐木）：“出自幽谷，迁于乔木。”刘白羽，“白羽”出自于唐代卢纶《塞下曲》：“平明寻白羽，没在石棱中。”谢冰心、沈冰壶，“冰心”、“冰壶”出自唐代王昌龄《芙蓉楼送辛渐》诗句：“洛阳亲友如相问，一片冰心在玉壶。”

名言警句入名。孟浩然，“浩然”出自《孟子》；郑板桥，“板桥”出自刘禹锡诗句；王朝闻，“朝闻”出自《论语》；朱自清，“自清”出自《楚辞·卜居》；楚图南，“图南”出自《庄子·逍遥游》。

成语典故入名。简缩式：马识途（老马识途）；吉天相（吉人天相）；万斯年（亿万斯年）。纲目式：刘海粟（沧海一粟）；程思源（饮水思源）；毛致用（学以致用）。谐音式：钟志诚，“钟”即“众志成城”；沈力行，“沈”即“身体力行”；冯甘雨，“冯”即“久逢甘雨”；辛花放，“辛”即“心花怒放”。

5. 出生时的季节、日期、时辰、情景现挂的构思

以小孩出生时的时令或场景入名。但不要太直白叫春生、秋生，可以春华、春妮、逢春、秋红、秋桐、秋实、金秋等。朦胧细雨，风花雪月的场景皆可入名，干支、生肖也都可入名。

6. 父母家乡、祖籍故园的构思

如：刘京生、王沪生、江宁生、李延生、司河洛、赵粤南、常思蜀、王鲁湘、陈鲁豫、王沪宁。

7. 天地日月、田园山水、生灵万物的自然构思

“三光”日、月、星入名：张晴晖、王阳明、刘光裕、何景辉、宋月波、罗星芳、郑耀南、赵光炬、陈丹晨。

雨雪风霜入名：晨风、晚风、清风、彩虹、云霞、霜红、霜月、霜叶、玉露、飞雪、映雪、云天、云海。

山水入名：青山、春山、高峰、峻峰、长河、长江、春江、碧波、溪、泉、池、潭等。

四时入名：马辛春、王延春、邓仲夏、倪夏莲、杨秋玲、李秋岳、林逾冬、赵冬曦、桑金秋、晏春山等。

四方入名：王东华、朱东润、于冠西、万振西、施光南、罗泽南、于光俱、徐北文、李东光、吴冷西。

8. 励志上进、经世济民、建功立业的构思

邦国入名：古人有：廖匡济、廖邦杰、张康国、王定国。今人有：胡耀邦、蒋经国、牛振华、唐国强。

“三才”天、地、人入名：何承天、黄朝天、张龙地、许地山、焦立人、郭超人、胡良才、萧万才、张三才。

“三不朽”立德、立功、立言入名：陈立德、汤裕德、杨立功、于树功、李嘉言、史纪言、史书翰、吕公著、梁载言、杜存典。

9. 传承历史、仰慕贤良、纪念怀念的人文构思

男名多取光宗耀祖之字：继祖、绍祖、念祖、耀宗、宗汉、敬先、孝先。仰慕贤良之字：颜思渊、晏子婴、萧仰何、张慕良、魏而征、李慕白、孟一然、岳景飞、文又祥。

10. 传统道德修养、良好品质德行的构思

古人有：程修己、程正己、龚自珍、于慎行。今人有：于省吾、陈省身、彭德怀、钱信忠。仁义礼智信入名，温良恭俭让入名，节诚廉谦入名。

11. 祈盼期冀、美愿美好的构思

里面还可以细分为：(1) 聪颖、卓越、超群方面；(2) 俊朗、秀美、健康方面；(3) 幸福、丰腴、富足方面；(4) 平安、恬淡、舒适方面。各个方面的字还可以自由组合，应不胜枚举，不再一一列举。

第三节 姓名文化在当代社会中的意义

一、姓名文化在当代社会中的位置

（一）姓名能折射出时代的精神风貌

1. 改革开放以前的起名

精神层面的东西总要受物质层面的制约和影响。作为微缩到个人身上的社会意识——姓名不能不带有时代性。传统社会中的士大夫取名多以忠孝节义、福禄寿康、升官发财之义来命名，平民百姓也想过好日子，盼望多子多孙，上学念书，所以叫富贵、德福、进财、志学、平安、长顺、满仓、满囤、保成、金锁、栓柱等名字的特别多。

新中国成立前后，天翻地覆的大背景，激情燃烧的岁月，取名多昂扬。如：建国、解放、新华、东方、抗美、援朝、跃进、超英、国庆、盛中、兴华等。民主革命后，妇女得到了解放，但解放前后很长一段时期内给女孩子起名仍显得单调而拘谨，叫淑珍、淑英、淑兰、淑琴、秀英、秀珍、秀兰的比例极大，取名中仍带有浓厚的旧时代印记。"文革"期间人们"左"得可爱且疯狂，取名更加的了当直白。有直接叫文革的、兴无的，更多的取名如：文攻、武卫、卫东、卫红、卫兵、向东、向红、向阳、旭辉、朝阳、忠东、爱武、立军等。

2. 改革开放以后的起名

改革开放以后，社会发展的速度加快，每隔一个阶段人们的思想都会有相应的变化，体现在姓名中似乎也能够寻找到轨迹。20 世纪 80 年代的取名，简约的"单名风"盛行，男起名爱用刚、强、勇、伟、涛、杰，女起名爱用静、颖、芳、华、丽、楠，反映出人们在经历了浩劫之后，内心追求一种简单、宁静、踏实的生活心态，但单名造成了较严重的重名现象。90 年代的取名，有一股复古之风，但有繁复之嫌。此风似乎是对简约的反叛，唯恐重名，但却走到另一个极端。一些人起名去翻大字典，取名繁难之字，难写又难认，这是不好的。进入新世纪后，三字人名重新出现在取名排行榜的前列，多样化风格明显，名字中既有传统文化的意味，又具时代的气息。如起名：浩然、伯轩、子蒙、之涵、韶涵、星远、宇航等。传统的姓名文化回归到百姓的生活中总归是好事情。

（二）当代社会个人称谓多样化趋向加速

1. 从古至今多种称谓

个人称谓的多样化从古至今就有，即一人多名现象。过去的人有所谓的字或号，而字或号不止一个。古人中苏轼的名号最多：苏轼，字子瞻，“瞻”与“轼”相互说明，“轼”乃古代车辆设在车厢前凭倚的横木，轼之作用为“凭轼而观”，瞻即“视也”；苏轼有兄早亡，他排行老二，故又字和仲；自号东坡居士，又号老泉山人；苏卒于毗陵（常州），人尊“毗陵先生”；南宋孝宗朝，赠太师，追谥号“文忠”；自称苏子，又尊称苏公、坡公或坡老；因居室称东坡雪堂、雪堂、雪堂人、雪浪斋；因地望称眉山公；因官爵称苏翰林、苏徐州；苏轼一生，历尽坎坷，多地留下遗迹，便有坡仙、苏仙、铁冠道人等；苏轼一生有几十个名号。近现代人中鲁迅的名号最多，除名和字外，鲁迅更多用的是笔名，据统计鲁迅一生共用过140多个名号。现代人取字的已少见，更多取的是笔名或艺名。

2. 当代个人称谓的新形式

随着时代的发展，个人称谓出现了新形式，这就是网络中个人称谓的使用——网名。网名是现代个人称谓多样化的加速器。网名存在有多种形式：QQ名、博客名，群里名；如果是群主，有群主名；是版主，有版主名；还会有粉丝团、有粉丝名等。网名使得一个人可以有多个的网名，一人而多名，增添了他人辨识的难度；网名的起名的限制性东西少，既没有姓的束缚，也没有字数限制，自由空间大，想象路径宽，随意组合，风格迥异，所以网名是五花八门；也许网名能更多地反映个人的情感和心境，折射出一个人的心理，但是，由于网名有虚拟的成分，由此也一定会带来更多的其他社会问题。现今网名使用的频率、数量以及所体现出的巨大效应和潜能，已经大大超越了古代姓名文化的范畴，给我们带来了许多全新的意识和视角，对此，我们每个人都必须给予高度的重视。

（三）姓名文化在网络时代的困局

1. 对实名的珍视和保护

网名的频繁使用使得个人姓名在现代社会呈现出散化的现象。一人多名，有实名，有虚名；有的名字与个人联系很紧，使用频繁，有的名字则联系较松，使用较少。虚拟诱导着人们性情的分裂，网络加速着现代人格的异化。因此，就出现了这样的情形：对实名在意，庄重，对虚名懈怠，轻佻；使用较频繁的名字人显得谨慎，使用较少的名字人就变得放纵。

现代社会里人们对姓名权和名誉珍视。前面说到的名人更改名字，就体现了对姓名的重视。一些演艺人精心而庄重选择艺名，也是体现了对姓名的重视。歌手组合的“凤凰传奇”、“九月奇迹”，曲艺界有以小品王赵本山名字命名的“本山传媒”，还有“德云社”、“嘻哈包袱铺”、“开心麻花”等。演艺明星更是重视个人名誉和声誉的保护和维护。现在，已经不好说较出名的演艺明星因名誉和肖像打过官司的人是多少？而是说这些人中没有打过类似官司的人有几个？2014 年 1 月 21 日首都各报都报道了台湾知名艺人吴静怡（艺名伊能静）肖像权诉讼在通州法院开庭审理。这是伊能静 2014 年的第一场官司。据报道，伊能静仅 2013 年就在内地为其名誉打了四场官司①。为了名誉名人同名人打官司最易吸引眼球，如原告方是民（笔名方舟子）起诉崔永元名誉权纠纷案就是一起引人关注案子，后经北京市海淀区人民法院审理，于 2015 年 6 月 25 日公开宣判：同时判定二人均构成对对方名誉权的侵害，各自应承担停止侵权、赔礼道歉、赔偿损失等法律责任。此案闹腾了一年多，以各打五十大板结束②。普通人也有维护自身姓名的权利，有的因姓名被人冒名顶替，失去上学的机会；有的因重名误被当做抢劫犯留下案底，十年间无法正常就业和生活的等等。可见，现实生活中对个人姓名的珍视和保护是多么的重要。

2. 虚拟姓名滥用

现代社会人们对网上虚拟姓名存在侥幸和放任。网络环境实际在悄悄地改变着人，从思想到行为、到整个的生活方式。资讯的海量和迅捷使得今天人们的思维呈现出浮泛而趋于零碎、浅薄而易于偏激的时代特征，表现在言语上则是直露、节略、尖刻和粗鲁。感性逐步替代了理性；不是在发言，几乎在发泄；话语不求博得在理或精彩，只求博得眼球或廉价的喝彩。虚拟而又随意的话语环境，使得一些人的阴暗心理有了适宜的空间，给了一些人施放暗箭的机会，因此，喧嚣与鼓噪、乖戾与恣肆就成为了一些人网上言论的主色调。一些人网名和实名反差巨大，网上和网下判若两人，网络上所体现的人性情与格调的分裂实际是现实中人心理纠结的反映，网络成为了宣泄的通道。网名似乎有颠覆姓名文化的趋势。

二、轻视姓名文化的分析及其对策

（一）起名的不庄重现象及其对策

1. 不庄重的起名现象

现实社会中的取名出现多种不庄重的现象，这是文化的问题。

（1）华丽词藻堆砌。此类名只重视单字义，忽视几个字的组合意义，表现为造作、卖弄、直白，导致浮华名和伪劣名的出现。如超斌、博睿、嘉鑫、朗麒、

① 见《北京晚报》2014 年 1 月 21 日第 14 版。

② 见《北京晚报》2015 年 6 月 25 日第 9 版。

帝豪、仕豪，靓颖、婉薇、娅娟、雅涵、梦倩、瑶雯、蕊璇。

（2）过度的追逐时尚。起名或者是追求时尚新潮，起的名贴近明星，或者是洋味十足。此类名表现为平庸、俗气，导致庸名、坏名、洋名的出现；导致重名频率高。如刘帅、李帅、王楠、李楠、张龙、王晓龙、李晓龙等。起洋名有没有媚外嫌疑？笔者看起码是自卑心理在作祟。如丽莎、玛莉、珍妮、约翰、杰克、洛夫、托夫等。北京的许多楼盘，房屋设计者、建筑风格和材料都和外国人无任何关系，购房者也主要面向中国人，但非要起个洋名，叫什么香榭里舍、普罗旺斯、罗马花园、加州水郡，这种心理需求不知是满足了造房者？还是满足了购房者？总之，有些莫名其妙。

（3）追求奇特效果起名。起名或哗众取宠，或寻求生僻字入名，这样不但易发生歧义或不良谐音现象，而且会出现一些人不认得的尴尬局面，导致怪名、耻名的出现。王帝、刘朕、尹康熙、甄乾隆，出现用@、.com 以及字母起名的现象。1986 年出生的江西人赵 C，男，在 2006 年换发第二代身份证时被告知须改名，为捍卫自己的姓名权，2008 年 1 月赵 C 将鹰潭市公安局月湖分局告上法庭。一审判决赵 C 胜诉。月湖分局于 2008 年 6 月提出上诉并最终胜诉，将免费为赵 C 办理更名手续。前一段时间，国家公布了新的《规范汉字表》，今后取名用字只限于《规范汉字表》里的 8000 余字。

（4）借谐音起名，但较为随意。借谐音起名可以，但不能太随意，不能轻看姓名里面的文化因素。有些谐音姓名缺乏新意，俗气十足，粗陋、浅薄，导致俗名、丑名的出现，如高山、刘水、高峰、华夏、郑常、章法、唐诗、宋词、金山、钱庄、高连升、廖如神、赛天仙。

（5）拼凑五格剖象法中的数字。片面追求符合五格剖象法中的数字要求，导致因小失大，反而弄巧成拙。五格剖象法是日本人熊崎健翁 1918 年创立。其原理将名字分为天、地、人、外、总五格。依靠汉字笔画统计数字，对照"81 诱导数理"进行吉凶祸福的判断，虽然里面有一些易理的成分，但大原则并不符合周易原理，过于机械和单一，吉凶祸福的数字和周易数理不搭边，其依据不可知，随意成分很大。许多时候若死板或僵硬地拼凑数字，其结果往往事与愿违，反而起了个坏的或丑的名字。据说"馨月"被推荐，因为这两个字笔画的人格数、地格数、外格数和总格数凑在一起都是吉利数字，便有张馨月、李馨月、宋馨月等蜂拥而来。天大的笑话！且不说此名仅适合女娃，大家都来，造成重名就是愚蠢的行为。再说"馨"字笔画较多是个瑕疵，该字适宜笔画较多的姓氏使用，如姓魏、潘、颜等。

（6）省事简单的起名。强调姓名的符号功能，图省事简单，起单名，导致大量重名。中央电视台的节目主持人中就有一男一女两个"杨柳"。叫"张帅"的有女网运动员、男足运动员、还有演员多人。"张颖"是个不错的名字，可是在 20 世纪 80 年代末，仅北京市统计就有 4000 多个张颖。叫王静、刘伟、张伟的人也很多，若在一个单位，只好用男女、大小来区分。20 世纪 50 年代，两字名只有 14%。2000 年，中国第四次人口普查显示，20 世纪八九十年代出生的人，单字名占 63%。重名会带来一些麻烦，甚至危害，这已经成为一个社会问题。

2. 对不庄重起名的对策

我们的对策是三个提倡和三个避讳。

一提倡姓名中真善美共存，义音形俱佳，避讳假恶丑、浅陋俗姓名的出现；

二提倡姓名明快、简洁、含蓄，避讳堆砌、繁复、直白；

三提倡多字、好认、易书，避讳少字生僻难写。多字就是提出起三字名，少起二字名。好认就是请用规范简化字。

大众关注的汉字“繁简之争”，这方面的专家指出：纵观汉字演变历史，简化是主要倾向。简化字不会割断传统文化。强调说：中国人的重名现象绝不是因为能够用来取名的字太少，许多给人留下深刻印象的好名字都是从古典诗词、典籍中化用而来，但即使是这些古籍，用字量也非常有限，过去的童蒙识字课本，不重复的字也才2320个；十三经（在南宋形成的十三部儒家经典）包括《诗经》、《周易》、《论语》、《尔雅》、《孟子》不重复的字不到6000个；《全宋诗》收录了18401首诗，才用了4520个汉字。而今天的规范汉字达到8000多个，可以有无数种组合，还不够起名用吗？

（二）姓名文化如何面对“网名文化”的挑战

1. 新时代姓名文化面临的挑战

网络时代个人称谓的新变化，特别是网名，构成了今天的“网名文化”现象。“网名”既是网络交往的主体，也是网络文化的重要组成部分。网络文化对原有的姓名文化既提出了挑战，同时也带来了新机遇。

挑战大致有这样几个方面：第一，原有的姓名文化最早是与农业社会相适应，后又与以集中制造为主的工业社会相适应；姓名文化的主要载体是士大夫阶层或文化人圈子。而今天的网名突破了传统姓名文化的范畴：网名则上至老人，下至小孩都在运用，其载体人群大大扩展了。第二，一人多名不说，过去的人名与字是有联系的；现在人起名，名与名之间早已不受原有规矩的束缚，可以天上一脚，地上一脚，满不挨着。第三，网络姓名中掺有语言暴力或言语色情，取名更具庸俗化、低俗化倾向。第四，虚拟色彩浓重，网名与现实中的人反差巨大，甚至可以性别颠倒，男用女名，女用男名，所以，网名带有一定的隐蔽性和欺骗性。第五，网名的使用者在不同的心境和情绪中可以赋予自己的网名与之相适应，网络既允许更换短语，也允许更换名称，因此，网名具有随意性和暂时性特征。

2. 如何应对挑战

面对网络平台，姓名文化可以发挥其自有的优势。第一，姓名文化是中国传统文化的一部分，自然带有强烈的伦理色彩。名称毕竟是人的名称，和本人有着千丝万缕的联系。起名不管你的心境如何，名字毕竟反映其心理，折射出学识、情操和志趣，道德自律应成为网名文化的根基。第二，姓名文化与周易文化不可分，而周易文化是智慧文化。面对网名文化，我们要用智慧的目光审视之。有些网名，有些借着网名展开的网上交流活动，多数仅是娱乐的载体，游戏归游戏，玩笑归玩笑，既不要和正经事瞎掺和，也不要轻易和现实相联系。网上的东西一旦走到线下，走到现实中，就一定要提高警惕。第三，姓名文化本是农业时代的产物，其风格是田园的、闲适的、幽静的，这些元素不仅为今天的社会所稀缺，而且还是医治今日社会病或城市病的一剂良方。

（三）姓名文化如何面对商业社会的环境

1. 商家取名的大原则

传统姓名文化在商业社会仍有的价值。任何一个商家都必然重视姓名现象，体现在两个方面：对自家字号的珍视，对自家产品商标的珍视。因为字号和商标都与买卖的兴衰联系着。商家字号的名称要起好。好字号如磐，好字号如泉。商家取名的基本原则与人的姓名一样，总的要求是意、音、形俱佳。人名起得不好影响一个人，商家名起得不好影响就大得多。商家起名特别要遵从易理的三个因素：（1）五行要顺。一个企业所在的行业分属不同的五行，因此起名字时，用字五行要和企业行业所属五行一致或相生，避开相克，这样企业才能发展顺利。（2）最好与企业法人代表的命中喜用神一致或相生，不能相克，这样才可能把生意做大。（3）最好数理也要匹配。企业名称（包括全称和简称）数理的数字不仅要吉，也要避开五行相克的因素。

山西晋商中最著名的就是“日升昌”票号了。据称“日升昌”的名号是大掌柜雷履泰夜梦而来。一日，雷履泰远看邻家起火，赶去救火，不想走近后不是火光，而是走进了一座流光溢彩、金碧辉煌的大宅院，而此时正值东方破晓，朝霞里两轮红日喷薄而出，太阳的金辉与璀璨的宅院交相辉映，令人叹为观止。正欲延续，戛然而止，原来是一个离奇的梦。但梦中的情景——二日并升光照大地的情景犹历历在目，于是，一个崭新的思想火花在他脑海中闪现出来，“日升昌”便诞生了。日间传为夜梦，实则苦思而来。在这之前，雷履泰也曾想过“广聚源”、“兴隆盛”等名号，但都有些落俗，被他一一否定了。“日升昌”其意同辉共暖，不落俗套，为日后的事业兴盛打下了坚实的基础。在雷履泰七十大寿的当天，票号的伙计们将一块“拔乎其萃”的牌匾高悬于“日升昌”店内的门楼之上。的确，一生敢为人先、勇于创新的雷履泰配得上这四个字。

2. 商家取名的诸因素

商家取名除了遵从易理因素外，还必须遵守企业注册法规的要求，考虑到属地、行业和企业性质与规模等因素。在满足以上因素外，再考虑市场的因素，市场的因素包括：

（1）专有或独有性：一个商家必须拥有自己专有的概念，才能在市场中标新立异，防止重名。

（2）好识别性。名号是本企业区别于其他企业的标志，要求具有独创意义，让人一目了然。与名称相配，应设计好标识，做好 CI 的系统工作。CI 是 Corporate

Identity 的缩写，中文译为“企业形象”。将 CI 计划与名号同等对待。由此提高企业的社会知名度，最终得到自己最适合的经营环境。如果名号本身带有想象的空间，带有画面感，当然更好。北京有个“蓝岛大厦”，其字号具有画面感，有如蓝色海洋中的一座岛屿或一处港湾，给人以宁静而祥和的感觉，是个好名号。这方面还有：凤凰传媒、熊猫、娃哈哈、农夫山泉等。

（3）亲民性。始终坚持以人为本的理念，企业起名用字要具亲和力和亲近感，讲究道德，有社会责任感。要美善吉利，不要吝厉凶暴。北京老字号商家其字号本身普遍具有仁义的特征，如商家有天福号（酱肘子）、信远斋（酸梅汤）、吴裕泰（茶叶）、瑞蚨祥（丝绸布匹）、荣宝斋（字画文房），药店有同仁堂、长春堂，饭馆有全聚德、泰丰楼、同和居、厚德福等。现如今的新字号有紫光、方正、福耀、吉利、万达、万通、华谊兄弟，有传统文化的底蕴，新东方、华润、华为、中兴、神华、巨人、东风、长城，透露出爱国的情怀。

（4）易传播性。名号应简明、清晰、易写、易记，这是传播的必要条件。最好有好的谐音，不要有坏的谐音，如百度公司的“百度”寓意、谐音都很好。中文音译的“谷歌”，字、义、声也俱嘉。起名好的还有新浪、联想、国美、平安、广厦等。

3. 做好自己

面对市场经济的环境，面对商业间的竞争，姓名文化自有其伦理的底线。我们既反对冒用他人的名或号（或个人，或法人），恶意侵权行为；我们也鄙视那些在字号或商标上搞音同或形同的把戏，故意打擦边球的行为；所有这些行为，不但谋取了不义之财，还败坏了字号真正持有者的声誉。对此，我们应当一方面加强法律的制定、规范和宣传，依法惩处违法事件；另一方面，在提倡做遵纪守法的公民的同时，重视伦理道德建设，重视姓名文化建设。力求使我们的公民面对起名的时候，在不想歪点子的前提下，有好的思路和好的途径找到好名字。

作为商家，名号重要不重要？当然重要。在依法经商的基础上，维护名号最重要的事是做好自己。同时，在做好自己的基础上，还要尊重名号，运用法律的手段保护好名号。围绕着名号，还是“日升昌”的故事。随着“日升昌”兴旺，大掌柜雷履泰和二掌柜毛鸿翙之间矛盾加深，最终导致毛鸿翙另起炉灶。在“日升昌”成立的两年后，毛鸿翙创立了一家叫“蔚泰厚”的票号。蔚泰厚的号址，就扎在了日升昌的隔壁，从此两家票号开始了二十多年的竞争。有意思的是高人的竞争居然还体现在姓名上，先是雷履泰给自己的孙子起名叫雷鸿翙，毛鸿翙知道后，马上还以颜色，给孙子起名叫毛履泰。他们二人的竞争，恰恰促进了那时中国金融业的繁荣。同时，他们二人在姓名上的纠缠，表面上看似乎有些无聊，实质是他们都认识到了人才的重要，是相互惜才、相互倾慕的体现。商家所谓做好自己，其关键是有无人才及人才的储备，人才的竞争才是最核心的竞争。

三、尊重姓名文化　建设文明国家

（一）敬重姓名文化是文明社会的表现

1. 与《周易》有关的称呼

古代社会是敬重姓名文化的。不但起名愿与《周易》沾边，而且文化人起名多讲究，文雅且寓意隽永。历史上大小朝代起的年号近千个，基本上都采用福吉美善的词汇，有的则直接从《周易》中取词。如魏明帝曹叡的“太和”，取自“保合太和，乃利贞”。西晋司马炎的“咸宁”，取自“万国咸宁”；隋炀帝“大业”，取自“富有之谓大业”；唐太宗李世民的“贞观”，取自“天地之道，贞观者也”。

一些建筑取名也与周易相关，北京故宫的三大殿起名“太和”、“中和”、“保和”；多：天坛建筑里的“圜丘坛”，它四座坛门分别叫泰元门、昭亨门、广利门、成贞门，中间的四个字“元、亨、利、贞”是《周易》《乾》卦的卦辞。一些名人的名字有的直接取自《周易》。“初唐四杰”之一的骆宾王，字观光，其名和字均取自于《观》卦六四：“观国之光，利用宾于王。”茶圣陆羽，字鸿渐，其名与字均取自《渐》卦上九：“鸿渐与陆，其羽可用为仪，吉。”北宋宰相吕蒙正，其名就取自《蒙》卦《象》曰：“蒙以养正，圣功也。”蒋中正，字介石，取自《豫》卦六二：“介于石”；其《象》曰：“贞吉，以中正也。”毛泽东，字润之，取自《系辞》“是故刚柔相摩，八卦相荡，鼓之以雷霆，润之以风雨”，《说卦》“雷以动之，风以散之，雨以润之”。现代人章含之，取自《坤》卦六三：“含章可贞。”诗人臧克家，取自《蒙》卦九二：“包蒙吉，纳妇吉，子克家。”作家高行健，取自《乾》卦《象》曰：“天行健，君子以自强不息。”

2. 好名源于匠心独运

好名源于满腹经纶、匠心独运；既非能信手拈来，也非家长翻翻字典便能解决。街面上周易取名的专家中，良莠不齐，需要仔细甄别。很多不了解周易姓名学的人，认为周易姓名学是一种术数文化，是封建迷信。其实不然，作为周易的一个功能学科，是集易理以及心理学、社会学、历史学、哲学等多门知识的综合，没有较深的多方面知识的积累，很难起好一个名字。尊重姓名文化是社会文明进步和文化水平提高的重要标志。

取名，是个人的、家庭的事情。姓名深深打下家族血统的烙印，凝聚着父母对孩子的深情厚意和殷切期望，是家长送给孩子的第一份大礼或财富，是家庭教育的起步，是父母对孩子人生前景的信息密码的一种锁定；作为这一符号的持有者，姓名的心理暗示作用将伴其一生，始终发挥着潜移默化的功能。当然，主要还是个人的修为，最终影响到人生活的方方面面，作用和影响着人的一生。取名也和社会有着密切的关系，因为姓名更主要的功能是用于社会的交往。这样，取名就有了更广泛的社会意义，并不是个人随心所欲的简单事由。时至今日，对于姓名文化，正规的官方学术单位开展研究还很不够，虽然有了一些法律的规定，用禁止性的一些规定限制取名，但由于缺乏正面的教育和指导，导致姓名无序，不庄重严肃、怪异的名字仍时有所见，起名之事多散在民间，任其兴衰生死，整个工作显得很被动。这起码是民族文化建设方面的一种缺失、一种遗憾。

（二）姓名文化也须与时俱进

中国汉字与其他国家的文字不同。它每个单字都有丰富内涵，有表音、表形、表义的功能，当单字自由组合后又会有成倍的意思出来。汉字由图形变为笔画，由象形转为表征，由复杂趋向简洁，凝聚了中国先人对社会与自然细致入微的观察体味的精髓。汉字作为一种神奇的意象符号，能调理人的心情，开启人的智慧，增添艺术的素养，中国的书法能够养心延生、怡神祛病，这是汉字的独特功能。姓名由汉字组成，它岂仅是一个符号，它寓德、寓智、寓美于一体。是神奇而灵动的个性表达体系，可见，起个好名字将受益一生。

虽然好名配好人不是绝对的，但我们要力求名正言顺，正如苏东坡所说，“世间惟名实不可欺”[①]。名正是金。有了正名的意识，便可以取好名。何谓好名？虽然“见仁见智”，但有一点是大家共识的，那就是名字作为社会交往的工具，要接受社会实践的检验。名字不仅仅是一个自我评价问题，还有一个他人审视和接受社会评价的问题。根植于中国优秀传统文化的名称，符合中国人的心理需求，是中国人的审美情趣与民族认同的反映。我们应力求做到人如其名，名以正人。

姓名文化需要去其糟粕、取其精华。网络时代，一方面拓展着姓名文化的疆土，另一方面也在呼唤着姓名文化中的精华元素给予梳理和指导。网络信息化大潮方兴未艾，在全球意识、民族意识、变革意识中的姓名文化正经受着时代浪潮的冲击和洗礼，它当然也要与时偕行，跟上时代的步伐，我们愿和一切有识之士共同努力。

① 《苏轼集》卷七十四《答毛滂书》。

第十七章

周易文化与相学文化

相学是传统术数之一，也是周易文化的一部分。笼罩在相学上的迷雾很多，需要我们用理性之风吹散。相学说到底是所谓“阅人之术”，它不仅是人际交往的必要功课，也是生活阅历的“试金石”。当然，它里面有科学的依据，有真知识；也有迷信的成分，有假知识，这些是需要我们仔细甄别的。即便是有录像资料，有更先进的计算机人脸识别技术，仍替代不了直接面对面的相学，现如今在考试中加试面试也是同一个道理。这是因为相学中所包涵的丰富的信息内容以及人脑对这些内容的加工处理，仍然是智能机器所不能胜任的。

第一节　相学遗产及其曲折发展

一、相学得以确立的理由

（一）何谓相学？

相学，是传统术数山 、医 、命 、相、卜中的“相”。《说文解字 · 木部》：“相，省视也。从目，从木。”古时称此营生为“相术”，意在通过观察分析人的形体外貌、声音气色等外在特征来预测吉凶和运程，从业者一般被称为算命或看相先生。相学是相术的升级版，相学也观察人的形体外貌、声音气色，但同时还考察人的举止情态、精神气质等，应用较新的知识，运用综合分析方法来评判和测定人的禀性和日后的命运走向。相学认为“相”是人命运的一种外显形式和内隐形式的统一，这种统一体中包涵着吉凶寿夭、盛衰休咎的讯息，对这种讯息的掌握因人而异、高下分明，尤其是内隐形式的“相”非专门家难以识得，因而相学是和占卜、命理密切关联的、有着神秘色彩的中华传统文化之一。相学有广义和狭义之分。广义相学除了相人外，还包括相物，或曰物相，物相在古代又分为：印相，即根据印章所刻画的图文卜占。名相，即根据人名的笔画和涵义卜占。字相，即根据不同人所书写的文字，经过组字、拆字予以测字卜占。字相在今天还拓展出一门边缘学科——字迹学，成为诉讼物证方面的重要依据。物相原本还包括宅相和墓相的卜占，后来，阴阳宅地的卜占归并到了风水学那里。狭义相学就是相人，我们这里讨论的是狭义的相学。

（二）相学是“阅人”的必要功课

1. 相学是阅人之术

俗话说得好：读万卷书不如行万里路，行万里路不如阅人无数。相学实际就是阅人之术。相学很神秘吗？它有不神秘的地方，它无非是由“象”而引发其“相”，“相”作动词讲，要求我们在品评人时，除了关注其人的德行、才干，即通过他的为人处世看到这个人的内质之外，还须关注到该人的外在形象，因为外在的形象与德行、才干也是有关联的，高人之所以高就体现于此。司马迁是个例子。司马迁在评价白起时曰：“白起小头而锐上，断敢行也；瞳子黑白分明，见事明也；视瞻不转，执志强也。”① 司马迁是一个比较缜密严肃的史学大家，但他在论及一些重要历史人物时，受当时时代风气的影响，却运用了相人术的语言风格，确是一个有意思现象。然而，从相学的角度看，根据人的头形、眸子、目光来识人却绝非诳语。孔子曾说：“以貌取人，失之子羽。”② 似乎是反对相术，其实，恰恰不是，而是为自己看人走眼而悔疚。盖仅仅“以貌取人”绝非相学！它只是俗人的理解的“皮相”。高者相学，则相其神、气、心、骨。岂能让“皮相”遮掩。针对犹如透视般的“阅人之术”，曾任秦国丞相的吕不韦编著的《吕氏春秋》有段经典的论述：“凡论人，通则观其所礼，贵则观其所进，富则观其所养，听则观其所行，止则观其所好，习则观其所言，穷则观其所不受，贱则观其所不为。喜之以验其守，乐之以验其僻，怒之以验其节，惧之以验其特，哀之以验其人，苦之以验其志。八观六验，此贤主之所以论人也。论人者，又必以六戚四隐。何谓六戚？父、母、兄、弟、妻、子。何为四隐？交友、故旧、邑里、门郭。内则用六戚四隐，外则用八观六验，人之情伪、贪鄙、美恶无所失矣。譬之若逃雨污，无

① 《史记·赵世家》。

② 《史记·仲尼弟子列传》。

之而非是。此先圣王之所以知人也。”① 译成白话：评价一个人，如果他通达，就观察他都对什么人以礼相待；如果他显贵，就观察他都举荐什么人；如果他富有，就观察他所供养的是些什么人；如果他能够听进别人的言语，就观察他的实际行动；如果他闲暇无事，就观察他消遣的喜好；如果他学习，就观察他能聊出点什么；如果他穷窘，就观察他不接受的是什么；如果他贫贱，就观察他不去做的事情是什么。使他高兴，以检验他的操守；使他快乐，以检验他的陋癖；使他发怒，以考验他的节制；使他恐惧，以验证他的卓而不群；使他悲哀，以检测他的慈爱心性；使他困苦，以考验他的意志。以上八种观察和六种检验，是贤明的君主用来考察和评定人的标准。评估人还一定要注意他的六戚四隐。什么是六戚呢？就是父亲、母亲、兄长、弟弟、妻子、儿女这六种直系亲属。什么是四隐呢？就是朋友、熟人、乡邻、亲信这四种亲近的人。在小圈子内就用上六戚四隐来观察，出在外边就要用八观六验去衡量，这样，一个人的真诚和虚伪、贪婪与卑鄙、美好与丑恶就不会判断错了。这就像躲避下雨一样，没有什么地方可以逃遁，因为各处都在下雨。这就是先代圣王据此以鉴识人的方法。吕不韦是较早的相学理论的开拓者之一。当然，相学也有神秘的地方，能识外显之相易，能识内隐之相难；能预知其生理的、身体的、具有直接关联的结果相对容易，还能预知其非生理的、社会的、具有间接关联的结果就很难，这就是相学神奇的地方！是否藏有至今未解的地方也说不定。

2. 相学里面有真知识，也有假知识

相学的道理可信吗？相学中有真道理，也有假道理。全信，难免流俗。俗话说“人不可貌相”。如相书曰重瞳乃富贵吉相，一代英君虞舜重瞳，最终成就圣人；楚霸王项羽重瞳，最后落得别姬自刎；南唐后主李煜重瞳，寄人篱下，郁郁寡欢。荀子专门就相学有过议论，他言道：“帝尧长，帝舜短；文王长，周公短；仲尼长，子弓短。……故长短小大，善恶形相，非吉凶也。”② 意思为，帝尧个高，帝舜个矮；文王个高，周公个矮；孔子个高，子弓个矮。所以，人的高矮大小和善良丑陋的形相，并不是吉与凶的表现。荀子还说道：“古者桀纣长巨姣美，天下之杰也。筋力越劲，百人之敌也，然而身死国亡，为天下大僇，后世言恶，则必稽焉。是非容貌之患也，闻见之不众，议论之卑尔。”③意思为，古时候，桀和纣都是身材高大俊美的人物，是天下相貌最杰出的人物，敏捷有力，能与百人相敌。然而最后身死国亡，成为天下最大的羞辱。后代的人谈到恶人，一定要拿他们举例。将是非归于容貌，这样见解的人不会多，这样的议论也是低下的。最后荀子总结道：“故事不揣长，不揳大，不权轻重，亦将志乎尔。长短大小，美恶形相，岂论也哉！”④意思为，做事情不要去揣度他的高矮，不要去估量他的大小，不要去权衡他的轻重，而要看他的志气修养。高矮大小和外形体貌的美丑，难道是值得

① 吕不韦：《吕氏春秋 · 季春纪 · 论人》
②③④ 荀子：《非相》。

谈论的吗？显然，荀子属于相学的怀疑论者。

相学真是毫无道理吗？不是的。史间记载的应验事例无数。《东观汉记》记载了相师相班超之事：班超年轻时与人同求相士相命，相士道同去的人都没有富贵之相，只有你当封侯万里之外。超问其由，相士道你“燕颔虎头，飞而食肉，此万里侯相也”。后来，班超奉诏出使西域，以功封定远侯，果然应验。可见，对相学全然不信，则过于执拗，定会在现实中多走弯路。在这里，神秘主义与虚无主义都是要不得的。相人果真能相出门道来吗？回答是肯定的。生活中当我们说“一方水土养一方人”时，我们实际上已经走上了阅人之路，或曰相人之道了。我们知道，相貌或者气质、秉性能透露一个人的种族、民族或生活地域的信息，这是可以由人的肤色、毛发、身形、脸型等许多生理元素读出来的；如果再与该人交谈，有一定社会经验的人就能够听出对方的乡音或者口音，接下来便会有这样的俩人对话，“阁下可是安徽的祖籍？”“正是，听兄台口音恐怕是晋中人氏？”“不假，祖上是山西太谷县人。”我们如果再加上人的一些行为举止、饮食习惯等，便能暴露出来更多的信息，这样，便能为一般人鉴别他人提供有益的参考，当然，这仅是相人的初步，即便如此，这样的一般人也一定是一个具备较丰富的社会阅历的人。所以，我们普通人懂得一些初步的相学知识是完全可以做得到的。

相学更高级一些的知识是要找出相貌与人的命运之间的联系，这是比较难一些的工作。古人深知其难也，所以荀子在《非相》中言道：“相人，古之人无有也，学者不道也。古者有姑布子卿，今之世，梁有唐举，相人之形状颜色而知其吉凶妖祥，世俗称之。古之人无有也，学者不道也。故相形不如论心，论心不如择术。形不胜心，心不胜术。术正而心顺之，则形相虽恶而心术善，无害为君子也；形相虽善而心术恶，无害为小人也。君子之谓吉，小人之谓凶。故长短、小大、善恶形相，非吉凶也，古之人无有也。学者不道也。”荀子反复说“古之人无有也。学者不道也”，既质疑，也表达了极难矣。我们该如何看待这种在常人看来知其不可而为之的文化现象呢？所取的态度不是痛斥或回避，而是要进行认真地分析，实事求是的甄选，对待相学所涉及的问题，重要的是对已知的和可知的，对未知的和一时难以详知的都应辩证地对待，取其精华，去其糟粕仍是正确的态度。

二、相学的曲折身世

（一）相学历史沉浮录

1. 相术最早是相牲畜

相术最早出现并不是相人，而是相畜，即相牛马。古籍《古今医统》和《列子・黄帝》篇记载，早在神农、黄帝时代即有马医马师皇，“善识马形气生死，治之即愈”，因此被尊为中国相马第一人，也为兽医学的始祖。因畜致人，“相马以舆，相士以居。”[1] 古人便从相畜发展延伸到相人。史载“昔尧取人以状，舜取人以色，禹取人以言，汤取人以声，文王取人以度，此四代五王之取人以治天下如此。”[2] 也就是说，昔日挑选接班人的工作，先贤各有不同：尧是依据人的形态举止选人，舜是依据人的表情神色选人，禹是依据人的言语应答选人，汤是依据人的声调语气选人，文王是依据人的气度风姿选人。如果上述这些内容就算是相人的话，那么，相人在上古时代也就有了。

2. 相人的历史片段

春秋时“相人”已成上层社会的风气。最早相人文献记载是《左传·文公元年》篇：一次会葬中，公孙敖听说周天子派来参加葬礼的内史叔服会看相，便让自己的两个儿子出来相见。叔服对公孙敖说，谷可以祭祀供养你，难可以安葬你。谷的下颔丰满，其后代必定兴于鲁国。后公孙谷果然生子，名茂，为鲁国贤大夫。《史记》、《吴越春秋》等史书中还记载有春秋时的相士姑布子卿、吴市吏等人活动的情况。

战国时期，看相的记载更多起来，最典型的是鬼谷子看相。著名军事家孙膑求学于鬼谷子，一天他们在山谷中谈道时，鬼谷子忽然看见孙膑脸上有凶恶之气出现，便惊异地说：“黑赤之气缠于岳渎，此为珠玉陷于泥中，主身陷牢狱，而有性命之险。”孙膑后来果有此难，致使髌骨被剜而终身残废。时至战国，相命的风气已从贵族阶层蔓延到民间，初步形成为一种民俗风气。秦国丞相吕不韦主编的百科全书《吕氏春秋》，里面有不少相学方面的内容，应是对先秦以来相学理论的集大成。

两汉时期，相学得到迅速发展。仅刘邦及家人看相，《史记》多有详载。据《后汉书》记载：东汉时，皇宫挑选嫔妃、宫女都须相士过目。“于洛阳乡中阅视良家童女，年十三以上，二十以下，姿色端丽，合法相者，载还后宫，择视可否，乃可登御”。此时相学理论体系初步建立。《汉书·艺文志》载有《相人》二十四卷。东汉大家王充持“元气说”，他赞同相学中的禀气而生骨相之说，他在《论衡·骨相篇》说：“人曰命难知，命甚易知。知之何用？用之骨体。人命禀于天，则有表侯于体。”

唐代实行科举，人们中出现身跃龙门，一举成名的情形。但毕竟是名额有限，科场竞争激烈，加上科举考试中常有“造请权贵”、“贿贷考官”、“假手易名”等舞弊现象，仍有大批的读书人科场失意。科考难，做官也难，稍有不慎，就会功名尽失，甚至惹来杀身之祸。因而起怨于命，救助于命相之学，以求相士指点迷津。唐人痴迷相学，暴发户和落魄人都去看相，相学成为了一种吃香的职业，一些科场失意的文人竞相加入，有些人竟因此扬名。据史籍记载，唐代著名相师就有三十多位，如袁天罡、袁客师、李淳风、张憬藏、薛大鼎、桑道茂、孙思邈、

① 《孔子家语·子路初见》。
② 《大戴礼记·少间篇》。

李生、孙生、衡相等。出版相书也多达 30 种 139 卷。

宋人对相学的顶拜丝毫不输于唐人，甚至有过之。北宋初年，有一位麻衣道者，相传有托他名所著的《麻衣相法》传世。（参见彩色插图 33）《麻衣相法》对相学理论进行了总结和发挥，由于该书通俗易懂，在民间得到广泛流传。宋初著名的道教人物陈抟精通相术，据说就是由麻衣道者所授。据《东轩笔录》载，宋太宗立王储时，请陈抟为他几个儿子看相。抟回奏曰：‘寿王真他日天下主也’。后寿王果为宋真宗。后也有托名陈抟的《神相全编》一书传世，其相学体系较完备。宋代，相学著作极其丰富，郑樵《通志·艺文略》记载了《相书》、《相经》、《相书图》等共计 73 部相学著作。

明代统治者从皇帝到大臣，许多成员都出身卑微，面对相学，他们非但不禁止，而且笃信，为相学大行其道提供了主观上的便利。正如明代学者宋濂在《禄命辨》说："近世大儒于禄命家无不嗜谈而乐道之者。"明代由于商品经济的发展，一边促进了都市的繁荣和市民阶层的扩大，另一边加速了自给自足经济社会的分化和重组。人们之间的交往愈加频繁，人际关系愈加多样复杂，在客观上也刺激了相学的发展。此时，沉湎于相学和命理，用以揣度复杂的社会关系，就成了明代日间的市景。世间真正是家家有相书，人人谈命运。明代的袁珙父子是相学史比较有名的人物。袁珙曾给未登基的燕王朱棣看过相，称之为"龙行虚步，日角插天，太平天子也"。明成祖即位，袁珙官拜太常寺丞，"所居鄞城西，尧舍种柳，自号柳庄居士"。袁珙将自己的学术成就及对世事人物的评论编成《柳庄集》，后来相士广为传阅应用的《柳庄相法》据说是袁珙所作。

清代看相的风俗不亚于明代，且更为世俗化。清代对相术著作整理汇编是它所作的重要贡献。整理较好的相学专著应为陈钊的《相理衡真》。所谓"衡真"，就是一种甄别选择，所谓"相法必揆其理，理者理有固然，衡鉴必求其真，真者真形毕现，故曰《相理衡真》"。在陈钊看来，相学门类繁杂，菁芜并存，相学的真正面目越来越被旁门左道的灰尘所掩盖，必须做一番甄选梳理的工作，陈钊辛劳没有白费。说到清代相术不能不提到晚清重臣曾国藩和他的相书《冰鉴》。据说曾国藩是一个不大相信命运或占卜之类的事的人，他曾嘱后人有"三不信"，即不信僧巫、地仙、医药。僧即和尚，巫是巫师，地仙是风水师，医药是指江湖医生开的药方。但是，曾国藩却笃信相术，并且非常自信自己的相术；曾国藩相术口诀为：

邪正看眼鼻，真假看嘴唇；功名看气概，富贵看精神；

主意看指爪，风波看脚筋；若要看条理，全在语言中。

曾国藩后来将自己相人的经验加以总结，著成《冰鉴》一书。鉴，镜子也。冰鉴即镜洁如冰，比喻明察。坊间有不少曾国藩相人的故事。

3. 相学命运多舛

进入 20 世纪后，相学命运多舛，每况愈下。一方面，现代的实证知识的熏陶和普及，质疑与排斥的人多起来；另一方面，甄别不够，对传统文化用了简单化思维，将其等同于封建迷信予以严禁，在相当长的时期销声匿迹了。随着改革开放和思想的解放，包括相学在内的传统文化又有了一定的空间。其实，相学始终在乡村、在都市街角、在旅游地偷偷摸摸地存在着，这种顽强存在现象的本身就值得思考和探究。改革开放以后，老版的相学图书和新写作的相学著作大量涌现，预示着伴随经济的复兴，一个文化的复兴会到来，而这才是更富意义的。

（二）亦真亦幻的相学掌故

相学掌故浩如烟海，我们仅从较正规的史书中节录，供读者自辨之。

1. 先秦至汉的相学故事

《左传》载：周天子大会诸候，派单成公做主礼。晋大夫叔向参加会盟之後，对人说："单成公命不久矣。他身为主礼官，可是双目老是望地下，腰带之上便望不到了；说话的声音小，隔两步便听不清楚，那便是神气已衰的象征，其人的命绝不会长。"果然，一年不到，单成公便死了。

《汉书》载：高祖刘邦，江苏沛县人，出身社会底层，当过亭长。一次沛县县令设宴欢迎从山东单县迁居到沛县的吕公。当时负责接待宾客的是萧何，定下规矩，送一千文贺礼的，方得在堂上入席。刘邦当时大声说："我送钱一万。"其实他没钱送礼。当他昂然入席之时，吕公见了大吃一惊，站起来向他行礼。因为吕公好相人术，见到刘邦相貌奇特出奇，对他格外敬重。史书描述了刘邦的相貌：其隆准龙颜，美须髯，左股上有七十二个黑子。隆准，就是鼻梁高大丰满；龙颜就是日月角隆起，额头宽大；美髯，是指着胡须很美；黑子就是黑痣，左大腿有七十二颗黑痣，据说是代表天罡七十二星宿。古代相书对痣有专门的论述。不知是隆准龙颜，还是多痣的缘故，总之，酒席散后，吕公留下他，对刘邦说："我从少年时代起，就喜爱相术，几十年来相过的人不计其数。但是在我相过的人中，没有一个比得上你！希望你好好自爱，珍重自己！如不嫌弃的话，我有一个女儿，愿意许配给你。"刘邦听后，也没当回事，随随便便就答应了，以为是吕公酒后醉话。吕公回到家中，顶住了妻子的反对，不久，吕公亲自主婚，真把女儿嫁给了刘邦。他女儿就是吕雉，后来历史上有名的吕皇后。

2. 三国两晋的相学故事

《三国志》记载了相师朱建平相人的绝技。荀攸和钟繇是好朋友，曾一起让朱建平相面。朱云：荀虽年少，但他的后事得托付给钟君。钟听后开玩笑对荀说：真是这样的话，我帮你把你的妾阿骛嫁出去就是了。不想事情果然如此。钟繇一边帮助荀家料理后事，一边还真的为阿骛找了个好人家。为此钟繇不禁感慨道：朱建平的神妙，令人惊叹。就是古代相人名家唐举和许负也不能与之相比啊。

《晋书》载有陈训相王导与甘卓两人的故事。晋武帝时的王导，年少时就长得容貌甚伟，骨相秀异。十四岁时，有个相人高手见到他，曾惊异地对旁人说：此儿容貌神情气度，是辅佐君王的治世良相啊。晋元帝时，他果然为元帝的中兴建功天下，又辅佐明帝成帝，深得赏识，职位步步高升，做了很长时间的宰相。但是，王导也常为自己的多病而烦忧，于是，问善相的陈训。陈训不以为然，劝他不必忧患，说他耳形长垂至肩，必定长寿而且大贵，子孙必定会显赫。后果然得到了应验。历阳太守甘卓，平日爱低着头，眼睛却有朝上翻看人的习惯，在当时的相学上这叫“盼刀”。他的眼睛又有赤脉贯入眼瞳，陈训断甘卓“不出十年，必以兵死，不领兵则可以免。”后王敦叛反，甘卓出兵讨伐，结果被王敦所杀，不幸地应了陈训的预言。

3. 唐宋时期的相学故事

《旧唐书》记载了袁天罡为武则天看相的故事。当武则天还在幼年襁褓中时，袁天罡见到武则天其母亲杨氏便吃惊地道：“夫人法生贵子！”杨氏召二子元庆、元爽，让袁天罡相面，天罡说：“官三品，保家主也。”后又唤出武则天的姐姐（后封为韩国夫人）让其相，天罡称“此女贵而不利夫！”后果然很早守寡。最后由女仆抱出穿着男孩衣裳打扮的武则天，袁天罡一见襁褓中的武则天大为震惊，说她“龙瞳凤颈，极贵验也！若为女，当作天子”，世人开始均认为是戏言耳，后来的历史进程却被袁天罡提前言中了。

据《玉壶清话》记载：宋太宗也懂得相人术，曾相钱文僖，颇为应验。太宗对左右说：“朕观若水（钱文僖，字若水）风骨透迈，神仙资格，苟用之，则才力有余。朕疑其寿部促隘，果至大用，恐愈迫之。”钱文僖果然早夭。

4. 明清时期的相学故事

《明史》载：珙生有异禀，好学能诗。普陀山遇异僧，授以相人术。朱棣还为燕王时，召见袁珙，袁珙相其面曰：“龙行虎步，日角插天，太平天子也。年四十，须过脐，即登大室矣。”① 后来果然登基，是为明成祖。袁珙也因此成为了传奇人物。

清人曾国藩会看相，在他的《日记》里有对“富贵之相”的看法：端庄厚重是贵相，谦卑涵容是贵相。事有归着是富相，心存济物是富相。显然他是相信“相由心生，相随心转”之说的。据说他相人也主要是通过身体语言来判断的。坊间流传不少有关他相人的故事，现转述二则。

一则是曾国藩任两江总督时，有人向其幕府推荐了陈兰彬、刘锡鸿两人。接见后，曾国藩对陈、刘二人作了评价：“刘生满腔不平之气，恐不保令终。陈生沉实一点，官可至三四品，但不会有大作为。不久，刘锡鸿作为副使，随郭嵩焘出使西洋，很快两人意见不和，相互告状，当时主政的是李鸿章，自然倾向于曾的门生郭嵩焘，将刘撤回，并且以后不再设副使。刘对此怨恨，上疏再告李鸿章，均无效果。刘锡鸿气愤难平，常常出语不逊，同乡皆敬而远之；不久忧郁而卒。陈兰彬于同治八年（1869 年），经许振炜推荐，进入曾国藩幕府，并出使各国。其

① 《明史·方伎·袁珙传》卷二九九。

人虽志端而气不勇，终无大建树。

还传一则。某日，李鸿章带了三个人拜见曾国藩（李是曾的学生），请曾国藩给他们分派职务。恰巧曾散步去了，李鸿章示意让那三个人在厅外等候，自己去到里面了。不久，曾散步回来，李鸿章禀明来意，请曾考察一下三个人并询问如何任用。曾摇手笑道："不必了，左边的那位是个忠厚人，办事小心谨慎，让人放心，可派他做后勤供应一类的工作；中间那位是个阴奉阳违，两面三刀的人，不值得信任，只宜分派一些无足轻重的工作，担不得大任；右边那位是个将才，可独当一面，将大有作为。"李鸿章很是惊奇，问："大人您如何看出来的呢？"曾笑着说："刚才散步回来，在厅外我们已经见面了。走过他们身边时，左边那个态度温顺，目光低垂，拘谨有余，小心翼翼，可见是一小心谨慎之人，只适合做踏实肯干，无需多少开创精神和机敏的事情，如后勤供应之类的事情。中间那位，表面上恭恭敬敬，可等我走过之后，就左顾右盼，神色不端，可见是个机巧狡诈之辈，断不可重用。右边那位，始终挺拔而立，气宇轩昂，目光凛然，不卑不亢，是一位大将之才，可委以重用。"曾国藩所指的那位"大将之才"，便是日后立下赫赫战功并官至台湾巡抚的淮军勇将刘铭传。

第二节 相学的理论与实践

一、相学的综论

（一）相学的基本原理和方法

1. 相学相信"表候"体现善恶吉凶

《太清神鉴》旧题后周王朴撰，后经明大相士刘伯温编整。该书曾为皇家禁令不可外传的宫廷密藏，是相人高士梦寐以求的宝典。《太清神鉴》云："人命禀于天，则有表候于体"。"盖性命之著乎形骨，吉凶之表乎气貌。""夫命之与相，犹声之与响。声动乎几，响穷乎应，虽寿夭参差，贤愚不一，其间大较，可得闻矣。"身体无时无刻不透露出生命的"表候"，"是以古之圣贤察其人则观其形，观其形则知其性，知其性则尽知其心，尽知其心则知其道；观形则善恶分明，识性则吉凶显著。且伏羲日角、黄帝龙颜、舜目重瞳、文王四乳，斯皆古之瑞相，见之间降，圣人也。"①

① 《太清神鉴·序》。

相人之学相信通过外在的形体能够辨别善恶吉凶。那么显示“表候”的人体就成为了观察对象。而对象几乎囊括了身体的各个部位：骨骼、皮肉、眉须、毛发、额颊、眼、鼻、口、唇、齿、舌、耳、颈、肩、腋、背、乳、腹、腰、脐、臀、肛门、四肢、手、足、掌、指、甲、生殖器官，连带于气色神情、言谈举止等。它们看起来形态各异，杂乱无章，而实际上有迹可循，各有意味。在相学家看来，只要掌握了这里面的鲜为人知的形态运动轨迹，便可以揭示蕴含在其中的命运消息。相学之奥秘，就在于打通“遗传密码”的孔道，破解“遗传密码”的锁钥；而相士们相术水平的高下，则表现在他们对这些“遗传密码”的了解程度以及运用其原理水平的高低，加之各自生活阅历的厚薄。

2. 相学基本方法

大凡相书开宗必先讲方法。相学方法大致有三：

第一，整体性。如《神相全编》云：“大凡观人之相貌，先观骨格，次看五行。量三停之长短，察面部之盈亏，观眉目之清秀，看神秀之荣枯，取手足之厚薄，观须发之疏浊；量身材之长短，取五官之有成，看六府之有就，取五岳之归朝，看仓库之丰满，观阴阳之盛衰；看威仪之有无，辨形容之敦厚，观气色之喜滞，看体肤之细腻，观头之方圆，顶之平塌，骨之贵贱，骨肉之粗疏，气之短促，声之响亮，心田之好歹，俱依部位流年而推、骨格形局而断。不可顺时趋奉，有玷家传；但于星宿、富贵、贫贱、寿夭、穷通、荣枯、得失、流年、休咎备皆周密，所相于人，万无一失。学者亦宜参详，推求真妙，不可忽诸。”

第二，精细性和辩证性。形体各部位无一遗漏。如袁珙《柳庄相法》将人体分出了三十六项。毛和毫分别列项，大小便分别列项，简直是细致入微。身体各部位还可再分出具体形态和层次，而每一形态和层次又与寿夭、贵贱、吉凶相关，与职场、仕途、薪水、交友、婚姻、家庭、生育、疾病等相联系，社会生活各个方面也几乎无一遗漏。繁杂但有纲领，精细但有主次。

第三，动态化和灵活性。人的形体是变化的，因此人的命运也是变化的，每个人都有所谓“时来运转”的时候。最典型的就是“百年流年气运歌诀”，告知人的命运呈动态，人的福祸盛衰在于运气的流转在什么时候、恰好到什么部位上，一旦有所契合，就会天降吉祥。话说回来，若做了违天时，不道德之事，便会折损流失，也会在身形上反映出来。而这些是相士可以捕捉到的，也是相学灵活性的体现。

（二）相学的步骤和要求

1. “观人十法”——十个步骤

《神相全编》卷一讲到了相学的步骤，这就是“观人十法”，十个步骤：

一取威仪。如虎下山，百兽自惊；如鹰升腾，狐兔自战。不怒而威，不但在眼，亦观颧骨神气取之。

二看敦重及精神，身如万斛之舟，驾于风浪之中，摇而不动，引之不来；坐卧起居，神气清灵；久坐不昧，愈加精彩；如日东升，刺人眼目；如秋月悬镜，光辉皎洁；面神眼神，俱为日月之明；辉辉皎皎，自然可爱；明明洁洁，人看不昏。如此相者，不大贵亦当小贵，富亦可许，不可妄谈定。

三取清浊。但人体厚者，自然富贵；清者，纵瘦神长，必以贵推之。浊者有神谓之厚，厚进多富，浊而无神谓之软，软者必孤，不孤则夭。

四看头圆顶额高。盖人头为一身之主、四肢之元。头方者，顶高则为居尊天子；额方者，顶起则为辅佐良臣；头圆者富而有寿，额阔者贵亦堪谤；顶平者福寿绵远，头扁者早岁迍邅；额塌者少年虚耗，额低者刑克愚顽；额门杀重者早年困苦，部位倾陷、发际参差者照依刑克。兼观不可一例而言，有误相刻诀。

五看五岳及三停。左颧为东岳，俱要中正，不可粗露倾塌；额为南岳，亦喜方正，不宜撇竹低塌；右颧为西岳，亦与左颧相同；地阁为北岳，喜在方圆隆满，不可尖削歪斜，卷窍兜上；土星为中岳，亦宜方正，耸上印堂。三停者，额门、准头、地角，此面部三停也，又为三才，又为三主，又名三表，俱要平等。上停长少年忙，中停长福禄昌，下停长老吉祥；三停平等，一生衣禄不弓；若三停尖削、歪斜，粗露，俱不利也。可照流年部位气色而推，不可一体而断。

六取五官六府。五官者为眉、眼、耳、鼻、口。眉为保寿官，喜清高、疏秀、弯长，亦宜高目一寸；眼为监察官，黑白分明，或凤眼、象眼、牛眼、龙眼、虎眼、鹤眼、猴眼、孔雀眼、鸳鸯眼、狮眼、鹊眼，神藏不露，黑如漆，白如玉，波长射耳，自然清秀有威，此监察官成也；耳为采听官，不论大小，止要轮廓分明，喜白过面，水耳、土耳、金耳、牛耳、圆棋耳、贴脑耳、对面不见耳，高眉一寸，轮厚廓坚，红润姿色，内有长毫，孔小十大，此采听官成也；鼻为审辨官，亦宜丰隆、耸直、有肉，伏犀、龙、虎鼻，狮、胡羊鼻，截筒、盛囊、悬胆鼻，端正，不歪，不偏，不粗，不小，此审辨官成也；口为出纳官，唇红齿白，两唇齐丰，人中深长，仰月弯弓，四字口方，牛龙虎口，两唇不反，不昂，不掀，不尖，此出纳官成也。六府者：两辅骨，两颧骨，两颐骨称为六府。《灵台秘诀》云："上二府自辅角至天仓（即眉眼之上下）；中二府自命门至虎耳（即颧骨下至耳垂）；下二府自颐骨（悬壁）至地阁。"天庭、日月二角为天府，宜方圆明净，不宜露骨，天府成也；两颧为人府，宜方正插鬓，不粗，不露，齐揖方拱，此人府成也；地角边腮为未景地府，喜辅，地阁悬壁，不昏，不惨，不尖，不歪，不粗，不大，地府成也。

七取腰圆背厚胸坦腹坠。三甲三壬，体肤细腻可也。背厚阔，腰硬腰圆，最嫌背脊成坑，背薄肩垂，肩昂颈削；腰宜圆、宜硬、宜大、宜平，不可细小、软弱、崎湾；臀宜平厚，不宜大窍；胸宜平满，骨莫粗露，项下无余，心窝不陷；腹宜有橐，如葫芦；脐下肉横生，不宜尖削，或如鹊肚、鸡胸、狗肚，此不堪也。

八取手足。宜细嫩隆厚，掌有八卦，纹路鲜明；掌平如镜，或软如棉；龙虎相吞，手背不宜粗露，筋骨指节不宜漏缝；掌厚背厚，腕扁肘圆。足部要足背有肉，足弓适宜，足底有纹有痣者佳。

九取声音与心田。书云：要知心里事，但看眼神清。眼乃心之门户，观其眼之善恶，必知心事之好歹。印堂，福堂之位。纵相貌不如其心田好，终有富贵；若相貌堂堂，心事奸险，纵然富贵，不日贫穷。声音宜响亮，出自丹田，声响如雷灌耳，或如铜钟玉韵，或如瓮中之声，或如铜锣铜鼓，或如金声，或声长尾大，如鼓之响，俱要深远，丹田所出，此富贵绵远之相也。

十观形局与五行。形局者，乃人一身之大关也。或如龙形、虎形、鹤形、狮形、孔雀形、鹳形、牛形、猴形、豹形、象形、凤形、鸳鸯形、鹭鸶形、骆驼形、黄鹂形、练雀形等形，此富贵形相；或猪形、狗形、羊形、马衫、鹿形、鸦形、鼠形、狐狸形，此凶暴、贫薄、夭折之相也。五行者，金木水火土也。书云：金得金，刚毅深；木得木，资财足；水得水，文章贵；火得火，见机果；土得土，厚丰库。金形白色，喜白；木形瘦，喜青；水喜肥黑；火不嫌尖，宜赤色；土喜厚兮色宜黄。此五行正局也，合此者富贵福寿，反此者贫贱夭折。但学者凭五行兼骨格推断，相法多端，理居总断。

“十观”既是看相的程序第次，也是看相的总体把握。

2. 相人“九成之术”

《月波洞中记·上》的“九成之术”从更抽象一些的角度提出了相人的步骤和要求。即从精神、魂魄、形貌、气色、动止、行藏、瞻视、才智、德行等九个方面去观察人的善恶、智愚、贵贱、寿夭。“凡人受气怀胎，皆禀五行，只曰男，双曰女。得其偏去，形必俗；禀其粹者，神气必全。形有厚薄，故福有浅深；神有明暗，故识有智愚。虽吉凶贵贱纷论不齐，而神见于动作，形备于骨法，善恶有可得而知。今以精神、气色、才智、骨法次第考核，设九成之术以观之：一日精神，二日魂魄，三形貌，四气色，五动止，六行藏，七瞻视，八才智，九德行。凡精彩分明为一成，魂神慷慨为二成，形貌停稳为三成，气色明净为四成，动止安祥为五成，行藏合义为六成，瞻视澄正为七成，才智应速为八成，德行可法为九成。”

“九成之术”受中国传统哲学形神观念影响，将“精气神”摆在突出位置，是一种境界较高，易抓住重点的相人之学。

二、分类相学简介

相书众多，各流派的观点各异。因不同方法和不同部位，相学相法大致分成宏观、中观、微观三类：宏观部分有气相鉴人术、相身术；中观部分有相骨术或称相头术、相面术；微观部分有相手术、相毛发术、相痣术等。我们的简介必然挂一漏万，祈望见谅。

（一）气相鉴人术

1. 人是气色一体

人由天地所生，可以看成是“气相”和“色相”交融于一体的产物。天地御阴阳二气，二气交通畅和则万物兴盛，二气乖戾不调则失其理。人亦秉气而生，乘气而长。气为人的原生命力，形体为人的物质外壳，气是用来保护形的，形是用来容气的，所谓："形者，质也；气者，用也；气所以充乎质，质所以运乎气。是以由气以保形，由形以安气。故质宏则气宽，神安则气静。""万物之情美，莫发乎气而见乎色矣。"①

人是气色一体焉。相家不从孟子"养浩然之气"角度论及气之重要。而是另辟蹊径。首先，气分清浊、强弱、顺逆、厚薄、沉浮、缓急、舒结、静躁之别；其次，气所以能养形体，在于气蕴育于五脏六腑之间，随七情而敛散，并在五岳四渎中反映出来。"气长而舒和，宽裕而不暴者，为福寿之人；急促而不匀，暴然见乎色者，为薄浅之相也。""若气呼吸无声，耳不自闻，或卧而不喘者，谓之龟息，寿相也。其或呼吸气盈而动者，乃为夭死之人。"再次，气能显善恶之息。"君子以形为善恶之地，以气为骐骥之马，善御之而得其道也。是以善人之气，不急不暴，不乱不躁。宽能容物，若大海之洋洋；和能接物，类春风之习习。刚而能制，万态不足以动其操；清而能洁，千尘不足以污其色。小人反是，则不宽而隘，不和而戾，不刚而懦，不清而浊，不正而偏，不舒而急，但视其气之浅深，察其色之躁静，则君子小人可辨矣。"②

2. 人分"六神气色"

相家将气相之说与星宿六神说联系，提出有所谓"六神气色"：青龙之气，如祥云衬月；朱雀之气，如朝霞映水；白虎之气，如凝脂涂油；玄武之气，如腻油和雾；腾蛇之气，如草木将灰；勾陈之气，如黑风吹云。在六气之中，只有青龙之气为吉，其他五气或主破散，或主忧惊，或主哭泣，或主阴贼，都是不吉有祸之气。相家认为气有色调，人禀之气有变动，则色也随之转变。各色主属因人体的部位、五行归属以及季节、时辰而异，细审详辨，吉凶可定。

（二）相身术

1. 身分三停

身相分为上中下三部分，其中头为上停，自肩至腰为中停，自腰至足为下停。上中下三停匀称者福寿双全。《神相全编》卷二云："身分三停，头为上停，人矮小而头长大者有上梢而无下梢，身长大而头短小者一生贫贱。自肩至腰为中停，中停要匀称，短则无寿，长则贫穷，腰软而坐行俱动者无寿。自腰至足为下停，要与上停齐而不欲长，长则多病。若上中下三停长大短小不齐者无寿。一身三停相称为美。"

相书一般对身体一些重要部位，如中停的背、胸、乳，下停的腰、腹、臀、脐、谷道、阴茎等，都会有较细微的观察和分析，并加以详细论述。

中停如背，相术家认为背的厚薄关系甚大，是"一身所恃之安危，可定百岁之贫富"。《神相全编》卷四云："背欲长不欲短，欲厚不欲薄；坑陷者，贫贱之

①② 《太清神鉴》卷三。

人，平阔丰厚则安于一身矣。”肩膀上有厚肉的人，做事较能称心如意。如右肩比左肩高的人，往往喜虚张声势，反之，左肩较右肩高者，则较不会坚持己见，朝秦暮楚。如胸，若平长厚阔，方是智慧福禄，突短薄狭，乃贫薄之人。《神相全编》卷四云：“胸为血气之宫庭，平广方而衣禄荣。若是偏斜并凹凸，定知劳碌过平生。”如乳，相家认为，乃造血脉之美华，据心胸之左右，乃哺养子息之宫，辨别贵贱之表。《神相全编》云：乳要阔、黑、垂、坠，不可狭、白、曲、细。甚至说，乳阔一尺二寸者是至贵，阔一尺者为次贵。乳头要大而仰，方是多子且贵，乳头曲而低，儿难养，儿如泥；乳头壮而方大，多寿多福，白而黄，贫贱绝后；乳头色紫，如烂葚子者，多子多福；乳头生毛的人多有见识，乳头有黑痣的人必生贵子。

下停如腰，《神相全编四·论腰》云：“腰者如腹之山，如物依山，以恃其安危也。故端而直，阔而厚者，福禄之人也；偏而陷，狭而薄者，卑贱之徒也。”如腹，汉代相师许负云：“腹小而下，大富长者，腹大垂下，名遍天下，腹如抱儿，万国名题，腹如雀腹，贫贱无屋。”古代相师们似乎都钟情于大腹便便。如臀，相家认为，臀与腰要相称，臀高而腰陷者贱，腰高而臀陷者贫，两者之间贵在腰欲端阔，臀欲平圆。如脐，《月波洞中记·下》云：“脐乃一身脉络所聚之地，欲得深大，深大者乃福寿之人，浅小者主下愚易夭。”所谓“脐深容李，富贵自起”。意思是肚脐深宽，容得下一个李子，便是富贵之相。脐孔大而深，且收缩紧绷，主有实践力，意志力坚强。如脐孔大，但浅而不紧，主易被女色所迷。如脐孔浅小，主幼时身体不好，体弱多病。如谷道和阴茎，虽属私密，亦秋毫必察。《神相全编》卷四云：“谷道急而方者贵，水道宽而圆者贱；大便细而方者贵，小便如撒珠者贵。阴生黑子者贵，阴茎耸出者贱，阴头缩者贵。阴毛逆生者，夫妻不相和睦也。”又诗云：“寿夭穷通各有因，相来僻处便惊人。阴头有痣人多贵，谷道无毛一世贫。”

下停的下肢相学有言：双脚靠拢时，大腿、膝部、小腿肚、脚跟都靠得很紧，少孔隙，且肤色也光润，是理想的腿脚相，主爱情生活及物质方面能得到满足。从侧面来看腿，膝盖骨并不突出，这种人观察力强，也易给人以好感。如膝盖骨凸露，男性则倔强。女人则易趋男性化，职业类型，奔波之命。脚长的人较自我中心，个性外向活泼。脚短的人对于工作或爱情，都很忠实。身体和双手肌肉发达，二条腿却细弱无力，则拙于外交，为了人际关系疲于奔命。小腿突出无肉，主内脏有问题，因为小腿主看内脏器官。所以小腿宜有肉，如无肉，主四十三岁后运程差，守不住财。足上载一身之重量，故欲适中而直，方而厚，肥而空，足底要有纹，足后要有跟。脚踝骨很粗，如轮廓不分明，鼻子又低小，主理解力差，智慧与智识程度低。脚背弯曲弓起，为脚掌藏龟主贵，但须背饱肉多。平足不好，难以远足，所以若足底不空则虽富不贵矣或做事情、搞事业，其发达难能持久。

2. 细分男女的相身

相书认为，男人肩宜平厚不宜斜垂，腰亦宜圆硬，主能担重任；如有腰无背，主少年困苦，老年运好。如肩斜背不厚，则为无肩，主一生贫苦。如有背无腰，主不穷则夭或中年发达，但老年贫困落败；如胸凸背凹，主不穷则夭；如有胸无腰，中年后不发，老年运平平；如有腰臀无胸肉，主少年辛劳，晚年可富。男人晚运主要看下半段。地阁尖瘦，屁股无肉，小腿消瘦，主晚运萧条孤寒。臀无三两肉，小腿又消瘦，主老年困苦。如身短无臀，主到老无成；男人身材肥胖高大，但小腿无肉，主中年事业易遇挫折，屁股无肉，主人神经质，不聚财，代表有财无库，主守不住财。大腿冗肉丰满有弹力，在金钱方面易吃亏，大腿很胖，主易疲劳、愚笨。

相学上认为，抖腿是一种破败的相。俗语讲“树摇叶落，人摇福薄”，经常抖腿的人会把自己的好运、财运和福气都抖光了；况且抖腿也是一种轻浮相的表现，给人不庄重、不踏实的感觉，所以在民间有“男抖穷女抖贱”说，一个人总爱“得瑟”的话，对于男性来说是不容易聚财，对于女性来说下贱轻浮的表现。大家要避免这个坏习惯。

相书认为，女性肩宽有异性缘，适宜做职业妇女。肩膀耸的女子，则较劳碌命或女兼男职。女命男肩男相，属劳碌命，有隐藏性克夫。反之，男命女肩，主个性阴阳怪气，且较无担当、没魄力。肩膀上肉薄且骨头凸露，则做事缺乏毅力，人也较易疲倦，财运也较差，且子女较少，而孤单。年纪老，背弯腰曲，主正常生理现象，但也表示会失去其已有的地位。如为少年人，则主其人愚笨，供人驱使，没有意志力。女性从腰部到臀部无肉，主少年、中年运蹇财不聚，无帮夫运，且无私房钱。主较难有子息且子女少。如腰瘦臀部突出，则较不会替自己打算或重感情。女人的好身材不是瘦为美，当然也不是胖为美，而是适中为美。体态均匀，肥不显肉，瘦不露骨，凹凸有致，有曲线就美，三围比例合适就美。大腿瘦的女性，在恋爱方面缺少热情，且易迟婚。女人小腿曲线丰满有肉，主可为贤妻良母型。女人脚盘不宜宽，如脚盘宽，而指头又短短的又露骨，即脚拇指中节骨突出之人，主为劳碌命。足底的纹路，宜直不宜横，如为横纹者较劳碌。且足底纹线与子息关，纹路美而深长者，主其子息好。女性走路内八字者，主较顾家，外八字者，主个性较男性化，且性情急躁，不善理家。

3. 关于女人裹脚的话题

中国相学中比较关注女人的足脚，这是较独特的现象。在相学理论中，女人属阴、足脚为阴。认为从女人足和脚的长相和形态中，可以看出她体内阴气的强弱，性情的刚柔，脾气的大小等内容。宋以后的相书多将女人足脚的审美标准定为“小、瘦、尖、弯”，这是相学家眼中最好的女人足脚之相。唯此才配得上是小巧精致的女人，才是美人，不由让人产生怜香惜玉之情。反之，相书认为足和脚骨形过大的女人，常常是阳气有余、阴气不足，感情不细腻、不温和、行为粗鲁而俗气，足和脚皮肤青筋（血管）突出的女人，多数肝阳亢进、脾气急躁、敏感易怒、情绪化，小腿汗毛茂盛的女人，体内雄激素水平偏高、雌激素水平较低，便会表现出男性化的倾向，声音响、语速快，喜欢发号施令、这种女人征服欲和控制欲非常强，而被人戏称为“男人婆”。

与这一审美取向相一致的便是“缠足”的出现，即俗称“裹小脚”的流行。妇女缠足是封建时代的陋俗，始于何时已经比较模糊。唐人杜牧《咏袜》诗云“钿尺裁量减四分，纤纤玉笋裹轻云。”里面的“玉笋”一词，唐白居易《上阳白发人》诗云：“小头鞋履窄衣裳，青黛点眉眉细长。里面的“小头鞋履”一词，都被人疑似是“裹小脚”的出现。史家通常的看法认为女人“裹小脚”始于五代。元陶宗仪《辍耕录》引《道山新闻》称：南唐后主李煜时，有位名叫窅娘的舞女，为后主所赏识。后主便别出心裁，令她用帛缠足，使成纤小弯曲的新月状，外套白袜，在六尺高的金质莲花上回旋起舞，借以欣赏所谓仙子凌云之态。好事者还为此作诗赞云：“莲中花更好，云里月常新。”随后其他舞女宫娥纷纷效仿，最初兴起于宫帷之中，在上层社会中流行，后逐渐传入民间，到北宋神宗熙宁年间就已在社会上流传开来。随着宋室的南迁，缠足的风俗也由北方传到了南方，到南宋时，人们已经把缠足当成了妇女的一种美德，把不缠脚当做了耻辱。当时流行这么一句话：“姑娘脚大，难找婆家。”可见影响之大。明朝开国皇帝朱元璋的皇后马娘娘，因有一双天然大脚而受到嘲笑，落得“大脚马皇后”的名声。清代学者撰文道：“今举中夏之大，莫不趋之若狂，惟八旗女子，例不缠足。京师内城民女，不裹足者十居五六，乡间不裹足者十居三四。东西粤、吴、皖、云、贵各省，乡中女子多不缠足。外此各省女子无不缠足，山、陕、甘肃此风最盛。甚至以足之纤钜，重于德之美凉，否则母以为耻，夫以为辱，甚至亲串里党传为笑谈，女子低颜自觉形秽，相习成风，大可怪也。”① 畸形审美终于酿成了贻害千年的陋俗，以至于我们不得不承认它是中国古代社会的一种有影响力的文化现象。民间谚语说得形象：“裹小脚一双，流眼泪一缸”，这样的残忍的行为居然在我们中国历史上曾经盛行一千余年，无论是从审美还是从健康的角度，女人缠小脚都是不能被接受的。古人的这种畸形心理和病态的视觉审美像一个“谜”，值得我们深思和反省。有些人认为女子缠小脚的习俗是封建制度和男权社会的产物，当然，它们之间的确有着很多的内在的联系，但仅归于此，却又值得怀疑。因为在西方，同样在男权社会的条件下，同样经历了封建的社会制度，西方女子地位一度也非常低下，但那里的女性是通过束腰和穿高跟鞋的方式来获得男性审美需求的。显然，西方的方式比起中国的缠小脚，使得女子致残而获取男子的青睐和满足要文明些。

4. 关于“丰乳肥臀”的话题

远古时代，人类以生存、繁衍为第一要务，因而人体美的标准从来是：男子

① （清）福格：《听雨丛谈》卷七。

要强健威猛，女子要丰乳肥臀。在中国辽宁西部东山嘴遗址出土的两件红山文化的女性陶塑裸体像是这样；在欧洲，奥地利出土的新石器时代的维伦堡的维纳斯和在法国南部发现的距今有三万年的持牛角的维纳斯，前者是圆雕，后者是浮雕，均莫不如此；其女人体都是乳房丰满、臀部肥硕的偶像。这些偶像的共同点在于女性的特征被显著夸大了，这并不是为了体现我们现代人眼中的所谓线条美，而是意在强调女性能生育、能哺育的生殖或生育的崇拜，但其中也包含着原始人对女性美的认识：胸部必隆，臀部必大。这应算作是远古时代的人体审美观了。这和现代的审美以及现代相学理论的认定，即女人“高贵在胸，福气在腰，富贵在臀”的理念有着相当大的契合。然而，丰乳肥臀的女人体美，在中国传统的相书中却稍有些差异，这是需要说明并加以厘清的。

所谓高贵在胸，皆因正面示人的话，女人除了脸蛋外，就是胸部了，胸部是女人体态和气质的重要组成部分。女人胸大唯美，“丰乳”是东西方公认的审视女人体的标准，中国古代亦不例外。古代中国人对人体的审美总是以壮硕美为主流的。《诗经》中《卫风·硕人》是最早描写女性容貌之美的一首诗歌，其中有“硕人其颀，衣锦褧衣”，“硕人敖敖，说于农郊”之句，“硕”在《尔雅·释诂》中的解释为：“硕，大也。”接着又说她“颀”，即是长的意思；“敖敖”，亦是长的意思。“颀、敖”同义，郑笺云：“敖敖”犹“颀颀”也（《毛诗正义》）。两句话都在夸赞一个高个子的美女。古人皆称美人为硕人。朱自清在《古诗歌笺解释三种》中说：“大人犹美人，女亦称硕。”高大一定是肥硕吗？有诗为证。《楚辞》里《大招》篇形容美人两次说到“丰肉微骨”：“丰肉微骨，调以娱只。”肌肉丰满而骨骼纤细，舞姿和谐让人心旷神怡。“丰肉微骨，体便娟只。”肌肉丰满而骨骼纤细，体态轻盈翩然往来。《大招》篇还诵到：“姱修滂浩，丽以佳只。曾颊倚耳，曲眉规只。滂心绰态，姣丽施只。小腰秀颈，若鲜卑只。”意为美艳的姑娘健壮修长，秀丽佳妙仪态万方。面颊饱满耳朵匀称，弯弯的眉毛似用圆规描画。心意宽广体态绰约，姣好艳丽打扮在行。蛮腰线曲秀颈纤纤，就像用鲜卑束带修饰了一样。注意，这里面的“滂浩”“曾颊倚耳”都有丰腴的意思，因体态丰腴而胸大便是很自然的了。后来到了盛唐，唐代美人以丰腴为美，玄宗贵妃杨玉环就是典型的胖美人，有“环肥”之说，她也是中国“四大美女”之一。唐朝的美女不但身体肥硕，而且胸部也是很丰满的，当时的女性还喜欢穿低领的衣服，以凸显出丰满的胸部来，遗留下来的众多的壁画和雕塑证明了此事。

但是，我们又不得不承认这样的事实：对女性乳房的关注，古代的中国人与西方人相比确实存在着巨大的反差，中国的古人与今人也存在着一定的差异。中国历代的文学作品中对女子身体多处部位的赞美之辞很多，但对女性身体非常重要的部位——乳房却着墨不多，六朝时的艳体诗以及后来的唐诗宋词中的春诗艳词，对女性的乳房也都描写较少，大都采取了回避的态度，这或许和古代相术的说法有关。古代相家认为，乳房大且突起的女性生性淫荡，主不安分，易为夫家带来灾祸。当然，我们现在所能见到的相书大多是北宋以后的人编纂的，难免受当时占统治地位的理学思想的影响。因此，宋代以后的一段时期内，国人曾一度转变了胸大的审美，女子不敢、也不愿出现大胸的现象，否则难找婆家；同时社会上也出现了妇女束胸的习俗。束胸，不仅是妇女表明自己不是一个“坏”女人，而且似乎成了表达一种不准备勾引男人的承诺。南宋以后，随着宋明理学的发展，从意识形态上、习俗上也对妇女提出更多的要求，封建的伦理意识及礼教观念多少影响了或压抑了对女性胸部的正常审美。基于此，因而有人断言，古代中国是以小乳或平胸为美的。其引用多是数首《沁园春·咏乳》中的词句，如朱彝尊的“隐约兰胸，菽发初匀”；董以宁的“当胸小染，两点魂销”；或者是陈玉的“菽发难描，鸡头莫比”诸句，或者其他文学作品的片段描述。其实这些难有说服力。且不说在那几首词中便分别有“两两巫峰最断肠”、“玉润珠圆比更饶”、“玉山高处，小缀珊瑚”等句，并没有小乳的意思。就是形容“胸乳菽发”，即形容双乳像刚出生的豆苗一般清新，也不必然得出小胸或小乳的审美意识。那时的人们普遍结婚较早，所谓“胸乳菽发”不过是对少女乳房初步发育事实的一种形象描述，这种描述并不必然地和审美的取向相联系，或许和传统文化中一些人喜好“处女”的情结相联系。即便有对小胸或小乳的欣赏并不足以代表整个古代社会对成熟女性胸部美的基本看法。北宋以来，女性缠足后，对“三寸金莲”的迷恋是现实性的，是扭曲的、病态的审美；而对小乳的迷恋，则是非现实性的，背后有着伦理的、传统观念的重压。因此，一些妇女只得无奈选择束胸和缠足，束胸和缠足这种违背天性的东西终究不会长久，也终要被抛弃的。民国以后，受西方文化的影响，“解放胸部”成为了当时的口号。自此以后，解放“天乳”运动伴随着解放“天足”的运动而到来，被扭曲的和被压抑的观念才得以释放。妇女的胸部美才真正得以实现。

审美，尤其是人体审美，离不开性心理，而性心理的深处又蕴含着繁殖后代为基础的原始的生物动因。有人做过统计，除去文化的因素，各个种族认为美丽的人都是偏向于能够生育的。人天性喜好就是喜欢女人胸大、臀大、还要壮硕，因为丰满的胸部代表了原始的生命力，只有具备这些条件的女性才能胜任起母亲的职责，产下和喂养出健康的后代来。进化心理学上还有种观点认为，大胸是女人的年龄标志，胸大的女人一旦衰老，很容易从胸部看出来，雄性的人类祖先可以藉此判断交配对象的“投资”价值。客观地说，“胸大唯美”的审美意识有一个U形发展的轨迹，经过千回百转，重新成为了审美的主流。若干年前互联网上流传过一篇《咏乳赋》的散文体，其赋曰：

乳者，奶也。妇人胸前之尤物，其数为二，左右称之。发与豆蔻，成于二八。白昼伏蜇，夜展光华。曰咪咪，曰波波，曰双峰，曰花房。从来美人必争地，自古英雄温柔乡。其色若何？深冬冰雪。其质若何？初夏新棉。其味若何？三春桃李。其态若何？秋波滟滟。动时似兢兢玉兔，静时如慵慵白鸽。高颠颠，肉颤颤，粉嫩嫩，水灵灵。夺君人之魂魄，发佳人之骚情。俯我憔悴首，探你双玉峰，一如船入港，犹如老还乡。除却一身寒风冷雨，投入万顷温暖海洋。深含，浅荡，沉醉，飞翔……

这篇《咏乳赋》居然署名为中共早期领袖人物陈独秀所撰，极大的可能性是现代人托名的伪作。那个年代难道就会有“咪咪”、“波波”这类的代称吗？但不管怎么说，此赋立意奇伟，文思华丽，风格清新，并无猥琐之辞，是现代人对女性胸部的审美表露。不知从什么时候起，“胸大唯美”的观念开始在人们的心中变得根深蒂固。大胸女性往往能在人际交往中得宠，尤其在演艺场，大胸女容易迅速走红，很快成为被人们追捧的娱乐界的新星，而这些女星在各类节目中有意无意总要凸显其大的乳房，并显露出乳沟，乳沟已被现代人趣称为“事业线”。时至今日，隆胸手术仍是一些女性的勇敢选择，可见，丰满的乳房始终是众多女性所向往和追求的，大胸或大乳的审美观始终有着巨大的、持久的魅力。

所谓福气在腰，富贵在臀是连在一起的。“肥臀”似乎是中西方达成了共识。中国古代的相士和普通人都认为，女性的臀部大，生育力就强。在“不孝有三，无后为大”的传统社会，新媳妇进门后，婆家总会有意无意地留意她的屁股，因为人们认定臀部浑圆硕大的女人能多生孩子。这有一定的科学道理：臀部硕大就是骨盆宽大，宽大的骨盆当然有利于胎儿在母腹中的发育及日后生产的顺利。西方人同样认为女性以“硕臀”为美，当然深层次也是出于孕育的目的。如果说“丰乳”有繁衍的心理内驱，那么，“肥臀”就更加具有繁衍的心理内驱了。也不否认有审美的需求，现代巴西人的就认为女人臀越大越好看。巴西每年都有美臀大赛，如 2013 年一位来自巴西戈亚斯州的 25 岁女子，以其臀围 107 厘米的美臀夺得冠军，赢得巴西“美臀小姐”的称号。在巴西人眼里，一个女人要是没有一个让人为之骄傲的臀部，几乎就不能被称做美女。美臀的标准是：第一，细腰丰臀，腰臀围比例为 0.7:1；第二，从侧面看臀部与腰部、腿部连接处曲线明显弯曲；第三，从背面看臀部呈圆形或桃子形；第四，臀部向后突起而无下垂；第五，臀部皮肤光滑坚韧、富有弹性，皮下无过多脂肪，没有橘皮组织。巴西每年美臀小姐的选拔都会吸引全世界无数人的目光。

其实，古代相书对女性的体态更看重的是腰臀，或者说，更关注的是腰和臀的细肥之比。认定细腰大臀的女性是大吉之相。一般认为女性的臀越大、翘得越高，即性欲旺盛且生殖能力就越强；同时，女性的腰肢越细、越柔软，就越是妩媚、身姿就越美且用情专一。因此，即便是在以胖为美的唐朝年间，女人们仍旧不忘服用桃花茶来细腰身以增添其魅力，男性也会觉得腰围与臀围比合适的女性更具有吸引力。由此看来，用来形容一名女性性感的“丰乳肥臀”之后，实在应该再加入“小蛮腰”，才显得更加妖娆。美国科学家经过研究发现：肥臀、细腰型的女性比一般的女性，生育力要强、性激素水平要高，尤其是在她的排卵期。有人估计，无论在任何情况下，这类女性受孕的可能性都要比其他体型的女性高，这说明古人通过观察女人的腰臀之相，来判断她们的性和生殖能力的说法，并非无稽之谈，而是有着一定的科学道理的。

（三）相骨术

1. 相头——九骨说

相骨术就是相头术。相术所说的骨相，主要是指头部摸得着，看得见的十多块骨骼，因为相家认为“人身骨法莫出于头、额、颧之骨，头、额之奇者莫出于脑骨成枕者”。头象天之形，是身体各部位的统领，百骸的首长，头宜严峻、丰满、圆形，不宜尖薄、缺陷、倾偏，头骨应丰满峻秀，凸厚相宜，长方相得。

头部之骨，最常见而且与命禄关系较大的便是“九骨”。《月波洞中记》云：“骨法九般皆贵相也。所谓九骨者，一曰颧骨，二曰驿马骨，三曰将军骨，四曰日角骨，五曰月角骨，六曰龙宫骨，七曰伏犀骨，八曰巨鳌骨，九曰龙角骨。”“九骨”的形体特征及命禄征候是：

颧骨，面部左右两颧之骨，别称“东岳”、“西岳”、“人府”。两颧须合度对称，不宜耸凸或倾陷。丰厚多肉，能负责任，与权势有关。主中年运程。

驿马骨，颧骨延伸入鬓角，上耸驿马，又名龙翎骨。《照胆经》云：“凡遇迁移，先观驿马。”因为相家认为此骨相可以向外发展，成就事业。

将军骨，颧骨丰隆齐耳，又名凤尾骨。此骨相宜从军，可以升至重要武职。

日角骨，左眉骨隆起伸入发际，与右额的“月角”骨相对。人具日角骨相，主大贵。刘峻《辨命论》曰：“龙犀日角，帝王之表。”《后汉书·光武帝纪》云：“身长七尺三寸，美须眉，大口，隆准，日角。”日角骨乃帝王骨相。

月角骨，右眉骨隆起伸入发际，与左额的“日角”骨相对。人具此骨相，也被认为是贵相。相学认定，一个人若日月角耸起，30 岁前便可春风得意。

龙宫骨，眼眶骨圆起。如骨肉丰隆，眼神如电，可称得上英雄豪杰。

伏犀骨，鼻骨直起上耸脑顶。所谓“伏犀插脑”乃大贵之相，位列公卿。相家认为，伏犀骨配上眉毛气势气色，相得益美，可以富贵终身。

巨鳌骨，耳两畔骨高起处。该骨相下连虎耳上贯脑，骨与耳后高起的金马玉堂一气呵成，据说可以荣膺尚书一类的高官。

龙角骨，骨居眉上，稍高似角，向左右横出，耸入发际或脑后。

关于“九骨”，另有一种分类，虽然都是指头上的贵骨，但所指名称、部位略有不同。这“九骨”是：天庭骨，在前额正中，宜丰满隆起，忌突兀低陷；玉枕骨，在后脑勺子上，越显著越好；头顶骨，即头盖骨，要平正不凸不尖；耳门骨，在耳前发鬓处，要隆而不陷；太阳骨，在眉尾上方，宜细而显，最忌歪曲或低陷；眉盘骨，太突出必狂傲自大，太低凹则奸邪贪婪，稍隆最好；鼻梁骨，最好能与天庭骨相联，一气呵成；颧骨，要有力有势，忌尖凸、偏反、浮露；顶骨，要平伏丰满有余肉，又称安宁骨。

2. 头分几种形状

相术家认为，头部乃一身之尊，百骸之首，群阳会集之府，五行正宗之乡。头骨宜丰满峻秀、耸起厚方，便是富贵之相。头颅形尖薄而小，缺陷而倾，歪斜不正，乃贫贱之相。头与身要均匀协调。头还分成几种形状：

牛头，称牛头四方，指头部前额广宽，顶骨平起，山林日月角左右突出，这是富贵吉昌，能成大器的相。

虎头，身大头圆，额骨隆突出来，眼睛和嘴巴特别大，而且眼神有威。所谓“虎头高起，福禄无比”，“虎头燕颔，男子定登将相”，燕颔是厚下巴和丰满的腮骨，据说投笔从戎的班超就是这种典型，所以他能征服匈奴，屡建奇功，被封为定远侯。

狗头，尖圆之头，没有出息。《太清神鉴》云：“狗头尖圆，悲涕流涟。”

龙头，头大骨耸为龙头，特别脑后玉枕骨如连珠，双双隆起，丰满秀实，这是龙脑。龙头龙脑聪明之相，能成就大事业，登上高位，为人景仰。

后面还有的内容：鹿头，侧长细秀，意志雄刚，坚毅不拔。獭头，横阔之头，心境豁达，有寿。象头，高厚势雄，有福禄，并能长寿。蛇头，平薄之头，财禄寥落淡薄。猪头，尖锐之头，贫穷且灾难多。

（四）相面术

1. 三停三才说

传统相面术有广义和狭义，广义相面术除相脸面外，还兼相身体各部分；狭义相面即专指观察面部以推测其命运，这里的相面术是狭义的。我们须先要了解面部的分区及各个部位的相术术语。《神相全编·相面》论述了面部器官的基本分类：“面欲长而方，若上下尖如枣核者，贫贱。面有六府，头骨为上二府，颧骨为中两府，颐骨为下两府，上尖者不利，下尖狭者贱无下稍。颧骨有寿纹入耳，若兼入鬓者贵，高狭者孤。颔骨阔者富，尖者穷。腮骨大开阔，耳后见者心毒。面有三停，上自发际至眉为上停，自眉至准头为中停，自准头至地阁为下停，上停长者贵，中停长者无中主，下停长者无下稍。面有六曜五星，头为火星，鼻为土星，左眉为罗喉，右眉为计都，口为水星，左眼为太阳，右眼为太阴，左耳为金星，右耳为木星，眉中为紫熏，山根为月孛。”

三才即天、地、人三者。天、地、人息息相关，和谐以成。这是古人关于世界的一种基本观念，这种观念用到相术上，即把面部的特征形象化，并附上相似的态势。即将人的额部比作天，此部位要圆而阔乃贵，将鼻子部分比作人，鼻要端直旺齐乃寿，将人的颏部比作地，此部位要方而阔才富。三停是把人的面部分成上、中、下三部分，自发际下至眉间为上停，自眉间至鼻准为中停，自鼻准人中至颏为下停。三停其实是与三才的位置大体相当，上停像天，中停像人，下停像地。相术家认为，上停长而丰隆，方而广阔则为贵相，中停隆耸峻静则主长寿，下停方正丰满，端厚圆润则主富。如上停尖狭缺陷，一生多刑厄灾害，碌碌无为，卑贱度日；中停如短小偏塌之人，不仁不义，智识短少，中年破散；下停长狭尖薄之人，一生无田宅，贫苦而逝。三停均匀最好，为“上相之人”；三停不均，孤夭贫贱。“三停”又称为“三主”，以上停为初主，主青少年运；以中停为中主，主中壮年运；以下停为末主，主晚年运（见图 17－1）。

2. 五星六曜五岳四渎

五星为火星、土星、水星、木星、金星、分别代表额、鼻、口、右耳、左耳。

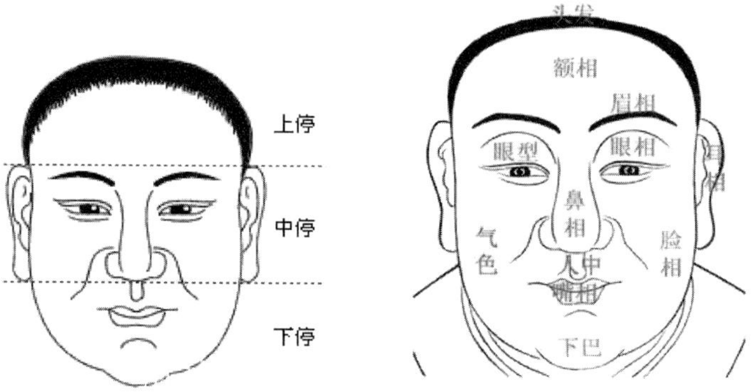

图 17－1　面部三停图及相面的主要内容示意图

六曜为紫气、罗睺、计都、月孛、太阴、太阳，分别代表印堂、左眉、右眉、山根、右眼、左眼。

五岳为衡山、嵩山、恒山、泰山、华山，分别代表额、鼻、颏、左颧、右颧。

四渎为江、河、淮、济，分别代表耳、目、口、鼻。

它们的形相与休咎的说法：前额为火星，火星须得方，方者有金章（方位属南）；鼻子为土星，星须要厚，厚者得长寿（方位居中）；口为水星，水星须要红，红者作三公（方位属北）；右耳为金星，金星须要白，官位终须获（方位属西）；左耳为木星，木星须要朝，五福并相绕（方位属东）。五星要分明，五星要拱照，如果五星分明而未照，初虽贱后必贵，五星分明而局促，始虽贵而终必贱。

左眼为太阳，右眼为太阴，眼睛要光亮，眼瞳要漆黑，这关系到禄贵，如眼睑青黑，恐身体衰弱有疾；山根为月孛，需要坦直而丰满，不宜有纹痣冲破；左眉为罗喉，右眉为计都，眉毛要长要齐；两眉不宜太接近，否则像欺凌必伤感情，六亲亦受害牵连，气色忌暗滞，更忌油腻，以防不幸；印堂为紫气，要平满如镜，圆正光亮，象征个性开朗乐观，前程远大。

五岳之中，中岳要高隆，东岳要耸而朝应，不隆不峻则没有气势，为贫贱小人，亦无高寿；中岳偏薄无势，其他四岳则无中心，纵使有好相，也不会大富贵，而且不会有威严权势，寿亦不远，只得中寿；南岳倾侧，主家财破坏；北岳尖陷，主事业不成，始终不贵；东西岳倾侧则无威势，而且心性恶毒，毫无慈爱之心。因此，五岳最要相互朝拱才好。

四渎要深远成就，而涯岸边际完整无缺，这样才会才智过人，财物增聚不散，具体来说，耳为江渎，要耳窍深阔，“有重城之副紧”，主聪明，家业不散；目为河渎，要大而深，光亮生辉，主聪明寿长，如浅小昏暗，则一生艰难，寿夭，眼睛不大不小，亦主显贵；口为淮渎，要方正阔大，唇吻相覆载，不能厚薄悬殊，否则寿夭，无晚福，家业破产；鼻为济渎，要丰隆光圆，不破不露，其家必富（见图 17－2、图 17－3）。

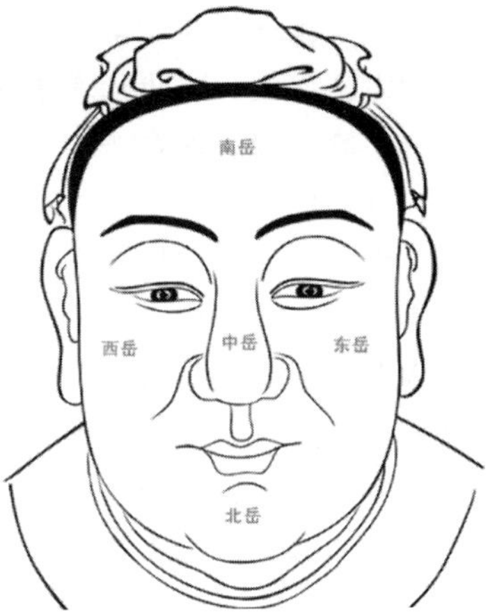

图 17－2 相面理论中的五岳四渎

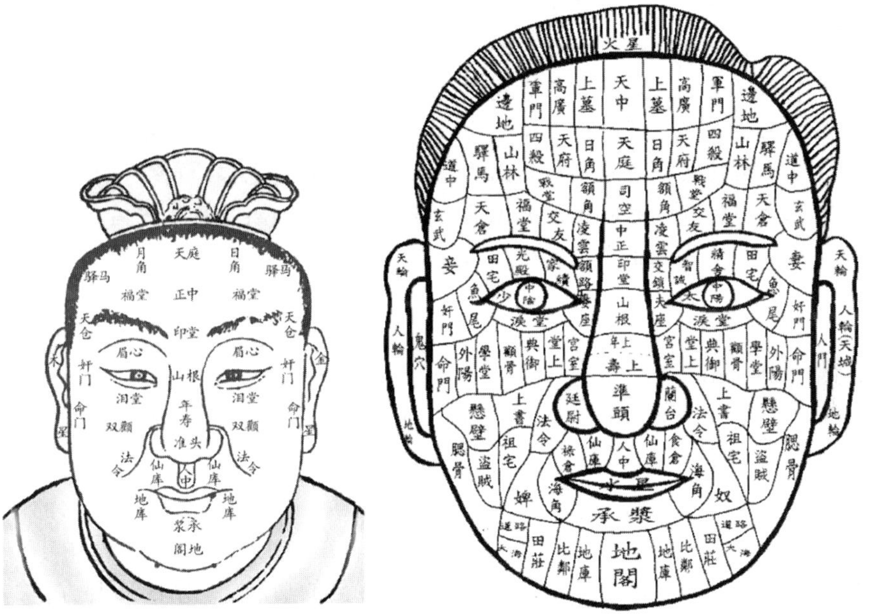

图 17－3 相面部位由简单到繁杂的示意图

相术家认为，面是身体百部的灵居，又是人体内脏的外观形式，面部三才成象，决定一身的吉凶得失。因此，面部的五岳四渎要相朝拱，三停要丰满厚实，容貌端正，神静气和，这是富贵之基。如果面部五官各部欹斜不正，倾偏缺陷，容貌丑恶，气昏色暗，乃贫贱之相。古代留有“面相流年歌诀”（参见彩色插图 34）。

附：面相流年部位歌

欲识流年运气行，男左女右各分形。天轮一二初年运，三四周流至天城。

天廓垂珠五六七，八九天轮之上停。人轮十岁及十一，轮飞廓反必相刑。

十二十三并十四，地轮朝口寿康宁。十五火星居正额，十六天中骨法成。

十七十八日月角，远逢十九应天庭。辅角二十二十一，二十二岁至司空。
二十三四边城地，二十五岁逢中正。二十六上主丘陵，二十七年看坟墓。
二十八遇印堂平，廿九三十山林部。三十一岁凌云程，人命若逢三十二。
额右黄光紫气生，三十三行繁霞上。三十四有彩霞明，三十五岁太阳位。
三十六上会太阴，中阳正当三十七。中阴三十八主亨，少阳年当三十九。
少阴四十少弟兄，山根路远四十一。四十二造精舍宫，四十三岁登光殿。
四旬有四年上增，寿上又逢四十五。四十六七两颧宫，准头喜居四十八。
四十九入兰台中，庭尉相逢正五十。人中五十一人惊，五十二三居仙库。
五旬有四食仓盈，五五得请禄仓米。五十六七法令明，五十八九遇虎耳。
耳顺之年遇水星，承浆正居六十一。地库六十二三逢，六十四居陂池内。
六十五处鹅鸭鸣，六十六七穿金缕。归来六十八九程，逾矩之年逢颂堂。
地阁频添七十一，七十二三多奴仆。腮骨七十四五同，七旬六七寻子位。
七十八九丑牛耕，太公之年添一岁。更临寅虎相偏灵，八十二三卯兔宫。
八十四五辰龙行，八旬六七巳蛇中。八十八九午马轻，九旬九一未羊明。
九十二三猴结果，九十四五听鸡声。九十六七犬吠月，九十八九买猪吞。
若问人生过百岁，颐数朝上保长生。周而复始轮於面，纹痣缺陷祸非轻。
限运并冲明暗九，更逢破败属幽冥。又兼气色相刑克，骨肉破败自伶仃。
倘若运逢部位好，顺时气色见光晶。五岳四渎相朝拱，扶摇万里任飞腾。
谁识神仙真妙诀，相逢谈笑世人惊。

（五）相手术

1. 相手的内涵

相手，俗称看手相。相术认为，手足四肢是春、夏、秋、冬四时的表候，再加上头，又具有金、木、水、火、土五行的意义。四时不调，五行不合，则万物难以生长，四肢不匀称则一世贫贱。因此肢的长短，指的长短粗细，掌的厚薄形态，以及掌指纹理等均有一套复杂的命理指向。在相手者看来，手掌中不但有着与八卦相合的对应部位，而且还有着生理的或保健的功能。手掌的八卦方位，与后天八卦的方位相一致。即左东右西、上南下北，具体地说，手掌的八卦方位是这样的：

震：为左、为东、为左肋、为左手臂、为肝、为足等；
巽：为左上、为东南、为左肩、左肩臂、为胆、为股等；
离：为上、为南、为头、为心、为目等；
坤：为右上、为西南、为右肩、右肩臂、为脾、为腹等；
兑：为右、为西、为右肋、为右手臂、为肺、为口等；
乾：为右下、为西北、为右腿、右足、为大肠、为首等；
坎：为下、为北、为会阴，为肾、为耳等；
艮：为左下、为东北、为左腿、左足、为胃、为手等。

需要特别提示的是，不论男女，不论左右手，不论手掌或手背，均以大拇指一侧的方向为东、为震；以小指一侧的方向为西、为兑；以中指的指根处为南、为离；以手腕中心处为北、为坎（见图 17 –4、图 17 –5）。

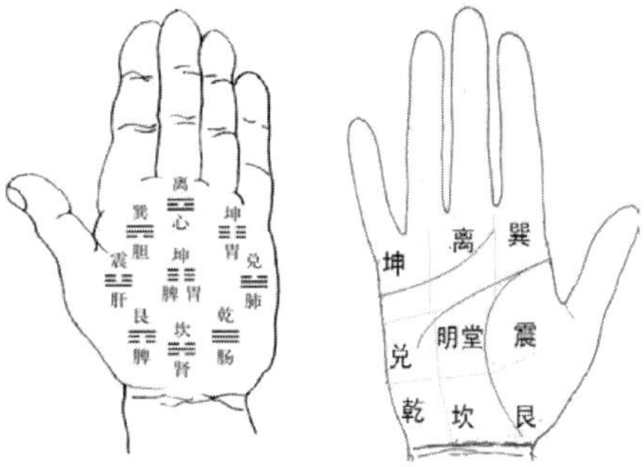

图 17 –4　手掌中八卦分布图

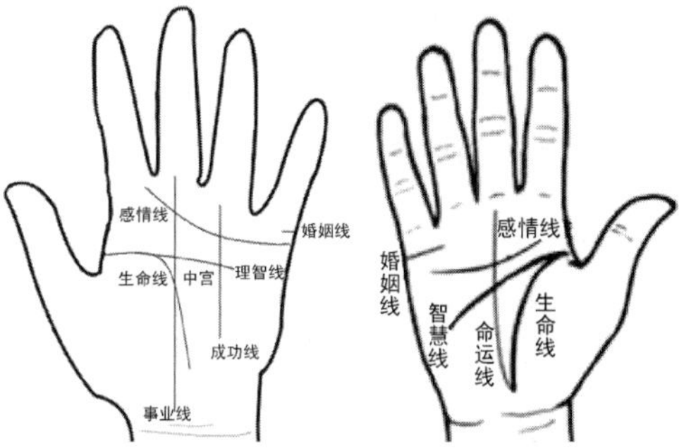

图 17 –5　掌中纹路示意图

2. 手的整体印象

相手的程序一般四步：手的整体印象；手的细部状况和掌纹情况；将手相与相书观点结合起来，依契合的程度，分出轻重缓急；结合其他情况，综合释说其命理及其走向。

就手的整体印象可分为若干步骤：相术以为手的作用在于“执持”和“取舍”，故以纤长者为性慈好施，短厚者为性鄙好取，手垂过膝为盖世英雄，手不过腰者一生贫贱，身小手大者福禄，身大手小者清贫；手薄削者贫，手端厚者富，手粗硬者下贱，手软细者清贵，手香媛者清华，手臭污者浊下。总体来说，手宜软而长，骨欲圆而低，腕节宜小，指节宜细；手上骨露而粗，筋浮而散，肉枯而削，都不是好手相。其实，手作为劳动的最重要的构成，它的状态和劳动的方式、与其掌握的工具之间相互配合的时间、强度有密切的关系，与贵贱贫富并无直接关联，相书如此说，显然是受了劳心与劳力意识偏见的影响。

3. 手的细部说法

手的细部状况相起来也分若干程序：其一，相指与掌比例。宽大丰满为上，龙骨（手指）宜长，虎骨（手掌）宜短；“宁可龙吞虎，不可虎食龙”。其二，相手指形态及手指间的关系。指要纤细、洁净，如玉笋般；五指有主有次，合拢起来要紧密而不要有空隙；指有“三主说”，食指为初主，中指为中主，小指为老主，分别主掌少年、中年和晚年的运数。其三，相掌的各具体部位。八卦在掌上都有相对应的部位，此部位的形态既对相应的内脏器官有影响，也对其整个命运有影响。其四，相掌纹。相学认为掌纹和人的命运有密切关系。今天的人们则认为掌纹和人的健康有密切关系。由此看来过去相书通过掌纹预测寿夭福祸并非完全的无稽之谈。人手掌中有六种纹路有指示的意义：三条大纹为天地人“三才纹”，天纹主根基，地纹主贱禄，人纹主福德。一些现代相书又称天纹为感情线，地纹为生命线，人纹为智慧线。除了三条大纹，还有三处纹路要注意：掌根纹，也就是手腕纹；指根纹和指节纹。这些纹路与人的健康有密切关系。除这六处纹路外，掌上还有一些在民间有着命名的其他纹路，如小指侧下的姻缘纹，也称婚姻线；中指下的贵人纹，也称事业线；无名指下的太阳纹，也称名望线等（参见彩色插图 35）。

（六）相毛发

1. 相眉

相面会相到毛发，其对象有头发、胡须、眉毛及睫毛等。相面时会包括眉毛，相骨时会包括头发。眉为保寿官，在《麻衣相法》那里，眉相主要一看浓淡，二看清杂，三看眉形。眉毛宜长、宜秀、宜清、形宜弯。长则寿高、秀则福禄，清则聪颖，弯则善洁。眉忌短、忌散、忌杂。短则贫寒、散则孤苦、杂则粗俗。人的眉毛可以将其形象化，所谓龙眉、一字眉、剑眉、狮子眉、柳叶眉等。《广鉴集》云：眉是目之君，胆之苗，面之表也。若得清秀弯如月样，主为人聪明智慧，文学博雅，必攀蟾桂，高明富贵之相。眉中为印堂，两眉宽广，位至公卿。《广鉴集》云："朝中无交眉宰相。"相书居然还将眉的长短与家中兄弟数目和健康挂钩。因而《广鉴集》云："眉为君，目为臣，宜清长过目，宜如雁行，若短不及目者，难为兄弟。"

2. 相头发

相头发考虑以下诸点：浓密或稀疏、粗硬或细软、直或卷、颜色和光泽度。《相理衡真》中就有一段关于毛发的议论："发疏光润具天聪，秉性仁慈亦浑融。若得眉清兼目秀，何愁身不到穹宫。光如黑漆细如丝，便是人间富贵姿。发广长垂尤迈俗，南形北相更矜奇。头小发长性倔强，发长额窄命难长。发生到耳贫顽子，发卷如螺带克伤。"意思是说头发宜软、宜黑、宜疏，有了以上三种则可富贵福寿。发软如丝者，则夫妻和睦，发稀而细，有名有利；发疏而润泽，此人聪颖，如加上眉目清秀，功名有望。反之头发忌黄、忌粗、忌硬，此种人则多数贫寒夭折，如果头发又粗又硬，夫妻不会和睦，男女相克；发黄焦枯，贫贱；如果在孩啼的时候头发密的话，该孩童多顽皮，发脚低则运气多滞；落发早，则有伤财之患；发卷，恐怕有刑伤；如果发粗如麻，则穷苦多磨；发长额窄，命不长矣。针对以上几点，有的相书则侧重点不同。认为头发稀少且呈茶褐色的人，即使获得财运也难免晚景寂寞，且子孙缘薄。头发稀疏柔细的人，缺乏思考力及行动力，经常表现畏首畏尾的情况。个性消极、忧多乐少。发际浓密的人，主个性刚强爽直，富有耐苦持久之力，但终身劳碌；毛发粗的人好胜心切、体质刚健、性情暴躁。

第三节 相学文化的现代思考

一、相学中的科学元素

（一）相学与心理学

1. 鉴人在心

古人相术虽然重视相形，但同时也认为人的外形和人的内心有着密切的联系。心在古人观念中，不但是产生思维的器官，而且是元气之首，精神之主，脏器之宅，统摄全身，因而是人命运的最终决定因素。古人确信通过相形是可以窥探到一个人内心世界，并从心和形结合上可以判断一个人的福祸休咎，进而预测到其命运的趋势和走向。相术高手无不重视相心。古籍《风鉴》曰“上相之士不相身面”，其意就在强调相心。后周王朴撰《太清神鉴》卷三有《心术论》一篇，是古代相书中较早论述到相心的篇章。《心术论》上说“形不胜貌，心不昧术”，在王朴看来，心术有好坏，有可取者、不可取者。正心术可取，乖心术不可取。他倡导“为德之先，为行之表”，重视修德。如果一个人不重视心术的修养校正，便会“为物所役”、“为事所夺”，最后终会陷于“凶咎”。古人还认为人的内在心相是能够改变其人的外在形相的。坊本《麻衣相法·相心》云：“有心无相，相逐心生；有相无心，相随心灭。斯言虽简，实人伦纲领之妙……心欲宽平厚博，不欲坑陷窄狭。”这是认为心与形有密切关系一派的看法。在古人那里，还有一派人认为心与形并没有所谓的相关性，更强调二者的区分。荀子在《荀子·非相》中曰：“相形不如论心，论心不如择术。形不胜心，心不胜术。术正而心顺之，则形相虽恶而心术善，无害为君子也；形相虽善而心术恶，无害为小人也。”《鬼谷子相辨微芒》云：“以貌观人，失之子羽；以言观人，失之宰予。宣尼犹言，矧庸术乎？”“执形而论相，管中窥豹也。”尽管在心形关系上两派有歧见，但强调“鉴人在心”则是一致的。如何看待形相与心相之关系，有三个关键：一要整体性的观察，二要辩证性的分析，三要动态性的把握。其实这三点既是相术提升为相学的关键，也是判别相士高下优劣的关键。

2. 解读面孔有难度

今人有所谓“眼是心灵之窗”，有所谓“身体的语言”，有所谓“下意识的动作”等，其实这些词语都在肯定内心的活动与外在的形貌有关联性。中国还有两句传统的谚语："知人知面不知心"、"人不可貌相，海水不可斗量"，意思是仅从外貌和长相是很难了解一个人的。这两类话看似矛盾，其实不打架，前一类话证明有关联；后一类话强调的是关联度和准确性，更何况人还会制造"假象"，从而增加了从现象认识本质的难度。近来一本《解读面孔》的心理学译著为古老的相学增添了一抹科学的色彩。《解读面孔》是美国心理学家利奥波德·贝拉克博士和其助手萨姆·辛克莱尔·贝克在将近30年的理论研究和实践经验总结的基础上完成的。书中从解剖学、行为科学和心理学的角度阐述了人的行为、心理和社会经历等因素是如何对人的面部表情产生影响，说明人的性格、人格因素对外貌形成发生作用，并从面部表情中反映出来的原理。书中同时还介绍了一套解读面孔的方法——划区解读法，着重介绍了如何运用划区法来解读面孔上的迹象，达到洞察内心的目的。似乎美国心理学家贝拉克博士的工作为古代中国的相学找到了一些科学的依据，其实，中国的相学原本就是科学的成分与虚妄、谬误的成分杂陈在一起的。

3. 以貌取人有依据

现代心理学的研究表明"以貌取人"和人类的遗传以及进化的经验相关。我们对于面相和个性的联系来自祖辈代代相传的经验，这种印象一代代传承下来，成为我们习得的经验，于是，当我们看到不同面相的人时会不由自主受到这种经验的暗示。此外，具有不同面部特征的人，在人格特征上表现出的不同模式，还源自家人、周边人及整个社会对某些面孔的看待方式。心理学上有个有趣的现象叫"自我实现的预言"，是指我们对待他人的方式会影响到他们的行为，并最终影响他们对其自身的评价。例如，长着"凶恶"或"善良"面孔的人会受到他人和自我的暗示和激励，从而真的变得凶恶或善良。日间人们爱谈论的"连相"或"夫妻相"也由这里找到一些依据。

（二）相学与生理学

1. "相"暴露医学信息

相学与人身体的生理状况最为直接，因而与医学和生理学最具相关性。古代相学的运用最先是由中医发端的，原初仅限于对身体状况的诊断，后来才逐渐增添了诸多的社会内容，由此相学便脱离了仅仅诊病的功能，扩展并以致于偏重于福祸休咎的预测功能了。凭借相学对广泛的社会诸方面福祸休咎的判断，毕竟具有间接性；由于中间的环节较多，而内在的逻辑性和论证性明显的不足，其准确性是值得怀疑的？"相"的准确率也无从统计，因为大量的没有应验的事例被人们的记忆和历史的记载遗忘掉了。

"相"能暴露人健康的信息是毫无疑义的。病在内必发于外，因此，"相"从来没有和中医分开过，二者的直接关联性具有科学的意味。中医四诊望、闻、问、切，其中望诊就是相，即根据人的形体，面部的气色来判断疾病。在中医看来，面色能辨病。中国人黄皮肤，《内经》说："黄欲如罗裹雄，不欲如黄土。"意思是健康的黄肤色应当像罗帕裹住雄黄的颜色，是有光泽的；而不应当是黄土一样的颜色。面若黄土则脾胃失和。面色偏黑，《内经》说："黑欲如重漆色，不欲如地苍。"健康的黑肤色要像油亮的黑漆，不能像青黑色的土。面黑且晦暗多为血瘀、肾虚而阳气不足。面色苍白呈铅灰色乃虚症，或贫血，或内脏器官、甲状腺等有疾患。脸色红润"面若桃花"是健康的肤色，不健康的红肤色有两种情况：一种是两颧潮红、盗汗烦热，这是阴虚，多见于更年期、肺结核等；另一种是满面红光、语高声粗、性急易怒，这是阳亢，多见于高血压、急性热病等。现代医学也是认可一些疾患可以从眼睛的观察而有所断定的。如脸红、超重、出汗、眩晕、耳鸣、心悸气短、流鼻血、失眠、紧张性头疼、肢体麻木等，这些都是具有高血压症状的临床表现。高血脂也有头晕头痛、胸闷气短、睡眠不好、容易忘事，手脚发麻、沉重等症状，特别是如果皮肤表面生长的斑块或丘疹状黄色结节，称为"黄色瘤"；眼角膜周围有一个圆形白色或淡黄色环形斑，称为"角膜老年环"；耳垂前面的皮肤出现皱褶等，则都是高血脂的典型临床现象。眼观依然是医生们最主要的诊断手段之一。在今天的医院里，现代医学所开展的耳诊，手诊，足诊也都和古代相学中的许多原理有着密切的关系。

2. 从外观可以直接判断的疾患

现代遗传学研究表明，一些遗传的疾患是完全可以从外形上观察出来的。能通过眼观而判定其病的遗传性疾患大致有：

（1）先天愚型。患儿面部呆滞，耳际偏低，眼距宽、斜视、伸舌样痴呆、通贯手、并常合并有先天性心脏病。此种病是由染色体数目异常或排列位置异常造成的。

（2）血友病。该病呈现为体表多出血点、青瘀，轻微损伤就出血不止，甚至无伤也有皮下及关节内出血，若脑内出血，就有致命的危险。母亲是致病基因的携带者。

（3）红绿色盲，一种交叉遗传的疾病。儿子发病来自母亲，母亲是致病基因的携带者，而女儿发病则由父亲而来；但男性的发病率要比女性高得多。

（4）假性肥大性肌营养不良症，肾性糖尿病等也只有男孩子患病。

（5）白化病。

（6）原发性青光眼、高度近视症。

（7）精神分裂症。

（8）唇裂、腭裂。

（9）哮喘。

（10）多指（六指）、并指。

（11）先天性聋哑。

上述的疾患有经验的成年人稍加接触就可感知，并不深奥。一些精神疾患或心理疾病只要心细，也是可以从观察中而感知的。《太清神鉴》卷三中"论神不足"就已经涉及部分的内容："神不足者，似醉不醉，常如病酒，不愁似愁，常如忧戚，不睡似睡，绕睡便觉，不哭似哭，常如惊怖，不嗔似嗔，不喜似喜，不惊似惊，不痴似痴，不畏似畏，容止昏乱，色浊似染，颠痫神色凄怆，常如有失，恍惚张惶，常如恐怖，言语瑟缩，似羞隐藏，貌色低摧，如遭凌辱。色初鲜而后暗，语初快而后讷，此皆谓神不足也，神不足者，多招牢狱之厄，宫亦主失位矣。”一些相士若能够较多地掌握了医学、遗传学和心理学的知识，或者这方面有着较丰富的社会经验，则判断其人的福祸休咎的概率自然会大大的增加。

3. 西方关于相学的科研进展状况

西方相学自有传统，据说吉普赛人擅长相面和相手。西方相学能够比较自觉地与实证科学相联系。如西方对胖人的体型有“苹果型”和“鸭梨型”之分，“苹果型”即腰部肥胖，“鸭梨型”即臀部肥胖，经验证，腰部肥胖较臀部肥胖的人更容易患心血管方面的疾病。可见在西方，将相学与生理学关联早有传统。

近来，英国科学家理查德·怀斯曼和美国人迈克尔·哈瑟胡恩研究了人脸部的宽高比。所谓宽高比计算，宽度为两个颧骨点之间的距离，高度为眉毛下缘到嘴唇上缘之间的距离。他们的研究成果发表在《英国皇家学会会志 B 辑：生物科学》上。他们的研究表明成年男性的面部骨骼宽度和长度的比例越大，就越具有攻击性，进行不道德行为的可能性越大，但同时也更具领导才能。他们认为骨骼的发育是由青春期男孩体内睾酮激素引起的，以往研究发现攻击性行为与睾酮水平的相关性显著，现在一个合理的推测是：具有较高睾酮水平的男性会更高大、强壮，也更有可能拥有一张宽脸庞。同时睾酮激素还具有令精神兴奋、促进肌肉生长等作用，这就可以解释为什么宽脸男子更“好斗”。研究还发现，通常来说，宽脸男比长脸男企图心更强，更容易成为出色的企业家。哈瑟胡恩认为有较高宽高比面孔的男性是更好的领导者。由此可知，基因和荷尔蒙的发展会影响其相貌特征的变化，并且最终会影响到职业和事业的成功。

近来西方对“痣”的研究也有进展。在伦敦皇家学会维罗妮卡·巴泰利和泰姆·斯佩克托的领导下，英国遗传学家和美国老年学研究人员在对 18 岁至 79 岁的两千多名志愿者（其中包括九百多对双胞胎）进行了为期 10 年的跟踪调查后，得出一个异乎寻常的结论：人身上的痣越多、越大，其机体衰老的过程就越缓慢。这一结论居然与中国古代相书中的“黑子贵相之说”不谋而合。中国古代的相术家曾认为：“夫痣者，苟山之生林木，地之出堆阜也。山有美质，则生善木，以显其秀，地积污土，则长恶草，以示其浊。又如璧玉有瑕玷，是以吉者常步，恶者常多，故万物之理无所不然，人之质美则生痣奇异，以彰其善质，浊则生痣恶浊，以表其秉贱。”[①] 其意思是说，人的身体犹如大地。美好肥沃的土地，可以长出秀丽的树木，不好的秽土，只配长恶草。善痣好比善木，恶痣就是恶草，善痣代表吉福，恶痣预示凶厄。“黑子贵相”曾为历代相术家所乐道，如历史上记载刘邦“左股有七十二黑子”，黑子就是痣，居然有七十二颗痣，七十二可能是个虚数，

① （清）陈钊：《相理衡真》卷八·黑痣总论。

言多则凸显富贵之相。相书上曾云：脚底生痣乃为富贵命，史上便记载安禄山脚掌下有三颗痣，所以他做了平卢、范阳、河东三镇的节度使。朱元璋脚下有七颗痣，脚踩七星最为尊贵，乃做了皇帝。

痣与命运相联原以为无稽之谈，但近来英美两国科研人员研究发现，痣的数量与染色体末端长度之间有关联，这实际就说明了痣与寿命具有相关性。我们知道，染色体末端的长度是随着机体的衰老过程发展而逐渐减小的，一旦减小到极限程度，就导致细胞停止分裂和死亡。人身体上痣的数量越多，染色体末端就越长。也就是说，细胞的标记越是明显，细胞的寿命就越长。研究显示，在每人平均 30 颗痣的统计基础上，每多出 25 颗痣，其实际生物年龄就会年轻 2—3 岁。这究竟是为什么？目前仍然是一个尚未解决的科学之谜。由表及里本就是科学的必由之路，因此，沿此路前行定会为古老的相学带来了新的生机。

在西方，将古老的相学与现代科学技术结合最好的领域莫过于“指纹识别技术”。实践中人们逐渐认识到每个人包括指纹在内的皮肤纹路在图案、断点和交叉点上各不相同，且呈现出唯一性并终生不会改变。据此，我们就可以把一个人同他的指纹对应起来，通过将他的指纹和预先保存的指纹数据进行比较，通过是否同一的认定，这样，就可以验证其真实的身份，这就是“指纹识别技术”。在西方，具有科学意义的指纹技术的研究开始于 16 世纪后期。英国学者 Dr. Nehemiah Grew（1641—1712）是其开拓者，他于 1684 年发表了世界上第一篇关于指纹的研究论文。而后，英国医生富尔茨和英国驻印度的行政长官赫谢尔都投入了不少精力进行了研究，赫谢尔是最先提出把指纹识别技术应用于刑侦领域的人。法国人贝蒂隆则是将这一技术运用于实际的第一人，所以，有人认为法国人贝蒂隆是“罪犯指纹鉴定之父”。进化论的创始人达尔文的表弟法兰西斯·高尔顿受贝蒂隆的启发，对指纹鉴别法大感兴趣，随后，他与赫谢尔取得了联系，赫谢尔为其提供的指纹资料和自己的研究成果，使得高尔顿于 1891 年他将研究成果发表在《自然》杂志上，翌年（1892 年），世界上第一部研究指纹学的专著《指纹学》出版。经系统的研究，高尔顿认为人一枚完整的指纹大约有 100 至 120 个细部特征，这些细部特征的排列组合使得世界上没有完全相同的两枚指纹，从而形成了凭借指纹的、人各不同的特殊本质和特征，这种特殊本质和特征对个体的识别有绝对的价值。是所谓“唯一不会弄错的揭发者”，正由于此，指纹鉴定结论成为了法庭上最重要的诉讼证据，一度被赞誉为“物证之王”。现“物证之王”的位置已由更新、更准确的 DNA 物证鉴定所取代。

现代指纹识别技术真是从古老的相学中发展而来的吗？回答是肯定的。二千多年前的先秦，中国就有了勘验指纹用于破案的记录了。1975 年，湖北省云梦睡虎地出土了一批战国时秦国的竹简，这就是著名的“云梦竹简”。“云梦竹简”在中国开创了好几个“第一”。第一次较完整地论述到中国的生肖话题；第一次较生动地展现了先秦的相术水平，这部分话题在本书的第十五章“命理文化”中有所叙述。还有一个第一就是最先透露了通过指纹的勘验，确定犯罪方向的创意。“云梦竹简中的《封诊式·穴盗》简，该简详细而生动地记录了一起罪犯挖洞进入一户人家里进行盗窃的犯罪案件。简文特别强调了犯罪现场和地洞的洞壁上留下了罪犯的痕迹："内中及穴中外壤有膝、手迹、膝，手各处"。这表明至迟在战国晚期，我们祖先在侦破案件时已经将"手迹"，也就是我们今天所说的"指纹"作为犯罪现场勘察的重要内容了。中国人是较早将"指纹"辨识运用在生活中的一群人。魏晋南北朝以后，随之纸张的运用，玺印在许多方面的运用也多起来，如公文和契约中，为了强化个人的信用度，在文档上盖章的同时，按下指印也开始流行起来。从现有出土文物上看，至迟到隋唐时代，许多文书、契约、遗嘱上都出现了指纹、指节纹，甚至还有掌纹，从那时起，指纹识别与认定就已经融入到社会生活中。阿拉伯人索拉曼（Sulaiman）是一位商人，曾多次来我国经商游历。公元 851 年，他在《大唐风情》中写道："此地，无论谁向人借钱，都要立借票（借据），借债人须用中指和食指在借票上并排捺印。如果双方签订契约，那么指纹就印在两纸骑缝处，恰如符木相偶。"索拉曼是较早报道中国人应用指纹于合同之上的外国人。指纹应用于合同之上对西方产生最直接的影响一事发生在 1858 年：一个在孟加拉地区任行政长官的英国人在当地亲眼见到一个中国商人同一个阿拉伯商人，俩人同时用右手的大拇指在一份契约上按下手印，以此来代替各自的签名，这使得这位英国人惊讶不已，也好奇不已。为此他钻研下去，收集并分析，同时在许多场合实行起来且效果显著。如他属下的印度士兵，在他眼里都长的一个模样，多数人还不会签名，因此，在领取津贴时常出现差错，在他要求领取津贴时每个人按下自己的手印后，差错就再没有发生了。他为这神奇而简便的方法感动且激励着，为在欧洲推广指纹鉴定法而奋斗了一生。这个人就是威廉·赫谢尔，那个曾为高尔顿的《指纹学》出版做出过默默贡献的人。

当然，需要指出的是最初的指纹识别，还主要是依赖专业人员的目视鉴别，这样容易造成有些细部特征会被忽略掉；但随着图像技术和计算机技术的发展，指纹采集和辨别的可靠性已经大大增强了。现如今，从古老的相学发展而来的，这种依靠人体的身体特征来进行身份验证的技术称之为"生物识别技术"，其中的"指纹识别技术"则仅是整个"生物识别技术"中一种最简便的形式。在计算机技术的引领下，我们已经感受到"指纹自动识别技术"正在越来越多地走入我们的生活。而整个"生物识别技术"方兴未艾，它与信息技术相结合的前景光明且广阔。

二、由相学文化带来的理性思考

（一）相学文化绵延不绝的原因

1. 古代经典中有相学内容

相学文化绵延不绝，在于它与经典靠近。《论语·为政》讲到孔子相人的三步曲："视其所以，观其所由，察其所安。人焉廋哉？人焉廋哉？"在孔子看来认识一个人要从他平时的为人处事的行为中来鉴别。"视其所以"是寻问其动机；"观其所由”是寻问其途径；“察其所安”则是寻问其平日里的所作所为心安于什么？乐趣于什么。这样，其人格和人性就无所遁形了。《易传》曾曰：“将叛者，其辞惭，中心疑者其辞枝，吉人之辞寡，躁人之辞多，诬善之人其辞游，失其守者其辞屈。”意思是说，要背叛的人说话就羞惭；心中疑惑的人说话就支离多歧；有修养的人话少；浮躁之人话多；诬枉良善的人说话好绕圈子诡辩；失去操守的人说话就会含混，而不能直截了当。这不就是在相人吗！典籍尚且说得，坊间亦可说得。相学言语中常运用其易理，因而具有了一些哲学的味道。如清代《神相全编》在论及人时认为人的生命越不出理、气、象、数四元素的制约。其云：“人生之道，真精融合，二（阴阳）五（五行）凝成，赋其形即赋其理。虽万物皆具生成之道，蠢然而已，未有如人最灵也。”“天一生水，在人为肾。肾之窍为耳，又主骨齿。地二生火，在人为心。心之窍为舌，又主血气毛发。天三生木，在人为肝。肝之窍为眼，又主筋膜爪甲。地四生金，在人为肺。肺之窍为鼻，又主皮肤喘息。天五生土，在人为脾。脾之窍为唇，又主肉包。”相术一旦加入了哲理，加入了中医的知识，便疏离了荒诞而增添了服人的色彩。

2. 相学常与社会经验相印证

相学文化绵延不绝，在于它与深厚的社会经验相印证，与中国传统的民族心理相契合。南怀瑾在他的《论语别裁》说：“古人看相，很多人是知其然，不知其所以然。问他什么原因，他说：‘是书上说的。’实际上，这些东西是从经验中来的。有人说，清代中兴名臣曾国藩有十三套学问，流传下来的只有一套——曾国藩家书，其他的没有了，其实传下来的有两套，另一套是曾国藩看相的学问——《冰鉴》这一部书。”南怀瑾此言不虚，曾国藩的《冰鉴》确实是相人的经验之谈。社会经验不可谓不重要。各地都有许多的相人谚语，如：天庭饱满，地阔方圆；生性聪明，办事能干。男人耳大福满门，女人耳大长寿命。鼻梁眉角有凹陷，福薄命浅苦无边。男人嘴大吃四方，女人嘴大吃家当。五指不露缝，一生不受穷。女人指头短，不缺吃和穿。男人手指短，受苦在田园。两手长过膝，日后有福气。矮人多心，丑人多怪。脸色黄、病壳囊，等等。这些谚语都来自于生活的经验，生活的经验里包含着朴素的道理。即便今日的相亲，当然男女双方要见面，这就是一个相互相面的过程。青年男女间所谓的“眼缘”，既有民族心理的积淀，也有社会经验的总结。民间的相亲不能不受到传统的和现代的双重审美影响，“环肥燕瘦”，传统戏曲中的“脸谱”以及脸谱中五色所赋予的人文意义，都或多或少地影响着今天年轻人相亲时的心理状态。

3. 相学有更多的未知元素

相学文化绵延不绝，一在于它里面确实含有科学的成分，已经得到无数人的N次的验证；二在于它里面还有更多的未知元素，还有许多未探明的地方，人体的奥秘还多着呢。例如有相学相关的问题有：通过人的耳朵、人的手、足可以诊病的原理？关于人体的“第三只眼”的问题？人的“第六感”或超感觉的问题？人际间的相互感应问题？在这些问题没有较清晰的回答之前，人们对包括相学在内的人体科学的探秘就不会停止下来。

（二）相学文化在今天的积极意义

1. 对相学中谬误的批判

由“象”引发的相术，是术数的一支。相术也有利用人探究心理，好奇意识，有附会、虚妄的一面，我们只有对腐朽持批判的态度，丢弃其谬误和消极的方面，去其糟粕，取其精华，我们才能够更好地前行。

清代李光庭在《乡言解颐》中对相学予以评价：“相书云男子行如摆柳者无威。然如王恭、张绪，何尝不是美丈夫；谓女子口如吹火者多贱。然朱唇玉腕、似雾笼花，何尝不是好婢子？”他揭露出相术中荒谬的地方“朝中无重发之宰相，市上无大头之乞儿”，“龟头有痣终须富，谷道无毛定主贫”，“既以显而易见者为褒贬之词，又以隐而难窥者为吹求之说，何异纸上谈兵乎？”同时，李光庭还注意到生活的境遇对人形体的影响，指出：“手如柔荑，美矣，若使二十年握梨花枪，虽青葱可怜，亦木皮春厚矣；齿如瓠库，美矣，若使十八姨吃桃花醋，虽玉丁不错，亦病叶秋零矣。”[①] 李光庭的这段话甚是中肯且有见地。

2. 吸收相学中科学的有益的一面

但是，我们并不会因此而排斥相学中科学的有益的一面。相与心理和生理有关联，对其相应的学科有作用自不必说了，相在其他地方中也有作用。由于相具眼缘、人缘，因而在人际交往中很重要。职场需要它，在与人力资源的人打交道时，一张面善而有亲和力的脸，常是人才招聘，职场升迁的亮点和助推力，此谓官运是也。商场需要它，好面相是礼仪交往，商务谈判的“名片”，乃至合作经营，理财借贷，一张成熟而诚信的脸其成功率必然高些，此谓财运是也；情场需要它，恋爱相亲中，一张俊俏又可人的脸拿现时尚的语言叫颜值高，则是打动人心，降服人心的“利器”。所谓桃花运是也。相在刑侦和安全保障方面有重要的作用。有经验的刑侦人员通过观察，对偷窃者的识别可以达到十有八九；有经验的海关稽查人员识别不法过关者也能达到较高的比例。2015 年年中中央电视台推出了一个大型励志挑战节目《挑战不可能》，在其中一期节目中，播出了吉林省松原市女警官董艳珍的事迹和她的挑战。2015 年 8 月 2 日，《挑战不可能》节目组在节目中让董艳珍现场从 30 位体貌相当的模特中准确辨认其中一位的足迹，并在舞台上完成原本需要 6 位专家一星期的工作量。高难度的挑战让在场嘉宾——华人神探李昌钰当场放话，称“我一生从来没有过这么难的挑战，我一辈子都没有看到过这样的挑战”。董艳珍，43 岁，利用脚印识人，据称是偷学的祖传技艺。董家有着家传的独门绝技——足迹追踪。绝技始自她的曾祖父，她爷爷董世玉自小继承了家传，成为了远近闻名的“足迹神探”，董艳珍偷学的祖传技艺，16 岁就开始协助

① （清）李光庭：《乡言解颐》。

警方破案，到2015年为止直接间接地破获全国各地各类刑事案件一千五百余起，被当地人誉为民间“女神探”。早在2010年，董艳珍曾和中国人民公安大学的王大伟教授一起作客参加CCTV10《百科探秘——脚下玄机》节目，现场展示了其相人足迹方面的过人本领。董艳珍“绝活”既有相学知识，又有其他知识参与中间；古时的相术大师，以及真正的相术本身也是多学科才能够支撑的，然后要经过印记综合成像，形象再现，对比验证等几个过程。这是科学实践的过程，也是科学求证的过程，相学仅靠蒙人、靠运气总是不行的。

今天公安系统的侦查，掌握了模拟画像的技术，有这方面的专家，这也同相学有着千丝万缕的联系，这些人可以根据受害人的口述描述，再加之其他知识和社会因素，复原成具有立体感的人形，并绘制出平面的模拟画像，这一技术在帮助刑侦人员破案中常有奇效。今天的计算机的人脸或人像识别技术的发展，使得我们更有信心相信，相学会在更加科学的意义上获得长足的进展。

第十八章

周易文化与风水文化

风水理论古称堪舆术。从堪舆到风水，是一个从较大范围的堪天舆地到仅对地理进行考察的过程。风水理论的运用也有一个最先应用于阳宅，再应用于阴宅，最后重心仍应用在阳宅的过程。风水理论常被人认作是迷信的同义词，这主要是一些风水师在应用风水理论时采取了机械的对应或过度的勾连，塞进了过多的非科学的禁忌观念，这些内容并未被实践所证实，因而一些人就权当迷信了。其实，风水和我们的生活息息相关，风水理论归根结底是中国人创立的生存环境认知学或者是大环境规划学。

第一节 风水学说的前世今生

一、古老的堪舆术

（一）何谓堪舆？

1. “风水”在早期称作“堪舆术”

人类首先是适应外部环境而繁衍发展起来的，汉民族对人居的外部环境很早就有个概括的词叫作“风水”。从现代科学的观点看，所谓风水，就是人类生态环境的表征词。中华民族也是靠适应风水而兴旺发达的。《诗经》在描述周人先祖公刘率众迁徙时，就有了勘察周围生存环境的最初说法：“既溥既长，既景既冈。相其阴阳，观其流泉。”① 意思是说：到了一个地方，先要搞清楚地形地貌的宽度和纵深，然后观测日影以确定其方位，再站到高坡上，观察山形的起伏走向，确定坐山朝向，研究立穴周边的阴阳形势；再看看有没有可供使用的水源地以及水流动的方向。短短的几句话是对古人看风水活动的生动描述。

“风水”一词出现于南北朝，在早做此类事物统称为“堪舆术”。“堪舆”一词最早见于汉代文献《文选·扬雄〈甘泉赋〉》：“属堪舆以壁垒兮。”李善注引《淮南子》许慎注：“堪，天道也；舆，地道也。”可见，《说文解字》的作者许慎最先解释了堪舆二字：堪，天文的知识，包括星象、方位、朝向（日照）、气候等；舆，地理的知识，包括地形、地质、地貌、水土等。《汉书·扬雄传》颜师古注引张晏曰：“堪舆，天地总名也。”因此，堪舆成为了天地的代称，堪舆学即所谓的天地之学。这是一种解释。对于堪舆还有另一种解释：堪同勘，有勘验、勘察之意；舆则车也，意为一种专用的勘验工具，该工具车形，车上制作一人偶，人偶伸臂总用手指向南方，谓之“指南车”（参见彩色插图36）。据说黄帝战胜蚩尤，该车发挥了重要作用。而这车乃是九天玄女的赐予黄帝的，因此史间也有九天玄女是风水的创始人的说法。总之，所谓堪舆，就是古时候以勘察天地为职业的人运用“指南车”工具，从事天地间的勘绘、测量等工作。

2. 堪舆以“易”作为理论基础

堪舆与易有着天然的联系。堪舆本身就是为卜宅之用，而易有卜占的功能，因此二者很早就已结缘。古时谓之“堪舆之术”。堪舆学以周易的先后天八卦理论和河图洛书理论为基础，以三合理论或三元九星理论以及阴阳五行的生克制化理论为依据，将天道运行和地气流转以及人在其中的命运状态集合在一起，形成了一整套特殊的繁复的理论体系，并依此推断人的吉凶祸福，夭寿穷通。对堪舆所言天地与人的命运契合有应、休戚相关的道理，古人是非常认可的。

（二）堪舆术源于“卜宅”

1. 堪舆家是由占候之士担当

那时称堪舆此类事为“相地”“相宅”或“卜宅”。史传堪舆的鼻祖是黄帝时期的人物称青乌子。《轩辕本经》谓：“黄帝始划野分州，有青乌子善相地理……”古时的堪舆似乎阴阳宅都包括。春秋时的《尚书·召诏序》中有“成王在丰，欲宅邑，使召公先相宅”，这是相阳宅的记录。《孝经·丧亲》云“卜其宅兆而厝也”，这是在选择待葬地点，这是相阴宅，所以唐人吕才在《五行禄命葬书论》里总结道：“殷周时就有卜宅之记载。”

① 《诗·大雅·公刘》。

汉代司马迁的《史记·日者列传》中有这样的记录："孝武帝时聚会，占家问之，某日可取妇乎？五行家曰可，堪舆家曰不可。"由此可见，汉时的堪舆家既不等同于以往的阴阳家，也不等同于后来的风水师，而是特有一类上观天文，下察地理的占候之士。司马迁将堪舆家与五行家平行看待是合理的，因为五行家侧重阴阳生克，而堪舆家侧重征候吉凶，两者确实有所区别。堪舆之术是从古时的卜筮之术中分化出来，而堪舆之人也应是从古时的巫祝之人中逐渐独立出来的，而这部分人是比较关注自然现象的。《后汉书》记载的东汉水利专家王景的经历恰好印证了这一分化和独立的过程。"王景字仲通，八世祖仲，本琅邪不其人。好道术，明天文。……景少学《易》，遂广窥众书，又好天文术数之事，沈深多技艺。""景以为《六经》所载，皆有卜筮，作事举止，质于蓍龟，而众书错糅，吉凶相反，乃参纪众家数术文书，冢宅禁忌，堪舆日相之属，适于事用者，集为《大衍玄基》。"① 王景后被人荐举治水，功绩卓著。持与司马迁相同看法的还有后来的班固，班固的《汉书·艺文志》将占卜分为六类，第六类形法占中就包括堪舆术和相术。《艺文志》称："形法者，大举九州之势以立城郭室舍形。"强调了堪舆之术具备通过观察天地征候来设计都城和房屋的功能。出于同样的见解，班固首次在《汉书·艺文志》中载录了这方面的专著，如：《堪舆金匮》十四卷、《宫宅地形》二十卷等的堪舆内容的书籍。

2. 风水术逐渐替代堪舆术

堪舆原本有仰观天象气候，俯察山川水利的双重功能，当后世逐步改称为"风水"后，似乎仅仅指察看地理的职能，有缩小其原有功能的嫌疑。这或许和汉人后来更加重视地理有关，或者说和汉代地理知识的积累较天文知识的积累更多些更快些有关。如汉代的文献《尔雅》，作为当时的百科大辞典，它的词目分类，解释天文的仅一类，即"释天"，而解释地理的有四类，即"释地"、"释丘"、"释山"、"释水"。

3. 风水术兴于汉代厚葬之风

风水渊源于堪舆。在汉代的几百年光景中，有一个风水逐渐替代堪舆、风水的理论逐步形成和发展的过程。风水兴盛于汉代，其中的原由除了上面说到的与汉人地理知识比天文知识增长的更快一些原因外，更直接的原因是与当时汉人的"厚葬"风气相关联。东汉人王符在《潜夫论·浮侈篇》以批判的态度说："今京师贵戚，郡县豪家，生不极养，死乃崇丧。或至金缕玉匣，檽梓楩柟，多埋珍宝偶人车马，造起大冢，广种松柏，庐舍祠堂，务崇华侈。"东汉时代几个皇帝，多次在诏令中指出："今百姓送终之制，竞为奢靡。生者无担石之储，而财力尽於坟

① 《后汉书·王景传》。

土。"[①] "贵戚近亲，奢纵无度，嫁娶送终，尤为僭侈。"[②] 朝廷一方面虽然禁止"吏民逾僭，厚死伤生"[③]，但另一方面"贵戚近亲，百僚师尹，莫肯率从，有司不举，怠放日甚"[④]。总之，"厚葬"之风日甚乃完全是上行下效的结果。"黄肠题凑"是流行于汉代皇室的一种墓葬形式，是厚葬奢靡之风的最好写照。所谓"黄肠题凑"是帝王的椁室四周用柏木枋（即方形木）堆成的框型结构。"黄肠"是指堆垒椁室的黄心柏木，"题凑"是指枋木的端头皆指向内，即四壁所垒筑的枋木与同侧椁室壁板面呈垂直方向，若从内侧看，四壁都只见枋木的端头。北京大葆台汉墓的"黄肠题凑"均由 10 厘米 ×10 厘米 ×90 厘米的柏木叠成，整个柏木墙高 3 米，厚 0.9 米，总长 42 米多，黄心柏木多达 15880 根，约合木材 122 立方米，相当于一座小森林！汉代风水术的发达是与汉人、统治者特别是上层人士热衷于相阴宅、重厚葬的习俗密切联系的（参见彩色插图 37）。

4. 青乌、青乌子是一人？还是两人？

前面说到的青乌子其人，多数学者认为他是汉代人物。《风俗通》载："汉有青乌子善葬术。"《旧唐书·经籍志》中也记载说，青乌子是汉代相地家，著有《青乌子》三卷流行于世。南北朝学者刘孝标注《世说新语》曾引用《青乌子相冢书》中的话："葬龙之角暴富贵，后当灭门"；唐李善等注《文选》也引《青乌子相冢书》中的话："天子葬高山，诸侯葬连冈"；这说明《青乌子相冢书》在汉以后流传甚广，常被后人引用。一些人认为晋代郭璞《葬书》中所言"经曰"的经书应为《青乌子相冢书》。后世流传的一部被尊为风水之宗的《葬经》，署名是汉青乌先生撰。《青乌先生葬经》前有署名为金丞相兀钦仄的序文，序文称："青乌先生汉时人，精地理阴阳之术，而史失其名。晋郭氏《葬书》引经曰为证者，即此是也。"青乌、青乌子到底是一人，还是两人？现有资料不能够确定。但有专家指出，《青乌先生葬经》并不是汉代已有的《青乌子相冢书》，其理由是：一是刘孝标、李善等学者引用《青乌子相冢书》的文字并没有在《青乌先生葬经》中出现；二是《青乌先生葬经》中有"内气萌生，外气成形，内外相乘，风水自成"的语句，而"风水"一词的连用在汉代还未出现，最早出现于郭璞的《葬书》中。可见，《青乌先生葬经》到底是汉代遗佚的文献？还是后人托名的作品也不能确定。

二、风水学说的形成和发展

（一）风水学说的最终确立

1. 地理学为风水说提供了理论基础

魏晋时代既是一个将风水由"术"提升到学说或理论的阶段，也是一个由相

① 《后汉书·孝明帝纪》。
② 《后汉书·章帝纪》。
③④ 《后汉书·和帝纪》。

阴宅风盛逐步过渡到以相阳宅为主的转化阶段。此时的地理学发展尤为突出，特别要提及的是《水经注》。三国时，有人写了《水经》，这是中国第一部记述全国性范围内水系的专著，但内容过于简扼，北魏的郦道元（约 470—527）依据《水经》作《水经注》四十卷，所记河流 1252 条，注文达 30 万字，是《水经》原书字数的 30 倍。其中对山陵、原隰、泽薮、火山、温泉都有记述，内容十分丰富。为地理学的发展做出了突出的贡献。

魏晋时期出现了两位风水大师，一位是管辂，另一位是郭璞。

2. 占相大师管辂的故事

《三国志》载："管辂（209—256），字公明，平原人也。容貌粗丑，无威仪而嗜酒，饮食而戏，不择非类，故人多爱之而不敬也。"意思是说，管辂容貌粗犷丑陋，没有威武的仪表而且嗜好饮酒，席间好嬉闹，开起玩笑来没大没小，因而人们大多喜欢他却不敬重他。史书上说管辂八九岁时，可以不睡觉看星星，喜视天文，少时便能高谈阔论，有大异之才。成年后，果然精通周易，占相之道，无不精到，真正是"射覆"即猜物的高手。《博物志》言："平原管辂善卜筮，解鸟语。"不同史书均记载了管辂大量的神奇事迹。

在此，不妨摘录《三国志》卷二十九方技传中《管辂传》一段："馆陶令诸葛原迁新兴太守，辂往祖饯之，宾客并会。原自起取燕卵、蜂窠、蜘蛛著器中，使射覆。卦成，辂曰：'第一物，含气须变，依乎宇堂，雄雌以形，翅翼舒张，此燕卵也。第二物，家室倒悬，门户众多，藏精育毒，得秋乃化，此蜂窠也。第三物，觳觫长足，吐丝成罗，寻网求食，利在昏夜，此蜘蛛也。'举坐惊喜。"译成现在白话大意为：馆陶令诸葛原升迁为新兴太守，管辂前往设宴为他送行，宾客聚会在一起。诸葛原亲自站起取来燕卵、蜂巢、蜘蛛放在容器中，让他猜里面是什么。卦成后，管辂说："第一物，含气一定会变化，依靠在屋檐下，雄雌外形分明，翅膀舒张，这是燕卵。第二物，房屋倒悬，门户众多，蕴藏精华培育毒物，到秋天就化解了，这是蜂巢。第三物，长着吓人的长腿，吐丝成网，用网获取食物，在傍晚时获利，这是蜘蛛。"在场的人全都很惊喜。

《管辂传》中的另一段："清河令徐季龙使人行猎，令辂筮其所得。辂曰：'当获小兽，复非食禽，虽有爪牙，微而不强，虽有文章，蔚而不明，非虎非雉，其名曰狸。'猎人暮归，果如辂言。季龙取十三种物，着大箧中，使辂射。云：'器中藉藉有十三种物。'先说鸡子，后道蚕蛹，遂一一名之，惟以梳为枇耳。"译成白话大意为：清河令徐季龙让人打猎，叫管辂来占卜他所能猎获的猎物。管辂说："定会猎获到小野兽，但又不食禽，虽有爪子牙齿，力弱不强，虽有斑纹，华美但不鲜亮，既不是老虎也不是野鸡，它的名字叫狸。"猎人傍晚回来，果然如管辂所说的那样。徐季龙取来十三样东西，放入大盒子里，让管辂来猜。管辂说："盒子中纵横杂乱地放着十三样东西。"先说到鸡蛋，后说到蚕蛹，随后一一道出了名称，只是把梳子说成了枇杷。管辂的"射覆"竟有如此高的准确率真让人惊诧不已，其射覆的水平与汉代奇人东方朔不相上下。

管辂一生著述甚丰，有《周易通灵诀》二卷、《周易通灵要诀》一卷、《破躁经》一卷、《占箕》一卷等，为后人留下了宝贵的文化遗产。

3. 风水理论的奠基者——郭璞

术数方面能与管辂比肩的唯有郭璞了。郭璞（276—324），《葬书》的作者，中国风水理论的奠基者之一。《晋书·郭璞传》云："璞好经术，博学有高才"，"好古文奇字，妙于阴阳算历"，"洞五行、天文、卜筮之术，攘灾转祸，通致无方"。从这段文字可以看出郭璞在当时学术界的知名度和地位，也算是个全才了。然而，更难能可贵的还是他的德行，他能够识大局、讲原则，其气节与风骨令人敬仰。

"风水"一词最早来源于郭璞所著的《葬书》。《葬书》曰："葬者，藏也，乘生气也。夫阴阳之气，噫而为风，升而为云，降而为雨，行乎地中则为生气。"在郭璞看来，住人的阳宅要有生气，葬者的阴宅也要有生气。《葬书》又曰："《经》曰：气，乘风则散，界水则止；""古人聚之使不散，行之使有止，故谓之风水。"郭璞引古经说法，指出气的特点就是乘风则散，界水则止；因此，既要藏风使其气聚而不散，又要得水使其气行而有止。这里，郭璞第一次给风水下了较明确的定义，这就是"藏风得水"。同时郭璞在《葬书》中还强调了两者的关系，即"风水之法，得水为上，藏风次之。"这是因为得水本身就可以生气、聚气，自然就为上了（参见彩色插图38）。

4. 史书记载的郭璞神奇故事

《晋书》作为正规的史书，关于郭璞的神奇经历也多有记述，辑录在《晋书·郭璞传》上。试举三则：

一则为母亲墓选址。郭璞的母亲去世了，郭璞选中一块离水仅百步的土地安葬，很多人说那里会被大水淹没，建议他迁走，郭璞笑后谢之，曰："当即为陆矣。"其后水不但没有涨上来，反而退去很远，墓地周围几十里都变成了良田。

二则让人"葬龙角"。晋明帝粗通风水，听说郭璞相墓非常灵验，就微服私访想看一看。到了实地一看，见一村夫，正在将亡者葬在龙角处，龙角处就是皇家墓地的边缘。风水古籍《青乌子相冢书》有："葬龙之角，暴富贵于前，当灭门于后。"于是问坟主："为什么你要葬在龙角呢？难道你就不怕家族毁灭吗？"。主人回答说："郭璞说若葬在这里，不出三年，可现天子"。晋明帝一脸惊愕，忙问："葬此地会出天子？"村夫听后笑道："那倒不是，当能招引天子来此过问而已"。而这正应了郭璞的断言。

三则将死马医活的故事。赵固将军的爱马死了，固因难过闭门不见人。郭璞至，底下的人仍不通融其人，璞云：告诉你家大人，我能医活此马。固闻听立刻出门恭迎。郭璞告诉他，找二三十个小伙，持长竿，往东三十里，有一片丘陵、林树，众人拿竿拍打，当得一物，得此物速归，马可救活。固遵璞言，果于林中见一似猴怪兽，抱回后，此兽见死马，立刻扑上前去吸马的鼻孔，啧啧有声。一会儿，马即起，打着响鼻且嘶鸣，和平常一样了。当再寻那怪物时，早已不见了踪影。赵固惊奇不已，重赏郭璞。晋代人郭璞的一段神猴医马的奇谈，不但引出了今天“死马当活马医”的成语，还引得后人普遍认定猴子有辟马瘟的功效。六世纪的北魏农学家贾思勰在他的《齐民要术》卷六中云：“常系猕猴于马坊，令马不畏，辟恶，消百病也。”宋人朱翌在他的《猗觉寮杂记》感言道：“养马家多畜猴，为无马瘟。”明代大家李时珍在其著名的《本草纲目》中也曾引用了一本已失传的《马经》上的记载：“马厩畜母猴，辟马瘟疫。”与李时珍同时代的《西游记》作者吴承恩不能不受到此风潮的侵染，因而在他的作品《西游记》中，吴承恩专门设计了猴与马的情节，书中齐天大圣孙悟空在天宫中还真的当了一回低级别的管马的官员“弼马温”。实则古今中外并没有这个官衔，这是吴承恩杜撰的。所谓“弼马温者，辟马瘟也。”在中国的民俗中，猴与马在一起寓意吉祥，“猴”乃同音于“侯”，意味着官爵，猴子骑马，借着谐音即“马上封侯”之意，即寓意着很快会升官发财。

（二）风水理论的发展

1. 隋唐时期的风水理论

隋唐时期风水理论进一步发展。隋唐时期据《浙江通志》载：隋代有一位叫舒绰的，东阳（浙江金华）人，稽古博文，尤善相冢。唐代出现一批风水名师。有高僧一行，大师俗名张遂，河北巨鹿人，精通历法、天文。他的“山河两界说”，对后世的“界水理论”有重大影响。唐代还有司马头陀，据《江西通志》载：经他堪定的佳穴，多有灵验。有著作《水法》传世。唐代风水师中以杨筠松最负盛名。据《地理正宗》载：杨筠松，名益，字叔茂，号“救贫”，窦州人。生于唐文宗太和八年（公元834年），死于唐光化三年（公元900年）。公元854年，杨公入科第，为唐僖宗朝国师，官至金紫光禄大夫，主管宫廷建筑、皇家陵园，天文观察、皇族祭祀等事宜，为唐朝著名地理风水学家。公元875年因黄巢起义，杨公携带皇宫的风水秘籍逃离长安。后落脚在江西赣州，在此一带收徒授业，传授风水之术。后人把由他传播的风水理论称之为“杨公风水”。杨筠松在赣州兴国县三僚村定居期间，遍阅赣南的名山大川，在授徒传艺的同时，为当地的百姓堪定阴阳宅址，为人排忧解难，使原来长期禁锢于皇宫密室中的堪舆学广传于民间，曾文辿、刘江东等堪舆名流均是杨救贫的真传弟子。其后，堪舆学在赣南广为传播，世代相传至今，赣南堪舆学派继承了杨救贫重形势、重龙脉的理论精髓，被称为“形势派”，杨筠松被尊为该派的开山祖师。杨本人著有《疑龙经》、《撼龙经》、《黑囊经》、《三十六龙》等书（参见彩色插图44）。曾文辿，杨筠松高足，江西宁都人，著有《阴阳问答》、《寻龙记》等。唐代是风水师风光的时期。唐代版图扩大到了西域，连带其风水术也传到了西域各地，这一点我们由敦煌莫高窟文献中发现到的《宅经》、《阴阳书》等，就可以略见一斑。当地流传一本《诸杂推五胜阴阳宅图经》书中提到阳宅房屋的要向阳、居高、邻水的原则。五代十国时期，因袭了唐代的风水观，各代皇帝都笃信风水。到了后周时，风水术中还加入了阴曹地府的迷信色彩。

2. 宋代风水术兴盛

至宋代，风水术更是盛行，皇家推动是很大的原因。帝王大都相信风水，宋徽宗就是一个很相信风水的皇帝。宋徽宗原先没有儿子，著名道士刘混康建议说：“京师西北隅地势过低，如培筑增高，当得多男之喜。”徽宗就命令大兴土木，叠起冈阜，高约数仞，起名万岁山，又称艮岳，是一座人工堆积而成的假山，由于改变了小环境，后来皇后果然怀孕，生下皇子。留下“开封万岁山，艮岳送皇子”的故事。宋代开始形成风水的流派。明代大学问家王祎的《青岩丛录》说：“后世言地理之术者分为二宗：一曰宗庙之法 ，始于闽中，其源甚远，至宋王伋乃大行。其为说主星卦，阳山阳门，阴山阴向，不相乖错，纯取八卦五星，以定生克之理。其学浙间传之，而今用之甚鲜。一曰江西之法，肇于赣人杨筠松、曾文辿，及赖大有、谢子逸辈，尤精其学。其说主于形势，原其所在，即其所止以定位向，专注龙穴砂水之相配，其他拘忌，在所不论。其学盛行于今，大江南北，无不遵之。”风水“两宗之说”自宋始说。其实风水自宋以后分为形势与理气两宗派都与宋初的术数大家陈抟有关。《四库全书总目提要・子部・术数类》考证《青囊奥语》一卷及《青囊序》卷提到：“文辿因得筠松之术，后传于陈抟，是书即其所授师说也。”由此可见，理气派的理论导师、术数大家陈抟乃是形势派宗师杨筠松的再传弟子。所以说，陈抟应是宋代风水学说始分为两宗，即形势宗与理气宗的理论源头。后来的清代学者均认可“两宗说”，清学者丁芮朴在他《风水祛惑》中也有相似的表达：“‘风水之术’，大抵不出形势与方位两家。言形势者，今谓之峦头；言方位者，今谓之理气。唐宋时人，各有宗派授受，自立门户，不相通用。”后清人赵翼在《陔余丛考》引王祎的《青岩丛录》中言也指出：“一曰屋宅之法，始于闽中，至宋王伋乃大行其说。生于星卦，阳山阳向，阴山阴向，纯取五星八卦，以定生克之理。一曰江西之法，肇于赣中杨筠松、曾文辿、赖大有、谢子逸辈，其为说主于形势，原起所起，即其所止，以定向位，专指龙穴沙水之相配。二家之说，俱盛行而赣说较优。”

宋人王伋（约 1007—1076），宋代堪舆家。因屡试不第，忿而改攻地理，复活了被人们淡忘的八宅风水理论，“纯取五星八卦，以定生克之理”。形成新的理气学派，又称为闽派或福建派（与杨筠松的形势派相对应），因此，有人将王伋尊为理气派的祖师。宋代的风水大师多，精通易图的大师陈抟、蔡元定也精通风水，风水名家除理气派的祖师王伋外，还有形势派的赖文俊、吴景鸾、傅伯通、徐仁旺、邹宽、张鬼灵、厉伯韶等。

3. 元代风水

元代统治者不信风水这一套，这和民族传统习俗有关。据说元朝皇帝死后的安葬也很简单，仅用两片厚木板按人形大小凿空，将遗体放入，再将两块木板合上，然后挖一个很深的坑，将其埋下去，然后百马踏平，不留任何痕迹。同时派兵封锁住这一地区，不准任何人入内，等长出青草，与四周地面相同时，这些兵才撤走。既如此，元代风水衰微就好理解了。元代风水著述不多，有大医家朱震亨的《风水问答》，郑谧的《地理葬书集注》和赵访的《葬书问对》等。但元代易学大师刘秉忠是个例外，他给元代深深打上“易”的印记。1260 年世祖忽必烈即位，采纳秉忠的建议，下诏建元纪年；1271 年，秉忠又建议取《易经》“大哉乾元”之意，将蒙古更名为“大元”，忽必烈采纳了，元王朝由此而来。刘秉忠依自身风水博学，主持规划和建造了元大都，这就是今天的北京城。他本人留有易学方面著作《平沙玉尺》四卷、《玉尺新镜》二卷等。

4. 明代风水

明代开国军师刘基（刘伯温）最精于风水，著有《披肝露胆》、《玉尺经》、《堪舆漫兴》等书。裴士杰，明初著名堪舆理论家，曾主持编纂《永乐大典》中的风水条目。明代还有张宗，为道教创始人张道陵的后裔，据说亦精通青乌之术。明太祖朱元璋是个很相信风水的人，建都南京后不久便下令开始修建自己的皇陵。大臣刘伯温等几经勘查，认为牛首山和钟山是修建陵墓的风水宝地。他们凿孔穿锁，使牛首山的形势向内朝拱，形成陵墓的护卫，后决定把陵墓修建在钟山上。后来朱元璋的儿子朱棣将皇都迁往北京，朱元璋选定的皇家墓地就只有他一个人享用了。明代其他皇帝陵墓都安葬在北京昌平的天寿山了。廖均卿，江西宁都人，勘验昌平十三帝陵区的首席风水师。据顾炎武《昌平山水记》记载：“永乐五年（1407 年）七月，皇后徐氏崩，上命礼部尚书赵玶以明地理者廖均卿等往择地，得吉于昌平县东黄土山。及车驾临视，封其山为天寿山，以七年（1409 年）五月己卯作长陵。”明代在昌平十三陵区为皇家选择陵寝之地的还有非幻和尚、游朝宗、骆用卿等风水师。

5. 清代以来的风水状况

清代风水师有蒋平阶、章攀桂、闵德裕、叶泰等人。清晚期的沈竹礽编著的《沈氏玄空学》是玄空风水派的力作。清晚期国运衰微，西学东渐，中国古老的风水学说受到了质疑和遗弃，以后的很长一段时间内亦是如此。

随着改革开放，国运转盛，国际间对风水理论的重视，人们在去其糟粕，取其精华基础上重新看到了它的价值。风水理论在国内正逐渐恢复起来，并日益走入百姓的生活。风水学说如今不仅是在中国，在国外也有市场，例如，在新加坡、马来西亚、日本甚至在美国都很盛行看风水，前一段，风传韩国准备将首都迁址，为此在世界各地请了百多位风水师为其勘察，可见是多么重视风水的问题。

三、古代各类奇葩的风水故事

（一）历史上风水应验的故事

中国人讲究风水，所谓：“堂前明敞，福禄绵长。屋后有龙，前程无穷。宅东有水，紫气逶逶。宅西有路，财神光顾。”并且认定风水是有应验的，好风水就有好结果，不好的风水就有坏的结果。这方面的故事很多。

1. 史书上记载的几则故事

《后汉书·袁安传》卷四十五载，袁安的父亲死后，他的母亲要他去访求葬地，在路上，袁安遇见了三位书生，书生们知道了袁安的请求，便指着一块地说：“若将你的父亲葬在这块地上，你可以官至上公。”袁安照此办了，后来果然累世隆盛。

《晋书·周访传》卷五十八载，东晋名将陶侃从小家贫，办丧事都较困难，在即将下葬先人时，家中的牛不知道跑到什么地方去了。陶侃在找牛途中遇见一个老人，老人告诉他说：“前面的山冈下有一头牛在沟中睡觉，若在那个地方下葬，后人可位及人臣。”老人又指着另一处地方说：“其次就是那个地方，后人可以代代出二千石的官。”说完，老人就不见了。陶侃按照他的指点，找到了自家的牛，并在牛睡卧的地方安葬了自己的亲人。后又把老人所指的另一块风水宝地告诉了周访，周访的父亲死后，周访就把父亲埋在了那里。后来，周访果然当上了可得俸禄二千石的益州刺史，周家三代显贵。而陶侃则官至太尉，颇多功绩。

2. 唐人的风水故事

唐人张鷟著《朝野佥载》卷六记录了这样一件风水往事：“唐英公徐绩初卜葬，谣曰：‘朱雀和鸣，子孙盛荣。’张景藏闻之，私谓人曰：‘所占者过也。此所谓朱雀悲哀，棺中见灰。’后孙敬业扬州反，则天怒，斫英公棺，焚其尸，灰之应也。”说的是徐绩找人寻墓地，后一风水师依据占卜之辞认定了一个地方，而另一风水师张景藏却不以为然，断定其不吉。后来徐绩之孙徐敬业在扬州反叛，武则天大怒，派人撬开了徐绩的坟墓，焚尸为灰，应验了张景藏“棺中见灰”的断言。《朝野佥载》上还记录了类似的一件风水往事：当过唐高宗李治时宰相的郝处俊去世了。当郝处俊下葬时，有一书生路过其墓地，感叹道：“葬压龙角。其棺必斫。”后来，此话果然应验。郝的孙子后来出事了，祸殃及郝处俊，武则天“斫俊棺，焚其尸。”虽然唐人将此事当作风水之事所记录，但人们明白，实际郝处俊死后被掘坟辱尸，与风水无关，乃是当年高宗欲逊位于武则天时，时为宰相的郝处俊曾力谏反对，这才让武则天一直怀恨在心，此举动不过是日后报复的结果罢了。

3. 清人记录的风水故事

清代作家袁枚《子不语》卷十四记载了题目为“陆大司马坟”这样一个故事：杭州的大司马陆某病逝，家里人为此正到处寻找合适的墓地，他的儿子听了某位风水先生的话，用千金买下了清波门外的一块地。刚刚挖坑之时，居然发现地里面还埋着一口棺材，这棺材的材质和形制都非常的讲究。亲戚朋友都劝他别动这个棺材，另外再去寻个墓穴。陆某不答应，说：“我是用重金买下的地，谁敢占我的地呀！”随后将那口棺材挖出并丢弃在一旁。当晚，陆某就生病了，自己打自己的耳光，嘴里自称是葛老太太，说：“你抢我的阴宅，是靠着你父亲做尚书吗？哼，我儿子也是明朝的侍郎呢。”旁人忙问：“是谁啊？”答曰：“葛寅亮。从情谊上讲是乡亲，从功名上讲还是前辈。你埋葬你父亲，却把我的遗骨到处乱抛，你父亲就安心啦？”陆大司马夫人带领着全家，哭着请求先人原谅，并请来高僧做法事超度，纸钱都烧了十万多块。葛老太太似乎有点回心转意接受了道歉。忽然，又像是侍郎的声音说：“破坏我母亲的坟，绝不饶恕你。”一会儿，又像是同族先祖梯霞先生的口吻，在从中说情。但侍郎始终不肯松口，最后居然真的要了陆公子的命。当鬼作祟时，即陆在发病时，陆某有个亲戚叫舒十九的，是新近增选上来的翰林，在一旁帮腔说：“陆某也是出了大价钱买的坟地，怎么能说是抢夺呢？”鬼借着陆某的嘴回应道：“后生小子，刚做了个官，居然敢在此多嘴，恐怕自身难保！”陆某死后一个多月，舒十九也病死了。

（二）风水福荫或祸及后人的故事

1. 孙氏家族的风水故事

《太平御览》卷五五九引《幽明录》讲了“孝子卖瓜奇遇”的故事：后汉时期，有个孝子姓孙名钟，父早亡，与母相依为命，靠种瓜为生。一天突然来了有三个相貌异常的少年向他讨瓜吃，心地善良的他虽有些奇怪，但还是给了他们每人一块西瓜吃，谁想三个人食后还要吃，孙钟又再给了他们每人一块，他们吃完后告知说：“小兄弟，我们是司命之神，因你孝顺母亲的德行，感动了上天，特派我们三位到此考察你的孝行，今天看到你不仅孝敬母亲，而且还心地善良，我等虽然没有钱付你，但我们要指点你，赐福于你。一位说：“这座山的风水很好，你把父骨迁于此，不久当出天子。”另一位说：“你向山下走百步后你所站的脚下就是可以下葬的吉穴了。”孙钟将信将疑，在三人的催促下，朝那个方向走去，等再回头看时，三人已化为三只白鹤飞入云端。不久，孙钟择良日迁父骨于此地，后经商发了大财，并且娶妻生子。一日回到家乡祭祀，看见祖坟头上有五彩的云气，直冲天空，他知道这是阴宅的福荫与龙力的吉气，在为孙家祷福，于是更行善事。后来孙钟的儿子孙坚做了长沙太守，孙坚的儿子孙权做了孙吴的开国皇帝。孙权建国后，追谥孙坚为武烈皇帝。孙家后人孙亮、孙皓四世称帝。

2. 唐人因风水福祸相报的故事

唐朝武则天当政的后期，京城有一位官员人称张燕公与风水大师屠泓有私交。一次，张燕公请屠泓大师为自己在长安城东南侧选中了一块宅基地。大师说：“此宅是吉宅，特别是房屋西北面是有王气之地，千万不要在宅西面动土，以免泄了王者之气并带来祸灾。”张燕公点头称是。过了一个月，当屠泓再次来张家做客时，突然脸色沉了下来，张燕公看大师的神色不对，顿觉不好，赶忙请教。大师说：“一个月来，这房屋已经气色不对了，你是不是动了宅西之土呀？”燕公回答：“没有呀，大师有言在先，老夫岂敢妄动。”“我不信”大师说完，拉着燕公到西北处察看，果然那里被人挖了三个大坑。屠泓大师大吃一惊：“ 完了！这样看来，此宅只能保你富贵一生，但却保不了你的后代，你的儿孙将遭不测。”燕公闻后脸色如土，两手颤抖，问道：“可否挽救？我马上将坑填起来，是否可以避灾呢？”大师说：“不行啊，如此一来，与原地脉不相连，没有了原来的王气，福气也就没了。就如同一个人身上长疮疥，挖掉之后再长好，还是留有疤痕啊！”此后，张燕公一直忧郁不乐。若干年过去了，燕公的两个儿子张均、张自都被安禄山提拔为大官，荣华富贵眼见确保无忧。晚年的燕公心里不觉讥笑屠泓大师妄言失算，亦是一介庸师耳。然而不久，燕公的命运便急转直下，发生了戏剧性的巨大变化。因安禄山谋反，张均也参与了，被皇上处死，其弟张自虽然罪轻一等，也被流放到广西岭南去了。

据《摭遗》载，唐玄宗对风水也颇感兴趣。一次，玄宗微服打猎，身后跟着一位叫张约的臣子，张约自号白云，精通风水。一转眼，快马来到一个山头，此地发现一座坟地，白云先生站在坟前观望很久，似乎发现什么问题，玄宗问：“你是风水大师，你说这块地是什么地？”风水先生答曰：“这不是块好地，死者葬其地，安龙头，枕龙耳，不出三年，必消尸化骨。”玄宗感到惊奇，就问旁边打柴的樵夫：“这座坟葬的是什么人？”樵夫说：“是山下崔巽家的。”于是，玄宗和白云先生一起来到崔巽家，问道：“山上的那座坟是你家的吗？”崔巽儿子点头，说是前年安葬的家父。玄宗说：“那块地不是好地，你怎么用那块地呢？”崔巽儿子说：“不对，我父亲生前也懂风水，他说是块好地，安龙头，枕龙耳，不出三年，万岁就会驾到，并在耳边说话。我们不太相信，可是既然父亲说的话，我们还是照办了。”玄宗大惊，今天他不正是在和死者后人说话么！白云先生听后很惭愧，自己的风水功力还不如一个山野村夫。回京后便主动到山里修炼去了。而崔巽家却因此得福，玄宗下诏，免除了崔巽家的终身徭役。

3. 明代朱家的风水轶事

明太祖朱元璋，生于安徽省凤阳县，出身寒门，十七岁时因连年旱灾，父母相继去世，邻居刘继祖看他可怜，随便给他一块地安葬了亲人，此后朱元璋举目无亲，就到皇觉寺当和尚。此后参加农民起义，逐鹿中原后立大明，成为了明朝开国皇帝。朱元璋祖父生于宋末元初，祖籍为江苏句容县朱家巷人，以后逃难到江苏泗州。相传，在元朝末年，有一次朱元璋的祖父熙祖在杨家墩一个山窝中躺倒休息，这时，走来两位风水先生，是师徒二人。师傅指着熙祖躺着的地方说：“这是块宝地，如果死人葬在此地，其后代必出皇帝。”徒弟说：“我不相信，这怎么会是天子之地呢？”师傅说：“因为此地气暖，你要是不相信，可以折一根树枝，插在这里，十日之后，会长出叶子来。”熙祖感到惊奇，但他装聋作哑，风水先生问他听到了没有，他说没听到。于是风水徒弟找来几根树枝插在地上就走了。过了十天，熙祖赶早起来，跑到那个山凹处一看，果然树枝发了芽，他连忙拔掉，又插上新枝。这时，那两个风水先生也赶到了，一看树枝没有发芽，徒弟就抱怨师傅说：“你说树枝会长出新叶，你看，这还不是一根树枝呀。”师傅说：“不可能的事，师傅不会说错，肯定是有人拔掉了长着叶子的树枝。”这时，在一旁的熙祖只好承认是自己拔掉了树枝。那师傅一听，哀叹一声：“你拔掉树枝，即泄了龙气，你的儿子是做不了皇帝了，只能传到你的孙子才能当皇帝。”熙祖听后非常后悔，回去便告诉了自己的儿子、朱元璋的父亲仁祖，要仁祖等他死后一定要葬在那里。以后熙祖死后，果真葬在了那里。安葬时还发生一件怪事，棺材刚刚放进土坑里，旁边的土便自动流下，淹盖了棺材。不久，仁祖的老婆便怀孕了，生下一儿子，就是以后的明朝第一位皇帝朱元璋。

（三）质疑风水的故事

1. 王安礼劝解迁坟之事

《宋史》记载了和风水有关的如下之事：宋神宗赵顼当朝后，后宫为他先后生过不少的儿子，但接连夭折，最终都没有能够保下来。“不孝有三，无后为大”，皇帝没有了“龙种”，就犯了江山社稷的大忌，为此神宗很着急。这时，有风水师告诉赵顼，可能是北宋京城开封周边的墓地太多了，阴气太盛，影响了皇家的风水，压住了赵姓宗室的昌盛，建议让民间把这里的坟墓向外迁走，减少一些阴气。赵顼本来就是一位很有些迷信的皇帝，经人这样一说，便有了让百姓“迁坟”的打算。此事传到王安石的弟弟王安礼那里，他立即上书谏阻，宋史这样记载：“帝数失皇子，太史言民墓多迫京城，故不利国嗣，诏悉改卜，无虏数十万计，众汹惧。安礼谏曰：‘文王卜世三十，其政先于掩骼埋胔，未闻迁人之冢以利其嗣者。’帝恻然而罢。”[①] 意思是：皇帝您失去数个皇子，太史官说是因坟地多而导致的。为改变风水而迁坟，这让百姓恐惧。自文王创易三十余代，只听到有古代先贤们将暴露于野的尸骨掩埋，以此作为恤民之政的，没听说过迁走人家的墓葬以利于家族兴旺的事情。宋皇帝听后只好哀怜神伤地作罢了。正是王安礼的挺身而出，才避免了大规模“挖祖坟”事件的发生。王安礼的直言不仅表现在此，当苏轼有难时，“苏轼下御史狱，势危甚，无敢救者。安礼从容言：‘自古大度之主，不以言语罪人。’”“今一旦致于理，恐后世谓陛下不能容才。”[②]王安礼大胆向皇帝进言，替苏轼报不平，其“论议明辨，常以经纶自任，而阔略细谨”[③]，可见，王安礼是个有骨气、有主见宋代官吏。

2. 清代大家纪晓岚的风水观

纪晓岚在他的《阅微草堂笔记》记载了这样的故事：纪晓岚的先祖光禄公，有处庄园在沧州卫河东。因为那里常存积水，积水左右斜袤如人字形，所以名为“人字汪”。后来土语把“人字”讹成“银子”，又转“汪”为“洼”，用吹唇声轻呼，发音近似“娃”字，就更失去了原来的名称本义。人字汪土瘠民贫，日益破败。庄南八里是狼儿口。光禄公说：“人对狼口，因此才不兴旺。”于是，改庄门向北。北去五里是木沽口。自从改门以后，人字汪逐渐富腴，而水沽口却日益衰

①②③ 《〈宋史·王安礼传〉卷三二七·列传第八十六》。

落。是地气转移了呢，还是孤虚之说真有道理[1]？

还在《阅微草堂笔记》里，纪晓岚通过讲故事表达了这样的思想：俗传鹊蛇争斗的地方是风水好的坟地，在争斗的地方点定墓穴，子孙就会大富大贵，称之为龙凤地。我十一二岁时，淮镇孔家田中曾经有过鹊蛇争斗这样的事，我舅舅安公实斋亲眼所见。但孔家用这地筑坟，好像也没有什么效验。我说鹊拿虫蚁作食粮，有时见到小蛇也会去啄取，蛇游动抗争，有点像争斗，这也是事物情态所常有的。必定当时曾经有看风水的人替人家选择葬地，指着鹊蛇争斗的地方是吉穴，就像陶侃葬母，仙人指点牛睡眠的地方是吉穴罢了。后人见到它有应验，就易在传播中失实，说凡是鹊蛇争斗的地方必定为吉祥地。若如此说来，因为陶侃的事情，难道可以说凡是牛眠之处一定都是吉祥地了吗[2]？纪晓岚对好风水能庇护遗福给后代表达了他的质疑。

3. 民国时期的风水故事

清末民初的窃国大盗袁世凯自身很迷信风水，在他当总统的前几年，他曾一度受到清廷的排斥，很是郁闷。他思前想后，找不出原因，开始怀疑自家的祖坟是不是有什么破败之兆。于是，遍请风水名师到自家墓地勘验，多数风水师未看出什么破绽之处。公认为是吉壤龙穴，风水相宜，富贵不可限量。只有一个自称为佛隐的风水大师，在做了一番肯定之后，认为墓的前后左右遍筑围墙，使得龙身受制，气脉阻塞，不能发旺，反遭挫折。袁世凯大惊失色，问有什么解法，佛隐大师说，这好办，立即拆除围墙，保你洪福齐天，福星高照。袁世凯深信不疑，第二天就派工匠，将墓地的围墙拆个干净，并将墓地重新整治了一番。过了三年，袁世凯果然竟出山当上了民国的元首。但佛隐大师吹嘘自己的风水奇技没有多长的日子，袁的气数就到头了。袁当上总统之后，其野心暴露，还要称帝当皇上，立刻遭到了举国声讨，没当几天便被赶下台，再后不到一年袁便一命归西。如此结果，佛隐的预测是不灵验的。

据说后来当国民政府将行政中心由北京迁都到南京的时候，北京又出现了风水的流言：说北京作为国都的运数已尽，北京只能做三朝元、明、清的首都。依据是内城有三座门的名称表达了其命运的安排："正阳门"表示元朝末年的"圣正"年号；"崇文门"表示明朝末年的"崇祯"年号；"宣武门"表示清朝末年的"宣统"年号。一些文人墨客挖空心思的杜撰，牵强附会的编造，只会使人们陷入宿命论的迷雾之中。虚无主义的神秘的解释历史是不行的，同样，预设的、机械决定论的解释历史也是不行的。

---

① 见《阅微草堂笔记·卷十一槐西杂志一》。

② 见《阅微草堂笔记·卷七如是我闻一》)。

第二节
风水理论的原理和流派

一、风水理论的综论

（一）风水理论的基本构成

1. 形、理、法三要素

风水理论流派众多，各持己见。但细究起来，无非由形、理、法三者共同构成。三者之间相辅相成、相互联系、相互影响，是中国特色的风水学说的三大基本要素。这三个基本要素不可分割，离开了其中任何一点，都不是一部完整的风水学说。

所谓形，就是客观所提供的形峦，形势和形态。这里包括龙、穴、砂、水、向的形与势，也包括由形势而生成和蕴藏的精气和生气，这是由自然环境所构成的风水的先天条件，这条件里还包含着时代所限定的、社会所能提供的其他物质条件。这些要素既是构建风水学说的基础，也是风水师得以施展的舞台。

所谓理，就是认识风水的道理和规律，然后去适应它。在选择了相对优越或合理的外部环境后，我们如何运用掌握的风水原理，即“聚之使不散，行之使有止”，去营造好的风水环境？一个好的策划常常能弥补一些先天的不足，因势利导、因地制宜去设计和规划，挖掘到可借助的潜力，动员一切积极的因素，使其更符合或满足我们的需求，最终形成合理开发利用的最佳方案。

所谓法，就是实现其设想和方案的途径、手段和方法。没有好的手段和方法，一切美好设想都仅是空中楼阁而不会出现在现实中。传统风水师厉害的地方恰恰是在强调实用性的同时，他们自身的实际操作能力强，动手能力强，常常在一些地方表现出奇思妙想，圆满解决实际中出现的问题，而这一点要高过今天的某些设计师或工程师的。

2. 满足四灵

好风水先要满足四灵或四神的基本要求。四灵或四神分别是东方青龙，南方朱雀，西方白虎，北方玄武。“四灵”作为方位，先秦的《礼记·曲礼》已有记载：“行前朱鸟而后玄武，左青龙而右白虎。”《疏》曰：“前南后北，左东右西，朱鸟、玄武、青龙、白虎，四方宿名也。”这里，朱鸟即朱雀。假若风水上不满足四灵的基本要求，便有灾祸。《三国志·管辂传》载：“辂随军西行，过毌丘俭墓下，倚树哀吟，精神不乐。人问其故，辂曰：‘林木虽茂，无形可久。碑诔虽美，无后可守。玄武藏头，苍龙无足，白虎衔尸，朱雀悲哭，四危以备，法当灭族。不过二载，其应至矣。’卒如其言。”意思为：管辂随军向西进发，经过毌丘俭的坟墓下，倚靠着树干悲伤地沉吟，精神沉闷。有人问他什么缘故，管辂回答：“林木虽然茂盛，却没有长寿的树木；碑文虽然华美，却没有后人守护。玄武藏头，苍龙无足，白虎衔尸，朱雀悲哭，四种危机都具备了，往往要使家族灭绝。不超过两年，就会应验。”后来果然和他说的一样。郭璞在《葬书》中也持同样的态度。他说：“经曰地有四势，气从八方。故葬以左为青龙，右为白虎，前为朱雀，后为玄武。玄武垂头，朱雀翔舞，青龙蜿蜒，白虎驯頫。形势反此，法当破死。故虎蹲谓之衔尸，龙踞谓之嫉主，玄武不垂者拒尸，朱雀不舞者腾去，土圭测其方位，玉尺度其遐迩。以支为龙虎者，来止迹乎冈阜，要如肘臂，谓之环抱。以水为朱雀者，衰旺系形应，忌夫湍流，谓之悲泣。”这里四灵吉相和凶相的对比令人印象深刻。这是古人选择葬地和判断吉凶祸福运用风水四灵的理论，后来，无论相阴宅还是相阳宅都遵循这些道理（参见彩色插图39）。

“左青龙、右白虎、前朱雀、后玄武”，实际是“左活、右通、前聚、后靠”的原则，即左边要有溪水河流，右边要有通畅的大道，前面要平坦开阔，最好有池塘湖泊，后面要有山地依靠。总之，四灵要求坐北面南、朝水背山，还要阳光充沛，青山绿水，温润舒适，适合居住。今天，随着城市化的发展，人们从山水清幽的乡野涌向高楼林立的都市，面对城市既无山，又无水的新情况，风水师们继而提出了“高一寸为山，低一寸为水”的原则，即后面有比自己房屋高的高楼便可视为山，而房屋前的低矮马路则可视为水，新风水学说或曰为“立体风水”便应运而生了（见图18－1）（参见彩色插图40）。

图18－1　风水理论中的四灵图

3. 风水理论中的“地理五诀”

传统上认为构成好风水须考虑五个因素，风水界称为“地理五诀”，即龙、穴、砂、水、向。具体说就是觅龙、点穴、察砂、观水、择向。

“龙”即山脉的走向、起伏、转折的形势。觅即找寻、勘测好位置，觅龙就是寻觅龙脉。石为龙骨，土为龙肉，草木乃龙鳞。龙骨即地形走向应向左右分开，形成八字，有怀抱之势。土壤肥沃，植被葱笼，充满着生气。

“穴”即阴阳宅风水聚集的中心位置。点即评点、指定之意，点穴就是选择好风水宝地的中心基点。找寻好穴地最吃功夫，首先观察要细，理想穴地是龙脉透迤，庄重而富生气，水源蜿蜒，舒缓而又充沛；背山而面水，青龙白虎环抱，同时又阳光普照，紫气蒸腾，凡能聚气的就是吉地、吉穴。选穴传说莫过于唐太宗李世民曾让李淳风与袁天罡两人为他选择陵园龙穴。袁天罡是李淳风的师傅，先是李淳风跑了九九八十一天，找到九嵕山龙穴吉壤，埋下一枚铜钱；然后又让袁天罡出去寻找，用了七七四十九天也找到了这个地方，随即从头上拔下一根银钗插下去。唐太宗让人验证二人所选龙穴吉壤是否一致，结果挖开一看，袁天罡的银钗正好插在李淳风埋下的铜钱方孔中。

“砂”即穴地周边的山体。察砂就是具体考察周边的山体藏风、得水、聚气的功能。风水穴后的主山称玄武砂，应向穴垂头（即有坡度）基址才干躁；穴前的山是案山和朝山，称朱雀砂，都不宜高，案山应低于朝山，以利于送风；穴左称青龙砂；穴右称白虎砂；青龙、白虎抱穴藏风聚气。

“水”即吉地周边要有河流。观水就是水源、水量、水势、水质的多方面考察。因为人离不开水，同时水能止气；气聚活人，气散伤人。注重水的因素是看风水中的重要一环。蜿蜒平缓的水流为吉水，汹涌湍急的水流为凶水。水同时要清洁甘甜，不要苦涩并被污染。水来处，称天门，天门开，财源来。水道还能提供交通的便利。

“向”即方位和朝向。择向就是要选择好适当的方向。一般地说，住宅要坐北朝南采光好，夏季避免阳光辐射，冬季避风、取暖效果好。但这不绝对，还要依吉地周围的具体地势有所调整。

何谓“风水宝地”？凡能满足“四灵”和“五诀”要求的便是风水宝地，好风水地必定是物华天宝、人杰地灵。古语云：“山清水秀出人杰，水走砂飞生刁民”，古人的这句话含有一定的道理。天与地能生出某种“灵气”，美好的大自然就可以孕育出“人杰”。这不是迷信，而是客观存在的事实，如同种瓜得瓜，种豆得豆的道理一样简单（参见彩色插图41）。

（二）传统风水师们的工作

风水学的权威认为，中国风水学的核心工作是在全面考察，综合分析的基础上，精准择定，统筹规划和布局，经过认真地施工，最终奉献出一个宜于人居的居住环境。这期间，风水师所应考虑的事项主要有九个方面内容。

1. 观察形势

形势就是山形、地势和地貌对人的作用。人类在繁衍生息，治国安民的过程中，发现观察天象，勘察地貌，了解地形，分辨地质非常的重要，关系到人类的存亡兴衰，国家的长治久安，于是就形成了风水学最基础理论——地理。风水学家把阴阳宅所在位置（穴位）后面有直接联系的山脉称之为龙，其他的山岗称之为砂，形势主要是对龙脉的考察。人们发现地理的形状体貌是会影响到人类的行为和吉凶的，人们常将地理因素人格化、人性化处理，理解为情意来表示。有情于阴阳宅者为吉，无情于阴阳宅者不吉，反情于阴阳宅者为凶。

2. 识别气流

气对人的有重要作用，风水一词中“风”指得就是气。吉地中有一种看不到摸不着的气存在，这种气不是简单的空气的气，而是由天地山川的空间相互流通、会聚、孕育、体现出来的一种只能意会，不能言表，不能用罗盘测量的宜于生长的东西。葬书谓“气以生和，气因形来，气以势止，气以土行，气以龙会”，“形止气蓄，化生万物”。气有吉气凶气中气之分。能意会得这种气，能接收生气，摒弃凶气，才可以达到风水学的最高境界。所以能够乘生气是风水学的顶尖技术。

3. 勘察水情

风水学中，择水具有极其重要的意义。风水理论认为“吉地不可无水”，所谓“未看山，先看水，有山无水休寻地”。水比山形还重要，水是山的血脉。在无山脉可依的平原地区，堪舆家择地便是以水代山，“行到平原莫问纵（山脉），只看水绕是真龙”。水能生气，“水飞走则生气散，水融注则内气聚”。清代《阳宅撮要》有云：“河水之弯曲乃龙气之聚会也”。风水理论对整个水情的要求是：横向水流要有环抱之势，流去之水要盘桓欲留，汇聚之水要清净悠扬者为吉；要求来水要屈曲，追求的“曲则贵吉”理念，水流讲究“弯环绕抱”，即“水抱有情为吉”，河曲之内为吉地，河曲外侧为凶地。水势若有直冲斜撇，峻急激湍，反跳倾泻之势者均为不吉。总之，风水师对水情的考虑主要是水源、水势、水量、水质等方面的考察。

4. 勘验地质

风（生气）、水、地（土）的质，对人起到持久的作用，是风水中的基础要素。风为人呼吸的空气，水为人吃的水，应为清洁之水，土为种庄稼的土、穴位中的土。能够生长作物，不含有害元素。气、水、土，哪样不好都会引人发病，致人生灾。传统风水师常利用目测来判定风水的好坏，草繁木茂，水深土厚是其标准。进一步的话，一些风水师除用眼看，还用鼻闻，用口尝，用手捏，用秤称的原始方法去勘验，即用望气闻气方法来测定空气的质量，用水养鱼，亲口品水等方法以测定水的质量，用捏土尝土等方法以测定土的质量。今天，我们已经可以借助于科学的仪器来测量空气、水和土的质量了。

5. 确定方位

假若上述程序走完，均满足了要求之后，就面临着阴阳宅位置和方向的选择问题。这里实际有两个问题：位置问题和方向问题。

阴阳宅的位置，风水学中谓之“点穴”。“点穴”一词过去多在相阴宅上使用，在建设阳宅中现又称之为“立基”。点穴是风水学的核心，因为风水师的所有努力都是以阴阳宅为基础、为中心来推论的。外在的所有环境都是围绕着阴阳宅来发生作用，围绕着主人发生作用的。因为只有真正穴口，好穴口，才是风水宝地生气会聚之所，才能获得风水宝地的吉气的。所以好穴口都称之为“吉穴”。阳宅获得“吉穴”对于活人而言，受益似乎不言而喻，也好理解；而阴宅获得“吉穴”对于死人而言有何作用呢？古人未交待清楚，古代风水学用福荫后代的理论来解释，并用大量的事例来证明有这回事，这就只能见仁见智了。

位置确立了，就是穴口或者是基点就确定了，下面就是选择建造最合适的方向，以接收承纳四周山水空间的生气。谓之立向，立向也就成了风水的关键。受地球自转和光照的影响，依据所处的纬度，风水师的罗盘能够测定磁场方位，古人凭借经验多选择宅邸坐北朝南，子山午向。面南敞开，以迎接东南向的温暖之风，湿润之风；背向西北，用以抵御西北向的干冷之风，萧杀之风。我们可以从古代皇家的建筑，官衙的建筑，绝大多数都是坐北朝南事实中得到启示。面南背北在中国大部分地区都是适宜的，因此，在选择民居中朝向始终是重要的因素。

6. 选准时机

风水理论认为天时对建造吉屋有重要意义。过去的堪舆，堪天道也，舆地道也。有天才有地，有地才有水有万物。观察天，了解天，天光上临，地德下载，在天成象，在地成形，过去天地知识是结合在一起的。堪舆师结合着历法，根据星空的现象来预测居处的方式、人世间的休咎，也曾是风水学前身——堪舆学中一项重要的基础工作和原理方法。后来的风水理论在替代堪舆后，偏重于地理，使得堪天的本领弱化了。天文的知识在理气过程中要讲到一些，然后在选择时机这里也要讲到一些，也就仅此而已了。七政四余，轮流当值。天星在时间上也有一系列的程式，这主要表现在风水师天星演禽日课上了。风水理论认为在不同的年月日时，建造不同方位的阴阳宅，也会对人的兴衰祸福有很大的作用，时间的选择可以增加成功或福气的因素，于是就创造了一种选择时间的学说。何时奠基，何时上梁，要选择吉日吉时。风水师的这一任务由于把时间纳入其中，使得风水学说既要包含天、地、风、水等物质要素，还要兼顾时间和空间的要素，成为一种既有宏观全面考量、又有微观分析与优化的、统筹色彩的系统工程。

7. 尽臻规划

风水规划依不同方面和用途便有所不同，譬如，有城市整体规划、住宅小区规划、园林规划等；社会功能不同，其规划的思路也就不同，譬如，商务区的规划、休闲娱乐区的规划、学校和医院的规划等。风水规划有原则。

宏观一些的原则有：（1）整体性原则。适合于大工程或较大范围的开发。（2）山情水势原则。运用风水知识实地勘察的过程。（3）因地制宜原则。风水建设切忌所谓翻天覆地、改天换地。（4）适当改造原则。有些不好的环境是可以通过人工加以改变的，所谓倾心力之巧，尽工力之劳而获得满意的人居环境。我们可以用一些方法来改变风水地，如做建桥、筑路、挖塘、填沟、围墙、建塔等工作。

微观一些的原则有：(1) 依山傍水原则。所谓"前面有照，后面有靠；两边有抱，中间有泡。""照"，亦水面之意，能照见人影。照也当前面要有明堂讲，要开阔充满着阳光；"靠"背后有靠山，有遮挡；"两边有抱"，如同两翼张开作环抱之状；"中间有泡"就是环抱区域内要有水源地，有弯曲的河流和一定面积的水面。(2) 弯水曲风原则。水应形成"弯环绕抱"形势，大环境要有通风道，小环境要设挡风墙，曲风柔风吉，直风硬风不吉。(3) 坐北朝南原则。适宜中国大部分地区的朝向要求。(4) 适中居中原则。适中，就是恰到好处，不偏不倚，不大不小，不高不低，尽可能优化，接近于至臻至美。居中原则还要求突出中心，布局整齐，附加设施紧紧围绕轴心。在典型的风水景观中，都有一条中轴线，中轴线与地球的经线平行，向南北延伸。

规划对象的不同，还有一些更细部的原则，例如城市整体规划有天际线的考虑，有通风通道的考虑，有交通道路和服务设施配置考虑等；建筑物和居住地的规划则要求高低搭配、错落有致，有美观的考虑；同时还要考虑各类服务设施的配置，考虑安全、便捷、卫生等诸方面。若园林规划则有建筑美学方面的考虑，绿化及植物、植被的考虑等。

8. 精心施工

中国不但不缺乏风水师，也不缺乏把风水师理念实现起来的能工巧匠。风水师在精心设计基础上，还要组织精心施工，精心施工体现在多方面：

(1) 在讲究风水的基础上，遵循风水原则首先科学性优先，建筑要结实耐用、要通风，向阳，要干燥排湿，排水通畅等。重视后龙山，重视水口山也是科学性的体现。还有实用性，做到房屋配置合理、方便生活，冬暖夏凉，宜居舒适。还有融合性，与周围山水相协调，与周围建筑相协调，山水改造要因地制宜。

(2) 工程不但呈现整体美，单个也美。中国古代建筑多以众多的单体建筑组合而成为一组建筑群体，大到宫殿，小到宅院，莫不如此。既重视平面，也注重立面，布局合理，功能协调，各个建筑的式样、大小、高低、颜色等，相互映衬，灵活地相互借景，错落有致，和谐统一。

(3) 中国建筑以木质构件为主，配以砖瓦和少量石质构件组合而成。墙壁和屋顶用砖瓦，房基、柱础用石质构件，整个建筑是用木构架作房屋的承重结构的。这里，斗栱技术是中国木构架建筑中最特殊的构件，斗栱技术中的榫卯方式体现出来我国工匠的精巧。

(4) 中国建筑造型多样，风格各异。中国古建筑屋顶的造型有多样性，主要有单顶庑殿式、重檐庑殿式、歇山式、悬山式、硬山式、攒尖式、长平顶式、单坡顶式、卷棚顶式等。单个建筑的式样就有多种。有宫、殿、门、府、衙、埠、亭、台、楼、阁、寺、庙、庵、观、阙、邸、宅等，其形态不同，用途也不同。

(5) 讲究装饰。装饰包括彩绘和雕饰。彩绘具有装饰、标志、保护、象征等多方面的作用。油漆颜料中含有铜，不仅可以防潮、防风化剥蚀，而且还可以防虫蚁。色彩的使用是有限制的，明清时期规定朱、黄为至尊至贵之色。彩画多出现于内外檐的梁枋、斗拱及室内天花、藻井和柱头上，构图与构件形状密切结合，绘制精巧，色彩丰富。明清的梁枋彩画最为瞩目。清代彩画可分为三类，即和玺彩画、旋子彩画和苏式彩画。雕饰是中国古建筑艺术的重要组成部分。有石雕，包括门前瑞兽、门墩，台基石栏杆等。有砖雕，包括门楼和墙壁上的等。有木雕，建筑木雕有梁架雕刻：梁、柱、柁、墩、藻井、天花、斗拱、额枋、栏杆、匾额等，更多在门、窗上。雕饰还包括金银铜铁等建筑的饰物。

9. 必不可少的人文祈福

人文祈福也是风水师的重要职责。风水学自打从杨救贫开始，无论是相阴宅、还是相阳宅始终充满着人文的气息。如相阴宅方面，在中国传统文化中，安葬先祖，是中国人慎终追远，尊祖敬宗的风俗礼仪，也是体现孝道的重要方式，在这中间风水师发挥着重要的作用。在安葬先人的过程中，总要按一定的仪式进行，所谓入土为安，人从地里生，还回地里去，选个山环水抱，山清水秀，灵气集中，生气盎然的地方安置祖先尸骨，立个碑，建个墓，刻上祖宗名字，让后人能瞻仰先人，缅怀祖德，以寄托后人的哀思，表现后人的孝道，在传统社会，风水师在卜吉穴、卜葬日中都将参与其中。在建造阳宅时，选吉穴，找基点，传统社会里也必然是风水师的职责。当建筑开工时和落成时，也总要进行一定仪式与程序，这些吉日的选择，仪式的进程，也需风水师参与其中。

在传统社会里，有德行的风水师常常发挥着勉人尽孝，劝人为善，催人向上，使人得福的社会活动家的功能，常常发挥着普及一定的科学知识，告诫着人们顺应自然的规律、保持水土、保护环境的环保宣传员的功能。风水师们为保留中国特有的民俗遗产，为祖国的风水文化的传承做出了贡献。当然，他们中的一部分人在从事看风水的过程中，过多强调了一些禁忌，并借此宣扬了一些非科学的东西，但同整个风水文化的贡献相比，这毕竟是居次要位置的。风水师们的总体工作是社会正能量的一部分，而不是负能量的一部分。

（三）传统风水师的工具和器物的应用

1. 风水工具

传统风水师的工具主要有两个：风水罗盘和规矩。

风水罗盘是风水师的重要工具，它一般由三部分构成：天池、内盘和外盘。天池即中心的指南针，盘中央的磁针，也叫海底，还有十字基准线；内盘是紧邻在指南针外面的那个可以转动的、划出了不同格区一系列的同心圆圈的圆盘，上面常有八卦、二十四山、360 度刻度等内容；外盘是内盘的托盘，多呈正方形。其功能在于立极与定向，是风水师测量定方位的必备工具。作为风水罗盘，形势派的三合盘和理气玄空派的三元盘稍有不同（参见彩色插图 42）。

规矩是校正圆形或方形的两种工具，作度量之用。“规”即圆规，画圆、制圆之用，“矩”乃矩尺，画直角或方形的工具（参见彩色插图 43）。

2. 庭院风水器物

中国传统的庭院风水器物的品种和样式很多。有山石风水：山石体量大的有泰山石，多横放，呈现安稳厚重；太湖石，多竖放，显得秀美玲珑。体量小些的是山石盆景，山石盆景分无水和有水两种样式，有水的山石常由气孔多的上水石构成。有植物风水：分庭院植物和盆栽植物，若山石盆景和植物一起还构成盆景艺术。依南北方气候不同植物的品种会有所不同，但是，一定是有选择的，不同植物的品种有其风水文化上的意义。瑞兽摆放习俗：大型瑞兽包括狮子、龙、麒麟、鹤、鹿、马、白象等。小型的貔貅或咬钱蟾蜍要配合财气入口联系起来摆放。等都是改风水时会列入考量的祥狮瑞兽。狮子、麒麟、咬钱蟾蜍的头须朝向门口，表示将各方、福禄吸引进来。但鹿、马的奔走方向及头部须朝向屋内，代表吉神入宅。风水缸摆放习俗：养一缸风水鱼，过去大户人家既为了美化庭院、滋润环境的考虑，也有储备水源、安全防火的考虑。

3. 其他风水器物

各类摆件包括铃、剑、镜等。风铃碰撞的声音，清脆响亮，加上造型可爱，吸引许多人喜爱。风水理论中风铃是制煞的工具，尤其适合挂在大门的入口处。但是绝对不要挂在小孩子的书房或主卧室，因为风铃的声音听久了会让人心浮气躁。风水剑也是制煞的工具，其种类繁多，七星剑、桃花剑，或者其他材质做成的剑，主要的功能是用来克制屋外的尖角、电线杆的煞气，以及避官司口舌等。须注意风水剑并不需要开锋，甚至可说，不宜开锋，因为开了锋的剑锐利，容易伤人，钝剑不伤人，却仍然可以驱除煞气。八卦镜在风水理论中有化煞功能。悬挂八卦镜有三点要留意：第一，中午 12 点整悬挂；第二，须开光；第三，反射出去的方向不可射到别人的房屋上。

二、风水理论的流派与学说

（一）传统的两大流派简介

1. 风水流派综述

中国风水学说源远流长，学术派别多。自唐宋以来，传统风水理论大致分为两大流派，形势派和理气派。形势派注重峦头各要素间组合上的态势。所谓“千尺为势，百尺为形”，因注重在空间形象上达到天地人合一，注重形峦，所以又称形法派或峦头派；理气派重视气运生克方面的信息。因注重在时间序列上达到天地人合一，诸如：阴阳五行、干支生肖、四时五方、八卦九风、三元运气等，所以又称三元派，理法派。

风水界分为两大派别的说法自宋以后便流行开来。此说法具体出于何人之口，现无详细考证。在明清的风水著作中，已经有了较频繁的引用。两大派别，观点虽然不一，其实是既有区别，又有联系，互相分不开。在风水立说者郭璞那里，原本是不分的，郭璞在《葬书》中说："木华于春，粟芽于室，气行于地中。其行也，因地之势。其聚也，因势之止。"形和气是相互融通的。形势是风水之体，理气是风水之用。两派都是以《周易》的象数原理为基础的，形势派是以周易理论中的"象"理论为基础，但形势派同样讲方位气场；理气派是以周易理论中的"数"理论为基础，但理气派同样讲形态走势。在传统的风水理论中，没有离开形势的理气派，也没有不讲气动的形势派，只不过两者的侧重点有所不同罢了。"形法"主要为择址选形之用，更宜于宏观；"理法"则偏重于方位和格局，更宜于中观和微观。

下面介绍的有两派风格的风水理论，当然也有两派观点兼而有之的风水理论。

2. 关于形势派的风水理论

形势派又称峦头派，江西派。以唐人杨筠松为首，以嫡传弟子曾文辿，而后有廖禹、赖文俊四公的理论经验为基础，多运用周易中的"象"理论，历经各代发扬光大流传而成的较大的风水门派。后人尊杨（救贫）、曾（文辿）、赖（布衣）、廖（金精）为风水形势派的四大祖师（参见彩色插图44）。

形势派核心理论是讲形势时强调龙、穴、砂、水四者配合朝向、走向来论风水的吉凶。所谓地理五诀的"龙、穴、砂、水、向"，主要是由这一派所贡献，而为大多数的风水理论所认可。形势派在观察地理时，爱用形象比喻，让人印象深刻。如瑶池聚仙，嫦娥妆台。更多地还爱用动物的神态形容，如虎踞龙盘、天马行空、犀牛望月、金鸡报晓、大鹏展翅等，这样，既好记又讨巧。形势派讲究形法，所谓形法即一种独到的地理勘察方法，即关注周边各因素对穴场所起的吉凶作用。如吉地应地势高些，不宜在洼地；地势应北高南低，最忌是相反的情况。若正前面有一道水沟，正冲穴场而来，则为穿心水；若正对着一条路，则称穿心路，都是不吉的。江西派从山地丘陵走来，熟悉这种地理风水的习性，适合在山地田野为人阳宅开基、阴宅立穴，效果可见，因此口碑相传，一时盛行。

形势派创始人杨筠松由于道术高深，利用帮人勘验吉穴而救贫无数，被后人尊称为杨公，民间曾广为流传"杨公救贫一勺水"的故事。一勺水，量很少，却可以救人，足见灵验的魔力。说的是一天，一个十五岁的男孩对杨公说："我向一个算命先生报了自己的八字，他替我算了个命，说我八字不好，注定要穷一世。"杨公问："小兄弟，你的父母葬在何处？"那孩子说："在那边山脚'寄土'。"所谓"寄土"即穷人家无钱安葬亲人，暂且浅埋，待日后家境好转，再重新择地安葬。杨公对小孩说："小兄弟，实不相瞒，我是一个风水先生。今日相逢，你我有缘，我愿意帮你选个吉穴，安葬你的父母，免得你一世受穷。"孩子听后连连称谢，并答应一定照先生的话去做。杨公不辞辛苦，为男孩子选了一块山水俱佳的"元宝入囊穴"的好墓地，同时选好了移葬的日期，对他言道："一切听从安排的话，葬家午时落葬，未时即富。"话一传出，众人皆诧异。那天，小孩子带着皂伞遮蔽下的父母遗骸，还有爆竹和雄鸡来到已布置妥当的墓穴边，时辰已到，下葬遗骸，点燃爆竹，由于小孩子一时忙乱，准备用来滴血祭奠的雄鸡竟然挣脱束缚跑走了，小孩子赶紧去追，雄鸡逃下一个山坳，又逃上一个山腰，小孩子穷追不舍。突然，雄鸡一头钻进了蓬蒿中，不见了踪影。蓬蒿深处有一个小石洞，洞口发现了雄鸡的几根金色羽毛。他连忙伸手去洞内抓那只雄鸡，不想雄鸡钻得更深了，他深怕雄鸡钻进石洞深处，再也抓不到了，便将整只手臂伸进洞里去探摸。说也奇怪，他的手没有摸到雄鸡，却触摸到一个光溜溜、重甸甸、冷冰冰的东西，他好奇地把它掏出洞来，定睛一看，自己手里抓着的竟是一个银元宝！等到杨公和建墓的泥瓦匠师傅们赶来时，小孩子已经从石洞里掏出了一大堆银元宝。泥瓦匠师傅们帮着孩子挖开了那个小石洞，只见洞内堆满了银元宝。这时正交未时。杨公的那句“午时落葬未时富”的预言应验了。从此，杨公被世人尊称为“救贫先生”。杨救贫大名很快传遍大江南北，成为一代风水宗师。而故事本身所传达的“吉穴”能福荫后代说法更加使人深信不疑。

3. 关于理气派的风水理论

理气派又称三元理气派，主要活动在福建、浙江、四川一带，以福建人居多，也称福建派。一般意义上，认为宋代堪舆家王伋是理气派的祖师。作为多运用周易“数”理论于风水中一个派别，理气派门派很多，又可分为理气、卦义、方位、宗庙等小一些的门派。如有用先天八卦静态配合论派、有用后天八卦动态平衡论派、有用三合生旺墓论派、有用天星配合山水论派等。但凡与阴阳五行、八卦、九星、河图、洛书、星象、神煞、玄空、奇门、六壬等与数术理论有关的风水学都可以归在理气派门下，罗盘加了一层又一层，圈了一圈又一圈，意图阐精释微，探究风水奥妙，所以其内容十分复杂，各派内容有的互不相通，有的大相径庭。理气派溯源可以到周公，晋代郭璞的理论里已经包涵了理气的内容，直到宋代，理气派在陈抟的影响下逐步确立。理气是风水学中最庞大，最复杂的学派，其内容真假难分，高低莫辨，常有较多的糟粕内容杂糅在一起，很多理气的内容玄而又玄，既无法用科学理论解释，也难以用事实去验证，所以它也是最易受到人们攻击的传统学术。

理气派风水学中最神秘，最核心的是“气”。它认为万物气构成，万物皆有气。山有山气，水有水气，木有木气，人有人气。山川、河流、林木，因形态不同，构造各异，气韵也就不一样；人与人，因种族、民族、肤色、容貌各不同，因此，气韵也就不同。在古人看来，气有性质之分。有生气、死气、阴气、阳气之分；好气有瑞气、喜气、福气、财气，或神仙气、贵人气、珠光宝气等；坏气有晦气、戾气、邪气、妖气，或衰败气、丧亡气等。气还有颜色之辨。有黄色、紫色、红色、白色、青色、黑色等，每一种颜色都对应着一种结果。黄色、紫色、红色多为吉事、喜事；白色、青色、黑色多为凶事、悲事。这些“气”并不是轻易地能被感官感觉出来，而是要有经验的风水师，经过长期的训练和体验，功夫到了家，才能够分辨出来的。在理气派风水学看来，神秘的“气”不是轻易就能被感官捕捉到。为了发现它，必须借助物质性的东西寻找，为了寻找它，风水师发现了很多规律。研究这种规律的风水流派就是理气派。理气派的核心内容是九宫飞星理论，它是以九星的运转来决定生气状态的理论。这里的九星有两种说法。第一种说法九星指太阳系中太阳，月亮和7大行星。第二种说法是北斗七星及北斗七星旁边的左辅星和右弼星。

民间认为会“相气”的人不多，能者必为奇人，风水师也未必都会“相气”。古代关于辨别“气”的故事，有一些有意思的传说。相传汉高祖刘邦在未登龙位之前，由于冒犯朝廷，官府几次都想要捉拿他未果，他害怕只好跑进山里躲了起来。他的妻子吕雉，也就是后来的吕后想进山里头为他送点饭菜、衣服什么的，每次进山，总能够不费力气的很快找到他，对此刘邦有些疑惑不解，心想每当躲进大山里，连自己事先都不知道躲到哪里是好，常常更换地点，可妻子却每次都能准确地找到自己。一次，刘邦问起此事，吕氏回答说：每次给你送饭时，我只要在家中往山里一望，便可见山间有五彩之云气呈现出来，我就顺着这气找过来，就准能找到你。吕氏会“相气”，对此刘邦也只好相信了。据说项羽的谋臣范增也会“相气”，他也相出了刘邦身上的天子之气，所以力劝项羽除掉刘邦，可惜项羽未能听从其忠告，使得刘邦最终成就了汉代基业。

总之，风水上所要追求的气，是一种生气，一种创造宇宙万物的孕育之气。风水的重要功能就是找寻生气和藏气的场所，其目的就是为了益生而延寿。

（二）具体介绍异彩纷呈的风水流派

1. 三合派

三合派是较权威的风水派别，由杨公徒裔创立，典型代表是宋代的赖布衣，是杨派风水的重要一支。学理应用是河洛数理，方法应用是地理五诀。与正统杨派风水相比，关键在“三合”。“三合”的一种解释是指龙、水、向三者之间的配合，即《天玉经》所说的“龙合水，水合向（方位、坐度）”。另一种解释是指十二地支的三合局，即亥卯未三合木局，寅午戌三合火局，巳酉丑三合金局，申子辰三合水局。生旺墓三合，“木生于亥，壮于卯，死于未，三辰皆木也。火生于寅，壮于午，死于戌，三辰皆火也。金生于巳，壮于酉，死于丑，三辰皆金也。水生于申，壮于子，死于辰，三辰皆水也。”① 三合派最大的特点就是以水的流向定生旺墓、定吉凶，在展开理论过程中，常要结合不同的水局和水口立说，所以也称“三合水法”。同时，又称“三合长生”，因为该派的风水理论是围绕着“十二长生”展开的。所谓“十二长生”是命理学中的长生、沐浴、冠带、临官、帝旺、衰、病、死、墓、绝、胎、养。“十二长生”原指一个人从生到死的十二种状态，然而在三合派风水中借用其名称，用来指代十二个方位的吉凶，其中长生、沐浴、冠带、临官、帝旺、养为吉，其余为凶。三合派较独特的还在于它所使用的罗盘，是赖布衣在杨公天、地二盘的基础上，引入二十八宿天星五行，增设了

① 《淮南子·天文训》。

人盘。三合派罗盘结构为中间天池有指南针，内层首先配黄泉八煞，以示三合派重视“黄泉之水”，人死称“命归黄泉”，黄泉乃凶兆，看风水先要避凶。然后是地盘正针，二十四山配磁力子午线，运用正五行论行龙、定山向。接着是人盘中针，二十四山配地理子午线，功能在于消砂。最外层是天盘缝针，二十四山配天星子午线，运用双山五行论纳水，并以纳水定生旺墓之吉凶。从此，中国的风水罗盘天地人“三才”皆备，地盘格龙、立向，人盘消砂出煞，天盘双山纳水，所谓各得其所（见图 18－2）。

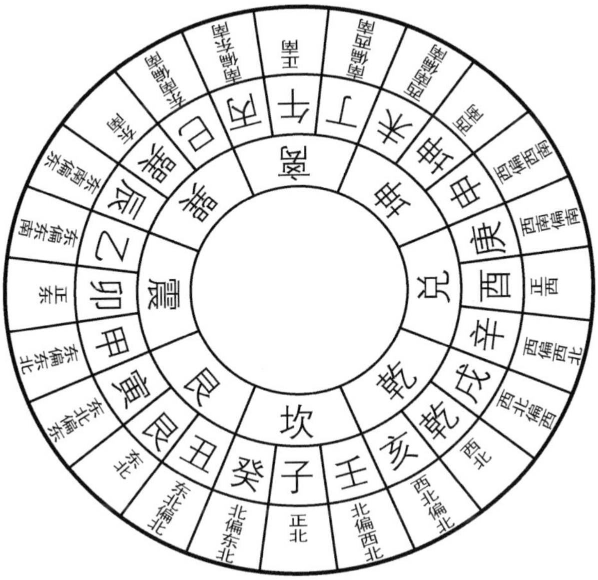

图 18－2　二十四山方位图

“二十四山方位图”见于清代李道平所撰《周易集解纂疏》卷首。是书对唐代李鼎祚《周易集解》作了疏证。李道平对此图做了说明：“二十四方位，即阴阳家二十四山也。汉人言易都用此法，其义最古。八卦惟用四隅，而不用四正者，以四正卦正当地支子、午、卯、酉之位，故不用卦而用支，用支即用卦也。八卦既定四正，则以八干辅之，甲乙夹震，丙丁夹离，庚辛夹兑，壬癸夹坎。四隅则以八支辅之，戌亥夹乾，丑寅夹艮，辰巳夹巽，未申夹坤。合四维，八干，十二支，共二十四。天干不用戊己者，戊己为中央土，无定位也。”① 二十四方位常用于标示为风水罗盘上的二十四山的方位。

2. 玄空飞星派

玄空飞星派是风水界最具影响的一大门派，是典型的理气派。但在具体运用原理上还是强调理气与形势的结合，是一门运用知识较多，头绪较多的成熟的风

① 《周易集解纂疏》。

水学说。“玄空”的“玄”在这里并不作颜色讲，而是“高深莫测的变化”之意；“空”则作“空间”理解。“飞星”指的是九星：一白水星在坎为贪狼，二黑土星在坤为巨门，三碧木星在震为禄存，四绿木星在巽为文曲，五黄土星在中为廉贞，六白金星在乾为武曲，七赤金星在兑为破军，八白土星在艮为左辅，九紫火星在离为右弼。所以玄空飞星派也称“九星派”或“紫白飞星派”。玄空飞星风水意指关注时间、空间的能量转化，综合应用形、理、气、数去勘察阴阳宅地风水。其依据是河图、洛书以及先后天八卦原理，但主要是洛书的九宫数字与后天八卦的方位相结合的原理，掌握了九宫数字变化规律和八卦中五行生克制化的“易理”，就算迈入玄空飞星风水的门了。玄空飞星风水的特点主要有三个步骤：一是排龙（确定坐山与朝向）立穴（确立中心点），二是飞星（九星）布盘（洛书上的分布及其运行态势），三是收山（吉凶推断）出煞（如何趋利避害）。经过这三个步骤的术数运算，往往应事自如，达到良好的效果。

玄空飞星风水源远流长，历代大师层出不穷，蒋大鸿、章仲山、温明远、王亭之，现流行于世的《沈氏玄空学》是其中的一脉，影响风靡一时（见图18－3）。

4 东南	9 南方	2 西南
3 东方	5 中宫	7 西方
8 东北	1 北方	6 西北

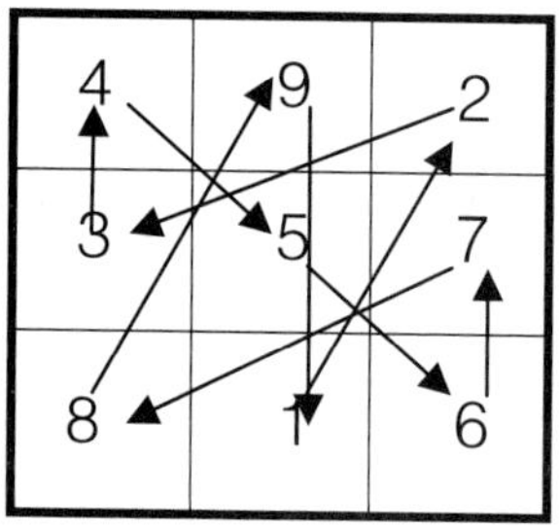

图18－3　九星飞布示意图

3. 八宅风水

八宅风水由唐代天文学家僧一行所创立，他本人精通历法和天文，著有《大衍历》。八宅风水强调八卦配八宅，强调宅命配合，属于理气派。八宅风水的理论核心有两个最显著的特点：其一，后天八卦配套九宫和九星，实现了天（九星）地（八卦）人（九宫）三者合一；其二，将八卦分出东四宅和西四宅后，同时算出宅主的命相，宅主命相是以出生年干支论命的，然后将宅命相配，东四命配东四宅，西四命配西四宅，以此定吉凶。有时还需再在配上七曜星，用来推算宅主吉凶命运的应期。八宅风水有经典《八宅明镜》一书，据传是由唐代堪舆大师杨筠松所著，明清时期再由箬冠道人所重编，是八宅风水派的扛鼎之作。八卦五行关系是乾、兑属金，震、巽属木，坤、艮属土、坎属水、离属火。因相生相克的现象，因此自然分成两组：一组是“坎、离、震、巽”，震、巽两卦属木，坎卦属水，离卦属火，形成水生木，木生火，其中震、巽居东边，所以称为“东四宅”。一组是“乾、坤、艮、兑”，乾、兑两卦属金，坤、艮两卦属土，金与土相比助，且乾、兑、坤都居西边，所以概称为西四宅。（注意，都是后天八卦的方位。）

《八宅明镜》中登有歌诀。东四宅歌诀曰：坎离震巽是一家，西四宅中莫犯它。若逢一气修成象，子孙兴旺定荣华。西四宅歌诀曰：乾坤艮兑四宅同，东西卦爻不可逢。误将它爻混一屋，人口伤亡祸重重。

4. 八卦风水

八卦风水即应用八卦方位以及卦爻知识来解释风水的派别。八卦风水的支派较多，其中重要的一支称“摇鞭断宅派”。何谓“摇鞭断宅”呢？据说，自清朝嘉庆年开始，风水行业出现南北两派。北派风水师一般家学深厚，有一定场所，操作方式多是坐堂等客，专门为人择日、安葬、看风水；南派风水师常受江湖名师传授，四方游学，行动时骑着毛驴，左手捧着罗盘，右手摇着鞭子，后面跟着书童，身担书箱，帮人看风水，所以人称这类人为摇鞭断宅的风水术士，由此便产生出“摇鞭断宅派”的风水流派。摇鞭断宅派尊清朝嘉庆年进士，江苏吴江人凌祯松为祖师爷。“摇鞭断宅”与其他八卦风水学派一样，其学理都要应用到河洛理数和八八六十四卦爻，但又有其独特性。其理论还包括以九星当运之飞星入中宫后顺飞八方，阳宅以向上飞星作上卦，再以大门的方位作为下卦。阴宅以向上飞星为上卦，以水口方位为下卦。两者都是以配成六爻的重卦形式，再依纳甲法配上地支，排出妻财、父母、子孙、官鬼、兄弟六亲来论断风水吉凶。这是摇鞭断宅派风水与其他门派风水的不同之处。

八卦风水这一门派，要求掌握六爻间以及六亲间的关系，将这些知识再和风水知识结合来断吉凶。其实就风水理论而言，是个大笼统的知识体系。当然里面有坐山朝向，也有三元九运，但同时里面还有六爻卦象，有纳甲的六亲和六神知识，算是将形势派和理气派进行综合的派别吧。

5. 命理风水

命理派风水虽说当代时兴，其实自古有之。前面介绍的各派风水理论，里面或多或少都有命理的内容，因为古来“相风水”的目的，主要是为着“活人”服务的，是为着后人有好的命运或转运而展开的。换句话说，风水学说从来就和人的命理没有分开过。所谓命理风水不过是换了一个角度谈风水而已。甚至还可以说只不过是换了一个角度谈命理。

命理派风水从学说形态上看，是一个带综合特点的风水理论。它在传统风水理论基础上，强调以个人命理为准，推出命主喜忌神。具体调理时注重寻找对应的位置，之后对宅室的相对空间进行能量放大或抑制，从而达到改变命运的目的。由于它主要针对的是某一个人的命相，而不是一家人或一族人，所以起效快，效果好，感觉灵验。命理派风水近来有邱平策先生提出的“平派命理”和“八字风水术”。宣称平策命理风水学是以宅主八字命局中的五行喜忌配合宅居二十四山向干支方位以及运气学说和流年飞星对宅居进行风水布局与调整，从而使宅居风水对宅主产生巨大的助益作用。达到了“人宅合一”、“天人相应”的最高理想的和谐境界。该派理论拿它自己的话表述，平策命理风水实际是一个合成词术语，即由平策命理和风水学两部分组成，通俗地讲就是一门用一个人的八字命理来研究其宅居风水的学问。宅命相配是该派风水理论的最大特点。所谓宅命相配，即是指一个人的宅居风水中的阴阳五行设计原理必须与宅主及其家人八字命局中的五行喜忌相配合。平策命理风水的宅命相配理论是对传统“玄空”、“八宅”风水论“宅命”仅论“东四命”和“西四命”的一个超越，其所独具的“宅居五行与个体命局五行”紧密匹配的设计原理，充分体现了现代命理风水学对人类健康的深切关怀。总之，平策命理风水也是一个大笼统的知识体系。

历史上较有影响的传统风水流派还有三元风水、阳宅三要、金锁玉关等。还有如：正五行风水、易理风水、河洛风水、廿四山头风水、星宿风水、奇门风水等等，还有过许多自造名称的各种江湖风水理论，不可胜数。

第三节 风水文化的应用及其意义

一、风水文化的应用

（一）风水在都市规划中的应用

1.《周易》思想在都市规划中的应用

建设中体现《周易》八卦思想的在全国有不少的八卦村或者八卦的街道，完整将《周易》八卦原理运用于都市规划的只在新疆伊犁哈萨克自治州的特克斯，特克斯县城是中国唯一按八卦原理建造的规整的都市建筑群。特克斯县的八卦城建于 1939 年，依《周易》后天八卦图设计。县城呈放射状圆形，面积 8 平方公里，以占地 26 亩的八卦公园为圆心，向外辐射乾、坤、震、坎、艮、巽、离、兑八条大街，并以四条环路相连。县城以中心八卦文化广场为太极“阴阳”两仪，按八卦方位以相等距离、相同角度如射线般由里向外延伸出八条主街，每条主街长 1200 米，每隔 360 米设一条连接八条主街的环路，由中心向外依次共设四条环路。其中，一环八条街，二环十六条街，三环三十二条街，四环六十四条街。这些街道按八卦方位形成了六十四卦，充分地折射了 64 卦 386 爻的易经数理。特克斯八卦城，是一座体现周易文化内涵和八卦奇特奥秘的文化圣地，是一个将《周易》八卦学说与城市规划实践完美结合的经典之作，有着十分珍贵的建筑研究、历史考证和旅游价值。2001 年荣膺“上海大世界吉尼斯之最”；2004 年荣获新疆历史文化名城；2007 年被国务院命名国家历史文化名城。若要谈及周易思想在都城规划中的话题，我们还是以北京为例。

2. 北京都城规划中的风水话题

北京八百多年的建都史表明它是风水学说勘验的结果。首先是金人和元人看中了北京的地理环境，认定幽燕地处雄要，北依山险，南傲中原，若坐堂隍，俯视庭宇。北京在地理方位上确有独特的方面：它面平陆，负重山，南通江淮，北连溯漠，进可攻，南下中原，一马平川；退可守，依托漠北，遁入故地，是建设都城的首选之地。所谓北京的形胜还是乾隆年间编辑的《日下旧闻考》说得好："幽燕也，曰虎踞龙盘、形势雄伟，以今考之，是邦之地。左环沧海，右拥太行，北枕居庸，南襟河济，形胜甲于天下，诚天府之国也。"用风水术语来说乃是"藏风聚气"之地。元大都的建设离不开风水师刘秉忠的主持参与。《日下旧闻考》在肯定了历代北京规划建设者的功绩同时，也肯定刘秉忠功绩，总结曰："自古建都之地，上得天时、下得地势、中得人心，未有过此者也。"认为北京乃三者兼备，为"古今第一形胜哉"。认可这一风水宝地，金元是之，明清亦是之。只不过明清在都城的整体规划上胜过金元而已。

金代的统治者于贞元元年（1153 年）最先定都北京，仿北宋汴京的宫殿扩建中都（即北京城），设计为一个大城，四个小城，大城周长 37 多里，略呈方形，小城城墙各长 3 里。其位置大致在北京西南的广安门一带。北京都城的规划也贯彻了周易风水的理念。历代北京城规划都是方形，这种形制除《考工记》的规定之外，还与古人对宇宙的认知有关。古人认为宇宙的结构是"天圆地方"。这种观点对后世影响很大，都城为皇帝所居，皇帝是地上的主人，都城自然应选择为方形。

元灭金后，元世祖忽必烈命刘秉忠、郭守敬等人负责规划设计元朝的都城——大都城。元大都以金都东北面的离宫（今北海公园）为中心设计。北京山势地形已定，水流不足，修建水系，引玉泉山水入城。都市总体规划依传统"前朝后市，左祖右社"，宫城和皇城大都居中轴线上，设十一个城门，城内共五十坊。这两个数字都源于《周易》关于天地之数的理念。从一到十，十个数字，天为奇数，中位五，地为偶数，中位六，合为十一所以十一座城门；五十为大衍之数，意为天地生成之数，所以五十坊。十一座城门，南、东、西三面各三门，北面二门，被附会为"三头六臂两足"的哪吒形象。北面二门与古代都城营建"旁三门"稍异，应是刘秉忠创意。若南北两垣均辟开三门，城门南北相对，气有南入而北泄之嫌，属不吉之形。为防"气泄"便将北墙改为二门，以实现"挡气"之目的。元大都北墙只开二门还有一种含义，南垣取阳，辟建三门，北门就阴，只设二门，奇偶相合。

明成祖朱棣定都北京后，他要用地理之气，废掉前朝元代的剩余王气。首先将都城整体向南平移了约 5 里。然后又将南北中轴东移 2 里，使元大都宫殿原中轴落西，处于风水上的"白虎"位置，以此克煞前朝残余王气；凿掉原中轴线上的御道盘龙石，废掉周桥，建设人工景山。这样，主山（景山），宫穴（紫禁城），朝案山（永定门外的大台山"燕墩"）的新风水格局形成。从明永乐五年（1407

年）起，集中全国匠师，征调军民数十万人，用十余年时间建成明代北京城。其规划仍依“前朝后市，左祖右社”设计。前朝有南边的天街、天桥；后市鼓楼周边的集市；左为祖庙，即祭祖的太庙，现在的劳动人民文化宫。右为社稷坛，即祭谷神的场所，现今的中山公园的五色土。内城设城门九座，南三门，东西北各二门。明嘉靖三十二年又修建了南面的外城，外城设城门七座。构成北京古城凸字形平面，宫城、皇城、内城和外城四层叠套，外城为少阳之数，内城为老阳之数，内老外少，内主外从。所谓“内九外七皇城四”的老北京格局形成。清朝时北京城虽然有部分改建和重建，但总体布局没有大的变动。

3. 北京城建中的风水思想

北京城建设处处体现周易的风水思想。故宫中轴线上从南面永定门始到北面鼓楼、钟楼止，总长十五里，合洛书常数十五之数。三大殿为太和、中和、保和，为周易用语；皇帝住乾清宫，皇后住坤宁宫，合乾、坤之义。皇帝用房，都是阔九间，深五间，含九五之数。九龙壁、九龙椅、八十一个门钉、大屋顶五条脊、檐角兽饰九个。故宫内总共房间数为9999.5间，也亦隐喻“九五”之意。

明代到了嘉靖年时，北京不但整体形成“凸字形”的内外城布局，而且周易思想渐浓。嘉靖帝将原先的综合祭祀改为分开祭祀，建造了“五坛”，即天坛、地坛、日坛、月坛和社稷坛。原来天坛的地方叫“天地坛”，位于北京城的南端，是明代皇室综合祭祀的地方，嘉靖帝改为专门祭天，名为天坛，增建“祈年殿”，其建筑形状是圆形的。并增建圆形的圈丘坛用于祭天，圈丘坛极具《周易》特色，坛四周围墙开设四门，以《周易》中乾卦辞“元亨利贞”命名：东为泰元门，南为昭亨门，西为广利门，北为成贞门。设地坛，地坛是祭地的地方，建方泽坛（地坛），位于城北，建筑形状是方形的，体现天南地北、天圆地方之意。随后建朝日坛以奉祀太阳神，位于城东。建夕月坛以奉祀月亮神，位于城西。以上安排都是按周易先天八卦的方位设计的。社稷坛是祭拜土地和谷神的，属土，在内城的中间，这是按五行的方位定的。

北京都城的设计理念里实际有一大一小的两个八卦图的重合。大的八卦图就是将整个北京城放置在一个八卦图中。南为天属乾卦，南郊正阳门外建圈丘坛（天坛）以祭祀天神；北为地属坤卦，北郊安定门外建方泽坛（地坛）以祭祀地神；东为日属离卦，东郊朝阳门外建朝日坛以奉祀太阳神；西为月属坎卦，西郊阜成门外兴建了夕月坛以奉祀月亮神。这是按周易先天八卦的方位布置的，这是大八卦图。小八卦图在紫禁城内。乾清宫四周的院门也体现先天八卦的方位：南面称乾清门，代表天；北面叫坤宁门，代表地；东侧是日精门，代表日；西边为月华门，代表月（见图18－4、图18－5、图18－6）。

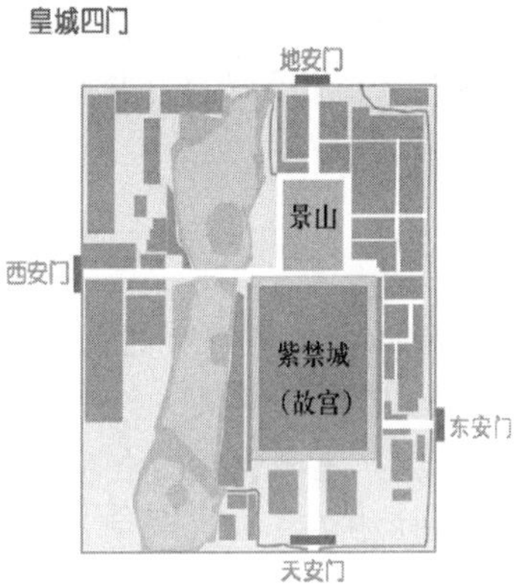

图 18－4 “皇城”示意图

图 18－5 “紫禁城”全图

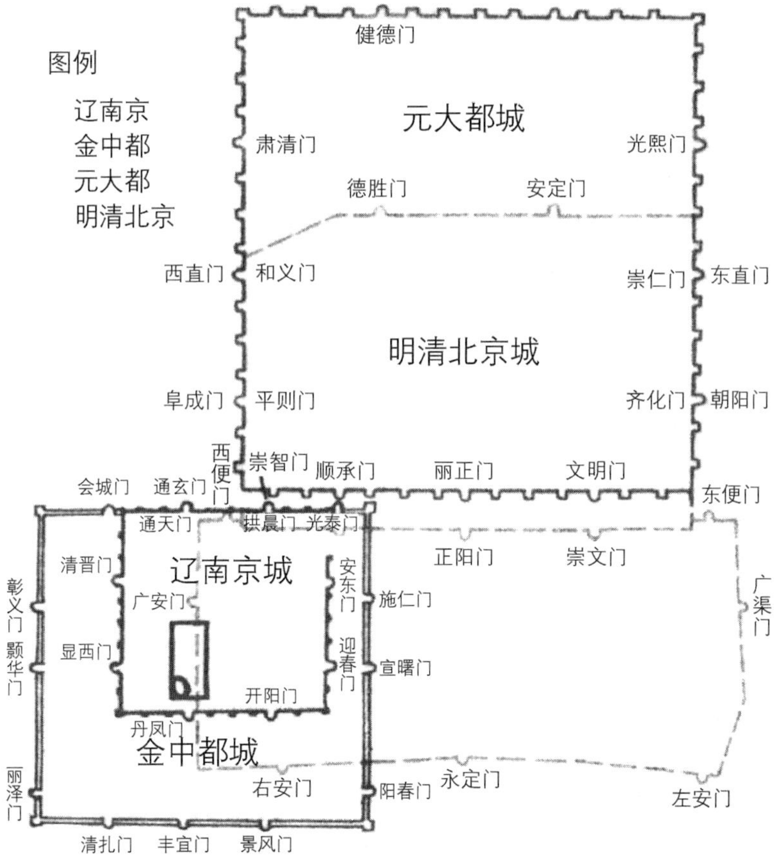

图 18－6 北京城在规划中的变迁示意图

（二）风水在园林建造中的应用

中国园林建造的理念深受风水学说影响，是在风水的普遍原理基础上的特殊的应用。最早的园林专著是吴江人计成写于明代的《园冶》一书，该书将风水学说引入园林建造中，实现了园林建造理论系统化的过程。《园冶》的建园理念大致分这样几个步骤：

1. 相地卜筑

《园冶》把“相地”置于卷一。其云：“园基不拘方向，地势自有高低；涉门成趣，得景随形，或傍山林，欲通河沼，探奇近郭，远来往之通衢；选胜落村，藉参差之深树。村庄眺野，城市便家。”几句话说出要点：建园无论方位和地势，进门就要有情趣，景观都是随地形自然形成，要么与山林相依，要么与河沼相连。要想在临近城郭之处探奇，应远离四通八达的要道；要想在乡村田野中选择幽静胜景，应利用高低的密林。在村庄建造园林要能够远眺原野，在城市建造园林要能够便于居家。依不同的地形地貌造适宜的园林，最终要达到的是“相地合宜，构园得体”① 的造园效果。

2. 立基布局

凡园林立基，确定景物的位置，以定厅堂为主。首先要取景，最好是朝南方。假如原本就生长着几株乔木，只在中庭保留一两株就行了。筑墙划分空间，景区范围尽量宽广，要多留些空地，以便充分保持园林的立意构思，也便于合理安排景观布局。在这中间还要贯彻三个设计原则：其一，得景随形；利用天然的地势，合于方的就其方，适于圆的就其圆，可偏的就其偏，能曲的就其曲。如遇长而弯曲的地形就要设计成圆环碧玉状，开阔的斜坡则要设计成层层错落的铺云状。高的地势应修筑亭台使之更高，低凹之处则应开掘池塘使之更深。尽量少动土方，“因山作势，就地成形”②，保留尽可能多的原有的花草树木，尤其对水的处理，以天然水体为前提，仅以疏浚、筑堤、堆岛方式来增加水面层次，丰富空间组合。其二，曲折有情；园林各部分都应成为曲折的造型，如曲桥、曲水、曲岸、曲廊、曲树等，以及屋顶曲线和翘角等。总之，让人感觉曲径通幽。同时，园林总体的游路设计也应呈相对封闭的曲线才好。流水也要体现“绕”、“掩”、“静”的特点。其三，均衡景观，错落有致，做到步移景换。厅堂为主，均匀分布楼台亭阁、榭轩廊桥。

3. 掇山理水

掇山又称叠山，指人工堆造假山，它是中国古代园林艺术的精华之一。理水则追求“曲则贵吉”原则。传统风水认为吉气沿着曲折蜿蜒的路径行进与蓄积，而直线穿流常形成冲煞之气，凶险且对人有害。《水龙经》曰：“自然水法君须记，无非屈曲有情意，来不欲冲去不直，横须绕抱及弯环。”《阳宅撮要》曰：“水见三弯，福寿安闲，屈曲来朝，荣华富绕。”园林山水与自然山水比较，虽然“微缩”

---

①② 计成：《园冶》，上海古籍出版社 1989 年版。

在“方寸”之间，但也可模山范水，追求“虽由人作，宛自天开”① 的意境。在掇山理水过程中最重要的是能否理解借景的理念。“构园无格，借景有因。”②借景主要指造园的手法和技巧，包括框景、障景、虚实、疏密等。“借者：园虽别内外，得景则无拘远近，晴峦耸秀，绀宇凌空；极目所至，俗则屏之，嘉则收之，不分町畽，尽为烟景，斯所谓‘巧而得体’者也。”③ “夫借景，林园之最要者也。”④借景是造园中最精妙的地方。

4. 植被景观

在中国古典园林中，只有通过合理、恰当、巧妙的配植植物，园中的山、水、建筑才有灵韵。植物作为唯一具有生命的造园要素，其自身以及所营造的植物景观与风水学有着密不可分的联系。植物分喜阴喜阳，因此，在古典园林里牡丹向阳作台，衬以文石阑干；墙阴植如女贞、竹类等耐寒植物；背阴且能略受阳光之地栽植桂花、山茶之类；阶下石隙中，植如沿阶草等常绿的阴性草；池沼低洼处则点缀垂柳等等。为体现“生生不息”的变化思想，要有四季植物景观。传统园林一般春季赏玉兰、海棠、桃花，夏季赏荷花、芭蕉，秋季赏菊花、石榴、桂花，冬季赏松柏、梅花等。

中国园林的成就举世闻名，苏州园林为典型代表。作为皇家园林则是北京西郊的三山五园。三山即万寿山、玉泉山和香山；五园即圆明园、静明园、静宜园、畅春园、清漪园（颐和园）。圆明园之东有长春园，长春园之南有绮春园（后改为万春园），这些园林共同构成一个庞大的风景区，共有108景。

（三）风水在民居设计中的应用

1. 择吉而营的各地民居

风水理论就是古人出于对生存环境和周边居住环境的需求而产生。较早的《黄帝宅经》就说过：“夫宅者，乃是阴阳之枢纽，人伦之轨模。”“故宅者，人之本，人以宅为家，居若安家代昌吉，若不安即门族衰。”可见古人是极看重住宅风水的。汉末刘熙《释名》说：“宅，择也。择吉处而营之也。”如何“择居”呢？“居无近绝溪，群冢，狐蛊之所，近此则死，气阴匿之处也。”⑤ 居所不能近干涸的溪流、墓地或怪兽蚊蝇滋生之地，这些地方都属阴气汇聚之地，因此应远离。受“择吉处而营”的影响，各地的民居建造都具有对当地风水的适应性。这种适应性包括对环境的选择、对居所的式样、舒适度和审美的多方面需求等。各地处居都有独特的方式。“南越巢居，北朔穴居，避寒暑也。”⑥中国幅员辽阔，各地民居便不同：东北砌火炕、陕北开窑洞、江南水乡多临水住宅、福建多土楼、傣族人选择的是高脚楼或竹楼等，均体现因地制宜。

①②③④ 计成：《园冶》，上海古籍出版社1989年版。
⑤⑥ 《博物志》卷一。

2. 北京民居——四合院的风水

北京民居是四合院。四合院集北方平原地区建房的共同特性，里面有着丰富的风水知识。元初兴建大都，是依据既定规划进行的，以皇城为中轴，两侧对称分布，城内的主干道为南北走向，而小街和胡同皆为东西走向。规矩的四合院一般依东西向的胡同而座北朝南。所谓“坎宅巽门”。为何要“坎宅”呢？“坎”为正北，在“五行”中属水，正房建在水位上，可以避免火灾。同时背北（玄武）面南（朱雀）既与风水的方位契合，也符合地理纬度的特点。为何要“巽门”呢？巽门，东南方开门。“巽”为风，为入，有接纳之意。东南风多为温润之风，生发之风，意为生机勃勃，财气兴旺。门开在这里既和环境气候有关，也有讨个吉利的意思。如果在路南建房，门又如何开呢？一些地皮稍有富裕的老北京人就不怕费事，会在西侧让出一条小过道，在尽头折而东，门设在东南角，这样这个四合院又是座北朝南了。如果地儿小，又不愿费事的，就把大门开在西北角，即八卦方位中的“乾”位，仍是吉利的。北京还有许多南北走向的街巷，两边的路东、路西的院落又如何符合规制呢？讲究点的，就得在宅院的南侧引出一条过道，门仍开在东南角，站在院中，就还是座北朝南了。山西和安徽的一些民居中，有些大户人家的大门不向南开，原因是有些富户大都是商人，商属金，南主火，火克金，克金就是不能发财的意思，所以，一些晋商或徽商人家的大门大多是朝东开或朝西开。东属木，西属金，利于经商。北京却不存在这个问题，北京内城的大户人家一般都是做官的，官属火，门开在东南面，恰风能助火，自然会官运亨通。

四合院基本形制是分居四面的北房（正房）、南房（倒座房）和东、西厢房，四周再围以高墙形成四合，呈南北长，东西短的矩形。比较标准的四合院，以垂花门为中线分内宅和外院两部分，前即南方，从火，主光大，故为待客生活之所；后即北方，从水，主藏，故作寝居之处。进了垂花门，内宅房屋布局一目了然。内宅由北房、东房、西房组成，中间是院子。北房 3 正 2 耳共 5 间，北房为正房，高大而豁亮，面阔三间，东西两侧建有耳房，由宅主人居住。东、西厢房各 3 间，由子女居住。东厢房住男性，西厢房住女性。外院由南房（也称客房）、院门、影壁、内宅南外墙组成。南房用于客房和仆人居住。大的四合院还建有后罩房。后罩房在北房后面，有一层的，也有两层的，均坐北朝南，与北房的后山墙之间又形成一个小院子，一般称作后院，宅主人的其他亲眷居住于此。厨房也建在后院，因厨房须动火，要建在“坎”位上，以水克之，有防火的寓意。四合院的厕所一般建于“坤”位上，坤为土，粪便是很好的农家肥，肥积于大地之中，有“肥水不流外人田”之意。按后天八卦的方位说“坤”居西南方，所以厕所设在院子的西南角。四合院中间是庭院，院落宽敞，庭院中常有固定的或夏季临时搭建的棚架。庭院讲究绿化，植树栽花，老北京人爱种的花有丁香、海棠、榆叶梅、山桃花等，也在棚架下种些攀爬的植物，如藤萝或葡萄。庭间植树也多为石榴树、柿子树、枣树和槐树，这几种树均较皮实耐旱，适应北方土壤，实用性强，院中备几口大缸饲养金鱼，鱼缸是四合院布局的中心。清代有句俗语形容北京四合院的生活："天棚、鱼缸、石榴树、老爷、小姐、胖丫头"，这可以说是四合院内小康人家的典型写照。北京"四合院"有大小不同的规格和形式，中型或小型的四合院一般是普通居民的住所，居室面积约二三百平方米。大四合院多往南北向的纵深扩展其地盘，达到三进、四进或五进的院落，特别讲究的还附有花园。大四合院多是府邸或官衙用房，其规格光居室面积则要上千或几千平方米。旧北京的一个王府一般都要几十亩的面积，位于北京西城什刹海边上的恭王府规模最大，宅第加花园的面积达一百多亩（见图 18－7）。

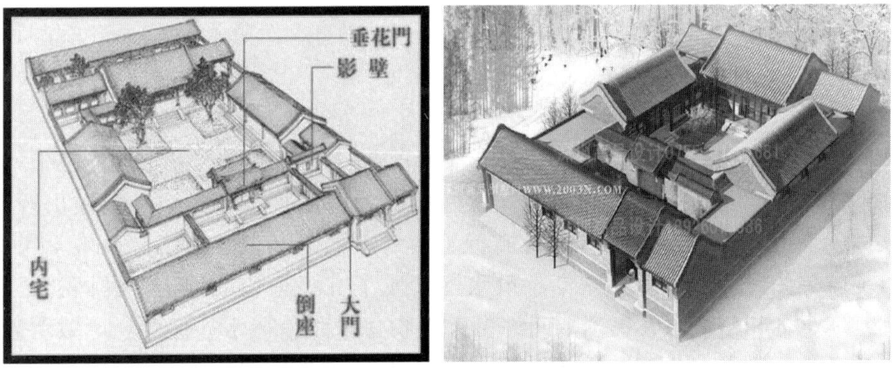

图 18－7　北京四合院示意图

3. 关于"下厨房、上厕所"说法

社会上有关于为什么要说"上厕所"与"下厨房"普及解释，其解释五花八门。一种解释是厨房是女人煮饭的地方，过去女人地位低下，厨房里的活儿被认为是又脏又累的活，是下人或侍者干的事，所以叫"下厨房"。至于"上厕所"，是因为过去的厕所常与猪舍盖在一起，茅厕一般就在猪舍内，分为上下层，上层既是如厕的地方，也是养猪的场所，下层是化粪池。因厕所在猪舍的上层，所以叫"上厕所"。这是一种较有意思的解释。更普遍一点的解释是虽然引入了五行的概念，但却得出了似是而非的结论：中国自古以来就有五行，五行分别对应五个方位。古代厕所建造在北面偏东的位置，厨房要建造在南面偏东。去南方时，习惯说南下（皇帝下江南），去北方时，习惯说北上（北上抗日）。当要去厕所时要去院子的北面，所以说是上厕所。当要去厨房时，要去院子的南面，所以说是下厨房。这一解释居然将明清时期皇帝下江南的事，将民国时期北上抗日的事都一股脑的扯进来，真正是荒唐可笑。当然，明清以后，帝都在北，尊者为上，加之受现代地理方位的影响，"南下北上"之说便情有可原。其实，这些俗话如果知道一点传统的风水方位的知识，结合着古代方位图来讲是不难理解的。但由于一些人不了解传统民居中厨房和厕所的具体方位，再套用了现代的地理方位概念来解释过去这些老话，便不能不有些拧巴着说，甚至是胡乱解释，从而导致了以讹传讹，误人子弟。"上厕所"与"下厨房"的"下厨房"与"上厕所"的确和八卦的风水方位有关，和五行的方位有关，关键是将厨房与厕所方位恰恰说颠倒了！

古代的方位图是上南下北，左东右西，和现代的地理方位概念正相反。古代民居中常将厨房置于坎位，北边偏东的地方设灶；人们去厨房，就要去院子的北面，北方属水，其性属下，地图方位也在下，所以叫“下厨房”。民居中常将厕所置于坤位，西南方设厕。人们要方便，就要去院子的南面，南方属火，其性属上，地图方位也在上，所以叫“上厕所”。

二、风水文化在当代的位置

（一）一叶障目的尴尬

1.“风水”是迷信的话题

近代的衰落和耻辱导致中国人的极度不自信。明明是自家思想没能跟上时代，警觉不够，偏乱找理由，瞎开药方。就好比说大门的材料不结实，门锁出现了问题，进了坏人，却回身把院里的天棚拆了，树木砍了，鱼缸砸了。风水学说的命运似乎就是如此。随着西学东渐，风水逐渐成了有些忌讳的词语。民国初年总统袁世凯就十分相信风水，民国期间许多大人物也都相信风水，但已经不敢明着说，深怕老百姓说其是旧思想，是封建迷信。新中国成立后，几十年来，官方舆论始终把风水列为封建迷信，意识否定之，学术批判之，政府打击之。风水说几乎绝迹。其实，迷信岂是封建社会的特产？迷信不必然和封建社会等同。封建社会有迷信，也有非迷信的东西，而现代社会有科学，也有迷信，说到底，迷信的多寡和该时代民众的心态以及文化的普及程度相关性大，而与历史演进的前后进程相关性不大。稍后时代的人比前代人更加迷信也是可能的。客观地说，风水学说不等于迷信，但风水学说里掺杂着迷信的东西。

2. 改革开放为风水文化带来新契机

有人传言说毛泽东信风水，这其实没有确切的证据。更准确地说，毛泽东以及一批和他一样勇于“造反”的人是不信风水的，这在现实中却有着确确实实例证。传统的风水理念，阴阳宅不但有所区别，也要拉开距离的。和死去的人有关的事物不必显现于活人的日常生活中。但能够开天辟地、改天换地的中国共产党人偏不信邪，将人民英雄纪念碑建在天安门广场上便是对传统风水观念的最大的“颠覆”，是先进的中国人对西方文明的一种认可。西方的丧葬文化、特别是墓园文化与我们原有观念差别较大，在普遍信奉宗教的西方人看来，人死后会升入天堂，墓园则是离天堂最近的地方，所以欧美人的陵园与他们平日里生活的空间不是距离很远，同时陵园大都修建得如同花园一般，绿树成荫，有着浪漫的艺术气息和精美的雕塑建筑。西方墓园文明要比我们显得亲和得多、温暖得多。西方人对游览墓地的热情与中国人平日里远离陵园的心态形成巨大的反差。纪念碑最终能建立在天安门广场是西风东渐的结果。当然，后来毛泽东的继任者又将毛的墓室也放到了天安门广场上，其“震荡”的力度更加向上地提升了一级，谁知这一

“创意”是不是符合毛泽东本人的意愿，现在已经不得而知了。当然，这一举动在西方人眼中毫不奇怪，完全可以接受；但要赢得中国人心理的完全认可，笔者以为还有赖于中西文化的进一步的融合。

改革开放后，市场经济的开放性和竞争性，个人命运的不确定性，致使人们求助于外在的、自然的、“隐秘”力量的需求加大了，幸运的是风水理论就在其中。经济的发展，科技的普及，人们对传统文化的恢复，对自身文化的自信力在提升，现时代的多种原因使得人们有了对风水学说重新审视的可能，随着改革开放，我们了解到在西方有的大学中也有中国风水文化的学习与研究，随着中西文化的进一步的交融，也许在风水文化上我们能够找寻到共同的语言也说不定。这里，我们须强调的是，传统的风水理论当然不是我们建设新家园樊篱，而应当是我们建设新的人居环境中可以信赖朋友和助手。

（二）不讲风水便会留下遗憾

1. 大工程的两面性

对风水，我们观念的鄙视，理论的排斥，教育的缺失，使得我们在取得一定成绩的同时，必然留下很多的遗憾。

我们有许多引以自豪的大工程方面的成就：治理黄河、淮河的成就；葛洲坝和三峡水利工程建成；西气东输工程、南水北调工程；青藏铁路和全国各地各式大桥的建设；高速公路和高速铁路的建设。绿化也取得进展，尤其改革开放以后的退耕还林、退耕还牧取得一定的成绩。

遗憾是多方面的。现代水利大工程中的三门峡水库和三峡水利工程都留下遗憾。一段时期的围海造田、开发荒山的毁林也留下遗憾。

2. 城市规划的遗憾

中国风水学的核心内容讲究天地人合一。探求的是人居建筑的择地、方位、布局与天道自然、人类命运的协调关系。讲究人与自然融合，即“天地人合一”的原则，排除人类行为对自然环境的破坏，注重人类对自然环境的认知，并按照风水原理指导人如何按这些认知来解决建筑的选址乃至建造，由此才创造了中国各地各具特色的城市布局、建筑形式及其建筑景观，这些因地制宜的景观，美不胜收，成为今天的宝贵的文化遗产。相比之下，百多年的西学东渐，我们开始迷信外来的东西，对自己的风水文化采取了简单的排斥，结果是从建筑设计师到普通百姓，这方面的知识几乎等于零，造成今天的都市建设不管自然条件，不分地域差别，也不考虑历史传承等诸多因素，人们只对建筑本身的技术和质量关注，结果造就了今天的中国，从南到北、从东到西的城市规划的缺陷和遗憾。体现为：城市规划缺乏高远和前瞻，一任领导一种思路，其规划只得一再被修改。随着城镇化的进程，盲目追求城市的扩张，其规划表现为摊大饼的思路。一些城市集中建设了庞大的居住区，而配套设施没有跟上，人为制造了工作地与居住地的分离，人为制造了“城市病”——交通拥挤、肮脏、低效率。城市规划丢掉了民族的风格和地方的特色，趋同性严重，千城一面，令人生厌与失望。前一段媒体有报道说南方的一些城市开始考虑修建城市中间的通风通气的大通道的话题，据说北京也有了这方面的考虑，而这原本是风水理论的入门知识。

作为一个生于斯，长于斯的北京人，笔者没有一个所谓田园般的、可以魂牵梦绕的“老家”，笔者无路可退。对于今天北京的面貌，笔者并没有增添多少自豪感，恰恰有着某种的哀伤。以往的历任京官们，没有一个不是以拆毁旧的都市风貌的举动来体现自己政绩的。几百年前，曾在城市规划上，在建筑风格上，在色彩搭配上均独领风骚，位居世界前列的北京城，在这些人的眼中却是碍眼物、废物、是垃圾，必欲毁之而后快。因此，持续几十年的所谓城市改造已使得中国的首都——一个国际闻名的大都市遭到彻底地毁容而面目全非了。环顾世界其他国家的首都，古老一些的如开罗、德里、雅典、罗马等不是这样，年轻一些的如巴黎、马德里、圣彼得堡等也不是这样，我们的近邻日本，他们故都京都以及奈良也都不是这样。对先人我们应有一种尊重，包括对他们劳动心血和成果的敬重，因为这是能够反衬出我们是否文明与自信的一种测试剂。

3. 园林、旅游开发的遗憾

现代园林、旅游风景地的规划与开发有遗憾。不敬畏、不尊重自然，以个人意志行事，因此粗陋、铺张、平庸之风尽现。不懂得随形就景，不懂得借景巧工的园林之道，缺乏巧思与灵动，只会大兴土木，搞的面目全非、令人生厌。有些地方甚至拆掉真文物，替换成假文物，弄巧成拙的事时有发生。游历先人留下的文物古迹，本应增加对传统文化的敬畏和尊重，进而提高保护的意识；现在可好，文物古迹成了一些人“圈钱”的场所和“赚钱”的工具了，而保护的工作远没有跟上。或许我们没有力量阻止文物古迹成为旅游的热门景点，然而，正由于“热”，才透露出我们可能有更多的办法保护它，使之更持久的存在，更具魅力的示人。事实上是我们做得并不能令人满意。现阶段，中国的一些旅游风景点，没有长远一些的规划，普遍存在短视和急功近利现象。各地风景地普遍缺乏将当地典故与文化的元素的整合起来，然后进行开发和合理经营的能力，均存在着不懂也不会推销自身优势的通病，只会圈上地来收钱，不停地涨价，良善之心淡漠，而牟利之心昭然。

4. 住宅家居的遗憾

住宅和家居有遗憾。都市的发展，原有的风水理论似乎不适用了，似乎无须同时也很难像过去那样讲究了，导致出现不少的问题。例如，都市内高楼林立，一些都市人外出减少，少晒了阳光、少接了地气，导致人的活力和免疫力自然降低；居室内过度装修，装修材料中有害物质挥发，导致过敏体质的人增加，导致诱发白血病等疾患的上升；现代都市人已经无法自由地选择清洁的水源和清新的空气，远离了绿色生活，所有这些都构成了现代都市人的新的宿命。一方面，无钱人群居、蜗居现象的出现。一些人居住于过于拥挤的空间，阳光、空气和水源均受到影响，人群密集也带来各类安全的隐患，这当然是不好的。但是，另一方面，追求奢华现象的出现。一些有钱人追求奢华，居所或别墅的面积有几百平方米，若有庭院，有树木草坪另当别论，仅就居室来说，过于宽大是无益的。

风水学上从来就有“宅旷聚邪，室阔生妖”的说法。居室大，间数多，加之户内人口少，空房就多，这样，整个居所内少人气、少搅动，导致阴气滞重，易生蛇虫蛛网，易造异响或幻象。现如今起居室可以大一些，房主人的卧室不宜大，应在20平方米左右适宜，因为古代帝王的卧室也不过如此，故宫中明清皇帝的卧室就不大。一般人若长期居于旷室之中，易受到邪气的侵扰，容易产生幻觉，会感觉孤寂无助，出现恐惧或疲劳的症状，易患病而导致折寿。人居住的面积多大是适宜的？其实没有僵死的标准，这与居住的主人名望、事业、年龄和精力呈现正相关的关系。若房主人名望高，事业大，交际广，又正值壮年，其日常工作还须雇佣其他一些人帮助打理，那么这些因素便会导致阳气盛，辐射力强，居室的面积不但可以大些，而且还要配备必要的辅助用房和客房；反之，居室的面积就应当小些。风水专家对居室面积有一个基本的估算，当然仅就普通人而言。一般人家夫妻两口人大致有90平方米住宅比较合适，可以有百分之十到二十左右的上下浮动。高限往上可加18平方米，达之108平方米。该住宅内每增加1口人，可以再增加12平方米的面积；这样，若三口之家就可达120平方米左右。若四口之家可达132平方米。若一户内有三代人，还可以再额外增加10平方米的面积。例如，一对夫妻带一个娃，计有108+12=120平方米，若再增加一对老人的话，可视为增加了2个人，可以加上24平方米，由于是三代人，还可再增加10平方米左右，即108+12+24+10=154，这样，这套住宅的面积就可达154平方米。当然，仍然允许有上下的浮动，但其幅度应在百分之十到二十之间。

5. 当代都市风水或立体风水的时兴

新时代产生新风水观，名曰都市风水或立体风水。都市风水的内容既包括自然因素：山水、气候、人口等；也包括社会因素：安全、便利、卫生、生活设施的齐全等。都市风水分大环境、中环境、小环境和居室环境和格局的不同层次，都市风水讲究高一寸便是山，低一寸便是水的理念，增添了许多过去风水师较少涉及的内容，即在既有环境下如何选择风水的诸多的内容。其内容都包括：都市住房的周边状况、位置、样式与格局；住房布局的内容包括：朝向、楼层、分户状况、安全通道，以及电梯间、燃气、供暖、水电等状况；家庭的装修、装饰的材料的环保问题；室内装饰、布置的风格、色调等问题。一些风水师非常强调家庭的室内布置要与户主人的命理相合，提倡符合命理风水的个性化室内装饰与装潢，体现了风水学说与时偕行的理念。

（三）风水文化的意义

1. 风水文化是庞杂的综合类学科

中国的古人普遍认为，天地人是一体的，人的心灵与天地的灵气是相通的。

美好的心灵才能和美好的风水地同气感应，有美好心灵人才能获得美好的阴阳宅，才能获得风水地吉气的善待。反之，有丑恶心灵的人是无法得到美好的阴阳宅的，只能得到丑恶的阴阳宅，也就只会得到风水地的凶气的惩罚。所以说，风水学依然受更大范围的中国传统文化的影响，有着强烈的伦理色彩，有着善恶相报的朴素信念。因此传统风水学不但十分重视风水师自身的修养，自身心灵的塑造与净化，而且也十分重视将风水理念中的科学与人文的知识传达，宣传福由心生，地由心造理念。在风水家看来，人们若能顺应自然规律，做到天人合一，并且能够在风水师指导下优化自己周边的自然环境，就可以拥有好的阴阳宅，而有了好的风水地的吉气感应与荫庇，自己和后人就可以福报平安，家庭人丁兴旺，财源广进，百福臻临。如果人人家家都能获得好风水地而吉祥，社会就会因人人平安幸福而和谐，民族国家也就会因人人有为、家家发达而复兴昌盛，这就是风水学的良好期冀，也是风水学对社会所能提供的正能量。中国风水学在长期发展过程中，与其他相关学科交叉渗透，具备有了古代哲学、天文学、地球物理学、地质地貌学、水文学、自然生态学、环境景观学、建筑学、社会伦理学、美学、民俗学等诸方面的丰富内涵。又由于和《周易》的天然联系，还有阴阳学、五行学、干支学、星宿学、预测学、日课学等知识，因此，风水学是一门庞大的综合类学科。

2. 对风水文化所应采取的正确态度

风水理论作为一门较庞杂的知识体系，更准确一些说，或作为生存环境认知学，或作为大环境规划学，或作为工程建筑文化的一部分，总之，和中国传统文化一样，既有精华也有糟粕。风水学里面掺杂着许多非科学的、落后的、甚至是迷信的东西，掺杂着一些人为的、夸大的禁忌的因素，这正是但我们开展风水理论研究时需要予以剔除的。风水文化曾经在历史上为我们的祖先在探索生存智慧，找寻生活空间上作出过它的贡献，它是中华民族在天人之际方面睿智的体现。今天的时代已经处在更高水平的文明阶段，我们已经失去了古人当年的那种生存的环境和经历，其情景很难再现，犹如成年人很难理解孩童时代的所思所想、所作所为一样，有层隔膜似乎不可避免。我们不应因古人孩童的幼稚而嘲笑，只能为古人具有孩童般的求真态度而感动，而古人孩童般的天真尤其让人难以忘怀。

在风水上，我们有着奇怪的举动：一方面我们赞美古人在风水上的智慧和创造，如都江堰、大运河、赵州桥等，各地有着各式精美的塔、优美的园林和典雅的古建筑，各地有着因地制宜、精巧宜居的古民居；另一方面我们又将风水学说斥责为迷信糟粕，就是不去研究它、学习它，不做去伪存真的事情，令人不可思议！须知，那些不可移动的宝贵建筑遗产都是在古代风水理论的指导下建造的呀！当下，对待风水有这样几种态度：一种是盲目地崇拜。笃信风水，认为整个古代的风水术是科学，在建筑学上古人比今人要高明，今人学不来。另一种是坚决反对风水说。认为风水是迷信，反科学的，其理论多谬误，今天的人们不足取。还有一种抱着无可无不可的态度。信则有，不信则无，主张自生自灭，随其自然。最后一种态度是认真看待它，全面评价它，取其精华、去其糟粕，将其发扬光大。

前三种态度都是不可取的，第四种态度才是我们应当秉持的。

风水学说不管你承认还是不承认它，它就在那里，它从方方面面影响着我们的生活。电视上曾报道，四川有个地方因“瘴气”，就是不卫生的潮湿气，最终影响到哪个村子里的人大量出现“矮小症”。前些年，台湾发生水灾，导致一个叫“小林村”的村庄被洪水吞没。原因在于这个村庄选址不当。甘肃有个叫舟曲的地方，2010 年发生特大泥石流灾害，导致三千多人的伤亡，究其原因，也首先是选址不当，其次是水土保护不够，没有留出足够的泄洪孔道，一些人甚至将房屋直接建在泄洪的扇形的堆积面上，这种明显的违背风水常识的事例令人印象深刻。

风水的本质是大环境规划学。对自然它具有生态的、环保的、可持续发展的意义，对人则具有健康的、宜居的、温馨的、美丽的意义。风水文化应当也一定可以成为人与自然和谐相处的好帮手。

第十九章

周易文化与养生文化

养生文化不仅是周易文化的重要构成，而且也是中华文化的一朵奇葩，是东方文化的独特遗产。易医同源，易医同理，养生将二者紧密地联系在一起。《黄帝内经》是将《周易》中的生命哲学的思维贯彻于医学及养生保健领域的重要典籍。中华民族从来就有着优良的养生理论和经验的传承，这是我们奉献与世界的宝贵遗产。现如今，我们既要发扬优良的养生传统，还须与现代的科技意识相结合，创造出新的养生理念，以造福于人类。我们应当有信心、有能力将中华养生文化发扬光大。

第一节 悠久的养生保健意识

一、《周易》是中国养生理论的滥觞

（一）《周易》提供了养生理论的基础

1. 何谓养生

《周易》以阴阳和六十四卦表达自然变化的本质和规律，认为人是自然的产

物，故应效法自然的规律而生活，这为养生理论提供了思想基础。《易传》云："天地之大德曰生"，"生生之谓易"，认为天道在本体意义上就是表现为生生不息。《周易》这种生命哲学的本质构筑成中国养生理论的精髓。周易中的天人合一的宇宙观，阴阳和调的平衡观，顺应时节的颐养观，动静互涵的达生观，必然成为中国传统养生理论的基础。

养生又称摄生、道生、卫生。所谓生，就是生命、生存、生长的意思；所谓养，即保养、调养、补养的意思。总之，养生学就是根据生命的发展规律，达到保养生命、健康精神、增进智慧、延长寿命的科学理论和方法。"养生"一词，最早见于《黄帝内经》（以下简称《内经》）："故智者之养生也，必顺四时而适寒暑，和喜怒而安居处，节阴阳而调刚柔，如是则僻邪不至，长生久视。"① 深受《周易》影响的《内经·灵枢》指出："圣人之为道者，上合于天，下合于地，中合于人事。"将周易的人、社会、自然"三位一体"的整体模式应用于中医养生，不仅使得周易的生命哲学更加系统化、具体化，也使得《内经》成为传统中医养生学的奠基之作。《周易》、《内经》、养生三者到底是怎样的关系呢？首先易医同理。明代张介宾说得好："医易相通，理无二致"、"易具医之理，医得易之用"、"医不可以无易，易不可以无医。"② 其次易医二者同时又交汇于养生，养生将二者密切联系起来。

2. 广义的养生和狭义的养生

《周易》、《内经》与"养生"的三者的关系引来养生概念的两重意义。广义的养生是包括整个的中医学说的大养生。《吕氏春秋》将祖国医学定义为"生生之道"，前一个"生"是动词，是提升、增强的意思；后一个"生"是名词，是生命力的意思；"道"是规律。养生就是人类提高自组织力、自康复能力的一门知识体系；或者说养生就是提高人的生命力，即生命的质量，从而达到益寿延年。西方将"医学"定义为治疗和消除疾患的知识体系，中、西医学的分道恰恰就在这里。《内经》记载了黄帝与老师岐伯的一段精彩对话：黄帝问老师，为什么当瘟疫袭来，有些人被传染了却不得病，岐伯回答说"正气存内，邪不可干，邪之所凑，其气必虚"③。这就诠释了这样一种观念：养生还关注"防病"。《内经》说得好："上工，刺其未生者也；其次，刺其未盛者也；其次，刺其已衰者也……故曰上工治未病，不治已病，此之谓也。"换句话说，广义的养生包含着"医工"的上、中、下，即对生命的全方位、全过程的护卫。狭义的养生学仅指"治未病"的内容，即我们通常所理解的养生概念：即指通过非"手术"或非药物的方法达到提高免疫力、提高自康复能力的一门知识和技术，其方式多种，其方法各异，构成一整套的养生体系。总之，中华养生术与治疗疾患的医学技术长期并存，为中华

① 《内经·灵枢》。
② 张介宾：《类经图翼·医易》。
③ 《内经·素问·刺法论》。

民族的繁荣昌盛做出了重要的贡献。

（二）周易中丰富的养生保健思想

1.《周易》卦爻辞中的养生理念

《周易》讲养生的观点多散见于六十四卦的卦爻辞中。专门谈及养生的是《颐》卦。《颐》卦位居《大畜》卦之后，所以《序卦传》曰：“物畜然后可养，故受之以《颐》；《颐》者养也。”《颐》卦震下艮上，从卦象上看，上下两个阳爻，中间四个阴爻，外实而内虚，形象似口。从结构上来讲，震为雷、为动；艮为山、为止。人吃东西时，嘴巴的咀嚼动作正是下动而上止，《颐》卦正是嘴吃东西时的形象。其卦辞曰：“《颐》：贞吉，观颐，自求口实。”颐即养，“观颐”，可理解为考察养生之道，“实”即食，“自求口实”即依靠自己求得口中之食。古人一向把饮食看做“活人之本”，是人生的第一需要。明代高濂曾说：“饮食，活人之本也，是以一身之中，阴阳运行，五行相生，莫不由于饮食。故饮食进则谷气充，谷气充则血气盛，血气盛则筋力强。”[①] 因而，周易《需》卦坎上乾下，其《象》曰：云上于天，需；君子以饮食宴乐。九五爻辞曰：“需于酒食，贞吉。”《颐·彖》曰：“颐，贞吉，养正则吉也。”提出饮食养生一定要养正。但是什么才是“正”呢？《颐》卦认为正道是“节饮食”。《颐·象》曰：“山下有雷，颐；君子以慎言语，节饮食。”“节饮食”就是要节制饮食。《周易》中有个“节卦”讲节制。其卦象：坎上兑下，水流入泽中之象，水小泽涸，水大泽溢；《节·象》曰：“泽上有水，节；君子以制数度，议德行。”倡导人们注意调控和节制。

2.《周易》更多的是对养生方法论的指导

《周易》对养生理论更多的是宏观的指导。《易》云“一阴一阳之谓道”，“通其变，遂成天地之文；极其数，遂定天下之象”，所以《内经》讲“法于阴阳，和于术数”；《易》云“天地盈虚，与时消息，而况于人乎”，所以《内经》讲“必顺四时而适寒暑”；《易》云“见微知著”，“居安思危”，“君子思患而豫防之”，所以《内经》讲：“圣人不治已病治未病，不治已乱治未乱。”《易》云“潜龙勿用”，所以《内经》讲“不妄作劳”；《易》云“君子以俭德辟难”，所以《内经》讲“德全不危”。《周易》哲学是《内经》医学的源头活水，高明的医生都会自觉地将《周易》作为自己行医的指导。被尊为祖国医学之圣的孙思邈曾鲜明地提出过：“《周易》六壬，并须精熟，如此乃得为大医。若不尔者，如无目夜游，动致颠殒。”[②] 明代医家孙一奎进一步发挥说道：“不知易不足以言太医。”[③] 另一个明代大医家张景岳云：“《易》具医之理，医得《易》之用”，“医《易》相通，理无

---

① 高濂：《遵生八笺·饮馔服食笺》。

② 孙思邈：《备急千金要方·论大医习业第一》。

③ 孙一奎：《医旨绪余》。

二致。”①

历史上，比较明确地将医生以及疾病同时分为三个层次的人是孙思邈。在他所著的《备急千金要方》中云：“医有三品，上医医未病之病，中医医欲病之病，下医医已病之病”，同时，还言道：“上医听声，中医察色，下医诊脉。”② 后来民间便有更通俗的说法：“听而知之为上医，见而知之为中医，切而知之为下医。”孙在这里将医生分出了上中下三个级别，同时，他也将疾病划分出了三个阶段：“未病”、“欲病”、“已病”。“未病”，明显地是与“病”没有直接的关系，甚至可以认为此时根本“没有关系”；“欲病”，与“病”已有了些许“关系”，并正在向“病”趋近或发展，所谓“亚健康状态”是也；“已病”，是已经进入了“病”的“范畴”，是真正“病”了！当然，在孙看来“已病”虽晚未晚，话语都是为了强调“治未病”的意义而说的，孙要求医生要“消未起之患，治未病之疾，医之于无事之前”，这是他的良苦用心。孙思邈在其著作《千金要方》和《千金翼方》两书中，多次指出了“治未病”与养生的关系，明确论证了养生与养性直接关系，善养生者须养性，并提出“善养性者，治未病之病”的命题。孙思邈深知养生中关键难在养性，因此他在书中引用了著名养生专家嵇康在《答难养生论》中语：“养生有五难，名利不去为一难，喜怒不除为二难，声色不去为三难，滋味不绝为四难，神虑精散为五难。五者必存，虽心希难老，口诵至言，咀嚼英华，呼吸太阳，不能不回其操，不夭其年也。五者无于胸中，则信顺日跻，道德日全，不祈善而有福，不求寿而自延，此养生之大旨也。”孙身体力行，创造了一整套养生延年的方法。一是运动养生，他积极推广养生功法，认为经常适当的劳作和运动，能促进身心健康。所谓“动则不衰，用则不退”。二是饮食养生，孙思邈在著作中列出食养、食疗的食物一百五十余种。他说：“夫为医者，当需先洞晓病源，知其所犯，以食治之。食疗不愈，然后命药。”又说：“安身之本，必资于食，是故食能排邪而安脏腑，悦神爽志以资气血，若能用食平疴，释情遣疾者，可谓良工。”③也就是说，食物对人体的滋养作用，本身就是最重要的增进健康、益寿延年的途径。饮食不仅可以用来治疗疾病，而且可以用来强身健体、预防疾病的发生。《本草求真》也说：“食物入口，等于药之治病，同为一理。”（参见彩色插图 47）

3. 关于医有三品的话题

医生有三品的话题也是由孙思邈引起的。孙思邈是懂得《周易》大道理的人，因此他的视野和境界就不同一般人，不但有着合理的联想，还有着大的情怀。重视行医者的全面修养是的一贯思想。他曾说过：“凡欲为大医者，必须谙素问、甲乙、黄帝针经、明堂流注、十二经脉、三部九候、五脏六腑、表里孔穴、本草药对、张仲景、王叔和、阮河南、范东阳、张苗、荆邵诸部经方，又须妙解阴阳禄

---

① 张景岳：《医易义》。

② 孙思邈：《备急千金要方·论诊候第四》。

③ 《千金要方·食治》。

命、诸家相法及灼龟五兆，周易六壬并须精熟、如此乃得为大医。若不尔者，如无目夜游，动致颠殒。次须熟读此方，寻思妙理，留意钻研，始可与言医道者矣。又须涉猎群书，何者？若不读五经，不知有仁义之道；不读三史，不知有古今之事，不读诸子，见事则不能默而认之，不读内经，则不知有慈悲喜舍之德，不读庄老，不能应真体运，则吉凶拘忌触涂而生。至于五行休王、七曜天文，并须探赜。若能具而学之，则于医道五所滞碍，尽善尽美矣。”[①] 可见，孙思邈对医生的要求真是够高的，真是到了尽善尽美的地步。孙思邈把医有三品的话题扩展到了更大的范围。他说：“古之善为医者，上医医国，中医医人，下医医病。”[②] 将医生给人治病之事合理地扩展到了治国安邦的大事情上。其实，所谓“上医医国，中医医人”的语意并非由孙思邈首创。这个典故最早见于《国语·晋语八》：“文子曰：‘医及国家乎？’对曰：‘上医医国，其次疾人，固医官也。’”《国语·晋语》实际记载了这样一个故事：春秋时秦国医生医和受邀请去为晋平公诊病，诊视后医和对晋国大夫说：“平公的病，是惑于女色所致，如此下去，晋国必亡。”大夫闻之不悦，大夫赵文子问：“难道医生也谈及国家的事情吗？”医和答道：“上医医国，其次医人。固医官也。”上医就是高明的医生，意思是高明的医生首先能治理国家，然后才是诊疗人的疾病，这才是医生的本色呀。医和简单的一句话，说明了医国与医人从根本上是同理同宗的。治国与治身的道理相通在古人那里是有共识的。东晋的葛洪持相同的立场，他说：“人之一身，犹一国之象也。胸腹之位，犹宫室也。四肢之列，犹郊境也。骨节之分，犹百官也。神犹君也，血犹臣也，气犹民也，知治身则能治国也。”[③] 上医是指深谙治乱之道的宰相，他能襄赞国君治理天下，使国家安定，人民安居乐业。中医指技术较高的医生，他指导人们各种预防和养生方法，以求防患于未然而得享天年。技术一般的医生便只能凭借药物来祛邪治病。可见，见病治病只是一种消极的措施。能见微知著，使人民臻于幸福康乐，健康长寿之境者方能成为良相和良医。这个话题可以这样来理解：上医治国，乃领袖之才，行管理之道；上医用道法医国，是民族的、文化的医生，上医常做安魂魄、定心神之事，使之国泰民安。中医治人，乃导师之才，行育人之道；中医用情理医人，是心理的、意识的医生，中医可常做调脏腑、养精气之事，使之怡乐和平。下医治病，乃医生之才，行健康之道；下医用术技医病，是生理的、身体的医生，下医可做通经络、治疾患之事，使之痊愈安康。

以医理论国事，体现了古代医家参政议政的意识。如元代医家许国桢、明代医家吴杰、戴思恭等还亲自参与了国事的管理。清代医家徐大椿在《医学源流论》一书中，专门撰文“医道通治道论”，探讨了治国之法与治病之术的相通之处。“治身犹治天下也。天下之乱，有由乎天者，有由乎人者。而人之病，有由乎先天者，有由乎后天者。先天之病，非其人之善养与服大药不能免于夭折，犹之天生

① 孙思邈：《备急千金要方·论大医习业第一》。
② 孙思邈：《备急千金要方·论诊候第四》。
③ （东晋）葛洪：《抱朴子内篇》。

之乱，非大圣大贤不能平也。”古代的“上医”，在悬壶济世、治病救人的同时，思考着救国的道理，在外人看来难能可贵，但在他们自己那里或许是自然的，例如近代人中，革命家的孙中山、鲁迅和郭沫若等都是医家出身。历史上一些文人志士爱把治病与治国相提，把良相与良医并论，如诗词家每以“活国医”、“医国策”来表达自己忧国忧民的期盼心情。黄庭坚在《见子瞻灿字韵诗次韵》曰：“诚求活国医，何忍弃和缓”；陆游《小疾偶书》曰：“胸次岂无医国策，囊中幸有活人方”；辛弃疾《菩萨蛮赠张医道服为别且令馈河豚》曰：“万金不换囊中术，上医元自能医国”。清代学者郭钟岳为刊行大医家傅山，字青主，所著《傅青主男科》书作序曰：“古今有志之士，穷者千万，达者十百，其有兼善天下之志，而无兼善天下之柄者，不知凡几矣。若夫无兼善天下之柄，而行兼善天下之志者，莫医若也。医之中，有良医，有庸医。良医者，绍先圣之心源，即为民命之主宰也，其培养元气，是犹良相之治国也。庸医者，究义理而未精，向市廛而鬻术，其贻害众生，亦犹庸臣之误国也。呜呼！治国者寥寥，误国者滔滔。”所有这些话语，无疑是中国文化人的家国情怀和忧患意识的真实表达。

二、养生文化的蓬勃发展

（一）《黄帝内经》是养生文化的奠基之作

1.《黄帝内经》为中医学和养生学都奠定了基础

如果说《周易》的养生理论还仅限于对生命现象的宏观把握，那么，而后的理论成果不但层出不穷，还大有“青出于蓝而胜于蓝”之势。这方面的著作首推《黄帝内经》，它是将《周易》的天人关系、生命哲学予以现实化、是“易”思想在医学及养生保健领域的予以具体应用的典范。《黄帝内经》分《灵枢》、《素问》两大部分，是古代的医家托轩辕黄帝之名而作，专家们疑非一人所作，猜测实为医家和医学理论家的联合创作，一般认为成书于春秋战国时期。《内经》总结了先秦时期以来的医学的丰富实践经验，也吸取了诸子百家对生命认识的知识，是研究人的生理学、病理学、诊断学、治疗原则和药物学的医学巨著。在理论上建立了中医学上的“阴阳五行学说”、“脉象学说”、“藏象学说”等。传统的中医学疾患诊疗和养生是彼此不分的，《内经》对养生也从理论、原则和方法诸方面，做了较为全面的论述，是养生理论的集大成者。《内经》为整个中医学和养生学都奠定了坚实的理论基础。主要贡献在以下几个方面。

2. 对生命起源及生命本质规律的认识

《素问》指出：“人以天地之气生，四时之法成”；“天地合气，命之曰人”。同时认为阴阳乃生命之源，“生于本，本于阴阳”。《灵枢》云：“生之来，谓之精，两精相搏谓之神”，这里的“两精”是阴阳。可见，《黄帝内经》对生命起源本质的认识具有唯物性。《内经》对人体生、长、壮、老、死的生命规律有着精细的观察和较科学的概括。它不仅注意到人生历程中年龄阶段的差异，而且充分注意到了性别上生理区别。如在《素问》中就认为男子以八岁为一生理阶段，而女子以七岁为一生理阶段。如《素问·上古天真论》云："女子七岁，肾气盛，齿更发长；二七而天癸至，任脉通，太冲脉盛，月事以时下，故有子；……七七，任脉虚，太冲脉衰少，天癸竭，地道不通，故形坏而无子也。丈夫八岁，肾气实，发长齿更；二八，肾气盛，天癸至，精气溢泻，阴阳和，故能有子；……八八，天癸竭，精少，肾脏衰，形体皆极，则齿发去。……天癸尽矣，故发鬓白，身体重，行步不正，而无子耳。"《内经》缘何说女二七，男二八而天癸至呢？要用《周易》原理加以解释：天干癸属水，五脏肾亦属水，匹配八卦则归于坎卦，坎为水。又知，艮卦为少男，兑卦为少女，在先天八卦图上，男子从艮卦左行数至十六落在坎卦上；女子从兑卦右行数至十四落在坎卦上，坎卦即肾水的位置，故男子二八十六周岁，女子二七十四周岁，天癸至，即达至性成熟。清人唐容川在《医易详解》说："内经……男起八数，女起七数，注家皆无确解，不知天癸未至时，皆少男少女也。实应艮兑二卦，故男女皆从此二卦起数。"按《内经》说，女子七七四十九岁则"天癸竭，无子也"，即绝经而停止生育；男子八八六十四岁"天癸尽矣，无子耳"，也便失去了生殖的功能。中医重视肾气，认为肾气的盛衰，决定一个人寿命的短长，故《医学心传》上说："肾气盛则寿延，肾气衰则寿夭。"《内经》既运用了《周易》的一般原理，又概括了从生活中提炼的临床经验，不但较详细地阐述了人的生理变化规律和特点，而且也较详细地论述了生、长、壮、老、死的变化过程以及人体衰老的各种表现，为祖国医学的防病治病、养生保健提供了较坚实的理论依据。

受《黄帝内经》中对人生理阶段变化的论述，特别是受《论语》中孔子对人随生理变化而带来的心理变化的说法，古代文化对年龄的描述有着丰富的内容。例如，从出生时始，人们称初生儿为婴儿，不满周岁的称之襁褓；2 至 3 岁称之孩提。女孩 7 岁称髫年，男孩 8 岁称龆年；10 岁以下幼童均称黄口。女孩 13 岁称豆蔻年华；15 岁称及笄之年；16 岁称碧玉年华，破瓜年华（始嫁人）；20 岁称桃李年华。男孩 13 至 15 岁为舞勺之年；15 至 20 岁前为舞象之年；20 岁称弱冠之年。而后男女趋向一致，多指男性。30 岁称而立之年；40 岁称不惑之年；50 岁称知天命之年；60 岁称花甲之年，也为耳顺之年；70 岁称古稀之年，也为杖国之年；80 至 90 岁统称为耄耋之年，90 岁又称鲐背之年；100 岁称期颐之年。与此同时，高龄老人还有别称：77 岁为喜寿，草书喜字似七十七。88 岁为米寿，米字写出来好似八十八。99 岁为白寿，百字少一横为白，意思为一百减一。108 岁为茶寿，茶字上为"艹"，下为"八十八"，意思为八十八加二十即为一百零八岁。对高龄老人的别称体现了人们对长寿的期许以及对长寿人的美好的祝福。

3. 整体的辩证的医疗保健观

《内经》把人体和自然界看成一个有机的整体，提出"人与天地相应"[①]。人

① 《灵枢·邪客》。

的生命活动是遵循自然界的规律而进行的，人体自身具有与自然变化规律基本上相适应的能力，如果人能掌握其规律，主动地采取各种养生措施适应其变化，就能避邪防病，保健延衰。同时强调辩证的保健观，"法于阴阳，和于术数"①，"法于阴阳"表明立场是唯物的；"和于术数"体现为辩证的态度，应采用不同的形式和方法。《素问·生气通天论》云："阴平阳秘，精神乃治，阴阳离决，精气乃绝。"特别强调阴阳和合，阴阳调和则精神充旺，邪不能侵，得保健康。调和之道，须顺时以养阳，调味以养阴，使阳气固密、阴气静守，达到内实外密、健康有寿。

4. 提出了重要的养生原则

《内经》提出因时因地的养生原则。因时养生《内经》提出："春夏养阳，秋冬养阴，以从其根。"② 最先提出"顺四时而适寒暑"、"顺时摄养"的原则，要求人们应顺应四时阴阳消长的节律进行养生，使人体生理活动与自然界变化的周期同步。《素问·上古天真论》曰："虚邪贼风，避之有时。"高士宗注："四时不正之气，皆谓之虚邪贼风。"要求人们适应自然界的气候变化，以避免一切有害于人体的外界致病因素的侵袭。因地养生注重人和周边环境的关系，环境要绿色，人要讲卫生，从而保持机体内外环境的协调统一。

《内经》最具特色的思想是提出了"治未病"理念。这一预防为主的原则，对养生乃至整个医学都有着极为重要的意义。过去的治病理所当然地认为是"治已病"，哪里晓得还有"治未病"的概念。《内经》做了首创，而今天的西方医学也已经向《内经》这一思想靠拢了，预防医学的蓬勃发展就是证明。在今天，"治未病"不仅是养生保健的基本出发点，也是整个医学提前干预理论的重要依据。

5. 提出了一系列的养生方法

《内经》通过"法于阴阳，和于术数"的总原则，还论述到许多行之有效的养生途径和方法。这里就包括：心理健康，脏腑调养，疏通经络，劳逸适度，饮食有节，节制房事等诸多内容。总之，先秦时期是中医养生学兴起和活跃的时期。诸子百家的争鸣，使得人类在认识自然和生命，在养生保健的理论和实践方面，都积累了丰富而宝贵的经验，《内经》则是这一时期的智慧结晶和系统的总结，因而成为中医养生理论体系的奠基之作。

（二）吐纳养生的经典——《周易参同契》

吐纳养生方面的经典是《周易参同契》，它道家养生的重要典籍，为东汉魏伯阳所著。全书托易象而论炼丹，参揉了"周易"、"黄老学说"、"炉火"三家之理而汇合而成。它以乾坤为鼎器，以阴阳为堤防，以水火为化机，以五行为辅助，

① 《素问·上古天真论》。

② 《素问·四气调神大论篇》。

以玄精为丹基，阐明了炼丹的原理和方法，为道教最早系统论述炼丹的经籍。在中国道教史、中华文化史和科技史上都占有重要的地位，被视为“万古丹经之祖”。

《周易参同契》全书共约6000余字，基本是用四字一句、五字一句的韵文及少数长短不齐的散文体和离骚体写成的。该书假借《周易》爻象论述作丹之意，研究养性延年，强己益身。所谓“丹”，据近人研究，是指人身体内部的能量流。书中关于能量流的论述，是根据作者自己的体验记录下来的。该书表达方式比较奇特，采用符号作为表意的手段，如坎离、乾坤、日月、阴阳、五行、铅汞、父母、夫妻、男女，以及中国古代天文学上的名词术语等，其实都与原来的本义毫无关系，只是一些表意的符号。《周易参同契》是一部用《周易》理论、道家哲学与炼丹术（炉火）三者参合而成的炼丹修仙类的著作。

（三）其他经典文献的贡献

1.《淮南子》中的养生理论

西汉时期《淮南子》对生命及养生的理解也很到位。《淮南子》认为整个人体生命系统是由三个要素组成：一是形，“形者，生之舍也”，即人体生命的“房子”；二是神，“神者生之制也”，即人的自组织、自康复的能力，是生命的主宰；三是气，“气者生之充也”，气既是生命的元气，也是沟通形神间关系的使者。三者排在第一位的是“神”，其次是“气”，最后是“形”，而且“一失位，则三者伤矣”。那么，如何来处理这三者之间的关系呢？《淮南子》讲得很清楚：一“将养其神”；二“和弱其气”；三“平夷其形”。养生就是“养神”，或者说是“养心”、“养性”，是一个心性修炼的过程。然后是“养气”，即养精气元气，使之精力充沛。最后才是“养形”，这里包括脏腑的维护和外在形体的锻炼。做好这三项，就“与道沉浮俯仰”了，意思就与自然合拍、达到养生目的了。应该说，《淮南子》养生思想完全体现了东方特色的整体思维观。

2. 嵇康的《养生论》

知道嵇康的都知道他是三国时期著名的文学家、思想家，竹林七贤之一。再进一步还知道他是音乐家，《广陵散》绝唱者。其实他还是养生学家，著有我国第一部养生方面的专论《养生论》，以“养生”为主题的论著，嵇康的此篇为最早。他的养生思想，沿袭了老庄的道家学派，后来的陶弘景、孙思邈等养生大家都有所借鉴，《养生论》对后世的养生理论产生了深远的影响（参见彩色插图45）。

《养生论》的主要思想在三个方面。第一，最先肯定了养心养神的重要性。他将人的身体比喻成国家，而把精神比喻成国家的君主：“精神之于形骸，犹国之有君也。神躁于中，而形丧于外，犹君昏于上，国乱于下也。”心神之对于身体，犹如君主之对于国家，因此养生要形神兼养，而重在养神，“故修性以保神，安心以全身”，充分肯定了心理养生的重要意义。第二，提出了一系列的养生的方法。如要淡泊名利，专守清静虚无；避免饮食中的滋腻厚味，但可服食有益滋补的良药；沐浴阳光，呼吸清新空气，饮用甘美的泉水，聆听优雅的音乐等，如此便可长寿也。所谈措施为后继的养生学家们所推崇。第三，强调养生贵在养成良好的习惯，变为一种常态的生活方式；同时要持之以恒，要从一点一滴的事情做起，不要半途而废，不要因一时看不到效果就放弃。嵇康在《养生论》里提出的这几点在今天看来也仍具有很强的现实意义。

3. 其他的养生著作

中国养生类著作较多，除了上述的几部书外，可大致分为以下几大类：

养生综述类书籍：主要从养生的大旨、理论等立论，泛而不专，有助于人们了解养生及其方法的指导性图书：梁代陶弘景著《养性延命录》、宋代陈直著《养老奉亲书》、元代李鹏飞著《三元延寿参赞书》、明代高濂著《遵生八笺》及胡文焕著《寿养丛书》、清代曹庭栋著《老老恒言》等。

医药类书籍：汉末张仲景《伤寒杂病论》，唐代孙思邈著《千金方》、《千金要方》、《摄生真录》等。

饮食类、其中包括节食、辟谷等内容的书籍：元代忽思慧的《饮膳正要》、《道藏精华录》收载的《服气长生辟谷法》（著者佚名）、清代简缘老人的《节饮集说》等。

气功导引类书籍：这其中包括论述气功吐纳、益寿延年之道的，有导引练形的理论及具体方法、阐明祛病保身的图书，后人从隋代巢元方《诸病源候论》中辑出的《巢氏病源补养宣导法》，明代尹真人著《性命圭旨》和朱权著《臞仙神隐》、清代马齐著《陆地仙经》，以及南北朝达摩祖师的《易筋经》、明代袁黄的《静坐要诀》、清代娄杰的《八段锦坐立功法图诀》等。

炼丹类书籍：晋代葛洪的《抱朴子》，隋代的《诸病源候论》，宋代吴悮著《丹房须知》、金陵子著《龙虎还丹诀》以及著者佚名的《黄帝九鼎神丹经诀》等，这类著作主要收藏于道家的汇编类道书《道藏》中。

第二节 传统养生文化精粹

一、养生文化的不同风格

（一）道家养生思想

以老、庄学说为基础道家哲学思想对养生学产生重要影响。形成道家、特别是道教的养生观。其内容有：道法自然；清静无为；柔弱胜刚强；重生贵生；性命双修；众术协同等。道教方面的养生专家中最著名的莫过于孙思邈，孙思邈对中华养生的贡献是最大的。

1. 道法自然

道法自然是道家养生理论的核心内容。《周易》曰："一阴一阳之谓道。"又曰："观变于阴阳，而立卦，发挥于刚柔，而生爻，和顺于道德，而理于义，穷理尽性，以至于命。"其核心内容是讲宇宙万物变化的规律。"道家"认为天地万物是由"道"所产生，道教养生学也是同样的宇宙观。《老子》曰："道生一，一生二，二生三，三生万物，万物负阴而抱阳。"又曰："人法地，地法天，天法道，道法自然"。在道家看来，"道"与"生"相守，"生"与"道"相保，得"道"即可长生，违"道"只能短寿。无论是社会活动，还是人生态度，都主张顺其自然，自然无为，"是谓深根固抵，长生久视之道。"①

2. 清静无为

清静无为是道家养生理论的根本方法。老子倡导"少私寡欲"和"无为处世"。主张"致虚极，守静笃"②。老子认为，万物的根源是"虚静"状态的。面对世事的纷争，能够致虚守静，就可把握事物的根本。他极力倡导"无欲"、"无求"、"无知"、"无为"的思想。其意是指要淡泊无为，无忧无虑，返朴归真，处于自然状态，保其精神，全其性命。《老子》曰："为道日损，损之又损，以至于无为，无为而无不为。"其义是修道者要天天反省自己，减少杂念，减少再减少，直至没有杂念，就能达到清净无为的境界。老子的"无为"学说，一些人多把它当作一个消极思想来理解，这是以讹传讹被人们约定俗成地误解了。非理性的积极，是偏执和极端，常是愚蠢和错误的代名词。无为是无人为之为，即无主观臆断的作为，无为亦即不谬为，不妄为。与其有害的作为不如不作为，这是智慧与合理的选择。无为讲究的是一种科学的态度，而不是最终的目的。正是在这个意义上，才能正确理解"无为而无不为"的真正含义。

3. 柔弱胜刚强

柔弱胜刚强是道家养生理论中最具特色的观点。《老子》曰："人之生也柔弱，其死也坚强；草木之生也柔脆，其死也枯槁；故坚强者死之徒，柔弱者生之徒。"强壮了就易老，"物壮则老"，衰老常与僵硬相伴，柔软常是新生而富有生命力。"守柔曰强"③，"天下莫柔弱于水，而攻坚强者莫之能胜"④，"柔弱胜刚强"⑤ 的现实例子很多，如"水滴石穿"、"绳锯木断"，这种贵柔思想对后世影响很大。道

① 《老子》第五十九章。
② 《老子》第十六章。
③ 《老子》第五十二章。
④ 《老子》第七十八章。
⑤ 《老子》第三十六章。

家或道教的许多强身方法都是以柔而见长，如太极拳、八卦掌、导引功、气功等。

4. 重生贵养

重生贵养是道家养生理论中的最基础话题，是中国传统养生文化的基础和出发点。《周易》曰："天地之大德曰生"。《老子》曰："道大、天大、地大、人亦大。域中有四大，而人居其一焉。"道家，尤其是道教提倡乐生、重生，尊重生命。早期道教经典《太平经》说："天地之性，万二千物，人命最重。"所以，人们应当热爱自己的生命。道教教义的核心是道，所谓得道，就是人们经过修炼获得的长生不死之道。得道之人可以返本还原，和大自然之道同一体性，永恒不变。贵养，就是鼓励人们去争取天年。《太平经》曾说："人命近在汝身，何为叩心仰呼天乎？有身不自清，当清谁乎？有身不自爱，当念谁乎？有身不自责，当责谁乎？复思此言，无怨鬼神。"道家和道教不仅有理念，更有主动探索实现人类的健康长寿的实践活动，这是其积极的养生观的重要体现。

5. 性命双修

性命双修是道家养生理论中的鲜明思想，也是道家积极意识成分的重要体现。庄子就曾主张形神兼养，倡导去物欲以养形，致虚静以养神。性命双修实际上分为两部分，"性功"，指的是对思想意识和道德品质的修炼；"命功"指的是对身体保健的修炼。全真道的开创者王重阳在《五篇灵文》中指出："命无性不灵，性无命不立。"将形体修炼和精神修为合而为一。

6. 众术协同

众术协同是道家养生理论中最具创造性的意识。道家或道教不仅在理论上强调"道生合一"，而且在实践上重视养生的众术协同。"众术"如炼丹、服气、导引、辟谷、房中、服饵、画符咒语（心理疗法）、四季颐养等相互配合，一起起作用。众多的养生功法和技术既是对养生理论的贡献，也是养生实践的拓展。

（二）儒家养生思想

以孔孟为代表的儒家学说自从成为了封建统治者的正统思想，对中华民族的精神生活影响很大，自然也影响到养生学说，形成儒家的养生观。其内容有：修身养性；欲而不贪，克勤克俭；提倡"六艺"——礼、乐、射、御、书、数，寻求情趣和乐趣；时中平和；美食与卫生等。

1. 修身养性

修身养性是儒家养生思想的中心话题。内容有"五常"：仁、义、礼、智、信；有忠、孝、节、勇。所谓"知者不惑，仁者不忧，勇者不惧"[1]，"仁"是儒

---

① 《论语·子罕》。

家思想核心，“仁者爱人”[①]，仁德之人心胸开朗，积极向上，精神乐观豁达，使自己处于平衡状态。因而“仁”者寿。“礼”对国家而言是讲规矩、秩序，对个人而言是讲敦让、谦恭，修身养性，乃君子所为，“君子坦荡荡，小人常戚戚”[②]。研究表明，与人为善之人其寿也长。儒家还倡导孝道，敬老扶幼。《孟子》云：“爱人者人恒爱之，敬人者人恒敬之”，“老吾老以及人之老，幼吾幼以及人之幼”。儒家有所谓德者寿、智者寿、孝者寿等，其目的就是把修身养性，把德行修为和养生紧紧地联系在一起。

2. 倡导“六艺”

儒家独具特色的养生思想是倡导人们学习“六艺”——礼、乐、射、御、书、数。与道家的“绝圣弃智，见素抱朴”观念形成强烈反差的是孔子的儒家将学习才艺，增添兴趣爱好，作为立人的重要条件。在儒家看来，学习“六艺”是践行修身养性的前提。孔子总结他的一生，曰：“志于道，据于德，依于仁，游于艺”[③]，意思是以道为志向，以德为根据，以仁为凭藉，活动于六艺中，只有这样，才是真正地做人、做君子。在孔子看来，多才多艺既是人生的乐趣，也是陶冶人的性情，保证身心健康的重要条件，孔子自己会抚琴，也十分欣赏“乐而不淫，哀而不伤”[④] 的乐曲。

3. 时中平和

时中平和是儒家养生理论里最具智慧的一个方面，也是涉及原则的方面。首先，养生讲“时”，这是从《周易》那里继承过来的，这个“时”就是时节、时令。儒家经典《礼记内则》中言：“凡和，春多酸，夏多苦，秋多辛，冬多咸，调以甘滑。”这种顺应四时的饮食烹调，可增加食欲，促进吸收，有利健康。当然，道家在讲“道法自然”的时候，也是强调顺应季节的变化，这是和儒家相似的地方。其次，儒家养生讲究“中”，这也是从《周易》那里继承过来的，这个“中”就是讲中庸，中道。提倡不过分、不偏激，保持各方面的均势或平衡。最后，讲究“和”，认准“和”为贵。《中庸》云：“和也者，天下之达道也”。荀子曰：“万物各得其和以生，各得其养以成。”[⑤] 董仲舒提倡“天人感应”说，他将中庸思想和养生结合起来，强调养气中和的作用。他说：“循天之道，以养其身；中者，天地之终始也；和者，天地之所生成也。夫德莫大于和，而道莫正于中。能以中和养其身者，其寿极命。”[⑥]

---

① 《孟子·离娄下》。

②③ 《论语·述而》。

④ 《论语·八佾》。

⑤ 《荀子·天论》。

⑥ 《春秋繁露·循天之道》。

4. 欲而不贪，克勤克俭

欲而不贪，克勤克俭是儒家养生的重要话题。儒家和道家很大区别在于儒家尊重和正视人的欲望，孔子曰："欲而不贪，泰而不骄"[①]。与此同时，儒家提倡"克己复礼"的理念，在"克己"主张下，提倡勤勉节用、简单俭朴的生活，孔子曾赞扬其弟子："一箪食，一瓢饮，在陋巷"[②] 的生活态度。孔子总结养生的经验时谈到："君子有三戒：少之时，血气未定，戒之在色；及其壮也，血气方刚，戒之在斗；及其老也，血气既衰，戒之在得。"[③] 与"戒"相似的理念是儒家也曾说到了克制自身的"欲望"，如孟子云："养心莫善于寡欲。"[④]这里，儒家的养生观又有些接近于道家了。

5. 美食与卫生

美食与卫生是儒家养生理论又一特色思想。饮食是养生的重要内容，"民以食为天"。孔子是美食家，曾说："食不厌精，脍不厌细。"[⑤] 这里提倡美食好像与前面的"欲而不贪，克勤克俭"理念相矛盾，其实不矛盾。孔子的"食不厌精，脍不厌细"并不一定是美味珍馐，而是意味着饮食要有品位，不能吃得野蛮、吃得粗鲁。饭菜可以做的细，做的讲究，吃出文化的味道来。而不是如现代有些人所理解、所追求的那样，一定要吃贵重的、稀有的，山珍海味，龙肝凤胆之类的东西。孔子自身带头讲饮食卫生，他自己有所谓"八不食"：" 食饐而餲，鱼馁而肉败，不食。色恶，不食。臭恶，不食。失饪，不食。不时，不食。割不正，不食。不得其酱，不食。沽酒市脯，不食。"[⑥] 这"八不食"大致分为四类情况：第一，陈旧变色食品，多指是主食不要吃，甚至不新鲜的菜蔬也不要吃。第二，腐败变质的食品，尤其是腐败的肉食不要吃。第三，加工制作不当的食品不要吃。第四，市面上的散酒和街头卤制的熟肉不要吃。在缺医少药的古代，孔子食品安全的意识显得多么宝贵呀！

6. 讲究饮食的礼仪功能和交际功能

中华民族素有"礼仪之邦"的美称，讲礼貌是我国人民的传统美德。儒家继承了周人的传统，自西周以来就很讲究餐饮礼仪的。宴会的类别和级别不同，餐具和菜品便有所不同，赴宴要守信守时，赴宴的衣着，礼物要精心准备，宴会上主宾、长幼的位次也是有讲究的。当然，由于中西文化的差异，不但中餐与西餐的进餐形式有所区别，而且餐饮背后的文化理念差异更大些，中国人以食为人生之乐趣，所以餐桌上人们尽情的享受这美味佳肴，布菜劝酒似乎不能少，感性色

① 《论语·尧曰》。
② 《论语·雍也》。
③ 《论语·季氏》。
④ 《孟子·尽心下》。
⑤⑥ 《论语·乡党》。

彩强烈，中式餐饮的交际功能似乎更强一些。西方人以为饮食为生存的必要条件，理性因素多些，为着营养和健康，各自完成自己盘中餐的任务。西方餐桌上的静和中国餐桌上的动形成了鲜明的对照。随着中国走向国际化，共同的餐饮礼仪还是有必要讲的。孔子曾讲："食不言，寝不语"的道理[①]。这些餐饮规范对保证身体健康是有益的。现在，中国人自己吃饭，对餐桌上的礼仪也讲的少了，常出现一些粗鲁的、不文明举止，这是需要全社会加以重视的。尤其中餐更加重视交际的功能，因此，加强餐饮礼仪和文明的建设就显得更为必要和重要了。

二、传统养生的途径和方法

（一）古代的养生大要

养生理论经《周易》发端，又经由儒道两家各有其侧重的发展，共同构成了传统文化中独具东方特色的养生文化。东晋时期的玄学家和养生学家张湛在总结了前代的养生途径和方法后，归纳为："养生大要，一曰啬神，二曰爱气，三曰养形，四曰导引，五曰言语，六曰饮食，七曰房室，八曰反俗，九曰医药，十曰禁忌。过此以往，义可略焉。"[②]"啬神""爱气"，指要珍惜精神，爱惜元气，就是要调养精神，保养真气，其精髓在养心。"养形""导引"，是指要有适当的肢体运动和呼吸吐纳，这是运动养生的内容。"言语"，是指语言上要谨慎，修养口德；药圣孙思邈曾提出"多言伤气"的养生说，中国有民谚："宁做蚂蚁腿，勿学麻雀嘴"，所谓敏行而讷言。"饮食"，则指既要注意营养均衡，又要节制食欲，不能贪恋口腹之欲。"房事"，指性生活要节制。"反俗"，即不要媚俗，不要沾染上庸俗的作风和作派，有不良的嗜好。"医药"，是养生体系中的重要部分，有病还要求医用药，治愈疾病是养生的前提。"禁忌"，是养生大要之一，不管是生活环境，还是为人处世，包括各种养生方法中，都有影响健康的禁忌事项，它就像法律一样，一定要谨遵在心。由张湛的养生十条可见，养生是一种系统的整体的方法，涉及心理学、医学、营养学、民俗学，涉及体育、气功、音乐、宗教、自然、环境等多方面的内容。

（二）养生保健的方法和手段

在张湛养生十要的基础上，我们将养生保健的方法和手段，大致分为八种，它们是：调神养生，食饵养生，导引养生，吐纳养生，四季养生，环境养生，保精养生，预防养生。

① 《论语·乡党》。

② 《养性延命录》收录的张湛著：《养生集序》。

1. 调神养生

《内经》是关注情志与脏器之间关系的。《灵枢·本脏篇》曰："志意和则精神专直，魂魄不散，悔怒不起，五脏不受邪矣。"《内经》关于心理和生理关系的论述引得儒释道诸家的重视，在他们各自的养生理论中均有所涉及，尽管使用的概念不同，所要实现的目标不同，但认可身心二者有密切关系却是一致的。

儒家关注形神关系，《荀子·天论》中说："形具而神生"，《内经》从医学的角度提出"心者，君主之官也，神明出焉"，认为"心伤则神去，神去则死矣"。"故能形与神具，而尽终天年"。《淮南子》在形神问题上，以为精神比形体更重要，主张"以神制形"、"神贵于形"。这在儒家有其传统，亚圣孟子更看重人的品德修养，以为可以舍身取义。儒家的养生是为了成圣。

道家关注性命关系，核心是清静无为以养性长寿。庄子曰："无视无听，抱神以静，形将自正。必静必清，无劳汝形，无摇汝精，乃可以长生。"① 道家这种"精神内守"也与《内经》思想相合："恬淡虚无，真气从之，精神内守，病安从来。"② 只不过道家在性命双修命题下，更加倾向于贵生重命。例如仙学大师陈撄宁借用东汉桓谭提出的："精神居形体，犹火之然（燃）烛矣"的比喻来形容性命之关系，他说："灯油是命，灯光是性；有灯无油，灯必不能发光；徒有灯油而不能发光，则不能显现油灯照明之用；修道之意在教人积足油量，并教以点灯之法，则人生必充满光辉。"③ 道教的养生是为了成仙。

佛家关注身心关系。身为暂住，心则常住，"境由心造，魔由心生"，修行的目的是修炼心灵，证悟真心，修成正果，自在安乐。要懂得敢于舍去，学会放下的道理。佛教的高境界是自渡解脱且发愿普度众生。佛教的养生是为了成佛。

2. 食饵养生

食饵养生包括日常的饮食、药饵、药膳等内容。俗话说"民以食为天"，饮食与人类生命活动息息相关。人活着的最基本的方式就是进食，与大自然进行能量的交换。"神医"扁鹊说："安身之本，必资于食"，"不知食宜者，不足以存生。"④ "精"与"气"是人体生命活动的物质基础，而它们都是来自于饮食中"五谷"精微之气的化生，所以食饵养生是中华养生学中最基本的养生方法。道家还创制了一种与饮食养生相悖逆的辟谷养生法。即在一定时间内不进食物，只喝水，所以也称"却谷"、"断谷"和"休粮"，但与普通"绝食"相区别的是辟谷要辅以点穴、封穴、催眠，能量作用等技法，让辟谷者吸收大自然精华之清气，吸收自然的能量，进入不饥不渴的辟谷状态，进而清除体内垃圾，排除体内毒素，

① 《庄子·在宥》。
② 《素问·上古天真论》。
③ 陈撄宁：《新论》（《中华仙学》）。
④ 引自孙思邈：《千金方》。

培充人体内的正气，达到养生目的。

药膳是根据辨证施治的原则，以药物和食物为原料，经过特殊的配方、炮制和烹任加工，取药物之性、用食物之味，使昔日之药而变成美味佳肴，是饮食营养与保健治疗完美结合的一种方法。药饵养生有合理的成分：老幼人群、体弱者适当吃一些补药和营养品是可以的，但仅起辅助的作用。药饵养生曾存在过荒谬的过往，即一些人相信服食“丹药”可以延寿。一些所谓长生不老的“仙丹”，含有铅、汞和“三黄”（硫磺、雄黄、雌黄）等矿物成分，这些东西吃进去，不仅没有补益的作用，反而具有很大的“毒性”，进而损害身体。古人中迷信和服食丹药的不在少数，从秦汉始，一直到清代，皇家始终和“仙丹”结缘。史上记载唐代半数以上的皇帝都因服食的丹药中毒，导致早亡，可见迷信害人不浅。

3. 导引养生

导引术在早是内修和外修兼而有之的。内修主要是练吐纳，行气运气之术，即气功。外修主要是练形体。后道教中的神仙术提升了练吐纳之气的地位，道教认为若想长生不老，一靠“外丹”，即服食“仙丹”；二靠“内丹”，即吐纳之功。吐纳成为了练就“内丹”的唯一途径，这样，气功便从导引术中逐渐脱离出来，独立为一门以行气运气为主要内容单独的养生科目，而导引术便只侧重于锻炼形体了。

导引原本有舒筋活血、疏通关节的意思。《内经》曰“诸筋者，皆属于节”，《内经》中总结导引疗法的适应症便有“痿、厥、寒、热”和“息积”；汉名医张仲景在《金匮要略》中强调以“导引、吐纳、针灸、膏摩”治疗四肢“重滞”症。在保留了华佗的一些佚文《中藏经》中也指出：“导引可逐客邪于关节”，“宜导引而不导引，则使人邪侵关节，固结难通”。古人将导引定位于肢体的健康和灵活与今天的体育锻炼的内涵是高度吻合。导引养生早有传承。1973 年湖南长沙马王堆 3 号西汉墓出土的帛画《导引图》，乃是了解西汉导引发展的极其珍贵的资料。《导引图》彩绘有的 44 个人物，男女老幼均有，或著衣、或裸背，有立式、也有步式和坐式，有徒手的、也有使用器物的，做着各类导引的图式，其动作有摹仿动物姿态，涉及动物有鹤、鹞、猿、猴、龙、熊等。甚至可以见到有配合呼吸运动的导引，也有纯属肢体运动的导引，这是迄今所发现的最早最完整的古代导引图样（参见彩色插图 46）。三国时期的华佗发明了锻炼形体的“五禽戏”，五禽是：虎、鹿、熊、猿、鸟。“五禽戏”应是马王堆的《导引图》的提炼。古代的导引术多少与气功沾边，这类的锻炼还有易筋经、八段锦、太极拳、八卦掌等统称为“武术”的形式。古代专就形体锻炼的体育活动有蹴鞠、秋千、风筝、踢毽等。

4. 吐纳养生

吐纳之术即通过生命至关重要的呼吸为修炼的载体，利用吐故纳新，借以祛病延年。我们祖先认为：人在气中，气在人中，天地万物的生存都依赖气。气聚则生，气散则死；气旺则健，气衰则老；得气者寿。东晋葛洪在《抱朴子·内篇》中说：“善行气者，内以养生，外以却病恶。”中国古代文献很早就有利用呼吸养生的记载。《庄子·刻意》篇中说：“吹呴呼吸，吐故纳新，熊径鸟伸，为寿而已矣。”在西汉时期《王褒传》一书中，也有“呵嘘呼吸如矫松”的记载。吐纳养生首推“六字诀”。南北朝时代陶弘景发明长息法。他在《养性延命录》一书中说：“凡行气，以鼻纳气，以口吐气，微而行之名曰长息。纳气有一，吐气有六。纳气一者谓吸也，吐气六者谓吹、呼、嘻、呵、嘘、呬，皆为长息吐气之法。时寒可吹，时温可呼，委曲治病，吹以去风，呼以去热，嘻以去烦，呵以下气，嘘以散滞，呬以解极”。隋代天台高僧智顗大法师，在他所著的《修习止观坐禅法要》一书中，也提出了六字诀治病方法。他说：“何谓六种气，一吹、二呼、三嘻、四呵、五嘘、六呬。颂日：心配属呵肾属吹，脾呼肺呬圣皆知，肝脏热来嘘字治，三焦壅处但言嘻。”六字诀传至唐代名医孙思邈，他按五行相生之顺序，配合四时之季节，重新进行了整合，编写了六字诀歌：“春嘘明目夏呵心，秋呬冬吹肺肾宁。四季常呼脾化食，三焦嘻出热难停。发宜常梳气宜敛，卤宜数叩津宜咽。子欲不死修昆仑，双手摩擦常在面。”①

吐纳在民间便是行气运气的功夫，即气功。人们常借此调整呼吸，运动脏腑，强身健体。在道家，吐纳是炼内丹术；经过吐纳，甚至可以做到久不进食也不感到饥饿，古人称此法为“服气法”，即大口吞咽空气到消化系统，即可消除饥饿感。我们知道，一般人呼吸，气体只能在呼吸系统交换。如何影响到消化系统？有专家指出：人体肠道里有一种称作固氮菌的东西，它会把空气中的氮气变为一种“蛋白质”供生命需要，“服气法”或许有助于氮气的转化，或许有可能影响人的消化系统，使人不感到饥饿。古代盛传的辟谷疗法恐怕源于同理。

练吐纳之术常有一些惊奇的事情发生。气功里面有“轻功”，经练习可以使人身轻如燕，踏水面如履平地。少林寺僧人释理亮曾向人展示过他苦练而成的绝世武功“轻功水上飘”。他借助在水面上放置连接成小块的三合板，然后施以“轻功”，2011 年便突破了 45 米的水上漂距离。以后曾多次打破自己创造的纪录。2015 年 8 月，他成功完成了 125 米水上漂的距离，成为新的世界纪录。泉州南少林武僧释理亮凭借他的武功，加之水的浮力、张力及反作用力让他实现了水上漂飞的梦想。印度的绝技瑜伽，里面也暗藏吐纳之术，瑜伽中的高人借助吐纳之术也常有难以置信之举。

可见，有着两千多年的吐纳之术确有功效，内藏玄机，内中奥秘值得继续探究。现仍流行的吐纳养生法有六字诀、内养功、铜钟功、太极内功等。

5. 节律养生（四季养生）

春生夏长，秋收冬藏，是生物变化的总规律，而养生者必须遵循这个规律。四时养生总的原则是“春夏养阳，秋冬养阴”。《黄帝内经》说：“夫四时阴阳者，

① 孙思邈：《备急千金要方》。

万物之根本也，所以圣人春夏养阳，秋冬养阴，以从其根，故与万物、沉浮生长之门。逆其根，则伐其本，坏其事矣。”春夏之时，自然界之阳气升发，万物生机盎然。养生者要顺时而养，这时就该充养、保护体内阳气，使之充沛。凡有耗伤阳气及阻碍阳气的情况皆应避免。这就是所谓的“春夏养阳”。而秋冬之时，万物敛藏。这时养生就应顺应自然界收藏之势，收藏阴精，使精气内聚，以润养五脏，抗病延年。这就是所谓的“秋冬养阴”。隋唐医家杨上善说：“圣人与万物俱浮，即春夏养阳也；与万物俱沉，即秋冬养阴也。”[①] 清代高士宗也说：“圣人春夏养阳，使少阳之气生，太阳之气长。秋冬养阴，使太阴之气收，少阴之气藏。养阴养阳，以从其根。”[②]（参见彩色插图49）

阴阳规律是万物由生而死、由始而终的根本法则。四时阴阳的变化是万物生长收藏的根本，人们顺应它，就能和万物一样保持着生长发育的正常规律，就会健康无病；违背它，就会摧残本元，破坏真气，就会患病夭折。所以，养生首先应当从顺阴阳、适寒暑做起，做到随时而应，以保持人与自然的和谐。

6. 环境养生

环境养生就是风水理论所要求的宜居环境。主要包括由远及近、由大到小的四个层次的环境：自然环境，社会环境，居住环境，室内环境。

自然环境的养生就是要求气水土，温湿度，动植物诸元素满足健康的生活。气，就是充沛的阳光，新鲜而流动的空气，少破坏性的飓风；水，洁净而充足的水源；土；要肥沃，不要有放射性物质。温度和湿度适宜，既不酷热也不严寒，有适量的降雨。有良好的植被及秀美的景观，有多样性的动物生态系统。周易中的“风水”要素就是环境养生所要求的。环境养生还要求人与自然要“友应”，而不要“敌应”，人自身不能成为恶劣环境的制造者。

社会环境包括社会安定，国民享有必要的医疗、保险等福利，文化教育卫生的发达程度等。一般来说，人的寿命与社会生产力呈正相关关系。原始人，如6000年前的半坡人平均寿命不到30岁。从秦汉到清代以前的漫长岁月，人的平均寿命从40岁到50岁多一点，仅仅提高了10余岁，为此古人始终感叹“人生七十古来稀”。由于整个社会教育和文化水平低，人们普遍缺医少药，因而抵御自然灾害和疾病的能力薄弱，流行病蔓延，婴儿死亡率高，导致人的平均寿命就低。欧洲自1850年以来的100多年间，随生产力的提高，人平均寿命大约激增了三十岁。新世纪后，不少欧洲国家人的平均寿命接近或超过80岁。中国自改革开放后，人均寿命快速地提升，现达到75岁。有些发达地区已达到78—79岁，接近了发达国家的平均水平。

居住环境涉及住宅周边的软硬件的综合因素。避开不利于健康的易造成水污染，土壤污染，易产生噪音、光影干扰的生产部门，居所应避开高压线强电场、

---

① 杨上善：《内经·太素顺养篇》。

② （清）高士宗：《黄帝内经素问直解》。

强磁场和有超声波、放射线的地方。交通便捷但不要紧靠交通干线，医院、学校、商业设施完备。安全、安静、整洁、绿化的社区小环境。

室内环境。人生约有一半以上的时间是在居室内度过，所以，创造一个科学合理、舒适宜居的家居微环境，对保障身体健康、延年益寿是非常重要的。具体要求是：居住的房屋楼层应适宜，朝向和布局要合理，特别是厨卫的设计更要合理，要通风除湿；室内阳光充足、空气流通，尤其卧室要如此。绿色与简约的装修，家具与陈设要环保，特别是卧具和床上用品更要符合健康的要求。

7. 保精养生——房中术

《黄帝内经·素问》云，上古之人，度百岁乃去。是“起居有常，不妄作劳”。保精养生就是强调“起居有常，不妄作劳”。“起居有常”好理解，顺天时安排自己的作息时间，该睡睡，该起起，既别熬夜，也别恋床。“不妄作劳”，就是不要违背常规地、不加限制地劳作。妄，非分的、胡为也。作劳，包括日间劳作，也包括男女房事。这里，特别要强调的是男女房事。为什么呢？我们看“妄”字从“亡”、从“女”，可见，“妄”与死亡、女人有关；或曰：死在女人手上就叫“妄”。在男女性关系上，中国古代的“房中术”给我们提供了正反两个方面的经验。其正面意义在于：“房中术”肯定了人类的性活动是一种高级的性活动形态，里面包含有夫妻性生活欢愉性的内容。如长沙马王堆汉墓的医简《合阴阳》中就肯定了这种男女房事前欢愉的必要性：即双方通过亲吻、拥抱、触抚性敏感区、吮吸舌唇和紧贴缓摇动作，男方要达到“男候四至”（即阴茎呈现充备、勃起、坚挺、久而发热）；女方要达到“女征五欲”（面颈红晕发热，乳房隆实，鼻出微汗，口津润滑，女阴流液，咽干咽唾）；双方始可性交，如此才能气血舒畅，性欲满足。古人将性交前夫妻间的“戏道”作为养生及益寿延年的一种方法。其负面性在于早期的“房中术”，也称“御女术”，将性爱认作是“男女合气之术”，可以达之“还精补脑”的功效，把性与气功、修炼等因素结合在一起，认作是追求长生不老的一种方术，道教大都认同此理，这是有负面意义的。

晋代葛洪作为医学家、炼丹家，对“房中术”亦有真知灼见。在他的代表作《抱朴子》中，他说：“夫阴阳之术，高可以治小疾，次可以免虚耗而已。其理自有极，安能致神仙而却祸致福乎？人不可以阴阳不交，坐致疾患。若欲纵情恣欲，不能节宣，则伐年命。”[①] 同时葛洪还说到：“人复不可都绝阴阳，阴阳不交，则坐致壅阏之病，故幽闭怨旷，多病而不寿也。任情肆意，又损年命。”[②] 在这里，葛洪既肯定了过性生活的必要性，又讲到了房事要有节制，这对养生是有指导意义的。

古人的保精养生，这个“精”实际包括三方面内容，即包括精力、精气和精液。这三个“精”正好对应着三个“劳”，即“劳力、劳心、劳房”。“三劳”过

---

① 《抱朴子·内篇·卷六·微旨》。

② 《抱朴子·内篇·卷八·释滞》。

损必失“三精”。过度“劳力”，即高强度、重体力劳动一定损害人的精力，损伤肌体，持续日久便会致病，一些职业病由此生；过度“劳心”，常见于白领阶层，加之睡眠不足，必然耗费精神和精气，导致身体免疫力下降，“过劳死”常指此类人。过度劳房，一些人不认清年龄和体质的差异，或寻求刺激，性爱无度；或沉溺于快感，勉强为之；其结果必然损其肾精，耗散精液，折其真元。一些人出现腰酸腿软，疲惫乏力现象便是房事过度的表现。总之，“三劳”过度造成的乏力、疲倦常常是人致病甚至致死（临床上常见的猝死）的原因。

8. 预防养生

预防养生就是“治未病”思想的实施。“治未病”的概念最早出现于《内经》，其曰：“是故圣人不治已病治未病，不治已乱治未乱，此之谓也。夫病已成而后药之，乱已成而后治之，譬犹渴而穿井，斗而铸锥，不亦晚乎。”[①] 意思说，所以圣人不治已经发生的病而讲究治未发生的病，不治已经形成的乱，而注重在乱之前加以预防。如果疾病已经形成而再去治疗，乱子已经形成而再去治理，这就像渴才去挖井，临战才去铸造兵器，那不是太晚了吗！《难经》赞同《内经》云：“经言上工治未病，中工治已病”。据传《难经》乃扁鹊所作，践行“治未病”思想的第一人非扁鹊莫属，鲜明地体现在扁鹊诊治齐桓公病案中。为扁鹊写传的司马迁为此曾感叹道：“使圣人预知微，能使良医得早从事，则疾可已，身可活也。”针对齐桓公这类讳疾忌医的人，司马迁接着议论道：“故病有六不治：骄恣不论於理，一不治也；轻身重财，二不治也；衣食不能适，三不治也；阴阳并，藏气不定，四不治也；形羸不能服药，五不治也；信巫不信医，六不治也。有此一者，则重难治也。”[②]“治未病”其意就是“早发现、早治疗”，元代医家朱震亨在《格致余论》中说：“与其求疗于有病之后，不若摄养于无疾之先；盖疾成而后药者，徒劳而已、是故已病而不治，所以为医家之怯；未病而先治，所以明摄生之理。如是则思患而预防之者，何患之有哉？此圣人不治已病治未病之意也。”预防养生其理就在见微知著，防微杜渐。

预防养生在古人那里，还有古人发明的熏治养生。即用传统中医芳香熏治，达到消毒的目的。每年的端午节前后，人们通过燃艾草，挂香囊，以求达到除邪祛湿，驱蚊去虫的效果，预防时疫、净化空气。预防养生还有其他的形式。如经络养生有：针灸、磁吸、器物刺激等；舒筋活血的养生有：按摩、推拿、捏积等；物理养生有：沐浴、熨烫、热敷等。

预防养生在性别上稍有侧重点。中国民间有句古话是：男靠吃来女靠睡。强调的就是男女养生各有侧重点。这在中医那里有所解释：男属阳，女属阴，动则生阳，静则生阴，因此，男性要靠吃来维持动的能量，以积攒阳气和精神；而女性为了养阴就要靠睡觉来蓄养能量，维持平静的状态。吃对于男性而言，主要为

① 《内经·素问》。

② 司马迁：《史记·扁鹊仓公列传》。

了养肾精，因为肾主阳气收藏，人体的阳气来源于肾脏和肾经，肾是生命活动的原动力，因此可以多吃补肾生精的食物，如鱼虾、贝类、羊肉、鸡肉、枸杞、淮山药、栗子、黑芝麻、莲子等。吃对于女性而言，虽然不如睡重要，但一定也要吃好吃对才行。女性需要养肝血，因此要多吃补血养阴的食物，如鸭肉、蛋奶、当归、红枣、阿胶、银耳等，平日可饮枸杞菊花茶、玫瑰花茶等。女人讲睡，男人照样讲睡，晚间睡眠不要少于6小时，有条件的话白天中午再休息半小时到一小时。睡眠还要把握好最佳的时间。最好时段是晚上10点到第二天早上6点之间。其实，吃睡对于男女而言，都仅是一个侧重点，男女在吃和睡的两方面都要把握好适度的原则，找到一种必要的平衡。上述的说法符合中医的"男子以肾为本，女人以肝为本"的道理。但中医还有一句话"男怕伤肝，女怕伤肾"，当把两句话放在一起时有些人就犯糊涂了，是不是有矛盾呀？其实不矛盾，正确的说法是凡男女都怕伤肝伤肾。因为在中医看来，肝肾是同源的。肝为阳，肾为阴，一对阴阳，相辅相成。阴阳必须平衡，如果不平衡必定会相互制约，严重了则两败俱伤。虽然肝肾自身也分阴阳。肝有肝阴肝阳，肾有肾阴肾阳。但是肝肾自身的阴阳却必须依靠对方的阴阳才能达到平衡。比如说，肝阳上亢，就会伤到肾阴，那人就会阴虚火旺了。因此，伤肝便会伤肾，伤肾就会伤肝，它们俩原本是联系非常紧密的。因此，当我们说男女养生、养肝养肾时只能是有所侧重的一种说法而已，既不宜将其对立起来，也不具有绝对的意义。

养生是华人社会的传统。许多广泛流传的养生谚语，都可以算作预防养生。中国古代有所谓长寿秘诀，编成顺口溜唱道：发宜常梳，面宜常擦，目宜常运，耳宜常弹，舌宜舔腭，齿宜常叩，津宜数咽，浊宜常呵，背宜常暖，胸宜常护，腹宜常摩，肢宜常摇，足心宜常擦，胫侧宜常敲，皮肤宜常干，谷道宜常撮。今人的养生谚语更多，如：不靠医，不靠药，天天锻炼最见效；不靠天，不靠地，保健养生靠自己。要想人长寿，多吃豆腐少吃肉。吃米带点糠，营养又健康；吃饭七成饱，到老肠胃好。朝食三片姜，胜过人参汤；日食三粒枣，不把大夫找。冬吃萝卜夏吃姜，不劳医生开药方；吃药不忌嘴，跑断医生腿。春捂秋冻，不生杂病。病从口入，寒从脚起。头对风，暖烘烘；脚对风，请郎中。养身宜动，养心宜静，动静相济，一生无症；日光不照临，医生便上门；常洗衣服常洗澡，常晒被褥疾病少。开口便笑，笑今笑古，凡事付之一笑；大肚能容，容天容地，与人何所不容。还有一首养生的"九九歌"：饭后百步走，活到九十九；睡觉像死狗，活到九十九；吃饭少一口，活到九十九；多素少吃肉，活到九十九；戒烟不沾酒，活到九十九；坦荡乐悠悠，活到九十九；善交知心友，活到九十九；宽厚少忧愁，活到九十九（参见彩色插图48）。

第三节 易理指导下的现代养生实践

一、现代人养生保健的新观念

现代人养生保健有着新的观念，这里面有“四五六”的数字问题，即养生的四个层次、养生的五项宗旨和养生的六大因素。下面我们逐一展开。

（一）养生保健的四个层次

养生保健有轻重与深浅之分，就深浅而言，养生由内到外可以有四个层次的养护问题。

1. 养心性

心性是人意识中最深处的部分，是非实体的，触及至灵魂，甚至与宗教信仰关联。养生从饮食始，由饮食《周》易谈到了“养正”问题。“养正”实质探讨的是养生的伦理问题。《颐·象》曰：“《颐》：‘贞吉’，养正则吉也。‘观颐’，观其所养也；‘自求口实’，观其自养也。天地养万物，圣人养贤以及万民。《颐》之时大矣哉！”把养生同道德修养联系起来，对此，儒道两家都认可。动物之食、动物生存无正当与否的问题，只有人之饮食、人之活着才与道德联系。程颐对此解释说：“圣人设卦，推养之义，大至于天地养育万物，圣人养贤以及万民，与人养生、养德、养人，皆颐养之道也。动息节宣，以养性也；饮食衣服，以养形也；威仪行义，以养德也；推己及物，以养人也。”[①] 可见，养之正与不正，显然不是一个简单的饮食问题，而是涉及思想修养、品德操守等精神生活领域的问题。所以，养生离开了人精神的修为，离开了人心理的调适是舍本逐末。《周易》讲养生离不开讲道德。《周易》六十四条大象辞，说到道德的，即带“德”字的象辞就有十四条，占近1/4之多。如《大畜·象》曰：“君子以多识前言往行，以畜其德”；《晋·象》曰：“君子以自昭明德”；《蹇·象》曰：“君子以反身修德”；《渐·象》曰：“君子以居贤德善俗”。养心性在“儒”就是“澡身浴德”[②]，孔子早就提出“德润身”、“仁者寿”，《中庸》中进一步指出“修身以道，修道以仁”，“大德必得其寿”。《内经·素问》说，古代圣人“所以能皆度百岁而动作不衰者，以其德

① 程颐：《周易程氏传》。
② 《礼记·儒行》。

全不危也”。养心性在“道”则是“性命双修”的“性”，其实也是道德的修行。庄子曾提出：“长乎性，成乎命。”① 明代养生的文献《性命圭旨》云：“神不离气，气不离神”、“性不离命，命不离性”。道家养生同样要求心理与生理健康同时并重。

2. 养精气神

《周易》爱讲到天、地、人三才，而三才又各有其三宝：天有三宝日、月、星；地有三宝水、火、风；人有三宝精、气、神。精气神是处于人身心交汇之处，既有非实体部分，也有实体部分，是非实体向实体不断转化的区间。什么是精？精是构成人体生命的物质基础，一般认为精有先天和后天之分，先天之精是人生下来先天从父母那里带来的；后天之精是人成长过程中从食物中摄取的各种营养物质，就是脾胃消化谷物水分而生成的，所以，中医认为肾为先天之本，脾胃为后天之本。先天之精是生命的基础，后天之精是生命的养源，二者关系到人的生命体质和健康长寿。什么是气？指的主要是元气，即存在于人体中的一种精微的能量，具有推动人体各脏腑活动的功能，以此来维持生命的动力。古人认为元气一旦耗尽，人的生命也就结束了。什么是神？神是人体内精与气组合后的一种表现形态，是人的思想意识和生命质量的集中体现。中医理论认为：“得神者昌，失神者亡。”② 中医养生理论认为人的精气神三者之间是一个有机的整体，气生于精，精依赖气，神又体现精气，三者缺其一，人的生命就将终结。

首先要养精。《黄帝内经·素问》中说：“五谷为养，五果为助，五畜为益，五菜为充，气味合而服之，以补精益气。”养精要循时令，春生，夏长，秋收，冬藏，这样才能保证养精蓄锐。其次要养气。走入大自然，多呼吸新鲜空气，远离嘈杂环境和污浊空气。多练吐纳之功，注重各种微循环的健康。最后要养神。先要解决好宇宙观、价值观的问题，然后调理好心境和情绪的问题。

中医讲，人有七情，即喜、怒、思、忧、悲、恐、惊，均属于人精神活动的范畴。通常的情绪波动一般不会危害人的健康，但强烈的情绪波动，或者长期消极情绪的累积，或者长期的过度精神紧张，都会使人的健康受到影响，并能引发一些疾病。在中医看来，七情和“五志”均与人五脏的生理、病理变化相关联，五志是喜、怒、思、忧、恐。七情和五志分属于五脏，为五脏所主。正常情况喜为心志，怒为肝志，思为脾志，悲（忧）为肺志，恐（惊）为肾志。七情五志的波动能影响人的阴阳气血平衡和运行。若出现剧烈的情志变化或长期的累积，可以使阴阳平衡失调，影响人的气血正常运行，导致气血功能紊乱。正如《内经·素问·举痛论》指出的：“百病生于气也。怒则气上，喜则气缓，悲则气消，恐则气下，惊则气乱，思则气结。”这些变化会影响到五脏，损害五脏的功能，即怒伤肝，喜伤心，思伤脾，悲忧伤肺，恐惊伤肾。长寿之人大多心胸开阔、性情温和、

① 《庄子·达生》。
② 《素问·移精变气论》。

心地善良、善于理智的驾驭自己的情志，经常保持乐观向上的情绪和态度。总之，以默养气，以瞑养血，以睡养精，以静养神。养生的目的就是养好身体的元气，元气充足了人体才会健康长寿，而精、气、神都是围绕着培育和修养好元气为宗旨的。

3. 养脏腑

中医称人身体中的内部器官为脏腑，中医八纲中的“里”多指于此。脏腑包括五脏：心、肝、脾、肺、肾；六腑：胃、胆、三焦、膀胱、大肠、小肠。五脏的作用是储藏精气津液，六腑是主出纳转输。但是脏腑的功能，并不是各自为政，而是在相互依存、互相制约的情况下，各负其责，构成一个完整的系统，不但在人体内部脏与脏、腑与腑、腑与脏之间相互联系、互为表里，而且与外界自然环境的变化、四时气候的转移、精神活动等方面，都息息相关，互为影响。前面已经讲了五脏和五志的关系，平顺于五志便能和化于五脏；五脏康健又能通过五体表现出来，五体即为筋、脉、肉、皮毛和骨。养脏腑的目的在于脏腑间的协同，养生就在于“和脏腑”。和，即为调和，协和之意；和脏腑，是指使人体五脏六腑功能相对稳定和协调。由于人体复杂的生命活动是以五脏为主体，是脏腑功能的综合反映，所以，养生首先要协调脏腑的生理功能，使其成为一个有机整体。协调的含义有二：一是强化脏腑的协同作用，增强机体新陈代谢的活力。二是纠偏，当脏腑间偶有失和，及时予以调整，以纠正其偏差。这一工作是通过一系列养生手段和方法来实现的。如：四时养生中强调春养肝、夏养心、长夏养脾、秋养肺、冬养肾；精神养生中强调情志舒畅，避免五志过极而伤害五脏；饮食养生中强调五味调和，不可过偏等；运动养生中的“八段锦”、“五禽戏”等功法，也都是以增强脏腑功能为目的而组编的。在中医看来，影响人脏腑健康的因素有“五劳七伤”之说。由于“五劳七伤”常常是一个渐变的过程，在实际生活中容易被人们忽略，所谓的“积劳成疾”是也。“五劳”即《内经》上所云：“久视伤血，久卧伤气，久坐伤肉，久立伤骨，久行伤筋，是谓五劳所伤。”[①]“七伤”的概念最先由张仲景有所论述，即：“食伤、忧伤、饮伤、房室伤、饥伤、劳伤、经络营卫气伤，合为七伤。”[②] 后来人们又调整为七种不当的生活方式：一为大饱伤脾；二为大怒，则气逆伤肝；三为房劳过度，久居湿处伤肾；四为形寒伤肺，受凉、过食冷饮易伤肺；五为忧愁思虑伤心；六为风雨寒暑伤形；七为恐惧过度、不节则伤志。“五劳七伤”都会对身体造成损害。由此可见，日常生活中的视、卧、坐、立、行都与气血有关，与内脏有关，因而也就与养生有关。“五劳七伤”都涉及日常的生活方式，无论是劳身还是劳心都要有节制，不可过度，要注意劳逸结合。中医讲究行中道，所有的疾病都与太过或者不及有关，只有把握好度，才能保健康。所以说，在现实生活中，保护好脏腑是养生学的重要指导原则之一，应予以足够的重视。

① 《素问·宣明五气论》。
② 张仲景：《金匮要略》。

4. 养筋骨、皮肤和毛发

在《内经》看来，这里除了骨属于“里”概念外，其他都属于“表”概念。中医的“表”包括肌腠、韧带、皮肤和毛发，即人身体中外在或外显的部分。养生由里而外必养筋骨和皮毛。骨者，生于精气，而与筋连，筋之伸缩，则增力，骨之重者，则髓满（髓乃人之精也）。养筋骨就要使骨骼结实粗壮，使肌肉和肌腱发达而有柔韧性，因此，筋之伸缩，骨之灵活，既要靠营养，也要靠锻炼。筋之锻炼在于肌强筋韧，骨之锻炼在于增加骨密度。皮肤指身体表面包在肌肉外面的组织，是人体最大的器官，它主要承担着保护身体、排汗、感觉冷热和压力的功能，它是人体第一道防线，保护体内各种组织和器官免受物理性、机械性、化学性和病原微生物的侵袭。人患病常常从外表起，《素问·咳论》说：“皮毛者肺之合也，皮毛先受邪气，邪气以从其合也。”风寒导致肺不适，感冒由此而生。一般来说，病在皮毛、肌腠、经络的，中医认为属于“表证”，病情较轻；如果病在五脏六腑、血脉、骨髓的，便认为属于“里证”，病情就较重了。防病应从表做起，养生应从养肤开始。而养肤的首要工作就是爱清洁、讲卫生。可见，养生是可以从最简单的事情做起的。

（二）养生保健的五项宗旨

现代人对传统养生理念既有继承也有发展。总结出五项养生的宗旨：

1. 生理和心理兼养

世界卫生组织对健康的定义是：精力充沛，能从容不迫地应付日常生活和工作；处事乐观，态度积极，乐于承担任务，不挑剔；善于休息，睡眠良好；应变能力强，能适应各种环境变化；对一般感冒和传染病有一定的抵抗力；体重适当，体态均匀，身体各部位比例协调；眼睛明亮，反应敏锐，眼睑不发炎；牙齿洁白，无缺损，无疼痛感，牙龈正常，无蛀牙；头发光洁，无头屑；肌肤有光泽，有弹性，走路轻松，有活力。健康不仅仅是指没有疾病或病痛，而且是一种躯体上、精神上的完全良好状态。也就是说健康的人要有强壮的体魄和乐观向上的精神状态，并能与其所处的社会及自然环境保持协调的关系以及具备良好的心理素质。显然里面包含着生理和心理两部分。古今社会都重视心理健康。《黄帝内经》云：“恬淡虚无，真气从之，精神内守，病安从来”显然，强调“恬淡虚无，精神内守”，就是要注重个人的修行。清代光绪年间完成编辑的《中外卫生要旨》云：“常观天下之人，凡气之温和者寿，质之慈良者寿，量之宽宏者寿，言之简默者寿。盖四者，仁之端也，故曰仁者寿。”由此可知，仁者是一个温文尔雅、慈悲善良、宽宏大度、言简幽默之人。养心立德，仁心仁德是一个人健康的内在要素。现代社会特别重视个人的心理健康，有人对心理健康给出了标准：有安全感、自我状态良好，而且与社会契合和谐，能以社会认可的形式适应外部环境。对心理健康，现代社会一般理解为情绪的稳定和心理的成熟两个方面，当然，这种稳定和成熟是相对的。现在还有一些心理学家摆脱开所谓标准的束缚，向人们描述了一个心理健康人士的特征：即一个朝气蓬勃的快乐的人，有所爱，也被人爱；满怀信心地面对人生的挑战，满腔热情地投入自己的工作，发挥自己的全部潜能；能够洞察外部世界，并对自己所处境遇作出恰当的应对，制定出合理的人生策略；不会随意夸大也不会任意贬低自身的能力；对自己和他人的评价都建立在现实的基础之上。

历代都有生理和心理兼养的心得。清代作家袁枚的养生心得是心不老、笔不老、足不老的“三不老”，其实就是心、脑、身均要适当运动的意思，这样才能延缓衰老。忘老则老不至，寻乐则乐常居。现代人保持身心健康也有着许多的心得，流传着不少的格言和谚语，如：笑一笑，十年少，愁一愁，白了头。笑口常开，青春常在。原谅别人，就是善待自己；恭敬别人，就是庄严自己。养生莫若寡欲，寡欲莫若无我。世间有所谓“三乐”之说：知足常乐，助人为乐，自得其乐。还有不知名的人编写的《不生气歌》等。

2. 顺应物候节律

《周易》曰：“天地盈虚，与时消息，而况于人乎？”[①]《黄帝内经》曰：“智者之养生也，必须四时而适寒暑。”人类只有顺应自然界的节律，才能与天地日月共存，达到颐养天年的最终目的。一年四季春、夏、秋、冬的变化对睡眠时间的长短有一定的影响。《内经》曰：“春三月，此为发陈，天地俱生，万物以荣，夜卧早起，广步于庭；夏三月，夜卧早起，无厌于日；秋三月，早卧早起，与鸡俱兴；冬三月，早卧晚起，必待日光。”[②] 就是古人顺应四时变化调整睡眠时间以利养生的经验。顺应物候节律除了睡眠，还有饮食，孔子的“不时不食”就是饮食上的顺应四时。一些反季节的果蔬对身体无益且有害。同时，烹饪方式、食材搭配、进餐形式都有因时调整的必要。现代一些人爱吃油炸、油煎食品或烟火熏烤食品，喜好喝着啤酒就海鲜，开着空调吃火锅，这些都不是养生的好态度。

3. 均衡原则

《内经》将阴阳中正和谐视作健康的根本与依据。“阴阳乖戾，疾病乃起。”[③]在调节阴阳的过程中，养生学家认为，阳的方面能否固密，一般是其关键。所以《内经》说：“凡阴阳之要，阳密乃固。”[④]这是因为，在阴阳二者之间，阳代表功能，是活跃的方面，起着主导作用。阳如果能够固密，与阴紧密相合而不外越，不白白耗散，那么阴精也就容易得到保存与养护，从而形成良好的体内循环。

在阴阳均衡的基础上，首先是饮食的均衡，后面会专门讲到。其次是活动方式的均衡，有三个方面：第一，工作与休息之间的均衡，也就是所谓劳逸结合。

① 《彖传·丰卦》。
② 《黄帝内经》。
③④ 《素问·生气通天论》。

现代人工作压力大，经常加班加点，透支精力和体力，最终损害健康。注意学会放松和休息。休息分积极的和消极的两种，两者休息方式本身也须均衡。消极的休息就是睡觉，有时是必要的，也是基本的。积极的休息指的是除了睡觉的其他放松形式，可以听听音乐，参与有益的娱乐活动，当然其形式一定不是耗费精力和体力的，不能加重疲劳的感觉。第二，脑力运动与形体运动之间的均衡。即使是脑力劳动，也须在逻辑思维与情感和艺术之间搞均衡，这也是左右脑交替休息的过程。在活动脑的同时，也要活动活动身子。一不能总坐着，二不能总在室内，要沐浴阳光，做深呼吸，最好学会一些吐纳的方法。第三，人的肌体本身内外、上下、前后、左右的运动和养护间的均衡。注意身体各部位的保健，面部是人们易关注的，还要关注颈、腰、腿、足等部位的保养。

4. 运动观点

古人有万物恒动的理念。在古人那里，原本运动和静止是相对平衡的，强调动静统一。但在今天，或许稍有不同，应当更加强调“生命在于运动”的理念，为什么呢？因为今天人们的运动量和古人比较起来显得更小，而摄取的食物却比古人要丰富得多，更富有营养；吃的质量好了，吸收的就好，而运动又在减少，消耗就减少，肥胖和营养相对过剩便必然伴随着人们。现代的“富贵病”、“享乐病”，是由现代人不健康的生活方式引起的，这已经成为人类健康的最主要的威胁。因此，对于今天的男女，要想拥有健康的身体和保持苗条的身姿，除了要节制摄入高热量饮食外，还要有适量的运动并持之以恒。

“管住嘴，迈开腿”的养生口诀说得好，保持健康的最好方式就是运动。古希腊人有段格言：“如果你想聪明，跑步吧！如果你想强壮，跑步吧！如果你想健康，跑步吧！”跑步或许更适合于青少年人群，随着中国老年社会的到来，我们不妨将跑步换做行走，使其更具有普遍性。同时喊出新时代口号：“走起来吧，为了睿智、健康和快乐！”行走对健康有哪些好处呢？行走能让身上的每一块肌肉都处在运动状态，因而能有效地促进和改善人体各系统的生理机能。在循环系统方面，行走运动是增强心脏功能的最好办法，轻快的行走会使心脏的跳动更加均匀有力，输送更多的氧和营养物质给肌肉。行走可使关节柔韧灵活，肌肉结实而富有弹性，防止肌肉、关节的疼痛。行走能增强人体的主要肌肉，包括肩部、胳膊、背部、腹部、腿部的肌群，使身体变得更加协调。行走有利于神经系统。行走是一种天然的镇静剂，可减轻人体的精神压力，消除紧张情绪，使人平静愉快起来，有研究表明，当人时常失眠时，在睡觉前轻快地步行 15 分钟，就可起到明显的改善作用。行走有助于消化系统发挥其功能。行走能促进肠蠕动，减少便秘的发生。步行具有减肥作用。只要采取正确的方法：步速应尽量加快，一般不应低于每分钟 140 步；每次可步行 20 分钟，脉搏次数在锻炼后应达到平静时的 150% 左右，体内多余脂肪就可能被有效消耗掉。适当的出汗，也是一种排除体内毒素的过程。当然，这种锻炼方式需要持之以恒。

5. 预防优先

古人“治未病”理念是《周易》忧患意识的延伸，也是预防思想的清晰表达。倡导养生本身就是预防优先的实施，而预防则是养生的题中之义。养生保健不只是病人之事，不只是老人之事，更不只是闲人之事，它是所有人的事，是现在就要做的事，也是当下人人可以做到的事。现代人应有定期体检的意识，也提倡家庭应必备血压计和血糖仪等供随时测量。预防就要拒绝不良的饮食习惯和不良的生活习惯，现代人应酬多，应酬常常是耗费身体的，学会拒绝或节制很重要。预防还要克服不良嗜好，禁烟限酒。

（三）现代养生系统工程的六大因素

现代人越来越认识到养生长寿是一个系统工程。人们将养生系统工程分为六大因素，每项评价内又含有多项内容，并带有不同分值，每项20分，这20分还可以依具体内容再细分为更小数值，满分共120分。养生系统工程综合得分在70分以上算及格，85分以上是良好评价，100分以上是优秀评价。

1. 环境因素

环境实际是自然环境、社会环境、居住环境和室内环境等四重空间。自然环境包括纬度、温湿度、磁、水、空气、土和植被，即风水诸因素；社会环境包括整体社会发展稳定而持续，人身安全、社会和谐、幸福指数高等；居住环境包括是否安全、便捷、绿地、清洁、安静；室内环境包括是否整洁、温馨和舒适等。

2. 遗传基因因素

包括种族、家族、性别、血型、体质、体形，还包括性格中的遗传因素即气质，以及遗传中显性的或隐性的疾患等。须了解的是在当代，在其他的外来风险因素逐年降低的条件下，医学和遗传学的研究表明，遗传因素的比重却在上升；有些学术文献将遗传因素对健康和寿命影响的比重提升到了三分之一，甚至更高。

3. 饮食和营养因素

食品应有机、绿色，日常膳食的要求是全面、均衡、适量；科学角度的合理营养是我们能否做到碳水化合物、脂肪、蛋白质、矿物质、纤维素和其他维生素的均衡的摄取。

4. 教育、心理和情绪因素

教育涉及自然与人文知识，涉及宗教与道德，也涉及意志和情感。教育必须照顾到智商和情商两个方面。智商当然与先天的天分和后天教育相关；而影响情商的因素则更多，如心理因素有性格类型、社会适应力、人际关系等内容，情绪因素有情感的控制和情绪调适的方法等内容。情商更直接影响到心理，进而影响到生理。

5. 职业和生活方式因素

职业是决定生活方式的重要方面，因此首先是职业的评价：职业的样式和特点，职业的安全性和劳动的保障和保险，职业的劳动强度和持续性等；其次是生活方式的评价：个人及婚姻与家庭的状况，个人的生活起居及日常的活动样式，个人兴趣的向度和关注度、个人的嗜好与习惯等。

6. 国民健康保障因素

人是生活在系统之中的，即一个人一定生活在具体的国度内和社会环境中，与他人必然保持着或近或远的关系，因此，一个人生命和健康的保障就不仅仅是单个人的“私事”，而是涉及公共安全和公共卫生的集体事物了，也是一件“公事”。所谓国民健康保障因素，大致有三个层面的工作：从国家的层面而言，整个国家的要有营养和健康的基本保障，有足够的预防与医疗机构，其制度和机制能够有效且规范地运行，整个国民医疗与养老等保险要健全、普及和有实效。从每一个用人的企事业层面而言，不但要有劳动合同，还要为雇员的生命安全负责，有健康方面的福利，有必要的劳动保障和劳动保险。从个人和家庭而言，每个人都要有公共卫生意识和环保意识；还要树立个人的养生保健的意识，讲究个人卫生，并且保持健康的生活习惯和行为，保持良好的生活方式。

（四）运用养生系统工程的比较

1. 巴马人与一般都市人的对比

比总共六项、总计120分的养生系统工程的评价体系更权威的是世界卫生组织曾经公布过的“健康100分”标准，这些标准包括：生活方式60分，环境17分，遗传15分，医疗服务8分，这四项相加共100分。由这些标准可以看到生活方式在健康中占有很大的比重，即便医疗服务的分值低一些，良好的生活方式，加之良好的环境和遗传，保持健康长寿是做得到的。现代养生系统工程的六项指标实际涵盖了世界卫生组织列举的项目。现在我们运用这个总计120分的指标体系将中国广西巴马人与中国一般都市人进行对比，我们可以看出明显的区别（见表19－1）。

表19－1　巴马人和都市人养生系统的对比

广西巴马人			一般都市人		
排序	评价项目	分值	排序	评价项目	分值
1.	环境	20	1.	医疗服务和社会保障	20
2.	遗传	20	2.	饮食营养	15
3.	饮食营养	15	3.	遗传	15
4.	心态	20	4.	心态	10
5.	职业安全及生活方式	15	5.	环境	10
6.	医疗服务和社会保障	10	6.	职业安全及生活方式	10
各项合计得分		100	各项合计得分		80

2. 巴马人长寿的因素

中国广西巴马被称为长寿之乡，巴马每10万人中拥有31位百岁老人，是国际标准的4.4倍。巴马人长寿的因素首先体现在环境方面，广西巴马自然环境的水、磁、空气均适宜人居。水是清洁的含多种微量元素的山泉水，水质呈弱碱性；巴马地区存在较高水平的磁场，达到0.5高斯，而一般环境只有0.2高斯；巴马地区的大气中负氧离子密度大，能达到每立方米2万—3万，而一般环境下达到每立方米1000—1500就算清新空气了。其次，巴马人长寿在基因方面优势明显。广西巴马人普遍具有家族性的长寿遗传基因，长寿遗传基因的性状稳定且显著。巴马人的生产和生活方式对保持健康起了很大的作用，巴马人劳作以农业方式为主，日升而作，日落而息，慢节奏；巴马人普遍晚婚晚育，子女数量少。饮食方面，巴马人基本素食，常呈半饥饿的状态；巴马人都常喝一种长寿的秘方——火麻汤，火麻油是少有能溶于水的植物油，用火麻制成的油和汤含有大量的微量元素和不饱和脂肪酸。巴马人生活态度则是心态平和、积极乐观，人际交往和谐。巴马人所享有现代的医疗服务显然不如都市人群，这恰恰验证了世界卫生组织将生活方式定在较高分值的合理性。

二、现代人养生保健的基本手段和方法

现代养生的手段和方法多样，除了继承传统的一些养生形式外，还创新了不少养生形式，各类养生场所也多，如养生堂、美容院、美体休闲会馆、健身俱乐部等。这里，我们主要择其主要的介绍，介绍饮食养生、体育养生和其他养生形式。

（一）饮食的养生和保健

1. 饮食养生的丰富思想资源

饮食养生很早就被中国人发现，所谓“神农尝百草”即是焉。大概从那时起，人们就已经开始区分食养和食疗两个方面。食养，即汲取食物中的各种营养来摄生保健，防止疾病的产生；食疗，则是借用食材具有的某种特性，配合食物进行医治，促进病体的康复。俗话说“药食同源”。原始社会，古代先民为了生存，在由采集向种植转化过程中，在寻找和尝试野生物种的过程中，神农氏做出了贡献：“神农乃始教民播百谷，相土地，宜燥湿肥硗高下，尝百草之滋味，水泉之甘苦，令民知所辟就，当此之时，一日而遇七十毒。”① 经历了千辛万苦，终于发现了食物和药物这两样东西。这二者既相互区别又相互联系，辩证统一于保障身体的健康上。首先食养和食疗是相互联系的，食养就是一种食疗。进食是保证身体健康的首要因素，古人云：人是铁，饭是钢，一顿不吃饿得慌。一日三餐对于我们来

① 《淮南子·修务训》。

说是重要的，所谓“得谷者昌，失谷者亡”，“民以食为天”。《灵枢·五味》说：“谷不入，半日则气衰，一日则气少矣。”可见，合理膳食始终是健康“四大基石”中的第一基石。据《周礼·天官》记载，中国在周朝时已出现专门从事帝王饮食调养的医生，称为食医。而周朝的医疗制度，已将医生划分为“食医”、“疾医”、“疡医”（外科）和“兽医”四科。其中食医的职责是“食医掌和王之六食，六饮、六膳、百羞、百酱、八珍之齐”①。即根据帝王的身体状况，随时调配膳食，采用珍禽异兽、鲜果时蔬与高级滋补药材搭配，烹调成色、香、味俱佳的美味佳肴，以保证帝王的身体健康。其次食养和食疗又是相互区别的，食疗有其针对性，食疗中的有些食材是不能作为食养的食材大量食用的，所以后来的人们才开始有所区别食膳和药膳的两个方面。

中国较早涉及食疗内容的书籍应是《汉书·艺文志》上记载的西汉佚书《神农黄帝食禁》七卷本。该书中的部分内容应被东汉大医学家张仲景所吸收，在张仲景的《金匮要略》中有着大量关于食疗的内容。《金匮要略》收方剂262首，其中里面有许多涉及食疗的验方，如鳖甲煎丸、甘麦大枣、当归生姜羊肉汤、防己黄芪汤、防己茯苓汤等。《神农黄帝食禁》七卷本还疑似被南北朝时的另一部书《七卷食经》所继承，甚至有人称后世的《七卷食经》就是西汉佚书《神农黄帝食禁》七卷本，只可惜《七卷食经》也佚失了，其书名和里面的内容只在存世的著名医学典籍《医心方》中有所记载。《医心方》是日本现存最早的中医养生疗疾的名典，北宋年间成书，撰者是日本人丹波康赖（912—995）。该书汇集了久已失传的中国医药养生典籍近200余种之精华，是一部失而复得的中华医药集大成之作。《医心方》中引用《七卷食经》或《七卷经》共计六十余处，由此我们可以窥探到《七卷食经》的内容，甚至可以窥探到《神农黄帝食禁》七卷本的内容，这两部佚书都是专门讲述食性、食宜、食禁、食疗内容的。南北朝时期，著有多种《食经》方面的书，如崔浩，字伯渊，历任太常聊侍中，特进抚军大将军，左光禄大夫，司徒等，著有《食经》九卷。《旧唐书》载：“《食经》九卷，崔浩撰。”南朝人陶弘景在《养性延命录·食诫篇》中也有食疗的内容，根据四时季节之不同，提倡“春宜食辛，夏宜食酸，秋宜食苦，冬宜食咸”，并列出食疗法一百多种。隋代崔禹锡著《食经》四卷，已佚。部分佚文被《医心方》、《证类本草》所引用。世传还有《崔氏食经》四卷，《通志略》载：“《崔氏食经》四卷，崔浩撰。”不知是否就是崔禹锡的《食经》四卷。隋代还有谢讽著《食经》，此人做过隋炀帝的“尚食直长”，即御膳房的总管。以上《食经》方面的书都没有留下来，而现存最早的食疗方面的专论和专著便是唐代著名医家孙思邈和他的弟子孟诜等人的文字了。食物养生及食物治病防疾在孙思邈的医学巨著《千金要方》和《千金翼方》中都有详细的记载。在《千金要方》卷二十六中特别列有《食治》一节，在《千金翼方·养性》中特辟“养老食疗”的专论，其中《千金要方》中收载有果实、蔬菜、谷米、鸟兽共计154种食物，以及性味、功能及主治病症的内容，系统提出

① 《周礼·天官冢宰第一》。

用食物治病的科学理论，为传统医学“食疗法”的发展奠定了基础。

孙思邈用食疗方法治好“脚气病”是一个生动的典故。相传，唐朝时长安城内有几个富翁身患一种奇怪的疾病，只见脚胫日趋浮肿，浑身肌肉酸痛麻木，身倦乏力，众医诊治均束手无策。于是请孙思邈诊治，经药石下肚，仍不见转机。一天，严太守也患此病请孙思邈治疗，为查明病因，他住进严府中仔细观察了多日，发现严府家僮也患此病，孙思邈百思不得其解，他又到厨房内调查，厨师说严太守不喜欢大鱼大肉，但他对粮食精制特别讲究，派人将米面反复加工精碾细磨后才作为主粮食品。随后孙思邈又去拜访了其他几位同样症状的富翁，发现都有同样习惯喜食精粮，此时孙思邈已领悟出其中的玄妙了。孙思邈立即建议严太守将每日主食全改成粗粮糙米，并且将一些细谷糠、麦麸皮煎水服用，半月之后这种疑难病竟神奇地康复了，浮肿全消退了，病人精神好转了。消息一传出，长安城一片震惊，赞扬孙思邈真是天下神医！孙思邈用食疗方法成功治愈了因食精粮引起的“脚气病”。现代医学证明脚气病为维生素 B1 缺乏症，补充维生素 B1 及长期进食糙米即可预防脚气病的发生。

2. 进补的原则和方面

中国传统养生特别重视饮食养生，饮食养生包括日常膳食、食补和药膳，中国人除日常膳食外，最讲究通过膳食的所谓食补或药膳。但有原则，最切忌盲目的进补，主张要有针对性，缓行适量的，有一定阶段性的进补方式。总之，中医进补的原则是“虚则补，实则泄”，不虚的话胡乱进补，造成实滞，反而有害身体。

进补大致分四种方面：补气、补血、滋阴、壮阳。补气食品有：猪肉、牛肉、各类水产品、马铃薯、番薯、大豆、山药、板栗、花生、薏米、糯米、小米、苹果、香蕉等；补血食品有：猪肝、乌鸡、红枣、桂圆肉、荔枝肉、胡萝卜、血豆腐、黑芝麻、黑木耳、黑豆、红糖等；滋阴食品有：鸭肉、鸡蛋、奶制品、甲鱼、蜂蜜、银耳、百合、桑椹、莲藕、荸荠、黄瓜、甜瓜、梨、葡萄等；壮阳食品有：羊肉、鹌鹑蛋、牡蛎、海参、海虾、淡菜、鳝鱼、核桃、枸杞、韭菜、大葱、茴香等。

同时，我们由巴马人和都市人养生系统的对比表格可以看出一般人和巴马人在饮食方面有区别。简言之，今天的一般人吃得太精、吃得太多了，早有谚语在那里：吃饭少一口，活到九十九。晚饭少吃一口，睡觉舒服一宿。现代都市人，特别是年轻人常常晚饭吃得多，吃得油腻，现代的人们在日常膳食方面显然是做过了。东汉张仲景指出：“凡饮食滋味以养于生，食之有妨，反能为害。……若得宜则益体，害则成疾，以此致危。”[①] 说明古人早已认识到了饮食与人体健康之间存在着宜与忌、利与害的辩证关系。近年来国外有一个“把药房变成厨房”的口号，就是强调食疗保健的重要性。现代人进行饮食养生和保健时，要注意以下几个方面内容。

① 张仲景：《金匮要略》。

3. 我们要辨别自身的“体质”

首先我们要辨别自身的“体质”。中医体质学说是依易学中的对立性质扩展而来的，在《周易》讲阴阳的基础上，中医还讲“八纲辩证”，“八纲辨证”中除阴阳外，还有表里、寒热、虚实。在“八纲”的基础上中医将人区分为九种体质：1气虚质，2阳虚质，3阴虚质，4湿热质，5痰湿质，6血瘀质，7气郁质，8特禀质，9平和质。具体说来，第一种，气虚体质，若说这个人气虚了，表现为气不足，气短不够用，乏力。第二种，阳虚体质，包括怕冷不耐寒。第三种，阴虚体质，此类人怕热，老是口渴口干，表现为有很多内热。第四种，湿热体质，此类人吃了火锅容易长包的那种人。第五种，痰湿体质，就是肥胖的，脑门油乎乎的那种人。第六种，血瘀体质的人，脸上有钞票纹，身上也容易长斑，舌下静脉容易瘀紫发暗。第七种，气郁体质，容易郁闷的，抑郁的人。第八种，特禀体质的人，这类人较特殊，有许多因素导致过敏，容易起荨麻疹等，是过敏性体质的人群。第九种，健康的平和体质人群，这类人不偏于阳也不偏于阴，身体处在一个平衡状态，体质好，不易生病。

我们每个人有着各自不同的遗传因素，一些长寿者的养生心得或饮食偏好之所以不宜机械地照搬，是因为人群中有不同的体质，对饮食的需求也就有所不同。最好的养生方法，不是吃大补的、贵重的，而是要吃对路的。我们要清楚自己是什么体质，只有明白了自己是什么体质，才能量身打造出一套适合自己的保健食谱。依不同体质分类指导饮食用膳，实现个性化的饮食营养方案，是今日饮食养生的发展方向。

4. 对吃的食材要求有个“辨别”

对吃的食材，我们首先要辨别其“食性”，依照自身体质以确认饮食之宜忌。孙思邈说：“食能排邪而安脏腑，悦情爽志以资气血。”① 传统养生理论认为但凡食物都有属性，即寒、热、温、凉的四种食性。此外，还有些食物其食性平和，称为平性。算在一起食物共有“五性”。一般认为，寒凉性食物大都具有清热、泻火、解毒作用，常用于热性病症。温热性食物大多具有温中、助阳、散寒等作用，常用于寒性病症。平性食物则有健脾、开胃、补益身体的作用。其次，我们还要辨别食物的“味道”。人的脏腑对“滋味”有偏好，《内经》云：“五味所入，酸入肝，辛入肺，苦入心，咸入肾，甘入脾，是谓五入。”② 释明了五味与五脏的亲和度与选择性，从而以不同的性味形成对各脏腑功能的保健作用。民间有针对五脏进补的食材：枸杞、葡萄益补肝；荸荠、莲子、桂圆益补心；百合、银耳、海带益补肺；韭菜、番茄、杏仁益补肾；山药、薏仁米、白扁豆，益补脾；苹果、鲜桃、萝卜、大白菜补五脏；红枣、山楂、豆类食品补气血。饮食五味必须因人的体质制宜，因脏腑吐纳能力的强弱制宜。最后，我们还要辨别食物的“颜色”。

① 孙思邈：《千金方》。

② 《素问·宣明五气论》。

食物分五色：青、赤、黄、白、黑。从营养的角度说到五色食材，青色食材中一般富含胡萝卜素，白色食材富含黄酮素，黑色食材中则富含铁。青色食物主肝，可提高肝脏之气，排毒解毒；如椰菜、芥蓝、菠菜、芹菜、龙须菜、青椒、荷兰豆、苦瓜、黄瓜、芦笋、莴笋等。赤色食物主心，可提高心脏之气，补血、生血、活血；如红椒、西红柿、红萝卜、红豆等。黄色食物主脾，可提高脾脏之气，增强其功能、促进新陈代谢；如韭黄、胡萝卜、南瓜、黄豆芽、黄豆、玉米、红薯、南瓜子、腰果等。白色食物主肺，可提高肺脏之气，清热解毒、润肺化痰；如大白菜、白萝卜、莲藕、莲子、山药、土豆、白薯、银耳、海带等。黑色食物主肾，可提高肾脏之气，能润肤、美容、乌发；如木耳、香菇、黑芝麻、紫菜、荞麦、黑豆等。

5. 平衡膳食

要求食养中膳食的调配要尽可能地全面、合理、互补，即遵守平衡膳食的原则。《内经·素问·藏气法时论篇》："五谷为养，五果为助，五畜为益，五菜为充"，已经包含了饮食调配要求营养全面与均衡的认识。

针对如何做到均衡营养呢？现代人有了"七层宝塔膳食结构"和"七彩膳食营养盘"说。由"七层宝塔膳食结构"可知各自的占比是：油脂、糖、盐等调味品 20 +25 +5 克（红色）；豆类、蘑菇类和坚果类 50 + 25 + 25 克（黑色）；动物性食品（应鱼类和禽类占较大比重）100—180 克（粉色）；蛋品和奶制品 50 + 250 克（黄色）；蔬菜（以绿色和深色蔬菜为主）和水果 500 + 300 克（绿色）；谷类和薯类 250—400 克（橙色）；水（白开水）1500—1800 毫升（白色）。膳食结构整体状况大致是越往下数量在逐步增大，越往上则是一个逐渐缩小和减少的过程，形成宝塔状。营养学家从颜色的角度也提倡多食果蔬、谷类和菇类食品，即绿色、橙色、黑色食品，适量进食蛋奶，黄色食品，适量进食鱼类和禽类，社会上也称这类肉为白肉。而要求人们少吃泊脂、糖、盐等红色食品，包括牛羊猪肉，这类肉也称为红肉。何谓健康膳食？除了遵循上述的膳食结构外，还须少盐少油，控糖限酒；多食新鲜果蔬，少食熏腌食品（见图 19 - 1）。

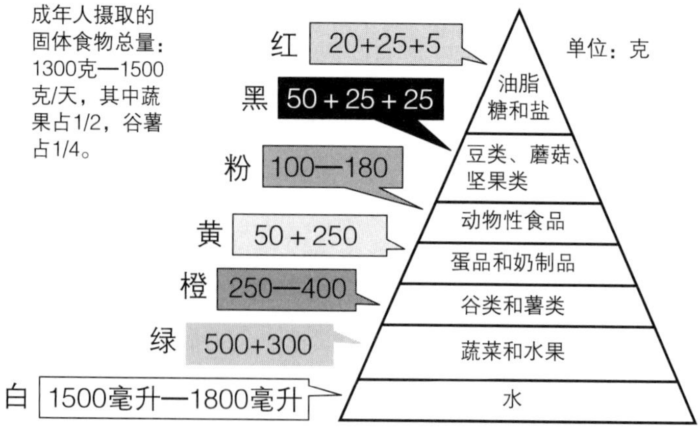

图 19 - 1 "七层宝塔膳食结构"示意图

当然，这种推荐的比例其实也有因人而异的方面。因为我们每个人的体质不同，年龄不同，每目的能量消耗也就不同，我们完全可以做适当的调整。但是我们都必须知道这样的事实：包括中国人在内的黄种人，为了自身的健康，更应当增大植物性食物的摄入，而减少动物性食物的摄入，多食富于纤维素的食品。这是因为由于长期的饮食习惯和结构的制约，从生理解剖学的角度看，黄种人的肠子不仅要长于白种人，而且肠中的酶或菌落群更易分解和化解植物类食物，而化解动物类食物的各种酶则不如白种人；因此，如果黄种人过多食用了动物性食品，消解的能力弱不说，食物滞留在肠道内的时间还会加长，长此以往，引起病变、导致肠癌的几率就会增大，这是十分不利于健康的。

6. 审“时”而食

饮食养生也包括古代四时颐养的道理。孔子的“不时不食”，讲究随时令而进食是饮食养生保健的重要一环。唐代名医孙思邈主张：“春七十二日，省酸增甘，以养脾气；夏七十二日，省苦增辛，以养肺气；秋七十二日，省辛增酸，以养肝气；冬七十二日，省咸增苦，以养心气；季月各十八日，省甘增咸，以养肾气。”[①] 孙思邈还谈到七月勿食猪肉，九月勿食经霜生菜及瓜等。这除了考虑到食材自身的属性外，还考虑到不同季节食材的新鲜度。吃的食品只有顺应时令才鲜美而富有营养，所谓“冬鲫夏鲤，秋鲈霜蟹”说的就是这个道理，否则就如古谚所说“夏至鲫鱼空壳子，端午螃蟹虚架子”。果蔬也如此，同是瓜类，春秋食黄瓜、冬瓜，夏食西瓜、苦瓜，冬食南瓜、丝瓜。“冬吃萝卜夏吃姜，不劳大夫开药方”的古谚包含着依时而食的道理。现如今反季节果蔬越来越多，我们开始习惯于在任何季节吃到自己想吃的果蔬，这当然是一种享受。但从养生的角度，还是应当顺应时节与气候，尽可能地多吃应季的果蔬，而这对于自然环境，对于社会生产成本，对于个人健康都是有益的。

中国人几乎是世界上食材使用最广的一个民族。过去有句老话说：“带毛的不吃掸子，带腿的不吃板凳，大荤不吃同类，小荤不吃苍蝇。”剩下的没有不吃的，足见国人食材的广泛。中国人中以懂吃、会吃、爱吃、敢吃而自居的美食家很多，炫耀并以此为荣。但随着文明的演进，随着环保意识的加强，在食物如此丰富的今天，我们完全可以做到适当地缩小食材的范围，什么都可入“口”，以“尝鲜”、“品野味”为美乐之事已经不是值得夸耀的事情了，逐渐演变为是一桩耻辱的事情了。有买卖就一定有杀戮，所以，应当加以限制或制止。现如今倡导的生态文明里面就包含着保护一切野生的动植物的内容，做文明人理当如此。

（二）体育的养生和保健

1. 运动养生观由来已久

中国的古人老早就懂得运动或活动养生的道理。《荀子》最先提出运动与养生

① 孙思邈：《备急千金要方·食治》。

的一般关系："养备而动时，则天不能病。"①《黄帝内经·素问》曰："春三月，此谓发陈，……夜卧早起，广步于庭，被发缓行，以使志生……"最先指出了晨练和散步的益处。三国时的大医家华佗认为："人体欲得劳动，但不当使极尔。动摇则谷气得消，血脉流通，病不得生，譬犹户枢不朽是也。"②表达了要有运动和活动的道理，并且他本人创制了"五禽戏"来师范践行。陈寿为他作传时夸赞他道："晓养性之术，时人以为年且百岁而貌有壮容。"③可见经常运动有驻颜的功效。唐代大医家孙思邈在《千金方》中记述道："养生之道，常欲小劳，但莫大疲及强所不能堪耳。""小劳"即适度锻炼，"大疲"则伤身，因此，依不同的年龄和身体状况适当的运动，有氧运动、微汗运动是养生的最佳途径。

2. 现代多种的体育保健形式

运动与健康的关系众所周知，体育运动有益于养生和保健。体育保健形式多种多样，老一些体育保健的运动形式有：田径、球类、游泳跳水、登山等。民间传统的体育健身活动中，有老少皆宜的跳绳、踢毽、抖空竹、扭秧歌、广场舞和韵律操等。现代的新兴体育运动形式层出不穷，可大致分户外和室内两大类。

户外的体育运动有：旅游和爬山、越野跑和健身走、场地自行车、山地自行车：年轻人喜好的小轮车技巧和竞速、极限运动、跑酷；还有跳伞、滑翔、蹦极等；户外水上运动有滑水、冲浪、帆船、赛艇等。

室内的体育运动有篮球、排球，最适宜的还有乒乓球、羽毛球、保龄球等。健身房里的美体训练有：健美运动、健身操、体操、瑜珈、体育舞蹈等；室内还有各类的舞蹈和武术的培训等，还有轮滑。室内水上运动也很多，如游泳、跳水，水上游乐项目等，室内还出现了冰上的运动项目等。

3. 养生和保健的运动不拘一格

其实，生活处处藏仙术，仪态种种皆养生。这是传统养生理论所主张的。以坐养神。一天中抽出片刻静坐休息，坐姿可端坐、靠坐、盘坐，整体姿态要端正、自然，双手放于膝上，闭目停思，精神放松，去除杂念，均匀呼吸。如此坚持，脑清心安，气定神闲。印度的瑜伽健身也特别强调呼吸和气运，能收到效果，也为当代不同年龄和不同层次的人所选择。以立养骨。适当增加站立的时间，人站立可使骨骼和肌肉得到锻炼。站立时，身体呈自然、平稳姿态，上肢自然下垂，挺胸收腹，下肢受力均匀，在做深呼吸的同时做提肛运动。如此坚持，可以疏通经络，促进新陈代谢。以卧养气。躺倒当然是最好的休息，但要有度；熬夜必耗神，久卧百病生。卧姿一般为向右侧卧，双腿微屈。这种姿势，可使全身放松，心脏不受压，有利于心脏排血，对消化系统也有助益。古人提倡早睡早起，有谚云：早睡早起，没病惹你；早起早睡，精神百倍。古人认为睡子午觉养生。中午时分，抽空小憩，效果是很大的。以行养筋，不拘形式的步行，可使全身关节筋骨得到适度的锻炼，对身体的新陈代谢、增强免疫力都有良好的促进作用。健步起成为当今国际上的新颖时尚、简便易行的健身新潮流。

（三）其他手段的养生和保健

1. 传统的物理保健

物理保健是指运用生物物理能量对身体施加的影响，使之达到肌体健康的方法。传统的物理保健特点是非药物性和非创伤性，实施起来既可自我为之，也可借助他人或求助于专业人员。中国传统医学中很早就有物理的养生和有关的保健内容，如中医推拿、穴位按摩、中医拔罐、热敷灸疗、药浴气功等，印度的瑜伽术也具有物理保健的功效。由于简便易行、经济实惠，也有人称此类方法为“自然疗法”。

2. 现代的物理保健

随着时代的发展，西医物理保健加入进来，借助于现代化装备和医疗器具，养生保健的物理手段更加多样化，如磁疗、红外线照射、水疗、牵引等。当前社会上的一些物理保健形式，如桑拿、汗蒸、按摩、足疗、理疗等多采用的是中西结合的手法，效果还是较好的。应当指出，现代有些物理保健形式超越了传统的非药物性和非创伤性原则，部分使用了药物或带来局部的创伤，如美容塑体、减肥瘦身、清肠去脂等，对于这种保健形式，我们都应持慎重的态度。我们还是提倡以传统的物理保健为主，现代的物理保健辅之。这是因为传统保健的医理深厚，更趋自然与环保。

3. 服用滋补保健品的保健

随着生活水平的提高，医疗保健意识增强，一些人有购买滋补保健品的需求，儿女看望老人、亲友探望病人首选的礼品是滋补保健品，年老体弱者也希望通过服用补品能够有病治病、无病健身。多数滋补保健品的确在增强体质、有益健康方面发挥了一定的功效，但是人们服用时一定要遵循因人而异，因时而服。今日一些人服用保健品尚存在一些误区：第一，不能因人而异；第二，进补不讲季节和时令，盲目地大补久补；第三，盲目地相信有些滋补品越稀罕越有滋补，价格越贵越好；第四，一些人在患急性病时仍服用补药，造成功效相抵，病程延长。我们还是应当相信这样一些古训和谚语：人参五两，不如糙米一斤。青菜是个宝，赛过灵芝草；热天一块瓜，胜把药来抓。冬吃生姜夏吃蒜，有病不用背药罐。一天三颗枣，一生不知老；多吃一点醋，不用到药铺。坚定食补胜于药补的理念。

4. 养生和保健可以简便易行

有一长寿歌诀，属于传统的物理保健范畴，转述如下：一歌头，头为精明之府，早晚梳头须三遍；二歌脚，脚称第二心脏，常搓涌泉保康健；三歌喉，日咽唾液上百口，健康活到九十九；四歌齿，朝暮叩齿三百六，七老八十牙仍旧；五歌耳，肾气通于耳，扯拉搓揉益全身；六歌腿，若要腿不老，足三里处勤敲打；

七歌腹，每天揉腹一百遍，通和气血补神元；八歌背，夫妻每日互捶背，解疲强身通经络（参见彩色插图50）。

三、养生的科学之路任重道远

（一）“养生时代”的到来

1. 养生热的原因

在中国，养生热已然形成一种必然的趋势。其原因有三：其一，发达国家的经验表明，当一个国家人均GDP超过5000美元的时候，对健康的消费将有强力的拉升。人们已经不再满足吃饱穿暖，而要求得到更高的生活品质。中国的人均GDP已达6000美元以上，像北京这样的一线大城市，人均GDP已经超过了1万美元，这就为人们包括养生在内的高品质生活提供了坚实的物质基础。其二，中国正在步入老年型社会，而且人数庞大。随着现代人预期寿命在延长，闲暇时间充裕，人们，特别是中老年人关注健康、投资养生和保健成为了可能。其三，市场经济条件下，只要有某种消费的需求，就一定有满足这种消费的生产和形式。养生市场亦如此。事实上，从事养生和保健的企业和从业者都在迅速地增加。

2. 养生专家和健康顾问走红

不知何时起，养生似乎成为了全民的话题：各大书店图书销量排行榜靠前的必有养生类的书籍；从中央到各地方电视台，养生类、健康类节目几乎没有间断过；网络中的饮食营养、健康咨询和一切有关养生的话题，其访问量和博客点击量均扶摇直上；社会上有关食品安全的消息总容易成为爆炸性的新闻，为人瞩目；于此同时，一些人迅速成为了在广播和电视中曝光率极高的养生专家和健康顾问，这些人如明星般地被人追捧和仰慕，短时间名声鹊起。可见，在中国，全民“养生时代”已然到来。

（二）沿着正确的养生之路前行

1. 养生乱象自古就有

养生的乱象自古就有。古代由于认识的局限，在理论和实践上都有许多非科学的地方。如：服食丹药以求长寿曾是上至皇帝、下至缙绅的相对一部分人所为。面对瘟疫，在缺医少药的民间，或用跳大神的方法驱鬼，或以吞服符水以求避邪。一些人祛病消灾迷信偏方，不但花了冤枉钱，还贻误了救治的时间。

食物相克的说法在古代比较流行。其说法有：螃蟹不能与柿子同吃，花生不能与黄瓜同吃，红薯不能与香蕉同吃，绿豆不能与狗肉同吃等。“食物相克说”由来已久，东汉时代的大医学家张仲景在《金匮要略》中曾提到有48对食物不能放在一起吃，如螃蟹与柿子、葱与蜂蜜、甲鱼与苋菜等。所谓食物相克，其实是由于混食两种或两种以上性状相畏、相反的食物肠胃所表现出来的一种不良反应的症状。这一说法并非完全谬误。比如说螃蟹与柿子都属寒性食物，二者同食，双倍的寒凉易损伤脾胃，虚寒体征者反应尤其明显。从营养学角度说，螃蟹中的蛋白质较多，而柿子中的鞣酸（所含的涩味）也较多。当蛋白质碰到鞣酸就会凝固变成鞣酸蛋白，不易被机体消化并且使食物滞留于肠内发酵，继而出现呕吐、腹痛、腹泻等类似食物中毒现象，古人据此得出相克的结论。当然，“食物相克说”并无现代科学的论证，其说法里面有胡乱拼对和夸大危害的一面。今天，面对此类问题是完全可以避免的，我们依不同的体质选择相宜的食材，制订出个性化的饮食方案，注重平衡膳食就完全可以避开或减轻肠胃不适的反应，而不必有食物相克方面的顾虑。

2. 当今的养生乱象

在科学昌盛的今天，养生乱象不比古代少。表现为养生书籍良莠不齐，误人子弟。电视节目上一些名流为假保健药或保健品做广告，赚昧心钱。低劣的养生馆和美容院造成毁容或人身伤亡事件也发生过。社会上假医药鱼目混珠，假保健药泛滥成灾。社会上涌现出大批假专家，前一段有张悟本、李一之流借机招摇撞骗，导致很多人上当受骗；而后有神医王林忽悠国人，将气功养生糟蹋为坑人蒙钱的把戏；近来居然江湖大骗子胡万林又重操旧业，卷土重来再次害人。一颗老鼠屎毁掉一锅汤，这些养生的乱象真让我们提心吊胆、防不胜防。难道人们从此对养生讳莫如深，犹豫不前了吗？养生理论既拒绝“歪理邪说”，也拒绝“绝对的话语”；科学的态度不说“满”，说“满”的态度不科学。如何对待“伪养生”古人早有言告诫：“凡养生者，欲令多闻而体要，博见而善择，偏修一事，不足必赖也。又患好事之徒，各仗其所长，知玄素之术者，则曰唯房中之术，可以度世矣；明吐纳之道者，则曰唯行气可以延年矣；知屈伸之法者，则曰唯导引可以难老矣；知草木之方者，则曰唯药饵可以无穷矣；学道之不成就，由乎偏枯之若此也。”①古人经验是“多闻而体要，博见而善择”，那些“以偏概全”者的养生之说都是需要我们留心提防的。

虚假养生与科学养生是可以辨识的：其一，科学养生讲究平衡，凡说某种或者少数几种东西就是养生的，基本是非科学的；其二，科学养生不是一蹴而就，凡称能快速见效的，基本是非科学的；其三，科学养生认同因时制宜、因人制宜，凡声明某种东西能适合各种人群、包治百病的，基本是非科学的。

3. 养生之道在于养心

养生达到长寿是中国人自古的梦想。长寿为何难呢？《内经》通过黄帝和他的老师的问答给予了解释：“乃问于天师曰：余闻上古之人，春秋皆度百岁，而动作不衰；今时之人，年半百而动作皆衰者，时世异耶？人将失之耶？岐伯对曰：上古之人，其知道者，法于阴阳，和于术数，食饮有节，起居有常，不妄作劳，故

① 《抱朴子·内篇·卷六·微旨》。

能形与神俱，而尽终其天年，度百岁乃去。今时之人不然也，以酒为浆，以妄为常，醉以入房，以欲竭其精，以耗散其真，不知持满，不时御神，务快其心，逆于生乐，起居无节，故半百而衰也。”[①]《内经》所批评的短寿者的种种所为换成现如今的时髦话，不就是“瞎作”吗！可见，“不作不死”古今同呀。要想做到长寿，只有顺天而处，依道行事，逆道而行只能加快中途夭亡。

现代的养生专家提出了保持长寿的几方面因素，看你能否做得到：

第一，拥有良性的关系。“在你的生活里有没有一个人，你可以在早晨四点告诉他你的麻烦？”哈佛大学一项涉及268名男性参试者的研究显示：生活中最重要的是关系，关系和心理健康具有较大相关性。这种关系包括夫妻关系、亲属关系和朋友关系等。调查表明，保持关系并帮助他人，对于健康而言比坚持大量的运动更为重要。适度饮酒者比滴酒不沾的人要活得久，原因是酒精意味着有社交。关系并不仅限于人和人之间的交往，养宠物有助于改善健康状况，养宠物的人在心脏病发作后的存活几率是其他患者的6倍还多。

第二，心态积极，有责任感。对衰老有正确态度的老人可增寿7.5岁。在百岁老人的调查中，总能发现他们积极对待生活的品质：外向、乐观、随和。此外，研究显示，与长寿最相关的品格是责任心。责任心不仅是在童年时预测长寿的最好指标，也是成年后预测的最好指标。

第三，愉快地工作可增寿。工作对长寿的重要性远远超过人们的想象。研究显示，做积极有意义的事并勤奋工作的人活得时间最长。下岗失业、工作不稳定、工资过低等都会伤害健康。与同事和老板的关系也会对健康产生重要影响。尽量选择自己热爱的职业，如果对工作产生厌恶的情绪，会增加患心脏病的危险。

第四，不要忽略小习惯。笑口常开，保持乐观；膳食均衡，睡眠充足，性爱正常；与人为善，宽容豁达。另外，保持年轻状态也很关键。研究者发现，看上去比实际年龄更年轻的人也更长寿。

第五，不断改进生活方式。有益长寿的生活方式与保持快乐的生活方式在很大程度上具有重叠性。因此，应该坦然接受生活方式的改进。戒烟限酒，改变不良的生活习惯，多与希望过健康生活的人交往。

中国人爱讲“五福临门”，哪五福呢？“一曰寿、二曰富、三曰康宁、四曰攸好德、五曰考终命。”[②]其源于《尚书》，其意就是一福长寿，即命不夭折且福寿绵长；二福富贵，即钱财富足且地位尊贵；三福康宁，即身体健康且心灵安宁；四福攸好德，即生性仁慈，积善且行好德；五福考终命，即临终时安详而有尊严，所谓得以善终。“五福”之中长寿为首，“世人个个学长年，不悟长年在眼前”，这是南宋陆游的著名诗句。长寿的秘方在眼前，在平常，在心境，简朴自然是长寿的真谛。现代有养生诀曰：民以食为天，命以睡当先；长寿无灵验，身心两天然。

① 《素问·上古天真论》。

② 《尚书·洪范》。

人年轻时要看得远，人中年时要看得透，人年老时要看得淡。养生之道的关键在于不求外力求自己，有言曰：德靠自修，神靠自养，乐靠自得，趣靠自寻；忧靠自排，怒靠自制，喜靠自节，恐靠自息。让我们记住世界卫生组织关于21世纪的健康箴言：最好的医生是自己，最好的药物是时间，最好的运动是步行，最好的心情是宁静。

《周易》原文

《易 经》

上经三十卦

第一卦 乾

䷀ 乾为天 下乾上乾。《乾》：元亨，利贞。

初九：潜龙勿用。

九二：见（xiàn）龙在田，利见大人。

九三：君子终日乾乾，夕惕若厉，无咎。

九四：或跃在渊，无咎。

九五：飞龙在天，利见大人。

上九：亢龙有悔。

用九：见群龙无首，吉。

第二卦 坤

䷁ 坤为地 下坤上坤。《坤》：元亨，利牝马之贞。君子有攸往，先迷后得主。利西南得朋，东北丧朋。安贞，吉。

初六：履霜，坚冰至。

六二：直方大，不习，无不利。

六三：含章可贞。或从王事，无成有终。

六四：括囊，无咎，无誉。

六五：黄裳，元吉。

上六：龙战于野，其血玄黄。

用六：利永贞。

第三卦 屯

䷂ 水雷屯 下震上坎。《屯》（zhūn）：元亨，利贞，勿用，有攸往，利建侯。

初九：磐桓，利居贞，利建侯。

六二：屯如邅（zhān）如，乘马班如，匪寇婚媾。女子贞不字，十年乃字。
六三：即鹿无虞，惟入于林中。君子几不如舍，往吝。
六四：乘马班如，求婚媾。往吉，无不利。
九五：屯其膏。小贞，吉；大贞，凶。
上六：乘马班如，泣血涟如。

第四卦　蒙

䷃ 山水蒙　下坎上艮。《蒙》：亨，匪我求童蒙，童蒙求我。初筮告，再三渎，渎则不告。利贞。

初六：发蒙，利用刑人，用说（tuō）桎梏（gù），以往吝。
九二：包蒙，吉。纳妇，吉。子克家。
六三：勿用取女。见金夫，不有躬。无攸利。
六四：困蒙，吝。
六五：童蒙，吉。
上九：击蒙。不利为寇，利御寇。

第五卦　需

䷄ 水天需　下乾上坎。《需》：有孚光亨，贞吉，利涉大川。
初九：需于郊，利用恒，无咎。
九二：需于沙，小有言，终吉。
九三：需于泥，致寇至。
六四：需于血，出自穴。
九五：需于酒食，贞吉。
上六：入于穴，有不速之客三人来，敬之终吉。

第六卦　讼

䷅ 天水讼　下坎上乾。《讼》：有孚窒惕，中吉，终凶。利见大人，不利涉大川。
初六：不永所事。小有言，终吉。
九二：不克讼，归而逋（bū）。其邑人三百户，无眚（shěng）。
六三：食旧德，贞厉，终吉。或从王事，无成。
九四：不克讼，复即命渝。安贞吉。
九五：讼元吉。
上九：或锡（cì）之鞶（pán）带，终朝三褫（chǐ）之。

第七卦　师

䷆ 地水师　下坎上坤。《师》：贞，丈人，吉，无咎。
初六：师出以律，否（pǐ）臧（zāng）凶。

九二：在师中吉，无咎，王三锡（cì）命。
六三：师或舆尸，凶。
六四：师左次，无咎。
六五：田有禽。利执言，无咎。长子帅师，弟子舆尸，贞凶。
上六：大君有命。开国承家，小人勿用。

第八卦　比

䷇ 水地比　下坤上坎。《比》：吉，原筮，元永贞，无咎。不宁方来，后夫凶。
初六：有孚比之，无咎。有孚盈缶（fǒu），终来有它，吉。
六二：比之自内，贞吉。
六三：比之匪人。
六四：外比之，贞吉。
九五：显比。王用三驱，失前禽，邑人不诫。吉。
上六：比之无首，凶。

第九卦　小畜

䷈ 风天小畜　下乾上巽。《小畜》（xù）：亨，密云不雨，自我西郊。
初九：复自道，何其咎，吉。
九二：牵复，吉。
九三：舆说（tuō）辐（fù），夫妻反目。
六四：有孚，血去惕出，无咎。
九五：有孚挛（luán）如，富以其邻。
上九：既雨既处，尚德载妇，贞厉。月几望，君子，征凶。

第十卦　履

䷉ 天泽履　下兑上乾。《履》：履虎尾，不咥（dié）人，亨。
初九：素履往，无咎。
九二：履道坦坦，幽人贞吉。
六三：眇能视，跛能履，履虎尾，咥人，凶。武人为于大君。
九四：履虎尾，愬（shuò）愬终吉。
九五：夬履，贞厉。
上九：视履，考祥其旋，元吉。

第十一卦　泰

䷊ 地天泰　下乾上坤。《泰》：小往大来，吉亨。
初九：拔茅茹，以其汇。征吉。
九二：包荒，用冯（píng）河，不遐遗。朋亡，得尚于中行。

九三：无平不陂（pō），无往不复。艰贞，无咎。勿恤其孚，于食有福。
六四：翩翩，不富以其邻，不戒以孚。
六五：帝乙归妹，以祉，元吉。
上六：城复于隍，勿用师。自邑告命，贞吝。

第十二卦　否

䷋ 天地否　下坤上乾。《否》（pǐ）：否之匪人，不利君子。贞，大往小来。
初六：拔茅茹，以其汇，贞，吉亨。
六二：包承，小人吉，大人否亨。
六三：包羞。
九四：有命，无咎，畴离祉。
九五：休否，大人吉。其亡其亡，系（xì）于苞桑。
上九：倾否，先否后喜。

第十三卦　同人

䷌ 天火同人　下离上乾。《同人》：同人于野，亨。利涉大川，利君子贞。
初九：同人于门，无咎。
六二：同人于宗，吝。
九三：伏戎于莽，升其高陵，三岁不兴。
九四：乘其墉（yōng），弗克攻，吉。
九五：同人先号咷而后笑，大师克相遇。
上九：同人于郊，无悔。

第十四卦　大有

䷍ 火天大有　下乾上离。《大有》：元亨。
初九：无交害，匪咎，艰则无咎。
九二：大车以载，有攸往，无咎。
九三：公用亨于天子，小人弗克。
九四：匪其彭，无咎。
六五：厥孚，交如，威如。吉。
上九：自天佑之，吉，无不利。

第十五卦　谦

䷎ 地山谦　下艮上坤。《谦》：亨，君子有终。
初六：谦谦君子，用涉大川，吉。
六二：鸣谦，贞吉。
九三：劳谦，君子有终，吉。

六四：无不利，㧑（huī）谦。
六五：不富以其邻，利用侵伐。无不利。
上六：鸣谦，利用行师，征邑国。

第十六卦　豫

䷏ 雷地豫　下坤上震。《豫》：利建侯行师。
初六：鸣豫，凶。
六二：介于石，不终日，贞吉。
六三：盱（xū）豫，悔。迟，有悔。
九四：由豫，大有得。勿疑，朋盍（hé）簪（zān）。
六五：贞疾，恒不死。
上六：冥豫，成有渝，无咎。

第十七卦　随

䷐ 泽雷随　下震上兑。《随》：元亨，利贞，无咎。
初九：官有渝，贞吉。出门交有功。
六二：系（xì）小子，失丈夫。
六三：系丈夫，失小子。随有求得，利居贞。
九四：随有获，贞凶。有孚，在道以明，何咎？
九五：孚于嘉，吉。
上六：拘系之，乃从维之。王用亨于西山。

第十八卦　蛊

䷑ 山风蛊　下巽上艮。《蛊》（gǔ）：元亨，利涉大川。先甲三日，后甲三日。
初六：干（gàn）父之蛊，有子，考无咎。厉，终吉。
九二：干母之蛊，不可贞。
九三：干父之蛊，小有悔；无大咎。
六四：裕父之蛊，往见吝。
六五：干父之蛊，用誉。
上九：不事王侯，高尚其事。

第十九卦　临

䷒ 地泽临　下兑上坤。《临》：元亨，利贞。至于八月，有凶。
初九：咸临，贞吉。
九二：咸临，吉，无不利。
六三：甘临，无攸利。既忧之，无咎。
六四：至临，无咎。

六五：知临，大君之宜，吉。
上六：敦临，吉，无咎。

第二十卦　观

䷓ 风地观　下坤上巽。《观》：盥（guàn）而不荐，有孚颙（yóng）若。
初六：童观。小人无咎，君子吝。
六二：窥（kuī）观，利女贞。
六三：观我生，进退。
六四：观国之光，利用宾于王。
九五：观我生，君子，无咎。
上九：观其生，君子，无咎。

第二十一卦　噬嗑

䷔ 火雷噬嗑　下震上离。《噬（shì）嗑》（hé）：亨，利用狱。
初九：屦（jù）校（jiào），灭趾。无咎。
六二：噬肤，灭鼻。无咎。
六三：噬腊肉，遇毒。小吝，无咎。
九四：噬干（gān）胏（zǐ），得金矢。利艰贞，吉。
六五：噬干肉，得黄金。贞厉，无咎。
上九：何校，灭耳，凶。

第二十二卦　贲

䷕ 山火贲　下离上艮。《贲》（bì）：亨，小利有攸往。
初九：贲其趾，舍车而徒。
六二：贲其须。
九三：贲如濡如，永贞吉。
六四：贲如皤（pó）如，白马翰如，匪寇婚媾。
六五：贲于丘园，束帛戋（jiān）戋。吝，终吉。
上九：白贲，无咎。

第二十三卦　剥

䷖ 山地剥　下坤上艮。《剥》：不利有攸往。
初六：剥床以足，蔑贞，凶。
六二：剥床以辨，蔑贞，凶。
六三：剥之，无咎。
六四：剥床以肤，凶。
六五：贯鱼，以宫人宠，无不利。

上九：硕果不食，君子得舆，小人剥庐。

第二十四卦　复

䷗ 地雷复　下震上坤。《复》：亨，出入无疾，朋来无咎。反复其道，七日来复，利有攸往。

初九：不远复，无祇（qí）悔，元吉。

六二：休复，吉。

六三：频复，厉，无咎。

六四：中行独复。

六五：敦复，无悔。

上六：迷复，凶，有灾眚。用行师，终有大败。以其国君，凶。至于十年，不克征。

第二十五卦　无妄

䷘ 天雷无妄　下震上乾。《无妄》：元亨，利贞，其匪正，有眚，不利有攸往。

初九：无妄，往吉。

六二：不耕获，不菑（zī）畬（yú），则利有攸往。

六三：无妄之灾，或系（jì）之牛，行人之得，邑人之灾。

九四：可贞，无咎。

九五：无妄之疾，勿药有喜。

上九：无妄，行有眚，无攸利。

第二十六卦　大畜

䷙ 山天大畜　下乾上艮。《大畜》（xù）：利贞，不家食吉，利涉大川。

初九：有厉，利已（sì）。

九二：舆说（tuō）輹（fù）。

九三：良马逐，利艰贞。曰（yuē）闲舆卫，利有攸往。

六四：童牛之牿（gù），元吉。

六五：豮（fén）豕之牙，吉。

上九：何天之衢（qú），亨。

第二十七卦　颐

䷚ 山雷颐　下震上艮。《颐》：贞吉，观颐，自求口实。

初九：舍尔灵龟，观我朵颐，凶。

六二：颠颐，拂经于丘颐，征凶。

六三：拂颐，贞凶。十年勿用，无攸利。

六四：颠颐，吉。虎视眈眈，其欲逐逐，无咎。

六五：拂经，居贞吉，不可涉大川。
上九：由颐，厉，吉，利涉大川。

第二十八卦　大过

䷛ 泽风大过　下巽上兑。《大过》：栋桡（náo）。利有攸往，亨。
初六：藉用白茅，无咎。
九二：枯杨生稊（tí），老夫得其女妻，无不利。
九三：栋桡，凶。
九四：栋隆，吉；有它，吝。
九五：枯杨生华，老妇得士夫。无咎，无誉。
上六：过涉灭顶，凶。无咎。

第二十九卦　坎

䷜ 坎为水　下坎上坎。《习坎》：有孚维心，亨。行有尚。
初六：习坎，入于坎窞（dàn），凶。
九二：坎有险，求小得。
六三：来之坎坎，险且枕。入于坎窞，勿用。
六四：樽酒簋（guǐ）贰，用缶纳约自牖（yǒu）。终无咎。
九五：坎不盈，祗既平，无咎。
上六：系（xì）用徽纆（mò），寘（zhì）于丛棘。三岁不得，凶。

第三十卦　离

䷝ 离为火　下离上离。《离》：利贞，亨。畜牝牛，吉。
初九：履错然。敬之，无咎。
六二：黄离，元吉。
九三：日昃（zè）之离。不鼓缶而歌，则大耋（dié）之嗟，凶。
九四：突如其来如。焚如，死如，弃如。
六五：出涕沱若，戚嗟若，吉。
上九：王用出征，有嘉折首。获匪其丑，无咎。

下经三十四卦

第三十一卦　咸

䷞ 泽山咸　下艮上兑。《咸》：亨，利贞，取女吉。
初六：咸其拇。
六二：咸其腓（féi），凶。居吉。

九三：咸其股，执其随。往吝。

九四：贞吉，悔亡。憧憧往来，朋从尔思。

九五：咸其脢（méi），无悔。

上六：咸其辅颊舌。

第三十二卦　恒

䷟ 雷风恒　下巽上震。《恒》：亨，无咎，利贞，利有攸往。

初六：浚（jùn）恒，贞凶，无攸利。

九二：悔亡。

九三：不恒其德，或承之羞，贞吝。

九四：田无禽。

六五：恒其德，贞。妇人吉，夫子凶。

上六：振恒，凶。

第三十三卦　遯

䷠ 天山遯　下艮上乾。《遯》（dùn）：亨，小，利贞。

初六：遯尾，厉。勿用，有攸往。

六二：执之用黄牛之革，莫之胜说（tuō）。

九三：系（xì）遯，有疾。厉，畜（xù）臣妾吉。

九四：好遯。君子吉，小人否。

九五：嘉遯，贞吉。

上九：肥遯，无不利。

第三十四卦　大壮

䷡ 雷天大壮　下乾上震。《大壮》：利贞。

初九：壮于趾，征凶，有孚。

九二：贞吉。

九三：小人用壮，君子用罔，贞厉。羝（dī）羊触藩，羸（léi）其角。

九四：贞吉，悔亡。藩决不羸，壮于大舆之輹。

六五：丧羊于易，无悔。

上六：羝羊触藩，不能退，不能遂。无攸利，艰则吉。

第三十五卦　晋

䷢ 火地晋　下坤上离。《晋》：康侯用锡马蕃庶，昼日三接。

初六：晋如，摧如，贞吉。罔孚，裕，无咎。

六二：晋如，愁如，贞吉。受兹介福，于其王母。

六三：众允，悔亡。

九四：晋如鼫（shí）鼠，贞厉。

六五：悔亡，失得勿恤。往吉，无不利。

上九：晋其角，维用伐邑。厉，吉。无咎，贞吝。

第三十六卦　明夷

䷣ 地火明夷　下离上坤。《明夷》：利艰贞。

初九：明夷于飞，垂其翼。君子于行，三日不食。有攸往，主人有言。

六二：明夷，夷于左股。用拯马壮，吉。

九三：明夷于南狩，得其大首。不可疾，贞。

六四：入于左腹，获明夷之心。于出门庭。

六五：箕（jī）子之明夷，利贞。

上六：不明，晦。初登于天，后入于地。

第三十七卦　家人

䷤ 风火家人　下离上巽。《家人》：利女贞。

初九：闲有家，悔亡。

六二：无攸遂，在中馈，贞吉。

九三：家人嗃（hè）嗃，悔厉，吉。妇子嘻嘻，终吝。

六四：富家，大吉。

九五：王假（jiǎ）有家，勿恤，吉。

上九：有孚威如，终吉。

第三十八卦　睽

䷥ 火泽睽　下兑上离。《睽》：小事，吉。

初九：悔亡。丧马勿逐，自复。见恶人，无咎。

九二：遇主于巷，无咎。

六三：见舆曳，其牛掣，其人天且劓（yì）。无初有终。

九四：睽孤。遇元夫，交孚。厉，无咎。

六五：悔亡。厥宗噬肤，往何咎。

上九：睽孤。见豕负涂，载鬼一车。先张之弧，后说之弧，匪寇婚媾，往遇雨则吉。

第三十九卦　蹇

䷦ 水山蹇　下艮上坎。《蹇》：利西南，不利东北。利见大人，贞吉。

初六：往蹇，来誉。

六二：王臣蹇蹇，匪躬之故。

九三：往蹇，来反。

六四：往蹇，来连。

九五：大蹇，朋来。

上六：往蹇，来硕，吉。利见大人。

第四十卦　解

䷧ 雷水解　下坎上震。《解》（xiè）：利西南。无所往，其来复，吉。有攸往，夙吉。

初六：无咎。

九二：田获三狐，得黄矢，贞吉。

六三：负且乘，致寇至。贞吝。

九四：解而拇，朋至斯孚。

六五：君子维有解，吉。有孚于小人。

上六：公用射隼，于高墉之上。获之，无不利。

第四十一卦　损

䷨ 山泽损　下兑上艮。《损》：有孚，元吉，无咎。可贞，利有攸往。曷之用，二簋可用享。

初九：已（yǐ）事遄（chuán）往。无咎，酌损之。

九二：利贞，征凶。弗损益之。

六三：三人行，则损一人；一人行，则得其友。

六四：损其疾，使遄有喜。无咎。

六五：或益之十朋之龟，弗克违。元吉。

上九：弗损益之。无咎，贞吉。利有攸往，得臣无家。

第四十二卦　益

䷩ 风雷益　下震上巽。《益》：利有攸往，利涉大川。

初九：利用为大作，元吉。无咎。

六二：或益之十朋之龟，弗克违。永贞，吉。王用享于帝，吉。

六三：益之用凶事，无咎。有孚中行，告公用圭。

六四：中行，告公从。利用为依迁国。

九五：有孚惠心，勿问，元吉。有孚惠我德。

上九：莫益之，或击之。立心勿恒，凶。

第四十三卦　夬

䷪ 泽天夬　下乾上兑。《夬》（guài）：扬于王庭，孚号有厉。告自邑，不利即戎，利有攸往。

初九：壮于前趾，往不胜，为咎。

九二：惕号。莫（mù）夜有戎，勿恤。
九三：壮于頄（qiú），有凶。君子夬夬独行，遇雨若濡。有愠（yùn），无咎。
九四：臀无肤，其行次（zī）且（jū）。牵羊悔亡，闻言不信。
九五：苋（xiàn）陆夬夬。中行，无咎。
上六：无号，终有凶。

第四十四卦　姤

䷫ 天风姤　下巽上乾。《姤》（gòu）：女壮，勿用取女。
初六：系（jì）于金柅（ní），贞吉。有攸往，见凶。羸豕孚蹢（dí）躅（zhú）。
九二：包有鱼，无咎，不利宾。
九三：臀无肤，其行次且。厉，无大咎。
九四：包无鱼，起凶。
九五：以杞包瓜，含章。有陨自天。
上九：姤其角。吝，无咎。

第四十五卦　萃

䷬ 泽地萃　下坤上兑。《萃》：亨，王假有庙；利见大人，亨，利贞；用大牲吉，利有攸往。
初六：有孚不终，乃乱乃萃。若号，一握为笑。勿恤，往，无咎。
六二：引吉，无咎。孚乃利用禴（yuè）。
六三：萃如，嗟如，无攸利。往无咎，小吝。
九四：大，吉。无咎。
九五：萃有位，无咎。匪孚，元永贞，悔亡。
上六：赍（jī）咨涕洟（yí），无咎。

第四十六卦　升

䷭ 地风升　下巽上坤。《升》：元亨，用见大人，勿恤；南征吉。
初六：允升，大，吉。
九二：孚乃利用禴，无咎。
九三：升虚邑。
六四：王用亨于岐山，吉。无咎。
六五：贞吉，升阶。
上六：冥升，利于不息之贞。

第四十七卦　困

䷮ 泽水困　下坎上兑。《困》：亨，贞大人吉，无咎；有言不信。
初六：臀困于株木。入于幽谷，三岁不觌（dí）。

九二：困于酒食。朱绂（fú）方来，利用享祀。征凶，无咎。
六三：困于石，据于蒺藜。入于其宫，不见其妻，凶。
九四：来徐徐，困于金车。吝，有终。
九五：劓（yì）刖（yuè），困于赤绂。乃徐有说（tuō），利用祭祀。
上六：困于葛藟（lěi），于臲（niè）卼（wù）。曰动悔。有悔，征吉。

第四十八卦　井

䷯ 水风井　下巽上坎。《井》：改邑不改井，无丧无得。往来井井。汔（qì）至，亦未繘（jú）井，羸（léi）其瓶，凶。

初六：井泥不食，旧井无禽。
九二：井谷射鲋（fù），瓮敝漏。
九三：井渫（xiè）不食，为我心恻。可用汲，王明，并受其福。
六四：井甃（zhòu），无咎。
九五：井洌，寒泉食。
上六：井收勿幕，有孚元吉。

第四十九卦　革

䷰ 泽火革　下离上兑。《革》：巳（yǐ）日乃孚，元亨。利贞，悔亡。
初九：巩用黄牛之革。
六二：巳（yǐ）日乃革之，征吉。无咎。
九三：征凶。贞厉，革言三就，有孚。
九四：悔亡，有孚改命，吉。
九五：大人虎变，未占有孚。
上六：君子豹变，小人革面。征凶，居贞吉。

第五十卦　鼎

䷱ 火风鼎　下巽上离。《鼎》：元吉，亨。
初六：鼎颠趾，利出否。得妾以其子。无咎。
九二：鼎有实，我仇（qiú）有疾。不我能即。吉。
九三：鼎耳革，其行塞。雉膏不食，方雨亏悔。终吉。
九四：鼎折足，覆公悚（sù）。其形渥（wò），凶。
六五：鼎黄耳金铉。利贞。
上九：鼎玉铉。大吉，无不利。

第五十一卦　震

䷲ 震为雷　下震上震。《震》：亨，震来虩（xì）虩，笑言哑哑。震惊百里，不丧匕鬯（chàng）。

初九：震来虩虩，后笑言哑哑，吉。

六二：震来厉。亿丧贝，跻（jī）于九陵。勿逐，七日得。

六三：震苏苏，震行无眚。

九四：震遂泥。

六五：震往来，厉。亿无丧，有事。

上六：震索索，视矍（jué）矍，征凶。震不于其躬，于其邻。无咎，婚媾有言。

第五十二卦　艮

䷳ 艮为山　下艮上艮。《艮》：艮其背，不获其身，行其庭不见其人，无咎。

初六：艮其趾，无咎。利永贞。

六二：艮其腓，不拯其随。其心不快。

九三：艮其限，列其夤（yín）。厉薰心。

六四：艮其身，无咎。

六五：艮其辅，言有序。悔亡。

上九：敦艮，吉。

第五十三卦　渐

䷴ 风山渐　下艮上巽。《渐》：女归吉，利贞。

初六：鸿渐于干。小子厉，有言，无咎。

六二：鸿渐于磐。饮食衎（kàn）衎，吉。

九三：鸿渐于陆。夫征不复，妇孕不育，凶。利御寇。

六四：鸿渐于木。或得其桷（jué），无咎。

九五：鸿渐于陵。妇三岁不孕，终莫（mò）之胜，吉。

上九：鸿渐于逵。其羽可用为仪，吉。

第五十四卦　归妹

䷵ 雷泽归妹　下兑上震。《归妹》：征凶，无攸利。

初九：归妹以（dì）。跛能履，征吉。

九二：眇能视。利幽人之贞。

六三：归妹以须。反归以娣。

九四：归妹愆（qiān）期。迟归有时。

六五：帝乙归妹。其君之袂（mèi），不如其娣之袂良。月几望，吉。

上六：女承筐无实，士刲（kuī）羊无血。无攸利。

第五十五卦　丰

䷶ 雷火丰　下离上震。《丰》：亨，王假之。勿忧，宜日中。

初九：遇其配主，虽旬无咎，往有尚。

六二：丰其蔀（bù），日中见斗。往得疑疾，有孚发若，吉。

九三：丰其沛，日中见沫。折其右肱，无咎。

九四：丰其蔀，日中见斗。遇其夷主，吉。

六五：来章，有庆誉，吉。

上六：丰其屋，蔀其家。窥（kuī）其户，阒（qù）其无人。三岁不觌（dí），凶。

第五十六卦　旅

䷷ 火山旅　下艮上离。《旅》：小亨，旅贞吉。

初六：旅琐琐，斯其所取灾。

六二：旅即次，怀其资。得童仆，贞。

九三：旅焚其次，丧其童仆，贞厉。

九四：旅于处，得其资斧，我心不快。

六五：射雉，一矢亡。终以誉命。

上九：鸟焚其巢，旅人先笑后号咷，丧牛于易，凶。

第五十七卦　巽

䷸ 巽为风　下巽上巽。《巽》：小亨，利有攸往，利见大人。

初六：进退，利武人之贞。

九二：巽在床下，用史巫纷若。吉，无咎。

九三：频巽，吝。

六四：悔亡，田获三品。

九五：贞吉，悔亡。无不利，无初有终。先庚三日，后庚三日，吉。

上九：巽在床下，丧其资斧，贞凶。

第五十八卦　兑

䷹ 兑为泽　下兑上兑。《兑》：亨，利贞。

初九：和兑，吉。

九二：孚兑，吉，悔亡。

六三：来兑，凶。

九四：商兑，未宁，介疾有喜。

九五：孚于剥，有厉。

上六：引兑。

第五十九卦　涣

䷺ 风水涣　下坎上巽。《涣》：亨，王假有庙。利涉大川，利贞。

初六：用拯马壮，吉。
九二：涣奔其机，悔亡。
六三：涣其躬，无悔。
六四：涣其群，元吉。涣有丘，匪夷所思。
九五：涣其汗，大号。涣王居，无咎。
上九：涣其血，去逖（tì）出。无咎。

第六十卦　节

䷻ 水泽节　下兑上坎。《节》：亨，苦节不可贞。
初九：不出户庭，无咎。
九二：不出门庭，凶。
六三：不节若，则嗟若。无咎。
六四：安节，亨。
九五：甘节，吉。往有尚。
上六：苦节，贞凶。悔亡。

第六十一卦　中孚

䷼ 风泽中孚　下兑上巽。《中孚》：豚（tún）鱼吉。利涉大川，利贞。
初九：虞吉，有它不燕。
九二：鸣鹤在阴，其子和之。我有好爵，吾与尔靡之。
六三：得敌。或鼓或罢，或泣或歌。
六四：月几望，马匹亡。无咎。
九五：有孚挛如，无咎。
上九：翰音登于天，贞凶。

第六十二卦　小过

䷽ 雷山小过　下艮上震。《小过》：亨，利贞。可小事，不可大事。飞鸟遗之音，不宜上，宜下，大吉。
初六：飞鸟以凶。
六二：过其祖，遇其妣（bǐ）。不及其君，遇其臣。无咎。
九三：弗过防之，从或戕（qiāng）之。凶。
九四：无咎，弗过遇之。往厉，必戒。勿用，永贞。
六五：密云不雨，自我西郊。公弋取彼在穴。
上六：弗遇过之。飞鸟离之，凶。是谓灾眚（shěng）。

第六十三卦　既济

䷾ 水火既济　下离上坎。《既济》：亨，小。利贞。初吉，终乱。

初九：曳（yè）其轮，濡其尾。无咎。
六二：妇丧其髴（fú）。勿逐，七日得。
九三：高宗伐鬼方，三年克之，小人勿用。
六四：繻（rū）有衣袽（rú），终日戒。
九五：东邻杀牛，不如西邻之禴（yuè）祭，实受其福。
上六：濡其首，厉。

第六十四卦　未济

䷿ 火水未济　下坎上离。《未济》：亨，小狐汔（qì）济，濡其尾，无攸利。
初六：濡其尾，吝。
九二：曳其轮，贞吉。
六三：未济，征凶。利涉大川。
九四：贞吉，悔亡。震用伐鬼方，三年有赏于大国。
六五：贞吉，无悔。君子之光，有孚，吉。
上九：有孚于饮酒，无咎。濡其首，有孚失是。

《周易·易传》原文：

《文　言》

乾　文　言

元者，善之长也；亨者，嘉之会也；利者，义之和也；贞者，事之干也。君子体仁，足以长人；嘉会，足以合礼；利物，足以和义；贞固，足以干事。君子行此四德者，故曰："乾：元亨，利贞。"

初九曰"潜龙勿用"，何谓也？子曰："龙，德而隐者也。不易乎世，不成乎名，遁世无闷，不见是而无闷。乐则行之，忧则违之，确乎其不可拔，潜龙也。"九二曰"见龙在田，利见大人"，何谓也？子曰："龙，德而正中者也。庸言之信，庸行之谨，闲邪存其诚，善世而不伐，德博而化。《易》曰：'见龙在田，利见大人'，君德也。"九三曰"君子终日乾乾，夕惕若厉，无咎"，何谓也？子曰："君子进德修业。忠信，所以进德也；修辞立其诚，所以居业也。知至至之，可与言几也。知终终之，可与存义也。是故居上位而不骄，在下位而不忧，故'乾乾'因其时而'惕'，虽危'无咎'矣。"九四曰"或跃在渊，无咎"，何谓也？子曰："上下无常，非为邪也。进退无恒，非离群也。君子进德修业，欲及时也，故'无咎'。"九五曰"飞龙在天，利见大人"，何谓也？子曰："同声相应，同气相求。水流湿，火就燥。云从龙，风从虎。圣人作，而万物睹。本乎天者亲上，本乎地者亲下，则各从其类也。"上九曰"亢龙有悔"，何谓也？子曰："贵而无位，高而无民，贤人在下位而无辅，是以动而有悔也。"

"潜龙勿用"，下也。"见龙在田"，时舍也。"终日乾乾"，行事也。"或跃在渊"，自试也。"飞龙在天"，上治也。"亢龙有悔"，穷之灾也。乾元"用九"，天下治也。

"潜龙勿用"，阳气潜藏。"见龙在田"，天下文明。"终日乾乾"，与时偕行。"或跃在渊"，乾道乃革。"飞龙在天"，乃位乎天德。"亢龙有悔"，与时偕极。乾元"用九"，乃见天则。

"乾元"者，始而亨者也。"利贞"者，性情也。乾始能以美利利天下，不言所利，大矣哉！大哉乾乎！刚健中正，纯粹精也。六爻发挥，旁通情也。时乘六龙，以御天也。云行雨施，天下平也。

君子以成德为行，日可见之行也。“潜”之为言也，隐而未见，行而未成，是以君子弗用也。君子学以聚之，问以辩之，宽以居之，仁以行之。《易》曰“见龙在田，利见大人”，君德也。九三重刚而不中，上不在天，下不在田，故“乾乾”因其时而“惕”，虽危“无咎”矣。九四重刚而不中，上不在天，下不在田，中不在人，故“或”之。或之者，疑之也，故“无咎”。夫大人者，与天地合其德，与日月合其明，与四时合其序，与鬼神合其吉凶，先天而天弗违，后天而奉天时。天且弗违，而况于人乎？况于鬼神乎？“亢”之为言也，知进而不知退，知存而不知亡，知得而不知丧。其唯圣人乎？知进退存亡，而不失其正者，其唯圣人乎！

坤文言

坤至柔而动也刚，至静而德方，后得主而有常，含万物而化光。坤道其顺乎，承天而时行。

积善之家，必有余庆；积不善之家，必有余殃。臣弑其君，子弑其父，非一朝一夕之故，其所由来渐矣，由辩之不早辩也。《易》曰：“履霜，坚冰至”，盖言顺也。

“直”，其正也；“方”，其义也。君子敬以直内，义以方外，敬义立而德不孤。“直方大，不习，无不利”，则不疑其所行也。

阴虽有美，含之以从王事，弗敢成也。地道也，妻道也，臣道也。地道“无成”，而代“有终”也。

天地变化，草木蕃。天地闭，贤人隐。《易》曰：“括囊，无咎，无誉”，盖言谨也。君子黄中通理，正位居体，美在其中，而畅于四支，发于事业，美之至也。

阴疑于阳必战，为其兼于无阳也，故称“龙”焉。犹未离其类也，故称“血”焉。

夫“玄黄”者，天地之杂也。天玄而地黄。

《周易·易传》原文：

《象辞》（上）

1. 乾

《象》曰：大哉乾元！万物资始，乃统天。云行雨施，品物流形。大明终始，六位时成，时乘六龙以御天。乾道变化，各正性命，保合大和，乃利贞。首出庶物，万国咸宁。

2. 坤

《象》曰：至哉坤元，万物资生，乃顺承天。坤厚载物，德合无疆。含弘光大，品物咸亨。牝马地类，行地无疆，柔顺利贞。君子攸行，先迷失道，后顺得常。“西南得朋”，乃与类行；“东北丧朋”，乃终有庆。安贞之吉，应地无疆。

3. 屯

《象》曰：屯，刚柔始交而难生，动乎险中，大亨贞。雷雨之动满盈，天造草昧，宜建侯而不宁。

4. 蒙

《象》曰：蒙，山下有险，险而止，《蒙》。“蒙亨”，以亨行时中也。“匪我求童蒙，童蒙求我”，志应也。“初筮告”，以刚中也。“再三渎，渎则不告”，渎蒙也。蒙以养正，圣功也。

5. 需

《象》曰：需，须也，险在前也，刚健而不陷，其义不困穷矣。需，“有孚光亨，贞吉”，位乎天位，以正中也。“利涉大川”，往有功也。

6. 讼

《象》曰：讼，上刚下险，险而健，讼。讼：“有孚窒惕，中吉”，刚来而得中也。“终凶”，讼不可成也。“利见大人”，尚中正也。“不利涉大川”，入于渊也。

7. 师

《彖》曰：师，众也；贞，正也。能以众正，可以王矣。刚中而应，行险而顺，以此毒天下，而民从之，吉又何咎矣！

8. 比

《彖》曰：《比》，吉也；《比》，辅也。下顺从也。“原筮，元永贞，无咎”，以刚中也。“不宁方来”，上下应也。“后夫凶”，其道穷也。

9. 小畜

《彖》曰：《小畜》，柔得位而上下应之，曰“小畜”。健而巽，刚中而志行，乃“亨”。“密云不雨”，尚往也。“自我西郊”，施未行也。

10. 履

《彖》曰：《履》，柔履刚也。说而应乎乾，是以“履虎尾，不咥人”，“亨”。刚中正，履帝位而不疚，光明也。

11. 泰

《彖》曰：《泰》：“小往大来，吉亨。”则是天地交而万物通也，上下交而其志同也。内阳而外阴，内健而外顺，内君子而外小人，君子道长，小人道消也。

12. 否

《彖》曰：“否之匪人，不利君子。贞，大往小来。”则是天地不交而万物不通也，上下不交而天下无邦也。内阴而外阳，内柔而外刚，内小人而外君子。小人道长，君子道消也。

13. 同人

《彖》曰：《同人》，柔得位得中，而应乎乾，曰“同人”。《同人》曰：“同人于野，亨。利涉大川”，乾行也。文明以健，中正而应，君子正也。唯君子为能通天下之志。

14. 大有

《彖》曰：《大有》，柔得尊位，大中而上下应之，曰“大有”。其德刚健而文明，应乎天而时行，是以“元亨”。

15. 谦

《彖》曰：《谦》：“亨”。天道下济而光明，地道卑而上行。天道亏盈而益谦，地道变盈而流谦，鬼神害盈而福谦，人道恶盈而好谦。谦尊而光，卑而不可逾，君子之终也。

16. 豫

《彖》曰：《豫》，刚应而志行，顺以动，《豫》。《豫》顺以动，故天地如之，而况"建侯行师"乎？天地以顺动，故日月不过而四时不忒；圣人以顺动，则刑罚清而民服。《豫》之时义大矣哉！

17. 随

《彖》曰：《随》，刚来而下柔，动而说，《随》。大"亨贞无咎"，而天下随之。《随》之时义大矣哉！

18. 蛊

《彖》曰：《蛊》，刚上而柔下，巽而止，《蛊》。《蛊》："元亨"，而天下治也。"利涉大川"，往有事也。"先甲三日，后甲三日"，终则有始，天行也。

19. 临

《彖》曰：《临》，刚浸而长，说而顺，刚中而应。大亨以正，天之道也。"至于八月，有凶"，消不久也。

20. 观

《彖》曰：大观在上，顺而巽，中正以观天下。《观》："盥而不荐，有孚颙若"，下观而化也。观天之神道，而四时不忒；圣人以神道设教，而天下服矣！

21. 噬嗑

《彖》曰：颐中有物，曰《噬嗑》。《噬嗑》而"亨"，刚柔分，动而明，雷电合而章。柔得中而上行，虽不当位，"利用狱"也。

22. 贲

《彖》曰：《贲》："亨"，柔来而文刚，故"亨"。分刚上而文柔，故"小利有攸往"。刚柔交错，天文也；文明以止，人文也。观乎天文，以察时变；观乎人文，以化成天下。

23. 剥

《彖》曰：《剥》，剥也，柔变刚也。"不利有攸往"，小人长也。顺而止之，观象也。君子尚消息盈虚，天行也。

24. 复

《彖》曰：《复》："亨"，刚反，动而以顺行。是以"出入无疾，朋来无咎"。

“反复其道，七日来复”，天行也。“利有攸往”，刚长也。《复》，其见天地之心乎？

25. 无妄

《彖》曰：《无妄》，刚自外来，而为主于内。动而健，刚中而应，大“亨”以正，天之命也。“其匪正，有眚，不利有攸往”，无妄之往，何之矣？天命不佑，行矣哉？

26. 大畜

《彖》曰：《大畜》，刚健笃实辉光，日新其德，刚上而尚贤。能止健，大正也。“不家食吉”，养贤也。“利涉大川”，应乎天也。

27. 颐

《彖》曰：《颐》：“贞吉”，养正则吉也。“观颐”，观其所养也；“自求口实”，观其自养也。天地养万物，圣人养贤以及万民。《颐》之时大矣哉！

28. 大过

《彖》曰：《大过》，大者过也。“栋桡”，本末弱也。刚过而中，巽而说行，“利有攸往”，乃“亨”。《大过》之时大矣哉！

29. 坎

《彖》曰：习坎，重险也。水流而不盈，行险而不失其信，维心亨，乃以刚中也。“行有尚”，往有功也。天险不可升也，地险山川丘陵也，王公设险以守其国。险之时用大矣哉！

30. 离

《彖》曰：离，丽也。日月丽乎天，百谷草木丽乎土，重明以丽乎正，乃化成天下。柔丽乎中正，故“亨”，是以“畜牝牛，吉”也。

《彖辞》（下）

31. 咸

《彖》曰：咸，感也。柔上而刚下，二气感应以相与。止而说，男下女，是以“亨，利贞，取女吉”也。天地感而万物化生，圣人感人心而天下和平。观其所感，而天地万物之情可见矣。

32. 恒

《彖》曰：恒，久也。刚上而柔下，雷风相与，巽而动，刚柔皆应，《恒》。《恒》：“亨，无咎，利贞”，久于其道也。天地之道，恒久而不已也。“利有攸往”，终则有始也。日月得天，而能久照。四时变化，而能久成。圣人久于其道，而天下化成。观其所恒，而天地万物之情可见矣。

33. 遁

《彖》曰：《遁》：“亨”，遁而亨也。刚当位而应，与时行也。“小利贞”，浸而长也。《遁》之时义大矣哉！

34. 大壮

《彖》曰：大壮，大者壮也。刚以动，故壮。《大壮》：“利贞”，大者正也。正大，而天地之情可见矣。

35. 晋

《彖》曰：晋，进也。明出地上，顺而丽乎大明，柔进而上行，是以“康侯用锡马蕃庶，昼日三接”也。

36. 明夷

《彖》曰：明入地中，《明夷》。内文明而外柔顺，以蒙大难，文王以之。“利艰贞”，晦其明也。内难而能正其志，箕子以之。

37. 家人

《彖》曰：《家人》，女正位乎内，男正位乎外。男女正，天地之大义也。家人有严君焉，父母之谓也。父父，子子，兄兄，弟弟，夫夫，妇妇，而家道正。正家，而天下定矣。

38. 睽

《彖》曰：《睽》，火动而上，泽动而下。二女同居，其志不同行。说而丽乎明，柔进而上行，得中而应乎刚，是以“小事吉”。天地睽而其事同也，男女睽而其志通也，万物睽而其事类也。睽之时用大矣哉！

39. 蹇

《彖》曰：蹇，难也，险在前也。见险而能止，知矣哉！蹇“利西南”，往得中也。“不利东北”，其道穷也。“利见大人”，往有功也。当位“贞吉”，以正邦也。蹇之时用大矣哉！

40. 解

《彖》曰：《解》，险以动，动而免乎险，《解》。《解》：“利西南”，往得众也。“其来复，吉”，乃得中也。“有攸往，夙吉”，往有功也。天地解而雷雨作，雷雨作而百果草木皆甲坼。《解》之时大矣哉！

41. 损

《彖》曰：《损》，损下益上，其道上行。损而“有孚，元吉，无咎。可贞，利有攸往。曷之用，二簋可用享”，二簋应有时，损刚益柔有时。损益盈虚，与时偕行。

42. 益

《彖》曰：《益》，损上益下，民说无疆；自上下下，其道大光。“利有攸往”，中正有庆。“利涉大川”，木道乃行。《益》动而巽，日进无疆。天施地生，其益无方。凡益之道，与时偕行。

43. 夬

《彖》曰：夬，决也，刚决柔也。健而说，决而和。“扬于王庭”，柔乘五刚也。“孚号有厉”，其危乃光也。“告自邑不利即戎”，所尚乃穷也。“利有攸往”，刚长乃终也。

44. 姤

《彖》曰：《姤》，遇也，柔遇刚也。“勿用取女”，不可与长也。天地相遇，品物咸章也。刚遇中正，天下大行也。《姤》之时义大矣哉！

45. 萃

《彖》曰：《萃》，聚也。顺以说，刚中而应，故聚也。“王假有庙”，致孝享也。“利见大人，亨”，聚以正也。“用大牲吉，利有攸往”，顺天命也。观其所聚，而天地万物之情可见矣。

46. 升

《彖》曰：柔以时升，巽而顺，刚中而应，是以大“亨”。“用见大人，勿恤”，有庆也。“南征吉”，志行也。

47. 困

《彖》曰：《困》，刚掩也。险以说，困而不失其所，“亨”，其唯君子乎！“贞大人吉”，以刚中也。“有言不信”，尚口乃穷也。

48. 井

《彖》曰：巽乎水而上水，《井》。井，养而不穷也。“改邑不改井”，乃以刚中也。“汔至，亦未繘井”，未有功也。“羸其瓶”，是以凶也。

49. 革

《彖》曰：《革》，水火相息，二女同居，其志不相得，曰革。“巳日乃孚”，革而信之。文明以说，大“亨”以正。革而当，其“悔”乃“亡”。天地革，而四时成。汤武革命，顺乎天而应乎人。《革》之时大矣哉！

50. 鼎

《彖》曰：《鼎》，象也。以木巽火，亨饪也。圣人亨以享上帝，而大亨以养圣贤。巽而耳目聪明，柔进而上行，得中而应乎刚，是以“元亨”。

51. 震

《彖》曰：《震》：“亨，震来虩虩”，恐致福也。“笑言哑哑”，后有则也。“震惊百里”，惊远而惧迩也。不丧匕鬯，出可以守宗庙社稷，以为祭主也。

52. 艮

《彖》曰：艮，止也。时止则止，时行则行，动静不失其时，其道光明。艮其止，止其所也。上下敌应，不相与也。是以“不获其身，行其庭不见其人，无咎”也。

53. 渐

《彖》曰：渐，之进也，“女归吉”也。进得位，往有功也。进以正，可以正邦也。其位，刚得中也。止而巽，动不穷也。

54. 归妹

《彖》曰：《归妹》，天地之大义也。天地不交，而万物不兴。《归妹》，人之终始也。说以动，所以归妹也。“征凶”，位不当也。“无攸利”，柔乘刚也。

55. 丰

《彖》曰：丰，大也。明以动，故丰。“王假之”，尚大也。“勿忧宜日中”，宜照天下也。日中则昃，月盈则食，天地盈虚，与时消息，而况于人乎，况于鬼神乎？

56. 旅

《彖》曰：《旅》：“小亨”，柔得中乎外，而顺乎刚，止而丽乎明，是以“小亨，旅贞吉”也。旅之时义大矣哉！

57. 巽

《彖》曰：重巽以申命，刚巽乎中正而志行。柔皆顺乎刚，是以“小亨，利有攸往，利见大人”。

58. 兑

《彖》曰：兑，说也。刚中而柔外，说以“利贞”，是以顺乎天，而应乎人。说以先民，民忘其劳。说以犯难，民忘其死。兑之大，民劝矣哉！

59. 涣

《彖》曰：《涣》：“亨”，刚来而不穷，柔得位乎外，而上同。“王假有庙”，王乃在中也。“利涉大川”，乘木有功也。

60. 节

《彖》曰：节“亨”，刚柔分而刚得中。“苦节不可贞”，其道穷也。说以行险，当位以节，中正以通。天地节，而四时成。节以制度，不伤财，不害民。

61. 中孚

《彖》曰：《中孚》，柔在内而刚得中，说而巽，孚乃化邦也。“豚鱼吉”，信及豚鱼也。“利涉大川”，乘木舟虚也。中孚以“利贞”，乃应乎天也。

62. 小过

《彖》曰：《小过》，小者过而亨也。过以“利贞”，与时行也。柔得中，是以“小事吉”也。刚失位而不中，是以“不可大事”也。有飞鸟之象焉，“飞鸟遗之音，不宜上，宜下大吉”，上逆而下顺也。

63. 既济

《彖》曰：《既济》：“亨”，小者亨也。“利贞”，刚柔正而位当也。“初吉”，柔得中也。“终”止则“乱”，其道穷也。

64. 未济

《彖》曰：《未济》：“亨”，柔得中也。“小狐汔济”，未出中也。“濡其尾，无攸利”，不续终也。虽不当位，刚柔应也。

《周易·易传》原文：

《象辞》（上）

1. 乾

天行健，君子以自强不息。

“潜龙勿用”，阳在下也。“见龙在田”，德施普也。“终日乾乾”，反复道也。“或跃在渊”，进无咎也。“飞龙在天”，大人造也。“亢龙有悔”，盈不可久也。“用九”，天德不可为首也。

2. 坤

地势坤，君子以厚德载物。

“履霜”，“坚冰”，阴始凝也；驯致其道，至“坚冰”也。六二之动，“直”以“方”也。“不习无不利”，地道光也。“含章可贞”，以时发也。“或从王事”，知光大也。括囊无咎，慎不害也。“黄裳元吉”，文在中也。“龙战于野”，其道穷也。“用六永贞”，以大终也。

3. 屯

云雷，屯。君子以经纶。

虽“磐桓”，志行正也。以贵下贱，大得民也。六二之难，乘刚也。“十年乃字”，反常也。“即鹿无虞”，以从禽也。君子舍之，“往吝”穷也。求而往，明也。屯其膏，施未光也。“泣血涟如”，何可长也。

4. 蒙

山下出泉，《蒙》。君子以果行育德。

“利用刑人”，以正法也。子克家，刚柔接也。“勿用取女”，行不顺也。“困蒙”之“吝”，独远实也。“童蒙”之“吉”，顺以巽也。“利”用“御寇”，上下顺也。

5. 需

云上于天，《需》。君子以饮食宴乐。

“需于郊”，不犯难行也；“利用恒，无咎”，未失常也。“需于沙”，衍在中也。虽“小有言”，以终吉也。“需于泥”，灾在外也。自我“致寇”，敬慎不败也。“需于血”，顺以听也。“酒食贞吉”，以中正也。“不速之客来，敬之终吉”。虽不当位，未大失也。

6. 讼

天与水违行，《讼》。君子以作事谋始。

“不永所事”，讼不可长也。虽“小有言”，其辩明也。“不克讼”，归逋窜也。自下讼上，患至掇也。“食旧德”，从上吉也。“复即命渝”，“安贞”不失也。“讼元吉”，以中正也。以讼受服，亦不足敬也。

7. 师

地中有水，《师》。君子以容民畜众。

师出以律，失律凶也。“在师中吉”，承天宠也。“王三锡命”，怀万邦也。“师或舆尸”，大无功也。“左次无咎”，未失常也。“长子帅师”，以中行也。“弟子舆尸”，使不当也。“大君有命”，以正功也。“小人勿用”，必乱邦也。

8. 比

地上有水，《比》。先王以建万国，亲诸侯。

《比》之初六，“有它吉”也。“比之自内”，不自失也。“比之匪人”，不亦伤乎？“外比”于贤，以从上也。“显比”之“吉”，位正中也。舍逆取顺，“失前禽”也。“邑人不诫”，上使中也。“比之无首”，无所终也。

9. 小畜

风行天上，《小畜》。君子以懿文德。

“复自道”，其义“吉”也。“牵复”在中，亦不自失也。“夫妻反目”，不能正室也。“有孚惕出”，上合志也。“有孚挛如”，不独富也。“既雨既处”，“德”积“载”也。“君子征凶”，有所疑也。

10. 履

上天下泽，《履》。君子以辩上下，定民志。

“素履”之“往”，独行愿也。“幽人贞吉”，中不自乱也。“眇能视”，不足以有明也。“跛能履”，不足以与行也。“咥人”之“凶”，位不当也。“武人为于大君”，志刚也。“愬愬终吉”，志行也。“夬履贞厉”，位正当也。“元吉”在上，大有庆也。

11. 泰

天地交，《泰》。后以财成天地之道，辅相天地之宜，以左右民。

“拔茅征吉”，志在外也。“包荒，得尚于中行”，以光大也。“无往不复”，天地际也。“翩翩不富”，皆失实也。“不戒以孚”，中心愿也。“以祉元吉”，中以行愿也。“城复于隍”，其命乱也。

12. 否

天地不交，《否》。君子以俭德辟难，不可荣以禄。

“拔茅贞吉”，志在君也。“大人否亨”，不乱群也。“包羞”，位不当也。“有命无咎”，志行也。“大人”之“吉”，位正当也。“否”终则“倾”，何可长也。

13. 同人

天与火，《同人》。君子以类族辨物。

“出门同人”，又谁“咎”也。“同人于宗”，“吝”道也。“伏戎于莽”，敌刚也。“三岁不兴”，安行也。“乘其墉”，义“弗克”也。其“吉”则困而反则也。“同人”之“先”，以中直也。“大师相遇”，言相“克”也。“同人于郊”，志未得也。

14. 大有

火在天上，《大有》。君子以遏恶扬善，顺天休命。

《大有》初九，无交害也。“大车以载”，积中不败也。“公用亨于天子”，“小人”害也。“匪其彭，无咎”，明辨晰也。“厥孚交如”，信以发志也。“威如”之“吉”，易而无备也。《大有》上“吉”，“自天祐”也。

15. 谦

地中有山，《谦》。君子以裒多益寡，称物平施。

“谦谦君子”，卑以自牧也。“鸣谦贞吉”，中心得也。“劳谦君子”，万民服也。“无不利，㧑谦”，不违则也。“利用侵伐”，征不服也。“鸣谦”，志未得也。可“用行师”，征邑国也。

16. 豫

雷出地奋，《豫》。先王以作乐崇德，殷荐之上帝，以配祖考。

“初六鸣豫”，志穷“凶”也。“不终日贞吉”，以中正也。“盱豫有悔”，位不当也。“由豫大有得”，志大行也。“六五贞疾”，乘刚也。“恒不死”，中未亡也。“冥豫”在“上”，何可长也？

17. 随

泽中有雷，《随》。君子以向晦入宴息。

“官有渝”，从正“吉”也。“出门交有功”，不失也。“系小子”，弗兼与也。“系丈夫”，志舍下也。“随有获”，其义“凶”也。“有孚在道”，“明”功也。

"孚于嘉吉"，位正中也。"拘系之"，上穷也。

18. 蛊

山下有风，《蛊》。君子以振民育德。

"干父之蛊"，意承考也。"干母之蛊"，得中道也。"干父之蛊"，终"无咎"也。"裕父之蛊"，往未得也。"干父用誉"，承以德也。不事王侯，志可则也。

19. 临

泽上有地，《临》。君子以教思无穷，容保民无疆。

"咸临贞吉"，志行正也。"咸临吉无不利"，未顺命也。"甘临"，位不当也。"既忧之"，"咎"不长也。"至临无咎"，位当也。"大君之宜"，行中之谓也。"敦临"之"吉"，志在内也。

20. 观

风行地上，《观》。先王以省方观民设教。

"初六童观"，"小人"道也。"窥观女贞"，亦可丑也。"观我生，进退"，未失道也。"观国之光"，尚"宾"也。"观我生"，观民也。"观其生"，志未平也。

21. 噬嗑

雷电，《噬嗑》。先王以明罚敕法。

"屦校灭趾"，不行也。"噬肤灭鼻"，乘刚也。"遇毒"，位不当也。"利艰贞吉"，未光也。"贞厉无咎"，得当也。"何校灭耳"，聪不明也。

22. 贲

山下有火，《贲》。君子以明庶政，无敢折狱。

"舍车而徒"，义弗乘也。"贲其须"，与上兴也。"永贞"之"吉"，终莫之陵也。"六四"，当位疑也。"匪寇婚媾"，终无尤也。"六五"之"吉"，有喜也。"白贲无咎"，上得志也。

23. 剥

山附于地，《剥》。上以厚下安宅。

"剥床以足"，以灭下也。"剥床以辨"，未有与也。"剥之无咎"，失上下也。"剥床以肤"，切近灾也。"以宫人宠"，终无尤也。"君子得舆"，民所载也。"小人剥庐"，终不可用也。

24. 复

雷在地中，《复》。先王以至日闭关，商旅不行，后不省方。

"不远"之"复"，以修身也。"休复"之"吉"，以下仁也。"频复"之

“厉”，义无咎也。“中行独复”，以从道也。“敦复无悔”，中以自考也。“迷复”之“凶”，反君道也。

25. 无妄

天下雷行，物与，《无妄》。先王以茂对时育万物。

“无妄”之“往”，得志也。“不耕获”，未富也。“行人得”牛，“邑人灾”也。“可贞无咎”，固有之也。“无妄”之“药”，不可试也。“无妄”之“行”，穷之灾也。

26. 大畜

天在山中，《大畜》。君子以多识前贤往行，以畜其德。

“有厉利已”，不犯灾也。“舆说輹”，中无尤也。“利有攸往”，上合志也。“六四元吉”，有喜也。“六五”之“吉”，有庆也。“何天之衢”，道大行也。

27. 颐

山下有雷，《颐》。君子以慎言语，节饮食。

“观我朵颐”，亦不足贵也。“六二征凶”，行失类也。“十年勿用”，道大悖也。“颠颐”之“吉”，上施光也。“居贞”之“吉”，顺以从上也。“由颐厉吉”，大有庆也。

28. 大过

泽灭木，《大过》。君子以独立不惧，遁世无闷。

“藉用白茅”，柔在下也。“老夫女妻”，过以相与也。“栋桡”之“凶”，不可以有辅也。“栋隆”之“吉”，不桡乎下也。“枯杨生华”，何可久也。“老妇士夫”，亦可丑也。“过涉”之“凶”，不可咎也。

29. 坎

水洊至，《习坎》。君子以常德行，习教事。

“习坎入坎”，失道“凶”也。“求小得”，未出中也。“来之坎坎”，终无功也。“樽酒簋贰”，刚柔际也。“坎不盈”，中未大也。“上六”失道，“凶”“三岁”也。

30. 离

明两作，《离》。大人以继明照于四方。

“履错”之“敬”，以辟咎也。“黄离元吉”，得中道也。“日昃之离”，何可久也？“突如其来如”，无所容也。“六五”之“吉”，离王公也。“王用出征”，以正邦也。“获匪其丑”，大有功也。

《象辞》（下）

31. 咸

山上有泽，《咸》。君子以虚受人。

“咸其拇”，志在外也。虽“凶居吉”，顺不害也。“咸其股”，亦不处也。志在“随”人，所“执”下也。“贞吉悔亡”，未感害也。“憧憧往来”，未光大也。“咸其脢”，志末也。“咸其辅颊舌”，滕口说也。

32. 恒

雷风，《恒》。君子以立不易方。

“浚恒”之“凶”，始求深也。“九二悔亡”，能久中也。“不恒其德”，无所容也。久非其位，安得“禽”也。“妇人贞吉”，从一而终也。“夫子”制义，从妇“凶”也。“振恒”在上，大无功也。

33. 遁

天下有山，《遁》。君子以远小人，不恶而严。

“遁尾”之“厉”，不往何灾也？“执用黄牛”，固志也。“系遁”之“厉”，有疾惫也。“畜臣妾吉”，不可大事也。“君子好遁，小人否”也。“嘉遁贞吉”，以正志也。“肥遁无不利”，无所疑也。

34. 大壮

雷在天上，《大壮》。君子以非礼弗履。

“壮于趾”，其“孚”穷也。“九二贞吉”，以中也。“小人用壮，君子用罔”也。“藩决不羸”，尚往也。“丧羊于易”，位不当也。“不能退，不能遂”，不详也。“艰则吉”，咎不长也。

35. 晋

明出地上，《晋》。君子以自昭明德。

“晋如摧如”，独行正也。“裕无咎”，未受命也。“受兹介福”，以中正也。“众允”之志，上行也。“鼫鼠贞厉”，位不当也。“失得勿恤”，往有庆也。“维用伐邑”，道未光也。

36. 明夷

明入地中，《明夷》。君子以莅众，用晦而明。

“君子于行”，义“不食”也。“六二”之“吉”，顺以则也。“南狩”之志，乃大得也。“入于左腹”，获心意也。“箕子”之“贞”，“明”不可息也。“初登于天”，照四国也。“后入于地”，失则也。

37. 家人

风自火出，《家人》。君子以言有物，而行有恒。

“闲有家”，志未变也。“六二”之“吉”，顺以巽也。“家人嗃嗃”，未失也。“妇子嘻嘻”，失家节也。“富家大吉”，顺在位也。“王假有家”，交相爱也。“威如”之“吉”，反身之谓也。

38. 睽

上火下泽，《睽》。君子以同而异。

“见恶人”，以辟“咎”也。“遇主于巷”，未失道也。“见舆曳”，位不当也。“无初有终”，遇刚也。“交孚无咎”，志行也。“厥宗噬肤”，往有庆也。“遇雨”之“吉”，群疑亡也。

39. 蹇

山上有水，《蹇》。君子以反身修德。

“往蹇来誉”，宜待也。“王臣蹇蹇”，终无尤也。“往蹇来反”，内喜之也。“往蹇来连”，当位实也。“大蹇朋来”，以中节也。“往蹇来硕”，志在内也。“利见大人”，以从贵也。

40. 解

雷雨作，《解》。君子以赦过宥罪。

刚柔之际，义“无咎”也。九二贞吉，得中道也。负且乘，亦可丑也。自我致戎，又谁咎也？解而拇，未当位也。君子有解，小人退也。公用射隼，以解悖也。

41. 损

山下有泽，《损》。君子以惩忿窒欲。

“已事遄往”，尚合志也。“九二利贞”，中以为志也。“一人行”，“三”则疑也。“损其疾”，亦可“喜”也。“六五元吉”，自上祐也。“弗损益之”，大得志也。

42. 益

风雷，《益》。君子以见善则迁，有过则改。

“元吉无咎”，下不厚事也。“或益之”，自外来也。“益用凶事”，固有之也。“告公从”，以益志也。“有孚惠心”，“勿问”之矣。“惠我德”，大得志也。“莫益之”，偏辞也。“或击之”，自外来也。

43. 夬

泽上于天，《夬》。君子以施禄及下，居德则忌。

“不胜”而“往”，“咎”也。“有戎勿恤”，得中道也。“君子夬夬”，终“无咎”也。“其行次且”，位不当也。“闻言不信”，聪不明也。“中行无咎”，中未光也。“无号”之“凶”，终不可长也。

44. 姤

天下有风，《姤》。后以施命诰四方。

“系于金柅”，柔道牵也。“包有鱼”，义不及“宾”也。“其行次且”，行未牵也。“无鱼”之“凶”，远民也。“九五含章”，中正也。“有陨自天”，志不舍命也。“姤其角”，上穷“吝”也。

45. 萃

泽上于地，《萃》。君子以除戎器，戒不虞。

“乃乱乃萃”，其志乱也。“引吉无咎”，中未变也。“往无咎”，上巽也。“大吉无咎”，位不当也。“萃有位”，志未光也。“赍咨涕洟”，未安上也。

46. 升

地中生木，《升》。君子以顺德，积小以高大。

“允升大吉”，上合志也。“九二”之“孚”，有喜也。“升虚邑”，无所疑也。王用亨于岐山，顺事也。“贞吉升阶”，大得志也。“冥升”在上，消不富也。

47. 困

泽无水，《困》。君子以致命遂志。

“入于幽谷”，幽不明也。“困于酒食”，中有庆也。“据于蒺藜”，乘刚也。“入于其宫不见其妻”，不祥也。“来徐徐”，志在下也。虽不当位，有与也。“劓刖”，志未得也。“乃徐有说”，以中直也。“利用祭祀”，受福也。“困于葛藟”，未当也。“动悔有悔”，吉行也。

48. 井

木上有水，《井》。君子以劳民劝相。

“井泥不食”，下也。“旧井无禽”，时舍也。“井谷射鲋”，无与也。“井渫不食”，行“恻”也。求“王明”，“受福”也。“井甃无咎”，修井也。“寒泉”之“食”，中正也。“元吉”在“上”，大成也。

49. 革

泽中有火，《革》。君子以治历明时。

“巩用黄牛”，不可以有为也。“巳日革之”，行有嘉也。“革言三就”，又何之矣。“改命”之“吉”，信志也。“大人虎变”，其文炳也。“君子豹变”，其文蔚也。“小人革面”，顺以从君也。

50. 鼎

木上有火，《鼎》。君子以正位凝命。

“鼎颠趾”，未悖也。“利出否”，以从贵也。“鼎有实”，慎所之也。“我仇有疾”，终无尤也。“鼎耳革”，失其义也。“覆公餗”，信如何也。“鼎黄耳”，中以为实也。“玉铉”在“上”，刚柔节也。

51. 震

洊雷，《震》。君子以恐惧修省。

“震来虩虩”，恐致福也。“笑言哑哑”，后有则也。“震来厉”，乘刚也。“震苏苏”，位不当也。“震遂泥”，未光也。“震往来厉”，危行也。其事在中，大“无丧”也。“震索索”，中未得也。虽“凶”“无咎”，畏邻戒也。

52. 艮

兼山，《艮》。君子以思不出其位。

“艮其趾”，未失正也。“不拯其随”，未退听也。“艮其限”，危“熏心”也。“艮其身”，止诸躬也。“艮其辅”，以中正也。“敦艮”之“吉”，以厚终也。

53. 渐

山上有木，《渐》。君子以居贤德善俗。

“小子”之“厉”，义“无咎”也。“饮食衎衎”，不素饱也。“夫征不复”，离群丑也。“妇孕不育”，失其道也。“利用御寇”，顺相保也。“或得其桷”，顺以巽也。“终莫之胜吉”，得所愿也。“其羽可用为仪吉”，不可乱也。

54. 归妹

泽上有雷，《归妹》。君子以永终知敝。

“归妹以娣”，以恒也。“跛能履吉”，相承也。“利幽人之贞”，未变常也。“归妹以须”，未当也。“愆期”之志，有待而行也。“帝乙归妹”，“不如其娣之袂良”也。其位在中，以贵行也。“上六”“无实”，“承”虚“筐”也。

55. 丰

雷电皆至，《丰》。君子以折狱致刑。

“虽旬无咎”，过旬灾也。“有孚发若”，信以发志也。“丰其沛”，不可大事也。“折其右肱”，终不可用也。“丰其蔀”，位不当也。“日中见斗”，幽不明也。“遇其夷主”，“吉”行也。“六五”之“吉”，有庆也。“丰其屋”，天际翔也。“窥其户，阒其无人”，自藏也。

56. 旅

山上有火，《旅》。君子以明慎用刑，而不留狱。

“旅琐琐”，志穷“灾”也。“得童仆贞”，终无尤也。“旅焚其次”，亦以伤矣。以旅与下，其义“丧”也。“旅于处”，未得位也。“得其资斧”，“心”未“快”也。“终以誉命”，上逮也。以“旅”在上，其义“焚”也。“丧牛于易”，终莫之闻也。

57. 巽

随风，《巽》。君子以申命行事。

“进退”，志疑也。“利武人之贞”，志治也。“纷若”之“吉”，得中也。“频巽”之“吝”，志穷也。“田获三品”，有功也。“九五”之“吉”，位正中也。“巽在床下”，“上”穷也。“丧其资斧”，正乎“凶”也。

58. 兑

丽泽，《兑》。君子以朋友讲习。

“和兑”之“吉”，行未疑也。“孚兑”之“吉”，信志也。“来兑”之“凶”，位不当也。“九四”之“喜”，有庆也。“孚于剥”，位正当也。“上六：引兑”，未光也。

59. 涣

风行水上，《涣》。先王以享于帝，立庙。

“初六”之“吉”，顺也。“涣奔其机”，得愿也。“涣其躬，志在外也。”“涣其群元吉”，光大也。“王居无咎”，正位也。“涣其血”，远害也。

60. 节

泽上有水，《节》。君子以制数度，议德行。

“不出户庭”，知通塞也。“不出门庭凶”，失时极也。“不节”之“嗟”，又谁“咎”也？“安节”之“亨”，承上道也。“甘节”之“吉”，居位中也。“苦节贞凶”，其道穷也。

61. 中孚

泽上有风，《中孚》。君子以议狱缓死。

“初九：虞吉”，志未变也。“其子和之”，中心愿也。“或鼓或罢”，位不当也。“马匹亡”，绝类上也。“有孚挛如”，位正当也。“翰音登于天”，何可长也？

62. 小过

山上有雷，《小过》。君子以行过乎恭，丧过乎哀，用过乎俭。

“飞鸟以凶”，不可如何也。“不及其君”，臣不可过也。“从或戕之”，“凶”如何也？“弗过遇之”，位不当也。“往厉必戒”，终不可长也。“密云不雨”，已上也。“弗遇过之”，已亢也。

63. 既济

水在火上，《既济》。君子以思患而豫防之。

“曳其轮”，义“无咎”也。“七日得”，以中道也。“三年克之”，惫也。“终日戒”，有所疑也。“东邻杀牛”，“不如西邻”之时也。“实受其福”，吉大来也。“濡其首”，何可久也？

64. 未济

火在水上，《未济》。君子以慎辨物居方。

“濡其尾”，亦不知极也。“九二贞吉”，中以行正也。“未济，征凶”，位不当也。“贞吉悔亡”，志行也。“君子之光”，其晖“吉”也。“饮酒濡首”，亦不知节也。

《周易·易传》原文：

《系　辞》（上）

第一章

天尊地卑，乾坤定矣。卑高以陈，贵贱位矣。动静有常，刚柔断矣。方以类聚，物以群分，吉凶生矣。在天成象，在地成形，变化见矣。是故，刚柔相摩，八卦相荡。鼓之以雷霆，润之以风雨。日月运行，一寒一暑。乾道成男，坤道成女。

乾知大始，坤作成物。乾以易知，坤以简能。易则易知，简则易从。易知则有亲，易从则有功。有亲则可久，有功则可大。可久则贤人之德，可大则贤人之业。易简，而天下之理得矣；天下之理得，而成位乎其中矣。

第二章

圣人设卦观象，系辞焉而明吉凶，刚柔相推而生变化。

是故，吉凶者，失得之象也。悔吝者，忧虞之象也。变化者，进退之象也。刚柔者，昼夜之象也。六爻之动，三极之道也。

是故，君子所居而安者，《易》之象也。所乐而玩者，爻之辞也。是故，君子居则观其象而玩其辞；动则观其变而玩其占。是以“自天佑之，吉，无不利”。

第三章

彖者，言乎象者也。爻者，言乎变者也。吉凶者，言乎其失得也。悔吝者，言乎其小疵也。无咎者，善补过者也。

是故，列贵贱者存乎位，齐小大者存乎卦，辩吉凶者存乎辞，忧悔吝者存乎介，震无咎者存乎悔。是故，卦有小大，辞有险易。辞也者，各指其所之。

第四章

《易》与天地准，故能弥纶天地之道。

仰以观于天文，俯以察于地理，是故知幽明之故。原始反终，故知死生之说。精气为物，游魂为变，是故知鬼神之情状。

与天地相似，故不违。知周乎万物，而道济天下，故不过。旁行而不流，乐天知命，故不忧。安土敦乎仁，故能爱。范围天地之化而不过，曲成万物而不遗，通乎昼夜之道而知，故神无方而易无体。

第五章

一阴一阳之谓道，继之者善也，成之者性也。

仁者见之谓之仁，知者见之谓之知，百姓日用而不知，故君子之道鲜矣！

显诸仁，藏诸用，鼓万物而不与圣人同忧，盛德大业至矣哉！富有之谓大业，日新之谓盛德。生生之谓易，成象之谓乾，效法之谓坤，极数知来之谓占，通变之谓事，阴阳不测之谓神。

第六章

夫《易》，广矣大矣！以言乎远，则不御；以言乎迩，则静而正；以言乎天地之间，则备矣！

夫乾，其静也专，其动也直，是以大生焉。夫坤，其静也翕（音悉，收缩之义），其动也辟，是以广生焉。

广大配天地，变通配四时，阴阳之义配日月，易简之善配至德。

第七章

子曰："《易》，其至矣乎！"夫《易》，圣人所以崇德而广业也。知崇礼卑，崇效天，卑法地，天地设位，而《易》行乎其中矣。成性存存，道义之门。

第八章

圣人有以见天下之赜，而拟诸其形容，象其物宜，是故谓之象。圣人有以见天下之动，而观其会通，以行其礼。系辞焉，以断其吉凶；是故谓之爻。

言天下之至赜，而不可恶也。言天下之至动，而不可乱也。拟之而后言，议之而后动，拟议以成其变化。

"鸣鹤在阴，其子和之。我有好爵，吾与尔靡之。"子曰："君子居其室，出其言善，则千里之外应之，况其迩者乎？居其室，出其言不善，则千里之外违之，况其迩者乎？言出乎身，加乎民；行发乎迩，见乎远。言行君子之枢机，枢机之发，荣辱之主也。言行，君子之所以动天地也，可不慎乎？"

"同人先号啕而后笑。"子曰："君子之道，或出或处，或默或语，二人同心，其利断金；同心之言，其臭如兰。"

"初六：藉用白茅，无咎。"子曰："苟错诸地而可矣；藉用白茅，何咎之有？慎之至也。夫茅之为物薄，而用可重也。慎斯术也以往，其无所失矣。"

"劳谦君子，有终，吉。"子曰："劳而不伐，有功而不德，厚之至也，语以其功下人者也。德言盛，礼言恭，谦也者，致恭以存其位者也。"

"亢龙有悔。"子曰："贵而无位，高而无民，贤人在下位而无辅，是以动而有悔也。”

“不出户庭，无咎。”子曰：“乱之所生也，则言语以为阶。君不密，则失臣；臣不密，则失身；几事不密，则害成；是以君子慎密而不出也。”

子曰：“作《易》者其知盗乎？《易》曰：‘负且乘，致寇至。’负也者，小人之事也；乘也者，君子之器也；小人而乘君子之器，盗思夺之矣！上慢下暴，盗思伐之矣！慢藏诲盗，冶容诲淫。《易》曰：‘负且乘，致寇至。’盗之招也。”

第九章

天一地二，天三地四，天五地六，天七地八，天九地十。天数五，地数五，五位相得而各有合。天数二十有五，地数三十，凡天地之数，五十有五，此所以成变化而行鬼神也。

大衍之数五十，其用四十有九。分而为二以象两，挂一以象三，揲（音社）之以四以象四时，归奇于扐（音了）以象闰。五岁再闰，故再扐而后挂。

乾之策，二百一十有六。坤之策，百四十有四。凡三百六十，当期之日。二篇之策，万有一千五百二十，当万物之数也。

是故，四营而成《易》，十有八变而成卦，八卦而小成。引而伸之，触类而长之，天下之能事毕矣。

显道神德行，是故可与酬（主人向客人敬酒）酢（音作，客人以酒回敬主人），可与佑神矣。子曰：“知变化之道者，其知神之所为乎！”

第十章

《易》有圣人之道四焉：以言者尚其辞，以动者尚其变，以制器者尚其象，以卜筮者尚其占。

是以君子将有为也，将有行也，问焉而以言。其受命也如响。无有远近幽深，遂知来物。非天下之至精，其孰能与于此。

参伍以变，错综其数，通其变，遂成天地之文；极其数，遂定天下之象。非天下之至变，其孰能与于此。

《易》无思也，无为也，寂然不动，感而遂通天下之故。非天下之至神，其孰能与于此。

夫《易》，圣人之所以极深而研几也。惟深也，故能通天下之志；惟几也，故能成天下之务；惟神也，故不疾而速，不行而至。子曰：“《易》有圣人之道四焉”者，此之谓也。

第十一章

子曰：“夫《易》何为者也？夫《易》开物成务，冒天下之道，如斯而已者也。”是故，圣人以通天下之志，以定天下之业，以断天下之疑。

是故，蓍之德，圆而神；卦之德，方以知；六爻之义，易以贡。圣人以此洗心，退藏于密，吉凶与民同患。神以知来，知以藏往，其孰能与于此哉！古之聪明睿知神武而不杀者夫？

是以，明于天之道，而察于民之故，是兴神物以前民用。圣人以此斋戒，以神明其德夫！

是故，阖户谓之坤，辟户谓之乾，一阖一辟谓之变，往来不穷谓之通，见乃谓之象，形乃谓之器，制而用之谓之法，利用出入，民咸用之谓之神。

是故，《易》有太极，是生两仪，两仪生四象，四象生八卦，八卦定吉凶，吉凶生大业。

是故，法象莫大乎天地；变通莫大乎四时；悬象著明莫大乎日月；崇高莫大乎富贵；备物致用，立功成器以为天下利，莫大乎圣人。探赜索隐，钩深致远，以定天下之吉凶，成天下之亹亹（音伟，勤勉之义）者，莫大乎蓍龟。

是故，天生神物，圣人则之。天地变化，圣人效之。天垂象，见吉凶，圣人象之。河出图，洛出书，圣人则之。《易》有四象，所以示也。系辞焉，所以告也。定之以吉凶，所以断也。

第十二章

《易》曰："自天佑之，吉，无不利。"子曰："佑者助也。天之所助者，顺也；人之所助者，信也。履信，思乎顺，又以尚贤也。是以自天佑之，吉无不利也。"

子曰："书不尽言，言不尽意。"然则圣人之意，其不可见乎？子曰："圣人立象以尽意，设卦以尽情伪，系辞焉以尽其言，变而通之以尽利，鼓之舞之以尽神。"

乾坤其易之缊（音蕴，渊源之义）邪？乾坤成列，而《易》立乎其中矣。乾坤毁，则无以见《易》；《易》不可见，则乾坤或几乎息矣。

是故，形而上者谓之道；形而下者谓之器；化而裁之谓之变；推而行之谓之通；举而错之天下之民，谓之事业。

是故，夫象，圣人有以见天下之赜，而拟诸其形容，象其物宜，是故谓之象。圣人有以见天下之动，而观其会通，以行其典礼，系辞焉以断其吉凶，是故谓之爻。极天下之赜者，存乎卦；鼓天下之动者，存乎辞；化而裁之，存乎变；推而行之，存乎通；神而明之，存乎其人；默而成之，不言而信，存乎德行。

《系　辞》（下）

第一章

八卦成列，象在其中矣。因而重之，爻在其中矣。刚柔相推，变在其中矣。系辞焉而命之，动在其中矣。

吉凶悔吝者，生乎动者也。刚柔者，立本者也。变通者，趣时者也。吉凶者，贞胜者也。天地之道，贞观者也。日月之道，贞明者也。天下之动，贞夫一者也。

夫乾，确然示人易矣。夫坤，隤然（音颓然，柔顺貌）示人简矣。爻也者，效此者也。象也者，像此者也。爻象动乎内，吉凶见乎外，功业见乎变，圣人之情见乎辞。

天地之大德曰生，圣人之大宝曰位。何以守位曰仁。何以聚人曰财。理财正辞、禁民为非曰义。

第二章

古者包牺氏之王天下也，仰则观象于天，俯则观法于地，观鸟兽之文，与地之宜，近取诸身，远取诸物，于是始作八卦，以通神明之德，以类万物之情。作结绳而为网罟，以佃（音田，耕地之义）以渔，盖取诸《离》。

包牺氏没，神农氏作，斫（音浊，砍削之义）木为耜（音四，农具），揉木为耒（音垒，农具），耒耨（音（nòu），锄草用具）之利，以教天下，盖取诸《益》。

日中为市，致天下之民，聚天下之货，交易而退，各得其所，盖取诸《噬嗑》。

神农氏没，黄帝、尧、舜氏作，通其变，使民不倦，神而化之，使民宜之。《易》，穷则变，变则通，通则久。是以自天佑之，吉无不利，黄帝、尧、舜，垂衣裳而天下治，盖取诸《乾》《坤》。刳（音枯，从中间挖空之义）木为舟，剡（音眼，削刮之义）木为楫，舟楫之利，以济不通，致远以利天下，盖取诸《涣》。服牛乘马，引重致远，以利天下，盖取诸《随》。重门击柝，以待暴客，盖取诸《豫》。断木为杵，掘地为臼，杵臼之利，万民以济，盖取诸《小过》。弦木为弧，剡（音眼，削刮之义）木为矢，弧矢之利，以威天下，盖取诸《睽》。

上古穴居而野处，后世圣人易之以宫室，上栋下宇，以待风雨，盖取诸《大壮》。古之葬者，厚衣之以薪，葬之中野，不封不树，丧期无数。后世圣人易之以棺椁，盖取诸《大过》。上古结绳而治，后世圣人易之以书契，百官以治，万民以察，盖取诸《夬》。

第三章

是故，《易》者，象也。象也者，像也。彖者，材也。爻也者，效天下之动者也。是故，吉凶生而悔吝著也。

第四章

阳卦多阴，阴卦多阳，其故何也？阳卦奇，阴卦耦。其德行何也？阳一君而二民，君子之道也。阴二君而一民，小人之道也。

第五章

《易》曰："憧憧往来，朋从尔思。"子曰："天下何思何虑？天下同归而殊途，一致而百虑。天下何思何虑？日往则月来，月往则日来，日月相推而明生焉。寒往则暑来，暑往则寒来，寒暑相推而岁成焉。往者屈也，来者信也，屈信相感而利生焉。"

"尺蠖（音祸，昆虫）之屈，以求信也。龙蛇之蛰，以存身也。精义入神，以致用也。利用安身，以崇德也。过此以往，未之或知也。穷神知化，德之盛也。"

《易》曰："困于石，据于蒺藜。入于其宫，不见其妻，凶。"子曰："非所困而困焉，名必辱。非所据而据焉，身必危。既辱且危，死期将至，妻其可得见耶！"

《易》曰："公用射隼，于高墉（音拥，城墙）之上。获之，无不利。"子曰："隼者，禽也。弓矢者，器也。射之者，人也。君子藏器于身，待时而动，何不利之有？动而不括，是以出而有获。语成器而动者也。"

子曰："小人不耻不仁，不畏不义，不见利不劝，不威不惩；小惩而大诫，此小人之福也。《易》曰：'履校灭趾，无咎。'此之谓也。"

"善不积，不足以成名；恶不积，不足以灭身。小人以小善为无益而弗为也，以小恶为无伤而弗去也，故恶积而不可掩，罪大而不可解。《易》曰：'何校灭耳，凶。'"

子曰："危者，安其位者也；亡者，保其存者也；乱者，有其治者也。是故，君子安而不忘危，存而不忘亡，治而不忘乱，是以身安而国家可保也。《易》曰：'其亡其亡，系于苞桑。'"

子曰："德薄而位尊，知小而谋大，力小而任重，鲜不及矣。《易》曰：'鼎折足，覆公竦。其形渥，凶。'言不胜其任也。"

子曰："知几，其神乎。君子上交不谄，下交不渎，其知几乎。几者，动之微，吉凶之先见者也。君子见几而作，不俟终日。《易》曰：'介于石，不终日，贞吉。'介如石焉，宁用终日，断可识矣。君子知微知彰，知柔知刚，万夫之望。"

子曰："颜氏之子，其殆庶几乎。有不善未尝不知，知之未尝复行也。《易》曰：'不远复，无祇悔，元吉。'"

天地絪缊（音因蕴，气运行状），万物化醇。男女构精，万物化生。《易》曰：

"三人行，则损一人；一人行，则得其友。"言致一也。

子曰："君子安其身而后动，易其心而后语，定其交而后求。君子修此三者，故全也。危以动，则民不与也；惧以语，则民不应也；无交而求，则民不与也。莫之与，则伤之者至矣。《易》曰：'莫益之，或击之。立心勿恒，凶。'"

第六章

子曰："乾坤，其《易》之门邪？"乾，阳物也，坤，阴物也。阴阳合德，而刚柔有体。以体天地之撰，以通神明之德。其称名也，杂而不越。于稽其类，其衰世之意邪？

夫《易》，彰往而察来，而微显阐幽，开而当名，辨物正言，断辞则备矣。其称名也小，其取类也大，其旨远，其辞文，其言曲而中，其事肆而隐。因贰以济民行，以明失得之报。

第七章

《易》之兴也，其于中古乎？作《易》者，其有忧患乎？

是故，《履》，德之基也；《谦》，德之柄也；《复》，德之本也；《恒》，德之固也；《损》，德之修也；《益》，德之裕也；《困》，德之辨也；《井》，德之地也；《巽》，德之制也。

《履》，和而至；《谦》，尊而光；《复》，小而辨于物；《恒》，杂而不厌；《损》，先难而后易；《益》，长裕而不设；《困》，穷而通；《井》，居其所而迁；《巽》，称而隐。

《履》，以和行；《谦》，以制礼；《复》，以自知；《恒》，以一德；《损》，以远害；《益》，以兴利；《困》，以寡怨；《井》，以辨义；《巽》，以行权。

第八章

《易》之为书也，不可远；为道也，屡迁。变动不居，周流六虚，上下无常，刚柔相易，不可为典要，唯变所适。

其出入以度，外内使知惧，又明于忧患与故，无有师保，如临父母。初率其辞，而揆其方，既有曲常。苟非其人，道不虚行。

第九章

《易》之为书也，原始要终，以为质也。六爻相杂，唯其时物也。其初难知，其上易知，本末也。初辞拟之，卒成之终。若夫杂物撰德，辨是与非，则非其中爻不备。噫！亦要存亡吉凶，则居可知矣。知者观其彖辞，则思过半矣。

二与四，同功而异位，其善不同，二多誉，四多惧，近也。柔之为道，不利远者，其要无咎，其用柔中也。三与五，同功而异位，三多凶，五多功，贵贱之等也。其柔危，其刚胜耶？

第十章

《易》之为书也，广大悉备。有天道焉，有人道焉，有地道焉。兼三才而两之，故六；六者非它也，三才之道也。道有变动，故曰爻；爻有等，故曰物；物相杂，故曰文；文不当，故吉凶生焉。

第十一章

《易》之兴也，其当殷之末世，周之盛德邪？当文王与纣之事邪？是故其辞危。危者使平，易者使倾；其道甚大，百物不废。惧以终始，其要无咎，此之谓《易》之道也。

第十二章

夫乾，天下之至健也，德行恒易以知险。夫坤，天下之至顺也，德行恒简以知阻。能说诸心，能研诸侯之虑，定天下之吉凶，成天下之亹亹（音伟伟，勤勉义）者。

是故，变化云为，吉事有祥，象事知器，占事知来。天地设位，圣人成能。人谋鬼谋，百姓与能。

八卦以象告，爻象以情言，刚柔杂居，而吉凶可见矣！变动以利言，吉凶以情迁。是故，爱恶相攻而吉凶生，远近相取而悔吝生，情伪相感而利害生。凡《易》之情，近而不相得则凶，或害之，悔且吝。将叛者，其辞惭，中心疑者其辞枝，吉人之辞寡，躁人之辞多，诬善之人其辞游，失其守者其辞屈。

《周易·易传》原文：

《说卦》

第一章

昔者圣人之作《易》也，幽赞神明而生蓍。参天两地而倚数，观变于阴阳，而立卦；发挥于刚柔，而生爻；和顺于道德，而理于义；穷理尽性，以至于命。

第二章

昔者圣人之作《易》也，将以顺性命之理。是以，立天之道，曰阴与阳；立地之道，曰柔与刚；立人之道，曰仁与义。兼三才而两之，故《易》六画而成卦。分阴分阳，迭用柔刚，故《易》六位而成章。

第三章

天地定位，山泽通气，雷风相薄，水火不相射，八卦相错。数往者顺，知来者逆；是故，《易》逆数也。

第四章

雷以动之，风以散之，雨以润之，日以烜之，艮以止之，兑以说之，乾以君之，坤以藏之。

第五章

帝出乎震，齐乎巽，相见乎离，致役乎坤，说言乎兑，战乎乾，劳乎坎，成言乎艮。万物出乎震，震东方也。齐乎巽，巽东南也，齐也者，言万物之洁齐也。离也者，明也，万物皆相见，南方之卦也，圣人南面而听天下，向明而治，盖取诸此也。坤也者地也，万物皆致养焉，故曰：致役乎坤。兑正秋也，万物之所说也，故曰：说言乎兑。战乎乾，乾西北之卦也，言阴阳相薄也。坎者水也，正北方之卦也，劳卦也，万物之所归也，故曰：劳乎坎。艮东北之卦也，万物之所成，终而成始也，故曰：成言乎艮。

第六章

神也者，妙万物而为言者也。动万物者，莫疾乎雷；桡万物者，莫疾乎风；

燥万物者，莫熯乎火；说万物者，莫说乎泽；润万物者，莫润乎水；终万物始万物者，莫盛乎艮。故水火相逮，雷风不相悖，山泽通气，然后能变化，既成万物也。

第七章

乾，健也；坤，顺也；震，动也；巽，入也；坎，陷也；离，丽也；艮，止也；兑，说也。

第八章

乾为马，坤为牛，震为龙，巽为鸡，坎为豕，离为雉，艮为狗，兑为羊。

第九章

乾为首，坤为腹，震为足，巽为股，坎为耳，离为目，艮为手，兑为口。

第十章

乾，天也，故称乎父；坤，地也，故称乎母；震一索而得男，故谓之长男；巽一索而得女，故谓之长女；坎再索而得男，故谓之中男；离再索而得女，故谓之中女；艮三索而得男，故谓之少男；兑三索而得女，故谓之少女。

第十一章

乾为天、为圜、为君、为父、为玉、为金、为寒、为冰、为大赤、为良马、为老马、为瘠马、为驳马、为木果。

坤为地、为母、为布、为釜、为吝啬、为均、为子母牛、为大舆、为文、为众、为柄，其于地也为黑。

震为雷、为龙、为玄黄、为旉、为大涂、为长子、为决躁、为苍筤竹、为萑苇。其于马也，为善鸣、为馵足，为作足、为的颡。其于稼也，为反生。其究为健，为蕃鲜。

巽为木、为风、为长女、为绳直、为工、为白、为长、为高、为进退、为不果、为臭。其于人也，为寡发、为广颡、为多白眼、为近利市三倍，其究为躁卦。

坎为水、为沟渎、为隐伏、为矫鞣、为弓轮。其于人也，为加忧、为心病、为耳痛、为血卦、为赤。其于马也，为美脊、为亟心、为下首、为薄蹄、为曳。其于舆也，为多眚、为通、为月、为盗。其于木也，为坚多心。

离为火、为日、为电、为中女、为甲胄、为戈兵。其于人也，为大腹。为乾卦，为鳖、为蟹、为蠃、为蚌、为龟。其于木也，为科上槁。

艮为山、为径路、为小石、为门阙、为果蓏、为阍寺、为指、为狗、为鼠、为黔喙之属。其于木也，为坚多节。

兑为泽、为少女、为巫、为口舌、为毁折、为附决。其于地也，为刚卤。为妾，为羊。

《周易·易传》原文：

《序卦》

有天地，然后万物生焉。盈天地之间者，唯万物，故受之以《屯》；《屯》者盈也，屯者物之始生也。物生必蒙，故受之以《蒙》；《蒙》者蒙也，物之稚也。物稚不可不养也，故受之以《需》；《需》者饮食之道也。饮食必有讼，故受之以《讼》。讼必有众起，故受之以《师》；《师》者众也。众必有所比，故受之以《比》；《比》者比也。比必有所畜也，故受之以《小畜》。物畜然后有礼，故受之以《履》。《履》者礼也。履而泰，然后安，故受之以《泰》；《泰》者通也。物不可以终通，故受之以《否》。物不可以终否，故受之以《同人》。与人同者，物必归焉，故受之以《大有》。有大者不可以盈，故受之以《谦》。有大而能谦，必豫，故受之以《豫》。豫必有随，故受之以《随》。以喜随人者，必有事，故受之以《蛊》；《蛊》者事也。有事而后可大，故受之以《临》；《临》者大也。物大然后可观，故受之以《观》。可观而后有所合，故受之以《噬嗑》；嗑者合也。物不可以苟合而已，故受之以《贲》；《贲》者饰也。致饰然后亨，则尽矣，故受之以《剥》；《剥》者剥也。物不可以终尽，剥穷上反下，故受之以《复》。复则不妄矣，故受之以《无妄》。有无妄然后可畜，故受之以《大畜》。物畜然后可养，故受之以《颐》；《颐》者养也。不养则不可动，故受之以《大过》。物不可以终过，故受之以《坎》；《坎》者陷也。陷必有所丽，故受之以《离》；《离》者丽也。

有天地，然后有万物；有万物，然后有男女；有男女，然后有夫妇；有夫妇，然后有父子；有父子，然后有君臣；有君臣，然后有上下；有上下，然后礼仪有所错。夫妇之道，不可以不久也，故受之以《恒》；《恒》者久也。物不可以久居其所，故受之以《遁》。《遁》者退也。物不可以终遁，故受之以《大壮》。物不可以终壮，故受之以《晋》；《晋》者进也。进必有所伤，故受之以《明夷》；夷者伤也。伤于外者，必反其家，故受之以《家人》。家道穷必乖，故受之以《睽》；《睽》者乖也。乖必有难，故受之以《蹇》；《蹇》者难也。物不可以终难，故受之以《解》；《解》者缓也。缓必有所失，故受之以《损》；损而不已，必益，故受之以《益》。益而不已，必决，故受之以《夬》；《夬》者决也。决必有所遇，故受之以《姤》；《姤》者遇也。物相遇而后聚，故受之以《萃》；《萃》者聚也。聚而上者，谓之升，故受之以《升》。升而不已，必困，故受之以《困》。困乎上者，必反下，故受之以《井》。井道不可不革，故受之以《革》。革物者莫若鼎，故受之以《鼎》。主器者莫若长子，故受之以《震》；《震》者动也。物不可以终动，止之，故受之以《艮》；《艮》者止也。物不可以终止，故受之以《渐》；《渐》者进也。进必有所归，故受之以《归妹》。得其所归者必大，故受之以《丰》；《丰》者大也。穷大者必失其居，故受之以《旅》。旅而无所容，故受之以《巽》；《巽》者入也。入而后说之，故受之以《兑》；《兑》者说也。说而后散之，故受之以《涣》；《涣》者离也。物不可以终离，故受之以《节》。节而信之，故受之以《中孚》。有其信者，必行之，故受之以《小过》。有过物者，必济，故受之以《既济》。物不可穷也，故受之以《未济》，终焉。

《周易·易传》原文：

《杂卦》

《乾》刚，《坤》柔。《比》乐，《师》忧。《临》、《观》之义，或与或求。《屯》见而不失其居。《蒙》杂而著。《震》，起也，《艮》，止也；《损》《益》盛衰之始也。《大畜》，时也。《无妄》，灾也。《萃》聚，而《升》不来也。《谦》轻，而《豫》怠也。《噬嗑》，食也，《贲》，无色也。《兑》见，而《巽》伏也。《随》，无故也，《蛊》则饬也。《剥》，烂也，《复》，反也。《晋》，昼也，《明夷》，诛也。《井》通，而《困》相遇也。《咸》速也，《恒》久也。《涣》，离也，《节》，止也；《解》，缓也，《蹇》，难也；《睽》，外也，《家人》，内也；《否》《泰》反其类也。《大壮》则止，《遁》则退也。《大有》，众也，《同人》，亲也；《革》，去故也，《鼎》，取新也；《小过》，过也，《中孚》，信也；《丰》，多故也，亲寡《旅》也。《离》上，而《坎》下也。《小畜》，寡也，《履》，不处也。《需》，不进也，《讼》，不亲也。《大过》，颠也。《姤》，遇也，柔遇刚也。《渐》，女归待男行也。《颐》，养正也，《既济》，定也。《归妹》，女之终也。《未济》，男之穷也。《夬》，决也，刚决柔也。君子道长，小人道忧也。

后　记

经过了三年多“业余”的时间，终于完成了《周易文化读本》（上下册）的写作，为此，我可以长长地舒一口气了。何谓“业余”呢？一是从学校教学角度的“业余”。此类课并不是学校规定的课程，老师必须承担学校下达的必修课课时任务；必修课的备课，还要远足良乡去上课以及和学生的必要的接触与交流，留给自己著书的时间只能是课下极其有限的业余时间——周末和寒暑假。二是从自身学识角度的“业余”。一个在校讲授思想政治理论课程的老师来应对中国经典中的最浩大的“文化工程”，不论是理论水平还是相关知识的储备都显得如此的业余，不但有形单影孤的感觉，也有力不从心的感觉。但面对生活中传统文化的普遍贫乏，面对人们信仰文化的残缺，精神家园的迷失，自然产生了一种心不甘的冲动和试图弥补的夙愿。现实中我们可以看到，一些人总会用各式的精神产品来填充自己的头脑，其中也包括《周易》；能够接触中国传统文化，本是好事，理当庆幸；但仔细一看，发现不妙，人们拿来的往往是《周易》中非精华部分，并且是不加分析地接受或吸收，如此一来，糟践经典不说，也害己误人，这让人心焦。揭示《周易》的精华，让人们全面了解《周易》，一种使命感便在内心中升腾起来，因此，再大的困难或牺牲也就都不在话下了。

决心是一回事，能力是另一回事。每个人都是历史的产物，都是他那个时代的儿女，带着那个时代的DNA，这是宿命。作为50后的我们，其国学基础可想而知，当我们记忆力最好的时候，恰恰是“文革”“破四旧”最盛的时候。今天，企图用传统文化中的精华来重建中华民族的信仰魂魄和精神家园，对于我们来说，就像是中国神话中的“女娲补天”，有其心，但却没有炼制五彩石的能力；也像希腊神话中推滚石上山的西西弗斯一样，一个带有悲剧色彩的人物去执行一个难以完成的任务。但孔子“知其不可而为之”的精神鼓舞着我，让我能够有勇气坚持下来，而且尽力做了下来。《诗经·大雅·荡》曰：“靡不有初，鲜克有终。”世间做事的人很多，但做成事的人并不多，锲而不舍是其中最重要的原因。我特别欣赏老舍先生曾经说过的话："史上最好最美的事儿，往往是最愚傻的人干出来的。"老舍的这句话我也曾和我的学生们经常交流；交流的时候，我常向年轻人强调，注意，美的事儿，既不仅仅是想出来，也不仅仅是说出来，而是干出来的！行胜于言，作为老师的我当率先垂范。认定了是一件好事，做了就无悔。当然，粗糙和浅陋或许难免，且作为"抛砖引玉"吧。

张载学《易》后曾留有豪言："为天地立心，为生民立命，为往圣继绝学，为万世开太平。"我们学不来张载的学识和成就，但我们可以学习他的气魄和情怀。民族复兴的曙光已经显现在东方的地平线上，中华美景正在越来越清晰地展示在世人的面前，让我们感慨，让我们涕零，我们为我们自己是这一伟大进程的参与者而感到自豪。让我们每一个中华儿女奉献上自己的心力，一起为经济繁荣、政治廉明、文化昌盛、社会祥和、环境优美的中国的明天而努力奋斗。

谨对书中摘引过其著作或文章中观点的作者们致以深深地敬意；感谢一直鼓励和帮助过我的同事们，特别感谢参与本书出版的诸位编辑，感谢为此书的出版贡献了心力的所有的人。

刘韵冀

2015 年 9 月中秋节

“中央支持地方专项——科研平台建设——现代商科创新发展研究”出版资助

上册

周易文化读本

刘韵冀 著

中国财经出版传媒集团
中国财政经济出版社

图书在版编目（CIP）数据

周易文化读本：全2册／刘韵冀著．—北京：中国财政经济出版社，2016.5
ISBN 978－7－5095－6558－2

Ⅰ.①周…　Ⅱ.①刘…　Ⅲ.①《周易》－研究　Ⅳ.①B221.5

中国版本图书馆CIP数据核字(2015)第307350号

责任编辑：卢关平　　责任校对：刘　靖
封面设计：逸品文化　　版式设计：董生平

中国财政经济出版社 出版
URL:http：//www.cfeph.cn
E－mail：cfeph@cfeph.cn

社址：北京市海淀区阜成路甲28号　邮政编码：100142
发行处电话：010－88190406　北京财经书店电话：010－64033436
北京中兴印刷有限公司印刷　各地新华书店经销
787×1092毫米　16开　28.75印张　567 000字
2016年8月第1版　2016年8月北京第1次印刷
定价：98.00元（上、下册）
ISBN 978－7－5095－6558－2/B·0030
（图书出现印装问题，本社负责调换）
本社质量投诉电话：010－88190744
打击盗版举报热线：010－88190492、QQ：634579818

彩色插图页(上册)

插图1　中国贺兰山岩画

插图2　山东昌乐骨刻文

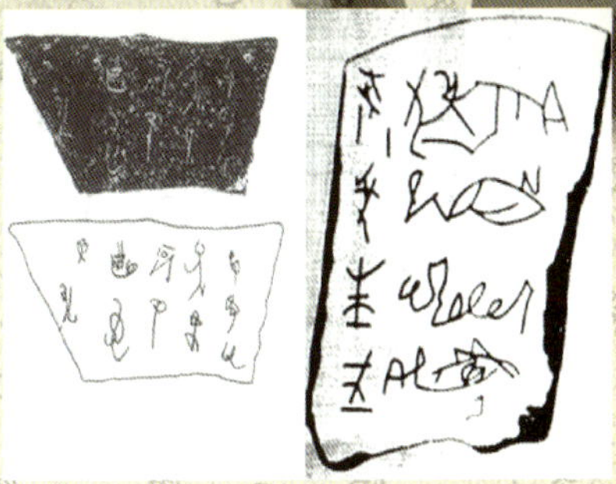

插图3　丁公陶文

插图4　龙虬庄陶文

插图5　殷墟甲骨文

插图7　伏羲与女娲交媾图

插图6　女娲“造人”“补天”像

插图8　盘古开天辟地

插图9　发明火的燧人氏

插图10　中华“三祖像”：炎帝、黄帝、蚩尤

插图11　五帝之二帝：颛顼和帝喾

插图12　古代圣君——尧舜禹三帝

插图13　刻有图案的龟甲

插图14　占筮使用的蓍草

插图15　河图与洛书

插图16　《周易》作者由左至右：伏羲、文王、周公、孔子

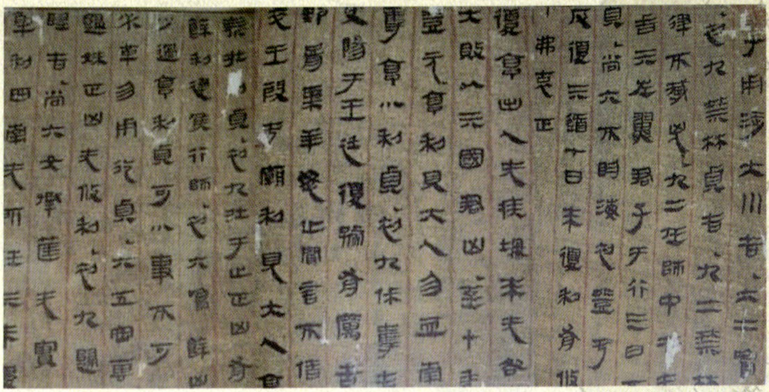

插图17　马王堆帛书周易

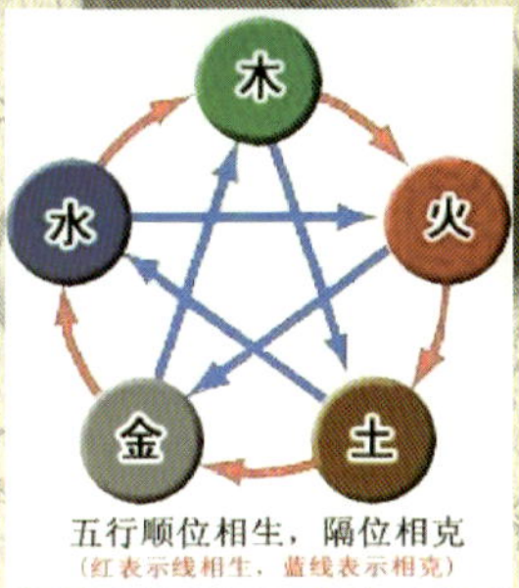

插图18　五行生克图

插图19　干支文化

插图20　星宿文化——二十八星宿

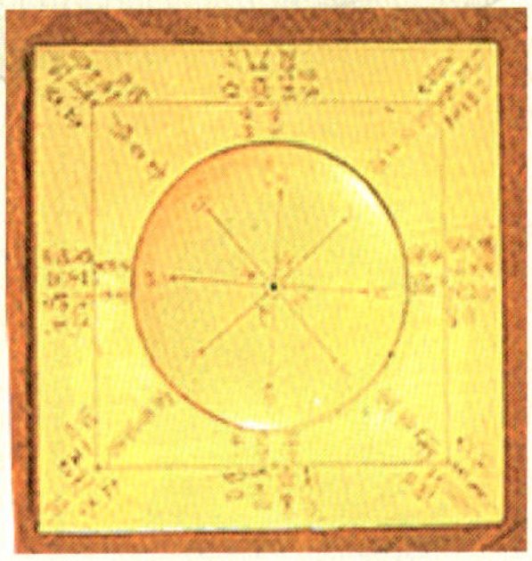

插图21　太乙九宫占盘

插图22　红山玉代表

插图23　良渚玉代表

插图24　阜新查海的“龙形堆塑”

插图25　宝鸡北首岭遗址的鸟龙纹彩陶细颈瓶

插图26　濮阳西水坡的蚌塑龙纹

《周易文化读本》简介

《周易文化读本》是著者在大学讲授“周易文化”课程的讲稿基础上系统整理的一个成果。《周易》同中国古代其他经典的最大区别在于它是“学”与“术”的结合，“易学”部分是它的精华所在，“易术”部分是它的有机构成，“术”里面有精华，也有糟粕。知“学”不知“术”，失之片面；知“术”不知“学”，拾小而失大。对于我们，既要了解《周易》义理的道理，也要了解《周易》象数的知识，既要知道“易学”部分，也要知道“易术”部分，这才是对《周易》的整体把握。《周易文化读本》分上下两册，上册主要是对《周易》源流的介绍和“易学”部分的阐释，下册主要是对《周易》中“易术”部分的介绍和评述。书在归结语部分郑重向全世界推荐了《周易》“和”的理念，指出世界各民族文化的差异性和多种文化的相互包容、借鉴是世界和平发展的必由之路。本书的宗旨是要继承包括《周易》在内优秀传统文化，借以重塑中国人的精神家园，提出了做自信而睿智的中国人的期许。一个伟大民族的复兴一定是在经济与政治复兴基础上的文化的复兴。

本书的最大特点在于首先构建了一个周易文化的理论体系，这对于读者全面了解《周易》及周易文化提供了一个机会和一个全新的视角；其次该书还构建了一个周易文化教育与普及的教学知识平台，这对于繁荣国学和优秀传统文化，对于传播与普及《周易》及周易文化也会有所助益。

《周易文化读本》

全书目录

（上册）

（下　册）

前　言

一

接触《周易》（以下简称《易》）开始是非自觉的。20世纪90年代中期，无论是身处的大环境，还是小环境的笔者都倍感压力，胸有块垒，如何舒缓压力？如何排解愁闷？便想到了中国传统文化有这方面的功能。但中国传统文化典籍浩如烟海，儒家？道家？佛家？从何着手呢？因为以前学习过中国传统文化，曾读到其他著作谈及《周易》，也曾零碎地读到过《周易》的片断，就想到干脆接触中国传统文化的源头《周易》。既然它能哺育出儒道两大家，其里面一定有神奇的地方。于是，很快便从图书馆借到此类书，从此，课余时间研读《周易》成了笔者那一段时间内的常态了。对于笔者来说，读《易》确有收获，认识到本本分分做人，认认真真做事就够了，有些东西是可以放弃的。心态平和了，抑郁消解了。同时，还萌发出新的想法，何不将学《易》的心得与他人分享。自有了想开《周易》课的目标，学习的自觉性就更强了。在这之前，笔者已在学校里开了一门“逻辑学”选修课，再开《周易》课必然负担较重。真正了解的人都知道这两门课程讲起来不易：因为课程本身涉及的知识多，思辨性强，单一门就挺吃功夫，花费精力；而且各自又有不同的知识背景，不同的体系构成，不同的知识形态，不同的效用功能，具有挑战性自不必说，但笔者认为有正反两个方面的因素在激励着自己。

正面激励的因素有三。其一，北京工商大学是由工科和商科两所学院合并而来，人文学科相对薄弱，这对于学生而言，知识的营养元素相对单调贫乏，笔者有责任多提供些，苦点累点笔者心安。其二，笔者自信这两门课的长远的效用与功能，“逻辑”能补脑、补钙，“周易”不但能补脑、补钙，还能补心。其三，两门课的选修者众。“逻辑”选课者众，既有知识经济时代的大背景下为适应高素质人才竞争的需求的一面，也有当今社会上各类考试中逻辑试题比重较大，为应对职场压力的一面。“周易”选课者众，其背后的动机可能会千差万别，但笔者分析主要的因素有三个方面：第一，自从进入市场经济后，世事如迷局，人生如浮萍，选择性多了，反而更拿不定主意，人们总想在这纷扰迷茫中了解自身，把握住自己命运，作为智慧典籍的《周易》能够提供一些了解自身状况的途径和方法，能够提供一些预知自己未来命运的参考信息。第二，《周易》出身巫术，又与术数衔接，神秘色彩浓重。受好奇、探秘心理的驱动，一些在校大学生们想了解它的真伪与功能，这是它受关注原因之二。第三，《周易》毕竟是传统文化的经典之一，现实生活常有接触，借此了解一下，免得出现作为文化人的尴尬。

反面激励对于“逻辑”来说，就是如此重要的一门大学基础课不被人重视。多数人都去追逐了社会上的“热门的课题”，校内冷门的课程便显得更加的冷清，这反而激发了笔者的“任性”，哪怕是孤寂落寞，也要独木支撑。反面激励对于“周易”来说，就是不断地被人误解和歪曲，最终这些负面的东西转化为磨砺其意志的砺石。有四类言语或四种人从反面激励着笔者：其一，“过去的东西都是些封建文化，是糟粕。”此种人笼统地反之或拒绝之，体现为激进的反传统特征。其二，“中国传统的学术语言不规范，概念不清晰，推演不严谨，无科学性可言。”将现有学校里的教育固化、以西方学术的标准和习惯审视中国的传统文化。这是一种自信力、变通性和辩证性均缺乏的表现。其三，“《周易》讲的是算命、风水之类的东西，这些都是伪科学，不值得学习。”这是一种偏见和鄙见。其四，一些人打着大师、专家的旗号招摇撞骗，对《周易》的内容乱解释，瞎评判，或简单化处置，或下武断的定语，这种陋见与俗见的态度常常会帮倒忙。所有这些因素构成了对笔者的反向激励，笔者必须把自己的见解讲出来。以致于终于咬紧牙关坚持了下来，并最后得以成书。

《周易文化读本》虽然是在讲了近二十年的“周易文化”课程的讲义基础上整理出来的，但从讲义到成书还是经过了三年的漫长过程。三年来，由于只能在繁重的课余时间或寒暑假期间写作，查找资料也花费了不少时间，导致进度缓慢；由于此书获得了学校出版资金的资助，给笔者造成了一定的压力，笔者是带有一种使命感对待它的，现在成书，感觉轻松了许多。《周易》同中国古代其他经典的最大区别在于它是“学”与“术”的结合，“易学”部分是它的精华所在，“易术”部分是它的有机构成，里面有精华，也有糟粕。知“学”不知“术”，失之片面；知“术”不知“学”，拾小而失大。对于我们，既要了解《周易》义理的道理，也要了解《周易》象数的知识，既要知道“易学”部分，也要知道“易术”部分，这才是对《周易》的整体把握。《周易文化读本》分成上下两册，上册主要是对《周易》源流的介绍和“学”部分的阐释，下册主要是对《周易》中“术”部分的介绍和评述。

二

《周易》是中华传统文化经典中遭到扭曲和误解最严重的一部书，也是在国人心目中褒贬反差最大的一部典籍。

首先，《周易》由于有术数的部分，导致许多人陷入舍大取小、以偏概全的误区，专注于术数，把《周易》精髓的东西忽视了。术数拖累了《周易》整体的权威性。似乎一谈到《周易》就立刻想到占卜的形式，想到算命、相面、看风水之类的东西，这是极大的误区。许多人不想一想，难道被中国人奉为经典的书籍竟仅讲这些？难道我们祖先的注意力竟如此偏颇？事实的真相不是这样的。这种丢西瓜捡芝麻的蠢事，古人也曾经干过，被欧阳修所批评。在欧阳修看来，术数之事为小道理，天地间的阴阳变化、经世济民是大道理，所以他说：“得其大者可以兼其小，未有学其小而能至其大者也。”专注于《周易》的精华，即它的哲学的味道，关注于它表达的进取心和厚德意，我们就不会再做曾经的傻事。

其次，最容易中伤和误解《周易》的就是它的术数部分。这部分既不是《周易》的核心内容，也不是它要表达的中心主旨。即便说到术数也不可一概而论。术数中有“数”和方法，这部分有科学的成分；术数中的“术”有非科学的成分，但这种非科学的成分也不能直接与迷信画等号，有的归于朴素的民俗，有的归于未知的禁忌；而民间的禁忌也不能都简单的划归于迷信，而只能说有些民俗中的禁忌属于迷信的范畴。作为传统文化的重要组成部分的术数文化，虽然本书单列了多章加以讲述，但仍然是概括得不全面、不系统，其分析仍不够准确和深入。总的说来，我们对术数的研究还很不够。

再次，由于《周易》有其广泛的影响力，因此，历史上它始终处于学术研讨的焦点上，比较容易受到挑战和责难。一些人，包括是一些著名的学者也总爱将中华民族的一些缺陷和过失最终归结于它。杨振宁先生2004年在题目为《〈易经〉对中华文化的影响》的演讲中，谈到近代科学为什么没有在中国萌生？其原因他归纳为五点：“第一，中国的传统是入世的，不是出世的。换句话就是比较注重实际的，不注重抽象的理论架构。第二，科举制度。第三，观念上认为技术不重要，认为是‘奇技淫巧’。第四，中国传统里面无推演式的思维方法。第五，有天人合一的观念。”由于涉及了《周易》话题，愿与杨先生商榷。笔者认可中国人的思维长归纳，短演绎；但不能说“中国传统里面无推演式的思维方法”，《易传》中的《序卦传》就是一个推演式的思维。中国另一部经典《大学》中的段落：“古之欲明明德于天下者，先治其国；欲治其国者，先齐其家；欲齐其家者，先修其身；欲修其身者，先正其心；欲正其心者，先诚其意；欲诚其意者，先致其知；致知在格物，物格而后知至，知至而后意诚，意诚而后心正，心正而后身修，身修而后家齐，家齐而后国治，国治而后天下平。”也是一个推演式的思维。只不过中国人的推演思维形式的严谨程度还不够，与欧洲人的推演思维还有差距；而欧洲人严密的演绎思维得益于中世纪经院哲学里的辩驳。欧洲人借助于没有思维方式上的明显的短板，经几个世纪的追赶，最终超越了中国人。这是一个多因的事实。面对事实，必须承认《周易》有一定意识影响的责任，但“长归纳，短演绎”并不是《周易》造成的，杨先生所谈的第四点不够准确。关于杨先生的第五点也仅说对了一半，因为“天人合一”命题本身并没有错，人与自然的关系是一种既相互区别又相互联系的辩证关系，甚至归根结底、终极的意义是联系的。但是，在现实中，假若我们只看到统一和联系的一面，而没有看到对立和区别的一面，仅强调认同顺应的一面，而忽视探索改造的一面，那我们就错了。至于是否真是这一错误导致了中国近代科学的晚慧，笔者看论据也并不十分充分，算是间接原因吧。关于《周易》与近代科技关系，笔者在本书的第七章中有所论述。这里，笔者只想说《周易》对中国人思维模式的形成负有一定的责任。至于中国近代科学的滞后的责任原因应当主要归结于国家的机制，即科技政策与科举考试的内容与形式。再一个比较直接的原因是中国人逻辑思想中所暴露的短板，即演绎思维和分析方法的短板。这一套思维工具是近代科学应必备的，而缺失是致命的；缺失会造成成千上万的中国学生对当今实验科学和实证科学基本范式的不适应，不仅影响其今后的学术活动，而且也影响国际间的交流。笔者曾多次呼吁过，中国高考形式千改万改，加上一门逻辑单科考试才是改在点子上，如同农业的“滴灌技术”一样，这才是高效率的，才是带给这一民族的最大的福音。目前而言，尽快地、比较有效地改变民族思维短板的路径非高考莫属，别无他途。

最后，《周易》有广泛性和极强的渗透性，忽略它会导致人们对传统文化许多方面的缺失。如民俗中的“三阳开泰”，不了解“消息卦”知识就理解不了它；如成语中的“七上八下”、“不三不四”等，离开了卦象去讲只能是衍生的意思，都是延伸义而非本义。俗语“上厕所与下厨房”，要从风水的方位知识上讲，要结合古代方位图来讲，就易于理解了。一些人由于不了解民居的厕所和厨房的具体方位，再套用现在的地理方位来解释这句话，便不能不拧巴着说，胡乱解释，导致以讹传讹，误人子弟。

总而言之，不研究《周易》就没有资格谈论中国文化。因为中国文化中的许多概念和命题，以至后来的众多理论形态是由它引出或派生的，《周易》是中国文化的“条形码”！不懂得《周易》就不会了解中国人，因为中国人的思维内核是由《周易》浸润和塑造的，《周易》是中国人心灵的“解码器”！《周易文化读本》为一切想了解中国优秀传统文化的人、一切想了解周易文化（以下简称易文化）的人提供了现实可能性。《周易文化读本》有两个鲜明的特点。第一，它构建了一个周易文化的理论体系，这为读者全面了解周易提供了一个全新的视角；第二，它还构建了一个周易文化的教育与普及的教学知识体系，这对于繁荣国学、传播与普及以《周易》为首的优秀传统文化也会有所助益。

三

进行传统文化教育必然遇到这样几个关系问题，这些问题有时甚至像逻辑中的悖论问题，纠缠在一起，绕不过也躲不开，必须予以恰当的澄清。

(1) 传统文化的教育与封建文化的关系问题。换句话说，在进行传统文化教育过程中如何剔除其中的封建文化的糟粕问题。传统文化是精华与糟粕并存，精华这里无须说，糟粕同样是一抓一大把。《周易》里面也有许多糟粕。问题的关键是如何理性地看待，如何用扬弃的方法处理。世间凡是智慧的民族都不会虚无自己的历史，而是珍视它，反思它，修复它，护佑它。世间极少像我们这样，仅仅二百年的晦暗的日子，五百年的迟滞步伐，就把几千年的文明史抹杀，就把自己的老祖宗骂个遍。毫无虔诚之心，敬畏之意。这样的民族怎么能够自信地前行？这样的民族怎么能够走得很远呢？是的，我们认可这样的见解：一个民族从它的失败和教训中得到的东西远比它从成功中得到的东西要多！而问题的关键是对待失败和教训的态度，自暴自弃之人是不会得到什么东西的。

(2) 进行传统文化教育与进行现代公民教育的关系问题。现代公民教育的内容在传统文化那里是比较缺乏的。当我们教孩子们念《弟子规》时，在讲忠孝节义、礼义廉耻的同时，还必须进行现代公民的素质教育。需警惕那种将传统文化教育与现代公民教育对立起来的倾向。传统文化中有无愚民的色彩？回答是肯定的。天子、圣上、万岁都曾是那个时代的常用语。当然，传统社会里也有民本意识和独立人格的思想资源，例如讲爱国，当爱生民暖民之国；讲忠君，当忠贤良清明之君。但这毕竟还是极少数人所思所为，其影响和作用始终处于附属的或弱势的地位。进行现代公民教育，我们必须吸取和充实新的思想资源，如马克思主义和其他有益的思想，必须讲到自由、平等、民主、公正、法治等现代的社会主义核心价值观。我们今天的教育中，有无新愚民思想的灌输呢？笔者看是有的。厚今薄古不说，还厚此薄彼。我们应当正视历史，即正视一切的过往史，而不论它是“我”的历史，还是“他”的历史；也不论它是光荣的历史，还是羞辱的历史；对待历史人物都应当用历史唯物主义观点审视之，既不美化神化，也不丑化矮化，亦当一视同仁。

(3) 中华传统道德体系和普世价值体系的关系问题。这个问题实际又包含三个层次的话题。其一，是否认可有普世价值？应当承认有普世价值，否则，我们连对话的可能性和必要性都将失去。其二，中国传统文化中有没有普世价值观？当然有，毋庸置疑。如《周易》中的“举而错之天下之民，谓之事业”，“君子以经纶”的民本意识；“富有之谓大业，日新之谓盛德”，崇德而广业的民生关怀；以及《周易》里面的探赜索隐、崇礼重法、与时偕行等思想资源都具有普遍的意义，为世界所认可和遵行。《周易》中带有中国特色的“和谐”思想、“中道”思想，也正在被越来越多的国际人士所认同，逐渐成为普世价值而受到各国人民的尊重。其三，如何看待他人眼中的普世价值？必须声明，在相互尊重基础上的、面对善意的提醒和劝慰，中国人是听得进不同意见的。坦率地说，无论是传统的中国，还是现代的中国，面对一些普世价值，我们仍有调整的必要和空间。一部分中国人还必须懂得这样的道理：希望别人尊重自己，自己先要学会尊重别人，尽快使自己适应已经变小了的地球。只有我们大家在彼此宽容和谅解的基础上，找寻普世价值的最大公约数，求同而存异，世界才有合作发展，才能和谐共荣。

四

何谓大学？古谓大学者三也。古代经典《大学》曰：“大学之道，在明明德，在亲民，在止于至善。”这既指明了大学培养人的三条标准，囊括进了天、地、人、心的丰富内容；也阐明了大学的宗旨，就是教导人们必须处理好这样三种关系：与天地自然的关系、与社会中人的关系、与自身内心的关系。明明德，天地之谓也；日月为明，明德就是日月之德，明明德乃自然之要也。亲民，人之谓也；天下为公，民众最大，万众是成就事业之基，亲民乃社会之要也。止于至善，心之谓也；万念惟善莫大焉，止于至善乃心性之要也。《大学》是培养“大人”的篇章，或者说，《大学》篇是根据《周易》的道理而阐发的。《周易》则是培养“大人”的更高级的功课。

今我之谓大学也是三条：一曰大人之堂也；二曰蓄能之所也；三曰技艺之门也。此三者的次序不能改动。大学乃“大人之学”也，要教习做人学。“大”学生，岂仅为学生中的年长者乎？非也，乃“大人”者也！大学应要求学生做一个大写之人，堂正磊落，立于天地间，有格有品有情怀；而不能成为一个利己且刻薄的“小人”。如果大学生们将学来的本事都用于了逢迎与钻营，人因此变得贪婪而委琐，卑鄙而冷酷，那就是教育的最大失败。因此说，大学是教人做“大人”的殿堂，大学不教做人就等于给社会添乱！大学又是储备能力的场所。应是梦想者的“摇篮”，成功者的“孵化器”。大学的要务是启迪悟性和开发慧根，点亮智慧之灯；博闻厚积，目邃心远，有识有志有梦想。大学生应具备自我学习、自我更新的能力，既不是得过且过的、蝇营狗苟的偷生之人，也不是满足于顶岗、糊口、能有个事由做的平庸之辈。大学就该是龙宫凤巢之地，幼虎雏鹰之所才是。大学还是习得技艺之门户。大学生自身要有一技之长，要能够脑手并用，务实肯干，会着手解决现实生活中的某类问题并以此立身。何谓名副其实的大学生呢？他们应当是一群在天地间和社会上看得远、想得多，立得住、叫得响，拿得起、放得下，吃得开、做得来的人，一群靠本事吃饭，靠智慧赚钱的“牛”人、能人中的文化人。

职业教育必要且重要，“世界工厂”的中国需要高素质的劳动者。但现实是有一些大学越来越忽略前两项功能，打着培养实用性人才的幌子，只着眼于第三项功能的开发和训练，如此做下去，不仅是短视的，也是悲哀的。境界低了，目标近了，培养的标准也就下来了；有梦想的人少了，平庸的人就会多起来，“钱老之问”自然也就有了应验。我的《周易》课程和《周易文化读本》主要是为培养大学的全面人才服务的特别是为大写的“人”服务的。

五

中国今天的教育需要反思，中国的教育有这样几个方面的特征：

第一，它是一种“缺失”的教育。“缺失”的是三个方面的“德”：即道德、公德和品德的教育。丢失道德主要是缺乏信仰方面的教育，这实际涉及信仰民族化的重建的话题。这里的“道”是古语中的“大道”的意思，遵循“大道”是信仰的支撑。我们缺失有根基的本土化意味的信仰教育，使得一些人毫无虔诚之念、敬畏之心，无所禁忌；一旦缺失了信念上的基本支撑，人从无聊一直到无耻就一点不奇怪了。丢失公德主要是缺失宪政基础上的国家教育，缺失具有公共意识的大众化的公民教育，使得一些人缺乏公德心和责任感，目前的爱国主义教育不能替代正规的国家教育，使得一些人缺乏理性的国家认同，要么是狂热的肯定，要么是偏执的否定。丢失品德主要是缺乏做人、做一个社会人的教育。我们提倡做一个有品格、有情怀的光明磊落的人，一个传统文化中的正人君子，而现实中职业道德和个人品德都已突破了以往的底线，人才不讲人，只讲才，这样的话，才越大社会越倒霉。这种“缺失”教育损害的是孩子们最基本的“情商”，所以中国社会中人际关系持续紧张便是很自然的事了。当然，教育并不是“三德”缺失的唯一原因，但有其不可推卸的责任。

第二，它是一种“削弱”的教育。“削弱”的是“智”，大致也有三个方面：其一，整个教育是重“鱼”轻“渔”，仅要求答案或结果，不告知过程和方法，只重视既往知识的精准，不尊重、不爱惜创新意识、求异思维的培养。其二，关注整体教育的标准化，忽视个体教育、个性教育的必要性，导致呈现为一种淘汰性教育的倾向。其三，教育中正面的肯定性的思维偏多，训导和灌输的成分较大，少启发和思索的空间，缺少对学生的逻辑思维和批判性思维的训练，使得学生们质疑思维弱化，普遍缺少理性思维，容易偏激，多感情用事。这种“削弱”教育损害的是孩子们最基本的“智商”，所以，中国社会中非睿智的人偏多，爱模仿、喜复制的人偏多，而创造和创新的人偏少。

第三，它是偏狭的教育。有三个形容词来表达其偏狭：重理轻文，厚今薄古，褒中贬西。

第四，它是短视的教育。现实中体现出来的也是三个方面的特征：急功近利色彩的教育，应试化的教育以及和“物欲”的指标紧紧挂钩的教育。此种教育名为对年轻人进行成才和成功的教育，实则是最不成功的“成功学”教育。

有关教育的话题一言难尽。结合周易文化，仅就“信仰”的话题说一说。信仰处于意识的最深层，是意识层面最高阶的部分。信仰既有质的规定性，也有量的规定性。信仰质的规定性，即将信仰分为“四类”，宗教信仰（跨文化或文明圈的信仰）、文化与文明信仰、国家与政治层面信仰、生活习俗信仰等；信仰量的规定性，就是肯定信仰里面有意志力的测量，分为“五阶”，即信奉者、信仰者、信念者、理想追求者、愿景期盼者等。中华民族是有信仰的民族，少数民族如此，汉民族亦如此。“四类”信仰是这样一种的情形：越靠前的信仰越藏在灵魂的深处，前面的信仰总是充当后面的信仰的基础。中国人的宗教信仰表现在“老天”上，所谓“青天在上”，表现在“神明”上，所谓“头顶三尺有神明”。中国人的文化与文明信仰表现在对祖国悠久历史的自豪感，对祖国、对家乡、对祖上、对父母的眷恋，是传统文化易儒释道综合起作用的结果。前两种的信仰文化是构筑后面信仰文化的基础和前提。我们现实的情况是全民族没有共同的信仰的东西，或者说缺乏信念上共同认可的目标，缺乏一种上下的“合力”。执政者或治国者必须找到这样一种信仰：它真正是全体人民的大多数人相信的东西，这种东西一定要到自身的历史和传统中去找，它一定是深藏在每一个民族成员的内心中间的，并且经过了长时间沉淀了的思想精华，它不仅具有最大的公信力、最大的公约数，而且具有最大的消融力和说服力。老实说，较短时间内构建一部分人的信念体系是有可能的，而建造上亿人、几亿人或十几亿人的信仰体系就很难。中国人的信仰文化的重构，或者说信仰文化的中国化建设工程必将伴随着民族复兴的浪潮而到来。

六

《周易》从来就是中华民族信仰的结晶。作为民族信仰的重要组成部分它曾经伴随着这个民族走过了几千年；而后，它作为既是民族信仰的有机构成，又是理性思维梳理后被认定为最重要的典籍，再伴随着这个民族又走过了两千多年的漫长岁月。这种五千年的缘分怎么能不令人回味和反思？又怎么能够会轻易地疏离呢！中华民族的聪慧、睿智的底蕴，自强、坚忍的气质，内敛、包容的品格、务实、勤劳的秉性，无一不是由《周易》那里生发出来的。我们曾经丢失过家园。物质家园暂时丢失不可怕，只要坚守住精神的家园，物质家园就有光复的希望；而丢失了精神的家园才是最可怕的事情。我们曾经有过迷失的时候，有过极不自信的时候，幸好我们没有完全丢弃。中国优秀的传统文化是我们的精神家园，我们必须继承下来并进行认真的梳理。伴随着民族复兴和现代化的进程，重新整合中华民族新的精神家园的历史任务已经摆在了我们的面前。

习近平总书记2013年9月26日在会见第四届全国道德模范及提名奖获得者时的讲话指出："中华文明源远流长，蕴育了中华民族的宝贵精神品格，培育了中国人民的崇高价值追求。自强不息、厚德载物的思想，支撑着中华民族生生不息、薪火相传，今天依然是我们推进改革开放和社会主义现代化建设的强大精神力量。"这里，习近平引用《周易》的"自强不息、厚德载物"思想，是对包括《周易》在内的中华优秀传统文化的肯定和褒奖。

习近平在2014年2月24日中共中央政治局第十三次集体学习时的讲话中还说道："中华文化源远流长，积淀着中华民族最深层的精神追求，代表着中华民族独特的精神标识，为中华民族生生不息、发展壮大提供了丰厚滋养。中华传统美德是中华文化精髓，蕴含着丰富的思想道德资源。不忘本来才能开辟未来，善于继承才能更好创新。对历史文化特别是先人传承下来的价值理念和道德规范，要坚持古为今用、推陈出新，有鉴别地加以对待，有扬弃地予以继承，努力用中华民族创造的一切精神财富来以文化人、以文育人。要讲清楚中华优秀传统文化的历史渊源、发展脉络、基本走向，讲清楚中华文化的独特创造、价值理念、鲜明特色，增强文化自信和价值观自信。"秉承增强文化自信和价值观自信的理念，力图讲清楚《周易》在中华文化构建中的不可替代的作用，正是著者写作《周易文化读本》的宗旨。毕竟投入的精力有限，加之学识有限，真诚期望各路专家不吝赐教。

《周易文化读本》获得了北京工商大学出版资金的资助，体现了北京工商大学的学校领导对哲学社会科学的重视，也是学校领导响应习总书记的号召，对弘扬祖国优秀的传统文化做出的富有成效的贡献。对此著者深深地表示敬意与感谢。中国财政经济出版社的周桂元和卢关平二位主任编辑为本书的出版鼎力支持，由于该书图形和表格较多，而图表的印制是比较麻烦的，为此耗费了许多的心力，对此著者也深深地表示敬意与感谢。

刘韵冀

2016年5月5日　北京航天桥

《周易文化读本》（上册）

目　录

第六章　周易文化在中华文化中的位置　161

第七章　周易文化与自然科学　201

第一章

导 论

——我们应当了解《周易》和周易文化

作为中华文化元典的《周易》（简称《易》），影响了中华文化数千年。无论今天的你抱着怎样的心态看待它，它的重要性就在那里！一个中国人要想了解自身，了解自己的同胞，了解自己的祖国和文化，离开了对周易文化（以下简称易文化）的了解便成了难以想象的事情。因为如果你遗漏了它，忽视了它，就失掉了中国文化的很大的一个部分，而且是最重要的部分。所以，今天的中国人了解《周易》、学习周易文化乃是天经地义、理所当然的事情。在中国历史的很长一段时期内，《周易》曾是封建社会选拔人才、求取功名的必要课程。古代实行的科举考试，不论是初级考试的考秀才，还是中级考试的考举人，乃至高级考试的考进士、最后中状元，《周易》都是历代士子们重要的考试内容，古代文人们学习它为的是金榜题名，封官晋爵；进而建功立业，耀祖光宗。而今天的我们学习《周易》和周易文化，其目的已经不是为了应对“贡院”的考试，也不是为了所谓的“黄金屋”或“颜如玉”，而是为了增强对中华文化的自信以及增加自身的力量，为的是爱中华、有文化、增智慧、做君子。

第一节
何谓《周易》和周易文化

一、《周易》印象

（一）像谜一样的《周易》

1. 周易是什么？

周易是什么的问题，即便问一个文化人也可能一时语塞，因为它确实一言难尽。《周易》首先是一部书、一部经典，可以阅读；周易是一种思想体系，可以启示人、教育人，是中国人观察世界、解释世界的智慧宝典；周易是一个文化现象，渗透到这个东方古老社会的血液和细胞之中，同这一民族每一个成员的衣食住行、喜怒哀乐紧紧地联系在一起。同时，周易又是一门从古至今始终教授的课程，既可以在幽静的书院中、在高雅的殿堂内、在高等学府里讲授、探究，也可以在田间地头或街头巷尾中感知、交流并且习得。周易还是一项社会的职业，一些人在做足了所谓“文王课”的功课后，就可以游走江湖，找到挣钱谋生的饭碗。

因此，我们需要强调指出的是，当我们说“周易”二字的时候，若加上书名号，即《周易》时，常指的是经与传合一的文本形式，强调其是一部书；若不加书名号，则一般指的是广义的“易学”或者代指为周易的文化形态。

2. 周易印象的矛盾性

人们对周易的印象常常是矛盾的：既熟悉又陌生，既疏离又接近。人们知道周易是因为它阴阳鱼的太极图标几乎无处不在：道观里有，养生堂上有，街头看相算命的卦摊上也有。凡有周易的地方就有太极图。周易，高雅的大学课堂上会讲到，低俗的摆摊算命先生也会讲到；高官富贾讲周易，平民百姓也讲周易；讲周易，可以讲国运兴衰的大事，也可以讲祈福求安的小事；可以讲经世济民的公事，也可以讲的免灾去病的私事；卜问个官运财运用周易，风水择吉、趋利避害用周易；测个八字用周易，起个好名也用周易。周易渗透到了中国人生活的方方面面，所以大家接近它而熟闻它。

但是，周易对许多国人来说又是陌生而疏离的，这是因为它常常被人贬斥和曲解。有说它是迷信，有说它是糟粕，进而贬损它、拒绝它。周易里面有术数，而术数里面有糟粕！美玉有微瑕，即便美人儿也有长得不完美的地方，这毫不奇怪。止于表象、以偏概全，倘若一般人是这样的见识，我们完全没有必要去计较，其原因主要是缺乏对传统文化的了解所造成；要紧的是一些在某一领域成为专家或学者的人，一些自称是文化人也用如此的态度看待周易，这就需要我们认真对待了；为什么呢？因为这些人有一定的影响力，头上顶着光环，又讲着一些似是而非的道理，就更能蒙蔽一些人。偏见比无知更加可怕。对一些人来说，只能奉劝道：别拿自己的不知、不懂的东西，用一句“迷信”而鄙之弃之。

《周易》是中国传统文化的一座宝库，是中国文化的瑰宝，是中国文化屹立于世界的一座丰碑，一顶皇冠。作为中华民族的子孙都应该为我们拥有这样一座宝藏而感到自豪。同时，又感到有重重的责任在肩头。让国人了解周易，向国人阐释周易的核心思想及其价值，希望每一个国人都能用一种正确的方式去阅读，去理解，去感悟，去应用周易中的道理，弘扬以《周易》为首的中华优秀文化传统，便是我们义不容辞的责任了。

3.《周易》原是一部占筮之书

《周易》原本是商周时期形成的一部占筮之书。但这部书在后来的流传过程中，人们随着对它内容的理解逐步在加深，对它本身的地位和作用也有了新的认识。从春秋时代开始，随着社会的进步和文化的发展，人们对它进行了各种各样的解释，特别是春秋时代晚期被尊为圣人的孔子也参与到对它的注释之中，孔子的参与，不但升华了《周易》原有内容的意蕴，而且使得后人们对《周易》的态度也发生了重大的转变，闹半天，占筮之书的外壳下包裹着是一部哲理之书！

4. 在古代典籍中《周易》是较难学习的功课

《周易》为什么是较难学习的一类功课呢？原因在于：其一，它涉及的领域宽泛而庞杂，阐述的道理深奥而文字较晦涩；其二，由于距今时间久远，材料缺失的较多，从而导致谜团较多、疑问也较多；其三，加之文字古朴、艰涩，现代人理解起来常常要借助各类工具书的帮忙，同时后人释义又常有歧见，因此，学习起来较费气力。以文字的古朴、艰涩为例，人们往往识其字而不明其义，似读“天书”。例如，“元亨利贞，介于石，不终日”；“王用三驱，失前禽”；“包承，小人吉，大人否”；“见豕负涂，载鬼一车”；“女承筐无实，士刲（音亏，屠割之意）羊无血”等等。既然如此，难道我们就只有知难而退了吗？不是的，办法总是有的。其办法便是周易适宜由专门家来讲一讲，待大家有了一定的易学基础之后，再考虑或深入地研读，或旁触周易文化的其他内容。

（二）周易所具备的一般特征

在探究周易的实质之前，我们先要了解一些周易的总体情况。周易具有深、广、长的三个维度的一般特征。

1. 周易“深”的特征

周易说它“深”，即有深刻、深厚、深远之意；也就是说它阐述的道理深刻，它积淀的文化深厚，它产生的影响深远。它“究天人之际，通古今之变”（司马迁语），闪烁着中华智慧之光。德国的哲学家黑格尔曾赞许说“《易经》包含着中国人的智慧”[①]。著名心理学家荣格在为英文版《易经》所写的序言中这样评价：“如果人类世界有智慧可言，那么中国的《易经》应该是唯一的智慧宝典。我们在科学方面所得的定律，十有八九都是短命的，只有《易经》亘古而常新，沿用了数千年，迄今仍具有价值。”

2. 周易“广”的特征

周易说它“广”，即有宽广、广阔、广大之意。这里面有三层意思：

第一层意思是说有关《周易》的著述多。据不完全统计，中国历史上解释《周易》的著作有三千多种，其中多数已失传，目前流传下的还有近千种。尽管这些著作对《周易》的解释未必符合“古易经”的本义。我们当下所谈论的周易，通常是指以《周易》文本为中心的“易类”的书籍，这里当然包括后人所有的有关《周易》方面的著作、文章和文字。

第二层意思是说在“易类”著作的角度上，又出现了三个层次的相对区别：

首先是“易经”。“经”指的是商周时期形成的最古老的典籍，即原初文本的《周易》。汉朝人尊之为“经”。所以《周易》即是《易经》。什么是“经”呢？经就是织布中纵方向的“线”，经是织布的主干，它是不能断的；横向的线称作纬线。古人将此借用于书籍上，凡称作“经”的书都是重要的典籍。“经”同时还有常规不变的意思。

其次是“易传”。古人管解经释经的文章统统称之为“传”。春秋战国之际的孔子及孔门后学解释《易经》的著作，就被称之为《易传》。“传”同时有解经传授之义。然而，为了区别以后的学者们解经释经的文章，人们通常将孔子及孔门后学们于春秋时期编撰的《易传》尊称为“易大传”。

最后是“易学”。“学”是指汉代以来的各类学者对《周易》“经传”所作的“探赜索隐，钩深致远”的种种注疏和诠释，以及以《周易》“经传”为基础而形成的各式各样的学问。“易学”是传统文化中的最具深厚基础的一门功课。周易大家邵雍曾云：“学不际天人，不足以谓之学。”[②] 后人便因此推衍为“学不究《易》，不足以谓之学”之说。最终形成了易学在中国文化史上浩如烟海、汗牛充栋的澎湃之势。

自此，《周易》典籍便包括经、传、学三部分。经、传、学三者关系既区别又联系，它们之间源流相承，又各具特色，共同构成了一个博大的知识体系。

第三层意思是说随着时代的演进，对《周易》解释的内容愈来愈丰富，涉猎到哲学、自然科学、社会科学和思维科学等诸多领域。在《周易》思想的启迪和影响下，最终形成了迥然各异的周易文化的诸多形态，这些周易文化形态同古老

① 黑格尔：《哲学史讲演录》，商务印书馆1983年版，第120页。
② 邵雍：《观物外篇》。

民族的意识心理、风尚习俗、衣食住行紧紧地连在了一起，构筑起中华文化最厚重的筑基。

3. 周易“长”的特征

周易说它“长”，即绵长、悠长、深长之意。它发端高古、源远流长。周易读起来往往遇到一字多义，一词多义的情景，常常有意味深长之慨。不同历史时期的人们释读《周易》后留下的典籍，不仅构成了一个动态的易学知识体系的历史，而且在周易意识文化的哺育下，中华民族的其他文化形态也获得了蓬勃的发展，如中医和中药文化、武术文化、气功文化、书法绘画文化、戏曲文化等。这些文化形态不但蕴含着易的精髓，而且每一种形态也都具易文化的特质，即呈现出博大精深、悠远绵长、瑰丽多彩、争奇斗艳的情形，这些文化形态成为了世界文化史上的值得珍爱的奇葩。

二、如何理解《周易》

（一）周易的四层同心圆结构

周易是一个浩繁的体系，像一颗洋葱一样，有着多层的结构。周易由里向外分别是易经、易传、易学、易文化。《周易》的原初文本成为了经典，即所谓的“易经”部分；孔子及其儒门弟子们对原初文本的注解被称之为“易传”或者“易大传”。往外扩而展之，是自战国后的士子或学人们对“经”与“传”合二为一的《周易》文本的注解、注释和体会的文章便成为了浩瀚的“易学体系”，这部分是周易文化“学”的方面，其大部也就是“易”的“义理”部分，它构成了周易文化的主要方面；再而后，又由“易理”中衍生出来了各类文化现象，赋予了《周易》具备了众多的文化应用的功能，这部分是周易文化“术”的方面，其大部也就是“易”的“象数”部分，它构成了周易文化的非主要方面。由“学”和“术”共同构成了异彩纷呈的周易文化。因此，周易实际上是具有四层同心圆结构的文化形态的大系统（见图1-1）。

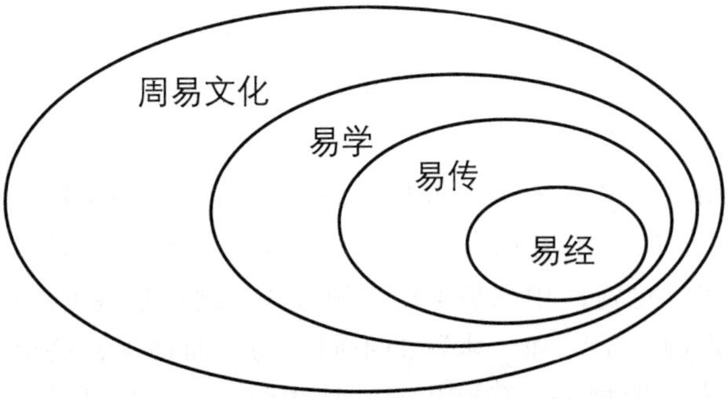

图1-1　周易文化四层同心圆结构示意图

（二）周易的内涵和外延

周易由最初的《易经》内核向外延伸发展到周易文化，其内涵和外延都不能不趋向复杂，我们愿意尝试着揭示周易的内涵和外延。

1. 周易的内涵

周易是一个最初以巫祝们卜筮时记录的卦爻辞为原点，经有心人整理终于成为人与神、灵与肉、理想与现实、当下与未来对话的智慧宝典；周易是一个以天地人及其相互关系为研究对象，以象、数、理、占为众多的研究手段与方法，以阴阳为精髓、以八卦（河洛）、五行、干支、星象诸学说为基本内核的繁复的理论体系；周易是一个由经、传、学以及由易学衍生出的多种文化现象集合而成的、同时兼有道、术、用、器多重功效的庞大文化体系。周易文化既是一个文本的、具有知识层面、理论特质的静态体系，也是一个可以用来操练演习、具有实践特点的动态体系；既是一个“益智”的体系，也是一个“育德”的体系；既是一个古代圣贤智者已经完成了的相对圆满的体系，一个“既济”的体系；也是一个预留了未来天才领悟者的空间，可以继续发挥其聪明才智的未完成的体系，一个“未济”的体系。

2. 周易的外延

我们又如何理解周易的外延呢？由于周易是一个庞杂的多层结构的体系，我们以为可以有不同的角度解读，依不同的理解和标准可以有多种的划分。

首先，由道、体用、谋术、器物的不同层次可以划分出周易的不同文化形态。道——既具有本原性质、也具有规律的、本质的、必然的性质的东西。“易道”是周易文化中最抽象、概括的道理，它通过思想和理念的形式表达出来，具有其抽象性、深刻性。体用——本体和功用、效用的意思。“体”既“道”与“术”所借助和依附的活动本体。既包括人主体，包括制度、典章等规范性的东西，它具有实践应用和操作的性质。“易的体用”指的是易所理解的主体在易的理念和方法指导下将其贯彻与应用于社会的各个方面，它更注重的是活动本体所要达到的实用性和有效性。谋术——方法、谋划和策略，也包括玄机、技巧和方术。“易术”包括两方面：一方面，“易术”具有方法论的意义。其智慧的方面体现在谋划和策略中，强调思维的合理性和正确性，强调在道理基础上如何实现以及实现的方式。这是广义的“易术”。多数易学家是秉持这一态度的。另一方面，“易术”是指凡俗间的术数，即用《周易》来推测人世间各类事情吉凶祸福的一种方术。这是狭义的“易术”。这样的方术有：占卜、占星、相宅、相面、测算生辰八字、解梦等。东汉的王充在《论衡》中列举了许多种形式，他将这些形式统称为“术”。历史上多数易学家强调“学”和“术”的不同，扬学而抑术，这个“术”一般指的就是凡俗间的方术。器物——有形状的、具体的物体，包括建筑、工具、各类器物等。“易器”指的是一切和“易”有关的实物。包括“易”理念和风格的建筑；

“易”工具：如祭祀用品、卜筮用具、历书，还有测风水的工具。中国指南针发明是从“司南”器具发展过去的，最早的“司南”是用来看风水的。“易器”还包括道教里的各式法器，包括各类“易”的标志，如八卦太极图，龙为首的瑞兽崇拜物，甚至细致到日常小物件：如中国人沿用了两千多年的内方外圆的古代钱币，玩的围棋、中国象棋、使用的算盘都与“易”有着千丝万缕的联系。

其次，由对周易研究的手段、方法不同而划分为“儒家易”和“道家易”。相当一部分人爱将“易”归在“儒学”范畴内，这是本末倒置。先有“易”而后才有“儒”，二者虽然在内容上有很大部分的交叉和重叠，但依然不能是包含关系。对“易”的不同选取和解读，产生了儒家易和道家易。一般地说，儒家易重“义理”，而道家易重“象数”。周易在不同历史时期的发展，学者们解读的不同，从而划分出了不同时代的易学风格和学术重点，即所谓的汉易、宋易和清易等。

最后，根据周易所研究的不同的性质和对象，既可以划分出具有自然学科属性的“易学”学科和具有社会学科属性的“易学”学科。又可以划分出跨学科的“易学”学说，如天人学、经世学、预测学、养生学，如节气物候学、属相生肖学、命相学、姓名学、占相学等等。根据易学衍生的多种文化现象我们还可以划分出跨多种学科的、综合性强的阴阳五行说、五行八卦说、天干地支说、星宿说、堪舆风水说等等。

三、《周易》的价值

（一）周易为之“书”的价值

1.《周易》是“百科、百宝、百变”之书

《周易》是“百科之书”，“《易》之为书也，广大悉备。”[①] 它可以使我们了解自己的历史，丰富多方面知识。

《周易》是“哲学之书”，“一阴一阳之谓道。”[②]它使我们增长智慧，掌握大道理，而不是兴趣于占卜、痴迷于玄机。

《周易》是“变化之书”，“乾道变化，各正性命，保合太和，乃利贞。”[③]它可以给我们更宽广的视野，更变通的智慧，更豁达的心态；变化是万物的道理，而适变则是我们为人的道理。

《周易》是“经世之书”，“夫易，圣人所以崇德而广业也。”[④]倡导“君子以经纶”[⑤]。

世传所谓“半部《论语》治天下”，实有言过之嫌。《周易》的视野比《论语》大，更应是一切管理者的必读之书。

《周易》是“立命之书”，“穷理尽性以至于命”[⑥]。它给今天的我们不仅指明

①②③④⑥ 《易传·系辞》。
⑤ 《易传·象辞》。

了天地生存之道，处世安身之法，还提出了道德修养的理想，我们每个人践行其理想，就会有无悔的人生。

2.《周易》的地位及其评价

《周易》作为中华文化元典之一，从古至今，始终居儒家“五经之首”，即《易》《诗》《书》《礼》《春秋》；列道家“三玄之冠”，即《周易》《老子》《庄子》，在中华文化史上，它无愧是“群经之首”、“众经之源”。

《周易》在当今还被世人认为是世界三大经典之一。三部经典即《周易》、《吠陀》、《圣经》均在国际上享有崇高的地位。这三部经典，《周易》最古老。西方《圣经》有2000年的历史，印度的《吠陀》早期文献有3100年的历史；《周易》算到西周早期也有3100年的历史，如果从其源头《归藏易》和《连山易》算起，便和中华五千年的文明史相比肩了。

人们如何评价《周易》呢？西洋人是这样评价的，瑞士哲学家荣格说：“《易经》是一个取之不尽、用之不竭的智慧源泉。”英国科学家李约瑟说：“八卦是东方科技史上一颗闪闪发光的明珠。”东洋人是这样评价的，日本汉学家本田成之说：“《易经》乃是中国人一切智慧的基础，是唯物主义及其规律的基础。”① 华人自己是这样评价的，国学大师南怀瑾说：“《易经》是经典中之经典，哲学中之哲学，智慧中之智慧。这是我们自己站在本位文化的立场来推崇《易经》的看法。”② 国际《易经》学会主席成中英说；“《周易》是生命的学问，宇宙的真理，文化的智慧，价值的源泉。《周易》不仅是中国的，也是东方的，更是世界的；不仅是古代的，也是现代的，更是未来的。”中国台湾学者曾仕强说：“《易经》是中国哲学思想的源头，看懂了《易经》也就看懂了人生。”《周易》的价值及其她的全方位功能是其他任何一部古代的经典都无法比拟的。

（二）周易为之文化形态的价值

1.《周易》是中华文化的源头

《周易》堪称中华文化的源头。它的内容极其丰富，对几千年来的中国经济、政治、文化、社会等各方面都产生了极其深刻的影响。无论是孔孟之道，老庄学说，还是《孙子兵法》、《黄帝内经》，无不源于《周易》。清代大学士纪晓岚在《四库全书总目提要》中论及《周易》所云：“《易》道广大，无所不包，旁及天文、地理、乐律、兵法、韵学、算术，以逮方外之炉火，皆可援《易》以为说，而好异者又可援以入《易》，故《易》说愈繁。”《周易》的广度渗透到了我们社会生活的方方面面，而其深度则渗透进了我们民族的骨髓中，甚至可以说没有《周易》就没有中华文化，就没有灿烂的中华文明。

---

① （日）本田成之：《中国经学史》，李俍工译，上海书店2001年版。

② 南怀瑾：《易经杂说 · 第一部分 · 敲门砖》。

2.《周易》是中华文化的“条形码”

从文化的角度，《周易》是中国文化的“条形码”。中华文化在同世界其他民族文化的比较中，什么可以成为其文化识别的标志物呢？孔子的儒家？单薄了些。孔子和老子的儒道两家？仍不够厚重。儒、释、道“三教”？分量虽有了，但佛家毕竟西来。《论语》、《老子》，加之《孙子兵法》、《黄帝内经》等经典，都产生于春秋战国时期，距离现在虽然有2500多年的时间，然而，和中华5000年的文明史相比，不过仅一半的时间而已；谁又能在另外的2500多年间孤芳于秋霜冬雪、独领风骚呢？别无他选，只有《周易》！无论是存在时间的长度、内容的深度还是辐射的宽度、广度而言，《周易》完全可以担当中华文化识别的标志。“嘤其鸣矣，求其友声”[①] 无论你在世界的什么角落，只要你闻到一缕墨香，听到一段古琴的弹奏，哼上一段昆曲或梆子，摆出一副“功夫”的架势，绘制出一幅“太极”的图画，你就能找到乡亲或者知己。当然，中华文化的优势地方有它的功劳，中华文化的劣势地方有它的责任。《周易》是国际间中华文化识别的“条形码”。

3.《周易》还是华人心灵的“解码器”

《周易》还是华人心灵的“解码器”。它像一颗生命力极强的种子深植于中国人的思维内核中，溶解到华人的血液里，支配着我们的言谈举止，它里面深藏着民族文化的密码。它深藏在每一个方块字内，深藏在方块字所构成的词语中。只要你是华人、受中华文化的熏陶，你的思维和心理的深层密码都可以在这里得到解构和注释。正像每个人都有一套自己的遗传基因一样，《周易》是中国人意识的DNA，是中国人独有的文化基因的密码。优秀的中国人，有它一份荣光，丑陋的中国人，有它一份愧色。在这个意义上，《周易》是华人心灵的“解码器”。理解了《周易》，就等于破解了华人心灵的密码。

第二节 我们为什么要学习周易文化

在21世纪的今天，在网络的时代，我们为什么要来学习古老的周易文化呢？周易文化对今天的我们有着怎样的意义呢？我们要为自己的行为找出合理化的解释。前面我们已经阐明了《周易》的价值，这里，我想再补充讲述以下三方面的理由。

① 《诗经·小雅》。

一、溯源——固根而求立命

《周易》是中国最古老的典籍之一。作为中华文化的源头当之无愧。了解《周易》，溯本寻源，我们便有了安身立命的根基。《周易》在三个方面与中国古老的文化渊源相关联。

（一）《周易》与中华文字的渊源

1. 文字是文化的重要构成

文字是构成文化的最基本和首要的形式之一。文字来源于早期人们创制的简单图形和符号，当人们对愈来愈多的图形和符号进行规范整理，固定其意义时，便产生了最初的文字。中国不少地方在发现岩画的同时发现多处的图形符号（参见彩色插图 1），约 10000 年至 7000 年前就出现了具有文字性质的龟骨契刻符号，如阴阳爻画、甚至卦符号，6000 年前中国陕西半坡文化的陶器上有一些刻画符号（参见彩色插图 2），5000 年左右的山东龙山文化代表大汶口文化中在陶片上也发现了许多刻画的符号，这些都应该是早期文字的雏形。古文字的诞生非一人一手之功，是中国先民长期累积、持续发展的结果。中国东部地区的古汉字有骨刻文、陶文（参见彩色插图 2、3、4）。中国西南部纳西族所采用的东巴文和水族的水书，也属于中国古文字系统。

《周易》同中华文字起源有密切关系最有力的证明是甲骨文。甲骨文是古代人将祭祀或占卜的卜筮之辞刻画在龟甲和兽骨上的文字，将卜筮辞文字记录并集合起来、最终形成占卜的工具书，这便是“易”的早期形态。《周易》的古经部分是在古代“易”的基础上系统加工整理而形成的。甲骨文作为《周易》与中华文字两者间的媒介，构成了两者有着密切关系的事实证据。甲骨文发现于河南安阳的“殷墟”。经过 100 多年来的发掘和收集，在殷墟总共出土 15 万多片甲骨。在这些甲骨中，所使用的单字有 4500 多个，能认识和能厘定为汉字的有 1700 多个。所以我们称甲骨文为中国最早的比较成熟的文字体系，同时也是形成《周易》“古经”的原始资料（参见彩色插图 5）。

2. 中国文字起源传说的两个版本

《易传 · 系辞下》云：“古者包牺氏之王天下也，仰则观象于天，俯则观法于地，观鸟兽之文与地之宜，近取诸身，远取诸物，于是始作八卦，以通神明之德，以类万物之情。”又云：“上古结绳而治，后世圣人易之以书契，百官以治，万民以察。”《周易》上述两段话实际上说出了中国文字起源传说的两个版本。

第一个版本是神一样的伏羲造字。伏羲先造出一、二、三、十、廿等数字，光有数字不行，伏羲又看着天地，按照万物的形状又造出了日、月、水、火、山、石、田、土、羊、鱼、牛、人等几百个字。这时，有个小孩来找他说：“大人，您造的字，有些不恰当？”“哪些字不恰当呢？”“比如‘牛’字只有一个角，而

‘鱼’却有四只脚。”伏羲没想到这个小孩比自己聪明，忙问：“你是谁呀?”小孩回答说：“我叫仓颉。”“哦，那你就把我造错的字改过来吧。”伏羲便同意让人们自己去造字。在人们造字的过程中，仓颉创意最多，功劳最大，所以，后来的人们就说是仓颉造字了。

由此便引出了另一个版本的传说——仓颉造字。仓颉，黄帝时的史官。在此以前，人们结绳记事，后又发展到用刀子在木竹上刻画符号记事。但随着事情愈来愈繁杂，原有方法已经不适应了，便有了创造文字的客观要求。相传仓颉“始作书契，以代结绳”[①]。传说中的仓颉，聪明好学，善于观察，看尽了天上星宿分布的情况、地上山川脉络的走向、鸟兽虫鱼的痕迹、草木器具的形状，描摹绘写，造出种种不同的符号，并且定下了每个符号所代表的意义。仓颉便把这种符号叫做“字”。史上最早提及仓颉者，是战国时期的大家荀卿。《荀子·解蔽》中记载：“故好书者众矣，而仓颉独传者壹也。”稍后一些的《吕氏春秋》有这样的记录：“奚仲作车，仓颉作书。”《说文解字序》中记载：“仓颉之初作书，盖依类象形，故谓之文；其后形声相益，即谓之字。”大致从汉代的《淮南子·本经》开始，逐渐有了一个从仓颉造字到仓颉成神的演变过程，开始有了仓颉非凡人的说法。

传说中仓颉生有“双瞳四目”，即所谓“重瞳”以示非凡。重瞳就是一个眼睛里面有俩个瞳孔的生理现象。目有重瞳者，中国史书上记载有多人，除仓颉外，还有虞舜、重耳、项羽、李煜等。在上古的神话里，认为有重瞳的人都不是凡人，其实未必。虞舜是禅让的、孝顺的圣人，但舜有顽父劣弟，且死因可疑；项羽虽称西楚霸王，但终在四面楚歌中亡于垓下；李煜，艺术才华出众，但作为南唐的国君，其政治上是失败的，最终落得亡国灭身的结果。“重瞳”经过现代医学的解释，这种情况属于瞳孔发生了粘连畸变，从 O 形变成了∞形，由于不影响光束的进来，所以并不影响视力，但仍算是一种眼疾，是不值得炫耀的。

《淮南子·本经》文中这样记载：“昔者仓颉作书，而天雨粟，鬼夜哭。”可见，造字能够“惊天地而泣鬼神”。汉代王充在《论衡》中，也曾提到“仓颉四目”。尤其是汉代的纬书，又进一步地渲染：仓颉“生而能书，又受河图录书，于是穷天地之变，仰视奎星圜曲之势，俯察鱼文鸟羽，山川指掌，而创文字。”[②] 当然，在仓颉造字过程中，也曾有人对他所造的字提出过批评：“你造的‘重’字，是说有千里之远的意思，应该念出远门的‘出’字，而你却教人念成重量的‘重’字。反过来，两座山合在一起的‘出’字，本该为重量的‘重’字，你倒教成了出远门的‘出’字。这样的造字，可真叫人难以理解呀。”听到别人提的意见，仓颉感到很内疚。由于这些字已经教给了各个部落，传播出去了，很难再纠正了。但自此以后，仓颉每造一个字都是细心琢磨和反复推敲，便再没有出现差错了(见图1-2、图1-3、图1-4)。

---

① 卫恒：《四体书势》。

② 《春秋元命苞》。

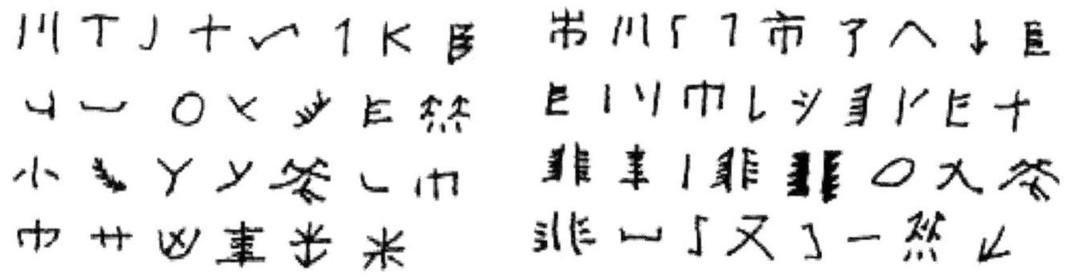

图 1－2　原始社会创造的刻画符号

图 1－3　仓颉庙

图 1－4　仓颉像

3. 创制文字的意义

汉字的诞生非一人一时之功，是古代先民长期累积发展的结果。鲁迅曾在《门外文谈》里这样说：“做《易经》的人（我不知道是谁），却比较的聪明，他说：‘上古结绳而治，后世圣人易之以书契。’他不说仓颉，只说‘后世圣人’，不说创造，只说掉换，真是谨慎得很。也许他无意中就不相信古代会有一个独自造出许多文字来的人了。”① 鲁迅接着说道：“但在社会里，仓颉也不止一个，有的在刀柄上刻一点图，有的在门户上画一些画，心心相印，口口相传，文字就多起来，史官一采集，便可以敷衍记事了。中国文字的由来，恐怕也逃不出这例子的。”② 这里，鲁迅是倾向于“共同创造论”的。仓颉造字的传说，说明仓颉或许是在汉字发展过程中具有特别重大贡献的人。是他把流传于先民中的文字加以搜集、整理，他应是汉字整合的集大成者，为中华文化的繁盛作出了贡献。今天，我们把创制汉字的功劳归于谁并不重要，我们看重的是造字本身的意义。汉字的出现，标志着中国历史从此走进了由文字记载的时代，它不仅对中华文明有凝聚的作用，也大大加速了这一文明的进程。同时，汉字也在世界文明发展史上留下丰厚的遗产，具有独特的魅力。人们为了纪念仓颉，表彰其功绩，今陕西西安西南二十里有仓颉的造字台。陕西白水县有仓颉陵、仓颉庙和造书台，史学家认为仓颉生于斯，葬于斯。每年的谷雨时分，白水当地都有盛大的仓颉庙会，以纪念仓圣对中华文

①② 鲁迅：《且介亭杂文·门外文谈》，见《鲁迅杂文全集》，北京燕山出版社 2011 年版，第 1082 页、1084 页。

化所做出的贡献。

（二）《周易》与中华文化的渊源

1. 华夏文化孕育了周易文化

我们知道，中国文化发端于华夏文化，华夏是中国的古称。但中国与华夏有区别，华夏更多的是文化上的认同，而中国一词自夏以后就已经不单单是一个地理的概念或文化的概念，而是和国家、社会集团势力、政治组织结构紧密联系起来。周以后，特别是秦统一后，中国的称呼更具有了强烈的政治色彩，体现出集权一统、至高无上的国家意志。国家不仅是经济文化发展到一定阶段的产物，而且也是该文化步入成熟文明的标志。《周易》不但是这一历史发展进程的参与者，而且也是中国文化和中华文明的一种标志和象征。

2. 周易文化是中华文化的原色

《周易》奠定了中华文化的原色。它有强大的吸附能力。先后与中国其他古老的五行文化、干支文化和星宿文化结合，以其宽阔的视野、精细的观察、深刻的思辨、简洁的表达，构成以它为主体的中华原生文化。《易传·系辞上》说："夫《易》，广矣大矣！以言乎远，则不御；以言乎迩，则静而正；以言乎天地之间，则备矣！"《周易》的内容上至天文，下至地理，广泛涉及多种学科与门类，大致有哲学、历史、物理、化学、律历、气象、物候、环境、生态、建筑、医疗、养生等，还涉及文学、艺术、道德、心理、宗教和预测等学科。《周易》深刻影响了中国人的思维和心理，影响到中国的自然科学、社会科学、文学艺术以及人们的日常习俗；总之，影响到社会生活的方方面面。

3. 群经之首和众经之源

《周易》是"群经之首"。中国古代文献有经、史、子、集的分类。而经一般被认为是"圣人"所作，是经典。《文心雕龙·宗经篇》说"经也者，恒久之至道，不刊之鸿教也"。众经中《易经》总为首经，汉初有"五经"《易》为首，到东汉时变为"七经"《易》、《诗》、《书》、《仪礼》、《春秋》、《公羊》、《论语》；隋代的时候，隋炀帝以"明经"科取士，唐承隋制，隋唐时又发展为"九经"，它们是《易》、《书》、《诗》，加之"三礼"，即《周礼》、《仪礼》、《礼记》，"三传"即《左传》、《公羊传》、《谷梁传》；宋代时"九经"与隋唐有所不同，以《易》、《书》、《诗》、《左传》、《礼记》、《周礼》、《孝经》、《论语》、《孟子》为"九经"。以后不久，宋代又将其扩充为"十三经"，即《易》、《诗》、《书》、《周礼》、《礼记》、《仪礼》、《公羊传》、《谷梁传》、《左传》、《孝经》、《论语》、《尔雅》、《孟子》十三部儒家经典。在所有经典的排序中，《周易》均为首经，历代莫不如此。清代乾隆年间编纂的《四库全书》也是将《周易》编排在最前面。

《周易》是所谓"众经之源"。因为许多的经典最初都来源于《易经》。《易经》最古老，它和"三皇"相联系。相传伏羲画卦；最早期的"易"著作叫《连山易》，据说为神农即炎帝所作，神农号连山氏；稍后的“易”著作叫《归藏易》，据说为黄帝所作。我们称自己是炎黄子孙，体现了文化上的认同。炎黄子孙承继炎黄文化乃天经地义。

4. 周易文化构筑了中华意识文化的基本脉络

《周易》构筑了中华意识文化的基本脉络。周易文化开启了传统文化的先河，儒、道两家是在周易文化的哺育下萌发长大的。周易文化还深刻影响和改造了外来的佛教文化，从此儒、道、佛三教围绕着《周易》的主轴，成为了中华意识文化的主流。中国学术文化的发展无不打上“易”的烙印：先秦子学、两汉经学、魏晋玄学、隋唐佛学、宋明理学、清代实学等概莫能外。非但哪个时期的学术都没有绕开《周易》的话题，而且在许多时候，其学术的重心往往是围绕着《周易》的话题而展开。近代以来，西学东渐，西方文化的涌入，无论是西方的古典文化，还是西方的现代文化，其中包括了作为现代中国执政党的指导思想——马克思主义学说，当这些外来文化形态在与中国传统文化的碰撞和交融过程中，“易”的印记都始终顽强地表达着，从没有消退。国学大师南怀瑾曾说道：“如要研究中国文化，无论是春秋、战国时期的儒、道、墨和诸子百家，乃至唐、宋以后的儒、佛、道等诸家之学，不从《易经》探研，便有数典忘祖之概了。”[①]

（三）《周易》与中华历史的渊源

1. 周易文化与远古神话

《周易》与中国的远古历史密不可分。中国远古有创造世界的传说，这些传说离不开几个非凡的人物：如盘古开天辟地，女娲造人补天，如有巢氏、燧人氏的故事，还有“三皇五帝”的故事。这些远古的故事，作为口头文学而流传，表现了中国先人们丰富的想象力。《周易》有它独特的“创世说”。《周易》“创世说”中的人物许多是与远古传说的人物相互重合的，或者说，《周易》的有些记述本身就来自于远古的传说。中国远古神话“创世说”认为，盘古开天辟地，将宇宙的起源用拟人的手法描绘出（参见彩色插图8）；《周易》的“创世说”则更富于理性：“天地絪缊，万物化醇”[②]。“有天地，然后万物生焉”[③]。中国远古神话认为女娲造人和补天，还有认为伏羲和女娲是人类繁衍的始祖（参见彩色插图6、7）。《周易》认为：“男女构精，万物化生”[④]。认为“有天地，然后有万物；有万物，然后有男女；有男女，然后有夫妇；有夫妇，然后有父子；有父子，然后有君臣；有君臣，然后有上下；有上下，然后礼仪有所错”[⑤]。

中国远古神话有所谓“有巢氏”教人造房屋，以避风雨；有燧人氏教人钻木取火，以求温暖和吃熟食（参见彩色插图9）。《易传·系辞》相应地有曰：“上古

---

① 南怀瑾：《中国文化泛言》，复旦大学出版社1995年版，第36—37页。

②④ 《易传·系辞》。

③⑤ 《易传·序卦》。

穴居而野处，后世圣人易之以宫室，上栋下宇，以待风雨。”① 对居者有其屋的首倡者也表示了敬意。中国远古神话的“三皇五帝”传说，大致勾勒了远古时期的不同的社会发展时期；《周易》相应地也表达有相互衔接的不同阶段：“古者包牺氏之王天下也，……作结绳而为网罟，以佃以渔”；“包牺氏没，神农氏作，斫木为耜，揉木为耒，耒耨之利，以教天下”；“神农氏没，黄帝、尧、舜氏作，通其变，使民不倦，神而化之，使民宜之”；“黄帝、尧、舜，垂衣裳而天下治”②。总之，《周易》以自己独有的方式描述了中国远古时代的历史。这些内容与神话传说对远古历史描述的比较在许多地方是相似的（参见彩色插图 10、11、12 与表 1－1）。

表 1－1　　关于“三皇五帝”的不同说法

三皇	天皇、地皇、泰皇或人皇	《史记》
	燧人、伏羲、神农	《风俗通义》
	伏羲、神农、女娲	《风俗通义》
	伏羲、神农、祝融	《白虎通》
	伏羲、神农、黄帝	《帝王世纪》
五帝	黄帝、颛顼、帝喾、唐尧、虞舜	《大戴礼》、《史记》
	太皞、炎帝、黄帝、少皞、颛顼	《礼记》
	少昊、颛顼、高辛、唐尧、虞舜	《帝王世纪》、《尚书序》

2. 周易文化对早期国家建设的贡献

《周易》与早期的国家形态、文明的起源有着密切联系。虽然龙山文化晚期至夏商文化时期的历史线索比较混沌，但二者重叠于交汇于中原地区便是重要的线索。我们认为《周易》与早期的国家形态的形成和完善，与中华文明的兴起有着密切联系。《周易》应当是中华早期国家历史进程的参与者和促进者（见表 1－2）。

表 1－2　　“易”发展形态与中国早期朝代的对应

“易”名称	“易”形态	朝　代	公　元　纪　年
《连山易》	《艮》卦打头	夏王朝	约前 21 世纪—约前 17 世纪
《归藏易》	《坤》卦打头	商王朝	约前 17 世纪—约前 11 世纪
《周易》	《乾》卦打头	西周王朝	约前 11 世纪—前 771 年

中国人要想了解自身，了解自己的同胞，了解自己的祖国及其文化，完全可以从了解《周易》这个途径入手。有了对《周易》的了解，便有了自己安身立命的根基；“不从《易经》探研，便有数典忘祖之概”的嫌疑（南怀瑾语），愿我们都不要做数典忘祖之人。一个人记住了自己的根，认识到自身文化的长处和不足，才会因此变得理性、平和而有自信，才会获得不竭的源泉和动力，从而变得有力

①② 《易传·系辞》。

量。不识来迹，何觅往踪？一个人，一个家庭或家庭，乃至一个民族、一个国家，只有了解了你从何处来，才能更好地把握住你将往何处去。

二、解惑——领悟而得释然

《周易》是中国最神秘的典籍。不但有许多未解之谜，而且还有许多的难解与歧义之处。解密周易，不但能够丰富各方面的知识，而且能够扩展见识，增长智慧。

（一）了解《周易》众多之“谜”

解密《周易》，有以下三个方面的内容：

1.《周易》中有许多“起源之谜”

爻与卦的起源之谜；三爻卦与六爻卦的先后之谜；《易经》作者之谜，传说中的伏羲身世，周文王身世，谁是《易经》的真正作者？周文王？周公？还是另有其人？谁又是《易传》的真正作者？孔夫子？还是另有其人？

2.《周易》文字理解上的“歧义之谜”

《周易》语言多呈跳跃，好暗喻比附，喜箴言隽语。《周易》语言的跳跃造成了思维的模糊性和不确定性，为考据和理解带来困难，后人对其分歧之大是其他古代文献所少见。其中的比附有牵强附会的地方，有故弄玄虚的地方，被一些人认为是糟粕所在。《周易》的语言风格影响了后面的中国其他文化典籍。例如，比附的特点体现在《诗经》中形成比兴的创作手法；《道德经》的语言呈现跳跃性的风格，其思维也带有模糊性；《论语》作为语录体风格，喜好箴言隽语；《庄子》中则多有暗喻比喻。

3.《周易》自身的“定位之谜”

它是占筮之书还是哲学之书？是精华还是糟粕？从古至今存在分歧，这是理解《周易》首要的和重要的方面。由于《周易》原初的卜筮出身，加之原始性、玄妙性、丰富性和深刻性便造成了它自身的“定位之谜”。绝大多数人将它认作是哲学类的书籍，所以才被后来的儒家和道家奉为经典。

（二）“象”“数”“图”三者结合的鲜明特征

《周易》的神奇在于它的文字既与物象、形象紧密结合，又与数字有着密切的关系。具有文字及其“象”“数”“图”多者结合在一起的鲜明特征。学习《周易》，既要学好它里面涉及的“象”，象又分卦象和爻象，还包括各类事物的物象、形象；也要学好它里面的“数”，卜筮过程中有对数字的广泛运用，数学是自然科学之母，周易所包含的科学元素体现在它对“数”的理解和运用中；学习《周易》，还要熟悉它的各种易表和易图。清代易学家陈梦雷看到了《周易》与其他经典的不同，他说："六经皆言理，独《易》兼言数。"[①]《周易》作为最奇特的典籍就是它的文字与"象""数""图"紧密结合，这是它与中国其他古代经典显著区别的地方。必须指出，只讲"义理"不是周易的全部，虽然"义理"是重要的部分；不讲"象""数"就不是周易真正的道理。但如果我们拘泥于"象"，迷信于"数"，利用象数中的神秘加以蛊惑，也不是对待周易的正确态度。

（三）道理隐藏在艰涩话语的后面

解读《周易》要把握住难点、特点和重点三个点。所谓难点，即"考据"历史史实和理解文字真实意思是《周易》的难点。所谓特点，即需要了解《周易》的象、数、图，她的文字与象、数、图相结合是它区别于其他古籍的特点。所谓重点，即《周易》性质的准确"定位"。许多人一提《周易》就立刻想到占卜和算命，如果仅仅是这些内容，它能够成为一个伟大民族的经典？这真是莫大的误会！只有准确地"定位"，才会告诉我们学习和研究《周易》的重心在哪里。

《周易》作为中国古代的神秘典籍，通过我们的学习能否达到完全解惑的预期呢？回答是未必！套用西方的谚语所说："我们始于迷惘，而终于更高水平的迷惘。"我们原本是想通过学习周易来解惑，很遗憾，我们也许会陷入更大的疑惑之中。古代智者庄子云："吾生也有涯，而知也无涯。以有涯随无涯，殆已。"[②]庄子的态度是一种对生命的深层次的感悟，也是一种智慧的痛苦。面对疑惑，我们无须悲哀；令我们欣慰的是，我们解惑的半径毕竟增大了些。

三、智慧——自勉而获开放

《周易》是中国最具大智慧的典籍。我们会因为解惑而释然，由释然而包容，由包容而自信，由自信而融通开放。对待《周易》最关键的在于是否能融会贯通，把握要旨，因为只有这样，才可以将周易作为生活的圭臬，用以指导自己的人生。

（一）《周易》是成就人生的大书

我们应当把将《周易》当做大书来读，只有大书才能培育大家。《周易》是培育大家的书。理由是：

1. 学习《周易》许多人成为了"大家"

《周易》里面有着太多孕育大师的道理。《周易》哺育的先秦的"大家"有：大政治家有周文王、周武王、周公、管仲等；大思想家有老子、孔子、荀子、孟子、庄子等；大军事家有西周时期的姜尚（姜子牙），春秋时期的范蠡，有《孙子

---

① 陈梦雷：《周易浅述》。

② 《庄子·养生主》，崇文书局2004年版，第33页。

兵法》的作者孙武。《周易》还哺育了战国时期的奇才鬼谷子，他的协调理论培育了两个纵横大家苏秦和张仪，他的谋略理论培育了军事家：另一个孙子——孙膑和庞涓。而三国时期的政治家和军事家诸葛孔明也是学易运易的高手。秦汉以后，在“我注六经，六经注我”的学风引导下，“易学“成就了许多思想的大家。汉代大儒董仲舒，他“罢黜百家，表章《六经》”的主张得到贯彻，儒学成为了统治集团的“官学”，《周易》从此也上升为了“群经”之首。汉末的魏伯阳，他的《周易参同契》诱发了中国化学的萌芽，导致气功理论创立。唐代孔颖达的《周易正义》，为易学的发展做出重要贡献；唐代两大文学家韩愈和柳宗元通过学易，形成了各自不同的“天人观”，他们二人在相互争辩中都成为了唐代著名政治家、哲学家和文学家。曾写了《爱莲说》的宋代学者周敦颐还写了《太极图说》，是易文化史上“图书派”的重要代表人物；宋代大文豪朱熹学易，是宋明理学中最大的成就者，他编著的《周易本义》是解易释易的权威著作，成为以后历代科举考试的师范文本。明清之际学易成大家的还有王夫之、黄宗羲、顾炎武等。近现代学者郭沫若、闻一多都有易学方面的专著存世。现代哲学家冯友兰称“周易哲学可以称为‘宇宙代数学’”[①]。国学大师张岱年说：“《易传》宣扬的自强不息厚德载物思想具有历久常新的意蕴、具有令人赞叹的感染力，因而熔铸了中国传统文化的基本精神。在长期历史中，广泛受到人们的服膺尊崇，激励着广大民众奋发前进、在困难面前决不屈服、同时保持着广阔的胸怀。”[②] 可见学易有得，学易成“家”其言不谬矣！

2. 在浩瀚的周易文化面前谁也不能妄称为“家”

许多人研习《周易》误入了歧途，没有将它作为大书来读，而是读成了“筮书”或“命书”，由于读《易》误入了歧途导致有些人在汗牛充栋的《周易》古籍面前，殚精竭虑、皓首穷经，最终一事无成；有些人则沉醉于占卜、术数，热衷于一些旁门左道，无非积累些鸡零狗碎的知识，淘换来引人耳目的机巧。最后，终落得害己误人的下场。在周易文化面前，假“博学”者有之，假“高人”者有之，道貌岸然者有之，招摇撞骗者有之，这些人或正或邪、或雅或俗地常干些损害《周易》的勾当。对于平日里打着周易旗号的形形色色的人们，尤其是诸如所谓的专家、大师之流，我们一要警惕，二要甄别。

（二）学习《周易》为的是明白大道理

1. 人要明白“四理”

《周易》作为一部“究天人之际，通古今之变”的大书，对它的学习使我们明白，面对大自然的万千事物，其目的无非是要明白“四理”。哪“四理”呢？即由大到小的排序：道理、物理、事理和心理。首先，我们须要悟得客观世界的“大”

① 冯友兰：《孔丘、孔子、如何研究孔子》，《新华文摘》1985 年第 4 期。
② 张岱年：《〈周易〉与传统文化》，《张岱年全集》第 7 卷，第 69 页。

的道理；其次，须认得大自然的“中”的物理；再次，懂得世间存在于每一事物中的“小”的事理；最后，还要识得更精细的人的“微”的心理。大中有微，微中见大。“四理”中大的道理最重要，大的道理是什么呢？“大”的道理就是规律。《周易》谓：“一阴一阳之谓道”，“生生之谓易”①，“天地不交，而万物不兴”②，遵循规律，天地人莫不如此。《周易》提倡“君子尚消息盈虚，天行也”③，倡导“与时偕行”④ 的道理，不要凝固不变或止步不前。

2. “玩”字背后所蕴含的意义

我们每一个周易学习者能否真正理解和体会《易传·系辞》中的“玩其辞”、“玩其占”？这一“玩”字背后所蕴含的意义我们是否悟到了呢？

学习周易的目的还在于：通过学习周易，可以深入了解中国哲学、乃至中国意识文化发展的进程，加深对国人、国家诸多方面的认识；通过学习周易，可以解惑释疑、破除神秘，对于正确理解和准确把握中华文化的优良传统有着积极的意义；通过学习周易，可以开阔视野、启发睿智，对于人们的理论思维的培养，在现实中发挥聪明才干有着重要的价值；通过学习周易，还可以提高人们的自律意识和道德水平，提升人的精神境界，对做个谦谦君子将会大有助益。

（三）智慧的宝典　人生的圭臬

1. 得到释然与欣然

普通人学习周易文化，我们应持这样一种立场：一不求成为“大家”，只求能习得里面的精髓，建功立业，无悔人生。二不求“甚解”，即不钻牛角尖，也不痴迷于“占术”。那种试图靠“机巧”便可讨得“天机”的想法既不现实，也与易理相背离。我们学习《周易》，是希望在理解“义理”的同时，领悟“象数”的精妙，体会“天人”的和谐，享受探索天、地、人“奥秘”的过程，求得在这一过程中得到自身的释然与欣然。

2. 张载学《易》后的心得

你把周易文化当做什么来学？宋代大思想家张载学《易》后的心得可以做个参考：“为天地立心，为生民立道，为去圣继绝学，为万世开太平。”⑤。后来的《宋元学案》将张载这段话稍加改动了一下，即是：“为天地立心，为生民立命，为往圣继绝学，为万世开太平。”这段话是什么意思呢？天地本无心，“为天地立心”，就是要人们参透天地运行的规律，天地的规律便是“心”！在此基础上建立起和谐的“天人关系”。“为生民立命”，就是在现实中要将民众的性命和百姓的福

---

① 《易传·系辞》。
②③ 《易传·象辞》。
④ 《易传·乾文言》。
⑤ 《张子语录》。

祉放在首位，天地之间有个人——大大的人。百姓为先、民生最大！“为往圣继绝学”，在张载理解中主要就是继承文王、孔子所作的《周易》的经典，使之发扬光大，而不至于沦为“绝学”。“为万世开太平”，就是希望由此开创一个安泰祥和的太平盛世，使天下人永享和平。这是张载学《易》后对自己抱负的自述，这个抱负很高远，一般人很难做到。作为普通人，我们应将周易看做是智慧的宝典，人生的圭臬；能够本分做人，做好人，老实做事，做好事就够了。

第三节 如何学习周易文化

一、学习周易文化的正确态度

（一）古代大家对“易”态度的启示

1. 古代圣贤对待《周易》的态度

把《周易》当做什么来读呢？我们可以看看古代圣贤之人对“易”的态度。孔子说：“五十而学易，可以无大过矣。”① 孔子提倡钻研“易理”，以至于“读易而韦编三绝”。② 他自己“不占而已”③。马王堆3号墓的帛书《易·要》记载：“夫子老而好《易》，居则在席，行则在橐。”同时透露了孔子亦精于占的情况，孔子自言：“吾百占而七十当。”意思是我占一百次有七十次是应验的。那我们应当如何理解“不占而已”呢？孔子的意思是不执迷于占，也不迷信于占，而应专注于修德，提高自身参悟的水平。孔子自己说得很明白：“《易》，我复（覆）其祝卜矣，我观其德义耳也。”“君子德行焉求福，故祭祀而寡也；仁义焉求吉，故卜筮而希也。”④ 孔子意思若彰德行、讲仁义是不用通过祭祀或卜筮来求福求吉的。这和“不占而已”是一个意思。大家荀子也说：“善为易者不占”⑤。

2. 欧阳修对待《周易》的态度

大文豪欧阳修对待《周易》的态度可以给我们以启示。当人们向欧阳修讨教学《易》心得时，问曰：《易》里面有“大衍之数”，作为《易》之精要，我们对

①③ 《论语》。
② 司马迁：《史记》。
④ 马王堆帛书《易·要》。
⑤ 《荀子·大略》。

此不应当花费精力吗？欧阳修回答："大衍之数"不是《易》的主旨，不应当执迷于此。并言道："《易》者，文王之作也，其书则六经也，其文则圣人之言也，其事则天地万物、君臣父子、夫妇人伦之大端也。大衍，筮占之一法耳，非文王之事也。"但人们继续追问道："难道占筮之法就可以不学了吗？"欧阳修答曰："得其大者可以兼其小，未有学其小而能至其大者也，知此然后知学《易》矣。"[①] 意思是说，学《易》须体会其中大道理，懂得了大道理小道理也就明白了，拘泥于象数是学不懂《易》的。2013 年 5 月，习近平在给北京大学考古文博学院 2009 级本科团支部全体同学回信中，曾引用了"得其大者可以兼其小"这句古语，意在鼓励青年人要把个人的进步和国家、民族的发展结合起来，把人生理想融入国家和民族的事业中，唯有如此，方能实现个人的人生理想。可见，欧阳修的"得其大者可以兼其小"道理具有普适性。当然，更应当成为我们学习《周易》的一个重要原则和方法。古代圣贤作《易》目的在于"知周乎万物，而道济天下"[②]。若有人认为学习《周易》就是在学占卦、学算命，那就陷入了极大的误区。

（二）周易的宗旨和法则

1. 周易的一个宗旨

周易的一个宗旨是《易传·系辞下》的一段话："易之为书也，不可远；为道也，屡迁。变动不居，周流六虚，上下无常，刚柔相易，不可为典要，唯变所适。"变与适变是《周易》一以贯之的宗旨。《周易》肯定宇宙万物是变的，人的富贵穷通也是可以变的，这就否定了一成不变的宿命论。《周易》虽然认为宇宙万物的变化有自己的规律，不以人的意志为转移，但《周易》并不认为人在规律面前是完全无能的，它强调人可以认识、掌握这种变化的规律，以变应变，唯变所适，这是《周易》与其他预卜之书的根本区别！也是它先进性的体现。

2. 周易的两大法则

什么是周易的两大法则呢？也是《易传·系辞下》的一段话。周易"穷理尽性以至于命"的写作目的是："危者使平，易者使倾，其道甚大，百物不废。惧以终始，其要无咎，此之谓易之道也。"这就是周易的两大法则。译成现时的大白话说，第一个法则就是：天比人大。第二个法则就是：顺逆有应。与此同时告诫我们要遵循这两大法则，遵循这两个法则决定了我们两个基本的生存取向：第一，人的精神层面要有所"敬畏"；第二，人的行为底线是追求"无咎"。

我们既然明了"天比人大"的法则，那么我们在精神层面上就要有所"敬畏"。孔子学易后有这样的心得，他说："君子有三畏：畏天命，畏大人，畏圣人之言。小人不知天命而不畏也，狎大人，侮圣人之言。"[③] 大家孔子尚且有敬畏之

① 欧阳修：《易或问》。

② 《易传·系辞》。

③ 《论语》。

心，何况我们呢？我们应有新的“三畏”：畏自然、畏苍生、畏良知。今人不畏自然的要比古人多，这是因为今天的人们无非认识的范围大了些，实现的手段多了些，因而导致了轻蔑与癫狂。而不敬畏自然必然遭到自然的报复！只不过自然的报复有时是即时的，而有时是延时的而已。畏苍生，就是畏衣食父母、畏平民百姓。这需要一个正确的社会历史观，否则其人生也会命运多舛。畏良知也好理解，良知又分过往良知、社会良知、内心良知，不畏良知的人必然会招致祸殃！

我们既然明了“顺逆有应”的法则，那么我们活在世上的行为底线是祈望和追求“无咎”。“咎”就是过错和灾祸。所谓“无咎”，就是不要招致灾祸、不犯大的过错；一句话，“无咎”就是“不被追究”。《易》之道强调“其要无咎”就是要求我们在现实生活中的行为结果能否做到三个方面的“不究”：即人不究，己不究，神鬼不究。

（三）对待文化遗产的正确态度

1. 应当运用“扬弃”的方法

我们倡导用一种科学的、历史的、理性的态度对待《周易》。从对《周易》的内容角度上，我们要从两个方面看：它的内容是理性与非理性并蓄，科学与非科学共存。我们必须小心从事，细心的甄别，在认真地做好剥离工作的同时很好地承继下来，传承下去。从《周易》作为文化遗产的角度上，我们应当是这样的：我们不应该是偏狭的民族主义者，妄自尊大，过分地吹嘘，夜郎自大不好；我们也不应该是传统文化的虚无主义者，妄自菲薄，极力贬低，导致邯郸学步也不好。应当运用“扬弃”的方法，取其精华，去其糟粕，这是我们对待包括《周易》在内的一切文化遗产应有的态度。习近平总书记曾指出：“中国传统文化博大精深，学习和掌握其中的各种思想精华，对树立正确的世界观、人生观、价值观很有益处。学史可以看成败、鉴得失、知兴替；学诗可以情飞扬、志高昂、人灵秀；学伦理可以知廉耻、懂荣辱、辨是非。我们不仅要了解中国的历史文化，还要睁眼看世界，了解世界上不同民族的历史文化，去其糟粕，取其精华，从中获得启发，为我所用。”[①] 习近平还多次提到应当运用扬弃的态度对待传统文化：“中华民族创造了源远流长的中华文化，中华民族也一定能够创造出中华文化新的辉煌。独特的文化传统，独特的历史命运，独特的基本国情，注定了我们必然要走适合自己特点的发展道路。对我国传统文化，对国外的东西，要坚持古为今用、洋为中用，去粗取精、去伪存真，经过科学的扬弃后使之为我所用。”[②] 又说：“一个国家、一个民族的强盛，总是以文化兴盛为支撑的，中华民族伟大复兴需要以中华文化发展繁荣为条件。对历史文化特别是先人传承下来的道德规范，要坚持古为今用、

① 《习近平2013年3月在中央党校建校80周年庆祝大会暨2013年春季学期开学典礼上的讲话》，见《人民日报》2013年3月3日。

② 《习近平2013年8月19日在全国宣传思想工作会议上的讲话》，见《人民日报》2013年8月21日。

推陈出新，有鉴别地加以对待，有扬弃地予以继承。”①

2. 学习马克思的态度

对待文化遗产的态度我们应当学习马克思。马克思曾是黑格尔的弟子，对黑格尔哲学中的“扬弃”概念理解得深刻。马克思在构建自己新世界观时，对本民族的传统文化予以了充分的尊重。马克思是犹太人，犹太人的传统文化的重要部分是《圣经》，这是犹太人引以骄傲的地方。犹太人之所以厉害，其重要的一点就在于他们对自己文化传统的珍视。马克思对传统文化采取的不是蔑视和拒斥的态度，而是在新的基础上阐释、转换并最终承继下来。马克思主义新世界观实际上实现了“两个置换”：第一，马克思把西方文化的经典《圣经》里的“伊甸园”置换成了美好的“共产主义”，共产主义，是一个美好的地方，就是所有犹太人都向往的去处——那个流淌着奶和蜜的地方。第二，马克思把他的犹太同胞“耶稣”——一个拯救世界的单个人“偶像”置换成了多数人的概念——劳动者。马克思在资本和雇佣劳动者的选择中，毫不犹豫地选择了后者，并坚定地认为劳动者必将成为未来新世界的主人。马克思在尊重整个西方信仰文化的基础上，增添新质或新的内容，使之成为信仰的新元素及为之奋斗的目标，这就是马克思睿智的地方！也是马克思主义具有生命力的地方。马克思在西方能被赞誉为千年的伟人，与他将他的主义与西方传统文化的有机结合有着密切的关系。换句话说，马克思主义实际是由三股力量合成在一起的：一股是基于自然与社会发展规律的，由学理和逻辑构筑而成的科学的力量；另一股是基于人文和现实的、由强烈的批判色彩聚合起来的道德的力量，还有一股是基于历史传统和文化的、由浓厚的信仰情怀所生发出来的奉献的力量。这三股力量有机地结合在一起，锻铸成马克思主义的一整块的合金钢。这三股力量既具有否定性、革命性，是旧世界旧秩序的破坏的力量；又具有肯定性、人民性，是新世界新秩序的建设的力量。其内在的科学的精神、批判的意识、人文的关怀和理想的追求这四种特质是构成马克思主义持久魅力的原因之所在。我们中国人是否真正领悟了以及能否均衡地具备上述的这三种力量和四种特质呢？

3. 学会将中国的优秀文化遗产与人分享

我们面前的世界是由两个犹太人，不！准确地说是由三个犹太人所构建：爱因斯坦构建了我们的“自然的”世界，马克思构建了我们的“社会的”世界，圣人耶稣则构建了我们的“心灵的”世界。当然，这个世界并不是由犹太人或者西方的人们所“独有”或“独享”，我们正在分享着他们的成果。中国人不应当妒忌他们的创造，同时，中国人也不必羞愧或者吝啬，想想看，我们有什么好的东西能与世界其他的民族来共同分享？可能有人会问：特色一些的东西可否分享？回答是肯定的。普遍的东西总存在于万千特殊的事物中，而特殊的东西也一定因具

① 《习近平 2013 年 11 月 26 日在山东考察时的讲话》，见《光明日报》2013 年 12 月 5 日。

有更深刻、更普遍的内质而存在或存活。其实，共性和个性之间，两者若没有相通的孔道一是不可想象；二是其特色本身也就无法令人理解了。须知，马克思主义的众多命题，社会主义和共产主义的命题本身是在超越“特色”基础上提出来的。套用普遍性的“普世”主义害人，固守特殊性的“特色”主义也害人。别沉浸在“特色”之中，学会融入与分享，我们就会变得更加自信和强大，也会变得更加可爱。作为有着五千年文明历史的泱泱大国，我们有着许多值得与世人分享的东西，其中，《周易》无疑是属于最丰盛、最引以为傲的厚礼。问题的关键是我们自己能否将《周易》里面更深刻、更普遍的内在本质揭示出来并以恰当的方式传播出去。

二、学习周易文化的若干方法

（一）把握住三个关键

关键之一，我们能否从浩瀚而混沌的内容中抽取出精华的部分；关键之二，我们能否从繁复而纠缠的关系中整理出清晰的脉络；关键之三，我们能否从艰深而晦涩的语句中提炼出隽永的哲理。你若把周易看成是陈旧的破烂，可以抛弃的思想垃圾，你便走上了歧途，成为一个可怜的精神乞丐和思想王国中孤儿；你若把周易看成是一个魔咒、一种完全不可窥测的神秘，你便背上了历史的包袱。我们可以把它看成是一份智慧的宝典、一份精神的财富。它可以也完全能够成为我们认识世界的好向导，可以也完全能够成为我们人生路上的好伴侣。

（二）学习次序上的循序渐进

1. 先易后难

我们可以先学习较容易些的《易传》，后学习难一些的《易经》。不必在乎一些人摈斥这是“以传解经”，认为如此不是正道，而是歪门邪道。《易传》是迄今诠释《易经》的最好的参考书！当然我们力争要做到古人所提的标准：即“传不破经”。20 世纪的 20 年代，曾经有过一场为青年人开列必读书目的活动，国学大师胡适和梁启超都参与其中。在这一活动中，胡适和梁启超还出现过较大的分歧，成为了那时的一段热议的话题。梁启超严重质疑胡适所开列的书目：“思想史之部，连《易经》也没有。什么原故，我也要求胡君答复。”① 随后，梁启超为年轻人开列了书目，在修养应用及思想史关系书类中将《易经》列入，并且说道：“此书为孔子以前之哲学书，孔子为之注解，虽奥衍难究，然总须一读。吾希望学者将《系辞传》、《文言传》熟读成诵；其《卦象传》六十四条，则用别纸抄出，随时省览。”②这里，梁任公不但提出了学习《周易》必要性，而且还为青年人指明了学习《周易》的方法。

①② 《梁著国学入门》，中国工人出版社 2007 年版，第 70 页、第 5 页。

2. 从近及远

先读一些较好的近现代人的译注，如高亨先生的《周易古经今注》，《周易大传今注》，周振甫先生的《周易译注》，金景芳与吕绍刚合著的《周易全解》，黄寿祺与张善文合著的《周易译注》，刘大钧与林忠军合著的《周易古经白话解》等。等到有了一些易学的基础后，再读些古代的注疏，尤以宋人程颐的《伊川易传》和朱熹的《周易本义》为基础读本，辅之三国魏人王弼的《周易注》，唐人孔颖达的《周易正义》和李鼎祚的《周易集解》，清人惠栋的《易汉学》和李光地的《周易折中》等。

需要提醒的是现今社会上有关《周易》的书籍甚多，其中有很多是利用《周易》与传统文化中的术数形式有联系，张扬其术数中的消极内容，夸大术数功能的书，即算卦、算命、相面一类的江湖术士之书，其内容有迷信的一面和粗俗的一面而未加以批判，如此一来，易将人导入歧途，误人子弟，读者应当谨慎对之。有一些学者或受激进思潮侵染，或受疑古思潮裹挟，爱做"推倒重来"之事，较轻易地推翻传统经学的训诂，讨巧新潮，紧跟时尚，自己重作新解，如此一来的结果常常得不偿失。还有一些学者爱利用西方的思维与体系来解构《周易》，方枘圆凿，导致或牵强附会、或似是而非。对这类释解《周易》的、有着"新、奇、特"的书籍，读者也应当谨慎对之。

3. 由点到面

易学涉及面广，我们可以先研习其中的某一部分，由点到面。其顺序可以是先《易传》，后《易经》；先"义理"，后"象数"；先"易学"部分，再"易术"部分；在《周易》的义理或易学方面有所心得和进步后再触及周易文化其他的知识或功课。

（三）学以致用　持之以恒

易学深邃，不可急功近利；易学浩繁，也不可贪多求全，读起来，读下去就会有所得。学"易"为的是修己明理，而不是饰己示人。因此，切不可知其一点就自认为懂得了，或沾沾自喜、或加以卖弄。其实，这样的品行和学风恰恰是与《周易》的精髓格格不入的。西汉经学家、文学家刘向曾引《周易》之义云："易曰：'有一道，大，足以守天下，中，足以守国家，小，足以守其身。'谦之谓也。"[①] 在刘向看来什么道理这么重要？能够大中小方面通吃？谦逊的道理！刘向如此看重"谦"之品格符合《周易》的理念吗？刘向的理解没有错，《周易》的主旨就是居安思危，倡导忧患意识，而为人谨慎谦逊的态度和处世的忧患意识是完全匹配的。而学习的过程中，"谦逊"的态度尤为重要。只要我们有老实的态度和严谨的学风，在实际生活和具体操作中有心去学习《周易》、运用《周易》中的原理，并且有恒心坚持下去，就一定会有所收获。

① 刘向：《说苑·敬慎·二》。

第二章

《周易》文本

——《易经》和《易传》

《周易》文本分为两大部分，一部分是它的古经部分，也是狭义的“易经”部分；另一部分是后人对古经的注释和阐发的部分，这部分称之为“易传”或者“易大传”。现通行的经传合一的《周易》文本至迟在战国时就出现了，只不过它那时还是众多版本中的一种，大约到了汉武帝时期，其版本就相对固定并统一起来了。《周易》文本的意义毋庸置疑，它最终确立了在中华文化中的元典和基石的地位。

第一节 中华《易经》的产生

一、《周易》来源于占卜

（一）中国先民占卜活动概况

祭祀行为与占卜活动都是早期人类宗教意识的外在表现形式。但祭祀和占卜还是有所区别：祭祀主要是“思前”，祭祀已成为鬼神的先人保佑后人，是慎终追远，寄托思念的成分多一些，人文的气息浓一些；而占卜则主要是“想后”，是预测日后安顺，祈求的成分多一些，天文的气息浓一些。中国人的祭祀和占卜的活动都可以追溯到原始社会。

1. 占卜之人

占卜是古代众多术数形式中最重要的一种。中国较早文献《尚书·洪范》就记载：“稽疑，择建立卜筮人，乃命卜筮。”意思是说，考验疑事，挑选并设立卜筮之人，进行卜筮活动。较早的古代称掌管卜筮之术的人为巫，后来有了相对分工称卜和祝。作为卜官，时代不同则叫法各异。周代称卜人或卜正，战国称卜尹，汉代称卜工。作为世袭的职业人，他们自称懂得“巫术”和“术数”，能窥测到天意，通晓神灵。在今天看来，或许他们天文地理、人情世故的知识多些罢了。

2. 占卜之事

根据文献我们知道商周时期的人们，当他们要采取较重大的行动时，常通过占卜来询问天意、神意，以求得天的护佑和认可，并以此获得行动的勇气和信心，获得众人意志的统一与一致。《周礼·春官》云：“以邦事作龟之八命，一曰征、二曰象、三曰与、四曰谋、五曰果、六曰至、七曰雨、八曰瘳。以八等者占三兆、三易、三梦之占，以观国家之吉凶，以昭救政。”意思说国家大事有八项必须问之于龟：一是征，征伐、对外战争；二是象，天气之象；三是与，外交或交往；四是谋，策划与商议；五是果，问举事的结果；六是至，人到来与否；七是雨，有雨无雨；八是瘳，病能否痊愈。这八项是关系国家命运的大事，必须用多种占法来预测其吉凶，并从中找出成败取舍的路径，找出补救的措施。

3. 占卜的地域特征和形式

中国地域辽阔，占卜具有典型的地域色彩。中国北方的红山文化具有天文占的特征，崇拜太阳神，祭天的礼器是玉猪龙和玉质C形龙；红山文化也有生殖崇拜的倾向，崇拜“女神”，留有大型的祭祀遗迹。中国南方良渚文化则利用大型玉琮来实现人神的沟通，属于器皿占、杂占的范畴。良渚文化制作的礼器玉琮形体硕大、精美绝伦。《周礼》中有“以苍璧礼天，以黄琮礼地”的记载，古代的玉璧为扁圆形，玉琮为内圆而外方形，体现了古人所认知的“天圆而地方”的理念。当然，古代占卜形式还是多样的。有利用动物占卜的，如：牲畜内脏卜、骨卜、虫卜；利用植物占卜也是较普遍的形式，如：木卜、草卜、竹卜。史书上记载有“枚卜”便是木卜的一种。《尚书·大禹谟》中便有：“枚卜功臣，惟吉之从”语。枚卜也称之“枚占”，即以木条为工具的一种占卜形式。枚，应为树干，或者枝条。《说文》曰：“枚，枝干也。可为杖。”《释名》也曰：“竹曰个，木曰枚。”《广雅》亦曰：“枚，条也”。枚，据说是早年间在行军途中防止士卒们喧哗的用具，状如箸，衔在口中，两头有带，可系于颈上。欧阳修的《秋声赋》云：“又如赴敌之兵，衔枚疾走，不闻号令，但闻人马之行声。”成语“衔枚疾走”即来源于此。用枚（木条）占卜，明显地区别于骨卜。远古时期的骨卜，如“羊骨卜”就曾在仰韶文化的遗存中有发现。枚卜比骨卜要来的简便，但似乎不如骨卜显得庄重，有人猜测或许枚卜是后来利用蓍草进行筮占的最早的形式。古代人还有利用各种什物进行占卜的举动，其形式不拘一格。而这些占卜形式同时又是相互借鉴、相互融合的；由于黄河流域地处中原，有可能集合不同文化的优势，因此，其祭祀文化形态的发展也就相对快一些或是丰富一些。黄河流域的占卜形式主要是龟甲占和蓍草占。

（二）卜占与筮占

龟甲占简称龟占或卜占，蓍草占简称蓍占；龟蓍占也叫卜筮占。卜和筮是中国黄河流域的古老占卜方法。《礼记·曲礼》云：“龟为卜，策为筮”，卜占即用龟甲的“象”来决断；筮占即用蓍草的“数”来决断。两者是有所区别的。

1. 卜占及其方法

卜占就是利用龟甲和兽骨进行询问天意的活动。《周礼·春官》上记载：“大卜掌三兆之法，一曰玉兆，二曰瓦兆，三曰原兆。”大卜应为卜筮之长者。兆，火灼龟甲后形成的裂纹，有的似玉形、有的似瓦形、有的似田形。田，即原。玉形为阳，瓦形为阴，原形为阴阳相交。据说卜人释兆之法大致有三：一是看兆象之位置，定所问之事；二是看兆象之形状，定事件的吉凶；三是看兆象之走向，定事态之始末。卜时为什么要用龟甲呢？据说神龟千岁，阅历沧桑，乃通灵之物，能知晓过去和未来，故有“龟灵”之说。由于龟甲的稀缺，后来便逐渐用兽骨替代了，而兽骨主要是以牛的肩胛骨为多。

卜占的方法是先将准备好的龟甲或兽骨，进行削刮整形，然后在中间钻一小孔，卜问者祷告其事，致诚通灵后，将龟甲或兽骨放在火上炙灼；待其出现裂纹，裂纹便是“兆”，卜者根据裂纹的长短和走向等细部状况再定吉凶，认为这是神灵的启示，人们对此深信不疑。古人用火灼龟取兆（裂纹），以预示吉凶叫“卜”。“卜”字是象形字，《说文解字》说：“灼剥龟也，象炙龟之形，一曰象龟兆之纵横。”故所知“卜”字之字形乃灼龟时之裂纹，读音乃取龟甲被火灼后发出之声，字义乃为占问，故“贞”。占字从卜，说明与卜问有关；从口，乃用口说出卜兆之意。最后把卜者、时间、原因、应验等诸事刻在甲骨上珍藏起来，这便就是卜辞；刻在甲骨上的卜辞文字就是著名的甲骨文（参见彩色插图13）。

2. 筮占及其方法

筮占就是利用蓍草进行询问天意的活动，以蓍草占得结果后，再用文字记录下来便叫“筮辞”。甲骨文中也包括筮辞。占卦为什么要用蓍草呢？“蓍百茎共一根，又其所生，兽无虎狼、草无毒螫。”[1]“蓍七十岁生一茎；七百岁生十茎。神灵之物也，故生迟留，历岁长久，故能明审。”[2]“蓍一千岁而三百茎，其本以老，故知吉凶。”[3] 这三种说法均有夸大的成分，但都强调了蓍草有神奇之处。还有人说，之所以选择蓍草，原因在于蓍草其茎直、其寿久、其味异，兽与虫不喜近之，有神性，能预示吉凶（参见彩色插图 14）。因此，在相当长的一段时期内，用蓍草占卜多于用龟骨占卜，筮占便逐渐取代了龟占而成为了主流。蓍草虽然易得但又极易损坏，因此，人们占卦时逐渐改用了竹筹替代，所以“筮”从竹字头。古代所谓筮法，即按照一定的方法，先数左手中的策筹，再数右手中的策筹，求得几个数，并画出爻象和卦象，借卦爻辞来判断吉凶。《系辞传》有精要的概括：“筮，数也。”筮占的具体方法和程序我们将在下册中的占筮文化一章中有较详细的说明（见表 2－1）。

表 2－1　　卜占和筮占的区别

	材　料	方 法	依据	占 断 运 用 原 理	起始时间
卜	龟甲或牛骨	灼龟板	裂纹	依象直接占断或画爻占断	原始社会
筮	蓍草	揲蓍	余数	依数字画爻占断	商周时代

3. 卜和筮之关系

龟卜是根据甲骨反映出来的兆象来断定吉凶，而筮占则是通过数字来确定卦象，后用卦爻辞来断定吉凶。无论是龟占还是筮占，都是古代中国人询问“天意”的形式，两者共存了一段时期后，随着龟壳资源的稀缺而愈来愈珍贵，周人便更多地采用了筮占，逐渐由后者取代了前者。卜筮在古人那里是有区别的：“龟，象也；筮，数也。”[4] 这一总结很到位。过去传统的看法是：卜用龟，殷人采用；筮用蓍，法较简，周人采用。近年来的考古表明，卦的成因不能排除“数”的参与，在殷商的甲骨文中已出现六个数字为一组的数字卦，数出于筮，由此可见，筮法至迟已在殷商出现，殷人已卜筮并用。“商人善卜，而周人善筮”可能更接近于历史的真实。

《礼记·曲礼》中有云：“卜筮不过三，卜筮不相袭。”前句的意思是对同一件事占测吉凶，不论是卜的方法还是筮的方法，都不得超过三次。后句的意思是用卜的方法，得到的结论不吉，不能再改用筮的方法去占测；用筮的方法，得到的结论不吉，也不能再改用卜的方法去占测。否则就是“相袭”了。这里郑玄做注曰：“卜不吉则又筮，筮不吉则又卜，是渎龟策也。”[5] 意思是说，若如此做，就是对龟策的亵渎。假若龟卜和占筮的结果出现矛盾怎么办？到底应该相信哪一个呢？

---

① 司马迁：《史记·龟策列传》。
② 王充：《论衡·状留篇》。
③ 《博物志》卷九。
④ 《左传·僖公十五年》。
⑤ 郑玄：《礼记·曲礼注》。

古人那里也有答案。《尚书·洪范》曰："三人占，则从二人之言"。意思是三人分别用不同卜筮之法去卜筮，占得结果若两人相同"则从二人之言"。《左传》僖公四年又曰："筮短龟长，不如从长"。意思是说，占筮来得晚，而龟卜较长久，应当相信龟卜。嘴上虽这样说，但周人在迷信龟卜的同时，也相信占筮，并更多地运用筮法。《左传》和《国语》中均有许多这方面的例证。

虽然卜辞或者筮辞无疑都带有浓厚的原始宗教和迷信的色彩，但是，在漫长的生活实践中，人们将生产和生活中的许多经验、知识逐渐地融入其中，力求用朴素的道理解释"神意和天意"，因此，卜筮辞中便包含有当时社会经济和政治的真实记录，包含有当时所能够达到的最新最丰富的天文的地理的经验和知识，包含有先人们对生活的带有哲理性的概括和总结。专家们普遍认为由龟占到筮占本身就体现着进步。筮占将数的概念引入，以数理为基础来分析吉凶，标志着人们已经向理性、知性的方向发展了。

二、卜筮的记录构成《易经》文本

（一）爻象和阴阳思想

1. 阴爻和阳爻

开始是卜占、后来是筮占，其归宿是画出"爻象"，"爻"有交错和变化之意。再由爻象推出"卦象"。在这个过程中中国人产生了阴阳的思想。爻象特征是间断的横线 ▬ ▬ 称阴爻；不间断的横线 ▬▬ 称阳爻。《说文解字》云："爻，交也"；王弼曰："夫爻者何也？言乎变者也"。"爻"的本意就是阴阳之交变。虽然《周易·本经》的上下经文中都未出现阴阳二字，但阴阳思想是贯穿始终的。所以庄子总结曰："《易》以道阴阳。"① 可谓一语中的。纯阳之卦为乾，纯阴之卦为坤，乾坤即阴阳。《易纬·乾凿度》中说："乾坤者，阴阳之根本，万物之祖宗也。"在中国人看来由阴阳爻构成乾、坤两卦不但是万物的起始，也是《周易》学说的逻辑起点。《周易·系辞》借孔子之口曰："乾坤其易之门邪？乾，阳物也，坤，阴物也。阴阳合德，而刚柔有体。以体天地之撰，以通神明之德。"又曰："乾坤成列，而易立乎其中矣。乾坤毁，则无以见易；易不可见，则乾坤或几乎息矣。"由此可见，乾坤在《周易》中的作用是决定性的。

2. 中国人的阴阳观念

阴阳是中国哲学特有的概念。朱熹云："天地之间，无往而非阴阳，一动一静，一语一默，皆是阴阳之理。"② 在中国人的眼中，世界上万千事物以及每一事物的万千变化都是阴阳相互作用的结果。"万事无不分阴阳"。《周易·系辞》曰：

① 《庄子·天下》，崇文书局 2004 年版，第 390 页。
② 朱熹：《朱子语类》。

"一阴一阳之谓道。"《周易》的"易"字，主要是变化的意思。《周易》将变化的根源，不是归于外部，不是归于超自然的人格化的神灵主宰，而是归于事物的内部，归于事物固有的一阴一阳的辩证矛盾性，这种阴阳既对立、又平衡、统一，既一分为二，又合二为一，体现出中国古人非凡的想象力和概括能力。这种观点既是唯物的、又是辩证的，这是中国人宇宙观的精华部分，是中国古代文明的重要象征，也是优于西方文明的地方（见图 2－1、图 2－2）。

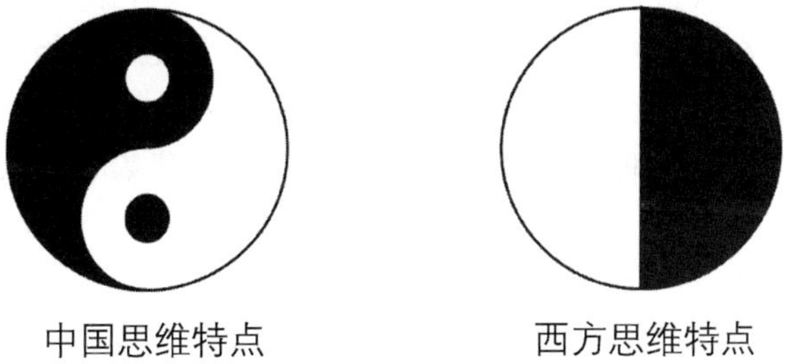

图 2－1　中西思维模式示意图

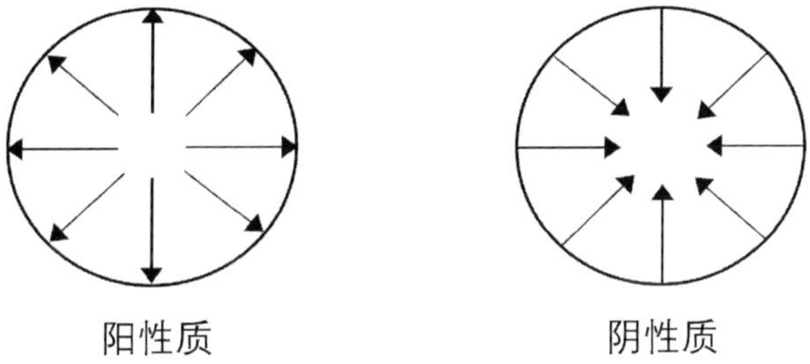

图 2－2　阴阳之特点示意图

3. 阳中有阴，阴中有阳

在中国人看来，宇宙万物无不具有或阴或阳的属性。阴阳的理论内涵丰富，主要的内容包括：阴阳一体互为根本；阴阳对立与交感；阴阳消长与转化。孤阳不生，孤阴不长，阳中有阴，阴中有阳，两者区别是相对的。一般说来，阳刚阴柔；阳趋动，阴趋静；阳具有发散的性质，阴具有收敛的性质。

下面我们用列表的方式说明阴阳各自的性质（见表 2－2、表 2－3）：

表 2－2　　**阴阳具有的相对性**

阳	天	日	男	尊	义	火	夏	热	昼	明	清	动	刚	强	健	上	外	方	凸	粗
阴	地	月	女	卑	仁	水	冬	寒	夜	暗	浊	静	柔	弱	顺	下	内	圆	凹	细

表 2－3　　**阴阳具有多方面的相互对立的属性**

阳	活跃	兴奋	光亮	强健	显露	积极	机能	气体	进攻	外表
阴	安静	抑制	晦暗	羸弱	隐蔽	消极	物质	液体	防守	内里

（二）爻的成因

关于爻的成因大致有以下几种说法：

1. 结绳记事说

“上古结绳而治”，有人认为阴爻、阳爻起源于结绳记事时代。古人以阳爻代表结绳的一个大结；以阴爻代表结绳的两个小结。古人有“八索之占”，索者，绳也。一些专家认为八卦由八索发展而来：结绳的三个大结代表乾；六个小结则代表坤；两个大结与两个小结有三种不同排列情况，代表离、代表巽、代表兑；一个大结与四个小结又有三种不同排列情况，代表坎、代表艮、代表震；这便构成了《周易》的八卦。

2. 龙马图纹说

《易传》首先认同“仰俯说”，曰：“古者包牺氏之王天下也，仰则观象于天，俯则观法于地，观鸟兽之文与地之宜，近取诸身，远取诸物，于是始作八卦，以通神明之德，以类万物之情。”意思是说包牺氏依天象、地理、鸟兽、草木、人身、器物等，画八卦以象之。天上日为阳，月为阴；地上火为阳，水为阴，鸟兽雄为阳，雌为阴，人间男为阳，女为阴。“仰俯说”实际是肯定阴阳爻画乃“伏羲创造说”。与此同时，《易传》作者又在《系辞》中曰：“河出图，洛出书，圣人则之”，这是所谓“龙马图纹说”。《周易》文本在爻画问题上自身给出了两种答案。这一见解正合乎孔安国的“河图”是八卦的说法，一部分学者，如班固，王充认同此说。王充认为“河图从河水中出，《易》卦是也……伏羲得八卦，非作之也”。所以说，“龙马图纹说”实际否定了“伏羲创造说”，其意是倾向于表明“伏羲抄录说”（见图 2－3、图 2－4）（参见彩色插图 15）。

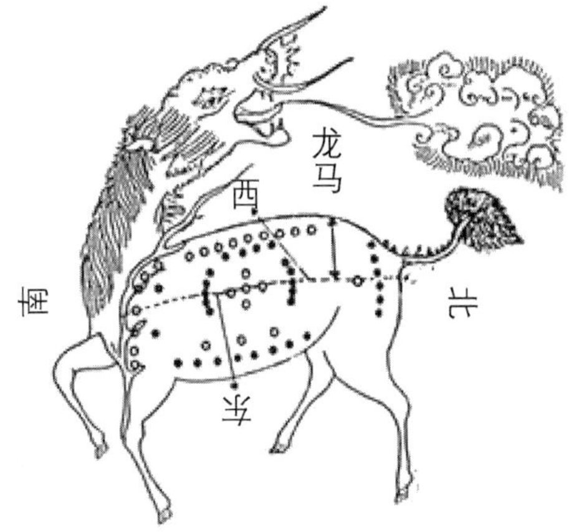

图 2－3　黄河龙马出“河图”

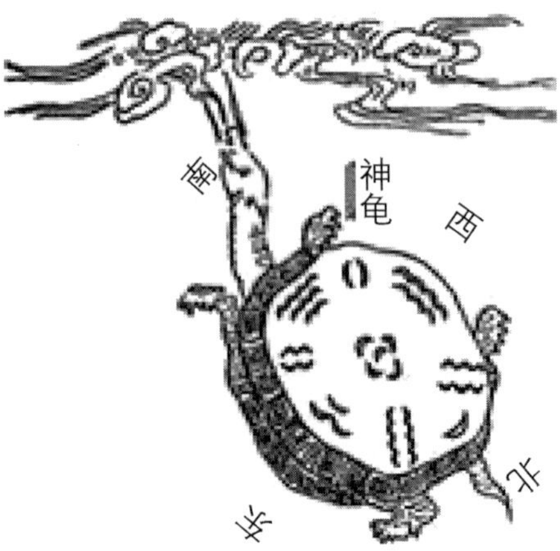

图 2－4　洛水神龟出“洛书”

3. 原始文字说

这种说法比较古老，汉代人多持此意。《易纬·乾凿度》："乾古文天字，坤古文地字，离古文火字，巽古文风字，震古文雷字，艮古文山字，坎古文泽字。"纬书之说多存上古之义。但先秦古文字，即甲骨文、金文中均不见此类文字。因而，高亨评曰："此以八卦为文字，汉人之说也。……然则，以八卦为古代文字，实难于理解。但《易纬》之说亦有所本。"[①] 高亨先生对"文字说"持质疑的态度。

4. 生殖崇拜说

将阴阳爻两个符号视为男根女阴，也是有代表性的说法。钱玄同说："我以为原始的易卦，是生殖器崇拜时代底东西，'乾''坤'，二卦即是两性底生殖器底符号。"[②] 郭沫若说："'⚊'是男性生殖器的像，'⚋'是女性生殖器的像。"[③] 他们二人都认为这两个符号是古人生殖器崇拜的遗存。

5. 竹棍竹筹说

高亨《周易杂论》说："占筮用竹棍，即《楚辞·离骚》所谓'索藑茅以筳篿兮，命灵氛为余占之'（筳，即占卦用的竹子），所以筮字从竹（周人用蓍草，蓍也是竹类）。竹棍有两种，一种是一节，用来象征阳性，'⚊'象一节竹之形；一种是两节，用来象征阴性，'⚋'象两节竹之形，这是和奇数为阳、偶数为阴的概念是分不开的。三个竹棍摆成一个经卦，六个竹棍摆成一个别卦，爻和卦都是象竹棍之形。"[④]

6. "数字卦"说

在过去的《易》学研究中，没有"数字卦"之说。数字卦名称，是在新中国成立以后才提出来的。随着地下文物的大量出土，其中在有些甲骨、陶器、钟鼎和竹简上刻有一组组的奇妙的字形，这引起了考古学家、古文字学家们的注意，经过人们的细致研究和严密考证，终于确认这一组组奇妙的文字乃是多个数字的排列，它是殷周人占筮结果的记录，以数字符号形式出现的占卦的结果，是"易"的记录，所以人们名其为"数字卦"。"数字卦"古代就出现了。早在1118年（宋代），湖北省孝感地区曾出土过西周初期的铜器，考古界学者称其为"安州六器"，其中有一件中方鼎，长篇铭文之末有二组奇妙的字形，当时的学者均未能释出。（实际上是两组数字，前者为"七八六六六六"，后者为"八七六六六六"）。20世纪30年代，大学问家郭沫若曾在他的著作《两周金文辞大系》中收录了这一方鼎，并错认这两个符号为"族徽"。新中国成立以后，考古人员河南安阳出土的一

---

①④ 《高亨〈周易〉九讲》，中华书局2011年版，第6页和第75页。

② 钱玄同：《答顾颉刚先生书》。

③ 郭沫若：《中国古代社会研究·〈周易〉时代的社会生活》。

片甲骨上发现了三组数字；随后又在陕西长安张家坡；西安丰镐遗址、岐山凤雏村、扶风齐家村等地，陆续发现一些上面刻着数目字的甲骨，常常六个数目字一行，单独出来，不与其他字连接。后来，经考古专家张政烺、李学勤、唐兰、徐锡台等专家们的研究，确认为这是古代占筮所得，是对卦爻象的记录。“数字卦”的发现与确认，使得“卦本于数”的说法得到了进一步的证实。

（三）关于卦和卦的组成

1.“卦”的含义

爻的不同组合构成卦。“卦”是什么意思呢？在古人那里大致有两种解释。一种是从象形入手，许慎在《说文解字》中谓：“卦者，推究其晷景也”，晷景就是指测日影。“卦”字从“圭”从“卜”，“圭”字由两个土字重叠而成，古人用泥土筑成土堆（土圭），用来观测日光照射圭后所产生的投影，以此来确认时间的变化。“圭”即圭表。卜字也含有测日影的意思，“卜”字的一竖，代表圭表中所立的标杆，一点则代表的是太阳光照射在标杆上的印记。如此说来，占卜和求卦的祭祀意义最早应和人们企图认识天文有关，和人们祭天祈福相关联，不少学者持类似的观点（参见彩色插图34）。

另一种是从形声入手，孔颖达在《周易正义》中谓：“卦者，挂也。言悬物象以示于人，故谓之卦。”这是以声训义。说明卦和挂的含义有所联系，揭示出了卦在古代占筮仪式中的显著位置。当然，这里也透露了卦的另一个来源，即来源于对数字的记录，来源于结绳记事，即来源于古老的“八索”。因为结绳或者“八索”常常是以悬挂形式出现的。

2.“三爻”卦和“六爻”卦

在古人看来，卦是表征宇宙万物的符号系统，它的不同的排列组合恰是天地人运动变化规律的展示。卦分三爻卦和六爻卦两种。三爻构成的卦有八个，实则是阴阳两爻按着二进位原理所进行的三爻的全排列。《周礼》上称之为“经卦”，经卦就是通常称作的“八卦”。由六爻构成的卦有六十四个，六爻卦实则是由两个三爻卦叠加而成，实际也是阴阳两爻象按着二进位原理所进行的六位数的全排列，《周礼》上称六爻卦为“别卦”，通称“六十四卦”。关于八卦和六十四卦的较详细的内容我们在后面专门辟有章节讲解。

（四）“周易”字解

1.“易”字解

卦的集合是“易”。中国古代将占卜记录，即爻辞和卦辞的集合称之为“易”。为什么要称之为“易”呢？对“易”字大致有三种见解：

第一种意见认为，作为卦爻辞集合的它富于变化，如同一种叫变色龙的蜥蜴，那就称之为“易”。《说文解字》训为：“易，蜥易、蝘蜓、守宫也。象形。”也就是说“易”是蜥蜴的“象形字”。小篆的“易”字确有几分象形。

第二种意见认为，“易”上为日，下为月，从日月表现阴阳。《说文解字》上说“日月为易”，象征阴阳，认为是个“会意字”。

第三种意见认为，“日出为易”，认为“易”是太阳从地平线上升起的象征。这主要是从殷墟甲骨文中的“易”字形得到的启发。

“易”就是上古时代占卜过程及其结果的记录，卦爻辞的集合称“易”。《周易》的古经部分就是在较早时期的卜占或者筮占的基础上，由专家整理编辑而成的。其后还有一不断充实、逐步完善的过程（见图 2－5）。

日月“易”　　小篆的“易”　　日出的“易”

图 2－5　“易”字含义组图

2.“周”字解

对“周”的理解历来有两种说法。一为“周代”，二为“周普”。前者的寓意在于认为《周易》为西周时代的书。理由便是《周礼》有云：“太卜掌三易之法，一曰《连山》，一曰《归藏》，一曰《周易》”。此说认为《连山》为神农时代的筮书，神农也称“连山氏”，《归藏》为黄帝时代的筮书，黄帝也称“归藏氏”；后来夏用《连山》，商用《归藏》，西周所用之书则冠以“周”字，名为《周易》。后者则取郑玄《易赞》云：“‘连山’者，象山之出云，连连不绝。‘归藏’者，万物莫不归藏于其中；‘周易’者，言易道周普，无所不备。”故《周易》的“周”字乃为“周普”之义。

三、《易经》文字的由来

（一）世间“三易”的多种说法

1. 历史上有三种“易”

历史上有三种古“易”，这是“三易”的第一种说法。古代“三易”是：连山易、归藏易和周易。郑玄注《周礼·春官·大卜》中说：“掌三易之法：一曰《连山》，二曰《归藏》，三曰《周易》。其经皆八，其别皆六十有四。”《连山》、《归藏》皆佚，唯《周易》存世。南宋学人王应麟编著的启蒙读物《三字经》曰：“有连山，有归藏，有周易，三易详。”《连山》乃夏代之《易》，以纯艮卦为首，艮上艮下，艮为山，故名《连山》。《周礼·春官·大卜》云：“《连山》似山出内（纳）气也。”又传《连山》是神农时之易，是人类山居生活的真实写照。《归藏》

乃商代之《易》，以纯坤卦为首，坤上坤下，坤为地，故名《归藏》。《周礼·春官·大卜》云："归藏者，万物莫不归藏于其中。"又传《归藏》是黄帝时之易，象征万物无不收藏于大地之母。近代学者金景芳先生看重《归藏》首坤次乾次序，指出其反映了"殷道亲亲"、重母统的特征，是氏族社会的遗存。还有学者认为老子《道德经》主顺贵柔来自《归藏》。《归藏》又称《坤乾易》。古人曾言《连山》繁而《归藏》简，对此，学者王应麟在他的《困学记闻》中有所质疑："《桓谭新论》云：'《连山》八万言，《归藏》四千三百言。'《夏易》详而《殷易》简，未详所据。"同样性质的书，后代的字数比前代的字数少很多是让人费解的。王应麟认为立论者桓谭没有提供证据。因此，后学的多人也对《连山易》能有八万言表示了怀疑。《连山易》和《归藏易》虽都已佚失，但有残篇散在其他文献中。较早出现于《太平御览》八十二引《归藏易》云："昔夏后启筮享神于大陵而上钧台，枚占皋陶曰：'不吉'。"后来，清代马国翰《玉函山房辑佚书》中有《归藏》的辑本，这本《归藏易》有《初经》、《六十四卦经》、《齐母经》、《郑母经》、《启筮经》、《本蓍篇》等篇目，其卷帙还是较多的。这部《归藏易》的《六十四卦经》形式虽然和《周易》经卦形式基本上相同，然而爻辞不同。《归藏易》中占例的一般形式是：

卦名＋昔时某人筮某事＋而枚占（或枚筮）于某人＋某人占断之辞＋爻辞

具体说来，如：《师》曰：昔者穆王天子筮西出于征，而枚筮之于禺强（占筮者），禺强占之曰："不吉。龙降于天，而道里修远。飞而冲天，苍苍其羽。"再如：《明夷》曰：昔者夏后启筮乘飞龙而登于天，而枚占于皋陶（占筮者），皋陶曰："吉。吉而必同，与神交通。以身为帝，以王四乡。"《归藏易》中讲到了皋陶，后世的两部书《太平御览》和《玉函山房辑佚书》都给予了肯定，可见皋陶也是一个卜官。玉函山房辑的这部《归藏易》的最大特点是《郑母经》和《启筮经》，这两部经书所载的都是些神话或历史传说中的古人占筮的一些占例，而这些内容是现有《周易》通行本中所没有的。

《周易》乃周代之《易》。《周易》纠正了商代"易"《归藏》的首卦的次序，变成首乾次坤，从此"天尊地卑"成为世间认同的理所当然的道理。

与三种"古易"相联系的是"三坟"的说法。《周易》来自"三坟"的说法由来已久。《左传·昭公十二年》记载，楚国的左史倚相"能读《三坟》、《五典》、《八索》、《九丘》"。孔安国在《尚书·序》里说："伏羲、神农、黄帝之书，谓之《三坟》，言大道也。少昊、颛顼、高辛、唐、虞之书，谓之《五典》，言常道也。"郑玄在《周礼·外史》注里说："三皇五帝之书"即"《三坟》、《五典》"。所谓三坟是：一是天皇伏羲氏的《山坟》，二是地皇神农氏的《气坟》，三是人皇轩辕氏（即黄帝）的《形坟》。伏羲氏的《山坟》后来被夏人继承发展成为《连山易》，神农氏的《气坟》被商人继承发展成为《归藏易》，轩辕氏的《形坟》被周人继承发展成为《周易》。尽管它们的体系并不完全相同，但六十四卦的大体框架还是一致的。说明古来所有的"易"都来自《三坟》，而伏羲氏的《山坟》则是源头。《周易》来自"三坟"的说法自古也有众多的质疑。其原因有三：

一是伏羲创易的传说中有较浓重的神话色彩；二是如果《连山》、《归藏》、《周易》是一脉相承，那么六十四卦古已有之，何来文王重卦？三是古《三坟》在汉代已失传，到唐朝时才被人重新发现，令人怀疑为伪书。《三坟》的问题，是一个需要继续加以考证的问题。

虽然中国历史文献中有关《易》的来源有不一致的地方，但较一致的地方是或多或少承认了《易》经历了伏羲、神农、黄帝三个发展阶段，同时也经历了《连山》、《归藏》、《周易》三个发展阶段而最后成就的。

今本《周易》的古经部分，若卦画作一字算；爻题作两字算，不算顺序数码，不算标点符号，上经三十卦，约2252个字；下经三十四卦，约2764个字，上下经合计约为5016个字。长沙马王堆西汉墓出土的帛书《周易》字数是4934个字。有人统计《周易》最短的卦是《兑》卦计43个字，最长的卦是《困》卦计108个字，上下经六十四卦平均每卦字数约78个字。今本《周易》的易大传部分，即“十翼”，包括《文言》、《彖》、《象》、《系辞》、《说卦》、《序卦》、《杂卦》等加起来约计24200余字。经传合起来的《周易》文本共计29000余字，不到3万字。

2. “易”历经三世

“易”历经了三个阶段是“三易”的第二种说法。《汉书·艺文志》曰：“《易》道深矣，人更三圣，世历三古。”意思是说，《周易》道理所以深刻，是经过了三位圣人之手：伏羲、周文王和孔子。同时历经了三个时期：上古、中古和下古。上古时代，黄河现“龙马”，背上布满神奇的图案，圣人伏羲将其临摹下来，并仰观天文、俯察地理，而做“八卦”。即所谓爻画卦画阶段，人称“无字易”时代。中古时代，文王姬昌被纣囚禁于羑里，遂体察天道人伦阴阳消息之理，重八卦为六十四卦，并作卦爻辞。这是古易经的文本阶段。下古时代，孔子喜“易”，感叹礼崩乐坏，故撰写《易传》十篇。这是经传合一《周易》通行文本阶段。汉儒普遍认同“三圣”、“三古”说。如《易纬·乾凿度》就曾肯定说：“垂皇策者羲，益卦德者文，成名者孔也。”即认定是卦爻画者伏羲，撰写《易经》卦爻辞者文王，写《易传》，使《易经》彰显者孔子。大史学家司马迁亦持相同的观点（参见彩色插图16）。

3. “易”的三种含义

释易有三，即：变易、不易、简易是“三易”的第三种说法。此说法是东汉易学大家郑玄的语意。他在《易赞》中，将“易”的含义高度发挥，他说：一部《周易》有“变易”“不易”“简易”这三种含义[①]。宇宙万物，时刻变化，人事也是如此，这种“变动不居”的常理就是“变易”。然而，变化不息的大宇宙，却具备法则性，井然有序，循环不已，有一定的规律可循；人世间的命运，也同样具有法则性，阴阳之间的相互转化和变化不会轻易更改，形成规律，所以说“不

① 郑玄：《易赞》。

易”；由于具有“不易”的法则性，我们便可以了解大宇宙的天地法则，可以遵循；而人世间的动向，也就能够预知，可以规范。之所以说“简易”，就是说《周易》的经传以简便的方式、即以64个符号系统传达出了最深刻的道理，即六十四卦背后的象数与义理的道理。按照郑玄的语意，宇宙包罗万象的变化，无不有一定的规律以及因果关系可以追寻，人们可以从简单中获取深刻的道理，因此，占卜和预测也就没有什么不可思议的了。实际上，郑玄的思想在《周易》的《系辞》中也可以找到立意的根据。

（二）《易经》的作者们

古易经，这里仅指《周易》的本经部分。历史上对其作者一般说有两种见解。一种说法是伏羲画卦，周文王重卦并写卦爻辞，这是二作者说。另一种说法是伏羲画卦，周文王重卦并写卦辞，周文王之子周公写爻辞，这是三作者说。我们姑且按三作者分别介绍之。

1. 伏羲画八卦

此说是根据《系辞》:“古者包牺氏之王天下也，仰则观象于天，俯则观法于地，观鸟兽之文与地之宜，近取诸身，远取诸物，于是始作八卦，以通神明之德，以类万物之情。”意思是说，太古时代，包牺氏君临天下，向上观测天的现象，向下俯察地的法则，观察鸟兽的花纹及适宜于草木金石的地利，近处取法人体的形态，远处模仿万物的形象，于是制作了八卦，以融通神灵明智的造化德行，以分类比拟万物的情况。伏羲作易多宗于此。

伏羲是怎样的一个人呢？伏羲即是包牺，亦有写作宓牺，伏戏，亦又称牺皇。在上古的神话传说中，将他说成是人类的始祖，相传人类是由他和他的妹妹女娲成婚而产生的，历史上在汉画砖和帛画中多次出现的人面蛇身交媾图描述的就是此事。传说他上观天文，下察地理，中通人事，功绩卓著。其中最主要功绩是说当黄河中出现了一匹神奇的龙马，马背上呈现有规则的图案，即所谓“河图”是也，伏羲见此，恍然大悟，将其记录下来，由此便产生了为后来人们所熟知的“八卦”。创制“八卦”是伏羲的最大功绩。

另一说伏羲即太昊，本姓风，为三皇之首、百王之先。传说他有圣德，如日月之明，故称太昊。远古时代，先人茹毛饮血，居无定所，伏羲在炎黄帝之前，教人渔猎畜牧，说他从蜘蛛结网受到启发，制造了捕鱼网，教会了人们捕鱼；同时还教会了人们畜养牲畜，丰富了饮食。传说他规范了婚姻制度，创制了嫁娶之礼。还有传说他制造了琴瑟，他是中华第一作曲家，创作了《驾辩》之曲，丰富了人们的文化生活，结束了古代蛮荒的历史。

伏羲的遗迹现存多处。传说他生于甘肃天水，现天水市内有伏羲庙，伏羲庙整个建筑群呈宫殿式建筑模式，常被作为较大规模的伏羲祭祀场所。天水市郊有卦台山，据说是伏羲画卦之地。伏羲殁于河南淮阳，淮阳也有个画卦之地。淮阳的太昊陵在祭祀伏羲的建筑中规模最大，占地八百余亩。据说春秋时已有其陵，汉代在陵前建祠，明清两代屡加扩修，太昊陵后有专供占筮之用的神器——蓍草园。太昊陵规模宏大，肃穆庄严，整个陵区目前已成为人们旅游休闲、缅怀和瞻仰先皇的胜地了。

2. 周文王重卦并写卦辞

此说重要依据仍是“人更三圣，世历三古”说，《汉书·艺文志》此说法为多数学者所接受。司马迁是坚定支持周文王重卦并撰写了卦爻辞的。由于司马迁是史学大家，这一说法几成定论，后来的多数学者也便少怀疑了。但是，自汉以来，疑问之声从未绝灭。其实，《易传》的作者就属于谨慎类型，《系辞》云：“易之兴也，其于中古乎？作易者其有忧患乎？”又曰：“易之兴也，其当殷之末世、周之盛德邪？当文王与纣之事邪？”《易传》作者以带疑问的口吻说出了《易经》与文王之间扯不清的关系。

周文王（公元前 1152—前 1056）姬昌，殷商末年西伯侯。《史记·周本纪》说他是一位有德才的创业君主，将岐山下的周族地域治理得井井有条，岐周“三分天下而有其二”。西周国力的增强，引起商王朝不安。商纣王听信谗言，将姬昌拘于羑里七年（今河南汤阴县内）。囚禁期间，商纣王百般羞辱他，将他儿子肉煮熟了给他吃，可他意志不垮。囚禁中的文王，感慨自然和社会的阴阳消长规律，结合自身坎坷的遭遇，探究八卦、两两重叠，推出六十四卦，并将每一卦附上卦辞，从而演绎出《周易》之理。《史记》所载“文王拘而演周易”是也。周臣为营救文王，搜求美女、宝马、珠玉献于纣王，于是纣赦免文王出狱。史书中载文王“羑里之厄”是也。文王出狱后拜姜尚为军师，共同筹划灭商策略，但未及出师便先期死去。周人谥西伯为文王。其次子姬发继位，是为武王。武王即位，在周公、姜尚等人的协助下，统率战车三百辆，虎贲三千人，甲士四万五千人，“武王之伐殷也，革车三百两，虎贲三千人。”[①] 渡过盟津，抵近商都。盟津，稍早一些时候，各诸侯曾在此聚会，有过著名的“盟津之誓”。公元前 1046 年二月甲子（武王伐纣的时间历史上有多种说法，此取其一）凌晨，在商郊一个叫牧野的地方与商朝军队交手，史称此战为“牧野之战”，武王军队最终一举打败了商朝的军队，攻入朝歌都城，杀死了商纣王，史称此事件为“武王伐纣”或“武王灭商”，而后，便建立起中国历史上最长的一个朝代——周朝。

3. 周公写爻辞

最早将《周易古经》的作者增加到三人，说到周公作爻辞的是东汉经学家马融（79—166），他的多部易著已散失，东汉名气较大的易学家郑玄是他的学生。持相同观点的还有而后三国时的易学家陆绩。他们的依据是由于一些卦爻辞中出现了文王之后的一些事情，因此卦爻辞不是文王单独所作，表明周公参与了卦爻辞的创作，特别是专门撰写了爻辞。

周公旦，又称周公，周文王第四子。史载他作《周官》（即《周礼》），是周

① 《孟子·尽心下》。

朝典章制度、礼乐制度的倡导者和推行者，武王在商郊牧野集众誓师，誓词是《尚书》中的《牧誓》一篇，据说《牧誓》为周公所作。武王死后，武王之子成王继位，成王年少，周公又辅佐其子。周公的功绩有平叛东征，营建洛邑，鼓励生产，制定典章。在做了大量的务实工作后，终于天下初定，周的势力扩展至大海之滨。周公的最大功绩在于为周朝确立了以宗法制度为中心的政治体制，周公主张“明德慎罚”，其言论见于《尚书》的《大诰》、《康诰》、《酒诰》、《多士》、《无逸》、《立政》等诸篇。周公被尊为儒学的先驱，是孔子最崇敬的古代圣人之一。

史传周公精通卜筮，尤为擅长释梦，后世不但有“周公解梦”一说，还有托其名的各类解梦释梦的书籍。其实，周公解梦实在是一个推衍的结果。《论语·述而》中引孔子的话：“甚矣吾衰也！久矣吾不复梦见周公”。可见，周公是一个在孔子梦中频频出现的人物，孔子又是儒教的领袖，因此，在儒教长期主导的文化中国，周公便不可避免地总和“梦”联系在一起。由“孔子做梦”到“梦见周公”，再到“周公之梦”，最后到“周公释梦”、“周公解梦”，形成了一个合乎逻辑的语词演变及语义转化的全过程。不管是不是一场误会，还是一种偶然，“梦”话题使得中国人对“梦”的研究大大超前于西方两千多年。

（三）学者们对《易经》的理解

1.《周易古经》应是集体创作的产物

《周易》的作者，尚不能在确凿的证据上肯定其究竟是何许人。依据现阶段的证据，只能笼统地说：中华远古时代一些有较高文化智慧和社会地位的卜史筮人，在总结了劳动人民智慧的基础上，创造了八卦，然后逐步又发展为六十四卦。《周易》卦爻辞是经巫史之手，从旧有的卜筮记录中挑选编辑而成，也不排除在更早期的“易”的基础上的加工整理而形成的。《周易》应是经多人之手，并经较长期的增补删改而成就的。

2.《周易古经》产生的年代

传统的文献里大多认为是周文王作卦爻辞。从《周易》里不时提到岐山、东邻西邻，提到了诸侯分封等内容可以看出，《周易》至迟应作于商末周初。因为到春秋时期分封制实际上已名存实亡了。特别《明夷·六五》曰：“箕子之明夷，利贞。”该爻辞对断代有参考意义。箕子，殷商贵族，性耿直，有才能，因向纣王进谏遭囚禁，周武王灭商后获自由，传《洪范》篇实际上是周武王克殷之后，造访箕子时向他询问治国方略的记录，也是殷商旧臣箕子写下的治国纲领。《周易》基本上能够反映殷商末期、西周初期的历史面貌，说文王姬昌作卦爻辞起码符合当时的历史状况，时间上是吻合的。但是《易经》中的基本词语似乎比《尚书》更古老些，反映周人的先进思想的“民”字和“德”字在《尚书》里常见，而在《易经》中鲜有，这实际上透露出《易经》的多数内容或许非周人所作，而是来自更早一些的年代。这样的假设若能成立，实际上也是间接地支持了“三易说”或者“三坟说”。当然，《易经》卦爻辞的撰写，文王和周公可能都参与了部分的修改或润色。至于卦爻辞中有些地方出现了文王之后出现的事件，如爻辞中的“箕子”之事，但这也并不奇怪，恰恰说明在流传过程中，后人的修改润色留下了痕迹。假若能肯定周公参与了爻辞的撰写，反而就更好理解了。

3. 易、易经、周易三者间的关系

“易”曾经是古代所有占筮之书的总称，即《连山易》、《归藏易》、《周易》等。古代文献中出现“易”时，不排除是《连山》或《归藏》，并不特指是《周易》。由于《连山易》、《归藏易》早已佚失，多数时候称“易”便指的就是《周易》了。《易》至西汉初年被列为经书之首，便有了“易经”之说，世人遂尊称《周易》为《易经》，所以说《易经》一般指的就是《周易》。秦汉以后，《周易》已成为经传合一的文本了，这时，易经和周易的称呼就出现了歧义：当说“周易”时，一般指的就是经传合一的《周易》的文本；但当说“易经”时，既可以指的是经传合一的《周易》文本，也可以特指《周易》文本中的“古经”部分，而并不包括《易传》部分。在古人那里，“经”和“传”还是有层次上的差别，“经”比“传”更经典更庄重，也更重要得多，这是需要我们注意区分的。

第二节 《易经》的权威阐释——《易传》

一、孔子与《易传》

（一）史书上关于孔子学易作传的记载

1. 历史界著名学者的肯定

孔子（前551—前479）春秋末期思想家、政治家、教育家，儒学学派的创始人。因父母曾为生子而祷于尼丘山，故名丘，字仲尼。鲁国陬邑（今山东曲阜）人。曾修《诗》、《书》，定《礼》、《乐》，序《周易》，作《春秋》。孔子的思想及学说对后世产生了极其深远的影响。对孔子学《易》、作《易传》的历史记载，还是要首推汉代学者。最先司马谈认为孔子为后世留下的两大精神财富就是“正《易传》、继《春秋》”。随后司马迁在《史记》中记载“孔子晚而喜《易》，序《彖》、《系》、《象》、《说卦》、《文言》”，又说孔子“读易而韦编三绝，曰‘假我数年，若是我于《易》，则彬彬矣’”。“韦编三绝”的故事印证了孔子与易的密切关系。故事讲孔子学易，反复翻动竹简，以至于连接竹简的韦编断了三次。韦编常用熟牛皮做成，反复的翻动将牛皮扯断，可见其用功。这里三次表示多次，不特指三次。

班固在《汉书·艺文志》中更加肯定说："孔氏为之《彖》、《象》、《系辞》、《文言》、《序卦》之属十篇。"《汉书·儒林传》讲："孔子晚而好易，读之韦编三绝而为之传。"东汉还有一本很流行的易著，叫做《易纬·乾凿度》，该书在肯定了孔子作《十翼》的事实中，还讲了一个孔子晚年学"易"的故事："仲尼，鲁人，生不知易本，偶筮其命，得旅，请益于商瞿氏。曰：'子有圣智而无位。'孔子泣而曰：'天也！命也！凤鸟不来，河无图至。呜呼！天命之也。'叹讫而后息志、停读、礼止、史削。五十究易，作十翼，明也。"说的是孔子早先不懂易，有一次，他偶然预测了一下自身的命运，占得一"旅卦"，便请人帮忙解释，后来请到了商瞿氏来断，商说："小亨，故抱圣智，难得位。"人家告诉他，此卦的意思是，你枉有王侯之志，没有王侯之命，必定是怀才不遇，到处碰壁，一生坎坷。孔子觉得商瞿氏说得很对，自身的命似乎也算得很准，从此"认命"，即认识了自己的使命，同时也鉴识了"易"之功效，从此潜心研究"易"，终成"易"的大家，留下《十翼》诸篇。

2. 马王堆帛书《周易》的记录

1973年12月湖南长沙马王堆汉墓3号墓出土了帛书《周易》。它与其他27种帛书一起，内容涉及战国至西汉初期政治、军事、思想、文化及科学等各方面，具有重要学术价值，可作为校勘传世古籍的依据。马王堆帛书《周易》，有古经文以及经传，六十四卦完整无缺，个别的字有残损，有一些通假字的使用。帛书《易传》诸篇是《二三子问》上下篇、《系辞》、《易之义》、《要》、《缪和》、《昭力》等。与现通行本比较，其特色有二：一是易经部分，通行本卦序是乾始、终为未济，《序卦传》谈到过卦序的世界观性质，其内容是具有一定推衍性质的、有发展意味的、照应到了卦象综错排列的一种顺序形式。帛易则不同，帛易的排序基础有所变化，其卦序是，纵向以乾艮坎震坤兑离巽为序，横向以天地山泽水火雷风排列，相叠而成六十四卦，可以清楚看到，纵是以阳爻一类，阴爻一类，横是以相对构成。另外，帛易的卦名也与通行本有一些不同。二是《易传》部分，帛易有些内容是通行本所没有的。如《易之义》，《易之义》中孔子开宗明义之语"易之义，唯阴与阳"，这是一种很鲜明的观点，里面有着丰富的论述阴阳的话语，《易之义》是一份很重要的资料。《二三子问》、《要》等也都给我们带来了丰富的信息。

马王堆帛书《要》记载："夫子老而好《易》，居则在席，行则在橐。"可见孔子对《易经》十分喜爱。同时，帛书《要》还记载了这样有意思的情节：即孔子反复地强调他对《易》的喜好与他人的不同，孔子曰："《易》，我复其祝卜矣，我观其德义耳也。"孔子虽喜《易》，但又不愿意人们把他与史官巫祝并列，唯恐后人们对他有所误解，极力辩解说："后世之士疑丘者，或以《易》乎？吾求其德而已，吾与史巫同途而殊归者也。"① 这里的语气与《孟子·滕文公下》所记载的

① 马王堆帛书《周易》。

孔子的语气"知我者，其惟《春秋》乎？罪我者，其惟《春秋》乎?"何其相似！史传孔子曾删《诗》《书》，制《礼》《乐》，而唯独赞《易》，未对《易》进行过删改，可见其尊重的态度（参见彩色插图17）。

3.《论语》的透露

孔子十分喜爱并赞赏《易经》，这在《论语》中有记载："假我数年，五十以学《易》，可以无大过矣。"[①] 另一个地方《论语》载："南人有言曰：'人而无恒，不可以做巫医'。'善夫！不恒其德，或承之羞'，子曰：'不占而已矣'。"[②]其中"不恒其德，或承之羞"句与《易经·恒·九三》爻辞同。

（二）对孔子作《易传》提出质疑

1. 首推北宋欧阳修的质疑

对孔子作"十翼"说，首先提出怀疑的是北宋欧阳修。他认为《易传》"余之所以知系辞而下非圣人之作者，以其言繁衍丛脞而乖戾也"。他断定"十翼"非出自一人之手、一时之作。欧阳修以八卦起源为例，指出在《易传》中共存三种起源的说法：一是"河出图，洛出书，圣人则之"；二是伏羲"近取诸身，远取诸物，于是始作八卦"；三说为"观变阴阳而立卦"。欧阳修据此得出结论，谓："此三说出于一人乎，则殆非人情也。"[③] 继欧阳修之后，北宋另一大学者王安石也提出了自己的质疑，他的疑问多集中在《序卦传》。王安石在他的《易象论解》一书中，多有自己的心得，并大胆地按自己的理解进行了新的阐释，力图加强卦与卦间的逻辑关联性。

2. 近代学者的质疑

近代钱玄同、李镜池等专家认为，《易传》不是孔子所作。近代人疑《易传》的最大困惑是《易传》中常有"子曰"这样的措辞，提出倘若《易传》确为孔子所作，岂有自称"子曰"乎？他们还认为，《论语》里"子曰：'加我数年，五十以学易，可以无大过矣。'"这句话里的"易"字应作"亦"字。改为："加我数年，五十以学，亦可无大过矣?"认为改"亦"为"易"，是汉人干的事。郭沫若在《周易的构成时代》中认为孔子与《易》并无关系。他讲了两个理由，第一，孟子是儒家的代表人物之一，可在《孟子》一书中，始终没有说过孔子学易，更未说过孔子作《易传》之事。对于儒家正统的传人，为什么只字不提此事呢？值得后人怀疑。第二，《易传》本身的内容多出自荀门，并非孔子。何况孔子声明自己是"述而不作，信而好古"之人。

3. 现代学者们的见解

现代学者朱伯崑就《论语》中"子曰：'不占而已矣。'"发议论说："善学

---

①② 《论语》。
③ 欧阳修：《易童子问》。

《易》的人，懂得此道理，不必去占筮。在孔子看来，《周易》的用处，是提高人的道德修养的境界，不是卜问吉凶祸福。此是孔子对《周易》的新诠释。此种解《易》学风，后来影响渐大。《易传》对卦爻辞的解释，大都取孔子的人道教训之义。《象传》与《文言传》，尤为突出。因此，否认《易传》和孔子《易》说的关系，是不正确的。”① 但同时朱伯崑先生又说：“认为《易传》主要阐发孔子的思想，同样缺乏证据。如《易传》中的重要思想是讲阴阳变易法则。据《论语》和《孟子》提供的史料，孔、孟都不讲阴阳变易。而阴阳变易观念，则出于道家和阴阳家。显然，《易传》的作者，又受了道家和阴阳家天道观的影响。概而言之，我们认为今本《易传》非孔子亲手所著，而是出于战国时代儒家学者之手。因受时代思潮的影响，它们又吸收了许多别的学派的思想。”②

孔子与《易传》关系的争论一直延续着。像现代学者冯友兰指出：《论语》中谈到的“天”和《易传》所指出天的含义不同！由此证明《易传》非孔子所作。但也有不同的声音。如学者苏渊雷先生在《易学会通》中就不同意否定《易传》为孔子所作的说法。他说：“假设孔子与《易》无关。应先证明《论语》、《史记》所载为伪，然后才可言也。”再多说几句，过去研究孔子与《周易》的关系，由于缺失了马王堆帛书这部分资料，导致有些判断不准确。如今，马王堆帛书《周易》的出土与研究，为研究孔子、研究《周易》都提供了新的史料，因而必然会为《周易》的研究、孔子的研究，以及孔子与《周易》关系的话题带来新的变化，取得新的成果。

（三）我们的态度

1. 孔子和《易传》有密切关系

《易传》大量使用“子曰”遣词，只能证明它不是孔子执笔写成。然而正是由于太多的“子曰”，才说明《易传》极可能来自孔子的亲授，甚至口授。如同我们今天看到《论语》中的“子曰”一样，我们不会因此产生是否是孔子思想的疑问。《易传》应是以孔门之徒为首的集体完成的。作者站在当时时代思维的高度，总结研究了《易经》的成果，并经多人之手汇集而成。《易传》的成篇有先后，早在春秋时代，晚至战国晚期。

2.《易传》内容超出了儒学的范畴

需要指出的是，许多学者看到《易传》内容超出了儒学的范畴，这似乎与孔子参与了《易传》的撰写相矛盾，其实不然。《易传》时代是一个百家争鸣的时代，不同观点和派别的既争论又包容是时代的主流。作为集体创作的《易传》同时带有道家、阴阳家和其他各家的思想成分便不足为怪了。事实上，《易传》比较孔孟的儒家，视野上更开阔些，方法上也更趋合理，更多地带有科学的元素和自然哲学的倾向。北宋学者恰恰是站在儒家的视野来看待《易传》的内容，提出质

①② 朱伯崑：《易学基础教程》，广州出版社 1993 年版，第 72 页。

疑就是自然的了。

二、关于“十翼”文章

（一）何谓“十翼”

1. “十翼”说法的由来

“十翼”就是易传，是现行通行本的“易传”部分。“十翼”之名，最早见于《易纬·乾凿度》，“孔子占《易》得旅，息志停读，五十究作十翼。”什么叫翼呢？翼即羽翼，意思是说它是经文的羽翼，有辅助之意。“十翼”是古人解说发挥《易经》卦名、卦象、卦辞和爻辞的权威性著作。

“十翼”实际是七种十篇解经或释经的文章，由于易经六十四卦分为了上经和下经两部分，因此，有些解经或释经的文章也就被分成了上下篇两部分，一共七种十篇文章。它们是：《文言》、《彖》上下篇、《象》上下篇、《系辞》上下篇、《说卦》、《序卦》、《杂卦》（见表2－4）。

表2－4　“十翼”的构成

《易传》	1	2	3	4	5	6	7
篇←→目 名 称	文言 ↓	彖 上下篇	象 上下篇	系辞 上下篇	说卦	序卦 ↓	杂卦 ↓

2. “十翼”编排的演变

“十翼”原本各自独立成篇，东汉郑玄为了“欲使学者寻省易了”，将它们与古经文合编在了一起，但仍各自成篇而并未拆开。至魏晋时期，经王弼之手，把《彖》、《象》的内容拆开分别配于古经六十四卦的卦辞后面；将《文言》拆开，分别附于《乾》、《坤》两卦之后，这样，便成为了现在通行本所呈现的样子。

（二）“十翼”文章的内容和特色

《易传》又称《易大传》，共七种十篇文章，它们解释《易经》文字各有其重点或角度，现分叙如下。

1. 《文言》

“文言”的含义，就是文饰《乾》、《坤》两卦之言。孔颖达《周易正义》云：“以乾坤德大，故文饰之为文言。”《文言》分前后两节的内容，分别解释说明了《乾》卦和《坤》卦的象征意义和内涵。前一节称《乾文言》，后一节称《坤文言》。《文言》之所以专门解释《乾》卦和《坤》卦，是因为这两卦在六十四卦中特别重要，有如六十四卦之门户，把乾坤的地位和实质讲明了，其余六十二卦的意思也就比较容易理解和把握了。

2.《彖传》

《彖传》也称《彖辞》。彖，据称是一种长着利齿的走兽，利齿的功能是切断，在这里就是断的意思，即论断，断定一卦之意旨，说明该卦的象征意蕴。言辞概括而富深义，哲学意味浓厚。《彖传》随《易经》上经和下经分上下两篇。上篇三十节，下篇三十四节，共六十四节，即每卦一节，分别解释六十四卦。其内容是依每卦的卦象、爻象进行解释卦名、卦辞和卦意，在解释中多能指明该卦的为主之爻，并以简明的文字论断该卦的主旨。

3.《象传》

《象传》也称《象辞》。象，即形象，象征。形象，指卦形、卦象；象征，指卦辞所显示的该卦的象征意蕴和爻辞所显示的该爻的象征意蕴。

《象传》随《易经》上经和下经而分为上下两篇，解释各卦的卦象和各爻的爻象。其中解释卦象者六十四则，每卦一则，称为《大象传》。《大象传》言简意赅，是"十翼"中最富于伦理色彩的篇章。其体例先释解每卦上下象相重的象征意，然后依重卦象推衍出世事人情的道理，其文辞以君子打头，常以伦理道德为主旨，有训教之功能。解释爻象者三百八十六则，每爻一则，包括《乾》卦"用九"一则，《坤》卦"用六"一则，称为《小象传》。《小象传》体例是依据每爻的性质及爻位，指出该爻义的利弊吉凶，其文辞常围绕着卦的主旨或主题所展开。总之，整个《象传》以简明的文辞，逐卦、逐爻地解释六十四卦及三百八十六爻的立象之所在，使得《易经》经文的象征意蕴有了比较整齐划一的系统的意味。

4.《系辞传》

系，属也。系辞，即系属于《易经》经文的解释之辞。《系辞传》是早期的《易经》义理的通论，分上下两大部分。对经文的各方面内容如基本含义、原理、功用、起源、筮法等等，作了较为全面的辨析、阐发。如对《易经》作者、成书的年代的推测，对《易经》思维特点——观物取象的叙述，对阴阳之理的辨析，对八卦之象的阐释，对乾坤要旨的疏解，对筮法略例的陈述，有其独到的地方。《系辞传》还选取了爻辞十九条，加以穿插解说，揭示其象征要旨。在这种通论的过程中，充分地表露了系辞作者的哲学观点。黄寿祺在《周易译注》中这样评价："《系辞传》的要领，在于发《易》之深微，示读易之范例。"说得极为中肯。多数专家都一致认为《系辞传》是学易的最好的辅助教材。

5.《说卦传》

这是专门阐述八卦卦象和表征义的篇章。全篇分十一个小节，首先追述了周易创作和运用的历史，讲述了三才之道；其次说明了八卦的"先天"和"后天"两种方位，最后又集中说明八卦的取象特点。其中特别揭示了八卦的最基本的象例：乾——天、坤——地、震——雷、巽——风、坎——水、离——火、艮——山、兑——泽。同时还交代了八卦的最基本的性质：乾，健也；坤，顺也；震，动也；巽，入也；坎，陷也；离，丽也；艮，止也；兑，说也。这些内容在《易经》六十四卦象征义理中和解释系统中，几乎是每卦都要用到的例证和说辞，是必须掌握的基础知识。同时，这些内容对认识卦形符号的构成原理也有着必要的辅助意义。

6.《序卦传》

序，编次即排列次序。旨在解说《易经》六十四卦的排列次序，揭示诸卦相承的意义。全文分两段：前段叙说上经三十卦的次序，后段叙说下经三十四卦的次序。其中所揭明的各卦依次相承的意义，包含有事物向正面发展或向反面转化的朴素辩证观点。《序卦传》是一篇具有一定哲理性的六十四卦逻辑推演的大纲。长沙马王堆出土的帛书《周易》，其六十四卦的排列与今通行本不同，证明古代《周易》六十四卦的编排顺序当有不同的版本。

7.《杂卦传》

杂，杂糅、错综的意思，《杂卦传》的要旨是“杂糅众卦，错综其义”。之所以称“杂”，是指该篇没有按《序卦传》所揭明的卦序来叙述，而是自行将六十四卦重新加以排比，分成三十二组，使两两对举，故曰“杂”。对举的两卦，其卦形或“错”，即六爻相互交变，亦称“旁通”；或“综”，即卦体相互倒置，亦称“反对”，其卦义多呈相反的意思，“比乐师忧”谓也。这种“错”“综”现象，是六十四卦符号形式的重要特征。《杂卦传》对“错”“综”现象的揭示，不仅显示了作者对卦形结构的准确把握，也体现着作者对事物发展和转化的规律性的深刻理解。《杂卦传》以精要的语言概括其卦旨，含义深远，对后人理解卦义有着极大的帮助。

总之，《易传》七种十篇文章从各种不同角度，各有侧重地对《易经》作了深刻、精要的阐释，是最具权威性的解经专著和读经指南，值得认真研读。

第三节 《周易》经传合一文本的意义

一、破茧化蝶般的嬗变

（一）经传合一实现珠联璧合

1.《周易》两条路径的拓展

《周易》自诞生开始，实际走了两条路径来拓展自己。一条是内涵之路，通过挖掘自身潜质，阐发本有的蕴涵，扩大其影响。这条路主要由《易传》的产生得以实现。另一条路是外延之路，就是通过不断吸纳和消化其他文化形态来壮大自己，拓宽自己在文化生态圈中的生存空间。这条路主要由融合五行文化、干支文化和星宿文化得以实现。

2.《易经》的“学”和“术”

我们不能说由《易经》到《易传》是点石成金，《易经》不是石，《易传》也不是金。如果非要将《易经》比作石头的话，那也是一块外面包裹着一层粗糙外皮的宝石！如何看待《易经》的实质呢？应当把握以下两点：

第一，《易经》是“学”。《易经》是中国古代哲学的一个源头。《易经》里面包含着许多辩证思维和生活哲理，充满着智慧，《易经》中的道理对于思想家老子和孔子都有极大的影响；《易经》中的数理立场、初步的逻辑思维是中国科学发展的重要前提和基础；《易经》具有重要的史料价值，它所记载的卜筮辞，许多是当时社会生活的实录，是上古社会的缩影；《易经》还具有一定的文学价值，它语言简练、运用了借代、比兴等修辞手法，这种写作的样式在很大程度上影响到以后的文体，后来的许多经典或多或少地有着它的印记。

第二，《易经》也是“术”。作为古代的卜筮之书，它里面有着太多的卜筮之辞，这是无法回避的。对此我们要从两个方面看：一方面，在多数条件下，占筮之事和卦爻辞所记之事不相干，但为了预测吉凶，筮者就必须在两者间建立起一种联系，用一种类比思维推出所占之事的吉凶，这中间难免有联想和附会的成分。另一方面，不宜简单地将《易经》归在算命和迷信书籍之列。《易经》主要是筮占的集合，与龟占比较，筮占引入了数理的因素，增添了科学的成分；卦爻间的组合，变卦的运用，使得卦爻辞更加丰富，这实际上加大了人为的因素，减少了鬼神的作用，同时也扩展了解释的空间，而对于解释的理解则在于智慧。

3. 内在唯美，传不破经

《易经》不是在制造疑惑，而是在解除疑惑。在生活中，人们之所以去占筮并相信它，实在是因为我们在现实中对某些现象或事情心有疑惑，对其成败吉凶没有把握，特别是当生活中发生了某种不幸事情时，失望与恐惧占据了心灵，此时的抚慰，哪怕是超验的抚慰也有奇效。科学解答不了所有的疑惑，逻辑替代不了心理和情感。在这种情况下，通过占筮方式，或得以释怀，或聊以慰藉，或得到了启示，或终下了决断；或许因此恢复了生活的信心，或许因此安于了命运的安排。在这个意义上，占筮所起的作用仍然是不可小视。“经”本内美，“传”不破“经”，这是古人的遗训，“破”就是曲解和杜撰的意思。凡“传”在解释或转述“经”的过程中，歪曲和误读都是要避免的。

我们强调《易经》和《易传》是联系的。传不能离经，经是骨骼，传是血肉；经是一颗渴望高飞的诚心，传是助其实现的双翼。由经到传，是《易经》内在美被剥离展现的过程，是自身价值得以实现的过程。离经意味着叛道。但是，《易经》和《易传》两者又是有区别的。“传”对“经”的解释中，毕竟融入了作者自己的新思想。《易传》的写作要比《易经》晚了起码数百年，使得《易传》作者有可能吸取时代的最新思维成果，在新的高度上对社会生活予以概括。事实也是如此，“传”第一次对古经文进行了哲学的阐释，不但使古经文中的智慧思想凸现出来，而且也使得原本隐晦的语言被明晰而睿智的语言所扶持和阐明。《易传》本身是一部哲学论著无疑。经传合一，使得《周易》实现了文本的统一，这种统一的意义似乎用珠联璧合加以形容还不足以达意。

（二）完成嬗变，成就微言大义

1. 破茧化蝶般的嬗变

由经到传、经传合一的《周易》实现了破茧化蝶般的嬗变。这种嬗变体现在几个方面：第一，从《易经》的敬天、敬鬼神的素朴意识向《易传》的探求自然哲学、天人关系的理性意识转变；第二，从《易经》通过占筮来预卜吉凶的简单模式向《易传》强调完善道德、关注民生等多重复杂模式转变；第三，从《易经》的猜想成分、混沌语言较多状况向《易传》的实证成分、清晰语言增加状况转变。总之，开始了讲天文、讲人文的转变，开始了将整个《易经》哲理化的转变。正是这种转变成就了《周易》微言大义的特质。

2. 文本所体现的独特思维模式

经传合一的《周易》，从此具有了独特的思维模式和语言系统。这是怎样的一种模式和系统呢？最显著的是《周易》有着两种思维形态及由此产生的两套语言系统。

一套是哲学思维及由此产生的哲学语言系统，讲的是宇宙和世界的变易的规律，讲的是天人关系，讲的是人类社会的起源和发展以及人如何适变的法则。另一套则是占筮思维及由此产生的占筮语言系统，讲的是卦名、卦象、爻位、爻象，讲的是吉凶悔吝占筮的判词。《周易》的“易经”部分主要是占筮的思维及其语言，但中间渗透着、交织着哲学的思维。值得注意的是，一般说来，占筮的思维和语言导致《周易》呈现出两种语言形式：一种是“符号语言”，这是图象的、无声的语言；另一种是“文字语言”，这是可以读出声的语言。很多时候若不结合符号语言就无法理解《周易》的文字语言，“符号 + 文字”是《周易》的显著特征。例如，“《无妄》九四：可贞，无咎。”“兑九二：孚兑，吉，悔亡。”这些便是占筮的语言，不结合卦爻之象、不结合上下文便很难理解。“《乾》九三：君子终日乾乾，夕惕若，厉无咎。”“《泰》九三：无平不陂，无往不复，艰贞无咎。”这些又是思辨的语言，其中透露出深刻的哲学道理。《周易》的“易传”部分主要是哲学的或带哲理的思维和语言，但中间也夹杂着占筮的痕迹，也有占筮的语言。如夹杂着“厉”“无咎”“悔亡”等判词，这是因为在它表明哲学道理的时候不得不说到卦名和爻位，不得不用到占筮方面的语言。

一部《周易》交织着两种思维和语言。占筮语言中有哲理，哲理语言中有占筮。不懂《周易》中的占筮语言，我们就无法深入地了解其中的哲理；同样，不懂《周易》中的哲学语言，机械地用筮法加以解释，也只能陷入误区。

二、《周易》的性质

如何理解《周易》的性质呢？需要厘清其中的三对或三重关系。一是要厘清《易经》和《易传》的关系；二是要厘清《周易》自身的“学”和“术”的纠缠关系；三是要厘清东方学术和西方学术的异同关系。

（一）《周易》是一个睿智的文化体系

1.《周易》内容和方法的复杂性

周易文化思想深邃、方法奇特、内容庞杂、形式多样，具有强烈的中国文化和中国古代学术的特征，体现出了中西文化的巨大差异性，这一见解不光中国学者持有，西方学者也持有。瑞士著名哲学家、心理学家荣格就曾明确指出了《周易》所代表的中国科学与西方科学的区别。他认为，《易经》“是地道的中国思维方式的表现”。强调说明，思维方式决定着人们认识世界的走向和旨趣，对认识层面的选择和认识方法的制定产生重大影响，从而会形成不同的知识体系。在此基础上，荣格指出，中国有自己的科学，与西方科学相比，它是另一种完全不同的科学。他说：“几年以前，当时的不列颠人类学会的会长问我，为什么像中国这样一个如此聪慧的民族却没有能发展出科学。我说，这肯定是一个错觉。因为中国的确有一种‘科学’，其‘标准著作’就是《易经》，只不过这种科学的原理就如许许多多的中国其他东西一样，与我们的科学原理完全不同。”① 当然，荣格的这种立场和观点未必能为西方多数学者所接受或认可。但是，荣格的这种态度令我们感动和思考。作为中国人，我们理应运用更加谨慎且认真的态度对待《周易》，并且尝试着运用新的视角、新的方法去走近它、分析它和理解它。

2. 对《周易》性质的定义

的确，周易文化所具有的这种纵横的、跨学科的特点，这种独特的思维的方式和丰富内涵，使得人们很难将它简单地划归为哪一类。很难用西方现有的学术分类方法套用。因此，当我们对周易文化进行现代梳理的时候，不得不格外小心。尽管《周易》内容庞杂，不好归类，我们还是要就它的性质有一个较明确的说法：

周易是一部以哲学为核心的、包含着信仰意识的、有着对未解之谜强烈好奇心和探究精神的、同时又概括着众多实证知识和生存技巧成分的、并在此基础上勇于预测、推知未来的、充满着睿智的文化体系（见图2－6）。

① （瑞士）荣格：《东洋冥想的心理学——从易经到禅》，杨儒宾译，社会科学文献出版社2000年版。

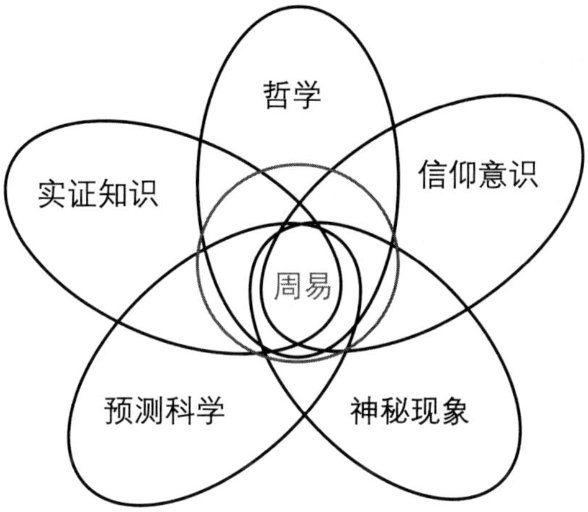

图 2－6 《周易》性质示意图

（二）《周易》的精髓在义理

1.《周易》到底是卜筮之书？还是义理之书？

要想厘清周易的性质，关键是要厘清周易多层结构中内核所具有的性质。周易多层结构中最内核的是《易经》，对《易经》性质的认识大致有两种：它是卜筮之书？还是义理之书？历史上这样的争议反复了多次，令人印象深刻。

在商周时代，对《易经》的认识没有疑义，它是卜筮之书！商代遗留下来刻在甲骨上的大量的卜辞和筮辞可以证明。从周代大量史料中，如《左传》和《国语》中记录的大量的占筮的事例看，将《易经》仍然认作是卜筮之书也是毫无疑义的。但是，应当承认，正是从这些占筮的事例中，人们对筮占的解释开始有了人本位的、理性化的倾向，我们以为这是人们用义理看待《易经》的开始。

大约到春秋时代的晚期，《易经》是义理之书已成为当时社会中一部分人的共识，大思想家孔子是这部分人的领袖人物。《易经》是义理之书的理由集中体现在《易传》中。《易传·说卦》云："昔者圣人之作《易》也，将以顺性命之理。"《易经》是探求万物本性和道理之书。《易传·系辞》云："《易》之为书也，原始要终，以为质也。"就是说《易经》是以探求事物始终为本质属性的书。《易传》的中心意思就是要揭示出《易经》所包含的深刻的哲理和意蕴。

然而事情并不是如此简单，《易经》是卜筮之书还是为社会上多数人认可，因此，当秦始皇焚书之时，依旧将它归于卜筮之书。《易经》逃脱于秦火是由于对它卜筮之书性质的认定，倘若是其他性质书的认定，也许今天就看不到了。

汉代人在"罢黜百家，表章六经"（班固语）后，设立了"五经博士"，提升了《易经》的地位，但这并不意味着《易经》是义理之书是其主流意识。因为当时已经有了所谓"义理派"和"象数派"之分。汉人学者多沉醉于"象数"。这种情况到了魏晋时期得到纠正。魏晋时期的玄学家王弼成为支持《易经》是义理之书的领军人物。针对汉人注重象数的特征，王弼提出了"得意而忘象"的主张。

2. 宋代朱熹带有折中的见解

《易经》究竟是卜筮之书？还是义理之书？到了宋代朱熹才给出了较圆满的答案。朱熹有两个方面的功绩：第一，朱熹批评了自汉以来，研究《周易》的一些人“经”“传”不分的错误，将《周易》清晰划分为“易经”部分和“易传”部分。第二，朱熹认为《易经》原本是卜筮之书。“易本卜筮之书”。但朱熹又强调《周易》的演进变化，他说：“易之为书，更历三圣而制作不同。若包羲氏之象，文王之辞，皆依卜筮以为教，而其法则异。至于孔子之赞，则又一以义理为教，而不专于卜筮也。”① 在朱熹看来，“经传”合一的《周易》是经过了伏羲、周文王和孔子这三位圣人之手完成的，在完成的过程中，也同时完成了从卜筮之书到义理之书转变的过程。自宋代朱熹以后，中间经历元、明、清，一直到近现代，从事易学研究的多数学者认同朱熹的这一见解。《周易》最后归结于义理，其精髓也在义理，这便是结论。

3. “学”与“术”的结合构成《周易》的全貌

《周易》同中国古代其他经典的区别在于它是“学”与“术”的结合。“学”包括《易经》中的义理，包括《易传》以及易学的部分，“学”是《周易》的精华。“术”是《周易》的有机构成，里面有精华，也有糟粕。现阶段周易文化有“六术”的内容，它们是：占筮、命理、姓名、相术、风水和养生。学习《周易》不了解“术”的部分便会失之片面。我们要正确处理好“学”与“术”的关系：学是术的基础和精髓，术是学的延伸和实际的应用；有学无术，常是身居庙堂的仕途之人，学究型，其知识难免片面，有时还容易近于迂腐，陷于空谈；有术无学，常是身处江湖的散淡之人，术士型，其知识根底难免浅薄，有时容易近于臆断，陷于诳瞒。所以，“学”与“术”相结合才是《周易》的全貌，而懂得“学”与“术”才算掌握了《周易》。

（三）东方哲学的学术特征

1.《周易》所体现出的四个方面特征

《周易》是中国的；又是东方的，《周易》具有鲜明的东方的古代中国的学术特征。这种特征通过四个方面表现出来。

首先，《周易》具有统摄性和整体性的特征。这个特征又具有三个维度：一是兼容并包，综合论述；二是整体视野，宏大深邃；三是层次叠加，纵横融通。这一特征使得它不能不是一部包罗万象的百科全书。

其次，《周易》具有知识的相互交叉相互渗透的特征。周易渗透着哲学思想，但它又不是纯粹的哲学学说；周易文化渗透着各类经验的知识、实证知识，但它和现有的所谓科学的理论不完全等同；周易渗透着价值的评价、带有道德的重彩，

① 朱熹：《朱子语类》。

但它又不是典型的劝善的伦理课本；周易渗透着信仰的意识和宗教的情感，但它又不是一部宗教的教义，更不是一部宣扬迷信的本册。

再次，《周易》在学术的研究方法上，具有重视“共时性”、“随机率”和“模糊性”的特征。这方面荣格看得非常清楚，他指出：“我们的科学是建立在以往被视为公理的因果法则上……我们没有充分体认到：我们在实验室里，需要极严格地限制其状况后，才能得到不变而可靠的自然律。假如我们让事物顺其本性发展，我们可以见到截然不同的图像：每一历程或偏或全都要受到几率的干扰，这种情况极为普遍，因此在自然的情况下，能完全符合律则的事件反倒是例外。正如我在《易经》里看到的，中国人的心灵似乎完全被事件的几率层面吸引住了，我们认为巧合的，却似乎成了这种特别的心灵的主要关怀。而我们所推崇的因果律，却几乎完全受到漠视。我们必须承认，几率是非常非常的重要，人类费了无比的精神，竭力要击毁且限制几率所带来的祸害。然而，和几率实际的效果相比之下，从理论上考量所得的因果关系顿时显得软弱无力，贱如尘土。”“西方科学以因果律和实验方法为主要基础，而中国人则着力研究自然状态下的规律，因而各自建立了不同的科学。”①

最后，《周易》具有体用关联、学理、学术贯通的特征。周易有学的知识性，也有术的操练性；周易与百姓的日用、多彩的民俗紧密结合。

2. 以东方哲学为内核的庞大文化体系

在近代，冯友兰先生在《中国哲学史新编》中认为“哲学是人类精神的反思”。张岱年先生《中国哲学史大纲》中说：“哲学是研讨宇宙人生之究竟原理及认识此种原理之方法之学问。”对于“哲学”这个名称，梁启超曾认为“哲学”不如“道术学”好。对于中国哲学的特点，张岱年先生曾在其《中国哲学史大纲》中指出“合知行，一天人，同真善，重人生而不重知论，重了悟而不重论证，既非依附科学亦不依附宗教”，而追溯中国哲学的产生条件之一，就是由神学的宇宙观到自然的宇宙观的转化，这表现在《易经》和《洪范》中；另一个重要的转化是由“敬天”到“民本”思想的转化，这体现在统治者已经有了忧患意识，这在《易经》中多有体现，如《乾》卦九三爻辞中的“君子终曰乾乾，夕惕若，厉无咎”。

整个中国哲学，各种学说、各个学派所讨论的问题虽然有所不同，虽然有儒道佛的分家，但在对人的关怀，对天人关系的关注，甚至在强调顺天应人方面是趋向一致的；或者说，都是以《周易》的学术轴心展开的。儒道佛似乎差别很大，有着各自的学术风格和重心，但将它们和西方学术做比较时，其相似性就显现出来：中国哲学重在修己达圣，西方哲学重在求真；中国哲学里人处在中心位置，“万物皆备于我”，倡导天人合一，而传统西方哲学体系中人的地位远没有中国哲学高，甚至认为人是“罪人”；直至近代，西方哲学开始向人本主义转变，所探讨

① （瑞士）荣格：《东洋冥想的心理学——从易经到禅》，杨儒宾译，社会科学文献出版社 2000 年版。

的问题多集中在认识论方面，造成西方哲学实证科学色彩浓烈，而中国哲学社会伦理的味道厚重，中国哲学的基调是《周易》打下的。

总的说来，东西方各自的哲学体系，各有特色，各有所长，不能厚此薄彼。《周易》是一部以东方哲学为核心内容的庞大的文化体系，这就是结论。

三、《周易》的特色思想

（一）天人合一的宇宙观

1.“太极到八卦”的宇宙演进观

《易传·系辞》在描述宇宙生成时，曾说：“天地絪缊，万物化醇”，表达了一种类似“气”的思维，而且这种“气”有其流动性和律动性。所谓“刚柔相推，变在其中矣”，“刚柔相易，不可为典要，唯变所适”①。还说：“一阴一阳之谓道”②，这个“道”同老子的“道”概念相近，“道之为物，唯恍唯惚。惚兮恍兮，其中有象。恍兮惚兮，其中有物。”③《周易》用“气”和“道”来描述宇宙的生成有合理性，同时，“气”、“道”说也与现代西方的“场”或“暗物质”理论比较接近。

《易传·系辞》在论述卦生成的过程时说道：“《易》有太极，是生两仪，两仪生四象，四象生八卦，八卦定吉凶，吉凶生大业。”这种模式可以概括为：一而二，二而四，四而八……它表明了《易传》作者的宇宙生成的模式。这一模式与《老子》的“道生一，一生二，二生三，三生万物”异曲同工。宇宙演进观是中国古代哲学研讨的基本问题之一。在此以前，古人以天神为天地万物的本原，从《老子》和《易传》始，中国人开始以理性探讨宇宙和人类的起源问题。虽然其观点具有猜测的性质，但否定了创世说，提出了正确的方向，在宇宙演进和万物起源和演化的认识方面仍然是一大进步。

2.“天人合一”的整体观

最先提出“天人合一”命题的是宋代学者张载，但这一思想的渊源则来自于《周易》。《周易·说卦》曰：“立天之道，曰阴与阳；立地之道，曰柔与刚；立人之道，曰仁与义。”《周易》最先提出了天地人三才话题。汉董仲舒“天人一也”，宋程颐“天地人只是一道”都源于此。“天人观”不但是中国哲学的重要命题，也是中国哲学一大特色。“天人合一”包含丰富内容：一是提出了整体意识。即人与自然的对应的、不可分关系。这与今天的生态圈、生态系统的理念不谋而合。二是倡导“顺天应人”的主张，主张人要顺天道、尽人事。三是号召人们效法于天地之德性，刚健自强又包容仁厚。

①② 《易传·系辞》。

③ 《老子》第二十一章。

3. “物质全息律”的系统观

全息理论是一个现代的理论。原本是物理学家大卫·玻姆（DavidBohm，1917—1992）进行光学实验时应用到的一种学说。所以，人们称他为现代全息理论之父。但由于全息理论具有普遍性，因而很快扩展为研究一切科学领域的全息现象与全息规律的一门科学。全息论的核心思想是，宇宙是一个不可分割的、各部分之间紧密关联的整体，任何一个部分都包含整体的信息。荣幸的是这一思想在《周易》那里早已存在着，只不过是以素朴的形式存在着。在《周易》作者看来，《周易》六十四卦就是个宇宙全息图。《周易》的卦爻辞之所以能够包罗万象，触类旁通，就是因为具有全息的性质。与易理相通的中医可以凭“三寸之脉”或“三寸之舌”把握人全身的生命体征；能够运用耳针或足疗诊治全身的疾病，就在于中医透彻理解了《周易》全息的道理。佛教也懂得全息的道理。《华严经》的“于一微尘中，悉见诸世界”就是证明。据说玻姆本人对佛教华严宗理论有着很深的造诣，难怪只有他可以荣获全息理论之父的称号。

（二）阴阳交互的辩证发展观

1. “阴阳交感”“阴阳互应”的辩证观

《易经》中两个不同的爻象，以及对乾坤两卦的叙述，最先奉献出了阴阳思想。《周易》发挥这一思想，使得中国哲学很早就达到了极高的水平。《易传·系辞》说得好：“一阴一阳之谓道”。天、日、昼、明，男、父、上、前属阳，地、月、夜、暗，女、母、下、后属阴。可贵的是中国人不是简单地看待阴阳，仅认为二者是单纯的对立或相克，而且是辩证的、错综变化的。阳刚健，阴柔顺，阳是动，阴是静；自然界的一切事物及其变化，无不视当时的时间与空间因素，具备或阴或阳，亦即刚柔动静的性质与作用。二者在交互中保持和谐统一，在变化中实现生成发展。《易传·系辞》曰：“刚柔相推而生变化”就是这个道理。

2. “生生之谓易”“生生不息”的循环发展观

《周易》曰：“天地之大德曰生。”① 天地的阴阳刚柔、动静变化的生成作用，是天地的德性。“易”的目的就在于揭示天地万物生成发展的变化原理法则。因此，“生生之谓易。”②这种生成发展是由阳刚与阴柔交互作用产生的。所以，“天地感，而万物化生。”③“天地不交，而万物不兴。”④

《周易》认为发展变化具有无限性，“物不可穷也”⑤，“天地之道恒久而不已也”，“日月得天而能久照，四时变化而能久成”⑥。《周易》还认为发展变化具有循环往复的特征，提出“原始反终”思想⑦，“反复其道，七日来复，天行也。”⑧

---

①②⑦ 《易传·系辞》。

③④⑥⑧ 《易传·彖辞》。

⑤ 《易传·序卦》。

（三）“象”与“数”结合的科学哲学

1. 象与数思维交织在一体

《周易》象数一体。有象就有数，以象推数叫“象以定数”；通过数理或义理去设想，即用心设相，称“数以征象”。象与数既构成《周易》的基本框架，又是《周易》最鲜明的特色。最早提出象数概念见《左传·僖公十五年》曰：“龟，象也；筮，数也。物生而后有象，象而后有滋，滋而后有数。”告诉人们器物生象，有象就有了更多的联系，就有了数字依据。清人黄宗羲写了六卷本的《易学象数论》，前三卷言“象”，后三卷言“数”。《周易》的基础之学在于象数学。

2. 象数思维背后的意义

世界的本质存在于象数中，“预则立，不预则废”[①]，相信借助于象数能够探究精微以及能够先知和预判，这便是象数思维的意义。

《周易》这种象数结合的特点对后世中国人影响巨大。《周易》的“象”促进了国人形象思维的发展，但由于象后面常跟着“数”和“理”，因此导致了国人观象并不满足于眼前的“具象”，而是关注背后的“抽象”或“意象”。这种偏好而后不但影响到中国人的意识特点，也影响到中国人的审美，影响到许多艺术门类，形成中国人美学意识的一种特征。《周易》的“数”具有科学哲学的意味，它促进了国人理性思维和逻辑思维的发展，对数的敏感和天分成为了中国人的优势，同时也屏蔽和抑制了更多的荒诞不经事件的出现。

（四）崇时尚中的生存智慧

1. 敬畏前提下的适变

敬畏是生存哲学前提。人类生存面临着的两大前提：自然和社会，针对这两个方面，《周易》在敬畏的前提下提出了对策，一要顺天，二要应人。适变是生存哲学原则，也是《周易》的宗旨。适变就要树立联系的思想，体现为《周易》中承、乘、比、应、往、来等观念的运用；适变就要树立变化的思想，体现为《周易》对变爻的处理，以及《周易》的穷变通久、居安思危意识的提出。一部《周易》，就是应变、适变的智慧之书。

2. 崇时尚中是智慧的精髓

清代学者惠栋在《易汉学》中说：“易道深矣，一言以蔽之曰：时中。孔子作彖传，言时者二十四卦，言中者三十五卦；象传言时者六卦，言中者三十八卦。子思作中庸，述孔子之言曰：‘君子而时中’。孟子又曰：‘孔子圣之时也’。尧、舜以来相传之法也。知时中之义，则易思过半矣！”。惠栋的见解精到至极。

---

① 《礼记·中庸》。

《周易》崇时。倡导“与时偕行”①。其作者认为六十四卦都有其特定的背景，每卦六爻又有具体变化的态势，这便是“卦时”的思想。《周易》常用“时”或“时中”表达。《周易》希望人们适“时”而动“承天而时行”②。“时止则止，时行则行，动静不失其时。”③ 因为《周易》始终认为“时”与吉凶成败密切相关。孔子晚年喜易，“知天命”的他到了这个年龄对“时”的概念有了新体会，在注释“革”、“豫”、“随”、“解”等十三个卦的彖辞时都用了同样的语调：“某某之时，义大矣哉!”足见此时的他“与时偕行”的睿智。孟子称孔子为“圣之时也”是多么恰当呀。

《周易》尚中。“二”“五”爻位是中位，因此这两个爻位的爻辞就祥和。在《周易》看来，居中位，守中道便是吉利和美善的事情。《周易》尚中思想被以后的道家和儒家所继承。道家老子曰：“多言数穷，不如守中。”④ 儒家的“中庸”学说则是《周易》尚中思想系统化理论化的产物。

3. 倡导智慧生存与谋略意识

面对多变的世界，周易在适变前提下萌发出智慧生存与谋略意识。我们知道儒道两家都曾将水与人做过勾连，道家看重的是水具品德的一面，所以《道德经》言“上善若水”。儒家看重的是水具智慧的一面，因而《论语》曰：“智者乐水，仁者乐山；智者动，仁者静；智者乐，仁者寿。”其实，这种比附最早都来源于《周易》。“易”先将水与龙相联，龙乃君子化身，“潜龙勿用”、“龙跃于渊”；易还将水与吉利相联，“元亨，利涉大川”、“涉大川，吉”等出现在多个卦爻辞中。《周易·乾文言》曰：“时乘六龙，以御天也。云行雨施，天下平也。君子以成德为行，日可见之行也。”自此，水就有了“德行”的象征，也有了“智慧”的象征。《周易》里面蕴涵着丰富的智慧与谋略。如《易》曰：“君子以做事谋始。”“君子以懿文德。不独富也。”“君子以俭德辟难，不可荣以禄。”“君子以多识前言往行。”“君子以独立不惧，遁世无闷。”“君子以言有物，而行有恒。”“君子以同而异。”⑤ 这些思想都构成生存的智慧。《周易》中的生存智慧与谋略意识后来成为了兵家理论的思想源泉。

（五）经世济民、隆礼协和的民本社会

1. 民为邦本，敬德保民

《周易》在讲天道时，一定要讲人道。“明于天之道，而察于民之故。”⑥ 在“天人”意识下，提出了一些经世济民、隆礼协和的社会发展思想。成为古代中国

---

① 《周易·乾文言》。

② 《周易·坤文言》。

③ 《周易·彖辞》。

④ 《道德经》第五章。

⑤ 《周易·象辞》。

⑥ 《周易·系辞》。

政治思想的富集地，成为为人主、为人臣者的必读书。

周克商，周人最清楚商灭亡的根由。周人是最先认识到“皇天无亲，惟德是辅”① 道理的，确立了“民之所欲，天必从之”② 的天人观的新内容。认识到敬天就要敬德，敬德就要敬民，因此，在殷周之际，实现了从重天神意志到重民众意志的转变，这是具有重要的标志意义的转变。为此，周人实施了“敬德保民”的许多措施，这在《周易》中不能不有所体现。“民为邦本”虽然不是《周易》提出的命题，但《周易》却提出了近似的命题，如《象辞》曰：“君子以经纶”。《易传·系辞》云：“举而错之天下之民，谓之事业”。《乾》卦上九爻辞设问曰：“亢龙有悔。”何谓也？《周易·乾文言》借用孔子话回答道：“子曰：‘贵而无位，高而无民，贤人在下而无辅，是以动而有悔也。’”《周易》是最先提出“人文”概念的典籍。

2. 崇德广业，振兴民生

在周人看来，以德治国在于兴业，在于“德为善政，政在养民”③ 的道理。为此，《周易》提出了许多发展经济，振兴民生的主张。例如，“夫易，圣人所以崇德而广业也。”“易知则有亲，易从则有功。有亲则可久，有功则可大。可久则贤人之德，可大则贤人之业。”“富有之谓大业，日新之谓盛德。生生之谓易”；“崇高莫大乎富贵”④。还提出了“君子以振民育德”、“上以厚下安宅”的利民益民的主张⑤。

3. 隆礼重法，协和万邦

针对治国安邦，《周易》提倡“非礼弗履”观念⑥，注重礼法兼施，但礼先法后，礼主法辅。《周易》的《履》卦讲礼仪。《履》卦在《小畜》卦后面，所以《周易·序卦》云：“物畜然后有礼，故受之以履。履者，礼也。”意为物产有了蓄积，就要讲究礼仪了。何谓礼？《周易·象辞·履》曰：“君子以辨上下，安民志。”《周易·文言》提出：“居上位而不骄，在下位而不忧。”《周易·彖辞·家人》曰：“男女正，天地之大义也。父父，子子，兄兄，弟弟。夫夫，妇妇，而家道正。正家，而天下定矣。”《周易·象辞》注重法治，主张“明罚敕法”，意思就是法令要公开，使人人明白；执法要公平，赏罚分明，做到“刑罚清而民服”⑦。礼先法后、礼主法辅是儒家观点：“礼乐不兴，则刑罚不中；刑罚不中，则民无所措手足。”⑧ 周易同样的意思体现在《蒙》卦爻辞中。《蒙》卦主要是讲教育，

① 《左传·僖公五年》。
② 《尚书》。
③ 《尚书》。
④ 《周易·系辞》。
⑤⑥ 《周易·象辞》。
⑦ 《周易·彖辞》。
⑧ 《论语》。

《蒙》初六曰："发蒙；利用刑人，用说桎梏"；《象辞》曰："利用刑人，以正法也。"这里强调的是法治的教育。周易的社会理想是和谐。"乾道变化，各正性命，保合太和，乃利贞。首出庶物，万国咸宁。"① 和谐思想是《周易》文化遗产中的最重要的成果。

（六）自强不息、厚德载物的理想人格

1. 效法天地，君子之道

《周易·象辞》里面有着两个著名的提倡，提倡效法天"自强不息"的精神，"天行健，君子以自强不息。"提倡效法地"厚德载物"的品性，"地势坤，君子以厚德载物。"天的性质是阳性的、刚健的，天行有常，威严有信；我们应当效仿苍天，阳刚而自强。天的品格包括：意志、知性、事业、社会的公共关系和人际关系；同时，地的性质是阴性的，有温柔的一面，是仁慈的、宽厚的、包容的；我们也应当效仿大地，阴柔而慈爱。地的秉性包括：仁爱、德性、家庭、亲友和朋友的关系。"自强不息"和"厚德载物"包含着阴阳平衡的道理。

2. 内省修行，圣贤楷模

周易提出了"大人"的概念："夫大人者，与天地合其德，与日月合其明，与四时合其序，与鬼神合其吉凶。先天下而天弗违，后天而奉天时。"② 这个大人应该就是圣贤之人，其标准之高让常人望尘莫及。我们一般人可以通过内省修行来学做"君子"。周易还提出了君子四德：元、亨、利、贞。《易传》将"元亨利贞"与社会人事的道德修行联系了起来，言道："元者，善之长也；亨者，嘉之会也；利者，义之和也；贞者，事之干也。君子体仁，足以长人；嘉会，足以合礼；利物，足以和义；贞固，足以干事。君子行此四德者，故曰：'乾：元亨利贞。'"③《周易》首卦乾卦就有君子之风。周易还提出了学做君子的四功：学、问、宽、仁。"君子学以聚之，问以辩之，宽以居之，仁以行之。"④君子的学习在于勤奋、刻苦，在于累积和汇聚智慧；学习中的追问，在于明辨是非；君子应当用宽厚的心态处世，并以此待人接物；以仁爱为自己的行为准则。《周易》文本里充满着浓厚的人文情怀和伦理思想，为中国哲学打下了原生态的本色的基调。

① 《周易·象辞》。

②③④ 《周易·乾文言》。

第三章

易学形成及周易文化的发展

《周易》古经自诞生后的数百年间，实际上走了两条路来拓展自己：一条路称为内涵之路，即由《易传》引领的挖掘其内在深层意蕴的道路。《易传》也可以说是易学的发端，后来者纷纷效仿《易传》的范式和体例，对古经文甚至对“十翼”进行了再解注，形成了古代社会最磅礴一支学术或一门学科——易学。另一条路称为外延之路，就是勇于吸纳同时期的或稍后一些时期的其他思想中的有益成分，用以营养和充实自己。《周易》吸纳的对象包括五行文化、干支文化和星宿文化，将这些文化中的精华进行了归纳和整合，进而形成了以《周易》为标志的文化形态，这几种文化的相互融合成为了周易文化的滥觞。《周易》的这种兼容并包的强大吸纳本领在中国其他文化形态中是极为少见的，但其包容的态度、圆融的本领却成为中华文化的基因得到了传播和滋长。凭借这一风范，不但使得易学勃发兴旺，而且也使得周易文化得以恣肆汪洋。

第一节 周易海纳百川的吸纳

一、周易与五行文化

（一）其他民族对世界本质的概括

文明发祥较早的民族，都有自己对世界本质的看法。对世界本源的认识，较有代表性的有古印度的“四大说”和古希腊的“四根说”。

1. 古印度的“四大说”

古代印度的宗教和哲学是相互渗透的。这集中体现在印度最古老的经典《吠陀》中。《奥义书》作为《吠陀》经典的最后一部分表达了素朴唯物主义自然观。它认为地、水、火、风是世界的本原，这就是“四大说”。山岳土地属于地大，海洋河川属于水大，阳光炎热属于火大，空间气流属于风大。“四大”有坚、湿、暖、动四性，坚硬属于地大，湿润属于水大，温暖属于火大，流动属于风大。“大”是指具有普遍性，不仅是指自然界的大地、河流、日光、风力，还指人的身体，毛发骨肉属于地大，汗血津液属于水大，体温属于火大，呼吸属于风大。“四大”是印度朴素唯物主义哲学的精华。

由于《奥义书》既是古代印度的哲学经典，同时也是古代印度的宗教经典，当它宣讲“梵我同一”和“轮回解脱”等观念的时候，这种“四大”的自然观又罩上了一层神秘主义的光环。后来，印度佛教将其解释为“四界”，即四种“色法”的基本元素。佛教所宣称的所谓“四大皆空”理念，既是印度古老思想的沿用，也是将其宗教化解释的具体体现（见图 3－1）。

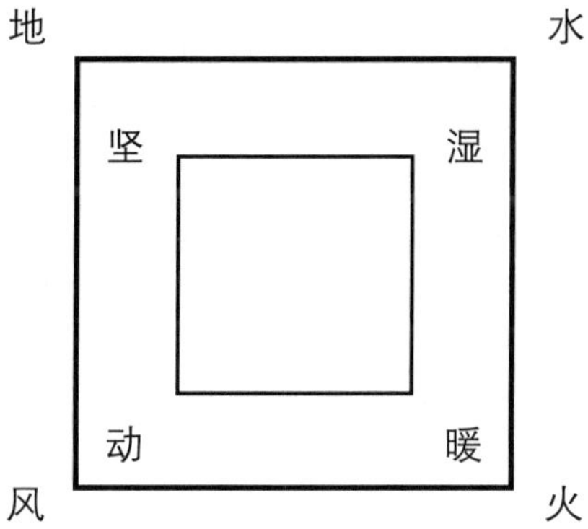

图 3－1 古印度的“四大说”

2. 古希腊的“四根说”

系统提出这一学说的是古希腊的恩培多克勒。他认为万物都是由水、火、土、气四种元素组成，由另外两种抽象元素爱和恨使它们连结或分离。这就是所谓“四根说”。亚里士多德承继了前人思想，主张“四元素说”。他肯定了水、火、土、气四种元素存在，但他不接受爱和恨这两种抽象元素，而是认为四种元素具有可被人感觉的两两对立的性质。推论出世界上的万物本原乃是四种原始性质：冷、热、干、湿。四元素则由这些原始性质依不同比例组合而成。即干和热合成火，干和冷合成土，热和湿合成气，冷和湿合成水。由于不同元素是按不同比例组合而成，因此元素之间可以相互转化。例如，把水加热，水中的冷被热取代，水就变成了气。总之，亚里士多德把“四元素说”发展成了一个能自圆其说的体系（见图3－2）。

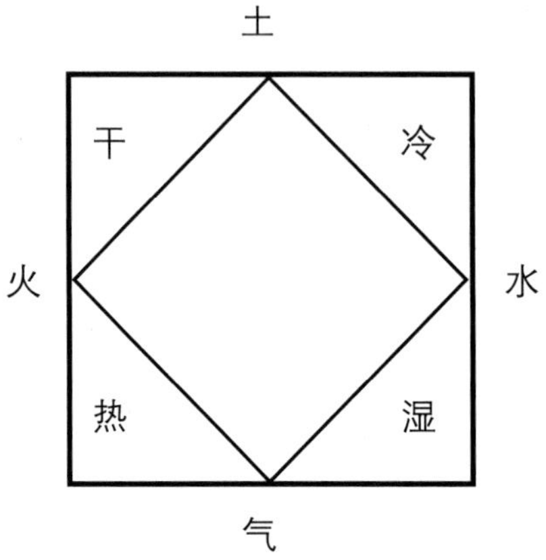

图3－2 古希腊的“四元素说”

（二）中国人的朴素物质观——五行学说

1. “五材”及其属性

在将世界解释为物质世界的过程中，中国人有着自己独特的物质观，体现在“五行”概念中。“五行”概念最早来源于“五材”的说法。周太史史伯讲到和谐重于同一的时候，总结说：“故先王以土与金、木、水、火杂，以成万物。”[1] 最早使用“五行”概念的是《尚书·洪范》。《洪范》曰：“五行：一曰水，二曰火，三曰木，四曰金，五曰土。水曰润下，火曰炎上，木曰曲直，金曰从革，土爰曰稼穑。润下作咸，炎上作苦，曲直作酸，从革作辛，稼穑作甘。”这段话说出了有三层意思：第一，水、火、木、金、土构成五行，同时点明了顺序。宋人蔡沈作注曰：“天一生水，地二生火，天三生木，地四生金，天五生土。”这是五行的生序。后来，这成为了“易数”的重要依据。第二，揭示了“五材”的不同属性，即水性寒凉，润湿向下；火性炽热，成炎向上；木性生长发育，能曲能直；金性肃杀收敛，从事变革；土性厚实平和宜种庄稼。“五行”其质提示着人们不识属性就不能成事。第三，用滋味比喻“五行”，水生咸，火生苦，木生酸，金生辛，土生甜。这种将“五行”同“五味”对应起来的做法为后来者在多方面的比附开了先河。“五行”特性深深影响了中国文化，后来，人们有意识地将自然界或其他领域的各种现象、形态、功能、特征等与五行特性相勾连，若恰好和五行中的某一行特性相类似，就很容易将其归纳到那一行的类别中。

2. “五行”的相互关系

人们还将注意力关注到“五行”的相互关系上，最终形成了“五行生克说”。

① 《国语·郑语》。

春秋时代的墨子提出："五行毋常胜，说在宜。"[1] 最先触及五行间的关系。战国时期的稷下学派先提出了五行相生说，即木生火、火生土、土生金、金生水、水生木。并且将木火金水与春夏秋冬相配，土为长夏。战国时期的阴阳家邹衍集大成，最终提出五行生胜说。一方面是五行相生，即木生火，火生土，土生金，金生水，水生木。另一方面是五行相胜，即相克，其关系是：木胜土，金胜木，火胜金，水胜火，土胜水。邹衍作为易学大家还做出了两个重要贡献：一是将五行说与阴阳说紧密联系起来，二是提出了"五德始终"的循环的历史观。邹衍用五行相胜说解释历史上的改朝换代，邹衍说"五德从所不胜，虞土、夏木、殷金、周火"[2]。认为（夏）木胜（虞）土，（商）金胜（夏）木，（周）火胜（商）金，是自然的事情。又说："代火者必将水"，"数备将徙于土"[3]。后来，果真（秦）水胜（周）火，（汉）土胜（秦）水。总之，他认为土、木、金、火、水依次相胜既具阶段性又具周期性。皆由"阴阳消息"的矛盾运动推动着"五德转移"。"凡帝王者之将兴也，天必先见祥乎下民。"[4]作为阴阳家的邹衍用这种天人感应论为周秦之际的新兴统治势力服务，为新旧的更替找寻理论的依据。历史上"五德终始说"产生了深远的影响，后来封建王朝的一些最高统治者拟就"圣旨"时，常爱以"奉天承运皇帝"打头，这里的"奉天"就是指他是"禀奉天命"的，这里的"承运"就是说他又是"承享五德"时运的，总之，表明他受某一"德"运的护佑，理当坐拥天下的意味。历代统治者发号施令的同时，总不忘向人们进行天赋神权的训导。

下面是中国的"五行生克图"。其五行生克诀是"顺次相生，隔位相克"。外面的顺时针方向的环状连线是相生关系，里面的顺时针方向的五星连线是隔位相克关系（见图 3－3）。

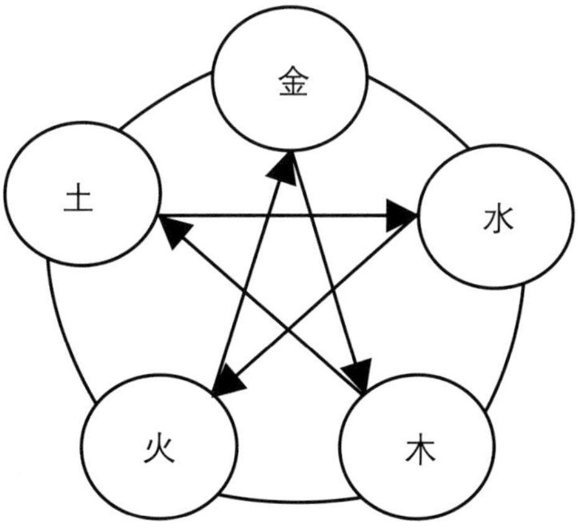

图 3－3　中国"五行生克图"

① 《墨子·经下》。

② 选自《文选》李善注引。

③④ 《吕氏春秋·应同篇》。

3. 对五行学说的评价

中国人的五行学说相较其他民族的物质观有这样几个特点：（1）多一个不是纯天然的“金”，体现了对自然认识的深刻与先进；金性就范随型、销熔变化也侵染和塑造了中国人的性情。（2）少一个“风”或“气”性质的元素，减少了流动性或开放性，易造成一种封闭的循环。这个缺憾当它与阴阳结合后得到了一定的弥补。《白虎通》解释五行曰：五行所以二阳三阴，“火者，阳也，尊，故上；水者，阴也，卑，故下；木者，少阳；金者，少阴，有中和之性，故可曲可直，从革；土者最大……土尊，尊者配天，金木水火，阴阳自偶。”王充用“元气说”补充进阴阳五行中，中国人的物质观便有了新的超越。（3）五行之间相生相克，虽然带有某种循环的色彩，但这种辩证转化的思想，这种“无常胜”思想仍然是难能可贵的。《白虎通》在解释五行相克时曰：“五行所以相害者，天地之情。众胜寡，故水胜火也；精胜坚，故火胜金；刚胜柔，故金胜木；专胜散，故木胜土；实胜虚，故土胜水也。”其解释虽然很粗糙，但比较其他民族的物质观而言，中国人物质观中相生相克的性质，还是显得更具辩证性，因而也有其先进的性质（参见彩色插图 18）。

（三）解释世界过程中的两个重要结盟

1. 阴阳思想与五行的结合

中国古代，试图解释宇宙起源和结构的思想有两个。一个是仅强调五行而不提阴阳，如《洪范》和《月令》等；另一个是仅强调阴阳而不提五行，如《周易》。原本这两条思想路线彼此独立，最早将两者结合的应是天象的观测。《史记·天官书》曰：“天则有日月，地则有阴阳。天有五星，地有五行。”古人认为五行在天上对应金木水火土五星，在地上就是金木水火土五种物质，在人就是仁义礼智信五种德性，将这五类物质在天、地、人之间形成串联，这一思想在战国时期已经流行开来。比较系统地将阴阳与五行结合的是成书于春秋战国时期的《黄帝内经》。宽泛地说，《黄帝内经》是一部关于生命的百科全书。它在讲授生命哲学的同时，阐述了阴阳与五行的多方面的道理。对阴阳与五行的结合做出贡献的还有董仲舒和他的代表作《春秋繁露》。董氏运用阴阳五行学说，系统建立并阐述了他的“天人感应”思想，为儒学在中国的确立做出了贡献。总之，阴阳和五行到司马谈、司马迁的时代已是混合在一起了，所以《史记》把这些人合称为阴阳家。

2. 周易八卦与五行结合

《周易古经》中并没有出现“五行”的字眼。《说卦传》则试图把五行纳入阴阳八卦的体系中：“万物出乎震，震，东方也。齐乎巽，巽东南也”，“巽为木”。“离也者，明也……南方之卦也”，“离为火、为日”。“坤也者地也…… 兑正秋也”。“战乎乾，乾西北之卦也”，“乾为金”。“坎者水也，正北方之卦也”。“艮，东北之卦也”，“艮为山”。《说卦传》把五行（木、火、土、金、水）、四方（东、南、西、北）、四隅（东南、西南、东北、西北）、四时（春、夏、秋、冬）统统纳入了八卦之中。可以看出，这个结合显然是不完整的。这种不完整表现为：在八卦与五行对应方面，只明确提出乾为金、巽为木、离为火、坎为水，近似提出艮、坤为土，因山、地都是土，而没有提出震为木、兑为金。在方位方面，未谈及“中”的概念以及中为土的概念。在四时方面，只说出了兑为秋的概念，其他未指明。这些缺陷被后继者所弥补。后来经过易医相通的《黄帝内经》、汉儒董仲舒的《春秋繁露》以及汉代多部易学著作的整理和发挥，最终得以形成了较完整的对应形式，形成了阴阳—五行—八卦相结合的系统文化形态。有歌诀帮助记忆八卦和五行的对应关系：

震巽为木离为火，坤艮归土居中所；乾兑属金坎属水，八卦五行有配合。

（四）形成阴阳—五行—八卦紧密结合的系统文化

经过两个结合，周易成为了阴阳——五行——八卦紧密结合在一起的系统文化形态。这一系统文化形态形成的意义在于中国人有了自己独特的宇宙观和方法论。阴阳学说是中国人对物质世界的最本质的理解；五行之间的相生相克哺育了中国人辩证的思维；古老的河洛文化内容被八卦的文化体系所包含，八卦演变中的象数原理是中国人形象思维和科学思维的原始动力。这一系统文化的形成对中国文化施加了极其重大的影响（见表 3 – 1）。

表 3 – 1　　五行属性表

五行		木	火	土	金	水
自然界事物和属性	五季	春	夏	长夏	秋	冬
	五方	东	南	中	西	北
	五色	青	赤	黄	白	黑
	五音	角	徵	宫	商	羽
	五味	酸	苦	甘	辛	咸
	五气	风	热	湿	燥	寒
	五化	生	长	化	收	藏
	五谷	麦	黍	稷	谷	豆
	五时	平旦	日中	日西	日入	夜半
	五脏	肝	心	脾	肺	肾
	五官	目	舌	口	鼻	耳
	五志	怒	喜	思	忧	恐

二、周易与干支文化

（一）中国古老历法中的干支说

1. 干支纪法的起源

干支纪法究竟是谁发明？最早出现于何时？现有的材料还不能准确回答。史书《世本》说："容成作历，大桡作甲子"，《尚书正义》解释说："二人皆黄帝之臣，盖自黄帝以来，始用甲子纪日，每六十日而甲子一周。"看来干支是大挠创制的，大挠"采五行之情，占斗机所建，始作甲乙以名日，谓之干；作子丑以名月，谓之枝，有事于天则用日，有事于地则用月，阴阳之别，故有枝干名也"①。梁启超在《国文语原解》中认为，天干地支这二十二个字，颇为"奇异复杂而不可思议"。他主张干支应与罗马、腓尼西亚（腓尼基）和希腊文的字母等同起来看待。他还在《饮冰室合集》中认为："若从两方面尽搜罗其异形异音而校合之，安此二十二文，非即腓尼西亚之二十二母乎？"在梁启超看来，中国古代干支纪法的发明，似乎与腓尼基的二十二字母有关联。郭沫若在《甲骨文字研究·释干支》中提出自己的看法。他认为，"十天干"纯属十进位记数法的自然发生，其中多半是殷人所创制。至于"十二地支"则起源于古巴比伦，认为中国古代的十二辰和十二地支，都是从古巴比伦的黄道十二宫演变而来的。一些学者不同意郭氏观点，如陈遵妫在《中国天文学史》中指出，"在四千多年前的夏代，可能已有干支产生了。"考古史料似乎也支持了陈氏的见解。

2. 历法记录中的天干地支

现有的资料表明，夏代时已经有了天干纪日法，即用甲、乙、丙、丁、戊、己、庚、辛、壬、癸十天干周而复始地记日，夏朝末期的几个帝王有胤甲、履癸等名称就是证明。商在夏天干纪日的基础上，发展出了天干与地支的组合纪日，即将甲、乙、丙、丁……十天干和子、丑、寅、卯……十二地支顺序配对，组成甲子、乙丑、丙寅、丁卯等六十个干支，六十日一循环。考古出土的商代武乙时的一块牛胛骨上面刻着完整的六十个天干地支，共计两个月六十天。还有一组胛骨的卜辞记着两个月五十九天，这说明商代已经有了大、小月之分了，即大月三十日，小月二十九日。另外，卜辞中还有将一年分为13个月的记录，这说明商代已经有用闰月来调整节气和年历的关系了。科学家郑文光在所著《中国天文学源流》一书中认为，十天干起源于中国古代羲和"生十日"的神话传说，是十进位法概念在纪时中的反映，应当产生于渔猎时代的原始社会；"十二地支"则由常羲"生月十有二"的神话传说演变而来，产生于殷商之前，后逐渐演变为十二辰。所以，郑文光推断："十二支宜乎是夏人的创作。"杜石然等则在编著的《中国科学技术史稿》一书中，主张夏代已有十天干纪日法，商代在夏代天干纪日的基础上，进一步使用干支纪法，从而把十天干和十二地支配合在一起形成六十日一个循环的纪日法（参见彩色插图19）。

（二）天干地支的知识

1. 何谓天干地支

在中国古代的历法中，甲、乙、丙、丁、戊、己、庚、辛、壬、癸被称为

① 《五行大义》。

"十天干"。子、丑、寅、卯、辰、巳、午、未、申、酉、戌、亥被叫做"十二地支"。两者按固定的顺序互相配合，组成了干支纪法。从殷墟出土的甲骨文来看，天干地支在中国古代开始主要用于纪日，后来逐步用来纪月、纪年、纪时等。现行的干支纪年固定下来应始于西汉，东汉以后流行开来。

2. 天干和地支的含义

十天干的含义，"干"犹如树之干也。十天干含义分别是：甲是拆的意思，指万物剖符甲而出也。乙是轧的意思，指万物出生，抽轧而出。丙是炳的意思，指万物炳然著见。丁是强的意思，指万物丁壮。戊是茂的意思，指万物茂盛。己是纪的意思，指万物有形可纪识。庚是更的意思，指万物收敛有实。辛是新的意思，指万物初新皆收成。壬是妊也，阳气潜伏地中，万物怀妊。癸是揆的意思，指万物可揆度，有待萌发。由此可见，十天干与太阳出没有关，而太阳循环往复的周期对万物生长有着直接的影响。

十二地支的含义，"支"犹如树之枝也。子是兹的意思，指万物兹萌于既动之阳气下。丑是纽也，阳气在上未降。寅是移也，引的意思，指万物始生寅然也。卯是茂也，言万物之茂盛状也。辰是震的意思，物经震动而长。巳是巳也，阳气毕布已矣。午是仵的意思，阴阳交相愕而仵。未是昧也，日中则昃，阳向幽也。申是伸束以成的意思，指万物的身体都已成就。酉是老的意思，万物之老也。戌是灭的意思，万物尽灭。亥是核的意思，万物收藏，皆坚核也，孕育也在内核之中，预兆着新一轮的循环又将开始（见表3－2）。

表3－2　　关于六十甲子组合（六十甲子表）

甲子	乙丑	丙寅	丁卯	戊辰	己巳	庚午	辛未	壬申	癸酉
甲戌	乙亥	丙子	丁丑	戊寅	己卯	庚辰	辛巳	壬午	癸未
甲申	乙酉	丙戌	丁亥	戊子	己丑	庚寅	辛卯	壬辰	癸巳
甲午	乙未	丙申	丁酉	戊戌	己亥	庚子	辛丑	壬寅	癸卯
甲辰	乙巳	丙午	丁未	戊申	己酉	庚戌	辛亥	壬子	癸丑
甲寅	乙卯	丙辰	丁巳	戊午	己未	庚申	辛酉	壬戌	癸亥

（三）形成周易与干支文化结合的系统文化

干支原本用于记录历法，当和周易文化结合后，不但增添了众多属性，而且也大大扩展了应用的范围。最显著变化在于干支各自有了阴阳属性，而阴阳是否和合又产生了或吉或凶的后果，即所谓干支间的合、冲、刑、破的说法。与此同时，干支也各自拥有了五行的属性，这样便和方位、季节发生了紧密的联系；干支与五行最直接的联系体现在人们六十个甲子年基础上带有五行色彩的"甲子纳音说"，为人们命理的运势增添了新的变数。总之，干支理论被周易文化吸纳后，其影响波及占筮预测、命理、风水等诸多方面（见表3－3）。

表 3－3　　　　阴阳五行、八卦与干支结合表

阴阳	阳	阴	阳	阴	阳		阴		阳	阴	阳	阴
八卦	震	巽	离		艮		坤		乾	兑	坎	
五行	木		火		土				金		水	
季节	春		夏		长夏				秋		冬	
方位	东		南		中				西		北	
天干	甲	乙	丙	丁	戊		己		庚	辛	壬	癸
地支	寅	卯	午	巳	辰	戌	丑	未	申	酉	子	亥

三、周易与星宿文化

（一）中国古老历法中的星宿说

1. 中国古老的历法

所谓历法，简单说就是根据天象变化的自然规律，计量较长的时间间隔，判断气候的变化，预示季节来临的法则。《大戴礼记·曾子天圆》曰："圣人慎守日月之数，以察星辰之行，以序四时之顺逆，谓之历。"中国古代历法的内容十分丰富，大致说来包括推算朔望、二十四节气、安置闰月以及日月食和行星位置的计算等。这些内容的发展经历了一个相当长的历史阶段。

中国最早的历书《夏小正》成书年代当在西周，但其记录可以追溯至夏商。由《夏小正》给出的记述可以推知，夏人已经懂得依照星象的不同将一年分为 12 个月。还有一说是观测朔望月，发现两个朔望月约是 59 天的概念。12 个朔望月大体上是 354 天多（与一个回归年的长度相近似），古人因此就得到了一年有 12 个月的概念。虽然《夏小正》还不能算是科学的历法，但从它丰富的记述中，至少表明中国人在观象授时方面的进步，称《夏小正》为物候历和天文历的结合体是完全可以的。

2. 历法记录中最早的星宿说

据传说，在黄帝时代就已经有了历法，但目前还未找到实据。传说帝尧时代有了较粗疏的历法则是可信的。成书于春秋时代的典籍《尚书·尧典》记载，帝尧曾组织人到东、南、西、北四个方向去观测星象，用来编制历法、预报季节。这就是著名的"四仲中星"。《尚书·尧典》载："日中星鸟，以殷仲春；日永星火，以正仲夏；宵中星虚，以殷仲秋；日短星昴，以正仲冬。"可见，至迟在商末周初人们利用星象已经对预报季节有了相当的把握。这也是历法记录中最早的星宿之说。

（二）古代对"三光"（日月星）的认识

1. 日月五星的知识

日月五星分别是：太阳、月亮、水星、金星、火星、木星、土星。中国古代

对五颗星还称辰星（水星）、太白（金星）、荧惑（火星）、岁星（木星）、镇星（土星）。

古人把实际观测到的金、木、水、火、土五个行星合起来称作五纬。纬为织物的横线，这五颗星像纬线一样由东向西穿梭行进，故称作五纬。古人称日月和五星为七曜，“曜”即明亮之意。同时又谓之七政。《尚书·舜典》中记载道“在璇玑玉衡，以齐七政”。唐人孔颖达疏：“七政，其政有七，于玑衡察之，必在天者，知七政谓日月与五星也。”可见，古人总爱将天文与人文联系，希冀如果国家的行政举措能够按照璇玑玉衡的变化而缜密对应的话，事情就好办了。

2. 三垣二十八宿的知识

大约公元270年前后，三国时的吴国太史令陈卓最先编成了一个完整的星官图。陈卓在古人认识星辰和观测天象基础上，把天上的恒星几个归为一组，每组合定为一个名称，这样的恒星组合便称为星官。各个星官所包含的星数多寡不等，所占天区范围也各不相同。他命名283个星官，共计1464颗恒星的星图，史称“陈卓定纪”。在陈卓工作的基础上，到隋唐，最终形成了较完备的三垣二十八宿的星图体系（参见彩色插图20）。

三垣即紫微垣、太微垣、天市垣。中国古人发现，北天极附近的天区有一颗星相对不动，其他星星都围绕着它转，便命名为“天极星”，象征皇帝，天极星就是北极星，又称“拱星”，被众星拱卫，《论语·为政》云：“为政以德，譬如北辰，居其所，而众星共（拱）之。”紫微垣便相当于是皇宫，紫微垣是三垣的中垣，其范围包括北极星在内整个拱辰星区，包含有37个星官。太微垣是三垣的上垣，主要代表政府的办事机构，范围包括室女、狮子等星座的一部分；天市垣是三垣的下垣，主要代表百姓的集贸市场，范围包括蛇夫、武仙、巨蛇、天鹰等星座的一部分。“三垣”概念始于何时？紫微垣和天市垣作为星官，首见于辑录石申所著《石氏星经》的《开元占经》一书；而太微垣名称始见于唐初的《天象诗》。较早的《史记·天官书》中已载有和三垣相当的星官名称。而天市垣东、西两藩的星选用战国时代的国名来命名，不妨可作为其创始的年代，即战国时期的佐证。

二十八宿最初是古人为比较日、月和金、木、水、火、土五星的运动而选择的二十八个星官作为观测的标记。“宿”和黄道十二宫的“宫”类似，表示日、月及五星所在的位置。二十八宿最早记载在仰韶时期。1987年，在河南濮阳西水坡发现六千年前仰韶文化早期大型墓葬，其中有用蚌壳砌成的青龙、白虎方位图象的古天文图，即龙虎蚌图，专家们普遍认为这是有关二十八宿最早被认知的遗迹。1978年湖北省随州曾侯乙墓出土了一件漆木衣箱盖上，便绘有包括青龙、白虎、北斗图形及二十八宿名称的天文图像，说明中国是世界上创立星宿体系的最早国家之一。二十八宿按东北西南四个方位分作四组，每组七宿，从角宿开始，自西向东排列。东方七宿：角、亢、氐、房、心、尾、箕；北方七宿：斗、牛、女、虚、危、室、壁；西方七宿：奎、娄、胃、昴、毕、觜、参；南方七宿：井、鬼、柳、星、张、翼、轸。东南西北各有七宿，但其星数并非一样多，东方七宿有32颗星，南方七宿有64颗星，西方七宿有51颗星，北方七宿有35颗星，全部共有182颗星，这些星循着一定的轨道即人们称之为的“黄道”上运行。三垣二十八宿至迟在唐代，便已成为中国古代对星空划分的较完备的体系了。中国古代星图表现了古人对大自然观察和认识，体现了古代中国人的智慧。同时把人们的社会生活场景映射到满天的星斗之中，以体现“天人合一”的理念，这是中国古代星图所承载的文化内涵，也是它独特的地方。

可惜的是中国人的星官体系没有能够在世上流行开来。现在国际上通用的88个星座是由古希腊和古巴比伦的天文学中衍生出来的。如果非要探究其中的原因，我们以为，一是明清之际中西方较频繁交流的时候，中国的整体科技已经在走下坡路，包括中国的天文学知识已经被更加新鲜的天文知识所覆盖和超越。二是中国的古星图几乎就是星点连线的图式和说明性的文字，虽然其中也穿插有“牛郎和织女”的美丽传说，但总的说来还是比较的单调和死板；相比较而言，西方的星图全部由图案构成，这些图案又和自己民族的古代神话人物和动物联系了起来，这样，不仅识别起来比较直观、活泼，而且容易记住，这对星座文化的传播和普及起到了很好的促进作用。当然，了解到了这些，并不妨碍我们对自己传统星图文化的尊重与珍爱。

3. “四灵”和“六神”

二十八宿分别与四种颜色、五种四组动物形象相匹配，叫做四象、四陆或四灵。其对应关系是：东方苍龙，龙乃神物，有着至高无上的地位，也是皇帝的象征；东亦属木，青色。西方白虎，虎为百兽之王，“云从龙，风从虎”，龙虎常成一对搭档；西亦属金，白色。南方朱雀，朱雀又可说是凤凰或玄鸟；南亦属火，赤色。北方玄武，玄武是一种由龟和蛇组合而成的一种灵物；北亦属水，黑色。在纳甲占法里有纳入“六神”的程序，而“六神”除了上面提到的四种灵物外，还有处在中央的两种灵物：勾陈与螣蛇，二者均属土，黄色。勾陈，天马形象，中国古星名，有星六颗，紫微垣中星座名。属现在星座体系中的小熊座，勾陈一即小熊座 a 星，也就是常见的北极星。《易冒》云：“勾陈之象，实名麒麟，位居中央，权司戊日。盖仁兽而以土德为治也。”占断主田地宅屋，牢狱官司等。螣蛇，飞蛇形象，中国古星名，北方玄天室宿下的十一星官之一，下掌二十二星。《晋书·天文志》载：“腾蛇二十二星，在营室北，天蛇也。”螣蛇所涉及的现代星座有仙女座、蝎虎座、仙后座、仙王座及天鹅座等。螣蛇方位中央己土，占断主虚惊怪异之事，棘手缠绵之事。这“六神”代表六个方位，“六神”的方位构成古代“六合”的概念，即东南西北上下，即天地和四方，“六合”泛指天下或宇宙。

二十八宿的重要性在于它是自古以来天文学观测恒星的基础，所以制定历法也离不开二十八宿。在万年历法表中宿星是二十八为一周期来纪日的，其周而复始，万世不休。一宿代表一日，二十八宿代表二十八天。七曜，又称七政，是日、月加上火、水、木、金、土五星的合称。七曜代表一星期七天。如日曜、月曜、火曜、水曜、木曜、金曜、土曜七个星代表一星期的七天，中国古时不讲星期，而以二十八宿代表四个星期的每一天，二十八宿及六神列表对照如下（见表3－4）。

表3－4　　七曜、二十八星宿、六神表

星期		四 五 六 日 一 二 三	拟象六神
七曜		木 金 土 日 月 火 水	
二十八星宿	东方七宿（青色）木	角 亢 氐 房 心 尾 箕	苍龙
	北方七宿（黑色）水	斗 牛 女 虚 危 室 壁	玄武
	西方七宿（白色）金	奎 娄 胃 昴 毕 觜 参	白虎
	南方七宿（赤色）火	井 鬼 柳 星 张 翼 轸	朱雀
	中央上下（黄色）土		勾陈 螣蛇

（三）最终形成阴阳五行、八卦、干支、星宿诸文化紧密结合的系统的周易文化

周易在其发展过程中，以海纳百川般的包容与气度不断地吸收其他文化中的合理部分，将其融入自身的体系之中，并且经过整合，成为自身文化体系中的有机构成。中国古老文明初始阶段的几种文化形态终于走到了一起，共同集合在周易的名号下，合汇成既深邃博大又仪态万千的文化大系统。这虽然不是一个巧合，但确值得庆幸，因为它们都逃脱了秦火。从此，周易大系统文化便在中华的文明史上记录下它伟大的功绩，写下它不可磨灭的篇章（见表3－5）。

表3－5　　阴阳、五行、八卦、干支、星宿相结合的大系统表

阴阳	阳	阴	阳	阴	阳		阴		阳	阴	阳	阴
八卦	震	巽	离		艮		坤		乾	兑	坎	
自然	雷	风	火		山		地		天	泽	水	
人伦	长男	长女	中女		少男		母		父	少女	中男	
五行	木		火		土				金		水	
季节	春		夏		长夏				秋		冬	
方位	东		南		中				西		北	
天干	甲	乙	丙	丁	戊		己		庚	辛	壬	癸
地支	寅	卯	午	巳	辰	戌	丑	未	申	酉	子	亥
属相	虎	兔	马	蛇	龙	狗	牛	羊	猴	鸡	鼠	猪
五色	青		赤		黄				白		黑	
六神	苍龙		朱雀		勾陈		螣蛇		白虎		玄武	
廿八星宿	角亢氐房心尾箕		井鬼柳星张翼轸		六星上		廿二星下		奎娄胃昴毕觜参		斗牛女虚危室壁	

第二节
内容恢宏的周易文化体系

一、周易文化体系的形成

（一）多重结构构建的交互系统

1. 一核四纲、五位一体的基本内容

周易文化是以阴阳为精髓、以五行、八卦、干支、星宿四个系统为纲要、为基础内容，构成一核四纲、五位一体的最基本内容。周易文化的内核和精髓是阴阳，四大基础内容是五行、八卦、干支、星宿，河洛文化包含在八卦文化中。阴阳是周易最本质的内容，阴阳始终贯穿于其他四个系统中，周易中各门类知识无一不是以这四个系统知识为基础内容而梯次展开的。所以说，周易文化是一个以一核四纲、五位一体的骨干内容为基础、由众多学科交互在一起的、共同组合而成的繁复而庞大的一种文化体系（见图3－4）。

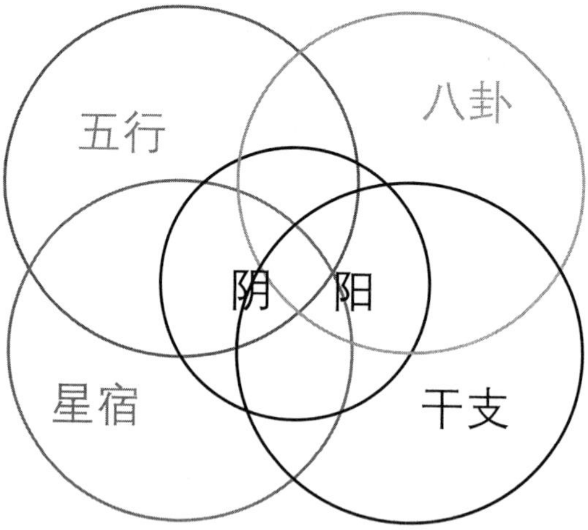

图3－4　周易“五位一体”核心内容示意图

2. 六术十六目的知识体系框架

周易文化几乎无所不包，涉及各个门类的知识。如天文、地理、人文、经济、政治、建筑、医药等。其实现代学科的分类方法有些地方很难适用于周易文化的知识体系，这是因为周易文化所涉及的知识不仅是相互交叉、彼此渗透；而且其学术的风格带有东方色彩，有些学科和术语独具特色。因此，对《周易》的分类从来都是见仁见智的。

较早时候，清代编著《四库全书》时曾经对《周易》有过分类。《四库全书总目》将“易类”图书分为“两派六宗”：即象数派下有象占宗、禨祥宗、造化宗；义理派下有老庄宗、儒理宗和史事宗。清人对历史上“易类”图书的分类工作做了一个归结，算是功绩；但实际上《四库全书》的编纂者们对这一工作并不满意。

后来，文化大家南怀瑾先生对《周易》也有过分类。他沿袭了“两派说”，但增加了下面的宗项，有十宗，分别是：（1）占卜；（2）灾祥；（3）谶纬；（4）老庄；（5）儒理；（6）史事；（7）医药；（8）丹道；（9）堪舆；（10）星相[①]。我们对南怀瑾先生“两派”的分类并无异议，而“十宗”的分类却实难苟同，原因是南先生的分类有些混乱。南先生划分的“子项”之间相互交叉，如“占卜”必然包含有“灾祥”的内容；而预测“灾祥”就要运用到卜筮；“老庄”和“儒理”都会借助到“史事”来说明；“丹道”和“医药”也存在着交叉的关系。可见，南先生的划分标准是不够精确的。为此，我们只好另辟蹊径，选用中西相结合的分类方法来创建我们自己的分类方法，构建起周易文化的知识体系和主干学科的基本框架。

周易文化的主干知识框架可以概括为在“五纲”基础上的新“六术”。这新六术是在传统术数基础上发展而来的。传统术数有所谓山、医、命、相、卜“五术”，这“五术”由于或多或少地运用了象数意识和数理原理，是术数中近科学而远迷信的一部分；但还要肯定地说，“五术”仍然有着神秘的色彩和迷信的成分，对此，我们必须要认真地鉴别和仔细地剥离。新六术是以扬弃的态度，在对古代“五术”进行了科学梳理基础上建立起来的。力图以理性的、科学的视角重新审视之，达到取其精华、去其糟粕的目的。新六术是：占筮、命理、姓名、相术、风水和养生。了解《周易》若不了解这些“术”的部分便会失之片面，也会为社会上一些人利用“术”进行对《周易》的曲解提供空间，进而使得一部分人对《周易》的质疑和误解便不可避免。了解《周易》就必须正视《周易》的新“六术”。

周易文化由这六宗学术然后再衍生出了十六门的学科方向，我们称之为“十六科目”。它们是：天人学、律历学、数理学、经世学、道德学、艺术学、兵法谋略学、节气物候学、占相学、预测学、宗教学、堪舆风水学、命理学、姓名学、中医药学、养生学共计十六个方面和领域（见图3－5）。

总之，周易文化的内容可以概括为“一核四纲”、“九大学说”、“六种术数应用”、“十六类科目”，这里面既包括“学”，也包括“术”。还有其他一些方面，按今天的学科，周易文化曾涉及了，但并未被“十六科目”所完全涵盖。如天文、地理、农业、物理等学科中的一些内容。中国的“术数”涵盖面也很广，这里仅将占相、星象、风水和命理等部分内容囊括在其中，显然，这样的概括对周易文化来说仍然是不够充分的，因为周易文化与传统的术数文化有着复杂的交叉关系，有一些“术”未能包括进来，没有进行系统分析和研究，如占星术、风角术、占

① 南怀瑾：《中国文化泛言》，复旦大学出版社1995年版，第36—37页。

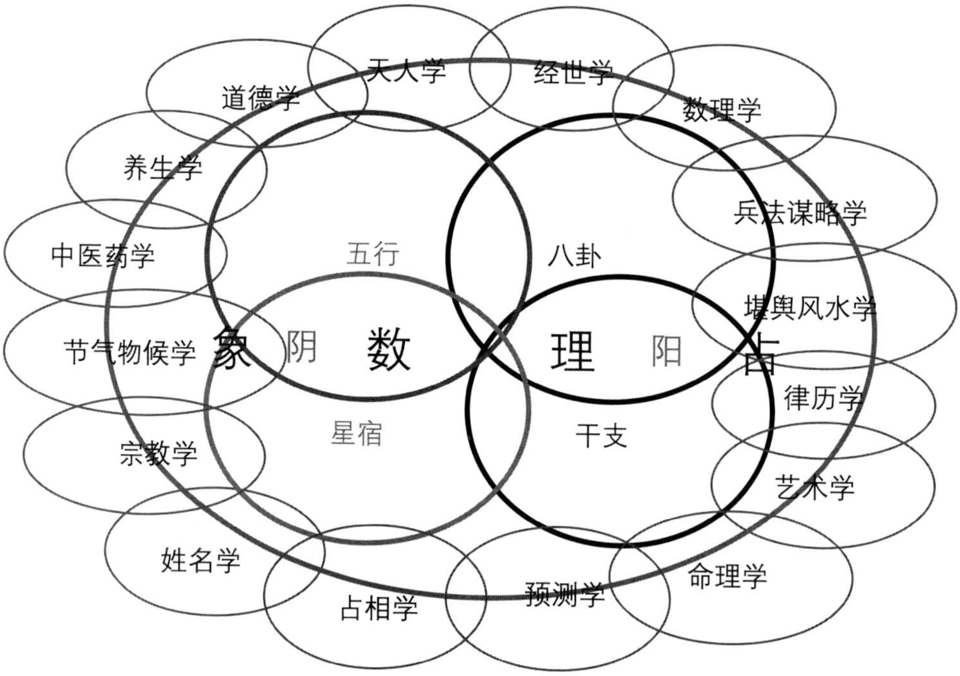

图 3－5　周易文化的学科框架图

梦术、符咒术、扶乩术、气功功法等。这里，只是择其主要的“六术”介绍，我们认为这六种术数较多地运用了象数原理，科学的意味多些，而其他术数形成则非科学的因素多些，自然迷信的成分就浓重些。

（二）周易的六大功能性学科

周易从术数发展而来，必然保留了许多传统术数的专业和特长。传统术数有所谓山、医、命、相、卜，亦即修仙术、医药养生、命理、相术和卜筮。周易的“六术”可以说是周易所具有的六大应用功能的学科，它基本囊括了传统术数的山、医、命、相、卜。我们在后面为“六术”专门辟有章节讲述。在这里，我们要强调的仅是周易这六大功能性的学科与传统术数的联系和区别。

1. 它们之间有联系

六门功能性学科或多或少带有术数的痕迹。术数长期被置于旁门左道，归于封建迷信和历史糟粕之类，处于被打压、被误读的境地。虽然在民间有一定市场，但总给人一种上不了台面，只能偷偷摸摸的印象。由于不能公开授业，公开印制教案，导致私下收徒，私传秘技，私授秘笈，被迫行走在江湖，倒也延续不绝，顽强生存了下来。存在便有合理性，这一现象需要我们思考其背后的深层的文化原因。六门功能性学科同术数相似性在于它们都不是纯学理性的学科，都带有强烈的实用性和实操功能。强调功能性亦即强调它们都具有职业性特征。这些行当不用花费大的投资，无须多人协作，个人领个执照，就可以开坊设堂，成为社会营生。事实确实如此，历史上许多人以此为职业养家糊口，并扬名立万。当然不可否认，假学问、假行家的从来不乏其人，江湖间以此蒙财骗钱的大有人在。这恰恰从一个角度看到了百姓中的需求，看到了传统习俗提升的空间，看到了传统文化普及和正面引领的必要。这六门学科同古老的术数一样，其所具备的知识都不是单一的，而是复合的；不是平面的，而是立体的。这里，所需要具备的不仅仅是文史知识，更需要的是社会的阅历和经验。

2. 它们之间有区别

这六门学科更多地运用了象数意识和数理原理，原本就有科学的基础。基于此，我们更有必要将更多的新的科学知识补充和融入进周易文化的功能学科中，将传统术数的功能性置于现代科学的审视和解构中，用科学态度和科学的方法来梳理传统术数的功能性，使之服务于今天的生活，这就是我们的目的。

二、周易文化的学术功课及其流派

（一）周易文化的四门必修功课

1. 象数理占，四位一体

《易传·系辞》曰：“《易》有圣人之道四焉：以言者尚其辞，以动者尚其变，以制器者尚其象，以卜筮者尚其占。”古人认为《周易》有以下四个方面的主要作用：思想者和善辩者崇尚其卦爻辞；研究动态发展的人关注其自然之变化；制器搞发明创造的人喜好类比其卦象；预言家们则用心于占卜预测的功能。所谓的圣人应用的四种方法就是我们要介绍的周易四门必修的功课：象、数、理、占。清代学者陈梦雷（康熙九年时进士）说：“《易》之为书，义蕴虽多，大抵理、数、象、占四者尽之。”① 他是最先明确总结出四个要素的学者，他的总结也是恰当的。《说卦传》开篇便说出了圣人制易的意图：“昔者，圣人之作《易》也，幽赞神明而生蓍。参天两地而倚数，观变于阴阳，而立卦；发挥于刚柔，而生爻；和顺于道德，而理于义；穷理尽性，以至于命。”在这些话中，即表明了作《易》的目的，也表明了构筑《周易》的四个要素，这就是：卦爻之象，卜筮之数，易之义理及其占断。我们可以简称为象、数、理、占。象是卦爻之象和各种物象；数是天地间体现出的各种数量关系；理是易的道理和领会易的心得；占是依据象和数，依据易的道理和领会易的心得而做出的判定和决断。它们既是《周易》的四个程序，也是《周易》的四门功课。陈梦雷说：“理数之备，于象可知。……知象，则理数在其中。”他还说“有象即有占”②。一部《周易》象、数、理、占四者紧密联系、四位一体（见图3-6）。

①② 陈梦雷：《周易浅述》。

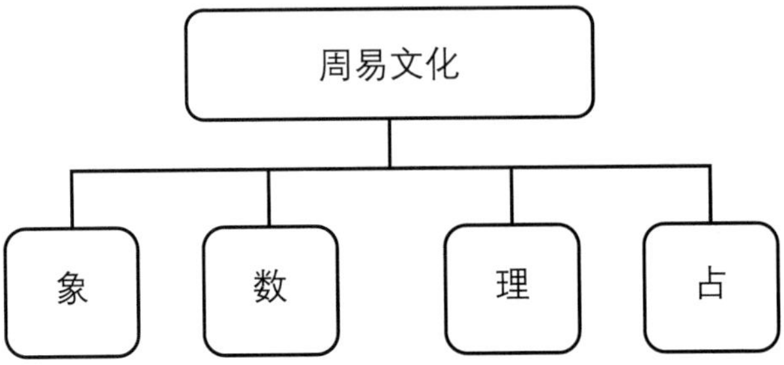

图 3－6　周易功课“四位一体”图

2. 关于“象”和“数”

“象”主要是卦象、爻象以及各种物象，有具象，也有抽象。有关象的问题，我们在后面的第五章有专门的论述。

“数”事物有阴阳，卦爻有奇偶。世间一切尽在数中。有关数的问题，我们也在后面的第五章有专门的论述。

“象数”在周易文化中占有重要的位置。中国社会科学院冒怀辛谈到“象数”说：“象数学在神秘外衣下，也有不少古代人对自然科学的认识，像前面所说易卦与时令气节的配合，大衍之数符合直角三角形定理，河图洛书的两个方阵数字可以互相转换，洛书的九宫数也有不少变化方式等等，都反映了古人的智慧与天算学的知识。”[①] 南怀瑾先生也曾说到“象数”的意义：“事实上，《易经》学术思想的根源，如果离开象数，只是偏重儒理，对于中国文化来说，未免是很大的损失。”[②]

3. 关于“理”

清人陈梦雷说：“知象，则理数在其中。”意为数在象中，而理又在象数中，需要我们去领悟。“理”分义理和数理两种。讲义理不能拘泥于卦象，而要依据道理来占断。《论衡》一书中记载了一则孔子运用义理占断的事例：鲁将伐越，子贡筮之得鼎之蛊，“鼎”为本卦，䷱火风鼎，上离下巽。由于九四为老阳，要阳爻变阴爻，因此变卦为蛊，“蛊”为之卦，䷑山风蛊，上艮下巽。占断要看变爻的爻辞，鼎卦九四的爻辞曰：“鼎折足……凶”。子贡据此占为凶，孔子没有拘泥于爻象和爻辞，却认为占为吉；理由是越人水居，鲁行军用舟，从水路进攻，不用足，因此鲁伐越为吉，后果然得胜。后人常引此证明用义理占卦断得准。义理除讲道理外，还会讲到物理、事理和心理，关键要用得巧。理还包括数理。数理比义理显得更精细和严谨些，数在象中，尊重现象后面的数量关系毕竟是在向理性和科学靠拢，当然要掌握好“度”，防止“数术派”的庸俗化和神秘化倾向。

---

① 《中华周易》，北京师范大学出版社 1993 年版，第 97 页。

② 南怀瑾：《中国文化泛言》，复旦大学出版社 1995 年版，第 38 页。

4. 关于“占”

占是经过一定程序的卜筮手法，卜士所进行的判定或决断，其结果当然有吉有凶。关于占卜形式和其他占卜事宜，我们将在第七章集中论述。这里，我们将《周易》常用的判辞，即吉凶用语分为两大类做个介绍。

《易传·系辞》曰：“圣人设卦观象，系辞焉而明吉凶，刚柔相推而生变化。……吉凶者，失得之象也。悔吝者，忧虞之象也。变化者，进退之象也。刚柔者，昼夜之象也。”又曰：“吉凶者，言乎其失得也。悔吝者，言乎其小疵也。无咎者，善补过也。……辩吉凶者存乎辞，忧悔吝者存乎介，震无咎者存乎悔。是故，卦有小大，辞有险易。”吉凶是占辞中性质相悖的两个最基本的断语。吉是吉利、吉祥，是有所得，走向成功。凶是凶险、祸殃，是有所失，走向失败。吉后面依次是元、亨、利、贞，这些都是吉的用语。介乎吉凶之间中间态是“无咎”，咎是过错，无咎是没有过错，寻常之态。往后就是凶的用语，依次是悔、吝、厉、咎、凶。“悔”与“吝”是“小疵”，但两者发展方向不同。朱熹在《语录》中云：“吉凶是两头，悔吝在中间。悔自凶而趋吉，吝自吉而趋凶。”悔因过失而羞愧、悔恨，因能接受教训，便可走向贞亨；吝是尖刻而愚顽，不知羞辱，便会走向咎害。“厉”是危险，但吉凶未定，按卦爻辞的指示去做会化险为夷，反之就会由厉致凶。“咎”是有了过失，要承担责任，灾害免不了，但比凶的后果稍好（见表3-6）。

表3-6　　《周易》占辞断语从吉到凶的列表

断语	大吉 元吉	吉 贞吉	元亨 亨	利贞 可贞	无咎	悔	吝	厉	咎	凶
意译	大吉 大利	美好	始善 通达	和顺 纯正	平常 无害	过失 忧怨	困厄 艰难	危险	灾害	祸殃
数值	4	3	2	1	0	-1	-2	-3	-4	-5

（二）周易文化的几大流派

周易文化的流派是指对《周易古经》的理解和注释过程中所形成的不同的学术思想和倾向。它仅限于易学的范畴。先秦时的典籍，如《左传》、《国语》多以象数解“经”；《论语》、《吕氏春秋》、《战国策》等解“经”时多谈义理而不谈象数。比较共识的看法认为从汉代开始，便有了易学的两大派别：象数派和义理派。汉代为象数派的开山，魏晋为义理派的先河。汉代偏重于训诂，注释而少发挥，比较墨守原文不敢越雷池一步；宋代则不然，敢于大胆发挥文字背后的意蕴，其研究的方法各有优劣，各具特色，对《周易》的研究皆有积极的意义。汉代以后，对《易经》注释中又派生出了其他小一些的流派。较有影响的是宋代从象数派分离出来的图书派。因此，纵观周易文化的发展，说有三大流派较为适宜，它们是象数派、义理派、图书派。或者说有四个流派，再加上一个综合派（见图3-7）。

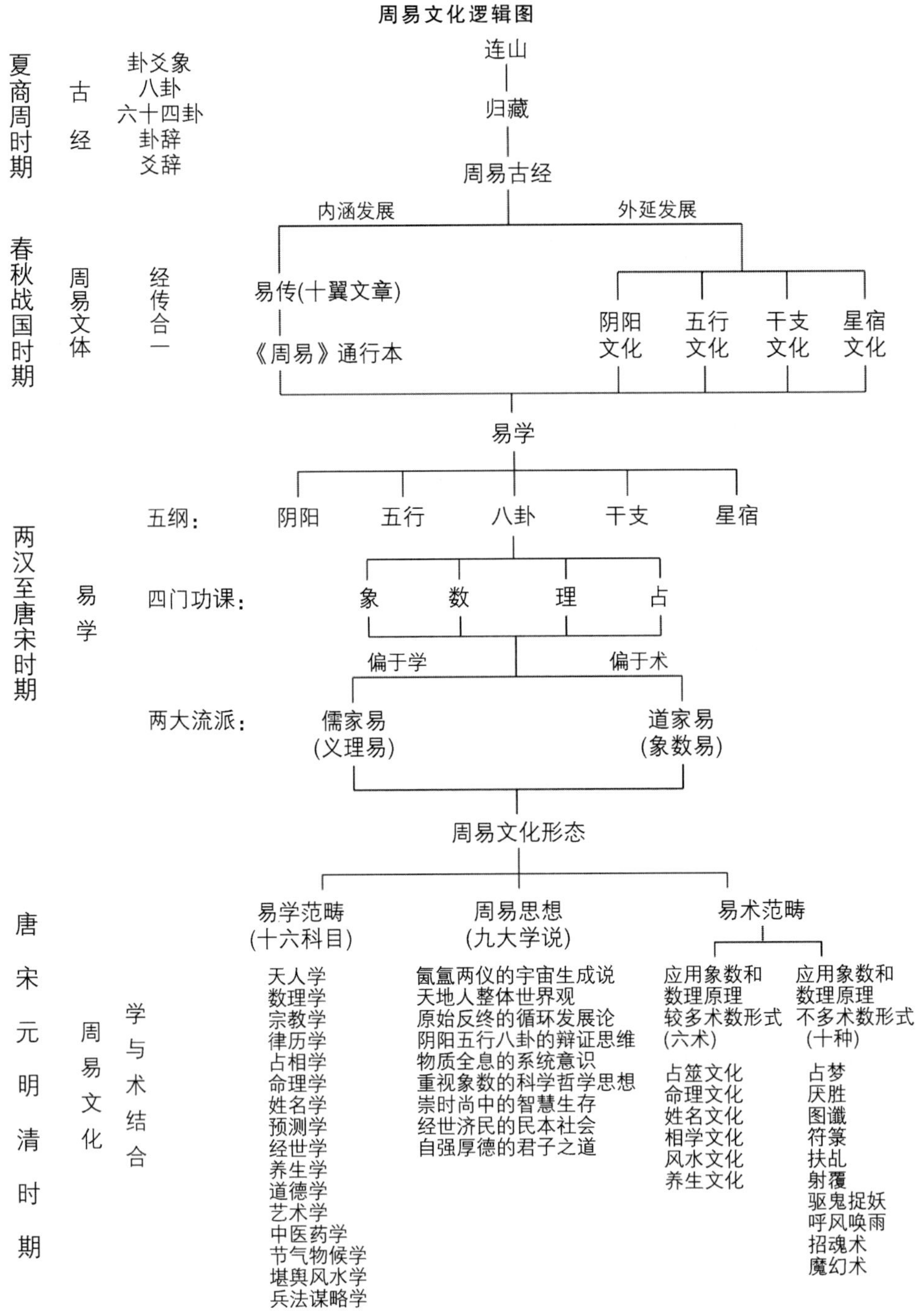

图 3－7　周易文化逻辑图

1. 象数派

凡侧重于阴阳奇偶之数、着眼于卦爻之象和八卦所象征的物象，并由此解释经传意义的，称象数派。汉代易学家们多以象数解释易义，故属于象数派。象数派以取象（即取八卦所象征的各种物象）来阐述卦辞和爻辞，如“乾”取象为天，“坤”取象为地。根据卦象及其变化，根据爻象和爻象组合及其相互间的关系来论断吉凶，决定其进退舍取。在汉代以《易纬》、《京氏易传》、《周易章句》及《焦氏易林》等为取象派的典型。还是在汉代，后来从象数派中又细分出了数术派，其特征是专注于卦爻所代表的数字，在这些奇偶数字间找寻规律，进而占断吉凶。如果说上面的划分还仅限于儒家易，那么，由汉代象数这里还走出了道家易，即术数派别，他们在讲阴阳灾变的同时，也使“易”蒙上了一层神秘主义面纱。堪舆术、炼丹术由此兴起。这一支道家易到东汉末成为了道教创立的理论基础。相对而言，道家尤其是后来的道教易学是比较重视象数的。

2. 义理派

凡侧重于从卦名的意义和卦的性质解释经传文本，注重阐发卦爻辞所蕴涵的道理的，称义理派。取义派主要以卦意来解释卦辞及爻辞，如对坎卦，不取水象而取“陷”义、“险”义，以一阳陷二阴之中；乾卦不取天象，而取“健”“刚”之义；坤卦不取地，而取“顺”“柔”之义。魏晋时期的大易学家王弼《周易注》着重讲易理，他是义理派的重要代表人物，清人编著的《四库全书提要》将王弼定为义理派的鼻祖。王弼本身是玄学家，他以老庄观点释易，实际上也辟出了道家义理的新天地。从此，以玄学解释《易经》也成为了易学派别中的重要一支，而《周易》自然也就成为了道教经典的“三玄”之冠了。实际上道家易或道教易中，均有象数和义理的细分。易学中的义理派到宋代得到了长足的发展，形成了异彩纷呈的繁荣局面。一般说来，儒家易更重视义理；而道家易，特别是道教易更重视象数。

3. 图书派

图书派是象数派的一个分支，起于宋代。具体源于北宋道士陈抟。其特征是这部分人热衷于搜集或创制各式的图谱，以图解易。后刘牧、邵雍等人继承了陈抟之说，以“河图”、“洛书”等易图来解释《周易》，包括著名的先天太极图也是此时进到人们的视线中，形成所谓的图书之学或图书派。对于图书之学或图书派，有些学者深信不疑，有些学者嗤之以鼻，从宋至今，褒贬不一。其实有些易图，言之成理，无不与易义相合，因而不但得到一些学者的首肯，而且也为初涉易者提供了理解上的便利。当然，易图历来为道教所重视，术数家喜好援用或引用。因此，明清以后各种图式互相附会，愈演愈繁，达至千种之多，这也给学易者增添了不少的困难。

4. 综合派

在易学史上，象数派对数有崇拜的倾向，拘泥刻板，忠实于传统的筮辞原意；而义理派则倾向于借题发挥，依现实的需要加入新的解释；两者各有其片面性。为此，一些人便在象数和义理之间持相对均衡态度，这部分人我们称之为综合派。

应该说《易传》开启了解“经”的先河，如果要给《易传》归个派别的话，它应当算为综合派。因为《易传》中的《系辞》、《文言》、《说卦》和《序卦》诸篇更多的在阐发卦爻辞所蕴含的道理；而《易传》中的《彖》、《象》、《杂卦》诸篇更多的关注于卦爻象和由此背后的数字的意义。换一个角度说，象数和义理的解“经”派别形成恰恰是由《易传》引起的。宋代大儒朱熹把义理和象数相互发挥，对《易》学的研究起到了互补作用。秉持均衡态度的综合派将数理和义理结合是《周易》发展中较务实的一派（见图3－7）。

第三节 周易文化发展简史及其代表人物

我们将周易文化发展的历程分为五个阶段来简单介绍：《周易》文本和周易文化形成时期；周易文化的远古时期；周易文化中古时期；周易文化近古时期；周易文化在近现代发展的状况。我们以时间为基本线索，以人物为主要内容来勾勒大致的周易文化的历史。周易文化发展有三个高峰时期，它们是：汉代易学、宋代易学和清代易学，这三部分易学分别对应着远古、中古和近古三个时代。

一、《周易》文本和周易文化形成时期

这一时期包括无字易，即爻画阶段；中经六爻重卦，卦爻辞的撰写，直至孔子及其孔门后学撰写的《易传》的编入，《周易》文本形成。伴随着《周易》文本的逐步定型周易文化也发展起来了。

（一）爻画卦画时期

伏羲 又称伏牺、宓羲、宓栖，或皇牺、羲皇、牺皇，一说伏羲即是太昊，距今约6500年左右的部落首领。上古时期，龙马负图出于黄河间，伏羲氏依龙马之图画出了乾、兑、离、震、巽、坎、艮、坤为内容的卦图，后人称之为伏羲八卦图，也称先天八卦。伏羲氏仰观象于天，俯察法于地，用阴阳八卦来解释天地万物的演化规律和人伦秩序。伏羲氏取火种、正婚姻、教渔猎，结束了人们茹毛饮血的历史。龙马负图遂成为“河图之源”。《史记·太史公自序》曰：“余闻先人曰，伏羲至纯厚，作《易》八卦。”伏羲氏不仅创制了八卦，而且还被后世奉为中华民族的“人根之祖”、“人文之祖”。

（二）《易经》文字时期

炎帝 炎帝又称连山氏、烈山氏。一说神农即炎帝，传说中农业和中医药的

发明者。伏羲之易，史载经十九代传至神农。神农尝百草，满足了果腹需求，教会了人们农耕；同时史传神农擅长阴阳消长之象数，特别是将易象应用于诊疗，由此奠定了中医的基础。史传一说神农首演八卦为六十四卦，是为《连山易》，后佚失。

黄帝 号轩辕氏，有熊氏。传说为中原各民族的共同祖先。伏羲之易，神农之后又经八代传至黄帝。据称治易途广致深、制器尚象，发明了文字、音律、干支、五行、天文、历算、舟车、宫室、杵臼、方矢及棺椁衣衾，并依易而兴历法、立礼制、治百官，济万民，开拓了华夏文化。史传其治易，承连山而修其序，以坤为首，坤属土，认为万物均由坤土之功而春生夏长，秋收冬藏，是为《归藏易》，后佚失。

文王 周文王，姓姬，名昌，又称昌伯、西伯。商末时周族的部落领袖，相传始祖为后稷。史称文王被商纣王囚禁于羑里时，穷究天人之理而演易，将伏羲八卦重之而为六十四卦，并作卦爻辞。

周公 姓姬，名旦，文王之子，武王之弟，因封地在周（今陕西岐山），史称周公。西周杰出政治家。相传他精通易学，擅长释梦。有周公作六十四卦各卦的爻辞一说。他的言论见于《尚书》中的《大诰》、《康诰》、《多士》、《无逸》、《立政》等诸篇。

姜尚 又名望，字子牙。商朝末年人。祖原居东方，先祖与禹一起治水有功，被封于吕，从其封姓，故以吕为氏，又称吕尚，别号飞熊。姜子牙后辅佐了西周王，当了丞相，称“太公望”，民间常称他为姜太公。他辅佐武王灭商有功，后被封于齐，乃为齐文化的创始人。姜尚是中国古代的一位影响久远的杰出的韬略家、军事家与政治家。历代典籍都公认他的历史地位，儒、法、兵、纵横诸家皆追他为本家人物，被尊为“百家宗师”。传说古代兵书《六韬》为他所著。

老子 姓老，名聃。一说姓李，名耳，聃为谥号。楚国苦邑（今河南鹿邑东）厉乡曲仁里人。曾任周朝守藏室之史。春秋末期的著名思想家，道家学说创始人。老子之学，宗黄帝《归藏易》之体系，扬坤抑乾，主张尊阴、贵柔、守静、无为思想，在《周易》的成卦程序的启发下，道出：“道生一、一生二、二生三、三生万物”的宇宙生成论和数字推衍法，著有《老子》（又名《道德经》）五千余言。《老子》是中国哲学的重要来源，也是道家易以及以后道教教义的重要思想来源。

（三）《易传》文字时期

孔子（前551—前479）名丘，字仲尼，鲁国人。春秋末期思想家、政治家、教育家、儒家学派创始人。作为著名的学者和思想家，孔子对《周易》有很深的研究和独到的见解。他重视对《周易》义理的理解，强调卦爻辞对人的精神境界和道德修养的意义，同时他认为善学《易》者，不专在于占筮，去卜问吉凶祸福，而在于提高人的认知能力和道德水平。这种对《周易》的理解，对后来儒家学者解易产生了很大的影响。《易传》集中反映了孔子治《易》的思想倾向，最终使得经传合一的《周易》文本完成了由卜筮之书向哲学之书的嬗变。

庄子（约前 369—前 286）名周，战国时期睢阳蒙县（今河南商丘东北）人。曾做过漆园吏，后厌恶仕途，隐居著述，是先秦道家学派的主要代表人物，与老子齐名，被称为老庄。《庄子》约成书于先秦时期，《汉书·艺文志》著录五十二篇，今本三十三篇，其中内篇七，外篇十五，杂篇十一。庄子继承了老子“道法自然”的观点，相对主义浓重；庄子蔑视礼法权贵而倡言逍遥自由，内篇的《逍遥游》、《齐物论》、《养生主》和《大宗师》等集中反映了此种哲学思想；庄子最早提出“内圣外王”思想对儒家影响深远；庄子洞悉易理，《庄子·天下篇》深刻指出“《易》以道阴阳”，庄子以阴阳概念来概括《易》之精神，是抓住了《易》的本质特征。庄子“三籁”思想与《易经》三才之道相吻合。《庄子》一书亦称《南华经》，后为道教经典之一，曾受号南华仙人。《庄子》行文汪洋恣肆，瑰丽诡谲，意出尘外，乃先秦诸子文章中的典范之作。

荀子（前 313—前 238）名况，字卿，战国末期赵国人。杰出的思想家、文学家、政治家，曾三次出任齐国稷下学宫的祭酒，儒家代表人物之一，时人尊称“荀卿”。荀子对儒家思想有所发展，在人性问题上，提倡性恶论，主张人性有恶，其学说常被后人拿来跟孟子的“性善论”相比较。他否认天赋的道德观念，强调后天环境和教育对人的影响。受战国时期阴阳学说或以阴阳说解易的影响，他以阴阳为哲学范畴，说明事物的发展。并曾引用《周易》卦爻辞论证自己的观点。

鬼谷子（生卒年不详）姓王，名诩（xǔ），又名王禅，号玄微子，一说春秋战国时期卫国朝歌（今河南省鹤壁市淇县）人；另一说是战国时期魏国邺地（河北省邯郸市临漳县）人。春秋战国时期的思想家、谋略家、教育家。因隐居于鬼谷而号称鬼谷子，后人或称鬼谷先生。他精于心理揣摩，深明刚柔之势，长于养性持身和纵横捭阖之术，被称为纵横家之祖。《史记》记载是苏秦、张仪之师。他又精于兵法，六韬三略，变化无穷，布阵行军，鬼神莫测；史传孙膑、庞涓为其弟子。其学源于《易》，日星象纬，占卜八卦，预算世故，十分精确；首创了多种“方术”“秘术”留传后世。今有《鬼谷子》一书，系后人伪托所作。

邹衍（约前 324—约前 250）战国末期齐国人。战国末期哲学家，阴阳家的代表人物。以阴阳观念为核心，创立了阴阳五行学派。主要学说是五行学说、“五德终始说”和“大九州说”，他是稷下学宫的著名学者，其学说对象数派易学有一定影响。“五德终始”说后来成为西汉谶纬学说的基石。

二、周易文化发展的远古时期

这一时期包括汉代易学和魏晋南北朝的易学。在此时期，出现了许多易学大家。汉代易学是周易文化发展史上的第一个高峰。

（一）汉易发展概况和代表人物

1. 汉代易学的发展概况

汉王朝建立以后，由于统治者表彰儒家，提倡经学，《周易》被尊为五经之首，对《周易》的解说成了专门的学问。研究《周易》的，不只是儒家经师，其他流派的思想家也探讨《周易》的理论，因而显现出繁荣的局面。汉代是易学发展的一个重要阶段。

汉代的易学分官方易学，又为今文经学，即用新通行的隶书书写；民间易学，又为古文经学，即用老的篆书书写。两个系统各有传承。汉代的易学家，大多注重“象数”；寻求卦爻辞和卦形之间的联系，寻求卦爻辞的字句在卦形中的具体体现，显得琐碎，开易学象数派先河。汉代易学家们创造了“爻辰”、“卦气”、“飞伏”、“纳甲”、“互卦”、“变卦”等说易方法，并把“阴阳学说”、“五行学说”等理论及天文、历法等科学成果都纳入说易的体系之中，由此形成了一个庞大复杂的极为繁琐的理论体系。西汉末、东汉初，谶纬开始流行。谶即神秘的预言；纬是对经而言，纬书对传统的儒家经典作出了种种神秘主义的解释。“六经”皆有纬，而《易纬》则是对《周易》经传文所作的解释。东汉时，人人牵强附会谈“感应”，个个不厌其烦讲象数，到了很荒谬的地步。“一经说至百余万言，大师众至千人”①，大有令人“皓首难穷一经”之叹！这一风气促进了道家易的兴起。东汉出现了炼丹的职业。东汉末年，道家黄老学派解易的学说成为了道教易学的先导。

2. 汉代易学的代表人物

董仲舒（前179—前104）汉广川郡（今河北衡水景县）人，汉代思想家、哲学家、政治家、教育家。西汉今文经学大师，汉代儒学的奠基者。汉武帝下诏征求治国方略。儒生董仲舒在《举贤良对策》中系统地提出了“天人感应”、“大一统”学说和“罢黜百家，表彰六经”的主张。其哲学思想是天命论与阴阳五行说相结合的产物，擅长用易之阴阳五行说解释灾异之事。其学说汇集于代表著作《春秋繁露》中。

东方朔（前154—前93）本姓张，字曼倩，西汉平原郡厌次县（今山东省德州市陵县）人。西汉文学家、术数家。据称东方朔聪颖多智，言辞敏捷，性格诙谐，以近侍身份与汉武帝君臣多年，亦对汉武帝的行为举措产生了一定的影响。关于他的传说很多，由于是术数高手，便被视为是“神仙”般的人物。东方朔一生著述甚丰，有《答客难》、《非有先生论》等名篇。世传曾著术数书《灵棋经》二卷。

孔安国（约前156—前74）字子国，孔子十一代孙。西汉经学家。据传，武帝末，汉鲁恭王刘馀扩建宫室，在拆除孔子故宅时于壁中得《古文尚书》、《礼记》、《论语》及《孝经》等，皆古文字，当时人都不识，并较今天的《尚书》多出16篇，安国借今文读之，将古文改写为当时通行的隶书，并奉诏作书传，定为五十八篇，成为“尚书古文学”的开创者，谓之《古文尚书》，又称《尚书孔氏传》。明清学者将其定为后人伪托。安国还著有《古文孝经传》、《论语训解》。易学方面，孔氏认为八卦为伏羲所作，曾云：“《河图》者，伏羲氏王天下，龙马出河，遂则其文以画八卦。《洛书》者，禹治水时，神龟负文而列于背，有数至九，

① 《汉书·儒林传赞》。

禹遂因而第之以成。”《史记》作者司马迁研究《尧典》、《禹贡》等古文时，曾向孔安国请教。司马迁的古文经学的老师是孔安国，而今文经学的老师是董仲舒。

孟喜（约前90—前40）字长卿。东海兰陵（今山东苍山县）人。西汉经学家，今文易学“孟氏学”的开创者。以阴阳说解说《周易》，以此推测气候的变化，判断人事的吉凶，为汉易“卦气说”的倡导者。根据《汉书·艺文志》所载孟喜著作有：周易十二篇，周易《章句》二篇。现已亡佚。《章句》书中部分内容保存在唐代僧一行的《卦议》中。

焦赣（生卒年不详）赣（góng）同“贡”音，字延寿。西汉今文易学家。专治易学，曾师从孟喜学易，自言得孟喜之传，后曾授易学与京房。长于以灾变说易，注重易象。汉代《易》学后来流变为术数，焦延寿是始作俑者，他著有《焦氏易林》传世。

费直（生卒年不详）西汉古文易学“费氏学”的开创者。其易学初在民间流传，成为古文易学中民间易学的代表。

京房（前77—前37）本姓李，东郡顿丘（今河南清丰）人。西汉经学家、今文易学“京氏学”的开创者。京房从焦延寿学《易》，深得焦氏《易》学“真谛”。以通变说易，好讲灾异。他把《周易》看作是占算吉凶的典籍，从而创造了许多占算的体例，为后世的占术之师。其理论包括：八卦系统的世应说和飞伏说；五行系统的五星配卦说，五行爻位说，五行生克说；干支系统的纳甲说、卦气说。他把焦延寿以灾异讲《易》的做法推向极端，到处宣讲，以之干政，使《易》学此一流派在当时声名显赫，对后世影响极大，以致人们把这一流派称为今文《易》学“京氏学”。焦延寿大概看出了京房以《易》干政的危险性，曾不无忧虑地说：“得我道以亡身者，京生也。”（《汉书·京房传》）最后结局果然不出焦氏所料。京房本人著作颇丰，但今只存《京氏易传》三卷，其余皆已失传。

刘向（前77—前6）汉朝宗室，字子政，西汉楚国彭城（今江苏徐州）人。西汉经学家、目录学家、文学家。推崇《周易》，所著《洪范五行传》，即以五行阴阳说，讲灾异和占验。讲灾异常引用孟喜、京房之卦气说。以阴阳灾异推论时政得失。

刘歆（前50—23）字子骏，刘向之子。西汉末年古文经学派的开创者、目录学家、天文学家、数学家。中国儒学史上的一个重要人物，后因谋诛王莽事败自杀。刘歆推崇《周易》，所著《七略》即以《周易》为群经之首，以五经配五常之道，以八卦为河图，《洪范》中的五行文为洛书。他讲易重卦气说，讲天文历法以孟、京卦气说为据。他不仅在儒学上很有造诣，而且在校勘学、天文历法学、史学、诗歌等方面都堪称大家，他编制的《三统历谱》被认为是世界上最早的天文年历的雏形。此外，他在圆周率的计算上也有所贡献，他是第一个不沿用“周三径一”的中国人，并定该常数为3.15471，仅偏差了0.0131。

扬雄（前53—18）字子云，西汉蜀郡成都（今四川成都郫县友爱镇）人。西汉著名学者、辞赋家。由于受孟喜、京房易学的影响，曾摹仿《周易》而作《太玄》。视“玄”为宇宙万物的根源，糅合儒、道、阴阳三家学说，运用当时的天文历法知识，勾绘了一个世界的图景。他认为“有生者必有死，有死者必有终”，驳斥了神仙方术的迷信。他还摹仿《论语》作《法言》，谈及社会伦理，他不赞成老庄“绝仁弃义”的观点，提倡儒家学说，其认为“人之性的善恶混，修其善则为善人，修其恶则为恶人”。扬雄关于赋的评论，对于后世的刘勰、韩愈的文论颇有影响。

马融（79—166）字季长，扶风茂陵（今陕西兴平）人。东汉经学家，教育家。曾遍注《周易》、《尚书》、《毛诗》、《三礼》、《论语》、《孝经》、《老子》、《淮南子》等，皆已散佚，清人编的《玉函山房丛书》、《汉学堂丛书》都有辑录。马融吸取孟、京卦气说，解释《周易》经传文，使古文经学趋向成熟。在注太极时，以卦气说解释大衍之数五十，其一不用的为太极。他曾设帐授徒，门人常有千人之多，卢植、郑玄等都是其门徒。

郑玄（127—200）字康成，北海高密（今山东高密）人。东汉经学大师、易学大家。博通经学且精于天文历法。他综合百家，遍注群经，著述以古文经说为主，兼采今文经说，将今古文界限打破，达到了经学的融合与统一，是汉代经学的集大成者。郑玄所注经书，代表了汉代学术的最高成就，对后世经学产生了极其深远的影响。除为《周易》等多部经书作注外，还著有《易论》、《易赞》、《天文七政论》、《中侯》等书，共百万余言，世称“郑学”。他提出易乃有变易、不易和易简三义，后人多引用之。

荀爽（128—190）字慈明，颍川颍阴（今河南许昌市）人。东汉经学家，与郑玄、虞翻等并称易学三家。荀爽乃尚书令荀彧之叔，名士荀淑第六子，其兄弟八人俱有才名，被时人称为“荀氏八龙”。荀爽排名老六。荀爽学说受孟、京派易学影响，以八宫、飞伏解易，虽主卦气说，但不利用卦气说讲阴阳灾变。其解易，属于自己创见的是乾升坤降说。荀爽不仅以升降说解释卦爻辞和《彖》、《象》二传文，还用以解释《周易》的基本原理，成为汉易中象数学的内容之一。

魏伯阳（生卒年不详）名翱，字伯阳，号云牙子，会稽上虞（今属浙江）人，出身高门望族。东汉著名的炼丹理论家，《周易参同契》作者。《神仙传》记载，魏曾为官吏，后隐退。与弟子入山炼丹，服丹后假死，后复活。《周易参同契》本于《周易》的纳甲说、十二消息说和卦气说，并参考古炼丹术及炼丹古书，假借爻象，将卦气说同炼丹结合起来，以《周易》原理解说炼丹的理论和方法。作者由于“恐泄天之符（天机）”，故行文多恍惚之辞、类比之喻，文字古奥难懂，不易捉摸。《周易参同契》标志着汉易发展的另一倾向，即为道教易学开辟了通路，后来道教宣扬神仙学说，以炼丹服药为长生不死的方术与《周易参同契》有着重要的关系。当然还要肯定炼丹理论产生了两个正面的结果：一是炼外丹促进了中国化学的萌芽；二是炼内丹导致了中国产生了气功的理论和实践。

（二）魏晋易发展概况和代表人物

1. 魏晋易学的发展概况

魏晋时期易学的显著特色，就是一反汉易的象数倾向和烦琐学风，而将《周易》同老庄玄学相结合，开辟了以玄学解易的新方向。讲究探求《周易》义理蔚然成风，与此同时，象数易学依然活跃。

2. 魏晋易学的代表人物

虞翻（146—233）字仲翔，会稽余姚（今浙江余姚）人。三国吴经学家。虞翻易学，可说是汉易中以象数解易的代表，他发挥了荀爽的刚柔升降说，将卦气说引向卦变说，以卦变说解释《周易》经传，他将汉易引向了极其复杂的解易之路。后世将郑玄、荀爽、虞翻并称为《易》学三家。著有《易注》九卷，已佚。

诸葛亮（181—234）字孔明，号卧龙。徐州琅琊阳都（今山东临沂市沂南县）人。三国时期蜀汉丞相、杰出的政治家、军事家、散文家、发明家。东汉末，先隐居于隆中，自比管仲、乐毅，被尊为卧龙先生；后帮助刘备联合孙权，对抗曹操，建立了蜀汉政权，形成三国鼎立之势。在世时被封为武乡侯，死后追谥忠武侯。诸葛亮足智多谋，通晓兵法，据传其知晓黄帝所作之兵家八阵法，并根据伏羲八卦和古代的兵法推演成八阵图。他散文代表作有《出师表》、《诫子书》等。他曾发明了木牛流马、孔明灯等，并改造了连弩，叫做诸葛连弩，可一弩十矢俱发。著有《诸葛亮集》。

陆绩（187—219）字公纪，吴郡吴县（今苏州）人。三国吴学者，天文学家。他博学多识，通晓天文、历算，星历算数无不涉览。精通《周易》，曾为《京氏易传》作注。他善集众家之说，从孟喜、荀爽、虞翻、郑玄、子夏等易家中博采众长、择善而从。并将易学应用于星历算数之中。曾作《浑天图》，著作有《周易注》、《太玄经注》、《浑天仪说》等，今多亡佚。

王肃（195—256）字子雍。三国魏经学大师，古文经学派的集大成者，义理派王弼易学的先导。著作《周易注》已佚。

管辂（209—256），字公明。平原郡（今山东平原县）人。三国时代的著名的术士。以卜筮著名，被后世卜卦观相的人奉为祖师。据说管辂少年聪慧，年八九岁，便喜仰观星辰。成人后，精通《周易》，善于卜筮、相术，识风水、习鸟语，相传每言辄中，出神入化。一生著述甚丰，主要有《周易通灵诀》二卷、《周易通灵要诀》、《破躁经》、《占箕》等。

荀融（生卒年不详）字伯雅，荀衍之孙，荀绍之子，东汉荀爽后人。三国魏学者，象数派易学家。其易学继承了荀爽易学的传统，讲互体、卦气、卦变等。与王弼、钟会俱知名，为洛阳令，参大将军军事，与弼、会论《易》、《老子》义，是玄学的中心人物。著有驳难王弼的《易大衍义》，已佚。

王弼（226—249）字辅嗣。三国魏玄学家，以老庄玄学解易的创始人，魏晋易学义理学派的代表人物。幼而聪慧，少年即享盛名。王弼易学源自费直，主张注《易》时须注重阐明《周易》所包含的义理，摒弃汉儒实异说、谶纬说，所谓“扫象”，就是一扫汉人的烦琐象数说，主张“得意忘象，忘象取义”。王弼以简洁的文字注释六十四卦，恢复了先秦儒家说《易》的本旨，从而开创后世以义理说《易》的先河。王弼实际上是以老庄的玄学来重新注释《周易》，重振自《易传》

时开始的义理之路，只不过不是儒家色彩的理论，而是掺进了道家的学说。唐太宗李世民指令孔颖达编修《五经正义》时就引用了王弼注本。自唐至宋读书人求取功名时，皆以此为标准的范本。他的《周易注》为宋人以“理”说易奠定了理论基础，所以说他是易学义理流派的重要人物之一。

郭璞（276—324）字景纯，河东郡闻喜县（今山西省闻喜县）人。两晋时期著名文学家、训诂学家、术数名家。喜好经术，博学多才，好古文奇字，深研易理，并精通天文历算，五行卜筮之术。擅诗赋，是游仙诗的祖师。后为王敦记室参军，以卜筮不吉阻敦谋反，被敦所杀，后追赠弘农太守，北宋时被追封为闻喜伯。他曾为《尔雅》、《方言》、《山海经》、《穆天子传》、《葬经》作注，著有《葬书》，明人有辑本《郭弘农集》。

葛洪（284—364）字稚川，自号抱朴子，汉族，丹阳郡句容（今江苏句容县）人。东晋道教学者、著名炼丹家、医药学家。他是三国时方士葛玄之侄孙，世称小仙翁，后隐居罗浮山炼丹。于医学、音乐、文学等方面亦多有成就。著有《抱朴子》、《肘后方》等。

韩康伯（332—380）名伯，字康伯。东晋玄学家、易学家。精研《周易》。王弼注《周易》时只注了《易经》和《易传》中的《文言》、《彖辞》、《象辞》，其余的《系辞》、《说卦》、《序卦》、《杂卦》等部分则由韩康伯作注。发展了王弼易学，进一步排斥汉易中的象数之学，将《周易》的体例抽象化，追求象数背后的东西，认为八卦和六十四卦以及卦爻辞具备天下之理，其无形之理不仅是形而上学的，而且是超经验的。

陶弘景（456—536），字通明，南朝梁时丹阳秣陵（今江苏南京）人，号华阳隐居。著名的医药家、炼丹家、文学家，道士，人称“山中宰相”。他对儒、释、道均博览兼通，主张三教融合。他对阐扬道教，尤付精力，继承《上清》经法，开创茅山宗。著书很多，有《真诰》、《本草经集注》七卷、《效验施用药方》五卷、《补阙肘后百一方》三卷、《梦书》一卷、《养性延命录》二卷等。

萧衍（464—549）即梁武帝。字叔达，南朝梁政权的建立者。笃信佛教，几次入寺做和尚，潜心研究佛教，疏于朝政，导致亡国，最终被囚禁致死。梁武帝是玄学派易学的代表人物。其易学特点为糅合易佛，以虚无解释《周易》的最高原理，以《周易》解说佛教的教义。其解易著作有《周易大义》二十一卷、《周易系辞义疏》一卷、《周易讲疏》三十五卷等，均已佚。唐陆德明《经典释文》引用其易解四条。明人辑有《梁武帝御制集》。

三、周易文化发展的中古时期

这一时期包括隋唐易学和宋代易学。此时期涌现出众多的易学大师。其中宋代易学是周易文化发展史上的第二个高峰。

（一）隋唐易发展概况和代表人物

1. 隋唐易学的发展概况

魏晋至隋唐，终于结束了长达300多年的分裂和动荡，政治的统一和稳定必然带来经济的繁荣和文化的发展。特别是贞观之治和开元盛世为后世所称道。反映到学术领域，则是儒佛道三教并举局面的出现。先是隋文帝，后是唐太宗李世民都把三教并奖政策定为国策。此时的唐易做的较多的工作是注疏和集解。从事易学研究的人其学术和职业的背景也是多样化的。

2. 隋唐易学的代表人物

王通（584—617）字仲淹，河东郡龙门县通化镇（今山西省万荣县通化，一说山西河津）人，隋代大儒，著名教育家和思想家。有弟子多人，弟子取《周易·坤卦·象辞》“黄裳元吉，文在中也”之义，私谥为“文中子”。仕途不畅，遂退归故里，开馆授徒。陆续前来受业者多以千数，时称“河汾门下”。据称唐初名臣如房玄龄、杜如晦、魏征、李靖、薛收等皆从受业。主要著作有《文中子中说》，简称《中说》十卷，由其子及弟子于王通死后纂录其遗言而成，流传至今。传又著有《礼论》、《乐论》、《续诗》、《续书》、《元经》、《赞易》，合称《王氏六经》，已佚。其弟王绩是初唐诗人，其孙王勃是初唐四杰之一。王通的学问，对宋代的理学影响深远。

孔颖达（574—648）字仲达，谥号宪，冀州衡水（今河北衡水）人。隋末唐初著名经学家、易学家。少聪敏，强记博文，通晓经学。孔受命于唐太宗，撰《五经正义》，其中有《周易正义》。对《周易》有精深的研究，易学观主要有：（1）义象兼采。（2）易理备包有无。（3）乾坤二元论。认为六十四卦皆来自乾坤两卦。（4）太极说。围绕大衍义的问题解释了太极，以太极元气说否定了虚无实体说。易学代表作有考证严谨的《周易正义》，该书对于易学研究具有很高的学术价值。

孙思邈（581—682）唐朝京兆华原（现陕西铜川市耀州区）人，唐代著名医药学家，被后人誉为“药王”。他也是一位地位很高的道教人物。孙思邈注重医易关系，提出“精熟《周易》，乃得为大医”的理念。孙思邈的医学思想里充满了“易具医理、医为易用”的“体用”观点。他本人善用《周易》盈虚消息理论来阐述修身防病治病的道理，系统地提出了上医、中医、下医相区别的理论，其理论极具启发的意义。其所著《备急千金要方》及《千金翼方》为中医和养生的重要著作。

袁天罡（生卒年不详）益州成都（今四川成都）人。唐初天文学家、星象学家、预测家、大相士。尤以提前言中武则天称帝而闻名。本人虽为道士但入仕为官，隋时为盐官令，唐时为火山令。著有《六壬课》、《五行相书》、《袁天罡称骨歌》等，同时还为后人留下一部神奇的预测天书《推背图》。

李淳风（602—670）岐州雍人（今陕西省宝鸡岐山县）。唐代天文学家、数学家。李淳风自幼聪慧好学，博览群书，尤其精通天文、历法、数学、阴阳学等。唐初曾任太史令，665 年（唐高宗麟德二年）改订历法，后世称为“麟德历”。曾参与编写了《晋书》、《隋书》中的《天文志》和《律历志》，又为《九章算术》、《海岛算经》等作过注释。李淳风是当时出名的术士，与袁天罡齐名，深为唐太宗李世民所重用，传说《推背图》就是他和袁天罡合著的一本预测的图书。

李鼎祚（生卒年不详，约为开元至天宝年间生人）资州盘石（今属四川资中县）人。唐代经学家，官至殿中侍御史。学术上精于经学，尤通象数易学，擅筮占。尤以经学注释名噪于当时，撰成继孔颖达《周易正义》后所出现的又一部总结两汉以来易学、意在纠正孔疏之偏的著作《周易集解》。自序称该书“集虞翻、荀爽三十余家，刊辅嗣（王弼）之野文，补康成（郑玄）之逸象”。事实也是如此，该书成为后人研究唐以前易学不可或缺的重要参考资料。他认为，《周易》是儒、释、道的理论基础，是“修齐治平”的正术。他同时是提倡汉易象数的代表人物。

彭晓（生卒年不详）字秀川，号真一子。五代时人。撰注今存《周易参同契通真义》、《周易参同契鼎器歌明镜图》、《还丹内象金钥匙》（又称《黑铅水虎论》或《红铅火龙诀》），依据当时内外丹结合的传统，在此三书中解释了《周易》、黄老与内外丹三者一致的原理和功法细节。

李虚中（761—813）字常容，唐代易学家，官至殿中侍御史。据传他总结了自西汉以来巫蛊、择日、禁忌、符应、杂祀等以物兴象、借象应气的卜筮方法，以阴阳五行及天干地支为依据，配合人出生的年月日来推测人的吉凶贵贱，奠定了命理学的基础，称命理学鼻祖。韩愈曾为李虚中撰写墓志铭——《殿中侍御史李君墓志铭》。世传《李虚中命书》，署名“鬼谷子撰，虚中注”。

（二）宋易发展概况和代表人物

1. 宋代易学的发展概况

宋代是易学发展兴旺和繁荣时期。不但易学里有理学派、气学派、数学派三足鼎立，而且儒家易和道家易也在争雄。思想家们纷纷借《周易》立言，著述颇丰。据《宋史·艺文志》载，仅北宋解易著作就有六十余种。“宋易”与“汉易”的最大区别在于宋人力求将《周易》原理高度哲学化。汉人治易长于象数，后来走向推演灾变祸福之路；而宋人治易追求明理，其目的在于探求宇宙和人生的哲理，经世致用。宋易有两大特色：一是发展义理易；二是开创了“图书易”的新派别。这既是宋人对易学丰富性的贡献，也是易学发展的新阶段。

2. 宋代易学的代表人物

陈抟（约 871—989）字图南，自号扶摇子，宋太宗赐号希夷先生。亳州（今安徽亳州）人。陈抟好睡，后人又称其为“陈抟老祖”或“睡仙”，他是五代末宋代初的著名道士和道教学者。陈抟早年读诸子百家之言，有展翅青云之志。据《宋史》载“抟好读易，手不释卷”。著《指玄篇》八十一章。其易学特征为以图式解易。所提出的易学图式，包括象和数两方面的内容，为宋代象数学派和图书学派的创始人。

徐子平（约 907—960）五代宋初人，传闻他在五代末年曾与陈抟一起隐居华山。他在唐代李虚中三柱法（年、月、日推算法）的基础上，创立四柱法（年、月、日、时推算法）。以四柱的干支为八字，以八字中的生克制化关系推测人生命运，这套算命方法又称“子平术”。其理论中蕴含着丰富的人生哲理以及朴素的辩证思想，并非都是些无稽之谈。徐子平著作有《定真论》、《喜忌篇》、《继善篇》、《徐氏珞琭子赋注》二卷。后人借其名，著有《渊海子平》一书，随后成为命理学经典。

李之才（？—1043）字挺之，宋初易学家。其性朴率自信，倜傥不群。其易得穆修所传，属陈抟图书学派，后传之于邵雍。其易学著作已失传，今保存的只有《卦变图》，他开创了宋代卦变研究的先河。

欧阳修（1007—1072）字永叔，号醉翁，晚号六一居士。吉州庐陵（今江西吉安）人。北宋文学家、史学家、易学家。针对习易如何摆正天地万物、社会人伦的所谓文王之事与占筮之法的二者关系时，提出“得其大者可以兼其小”的学易方法。他对孔子作《易传》的质疑，在易学史上有极深的印记。易学方面留有《易或问》、《易童子问》诸篇。

刘牧 北宋中期易学家。因北宋有两个刘牧，彭城刘牧（生卒年不详）字长民，太常博士；三衢刘牧（1011—1064）字先子。似乎易学家为彭城刘牧。易学源于陈抟，治易以讲河图、洛书闻名。他提出“图九书十”说，并对两个图式作了理论的解说。刘牧之说后被朱熹纠正，朱煮认为应“图十书九”，且流行之。刘牧易学著作有《易数钩隐图》。

邵雍（1011—1077）字尧夫，自号安乐，谥康节。祖先为范阳（今河北涿州市）人，幼随父迁共城（今河南辉县），隐居于苏门山百源之上，故被后人称之为百源先生，其学派被称为“百源学派”。北宋著名易学家。《宋史》称：“自雄其才，慷慨欲树功名，于书无所不读，始为学，即坚苦刻厉，寒不炉，暑不扇，夜不就席者数年。”以先天象数之学而闻名于世，邵雍和周敦颐、张载、程颢、程颐并称为北宋五子。邵其学一反王弼以来的义理派风格，在汉代象数的基础上，把陈抟等道教的思想与易理相结合，为理学的命理作论证，使“易学”成为理学的一个组成部分，是易学发展的又一重要阶段，故为北宋理学的重要人物。邵康节不仅强化了易象数的一面，与此同时，也强化了占算的一面，其神秘的色彩浓重了，他被后来的许多测字算命的先生尊为祖师爷，有所谓“宋谈《易》诸家，尚占者宗康节”①。后人称邵康节为易学中预测功能的发掘者和先驱。邵雍现存的代表著作有《皇极经世》、《伊川击壤集》等。

周敦颐（1017—1073）字茂叔，后人称为濂溪先生。道州营道（今湖南省道县）人。宋代著名易学家，理学的奠基者。程颢、程颐均为其弟子。善谈名理，深于易学。其太极图原图大半是以道教的先天太极图为蓝本，参照陈抟的无极图，

① （清）钱曾：《读书敏求记》。

并受禅宗虚无说的影响，将道家和道教的无极观念引入儒家的解易系统。《太极图说》认为“无极”和“太极”是宇宙万物的本源。其易学著作有《太极图说》、《通书》、《易说》等，后编有《周子全书》。

张载（1020—1077）字子厚，原籍大梁（今开封），生于陕西长安。后又迁徙至凤翔眉县（今宝鸡眉县）横渠镇，人称横渠先生。北宋著名哲学家、易学家，理学创始人之一，获尊称张子。张载还是二程即程颢、程颐的表叔。其人喜谈兵法，博览群书，研究儒家及道、佛学说，以《易》为宗，以《中庸》为体，以孔孟为法。其易学属义理学派，以阴阳二气变易法则作为易学的最高范畴，为气学派的核心人物。其著作有《崇文集》十卷（已佚）、《正蒙》、《横渠易说》、《张子语录》等。

程颢（1032—1085）河南洛阳人。北宋哲学家、易学家、教育家。早年与弟颐求学于周敦颐，同为理学奠基人，为北宋易学中义理学派的代表。

程颐（1033—1107）北宋著名哲学家和易学家，理学创立者之一。从事讲学和著述达三十余年。他是北宋易学中义理学派代表。通过对卦爻辞的解释，提出卦变说、当位说、相应说、随时取义说，极有利于说明卦爻象和卦爻辞之间的联系，使取义说得到充分发挥。提出“所以为阴阳者是道”的命题。将“一阴一阳”解释为有阴有阳，又以“理本论”代替了“玄学贵无论”，进一步发展了理学派的本体论。认为阴阳动静，无始无终，肯定了阴阳变化的永恒性。

朱熹（1130—1200）字元晦，号晦庵，谥文，世称朱文公。祖籍原江南徽州府婺源县（今江西省婺源县），出生于南剑州尤溪（今属福建省尤溪县）。南宋哲学家、易学家、教育家、诗人。他博览群书，融会贯通，是儒学和理学的集大成者，世尊称为朱子。朱熹精于《易》，影响极大。集北宋以来易学之大成，独立发挥，形成自己的体系。朱熹对易学的贡献：（1）提出“易本卜筮之书”，区分经传。（2）主张以象数明义理，又以义理释象数，相得益彰，属于综合派。（3）通过其弟子蔡元定搞到易图，刊于《周易本义》卷首，并附说明，这对数理易的发展起了很大作用。（4）将筮法稍加简化，由“揲蓍法”改进为“挂扐法”。朱熹著述甚多，易学代表著作有《周易本义》、《太极图说解》、《易学启蒙》等。朱熹在文化上的重要贡献是主持编著了《四书集注》，内容包含有《大学》、《中庸》、《论语》、《孟子》诸篇。后《四书》与原有的儒家五部经典，《易》、《诗》、《书》、《礼》、《春秋》，统称为“四书五经”，成为古代科举考试的主要内容。

蔡元定（1135—1198）字季通，建宁府建阳县（今属福建）人。南宋易学家、律学家，师事于朱熹，长于天文、地理、乐理、历数、兵阵等众多学科，精识博闻。其易学继承了汉易和宋易中象数学传统，除受邵雍数学影响外，他还继承和发展了刘牧图书学派的河洛之学，其学说后成为元明清象数派的主要理论依据。本人易著除了他与朱熹合著《易学启蒙》外，还有《皇极经世太玄潜虚指要》、《洪范解》、《大衍详说》等，还著有《律吕新书》、《西山公集》等。

王应麟（1223—1296），字伯厚，号深宁居士。庆元府鄞县（今浙江省宁波市鄞州区）人。南宋官员、经史学者，宋理宗淳祐元年进士，历官到礼部尚书之职。

其为人正直敢言，屡次冒犯权臣丁大全、贾似道而遭罢斥，后辞官回乡，专意著述二十年。涉猎经史百家、天文地理，熟悉掌故制度，长于考证。所撰《玉海》二百卷，囊括了当时科举考试所需的各类知识；考据性笔记《困学纪闻》以考证为特色，居“宋代三大笔记书”之首（另两部书是沈括的《梦溪笔谈》和洪迈的《容斋随笔》；相传《三字经》为王应麟所著，其风行七百多年，是一部优秀的少儿道德教育的教材。

四、周易文化发展的近古时期

这一时期包括明代易学和清代易学。尤其清代易学以复兴汉代易学为使命，使得周易文化的发展完成了一个否定之否定的过程，其内容和轮廓都较前更加地清晰，清代易学是周易文化发展史上的第三个高峰。

（一）明易发展概况和代表人物

1. 明代易学的发展概况

明代易学，著作不少，有独特见解的不多。明代二百多年间的易学，大部分是步宋人的后尘，或借《易》说理，或绘“图”以讲《易》。万历以后，心学兴起，影响了易学，一些易学家以心解易，以内心的修养方法和精神境界释易，易学中的心学派别一度成为了主流。与此同时，佛家禅偈、道家箴言皆可释易，而经文训释反而不受重视。清人皮锡瑞曾总结曰：“论宋、元、明三朝之经学，元不及宋，明又不及元。……经学至明为极衰时代。而剥极生复，贞下起元，至国朝，经学昌明，乃再盛而复古。”① 贬明而扬清之意显矣。

2. 明代易学的代表人物

朱升（1299—1370）字允升，徽州休宁回溪（今属安徽省休宁县）人，元末明初学者。1341 年中举，任池州路学正。后辞官到歙县石门山讲学，道德文章遐迩闻名，世人称为枫林先生。至正十七年（1357 年），朱元璋克徽州时召其问政务，升献“高筑墙，广积粮，缓称王”之策，为朱元璋所采纳。朱升精于经学，著有《周易旁注图说》。

刘伯温（1311—1375）名刘基，字伯温。浙江青田人。至正二十年（1360 年），应朱元璋的邀聘，赴应天府（今江苏南京）为谋士。他神机妙算、运筹帷幄，用易学数术为朱元璋出谋划策，推翻元朝，建立明朝。刘伯温通经史、晓天文、精兵法，是一代实用易学大师。后世留有明人所辑的《诚意伯文集》。

袁珙（1335—1410）字廷玉，号柳庄居士，宁波人。后赐祭葬，赠太常少卿。珙生有异禀，好学能诗。尝游普陀洛伽山，遇异僧别古崖，授以相人术。相人百无一谬。曾称燕王朱棣有天子相，后永乐帝将立太子，决断不定，又召他相后而

① 皮锡瑞：《经学历史》。

定。所居鄞城西，绕舍种柳，自号柳庄居士，有《柳庄集》。子忠彻（1376—1458），亦精相术，官终少卿，著有《人相大成》、《神相全编》等。

来知德（1525—1604）字矣鲜，别号瞿塘，夔州府梁山县（今重庆梁平县）人。明代易学家。其学以致知为本，尽伦为要，尤精于《易》学，主张“理、气、象、数”四者的统一。尤重其“象”，他说：“象，犹镜也，有镜则万物毕照，若舍其镜，是无镜而索照矣！不知其象，易不注可也。”[①] 清人陈梦雷评论说：“来氏独于取象最详。”[②] 来知德在先天太极图基础上亲自绘制了“来氏太极图”，以象释易，身体力行。著有《易经集注》一书。

张介宾（1563—1640）字会卿，号景岳。原籍四川绵竹，后徙居浙江会稽（今绍兴）。明代医学家。张介宾自幼聪颖，素性端静。在京师从名医金英（梦石）学医，尽得其传。尤其对《素问》、《灵枢》有深入精研，经三十载而著成《类经》三十二卷。为增补不足，再撰《类经图翼》。至晚年，又将其毕生医疗经验撰成《景岳全书》。其医理多与易学相通，主张医易同源。

（二）清易发展概况和代表人物

1. 清代易学的发展概况

清人解易的著作十分丰富，超过了以前任何一个朝代。其内容和倾向也很复杂。但就易学发展的主要倾向说，是从宋易走上了复兴汉易的道路。针对宋学的流弊，兴起了倡导实学的思潮。宋学解经，重义理，轻训诂，以己意解经，六经注我。为此，清人提出：一尊重古训和史实，提倡考据学风，恢复经书的本来面貌；二是研究经书的目的在于经世致用，解决有利于国计民生的实际问题，不是空谈道德性命。由于清王朝推行文化高压政策，经世致用思潮受到压制，而注重文字训诂和文献考证受到了重视，并逐渐流行起来。清人易学有这样几个特点：第一，汉易考据学的兴起。排除王弼之说的影响，致力于“汉易”的复原。第二，对易学的图书派给予了清算，弄清楚了这些奇妙无比的易图，原为出自陈抟与邵雍之手，清人的结论或许武断。第三，李光地等奉康熙之命编纂而成的义理派易学著作《周易折中》、傅恒等奉乾隆之命编纂而成的《周易述义》、由大学士纪昀（纪晓岚）和戴震主持编纂的《四库全书·总目提要》几部书编成，为后人留下了丰厚的资料。

2. 清代易学的代表人物

黄宗羲（1610—1695）字太冲，一字德冰，号南雷。汉族，浙江余姚人。明末清初经学家、思想家。黄宗羲学问极博，思想深邃，著作宏富，与顾炎武、王夫之并称明末清初三大思想家，亦有“中国思想启蒙之父”之誉。一生著述多至50余种，300多卷，其中最为重要的有《明儒学案》、《宋元学案》、《明夷待访

---

① 来知德：《易经集注原序》。

② 陈梦雷：《周易浅述》。

录》、《易学象数论》、《大统历推法》、《今水经》、《四明山志》等。

方以智（1611—1671）字密之，号曼公，桐城人。明清之际哲学家、易学家、科学家。他学识渊博，群经史子略能背诵，博涉多奇……凡天文、礼乐、律数、声音、文字、书画、医卜、琴剑，技勇，无不析其旨趣。著作有《通雅》、《物理小识》等。

顾炎武（1613—1682）字忠清，苏州府昆山（今江苏省昆山市）人，因故居旁有亭林湖，学者尊其为亭林先生。著名思想家、史学家、语言学家。与黄宗羲、王夫之并称为明末清初三大儒。他学问渊博，晚年治经重考证，开清代朴学风气。其学以博学于文，合学与行、治学与经世为一。著有《日知录》、《天下郡国利病书》、《易音》、《金石文字记》、《亭林诗文集》等。

王夫之（1619—1692）字而农，号姜斋，别号一壶道人，衡州府城南王衙坪（今湖南衡阳市）人。明末清初著名思想家、易学家。其学识渊博，对天文、历法、数学、地理等均有研究，尤精于经学、史学、文学。晚年居南岳衡山下的石船山，著书立说，故世称其为"船山先生"。王夫之一生著述甚丰，其中以《读通鉴论》、《宋论》为其代表之作。其经世致用的思想为晚清重臣曾国藩所推崇，于是，曾氏在金陵大批刊刻《船山遗书》，使其著作得以广为流传。王夫之易学著作主要有《周易外传》、《周易内传》、《周易稗疏》、《周易考异》、《周易大象解》等。

毛奇龄（1623—1716）清初经学家、文学家，与弟毛万龄并称为"江东二毛"。原名甡，又名初晴，字大可，号秋晴，萧山城厢镇（今属浙江）人。以郡望西河，学者称"西河先生"。清初参与抗清军事，流亡多年始出。康熙时荐举博学鸿词科，授检讨，充明史馆纂修官。寻假归不复出。治经史及音韵学，著述极富。立言"易"有五义，即变易、交易、反易、对易、移易。编撰易类书《仲氏易》三十卷，所著《西河合集》分经集、史集、文集、杂著，共四百余卷。

陈梦雷（1650—1741）字则震，号省斋，号天一道人，晚号松鹤老人，福建闽县人。清朝大臣，著名学者、易学家、文献学家。陈梦雷资质聪敏，少有才名。康熙九年，成进士，选庶吉士，散馆后授编修。十二年，回乡省亲，为逆贼耿精忠所虏。三十七年，侍奉皇三子胤祉读书，四十年，受命主编百科全书性质的《古今图书集成》，此书与《永乐大典》《四库全书》齐名。雍正元年，因受胤祉牵连，被再度流放到黑龙江。乾隆六年，卒于戍所。他的易说大旨以朱熹《周易本义》为主，而参以诸家之说。著有《周易浅述》、《松鹤山房集》、《天一道人集》等。

惠栋（1697—1758）字定宇，号松崖。学者称小红豆先生。江苏元和（今江苏吴县）人。清代吴派经学的奠基人。惠栋祖周惕，父士奇，皆治《易》学，三世传经，赞为一代佳话。惠栋的易著，大体以汉儒为宗，以荀爽、虞翻之易说为主，贬抑宋易，恢复汉易。主要功绩在于搜集、考订、编辑汉人之易说，使失传已久的汉代易学为后人所复见。易学著述有《周易述》、《易汉学》、《易例》、《周易本义辨正》等。

张惠言（1761—1802）原名一鸣，字皋文，一作皋闻，号茗柯，武进（今江苏常州）人。清代经学家、著名易学家、文学家。平生治经最重《易》，其易说，海内推为绝学。与惠栋、焦循一同被后世称为“乾嘉易学三大家”。认为解《易》者惟虞翻之说较为详备，故独宗虞氏，穷探力索，专攻虞说，被誉为虞氏易专家。又尝辑《词选》，为常州词派之开山，著有《茗柯文集》。

焦循（1763—1820）字理堂，江苏扬州黄珏镇人，清哲学家、数学家、戏曲理论家。曾托疾闭户，建“雕菰楼”，足不履城市十余年，著书数百卷，属高产作者。其中最用力的在《周易》、《论语》、《孟子》三书上。由于博闻强记，于经史、历算、声韵、训诂之学、考古等都有研究，皆精到。有《理堂学算记》、《易章句》、《易通释》、《论语通释》、《孟子正义》、《剧说》等。道光年间，辑平生所著散文《雕菰楼集》二十四卷刊行。

任铁樵（1773—?）浙江人。清代著名的命理学家。早年家境殷实，后败落，遂志心于命理，以为生业，过得极为艰辛。年过知命后，他所疏的八字命理著作《滴天髓》刊印出版，一时洛阳纸贵。他所批命理区别于传统的命理学说，他以五行论命，以旺衰作断，交织着丰富的经学素养和批命经验；全书注释严谨，自成体系，受到人们关注。

马国翰（1794—1857）字词溪，号竹吾。历城（今山东济南）人。清著名文献学家、藏书家，著名学者。马国翰生平嗜书，家人称他为“书痴”。任县令时，所入薪俸，大半用以购书，每见异书，手自抄录。专于考证、校勘和搜集古代文献，遂致力于古书辑佚，广搜博采，不遗余力。平生辑有多部《易》学著作，均保存在其所著《玉函山房辑佚书经部易类》中。他于道光二十四年（1844 年）辑成《玉函山房辑佚书》，全书收佚书 594 种，分经、史、诸子 3 编、33 类，皆为宋以前已散亡之书和久无传本者，其中精编为多，搜罗丰富，卷帙浩繁，是中国最大的私家辑佚书，对考求古代文化学术有很高参考价值。

五、周易文化在近现代的发展

这一时期包括近代易学发展的状况和现代易学发展的状况。由于西学东渐，其学者的视角和研究方法都有了很大的提升，周易的学术研究步入了新阶段。

（一）近代周易研究概况和代表人物

1. 近代周易研究概况

《周易》这部奇书，经历数千年不衰，人们对它总抱着极浓厚的兴趣钻研不辍。民国初年以来，好《易》之人，较古代任何时期都多。由于西学东渐，逐步引入了西学的科学方法，使得易学的研究领域更为扩展，研究方法更加多样，创新者说繁多，其研究成果更为显著。从易学流派讲，除了沿袭传统的各派之外，有其新时代的特色，大致可分为五派：（1）注释派；（2）考证派；（3）论述派；（4）创新派；（5）实用派。

2. 近代周易研究的代表人物

杭辛斋（1869—1924）名慎修，字一苇。浙江省海宁县人。近代易学大家。以天下之重自任，觉世牖民，锄奸去恶，声震海内，曾被袁世凯逮捕入狱，在狱中得异人传授易学真传，出狱后乃搜集古今论《易》之书而精研之。易学著作甚丰，有《学易笔谈》、《易数偶得》、《易楔》、《愚一录易说订》，并辑有《沈氏改正揲蓍法》等。

尚秉和（1870—1950）字节之，自号石烟道人，又号慈济老人。河北省行唐县人。近代易学大家。中年以后方习《易》学。针对前人之误解重新注释《周易》，创立了“周易尚氏学”。著作宏富，有《周易尚氏学》、《周易古筮考》等。

袁树珊（1881—1952）晚号江上老人。扬州人。著名医家、星相家、江湖术士、易学家。袁出身医卜世家，家学深厚。早年随父寓居镇江，以医为业，兼以算命卜卦。后先生就学于北京大学，并赴日本留学，在东京帝国大学攻读社会学。回国后，专心于星相学的研究，并继续以医卜行世。民国期间，上至政界显要，下至富商巨贾，均以手持袁先生所批的命单为荣。袁晚年客死台湾。先生虽然算是一个职业的卜人，但他并不迷信。他曾幽默地分析道：“来向星相家请教的不外三种人：一是受重大刺激；二是迷于名利；三是有的走投无路，所以不得不察颜定色，善为指点。”袁树珊著述甚丰，医学方面的著作有《妇科准绳》、《生理卫生》、《诊断汇要》、《行医良方》、《图翼治法》、《针灸治疗方法》、《中医序跋撷英》、《本草万方撷英》和《十二经动脉表》；易学或命理方面的著作有《命理探源》、《六壬探源》、《选吉探源》、《历代卜人传》、《中西相人探源》以及《命谱》、《标准万年历》等。

刘师培（1884—1920）近代学者、经学家。曾任北京大学教授，博通古文经学，精于文字训诂。认为《易经》为数学所从生，上古之时，数学未明，即以卦爻代数学之用。其还曾考证《连山》、《归藏》、阐述司马迁述《周易》义。著作有近人南桂馨辑为《刘中叔先生遗书》，凡七十四种。

钱玄同（1887—1939）近代语言文字学家。曾任北京大学教授。对《周易》亦有研究，有《周易》中阴阳两爻为男女生殖器之说，并曾探讨汉代今文《易》的篇数之真相与变迁问题等。

（二）现代周易研究的代表人物

1. 现代周易研究概况

现代的学者有着新视角和新方法来研究《周易》。不是拿西方学科的概念范畴硬套，而是积极引进和吸收现代科学的新概念、新名词对古代文献加以梳理，总的来说是件好事情。《周易》研究的总趋势是科学易的比重在逐年加大，人文易的比重在减少，因为历史上人文易成果已经够多了。我们一方面在推动易学原典的研究，另一方面也要继续推动各类易学应用的研究。现代周易研究正迎来新的繁荣阶段。

2. 现代周易研究的代表人物

郭沫若（1892—1978）字鼎堂，号尚武，四川乐山市人。现代著名历史学家、文学家、考古学家、社会活动家。学识渊博，对甲骨文字、中国古代史和儒家学说均有较深刻研究。曾对《周易》和《易传》的作者和创作年代进行考证。一生著作宏富，涉及史学、文学、考古学、古文字学等方面，易学有《周易之制作时代》，另有《中国古代社会研究》、《奴隶制时代》等。

顾颉刚（1893—1980）名诵坤，字铭坚，号颉刚，江苏苏州人。现代史学家、民俗学家，古史辨学派创始人，现代历史地理学和民俗学的开拓者、奠基人。他提出“层累地造成的中国古史”之说，在中国史学界发生革命性震荡。顾颉刚一生著述颇丰，除所编《古史辨》之外，重要的有《汉代学术史略》、《秦汉的方士与儒生》、《尚书通检》、《中国疆域沿革史》、《史林杂识》等。易学方面主要论文有《周易卦爻辞中的故事》、《五德终始说下的政治和历史》、《西周的王朝》等。

钱穆（1895—1990）字宾四，江苏无锡人，现代历史学家、思想史家、教育家。历任燕京、北京、清华、华西、四川、齐鲁、西南联大等大学教授，也曾任无锡江南大学文学院院长。1949 年迁居香港，创办新亚书院。1966 年，钱穆移居台湾省台北市，在“中国文化书院”（今中国文化大学）任职。钱穆代表作品有《先秦诸子系年》、《国史大纲》、《中国思想通俗讲话》等；易学论著有《论十翼非孔子作》、《易传与小戴礼记中之宇宙观》等。中国学术界尊其为“一代宗师”，更有学者谓其为中国最后一位士大夫、国学宗师。他一生写了 1700 多万字的史学和文化学方面的著作，在国内外学术界有着很大的影响。

冯友兰（1895—1990）字芝生，河南南阳市人。现代哲学家、哲学史家、教育家。新理学的创立者。1918 年毕业于北京大学哲学系，1924 年获美国哥伦比亚大学哲学博士学位。他的著作《中国哲学史》、《中国哲学简史》、《中国哲学史新编》、《贞元六书》等已成为 20 世纪中国学术的重要经典，他被誉为“现代新儒家”。他曾深入探讨《易传》、《易经》中的哲学思想，认为它们是中国哲学史中的重要著作，对中国哲学的发展具有深刻广泛的影响。易学著作主要有《易传的哲学思想》。

闻一多（1899—1946）本名闻家骅，字友三，湖北黄冈人。爱国民主人士，中国民主同盟早期领导人，新月派代表诗人和学者。1925 年在美国留学期间创作著名的《七子之歌》。易学方面，认为《周易》阴阳爻代表男女生殖器；认为《周易》卦名同卦爻辞的内容（即所占问之事）有联系；考证出乾卦中的“龙”乃龙星，其出没标志四时节气的变化。著作有《周易义证类纂》。

高亨（1900—1986）初名仙翘，字晋生，吉林双阳人。现代古文字学家、古代文化史家、古籍校勘考据专家。1924 年考入北京大学，1925 年秋考入清华大学研究生院，师从梁启超、王国维等。代表著作有《诗经选注》、《诗经今注》、《楚辞选》、《上古神话》、《文字形义学概论》、《古字通辞典》。易学著作有《周易古经今注》、《周易古经通说》、《周易杂论》、《周易大传今注》等。

李镜池（1902—1975）字圣东，广东开平人。现代易学家。先生早年就读于广州协和神学院，20世纪20年代中期赴燕京大学，在国学研究所师从陈垣。曾分别注释《易经》六十四卦之卦辞、爻辞。易学著作有《周易探源》，它是李镜池先生研究《周易》经传的论文结集，书中重要论文有《周易筮辞考》、《周易筮辞续考》、《周易的编纂和编者的思想》、《周易卦名考释》、《易传探源》、《易传思想的历史发展》、《左国中易筮之研究》等。《周易通义》是李镜池先生晚年研究《周易》的专著。

金景芳（1902—2001）辽宁省义县人，著名历史学家、文献学家、易学家、吉林大学教授。毕生致力于先秦史和儒学的研究。他是国内外著名的《易》学专家。1939年撰写的《易通》一书，是最早用马克思主义理论指导研究《周易》的著作之一，也是他的成名之作。到吉林大学后他陆续发表了《易论》、《说易》、《关于〈周易〉的作者》等易学论文20余篇，出版《学易四种》、《周易讲座》、《周易全解》、《〈周易·系辞传〉新编详解》等四种易学著作。在海内外易学研究领域独树一帜，被称为金派。

屈万里（1907—1979）字翼鹏。山东鱼台县人。现代学者。一生致力于教学及中国古代经典文献和甲骨文研究工作，成绩卓著，著作颇丰。主要著作有《汉魏石经残字校录》、《诗经释义》、《古籍导读》、《书佣论学集》、《尚书释义》、《图书版本学要略》、《〈殷墟文字甲编〉考释》等。在台湾省组织“中华民国易经学会”，先后提任该学会的副理事长、理事长等职，并在学会创办《中华易学月刊》，兼任社长。易学著作有《先秦汉魏易例述评》，论文有《说易散稿》、《周易卦爻辞成于周武王时考》、《易卦源于龟卜考》、《易损其一考》等。

苏渊雷（1908—1995）原名中常，字仲翔，晚署钵翁，又号遁圆。浙江平阳县人。现代著名历史学家、易学家。专治文史哲研究，对佛学研究独到，尤洞悉禅宗。主要著作有《名理新论》、《玄奘》、《佛教与中国传统文化》等。苏先生毕生从事文化教育事业。他眼明手快，援笔成文，出口成章。余事书画，被誉为“文史哲兼擅，诗书画三绝”。其论易，取证老庄，旁参佛氏，远征西哲，近引诸儒，常有胜义妙论。易学著作有《易通》、《易学会通》和论文《天人之际三纲领——论易传的三才之道》等。

张岱年（1909—2004）河北献县人。现代哲学家、哲学史家、易学家。曾任北京大学教授、中国哲学史学会会长、中国孔子研究所所长、中国周易研究会名誉会长。他最先提出了中华民族精神可以用《周易》的两句话概括，这就是自强不息的刚健精神与厚德载物的宽容精神。代表论著有《周易与传统文化》、《易传与中国文化优良传统》、《论易大传的著作年代与哲学思想》。

黄寿祺（1912—1990）字之六，号六庵，霞浦县盐田人。著名易学专家，曾任福建师范大学教授、副校长。民国元年生于清末秀才家庭，早年游学北平中国大学国学系，师事曾国藩再传弟子尚节之（秉和）及章太炎高足吴检斋（承仕）等著名学者。著有《六庵诗选》、《易学群书平议》、《楚辞全译》、《周易译注》、《周易研究论文集》1—4辑（后三书系与人合著或合编）等专著和《从易传看孔子的教育思想》、《论易学之门庭》等专稿。

南怀瑾（1918—2012）浙江温州人。中国当代教育家、佛学家、文化传播者、诗文学家、武术家、中国文化国学大师。历任台湾政治大学、台湾辅仁大学及中国文化大学教授。南怀瑾多以演讲整理为主，精通儒、释、道等多种典籍，全身心致力于传播中国传统文化，出版著作三十余部。南怀瑾著述以佛学方面居多，有《禅与道概论》、《禅话》、《中国佛教发展史略述》等。其他方面的代表作有《论语别裁》、《孟子旁通》、《老子他说》、《列子臆说》、《原本大学微言》、《中国文化泛言》等。易学方面有《易经杂说》、《易经系传别讲》等。南怀瑾的著作被翻译成多种语言流通世界各地，为中华传统文化的传播做出了杰出的贡献。

朱伯崑（1923—2007）河北省宁河县（今属天津市）人。现代哲学家、易学家，易学哲学领域的奠基人。北京大学哲学系教授、博士生导师。曾担任东方国际易学研究院院长；冯友兰研究会会长；中国孔子基金会副会长。朱伯崑先生治《易》十分重视义理和占筮的区别，自觉继承孔子“观其德义”及“不占而已矣”的精神，坚决反对任何形式的占筮活动。代表作为150万字的巨著《易学哲学史》。

现代还有众多的易学大家，活跃在全国各地，就不一一列举了。

第四章

《周易》卦的基础知识

在前面的第二章中我们讲到《周易》有着两种思维形态以及由此产生的两套语言系统。一套是哲学思维及由此产生的哲学语言系统，另一套则是占筮思维及由此产生的占筮语言系统。《周易》“卦”的知识便是接近和理解占筮思维和语言的好机会。我们只有掌握了占筮思维和语言才有可能体会和理解深藏于卦爻辞背后的“义理”，即《周易》的哲学思维和语言。

第一节 八卦基础知识

一、八卦的生成、含义及其特征

（一）“八卦”是如何生成的

1. 何谓八卦

八卦是由三个爻通过变化组合构成的八种图形与八个汉字作为图形名称共同组成的。八个基本符号是：乾（☰）、坤（☷）、震（☳）、巽（☴）、坎（☵）、离（☲）、艮（☶）、兑（☱）。

2. "八卦"的生成过程

《周易·系辞》曰："是故，《易》有太极，是生两仪，两仪生四象，四象生八卦"。这是《系辞》作者对宇宙生成图式以及《易》的制作过程的生动描述（见图4-1）。

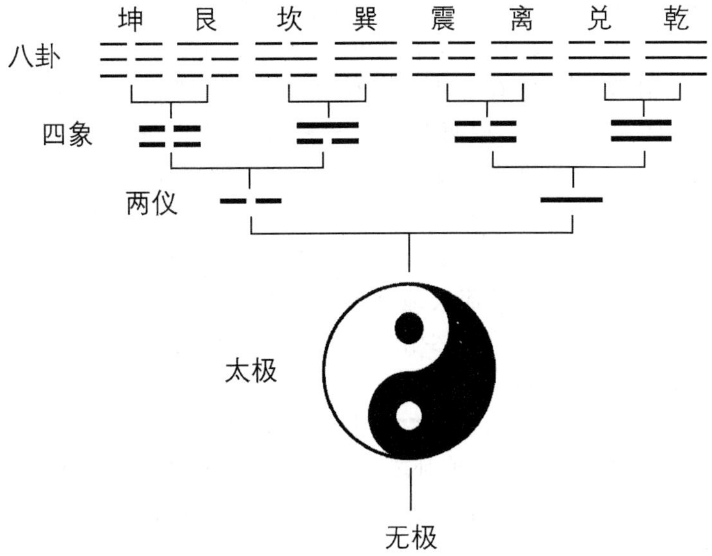

图4-1 八卦生成原理图

（1）什么叫太极呢？一般是指天地未分以前的混沌状态，被认为是派生万物的本原或本体。对太极的理解有多种。晋代韩康伯理解："夫有必始于无，故太极生两仪也。太极者，无称之称。不可得而名，取有之所极，况之太极者也。"[①] 韩康伯和王弼一样，都有"贵无"的哲学思想。孔颖达《周易正义》曰："太极，谓天地未分之前，元气混而为一。即是'太初''太一'也。故《老子》云：'道生一'即此'太极'也。"周敦颐《太极图说》曰："无极而太极，太极动而生阳，动极而静，静而生阴，静极复动，一动一静，互为其根。"张载认为太极是"一物两体，气也"[②]。朱熹《周易本义》认为："太极者，其理也"。"总天地万物之理，便是太极。"[③] 象山先生陆九渊认为"心"即理，即太极。"宇宙便是吾心，吾心即是宇宙。"[④] 明代大学问家王廷相反对将太极解释成"理"，强调说："太极，求其实，即天地未判之前，元始浑沌清虚之气也。"[⑤] 可见，对"太极"一词的理解，历代哲学家和易学家都是不一致的。

（2）什么叫两仪呢？一般指天地或阴阳。宇宙之本太极分而为天地，故曰

① 韩康伯：《周易·系辞注》。
② 张载：《正蒙·参两》。
③ 《朱子语类》。
④ 《象山先生全集》。
⑤ 王廷相：《太极辩》。

“是生两仪”。虞翻《周易集解》曰：“太极，太一也，分为天地，故生两仪也。”《周易正义》云：“混元既分，即有天地，故曰‘太极生两仪’。即《老子》‘一生二’也。不言天地而言两仪者，指其物体下与四象相对，故曰两仪。谓两体容仪也。”《易传》将两仪就认定为阴阳或乾坤：“乾，阳物也；坤，阴物也。阴阳合德，而刚柔有体。”[①]《近思录》的见解：“一动一静，互为其根；分阴分阳，两仪立焉。阳变阴合，而生水、火、木、金、土；五气顺布，四时行焉。五行，一阴阳也；阴阳，一太极也；太极，本无极也。”[②] 历代易学家解释两仪也有所不同，除解释为天地、阴阳外，还有奇偶说、刚柔说、乾坤说、春秋说，还有玄黄说。较通俗的解释两仪就是一阴一阳两支爻：“⚊”阳爻也；“⚋”阴爻也。

（3）什么叫四象呢？四象一般是指四时，即天地两仪或阴阳两种势力相互作用而产生的春夏秋冬四时。四时产生八卦。《易纬·乾凿度》：“孔子曰：易始于太极，太极分而为两，故生天地；天地有春夏秋冬之节，故曰四时；四时各有阴阳刚柔之分，故生八卦。八卦成而天地之道立，雷风水火山泽之象定矣。”尚秉和《周易尚氏学》：“四象即四时？春少阳，夏老阳；秋少阴，冬老阴也。老阳、老阴即‘九’、‘六’，少阳、少阴即‘七’、‘八’。故四象定则八卦自生。”较普遍的说法两爻画即为四象：⚌老阳也；⚏老阴也；⚎少阳也；⚍少阴也。除上述最普遍说法外，四象之说还有：①乾卦之“元亨利贞”四德；②四象即为阴阳刚柔；③四象是指东方青龙，南方朱雀，西方白虎，北方玄武；④四象为吉凶、变化、悔吝、刚柔。

（4）四象基础上再生阴阳，便形成八卦。它以阳爻和阴爻两种基本符号相配合，每卦三爻而构成。卦是古代占筮用的最原始、最基本的表义符号。由下图可见，八卦的排列有着“二进位”规律的内藏（见图4－2）。

乾	兑	离	震	巽	坎	艮	坤
☰	☱	☲	☳	☴	☵	☶	☷
111	110	111	100	011	010	001	000
○ ○ ○	● ○ ○	○ ● ○	● ● ○	○ ○ ●	● ○ ●	○ ● ●	● ● ●
乾	兑	离	震	巽	坎	艮	坤
太	阳	少	阴	少	阳	太	阴
阳				阴			

图4－2　八卦具有“二进位”数理原理示意图

① 《周易·系辞》。

② （宋）朱熹、吕祖谦同撰：《近思录》。

（二）八卦的基本含义及其特征

1. 八卦的基本含义

由三个爻画构成的卦象就是著名的“八卦”，也称“经卦”。八卦不但有着特定的名称，同时还象征着存在于大自然中的八种现象，具有八种不同的性质。《说卦传》云：“乾，健也；坤，顺也；震，动也；巽，入也；坎，陷也；离，丽也；艮，止也；兑，说也。”这里说即悦。《周易正义》解释道：“乾象天，天体运转不息，故为健也；坤象地，地顺承于天，故为顺也；震象雷，雷奋动万物，故为动也；巽象风，风行无所不入，故为入也；坎象水，水处险陷，故为陷也；离象火，火必著（着）万物，故为丽也；艮象山，山体静止，故为止也；兑象泽，泽润万物，故为悦也。”我们应当记住这些最基本的含义，而后许多的说法都是由此衍生和发挥出去的（见表4－1）。

表4－1　八卦基本含义表

名称	乾	坤	震	巽	坎	离	艮	兑
表征	天	地	雷	风	水	火	山	泽
性质	健	顺	动	入	陷	丽	止	悦

2. 八卦卦象的特征

《周易》非常讲究“象”。八卦的卦象是《周易》最基本图象之一，也是学习《周易》的基础，学“易”者必须熟记。由于八卦的卦象比较相近，容易混淆，为了让学“易”者便于区别和记忆，南宋大学者朱熹为此专门编写了《八卦取象歌》，登载于他写的著作《周易本义》的卷首，其歌诀曰：

乾三连（☰），坤六断（☷），震仰盂（☳），艮覆碗（☶）；

离中虚（☲），坎中满（☵），兑上缺（☱），巽下断（☴）。

其歌诀的意思是：乾三连，乾卦的三个爻画是连接的；坤六断，坤卦的三个爻画断为六部分；震仰盂，震卦的爻画形状像一个口朝上盂；艮覆碗，艮卦的爻画形状像一个倒扣着的碗；离中虚，离卦中间的爻画是虚空的；坎中满，坎卦中间的爻画是实满的；兑上缺，兑卦上面的爻画有缺口；巽下断，巽卦下面的爻画是断开的。这种既形象又顺口的歌诀，对于“易”的初学者记住卦象，会有大的帮助。

二、八卦的顺序、性质、表征义

（一）八卦的顺序

八卦的排列顺序不是固定不变的。不同的顺序，表达了不同的思维方式和方法，其意义也会有所变化。但八卦的顺序也不是随意安排的，而是依据不同的说法和不同的体系，其排列的顺序就会有所不同。由于排列顺序的不同，导致每卦承载的数字也会不同，这是一些初学易的人容易困惑的地方。

按先天八卦（伏羲八卦）的方位排列，其顺序为：乾、兑、离、震、巽、坎、艮、坤；分别代表的数字为乾1、兑2、离3、震4、巽5、坎6、艮7、直到坤代表8。按后天八卦（文王八卦）的方位排列，依次为：震、巽、离、坤、兑、乾、坎、艮；其代表的数字就不是乾1坤8，而改为乾6，坤2了。为什么呢？这是因为后天八卦的乾坤之数是按九宫之数确定的，即是：震3、巽4、离9、坤2、兑7、乾6、坎1、艮8。由此可见，八卦所代表的数字不是僵死不变的，各有其依据和内涵。先天八卦和后天八卦的两组数字，同样都是术数和占筮所依据的重要的数理，两者既不可混搭也不能胡乱套用，否则，是会闹笑话的。

（二）八卦的性质

1. 八卦分阴卦、阳卦两大类

八卦分四个阳卦、四个阴卦。四个阳卦：乾震坎艮。四个阴卦：坤巽离兑。《周易·系辞下》是这样解释的："阳卦奇，阴卦偶。"这里的奇偶具体指什么呢？指卦画的笔画数。也就是说，八卦的阴阳属性是由各自的笔画数目差异确定的。我们把阳爻 ⚊ 作一画，阴爻 ⚋ 作两画，凡笔画数为奇数者，便是阳卦；凡笔画数为偶数者，便是阴卦。

先看：乾卦（☰），卦画笔画数是三，震（☳），坎（☵），艮（☶）三卦，卦画的笔画数都是五，为奇，奇为阳，所以这四个卦是阳卦。

再看：坤卦（☷），卦画笔画数是六，巽（☴），离（☲），兑（☱）三卦，卦画的笔画数都是四，为偶，偶为阴，所以这四个卦是阴卦。

2. 区别阴卦和阳卦的方法

阳卦多阴，阴卦多阳的道理。按常理，阳卦应该是阳爻多，阴卦应该是阴爻多。现在却恰恰相反，三个阳卦均为一阳二阴的爻象，三个阴卦均为一阴二阳的爻象。为什么会形成阳卦多阴而阴卦多阳呢？这是因为八卦的阳卦、阴卦是根据卦画的奇偶笔画差异划分和确定的，而不是根据在一个卦中阳爻或阴爻的多寡划分和确定的。这是习易者在出卦画爻时需要特别注意的。

（三）由八卦基本含义衍生的表征义

八卦除了基本含义外，还有许多的表征义。这些表征义可以在人伦、人体、方位、季节、颜色、动物、植物以及其他杂物中表现出来，它们都是"物象"。当人们同这些物象发生关系时，或需要对这类物象进行认识或需要借助这类物象进行判定和决断，它们就会被抽象为八卦的属性，再依据这些属性间的关系作出吉凶进退的决定。总之，这些表征义主要是为占筮服务的，为占筮时的联想与比附提供理论依据（见表4-2）。

表 4－2　八卦衍生的表征义表

卦名	乾	坤	震	巽	坎	离	艮	兑
卦象	☰	☷	☳	☴	☵	☲	☶	☱
自然	天	地	雷	风	水	火	山	泽
性质	健	顺	动	入	陷	丽	止	悦
人伦	父	母	长男	长女	中男	中女	少男	少女
先天八卦	南	北	东北	西南	西	东	西北	东南
后天八卦	西北	西南	东	东南	北	南	东北	西
季节	秋冬间	夏秋间	春	春夏间	冬	夏	冬春间	秋
五行	金	土	木	木	水	火	土	金
人体	首	腹	足	股	耳	目	手	口
动物	马	牛	龙	鸡	豕	鳖蚌	狗鼠	羊
植物	木果		苍筤竹	木	多心木	槁木	木多节	木毁折
其他事物	金、玉、冰、圆	布、釜、舆、柄	玉、鼓、鸣	绳直、工、臭	沟渎、弓、轮	甲胄、戈兵	径、石、门阙	口舌、巫

三、先天八卦与后天八卦

（一）先天八卦——伏羲八卦

1. 何谓先天八卦

先天八卦又叫伏羲八卦。根据《说卦传》一段话和《易传·系辞上》“易有太极，是生两仪，两仪生四象，四象生八卦”这段话，宋代学者贡献了先天八卦图。此图虽出于宋人，但其渊源应该比较久远（见图 4－3）。

图 4－3　先天八卦示意图

2. 先天八卦方位

现代人看图坐南朝北的方向是：上北下南，左西右东。先天八卦图正相反，人北朝南，图的方向上南下北，左东右西。之所以叫“先天”，古人认为“乾坤坎离”为四正卦的图式，所谓“四正卦”就是位于正南、正北、正西、正东之卦。其他方位的卦称“四维卦”。此图乃伏羲得自天启，乃先天而生，为易之根本。所以称之为“先天图”。先天八卦方位是：乾南坤北，离东坎西，兑居东南，震居东北，巽居西南，艮居西北。

《说卦传》曰：“天地定位，山泽通气，雷风相薄，水火不相射，八卦相错，数往者顺，知来者逆；是故，《易》逆数也。”意思是乾坤有一定位置，天地定位，乾卦象征天，坤卦象征地，天在上，地在下，乾坤两卦由此定位。山泽通气，艮卦象征山，兑卦象征泽，山上的水气冷凝成泽，泽中的水上蒸成气，山泽一高一低互相沟通气息。雷风相薄，震卦象征雷，巽卦象征风，风雷交加，彼此激荡应和。水火不相射（“射”古训为“厌”，音亦读厌也），坎卦象征水，离卦象征火，水火不相厌而相资。帛书《周易》作“水火相射”，这里并不统一也。八卦均为两两相对，要追溯以往的事理顺推，要预知未来就逆测，而《易》是用于预测的，所以要逆推才是。

3. 先天八卦序数

先天八卦卦序是：乾、兑、离、震、巽、坎、艮、坤。次序与“易有太极，是生两仪，两仪生四象，四象生八卦”的八卦次序相合。因此，先天八卦的序数为：乾一，兑二，离三，震四，巽五，坎六，艮七，坤八。注意，先天八卦的序数是卜筮者和术数家们解卦或释占时经常引用的重要数理依据。

4. 先天八卦的意义

有多方面的意义：（1）八卦相错——八卦相互错杂，体现了既对立又统一的性质。（2）对先天八卦“顺”与“逆”的理解。乾兑离震属阳，巽坎艮坤属阴，所以乾至震为顺，象征天左旋；巽至坤为逆，象征天右旋。体现阴阳消长的旋转运动。邵雍则认为：自震至乾为顺，自巽至坤为逆。方士进一步发挥说：“顺为人，逆为仙，只在其间颠倒颠。”这反映了阴阳交变的周期规律，表达了先天图对于练功有时间上的顺与逆的启示。朱熹则认为先天图中左方四卦（震、离、兑、乾）数已生者为“顺”，右方四卦（巽、坎、艮、坤），推未生者为“逆”。但从八卦生序来看，左方四卦也是“逆”，“所以皆逆数也”。他说：“起震而历离、兑以至于乾，数已生之卦也；自巽而历坎、艮以至于坤，推未生之卦也；易之生卦，则以乾兑离震巽坎艮坤为次，故皆逆数也。”① 朱熹实际上在用后天八卦的思想解释先天八卦的方位。（3）此图在中国传统文化中留下很深的印迹。首先体现了天尊地卑、崇阳抑阴的思想；同时造就了“天南地北”的基本方位，南在上，北在

① 朱熹：《周易本义》。

下，东在左，西在右，和今日的地图方位正好相反。这一基本方位也构成“天南地北”的成语，俗话说入天宫要走南天门，而不能说走北天门。北京的天坛在南，地坛在北亦是此理。

（二）后天八卦——文王八卦

1. 何谓后天八卦

后天八卦又称文王八卦。其依据也来自于《说卦传》一段话。由于这段话里讲到了季节、方位等，宋代学者据此也贡献了后天八卦图。注意，后天八卦图与先天八卦图的最大区别在于八卦方位的变化。这一变化带来了顺序的变化，其自身代表的数字也就跟着变化了（见图4－4）。

图4－4　后天八卦示意图

2. 后天八卦方位

后天八卦之所以叫“后天”，原因是它的“四正卦”与“先天”不同。后天八卦由“坎离震兑”为四正卦图式，其余四卦处于“四维”位置。此图是周文王根据“先天图”演化而来，所以称“后天八卦”，也称“文王八卦”。后天八卦方位为：震东兑西，离南坎北，巽东南，艮东北，坤西南，乾西北。

3. 后天八卦序数

依《说卦传》，后天八卦的卦序是震、巽、离、坤、兑、乾、坎、艮。但不能由此顺序自动套上阿拉伯数字，术数家们习惯取用九宫图之数字与后天八卦方位的结合，形成后天八卦的序数：坎一，坤二，震三，巽四，（中五），乾六，兑七，艮八，离九。后天八卦的序数是卜筮者和术数家们解卦或释占时经常引用的重要数理依据。

4. 后天八卦的意义

后天八卦主要讲流行，表征一年四季循环，即震春、离夏、兑秋、坎冬。古代历法，一年四时约共三百六十日，用八除之得四十五日，每卦配一季节，有四十五日，实是汉易中的八卦的卦气图。后人在生活方面的许多实用过程中，如命理、相学和风水等，均以后天八卦的方位为主要依据。

（三）正确八卦图的识别

八卦图的识别，不光有先天八卦和后天八卦的区别，同时还有从什么方向看的问题，既有由外向里看的，也有由里向外看的，由于看的角度不同，虽然八卦的位置不变，但卦象会有所变化，这是需要大家格外注意的（见图 4－5—图 4－8）。

图 4－5　由外向里看的先天八卦

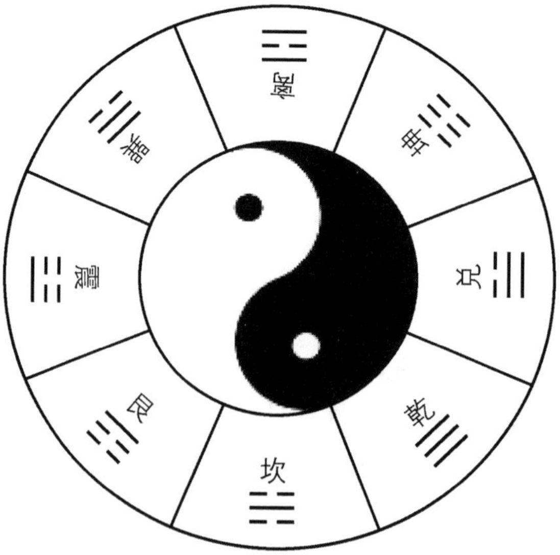

图 4－6　由外向里看的后天八卦

图 4－7　由里向外看先天八卦

图 4－8　由里向外看后天八卦

第二节 六十四卦基础知识

一、六爻卦的结构及其寓意

（一）卦的构成

1. 构成卦的四个成分

一个卦有卦名、卦象、卦辞和爻辞四方面的内容。先有卦名，紧跟着就是卦象和卦辞，卦辞通常很简洁，如：《乾》：元亨，利贞。乾是卦名，元亨，利贞是卦辞。后面再跟着的就是爻辞。六爻卦实际是由两个三爻卦重叠在一起形成的。阴阳爻的全排列形成周易六十四卦。六爻由上下两个经卦构成。下面三爻称之为下卦，又叫内卦，贞卦；上面三爻称之为上卦，又叫外卦，悔卦。画卦时，是由下面往上画，如《小畜》卦䷈，乾下巽上，画爻依次为初九、九二、九三、六四、九五、上九。读时或记忆为“风天小畜”，是先外后内，先上后下的读法（见图 4－9）。

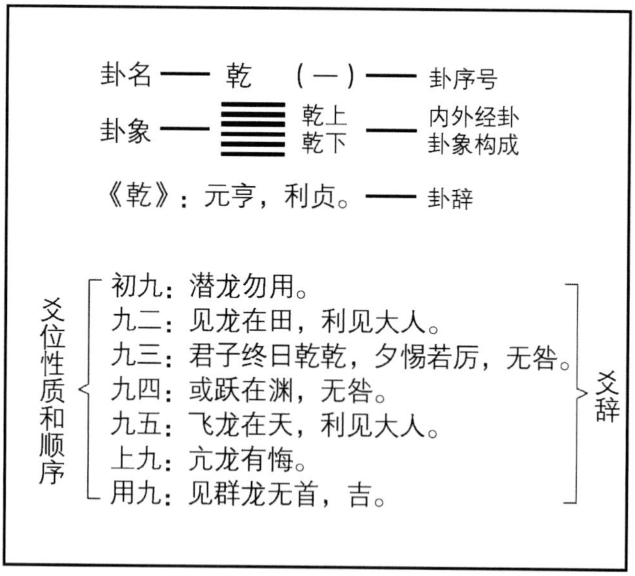

图 4－9　以《乾》卦为例的六爻卦构成示意图

2. 何谓“卦主”

六十四卦每卦六爻，其中必有一爻或者二爻占据该卦的主导地位，那么，这一爻或两爻就为卦主。构成卦主有两种情形：一种是“成卦之主”的爻，指的是该卦因它而成。此类爻不论其爻位在何处，爻性如何，也不论其德性善与不善，只要卦义是由于这一爻或两爻而定的，那么该爻就是卦主。如泽天《夬》卦 ䷪，上兑下乾，五阳一阴，《周易正义》：“夬，决也。此阴消阳息之卦也，阳长至五，五阳共一阴，故名为‘夬’也。”可见此卦是因上六之爻而成卦得名的，所以上六爻是该卦的卦主。类似的情况还有《剥》卦的上九爻，《复》卦的初九爻等，它们都是卦主。另一种“主卦之主”的爻，指的是一爻或两爻必须中正，既当位得中，又得时美善。这样的爻便是卦主，这种情况以取二、五爻位者居多。

《易传》中的《象辞》和《象辞》中常透露出何爻起关键作用，是一卦之主，须学易者在研读中细心体会。

（二）爻题和爻辞

1. 对爻位的认识

六个爻画自下而上称之为：初爻，二爻，三爻，四爻，五爻，上爻。“初”“二”……“上”表示了它们所处的爻位。为什么爻位要由下而上呢？在古人眼中，事物总是由低渐高、由微到著发展的。“《易》，气从下生。”[①] 郑玄作注曰：“《易》本无形，自微及著，故气从下生，以下爻为始也。”可见，由下而上，体现了事物发展的趋势。

《周易》对爻位还赋予了一个基本的认识：从下往上，初、二爻为地，三、四爻为人，五、上爻为天。六爻包含着天地人三才，所谓“兼三才而两之，故《易》六画而成卦”[②] 是之。同时还强调了三才各具有的性质，“立天之道，曰阴与阳；立地之道，曰柔与刚；立人之道，曰仁与义。”[③] 中国有句成语叫“不三不四”，其实就来源于《周易》的这个地方。当人们说某某人为“不三不四”的时候，若泛泛所指，即往大一些说，即说他不是人，因为三、四爻代表人；若往小一些说，即指责他不仁不义，缺乏做人之道。社会上有对“不三不四”成语的诸多解释，离开了《周易》六爻知识的解释，都是有所偏差的。

2. 爻题和“九”、“六”的称呼

先说为何称“九”和“六”？《易经》称阴阳爻的属性时，是用数字替代的。凡阳爻都称作“九”，凡阴爻都称作“六”。为什么会如此呢？现在已经说不大清楚了，有学者猜测可能与筮法有关，即揲蓍法六、七、八、九的余数原理有关。现在所能理解的就是“九”代表的是奇数，“六”代表的是偶数。

---

① 《周易乾凿度》。

②③ 《周易·说卦传》。

将爻的属性和位次组合起来就叫“爻题”或叫“爻名”。如果是中间四爻，读时是先属性后位次，例如，读作九二、九四、六五；如果是两端之爻，读时则是先位次后属性，例如，读作初九、初六、上九、上六。

3.《易经》由386条爻辞构成

说明该爻要义的文辞就是爻辞。一卦六爻，每爻都有自己的爻辞。《易经》共有六十四卦，便有：64 × 6 = 384 条爻辞。由于乾坤两卦各多出一条爻辞：用九、用六，因此，《易经》便共有386条爻辞。《周易》古经部分是由64条卦辞和386条爻辞构成。

（三）爻位的其他象征意义

1.《系辞》表达的爻位意义

《易传·系辞》云：“二与四，同功而异位，其善不同，二多誉，四多惧……三与五，同功而异位，三多凶，五多功，贵贱之等也。”透露了爻位的意义。二与四，“同功”即同属偶数位，阴位，但位次不同“其善不同”，就是吉凶不同。二居下卦中位，中而位正，所以多誉，四居上卦之下，位正而不中，所以多俱。三与五，也是同样的道理，三位是阳位，三居下卦终（极），位虽正但不处中而处终，所以多凶；五位是阳位，又居上卦之中，位正而中，所以多功。爻位的意蕴，一般说来：

初爻——象征萌发稚嫩，主潜藏勿用；二爻——象征崭露头角，主适时进取；三爻——象征小有成就，主审时戒忍；四爻——象征进入高层，主谦卑慎行；五爻——象征功成圆满，主处盛防盈；上爻——象征亢极终尽，主穷极必反。

这里所说到的各个爻位的优劣，是就一般情形而言，占卜时，除爻象外，还要结合卦象、卦辞，顾及爻与爻间的比应关系，还要考虑到变爻的情形，只有将这些因素综合，才能作出较为切合实际的判断。

2. 占卜中六爻的延伸义

所谓六爻的贵贱，是把六爻位次与社会等级制度相比附，所显示各位次的尊卑、高下。六爻的贵贱之位依次为：上爻为太庙之位，五爻为天子之位，四爻为公侯之位，三爻为大夫之位，二爻为士人之位，初爻为庶民之位。另一种说法是：上爻为太庙之位，五爻为天子之位，四爻为诸侯之位，三爻为三公之位，二爻为大夫之位，初爻为元士之位。

其实大凡社会人事的各个方面，都可以依其地位尊卑、部位高下、距离远近等不同，分配到六爻之中，借以显示六爻位次的贵贱。这主要是为占卜服务。如以世俗的官阶相比附，便有初为一般科员，二为科长、处长，三为司局长，四为部长，五为总理，六为总统。如以地方行政官员相比附，则有初仍为一般公务办事人员，二为乡镇领导，三为县级领导，四为地市级领导，五为省级领导，六为中央领导。

二、《周易》通行本卦序的排列及其意义

（一）通行本六十四卦的总体结构和顺序

1. 六十四卦由上下两部分构成

由三个爻画所组成的八卦，称单卦或经卦。八经卦相互重合而组成六十四卦，这六十四卦是由阴阳六个爻画构成的，称为重卦、复卦或别卦。各卦有各自不同的名称且编排有序。从《乾》至《离》共三十卦，称为上经；从《咸》至《未济》共三十四卦，称为下经（见表4－3）。

表4－3　　通行本卦序表

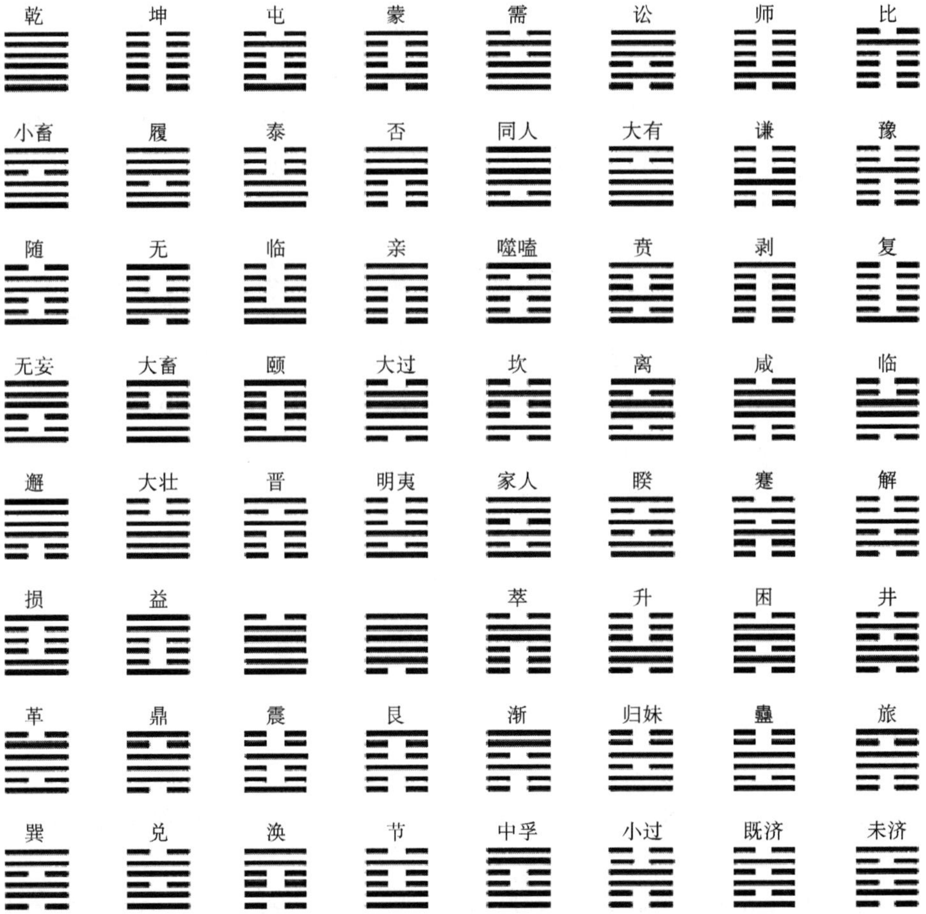

2. 六十四卦顺序

为了便于记诵，宋代人根据六十四卦的卦名和卦序编了一首《上下经卦名次序歌》，朱熹将其编排在他的《周易本义》中。卦名次序歌如下：

乾坤屯蒙需讼师，比小畜兮履泰否。同人大有谦豫随，蛊临观兮噬嗑贲。

剥复无妄大畜颐，大过坎离三十备。

咸恒遯兮及大壮，晋与明夷家人睽。蹇解损益夬姤萃，升困井革鼎震继。

艮渐归妹丰旅巽，兑涣节兮中孚至。小过既济兼未济，是为下经三十四。

（二）通行本卦序排列方法的解析

1. 排列方法的分析

以《周易·序卦》的说法为原则，大体是以成对的方式、以外在卦象的流变和演进为连接形式而整体设计的。

《周易正义》曰："二二相偶，非覆即变。"所谓"非覆即变"，是指卦变的两种手法。"覆"，指整个卦形颠倒而引起的卦变，这种卦变后的卦称为综卦；"变"，指爻动而引起卦变，就是阴爻变阳爻，阳爻变阴爻，这种卦变后的卦称为错卦（旁通）。因此，"覆"与"变"均属卦变。如果是"亦覆亦变"则是错综卦。

错卦，也叫旁通，指六爻皆动而形成的两个阴阳爻完全相反的卦。如：乾与坤旁通，等等。六十四卦全部可以交错而成三十二对错卦。综卦（反卦、复卦、反易、倒象），指由六个爻画颠倒（所谓"覆"）而成的新卦形，屯卦覆为蒙卦，等等（见图 4－10）。

图 4－10　通行本卦序排列中的卦象示意图

2. 六十四卦的大致分组

纵观六十四卦，可分三组：

错卦有八个：乾与坤，坎与离，中孚与小过，大过与颐。也称作自综卦（即颠倒后卦形其实不变）。

一般综卦有五十六个，二十八对。它们是：屯——蒙，需——讼，师——比，小畜——履，泰——否，同人——大有，谦——豫，随——蛊，临——观，噬嗑——贲，剥——复，无妄——大畜，咸——恒，遯（又作"遁"）——大壮，晋——明夷，家人——睽，蹇——解，损——益，夬——姤，萃——升，困——井，革——鼎，震——艮，渐——归妹，丰——旅，巽——兑，涣——节，既济——未济。

其中既错又综的卦有四对：泰——否，随——蛊，渐——归妹，既济——未济。

（三）通行本六十四卦排序的意义

1. 乾卦打头的的意义

《周易》以《乾》为首卦，总统其余六十三卦，后面将会介绍多种的卦序形式，但所有卦序共同的是都由乾打头，这是有蕴涵的。首先，表明男尊女卑，是开始进入父权社会的重要标志。其次，是对商《归藏》易序的一种修正。《归藏》是以《坤》为首卦，将“坤乾”颠倒而成“乾坤”，除表明崇尚阳刚之气外，也明显带有其政治的意图——翦商的意义。最后，乾打头，表明《周易》作者愿意仿效天的刚健自强，具有强烈的进取心，这恰恰是周人蓬勃向上风貌的真实写照。

2.《上经》《下经》的主旨及其意义

卦序是按事物的发展规律排列的。易传作者领会的意义便是《周易·序卦传》所表达的逻辑。《周易》将六十四卦分成了上经和下经两部分，从《乾》至《离》三十个卦为《上经》，䷀乾为天，䷁坤为地，《上经》重点在认识自然和万物。从《咸》至《未济》三十四个卦为《下经》。䷞《咸》卦上兑为少女，下艮为少男，男女交感而成婚，《下经》以组成了一个家庭为开篇，《咸》卦象征夫妻。有了夫妻，然后有了父子，有了君臣，然后有了上下的等级名分，然后有了礼仪，《下经》重点在认识人伦社会。

3.《未济》卦结尾的意义

有《乾》、《坤》而有万物，《屯》是物之初始，犹一个初生儿的诞生；幼童需要启蒙，故下卦是《蒙》；幼童还得喂养，故接下来是《需》……从《屯》到《既济》，事物完成了一个发展的全过程；然而事物还没有终结，故最后一个卦是《未济》，又开始了新一轮的循环。《周易》不将《既济》置于最后，而将《未济》置于最后，正如《周易·序卦传》所说：“物不可穷也”。《既济》仅仅是一个周期的完结，但同时又是另一个周期的开始，《未济》的开始，事物发展是无止境的，这是周易作者思想深刻性的体现。

三、《周易》其他卦序的排列及其意义

（一）八经卦分宫的排列

1. 何谓分宫卦序

所谓分宫，就是将八卦按照卦象阴阳不同的性质分为阳四宫和阴四宫。阳四宫的四个卦分别是乾、坎、艮、震（此四卦的卦画为三或五，都是奇数，故为

阳）。阴四宫的四个卦分别是巽、离、坤、兑（此四卦的卦画为四或六，都是偶数，故为阴）。依后天八卦的顺时针方向，从乾卦开始，依次为坎、艮、震、巽、离、坤、兑。八个纯卦各主一宫，统领其他七个卦，八宫六十四卦排定（见表4－4）。

表4－4　　分宫排列次序图表

宫次	本宫卦	一世卦	二世卦	三世卦	四世卦	五世卦	游魂卦	归魂卦
乾宫	乾为天	天风垢	天山遁	天地否	风地观	山地剥	火地晋	火天大有
坎宫	坎为水	水泽节	水雷屯	水火既济	泽火革	雷火丰	地火明夷	地水师
艮宫	艮火山	山火贲	山天大蓄	山泽损	火泽睽	天泽履	风泽中孚	风山渐
震宫	震为雷	雷地豫	雷水解	雷风恒	地风升	水风井	泽风大过	泽雷随
巽宫	巽为风	风天小畜	风火家人	风雷益	天雷无妄	火雷噬嗑	山雷颐	山风蛊
离宫	离为火	火山旅	火风鼎	火水未济	山水蒙	风水涣	天水讼	天火同人
坤宫	坤为地	地雷复	地泽临	地天泰	雷天大壮	泽天夬	水天雷	水地比
兑宫	兑为泽	泽水困	泽地萃	泽山咸	水山蹇	地山谦	雷山小过	雷泽归妹

2. 六十四卦的具体分宫情况

阳四宫：

乾宫属金：乾为天，天风姤，天山遁，天地否，风地观，山地剥，火地晋，火天大有。

震宫属木：震为雷，雷地豫，雷水解，雷风恒，地风升，水风井，泽风大过，泽雷随。

坎宫属水：坎为水，水泽节，水雷屯，水火既济，泽火革，雷火丰，地火明夷，地水师。

艮宫属土：艮为山，山火贲，山天大畜，山泽损，火泽睽，天泽履，风泽中孚，风山渐。

阴四宫：

坤宫属土：坤为地，地雷复，地泽临，地天泰，雷天大壮，泽天夬，水天需，水地比。

巽宫属木：巽为风，风天小畜，风火家人，风雷益，天雷无妄，火雷噬嗑，山雷颐，山风蛊。

离宫属火：离为火，火山旅，火风鼎，火水未济，山水蒙，风水涣，天水讼，天火同人。

兑宫属金：兑为泽，泽水困，泽地萃，泽山咸，水山蹇，地山谦，雷山小过，雷泽归妹。

六十四卦八宫歌：

乾宫八卦姤遁否，观剥而晋大有喜。震豫解恒升井定，大过与随八卦并。

坎节而屯既济事，革丰地火明夷师。艮贲大畜损睽履，中孚渐入归魂里。

坤复临泰阳气会，大壮夬需而比聚。巽宫小畜家人益，无妄噬嗑颐蛊辟。

离旅继鼎为未济，蒙涣而讼同人畏。兑宫困萃而咸继，蹇谦小过归妹娣。

3. 八宫卦序排列方法的解析

第一，每宫由八个纯卦打头，为本宫卦，它无须变化。第二，每宫各卦的变化循着一定的规律，就是“爻变”的规律，即阳变阴，阴变阳。第三，每宫纯卦的上爻是该宫的一宫之宗，始终不变。具体变化的规律是：

（1）由每宫头卦，即纯卦初爻变起，由下变起，变后成为该宫第二卦；

（2）变该宫第二卦的第二爻，变后成为该宫第三卦；

（3）变该宫第三卦的第三爻，变后成为该宫第四卦；

（4）变该宫第四卦的第四爻，变后成为该宫第五卦；

（5）变该宫第五卦的第五爻，变后成为该宫第六卦；

（6）纯卦上爻不变，开始向下变，变该宫第六卦的第四爻，变后成为该宫第七卦；

（7）将该宫第七卦的内卦三个爻全变，成为该宫第八卦。

这个分宫次序排列在占卦中会经常用到，所以应当有所了解，尤其是运用“纳甲法”进行占断之人，更应当熟记。

（二）数理卦序的排列

1. 何谓数理卦序

数理卦序的排列就是按先天八卦的顺序反排列便是，也是朱熹在《周易本义》卷首展示的《六十四卦方圆图》所表明的一种排列形式。即六十四个卦遵循着二进位原理来排序。阴爻代表0，阳爻代表1，其顺序是数字由小到大，即由坤到乾，由000000依次进位到111111的六位数的全排列的一种卦序形式（见表4－5）。

表 4－5　　数理卦序的排列

	天 ☰	澤 ☱	火 ☲	雷 ☳	風 ☴	水 ☵	山 ☶	地 ☷
天 ☰	乾	履	同人	無妄	姤	訟	退	否
澤 ☱	夬	兌	革	隨	大過	困	咸	萃
火 ☲	大有	睽	離	噬嗑	鼎	未濟	旅	晉
雷 ☳	大壯	歸妹	豐	震	恒	解	小過	豫
風 ☴	小畜	中孚	家人	益	巽	渙	漸	觀
水 ☵	需	節	既濟	屯	井	坎	蹇	比
山 ☶	大畜	損	賁	頤	蠱	蒙	艮	剝
地 ☷	泰	臨	明夷	復	升	師	謙	坤

2. 数理卦序排列方法的解析

圆图排列。即把六十四卦依次排成圆图。左半圈，反时针方向依次排乾、兑、离、震四宫 32 卦；右半顺时针方向依次排巽、坎、艮、坤四宫 32 卦。这实质上就是朱熹《周易本义》所刊的“伏羲六十四卦次序图”。

模拟《周易·系辞》排列。即根据《周易·系辞》说的“易有太极，是生两仪，两仪生四象，四象生八卦”的发生机制，以八经卦为假想“太极”，而衍生出八宫六十四卦：乾兑离震巽坎艮坤。实际是典型的“二进位制”的排列。两个数字：0 和 1，阴爻为 0，阳爻为 1，由坤卦开始，䷁ 六个阴爻，即 000000，然后剥卦，䷖ 000001，比卦，䷇ 000010，观卦，䷓ 000011，……直到乾卦为止，䷀ 六个阳爻，111111。

（三）马王堆帛书《周易》的卦序排列

1. 何谓帛书《周易》卦序

1973 年长沙马王堆三号汉墓出土了许多帛书，其中包括有帛书的《周易》。帛书《周易》与通行本《周易》有较大的不同。

一是《易经》部分的不同，马王堆帛《易》，有经传及经文，六十四卦完整无缺，个别字有残损，有一些通假字出现。但卦序不同，卦名、卦辞和爻辞也存在许多不相同的地方。例如，卦名，我们可以将两者的不同作一对照：

通行本八纯卦的卦名：乾　艮　坎　震　坤　兑　离　巽

帛书本八纯卦的卦名：键　根　赣　辰　川　夺　罗　筭

通行本其他卦名：否　遯　履　姤　蛊　需　豫　谦　临　升　萃　咸　革

帛书本其他卦名：妇　掾　礼　狗　箇　襦　余　嗛　林　登　卒　钦　勒

二是《易传》部分的不同，有些内容是通行本《周易》所没有的。例如，帛书《易传》诸篇有是《二三子问》上下篇、《系辞》、《易之义》、《要》、《缪和》、《昭力》。

三是最大不同还在于卦序，帛书本与通行本的卦序不同。通行本《周易》是从乾卦始，以未济卦结束。《序卦传》谈过卦序的世界观性质，是具一定推衍性质的、有发展意味且照应到卦象综错的一种排列顺序。帛《易》则不同，排序的基础有所变化，其卦序是，纵以乾艮坎震坤兑离巽，横以天地山泽水火雷风，相叠而成六十四卦，可以清楚看到，纵向是以阳爻一类四卦，阴爻一类四卦分布，外卦（上卦）的首卦将八个纯重卦放在最前面；横向则是以两两相对构成，最终形成较独特的卦序形式。帛《易》卦序同样以乾卦开始，而以益卦结束。现我们将六十四卦的卦象和卦名依帛书本的排列次序写出，当然卦名我们没有按帛书的卦名写出，而是按通行本的名称写出；同时也没有将八个纯重卦放在每列的最上面，而是仅强调上下卦组合的特点。大家依然可以从中看出帛书《易经》卦序的特点。下面有两个图表，第一个图表是从网上复制下来的，带着序号和卦象，较一目了然。但注意，里面第二个否卦的卦象是错的，应颠倒过来（见表4－6、表4－7）。

表4－6　　马王堆帛书《周易》卦序表1

下卦＼上卦	乾	艮	坎	震	坤	兑	离	巽
	1乾	9艮	17坎	25震	33坤	41兑	49离	57巽
乾		10大畜	18需	26大壮	34泰	42夬	50大有	58小畜
坤	2否	11剥	19比	27豫		43萃	51晋	59观
艮	3遁		20蹇	28小过	35谦	44咸	52旅	60渐
兑	4履	12损	21节	29归妹	36临		53睽	61中孚
坎	5讼	13蒙		30解	37师	45困	54未济	62涣
离	6同人	14贲	22既济	31丰	38明夷	46革		63家人
震	7无妄	15颐	23屯		39复	47随	55噬嗑	64益
巽	8姤	16蛊	24井	32恒	40升	48大过	56鼎	

表 4－7　　马王堆帛书《周易》卦序表 2

内（下）＼外（上）	乾☰	艮☶	坎☵	震☳	坤☷	兑☱	离☲	巽☴
乾☰	乾	大畜	需	大壮	泰	夬	大有	小畜
坤☷	否	剥	比	豫	坤	萃	晋	观
艮☶	遁	艮	蹇	小过	谦	咸	旅	渐
兑☱	履	损	节	归妹	临	兑	睽	中孚
坎☵	讼	蒙	坎	解	师	困	未济	涣
离☲	同人	贲	既济	丰	明夷	革	离	家人
震☳	无妄	颐	屯	震	复	随	噬嗑	益
巽☴	姤	蛊	井	恒	升	大过	鼎	巽

2. 马王堆帛书《周易》卦序排列方法的解析

显然，马王堆帛书《周易》的排列是将 64 卦分为八组，每组八个卦。而每一组八个卦的上卦是一致的。上卦的排列次序是：乾、艮、坎、震、坤、兑、离、巽。而各组的下卦除了首卦为重卦外，其排列也有规律，即按：乾、坤、艮、兑、坎、离、震、巽，结成一对对来展开的。细分看来，马王堆八组卦上卦实际按阳阴各一组来划分的，前四卦为阳：乾（父）、艮（少男）、坎（中男）、震（长男），后四卦为阴：坤（母）、兑（少女）、离（中女）、巽（长女）。有学者认为上卦安排体现了“方以类聚，物以群分”[①]。男一组，女一组，阴阳对立区别，前后安排，又有男尊女卑，阳尊阴卑的意思。“天尊地卑，乾坤定矣”[②]。马王堆八组卦下卦是依两两对立而安排的，乾（天）对坤（地），艮（山）对兑（泽），坎（水）对离（火），震（雷）对巽（风），每一对里都有一阳一阴。

两种卦序，通行本应在前，战国时魏襄王墓中的易经本与现通行本一致，可见至少在战国中期现通行本的卦序已确定。马王堆帛书《周易》文本应是后人再改进的结果。事实上，后者卦序比前者卦序更有规律性。

四、《周易》各卦的内涵及其意义

（一）六十四卦涉及的内容及其意义

1. 学者的概括情况

六十四卦涉及的社会内容就是《易经》所包含的内容。对其内容不同学者有

①② 《周易·系辞》。

不同的解读。

择其主要的列举：

高亨的四类：记事之辞、取象之辞、说事之辞、断占之辞。

郭沫若的十类：商旅、耕种、工艺、家族、阶级、战争、祭祀、赏罚、宗教、艺术。

李镜池的十二类：行旅、战争、享祀、饮食、渔猎、牧畜、农业、婚媾、居处及家庭生活、妇女孕育、疾病、赏罚讼狱。

2. 六十四卦内容的意义

这些内容有何意义呢？有这样几个方面的意义：第一，具有全景式的观照，表现了古代社会的百科全书式的信息和知识，为我们了解古代社会提供了生动的丰富的材料。第二，卦爻辞中的思辨的、分门别类的思维，以及一些见解和观点，具有哲学的和逻辑的启发。第三，为我们提供了断代的帮助。

“卦”既是《易经》描述宇宙万物存在的符号系统，也是解释其运动变化的符号系统。根据《序卦传》说的事物发生次序进行排列，六十四卦卦序为：起于乾、坤，终于既济、未济。各卦分别由卦名、卦象、卦辞、爻辞四部分构成，我们这里只列出卦名、卦象，仅就卦名作简短介绍。若想知道全貌，本书后面附有《周易》经传全文，若需要详解，还要借助其他更专业的书籍。

我们后面分上下经两个部分，并按照序号、卦名、卦象、卦辞顺序将各卦的大意依次简短介绍。

（二）《上经》三十卦各卦的内涵和意义

《上经》三十卦，从乾卦始至离卦止。乾为天、坤为地，由天地始，《上经》重点在认识自然和万物。

1. 乾：䷀ 乾下乾上，乾为天。伟大的雄奇的天，原初之卦，创造之卦。“夫乾，天下之至健也”，[①] 为君、为丈夫之道。

2. 坤：䷁ 坤下坤上，坤为地。伟大的感恩的地，物本之卦，包容之卦。“夫坤，天下之至顺也”，[②]乾如天，坤如地，“有天地，然后万物生焉”。为臣、为妻之道。

3. 屯：䷂ 震下坎上，水雷屯。初生、充满，艰难初创之卦。“屯者物之始生也。”[③] 充满天地之间的唯有万物，所以接着是屯卦；屯是盈满、万物开始生长的意思。

4. 蒙：䷃ 坎下艮上，山水蒙。蒙昧、幼教，启蒙教育之卦。“物生必蒙”，“《蒙》者蒙也，物之稚也。”万物初创，必然蒙昧，所以接着是蒙卦；蒙是蒙昧、

①② 《周易·系辞》。

③ 《序卦传》。

幼稚的意思。

5. 需：䷄ 乾下坎上，水天需。需求、等待，照料饮食之卦。“物稚不可不养也”，“《需》者饮食之道也”。万物幼稚，就不能不养育，所以接着是需卦；需是饮食的道理。

6. 讼：䷅ 坎下乾上，天水讼。争论、诉讼，戒争慎讼之卦。“饮食必有讼”。饮食必然会有争讼，所以接着是讼卦。争讼不宜久，宜化解，争讼非善事，务必慎重戒惧。

7. 师：䷆ 坎下坤上，地水师。聚众、军队，用兵战争之卦。“讼必有众起”，“《师》者众也。”争讼必然众人起来争斗，所以接着是师卦。

8. 比：䷇ 坤下坎上，水地比。贴近、依附，亲近比辅之卦。“众必有所比”，“《比》者比也。”众多必然就相互亲近，所以接着是比卦。

9. 小畜：䷈ 乾下巽上，风天小畜。小的积蓄，蓄养待进之卦。“比必有所畜也”，亲爱互助，必然就会有蓄积，所以接着是小畜卦。畜与蓄同。

10. 履：䷉ 兑下乾上，天泽履。践行、崇礼，循礼慎行之卦。“物畜然后有礼”，“《履》者礼也。”当物资有了积蓄，然后就要以礼仪节制，所以接着是履卦。履与礼音义相同。

11. 泰：䷊ 乾下坤上，地天泰。安泰、通达，交泰亨通之卦。“履而泰，然后安”，“《泰》者通也。”有了礼仪，然后就会安泰，所以接着是泰卦；泰是通畅的意思。

12. 否：䷋ 坤下乾上，天地否。闭塞、阴暗，乱世应对之卦。“物不可以终通，故受之以《否》。”万物不可以始终通畅，所以接着是否卦。否是坏、阻塞的意思。

13. 同人：䷌ 离下乾上，天火同人。人和、集结，人际相处之卦。“物不可以终否，故受之以《同人》。”万物不可以始终阻塞，所以接着是同人卦。

14. 大有：䷍ 乾下离上，火天大有。收获、事业，财富分享之卦。“与人同者，物必归焉，故受之以《大有》。”能够与人和谐共处，万物必然来归顺，所以接着是大有卦。

15. 谦：䷎ 艮下坤上，地山谦。虚心、谦卑，谦逊待人之卦。“有大者不可以盈”，有大事业的人，不可以自满，所以接着是谦卦。

16. 豫：䷏ 坤下震上，雷地豫。愉快、安乐，练达和乐之卦。“有大而能谦，必豫”，有大事业而且谦逊的人，就不会过与不及，必然安乐，所以接着是豫卦。

17. 随：䷐ 震下兑上，泽雷随。随从、随和，乐群从善之卦。“豫必有随”，能够使人民安乐，必然都来追随，所以接着是随卦。

18. 蛊：䷑ 巽下艮上，山风蛊。生事、腐败，除弊治乱之卦。“以喜随人者，必有事”，“《蛊》者事也。”喜悦地追随他人，就会沉溺于安乐，必然发生事端，所以接着是蛊卦；蛊是腐败发生事端的意思。

19. 临：䷒ 兑下坤上，地泽临。迫近、从高视下，统御亲为之卦。“有事而后可大”，“《临》者大也。”发生事端，然后才可能有大事业或大发展，所以接着是临卦；临有君临之意，以大统治小的意思。

20. 观：䷓ 坤下巽上，风地观。仰观、展示，考察审视之卦。“物大然后可观”，大了以后，就具备观摩的条件，所以接着是观卦。

21. 噬嗑：䷔ 震下离上，火雷噬嗑。咬合、刑罚，执法断狱之卦。“可观而后有所合”，“嗑者合也。”具备观摩的条件，就会使人仰慕，然后合同，所以接着是噬嗑卦；噬嗑象征利用刑罚去除障碍，有亨通之意。

22. 贲：䷕ 离下艮上，山火贲。修饰、装饰，文饰美化之卦。“物不可以苟合而已，故受之以《贲》”，“《贲》者饰也。”由于万物不可以苟且的形式出现，所以接着是贲卦；贲有纹饰的意思。

23. 剥：䷖ 坤下艮上，山地剥。剥落、侵蚀，隐忍等待之卦。“致饰然后亨，则尽矣，故受之以《剥》”。但过分文饰，就失去真实，产生弊端，亨通就到了尽头，所以接着是剥卦。

24. 复：䷗ 震下坤上，地雷复。回复、返归，恢复重启之卦。“物不可以终尽，剥穷上反下，故受之以《复》。”万物不可以始终剥落，剥落到极点，又由上返回到下，开始了新一轮的循环，所以接着是复卦。

25. 无妄：䷘ 震下乾上，天雷无妄。不虚伪、不妄为，慎思慎行之卦。“复则不妄矣”，重新回复到真实，就不会虚妄，所以接着是无妄卦。

26. 大畜：䷙ 乾下艮上，山天大畜。大的积蓄，蓄养大德之卦。“有无妄然后可畜，故受之以《大畜》。”有了不虚妄的觉悟，然后就可以大量积蓄德和智，所以接着是大畜卦。

27. 颐：䷚ 震下艮上，山雷颐。口实、颐养，饮食养生之卦。“物畜然后可养”，“《颐》者养也。”物资蓄积以后，就可以养育，所以接着是颐卦。

28. 大过：䷛ 巽下兑上，泽风大过。过分、过度，因势利导之卦。“不养则不可动，故受之以《大过》。”不养育就不能行动。若养育过度，视不同情况而显吉凶。抓好时机就能得到亨通，所以接着是大过卦。

29. 坎：䷜ 坎下坎上，坎为水。注陷、坎坷，排除险难之卦。“物不可以终过，故受之以《坎》”，“《坎》者陷也。”万物不可以始终过度，所以接着是坎卦；坎有陷的意思。

30. 离：䷝ 离下离上，离为火。附着、明丽，光明附丽之卦。“陷必有所丽，故受之以《离》”，“《离》者丽也。”物要陷落，必然就要攀附，所以接着是离卦；离即丽，亦即明亮、攀附的意思。

（三）《下经》三十四卦各卦的内涵和意义

《下经》由咸卦始到未济卦止，共三十四卦，但《序卦传》没有交代《上经》最后的离卦与《下经》开始的咸卦间的关系。总的意思是《上经》由自然天道开始，《下经》则由社会人伦开始。有了天地，然后才有万物；有了万物，然后分出雌雄，在人称作男女；有了男女，然后才有夫妻，咸卦象征夫妻。有了夫妻，然后才有父子；有了父子，然后人类社会才仿效父子关系，建立了君臣的体制；有了君臣的体制，然后才分出上下的等级名分；有了上下的等级名分，然后才能建立并实施礼仪。

31. 咸：䷞ 艮下兑上，泽山咸。男女、情感，夫妻交感之卦。“有天地，然后有万物；有万物，然后有男女；有男女，然后有夫妇；”艮为少男，兑为少女，相互心灵感应而生爱慕，因爱慕而生婚姻。如此，当然亨通。

32. 恒：䷟ 巽下震上，雷风恒。恒久、恒常，君子恒心之卦。“夫妇之道，不可以不久也”，“《恒》者久也。”夫妇的关系，不可以不长久，所以在咸卦之后，接着是恒卦。

33. 遁：䷠ 艮下乾上，天山遁。隐遁、退避，把握进退之卦。“物不可以久居其所，故受之以《遁》”，“《遁》者退也。”但万物不可能长久保持原状，不发生变化，所以接着是遁卦。

34. 大壮：䷡ 乾下震上，雷天大壮。强大、隆盛，面对盛名之卦。“物不可以终遁，故受之以《大壮》。”但物不可以始终退避，所以接着是大壮卦；壮是兴盛，大壮即大的兴盛，包括事业和声望，小心盛极而衰的道理。

35. 晋：䷢ 坤下离上，火地晋。晋升、前进，德才兼备之卦。“物不可以终壮，故受之以《晋》”，“《晋》者进也。”但物不可以始终壮大，所以接着是晋卦。

36. 明夷：䷣ 离下坤上，地火明夷。晦暗、损伤，运用韬晦之卦。“进必有所伤，故受之以《明夷》”，“夷者伤也。”前进必然会受到伤害，所以接着是明夷卦；夷，通痍，创伤的意思。日月为明，明夷便是光明受到伤害，被暂时遮蔽了，此时须坚守正道，韬光养晦，以待时机。

37. 家人：䷤ 离下巽上，风火家人。家人、家教，家庭伦理之卦。“伤于外者，必反其家”。在外面受到创伤，必然返回家中，所以接着是家人卦。

38. 睽：䷥ 兑下离上，火泽睽。乖离、违背，处理同异之卦。“家道穷必乖”，“《睽》者乖也。”当家走到穷途末路时，行为必然会发生乖违的现象，所以接着是睽卦。“《睽》。君子以同而异。”

39. 蹇：䷦ 艮下坎上，水山蹇。跛脚、艰难，修德建功之卦。“乖必有难”，“《蹇》者难也。”乖违，必然会有灾难，所以接着是蹇卦；蹇有灾难的意思。

40. 解：䷧ 坎下震上，雷水解。缓解、缓和，应对小人之卦。“物不可以终难，故受之以《解》”，“《解》者缓也。”万物不可以始终有灾难，所以接着是解卦。

41. 损：䷨　兑下艮上，山泽损。减少、损失，如何减损之卦。“缓必有所失，故受之以《损》”。缓和必然有损失，所以接着是损卦。

42. 益：䷩　震下巽上，风雷益。增多、受益，舍得关系之卦。“损而不已，必益”。不停的损失，到不能再损失时，必然就会增益，所以接着是益卦。

43. 夬：䷪　乾下兑上，泽天夬。切断、决裂，果断除害之卦。“益而不已，必决”，“《夬》者决也。”不停的增益，必然会决溃，所以接着是夬卦；夬还有决断的意思，泽自天降是为雨，上施恩泽于下乃英明决策。

44. 姤：䷫　巽下乾上，天风姤。相遇、巧会。处理邂逅之卦。“决必有所遇”，“《姤》者遇也。”溃决之后，必然会有所遭遇，所以接着是姤卦，姤即逅，乃邂逅、不期而遇的意思。

45. 萃：䷬　坤下兑上，泽地萃。汇拢、聚集，群众工作之卦。“物相遇而后聚”，“《萃》者聚也。”万物相遇之后，就会聚集，所以接着是萃卦；萃有丛生、聚集的意思。

46. 升：䷭　巽下坤上，地风升。上升，通达，顺势而为之卦。“聚而上者，谓之升”。聚集，就会逐渐升高，称作升，所以接着是升卦。

47. 困：䷮　坎下兑上，泽水困。穷困、困顿，解困变通之卦。“升而不已，必困”。不停的上升，必然就会遭遇进退不得的困境，所以接着是困卦。

48. 井：䷯　巽下坎上，水风井。水井、用贤，造福利民之卦。“困乎上者，必反下，故受之以《井》。”遭遇上升的困难，必然返回下方，所以接着是井卦。

49. 革：䷰　离下兑上，泽火革。变革、改革，励精图治之卦。“井道不可不革，故受之以《革》。”井的使用原则，不经常淘清就会混浊，需要革新，所以接着是革卦。

50. 鼎：䷱　巽下离上，火风鼎。食器、祭器，革故鼎新之卦。“革物者莫若鼎，故受之以《鼎》。”使物革新，莫过于鼎，鼎用来煮食物，可以完全改变食物的风味，所以接着是鼎卦。鼎还意味着王权，意味着朝代更替，就是鼎新。

51. 震：䷲　震下震上，震为雷。震动、戒惧，临危不乱之卦。“主器者莫若长子，故受之以《震》”，“《震》者动也。”鼎是祭器，祭祀祖先是长子的责任，所以接着是震卦，震卦象征长子；震也是动的意思。

52. 艮：䷳　艮下艮上，艮为山。抑止、阻隔，适可而止之卦。“物不可以终动，止之”，“《艮》者止也。”万物不可以始终在动，必须使其止息，所以接着是艮卦。

53. 渐：䷴　艮下巽上，风山渐。徐进、渐进，坚毅向前之卦。“物不可以终止，故受之以《渐》”，“《渐》者进也。”但万物不可能始终止息，所以接着是渐卦；渐是渐进的意思。

54. 归妹：䷵ 兑下震上，雷泽归妹。依归、唱和，谈婚论嫁之卦。“进必有所归，故受之以《归妹》。”前进必然就有归宿，所以接着是归妹卦。

55. 丰：䷶ 离下震上，雷火丰。丰盛、光大，强盛不衰之卦。“得其所归者必大”，“《丰》者大也。”得到良好的归宿，必然强大；或者说，众望所归之人，必然盛大，所以接着是丰卦。

56. 旅：䷷ 艮下离上，火山旅。行旅，动荡，旅途安全之卦。“穷大者必失其居，故受之以《旅》。”盛大到极点，必然不安于原来的位置，所以接着是旅卦。

57. 巽：䷸ 巽下巽上，巽为风。顺从、进入，移风易俗之卦。“旅而无所容，故受之以《巽》”，“《巽》者入也。”旅行找不到容身的地方，就要设法进入，所以接着是巽卦；巽乃阴卦，一阴爻顺从二阳爻，是为小亨。

58. 兑：䷹ 兑下兑上，兑为泽。欣悦、取悦，和悦共处之卦。“入而后说之”，“《兑》者说也。”进入之后，就会喜悦，所以接着是兑卦；兑有言说之意，讲习以取悦于人。当然是和颜悦色，而不是谄媚奉承。

59. 涣：䷺ 坎下巽上，风水涣。涣散、分离，拯救颓势之卦。“说而后散之，故受之以《涣》”，“《涣》者离也。”喜悦，就会使人的闷气涣散，所以接着是涣卦；涣是离散、懈怠的意思。

60. 节：䷻ 兑下坎上，水泽节。节约、限制，实施节制之卦。“物不可以终离，故受之以《节》。”万物不可以始终处于离散与懈怠，所以接着是节卦。节还有注重节操之意。

61. 中孚：䷼ 兑下巽上，风泽中孚。诚实、守信，诚信立身之卦。“节而信之，故受之以《中孚》。”节制就能使人相信，所以接着是中孚卦；孚即信，信发于中谓之中孚。

62. 小过：䷽ 艮下震上，雷山小过。稍有超越，小的过失，适度原则之卦。“有其信者，必行之，故受之以《小过》。”自信之人，必定能够实行，但行动难免有小的过失，所以接着是小过卦；过即超越或差错。

63. 既济：䷾ 离下坎上，水火既济。完成、成就。功成名就之卦。“有过物者，必济，故受之以《既济》。”“济”意为渡河，既济就意味着成功。能够超越常情，才足以成大事，所以接着是既济卦。该卦从卦形看，都处中正，最完整。但整个卦辞均带警惕语气，提示隐藏着危机，可以体会出《易经》作者的良苦用心。

64. 未济：䷿ 坎下离上，火水未济。未竟、未完成，变易无穷之卦。“物不可穷也，故受之以《未济》，终焉。”但万物不可能有穷尽，所以接着是未济卦。该卦从卦形看，阴阳各爻均不当位，预示着新的变化就会到来。

《易经》虽到此终止，但天道则循环不已，人事则无穷无尽，我们能做的仅仅是为后人留下无限发展的可能性。

第五章

《周易》象数知识和易图知识

同第四章《周易》“卦”的知识一样，此章《周易》象数知识和易图知识也是接触和理解占筮思维和语言的好机会。《周易》与中国其他典籍的最大区别就在于它不但有着自己的文字系统，而且还有着自己独特的“象”、“数”、“图”系统。其中一些内容对于一些人来说可能有些艰涩，是需要花费一些气力的。必须有所了解，不懂得《周易》的象、数、图就不算懂得《周易》。学习《周易》的象、数、图，是我们学习《周易》掌握其精神实质的不可绕过的路径。

第一节 《周易》象的知识

一、象的概述

（一）象的产生

1. 什么是象？

《周易·系辞》说：“圣人有以见天下之赜，而拟诸其形容，象其物宜，是故谓之象。”也就是说，“在天成象，在地成形”之物便是“象”。凡有形可见的谓之

"象"。一切能被我们感官所观照的物体都可以归于"象"的范畴：天文地理、飞禽走兽、人物器物等等。正如《周易·系辞》云："仰则观象于天，俯则观法于地，观鸟兽之文，与地之宜，近取诸身，远取诸物"。所有这些最后都成形为"象"。

2. 象的分门别类

《四库全书》作者在谈到"象"问题时列举了七类"物象"，指出："大旨谓圣人以象示人，有八卦之象，六爻之象，象形之象，爻位之象，反对之象，方位之象，五体之象，七者备而象穷矣。"《周易·说卦》对八卦之象做了大致的归类。八卦中每一卦都用自然界的一种物象作为代表，那物象就叫卦象，每一卦象都代表自然界的一些事物或一类事物。以乾卦为例，乾卦可以代表自然界的天空或者圆形，代表人体中的头、家庭中的父、社会中的君王，乾还可以代表动物中的马、植物中的果实，还可以代表物体中的金和玉等。按照《周易》的思维方式，我们见到乾卦的卦象，可以而且应当在头脑里产生一系列它所代表的事物来。然而事物的发展是无穷无尽的，所以卦象的变化也是无穷无尽的。任何的概括总是不完全的。正是在这个意义上，杭辛斋指出："象本无方，意动成象，故得意既可忘象，亦能成象。""圣人假象明易，即物求象，不滞于理，神而明之，唯变所适。"[①]这种将万千物象分门别类处理当然是一种逻辑的思维，只不过这种分类掺有了联想和附会的成分，在这个意义上，这种物象里面不能不带有"意象"的味道。这种思维方式是中国人独有的取象比类或以象类推的思维方式。

（二）物象向卦爻象的转化

1. 卦为大象，爻为小象

杭辛斋在《学易笔谈》中说："象本无方，意动成象，故得意既可忘象，亦能成象。"既然卦爻象可以类推为大自然中众多的物象，同理，大自然中众多的物象也可以归结为卦象和爻象。归结为卦象的称之为"大象"，归结为爻象的称之为"小象"。凡象都有"辞"，卦辞便是"大象辞"，爻辞便是"小象辞"。

2. 物象向卦爻象转化的诸多方式

这种物象向卦爻象转化常采用象形，会意，指事，引申等诸方式进行。主要在《周易·说卦》中有所论述。以离卦为例，象形为火；会意为中女；刚爻在外，会意为龟、鳖、蚌，为甲胄，为戈兵；由于中空，指事为枯木，即所谓"其于木也，为科上槁"；引申为日、为电、为目、为雉，为美丽等。以坎卦为例，象形为水；水性柔会意弯曲之物，为弓为轮；阳爻在中，会意为中男；指事为坚实木心的树木；引申为月、为沟渠、江湖、低洼之地，为耳、为猪等。

① 杭辛斋：《学易笔谈》。

二、本卦、之卦和互体卦

（一）本卦及其“变卦”

1.“本卦”与“之卦”

何谓本卦？在应用筮法时，凡是经“四营三变”而画爻，经一十八变画六爻而成卦，由此得到的卦象称之为“本卦”。不论由金钱占，还是什物占最先出的卦都是本卦。本卦就是变爻在未变之前的卦象称之为本卦。

何谓之卦？我们知道，应用揲筮法，或应用数字占法，经过一定的程序，每卦便由九、七，或八、六的数字转化而成六爻卦。若此卦都是由七或八的数字所构成，即为少阳或为少阴所构成的六爻，这样，此卦的六个爻就都是不变之爻。若此卦都是由九或六的数字构成，即为老阳或为老阴所构成的六爻，那么，此卦六个爻就都是变爻。九、六为变爻，七、八为不变爻。若现在得到的一卦，假若是《泰》卦䷊，但该卦的第五爻是老阴，那么，该爻就是变爻，就要由阴爻变成阳爻，由此整个卦象就成为《需》卦䷄，这便称为“泰之需”。此时，《泰》卦是“本卦”，而《需》卦则是“之卦”。占卜时由本卦的变爻辞来断。再比如，我们现得到一个《豫》卦䷏，其中三爻是老阴，是变爻；四爻是老阳，也是变爻，这就需要阴变阳，阳变阴，便形成新卦《谦》卦䷎，读作“豫之谦”，卜占时仍以《豫》卦的两个变爻的原爻辞来占断。之卦是相对于本卦而言的，是出现爻变以后形成的新卦便称为“之卦”。由本卦到之卦的过程就是卦变的过程，也就是俗称的“变卦”（见图5－1）。

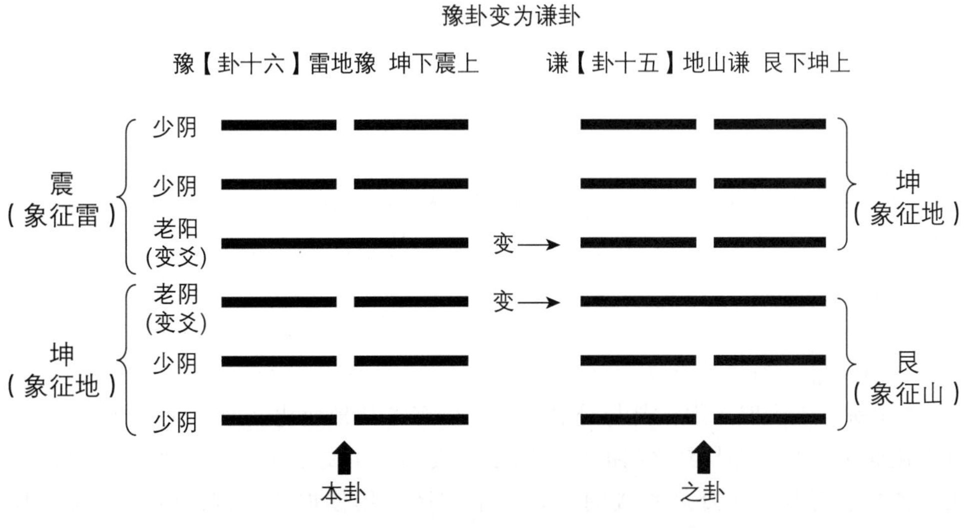

图5－1 变爻示意图

2. 出现变卦后的几种占断规定

对于变卦的占断，依据朱熹的《易学启蒙》，一般有这样几种情况：

（1）六爻都是由七、八构成，没有变爻，直接以本卦的卦辞占断。

（2）在卦中有一爻为九或六，即为“变爻”。以上例“泰之需”来说，泰卦“六五”的“爻辞”就是求得的答案。即本卦的变爻辞占断。

（3）在卦中有二爻为九或六，出现两个变爻，仍以本卦的两个变爻辞占断，以在上者为主。但为了将卦解释的更完整，本卦和之卦的“卦辞”也要一并加以参照。

（4）当一卦出现三个“变爻”时，看“本卦”与“之卦”的“卦辞”。然而，实际上，往往容易遇到两卦间的文句相互矛盾的情况，遇此情况，应当参照《左传》“襄公九年”中的说法，以“本卦”的“卦辞”为要。

（5）当一卦出现四个“变爻”时，以该卦两个不变爻的爻辞占断，但以下爻为要。

（6）当一卦出现五个“变爻”时，以该卦的不变爻的爻辞占断。

（7）当一卦六爻全变，以变卦之卦辞占断，乾坤两卦则以“用九”爻辞占断。

后面（6）和（7）的两种情况几乎不见，（4）和（5）的情况也极其少见。

春秋时代人常用变卦筮法占断。举一个春秋时的筮例：《左传·僖公二十五年》记载，晋臣狐偃劝晋文公去觐见周襄王。晋文公听了狐偃建议后，就使卜偃用蓍草算了一卦，演算出的结果是“遇《大有》䷍之《睽》䷥”卜偃说：“吉，遇‘公用享于天子’之卦。战克而王飨，吉孰大焉。”《大有》之《睽》，是说从《大有》卦变为《睽》卦，“之”就是变的意思。《大有》卦中的九三爻是可变之爻，把它由阳变阴，就变成了《睽》卦的卦象。这时，查阅《易经》中此爻的爻辞，以此爻辞来断定吉凶。“公用享于天子”正是《大有》卦九三爻的爻辞，意思是说，公侯将受到天子的宴请。据此，卜偃就推测晋侯可以受到周襄王的宴请，从而成为诸侯的盟主。

《系辞传》以及《彖传》中关于卦变的论述，都比较简略，系统阐述《周易》卦变理论的是东汉的荀爽和三国时的虞翻，宋人而后作了进一步的探讨。如朱熹将象数派李之才《卦变图》载于《周易本义》的卷首。但朱熹本人注易，并没有以此为依据。

3. 变卦在占断中的意义

《周易》六十四卦中，卦与卦之间，往往有着某种变化联系，此一卦是由彼一卦变化而来。这种卦与卦之间的变化联系，实际是由爻变引起的，爻变导致卦变。也可称之为变卦。变卦最直接的益处就是扩展引用依据的范围，由一卦到两卦，由六爻范围到十二爻的范围。由于说到“变卦”对事物的发展有重要的意义，因此，变卦的另一个益处就是相对聚焦了占断，围绕着“变爻”的爻辞，再结合卜问的事物，就可以进行判断了。

“变卦”原本是筮法中的“术语”，后来逐步演变为民间的一句“俗语”了。常指原本已定好了的计划，却忽然又改变了。例如，“明明是已经说好了的事，怎么突然又变卦了。”其语意多带有贬义。

与变卦相联系的还有一句成语“七上八下”。“七上八下”在词典里的解释是：首先是形容内心慌乱不安，无所适从。其次指现实中的某些场景零落不齐或纷乱不齐。其实，“七上八下”和《周易》有着密切的关系，这种关系大致有两个方面：

一方面该成语与“变卦”有关。我们知道，筮法中会出现四个常数：六、七、八、九，它们分别代表着老阴、少阳、少阴、老阳。筮法过程中逢少阳、少阴，即七或八，则爻的性质不变；逢老阴、老阳，即六或九，则爻的性质须变化。六代表阴尽头、阴极，九代表阳尽头、阳极。在《周易》看来，物极必反，事物到了尽头就一定要起变化。七代表阳，八代表阴，“七上八下”所表达的是阴阳爻变化时的趋势和方向。假若现有一个数轴，当一个阳爻要变化时，阳爻变化要往“上”去，便会由七“上”到九；当一个阴爻要变化时，阴爻变化要往“下”来，便会由八“下”到六。因而便有“七上八下”之说。可不可以说“八上而七下”呢？如果仅形容像十五个吊桶打水一样，那么，七上八下或八上七下都未尝不可。但如果是描述阴阳发展的趋向，“八上而七下”就不合道理了。同时，还可以这样理解，阳的性质是发散的、扩张的，其变化则七增加到九；阴的性质是收敛的、回缩的，其变化则由八减少到六。在这个意义上，也可称“七上而八下”。

另一方面该成语和“四象”的形态有关。初学《周易》的人不容易分清少阳和少阴的卦形，借助于“七上八下”的成语就好记了。注意，“七上八下”就是在提醒你卦形中阳爻的位置：少阳为七，它卦形中阳爻的位置在上“⚎”，因此叫“七上”；少阴为八，它卦形中阳爻的位置在下“⚍”，因此叫“八下”。“七上八下”还暗含着阳尊阴卑的观念。

（二）互体之象与互体卦

1. 何谓互体之象

也称互卦之卦，是指每卦六爻之间，除初、上两爻外，中间的四爻又有连接相互之形，蕴含（三爻）“卦”在其间，其中二、三、四爻，合成下卦，谓之“下互”，三、四、五爻合成上卦，谓之“上互”。上下结合，构成新卦，称之为“互卦”。用图解释之（见图5－2）。

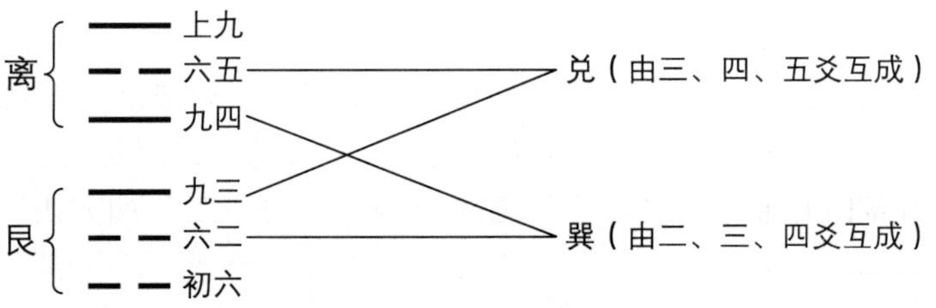

图5－2 “互体”示意图一

上图所示，由原有的“火山旅”卦，依据“下互”出三爻形成“巽卦”，“上互”出三爻形成“兑卦”。“互卦”使得释卦时多了依据（见图5－3）。

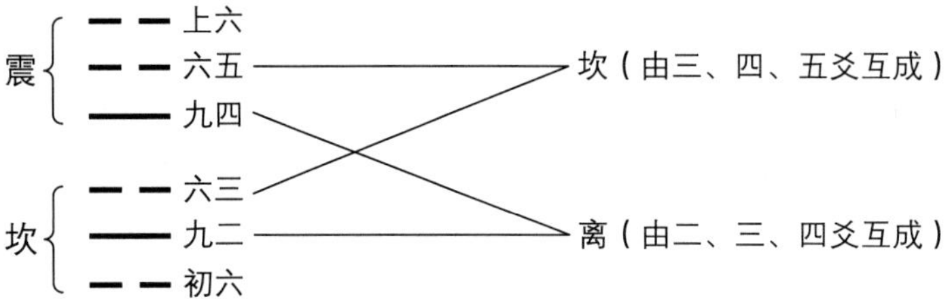

图5－3　“互体”示意图二

上图所示，由原有的“雷水解”卦，依据“下互”出三爻形成“离卦”，“上互”出三爻形成“坎卦”。这些举措起到了增添更多的依据，使得占断时有了更大的发挥空间。

早在春秋时代，人们已经在应用互体形式来解卦。举一个春秋的筮例：《左传·庄公二十二年》记载，陈厉公生敬仲时，让周史用《周易》占问一下陈敬仲后代是否昌盛。周史用揲蓍法所得“本卦”是《观》卦䷓，《观》卦六四爻是变爻，由阴变阳，从而变成了《否》卦䷋。《观》卦六四爻的爻辞是：“观国之光，利用宾于王。”意思是，臣子朝见国王，以观王国之光，做国王的宾客。今日所用“观光”一词的词源出自于此。周史先根据此爻辞，说明陈厉公生的敬仲这该子的后代必能复兴陈国。接着，运用了互体之法来分析卦象说：“《坤》，土也。《巽》，风也。《乾》，天也。风为天于土上，山也。”“《坤》，土也。”指《观》卦的下卦为《坤》，《坤》为土。“《巽》，风也。”指《观》卦的上卦为《巽》，《巽》为风。“《乾》，天也。”指变卦后的《否》卦的上卦为《乾》，《乾》为天。“风为天于土上，山也。”是说《观》卦变《否》卦，是因为《观》卦的上卦由《巽》变《乾》，《巽》为风，《乾》为天。由《巽》风而变为《乾》天，所以说“风为天”。而《观》卦与《否》卦的下卦都是《坤》，《坤》为土，所以说“风为天于土上”。注意！互体之法的解释来了，同时，《否》卦的二、三、四爻又组成三爻的《艮》卦；《否》卦的三、四、五爻又可组成三爻的《巽》卦，《艮》为山，所以又云：“风为天于土上，山也。”《观》、《否》两卦本无“山”象，运用“互体”的方法就有了山的形象了。

2. 互体卦象在占断中的意义

在《周易》的取象中，利用“互体”之象是古人解《易》经常运用的一种取象方法。值得注意的是《易传》中的《象传》和《象传》都没有讲到互体之说。但确实早在春秋时代，人们就习惯用互体之象来释卦，后来汉代人也经常运用此法。所谓互体卦，就是运用互体之象来释卦的一种方法。汉京房说：“会于中而以四为用，一卦备四卦者，谓之互。”[1] 意思是说，运用“互”的方法，可以由一生

① 《京氏易传》。

四，“一卦备四卦”。何来四卦？原有的卦内含有两个三爻的经卦，即二、三、四爻生成一经卦，三、四、五爻生成一经卦，变为四卦。李鼎祚在《周易集解》中亦说：“言中四爻杂合所主之事，撰集所陈之德，能辨其是非，备在中四爻也。”总之，“互体”能产生“一卦备四卦”的效果，何乐不为之。古人之所以乐为，就是各方面的联系可以多一些，比附的范围可以大一些，这样，解释起来空间也就更大一些，方便释卦之用。

综上所述，仅从象的角度，卦分“本卦”、“互卦”和出现变爻后产生的“变卦”。除了上面说到的一卦变为多卦为的是方便释卦外，它们在占断时还有这样的意义：“本卦”表示为事物发展的开始阶段；“互卦”表示为事物发展的中间阶段；“变卦”表示为事物发展的最后阶段。“本卦”、“互卦”、“变卦”不但在对所问事物的吉凶作出判断有意义，而且在对事物不同阶段的发展总趋势的吉凶作出判断同样有意义。

三、象在卦爻间的意蕴

（一）当位与得中

1. 何谓当位

《周易》一卦六爻，有奇偶之分，各就其位：一（初）、三、五为奇数，属阳位；二、四、六（上）为偶数，属阴位。《易传》作者认为凡阳爻居阳位，阴爻居阴位，均称“当位”，亦称得位、得正。相反，凡阳爻居阴位，阴爻居阳位均为“不当位”，亦称失位或不正。一般说来，得位、得正为吉，失位、不正则凶。以《既济》与《未济》两卦为例：《既济》卦䷾，《周易·彖辞》说：“利贞，刚柔正而位当也。”在这一卦中，阳爻和阴爻不仅都当位且都相应，故为吉。《周易折中》引俞琰曰：“三刚三柔皆正而位皆当，六十四卦之中，独此一卦而已。”而《未济》卦与《既济》卦正相反䷿，《象》曰：“虽不当位，刚柔应也。”这是说这一卦阳爻均居阴位，阴爻均居阳位，各爻均失位。但阴阳爻都处于相“应”的状态，也不算坏。提醒注意的是，《既济》的卦形圆满，但整体卦爻辞并不理想，充满着戒惕的语气。而《未济》的卦形不圆满，但整体卦爻辞洋溢着乐观，为什么会是这样呢？这就需要从整体上理解“易”的思想：什么东西圆满了，也就到头了；发展无止境，一切都是过程，谁认识到这一点谁才会获得吉祥。《既济》和《未济》两卦集中体现了《周易》意味深长的内涵。

一般说来，“当位说”认为当位之爻象征着“正道”，符合规律，自然就平安顺利；不当位之爻象征悖逆“正道”，违背规律，就会危险多难。当然，也有矛盾的时候。如《未济》九二“曳其轮，贞吉”。此爻乃阳居阴位，本属失位，但爻辞结论为吉。再如《蒙》九二爻辞为“包蒙吉，纳妇吉，子克家”，此爻也是阳居阴位，也属失位，但结论还是吉。《需》九二还是阳居阴位，爻辞为终吉。《剥》六二爻是阴居阴位，本为“得位”，但结论却是凶。可见“当位”、“不当位”不是该爻吉凶利弊的绝对标准。《周易》卦爻辞所言之吉凶，并不是以一种因素来决定的，还要视各爻所处复杂的条件，由多种因素影响而定的。

2. 何谓得中

所谓“得中”就是爻处在中间位置，也就是二爻和五爻的位置。所以得中又称“中位”、“处中”、“居中”。凡阳爻居中位，象征“刚中”之德。凡阴爻居中位，象征“柔中”之德。如果居于二爻的是阴爻，则该爻便是既得中又当位，当位即得正，中正美极也。如果居于二爻的是阳爻，则只得中，不得正。外卦之中位，即五爻称之为君位，其他的爻位，则称之为臣位，古代以“九五”代称帝位或皇位。如果居五爻的是阳爻，那么既得中又得正，中正美极也。如果居第五爻的是阴爻，则只得中不得正。在《周易》看来，既中且正是吉利美善的象征。例如《否》卦䷋，六二和九五，处于内卦和外卦之中位，阴爻处阴位，阳爻处阳位，故既得中又得正；《既济》卦的二、五爻也是既得中又得正，所以《周易·彖辞》曰：“刚柔正而位当也。”

《周易》作者更重视“中”，《未济》卦九二爻，其《象》曰：“九二贞吉，中以行正也。”“九二”是刚爻柔位，本来不正，但由于得中，“中”比“正”重要，所以《象传》说：因为得中，所以行正。《泰》卦䷊，九二爻和六五爻均得中但都不得正。但《泰》九二：“得尚于中行”，九二《象》曰：“得尚于中行，以光大也。”《泰》六五：“以祉元吉”，六五《象》曰：“以祉元吉，中以行愿也。”在《周易折中》中程子曰：“正未必中，中则无不正也，六爻当位者，未必皆吉，而二、五之中，则吉者独多，以此故尔。”可见，“中”在古人心目中是多么的重要。

六十四卦中二、五爻辞，表达吉利者占绝大多数。但也有少数的例外。虽处二五之位，还要受到的其他因素的制约和影响。例如，《屯》卦的九五爻辞为：“小贞吉，大贞凶。”《履》卦的九五爻辞为“夬履，贞厉”等。总之，《周易》重视中位、坚守中道的思想是显而易见的，后来的道家和儒家都由此吸取到了丰富的营养。

3. 中正的意义

处中曰“中”，当位曰“正”，《周易》特别崇尚“中正”。《周易·乾文言》曰：“大哉乾乎！刚健中正，纯粹精也。”在《周易》作者看来，“中正”有美善至极的性质，最早倡导“居中守正”的思想。

中正有哲学的意义。《中庸》相传是孔子的孙子子思所撰。子思在《中庸》开篇便说道：“中也者，天下之大本也；和也者，天下之大道也。致中和，天地位焉，万物育焉。”《中庸》一书最先表明了“执两用中”思想。“执其两端，用其中于民”①，也就是兼顾了两端的性质，将二者的能量运用于“中和”，进而产生前

① 《中庸》。

进的动力。阴阳交合而有天地，有天地然后有万物，所谓孤阴不生，孤阳不长，只有阴阳中和才“万物育焉”。

中正有伦理学的意义。这里可以用到“宥坐之器”的典故：相传古代有一种器皿，称为“宥坐之器”，这种器皿，注满水就要倒下来，空了则呈现倾斜状，恰当的水量则是端正的。史载孔子观于鲁桓公庙而有欹（qi 音欺，倾斜）器焉，孔子问守庙者曰：“此为何器?”守庙者曰：“宥坐之器。”解释为就是放在座右，作为劝诫的器皿。孔子曰：“吾闻宥坐之器，满则覆，虚则欹，中则正，有之乎?”对曰：“然。”孔子使学生子路取水而试之，满则覆，中则正，虚则欹。孔子喟然叹曰：“呜呼，恶有满而不覆者哉!”哪里有满而不倾覆的道理啊！子路曰：“敢问持满有道乎?”孔子曰：“持满之道，挹而损之。”子路曰：“损之有道乎?”孔子曰：“高而能下，满而能虚，富而能俭，贵而能卑，智而能愚，勇而能怯，辩而能讷，博而能浅，明而能暗，是谓损而不极。能习此道，惟至德者及之。易曰：‘不损而益之，故损；自损而终，故益’。”① 这个典故最先见于《荀子·宥坐》，后来《淮南子·道应训》、《说苑·敬慎》等均有记载。

孔子从“宥坐之器”中悟出了“谦受益，满招损”的深刻道理，所谓中正之道就是：身居高位而能善待下人，盈满而能虚己，富足而能节俭，尊贵而能处卑贱，机智而能自甘愚拙，勇敢而能自居怯懦，雄辩而能自甘木讷，博大而能自居浅薄，贤明而能自居暗弱。减损一些而不让它达到极端。德行高的人是明白这个道理的。最后孔老夫子借《周易》损益两卦而感叹曰：“自损者益，自益者缺。”② 其独特的见解可谓精辟至极！老天是公平的，能自损者，天则补益之；不能自损而益满者，天损之。“宥坐之器”意在警示人们中而正、过犹不及的道理。其实，一部《周易》，在强调变化的同时，就是在讲中而正，讲过犹不及的道理（见图 5-4）。

图 5-4　古代的“宥坐之器”

中正还有美学的意义。公元前 3 世纪中国诗人宋玉曾经在《登徒子好色赋》中描绘一位美人说：“增之一分则太长，减之一分则太短；着粉则太白，施朱则太赤。”这里描绘的是一位美女，其身体和容貌都恰到好处，这就是《周易》所追求

①② 《说苑·敬慎》。

的“中正”原理。《周易》的“中正”在美学意义上便是讲究对称和均衡。中国的楹联、字画的结构与布局、诗词里的对仗，乃至民间的对联或剪纸，莫不以对称和均衡为美。对称和均衡的审美意识还集中体现在古代建筑文化中，体现在为皇城皇宫“居中得正”的设计中。古都北京有一条著名的南北方向的中轴线，这条中轴线东西两侧的建筑均和谐对称，它南起永定门，中经正阳门、天安门、端门、午门，经过故宫三大殿（太和殿、中和殿、保和殿），再经过乾清宫、坤宁宫、神武门、景山、地安门，直到北边的鼓楼和钟楼止，直线距离长约7.8公里。这种城市的布局是基于《周易》“中正”思想规划的。

（二）承和乘

古人依六爻所居位次、性质和距离的不同，创造出了“承、乘、比、应”的关系，以此来解释《周易》经文，这在《易传》中已提及。汉代易学家又进一步加以发挥，成为后世读《周易》时须掌握的重要观念。

1. 何谓承和乘

所谓承，在一卦中，如果阳爻在上位，阴爻在下位，则阴爻对于阳爻来说，称之为“承”。承，有承接，承续之意。所谓乘，在一个卦体中，如果阴爻在上位，阳爻在下位，则上位的阴爻对于下位的阳爻称之为“乘”或“乘附”。乘，有乘凌，压服之意。其实承与乘，所说的是一回事，就是一卦中相邻两爻之间的关系，在下之爻为承，在上之爻为乘。

2. 承和乘的意义

如果上爻为阳，下爻为阴，则为阴承阳，阳乘阴，此种关系为顺向关系；反之，如果上爻为阴，下爻为阳，则为阳承阴，阴乘阳，此种关系为逆向关系。在《周易》作者看来，顺则吉，逆则不吉。如《小过》卦，震上艮下。下卦爻象六二承九三，为阴承阳；上卦爻象六五乘九四，为阴乘阳。所以《象》曰：“不宜上宜下，大吉。上逆而下顺也。”再如《巽》卦䷸，巽上巽下。《彖》曰：“柔皆顺乎刚，是以小亨，利于攸往，利见大人。”就是说初六、六四（两阴爻）各处阳爻下，柔皆顺刚，无所违逆，所以亨通。然而若阴乘阳，则为逆、为凶。如《归妹》卦䷵，震上兑下。《彖》曰：“征凶，位不当也。无攸利，柔乘刚也。”说的是六三凌驾九二，六五凌驾九四，都是不吉利的。再如《屯》卦䷂，坎上震下。《象·六二》曰：“六二之难，乘刚也。”意思是说六二凌驾于初九上面，如此会碰上灾难的。相似的还有《豫》卦䷏，震上坤下。《象·六五》曰：“六五贞疾，乘刚也。”意思是说由于六五以阴柔凌驾于九四阳刚之上，即使“处中”，合于正道，但也是重病之象，不吉利。

《周易》揭示阴爻承阳爻的意义，象征卑微顺承尊高，柔弱者顺承刚强者。此时阳爻居阴爻之上，常不言乘，而强调为承，爻义多吉善，因为它认为这是常理。《周易》以阴爻乘阳爻为“乘刚”，象征弱者乘凌强者，小人乘凌君子，此时阴爻居阳爻之上，爻义多不吉善，因为它认为这是一种舛错。承乘说反映了《周易》“阳尊阴卑”、“扶阳抑阴”的基本思想。

（三）比和应

1. 何谓比和应

所谓比，一卦中，逐爻相连谓之“比”。例如，初爻与二爻比，二爻与三爻比，三爻与四爻比，四爻与五爻比，五爻与上爻比。所谓应，在一个卦中，下卦三爻与上卦三爻皆两两相应，即初爻与四爻，二爻与五爻，三爻与上爻有着一种互相呼应的关系，称为“应”。一阴一阳为对应之爻，则可交感，谓之“有应”。如果是阳爻与阳爻，阴爻与阴爻，则不能交感，那就是“无应”或“敌应”。凡阳爻在上，阴爻居下又谓之“顺应”。如《否》卦䷋，乾上坤下。初六应九四，六二应九五，六三应上九。反之，阴爻在上而阳爻在下，谓之“逆应”。如《泰》卦䷊，坤上乾下。六个爻均为“逆应”。

2. 比和应的意义

爻位互比的关系，象征事物处在相邻环境时的作用与反作用，往往在其他因素的交互配合下，影响爻意的吉凶。例如，《比》卦䷇，坎上坤下。其六四爻辞说：“外比之，贞吉。”这是说《比》卦之六四爻，与内卦初六爻形成“敌应”；但与外卦九五构成比的关系，由于两爻都“当位”，六四处于和九五的和谐之比的关系中，所以《象·六四》曰：“外比于贤，以从上也。”和贤明人亲近，向上追求，总是吉祥的。

爻间相应说，实际上是当位说的一种补充。例如，《恒》卦䷟，震上巽下。六个爻均“有应”，即内卦初六和外卦九四相应，内卦的九二和外卦的六五相应，内卦的九三与外卦的上六相应，所以《周易·彖辞》曰：“刚柔皆应，恒。恒亨无咎利贞”。再如《艮》卦䷳，艮上艮下。六个爻均“敌应”，所以《周易·彖辞》曰：“上下敌应，不相与也。”总之，《周易》作者认为有应则吉；敌应则凶。

第二节 《周易》数的知识

一、数的概述

（一）数观念的产生

1. 数来源于象

占卜一定要凭借着象和数，象好取之，仰俯皆是，数来自哪里？数来自于观象，实际也来自于仰俯。在古人看来，有象就有数，一切物象的背后都有数字的关系。《后汉书·律历志》说："古人之论数也，曰物生而后有象，象而后有滋，滋而后有数。然则天地之初形，人物之既著，则算术之事生矣。纪称大挠作甲子，隶首作数，二者既立，以比日表，以管万事。"这里，清晰交代了数来源于象，"天地之初形，人物之既著，则算术之事生矣。"同时，短短的几句话里还有两层意思，其一，肯定了数学在生活中的重要位置，"以比日表，以管万事"，也就是说，古代的象数之学，既可以运用于天文、地理、历法、节气等大事，也可以运用于人们的日常生产和居家过日子的小事。其二，概括出了人认识的一个基本途径，即所谓"物生而后有象，象而后有滋，滋而后有数"，人们的数字概念来源于对现实生活的物象的认识。即产生于观天象、观地形，产生于物候的观察与体验，总之产生于日常的生产与生活实践中。

2. 易起源于象数

有象则有数。数字积累多了，并知道了数与数间的关系，数学就产生了；数字和生活中各类物理现象之间的联系多了，不同的学科知识也就产生了。没有数的概念就没有真正的知识，所谓数学是科学之母的道理就在这里。易起源于象数也逐渐成为易学界的共识。所以古人云："伏羲画八卦，由数起。"[①] 从《周易》的观点看：世间万事万物，莫不有其定数。易学之数实际上是世界上最早的一部具有独特风格的数理哲学，正是在这个意义上，宋末大学问家王应麟在《困学记闻》中称："《易》者，数之原也。"现代哲学家冯友兰先生称《周易》是一部"宇宙代数学"。

（二）古代的"结绳"偏于计数

1. 如何理解"结绳记事"

传统说到"结绳"，寻常认为这是古人记事的方法。一些人认为上古无文字，结绳以记事，也许是不错的。也许结绳产生于观天象，产生于物候，总之产生于日常的生产与生活诸事之中。例如，人们认为"结绳"和文字起源相联系。《周易·系辞下》曰："上古结绳而治，后世圣人易之以书契"。汉代郑玄在《周易注》中表明："古者无文字，结绳为约，事大，大结其绳，事小，小结其绳。"唐代孔颖达疏："结绳者，郑康成注云，事大大结其绳，事小小结其绳，义或然也。"[②] 孔颖达赞同郑玄的见解。晋代葛洪在《抱朴子·钧世》曰："若舟车之代步涉，文墨之改结绳，诸后作而善于前事。"显然多数人认定结绳记事是文字产生之前帮助人记忆的方法之一（见图 5－5、图 5－6）。

① 《汉书·律历志》。

② 孔颖达：《五经正义》。

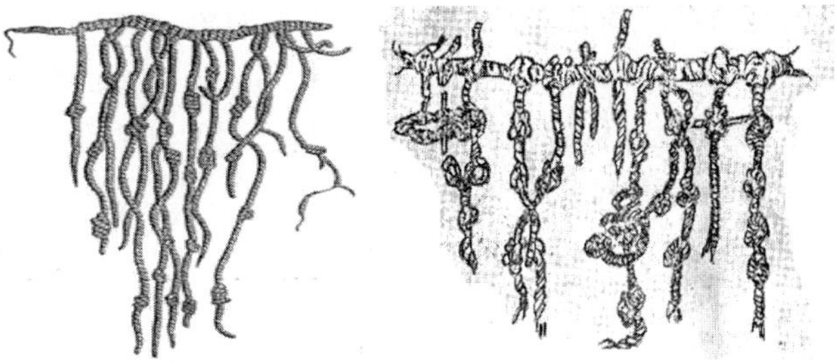

图 5－5　结绳记事的历史印迹图

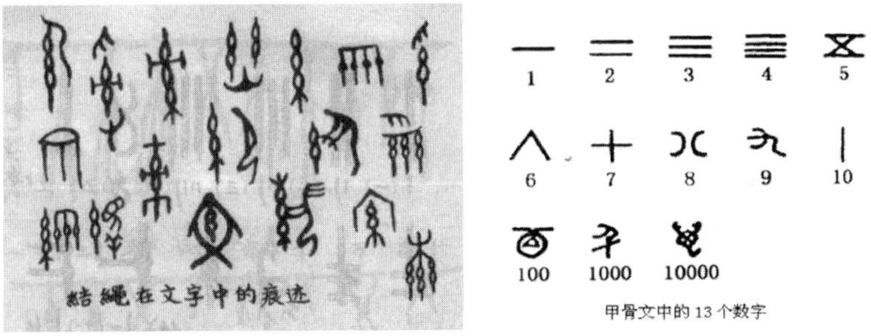

图 5－6　结绳记事在文字中的印迹

2. 结绳的主要功能在于计数

我们认为结绳主要的功能在于计数。注意“计”和“记”的细微差别。我们认为即便是记事也是偏于记录事情中的数量关系，而并不是事情的本身。很难想象结绳能准确表达一天中所发生的不同事情。据古书记载：“古者无文字，其有约誓之事，事大，大其绳，事小，小其绳，结之多少，随物众寡，各执以相考，亦足以相治也。”① 这段话已经透露了结绳偏于记录事情的规模或数量的关系。古人常一件事打一个结，两件事打两个结，三件事就打三个结，结绳为着计数。据说波斯王大流士给他的指挥官们一根打了 60 个结的绳子，并对他们说：“爱奥尼亚的男子汉们，从你们看见我出征塞西亚人那天起，每天解开绳子上的一个结，到解完最后一个结那天，要是我不回来，就收拾你们的东西，自己开船回去。”由此可见，古人结绳似乎更偏于记录事件内所涉及的数量关系。

二、“易数”及其正确的理解

（一）两类“易数”

1. 易象之数

易象之数可细分为具象之数和抽象之数。具体形象之物的数量表达叫做具象

① 《易九家言》。

之数；如天地阴阳为两仪，表达数字为2；四季为四象，表达数字为4。八卦为8个经卦，六十四卦是64个卦象，爻象或为3爻，或为6爻，都可认作具象之数。抽象之数：易数也来自于周易对抽象概念的把握，如事物的本质、特性、方位、运动轨迹等用数量加以推算和测定，这就称为抽象之数。如先天八卦之数、后天八卦之数、五行各表达之数、干支各表达之数等。

2. 易理之数

易理之数可以理解为认识之数，自为之数。易理之数可细分自然之数和社会之数。自然之数可以理解为物理之数，自在之数，就是大自然所呈现的可以用数量关系表达的一切现象，如包含年月日在内的历法、节气，一切物体的面积、体积，时间和空间等数量的表达。社会之数是义理之数，也是人文历史之数。易理之数也有具象和抽象之分，有简单具体之数和复杂复合之数之别。

（二）数术与术数

1. 数和术的差异

讲《周易》的易数，要注意与易数相关概念的区别和联系。首先是数术与术数之间有联系，二者都在运用“数”，也都有将“数”神圣化或神秘化的倾向，为此，多数学者将二者认作同一概念，这是不适宜的。我们应当看到二者的区别是主要的方面。中国古代之“数”，皆术。“术”古代原意是指道路，后引申为方法和技术技巧。术之功能在于辨识、在于弥合。如万物皆方圆，万物皆循理，万物皆具定数，以术辨之、合之；形可由圆而方或方而圆演绎，理可合见也可分见，数既可排序定位，也可加减乘除。数术和术数，词序颠倒，一些人认为二者同义，其实不然。术指的是方法、技巧；数指的是宇宙及人事间的生灭规则，亦可以理解为世事的气数和命运存在区间的数量关系。

2. 数术与术数的区别和联系

术数一般是指包含有某种迷信成分的一种方术，偏于带有巫术性质的神秘主义的方法和技术的方面。术数虽然包含数，但这里的“数”仅是为“术”服务的工具。术数常以卜筮、风水、命理、占梦等多种形态的预知方法为基本特征，运用阴阳五行生克制化理论为主要方法，求知推测吉凶的一种民间法术。

数术则是偏重于自然中的数量关系，倾向于理性与科学的方面。中国古代数字皆文字，并不像现代科学将数学与文学的学科分别清晰。数术虽有“术”的痕迹，但追求的是现象后面的数量关系，具有正确认识世界的指向性。数术有列数为学，细分有“数技”、“数术”、“数法”之别。数技为十个个位数字，是为大数，具有名学的意义。如数之性质，定义、定位、定序、定律、定向；如所谓上下前后中，先后左右中，东南西北中等。《易》称之为“大数”，一二三四五六七八九十为数之全定，其实有数之哲学的意味。数术为十百数内，是为中数。数法为千万数间，是为小数。由小数又引出所谓算数。列算为技为学，细分又有“算技”、“算术”、“算法”之别。

周易中的“易数”概念中既包含着术数，也包含着数术，虽然二者都涉及数理的运用，但运用的目的、途径和方法都是不同的。周易中的术数越来越疏离科学的数理，而周易中的数术越来越接近科学的数理，体现出不同的趋势性。数理原理正确运用的程度，是判别周易理论的科学性和合理性的一个重要尺度。

（三）数理和义理的紧密结合

数理是直接用数字表达数量关系；而义理则包含着“数”，是周易“数”的延伸，是间接地表达数字关系。我们理解数字是为理解道理服务的。孔子就具备这样的见解，他说：“幽赞而达乎数，明数而达乎德，又（有）仁德者而义行之耳。”[①] 天地间的道理中无不包含着数，而数中也必然蕴涵着无穷的道理。《黄帝内经》云：“天地之至数，始于一而终于九焉。”“一天二地三人四时五音六律七星八风九野”，“一法天，二法地，三法人，四法时，五法音，六法律，七法星，八法风，九法野”，即指1—9各数均有其代表的内涵，在此并不是单纯的数字。如1数，奇数之首，指天和阳。古人认为天最大，故一天，在卦为乾。2数，偶数之首，指地和阴，故二地，在卦为坤。3数，指人与万物。所谓“有天地，然后万物生焉”、“三生万物”、“三人为众”、“数不识三，妄谈知十”[②]，故三人，在卦为屯。4数，指四时和四方四象。古谓“四象既分，五行以出”[③]，故四时，在卦为蒙。5数，指五行及核心。五含“中”意，中央为五，古谓“惟精惟一，允执厥中”[④]。五音指的是宫、商、角、徵、羽五种声音。古代常将五音与五行和五方相配，故五音，在卦为需。6数，指节律。律原指古代的音律，即定乐器的标准，后来转义泛指音乐。古人又谓“地以五为制，天以六为节”[⑤]，万物均表现为节律，故六律，讼为法律的转义，在卦为“讼”。7数，指七星，即日月木火土金水。易云：“反复其道，七日来复，天行也。”[⑥] 又云：“师出以律，失律凶也”[⑦] 故七星，在卦为师。8数，指八风，即说为八方来风；由八卦不同气所生，意指八卦。另一说为八种季候风；还有一说指八种境遇：利、衰、毁、誉、称、讥、苦、乐。唐王维《能禅师碑》谓：“不着三界，徒劳八风。”故八风，在卦为比。9数，指九野，犹如天地，所谓“天有九野，地有九州”[⑧]。“九野，即八卦九宫之位也。”[⑨]九野即为九宫。故九野，在卦为小畜。

---

① 马王堆帛书《易·要》。

② （汉）徐岳：《数术记遗》。

③ （明）张介宾：《类经》。

④ 《尚书·大禹谟》。

⑤ 《黄帝内经》。

⑥ 《周易·彖辞·复》。

⑦ 《周易·彖辞·师》。

⑧⑨ 《吕氏春秋·有始》。

三、《周易》中的数理知识

（一）《周易》文本之数

注意，在不同系统下，同一个概念下的数字会有所不同。换句话说，某一概念所代表的数字不是僵死的，也不是单一的。

1. 卦爻之数

乾为纯阳之卦，其爻三画，为奇数。坤为纯阴之卦，其爻六画，为偶数。八卦中震、坎、艮三卦其爻皆五画，五为奇数，奇数为阳，故此三卦为阳卦。巽、离、兑三卦其爻皆四画，四为偶数，偶数为阴，故此三卦为阴卦。八卦以奇偶数而分阴阳两大类。三爻的八卦重之，即两两重叠，而为六爻的六十四卦。六十四卦各有其序位数字，只要有一个爻数或一个爻位发生变化，整个卦象就要发生变化，其排列的序数也就跟着变化了。六十四卦每卦 6 爻，计有 384 爻，而乾坤两卦各多一爻，总计 386 爻。这是卦爻中一些基本数字。还有先天八卦排列之数，后天八卦排列之数。还有六十四卦的不同排列所产生的数字等。

2. 天地之数

《周易·系辞上》曰："天一地二，天三地四，天五地六，天七地八，天九地十。天数五，地数五，五位相得而各有合。天数二十有五，地数三十，凡天地之数，五十有五，此所以成变化而行鬼神也。"此是指一至十的数目中，奇数为天的象征数，偶数为地的象征数。五个奇数 1，3，5，7，9 相加为天数（阳数），五个偶数 2，4，6，8，10 相加为地数（阴数），所以，天数之和 25，地数之和 30，而奇偶数之和，即 $25+30=55$，便是天地之数。同时有说法认定天地之数是"大衍之数"之本。

3. 大衍之数即为成筮之数

《周易·系辞上》曰："大衍之数五十，其用四十有九。分而为二以象两，挂一以象三，揲之以四以象四时，归奇于扐以象闰。五岁再闰，故再扐而后挂。"这一段话讲的是古代占筮的成卦之法，包含着严格的加减乘除四则运算。经过所谓分二、挂一，揲四、归奇的过程而后谓之一变，三变成一爻，十八变得六爻便成一卦。挂一，就是减一。扐四，即除以四。归奇于扐，奇指余数，即是去掉余数（若无余数，则去掉最后一个四）。由此可见，易数包含有早期的数字运算。

这里只讨论一个问题，即大衍之数等于天地之数。历代注家几乎都说："大衍之数五十"。唯独汉代的《易纬·乾凿度》说："大衍之数，五十有五。"金景芳先生在 1939 年写的《易通》那本书里认为大衍之数即是天地之数，他说："'大衍之数五十'，有脱文，当作'大衍之数五十有五'，脱'有五'二字。"① 后来，高亨先生的《周易大传今注》和徐志锐先生的《周易大传新注》均采取此说。为什么大衍之数五十五，而只用四十九来演算呢？三国时学者姚信、董遇说似乎较近情理："天地之数五十有五，其六以象六画之数，故减之而用四十九。"② 故算作合理的解释吧。

4. 河洛之数

在了解河洛之数的时候，我们先要了解古人的"生数"和"成数"概念。何为"生数"？是指一、二、三、四、五这五个数；何为"成数"？是指六、七、八、九、十这五个数。先看下面的几个算式：

$1+5=6$；　$2+5=7$；　$3+5=8$；　$4+5=9$；　$5+5=10$

由上面的算式可见，在一至十这个自然数列中，六、七、八、九、十这五个数是由一、二、三、四、五分别加五得到的。由此在古人看来，一、二、三、四、五便是"生数"，六、七、八、九、十则是"成数"。

《河图》、《洛书》宜附图讲解，在后面的易图部分还将讲到。这里仅就《河图》、《洛书》的数字关系做个交代，二者都有数字的口诀（见图5-7、图5-8）。

《河图》

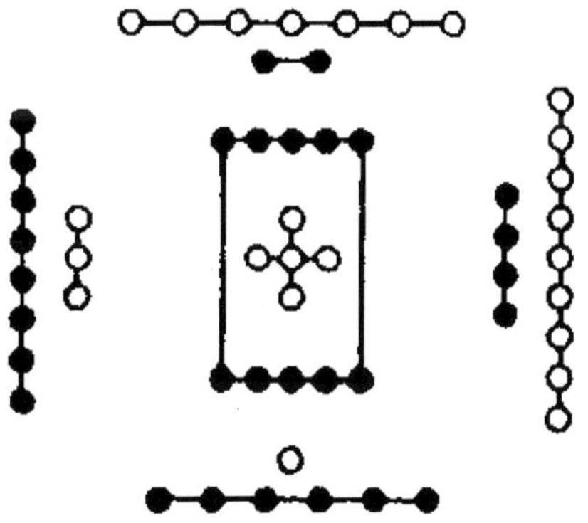

图5-7　《河图》之数

《洛书》

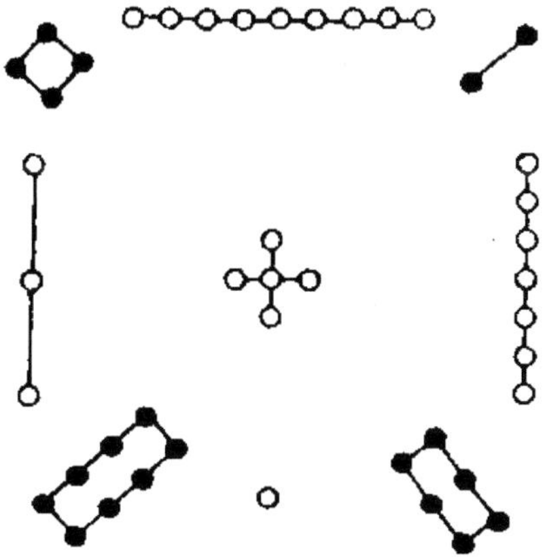

图5-8　《洛书》之数

《河图》口诀是：一与六共宗而居乎北，二与七为朋而居乎南，三与八同道而居乎东，四与九为友而居乎西，五与十相守而居乎中。各相对的两数差都是五。除了中央的五与十以外，奇数一、三、七、九，偶数二、四、六、八，都按顺时针方向排列，共有十数，合计数目为五十五。所以有说法为《河图》之数乃"天地自然之数"。

《洛书》的口诀是：戴九履一，左三右七，二、四为肩，六、八为足，五居中

① 《学易四种》，吉林文史出版社1987年版。

② 姚信：《周易注》。

央。《洛书》的数字特点是奇数的五在中央，一在北方，三在东方，九在南方，七在西方。偶数分占四角，除了中央的五以外，相对两数的和都等于十，横竖斜三个数字相加均为十五。洛书共有九数，合计数目为四十五。

（二）周易文化之数

1. 五行之数

五行即指金、木、水、火、土，五行所代表的数字不是固定不变的。当五行与不同的知识或系统相配合时，就会产生不同的数字。大致有这样几个方面的变化：

（1）五行自身排序。五方顺序是东南西北中，五行与五方相配，因此，木 1、火 2、金 3、水 4、土 5。

（2）从《河图》的角度看五行之数。《尚书·洪范》曰："五行之生序也，天一生水，地二生火，天三生木，地四生金，天五生土。"从《河图》角度看来，一二三四五为"生数"，六七八九十为"成数"，因此，1、6 属水，位居北方；2、7 属火，位居南方；3、8 属木，位居东方；4、9 属金，位居西方；5、10 属土，位居中央。

（3）从《洛书》的角度看五行之数。《洛书》的数字格局是：戴九履一，左三右七，二、四为肩，六、八为足，五居中央。《洛书》的方位遵循的是后天八卦的方位，五行与方位是对应的。这样，五行的数字便也规定了：数字 1、3、7、9 为四方，具体是东为木为3；南为火为9；西为金为7；北为水为1。数字2、4、6、8 为四维，具体是 2 为西南；4 为东南；6 为西北；8 为东北。

（4）"五行"与八卦有对应关系。震巽为木，坤艮为土，乾兑为金，离为火，坎为水。运用五行，若以先天八卦的方位看，会有一组数字的表达；若以后天八卦的方位看，还会有另一组数字的表达，是不一样。日常运用时，人们多采用的是后天八卦的数字系统，即《洛书》之数的表达。

2. 干支之数

当天干地支与不同的知识或系统相配合时，也会产生不同的数字。大致有这样几个方面的变化：

（1）干支自身的排序。天干数字：甲乙丙丁戊已庚辛壬癸分别代表 1—10 个数字；地支数字：子丑寅卯辰巳午未申酉戌亥分别代表 1—12 个数字。数字还分别有阴阳的属性，单数位属阳，偶数位属阴。

（2）与五行结合的干支之数的表达。仍旧有阴阳的属性的表达，单数位属阳，偶数位属阴。甲乙为木，1 为甲木，2 为乙木；丙丁为火，3 为丙火，4 为丁火；戊已为土，5 为戊土，6 为已土；庚辛为金，7 为庚金，8 为辛金；壬癸为水，9 为壬水，10 为癸水。

（3）与历法和时间结合的干支之数的表达。月份是寅打头，1—12 月分别是寅卯辰巳午未申酉戌亥子丑。时间以时辰计算，一个时辰两个小时，由子时始，是由23时至1时，丑时是1时至3时，以此类推，亥时是21时至23时。

3. 数理的应用及其意义

由于现实生活的情况非常复杂，应用数理的标准和条件就不能够定死或者统一。还有其他获取数值的方法。例如，方位或方向的不同数字，季节的不同数字，时辰的不同数字，物件表征所体现出的不同数字，汉字笔画的不同数字，等等。周易里的“数”是占卜的重要依据，卜筮者在可能的条件下搜集更多的数字，扩展其视野，拓宽其渠道，提高其预测的准确率，无可厚非，理所当然。不可否认，由于依据的多元化，导致数字系统也必然多样化，为卜筮者的有意识选择留出了周旋的余地，也为其自圆其说预留了退身的后门。

第三节 周易文化的易图知识

一、《河图》与《洛书》

（一）关于河洛之学

1. “河图”与“洛书”到底是什么？

河图与洛书是一种古老的传说，尤其是“河图”更加古老。“河图”最早见于文字记载的是《尚书·顾命篇》，说的是周成王去世，周康王即位，在即位大典上，陈列着各种玉器，其中有一件就是“河图”。这个“河图”是什么样子？是平雕的图案？还是圆雕的立件？由于这块玉失传，至晚在秦代，人们就已经弄不清“河图”的样子了。稍晚于《尚书》的是《论语》中的记载。孔子说：“凤鸟不至，河不出图，吾已矣夫！”[①] 就是说，凤凰不来，黄河里不出图，我就要完了啊！从孔子的话可以看出，“河图”是和凤鸟一样的祥瑞，并且是可以多次出现的东西。《论语》以后，是《易传》中的记载。《周易·系辞上》说：“河出图，洛出书，圣人则之。”《易传》在“河图”以外，又说出了“洛书”，至于“圣人则之”，具体干什么，《易传》没有说清楚。也就是说，《易传》没有说圣人则按照“河图”、“洛书”画了八卦，《易传》偏于相信八卦来源于仰观俯察之说。

汉代儒者对此仍没有说清楚。孔安国说“河图”，就是圣人据以画八卦的东西。刘歆和班固也认为，“河图”是圣人画卦的根据，不过他们谁都没有说出“河

① 《论语·子罕》。

图”的样子。至于“洛书”，刘歆认为就是《尚书·洪范篇》。班固则认为“洛书”仅是《洪范》篇中若干文字，即《洪范九畴》出典。西汉后期的《春秋纬》说，“河图”有九篇，“洛书”有六篇，似乎二者都是书籍。东汉人郑玄相信《春秋纬》的话。汉代纬书中有许多黄河出图的故事。纬书《论语比考谶》中载说是帝尧率领舜等到了黄河边，有赤龙献“河图”，“河图”上有字道：“帝当枢百，则禅于虞”。讲是舜受“河图”，图间有“地形之制，天文位度之差”①。依此说法，“河图”应是一幅带有文字说明的地图。汉人说不清就使得传说渐多，开始假托于龙马和神龟的神话：据说古时，黄河中出现背上有图形的龙马，洛水出现背上有图形的神龟，这些都是祥瑞的征兆，伏羲依据“河图”画出八卦，大禹依据“洛书”，制订了“九畴”，即治理天下的九类大法。

2. “河洛”多数宋代学者认定是黑白点的两幅图

宋人发挥《易传》所云“河出图，洛出书，圣人则之”诸语，称发现了已失传多年的《河图》和《洛书》，这便是今所见的以黑白点为特征两幅图形。图中以白点表示奇数的阳数，以黑点表示偶数的阴数，数字配置极其巧妙，颇有蕴意。宋人由此认定《河图》、《洛书》是八卦的源泉，因而也是整部《周易》的源泉。自宋出现以黑白点为特征的《河图》和《洛书》后，争辩声便不止。南宋学者王应麟在《困学记闻》有一段议论：“欧阳公以《河图》、《洛书》为怪妄，东坡云：‘著于《易》，见于《论语》，不可诬也。’南丰云：‘以非所习见，则果于以为不然，是以天地万物之变为可尽于耳目之所及，亦可谓过矣。’苏、曾皆欧阳公门人，而论议不苟同如此。”由王应麟的议论可见，欧阳修对《河图》、《洛书》持怀疑态度，而他的门徒苏轼和曾巩二人则表达了与恩师不同的见解。至今，《河图》、《洛书》话题仍然没有说清楚，肯定方面和否定方面的论据都是不充分的。

究竟两幅图哪幅是《河图》？哪幅是《洛书》也有分歧。邵雍在《观物外篇》讲：“天圆而地方……圆者《河图》之数，方者《洛书》之文。”朱熹进一步解释认为，“圆者《河图》之数”说的是《河图》四角没有数，因而为圆，“方者《洛书》之文”说的是《洛书》四角有数，因而为方。由于朱熹的权威性，后人便把五十五点的图认作为《河图》，四十五点的图认作为《洛书》了。而这在之前，不但并不定论，甚至二者是相反的。宋人刘牧所献出的最初的《河图》、《洛书》和我们今天所见正好相反，即五十五点图为《洛书》，而四十五点图为《河图》。

清代一些学者抓住了宋人的分歧以及论据不足的要害，认为现行的《河图》、《洛书》绝非远古时代的东西，乃是宋人之伪作，对此不以为然，表示可以不予重视。但另外一部分学者则看重这两幅图，认为图中的黑白点及其分布与阴阳、五行、八卦确有其关联，蕴含着极其丰富的内容，其内在道理，对后世之天文历法、中医学、兵家排兵布阵等都有较大的影响，它应该不是宋人的臆造。

① 《春秋·运斗枢》。

（一）关于《河图》

1.《河图》的内涵

《河图》由黑白点构成，图中以白点表示奇数、即阳数；以黑点表示偶数、即阴数。均以顺时针方向排列，共有十个数，合计为五十五。朱熹在《易学启蒙》中就《河图》之位作口诀曰："一与六共宗而居乎北，二与七为朋而居乎南，三与八同道而居乎东，四与九为友而居乎西，五与十相守而居乎中。"又说："盖其所以为数者，不过一阴一阳，以两其五行而已。""天以一生水，而地以六成之；地以二生火，而天以七成之；天以三生木，而地以八成之；地以四生金，而天以九成之；天以五生土，而地以十成之。"（见图5－9）。

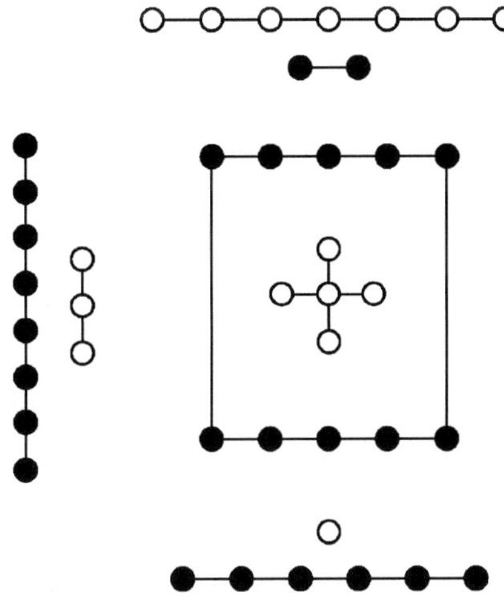

图5－9 《河图》

2.《河图》的意义

《河图》之数受启发于《周易·系辞》："天一地二，天三地四，天五地六，天七地八，天九地十。天数五，地数五，五位相得而各有合。"由于天数二十有五，地数三十。因此，《河图》所谓天地之数为五十五。《河图》之方位排列受启发于郑玄："一六居下，二七居上，三八居左，四九居右，五十居中"。人面对南方站立，所以上方是南，是火，二与七在上方；下方是北，是水，一与六在下方；左方是东，是木，三与八在左方；右方是西，是金，四与九在右方；中央是土，五与十在中央。各个相邻两个数的数差都是五。由于《河图》角上没有数字，所以认定《河图》表现的是天圆之数。

（二）关于《洛书》

1.《洛书》的内涵

《洛书》同样由黑白点构成，图中以白点表示奇数、即阳数；以黑点表示偶数、即阴数。但《洛书》的数字排列有其独特性，《洛书》实乃是古算法之“九宫”之数。《周易本义》曰：“《洛书》盖取龟象，故其数戴九履一，左三右七，二四为肩，六八为足。”《洛书》方位是奇数的五在中央，一在北方，三在东方，九在南方，七在西方，奇数居于四方。偶数分别占据着四角，除了中央的五以外，相对两数的和都等于十，加之中间的五，横排三个数，竖排三个数，对角三个数，其和均得十五。《洛书》共有九个数，因此，《洛书》之数为四十五（见图 5－10）。

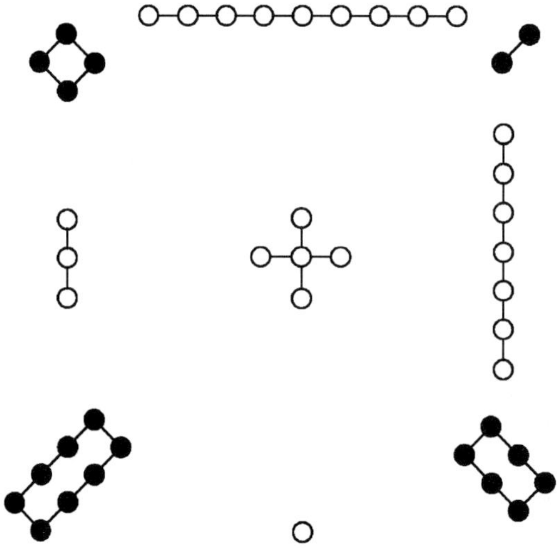

图 5－10　《洛书》

2.《洛书》的意义

《洛书》契合于“九宫”，“九宫”的数字排列始见于《大戴礼记·明堂篇》“二九四，七五三，六一八”，而《大戴礼记》是战国末期的作品。1977 年在阜阳双古堆西汉汝阴侯墓发掘出土的文物中，有一“太乙九宫占盘”（参见彩色插图 21），此文物至迟为西汉时期的文物，其正面按八卦位置和五行属性（水、火、木、金、土）排列，九宫的名称和各宫节气的日数与《灵枢·九宫八风》的首图完全一致。小圆盘过圆心划出四条分线，每条等分线两端刻“一君”对“九百姓”，“二”与“八”相对，“三相”对“七将”，“四”与“六”相对，与《洛书》的布局完全符合。“九上一下，三左七右，以二射八，以四射六”，也与《易纬·乾凿度》所记载相合。太乙占盘在汉墓里的出现，说明洛书至迟于西汉时期已经形成，从而终结了自北宋以来“河洛”真伪的争辩，起码证明了《洛书》上的数字关系并非为宋人所臆造，进而所谓易学中的“图书派”也非“空穴来风”，北宋年间出现的有些“易图”也并非为宋人所臆造。由于《洛书》角上有数字，所以《洛书》表现的是地方之数。

二、太极图

（一）太极图的三种样式

1. 周氏太极图

宋代大儒周敦颐吸取原道教的炼丹图和道教思想，改造并创制了“周氏太极图”。为此写了一篇著名的《太极图说》，全文二百多字，非常精炼，言简意赅地提出了宇宙演化纲领。周敦颐自认为他的太极图表达了《周易》的深刻道理。这个道理是：从无极中产生了太极，太极中产生了阴阳五行。阴阳五行生成了人和物，五行的本性构成了人和物的本性。人与物之间的相互感应产生了运动，从而分出了善恶。圣人以仁义、中正作为做人的标准。而排除欲望使心灵宁静，是达到仁义中正的途径。太极图以及“图说”弘扬了儒家释易之义理的传统，成为儒家士大夫的必读之篇章。周氏太极图同时也为道家所尊崇，道教用此图阐释其教义，后来的道士们在此图基础上将其改造成用于不同目的的各式图谱了（见图 5－11）。

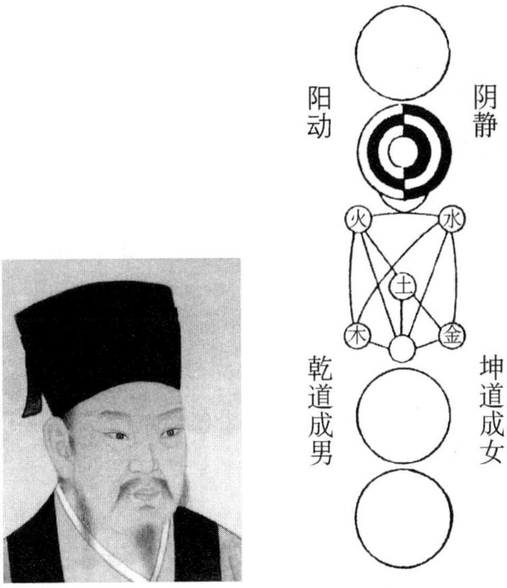

图 5－11　周敦颐和他的太极图

2. 来氏太极图

明代易学家来知德据“先天太极图”改造而成“来氏太极图”有其独特之处。他在解释此图时说：这是圣人作易的本原。理气象数、阴阳老少、往来进退、常变吉凶，都包括在此图中。他还说：伏羲的图讲对待，文王的图讲流行，而我的图，既包括了对待，又包括了流行，是超过伏羲、文王之上的[①]。这是来知德自己

① 《易经来注图解》。

的评价。来知德太极图确有新意，他的太极图中的所谓“流行”，即旋转的气韵确和远古人的对世界的理解有着某种的契合。来知德的太极图和发现于中国西北的马家窑文化彩陶图案相类似。距今五千多年的马家窑文化以彩陶器皿为代表，它的器型丰富多姿，图案极富于变化和绚丽多彩，是世界彩陶发展史上无与伦比的奇观、是人类远古先民创造的最灿烂的文化之一、是彩陶艺术发展的顶峰。而无论是来知德的太极图，还是远古时代的马家窑文化彩陶图案，二者又都与天文星系的存在形态有着一定的相似性，这是令人惊奇的地方（见图 5－12、图 5－13、图 5－14）。

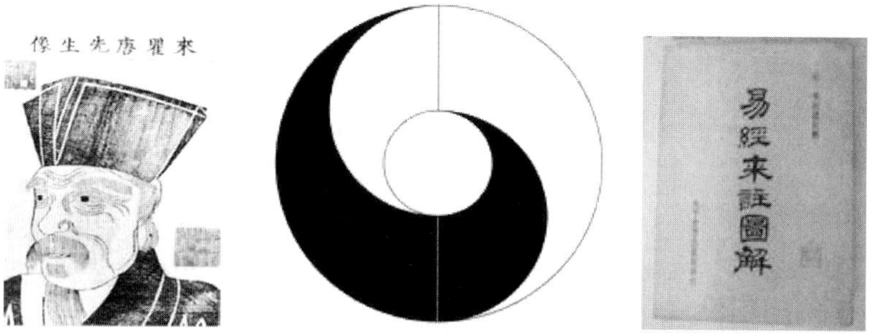

图 5－12　来知德和他的太极图

图 5－13　星系图

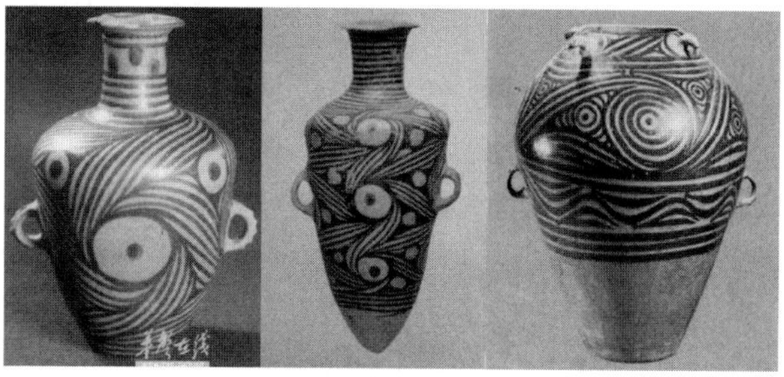

图 5－14　马家窑文化彩陶

3. 先天太极图

先天太极图流传广，影响也最大，是道家和道学书籍以及易学、气功等书籍最爱引用的图式。最早公布该图的是明人赵撝谦。他称此图为“天地自然之图”。谓是：“宓戏（伏羲）时龙马负出于荥水，八卦所以画者也。”并云：朱文公（熹）嘱其友蔡季通（元定）如荆州复入峡，自蜀隐者之手得三图。“太极图”是其中之一，蔡元定秘不肯出，赵撝谦得此图于陈伯敷氏的手中，所谓“熟玩之有太极函阴阳，阴阳函八卦自然之妙”①。明人赵撝谦是最先将太极图与八卦建立起联系的学者（见图 5－15）。

① 《六书本义》。

图 5－15 先天太极图

（二）先天太极图中蕴涵着八卦

先是明人赵撝谦指出此图揭示了八卦的起源，后来清人胡渭延伸了赵氏的思维，详细解释了“先天太极图”隐涵八卦的寓意。胡渭在他的《易图明辨》中称：

“其环中为太极，两边黑白回互，白为阳，黑为阴。阴盛于北，而阳起而薄之：震东北，白一分，黑二分，是为一奇二偶；兑东南，白二分，黑一分，是为二奇一偶，乾正南全白，是为三奇纯阳，离正东，取西之白中黑点，为二奇含一偶，故云对过阴在中也。阳盛于南，而阴来迎之；巽西南，黑一分，白二分，是为一隅二奇，艮西北，黑二分，白一分，是为二偶一奇；坤正北全黑，是为三偶纯阴，坎正西，取东之黑中白点，为二偶含一奇，故云对过阳在中也。坎、离为日月，升降于乾坤之间，而无定位，故东西交易，与六卦异也。”

上面一段话主要阐明了“太极”是怎样蕴含八卦的，并说明黑白表示阴阳二气的运行情状，而八卦的分布有其合理性。当然这个八卦图只能是“先天八卦图”。《周易》古经，未提有“太极”的概念。提出此概念的是《周易·系辞》：“《易》有太极，是生两仪（阴阳），两仪生四象，四象生八卦”。《易纬·乾凿度》亦有太极说。古代的太极生八卦之说，经后来明清人利用先天太极图进行了较形象地解释后，许多人认定的确言之成理（见图 5－16）。

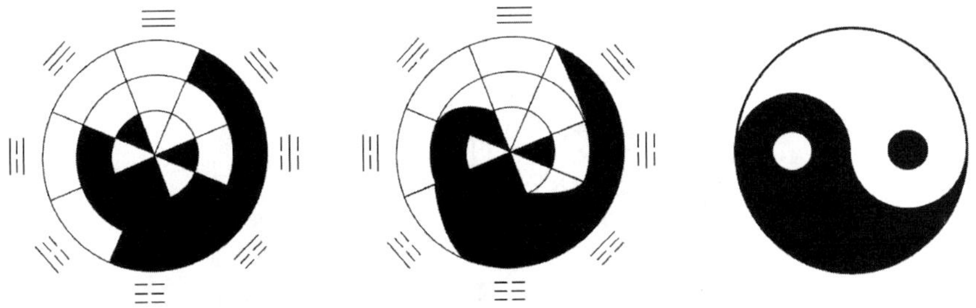

图 5－16 太极图蕴涵先天八卦的示意图

（三）太极图及其意义

太极图在中国几乎与八卦并列，成为家喻户晓的常见图式。道教将其蒙上一层神秘莫测的色彩，甚至认为此图有袪邪除灾之妙用。一般人多从外在形象仅认为具有美感，而不知其内在的含义。学者认为：太者，大也；极者，无限也。所谓“太极”，即宇宙是无限广大的；认为圆性动，是富于生命力的象征，图内呈黑白两色的阴阳鱼，极富动感，两者既依赖又对立，是矛盾双方共处于统一体中的鲜活形态。在国外，这一形象也享有盛誉。韩国推崇太极思想，认为太极图博大精深，乃宇宙之图式，因而定为国旗的中心图案，周围分布天、地、水、火四个卦象。丹麦物理学家，哥本哈根学派首领，获诺贝尔物理学奖的尼尔斯·玻尔（1885—1962），受到中国太极图的启迪，将太极阴阳学说应用于量子力学的研究，提出互补原理，把微观粒子的粒子性和波动性统一起来；为了纪念中国这一古典思想对他的启发，他就把太极图刻在瑞典国王授给他的奖章上，并作为该学派的会徽。许多中外学者均认为此图蕴涵着很深的哲理。

三、六十四卦的卦序图和方位图

（一）原有的圆卦序图和方卦序图

1. 圆图

原称“伏羲六十四卦圆图”，其卦的排列是左边自《复》至《乾》为三十二卦，其中阳爻为一百十二，阴爻为八十。阳爻多于阴爻，阳占优势，故左半圈代表阳。右边自《垢》至《坤》三十二卦，其中阴爻一百十二，阳爻八十，阴爻多于阳爻，阴占优势，故代表阴。圆图以顺时针方向运行，左边为阳，右边为阴。左边自《复》至《乾》是阳长阴消的过程，乾为阳，是阳极盛。其运行可象征春、夏。右边阴卦，自《垢》至《坤》，是阴长阳消的过程，其运行可象征秋、冬。四季循环往复，以至于无穷。卦中之阴阳爻，又可象征昼夜，故《周易折中》引邵雍的话说：“阳爻，昼数也，阴爻，夜数也……春夏阳也，故昼数多，夜数少，秋冬阴也，故昼数少，夜数多。”圆图说明一年四季节气的变化和阴阳二气互为消长，显示一年三百六十日之时间变化（见图 5－17）。

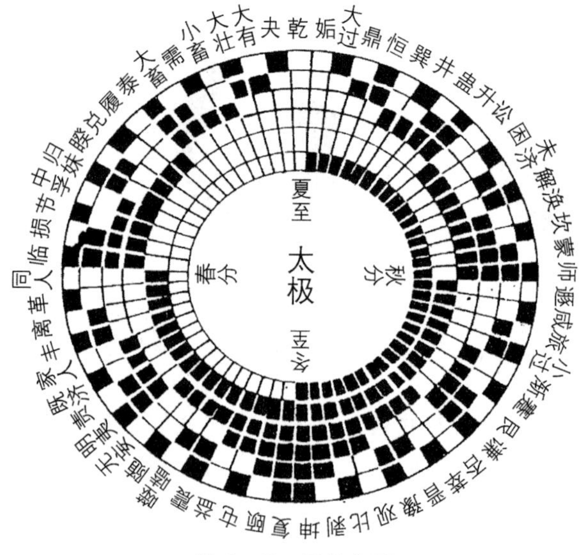

图 5－17　圆卦序图

2. 方图

原为是“伏羲六十四卦次序图”，也称“横图”，是卦的另一种排列形式。形象地体现出六十四卦由倍增得来的情形（见图 5 – 18）。

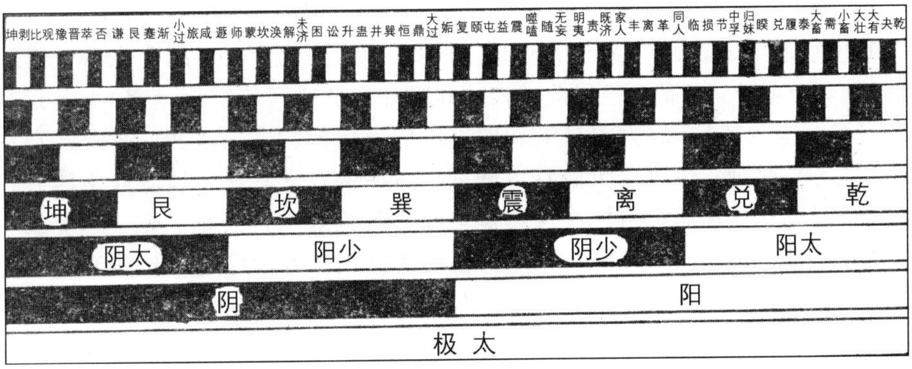

图 5 – 18　方卦序图

（二）方圆结合的《伏羲六十四卦方位图》

朱熹在《周易本义》卷首置放了“方圆合一”的《伏羲六十四卦方位图》。《周易》六十四卦，三百八十四爻，其中阳爻一百九十二爻，阴爻一百九十二爻，阴阳各半；图中阴阳爻错综杂置。圆图像天（圆者动而为天），方图像地（方者静而为地）。圆于外者为阳，方于内者为阴，此图取天圆地方天地相涵之义（见图 5 – 19）。

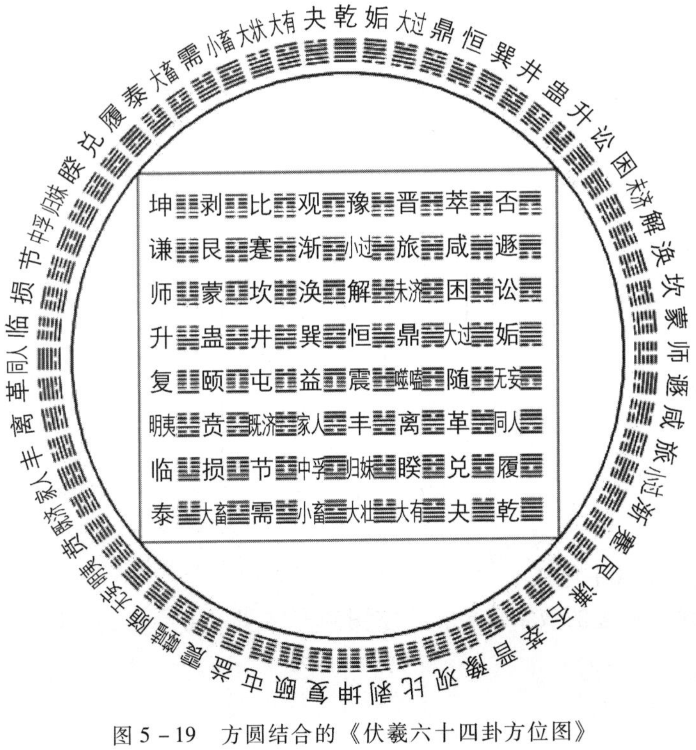

图 5 – 19　方圆结合的《伏羲六十四卦方位图》

将“横图”或者“圆图”分为八段，自下而上，自右向左叠为八层，即可得出方图。此方图排列次序不同于《序卦传》的排列次序。而和《伏羲六十四卦次序图》的排列次序完全一致。它是从《伏羲八卦次序》演化而来，例如，左半圈第一组八个卦，均以《乾》经卦为下卦，再和乾、兑、离、震、巽、坎、艮、坤相组合，即得《乾》、《夬》、《大有》、《大壮》、《小畜》、《需》、《大畜》、《泰》。第二组八个卦均以《兑》经卦为下卦，并以上列次序为上卦，结合成由《履》至《损》的八个重卦。其他几组以此类推。其组合法是拟《乾》至《复》，其运行方法自《复》至《乾》，故方图最下一层一组应为《乾》在右下角，《泰》在左下角，自右至左排列。朱熹着重解释方圆图内方图的意义在于：说明六十四卦各有定位，乾居西北，坤居东南，在这条对角线上排列着八经卦即：乾一、兑二、离三、震四、巽五、坎六、艮七、坤八。这和伏羲八卦方位完全一致。而且在定位中各有对待，例如乾与坤相对、夬与剥相对、大有和比相对……其意义认为空间结构是由三十二个对立面所组成，六十四个方块显示出东西南北的空间分布。总之《伏羲六十四卦方位图》的蕴义是把六十四卦排成圆方图式，指示天地阴阳生成发展的规律①。

四、九宫图和纵横图

（一）关于九宫图

1. 何谓九宫图

九宫图和洛书是一致。天数为奇，表征四方：3 为东方，9 为南方，7 为西方，1 为北方；地数为偶，表征四维：4 为东南，2 为西南，6 为西北，8 为东北。九宫图用 1 至 9 九个自然数配置于不同格位内，巧妙之处是不论每行、每列和对角线，三数相加之和均是 15，显得非常有趣（见图 5－20）。

4	9	2
3	5	7
8	1	6

图 5－20　九宫图

2. 九宫图的数字趣味

九宫图蕴含有趣的数字现象：米字图和万字图（万字不到头图案）。米字图纵

① 朱熹：《周易本义》。

横斜三数相加均为15；万字图由单数始至单数止，5个数，其和均为25。由于各边是三个数，古人也称之为“三阶”纵横图。现如今有填写多组九宫格数字的游戏形式，称之为“数独”。“数独”已经成为了一种国际上的智力竞技形式，并且已经开始在国际上开展了竞赛活动，这项运动对智力的开发和逻辑能力的培育都具有促进的意义，得到了青少年的喜爱。

九宫图本是中国古代数学家发现的一个有趣的数字排列方式。至汉代被谶纬家复杂化神秘化，再而后又为术数家和道教所利用，兴利除弊应是我们的态度。

（二）九宫图配位后天八卦

1. 明堂九室说

古来有“天子坐明堂”说。战国时的著作《大戴礼记·明堂》记载“明堂者古有之也，凡九室。二九四，七五三，六一八”。这个“明堂九室说”的数字就是九宫图。远古明堂形制至今不明，目前能确定的，即整体建筑下方上圆，具体能分为东之青阳、西之总章、南之明堂、北之玄堂、中之太室五大区域。古代天子依不同季节分别在九室轮流居住，春居东方三室，夏居南方三室，秋居西方三室，冬居北方三室，中央之室每季居十八日。这在《礼记·月令》中有所记载。其实，四隅是同一间居室，所以拢共九室，只不过随季节的不同据说开门的方向就不同，而居室名称的叫法便有所不同罢了。

2. 九宫图与后天八卦图的结合

至迟到秦汉，九宫图就与明堂九室、八卦图纠缠在一起，由于这些古代遗产中包含着阴阳四时，五行八卦知识，有一些有趣的数字关系，便被汉代谶纬家利用和发挥，用来解释某些神秘莫测的变化之理。这其中重要的成果就是九宫图与八卦图的结合。九宫图数字配后天八卦方位是周易象数运用的重要方面，也是术数的重要内容，是占断的重要依据。

九宫与八卦最好的结合是“太乙下行九宫”说。汉代《易纬·乾凿度》曰：“太乙取其数以行九宫，四正四维皆合于十五”。据郑玄注：“太乙者，北辰（北极星）名也。”郑玄并说四正四维也就是八卦所处的方位。四正卦即是坎离震兑，四维卦即乾坤巽艮，太乙行于九宫，也是周行于八卦之中。据郑注，太乙在九宫中运行，始于坎宫一，其次入坤宫二，其次入震宫三，其次入巽宫四，然后入中宫休息。而后又入乾宫六，依次入兑宫七，艮宫八，到离宫九而结束（见图5－21）。

（三）九宫图与多阶纵横图

1. 关于纵横图

九宫图又被人称为“阶图”。西方人称之为“幻方”或“魔方”。它被认为是现代“组合数学”最古老的发现。出于对九宫图中奇妙的数字组合感兴趣，以三阶的九宫图为发端，后人、特别是宋人又创制了多阶纵横图。从四阶纵横图一直到十阶纵横图。中国人是纵横图的最早发明者和研究者。中国的纵横图后来通过

巽 4 东南	离 9 南	坤 2 西南
震 3 东	中 5 中	兑 7 西
艮 8 东北	坎 1 北	乾 6 西北

图 5－21　九宫图装配后天八卦图

东南亚国家、印度、阿拉伯传到了西方。由于它具有十分奇幻的特性，西方把纵横图叫作 Magic Square，翻译成中文就是“幻方”或者“魔方”。1974 年匈牙利人厄尔诺·鲁比克教授受其启发，进一步发明了魔方玩具，由六面不同颜色的小方块组成的玩具奥妙无穷。人们称之为魔术方块，即鲁比克方块（Rubik's Cube）。玩具魔方发明后不久便风靡全世界。现如今，玩具魔方已由最初的三阶发展出了多阶，更加复杂有趣，带给了人们更多的欢乐。

13 世纪，中国南宋数学家杨辉率先在世界上开展了对纵横图的系统研究，并创制出多幅多阶纵横图。1275 年将其成果三至十阶的幻方及其变体十三种图式写进自己的数学著作中。杨辉书中的方形纵横图共有十三幅，它们是：洛书数（三阶幻方）一幅；四四图（四阶幻方）两幅；五五图（五阶幻方）两幅；六六图（六阶幻方）两幅；七七图（七阶幻方）两幅；六十四图（八阶幻方）两幅；九九图（九阶幻方）一幅；百子图（十阶幻方）一幅①。这些图后流传于世并产生了巨大的影响。

欧洲人于 14 世纪开始了这方面的工作。著名数学家费尔玛、欧拉都进行过幻方研究，美国发明家本杰明·富兰克林也对幻方痴迷，并为此作出过贡献。

幻方迄今仍然是组合数学的研究课题之一。幻方所蕴含的科学性质正逐步得到揭示。它在图论、数论、群论、对策论，在组合分析、实验设计、程序设计、人工智能，在实用技术、工艺美术等领域得到了广泛应用。

2. 各阶纵横图展示

（1）“四阶”的纵横图。四阶纵横图又称“四四图”。在《周易折中》卷二十一上面载有“四阶纵横图”。若仔细观察两式图式，同样具有极其丰富的对称性。不仅每行每列与两条对角线上四数之和均是 34，而且中央的四个数，四角上之四个数，以及右上角的四个数，右下角的四个数，左上角之四数，左下角之四数，每一角四数之和均是 34。再细玩可以发现第一行之第二、三两数与第四行之二、三两数之

① 杨辉：《续古摘奇算法》。

和也是 34，第一列之二、三两数和第四列之二、三两数之和也是 34（见图 5－22）。

1	15	14	4
12	6	7	9
8	10	11	5
13	3	2	16

8	11	14	1
13	2	7	12
3	16	9	6
10	5	4	15

图 5－22　四阶纵横图两幅

正是无巧不成书，东西方文化发展有其相似之处。据说欧洲文艺复兴时期一件雕刻品上有一图形，俨然是一个“四阶纵横图”。据近代数学家研究的结果，“三三纵横图”，仅有几式，而“四四纵横图”就有很多的排列式。这种“纵横图”因为巧妙无比，有神秘色彩，故称其为“幻方”或“魔方”，宗教迷信大加利用。中国古代如此，至今云贵等地有纹身习俗的少数民族，把“三三纵横图”（九宫图）纹刻在背上，说可以祛邪避灾。外国也是如此，例如，埃及南部农民还有用“四四纵横图”作为催生或诅咒的符号。现今印度有些地方，人们常将幻方刻在金属物上或小石片上，挂在身边作为护身符。伊斯兰世界，有些人至今还相信幻方具有保护生命和医治疾病的巨大力量。

（2）“五阶”的纵横图。五阶纵横图又称“五五图”。它可以多次反复排列，拼写在一起，具有奇妙的性质。人们发现只要任意划出一个 5×5 小格的正方形，它们竟然都是“五阶纵横图”，每一行，每一列，两条对角线上五数相加，均为 65（见图 5－23）。

1	15	24	8	17
23	7	16	5	14
20	4	13	22	6
12	21	10	19	3
9	18	2	11	25

图 5－23　五阶纵横图

（3）“六阶”的纵横图。六阶纵横图又称“六六图”。1957 年，在西安市发掘元代安西王府故址时，在王府宫殿的地基中掘出五块刻有“六六纵横图”的铁板，其图每行、每列、斜角线上的数之和均为111。当时把此“六六纵横图”刻于铁板埋于宫殿地基中，其用意恐怕也是为了避邪祛灾，希望宫殿永存（见图5－24）。

28	4	3	31	35	10
36	18	21	24	11	1
7	23	12	17	22	30
8	13	26	19	16	29
5	20	15	14	25	32
27	33	34	6	2	9

图5－24　六阶纵横图

（4）“七阶”的纵横图。七阶纵横图又称“衍数图”，七阶49个数字，即合大衍之数49。图中每行、每列、斜角线上的各数之和均为175（见图5－25）。

46	31	16	1	42	27	12
5	39	24	9	43	35	20
13	47	32	17	2	36	28
21	6	40	25	10	44	29
22	14	48	33	18	3	37
30	15	7	41	26	11	45
38	23	8	49	34	19	4

图5－25　七阶纵横图

（5）“八阶”的纵横图。八阶纵横图又称“易数图”，即有64个数，与64卦数吻合。图中每行、每列、斜角线上各数之和均为260。在西方，美国科学家本杰明·富兰克林于18世纪也发现了八阶纵横图原理，称此为“八阶幻方”（见图5－26）。

1	27	59	33	8	30	62	40
20	10	42	52	21	15	47	53
24	14	46	56	17	11	43	49
5	31	63	37	4	26	58	36
57	35	3	25	64	38	6	32
44	50	18	12	45	55	23	13
48	54	22	16	41	51	19	9
61	39	7	29	60	34	2	28

图 5-26　八阶纵横图

（6）“九阶”的纵横图。九阶纵横图又称“九九图”，共有 81 个数。图中每行、每列、斜角线上各数之和均为 369（见图 5-27）。

42	58	68	64	1	8	44	34	50
2	66	54	45	11	77	78	26	10
12	6	79	53	21	69	63	46	20
52	7	35	23	31	39	67	55	60
73	65	57	49	41	33	25	17	9
22	27	15	43	51	59	47	75	30
62	36	19	13	61	29	3	76	70
72	56	4	5	71	37	28	16	80
32	48	38	74	81	18	14	24	40

图 5-27　九阶纵横图

（7）“十阶”的纵横图。十阶纵横图又称“百子图”，共有 100 个数。图中每行、每列、斜角线上各数之和均为 505（见图 5－28）。

12	98	5	6	97	14	86	90	13	84
93	29	74	77	19	81	28	25	71	8
10	78	63	33	65	42	34	66	23	91
85	26	39	58	44	45	55	62	75	16
9	80	61	47	53	52	50	40	21	92
100	22	64	51	49	48	54	37	79	1
83	69	41	46	56	57	43	60	32	18
2	70	35	68	36	59	67	38	31	99
94	30	27	24	82	20	73	76	72	7
17	3	96	95	4	87	15	11	88	89

图 5－28　十阶纵横图

3. 纵横图内容的说明

（1）各阶纵横图和值：

三阶和值为：15；四阶和值为：34；五阶和值为：65；六阶和值为：111；七阶和值为：175；八阶和值为：260；九阶和值为：369；十阶和值为：505。

（2）各阶纵横图阶和值的差值：

三阶和四阶的和值差为：19；四阶和五阶的和值差为：31；五阶和六阶的和值差为：46；六阶和七阶的和值差为：64；七阶和八阶的和值差为：85；八阶和九阶的和值差为：109；九阶和十阶的和值差为：136。

第六章

周易文化在中华文化中的位置

周易文化是中华远古文明的精神之花。华夏文化为它的孕育创造了多方面的条件，中华文化则伴随着周易文化而同时到来，周易文化是中华民族走入文明阶段的重要标志。作为中华元典的《周易》不仅奠定了中华文化的原生本色，而且还构筑了中华文化的骨干脉络。周易文化还是中华民族的精神家园，珍藏着中国人的信仰意识，凝结着中国人的民族精神，它是中华文化之树的根，也是中华智慧之海的源。

第一节 周易文化是中华文化的奇葩

一、华夏文化与易文化

（一）华夏文化的渊源

1. 何谓华夏文化？

华夏是汉族先民或中国（中原）的古称。通常认为始见于《左传·襄公二十六年》“楚失华夏”。“华”意为“荣”，“夏”意为“中原之人”①。《尚书孔氏传》

① 《说文解字》。

称“冕服采章曰华，大国曰夏”。唐人孔颖达注疏谓“中国有礼仪之大故称夏，有服装之美谓之华”，并认为华夏连称“谓中国也”。华夏后来又如何被称为中华呢？其首次应用大致在魏晋时期。《魏书·礼志》曰：“下迄魏晋，赵秦二燕，虽地据中华，德祚微浅。”那时的经学家和易学者秉承“天人合一”观念，从“中国”和“华夏”两个名称中各取一字组合而成。“中”侧重于地理的区位，“华”侧重于民族的归属。对“中华”一词进行官方阐释出现在唐代，唐朝永徽四年（653 年）颁行的《律疏》，后称《唐律疏议》首次明确释义：“中华者，中国也。亲被王教，自属中国。衣冠威仪，习俗孝悌，居身礼仪，故谓之中华。”一般意义上，中华与中国是可以相互混用的。中华传统意味浓，而中国则更侧重于政治身份和疆域。

何谓文化呢？词源最早来源《周易》：“观乎天文，以察时变；观乎人文，以化成天下。”① 其意强调文化就是用人文来教化。学术上文化的定义多多，其歧义也多。我们给文化的定义带有浓重的哲学意味：文化是人由自在世界向属人世界转化的社会实践中，人自身的状态、成果及所留印记的总称。文化可以理解为一共同体人们生产方式和生活方式的总和，其方式不但通常以物质的或非物质的两种形态而存在，而且还可以在时空上进行适当的区分。某种意义上说，文化就是“人化”，就是人自身意识到的和未意识到的文明的进行与演化。

华夏文化就是中华文化，就是古代中国各民族共同以物质的和非物质的两种形态创造的灿烂的文化。

2. 华夏文化崛起于中原

华夏文化由何而来？既不是“外来说”，也不是“单元说”。基于 20 世纪近一个世纪的考古发掘表明：华夏文化肇源于新石器时代的中晚期。新石器时代遗迹在中国大陆境内非常丰富，迄今已发现七千余处文化遗址。在中原地区，新石器时代大致分为仰韶文化和龙山文化前后两大时期，而华夏文化应是仰韶文化和龙山文化的全面承继者。需要强调的是华夏文化并不是单一地起源于黄河流域，而是在新石器晚期文化的多点的繁盛基础上最终汇聚于中原，在中原大地糅合提炼、交融发展而来的（见图 6－1）。

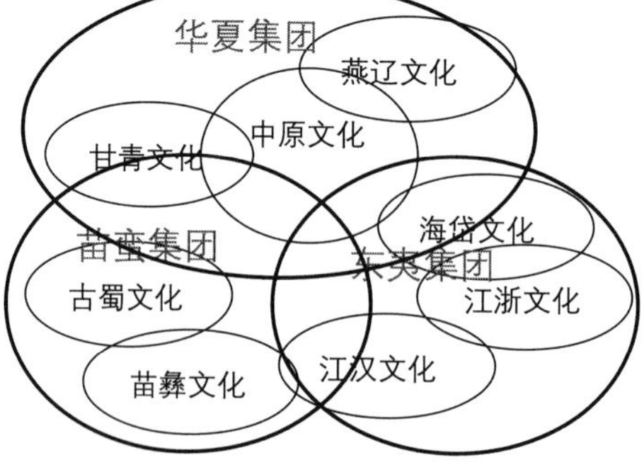

图 6－1　华夏文化构成的示意图

① 《周易·彖辞·贲》。

（二）华夏文化为易文化产生提供了条件

华夏文化形成的时代，人们的生产方式已由渔猎向种植和养殖的农耕方式全面转化，先是手工业而后是商业从农业中分离出来，分工与交换有力促进了生产的发展，生产的发展带来了华夏文化的多项成果，这些成果为日后易文化的产生提供了必要的条件。

1. 华夏文化的物质成果

华夏文化的物质成果体现为陶文化、在石工具基础上发展起来的玉文化以及青铜文化。彩陶工艺在仰韶文化、大汶口文化、马家窑文化都有突出的表现，山东龙山文化的制陶技术首屈一指，黑陶和薄如蛋壳的陶杯都是绝无仅有的。与仰韶文化同时期的红山玉猪龙将中华玉文化推到六千多年前，与龙山文化同时期的长江下流地区的良渚文化将琢玉技术发展到高峰，除玉璧、玉璜外，玉琮加工尤为精美，是中华玉文化的杰出代表（参见彩色插图22、23）。良渚文化还是中国养蚕缫丝的重要发源地。与龙山文化同时期甘青地区的齐家文化出现了许多小件青铜器，中国西部先民率先掌握了冶铜技术。这些物质成果为易文化的产生提供了坚实的物质基础。

2. 华夏文化的制度成果

华夏文化的制度成果就是在氏族基础上发展起来的军事酋长统领的部落文化。已故文化史专家徐旭生认为，中华民族的远祖可分为华夏、东夷、苗蛮三大部落文化集团。

华夏集团散布于中国的中部和北部广大地区。有早一些的磁山文化、老官台文化、有著名的仰韶文化、中原龙山文化分布区，还包括西部甘青文化区的马家窑文化、燕北文化区兴隆洼文化、红山文化。华夏集团内部又分成两支：姬姓的黄帝氏族，姜姓的炎帝氏族。“昔少典氏娶于有峤氏，生黄帝、炎帝。黄帝以姬水成，炎帝以姜水成。成而异德，故黄帝为姬，炎帝为姜。”① 黄帝列五帝之首，五帝中的颛顼、帝喾，以及夏、商、周的始祖，也都跟黄帝有着血缘关系。

东夷集团的活动区域主要在黄河下游的海岱文化区，包括今山东、河南东南和安徽中部地区。在考古学上，属大汶口文化、山东龙山文化及青莲岗文化江北类型分布区。五帝中的太昊、少昊，以及与黄帝恶战的蚩尤、凿井的伯益、射日的后羿、为舜掌管刑法的皋陶，都属于这个集团。

苗蛮集团的活动区域主要在长江中游的江汉文化区，包括今湖北、湖南、江西等区域。有大溪文化、屈家岭文化。若向东延伸便到了长江下游的苏浙文化区，这里包括河姆渡文化、崧泽文化和良渚文化等。伏羲、女娲，还有三苗、驩兜、祝融氏，都属于这个集团。

---

① 《国语·晋语四》。

部落间的冲突导致炎黄同室操戈，大战于阪泉之野，炎帝败，黄帝成为华夏集团的代表。而后黄帝又与东夷集团的蚩尤战于涿鹿之野，获胜后将蚩尤处死。黄帝之后，华夏集团经颛顼、帝喾、尧、舜等几代努力，又征服了苗蛮集团。华夏集团的胜利，巩固了其在中华民族中的主流地位，从此，“华夏”成为中国的历史称谓，“炎黄”成为中华民族共同祭奠的人文始祖。三大集团文明的相互激荡、相互融合，共同构成了中华文化的渊源。在氏族基础上发展起来的军事酋长统领的部落文化经过长期发展，进入严文明先生称之为“酋邦”的阶段。严先生认为“酋邦”是国家的雏形，认为这一阶段对应是五帝时期。“酋邦”应有一个较长的发展和演变的时期，大约从三皇五帝始，由军事酋长统领的部落会议形式向国家形式的演进就开始了。

3. 华夏文化的精神成果

华夏文化的精神成果体现在创制文字、统一信仰图腾以及规范祭祀等方面。

创制文字是黄帝的史官仓颉。仓颉造字为一些人怀疑，认为汉字显然不可能是某个人创造出来的，但不排除个别人曾起过重要的作用。仓颉也许就是这样的人。《荀子·解蔽》说：“好书者众矣，而仓颉独传者，壹也。”可见，荀子就持这样的意见。

统一信仰图腾，最后统一在“龙”的形象上。闻一多在《伏羲考》中认为，龙“是一种图腾，并且是只存在于图腾中而不存在于生物界中的一种虚拟的生物，因为它是由许多不同的图腾糅合成的一种综合体”。华夏民族崇拜“龙”由来已久，其各地出土的实物资料极为丰富：距今约八千年，辽宁阜新查海原始村落遗址就出土有“龙形堆塑”和两块陶片（参见彩色插图 24），据此，考古学家苏秉琦提出了中华民族“上万年的文明起步”的观点，并特意为查海遗址题词：“玉龙故乡，文明发端”。陕西宝鸡北首岭遗址曾出土过距今七千年的彩陶细颈瓶上的鸟龙纹（参见彩色插图 25）；河南濮阳西水坡曾出土过距今六千四百多年蚌塑龙纹（参见彩色插图 26）；距今六千年的红山文化中发现了大量的玉猪龙；距今四千五百年陶寺龙山文化遗址出土了蟠龙纹彩陶盘，专家们也非常重视陶寺遗址出土的龙纹彩陶盘，因为陶寺遗址属于古“尧都”的范围，此盘遂有由唐尧主政的中国早期国家的“国徽”之美号（参见彩色插图 27）。

关于原始人群的祭祀活动，红山文化的祭坛、女神庙等祭祀规模宏大；良渚文化以精美的玉琮作为沟通神灵的法器，不同地域的祭祀各具特色。这些祭祀为而后的夏商的举国祭祀，为易文化所体现的祭祀方式提供了丰富的实证材料和很好的范式样本。说到祭祀文化，还不得不提到与商周时代同时期的四川三星堆遗址，三星堆遗址不但出土的文物丰富，而且文物里有着浓厚的宗教气息，其祭祀场所中遗存的精美绝伦的大体量的青铜器物，为华夏文明增添了浓墨重彩（参见彩色插图 28）。比三星堆稍晚一些，其相似度很高的还有距其不远的金沙遗址，金沙遗址中的祭祀遗迹似乎更加浓厚与清晰，表现了中华祭祀文化的深远性和多样性（参见彩色插图 29）。三星堆遗址和金沙遗址二者同作为古蜀文化的集中代表，也表现了中华文明的多元性和丰富性。

（三）华夏文化已具备了一切文明的要素

1. 文明的要素

华夏文化是承继了多元的龙山文化而发展起来的，华夏文化到了尧、舜、禹阶段，为当时的时代提供了一切文明的要素。这些文明的要素有：

（1）一定数量的人口。

（2）依不同功能而布局的都市形成。

（3）一定规模的商品生产和物流形式。

（4）私有制初步形成，在私有制基础上有了等级或阶层的差异。

（5）具有一定国家职能的机构正在完善中。

（6）宗教意识的扩展以及祭祀规模的扩大等。

《易》的古本形式的出现应当是伴随着这些文明的要素一起到来的，也就是《连山易》、《归藏易》的诞生。

2. 易文化形态的演变是一个文明的进程

恩格斯说得好："历史从哪里开始，思想进程也应当从哪里开始，而思想进程的进一步发展不过是历史过程的抽象的、理论上前后一贯的形式上的反映；这种反映是经过修正的，然而是按照现实的历史过程本身的规律修正的，这时，每一个要素可以在它完全成熟而具有典范形式的发展点上加以考察。"① 事实正是如此，中国易文化形态的演进，不仅仅是一个民族的意识形式从蒙昧走向文明的过程，也是华夏历史不断进步的一种"抽象的反映"。由易文化的演变过程可以解读出中华文明演进的历史的脚步。

二、《易》——中华远古文明的精神之花

（一）不同角度的断代

1. 史学界对远古史断代

史学界对中国龙山文化晚期直至整个夏文化时期的论述较少，根本原因是真实的历史记载材料缺乏以及考古证据的贫乏零碎。而这一时期在中国历史上则是一个重要的、敏感的时期，这是因为它和早期的易文化关联，和中华文明的起源关联。有专家从中华文明的形成与发展角度，将古代中国的分为四个时期：一是起源时期，重点是万年以来的新石器时代文化所孕育而成的中华文化。二是元典时期，即夏商周以来的文化。这一时期是中华文化主体巩固与进一步发展的时期，直至秦汉而缔造了统一的多民族的帝国。三是发达时期，主要是指隋唐以后，此时期，中西文化的交流进一步广泛开展起来。四是近现代时期，则是指自 19 世纪以来的现代中国时期。还有专

① 《马克思恩格斯选集》第 2 卷，人民出版社 1972 年版，第 122 页。

家（严文明先生）从国家形态的角度，将中国古代分为三个时期：酋邦时期，主要指的是传说中的五帝时代；王国时期，即夏商周三个朝代；帝国时期，秦汉至明清的整个历史阶段。从不同角度对中国历史作划分的观点还有多种。这里无须赘述。

2. 易文化对远古史断代

中国历史自龙山文化后，各个不同地点的文化形态繁盛起来，同时不同地域间的文化交流频繁起来，一地的文化类型难以概括中国整体的文化形态，因此，自龙山文化后，其文化形态也开始了泛化。遗址地命名方法仅适宜于考古，并不适宜于历史的分期。因此，历史分期方法应当用更具抽象性的、普遍性的文化概念来概括。我们认为龙山文化晚期后的断代大致可以分三个文化时期：炎黄时期—华夏时期—中华（中国）时期。具体划分是：

炎黄文化时期，距今约 6500 年至 4100 年间。这里以炎帝和黄帝作为主要代表，当然包括伏羲在内，也包括尧、舜、禹，整体对应的是三皇五帝的文化时期。

华夏文化时期，距今 4100 年至 2800 年间。整体对应的是夏、商和西周时期。注意，这里使用“华夏”是指一个具体的阶段，是比较狭义的使用这一概念。

中华或中国文化时期，这一时期是距今 2800 年前直至今天。对应的是春秋战国以后中华或中国发展的各个历史时期，是一个漫长而多彩的区间。中华概念偏重于文化，中国概念偏重于政治和疆域。当然，由于时间较长，中华或中国文化时期还可以依其他不同的标准再细分为不同的历史阶段。

3. 易文化发展与历史进程的对应

易文化自身有一个发展的过程，它和上述三个历史时期发展的节奏是合拍的。它大致历经了这样四个阶段：易文化萌芽于炎黄时期，即爻画和卦画阶段，亦称无字阶段；初步形成于华夏时期，即古易经的文字整理阶段，包括《连山易》、《归藏易》和《周易》三个古易经间的传承和六十四卦卦爻辞逐步修编定型的阶段，亦称“古易经”阶段；完善于中华时期，即形成现行经传合一的《周易》文本并成为中华古代经典，亦称《周易》文本阶段；兴旺发达于秦汉以后的中国的各个朝代，是周易文化传承、滋长、发展的阶段，亦称周易文化发展阶段（见表 6－1）。

表 6－1　易文化发展阶段与历史进程对应表

易文化时期	伏羲—炎黄时期 6500—4100 年前	华夏时期 4100—2800 年前	中华时期 2800 年前至今	
历史时期	酋邦时期 （准国家阶段）	夏商和西周 （国家阶段）	春秋战国	秦汉唐宋 以来……
易存在形态	无字阶段	三易阶段（连山易、归藏易、周易）	周易文本阶段	周易文化融合阶段
易具体成果	爻画，卦画	古易经的定型	易传的完成	周易文化形态形成
文明的意义	文明的萌芽	文明的确立	众经之首 万经之源	中国文化的内核

（二）易文化——文明的标志

1. 易文化与中华文明是同一构建过程

《周易》是华夏文化物质成果和制度成果的承继者，也是华夏文化精神成果的承继者。易文化是华夏遗产的全面承继者，因而易文化的生长和中华文明建构是同一过程。

2. 易作为国家祭祀的意义

华夏文化的阶段是中华文明肇始的阶段，国家是文明的重要标志。易文化正是凭借着在当时具有一定先进性的宗教观念和庄重的祭祀形式，特别是国家意义上的宗教和祭祀活动，凭借着国家的力量逐渐进入到人们广泛的生活中来，并一步步占据了重要的位置。华夏灿烂的文化之花结出《周易》丰硕的文明之果。

3. 易文化对中华文明的贡献

《周易》文化对促进中国经济、政治、文化、社会等方面的文明进步发挥了重要作用：

（1）经济方面：周代“文武之治”的最重要内容就是促进经济发展，保障民生。这在《周易》中多有体现。《周易》中的自然哲学思想对以经验科学为主的社会有所帮助，一定程度上促进了经验科学的发展和进步。《周易》中鼓励生产，重视民生的思想对历代统治者起到了提醒和警戒的作用。

（2）政治方面：易成为了国家的祭奠，维护了等级与秩序，实际上维持了社会的稳定。《周易》既是周代统治者的政治实践的总结和智慧结晶，也是他们进行教化和宣传的教材和工具，这一特点在而后的岁月中为历代统治者所仿效，《周易》遂跟着成为了权威的一部分。只不过在这一过程中它的积极方面逐渐被人们掩藏起来，而它的消极方面却被人们张扬起来。易成为了威权的象征。

（3）文化方面：易的祭祀活动，普及了一些自然知识，规范了国家礼仪，起到文明教化作用，提升了整个民族的思维水平和道德水平，加快和促进了文字的系统化过程，推进了中华意识文化框架的构建过程。

（4）社会方面：《周易》倡导天地人整体思维，包容共处、和谐发展是其核心的理念，中华文明的繁荣昌盛、中华民族的绵延兴旺与易文化的哺育分不开。

第二节 《周易》奠定了中华文化的原生本色

一、《周易》塑造了中华文化的独特品性

（一）《周易》带给中华文化的影响

周易文化具有东方的、民族的、原生态的特点，这些元素自然也为中华文化所拥有。周易带给中华文化有如下的性质：

1. 高古而悠远

易文化发祥早，因而带来中华文明的悠久性。易的卦爻符号可追溯至原始社会中。在近7000年的新石器遗址中发现了卦爻符号。最早的数字卦刻符是在距今6000—5500年之间的江苏海安青墩出土的，它们也属于迄今发现的最早的刻划符号之一。若从伏羲、黄帝时代算起，已有5000多年的丰富史料记载，这期间八卦成型。有史载和考古相互印证的所谓信史，亦即夏商周的国家史有4000年，这期间“三易”相伴随。所以说，中国是历史最悠久的文明古国之一。

2. 持续性和发展性

易文化逃脱秦火，奔流不息，最后终成浩瀚之势。易文化的这个特点也为中华文明所彰显。中华文明持续不断，汉字从刻画到甲骨文，再到今日文字乃一脉相承，持续性和发展性是中华文明最基本的特征。在世界最古老的文明中，两河流域文明、古埃及、古印度文明，以及美洲的玛雅文明都先后夭折了；曾辉煌一时的古希腊、古罗马文明也经历过中断发展、长期湮没无闻的厄运。而中华民族屡经曲折磨难，甚至几临倾覆的厄运，却一次又一次地衰而复兴，蹶而复振，五千年绵延不绝，原因何在？易文化在其中起到了重要的支撑。

3. 丰富性与多样性

易文化既有“形而上”的理论观点又有“形而下”实际操作，或道或器，或象或数，或义理或占卜。易文化所具有的多样性影响到中华文明极具丰富性，并且博大精深，流光溢彩。

4. 兼容性与包容性

无论你处庙堂之高，还是江湖之远，无论你是士与民、儒与道，也无论归属于学与术、雅与俗、高与下，你都能在易文化中占得一席之地，这就是易文化所具有的兼容性和包容性体现。中华文明也同样具有兼容并包的特征。中国历史上没有发生过大规模排除异端的宗教战争，世界上的三大宗教都能在中国大地上传播。历史上任何外来的文化，无论是古代的佛教，还是现代的马克思主义，终归要被中华文化所融合，成为颇具特色的中国文化的有机构成。海纳百川，有容乃大。中华文明正是在不断吸收、消纳其他民族文化的过程中兴旺发达起来的。

（二）中华文化独特的哲学品性

《周易》塑造了中华文化的独特品性，我们从以下几个方面看。

1. 中国人的自然观

中国人在自然观上极具特色。本体本源理论上，中国人在阴阳基础上有“气”的思维，“天地絪缊，万物化醇”，“方以类聚，物以群分……在天成象，在地成形，变化见矣。”[①] 有“道”之说，“一阴一阳之谓道”[②]；“无，名天地之始；有，名万物之母。故常无，欲以观其妙；常有，欲以观其徼（音叫）。”“无状之状，无象之象，是谓恍惚。”“道之为物，唯恍唯惚。惚兮恍兮，其中有象。恍兮惚兮，其中有物。”[③] 中国的道家和儒家都讲到“道”的概念。这个“道”总体是倾向唯物的。道家的“道”无论解释为是实体的、还是非实体的，总归不是人格化的；儒家说到“道”更多是指“天道”，和自然规律的概念接近。总之，在中国的主流文化中没有一个万能的造物主，即人格化的神的概念，墨家有一些神灵的倾向，但并没有成为中国文化的主流。中国的“气”“道”学说与现代西方的“场”或“暗物质”理论相近，与西方古代的实体观念、粒子、原子的学说相区别，有其合理性。自然还具有律动的特点。“气”具有流动性，“刚柔相推，变在其中矣”，“刚柔相易，不可为典要，唯变所适”[④]。提示人们世间只有阴阳聚合变化，不断地生成和消灭。中国人在发展形态上有循环发展的思想。

2. 中国人的社会观

中国文化秉持“天人合一”，在社会观上崇尚人文主义精神。在天是日月星辰，在地是男女众生；自然有秩序，社会也要有秩序。因此，在社会观上讲秩序、讲等级，重礼仪、重法度，和合共存，鲜明地持家国同构理念。儒家的治国之道，是以扎根于宗亲宗族之血缘关系的宗法体系为基础的。在中国，家与国存在着结构模式的相似一致性。君与臣、夫与妇、父与子、上级与下级、长辈与晚辈，这

---

①②④ 《周易·系辞》。
③ 《道德经》。

是同一性质的阴阳模式的关系体系。这种意识有优势，也带来弊端。修身、齐家、治国、平天下是儒家的大学之道、治国之本。在儒家看来身、家、国、天下是不同层次的同构关系。儒家的一切思想范畴：包括仁、义、礼、智、信、忠、孝等等……都是构建在统一的家国一体式宗法体系之上的。因此正统的儒家思想又是一种政治哲学。儒家后来经孔孟、再经韩愈宣扬的道统意识实际包含着两重的系统和权威：一重是权力的，另一重是意识的。权力的是认同天赋的历史的一种承继关系，意识的是认同天理和道德的彰显与传承。“天道”胜“皇权”曾经是儒家历史观中的合理的元素，只不过最终淹没在了“权力本位”之中。

道家认为，只有顺应自然并尊重自然规律，才能实现完美的人性。道体现为德，“德者，道之功。”① 而儒家则认为，既要尊重自然规律，还要通过礼乐教化，通过自我完善才能达到圆满人生。儒家思想的根本目的就在于指导人们正确地为人处事。儒道异途同归于道德的层面，正是在这个意义上，西方哲学家认为中国哲学本质上是一种伦理学。

3. 中国人思维方法论

中国人在方法论中主要贡献有五个方面：整体意识，辩证思维，全息蕴含，尚中尚和，共时相应。

（1）整体意识。什么时候整体意识都具有合理性。它是成熟思维的重要特征。中国人在思考一件事情或做一件事时，会将此事和与之相关多项彼事联系起来看，还会将其放入过去、现在和未来的时间中加以考察，这当然是很周全的。但也易陷入笼统而操作性差的弊端中。中国人逻辑思维中的某种缺陷便显现出来：一是容易将简单的问题复杂化；二是解决之道不清晰；三是缺乏事后的评判体系或追究机制。而西方人的分门别类思维，精细化分析思维，对事物的反思或批判性思维，检验其成果的回溯性思维，都是值得我们认真吸取的。当然，西方人在整体思维方面的不足也曾经导致其走过很长的弯路。

（2）辩证思维。阴阳五行学说是《周易》乃至中国传统文化的核心内容，里面充满着辩证思维，是中国人辩证思维源头。中国先人首先认为世界分阴阳，阴阳就是一种定性的矛盾分类方法。如天为阳、地为阴，男为阳、女为阴等，由不同质便分为不同事物，不同事物有不同的性质。其次认为大自然由金、木、水、火、土五种要素构成，它们之间循环生克转化构成大自然本身，世间许多事物的生成、转化是通过它们实现的，如历史演进的“五行始终说”。中医学中的辨证施治也广泛运用了阴阳五行的学说。

（3）全息蕴含。“全息”概念是《周易》塑造的。《周易》认为凭借64个卦象和386个爻象，凭借它们之间的组合变化，就能掌握万事万物的消息。“易与天地准，故能弥纶天地之道。”“范围天地之化而不过，曲成万物而不遗，通乎昼夜

① 《韩非子·解老》。

之道而知，故神无方而易无体。”① 这种“全息”概念后被中医学所继承，应用于经络的穴位说，所谓掌骨、足底、耳疗都在应用着“全息理论”。基因说和现代“克隆”技术也证实了“全息”的概念。

(4) 尚中尚和。不追求极致，所谓“亢龙有悔”，即走极端要倒霉。提倡尚和，主张阴阳和合。既讲一分为二，又讲合二为一，这个经过分二后的“一”，就是新东西，就是“三”，就是万物的源泉，这是老子的“三生万物”的本意。中国文化中的阴阳五行思想突破了简单二元对立思维，中国人不太主张非此即彼的简单二分法，排斥任何形式的极端与片面。中国的辩证思维较西方而言，有着更多的维度。中国人注重多个不同因素（不只是两个）间的和谐、圆成与融通，善于寻求一种综合的解决方案去化解矛盾，而不是简单地排斥对立面。“和”是我们追求的目标，也是我们的思维习惯，中国今天倡导的和平发展、互利共赢、共同发展、和谐世界等一系列思想，就是“和”思想的政治体现。

(5) 共时相应。中国人方法论上重视“共时性”原理和“几率”原理，即荣格所分析的方法论上的东方特色。中国人对同时性事物间有其相应性，对用直觉和其他形式能够感知或预知其将要发生的事情，有着一种偏好和执着。而对西方思维中的“历时性”原理和“因果唯一性”关系原理有着某种的质疑，或者说企图进行着某种的修正与补充。台湾学者傅佩荣将此称为“有意义的偶然”。我们将此称为“意识遥感征象”的反映。

4. 中国文化整体特色

中国文化特色必须和西方文化进行对比才能够显现出来。中国文化大致有四个方面的特色：

(1) 具有极大的包容性。当遇到两种文化交汇时，最终采取的不是简单的排斥，而是接纳和融合，中国文化本身是多元融合而成的。例如，在对《易经》的不同理解中，形成了儒、道两大家的不同学说，引出了阴阳、术数、兵、医等数家流派。春秋时代的儒、墨、道、法、名等诸家，它们之间虽有争论，但彼此不是靠武力的征服，最终汇聚杂糅在一起，共同构成了丰富多彩的中华传统文化。中国没有出现过西方历史上曾因宗教信仰而引发的战争。同时我们要认识到中华文化的包容性又带有较大的被动性，自身主动地向外接触、学习不够，往往是人家“硬挤进来”，然后自身才被迫做出“柔性”的调整。

(2) 内敛性压倒了外展性。中国文化有一种内驱力，或者说带有一种自洽性的认知，中华“心学”即是，其后果是造成了中国人原始向外的动力不强，探索自然的功能减弱。中国人的文化观在哲学意义上不具西方的主客体两个层面的二分，面对大自然，缺乏西方人所具有解放意识和独立精神，在解决人与外界关系中，“天人合一”更多强调整合融通，似乎总不想割断与母体相连的“脐带”；面对奥秘，缺少好奇心，缺乏揭破的信念和勇气，因此，探究的神圣性和使命感相

① 《周易·系辞》。

对弱化。中国文化更多的不是向外探索，而是向内寻求，呈现为内省参悟，中庸平和的整体特征。

（3）作为思维工具的逻辑思维有其不完整性。长于归纳，短于演绎；长于综合，短于分析。运用归纳思维，多为不完全归纳中的简单枚举的归纳推理，其论证是不完整的，其结论往往也是或然的。偶有演绎思维，但也不是严格按逻辑规则进行的演绎推理。这一缺陷与而后到来的实验科学的阶段产生了不适应，导致拖了整个科学事业的后腿。当然还有其他意识上的和机制上的多方面原因，最终导致了中国科学技术原创能力的下降。久而久之，便使得中国先进的社会生产力逐步转变为落后的社会生产力。

（4）注重伦理性。在长期的人与自然的互动模式中，调整人际关系始终是中国文化的重点。中国本土文化，不论是道家，还是儒家，伦理色彩都是浓厚的。在中国传统思想中，儒家讲究礼法，遵从秩序认为是理所当然，家国利益重于个人利益。道家则提倡自守、尚柔，崇尚文治，不迷信武功，讲究以柔克刚、后发制人。在这样文化氛围中，总体的中国人本分、内敛、沉稳，在中国人看来，内省、知足、心灵的宁静与安适是真正的幸福之源，其实这些道理都没有错，但有其优必有其劣，有其长必现其短，在有些地方、有些时候，讲过了，做过了，效果就不好了。

总之，中国文化的总体印象是宏大而非细致的，笼统而非纯粹的，经验而非严格论证的一整套的理论体系；是一个喜好幽深的、玄妙的过程、而不是追求其简明清晰过程的智慧文化的类型，是一个有着浓重的伦理色彩以及一个讲究价值判断、强调实用功能的东方文化体系。

二、《周易》培育了中国人的意识、情感和性格

（一）关于信仰的话题

1. 中国人的信仰和宗教

意识的高层次是信仰，信仰既有质的规定性，也有量的规定性。首先，信仰质的规定性分大类，有“四类”，即有宗教信仰（跨文化或文明圈的信仰）、文化与文明信仰、国家与政治层面信仰、生活习俗信仰；上述信仰都能够再细分为不同的种类、不同的派别的信仰，并且依民族的不同、国度的不同、传统和文化的不同而有所差别。信仰还有量的规定性，有量级的差别，这就是意志力、“信力”的测量，分为“五阶”，即信奉者、信仰者、信念者、理想追求者、愿景期盼者。下文中我们专门就“相信”意志力、“信力”做出分析，列出了信仰量级的表格。

有人说中国人是没有信仰的民族，这种说法是偏颇的。一个有着五千年历史传承的、有着广袤的土地和十多亿人口的民族怎么会没有信仰呢？某种意义上，“生生不息”就是信仰。一个面对洪水猛兽、地震飓风等自然灾害并不比别人少、所遭受的苦难并不比别人轻，曾无数次地面对死亡，并未被吓倒，并未由此沉沦

的民族怎么会没有信仰呢？某种意义上，凡经历过死亡的群体，都会升腾出信仰。一个有着无数发明创造、有着多彩的文化形态和丰富的生活样式的民族，一个如此鲜活、如此向上的民族，怎么会没有信仰呢？某种意义上，有滋有味地活着就是信仰。由此想到学问大家季羡林老先生晚年曾谈论到的一些话题。晚年的季羡林住在301医院里，却还伏案修改自己早已出版的《佛教十五讲》，他说："对这个问题，我似乎又明白了一些。"体现出活到老，学到老的一种人生态度。沿着这个话题，有人追问：您信佛吗？老先生回答："如果说信，可能还不到，但我承认对佛有亲近感，可能我们很多中国人都如此吧。"在这一问一答中，季羡林先生实际谈出了对中国人信仰话题一种看法。与此相关的还有一个季羡林自己讲的故事也挺有意思：一次，一位大领导来看他，聊到人内心的话题时，来者突然问季老：依您看主义和宗教，哪一个先在人群中消失？季老没有犹豫，答道：假如人们一天解决不了对死亡的恐惧，怕还是主义先消失吧，也许早一天。这看似平淡的回答，其背后隐藏着积累的思考，隐藏着勇气和智慧。"早一天"的说法也很留有余地。主义关注的是生前或现世，而宗教涵盖着死后或来生；对于人这类追求"自为的活着"的生物而言，面对死亡、企图用各种方法超越死亡的话题就将始终相伴随。因此，宗教比主义存在更长一些时间毫不奇怪。

信仰总会在不同人群或多或少的存在着，一片空白是不可能的。古代中国，不同人群间其信仰稍有不同。中国的上层统治阶层，官僚或士大夫阶层有"青史信仰"情结，其惟愿青史留名，耀祖光宗，并以此规范着自己；中国的下层阶层，平民百姓们有"神明信仰"情结，笃信"头顶三尺有神明"，常念叨"人在做，天在看"，并以此约束着自己。一些人若以西方人的生活态度、信仰内容及生活方式作为统一的标准硬套上去，未必适合于中国人。信仰文化中的尖屋顶也好，圆穹顶也好；多彩的琉璃装点，贵重的黄金镶嵌等，所有这些都说明不了什么，都不足以揭示信仰的本质。一个民族的信仰不是浮在表面的显而易见的东西，哪怕是外在的、庄重的仪式化的东西也并非是必要的前提。信仰，它深深地包裹在民族意识的内核中，归根结底是无须任何修饰的。西方人在感叹之时爱呼"My God!"，即"我的上帝"。而中国人则会呼"我的天啊!"中国古代先民，没有像西方人那样创造一个造物主式的、人格化的"上帝"或者比较具象一些的拯救者——耶稣；而是认为主宰天地人万事万物的那个东西是较虚化的"天"或者是"天帝"，天地人一体，天地人同理，把天上地下的一切都进行了"世俗化"的处理，玉皇大帝也好，阎罗王也好，便都具有了伦理的评价。中国人其实是爱造偶像的，中国土生的道教中偶像就很多；但中国人也是喜好打碎偶像的民族，生活中一些偶像塑造得快，毁坏得也快，一些偶像常常被捧得很高但也往往摔得狠，遗忘得也快。因此，偶像崇拜的游离性和过往性就成为了中国人信仰文化中的一个特点，这也常作为被人抓住说中国人没有信仰的一个理由。

"中华信仰"有着宗教信仰的一些特征，但总说来，应算做是一种文化的崇拜和信仰。儒家算宗教吗？它具有半宗教性质。古代称儒有时亦称为"儒教"；西方学术界是将儒家认作是"儒教"，看重的是它所具有的宗教的特征。例如，它的经典被众多的人、特别是上层人物和文化人奉为信条；它的礼节要求丝毫不逊于任何宗教的仪轨规范；孔子是其崇拜的偶像，被供奉在各地的文庙中。但“儒教”并不特别强调信奉某一特定的神灵或者先知，“儒人”常爱将“天地君亲师”的牌位一齐供奉；儒教之人，其思维不狂热、不偏激，趋向理性，以理服人；其性情趋向温良恭俭让，以仁为本，义当处世，礼行天下。“穷则独善其身，达则兼济天下”，讲究入世，有人文情怀，这是中国儒教和其他宗教不一致的地方。中国人的信仰其实就包裹在中国文化之中，需要我们通过对自己文化的细细剥离和慢慢咀嚼来认识它，而不要被时代的浪头所淹没或者被物欲的浮云所遮掩。“易”文化里面就包涵着中国人的信仰，从《连山易》到《归藏易》到《周易》就是中国人信仰的重要组成部分。中国人传统信仰的元素是多元化的、丰富的，里面包含着《周易》的内容，也包含着本土儒家和道家的内容，还包含着外来的、已被改造了的佛家的内容，是这四种文化形态杂糅在一起的信仰对象。如果非要给这个信仰对象一个名称的话，那就叫“中华信仰”；如果非要归在某一教宗或教派之下的话，那就叫“中华本原教”，简称“华本教”吧。当然，随着时代的演进，现如今中华信仰文化里面又增添了新的外来元素和时代元素。

中国是有信仰的民族，说中国人没有信仰是不准确的。说一部分中国人没有信仰是可以的，说当前的中国人缺乏一种有文化含量的、高层次的信仰也是成立的。一时间，我们自身的旧的信仰抛弃了、打碎了，而力图建立的一个新的信仰还远未植入到心田，一个活脱脱的“邯郸学步”的情形展示在大家的眼前！信仰能否“新建”呢？信仰是一个较长时间的积淀的过程，是一个民族内的精英及大众集体鉴别、筛选、提炼的结果。不要老的，建造新的既不现实，也很难成功的。一个民族的悲哀在于不认识、不认可自己原有的有价值的信仰，批判它、排斥它、砸碎它，借着反唯心主义、反迷信的口号下将自己原有的信仰和灵魂都统统地丢掉，现如今只剩下一个空壳子存活着。怎样的存活状态呢？是虚活着、苟活着、累活着，只剩下孤零零、赤裸裸的物质利益，这样的一群人活着既不会感受到幸福，也是不会走远的。信仰能否“移入”呢？一些人或许认为，信仰这一层面的东西是可以做到清空自己的，再装入他人的，即其他民族的信仰是可以移入进中国人的头脑中来的，这种想法过于简单化了。不通过柔性文化的融合，仅想通过刚性的行政力量的灌输是很难移入人头脑的。即便原初的愿望是好的，但由于方法不对头，措施不得法，容易形成两张皮，形成“裂脑人”，其效果也不会好的。我们现实的情况是中华民族缺乏共同的信仰或信念的东西，即共同的价值观，缺乏一种上下的意志的“向心力”和“合力”。这是需要我们认真思索的。佛教融入中华文化的事实和过程值得我们思考。佛教从东汉初时进来，到南北朝时站稳脚跟，再到隋唐时大发展，前后经历了数百年的历程。佛教的教义是如何入脑入心的？是如何赢得信众的？中国人在接受佛教教义并将其作为崇拜对象的过程中，有哪些是成功而被验证的经验？又有哪些是应当吸取的教训？这些都是需要我们认真总结并完全可以借鉴于今天的。针对“邯郸学步”，鲁迅曾言道：“中国的古书里有一个比喻，说邯郸的步法是天下闻名的，有人去学，竟没有学好，但又已经忘却了自己原先的步法，于是只好爬回去了。我正爬着。但我想再学下去，站起来。"① 我们现如今或许仍在爬着，让我们学习鲁迅的态度，特别是学习鲁迅的精神，努力尝试着站起来，特别是在精神上、文化上站起来。

2. "相信"意志力的分类和测量

针对中国人，我们按"相信"意志力、"信力"的不同而划分为"五阶"，即五类人群：第一为信奉者，第二为信仰者，第三为信念者，第四为理想追求者，第五为愿景期盼者。总的说来，宗教信仰的意志力级别靠前，而习俗信仰的意志力级别靠后。虔诚度由高到低，人群数量逐步增加，整体呈现"金字塔"形状（见表6－2）。

表6－2　"相信"意志力的矢量表

主体称谓	意志力、"信力"特征	人口数量	虔诚度
信奉者	即为着信仰而敢于牺牲之人	极少数人	5
信仰者	即笃信且为之倾倒之人	少数人	4
信念者	终生坚守着既定的目标，坚定与果敢之人	相当一些人	3
理想追求者	有着美好理想而不会轻言放弃之人	多数人	2
愿景期盼者	心甘情愿地为美好生活而默默付出之人	绝大多数人	1

3. 中国人"中华信仰"的特点

中国人信仰的"中华信仰"与西方人信仰的宗教存在着明显的不同。中国人的信仰起码有五个特点：第一，缺乏西方宗教信仰鲜明的寄托色彩，有寄托的成分，但更多是从众乐群的文化信仰。第二，缺乏较明确的人格化的崇拜，西方人爱将造物主人格化处理，中国人认定造物是自然本身的事，"盘古"这个人始终没有走到中国人信仰的核心中来。第三，中国人自然崇拜或偶像崇拜具有多指向性，多元化倾向明显；在信众的眼中，不同信仰的偶像间的界限也不甚分明。第四，中国人信仰的非虔诚性，比较关注"此岸"的事情，而对"彼岸"之事多采取模糊和回避的态度，有着较深的顾虑和迟疑。第五，信仰过程中强调实用的功效。实际效果常希望现世报、即时报。

为什么说寄托的成分淡化呢？因为受本土儒家思想的深刻影响，孔子不大喜欢谈论鬼神，孔子崇拜的是现实生活中的贤人。因此中国人学习孔子的榜样，将希望寄托于圣人，而不是神人；愿意内求于己，认为倘若顺天应人就能够成就大事；而不愿意外求于人，哪怕是"超人"也罢。如何理解中国人人格化崇拜的虚化和泛化呢？中国人信仰中天生有自然哲学的倾向或朴素唯物主义倾向。如何理解中国人信仰的多指向性呢？这是由于中国人对多种教义抱的是兼容并包的态度。

① 鲁迅：《集外集拾遗·英译本〈短篇小说选集〉自序》，《鲁迅小说全集》，北京燕山出版社2011年第2版，第442页。

中国人对传统的儒释道都有信仰，不偏执，有包容。释、道原为宗教，儒为半宗教，但它们之间是相互包容的，有些内容还是融通的。当然，就出家的僧人和道人来说，区别还是明显的，但就普通人群中信佛或信道的信众而言，区别就不是那么明显了。一些中国人爱见到偶像就跪拜，他并不需要区分是佛还是道，也无意去区分佛与道，只求所拜之神保佑或显灵就是了。中国东南沿海的一些地区信奉“妈祖”，也是想出海时得到“妈祖”的护佑。外来的宗教，佛教及而后的天主教、基督教、伊斯兰教等都可以在中国找到相当的信众。中国人并不认可宗教间的必然对立，宗教间的相互包容是中国信仰的特征之一。所谓非虔诚性，就是如果用“信力”去把握，用“相信”矢量的五个级别去衡量，则中国人“相信”的级别普遍偏低。中国人里面信奉者极少，中国人中为“主”服务，为“教”献身的事发生率较低。人群中有一定的信仰的人们，其信仰却具有多指向性。当然，既可以将这种多指向性理解为非虔诚性，也可以理解为包容性或圆融的精神。中国人中信念者有相当的一些人会由于理性认识的参与程度和认知的深浅程度而有所差异。更大多数的人仍属于是较低虔诚度的理想追求者和愿景期盼者，这部分人群的随意性和游离性使得整个信仰体系的“确信度”大打折扣。所谓实用功效，是指中国人特别关注信仰中的效用问题。在人神关系中，中国人是倾向于“互利”原则的：即人奉神而神为人。拜佛是求佛保佑顺利成功，因此，平常不礼佛，临时“抱佛脚”的人居多。较低级别人群中的“物欲”需求以及力求实际效果的尽快显现大大加重了中国人信仰意识中的实用主义色彩。

（二）中国人的意识方式及其特点

由于《周易》在中国文化中的地位，当谈及中国人的意识方式及其特点时，就不能不说到《周易》对中国人意识的影响有以下几个方面。

1. 思维具有整体性

思维具有整体性，这是优势。但这种整体观念下的清晰度不足；综合有余，分析不足；有归纳，少演绎。

2. 认识方式以直观、经验为主

认识以直观和经验为主要形式，导致认识具有体验理性、德性理性的学术倾向，应用性强，抽象性差的特点。但这种认识方式中始终少有以探究为目的的科学实验，纯客观基础上的探究不够，思维中的批判性和自我反思精神不足。国人认识中虽然有一定的思辨性，但这种思辨中常常掺有参悟或冥想的成分。

3. 价值评价胜于科学评价

国人对事件的评价掺有浓厚的伦理色彩。价值评价往往胜于科学评价。对一件事的评论中，直觉和情感的东西掺和的比较多，容易造成是非界限的模糊。同时，在“中和”影响下，其思想意识具有包容性和圆融性，受大事化小，最后归

于不了了之。

4. “同时性”、“模糊性”的特征

在学术的研究方法上，具有重视“同时性”、“随机率”和“模糊性”的特征。对“几率”有较浓厚的兴趣，而对“因果性”、“必然性”和“确定性”的研究相对不足。

5. 长远的战略意识差

思维常常带有功利色彩的价值取向。强调短期效果，缺乏长期的战略的研究，对基础学科的不重视有其传统。

6. 极具务实的风格

鄙视幻想、废黜玄虚，这多少会压抑了想象力，剪断了企图借梦想而飞翔的翅膀。在信仰意识上具有多指向性和非虔诚性，强调实用性。日常有些人即便有期盼的情怀，有创造的冲动，但在务实的世俗心性的干扰下，常常遭到鄙视和忽视，长期以来，国人意识里缺乏冒险和实验的概念，不欢迎“异端”，不宽容“异类”；也缺失风险意识和成本意识，不允许失败。长此以往，中国科技的落后就顺理成章了。

7. “数”的悟性

在周易文化的数理或数术氛围下，提高了国人对“数”的悟性，具有以数为基础的自然观和发展观，思维趋理性、近科学、少虚妄，对自然科学的发展起了很大的作用，但有时表现得精于“算计”。

8. 形象思维比较发达

富于借助图和象加以表达意识特质，因此整体民族形象思维比较发达。“比”“兴”运用自如，这有助于美学的发展，有助于文学和艺术的发展，并且表现出了民族审美的独特性。需要强调的是，这种形象思维与面向大自然的想象力还是有区别的，它仅是艺术取向和眼光，这仅是人与世界多重关系中的一种形式。它与物理和逻辑基础上“重构”自然的想象力不完全一样，即它和科学探索中的联想与假说并不一致。

（三）中国人的心理、情感和性格

《周易》对中国人的心理、情感和性格也产生重要影响。任何一个民族的心理、情感和性格都具有优劣两面性，中国人也不例外。

1. 中国人心理特质

（1）在天地人一体的哲学理念下，国人心理重直觉、感受，富于联想，欣赏顿悟或巧思，做客观性研究的功夫差。

（2）循道重德，道与德并进。重视人格的完善，推崇贤人君子之风。讲究公序良俗，中国人有朴实忠厚的性格同时也兼有狡猾、狡黠的一面，爱耍小聪明，在一些枝节末端上算计，因此，真正拥有大智慧的人稀缺。

（3）中国人的情感是重亲尚群，较重的宗族家庭观念，看重亲情，所谓血浓于水；中国人还尊重“乡情”，一个“义”字，甚至可以牺牲个人，这方面与西方差异较大，西方重视个性的独立和解放。但是，应当看到，国人维护的群体，有时是一个小团体，照顾团体利益的负面结果是容易失掉原则，“私”而忘公，容易结成帮派，其结果是小团结，不是大团结。

（4）人际交往中顾及面子，重视舆论及他人评价。用“死要面子活受罪”这句话来形容一些国人最合适不过了。由于好“面子”便偏爱“场面”，爱慕虚荣，好大喜功，这样极易产生铺张和浪费。所谓“活受罪”是指当花费的是自己的钱的时候，其实是心疼得很。阿 Q 式的思维基因仍在遗传着。

（5）中国人的性情遵从中庸之道。敦厚持中，稳重保守，不过头，不过激。一般人不好抛头露面，都喜欢随大流，从众心理严重。

（6）作为东方人，中国人的性情总的说来安静而含蓄，感情内敛；言谈话语委婉，爱拐弯说或不全说出，喜好双关语，爱卖“关子”，所谓弦外之音，既给自己留足余地，也给人家留了面子，其后果易导致沟通不畅，相互间容易引起歧义或误会。

（7）由于具备尚柔心理，信奉以柔克刚，一般中国人不爱惹事，崇尚后发制人；中国人同时还好息事宁人，不爱较真，得过且过心态重；有时会遇事绕着走，常会出现忍辱负重或忍气吞声现象，即相对软弱的一面，正所谓“惹不起，躲得起”，其性格中有相当一部分是委琐的成分。鲁迅“哀其不幸，怒其不争”的国民评价最为准确。在中国传统社会里，普通民众的苟活与枉死是生活的常态。

2. 中国人性格中的阴暗面

仔细剖析中国人性格，有一些是负面的东西，甚至有委琐的成分。

（1）容易产生“气人有、笑人无”。别人有，比自己强，易产生嫉妒心理；而面对比自己弱的，则流露出优越感，摆出一副十足的成功者样子。如今所谓的“有无”理念已经俗到就是看有无金钱上，笑贫不笑娼已然成为风尚。

（2）一些国人喜好打探他人的隐私，别人的家长里短常成为自身茶余饭后的谈资。传闲话、嚼舌头是一个相对有些拥挤、缺乏距离感社会的特征。

（3）习惯将人们分出等级尊卑，然后以不同方式对付。《系辞》曰：“君子上交不谄，下交不渎，其知几乎。”而这类人对有身份地位的、有钱的、对上司是一副谄媚的嘴脸，对普通民众、对下属常是一副盛气凌人的嘴脸。愿和高官贵戚攀亲，常爱打出一些有权势人的旗号，来满足自身精神的和物质的需求。古语点得透：穷居闹市无人问，富在深山有远亲。

（4）在厚重的从众心理中又衍生出总想“例外”的怪胎。一些人容易蔑视制度，喜好变通，贪念特权；别人都在排队，他可以加塞；别人都走常规的 A 门或前门，他可以走特许的 B 门或后门。为此，他不仅心安理得，而且还沾沾自喜，并以此炫耀，满足自己的“与众不同”的心理需求。

3. 中国人的好恶

受传统文化的影响，亦受“华本教”的影响，中国人心理和情感中，有着独特的好恶。中国人的喜好和厌恶体现在生活中的方方面面。例如，颜色喜好红色，红乃喜庆之色，黑白色是丧色。数字喜好双数，所谓好事成双，忌讳单数，数字6、8、9都认为是吉利数。在传统文化中数字“4”原本是好数字、吉利数字。许多方面都爱以“四”打头，如四大古国，四大发明，古典四大名著；还有春夏秋冬、衣食住行、生老病死、喜怒哀乐、琴棋书画、笔墨纸砚、梅兰竹菊等均以数目“四”为限，带“四”成语很多，如：四面八方、四平八稳、四海为家、四面受敌、四脚朝天、四体不勤、四书五经等。后来受开放较早的粤港人口音的影响，他们“四”和“死”发音相近，逐渐数目字“四”成为不受欢迎的数字了。其实多数北方人原本是能够将两个字音区别开来的。只不过“忌讳现象”有“宁可信其有，尽量避其讳”心理作怪，因此“随大流”，“弃四喜八”成为了现实社会的一种流行征象。中国人兴上门拜访时要送礼品，包装要体面，但礼品中忌讳送钟或送伞。中国人喜好聚餐，聚餐时就座形式不愿意并排坐，各吃各的，而喜好围坐成一圈，并且相互夹菜、敬酒，这样显示亲近和热闹。中国人把聚餐本身认作是一件欢乐之事，席间聊天闲谈，因此难免喧哗吵闹，这和西方人的就餐理念和习俗有较大的差异。中国人的好恶集中体现在古老的禁忌文化上。禁忌文化是一个分层次的大系统，大致分语言禁忌、习俗禁忌、宗教禁忌三大类。每类又可再细分。语言禁忌又分姓名禁忌、职业禁忌和日常用语禁忌。习俗禁忌先分为生产禁忌和生活禁忌，而生活禁忌则体现在衣食住行诸方面。宗教禁忌则因不同宗教而禁忌不同。细说职业忌讳，不同行业的人也都有不同的禁忌语。船夫忌说“翻”、“沉”，因为怕出海时，招来翻船事故。戏班子忌说“伞”，因为“伞”与“散”同音，害怕班子散伙。商人忌说“陪”，“陪”与“赔”同音；也忌说“关门”，因为这意味着倒闭。再如日常用语忌讳，北方一些地方的人忌讳说“蛋”字，因为有些骂人的话中带“蛋”字，如坏蛋、混蛋、王八蛋。所以，凡说到“蛋”尽量避开，“鸡蛋”叫“鸡子儿”，“鸡蛋汤”叫“木须汤”，“摊鸡蛋”叫“摊黄菜”等。民国初年，袁世凯当了大总统，后又称帝。他曾下令，把“元宵”改为“汤圆”，因为“元宵”与“袁消”谐音。语言禁忌中的姓名忌讳有较多的内容，我们将在姓名文化中专门论述。习俗禁忌则体现在生活的方方面面，如：中国人出门听喜鹊叫是吉，听乌鸦叫是不吉；正月里不能理发；产妇坐月子不能洗头；床不能对着镜子；筷子不能插在饭上，也不能用来敲饭碗。孕妇禁食很多，不能食兔肉、驴肉，不能食鳖、蟹、雀，不能食鲜姜、羊肝等；这些都与胎儿发育和日后的顺利生产有关。还有年内若无春便不能结婚；忌两人分吃一个梨，分梨即是分离等。

对于禁忌，西方学者有着较细致的研究。英国杰出的人类学家詹姆斯·弗雷泽曾将巫术分为理论巫术和应用巫术两大类，再将应用巫术分为积极应用和消极应用两种。詹姆斯·弗雷泽认为：法术是巫术的积极应用，禁忌是巫术的消极应用。“积极的巫术，即法术的目的在于获得一个希望得到的结果，而消极的巫术，即禁忌的目的则在于避免不希望得到的结果。”① 禁忌本身虽说不上是科学，但却是一种无形的笼罩，一股文化的力量、约束的力量。哲学家恩斯特·卡西尔总结得好：“禁忌体系尽管有其一切明显的缺点，但却是迄今所发现的唯一的社会约束和义务的体系。它是整个社会秩序的基石。”② 禁忌像是一道智力测试题，生活中如何对待它，实际在考验着我们每一个人自身的智慧。

4. 由禁忌衍生的“避讳文化”

由宽泛些的禁忌观念产生了窄一些的历史学中的“避讳文化”。《春秋公羊传》说：“《春秋》为尊者讳，为亲者讳，为贤者讳。”避讳什么？《春秋公羊传》并没有说清楚。《春秋谷梁传》就说得更清楚了，所谓避讳：“为尊者讳耻，为贤者讳过，为亲者讳疾。”这就是说凡是尊者、贤者、亲者的工作上的耻辱或过失，身体上的缺陷或不足，都最好隐而不说；对那些有损三者威望、有失三者体面的事，不记为好，知道的人越少越好。这是儒家提倡的所谓“春秋笔法”，这也是中国传统“避讳文化”的宗旨或要害所在。“避讳文化”与中国的“大一统”的体制以及儒家文化传统的长期熏陶有着密切的关系；也与民众理性思维弱化，形而上学倾向明显有着密切的关系。在对历史人物“避讳”的同时往往交替着对其或进行“美化”、“神化”，或进行“丑化”、“妖魔化”的观念上的加工过程，造成历史人物和历史事件的失真现象。必须承认，历史上的儒家提出“避讳文化”的时候，特别是孔子认可了“春秋笔法”的时候，他们考虑的是安定团结，有为国家长治久安的思虑在里面，但其整个的意识形态毕竟建立在历史唯心主义的基础上，其目的是维护少数人之利益，不但有其腐朽落后的一面，而且与今天的形势和主张早已格格不入了。今天，有些人也打着为国家长治久安的考虑，为了“维稳”而重新祭起“避讳文化”，想让“避讳文化”复活，这是不合时宜的，由“避讳文化”构建的稳定社会只能是一种“假象”。总之，“避讳文化”中许多内容是与现今提倡的马克思主义、社会主义的多项原则相背离的。

三、《周易》凝练了中华民族的民族精神

（一）民族精神及其作用

1. 何谓民族精神

民族精神是建立在一定民族心理基础上的、一种自觉的社会意识。它是一个

① （英）詹姆斯·弗雷泽：《金枝》，许育新译，中国民间文艺出版社 1987 年版。
② （德）恩斯特·卡西尔：《人论》，甘阳译，上海译文出版社 2004 年版。

民族在长期历史发展过程中所形成的独特的、稳定的、凝练的、强烈的民族意识和品质。它是民族文化的核心和精髓。相对于其他民族来说，民族精神是这个民族的自我意识和自我认同，是民族集体人格的体现，它是该民族浓缩了的世界观、人生观和价值观，决定着该民族的思维方式、行为方式以及性格特征，是这个民族区别于其他民族的精神特质的体现。民族精神是民族文化的灵魂。

2. 中华民族精神的作用

中华民族精神之所以能够成为中华文化的灵魂，首先是中华民族精神有强大的凝聚功能。没有浓缩的民族精神，就没有真正的民族凝聚力。中华民族绵延永续，中间虽然有过断裂和分离，但统一是主流，其原因就在于民族精神所具有的凝聚功能；近代以来的磨难非但没有削弱她的凝聚功能，反而强化了她的凝聚功能。其次，中华民族精神有强烈的激励功能。她激励着人们不畏艰险、不怕困难，勇于实现自己的理想，在维护整体和社会利益的过程中体现人生价值。特别是在国家与民族危亡的时刻，她激励着自己的儿女不怕牺牲，为国家和民族的利益英勇献身。最后，中华民族精神有神奇的整合功能。我们知道，中华民族文化的内容和要素极其丰富，需要民族精神对其整合，使其带有独特的凝练的色彩。从而区别于其他民族。这种整合功能同时体现在对不同地域的文化和不同阶层的文化的强力融合。总之，民族精神是一个民族延续的血脉，联结的纽带，发展的动力、屹立的支撑。从这个意义上讲，民族精神就是国魂、民魂，具有对内动员民族力量，对外展现民族形象的重要功能。一个民族如果没有高尚的民族品格，没有坚定的信念、远大的志向和美好的梦想，就不能自信，也就不能凝聚起巨大的力量来成就伟业，当然也就更不能自立于世界民族之林。

（二）《周易》对中华民族精神的影响

中华传统文对民族精神有影响，这种影响有积极的，也有消极的。这里我们主要讲积极的方面。

1. 学者谈中华民族精神

（1）张岱年谈民族精神。他认为，中华民族精神集中表现于《周易》中的两个命题上，这就是：“天行健，君子以自强不息”；“地势坤，君子以厚德载物。”“自强不息”，就是永远努力向上，绝不停止，它表现了中华民族拼搏的精神，表现了一种不向恶劣环境屈服的顽强的生命力。“厚德载物”，就是要有淳厚的德性，要能够包容万物，这表现了中华民族的兼容并包精神。这两点体现了中华民族的精神和气质[①]。

（2）张岂之认为，中国传统文化的基本精神由四个方面构成：第一，“人文”精神。中国古代“人文”精神的产生和中国历史的演进是同步的。这要归功于春秋末期大思想家、大教育家孔子。孔子以后，不仅在儒家学派，而且在其他学派

① 张岱年：《文化传统与民族精神》，《学术月刊》1986 年第 12 期。

和各个学科领域内，“人文”精神有了新的发展。第二，“自然”精神。他认为道家是这方面的代表。第三，“奇偶”精神。主要体现在“五行”和“八卦”中，并浸透于中国文化的各个方面。第四，“会通”精神。就是对各种文化都能消化吸收，用以丰富自己①。

(3) 方立天把中华民族精神概括为五个方面：第一，重德精神。重视道德自觉和人格完善是中华民族精神的重要内涵之一。第二，务实精神。中国人历来重视实际，讲求实用，而轻浮华，贬空谈，表现出了务求实际的民族精神。第三，自强精神。自强不息，刚健有为，集中反映了中华民族朝气蓬勃、努力向上的顽强生命力。第四，宽容精神。“厚德载物”集中表达了中华民族兼容并包的气质。这种气质要求胸襟广阔，宽容大度，善待万物。第五，爱国精神。关心社稷民生，维护民族独立，为“报国”而献身的精神品格，是中华民族的优秀传统。方立天在把民族精神概括为五方面，并且指出自强精神是中华民族精神的核心。也可以说，自强精神代表了中华民族的精神②。

(4) 罗炽认为中华民族精神有如下几个方面：第一，热爱祖国的精神。第二，勤劳聪慧的精神。第三，团结勇敢的精神。第四，朴实诚信的精神。第五，温良敦厚的精神。同时，他认为，中华民族精神的精髓是中和之道③。

(5) 刘纲纪认为，中华民族精神可以概括为四个方面：第一，理性精神。中华民族在脱出原始的蒙昧状态后，在长时期中，理性精神占据主导地位，表现为具有悠久的无神论传统。第二，自由精神。这不仅仅指人民反抗剥削阶级统治和外来压迫的意识，也包括在统治阶级思想文化的重压下重视人格独立，不向一切非正义的、邪恶的势力屈服的气质。第三，求实精神。不仅儒家表现了求实精神。法家、墨家、道家也有求实精神。第四，应变精神。中华民族有着高度的应变精神，能够镇定地和巧妙地驾驭处理社会政治、军事、经济、文化中出现的各种局面，克服和战胜各种危机，保证了在较长时间内国家的稳定和统一。刘纲纪指出最为重要的是理性精神。在理性精神之中，我们民族精神的最可宝贵之处是充分地肯定了两个统一，即人与自然的统一和个体与社会的统一④。

2. 中华民族精神的内涵

我们对中华民族精神的概括，当然注重的是它的正面效应，它所能提供给社会的正能量。由于中华意识文化博大精深，而其中周易对中华民族精神的影响最大，“中华本原教”内容渗透其中，因而导致中华民族精神的内涵不能不是丰富而多彩。结合上述学者们所提供的观点，我们进行综合，认为中华民族精神大致可以概括为五大精神、十种意识。它们是：

---

① 《张岂之教授谈中国传统文化》，《西安晚报》2007 年 7 月 30 日。

② 方立天：《民族精神的界定与中华民族精神的内涵》，《哲学研究》1991 年第 5 期。

③ 罗炽：《〈易〉文化与中华民族精神》，《湖北大学学报》1993 年第 1 期。

④ 刘纲纪：《略论中国民族精神》，《武汉大学学报》1985 年第 1 期。

敬天进取精神，这个精神里又细分为两种意识：自然意识，自强意识；
厚德人文精神，这个精神里又细分为两种意识：理性意识，自省意识；
忠孝民本精神，这个精神里又细分为两种意识：家国意识，民生意识；
和合务实精神，这个精神里又细分为两种意识：容通意识，效用意识；
坚韧创造精神，这个精神里又细分为两种意识：忧患意识，革新意识。

第三节 《周易》构筑了中华文化的骨干脉络

一、《周易》对儒的哺育和影响

（一）关于儒家

儒的称呼先于孔子。从字面意义而言，“儒”字从人从需，含义丰富，有优柔和顺之义。儒指一种职业，与以武为行的侠勇相对应，儒则是以文为行。先秦时期所称的儒，是从古代巫、卜、祝、史等中分化出来的一种专为奴隶主贵族执掌礼仪的知识分子。《周礼》说：“儒以道得民。”① 儒的职能就是用道德辅国安民，《周礼·保氏》曰：“养国子以道，乃教之六艺。”即用礼、乐、射、御、书、数等六艺对其施行教化。太史令司马谈《论六家要旨》中说：“儒者博而寡要，劳而少功，是以其事难尽从。然其序君臣父子之礼，列夫妇长幼之别，不可易也。”可见，司马谈对儒家的评价有褒有贬。班固在《汉书·艺文志》中的评述则较为全面，“儒家者流，盖出于司徒之官，助人君顺阴阳明教化者也，游文于六经之中，留意于仁义之际，祖述尧舜，宪章文武，宗师仲尼，以重其言，于道最为高。”班固的立场仅限于介绍，没有表露自己的态度。儒家的创始人孔子出生在较好保存了这种儒文化的鲁国，从小就受到这种文化的熏陶，及长，又志于学，这为他崭露头角，创造儒家团体奠定了基础。儒家学派不仅是中国传统文化中的最重要的一支学术团体，成为中国正统的官方的意识形态，同时也构成了中华信仰文化——“华本教”中重要的组成部分。

（二）儒家“易”学

1. 儒家“易”学肇端于孔子

孔子对于中国文化传统形成的一个重要贡献，是以儒学的基本精神弘扬了易

① 《天官冢宰·大宰》。

道，后人称儒家易为“人文易”。司马迁对孔子整理“六经”，特别是整理“易经”是认可的。《史记·孔子世家》曰：孔子晚年“叙书传礼记，删诗正乐，序易彖、系、象、说卦、文言”。儒家是如何继承易文化的呢？孔子于易是偏重义理的，整个“易传”是以儒门弟子为主编撰的。孔子的思想精髓体现在学习《易经》的心得中。孔子老而喜《易》，孔子是较早接受了周人的“天人合一”思想、“皇天无亲，惟德是辅”的德政思想的人，并将其立为儒家学说的根基。在孔子看来，人道可以学习天道、地道，会通天人，可以改变命运的规律，号召人们法天正己，尊时守位，知常明变，开物成务，建功立业。帛书《周易》载：“子曰：易之用也，殷之無道，周之盛德也。恐以守功，敬以承事，智以避患。”① 如此看来，孔子学易最有心得，而《易传》中的“儒家易”中心思想正在于此。孔子倾心于《易经》的“尚中”观念。这在周人那里已是传统，舜帝“测阴阳之物，咸顺不逆。舜既得中，言不易实变名，身兹备惟允，翼翼不懈”②。孔子得其髓，希望“得中行而与之”③。他主张“礼之用，和为贵”，盛赞“中庸”为天下之“至德”④。儒家的中庸思想来源于易，又通过战国初期子思的《中庸》而得到发展。孔子曾曰：“假我数年，五十以学《易》，可以无大过矣。”⑤这是晚年的孔子对自己前半生的一个总结，他认为掌握了易理，就可以不犯大的过错。《论语·子路》有一则记载：“南人有言曰：‘人而无恒，不可以作巫医。’善夫，不恒其德，或承之羞。子曰：‘不占而已矣。’”意思是没有恒心的人是不配被选作巫医的，孔子认为，这与《易经》所说没有恒心的人就会受到羞辱的理论是一致的。“不恒其德，或承之羞”，这也是《易·恒》之九三爻辞。在孔子看来，这种道理是用不着占筮的。

儒家讲“易”有偏颇，重伦理、重人事，而轻技艺、轻自然。这是孔子的弟子们也承认的：“夫子之文章，可得而闻也；夫子之言，性与天道，不可得而闻也。”⑥儒家“易”偏重人文的理解，这既是它的特点，也是一种缺憾，这种缺憾对后世的中国文化造成了一定的负面影响。孔子授徒以“易”，扩大了文化传统中儒家易学的影响。据《史记·仲尼弟子列传》载：孔子传“易”于商瞿，经六世传于齐人田何，田又传于汉代杨何。可见汉代儒家易学，皆祖师于孔子。

2. 帛书《周易》的重要史料价值

长沙马王堆汉墓出土的帛书《周易》，其中有《二三子问》、《易之义》、《易·要》等佚书，是记载孔子与弟子论“易”的重要史料（参见彩色插图18）。从这些史料中，我们了解到了孔子其实并不拒绝占卜的史实。《易·要》记载曰：“子赣曰：‘夫子亦信其筮乎？’子曰：‘吾百占而七十当。唯周粱山之占也，亦必从其多者而已矣。’”子赣即子贡，子贡问：“老师您也相信占筮吗？”孔子回答说：“我

① 帛书《周易》之《易之义》。

② 《清华简·保训》。

③④⑤⑥ 《论语》。

占一百次有七十次是应验的。只有在周梁山占的那次，经过多次占筮，各有吉凶，最后也必须接受属多数之结果，即吉多从吉，凶多从凶而已。”随后，孔子继续议论道：“对于《易》，我是把它祝卜的作用放在次要地位上，我所考察的主要是它里面的德义。我以为《易》包含着三个由低而高的内容：由幽赞而晓达数理；明白了数理，便可进一步晓达德。德，有仁来存养它，有义来行施它。只知道《易》的幽赞作用而不晓达数理的，则为巫者；明白数理而不晓达德的，则为史者。史和巫们的占筮，向往《易》而未达《易》之要（德），爱好《易》但所爱好的并非《易》之要（德）。后代学人若怀疑我孔丘的，大概就是因为《易》吧！我不过是追求《易》之德而已，我和史、巫们是同途而殊归。换言之，我和他们的追求和归宿有所不同。君子是以自己的德行来求福的，所以虽然祭祀但不经常；他们是以自己的仁义来求吉的，所以虽然卜筮但次数很稀少。总之，对于《易》的祝巫卜筮之功用，我们还是要将其放在次要的位置上！”① 这可以说是孔子对“易”态度的一次相对完整和明晰的表述。

二、《周易》对道的哺育和影响

（一）老子及道家“易”学

1. 关于老子

老子，姓李，名耳，字伯阳，谥曰聃，楚国苦县（今河南鹿邑县，一说安徽涡阳人）人。约生活于公元前571年至前471年间，曾在周国都洛邑（今河南洛阳）任藏室史（相当于国家图书馆馆长）。老子幼年牧牛耕读，聪颖勤快。中年博学多才，孔子周游列国时曾到洛邑向老子问礼。晚年在故里陈国居住，后避乱赴秦讲学，乘青牛西去，在函谷关（位于今河南灵宝）写成了五千言《道德经》或称《老子》。老子因深邃思想被尊为“中国哲学之父”。老子的思想后来被庄子所传承，最终形成了先秦时代的道家学派。道家思想也是中国传统文化中的重要一支，也是中华信仰文化——“华本教”中重要的组成部分。道家与儒家以及后来的佛家思想一起构成了中国传统意识文化的主流与骨干。东汉以后，道教出现了，道教吸收了道家的思想，老子被道教信众尊为“太上老君”，其宗教的色彩愈加浓重起来。《老子》一书是被翻译语言最多的中国书籍，其国外版本有一千多种。

2. 道家“易”学

道家易学可称为“科学易”。老子的贡献是以其思辩的睿智，摒弃天命神学的谬论，将“道”概念从传统的政治伦理局限中突破出来，改造成为具有了天地宇宙本源的意义，并进而使有无、本末、难易、刚柔等范畴第一次获得完全的哲学意义，从而使传统的、世俗的宗教伦理哲学升华为理性的思辩哲学。纵观《老子》

① 帛书《周易》之《易·要》。

五千言，虽然无一言直论“易”，但《老子》之“道”，是“易”道的再现和发展，尤其是对“易”中所包含的自然知识的继承、发掘和发展，则是毋庸置疑的；《老子》着重探讨的是天道与人道的合一关系，飘风骤雨与自然变化的关系，万物与阴阳的消长关系以及人自身循道与长寿的关系等等。道家在哪些方面弘扬了《易》呢？或者说，道家易有哪些特点呢？

（1）在哲学层面上。以《周易》之太极、两仪，四象、八卦的实际演进说为基础，《老子》以“道”解释宇宙万物的演变，“道”为自然规律，同时又具有“独立不改，周行而不殆”的永恒意义。同时上升为哲学意义的“有无”，认为世间事物均为“有”与“无”之统一，“有无相生”，而“无”为基础，“天下万物生于有，有生于无”。道家将《周易》阴阳两种性质的关系发展为众多的既对立又统一的概念，即：“有无相生，难易相成，长短相形，高下相倾，音声相和，前后相随。”又即：“故物，或损之而益，或益之而损。”庄子在《天下篇》对《周易》总结曰：“易以道阴阳”。《周易》讲变化，而《老子》更突出“变”，《易》以为，事物都是由潜而显，由弱而强，由卑而亢，物极则反，因而抑骄扬谦。《老子》在这一方面继承和发挥得尤其充分。它反复指出“物壮则老”[①]。到《庄子》更具有了相对主义的色彩。

（2）在智慧和知识上。《易》尚中和。《老子》亦以中和为天下之常道。它说：阴阳“冲气以为和”。“知和曰常，知常曰明”。因而主张“和其光，同其尘”，告诫人们“多闻数穷，不如守中”。《易》讲生存智慧是刚柔相济。道家也讲生存智慧，这种生存智慧有道家特点：处下贵柔。“强梁者不得其死”，认为“柔弱胜刚强”。因此它非常强调“专气致柔”，“守柔曰强”。老子以“水”作喻：“天下柔弱，莫过於水，而攻坚胜者，莫之能胜，其无以易之。”赞曰：“上善若水”[②]。崇尚明智的知识论。《易传》曰：“《易》有圣人之道四焉：以言者尚其辞，以动者尚其变，以制器者尚其象，以卜筮者尚其占。”又曰：“夫《易》，圣人之所以极深而研几也。惟深也，故能通天下之志；惟几也，故能成天下之务；惟神也，故不疾而速，不行而至。子曰：‘《易》有圣人之道四焉”者，此之谓也’。”[③]《老子》曰：“知人者智，自知者明。胜人者有力，自胜者强。知足者富，强行者有志。”“圣人无常心，以百姓心为心。善者吾善之，不善者吾亦善之，得善。信者吾信之，不信者吾亦信之，得信。”《老子》又曰：“知其雄，守其雌”，“知其白，守其黑”，“知其荣，守其辱”。虽然老子有“绝圣弃智，民利百倍；绝仁弃义，民复孝慈；绝巧弃利，盗贼无有”的言语，但实际上，在他看来，那是对普通老百姓而言，对圣者或智者则是要求“独异于人”，“俗人昭昭，我独昏昏。俗人察察，我独闷闷。”[④]倡导一种大昭若昏、大察若闷、大智若愚的境界。

（3）在社会理念上。《易传》曰：“《易》无思也，无为也，寂然不动，感而

① 引自老子《道德经》。

②④ 均引自老子《道德经》。

③ 《周易·系辞》。

遂通天下之故。非天下之至神，其孰能与于此。"[①] 后来有学者认为此段话深受道家哲学的影响。老子在这方面的主张是"无为"。老子主张："不上贤，使民不争；不贵难得之货，使民不盗；不见可欲，使心不乱，是以圣人之治也。虚其心，实其腹，弱其志，强其骨. 常使民无知无欲，使知者不敢为，则无不治。" "无为"不能理解为无所作为。《淮南子·原道训》："无为为之而合于道"。道家的"无为"是清静自守之义，是道家以"道"修身所要达到的"合于道"的理想境界。能达到这种理想境界便无所不能为（无为而无不为）。老子的理想政治境界是"邻国相望，鸡犬之声相闻，民至老死不相往来"[②]。

（4）在文化修养和做人上。《易传》曰："是故，蓍之德，圆而神；卦之德，方以知；六爻之义，易以贡。圣人以此洗心，退藏于密，吉凶与民同患。"[③] 提倡"厚德载物"。道家在个人修养方面走得更远，老子认为人应有"居后不争"之心，谓之："我有三宝，持而保之；一曰慈，二曰俭，三曰不敢为天下先。夫慈故能勇，俭故能广，不敢为天下先，故能成器长。"只有仁慈、俭朴、谦让不争的人，方能具备道德勇气，进而博施于人，受人尊敬拥护而成大器。老子尝谓："圣人后其身而身先，外其身而身存。非以其无私耶，故能成其私。"只要人能舍弃争先争胜之心，深明"持而盈之，不如其已。揣而锐之，不可长保。金玉满堂，莫之能守。富贵而骄，自遗其咎"之理。莫自恃聪明，锋芒太露，应抱持以退为进的处世态度，从而达致"夫唯不争，故天下莫能与之争"[④] 的境界。《周易》提倡"积善"云："善不积，不足以成名；恶不积，不足以灭身。小人以小善为无益而弗为也，以小恶为无伤而弗去也，故恶积而不可掩，罪大而不可解。"[⑤] 又云："积善之家，必有余庆；积不善之家，必有余殃。"[⑥] 老子谓人应"寡欲"。故曰："罪莫大於可欲，祸其大於不知足，咎莫大於欲得。故知足之足，常足。" 人若怀有"可欲"、不知足之心，则贪念自生。只有"知足"带来的满足感，才是真正的满足。老子指出："五色令人目盲，五音令人耳聋，五味令人口爽。"沉醉于声色犬马和口腹物欲会使人神昏意乱，使身体的感官和灵性受损。故老子要求人"无欲"、"去欲"，故谓："是以圣人去甚、去奢、去泰。"[⑦] 又谓："善为士者不武。善战者不怒。善胜敌者不争。善用人者为之下。"平日生活起居、待人处事应"见素抱朴，少私寡欲"，达致"知足不辱，知止不殆，可以长久"[⑧] 的理想状态。

秦汉以后，由于黄老之学所享受的特殊地位，以至汉代《易》学无不带上老庄色彩。东汉末，随着黄老之学的神仙道教化，夹带着《易》学也为神仙道教化服务。魏伯阳著《周易参同契》，将《周易》中的象数理论引进丹述之中，倡言炼丹、服丹药可以养生延年以至能成仙飞升，道教与《易》学的联系又增添了新的途径。

---

①③⑤ 《周易·系辞》。
② 引自老子《道德经》。
④⑦⑧ 老子《道德经》。
⑥ 《周易·坤文言》。

（二）道教与《周易》

1. 道教的创立

道教名称的来源有二，一则来源于古代之神道；二则来源于《老子》的道论。《老子想尔注》将原有《老子》里的“道”人格化、偶像化，思想上完成了道家向道教的转化。道教始于东汉。由东汉末年的太平道和五斗米道发展而来。

太平道于公元168—171年创立。代表人物是张角与其弟张梁、张宝。初开始在冀州传道，后遍布青、徐、幽、冀、荆、扬、兖、豫等8州，传播“苍天已死，黄天当立，岁在甲子，天下大吉”的预言。原预定甲子年（184年）于京师洛阳内外同时起义。因叛徒唐周告密，事机泄露，被迫提前起义。起义军头缠黄巾做标志，称“黄巾军”，史称“黄巾起义”。这场声势浩大的农民革命风暴，很快席卷全国。后张角病死，张宝、张梁战死。经过10个月的战斗，黄巾军虽然最终失败，太平道徒众也流入其他道派，却震撼了东汉王朝的统治，可以说太平道与东汉王朝是同归于尽的。其主要经典《太平经》。基本教义以黄天为至上神，认为黄神开天辟地，创造出人类。又信奉黄帝和老子，认为黄帝时的天下是太平世界，是人类最美好的事情。在这个太平世界里，既无剥削压迫，也无饥寒病灾，更无诈骗偷盗，人人自由幸福。张角的“致太平”思想，既是太平道的基本教义，也是他的宗教理想。

五斗米道创始人张陵（34—156），东汉顺帝人，又名张道陵，字辅汉。开始学道于鹤鸣山，自称“天师”，后来道教徒称他为“张天师”。“五斗米道”也称“天师道”，借托太上老君口授了“道书”。顺帝汉安元年（142年）张道陵开始在巴蜀一带行医传道。据载因为“从受道者，出五斗米”，所以称其为“五斗米道”；又说，其道首为人治病，痊愈后病家要出五斗米，所以也称为“五斗米师”。五斗米道人物有“三张”。即张陵、张陵之子张衡、之孙张鲁。主要经典《老子》，张鲁为之作注，名曰《老子想尔注》，以阐述五斗米道教义。其基本教义：信仰老子的“道”，将其人格化为有意志、能创生天地、主宰一切的至高无上的神，称：“一者道也，……一散形为气，聚形为太上老君。”[①] 其基本教义是通过守一、守道诫，达到长生不死。

2. 道教的宗派

道教创立后，门派众多。在其发展过程中，生生死死，分分合合，明朝以后，道教大致分为正一道和全真道两大派别。正一道：源自五斗米道，其下又分有上清派、灵宝派、天师派、净明派等，还有以符法驱鬼之术闻名的茅山派。全真道：有南宗和北宗之分。其下支派很多，如龙门派、遇仙派、南无派、随山派、嵛山派、华山派、清静派等。

① 《老子想尔注》。

3. 道教与《周易》的关系

汉代对周易的研究，体现出将易与黄老思想结合的特点。汉代严君平以《易》解老，著有《道德经指归》。扬雄称其书为“观大易之损益兮，览老氏之伏倚；省忧喜之同门兮，察吉凶之同域”①。其实周易和道家学说本来就有血缘关系，而周易与道教结缘皆因道家学说的媒介作用。

道教推动了易学的发展。东汉末年，魏伯阳著《周易参同契》，将《易》的象数理论引进炼丹术中，开创了道教在易学中的重要派别。气功健体，即练习内丹术是由道教阐发的。周易卦辞包含了人体练习气功的内容，如“艮”卦即是。周易趋吉避凶、防病益寿、气功导引之法，被道教继承挖掘和发展，从而成为道教著名的养生、益寿的气功和道术，许多道书将祛病降魔、益寿延年的方术都祖述于《周易》，特别是与《易》之象数、爻位、五行阴阳学说相结合，用以说明导引、行气、服食、按摩、居处、房中、养性等诸方面，其中包含了很多合理内核，在祖国文化史上留下了灿烂的篇章。道教易学后经唐朝和五代道教学者的继承，至宋发展成以陈抟、周敦颐、邵雍等人为代表的“图书学”——重要易学流派之一。这一流派中的许多学者，包括道士，对于化学、医药学、养生学、数学、天文、历法等自然科学的发展起了重要的推动作用，在中国科技史上占有重要的位置。自汉以来，道家和道教学者的说《易》之书，如“易演”、“易注”、“易林”等，仅见于《道藏》收录的就有数十卷之多；至于著述的书中渗透《易》理的，则不胜枚举。纵观《易》学发展史，从汉晋“河洛”之学、《周易参同契》、《抱朴子》到宋代道士陈抟的“先天图式”、周敦颐的《太极图说》、邵雍的“先天易数”等，无不体现出道家（教）在易文化发展方面的重要贡献。此外，道教对易文化的继承和发展，还表现在美学、文学中，表现在艺术上，如绘画、音乐、舞蹈诸方面，凝结成具有浓郁的民族特色的文化传统。

道教在增添了易文化中自然科学成分的同时，也增添了易文化神秘的一面，有些地方加重了迷信的色彩。《易》原本为卜筮之书，自身就带有浓厚的神秘色彩。周易文化中的术数方面主要由道教易学承继下来，而术数中存有迷信的东西。如道教易学结合原始的民间巫术，创造出许多不同等级的神仙，编织出一个庞大的神仙系统遍布于天庭、地府和人世间。譬如《易》言“自天佑之，吉，无不利”②。道教便衍生出各种人格化了的“天尊神”；道教的宗旨是追求长生不死，羽化登仙，因而道教的神仙偶像就多。后来这种“神仙术”演变为避世遁形的惰性思维，也给中国文化积淀下一些消极的负面的东西。

（三）道家和道教的区别

道家和道教二者区别在于：道家是一种思想流派，产生于春秋时期，道家的

① 《太玄赋》。

② 《周易·系辞》。

创始人是老子，《老子》一书是中国哲学的典籍。道教是宗教的派别，产生于东汉时期，道教创始人是张角的“太平道”和张道陵“五斗米道”的集合。奉为道教经典的除了《老子》、《庄子》、《周易》外，更直接的是被人改造过的典籍《太平经》、《老子想尔注》等。《老子》是道家思想的源流，被后世的张道陵等人奉为“经书”，但这“经书”并不是“太上老君”为布道而专门写的。道家所讲的道学不是宗教，也不主张立教。道教则奉老子为太清道德天尊，奉庄子为南华真人。一般学术界认为，道教的第一部正式经典是《太平经》，完成于东汉，因此将东汉时期视作道教的初创时期。道教正式有道教实体活动是在东汉末年太平道和五斗米道的出现，而《太平经》、《老子想尔注》、《周易参同契》三书是道教信仰和理论形成的标志。总之，道教是以道家思想为基础，讲究无为而治、顺其自然。不同的是，道教多了很多宗教的信条、偶像、组织、设施和仪式。住宫观的或游走的出家在外的道士在中国有十余万人，而信奉道教的普通信众则上亿计。

三、《周易》对佛教的影响

（一）佛教及其宗派

1. 关于佛教

佛教是最早的世界性宗教，它由古印度迦毗罗卫国（在今尼泊尔南部）王子乔达摩·悉达多（即释迦牟尼）创立，距今有二千七百多年，东汉明帝时经丝绸之路传入中国。“佛”全称为“佛陀耶”，原是古梵文的音译，其含义指三种觉悟，即自觉、觉他、觉行圆满。这三种“觉”是佛教信仰的立足点，也是出发点。佛教把现实人生断定为“无常”、“无我”、“苦”，其原因是由每个人自身的“惑”、“业”所致，唯有依经、律、论三藏修持戒、定、慧三学，才能摆脱痛苦，超出生死轮回范围，达至“涅槃”或“解脱”。这种知错就改，随时改变错误的信仰，即是佛教。这种联系实际的、发展的、辩证的思维，便是佛教的思维，而完善人生和社会是佛教现实意义之所在。佛教一经传入中国，便被中华文化所消融和吸纳。佛教不仅成为了中国传统文化中的重要的学术流派，而且构成了中华信仰文化——“中华本原教”中重要的组成部分。佛教从此在中国的土地上扎根，并且得到了发扬光大。

2. 佛教的八大宗派

佛法归一，原本是无差异的，由于接受者的程度，即根性的高下不一，以及生存时代与生活环境的差异，对于佛法的看法，也就因人而有不同的解释了。佛经中说：“佛以一音演说法，众生随类各得解”[①]，指的就是这层意思。比如：佛身边的几大弟子，均具慧根，但性格各异。这可算是佛教分宗的最初征兆。隋唐之

① 《维摩诘经》。

际，佛教在中国便形成十个宗派；十个宗派里面，有两个宗派是小乘佛教，就是成实宗与俱舍宗，这两宗在中国已经没有了。中国主要是大乘佛教。大乘佛教有八个宗派，它们是华严宗、天台宗（由于天台宗专修《法华经》，也称法华宗）三论宗、法相唯识宗，这四个宗派都是根据佛教经典按部就班、循序渐进地来研修佛学的，均属于基础教程。除这四个宗之外，再有律宗。律宗是无论哪一个宗派，都不能不学戒律的。所以说律宗是共同科目，无论修学哪个宗派都要持戒。净土宗也是共同科目，许许多多宗派到最后都是念佛求生西方净土。佛教有两个高级的课程，它们是禅宗和密宗。有资料表明，当前中国的佛教信仰者约为2亿人，与西方“受洗”的制度不同，中国的佛教信众虽多，但真正举行“三皈依”仪式的却较少，所谓“三皈依”是皈依佛、皈依法、皈依僧；佛、法、僧也称三宝。皈依的本质在于向人昭示自身的虔诚与慈悲。目前国内正式皈依佛教的人数应该不到佛教信众的十分之一。

（二）周易文化是佛教中国化的催化剂

1. 佛教传入的必然性

在佛教传入之前，中国社会并没有严格意义上的宗教，有一些“上天”、“天命”、“天道”观念，或者说本土的“道教”正在形成过程中，佛教在两汉之际传入中国，中国才开始有了真正意义上的宗教，中国本土的道教是在佛教的刺激和影响下发展和完备起来的。

西汉统治者为了长治久安，想到了传统的天命神学。于是，一场大规模的造神运动在中国悄然兴起。武帝提出了天人之际的策问。董仲舒答“天人之际，甚可畏也”[①]，进而提出了“推明孔氏，抑黜百家”的主张和天人感应的神学目的论体系。在神化孔子和儒学的同时，儒学却与谶纬迷信联结，导致汉谶纬神学盛行，从西汉一直延续到东汉，拖累着儒学改变了“六经”的本旨，成为粗陋的世俗迷信的理论依据。在儒学神学化的同时，道家之学也开始向道教的流变。汉代的黄老道家之学的重心逐渐向延生养性的炼养之术转变，道学中开始渗透了神仙怪异之说，老子被逐渐神化为“通天教主”。由此，中国原有的两大文化形态都呈现出病态，这给佛教植根于中国准备了土壤。佛教来中国还有一个更直接的原因，那就是玄学的兴起。玄学的出现，是对两汉经学的反动。玄学家以《周易》、《老子》、《庄子》为经典，来注释儒家《论语》，一反纬书义旨，援道入儒以改造儒学，王弼是当时以玄学解易的大家。玄学家们表现了完全不同于儒家的政治伦理道德的视野和范畴，以玄学特有的有无、动静、本末、体用、言意、形神诸概念为基本范畴，表现出了较高的思辩水平。玄学的思辩与刚刚传入的佛教大乘理论有许多吻合之处，这为加速佛教的引入，用以加强其思辨水平起到了重要的推进作用。总之，佛教是在中国本土传统文化一时式微，为弥补传统文化中的思辨思维不足而来到中国的。

① 《资治通鉴》。

2. 中华文化对佛教的接纳

佛教作为一种外来文化，在其传入后的相当长的时期内，必然会和中国原有的本土文化发生碰撞、争辩。佛家和道家及道教有过冲突，尤其是和代表正统的儒家观念与习俗也发生过矛盾和冲突，几经沉沦，其间经历了一个附和附庸到激烈抗辩、沉寂再复兴，最终到日益融入的漫长过程。在这个过程中，《牟子理惑论》起到作用。《牟子理惑论》是中国最早的佛教论书。本书采取了问答体裁，问者为一个北方儒者，对佛教提出种种疑难，而答者即牟子本人。牟子引用诸子百家的传统观点，论证佛教的追求、教义、戒律等与中国的文化传统不无二致。所谓“金玉不相伤，精魄不相妨”①，似乎儒、释、道三者名殊而体一，合则更加全面。作为儒者和佛教徒的牟子的这种努力，代表了当时统治阶层和文化人士调和中国传统文化和佛教文化的一种心态，也代表了佛教中国化的大方向。此后，士人和僧人都沿着这个方向去调和三教的。如东晋时，孙绰所著《喻道论》径直提出并论证“周孔即佛，佛即周孔，盖外内名耳”。认为二者的关系是内与外的互依互补关系。还强调说：“周孔救极蔽，佛教明其本耳。”认为佛比儒更具根本。郗超所著《奉法要》，将佛教的戒条与儒家的伦理规范，将佛教的善恶报应与儒家“防微虑始”的道德修养，将佛教的修持与儒家的慎独统统说成是一回事，用以调和儒佛间的矛盾。类似的调和论者还有唐代的智圆禅师、明代的德清禅师等。

3. 有意思的佛教的中国化话题

佛教的中国化话题，知识界有意为之是一回事，而民间不自觉的糅合是另一回事。中国民间对佛教中国化也有贡献，典型例子是对“四大天王”的改造。佛教自印度来，四大天王最早出自印度古教婆罗门教神话的二十诸天里的神仙，二十诸天又是吠陀神话中八部众之中的诸位天神，后来这些概念均被印度的佛教所吸收，因此，四大天王便成为了佛教二十诸天中的四位天神，是佛教的护法天神，又称护世四天王，他们分别是：持国天王、增长天王、广目天王、多闻天王。四大天王位于天界的第一重天，第一重天又叫四天王天，所以，落实在人间通常是分列在净土佛寺的第一重殿的两侧，天王殿因此得名，中国多数的寺庙一进门处就有天王殿。印度佛教那里，四大天王原本手上各有护法的宝器：多闻天王是四大天王之首，多闻天王手托供奉着释迦牟尼佛的宝塔（中国神话人物托塔李天王的原型）；持国天王是左手刀右手矛；增长天王手握宝剑；广目天王是左手矛右手套马索。后来，中国人按自己的方式改换了：南方增长天王手持宝剑，剑有锋，即风；东方持国天王怀抱琵琶，乐器都需要调音，即调；北方多闻天王执伞，伞和下雨有关，即雨；西方广目天王持蛇，蛇呈条状且顺滑，即顺；几个特性加起来构成四字成语：风调雨顺。中国人不仅改了诸位天神手上的“家伙事儿”，连职责也给人家换了；四大天王从此变为了专司普通老百姓所关心的年景话题了，即

① 《牟子·十四章》。

唯愿年年月月风调雨顺，五谷丰登。这一话题不仅表现了中国文化的包容性和消融力，其敦厚务实的风格也表露无遗。

（三）易理与佛教思想的沟通

1.《周易》和华严宗

周易学者和佛教学者都认为《周易》和华严宗思想是相通的。华严学者认为华严宗的无相观念和《周易》的六十四卦、384 爻的变化原理是一致的。佛教认为它的华严思想和《周易》的整体观念是一致的，和易的“天人合一”观念也是一致的。所以华严学者当中有个叫李通玄的，就用《周易》来注解《华严经》，他写了《新华严经论》这一著名著作。此外，一些儒学者也认为易的《艮》卦和华严思想是相通的，都表现了事物动静自如这样的基本观念。

2.《周易》和禅宗

周易和禅宗思想是相通的。佛教最初的创立是在于劝诫人们断绝人间恩爱，出家为僧尼，所谓“看破红尘”、“跳出三界”、“灭情见性”以成佛。但此法在印度并没有行通，在中国亦更难推行。中国人的宗教观念有强烈的实用主义色彩，信仰上比较宽容，宗教生活也呈现出多元化的特点。中国的佛教只好折中为有条件的可以出家受戒为僧尼，没条件的可以在家中修行持戒、素食、礼佛，如此亦可以成佛。唐后期，禅宗六祖慧能的“顿悟说”开宗教改革之先河。禅宗始祖是印度的菩提达摩。达摩祖师的禅法讲定慧双修，讲必要的参禅仪式，仍带有原始佛教禅那的鲜明烙印。而慧能打破教条，提出不礼佛，不诵经，不持戒，不立文字，重心悟而轻形式，自此成为佛教中国化的标志。冯友兰看到了“中国的佛学”与“在中国的佛学”有区别。他说：“‘中国的佛学’是另一种形式的佛学，它已经与中国的思想结合，它是联系着中国的哲学传统发展起来的。佛教的中道宗与道家哲学有某些相似之处，中道宗与道家哲学相互作用，产生了禅宗，禅宗虽是佛教，同时又是中国的，禅宗虽是佛教的一个宗派，可是它对于中国哲学、文学、艺术的影响，却是深远的。”① 禅宗中曹洞宗有一著名的开导学生的方法叫五位法，禅宗学者认为这个方法和《周易》的《离》卦、六爻的变化原理是一致的。一些佛教学者为了引导儒家学者来研究禅，就用《周易》来解释禅。明末有位大学者叫藕益，法名智旭，就写了《周易禅解》，为其贯彻“以禅入儒，诱儒知禅”之宗旨，应当说，智旭的《周易禅解》达到了儒家和佛家会通的目的。

3.《周易》与佛学有许多沟通处

《易》与佛确有许多会通的地方。佛家有四大菩萨、八大金刚、十二圆觉、十八罗汉，而《周易》有四象、八卦、十二地支等，南怀瑾先生认为这些数字相合不是偶然，是宇宙本身数理关系的体现。《坤文言》里说：“积善之家，必有余庆；

① 冯友兰：《中国哲学简史》，北京大学出版社 1985 年版，第 281 页。

积不善之家，必有余殃。”这和佛家讲的“因果报因”的思想有其一致性。《周易》有循环的意识，一些学者对所谓“精气为物，游魂为变”的“变”里面是否有佛家的“轮回”思想表示了兴趣。当然，佛教学者对《周易》也有一些批评，他们认为《周易》中“太极生两仪”的观点牵强，认为“太极”若作为绝对的东西就不能生，生的东西就不能作为本源。

四、一条根系三支枝干的中华文化之树

（一）儒易和道易发展及其评价

1. 同源异流与异途同归

我们需要先认同一个事实：大约在公元两千五百年前的东方大地上，就已经形成了三种成体系的文化形态：一是以阴阳两大范畴既一分为二、同时又合二为一的、有着五行的辩证转化思想的《周易》文化；二是以孔子理论为主体的儒家文化；三是以老子学说为代表的道家文化。随后又经过了五个世纪，另一支东方文化的奇葩——以释迦牟尼佛信仰的佛教文化汇入其中，这样，中国大地上四种各具特色的文化形态相互交融、相互激荡，由此演绎出灿烂多彩的中华文明。同时，我们还须认识到这四种文化形态，无论是从产生的时间上，还是其学术思想的源流上，《周易》都是排在首位，处于中心地位的。

易文化深刻而丰富，其原创性的思想孕育了儒道两家，两家都是在易的基础上生发出来的。这是《周易》对中华文明的最主要的贡献，也是中华文明走向成熟的重要标志。纵观中国不同时期的学术思潮，人们常简称先秦子学、两汉经学、魏晋玄学、隋唐佛学、宋明理学、清代朴学。就其内蕴而言，莫不贯穿着《周易》精神。这就是中国的易文化传统。中华民族的易文化是先民们所选择的最适应这个特定生存空间的民族生存和发展的东西，是在一定的价值原则基础上筛选的结果，是在一系列的否定中积累下来的一种肯定。既然肯定无疑地也一定包含着否定。中国的易文化其实经历了儒道两大学派既肯定又否定的艰难历程，正是在这个曲折发展的过程中赢得了周易文化的兴盛和发达（见图6－2）。

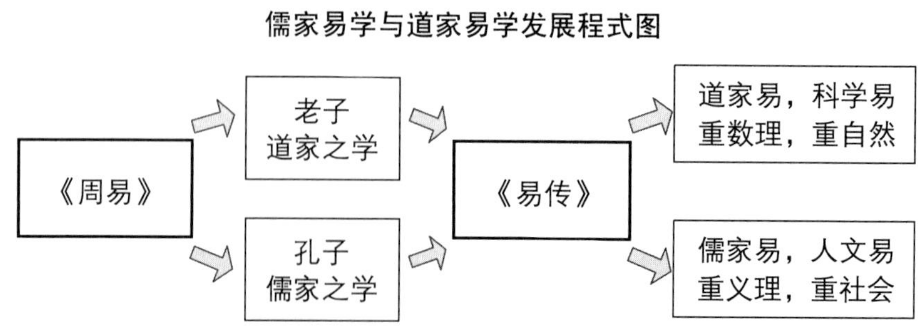

图6－2 “儒易”与“道易”发展示意图

上图表明了一个连续的否定之否定的过程，或者说是一个聚合—分开—再聚合—再分开的过程。儒家与道家同祖于《易经》，在易文化基础上创立了各自的学说。两家都极具开拓性，都对“易”予以了改造、变革和提升，进而发展出了各具独特魅力的宏大学说。然而两家又殊途而同归于《易传》中，《易传》不能简单地说是儒家易的代表作，它既包括了儒家的周易观，又包容了道家的周易观。《易传》既是两家理论融合的产物，又是随时间变化各自选取适宜的部分，有所选择、有所发挥。两家都将经传合一的《周易》视为经典，成为两家共同的思想源头，又由于各有偏爱，解释得各有倚重，进而延伸出儒家易学与道家及道教易学，两家再次分道扬镳。同源而相异，太正常了；而两家的差异并不遥远，异得合理而自然。从更高角度看，“儒道”是一个东西的两面，是中华意识文化的两个侧面。这两种学说，两个易学流派，不论是从社会的角度或者个人的角度，还是从意识的层面或者心理的层面，“儒道”都具有极强的互补性。

2. “儒易”和“道易”评价

虽说儒道都源于易，但在诸多方面确有不同。同样信仰“天”、“天道”，儒之天在肯定“敬天”基础上从天伦落脚到人伦，更关注社会。所谓“天视自我民视，天听自我民听”；“民之所欲，天必从之。”[①] 不但把民看作邦本，而且认为民反映“上天”的意志，重民就是敬天，把敬天与亲民思想结合起来。道之天更崇尚“自然”，提倡“返朴归真”的“致虚和守静”，“知常容，容乃公，公乃王，王乃天，天乃道，道乃久，没身不殆。”[②] 其“无为”思想尽现。同样“贵生厌死”，儒家“重人事，轻天命”，而道家“重延寿，轻仕途”。儒家在待人处世方面，立足于仁、义、礼、智、信，以积极有为的态度直面人生，儒追求“君子之风”，要做“仰不愧于天，俯不怍于地”的大丈夫；儒家提倡“以德养寿”，将“仁者寿”奉为信条。道家或道教则不然，他们视仁义之说为虚伪，主张绝圣去智、退守处下，提倡顺其自然、坦然面对的态度。庄子的妻子死了，庄子能够“箕踞鼓盆而歌”[③]，因为在庄子看来，生不足以喜，死不足以悲。否则就是不知命。这里，表达了道家对死亡的一种基本态度。比起儒家来，似乎道家或道教思想中有着某种消极的方面，但是，道家“安死而乐生”的生命取向和价值取向中确有着许多值得肯定的东西。

儒易重在易的义理，发扬了易里面的政治的元素、昂扬的元素，强调建功立业、自强有为，带有浓重的社会伦理色彩，但其重仕途而轻技艺则有明显片面性，许多自然探索被视为“雕虫小技”，不被重视，任由生死。中国农业生产方式的长期缓慢发展，社会更替也不过是在一个大背景下的循环，这里，儒家的责任最大。由秦汉黄老之学发展而成的道家易和道教易，在文化史上起到了救儒之弊，补儒

---

① 《泰誓》。

② 《老子》第十六章。

③ 《庄子·至乐》，崇文书局 2004 年版，第 200 页。

之偏的作用。尽管其中包含了不少神秘的迷信的成分，但对于自然科学的发展，却从多方面积累了丰富的资料。道易重在易的象数，发扬了易里面的顺乎自然的一面，强调淡泊名利、退隐无为，这种无为常来无不为，带来效果。太史公司马谈在《论六家要旨》就看到这一点："道家使人精神专一，动合无形，赡足万物。其为术也，因阴阳之大顺，采儒墨之善，撮名法之要，与时迁移，应物变化；立俗施事，无所不宜。指约而易操，事少而功多。"赞扬的语句明显。道家"指约而易操，事少而功多"，儒家则"博而寡要，劳而少功"。对两家的一褒一贬，司马谈的态度是鲜明的。虽然道家吸收了易的科学性的一面，带有浓重的自然哲学的色彩，但是一旦科学的萌芽被世俗的迷信所尘封，便走向了相反的方向。事实上，道教在大大扩展易文化中优秀成分的覆盖面的同时，也将易文化里面的非优秀成分扩散了，易中术数的元素、神秘的元素也传播开来，道易在增添了易文化中自然科学的成分的同时也加重了易文化中迷信的或幽暗的方面。

儒家易学作为一种官方的意识形态，伴随着孔子的地位而同步提升，自汉以后始终如此。相比较而言，道家（教）易学却只能成为儒家易的陪衬，游走于边缘地带，始终不能登大雅之堂。例如，在清代官方修的《四库全书》"易"类著作中，儒家易学被列为正统，而道家（教）易则被称为别传。

今天，在我们对易文化传统进行梳理和反思的时候，重道轻艺留给了我们的教训难道还不够深刻吗？抛弃儒家易和道家（教）易中的糟粕，继承和弘扬儒易和道易中的精华，改造、重构和建设我们民族的优秀文化，已是十分必要的了。

（二）儒道佛三者的关系

1. 形成三足鼎立的之势

春秋时代的诸子百家，经由历史的沉淀，特别是秦火的锻炼，由易文化的传统中衍生出了儒道两种文化形态。在经历了西汉数百年的发展之后，作为中华原生文化的儒道两家都先后出现病态，这为东汉时佛家的传入提供了历史机遇。佛道二者都算是正宗的宗教。儒家一般不被认为是一个宗教。陶弘景说："百法纷陵，无越三教之境。"① 大约南北朝时期就已经有了"三教"并行的尝试，到唐时形成激辩，至宋时最终形成三足鼎立的态势。

2. "三教"的矛盾与冲突

儒、释、道三教都有不同的中心人物，儒教是孔子，佛教是释迦牟尼，道教是老子或太上老君，这些圣人对于宇宙、人生、社会有相当不同的认识和说明。儒家特别注重人际关系、社会伦常，留心现世的实际问题，是所谓"入世"的文化；佛教、道教关心如何解脱，对现世的事物没有什么留恋，是所谓"出世"的文化。在出世的文化里，佛教修行的目的是成佛，追求一种不生不死的涅槃，脱离生命轮回的苦海，去体会"一切皆空"；道教修行的目的是成仙，炼的不管是外

① 《茅山长沙馆碑》。

丹还是内丹，要的都是长生久视，从理论上说生命是永远可以存在下去的。在生和死的问题上，儒家也表现得非常现实，他们并不关心死后会怎么样，但是相信子女能够延续他们自己的生命，所以，中国人往往会把子孙后代的事情看得比较重。在心性修养这个问题上，佛道二教表现出特别大的优势，佛教的禅学，道教的内丹学，都有一种非凡的宗教魅力。三教既然有这么多差别，矛盾与冲突也就免不了。

作为本土文化的儒道原有矛盾，但面对外来文化的反应却有一致性。先是道佛发生冲突。如南朝的炼丹家葛洪和陶弘景都着力宣扬白日飞升，得道成仙，长生不老。而佛教主张生为空幻，要追求解脱，追求涅槃，想要跳出“生死轮回”。因而引起了激烈的争辩。其实争斗的背后还不是经济利益，打击别人争取更多的信徒，也就是争取布施，争取庙产。道教在理论上比起佛教明显单薄了许多，因此，它一方面排挤佛教，另一方面偷偷向佛教学习，除戒律、仪轨在学，收于一部《道藏》经典中的许多著作也有模仿佛经的地方。道打不过佛，求助于儒，两家联手抗佛。最突出的是唐初的“傅奕辟佛”。傅奕生于梁敬宗绍泰元年（555年），死于唐太宗贞观十三年（639年）。他是隋与初唐的著名的无神论者、自然科学家。他担任太史令，主管天文和历算。《旧唐书》卷七九《傅奕传》记载，武德七年，奕上疏，请除去释教，“故使不忠不孝，削发而揖君亲；游手游食，易服以逃租赋。”[①] 傅奕的理由无非两点：一是维持封建伦理道德，维护封建秩序；二是保护生产力，保护国家财赋。汉民族有一整套伦理信条：三纲五常，以及君君，臣臣，父父，子子等，这是统治的基础。这当然是儒家思想，但道家（教）并不违反它，而佛教却偏偏破坏这一套规矩。道家（教）和儒家在同佛教斗争中，这方面的内容常常是他们攻击佛教最有力的地方。傅奕临终诫其子曰：“老、庄玄一之篇，周、孔六经之说，是为名教，汝宜习之。”[②] 可见傅奕是站在道家和儒家的立场上反对佛教的。

3. “四柱”支撑起的中华文化殿堂

中国三教间的外在形式上有矛盾，显现其相互纠缠的态势，但其一些内容又相互借鉴与渗透，这种情形一直延续到唐宋。在这期间，统治者时而灭佛，时而灭道，但始终没有把任何一方消灭掉，最终形成了三足鼎立之势。中华文化大树，原初仅一条《易》的根系，最终却形成儒、道、佛三支粗壮的枝干。虽然其中的一支枝干是“嫁接”的，但随着岁月的溣浸和磨砺，已经结实得长在了一起，早已看不出嫁接的痕迹了。中华“三教”有如世间最结实的三角结构关系一样，相互辅助、相互支撑。三者加上周易文化形成“四柱”，由这“四柱”共同构建起中华文化的宏伟殿堂。

①② 《旧唐书》卷七九。

（三）《周易》与“三教合流”

1. “三教合流”及其过程

“三教合流”是一个数百年的过程。开始的进程可以追溯到汉末与三国时期。如牟子的《理惑论》中亦论及了儒佛思想的一致之处；《广弘明集》载有《吴主孙权论儒佛道三宗》一文，同时提到了儒、道、释三家；三国时僧人康僧会曾论述曰：“易称积善余庆，诗咏求福不回。虽儒典之格言，即佛教之明训。”[①] 晋代佛教学者道安也曾以《老子》中语句来解释佛教的《般若经》。晋代著名道士葛洪较早明确提出了儒道融合的思想。主张以神仙养生为内、儒术应世为外，即所谓“内宝养生之道，外则和光于世。治身而身修长，治国而国太平。以六经训俗士，以方术授知音”[②]。将道教的神仙方术与儒家的纲常名教结合起来。这些都可以说是三教合流的初步尝试。在经历魏晋南北朝直至隋唐时期，儒、道、佛三教都有了充分的发展，出现了三教鼎立和三教共同发展的新局面。隋文帝对“三教合流”的贡献也不容忽视，他认为“佛法深妙，道教虚融”，因而允许三教同时存在并促进了相互的融合。隋朝有个士人叫王绩，他在给朋友的信里说：“孔子曰：‘无可无不可’，而欲居九夷。老子曰：‘同谓之玄’，而乘关西出。释迦曰：‘色即是空’，而建立诸法。此皆圣人通方之玄致，宏济之秘藏。”[③] 在王绩看来，儒释道三教殊途同归，有相通的目的和事业，只是方法有所不同。王绩有个兄长叫王通，是当时的大儒，著有《元经》、《中说》等。王通在《中说》中谈道：“《诗》、《书》盛而秦（周）世灭，非仲尼之罪也。虚炫长而晋室乱，非老庄之罪也。斋戒修而梁国亡，非释迦之罪也。”[④] 他依历史经验认为，废止佛道二教是行不通，三教各有其弊，也各有其用，“三教于是乎可一矣”[⑤]，他从儒家的角度认可了儒、释、道三教合流的可能性，为中唐晚开始的儒学革新，即“援佛道入儒”的进程提供了思想的前提。

儒、道、佛在共同发展的数百年间虽然中间有激荡、有争辩，但融合是主流。隋唐时代，儒、释、道兼习成为当时士人及其望族的普遍趋向，三教之间的交融与会通日渐增多，三教间从外在功能上的互补逐渐转向到内在思想上的融通，三教合流成为当时社会思想发展的主要趋势。中国源远流长的文化传统是《易》文化传统。“易”的基本精神是，崇尚中和和变化，儒家易学和道家易学都体现了这一鲜明特色。中国文化传统陶铸和积淀的中华民族精神，可以从多方面进行概括，然其基本要点依然是中和。作为东方文化大系之一的印度佛教文化，其教义和原初本旨不一定要概括为中和之道，但中道无疑是印度佛教起码是大乘空宗的一个基本内容。这就是佛教文化与中国文化，印度佛教得以转化为中国佛教的契合点，

---

① 《梁高僧传》卷一《康僧会传》。
② 《抱朴子·明本》。
③ 《全唐文》卷一三一。
④ 《中说·周公篇》。
⑤ 《中说·问易篇》。

或称共同的文化基因。事实上，佛教传入以后，中国信佛的士人、僧人和居士们就是以佛道中和为基点采用或接受佛教的因果报应、轮回、出世等思想的。如牟子《理惑论》在赞扬释迦的时候，就指出佛“所以生天竺者，天地之中，处其中和也”。唐宋以后，许多学者提倡“三教合一”，所谓“一”便是合于《易》的中和之道（参见彩色插图30）。

三教合流，实际上有两个过程，第一个过程是道佛二教攀附儒家，认为道佛可以“辅助王化”，提出“三教合一”、“平等三教”等主张，“援道佛入儒”已成为时代的共识，这里主要是政治意识的合流；第二个过程是儒家主动吸收道佛二教的思想成果，力求三教归儒，归于统治者认可的道统观念中，这里主要是思想意识的合流（见图6－3）。

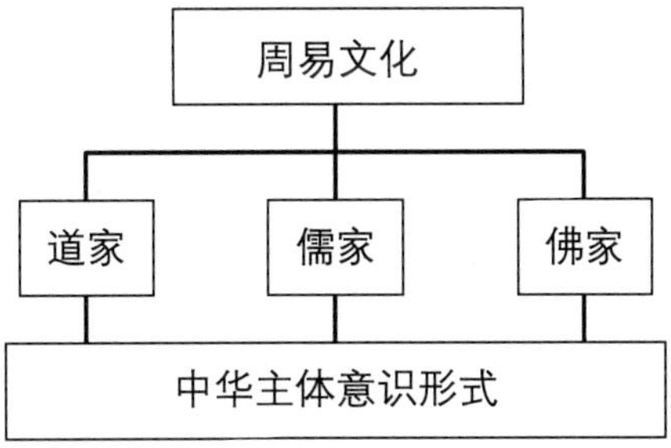

图6－3　“三教合流”示意图

2. 三教合流及其评价

三教合流与其说是一个思想认识的问题，不如说是一个面对现实，做一个顺势而为的选择问题。周易里面的“时”观念在这里起着作用。就唐代的现实而言，道佛二教此时在中国社会扎根，这已经不是承认与否的问题，而是中国人的精神生活基本上被道佛二教控制了，儒家的“至尊”地位受到了挑战。儒家学说很早就被庄子批评为“明乎礼义而陋于知人心”[①]，而后六朝的僧人也用这句话挖苦儒家学者。在道佛面前，儒家对宇宙、生死、心性等理论问题的解释与说明，显得是那样的粗糙和苍白。怪不得中唐的一些儒学者们，总怀着一股悲凉的使命感，矢志改革儒学，譬如韩愈、李翱、柳宗元等。他们深切地感受到，一种思想如果不能渗透到普通百姓的精神生活里，它在政治生活里的统治地位迟早也会丧失掉。儒学是不可能总运用政治的权力来保持自身的至尊地位。从中晚唐开始的儒学革新，必然是一个“援佛入儒”或者“援道入儒”的过程，这算是顺应历史的潮流吧。到唐代后期，佛道二教在中国社会扎根，已经不是一个问题了。

历史如此的巧合，大致在同一时期，佛教也开始在西藏与西藏的原始宗教“本教”的融合。作为宗教仪轨不同的佛教为了融入西藏文化，便大量采用了当地“本教”的很多仪轨，像转经、跳神、打鬼、酥油花等，吸纳了“本教”的多神崇

① 《庄子·田子方》，崇文书局2004年版，第238页。

拜，最终形成独具风格的藏传佛教。藏传佛教吸收了当地许多的祈福方式和习俗，如转山、转神湖、插风马旗、插五彩经幡、刻石头经文、放置玛尼堆、打卦、算命等，其实这些都是原来“本教”的遗俗。藏族同胞看到自己的山神、湖神，也都被佛教认可了，矛盾没有激化，便逐渐认可了佛教教义。连今天的藏传佛教的“转世说”也源于“本教”。今天的西藏，藏传佛教与原始本教并行不悖，和谐共荣，在崭新的时代共同守护着西藏人民的精神家园。而这份功劳归根结底应算到中华文化所具备的兼容并包的特质性上。

《四库全书》的总纂官纪昀在《阅微草堂笔记》中曾讲到“易”和“三教”的关系：“圣人作《易》，是说人事，不是说天道；是为众人而说，不是为圣人而说。圣人随心所欲而不超越法度，本来没有疑惑，何必要等待占卜来决定呢？众人不了解行事的时机，每每遇到矛盾分歧无法决断，所以圣人用阴阳的盛衰，显示人事的进退，使他们知道趋吉避凶罢了，这是儒家的根本意旨。反正万事万物，超不出阴阳两端，后来的人推而广之，各阐明一义。杨简、王宗传阐发心学，这是佛家的《易》，渊演出于王弼。陈抟、邵康节推论先天，这是道家的《易》，渊源出于魏伯阳。方术家的《易》，推演于管辂、郭璞，渊源于焦延寿、京房，就是二位所说的了。《易》之道广大，无所不包，见智见仁，各有各的见解，道理原是一贯的。后人忘记了它的根本原始，反而以旁生的歧义作为正宗。这就变成圣人作《易》，只是为一二个上等智慧的人而设，不是垂示教训于千万世的书，为千万人共同理解的道理了。经就是常，是说通常的道理；经就是径，是说人所共同遵循的道路。《易》，曾经是《六经》之首，难道可以把它说得神秘莫测，使人不可理解吗？”① 这里，纪晓岚还是倾向于用较正统的儒家思想释“易”的，他所表达的观点是与编纂《四库全书》中“易类”典籍的思路相一致的。

易文化是中华意识文化的源头。并且易文化渗透到儒、道、佛三大思潮的内核中，使得这三股思潮相互交汇、相互激荡，异彩纷呈，多样统一，终于形成江河流归大海般的、博大的中华意识文化形态。周易文化构筑了中华意识文化的基本脉络，或者说构筑了儒、道、佛在中华文化中的主流和骨干的地位。各家学说各有其长，易家主张阴阳正反辩证着看，儒家主张向上向下均衡的照看，道家主张内外兼修而视不见，佛家则主张参透三生轮回着看。易家告诉人们要观的清，儒家告诉人们要担得起，道家告诉人们要放得下，佛家告诉人们要想得开。各家的功能似乎都是不可替代的。中华意识文化内含着“华本教”的信仰文化在其中，正是这种多样化的信仰的文化支撑着中华民族走过了五千年的文明历程，而这一文明的进程还将继续下去。

① 纪昀：《阅微草堂笔记·卷三·滦阳消夏录六》。

第七章

周易文化与自然科学

《周易》具有自然哲学的性质，同时也带有“母科学”的性质，周易文化对中国古代自然科学的发展有着巨大的贡献。数学、天文学、中医学和农业科学是中国古代较为发达的四门科学，周易文化都与之有着密切的关系。同时，周易文化对中国化学、机械学、建筑科学也有很大的影响。《周易》在促进中国古代科技进步方面，应当说是功劳大于过失的。《周易》的过失在于它卜筮的出身以及占筮的语言，与其说它的罪过在自身，不如说在人们对其的态度上，《周易》话语的权威性，导致了民族的思想僵化；易理中的某些抽象原理被机械地照搬和滥用，妨碍了思维的新工具或新方法的学习和引入。

第一节 周易文化与数学

一、中国是数理文化发达的国家之一

（一）周易对数学的深刻影响

1. 周易对数学影响的综述

中国是数理文化发达的国家之一，《汉书·律历志》曰：“自伏羲画八卦，由

数起。”中国数学的深厚基础是与周易的传承密不可分的。《周易·说卦》云：“参天两地而倚数，观变于阴阳，而立卦”。《周易》是由象和数构筑起来，内含着丰富的数理文化，是中国古代数学的胚胎。正是基于此，冯友兰先生曾这样评价《周易》：“周易哲学可以称为宇宙代数学，代数学是算学中的一个部门，但是其中没有数目字，它只是一些公式。这些公式用一些符号表示了出来。对于数目字说，这些公式只是些空套子。正是因为它们是空套子，所以任何数目字都可以套进去。我说周易可以称为代数学，就是这个意思。周易本身不讲具体的天地万物，而只讲一些空套子，但是任何事物都可以套进去，这就叫‘神无方而易无体’。”[①] 周易对中国古代的数学具体影响体现在以下论述的三个方面。

2. 数学源头与《周易》

第一个方面，中国古代数学家爱把数学产生的源头归于《周易》。据最早的数学著作《周髀算经》载：“周公问于商高曰：‘窃闻乎大夫善数也，请问古者包牺立周天历度。夫天不可阶而升。地不可得尺寸而度。请问数安从出。’商高曰：‘数之法。出于圆方。圆出于方。方出于矩。矩出于九九八十一。’”最早数学家商高最先将九九之数与伏羲联系起来。魏晋时期的著名数学家刘徽在为汉代著作《九章算术》作注时云：“昔在包牺氏始画八卦，以通神明之德，以类万物之情，作九九之数，以合六爻之变。”还说：“徽幼习《九章》，长再详览，观阴阳之割裂，总算术之根源。探赜之暇，遂悟其意。是以敢竭顽鲁，采其所见，为之作注。”[②] 刘徽是较明确地表明《周易》的阴阳为“总算术之根源”的数学家。后来的许多数学家的认识皆如此。

3. 数学研究切入点与《周易》

第二个方面，一些古代数学家常常把《周易》中的数学问题作为自己研究的切入点，结合生产和生活的实际状况，进行了深入研究和实证的引申，从而对古代数学的发展做出了自身的贡献。刘徽云：“周公制礼而有九数，九数之流则《九章》是矣”。在为《九章算术》作注的过程中，刘徽不但定义了若干数学概念，全面论证了《九章算术》的公式解法，并且提出了许多重要的思想、方法和命题，他在数学理论方面做出了突出的贡献。《数书九章》的作者宋代数学家秦九韶在《数书九章》序言中说：数学“大则可以通神明，顺性命；小则可以经世务，类万物”。秦九韶的成就是“大衍求一术”，即现代数论中一次同余式组解法，它是中世纪世界数学的最高成就。秦九韶自愿将此方法与周易的“大衍之数”相联系，恐怕是想显现其重要性吧。宋代数学家杨辉借助周易“九宫图”研究了多阶的“纵横图”，成就斐然。纵横图，又称幻方。早在汉代郑玄《易纬注》及《数术记遗》都记载有“九宫图”，即三阶幻方，千百年来一直被人披上神秘的色彩。杨辉

① 《新华文摘》1985 年第 4 期。

② 《九章算术注》。

在所著《续古摘奇算法》中讨论了从四阶幻方直至十阶幻方，对幻方给予了最早的记录和系统研究，对世界组合数学的发展做出了贡献。幻方在当今的图论、数论、群论、对策论、组合分析、计算机科学等领域也找到了用武之地。

4.《周易》对数学研究方式方法的影响

第三个方面，古代数学家们的知识结构和研究方式也深受《周易》的影响。应该说，周易对数学的影响有积极的和消极的两个方面，积极的方面是主要的。由于受《周易》的影响，一些古代数学家多采用《周易》的概念来表达数学的问题。其结果是思辨性有余，论证性不足；承继解释有余，突破创新不足。如《周易》有“参天两地”之说，三国时经学家虞翻就说，参就是三。为什么天是三呢？因为自古就有“周三径一”说，即圆周率 π 大致取值是直径的三倍，天为圆，即为三。李约瑟先生在《中国科学技术史》书中透露：π 值在古埃及曾得到了 3.1604，古巴比伦曾得到 3.125。《汉书》云：“易曰，参天两地而倚数。天之数始于一，终于二十五。其义纪之以三。”① π 值在中国直到汉代仍进展不大，始终徘徊在“周三径一”的较粗略的观念上。汉代的刘歆、张衡都是一流的天文学家和历算学家，有许多机会可以让他们突破“周三径一”的旧观念，从而做出一流的业绩，但“参天两地”的“权威性”使得突破性的成就，即更加精确的圆周率值与他们失之交臂，成为了历史的憾事。对此，后继的数学家看得较清楚。刘徽曾评价说：“衡说之自然，欲协其阴阳奇偶之说，而不顾疏密矣。”② 祖冲之批判道：“罄策筹之思，究疏密之辨。至若立圆旧误，张衡述而弗改；汉时斛铭，刘歆诡谬其数，此则算氏之剧疵也。”③ 后来，祖冲之经研究提供的新圆周率值计算到小数点后第 7 位，这一精确的纪录保持了近千年（参见彩色插图 35）。

（二）《周易》对数学影响的评价

1. 正面意义大于负面意义

《周易》一方面以其“易数”深刻影响着古代数学家，影响着算术、丈量以及天文、历法、罗盘、音律等，有正面效应。另一方面，“易数”里面的术数性质，神秘主义倾向也带来负面效应。有的时候恰恰是数字的巧合，加重了神秘的色彩。但是，不管怎样，“易数”的正面意义要大于负面意义。讲究数量关系，哪怕有些迷信“数”都不会坏到哪去。“易数”不是“荒谬”的朋友，而是它的敌人，“易数”是守住理性底限的基石。

2. 数学被忽略另有原因

传统的中国，重科举，重功名，习文尚德，但轻视自然科学，尤其轻视基础

---

① 《汉书·律历志》。
② 《九章算术注》。
③ 《宋书·律历志》。

的数学，反映在教育和生活中皆如此。历史上数学总愿攀附《周易》，无非是想借此提高自己的境遇，这恰恰透露出数学在古代社会中的卑微地位。明代数学巨匠王文素认得准：数学虽然“普天之下，公私之间，不可一日而缺者也”，但它仅是“能诗文而不猎取功名者”为之的事业，这一点王文素说得准确，但话里也含有一种沉重与悲哀。他对当时社会上不重视数学的状况予以抨击：“上古圣贤犹且重之，况今之常人岂可以为六艺之末而忽之乎?”六艺乃周朝贵族教育体系中的六种基本才能：礼、乐、射、御、书、数。数虽为六艺之末，但在王文素看来却实为最重要。他曾赋诗曰：“六艺科中算数尊，三才万物总经纶。乘除升降千般用，量度权衡五品分。天下钱粮凭是掌，世间交易赖斯均。若无先圣传流此，自古模糊直到今。”① 王文素对数学先驱们的劳动给予了高度评价。

二、周易文化与一些数学原理

（一）周易文化与莱布尼兹的二进位制

1. 这一话题的历史真实

《周易》与莱布尼兹二进位制的关系在国内有着众多的版本。德国数学家莱布尼兹在发明二进制的过程中，看到了中国的易图，并因此受到鼓舞，促其将“二进制”的论文发表，这就是历史的真实。历史事实如下：公元1679年，莱布尼兹对二进制数学作出初步描述。公元1679年至1702年期间，莱布尼兹与到中国的法国传教士鲍威特（中文名白晋）有联系。鲍威特于1698年告诉莱布尼兹，他发现易符中的阴爻相当于数学中的0，阳爻相当于数学中的1。公元1701年4月，莱布尼兹把自己创制的二进制数学表送给鲍威特。同年10月，鲍威特送两张易图给了莱布尼兹，即伏羲六十四卦次序图和伏羲六十四卦方位图，莱布尼兹惊奇地发现，64卦排列与自己创制的二进制数学的科学原理完全相符。1703年，莱布尼兹将自己的论文发表在《皇家科学院论文集》上，标题为《二进制算术的说明》，副标题为《关于仅用0与1两个记号的效用及兼论古代中国伏羲图数学意义的探讨》。莱布尼兹在《致德雷蒙的信：论中国哲学》一文中说道：“《易经》，也就是变易之书。在伏羲之后许多个世纪，文王和他的儿子周公以及在文王和周公之后五个世纪著名的孔子，都曾在这六十四个图形中寻找过哲学的秘密。这恰恰是二进制算术”，“阴爻- -就是0，阳爻—就是1。这个算术提供了计算千变万化数目的最简便的方式。”莱布尼兹非常自豪地表示几千年的奥秘被他揭示了，即周易里面包含着二进制数学。因此，他希望加入也应该让他加入中国国籍。莱布尼兹正是出自对于易图的敬仰，在法兰克福创立了中国学院。由此可见，莱布尼兹在发明二进制过程中的确受过周易的启发和鼓舞（参见彩色插图31）。

① 《算学宝鉴》。

2. 对这一话题的简短分析

通过上面的介绍，我们可以得出一些结论：首先，并不是莱布尼兹受《周易》影响而发明二进制，这一在中国流传甚广的说法不符合历史实际情况。因为莱布尼兹远在接触到《周易》之前就已独立发现了二进制。其次，当莱布尼兹认为中国早在几千年前的《易经》中就已有了二进制思想时，他使用了错误的证据，他把宋代人邵雍创制的易图认作为伏羲的易图了。在莱布尼茨之前，北宋的哲学家邵雍（1011—1077）就在他研究《易经》的著作中提出了蕴含二进位顺序的思想，可惜他的这一思想没有进一步抽象为科学理论，也就没有能够传播开来。在二进制与《周易》的关联方面，李约瑟曾表示过这样的意思："《易经》的八卦中无意识巧合碰上的东西，被莱布尼兹有意识地发现了"。因为许多新知识，都是综合的，而不是分析的。中国远古时代没有"0"概念，也不具备指数的概念，而二进制是需要0和指数等知识的综合。在没有适宜的条件，胚芽不会长成植株，更不会开花结果。

（二）周易文化与其他数学原理

1. 勾股弦

周易与勾股原理。朱熹《易学启蒙》一书中附有图式多幅，现选其中一幅"大衍勾股之原"，说明周易与几何的关系。朱熹说："勾三其积九，股四其积十六，弦五其积二十五，合之五十是大衍之数，函勾、股、弦三面积"（见图7－1）。

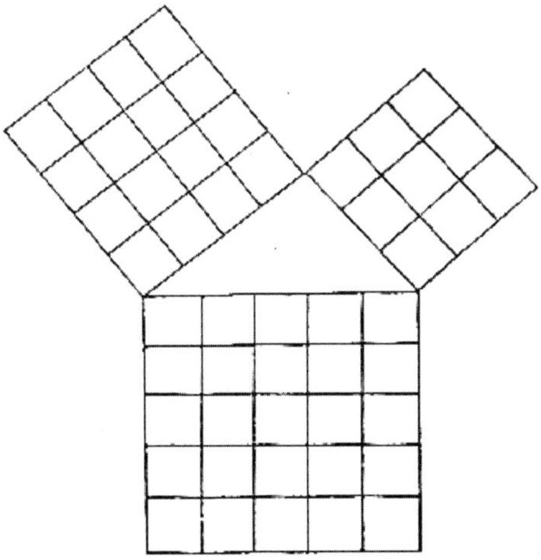

图7－1　大衍勾股之原示意图

2. 周易与坐标轴关系

在一个平面上划纵横两条直线，构成一个直角坐标，这时，在坐标上就会划分出四个象限；每一象限都可用横坐标的X轴或纵坐标的Y轴的正负符号加以表示。若规定：两条轴线的交叉点为原点，向右为正，向左为负，向上为正，向下为负，则会有“正正”、“正负”、“负正”、“负负”四种情况出现。这与《周易》的“四象”相吻合（见图7－2）。

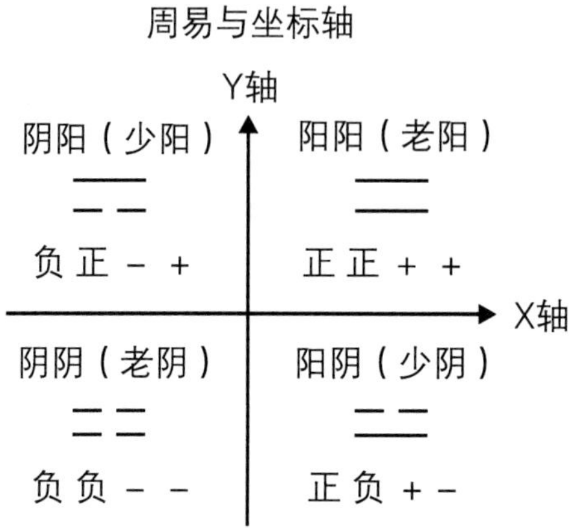

图7－2　直角坐标与周易“四象”

第二节 周易文化与天文学

一、《周易》与天文密不可分

（一）天文观测或许是《周易》的起源

1. “易”起源于天文观测

《周易》不但同数学有着密切的关系，而且也与天文学有着密切的关系。一些周易研究专家坚定地认为，卦爻符号来源于“数字卦”，来源于古人测日影的记录。由此，不但证明了6000年前就已经有了《易经》，而且也证明《易经》并不是起源于卜筮，而是起源于天文，是“仰观天文、俯察地理”的结果。剖析汉字卜卦二字，均含有测日影的含义。先看“卦”字：由“圭”和“卜”两字合成。“圭”由两个土字重叠而成，古人用泥土筑成土堆（土圭），也称圭表，它由两部分构成，表是垂直于土圭的标杆，圭是平卧的尺，是古时测日影的天文仪器。古人根据日光照射表后投影于圭上，依据日影的长短变化来确认时间的变化，并测定节气。《周礼》云：“以土圭之法，测土深，正日景（影）。”所以许慎在其《说文解字》中谓：“卦者，推究其晷景也”，晷景就是测日影。“卜”字则是对测日影的象形记录，一竖代表垂直的标杆，一点代表斜照的日影，仍旧是测晷景的意思。通过观测人们发现，夏至时其影长一尺六寸，冬至时其影长十三尺五寸，二者影长相差是显而易见的，故得出冬至一阳始生，而夏至一阴始生。冬至晷景由长变短，为损之始，夏至晷影由短变长，为益之始，冬夏两至是一年的损益之元。一些专家认定伏羲是在总结了前人测量晷景的经验基础上，悟创了八卦，这是推求太阳、地球和四季变化规律的一套符号系统，亦是一套数量系统。圭表而后又称圭臬，圭臬一词后来常被引申为准则或者法度（参见彩色插图32）。

2.《周易》里面的天象记录

中国是记录天象最早的国家。不但留有三光五星、三宫四灵廿八宿说，而且在周易的卦爻辞中保存了不少有关天文学的资料。如《离》卦九三："日昃之离"，"日昃"日已偏西之意。爻《象》曰："'日昃之离'，何可久也。"提倡人应知天乐命。《离》卦上下两明，下卦九三作为前一个太阳已是夕阳西垂，而后一个太阳正冉冉升起，所以其《象》曰："明两作，《离》。大人以继明照于四方。"《丰》卦六二："丰其蔀，日中见斗，"九三："丰其沛，日中见沫，"九四："丰其蔀，日中见斗。"蔀，遮日之帘，斗，星斗。《丰》卦爻辞两次说到大片光亮被遮蔽，正午能见到星斗。有人认为这是古人对日全食的记录。《丰》卦下"离"为明，上"震"为动，是光明且活跃、盛大丰茂之意。但《周易·象辞·丰》曰："日中则昃，月盈则食，天地盈虚，与时消息，而况于人乎？况于鬼神乎？"表达了盛极必衰、居安思危的忧患意识。商周时期，天象观测得到了较大的进展，在当时的文献中留下了三光、四灵和五星等初步的天文理念和知识，这些理念和知识，加之《周易》所提供的知识，为而后的天文学的进一步发展创造了条件。

（二）中国古代天文成就及其科学家

1. 中国古代天文学上的成就

中国是世界上天文学起步最早、发展较完善的国家之一，天文学也是中国古代发达的四门自然科学之一，其他的还有数学、医学和农学。中国古代天文成就主要体现在以下三个方面。第一，正如上面论述到的，对天象和星象，中国古代有着丰富的原始观察和记录，古人凭借于此始终在丰富着自己的宇宙观。我们不但有对日月五星的观察，有着生动的日食和月食记录；还有对星宿、星官的观察，对恒星，甚至对新星也有着记录。中国对彗星有记录，长沙马王堆汉墓内就曾出土过一幅精致的彗星图。对每76年一个周期的著名哈雷彗星的观测，从公元前240年的彗星记载始，到1986年的再现，哈雷彗星共回归了30次，中国都有记录。中国人对彗星的记录是最完备的。中国对太阳黑子有记录，编纂于汉景帝年间的、约公元前140年成书的《淮南子·精神训》中说："日中有踆乌。"高诱注："踆，犹蹲也。谓三足乌。"古代神话中太阳里面有三足金乌的传说其实就是太阳的黑子现象。在天文方面，中国对日珥、流星雨等罕见天象，都有着悠久而丰富的记载。第二，在丰富的观察记录基础上，中国人很早就设立了专职的天文官，专门从事“观象授时”的工作，历代屡有经过仔细计算的、在旧历法基础上的新历法的问世。中国人在追逐着光阴脚步的同时，不断调整着自身踏准时间的节拍。第三，中国古代在创制天文仪器方面，也曾做出过杰出贡献。中国最古老的天文仪器是土圭，也叫圭表，它是用来度量日影长短的，依据日影的长短来区分季节。现存于河南登封观星台，40 尺的高台和 128 尺长的量天尺本身就是一个巨大的圭表。利用日影计时的仪器还有日晷，又称日规，当太阳光照在日晷上时，晷针的影子就会投射在晷面上，随着太阳由东向西移动，投在晷面的晷针影子也会慢慢地由西向东移动。于是，移动着的晷针影子好像是现代钟表的指针，晷面则是钟表的表盘，上面有刻度，以此来显示时刻，也是一种计时仪器。公元 2000 年，欣逢千年之交，北京以仿日晷造型建成了“世纪坛”来纪念，“世纪坛”隐性嵌入了《周易》乾动而坤静的设计思想，并利用现代科技手段完美实现了，这是一种跨越时空的智慧的结合。古代计时仪器还有漏刻。漏指的是计时用的漏壶，刻指是划分一天的时间单位，它通过漏壶的浮箭来计量一昼夜的时刻。西汉落下闳改制了浑仪，而后东汉张衡发明世界上第一台利用水力转动的浑天仪和世界上最早测定地震方位的地动仪。元代郭守敬先后创制和改进了多种天文仪器，有简仪、高表、候极仪、浑天象、玲珑仪、仰仪、立运仪等。

2. 在天文学上最能体现出中西方此消彼长的态势

中国人在天文上的成就随着文艺复兴后欧洲的兴起、随着欧洲传教士的到来而逐步暗淡下去了。晚明时期来中国的传教士大多具有很高的神学和科学的素养。在许多学科中，包括在天文学上已经是老师的身份，完全可以来授业解惑了，如利玛窦（明代万历年间）、南怀仁（顺治年间）、汤若望（康熙年间）等。晚明学者李之藻翻译了大量利玛窦等人关于自然科学方面的著作，在李的晚年，他结集为《天学初函》，共有五十二卷之巨。在《天学初函》序言中，李之藻言道：“初，西洋人利玛窦入中国，士大夫喜其博辩，翕然趋附，而之藻与徐光启信之尤笃。其书多二人所传录，因裒为此集。”李之藻的《天学初函》是中国学人西学译著丛书的第一部，从中可看到西方文化融入中国的轨迹，是中西文化交流初始时期重要历史文献，弥足珍贵。《天学初函》分为理、器二编，此种分类方法是依《周易》思想划分的，《周易·系辞》曰：“形而上者谓之道，形而下者谓之器。”形而上的道理为一编，形而下的器物和技术为一编。《理编》中，首次简略的、但却是系统地把西方学科的分类方法介绍给了中国的读者，分为 6 科：文科、理科、医科、法科、教科、道科，展现了西方文化的系统性。但是，李之藻晚年翻译的哲学著作，亚里士多德《寰有铨》，西方逻辑学最初译本《名理探》都没有收入到《理编》之中，是个遗憾。《器编》主要是具体知识技能方面的著述。是徐光启、李之藻等人与利玛窦等传教士合作翻译的西方数学、几何、天文、水利等方面的科技著作。徐光启认识利玛窦不久，就希望与之合作，言道：“先生所携经书中，微言妙义，海涵地负，诚得同志数辈，相共传译，使人人饫闻至论，获厥原本，且得窃其绪馀，以裨民用。”① 徐光启与利玛窦合作翻译的第一本书叫《几何原本》，“几何”一词，乃为首创，在中西文化交流史上具有里程碑意义。《器编》也有遗憾，介绍西方的机械力学的、由王徵与邓玉函合作翻译的《远西奇器图说》，详述各种火器制法的、由汤若望授焦勖译的《火攻挈要》等也未收入到《器编》之中。即使留下遗憾，《天学初函》仍旧视野宽广，学科涉及广泛，使得中国人接触到了天文学、地理学、数学、力学、光学、实验仪器、水利、测量、机械、武器、动植物等众多先进的知识，形成了西方文化第一次系统地传入中国的标志性事件。还是在《天学初函》里，李之藻曾经说：“观其所制窥天窥日之器，种技精绝，即使郭守敬诸人而在，未或测其皮肤，又况见在台监诸臣，刻漏尘封，星台迹断，晷堂方案，尚不知为何物者，宁可与之同日而论，同事而较也。”从他的话语中透露出我们当时一些为官之人，面对自己先人以及洋人们制造的天文仪器，已然搞不懂了，可见已经是一群“科学盲”了。而这恰是中西方科技水平此消彼长态势的真实写照。

面对西方文化的传入，徐光启等人是认得清的。他在上呈《历书总目表》中提出了“欲求超胜，必须会通；会通之前，先须翻译”的理念，为何有此感慨呢？因他看到了整个民族存在着潜在的危机。他说此话还有一个具体事件的背景：1629年6月21日北京发生日食，钦天监预报不准，崇祯皇帝震怒。徐光启运用西法来推算，其结果较钦天监为密，为此朝廷决定由徐光启负责改历，此时徐已近古稀之年，但他不辱使命，研究热情不减，“扫室端坐，下笔不休，一榻无帷……冬不炉，夏不扇……推算纬度，昧爽细书，迄夜半乃罢。”② 自崇祯四年（1631年）起，分五次进呈所编译的图书著作，终于完成了著名《崇祯历书》的编纂，全书共46种，137卷。在上呈奏表时他表达了上述的见解，此话说完两年后徐便去世了。“翻译—会通—超胜”思想，是徐光启科学思想的总结与升华，它的意义远远超越徐光启时代，直到今天，仍然具有重要的历史价值和现实的意义。当然，明儒徐光启和李之藻都在利玛窦的影响下成为了中国最早的天主教徒，这也是令人回味的。

3. 杰出的古代天文学家灿若星辰

中国古代的天文学家灿若星辰。《史记·天官书》记载，战国时期著名的天文学家有四家：“在齐，甘公；楚，唐昧；赵，尹皋；魏，石申。”司马迁说到各家的天文学中都带有占星术的内容，即将星象与人事相连，这是时代的印记。甘公即甘德，又一说是楚国人，这与《史记》有出入，生卒年不详。著有《星经》一书，已佚失。石申，战国时代魏国人，生卒年不详，天文学家、占星学家，著有《石氏星经》、《天文》八卷、《浑天图》等，已佚失。后人将二人著作结合在一起，称为《甘石星经》，它是现存世界上最早的天文学著作。书里记录了八百颗恒

① 徐光启：《跋二十五言》。

② 张溥为：《农政全书》所写的序。

星的名字，测定一百二十一颗恒星方位，数据被后世天文学家所用，它是世界最早的恒星表，比希腊天文学家伊巴谷测编的欧洲第一个恒星表早二百年。书里还记录了木、火、土、金、水等五大行星的运行情况，并指出了它们出没的规律。《甘石星经》在宋代也已佚失。今天我们只能从唐代《开元占经》里见到它片断的摘录。也有人认为《甘石星经》是唐人的伪作，其书名确为后人所起，其内容并非后人杜撰，“伪作”一说言重了。为表彰石申在天文学上的贡献，人们将月球上的一座环形山命名为“石申环形山”。

落下闳（前140—前87），西汉时期天文学家，也为中国最早的历算学家。汉武帝元封年间为了改革历法，征聘天文学家，他与他人合作创制新历法，优于其他历法，被汉武帝采用，称《太初历》，共施行189年，是中国历史上有文字可考的第一部优良历法，《太初历》采用的岁首和科学的置闰法，中国的阴历一直沿用至今。落下闳是浑天说的创始人之一，经他改进的赤道式浑仪，在中国用了2000年之久。

张衡（78—139），字平子，南阳西鄂（今河南省南阳市）人。东汉时期伟大的科学家、发明家、政治家和文学家，在世界科学文化史上树起了一座巍峨的丰碑。曾任尚书和侍中、河间相，两度担任执管天文的太史令等职。张衡的好友，文学家、书法家，也为东汉才子的崔瑗曾评价张衡：“天姿濬哲，敏而好学，如川之逝，不舍昼夜。是以道德漫流，文章云浮，数术穷天地，制作侔造化，瑰辞丽说，奇技伟艺，磊落焕炳，与神合契。然而体性温良，声气芬芳，仁爱笃密，与世无伤，可谓淑人君子者矣。”[①] 崔瑗的评价绝无虚言。在天文学方面，他发明创造了“浑天仪”，这是世界上第一台用水力推动的大型观察星象的天文仪器，著有《浑天仪图注》和《灵宪》等书，《灵宪》是张衡积多年的实践与理论研究写成的一部天文巨著，也是世界天文史上的不朽名作。该书全面阐述了天地的生成、宇宙的演化、天地的结构、日月星辰的本质及其运动等诸多重大课题，他画出了完备的星象图，提出了“月光生于日之所照”科学论断。将中国古代的天文学水平提升到了一个前所未有的新阶段，使中国当时的天文学研究居世界领先水平，并对后世产生了深远的影响。张衡还制造了候风地动仪。样子像个大酒樽，纯铜铸造，仪器外面有八条铜龙，各居八方，龙口各含一枚铜丸，各龙头下面有一个蛤蟆，张着嘴巴，准备接住龙口吐出的铜丸，哪边龙口若吐出铜丸，下面的蛤蟆把它接住了，便说明那个方位发生了地震。作为政治家，他同东汉王朝上下喜好符谶，用此妖惑人心丑恶现象做了坚决的斗争，不怕毁谤，不惧利害。他表露道：“不患位之不尊，而患德之不崇；不耻禄之不伙，而耻智之不博。”[②] 文学家的张衡曾作《二京赋》，在描写了洛阳、长安繁华的同时，揭露和讥讽了贵族官僚的荒淫无耻，表达了作者对社会前途的深深忧虑。范晔在《后汉书·张衡传》云：“衡少善属文，游于三辅，因入京师，观太学，遂通五经，贯六艺。虽才高于世，而无

① 崔瑗：《河间相张平子碑》。

② 张衡：《应闲》。

骄尚之情。常从容淡静，不好交接欲人。”又说他：“善机巧，尤致思于天文阴阳历算。”夸张衡多才多艺，不爱和庸俗之人交往，品德高尚。原中国科学院院长郭沫若在张衡纪念碑上题道：“如此全面发展之人物，在世界史上亦所罕见，万祀千龄，令人敬仰。”全国人大原副委员长严济慈题词赞道：“精仪揭天地，科圣著千秋。”为了纪念张衡的功绩，人们将月球背面的一环形山命名为“张衡环形山”，小行星1802被命名为“张衡星”。

祖冲之（429—500），字文远。中国南北朝时期杰出的天文学家、数学家。他在前代历法基础上，于33岁时创制了《大明历》。在《大明历》中，他首次引用了岁差，采用了391年设置144个闰月的精密的新闰周。祖冲之推算的回归年和交点月天数都与现代的观测值非常接近。在数学上，祖冲之推算出圆周率的真值应该介于3.1415926和3.1415927之间，相当于精确到小数第7位，成为当时世界上最先进的成就，这一数值比欧洲要早一千多年。在机械学方面，他设计制造过水碓磨、铜制机件传动的指南车、千里船、定时器、欹器等等。此外，他在音律、文学、考据方面也有造诣，他精通音律，擅长下棋，还写有小说《述异记》。他是历史上少有的博学多才的人物。为了纪念祖冲之的功绩，国际天文学家联合会把月球上的一座环形山命名为“祖冲之环形山”，将小行星1888命名为“祖冲之星”。

一行（683—727），俗姓张，名遂。邢州巨鹿（今河北巨鹿）人。唐朝高僧，著名的天文学家。他精通历法，并善于吸收汉易中的合理成分，引用卦气说来解说历法。由于根据李淳风的《麟德历》几次日食预报不准，玄宗命一行主持修编新历。一行依《周易》为指导，制成了唐朝最好、亦为当时世界上最先进的历法——《大衍历》。他还有易学著作《卦议》等。他在制造天文仪器、观测天象和主持天文大地测量方面也颇多贡献。作为佛学家，一行先后在嵩山、天台山学习佛教经典，曾翻译过多种印度佛经，后成为佛教一派——密宗的领袖，《大日经疏》为密宗思想的代表作。为了纪念一行的功绩，人们将小行星1972命名为“一行之星”。

沈括（1031—1095），字存中，号梦溪丈人，北宋浙江杭州钱塘县（今浙江杭州）人。中国历史上最卓越的北宋科学家之一，亦是政治家、工程师。精通天文、数学、物理学、化学、地质学、气象学、地理学、农学和医学等。在天文学上，他认识到岁差现象引起天象的变化是一种自然规律；他解释月亮是因为受太阳光照射发光而产生圆缺变化；他科学而生动地描述了常州陨石的坠落过程，并准确地判断出其成分是铁；他还注意到行星的视运动有往复现象。后来，沈括在主管司天监工作期间，改进了许多以往旧式的天文仪器，如浑仪、浮漏和影表等。其代表作《梦溪笔谈》，内容极为丰富，包括天文、历法、数学、物理、化学、生物、地理、地质、医学、文学、史学、考古、音乐、艺术等共600余条。其中200来条属于科学技术方面，记载了他的许多发明、发现。《宋史》评价他道：“博学善文，于天文、方志、律历、音乐、医药、卜算无所不通，皆有所论著。”英国科学史家李约瑟评价沈括“中国科学史上的坐标”和“中国科技史上的里程碑”。为了纪念他，中国科学院紫金山天文台将小行星2027命名为“沈括星”。

郭守敬（1231—1316），字若思，顺德邢台（今河北邢台）人。中国元代的大天文学家、数学家、水利专家和仪器制造家。为了精确汇集天文数据，以备制定新的历法，郭守敬花了数年时间，精心设计制造了十几套天文仪器，其中最有创造性的有3件：高表及其辅助仪器、简仪和仰仪。郭守敬根据观测的结果，于公元1280年3月，制订了一部准确精密的新历法《授时历》。这部新历法设定一年为365.2425天，比地球绕太阳一周的实际运行时间只差26秒。欧洲的著名历法《格里历》也规定一年为365.2425天，但是《格里历》是公元1582年开始使用的，比郭守敬的《授时历》晚了整整300年。河南登封至今保留有郭守敬所建的观星台。郭守敬还曾担任都水监，负责修治元大都至通州的运河。为纪念郭守敬诞辰750周年，国际天文学会将月球背面的一环形山命名为“郭守敬环形山”，将小行星2012命名为“郭守敬小行星”（参见彩色插图36）。

徐光启（1562—1633），字子先，号玄扈，天主教圣名保禄。松江府上海县（今上海市）人。明末著名的天文学家、数学家、农学家、政治家、军事家等。他是第一个把欧洲先进的科学知识介绍到中国的人。他在中国古代历法的基础上，参用西历，吸收了西方先进的科学知识，并且还请了三位传教士参与此工作，最终编译成《崇祯历书》。这是一部系统介绍欧洲天文学知识的巨著，包括了欧洲古典天文学理论、各种仪器和工具、运用的计算和测量方法等。数学有译著《几何原本》，农学有《农政全书》，军事有《选练百字诀》、《选练条格》，对古代工程、机械、器物予以梳理的著作有《考工记解》等。

李之藻（1565—1630），字振之，号凉庵居士，浙江仁和（今杭州市）人。明末科学家、翻译家。学识渊博，精于天文历算、数学，并且“晓畅兵法，精于泰西之学”，与徐光启齐名。20岁时（1585年）曾作《中国十五省地图》，甚精确。后在利玛窦处见到《世界全图》，即翻译刻制《万国地图》屏风。与利玛窦同译《浑盖通宪图说》、《圜容较义》、《同文算指》等多卷。与葡萄牙人傅汎际合译亚里士多德名著《寰有铨》六卷、《名理探》十卷。《名理探》为逻辑学在中国最初之译本。撰有关于数学、历算等的序、跋、奏、疏30余篇，对介绍西方科学作出重要贡献。著作和译著均收在自辑的五十二卷本的《天学初函》中。

李善兰（1811—1882），清代天文学家、数学家。在天文学方面，他翻译了赫歇耳的《天文学纲要》一书，名为《谈天》，于1859年出版。书中介绍了哥白尼的学说，李善兰在序言中阐述了自己的观点，说明日心体系和行星运动中的椭圆定律等是客观存在，他还批判了前人对哥白尼日心说的攻击。他对天体椭圆轨道运动等的解算进行过研究，提出了自己独特的解算法，其中最主要的是他第一次在中国使用了无穷级数的概念来求解开普勒方程。他的著译甚多，他曾将自己主要的天文、算学著作汇编成《则古昔斋算学》一书。

自郭守敬后，天文学的重心逐步转移至了欧洲，虽然明清时代的中国仍然有徐光启、李之藻、李善兰之辈的努力，但颓势已定，不可挽回。西方科技开始崛起，西方科学界的一些巨星光芒四射，使得中国的科学家们相形见绌。16世纪以后的数百年间，西方杰出的天文学家和物理学家层出不穷：如哥白尼、伽利略、开普勒、牛顿、哈雷、拉普拉斯、爱因斯坦、哈勃、霍金等，他们在天文学的诸多领域各取得了非凡的成就，为人们打开了一扇又一扇崭新的天地。而中国天文学界的星光暗淡是和中国整体科技水平的下行相同步的。

二、周易文化与历法

（一）早期历法中《周易》的巨大影响

1. 古代的多部历法

《周易》对天文的影响主要体现在对历法的影响。从黄帝历法到清朝末期启用西历（公历）始，中国历史上一共产生过百余部历法。实行较长时间的有夏历、商历、周历等。汉朝初期全国统一历法，汉武帝责成司马迁等人编写了《太初历》，之后刘歆作《三统历》，大致从《三统历》开始，中国历法开始形成体系，逐步成为了一门较为独立的科学技术。中经有东汉时期刘洪的《乾象历》，南北朝时期的祖冲之编撰的《大明历》，直到较高水平的唐代僧一行制定《大衍历》，中国历法达到了发展的高峰，准度和精度都达到世界先进水平。而后还有元代郭守敬编制的更为准确的《授时历》。这些历法中的部分历法对中国文化与文明产生过重大的影响。

2. 当今实现的历法是“阴阳合历”

从历法的发展史来看，几乎所有古老文化的国家如埃及、巴比伦、印度、希腊、罗马，以及古代的中国，最初应用的都是阴历。这是因为月亮的盈亏朔望的周期非常明显，所以人们把 29 天或 30 天称为一个月，把 12 个月称为一年，这样，以月相为依据的阴历，便成为了这些古老国家最初的历法。但由此问题也来了，应用阴历，即月亮绕地球周期约为 29 天半；应用阳历，即地球绕太阳周期约为 365 天又四分之一日。如果以 12 个月为一年，便只有 354 天或者 355 天，与太阳年相差几乎 11 天。时间一长，问题出现了，假若过 10 年，就有了一百多天的差错，冬月挥汗，夏季降雪，冬夏倒置就会出现。

人们发现纯粹应用阴历历法，会造成每年的月份和春、夏、秋、冬四季，以及和农业的节候配合不上，为了解决阴、阳历之间时间差的矛盾，古代的人们想出了两套办法：一种办法是干脆放弃以月亮盈亏来计时的阴历，直接以阳历来计时，即以太阳回归年 365 又四分之一天为一年，再把一年分为 12 个月，大致每月 30 天或者 31 天，平年 365 天，闰年 366 天，4 年一闰。这是公元前 46 年西洋罗马所采取的一种办法。另一种办法是找出阳历年的日数和阴历月的日数两者之间的最小公倍数，因为阴历的 235 个月的日数等于 19 个阳历年的日数，因此便制定了十九年七闰的历法，即在每 19 年中安排 7 个闰月，这就是中国古代颛顼历的办法。这一办法在中国春秋时代已经开始应用的。我们古代从早的颛顼历以及汉朝太初历、四分历统等都是依照此法安排的。这一历法的特点在于没有像西方那样抛弃阴历，而是既保留了月相的记忆，又不至于冬夏倒置，是一种对阴阳两种历法的调和，体现了中国人行事的风格。这一历法安排是平年354天，闰年384天。为了便于对农业生产的指导，春秋战国期间又建立了在阳历基础上的二十四节气说，与四季相配，和阴历相辅而实行。再稍后一些时候，人们发现一节气尚有15天之多，为进一步精细化，又于汉代创立了七十二候说。总之，中国的历法有着自身的特色，它既不是简单的阳历，也不是简单的阴历，它是既兼顾了月相的变化，又符合太阳运转（实际上是地球围绕太阳公转）的周期。因此有人称此特点为“阴月阳年”。它比西方单纯使用的阳历要完善，自有它的优越性，这是必须肯定的。这一阴阳合历的特色历法不仅为中国农业生产做出了重要的贡献，而且也是中国文化遗产的重要组成部分，因为许多传统的节日是和阴历相关联的。

（二）《周易》在历法中的作用

1. 先期的作用是相勾连、相比附

研究古代历法发展过程，可以看出《周易》思想在其中起到过重要的作用。这种作用从班固对《三统历》的评价就可窥探出。班固曰：“三统者，天施，地化，人事之纪也。十一月，‘乾’之初九，阳气伏于地下，始著为一，万物萌动，钟于太阴，故黄钟为天统，律长九寸。九者，所以究极中和，为万物元也。《易》曰：‘立天之道，曰阴与阳。’六月，‘坤’之初六，阴气受任于太阳，继养化柔，万物生长，茂之于未，令种刚强大，故林钟为地统，律长六寸。六者，所以含阳之施，茂之于六合之内，令刚柔有体也。‘立地之道，曰柔与刚。’‘乾知大始，坤作成物。’正月，乾之九三，万物棣通，族出于寅，人奉而成之，仁以养之，义以行之，令事物各得其理。寅，木也，为仁；其声，商也，为义。故太族为人统，律长八寸，象八卦，宓戏氏之所以顺天地，通神明，类万物之情也。‘立人之道，曰仁与义。’‘在天成象，在地成形。’‘后以裁成天地之道，辅相天地之宜，以左右民。’此三律之谓矣，是为三统。”①

应当特别指出，古代的天文学家们一般既懂得天文历法，又懂得《周易》，他们把测量的天文历数和《周易》里面的易数相比附、相勾连，这是由当时的历法研究方法或者说是研究“范式”决定的。古代中国的科学，包括历法，是文化的一部分，并包含在文化之中，《周易》是文化的权威，可以被《周易》解释通的历法才有可能得到推广和延续，相反，和《周易》不相吻合的历法，是不会被认可的。客观地说，用易数解释历数的现象，自《大衍历》后逐渐在弱化。随着科学的发展、实证的检验，《周易》对历法的作用逐步由过去的直接的作用，转变为间接的作用，转变为观念上的或曰宏观意义上的指导作用了。

① 《汉书·律历志》。

2. 后期的作用是“治历明时”的指导

《周易》的指导作用集中体现在“治历明时”思想上。《周易·彖辞·革》曰：“天地革，而四时成。汤武革命，顺乎天而应乎人。《革》之时大矣哉！”《周易·象辞·革》曰：“泽中有火，《革》，君子以治历明时。”《革》卦上兑为泽，下离为火，水若大，使火熄灭；火若大，使水蒸发，两者相克而生变革。君子应当效法这一精神，治历明时，除旧布新。

古代的治历明时，除旧布新最鲜明地体现在“月建”的规定上。何谓“月建”？月建最早和占星术有关，是针对十二地支而言的，当令的月地支便为月建，也称月令、月将。古人“月建”，是把一年十二个月和天上的十二辰对应起来。十二辰是古代天文学的一个概念，就是把黄道（即太阳一年在天空中移动一圈的路线）附近的一周天十二等分，由东向西配以子、丑、寅、卯、辰、巳、午、未、申、酉、戌、亥十二支。十二支和十二月相配，依序称为建子月，建丑月，建寅月……这就叫“月建”。那么十二月份又是怎样确定的呢？这个问题与北斗星的转动有关。北斗星是大熊星座中的七颗明亮的星星，分布成斗状。“北斗星”的概念在传统文化中占据着重要的位置。《史记·天官书》说：“斗为帝车，运于中央，临制四方。”意思是北斗七星象征着天帝坐着马车，以中央为枢纽，巡视四方，分寒暑，定四时。北斗七星中天枢、天璇、天玑、天权四颗星组成斗身，古人将组成斗身的四颗星又称“魁星”。旧时很多地方都有魁星楼或魁星阁等建筑，里面供奉的就是他。在民间，魁星就是文曲星，也叫文昌星，古人附会它为主管文运兴衰的星官，即文昌帝君。但在道教中，两者不是一个人。另三颗星玉衡、开阳、摇光组成斗柄，古曰杓。用直线把天璇、天枢两星连接起来向斗口方向延长约五倍的距离便遇到小熊座 a 星，即北极星。北极星是出现在北部天空的一颗亮星，距地球北极很近，差不多正对着地轴，从地球上看，它的位置几乎不变，航海和旅行的人常靠它来辨别方向。北斗星围绕北极星旋转，古人亦用北斗星斗柄关系来定季节：斗柄指东，天下皆春；斗柄指南，天下皆夏；斗柄指西，天下皆秋；斗柄指北，天下皆冬。同样，我们可以根据北斗星斗柄所指十二辰中的不同位置来确定十二个月份，斗柄每转动一辰（或一方位），表示时间已过去一个月，斗柄移动整整满一周，表示时间刚好过了一年（当然中间还有“闰余”之事，故略谈）。最终又回到“寅”的位置上，成语“斗柄回寅”是之。斗柄所指十二支中的那一支，就是建该支月，便称之“月建”；斗柄所指十二支中的子，为建子月，即周历的正月；斗柄所指十二支中的丑，为建丑月，即殷历的正月；斗柄所指十二支中的寅，为建寅月，即夏历的正月，这就是所谓“三正”。夏正建寅，殷正建丑，周正建子，合称“三正”。《尚书·甘誓》：“有扈氏威侮五行，怠弃三正。天用剿绝其命，今予惟恭行天之罚。”陆德明释文引马融曰：“建子、建丑、建寅，三正也。”这里，由“月建”又引出“置正”的话题来。所谓“置正”，即以哪一个月为正月的问题。这里面既有历法的意义，还有其他的意义。从历史记载来看，这种“置正”比较复杂：夏朝以寅月为正月，称为建寅；商朝以今十二月为正月，建丑；周朝以十一月为正月，建子；秦朝以十月为正月，建亥。汉初承秦制，以为得水德，亦建亥；后来到汉武帝时，经天文学家落下闳的推算，又改成夏历，以寅月为正月。汉之所以改回夏历，皆因夏正更加适合农事季节罢了。因此，自汉武帝以后的二千年中，虽经不断地完善，但大体沿用夏历是不变的。

古代中国，以农业为立国根基，所以特别重视历法。而历法中的“正朔”，又被视作是开启新纪元的最重要的事情。颁布“正朔”最鲜明地体现在“置正”的变化上。我们知道不同的“置正”，便会有不同的新年起点。“三正论”之所以要更改正朔，皆因“王者始起”要“改正朔”、“易服色”以表示受命于天，体现为当权执政的合法性。在中国人看来，确立正朔被视作是政权更替的一种标志，所以革命一词还可以用改换正朔来代替。清末的革命党人多以黄帝纪元来纪年，以不使用清代的正朔来表明不承认清廷的合法性。孙中山的辛亥革命以民国纪年，表达的是与旧时代的决裂。中华人民共和国成立后，决定以西历的公元作为纪年，体现的是一种更加开放的姿态。所有这些举措都可以看做是重视传统文化中“正朔”所代表的革命的意义。

三、周易文化在历法上的亮点

（一）十二消息卦的概念

1. 何谓十二消息卦

《周易》与天文历法结合的亮点事例莫过于汉代发明的“十二消息卦”和“卦气说”。其实，这些理论在《周易》文本中都找不到直接的根据，是汉人根据《周易》思想延伸的，属于“今文经学”的范畴。汉人常用“十二消息卦”这种消息变通来解释卦变。

《周易》的卦由阴阳两种爻象构成。人们便从六十四个卦象中选出十二个特殊的卦形，配合一年十二个月的月候，这就是十二消息卦。十二消息卦又名“十二辟卦”，辟，《尔雅·释诂》：“辟，君也。”犹言“主”。就是说，这特定的十二卦各为十二月之主。据此也称月卦或者候卦。消息卦之说法来源甚古，首见于《归藏》：“子复、丑临、寅泰、卯大壮、辰夬、巳乾、午姤、未遯、申否、酉观、戌剥、亥坤。”① 其原理实际是指示自然界万物“阴阳消长”的意义，同时又象征二十四个节气和七十二候的变化。西汉京房最早运用此法用来解释《易经》，并进行占验，随后东汉马融、郑玄、荀爽、三国虞翻以及后代汉易学家们，大都采用此法，影响较大。现在我们日常用语中，有“冬至生阳”（冬至开始，夜渐短，昼渐长），“夏至生阴”（夏至开始，昼渐短，夜渐长），这与十二消息卦有关。

① 马国翰：《玉函山房辑佚书》。

《乾》卦为六个阳爻，《坤》卦为六个阴爻，《乾》《坤》两卦各为消、息之母。凡阳爻去而阴爻来称为“消”，凡阴爻去而阳爻来为“息”，此谓“消”“息”实为阴阳二气在一年中消长变化的状态。具体情况是（见图7－3）：

《复》卦，　一阳息阴，　建子，十一月。
《临》卦，　二阳息阴，　建丑，十二月。
《泰》卦，　三阳息阴，　建寅，正月。
《大壮》卦，　四阳息阴，　建卯，二月。
《夬》卦，　五阳息阴，　建辰，三月。
《乾》卦，　六阳息阴，　建巳，四月。
《姤》卦，　一阴消阳，　建午，五月。
《遯》卦，　二阴消阳，　建未，六月。
《否》卦，　三阴消阳，　建申，七月。
《观》卦，　四阴消阳，　建酉，八月。
《剥》卦，　五阴消阳，　建戌，九月。
《坤》卦，　六阴消阳，　建亥，十月。

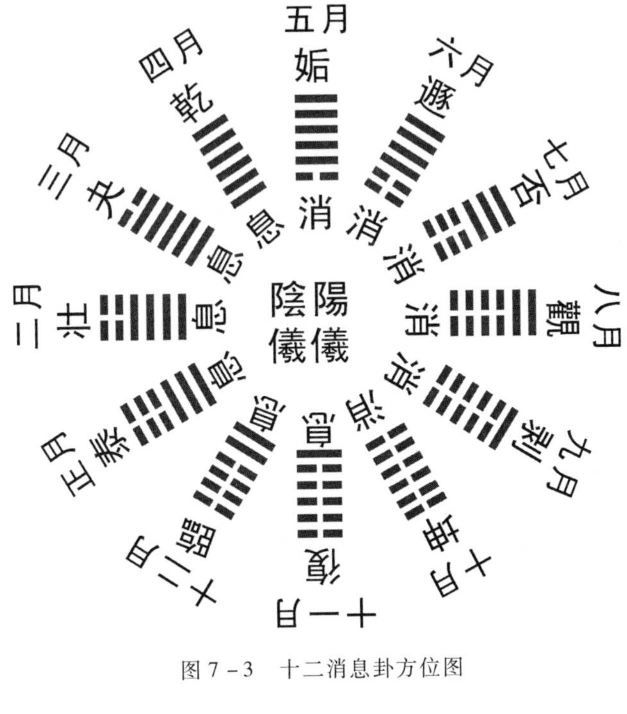

图7－3　十二消息卦方位图

以《泰》、《大壮》、《夬》配春，以《乾》、《姤》、《遯》配夏，以《否》、《观》、《剥》配秋，以《坤》、《复》、《临》配冬。从以上排列，可以看到由《复》至《乾》六卦，表示阳爻逐渐增加且自下而上增长，阴爻逐渐退去的过程。自《姤》至《坤》六卦，表示阴爻逐渐增加且自下而上增长，阳爻逐渐退去的过程（参见彩色插图33）。

2. 十二消息卦与“三阳开泰”

“三阳开泰”成语来自《周易》十二消息卦的知识。《泰》卦正逢寅月，即正月，三支阳爻显现，此谓之“三阳开泰”。《泰》卦又是六十四卦中的大吉卦，又逢一年初始，便有着好的兆头或鸿运当头的意喻，因此，很讨人喜欢，便作为吉祥话流行开来。由于“三阳开泰”欠缺一点形象化的东西，人们想着弥补，想到“阳”和“羊”谐音，人们便逐步将“三阳开泰”引申为“三羊开泰”了，开始有了画面感，从此常有三只可爱小羊出现。羊在传统文化中因与“祥”又谐音，羊为祥，是吉祥之物。汉字中養、羹、善、義，从饮食到德行都包含“羊”，足见羊在古人心目中的位置。何为美？从羊、从大，羊大为美。何为鲜？鱼和羊混炖之味最鲜。羊在古代中国人眼中是美好和吉祥的象征。因此，以后每逢《泰》卦正月，常以“三羊开泰”代之“三阳开泰”了。当然，此“三羊”非彼“三阳”，当我们传达着吉祥祝福的时候，但愿不要忘记了它原初的文化意义。

（二）二十四节气的确定

1. 二十四节气内容

节气是华夏祖先历经千百年的实践创造出来的宝贵科学遗产，是反映天气气候和物候变化、掌握农事季节的工具。二十四节气起源于黄河流域。远在春秋时代，中国就已经能用土圭来测量正午太阳影子的长短，以确定冬至、夏至、春分、秋分四个节气。一年中，土圭在正午时分影子最短的一天为夏至，最长的一天为冬至，影子长度适中的为春分或秋分。春秋时期的著作《尚书》中就有对节气的记述。西汉刘安所著的《淮南子》一书里有了完整的二十四节气记载。而后有人不断地改进与完善，公元前 104 年，由邓平等人制定的《太初历》，正式把二十四节气订于历法，明确了二十四节气的天文位置。

我们的先人把 5 天叫一候，三候为一气，称节气，全年分为七十二候二十四节气。太阳从黄经零度起，沿黄经每运行 15 度所经历的时日称为“一个节气”。每年运行 360 度，共经历二十四个节气，每月二个。其中，每月第一个节气为“节气”，即立春、惊蛰、清明、立夏、芒种、小暑、立秋、白露、寒露、立冬、大雪和小寒等十二个节气；每月的第二个节气为“中气”，即雨水、春分、谷雨、小满、夏至、大暑、处暑、秋分、霜降、小雪、冬至和大寒等十二个节气。“节气”和“中气”交替出现，各历时 15 天，现在人们已经把“节气”和“中气”统称为“节气”。

一年有四季，由春季开始六个节气，立春，立是开始的意思，立春就是春季的开始。雨水：降雨开始，雨量渐增。惊蛰：蛰是藏的意思。惊蛰是指春雷乍动，惊醒了蛰伏在土中冬眠的动物。春分：分是平分的意思。春分表示昼夜平分。清明：天气晴朗，草木繁茂。谷雨：雨生百谷。雨量充足而及时，谷类作物能茁壮成长。夏季六个节气，立夏，夏季的开始。小满：麦类等夏熟作物籽粒开始饱满。芒种：麦类等有芒作物成熟。夏至：炎热的夏天来临。小暑：暑是炎热的意思。

小暑就是气候开始炎热。大署：一年中最热的时候。秋季六个节气，立秋，秋季的开始。处暑：处是终止、躲藏的意思。处暑是表示炎热的暑天结束。白露：天气转凉，露凝而白。秋分：昼夜平分。寒露：露水以寒，将要结冰。霜降：天气渐冷，开始有霜。冬季六个节气，立冬，冬季的开始。小雪：开始下雪。大雪：降雪量增多，地面可能积雪。冬至：寒冷的冬天来临。小寒：气候开始寒冷。大寒：一年中最冷的时候。

2. 二十四节气的意义

中国古代用农历（月亮历，阴历）记时，用公历（太阳历，阳历）划分春夏秋冬二十四节气，所以二十四节气具有公历（阳历）的性质，它反映了太阳的周年视运动，所以节气在现行的公历中日期基本固定，上半年在6日、21日，下半年在8日、23日，前后不差1—2天。现有节气的口诀：

春雨惊春清谷天，夏满芒夏暑相连；秋处露秋寒霜降，冬雪雪冬大小寒。

每月两节日期定，最多相差一两天，上半年来六廿一，下半年是八廿三。

二十四节气对农业生产有重大影响。依据不同的时间节律安排生产和生活，是中国传统社会的一大特色，也是中国人将天文知识运用于实际的重要成就。

（三）“卦气说”与“七十二候”

1. “卦气说”和“卦气图”

“卦气说”在汉代易学中影响最大，它是将卦爻画（卦）同二十四节气（气）以及方位相结合的产物，对物候学和农学有意义。

“卦气说”是西汉易学家孟喜首创。以气为本，将卦与天文历法结合，京房亦采用之，是西汉易学的重要特色。后人亦循此说，影响较大。所谓“卦气”，就是把《周易》卦爻同历数结合起来，以《周易》的六十四卦同一年四季，十二月、二十四节气、七十二候、三百六十日全面配合起来，进行占验。

利用“卦气说”所作的“卦气图”，各家图式不一，繁简各异。今选是宋人李溉所作“卦气七十二候图”，图中以七十二候配十二辟卦的七十二爻，展示自然界四季的气候规律，载于朱震《汉上易传·周易卦图》卷中（见图7-4）。

2. 关于七十二物候

卦气七十二候图中间一圈配“十二消息卦”，它以十月为纯阴，坤卦主之，至十一月冬至一阳生为复。冬至以后，阳气逐渐上升。阴气日渐消亡，到了四月为纯阳，乾卦主之。物极必反，阳极必阴起，到了五月，夏至一阴生，垢卦主之。五月以后则阴气上升，阳气下降，到了十月，又回复到纯阴的坤卦。十二消息卦，每卦主管一月。十二消息卦每卦六爻，共七十二爻（最外一圈），正好和最内一圈排列的七十二候相配。以五日为一候，三候为一气，一年分二十四气，共七十二候，每候以一个物候现象相应，叫“候应”，表示一年中“物候”和气候的一般变化情况。七十二候的“候应”有两类，一类是生物物候，其中有动物的如“鸿雁

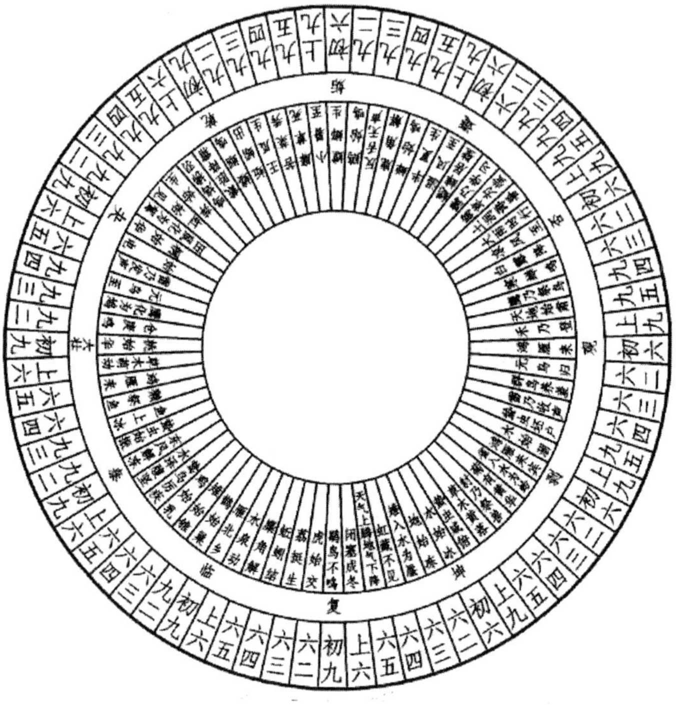

图 7－4　卦气七十二候图

来”、“寒蝉鸣”、“蚯蚓出”等。也有植物的，如“桃始华”、“萍始生”、“禾乃登”等。另一类是非生物的物候，如“水始冰”、“雷乃发声”、“土润溽暑”等。内容广泛。但是其中也有观察错误，不合于科学事实的情况，如“鹰化为鸠”、“雀入大水为蛤”、“田鼠化鴽”、“腐草为萤”等。对此种情况，元代学人吴澄在《月令七十二候集解》中有所解释：“《王制》曰：鸠化为鹰，秋时也。此言鹰化为鸠，春时也。以生育肃杀气盛，故鸷鸟感之而变耳。孔氏曰：化者，反归旧形之谓。故鹰化为鸠，鸠复化为鹰，如田鼠化为鴽，则鴽又化为田鼠。若腐草为萤，鴩为蜃，爵为蛤，皆不言化，是不再复本形者也。”

七十二候的起源甚早，与二十四节气一起在《逸周书》中已有较完备的记载，对农事活动曾起过一定作用，但由于七十二候仅为中国黄河流域的物候历，难以在更大范围应用。长期以来，中国基本上以农业生产为主，在生产中，认识时令季节对于农业极为重要。物候是节气的标志，利用物候知识来安排农业生产，可以做到“不违农时”。所以“卦气说”以及“卦气图”的应用对于农业生产起到了重要作用。虽然其最初是为《易》筮占验服务的，但其后由于与天文历学结合，其里面所含的古代历法、气候等方面的知识，其科技史研究的价值以及文化研究的价值是不容轻易抹煞的（见表 7－1）。

表 7－1　　　　　　　　　　　　七十二物候表

春季	节气	立春	雨水	惊蛰	春分	清明	谷雨
	候象	东风解冻 蛰虫始振 鱼陟负冰	獭祭鱼 候雁北 草木萌动	桃始华 仓庚鸣 鹰化为鸠	玄鸟至 雷乃发声 始电	桐始华 田鼠化为鴽 虹始见	萍始生 鸣鸠拂其羽 戴胜降于桑
夏季	节气	立夏	小满	芒种	夏至	小暑	大暑
	候象	蝼蝈鸣 蚯蚓出 王瓜生	苦菜秀 靡草死 麦秋至	螳螂生 鵙始鸣 反舌无声	鹿角解 蜩始鸣 半夏生	温风至 蟋蟀居壁 鹰始挚	腐草为萤 土润溽暑 大雨时行
秋季	节气	立秋	处暑	白露	秋分	寒露	霜降
	候象	凉风至 白露降 寒蝉鸣	鹰乃祭鸟 天地始肃 禾乃登	鸿雁来 玄鸟归 群鸟养羞	雷始收声 蛰虫坯户 水始涸	鸿雁来宾 雀入水为蛤 菊有黄花	豺乃祭兽 草木黄落 蛰虫咸俯
冬季	节气	立冬	小雪	大雪	冬至	小寒	大寒
	候象	水始冻 地始冻 雉入水为蜃	虹藏不见 天气上升 闭塞而成冬	鹖鴠不鸣 虎始交 荔挺出	蚯蚓结 麋角解 水泉动	雁北乡 鹊始巢 雉雊	鸡乳 征鸟厉疾 水泽腹坚

第三节
周易文化与中华医学

一、易医同源和易医同理

（一）易医同源于巫

1. 巫是主持祭祀或占筮职业人统称

巫是远古时代主持祭祀或占筮这类工作的职业人统称。也称祝或卜，但似乎稍有分工。祝偏于祭祀，多敬献赞颂之词；而卜偏于占筮，多求助护佑吉祥。当然也常合在一起进行。《说文·巫部》：“巫，祝也。”《说文·礻部》：“祝，祭主赞词者。从示，从人、口。一曰从兑省。《易》曰：‘兑，为口、为巫。’”故而有巫祝之称。巫分男女，女巫称巫，男巫称巫与觋（音席 xi）。《周礼·春官·神仕》：“凡以神仕者，掌三辰之法，以犹鬼神示之居。”贾公彦疏：“使制神之地位次主之度与此文合，故知此神仕是巫……言‘在男曰觋，在女曰巫’者，男子阳，有两称，名巫、名觋。女子阴，不变，直名巫，无觋称。”《易·巽》九二：“巽在床下，用史巫纷若。吉，无咎。”孔颖达疏：“史谓祝史，巫谓巫觋，并是接事鬼神之人也。”巫祝者，皆乃上古时期高级知识分子，他们晓天文、懂地理、知人事，而且最重要的是能与鬼神相通，故有“神职官员”之称。

2. 易源于巫

《世本》云：“巫咸作筮。”许慎《说文解字》谓：“古者巫咸初作筮。”司马迁也将巫咸列入早期易者，“昔之传天数者：高辛之前，重、黎；於唐、虞，羲、和；有夏，昆吾；殷商，巫咸……”[①] 可见，最早一批易学家出自于巫。

3. 医源于巫

《说文·酉部》：“医，治病工也……古者巫彭初作医。”“医”字，古作毉。《集韵·之韵》：“医，《说文》：‘治病工也……或从巫。’”《广雅·释诂四》：“医，巫也。”王念孙疏证：“巫与医皆所以除疾，故医字或从巫作毉。”《世本》载：“巫咸，尧臣也，以鸿术为尧帝之医。”本书“术数一章”中就说到这个叫巫咸的人，说他“初作筮”，又说他为“尧帝之医”，他还是占梦第一人，“咸”乃全也，他是全能之巫人。巫咸或许不是一个人，而是官称，是术数这类事物的高级管理人的代称。巫祝里面有知医者，通晓医术，具有“远罪疾”之祷祠及医术。《周礼·春官·小祝》：“小祝掌小祭祀，将事侯禳祷祠之祝号，以祈福祥，顺丰年，逆时雨，宁风旱，弥灾兵，远罪疾。”贾公彦疏：“宁风旱、弥灾兵、远罪疾，三者即是禳……云‘禳’，禳却凶咎，宁风旱、弥灾兵、远罪疾，三者是凶咎之事，故设祷祠禳却之。”古籍中屡见“巫医”并用。《论语·子路》曰：“人而无恒，不可以作巫医。”《管子·权修》言：“上恃鬼筮，好用巫医。”将巫医和鬼筮并用。可见，在古人眼里，医、筮和巫都是不可分的。事实上，最早一批以“符咒禁禳之法，用符咒以治病”[②] 的医学家也出自于巫。

（二）易医同理于阴阳

1. 医道一言以蔽之——阴阳

易医不光同源，而且同理，两者同理于阴阳学说。易讲阴阳。“《易》以道阴阳。”[③]“一阴一阳之谓道。”“天地絪缊，万物化醇。男女构精，万物化生。”“生生之谓易”[④]，“昔者圣人之作《易》也，将以顺性命之理。是以，立天之道，曰阴与阳；立地之道，曰柔与刚；立人之道，曰仁与义。”[⑤] 显而易见，易理的核心是阴阳。中医的核心理论也讲阴阳。《黄帝内经》（以下简称《内经》）是在《周

① 《史记·天官书》。
② （明）张介宾：《类经·论治类》。
③ 《庄子·天下》。
④ 《周易·系辞》。
⑤ 《周易·说卦》。

易》和当时阴阳学说的影响下，结合医学实践逐步建立起系统化的中医基础理论，是易医同理的集中体现。《内经》云："阴阳者，天地之道也。万物之纲纪，变化之父母，生杀之本始，神明之府也。"《内经》强调"生之本，本于阴阳"。明代大医学家张景岳在《景岳全书》中说得更明确："医道虽繁，而可以一言以蔽之曰，阴阳而已；故症有阴阳，脉有阴阳，药有阴阳……设能明彻阴阳，则医理虽玄，思过半矣。"

2. 医家普遍自觉接受易理指导

从《内经》开始，医家普遍自觉接受易理的指导，从此开启了易医融合的过程，而后医家莫不如此，中间历经了汉代张仲景，隋代杨上善，唐代孙思邈等。医圣孙思邈曾经在《千金要方·论大医习业第一》说过："凡欲为大医，必须谙《素问》、《甲乙》、《黄帝针经》、明堂流注、十二经脉、三部九候、五脏六腑、表里孔穴、本草药对，张仲景、王叔和、阮河南、范东阳、张苗、靳邵等诸部经方，又须妙解阴阳禄命，诸家相法，及灼龟五兆、《周易》六壬，并须精熟，如此乃得为大医。若不尔者，如无目夜游，动致颠殒。次须熟读此方，寻思妙理，留意钻研，始可与言于医道者矣。又须涉猎群书，何者？若不读五经，不知有仁义之道。不读三史，不知有古今之事。不读诸子，睹事则不能默而识之。不读《内经》，则不知有慈悲喜舍之德。不读《庄》《老》，不能任真体运，则吉凶拘忌，触涂而生。至于五行休王，七耀天文，并须探赜。若能具而学之，则于医道无所滞碍，尽善尽美矣。"这段话里包含着要读一些经典，懂得《周易》的易理的意思。明代人孙一奎便概括为："不知《易》者，不足以言太医"。孙一奎在他的著作《医旨绪余》中云："故深于《易》者，必善于医；精于医者，必由通于《易》。术业有专攻，而理无二致也。斯理也，难言也，非独秉之智不能悟，亦非独秉之智不能言也。如唐祖师孙思邈者，其洞彻理气合一之旨者欤，其深于《易》而精于医者欤，其具独秉之智者欤。故曰：不知《易》者，不足以言太医；惟会理之精，故立论之确，即通之万世而无敝也。彼知医而不知《易》者，拘方之学，一隅之见也；以小道视医，以卜筮视《易》者，亦蠡测之识，窥豹之观也，恶足以语此。"可见，"不知《易》者，不足以言太医"是明人孙一奎对唐人孙思邈意思的概括，世间有人错安在孙思邈头上是不对的。遗憾的是孙一奎的概括或者说孙一奎的转述与孙思邈的原意稍有偏差。唐人孙的意思是"精熟周易，乃得为大医"，是一个充分条件的判断形式；而明人孙将其转述为"不知《易》者，不足以言太医"，将其改造成为了一个必要条件的判断形式。两个命题的前后件关系是不一样的，所表达的意思也是有差别的，这是需要特别指出的。这也暴露出中国学者在演绎逻辑方面不严谨的地方。

当然，强调《易》医的联系是不错的，显然这已是医界的共识。所以稍后一些时候，还是明代人张景岳，以更加自觉的意识、更加系统化的认识企图实现《易》医会通的目标。在张景岳看来，《易》尽天地阴阳之变化之理，而医尽人身阴阳升降消息之理。故《易》为"天地之《易》，而医为身心之《易》。天地之

《易》，外易也；身心之《易》，内易也”①。内易与外易自然相通，因此，“《易》具医之理，医得《易》之用，”“医《易》相通，理无二致，”“《易》之为书，一言一字，皆藏医学之指南；一象一爻，咸寓尊生之心。”②易医同理的主要标志是由《黄帝内经》到《伤寒论》，到《黄帝内经太素》、《千金要方》、《千金翼方》，再到《景岳全书》等，呈现出的是这样一条清晰的轨迹。

二、周易原理构成中医的基础理论

（一）周易阴阳五行学说——中医基础理论的精髓和纲领

1. 阴阳学说是精髓

《周易》讲阴阳。什么是阴阳？凡是向阳光的、外向的、明亮的、上升的、温热的、永恒运动的，都属于阳。凡是背阳光的、内守的、晦暗的、下降的、寒冷的、相对静止的，都是阴。阴阳之间是运动的、是消长转化的关系，是互根互制的关系，是对立统一的关系。阳极则阴生、阴极则阳生。中医阴阳来自于《周易》。以人而言，头为阳，足为阴；体表为阳，内体为阴；六腑为阳，五脏为阴；气为阳，血为阴。每个脏腑都分阴阳，如肝有肝阴、肝阳，心有心阴、心阳，肾也分为肾阴、肾阳，总的来说是分阳气及阴精，阴精又包括精血津液。阳气是功能，阴精是物质。总之，阴阳学说是中医基础理论的精髓，不懂得阴阳就无法理解整个中医学。

传统医学运用易的阴阳等性质（阴阳、虚实、干湿、寒热）将人群划分为九种体质：平和质、气虚质、阳虚质、阴虚质、痰湿质、湿热质、血瘀质、气郁质、特禀质。判别九种体质是诊病、治病的前提。

2. 五行学说是纲领

五行学说是中医基础理论的纲领，也是贯彻到中医各个理论中的一条主线。传统医学运用五行于人体，用五行来解释身体中的各类生理现象。同时五行的生克制化理论始终是中医的诊疗中的指导思想（见表7－2）。

表7－2　　五行人体生理衍生表

五行	人体生理状态及其感觉										
	五脏	五腑	五官	五体	五华	五液	五志	五声	五神	五味	五气
木	肝	胆	目	筋	爪	泪	怒	吼	魂	酸	风
火	心	小肠	舌	脉	面	汗	喜	笑	神	苦	暑
土	脾	胃	口	肉	唇	涎	思	歌	意	甘	湿
金	肺	大肠	鼻	皮	毛	涕	悲	哭	魄	辛	燥
水	肾	膀胱	耳	骨	发	唾	恐	呻	志	咸	寒

①② 张景岳：《医易义》。

（二）周易的“天地人”思想——中医整体医学观

1. 系统思想是卓越的东方医学观

整体观点是系统论的核心。《周易》八卦、六十四卦都是系统模式。六十四卦是一个大的信息系统，每一个卦是一个小的信息系统，是六十四卦大系统的组成部分。系统中任何一个局部的改变，都牵动着整个大系统的变化。《周易》六十四卦一爻的变化，都影响着六十四卦，所谓“动则变化”、“牵一发而动全身”。《黄帝内经》吸取了《周易》系统论的模式，重视人体自身的统一及人体与外界环境的统一。《黄帝内经》这种整体观念是卓越的东方医学观，是在《周易》系统论基础上的发展和应用。

2. 整体医学观集中体现在经络学说中

中医整体医学观或称医学系统观集中体现在经络学说中。经络是经脉与络脉的总称，内属于脏腑，外络于肢节。经：有路径之义，贯通上下，沟通内外，是经络系统的主干。络：有网络之义，是经脉别出的分支，遍布全身。经络是人体运行气血的通道，是遍布体内的纵横交错的网络，经络内联脏腑，外联四肢百骸，可以说身体的各个部位，脏腑器官、骨骼肌肉、皮肤毛发，无不包括在经络之中。在中医理论中，气血是维持人体生命活动的重要物质基础，而气血正是通过经络运行到身体的各个部位，维持各个部位的正常生理功能。

整个中医理论中的经络间相互联系、脉象理论、方剂学中君臣佐使的组合原则等都是和整体观、系统论思想分不开的。

（三）周易的全息理念——中医人体或生物全息观点

1. 《周易》全息理念启发了中医学

《周易》蕴藏有极丰富的全息理念。《周易》作者认为《周易》的六十四卦便是个大全息图式。《周易》卦爻辞之所以包罗万象，能触类旁通，就是具有全息性质。太极图、八卦图、河图、洛书，都是宇宙全息缩影图。周易的全息理念是极为超前的精妙学说。《黄帝内经》理解了这种全息理念，它认定人体或生物具有全息性、层次性、关联性。将全息学说更加系统化。《灵枢·五色》曰：“明堂（鼻）骨高以起平以直，五脏次于中央，六腑挟其两侧。”提出了鼻和鼻的两侧，包含着内脏的信息。而后的中医学理论无不运用全息的概念。

2. 中医运用全息理论的实践

1980 年山东学者张颖清认为生物的任何一个小的局部，都包含了整体的缩影，甚至提出了“全息律”概念。全息是不是规律这里不讨论，但中医尊重全息的概念并按全息的理念行医确是不争事实。虽说有望、闻、问、切的“四诊”，但高明的中医可以凭“三寸之脉”诊断出各种疾病，可以通过观察“三寸之舌”而把握全身的生理变化；中医认为人的耳廓是一个倒立的人的胚胎，耳朵的不同区域实际对应着身体的不同器官和部位，从而创立了一整套的耳针疗法；中医发现了手掌和足底的都有内脏投射区，针刺或按摩相应的部位有助于改善相应脏器的功能；由人的掌纹可以诊断出疾病来，现如今电视台上这样的专家和专题节目很多。所有这些事例都表明有全息的概念，而凭借局部情况就可以了解全身的状况是高明的中医掌握了全息理念的缘故。

（四）周易的阴阳交感和中和思想——中医辩证平衡法则

1. 阴阳匀平，命曰平人

《周易》曰："天地交而万物通也，上下交而其志同也。"倡导阴阳相互中和思想，中和的目的是为了趋向平衡。《内经》将这一思想贯彻于整个生命哲学中，认定生命和健康就在于阴阳平衡，人致病的根本原因就在于阴阳失调。"阴阳匀平，以充其形，九候若一，命曰平人。"[①] 何谓"九候"？诊脉术语，中医切脉分为"九候"。"脉有三部九候，各何所主之？然：三部者，寸关尺也；九候者，浮中沉也。"[②] 寸、关、尺三部，每一部位又有浮、中、沉三力度或举、按、寻三手法，部位加手法组合在一起便称之为"九候"。"若一"就是脉象不浮不沉、从容有力，疾缓有度、节律一致，谓之"平脉"之人，简称"平人"。《素问·平人气象论》说："人一呼脉再动，一吸脉亦再动，呼吸定息脉五动，闰以太息，命曰平人，平人者不病也。"

2. 辩证平衡是中医诊疗的原则

"平人"就是阴阳平衡之人，就是健康人。而一旦阴阳失调，就会产生疾病，所以恢复平衡是中医的重要原则和措施。扶正祛邪、辩证施治是中医为恢复平衡而进行的有效手段，里面充满着辩证性。平衡有重点，调和阴阳的关键则在于善养阳气。如果阳气躁动外越，就会耗费阴精，造成阴阳相离，而使两者不协调、不相实，轻则致病，重则殒命。"故阳强不能密，阴气乃绝。"平衡要注重时令，"夫四时阴阳者，万物之根本也，所以圣人春夏养阳，秋冬养阴。"[③] 在具体施治过程中还指出："善用针者，从阴引阳，从阳引阴，以右治左，以左治右，以我知彼，以表知理，以观过与不及之理，见微得过，用之不殆。"[④]这种辩证施治方法，和传统西医头痛医头、脚痛医脚的治病方法是迥然不同的。中药方剂的配伍（多为复方）也遵循这一法则（参见彩色插图34）。

（五）周易的变通意识——中医恒动与畅通思想

《易》理的主要含义之一就是变易，《系辞传》还说："爻者，言乎变者也。"即只要爻位和爻数发生变化，卦象必然发生改变。世界上万事万物在运动变化着

---

① 《素问·调经论》。
② 《难经·十八难》。
③④ 《黄帝内经》。

的。中医同样认为“动而不息”是自然界的根本规律。《素问·六微旨大论》指出：“夫物之生从于化，物之极由乎变，变化之相薄，成败之所由也……成败倚伏生乎动，动而不已，则变作矣。”中医将事物的运动概括为两种基本形式：即阴阳的消长转化过程和五行的生克制化。由此构成一个由阴阳二气和五类要素组成的、恒动变化的世界的模型。生命亦不例外。生命不但经历着生、长、壮、老、已的全过程变化，而且人体内的精微物质气、血、津液也无一不处在运动变化中，气血津液都具有恒动、畅达流通的特点。周易讲“穷则变，变则通，通则久”。中医讲“痛则不通，通则不痛”，身体一旦瘀滞、栓塞就会致病，机体其实一直在与致病因素进行着斗争。在中医学看来，生命的智慧在于动与不动之间，生命的本质在于运动，所谓“不动”就是静心，静心就是养心，养心就是养生。

（六）周易的忧患预防意识——中医“治未病”思想

1. 如何理解“治未病”思想

《周易》曰：“君子以思患而豫防之。”《内经》把疾病的传变规律分为“表理传”和“生克传”两大形式，并且强调传变过程要及早干预，说得非常清楚了：“夫不治已病治未病，不治已乱治未乱，此之谓也。”① 如何理解《内经》“治未病”思想？清代陆懋修编撰的医学丛书《世补斋医书》作了一些解释的工作，书中对疾、病、疾病三个词古今词义给予了释义，说道：“疾、病二字，世每连称。然今人之所谓病、于古但称为疾，必其疾之加甚，始谓之病，病可通言疾，疾不可遽言病。《内经》圣人不治已病治未病，谓人于已疾之后，未病之先，即当早为之药。疾而不治，日以加甚，病甚而药，药已无及。未至于病，即宜药之，此则《内经》未病之旨，岂谓投药于无疾之人哉？”认定“无疾”乃健康人；初患则为“疾”（临床前期），已疾之后，未病之先便理解为“未病”，所谓上医“治未病”不是给“无疾”的健康人医治，而是给有疾而未病的人使用适当的药物来治疗，“此则《内经》未病之旨”。这里已经说得很清楚了，疾而不治，疾甚为“病”，患病后再给药，其效果已经很有限了。可见，防病比治病要重要得多。现实中还有这样一句话：“有病不治，常得中医”，这句话是什么意思呢？这里的“中”是等级或层次的意思，其意思是若治疗不当的话，还不如不服药治疗，这反倒抵得上一个中等水平的医者。因为它总比下等水平的医生给你乱投药，最后把病治坏，反而加重了病情要好得多。从中不难看出，“有病不治”，不是说得了病不要治疗，而是说不要一得病就乱投医、盲目治疗；这里还同时提醒人们关注医者的水平，防止被庸医误事。祖国医学强调“消未起之患，治未病之疾”，倡导通过调摄精神情志、加强锻炼、起居有常、劳逸适度等来培护正气，始终认定维护人自身免疫力的重要性，使“正气存内，邪不可干”，并将此视为养护生命的最佳途径。

---

① 《黄帝内经》。

2. 对“治未病”思想的发挥

“治未病”是《黄帝内经》的重要思想，后来的医学典籍都对这一思想有所发挥。将《黄帝内经》的“治未病”思想的发展、演变为医者分“上工、中工、下工”三个层次思想的是稍后一些时候出现的《难经》。据称《难经》为名医扁鹊所著，古籍中扁鹊为蔡桓公治病的故事生动地说明了小病不治就可能发展成大病的道理，扁鹊深知这一点。《难经·七十七难》曰：“上工治未病，中工治已病，何谓也？然：所谓治未病者，见肝之病，则知肝当传之于脾，故先实其脾气，无令得受肝之邪，故曰治未病焉。中工治已病者，见肝之病，不晓相传，但一心治肝，故曰治已病也。”这里扁鹊根据疾病传变规律，提出先安未受邪之地，未病先防是首要，“上工治未病”也，这样才是高明的医生。等患者出现病变后再进行治疗，只是个医术平平的大夫。即便如此也还须注重既病防变，尽医者的天职。《难经·十三难》曰：“经言知一为下工，知二为中工，知三为上工。”同时还讲到了由于是不同的“工”，其效果便不同，所谓“上工者十全九，中工者十全七，下工者十全六”。实际是将病愈的效果展示了出来。将《黄帝内经》的“治未病”思想明确划分为“未病”、“欲病”、“已病”三个不同阶段的是大医学家孙思邈。孙提出了“上医医未病之病，中医医欲病之病，下医医已病之病”的理念。并且提出了一系列的“治未病”的措施和方法，所以被后世尊为“医圣”。

总之，“治未病”思想不但为历代医家所重视，而且也为现代医学所重视。现代医学非常重视“预防医学”就是明证。“治未病”包含有三层意思：(1)“未病先防”，在疾病未形成之前，采取积极措施，预防其发生；(2)“见微知著”，对某些疾病出现的细微前兆，早发现、早诊断、早治疗，把疾病消灭在萌芽状态；(3)“已病防变”，把握疾病的发展规律，及时切断传变途径。在吸收了“治未病”理念后，根据现代医学理论将人群的健康状态分为三种情况：一是健康未病态；二是欲病未发态；三是已病未传态。针对这三种状态，“治未病”的理念具有未病养生、防病于先，欲病施治、防微杜渐，以及已病早治、防止传变的积极作用。因此，“治未病”理念对整个世界医学都具有启示和指导的意义。

三、沿着易医结合、中西医结合之路前行

（一）易医结合具有生命力

1. 中医讲《易》并非虚语妄言

《周易》本身，没有直接谈过任何医疗的方法，但其思想对医学有指导作用。一代名医孙思邈说过：“精熟周易，乃得为大医。”明代医生孙一奎说：“不知《易》者，不足以言太医。”《医门棒喝》说：“是以《易》之书，一言一字，皆藏医学之指南。”明代张介宾（景岳）在他所著之《类经附翼·医易义》中说：“神莫神于易，易莫易于医……医不可以无易，易不可以无医。”这些概括力极强的经

验之谈，均说明一个道理：《周易》对中医学理论的建立以及诊断用药，均有着极其重要的和深远的影响。中医讲《易》并非虚妄，不是离题，不是短处，而是优长之处，我们不能做削足适履的蠢事。

2. 中医讲《易》的益处

中医讲《易》，使得医者视野宽，境界高，极具庄重感和神圣感。古人爱以医理论国事，这是古人的一种思维方式。战国时期的《鹖冠子》较早将良医与良相相联系："昔伊尹医殷，太公医周武王，百里医秦，申麃医郢，原季医晋，范蠡医越，管仲医齐，而五国霸。"古人认为治身与治国的道理相通，"知治身，则能治国。"① 所以，孙思邈在《千金要方·诊候第四》中说："古之善为医者，上医医国，中医医人，下医医病。"意思是上医是指深谙治乱之道的宰相，他能襄赞国君治理天下，使国泰民安。中医指技术较高的医师，他指导人们各种预防和养生方法，以求防患于未然而得享天年。技术一般的医生即下医便只能凭借药物和医术来祛邪治病。这里实际讲出了医者所应具备的三个境界：上医医国，是文化的医生；中医医人，是思想的医生；下医医病，是身体的医生。

中医讲《易》，还使得医者懂得见微知著的道理。《鹖冠子》里讲了一个经典的故事：魏文王问扁鹊："你兄弟三人，哪一个最擅长医术？"扁鹊答曰："我大哥最擅长，二哥其次，我最不擅长。"魏文王说："为什么呢？"扁鹊说："我大哥看病，发现病害没有形成就消除了病因，所以他的名声传不出家门；我二哥治病，病因刚一萌芽就消除了，所以他的名声传不出街巷；像我这样的，用针灸刺血脉，给病人吃烈性的药，用药膏敷肌肤，所以名声就传得较远，在诸侯间闻名。"孙思邈听懂了扁鹊话的意思，所以他总结道："上医医未病之病，中医医欲病之病，下医医已病之病。又曰上医听声，中医察色，下医诊脉。"②

中医讲《易》，还使得医者懂得讲"时"的道理。中医医理讲"因天之序"，这个"天"就是春夏秋冬，就是生发、生长、收敛、收藏。违背了这个顺序，人就要生病，顺应这个顺序，就健康长寿。因此中医将十二地支作为日节律的指称。日节律就是指人体一昼夜中阴阳消长、盛衰的情况。子午流注是中医发现的一种规律，即每日的12个时辰是对应人体12条经脉的。由于时辰在变，因而不同的经脉在不同的时辰也有起伏兴衰的变化。"子午流注者，谓刚柔相配，阴阳相合，气血循环，时穴开阖也。"③ 掌握子午流注的规律，就是掌握了气血的规律，对针灸极为重要，"气有逆顺，脉有盛衰，"④ "谨侯气之所在而刺之，是调逢时。"⑤ 而"逢时"对治病、养生和用药都有很大的益处。

① 《抱扑子》。
② 《千金要方》卷一"诊候第四"。
③ （明）徐凤：《针灸大全》。
④ 《灵枢·逆顺》。
⑤ 《灵枢·卫气行》。

3. 医乃仁术，放之四海

总之，“医者，意也，在人思虑。”[①] 强调行医治病，贵在思考，尤其中医里面的辩证性需要思考和临床悟到并且掌握的。“医乃仁术”，放之四海。中国的中医里面的精髓是哲学；同时也包含了伦理，是人心，是一种生活的态度。《黄帝内经》、《难经》、《脉经》、《伤寒论》、《本草纲目》，这些古代中医药典籍，无论是“君臣佐使”的用药配伍，“五行”的生克制化，甚至看似玄乎其玄的“五运六气”，讲的不只是养生治病，更是阐释中国传统的文化精髓、道德精神、哲学思想、人生境界等方面的诸多道理。在中国取得较大成就的医学家无一不是做人的典范（参见彩色插图 37）。

（二）中医的出路

1. 中医是“伪科学”吗？

进入近代以来，中医的命运多舛，这可能与它和《周易》的关系过于密切有关。中医理论中的阴阳五行学说、气化学说、经络学说、脏象学说、五运六气学说、子午流注学说等等，都与《周易》有着渊源，阴阳五行学说则直接来源于《周易》。《周易》自身性质尚未说清楚，而攀附《周易》的中医难免受牵连。近代以来，质疑中医的声音没有断过。胡适先生曾是中医的怀疑论者。20 世纪 20 年代初，他得了重病，西医专家们会诊的结果是表示无能为力了：为了活命，胡适只好放下面子，求助于中医，后来，多亏了中医名师陆仲安的诊治，用了几副汤剂就治好了，从此胡适改变了态度。汪精卫曾是叫嚣取缔中医的代表人物，他曾在 1929 年提出过“取缔中医案”。后来由于北京名医施今墨施救了汪的岳母，用传统医术将汪的岳母从死亡线上拉了回来，随之，汪精卫也就不再提取缔中医的事情了。很可惜，人们并没有从胡和汪的经历中吸取教训，近年来，提出中医是“伪科学”，要求取消中医的主张被再次提起，这无疑是愚昧和偏见在作祟。对此，卫生部公开表态“坚决反对”，并称“这是对历史的无知，也是对现实生活中中医药所发挥的重要作用的无知和抹煞”。国家中医药管理局则称，“取消中医”是“对科学的肆意否定”。中国女科学家屠呦呦从中医古籍里得到启发，通过对提取方法的改进，首先发现中药青蒿的提取物有高效抑制疟原虫的成分，她的发现，在抗疟疾新药青蒿素的开发过程中起到关键性的作用。她先于 2011 年获得医学科学领域重要的大奖——拉斯克奖，随后又于 2015 年获得诺贝尔生理学或医学奖。如何评价屠呦呦获得的诺奖呢？青蒿素的发现，其实是中药材的科学化研究或者说是植物药的科学化研究的结果，这一结果既是对传统中医药的一种肯定，也是对今后中医药发展方向的揭示。虽然社会上还有对中医药质疑的嘈杂之声，虽然这些人的举动如同蚍蜉撼树、螳臂挡车，青山遮不住，毕竟东流水。但是，这些人对自身文化的非理性态度却不能不引起我们必要的警惕和思考。

---

① 《旧唐书·许胤宗传》。

2. 中医体系是一个“复杂巨系统”

对自身文化有信心是一回事，如何继承和弘扬文化是另一回事。中医的信誉来自于中医本身，中医的危机也来自于中医本身。西医大部分是可以解释疾患的内在原因，当然，解释未必充分；而中医则更多基于经验总结，很多方子能治病，但为什么能治，机理不甚了了。中医显然需要重新为自己建立更加科学的规范体系。然而这又谈何容易。钱学森曾谈到：“既然人是一个开放的复杂巨系统，我们研究人体科学，就要应用‘从定性到定量综合集成法’，这是一个根本的观点和方法论。”“现在我要说，人体是一个开放的复杂巨系统这个观点，我们要以这个观点，来改造一切旧的、关于人体的学问。”① 中医比西医难的地方主要有三方面：第一，中医的体系原本就是一个“复杂巨系统”，天地人的大视野。虽然中医缺乏对大脑结构和功能的介绍，但对人的思维及意识活动的考察始终在中医的视野中，认为意识可以影响肌体的健康；相比西医的体系要小得多，人是高级的灵长类动物而已，对于意识对身体的作用也是较晚时代才认识到的。第二，中医从理论到实践都始终纠缠着哲学，理解中医的学理要借助辩证的逻辑，渗透着思辨的味道，对于学习者而言，除了需要临床经验外，还需要更高的悟性；西医作为经验科学，强调实证和实验，仅需要运用普通逻辑知识的归纳和演绎，运用所学的专业知识就够了。第三，中医的概念和表达方式和现代人们的日常语言习惯还有差距，接触中医便要接触古代的经典书籍，就必然带来一个准确翻译和表达的问题，“为什么一定要讲‘子午流注’，不直说‘人体昼夜节律’？”“中医临床看病，多少是得靠老师带，以身教为主、言传为辅。”② 中医的语言表达和教授形式，都加大了年轻人学习的难度；而西医这方面的障碍要小得多。加强中医学专业术语的规范和整理是必要的。

3. 中西医贯通是大势所趋

20 世纪 80 年代初，卫生部中医局局长、中医专家吕炳奎就中医问题写信给钱学森。钱学森对这封信提出的问题很感兴趣，不久复信给吕炳奎。我们将复信节录如下：“我很同意把中西医结合与中医现代化区别开。前者用目前西医中医各自的所长，综合对病人施治；后者才是医学大提高、大发展。就是目前的西医也最终要走上这条道路。说透了，医学的前途在于中医现代化，而不存在什么其他途径。但是基于当前实际情况，提出三支力量长期并存是正确的。”（著者注：三支力量是指：中医、西医、中西医结合）“我之所以认为中医现代化是医学发展的道路，是因为西医源起和发展于科学技术的‘分析时代’，也就是为了深入研究事物，把事物分解为其组成部分，一个一个认识。这有好处，便于认识，但也有坏处，把本来整体的东西分割了。西医的毛病也就在于此。人体科学一定要有系统

① 钱学森：《对人体科学研究的几点认识》，《中国人体科学》1991 年第 2 期。

② 《钱学森书信选》（上卷），1984 年 6 月 2 日致黄建平。

观，而这就是中医的观点。所以医学的方向是中医，不是西医，西医也要走到中医的道路上来。”①

不论是中医、还是西医，它们所描述的都是同一个生命整体，自然对人体的研究应该有同一个结论。尽管两者是在异质的文化土壤上和社会背景中发生发展的，两者现有的沟通有一定的困难，但它们的统一是大势所趋、不可改变的。只要我们能够充分利用西方医学现有的知识，向内挖掘东方医学的核心原理，就能扬长避短，优势互补，创造一门新兴的统一的医学体系。这种统一不仅能够沟通和完善中西医之间的理论与实践，从而更大限度地造福于人类，而且这种统一将成为现代自然科学的突破口，推动整个科学体系的一场革命。“从人体科学的观点，中医有许多比西方医学高明的地方，但将来的医学一定是集中医、西医、各民族医学于一炉的新医学。”② 这是钱老的希望，也是我们的希望。

第四节 周易文化对其他自然学科的影响

一、周易文化对中国古代科学技术的影响

（一）周易文化与古代农学

1. 发展农业经济是《周易》的一贯思想

《周易·系辞》云：“斫木为耜，揉木为耒，耒耨之利，以教天下，”③ 农本思想始终鲜明地体现着。周人一开始就教育自己的族民“先知稼穑之艰难”④，要先懂得农业生产的艰难；“王事唯农是务”⑤，周王室注重农业生产，“文王卑服，即康功田功。”⑥周文王带头干粗活，如平路种地之事。所以孟子赞曰：“所谓西伯善养老者，制其田里，教之树畜，……文王之民无冻馁之老者，此之谓也。”⑦

2. 运用《周易》的哲学思想指导农业生产

《周易》有天、地、人“三才”理论，古人将此运用于农业生产：“夫稼，为

① 新华社 1980 年 9 月 19 日《内部参考》第 78 期。
② 《钱学森书信选》（上卷），1990 年 12 月 11 日致徐振林。
③ 《周易·系辞》。
④⑥ 《尚书·无逸》。
⑤ 《国语·周语上》。
⑦ 孟子：《尽心上》。

之者人也，生之者地也，养之者天也。”[①] 较早肯定了农业生产中的三要素。后来，这三要素又演变为力、地、时。晁错说：“粟米布帛，生于地，长于时，聚于力。”[②] 这里的“力”，既是“人力”，有重视人工劳动的含义；还是“力量”的意思，强调粟米布帛是国家经济实力的基础。明代农学者马一龙对“三才”理论有所发展，提出了“三宜”理论：“合天时、地脉、物性之宜。而无所差失，则事半而功倍矣。”“知时为上，知土次之。知其所宜，用其不可弃。知其所宜，避其不可为。”[③] 他用阴阳和气的理论详细阐述了天时、地脉与农业生产三者之间的关系，为传统农业的精耕细作奠定了理论基础。

3. 利用《周易》的历法知识为农业生产服务

《周易》云：“观乎天文，以察时变”，历法主要为农业服务，其保障作用明显，因而掌管历法的官员责任重大，史书就记载了世掌天地四时之官羲氏、和氏因渎职而遭征伐的故事。“《政典》曰：‘先时者杀无赦，不及时者杀无赦。’”[④]《尚书正义》解释道：“‘先时’、‘不及’者，谓此历象之法，四时节气，弦望晦朔，不得先天时，不得后天时。后即是‘不及时’也。”可见，古人多么重视农业生产中的时令，而对于误时者、报错节令者都是要杀头的。

（二）周易文化与古代化学

1. 炼丹术启动了中国的化学

周易与化学如何扯上关系？应当源于中国人火药的发明。火药是中国古代炼丹家在炼丹过程中发明的，炼丹术是古代炼制丹药的一种传统技术，是近代化学的先驱。炼丹包含着易理，并在易理指导下进行，周易与化学便扯上关系。

炼丹术在中国起源甚早，至少在战国时期已有方士炼制不死之药，且受到最高统治者的支持和鼓励。东汉魏伯阳撰的《周易参同契》将炼丹分为内外两部分，炼内丹是气功，炼外丹就是炼制“长生不老”仙丹实验。三国以后，炼丹术逐渐和道教紧密结合起来，方士和道士一起开始了炼丹的探索。炼丹之法创始和运用了将药物加温升华的这种制药方法，实为化学技术的雏形，中国人为最早的应用者。中国的炼丹术大约在公元 9 世纪前后由丝绸之路传入阿拉伯，12 世纪再传入欧洲，成为了近代化学的先驱。

2. 火药发明对文明的贡献

火药的主要成分是硫磺、硝石和木炭。硫磺和硝石在汉代的《神农本草经》中被作为重要的药材，硝石被列为上品药，认为它能治 20 多种病。硫磺被列为中

---

① 《吕氏春秋·审时》。
② 晁错：《论贵粟疏》。
③ 马一龙：《农说》。
④ 《尚书·胤征》。

品药，能治10多种病。炼丹高手晋代道士葛洪在他撰写的《抱朴子·仙药篇》里有用雄黄、硝石合于肠油和松脂共炼丹药的记载。雄黄含硫，硝石是强化剂，肠油和松脂含有炭，硫、硝、炭均具备，已构成火药的基本成分了。炼丹家对于硫磺、硝石等金石猛药，在使用前，常用烧灼的办法“伏”一下，使毒性失去或减弱。唐初著名医学家孙思邈著《诸家神品丹方》卷五“丹经内伏硫磺法”一节记载了配制火药的方法，将硫磺、硝石的粉末放在锅内，然后加入燃烧的皂角子，就会发生火焰，这就起到“伏火”的作用。这是迄今发现的最早的有文字记载的火药配方。唐中期有个名叫清虚子的道士提出了另一个伏火的方子，称“伏火矾法”：硫二两，硝二两，马兜铃（草药，烧燋即炭）三钱半。他用马兜铃代替了孙思邈方子中的皂角，其实这两种物质都代替碳起到帮助燃烧的作用。中国人引以为自豪的古代四大发明之一的黑火药就是在唐代道家、金丹家“伏火”的实验中孕育出来的。随后这种黑火药在北宋时期率先应用于战争之中。总之，道家炼外丹的“炼丹术”和“黄白术”共同孕育了中国古代化学。

3. 诺贝尔的功劳大

中国黑色火药的发明在唐代，应用和发展完善在宋和明。火药被称为中国古代科技的四大发明之一，在化学史上占有重要的地位。遗憾的是随后的数百年间，中国人没有能够对黑色火药进行再改进的工作。随着科技的发展，欧洲人行动起来，这里面瑞典化学家诺贝尔的功劳最大。他对火药进行了改良，引进新工艺，应用新配方，把黑色火药改进为黄色炸药，不但安全性加强了，威力也加大了。从此，火药不仅应用于战争中，也应用于采矿、开凿隧道等民用的工程建设中，对人类的发展起到了巨大的推动作用。

（三）周易文化与中国古代技术科学

1. 古代中国的技术科学先进

《周易》不但倡导了中国人动脑，也倡导了中国人动手。《周易》中有“象其物宜”、“观其会通”的思想，提倡“以动者尚其变，以制器者尚其象”①。古代中国人在工艺上不输给任何民族，技术工艺的先进体现在青铜的冶炼和铸造、造纸、玉器的加工、陶瓷器皿的制作、活字印刷等等。中国人还是器具和机械制造的高手，器具主要是生产工具的制造。“作结绳而为网罟，以佃以渔”，“斫木为耜，揉木为耒，耒耨之利，以教天下”，“刳木为舟，剡木为楫，舟楫之利，以济不通，致远以利天下”，“断木为杵，掘地为臼，杵臼之利，万民以济”②。网罟、耜耒、舟楫、杵臼都是重要的农业生产工具。《周易》曰：“弦木为弧，剡木为矢，弧矢之利，以威天下”③，中国人弩机的发明是机械制造的杰作，“服牛乘马，引重致远，以利天下”④，三国时所谓的“木牛流马”也是机械制造的杰作。古代各种天文观测仪器的制造，古代建筑中的工艺技术都和《周易》有着千丝万缕的联系。

①②③④《周易·系辞》。

2. 五百年来工艺技术的此消彼长

同时要指出的是，后来随着“奇技淫巧”理念在人们心中其中的作祟，随着科举考试从内容到形式的负面的显现，也随着欧洲人的迅速赶上来，明代以后，中国人的工艺技术水平，非但没有长进，而且还大大地退步了。如元代郭守敬等制作的天文仪器，到明代一些人手上已经搞不懂了，维护和修理都陷入了困难的境地，这情景真让人丧气。明代晚期，西方传教士们的科学知识是我们的老师，技术工艺也是我们的老师了。我们有愧于我们的先人。当然，这其中的原因是多方面的，需要我们认真地检讨。

二、周易文化与多门现代科学的因缘

（一）周易文化与物理学

1. “测不准原理”的不确定性

美国物理学家F. 卡普拉在其著作《物理学之道——近代物理学与东方神秘主义》一书的扉页上引著名物理学家海森伯一段话：“在人类思想发展史中，最富成果的发展几乎总是发生在两种不同思维方法的交会点上。”所谓不同思维方法就是现代物理学与东方神秘主义。“现代物理学与东方神秘主义之间的相似性是非常引人注目的，我们将会碰到许多论述，几乎无法区别它们究竟是物理学家还是东方神秘主义者说的。”① 物理学家卡普拉从许多方面比较了现代物理学的一些基本概念和以《周易》为核心的东方传统思想的相似处。他认为：现代物理学与《周易》都把事物的变化看成自然界的本质，而由变化产生的结构及对称性只是第二位的。量子力学的产生和发展为我们展示微观世界的奇异特性，量子力学的“测不准原理”使得物理实在的“客观性”具有了“不确定性”，它取决于观察者的意愿和手段——这与《周易》对事物进行非客观的“类象”描述异曲同工；如今有研究复杂事物的混沌理论的“奇异吸引子”概念，它与《周易》风水理论和预测中的“玄空飞星”、“时空数理”相似而切合。《周易》具有通过变化产生的动态模式的观念，可能与现代物理中的S矩阵理论最为接近，八卦图同强子八重对称性类似。卡普拉说：“我们越是深入微观世界就越体会到现代物理学家与东方神秘主义者多么相似，他们把世界看成是由不可分割、相互作用、永远运动的各部分构成的系统，而人则是其中必要的组成部分。”“东方神秘主义提供了一个协调一致和尽美尽善的哲学框架，它能容纳物理学领域最先进的理论。”②在卡普拉看来，量子力学的发展，使得西方科学和哲学理论的切割分析法、还原论，走到了尽头，开始从东方“天人合一、宇宙全息”的整体观上来找出路。科学的发展正揭示着大自然一个又一个未知的领域，也似乎在一步步地接近《周易》描述的宇宙的“玄道”。

①② （美）卡普拉：《物理学之道——近代物理学与东方神秘主义》。

2. 玻尔与太极图

丹麦著名物理学家、诺贝尔物理学奖获得者玻尔，在1928年提出了互补原理，引起世界轰动；他虽然是西方人，但却对中国的《易经》进行了认真钻研，他发现在《易经》和现代物理学之间存在平行关系。玻尔的量子力学中有一条“测不准原理”。对此，同是获诺贝尔物理学奖的华裔物理学家李政道曾指出：玻尔这个原理与中国《易经》太极图及老子学说有相近似的地方。当玻尔见到《易经》太极图时，便惊叹“中国人几千年前就有了互补的理论思想，并以图形表示”。1947年，丹麦国王决定授予玻尔宫廷勋章，要求尼尔斯·玻尔亲自设计图徽，尼尔斯·玻尔便将“太极图”设计进图徽中，以此形象地表示出他的互补思想。自此带有太极图的图徽便成为了玻尔族徽勋章的标志。R. L. 韦伯著《诺贝尔物理学奖获得者（1901—1984）》一书在介绍玻尔时说：“玻尔的名字是与下面两个原理分不开，一个是‘对应原理’，另一个是‘并协原理’，而现在我们可以说，玻尔的名字又与中国，严格意义上是与太极图分不开了。”延伸韦伯的语意，古老的太极图与现代微观的物理世界中的“对应”、“互补”等原理有着某种的契合。

（二）周易文化与天文学

1. 利用周易预测新行星

《周易》与现代天文学真有奇缘，这个奇缘虽说是一件真事，却又被一些人认作是一场骗局，颇有些一言难尽。刘子华（1899—1992），四川简阳人，1919年赴法留学，是中国最早赴法留学人员之一，他潜心于研究揭示宇宙天体奥妙的天文学，运用易学八卦原理推测出太阳系存在第十大行星。我们知道，1930年1月美国天文学家发现了太阳系的第九颗行星冥王星。旋即有人提出，太阳系有没有第十颗行星呢？刘子华发现太阳系的各星体与八卦的卦位，存在着对应关系。他依据这个关系，利用天文参数进行计算，证明出每一对应卦位所属星体的平均轨道速度和密度均分别为一个密值。经过反复运算，刘子华终于算出这第十颗行星的轨道参数，提出了太阳系存在第十大行星的预测。1939年，他将自己的预测，写成了题为《八卦宇宙论与现代天文——一颗新行星的预测》的论文，交给了法国巴黎大学，作为考取博士学位的论文。1940年巴黎大学博士评审委员会确认该论文有资格取得博士学位，1943年正式取得巴黎大学博士学位。半个世纪后，美国和前苏联都发现了这颗行星存在的证据。2005年，美国加州理工学院的天文学家布朗和他的同事，采用最新发射的斯皮泽（Spitzer）太空望远镜，发现了被称为Sedna的太阳系第十颗行星。该行星直径估计有2100英里，是冥王星（太阳系9颗大行星中最小的）的1.5倍。正是这颗行星的发现，导致冥王星作为大行星地位动摇，2006年8月，冥王星经国际天文联合会（IAU）的讨论，从九大行星行列中排除，同Sedna一起，都被降格为矮行星。

2. 科学探索的路上需要宽容

当有人再次提起六十多年前的刘子华的预测时，一些人却将此当做了笑谈。更令人不解的是2006年1月《北京科技报》刊登文章将“八卦预测第十颗行星”列为“2005年中国十大科技骗局之六”，后此文被《北京青年报》、新浪、搜狐和网易等多家媒体转载，怎不叫人唏嘘和感慨。即便是“瞎猫碰上死耗子”的事情，里面还有个概率的问题值得分析呢，也轮不上说成是“骗局”。科技报的编辑们不仅自身科技史的知识有欠缺，而且对科技探索的规律及其态度也有缺憾。面对探索自然的预测或假说，况且还是一次成功的预测，使用“骗局”一词对已不能自我辩解的人身上显得是如此地不负责任和不厚道。我们对用何种方法预测以及运用此种方法是否科学都应持开放的态度，是可以在理性基础上争辩的，各拿逻辑和数据说话，而不是乱扣“帽子”。一些人一听到阴阳、五行和八卦就爱框定为“迷信”，就好贴上“糟粕”的标签，这是被“奴化”或“自我矮化”的产物，这已经远离了科学的精神和态度了。爱因斯坦和玻尔在量子理论方面的争论也是激烈的，但二人相互尊重和保持友谊却是感人的。科学探索的路上需要勇气，更需要宽容。我们有信心这样说，受《周易》的启发，在科学上有所发现的事昨天会有，明天还会有。

（三）周易文化与生物学

1. 六十四卦与遗传密码具同构性

生命的秘密被认为是世界上最大的秘密，近代科学从豌豆亲交实验中得出遗传的基本规律，从中发现遗传基因。通过果蝇实验证实基因位于色体上，说明了基因的物质基础。科学家们于1953年发现了DNA双螺旋结构模型；1966年破译了全部遗传密码。构成遗传密码的核糖核酸（MRNA）含有腺嘌呤（A）、尿嘧啶（U）、鸟嘌呤（G）、胞嘧啶（C）四种核苷碱基，三个一级相联，按数学计算排列组成64个不同的三联体。64个遗传密码的排列组合构成了DNA上的各种基因。西方的科学家很惊奇地发现，中国的《易经》64卦爻象图与《遗传密码》有着惊人的一致性，用阳爻代表强型核苷G和C，阴爻代表弱型核苷A和U，64个密码正好能平均排成八组，直接再现了生命的本质。

2. 利用阴阳对称互补原理诊病

黄仲林教授，在山东农业大学从事体育教学和运动医学研究，曾任中国气功科学研究会气功双手行针研究所所长。黄多年来从事临床运动医学和易医的研究，在易医的理论基础上，根据“天人合一”、“阴阳匹配”对称互补原理，首先提出了以生命能量解除生命疾患，区别于用非生命能量解除生命疾患的医疗研究。他以《周易》八卦与人的肚脐周围进行了对应研究，在人的肚脐四周，按照“八卦方位”乾坤兑艮离坎震巽分别对应人体的五脏六腑及其他器官，确定了“左手为阳而向心，右手为阴而离心”的易经“太极生两仪”的原理，用以探测肚脐的四周，能依此诊断出人体各器官是否正常并且屡试不爽。其专著《气功与生命探索》获山东科技著作三等奖。黄仲林的研究表明，《周易》在生物或生理方面还会带给人们更多的启发，人们还将继续通过它而接受其启迪，会有更多的发明创造面世，以更好地造福于人类。

（四）周易文化与地质学

《周易》在预测地震方面对人有启发。中国地球物理学家翁文波，从1982—1992年共预测国内外5级以上地震85次，准确率高达80%，他准确地预测了1966年3月8日的邢台大地震，完成了周总理交给他和李四光的任务。他预测到了美国洛杉矶、旧金山的7.4级地震，提前通知了美国有关方面，美国在表示感谢的同时，对这位神奇老人感到“吃惊”。翁文波所创造的“可公度性”预测方法就是受了易学的干支循环——六十花甲的启示。根据这个可公度法公式可以准确计算出未来灾变的准确时间。翁文波院士用易经象数研究自然灾害规律，多次准确预测了地震和地质灾难，被誉为“一代天灾预测宗师”。2006年陕西师范大学的研究生龙小霞再次运用可公度法，发表了《基于可公度方法的川滇地区地震趋势研究》一文①，指出川滇地区可能发生大于6.17级地震的年份应在2008年，与2008年汶川大地震相吻合。有人评价说，可公度法是一种基于统计规律的预报，这种预报基于经验，无法解释其内在的原因。意思是这种方法还不是真正知其所以然。我们承认关于地震的预测，目前还没有其他更好的方法，只要有效，就不妨加以研究利用。《周易》的可贵正在于它偏爱“偶然性”的东西，因为《周易》深信偶然性的背后隐藏着必然性。

第五节 《周易》是中国自然哲学的奠基石

一、《周易》是中国自然哲学的开山之作

（一）《周易》具有自然哲学的性质

1. 自然哲学的话题

《周易》之所以能和多门自然科学有联系，完全是由于它自身具有自然哲学的性质所决定。所谓自然哲学，就是指人类思考我们所面对的自然界而形成的哲学

① 《灾害学》2006年9月第21卷第3期。

思想，是人们对自然万物的一种理解方式。它包括自然界的构造和基本规律，自然界和人的关系、人造自然和原生自然的关系等。很显然，自然哲学是一切科学的源头。广义的自然哲学，包含了尚待发育的自然科学。

西方自然科学的兴起是由自然哲学引出并起步的。由自然哲学入手，研究人是如何看待周围的世界，人获取知识的方式和途径，进而探索科学的进步、文明的起源等问题常常是西方学者们惯用的研究方法。马克思的学术也是由自然哲学起步的，年轻的马克思获取博士学位的论文题目就是《德谟克利特的自然哲学和伊壁鸠鲁的自然哲学之区别》。西方自然哲学无疑是由古希腊发源的。古希腊文化为西方自然哲学的发展以及日后自然科学的发展留下了四大遗产。四大遗产可以简称为"四化"的意义，即对象化、二元化、辩证转化和人神同化。

第一个遗产是强调"存在"，强调"本体"的朴素唯物主义遗产。西方第一个自然哲学家当属泰勒斯，他认为万物源于水，这是一种哲学思维的发端。古希腊自然哲学中成就最大的当属德谟克利特，他的"原子论"奠定古代唯物主义的基础。朴素唯物主义开启了人和自然的区别，是一个将自然界对象化的进程。

第二个遗产是理念至上的唯心主义遗产。继承了苏格拉底思辨本领的柏拉图是其代表。柏拉图把世界分为了可以被感知的部分和超感知的"理念"部分，他的超感知的"理念"更强调人的认识，强调精神的力量，是相对于"存在"和"本体"而言的。柏拉图是最先系统地把世界二重化、或者说二元化解释的哲学家。

第三个遗产是强调不停变化的辩证法的优良传统。其杰出代表当属赫拉克利特，他形容世界是一团永远不息的"活火"，变幻不拘，永不停歇。他最先提出"逻各斯"概念，"逻各斯"就是表述必然性的一种普遍规律。后来逻辑的概念就来源于对"逻各斯"的转译。之后，恩培多克里"四根说"中的相互结合分离，再到亚里士多德的"四因说"，都力图解释事物变化的背后原因。

第四个遗产是古希腊神话的"人神同构"理念。这是信仰元素的一部分，也是划开中西思想鸿沟的关键所在。神伟大，但人可以通过"爱智慧"的哲学与神沟通，人实现自身自由和目的的过程就是一个敬神、效仿神的过程，古希腊人的"英雄情结"中包含着向自然的无畏探索，这种信仰下的激励作用是东方哲学及中国哲学所缺失的。这一理念后来延伸到了中世纪，即便有了基督教等强大的宗教思想的影响与制约，欧洲人也没有停止向自然的探索过程，只不过是减慢了前行的步伐。古希腊的"人神同构"与中国的"天人合一"似乎有着某种相似的地方，但最终所起的作用却是相反的，一个是鼓励向主体之外的"客体"的探索，一个是抑制了探索的精神。古希腊文化中的探索精神，加之古希腊其他思想遗产共同起作用，再加之欧洲现实的经济和政治多种因素的促成，最终导致了西方经"文艺复兴"的苏醒，到"工业革命"加速。科学社会主义的创立者恩格斯指出："随着中等阶级的兴起，科学也大大地复兴了；天文学、机械学、物理学、解剖学和生理学的研究又重新进行起来。资产阶级为了发展它的工业生产，需要有探察自然物体的物理特性和自然力的活动方式的科学。而在此以前，科学只是教会的恭顺的婢女，它不得超越宗教信仰所规定的界限，因此根本不是科学。现在科学起来反叛教会了；资产阶级没有科学是不行的，所以也不得不参加这一反叛。”① 这些，最终成就了欧洲自然科学的繁荣，促进了生产力的发展，进而引领了整个社会形态的发达。

2.《周易》是古代中国的自然哲学

《周易》作为古代中国的自然哲学当之无愧。中国古代科技理论认为：宇宙万事万物由三部分组成，即气、数和象。按现代科学观点，它们还可以分别表达为：能量、信息、形态或形势。气，可以理解为物质的客观存在，可以是显明物质，也可以是隐暗物质，亦可以理解为现代科学的能量。数，可以理解为事物存在的时空区间，理解为事物存在的程序或逻辑，即宇宙万物之规律，亦可以理解为现代科学的信息。象，可以理解为气根据数之规律而存在的形式或变化的态势，亦可以理解为现代科学的概括：现象是能量依据信息程序而存在的态势。既然气、数、象不可分，那么，能量、信息、形态就一体。宇宙万事万物有能量就有它的信息和态势，同理，有信息也就有能量，也就有其存在的形式。在《周易》看来，整个宇宙是由能量（气）、信息（数）和态势（象）三部分组成。并在此基础上，将宇宙的特性做了进一步概括：（1）宇宙具有阴阳性。气分两大类，即阴气和阳气。（2）宇宙具有互补性，这在微观世界得到验证。（3）宇宙具有螺旋性，太极图的表达与宏观宇宙的态势近似。（4）宇宙具有全息性，小能窥大，有限中包含着无限。

中国的自然哲学有其自身特点和特长的地方，但同古希腊自然哲学遗产相比较，在信仰层面未获得强大的支撑，缺少将客体对象化的最基础的思想平台，导致向外探索的消极性或曰惰性就大些。中国的哲人并不缺乏对人的观照，但相对的主张内省、自我克制的成分较多，而意识自由和思想解放讲得不够，因而压抑和束缚的东西就多，思想包袱就显得沉重。中国人思维工具不齐整，使得逻辑思维中的分析能力和推导能力相对弱化。所有这些因素共同起作用，使得古老的东方大国终于在近三百年来的社会生存竞争中、或者是科学技术发展进程中逐步地落在了西方人的后边。

3.《周易》具有“母科学”性质

正是《周易》给中国自然哲学带来如此博大而深邃的思想，所以作为“母科学”的它包含并孕育了多门的自然科学也就毫不奇怪了。

2006年第八届全国易学与科学学术研讨会上，针对易经与自然科学的关系展开过辩论。有人说“周易就是占卜或推测”，否认易经与自然科学之间的任何关系。对此东方国际易学研究院学者郭彧举例分析：以中国的历法为例，明代以前

① 恩格斯：《社会主义从空想到科学的发展》英文版导言，《马克思恩格斯选集》第3卷，人民出版社1972年版，第390页。

的历法都与易经有着密不可分的某种关系。汉代杨雄的《太玄》及刘歆的《三统历》就与历法关系密切，特别是唐代一行和尚制定的《大衍历》，更是直接取《易经》里“大衍之数五十”而命名。宋代邵雍的象数代表作《皇极经世》也与历法的关系密切。而从黄道周的《易象正》中也可知古人如何推导“小数”与闰期。所以，有人说易经里没有“小数”，那是不懂古人的数学推导。《周易》对中国古代的数学、天文和历法、中医药学、生理学、农学、化学、机械学都有着重大的影响，涌现出许多杰出的科学家。《周易》与自然科学之间的关系，主要是哲学层面的指导关系。如今科技成果的许多理论，如耗散结构理论、混沌理论、生物全息律、宇宙全息论、分形几何理论、一元数学理论、物元分析理论、天地生偶次序、地球经济穴位理论、地球自然节律、自然同期可公度理论等都从《周易》处得到启发，受到《周易》思想的影响。只说正面影响或负面影响都是片面的。李约瑟就列举了《周易》对科学影响的负面例证：受《周易》的影响，炼丹术变得神秘化了；受《周易》的影响，中国古代对生命现象纯属臆测；卦的符号体系与封建官僚体制之间的对应配合是非科学的；莱布尼茨在接触《周易》以前已发明二进制，二进制与邵雍卦图的吻合只是偶然的巧合等等。李约瑟的评论也许有一定的道理。

（二）鲜明的自然哲学的中国特征

人类历史上出现过两种相互补充的思维方式，即东方的太极思维方式和西方的科学思维方式。中国自然哲学集中体现为《周易》的太极思维方式。太极思维方式，或曰自然哲学的中国特征主要体现在以下三个方面。

1. 与大自然和谐相处的长远考虑

在“天人合一”的思维框架下，中国自然哲学所遵循的主旨是“融进去，适应利用之”；而西方自然哲学所遵循的主旨是“分别开，认识改造之”。西方自工业革命以来，整个社会呈现为加速度发展的态势，人们在享受着物质文明成果的同时也在饱受着因此带来的种种弊端与损害：如资源危机、环境危机、道德危机、社会矛盾加剧、弱势群体难以生存等等。当前，现代自然科学的发展，科技发明（制器）已经相当泛滥，在一些领域内，科技应用手段，如转基因技术、克隆技术、器官移植技术、食品添加技术等，既带来了便利，也带来一定的危害性，给生命安全和伦理道德带来挑战和威胁。世界的科学和文化发展到今天，正呼唤着用以《周易》为代表的东方的整体的“和合”文化来重新梳理我们的观念。在各个领域都要摒弃旧思维、树立新思维。《周易》以其深邃的哲学含义指导着古人的自然科学研究，倡导重道而不重器，恰恰是出于与大自然和谐相处的中和之道的长远考虑。

2. 自然哲学的中国特色

以《周易》为代表的中国自然哲学有如下鲜明的特征：整体的互补的全息的

宇宙观；阴阳交感辩证运动观；恒动识变的发展观；观象的、重视“同时性”和偶然性、重视直观感应的、经验色彩浓重的认识观；重数的、有归纳、有一定分析和推演的科学观等等。中国自然哲学这些特征还需我们作进一步的整理。

3. 中国自然哲学中伦理的特征

中国的自然哲学有着深深的伦理的意义。中国自然哲学认为人和自然界是彼此相互沟通、相互联系的。首先，天理至上，刚健不息，以天意附会人事，天理的伦理意义最终落在民意和民生上；其次，以人事追求天意，围绕着人的现实需要、政治治理和道德规范，去将自然理法化，将社会间所要奉行的道德准则统统解读为自然的原理和目的。这样，天道观与伦理观便交融在一起，使得中国的自然哲学由此带有浓厚的道德的力量，或者说，中国哲学天生具有自然伦理的特征。《周易》倡导厚德载物，实际上包含这样的意思：任何科学的探索，只有在道德规范的基础上进行，并承载着伦理的意义，人类才会有福音。

二、《周易》可否承担导致中国自然科学落后的责任?

《周易》属于自然哲学的范畴，它的核心思想、基本概念和逻辑体系构筑了中国人的世界观和方法论，所以成为中华民族传统文化之根。作为民族传统文化之根，通过文化形态的辐射，自然会深深植入这个民族的骨子里，反映在这个民族的经济、政治和文化的各领域中并潜移默化地决定着这个民族的基本思想以及行为方式，因此，《周易》也必然会影响到中国的自然科学，必然与中国的自然科学发展有着千丝万缕的联系，那么，到底是怎样的一种联系呢？近代以来，《易经》是科学，还是伪科学？《易经》是否影响了中国科学技术的发展？《易经》对中国自然科学发展是否存在着负面影响？这些问题始终像梦魇般萦绕在国人的脑海间。大科学家杨振宁先生曾认为“《易经》影响了中国近代科学的发展”，而中国科学院院士何祚庥先生再进一步认为“《易经》还影响了中国现代科学的发展”，一时间“《周易》应当承担导致中国自然科学落后的责任”居然成为了话题。这使得厘清《周易》与中国自然科学之间到底是怎样的关系成为了一个亟待解决的问题。

（一）中国自身逐步放慢了科技创新的步伐

1. 类似“李约瑟之谜”的一道难题

李约瑟（Joseph Needham，1900—1995）是英国著名学者，以中国科技史研究的杰出贡献成为权威。“李约瑟之谜”是李约瑟在其编著的15卷《中国科学技术史》中正式提出的，其主题是：“尽管中国古代对人类科技发展做出了很多重要贡献，但为什么科学和工业革命没有在近代的中国发生?”1976年，美国经济学家肯尼思·博尔丁将这一问题称为“李约瑟难题”，中国学界称之为“李约瑟之谜”。这一问题实际上包含着三问：

第一问：为什么在公元前一世纪到公元16世纪之间，古代中国人在科学和技术方面的发达程度远远超过同时期的欧洲？中国的政教分离现象、文官选拔制度、私塾教育和诸子百家流派为何没有在同期的欧洲产生？

第二问：为什么近代科学没有产生在中国，而是产生在17世纪的西方，特别是文艺复兴之后的欧洲？

第三问：为什么在公元16世纪之前，在将人类的自然知识应用于实用目的方面，中国的经验科学较之西方更为有效；而随着自然界假说和论证的更多运用，随着关于数学、化学及其相关的先进技术运用，兴起于伽利略时代欧洲的实验科学更加显示出有效性。近代科学的兴衰难道和思维的模式及使用思维的工具有关？和科学研究的范式有关？

“李约瑟之谜”或“李约瑟之问”是在他著的《中国科学技术史》中提出来的。中国在科学技术上曾有过令人自豪的灿烂辉煌。除了世人瞩目的四大发明外，领先于世界的科学发明和发现还有1000种之多。美国学者罗伯特·坦普尔在著名的《中国，文明的国度》一书中曾写道：“如果诺贝尔奖在中国的古代已经设立，各项奖金的得主，就会毫无争议地全都属于中国人。”然而，从17世纪中叶之后，中国的科学技术却江河日下。据有关资料表明，从公元5世纪到17世纪初，在世界重大的科技成果中，中国所占的比例一直在50%以上，而到了19世纪，急速下降为只占0.4%。中国与西方为什么在科学技术上会一个大落，一个大起，短时间内拉开如此大的距离，这既是李约瑟百思不得其解的难题，也是中国人苦苦思索、久久不得其解的难题。

2. 中国放慢科技创新的节奏是一个逐渐的过程

中国逐渐放慢科技创新的节奏是一个近八百年的漫长过程。中国近代科技落后的话题应当这样分析：明显显现出来已经落于人后是自18世纪始，有近三百年时间，这是和李约瑟的结论大致吻合的。而放缓显出征象，落后露出端倪还要再往前追溯二百多年，即在15世纪的后半期。所以说落后的话题是两个时间段相累加的一个五百年的漫长过程。如果再加上中国人自己原创力的下降，在多种因素的复合作用力下，科技创新步伐逐步放慢，放慢过程可以再往前推大约三百年。也就是说，当“活字印刷术”作为四大发明的最后一项完成后，中国对世界文明的突出贡献活动便逐步暗淡下来了，刹车制动的脚不时地点下去，车速在逐渐放缓，这大致开始于12世纪后半叶和整个13世纪。当然，那时的欧洲还在长夜中酣睡，等到欧洲人苏醒的时候，还是由此再过二百年以后的事了。因为没有竞争对手的问题，也就没有被追赶的问题。靠着经济的规模和人的聪明才智，依赖经验科学的余晖，凭借着创造活动的惯性，勉强保持在前列又维持了数百年。例如，元代和明初，中国在矿冶、造纸、印刷、纺织、陶瓷等方面，都较以前有了一定的提高。特别是丝织品和瓷器，在国际上赢得了很高的声誉。中国造船业发达，航海技术先进，海外交易较频繁，明初郑和能够七下西洋就是证明。但是，需要指出的是郑和下西洋既不像一项科学考察，也不是一次正规的经贸交流，整个活动——活脱脱的一个“中国式的活动”，有人说是“寻亲”，也有人说是“炫耀”，总之，特别像是东方大剧谢幕前刻意制造的一个剧情的小高潮。

应当肯定的是元和明在天文、数学、医药、建筑工程等方面仍有杰出的成就，不管怎么说，中国活力四射的科技黄金期主要集中于公元6世纪到15世纪。而16世纪和17世纪，则是欧洲人苏醒后追赶中国的关键时期，特别是17世纪后的市场经济机制的加速作用，以及18世纪后科技力量的强大引擎，使得西方追赶的步伐明显地加快了。13世纪时，当意大利人马可·波罗来到元朝时的中国，他还像是一个学生的身份，抱着学习的态度，并且确实从中国这里学习到了一些东西；三百年后，当又一个意大利人利玛窦服务于16世纪明朝时的中国，以及稍后一些时候，即当德国人汤若望和比利时人南怀仁服务于17世纪清代时的中国，他们已俨然是老师的身份了。作为传教士的他们所掌握的科学知识，已为当时的中国人所寡知了。总之，在这一过程中，中西间的见识差距在加大，尤其在科技与发明方面，西方人的优势更加明显；至于总的经济实力以及综合国力的比较差距，还要再滞后一段时期才显现出来。欧洲对于中国的比肩并进、最终实现超越的情景大致发生在18世纪中叶的乾隆年间。笔者常爱在课堂上和学生们谈到发生于乾隆年间（1736—1795）的世界上的“四件事情”。哪四件事情呢？两件是政治的社会方面的事件：一件是1776年的美国独立战争；另一件是1789年的法国大革命。另两件是和科技有关的大事件：一件是1760年前后的工业革命，即蒸汽技术的改进和运用，作为近代机器大生产的开端，现在习惯称之为第一次科技革命。另一件并不是一件很具体的事，就是欧洲国家普遍对科技的重视。17世纪三个国家先后成立了国家级别的科学团队：英国皇家学会（1660年）、法国科学院（1635年）和德国国家科学院（1652年），这标志着科技走在生产过程前面的时代已经到来。科学技术由于各学科之间的相互影响和促进，加之得到了各方面的鼓励和扶持，使得整个18世纪科技成果丰硕。遗憾的是对这几件大事情，我们的“十全”皇上乾隆爷都未曾意识到，清史中也没有留下清晰的记载。面对这重大而关键的事件，整个清廷居然表现得如此的麻木与短视，这其实预示着日后的倒霉已经是不可避免了。

事实上，欧洲人仅用了二百多年的时间就实现了对中国的全面超越。欧洲人的超越是典型的“弯道超越”。怎样理解“弯道超越”呢？就是说，他们发扬了传统的“唯物主义”的哲学观和“主客两分”的认识论的特长；发挥了自身逻辑科学均衡发展的优势；抓住了“实验科学”兴起的时机；借助了“工业革命”的强大引擎；顺应了生产方式变革的时代浪潮；实行对科技人员给予荣誉和奖励的政策等。总之，所有有利的客观因素他们都利用上了，而又调动了主观因素与之适应与配合，生产力和财富便像泉水般喷涌出来。而此时的东方大帝国的中国，则意志懈怠，思维工具不合理，制度和机制趋向僵化和腐朽；或许这个东方巨人领跑的时间长了些，消耗大了些，有些累了，因而倦意渐浓起来。欧洲人则利用了历史赐予他们的所有的良机，恰似在跑道的拐弯处，他们利用了弯道内切技术迅速地赶上来并且超越了过去。倘若当年的中国人不是如此地闭锁和笨拙的话，则西方追赶东方的过程可能还需要更长一些的时间。

（二）王守仁与哥白尼的故事

1. 经历和成就迥然不同的两个人

为什么说落后显出征象，露出端倪是在15世纪呢？这就要讲到两个人的故事：中国的王守仁与欧洲的哥白尼。两人同出生在15世纪，出生仅相差一年，王守仁大哥白尼一岁。由于俩人生活环境和文化背景的巨大差异，经历和成就也就不同，使得两人最终成为迥然不同的东西方的两位伟人。

王守仁（1472—1529），汉族，浙江余姚人，字伯安，号阳明子，世称阳明先生，谥号文成，后人又称王文成公。中国明代最著名的思想家、哲学家、文学家和军事家。“陆王心学”之集大成者，非但精通儒家、佛家、道家，而且能够统军征战，是中国历史上罕见的“三立”，即立德、立功、立言的全能大儒。封其“先儒”，奉祀孔庙东庑第58位。王阳明格竹的故事令人印象深刻。他开始听信朱熹所云：众物必有表里精粗，一草一木，皆涵至理，可以格物致知。于是，为了实践，他取竹格之，格了七天七夜，终于病倒了，从此，也开始改变了自己的看法。“官署中多竹，即取竹格之，深思其理不得，遂遇疾；先生自委圣贤有分，乃随世就辞章之学。”① 随之，王阳明便将朱熹的“格物致知”学说改为自己的“致良知”学说了。陆九渊开创的“心学”被王阳明发展到了一个新阶段。从此，中国人在“陆王心学”的哲学思想指导下，对内心世界的发掘和认识更加深了一步（参见彩色插图38）。

哥白尼（1473—1543），波兰天文学家、数学家、教会法博士、牧师。40岁时，他提出了日心说，当时罗马天主教廷认为他的日心说违反《圣经》。但哥白尼仍坚信日心说，并认为日心说与《圣经》没有矛盾。哥白尼判断来自长年的观察和计算，在此基础上完成他的伟大著作《天体运行论》，并在临近古稀之年决定将它出版。《天体运行论》共六卷，每一卷阐述几个主要命题，每一个命题在当时都是新奇而震撼的：第一卷论述太阳位于宇宙的中心，地球和其他行星都是绕太阳运行的，先后论述了“宇宙是球形”、“大地也是球形”，天体的这种旋转运动对于球来说是固有的性质，它反映了球形的特点。第一卷是全书的精髓。第二卷讨论地球的自转，指出地球是绕太阳运转的一颗普通行星。第三卷讲岁差。第四卷谈月球的运行及日月食。第五、六卷阐述水星、金星、火星、土星和木星五大行星运动状况。哥白尼的功绩在于用更接近科学的“日心说”结束了流传了1400多年的“地心说”认识。“地心说”是公元二世纪的古希腊天文学家托勒密提出来的。这是天文学上一次革命，引起了人类宇宙观的重大改变。哥白尼死前曾为自己预作了墓志铭：“你不必赏我像赏给圣保罗的恩宠，但求你赏赐我像你给圣伯多禄的宽赦和右盗的仁慈。”透露出他坚毅的品格。哥白尼去世了，他本人没有受到迫害，而后宣传“日心说”的人，如布鲁诺和伽利略等人受到了迫害，布鲁诺（1548—1600），意大利思想家、自然科学家、哲学家。因传播“日心说”，于1592

① （明）钱德洪：《王文成公年谱》。

年被捕，入狱8年后，被宣布处以火刑，1600年被烧死在罗马鲜花广场。罗马教廷于公元1616年把哥白尼的《天体运行论》列为了禁书。伽利略（1564—1642），意大利数学家、物理学家和天文学家，近代实验科学的奠基者之一。因发表《关于托勒密和哥白尼两大世界体系的对话》支持哥白尼的“日心说”，于1633年被宗教裁判所判处终身监禁，主要罪名是违背1616年的禁令和圣经教义（参见彩色插图39）。

2. 对两个人的简短评论

中国文化及其学术环境培育了王阳明。作为哲学家，他为哲学提供了新命题，将人认识的主体意义更加凸显，为科学研究特别是经验科学提供了方法论的指导。俗话说，有得必有失，当王阳明质疑“格物致知”的时候，他虽然没有走向怀疑主义，但也没有为认识事物找到正确的路径。承认程朱理学有漏洞，有弊端，但是堵漏洞、纠弊端不必然一定是走向“心学”。面对整个世界正在迈入现代科学的门槛，引入实验科学的方法，找到新方法是当务之急。王阳明“格竹”的失败表明从认识自然的角度，他没有找到恰当的“新方法”，缺乏“术”的技能，这恰恰是传统“儒者”的缺陷，也是中国人思维的缺陷。王阳明“格竹”的失败应当看作是中国人所习惯运用的思维工具——直观的、经验的方法走入困局的一个结果，是中国人简单归纳思维方式的一个时代的终结。归纳思维若不和观察、实验方法相结合，若不和假说以及假说论证的途径、方法相结合，便难有创新，难有普遍性真理的发现，这是时代走到这一步后对科技发展和思维工具提出的必然要求。中国人没有能够担当起这一重体历史责任。中国的绝顶聪明的人在此止步不前了，没有努力向外求，转身向内求了，这是一个重要的信号、一个重大的转折！

中国人显然没有对“王阳明转身”给予足够的重视，或者说给予足够的警觉。学术界对此开展的研究也很不够。王阳明转身，是一种无奈的转身。它反映出面对自然，我们对如何进一步认识缺乏自信，表现的是一种茫然，一种回避，一种退缩，难道这就是我们顺应自然所应采取的态度吗？一个被赋予“不朽”伟人的转身预示着我们整个动力系统出现了问题，我们的教育和文化都出现了问题。历史给我们呈现的一幅对比强烈的画面：当着中国人向内探寻到更深的时候，即阳明心学构成了完整的体系、中国人找寻到更完备、更精致的精神寄托的时候，恰恰是西方人向外探寻到最远的时候，即哥白尼创立的“日心说”已经相对完备了，而且先觉的欧洲人对整个太阳系的认识也已经有了初步的轮廓，并开始建立最初的太阳系模型了；此时的时间节点大致是16世纪20年代。此刻，中国的整个情势就像一个登山家，当到达一座山峰的峰顶后，便开始了一个下撤回落的过程。东方帝国的减速放慢，或者说它的下行之路便从那时开始了。这与历史学界的共识恰巧吻合。历史学界一般认为中国的明显衰落是从明代的嘉靖年开始的，而嘉靖帝登基恰是在1521年。这似乎是一个历史的巧合，但如果你看不到这一偶然现象背后的必然性的话，那你就不是一个清醒的人。

西方的哥白尼能够创立“日心说”是不容易的。在他之前和之后，都有人因坚持科学真理被判处以火刑。哥白尼之前1327年，意大利天文学家采科·达斯科里因宣称地球呈球状而被烧死。因为，在当时的教会看来，不可能会有人始终大头朝下。哥白尼之后的布鲁诺因坚持“日心说”也被处以火刑。和哥白尼同时代的著名宗教改革家马丁·路德还曾经挖苦哥白尼说：“这个傻瓜想要推翻整个的天文学！”可见，哥白尼所处的环境要比王阳明险恶得多。但面对于此，哥白尼并不害怕，表现得异常镇定而执着，这是令人钦佩的。恩格斯对“日心说”的评价：“从此自然科学便开始从神学中解放出来。……科学的发展从此便大踏步地前进，而且得到了一种力量。”[①] 爱因斯坦评价哥白尼说：“哥白尼对于西方摆脱教权统治和学术统治枷锁的精神解放所做的贡献，几乎比谁都要大。”[②] 同时，哥白尼又不能不是西方文化的承载者，思想家罗素曾评价道：“哥白尼是一位波兰教士，抱着真纯无瑕的正统信仰……他的正统信仰很真诚，他不认为他的学说与《圣经》相抵触。”[③] 在我们看来，就引起人类世界观的革命，就推进人类对自然认识的进步，进而推动整个科技进步的角度上，哥白尼的贡献要大于王阳明的贡献。

17世纪中叶后，自然科学得到重大进展，哥白尼学说的正确性日渐巩固，内容也有了很大的发展。在这方面起决定作用的是大物理学家牛顿（1643—1727）。一个在哥白尼死后整整一百年后出生的天才的英国人，一个苹果砸在他的脑袋上，居然砸得开了窍，日后的他写成了《自然哲学的数学原理》一书，他用万有引力原理解释了行星的运行，给地球的绕日公转提供了更有力的证明。此外，科学家们还做过很多其他的实验，均证明了地球自转和公转的事实，人类对太阳系和宇宙的现代观念逐渐形成。东方不亮西方亮，更准确地说，东方亮后西方亮，各领风骚数百年，这是历史发展的真实情景。而东方的天空何时能够再亮，何时能够再光耀环宇，复兴以往的光荣，这是需要年轻的中国人用睿智的思维和脚踏实地的业绩来加以证明的。

3. 竹子和苹果的话题

竹子和苹果的对比带来了有意思的话题。竹子似乎眷顾中国人，“阳明格竹”虽然没有带来更多的智性文化，却带来了德性文化。竹在中国人心目中有“德性”，竹和松、梅并称为“岁寒三友”，常是中国人艺术中的题材，郑板桥就以画竹而著称；苏东坡的“可以食无肉，不可居无竹”表达了中国人的爱竹之心。竹子自身虚心而有节，和于国人的心性，其风骨是中国文人所向往。苹果似乎眷顾西方人，带给他们的多是智性文化。在犹太人那里，因为苹果认识了自己；在希腊人那里，因为苹果认识了美女；在英国人那里，因为苹果认识了引力；在美国人那里，因为苹果认识了创造。我们还应当注意到，西方人眼中的苹果，并非一定要完整而圆满的形象，恰恰被咬了一口才更有意义，如美国苹果公司的徽标。其寓意在于：食物只有品尝后才知道其滋味，事物只有经过实践的检验才能够获

---

① 恩格斯：《自然辩证法》，《马克思恩格斯选集》第3卷，人民出版社1972年版，第446页。

② 《爱因斯坦文集》第1卷。

③ 罗素：《西方哲学史》。

得真知，这既是西方人生活哲学的应有之义，也是西方得以保持先进的部分缘由。中国人已经越来越发现了苹果的可爱，由筷子兄弟演唱的“小苹果”正在风靡，受到人们的喜爱。但愿中国人能从苹果特别是那个残缺的苹果上悟到点什么，但愿我们大家都能从竹子和苹果的话题中得到更多的启迪。

（三）这是一个多因而一果的严肃话题

导致中国自然科学落后的原因是多方面的，这里只是举例几个方面。

1. 地理环境的原因

中国地处东面是一望无际的海洋，北面是荒漠和寒冷，西面也是荒漠和雪山，南面是丛林和暑热，中间地带区域广阔，物产丰富。仅就一个民族或一个族群的生存环境而言，一般说来，若感觉生存压力大，则向外寻求发展的需求就大，动因就更强烈，体现出的民族特质就会是不安于现状，进取心强；反之，若感觉生存压力小，则向外寻求发展的需求就小，动因就趋弱势，体现出的民族特质就会偏向安静，进取心弱。中国人长久以来以植物性食物为主，食物结构决定了这类人群相对安静，暴力倾向弱化，向内寻求的意识特质便顺理成章了；加之相对安逸和稳定的生活，共同的文化背景，产生了巨大的凝聚力和向心力，加重了这群人守望故土的情感，无形中削弱了开拓疆土、扩展生存空间内驱力。由中原人创造的“河洛人”、“客家人”称呼，其里面的意识和情结均包涵着丰富的内容。“客家土楼”的形制，对外的封闭性和对内的开放性，以及“客家人”刻意保持的习俗等等，都在透露着这一古老民族的秉性和心理。

2. 政治的原因

讨论政治上的原因，可分为制度层面和机制层面。首先是制度层面。“大一统”的制度建立，有利于向心力，有利于统治，即有效管理。统一货币，统一度量衡，特别是统一文字意义重大。中国地广，语言差异大，但汉字的统一使用，加强了沟通，加大了交流，增强了认同感。主体民族汉族由于文字上的相互认同，有着很强的凝聚力。自汉唐以来形成了数量庞大的主体民族，“汉人”、“汉族”、“唐人”是之。汉族虽然同周边少数民族有矛盾，他们之间虽然有过征服、打压，但同时也有过亲和、同化，因此，各个民族间为了生存和发展的竞争并没有像欧洲大陆那样频繁而剧烈。自秦汉以来的集权官僚制度，对官员实现了有效管理，官员的来源，汉实施的是“推荐制”，隋以后通过“科举制”保证了管理者多数是一群聪明的、受过良好教育的人，他们的管理使得中国井然有序，并使中国发展了整体性理论，实用性的科技得到了广泛的应用。因此，古代中国天文学、工程学、实用医学取得了很大成就，长城、都江堰、大运河等工程令人赞叹。这是好的一面。但官僚制度使得新观念很难被重道统、重传统的社会所接受，年轻人、新思维活动空间小。官僚们懂科技的少，科技领域几乎无人问津。制度上的财政安排、科举制度都不利于科技的发展。

从经济的运行机制层面看来，官方垄断经营比重大，长期实行“重农抑商”政策，市场竞争不够，缺乏活力。传统社会中的士、农、工、商阶层，士对农、工、商具有压倒性优势，而士阶层自身又缺乏靠科技改变其命运的内在动因，进而导致整个社会缺乏技术开发的竞争，缺乏将技术转化为生产力的动力机制。例如，火药发明后，对其改进的进度缓慢，运用的范围也极其狭窄，后来反而是欧洲人在我们发明的基础上进行了优化，并在军事和生产中得到广泛的运用。

3. 思想的原因

长时期的重文科轻理工，重学轻术的结果，所谓“奇技淫巧”是也。奇技淫巧是指过于奇巧而无益的技艺与制成品，最早出自周人对商纣王罪责声讨的《泰誓》，其曰：“郊社不修，宗庙不享，作奇技淫巧以悦妇人。”孔颖达疏：“奇技谓奇异技能，淫巧谓过度工巧。二者大同，但技据人身，巧指器物为异耳。”① 这一原本针对商纣王奢侈腐化、玩物丧志，不为国家社稷考虑分忧而提出批判的罪名，被后来的一些腐儒片面理解，他们视一切科学技术为奇技淫巧。儒家经典《礼记·王制》曾有曰：如有人“作淫声、异服、奇技、奇器以疑众，杀”。如此一来，具有科学意识的人焉有不急之理。大科学家张衡在其著作中曾激愤言道：“故尝见谤于鄙儒。深厉浅揭，随时为义，曾何贪于支离，而习其孤技邪？参轮可使自转，木雕犹能独飞，已垂翅而还故栖，盍亦调其机而銛诸？”随后感慨喟之：“君子不患位之不尊，而患德之不崇；不耻禄之不夥，而耻智之不博。是故艺可学，而行可力也。”② 个别人的真知灼见和垂范力行抵挡不住主流意识的偏差，沦落滞后便不可避免。

从北宋的繁荣达到极盛开始，在中国便逐渐弥漫起傲慢而懈怠之气，故步自封成为了社会的顽疾并流行起来。从上到下渐渐不愿意主动与他人交流，更不要说向其他民族的长处学习。海内普遍缺乏尚武的进取之心，阳刚之气弱，尚文的阴柔之气重，已经不能居安思危了。而此时的西方人正快马加鞭地追上来，西方人似乎有着天生的竞争习性或者说是尚武的基因，他们信奉竞争、信奉适者生存、优胜劣汰的道理。“丛林法则”始终是一些西方人信奉的基本法则之一。西方人从古希腊人开始，就找到了保持竞争力，练习和施展尚武习性的两种方法：一种是恶性的保持方法，即掠夺或者战争；另一种是良性的保持方法，即开展人和动物之间或人和人之间的竞技。人和动物之间的竞技在古代有奴隶与狮子的角斗，在今天有美国牛仔骑牛的竞技，有西班牙斗牛士与公牛的竞技；人和人之间的竞技在古代有古希腊奥林匹亚竞技场的赛会，在今天就是发展为众多的体育竞赛项目如国际奥林匹克运动会和其他各类的竞技比赛项目。中国人在传统“礼教”熏陶下，“丛林法则”意识远没有西方人感受的那样强烈，中国人对于西方人保持竞争态势的两种方法都是比较陌生的。换句话说，无论是所谓恶性的基因还是良性的

① 孔颖达：《周易正义》。
② 张衡：《应闲》。

基因，对于中国人来说似乎都是缺乏的。

4. 文化上、意识上的缺陷

（1）中国哲学所追求的倾向有偏差。道、阴阳、太极、天人等概念内涵笼统、概念外延间界限模糊。这些是什么？结构和状态？如何认识？易有责任。道家也有责任。整体思维没有错，综合把握也没有错，但对整体的分门别类的研究、对综合项下的具体分析是必不可少的环节。否则就会陷入笼统、模糊和玄虚。

（2）思维结构不合理。作为逻辑的思维工具不全，长归纳，短演绎，并且逻辑运用也有很大缺陷。作为思维的工具——逻辑教育更是缺失。西方自12世纪第一批大学成立后，直至今日西方各大学逻辑都是必修的课程。反观我们，历史悠久的书院没有此类课程，科举考试也没有这一科目，今日中国大学中逻辑教学也仍不能令人满意。中国的学生缺失了逻辑科学的训练，会对现代科学的研究方法和范式产生严重不适应，据称中国在外的留学生许多学生学习效果不理想，这无疑与逻辑思维训练的缺乏有着直接的关系。逻辑更多地运用于向外探求知识，更多地运用于交流，逻辑思维不好，既影响人际间的交流，也影响对新知识的接收。当今，逻辑已经同计算机产业、同人工智能紧紧地关联在一起，成为许多高端技术的基础学科，因而能够更有力促进整体科学技术的进步与发展，补上中国中等以上学校中逻辑这门课的教学显得迫切而紧要。西方追上东方，很大程度上是依赖于逻辑的优势，逻辑促进了科技，科技促进了发展，而这个道理常常被人们所忽视。

笔者在逻辑课堂上常用“磨刀不误砍柴工”的道理来比喻西方人追赶中国的过程。欧洲中世纪有一段相对晦暗的时期，有人形容是漫漫的长夜，相对于活跃而喧闹的东方而言，当时的欧洲确像是一群沉睡的人。然而，恰恰是在中世纪，欧洲人的逻辑思想仍在进步着、完善着，正是在经院哲学中，在唯名论和唯实论争辩过程中，在论证一些外人看来近似无聊的论题时，人思维的支点和要素，诸如：抽象和具体，一般和个别，主项和谓项等内容，得到了繁琐的但却是详尽的论证和说明，在这一过程中，欧洲人的思维、演绎逻辑、三段论形式等均得到了改善和提升，这为日后欧洲人苏醒后的科技活动提供了好工具，为日后追赶中国储备了充足的能量！欧洲有一句著名的谚语：当上帝为你关闭了一扇门，就一定会为你打开一扇窗。欧洲人逻辑思想在中世纪经院哲学那里的遭遇便是这句话的最好的诠释。在这个意义上，欧洲人是幸运的；而中国人缺乏这种思维的历练，缺乏思维的逻辑梳理，例如，如何定义？如何进行概念间的推导？如何对其观点给予论证等？中国的古人，包括一些大家，常犯逻辑的毛病是：使用概念没有定义，内涵和外延不清晰；缺乏严谨的推导过程；结语或结论都没有经过充分性的论证等。中国人具备归纳思维，短于演绎思维，而逻辑思维的重心正在于演绎思维的训练，从这个角度说来，中国人是不幸运的。科技的加速度背后是人智力的加速度，智力的教育和开发离开逻辑是万万不行的。当今时代讲创新，而高素质的人才一定是创新人才。我们知道，创新思维和创新活动尽管是多因素、多方面、多层次、多途径和多方法的，但其中的逻辑思维仍然是最根本的。创新思维是逻辑思维和非逻辑思维（想象、直觉、灵感、顿悟等）的有机结合与统一，创新过程实质上是逻辑思维和非逻辑思维互补的过程，而且就非逻辑思维而言，本质上是不可能脱离逻辑思维而单独存在的。中国要想成为一个创新的国家，必须点开逻辑思维这一闭锁中国人思维的死穴，尤其是补上演绎逻辑这块短板。在笔者看来，中国的教育必须重视逻辑的系统教育，着力补上我们这个民族原有思维的缺憾。中国的高考，谋划者众多，其方案千改万改，加上一门考究的逻辑考试方为上策。如若，乃族之大幸，国之大幸焉！

（3）罢黜百家，兴六经，导致《墨经》中的逻辑思想未得到弘扬。作为意识形态主流的儒家负有主要责任。长期以来，视技术工艺为“奇技淫巧”，轻自然、轻科技，关注事物居然可以不向外寻，只向内求，德性知识压倒了智性知识。司马谈批评儒家的话“博而寡要，劳而少功”① 是有道理的。

（4）追求玄虚而幽闭的语境和语言特色，对确定性、精准度重视不够，表现在语言上便是“大概”、“大约”、“差不多”、“多些或少许”。比较在意“同时性”的探究，而因果性探究不够。满足于知其然，对知其所以然则兴致索然。喜好讲阴阳，并且爱处处机械地套用阴阳的概念，由此禁忌的心理浓重，导致好奇心被弱化，探索的精神被钝化，这里面“易”要担负很大的责任。

（5）科举的过失。官方引导走偏，学科制定畸偏，社会发展没有宏观战略。中国传统社会的科技政策从来是“三无”：无机制，无财政，无人才规划；“三不”：不尊重，不鼓励，不重用。科举有其“长”，但科举考试的“短”也明显，“短”在于偏在文科，偏在儒学，科举在于取士成仕，后来成为了一条诱导古代年轻人走的“利禄之途”。班固最早看到这一点：“自武帝立五经博士，开弟子员，设科射策，劝以官禄。讫于元始，百有余年，传业者寖盛，支叶蕃滋，一经说至百余万言，大师众至千余人，盖利禄之路然也。”② 后来，国学大师钱穆在《国学概论》中亦有相同的见解：“博士设立以后，经学得志，利禄之途。”宋应星是明代著名自然科学家、《天工开物》一书的作者，《天工开物》是明代崇祯十年（1637 年）出版的一部关于农业、工业和矿业方面的“科技百科全书”。宋应星在该书的序言中云：“此书于功名进取，毫不相关。”反映出对科技政策和科技工作者现状的不满与无奈。旧时代一些在自然科学中有所建树的人常常是科举考试的失意者，这既是由于考试科目的设置和考试形式的不适应造成的，也是官方科技政策的必然结果。科举考试的失意者除了宋应星外，还有医学家孙思邈、李时珍，数学家僧一行、朱世杰、王文素，天文学家和水利专家郭守敬等。虽然后来其中的一些人也得到了朝廷的重用，但终究不能弥补制度上的缺陷。长此以往，科技的落后，特别是科技后继乏人的状况便不能不成为现实。

---

① 《史记·太史公自序》。

② 《汉书·儒林传》。

5. 结语

人们若只强调《周易》对中国自然科学的正面影响，仅看到积极的一面是一种片面，同样，若只强调《周易》对中国自然科学的负面影响，仅看到消极的一面也是一种片面。《周易》不能单独承担导致中国自然科学落后的责任。事实上《周易》中含有鼓励向外探究的内容，中国古代科技成就里，有《周易》的功劳。当说到中国的“道教”对古代科技有贡献时，也间接肯定了《周易》的作用。《周易》在促进中国古代科技的发展与进步方面，其正面意义要大于负面意义，应当说功是大于过的。但是，中国自然科学逐渐落后下来，《周易》也是有责任的，既有它“文本”自身的责任，也有它作为思想体系和文化形态所施加的影响的责任。至于其他方面的责任，并不需要它来承担。一个多因一果的复杂话题，还需要我们花更大的精力、用更长的时间、从更多的方面归纳和梳理。

第八章

周易文化与人文社会科学

《周易》开中国人文学术的先河，对中国的政治学、军事学、伦理学产生了重要的影响，对中国的法学、教育学、社会学也有重要的影响。中西人文学科不仅内容有差异，而且背后支撑的学科差异也是很大的。弘扬中国传统文化的人文精神，发扬集体主义的优良传统，同时，增强个人的权利意识，加大对个人权益的保障，进而激发出每一个个体的创造力和活力，这既是中国复兴的必要前提，也是中国人文科学走向复兴的必由之路。

第一节 周易文化与政治学

一、《周易》是政治家的心血之作

（一）周易是改朝换代时代的产物

1. 周虽旧邦，其命维新

《周易·系辞》曰：“《易》之兴也，其当殷之末世，周之盛德邪？当文王与纣之事邪？是故其辞危。危者使平，易者使倾；其道甚大，百物不废。惧以终始，其要无咎，此之谓《易》之道也。”这里实际表明，《周易》的作者不但是新旧时代变更的参与者、指导者，而且《周易》本身还是改朝换代的时代见证。

“文王在上，于昭于天。周虽旧邦，其命维新。”① 大意是说：周文王禀受天命，昭示天下：周虽然是旧的邦国，但其使命在革新。《周易·革》卦其《彖》曰：“天地革，而四时成。汤武革命，顺乎天而应乎人。《革》之时大矣哉！”《周易》颂扬商汤王和周武王的革命业绩，讲明革命的道理就在于顺天而应人。一个领袖人物，先觉而独行易孤高而寂之；反之，一个领袖人物，后知而愚滞易众鄙而毁之。

2. 周人所理解的“天命”

政治所谓顺天应人，就是要因地因时而为之。古人爱谈“天命”，应该说《周易》作者是最先悟到了“天命”的内在含义：第一，“天命靡常”。天命不是恒常不变的，商朝由于纣王昏庸无道，天怒人怨，招致灭国之灾。殷鉴不远，周人必须要明白“我不可不监于有夏，亦不可以不监于有殷”②。“非天私我有商，惟天佑于一德，非商求于下民，惟民归于一德。”③ 第二，“以德配天”。统治者要想永久地享有天命的话，那就必须要“敬德”、“保德”、“秉德”、“聿修厥德”。一旦丧失了德性、德行，就会天命不保。第三，“天命”在于“顺”而不能“逆”。“天也，顺天者存，逆天者亡。”④ 而“顺天”的关键在“应人”。天命在“商人”那里原本是神秘莫测的，但《周易》的作者不但企图通过卜筮的方法去体会天意，而且开始悟到了可以从民心、民欲中去把握天命，因而提出了“民欲天从”的思想。“天矜于民，民之所欲，天必从之。”“天视自我民视，天听自我民听。”⑤ 对此，王国维总结道：“殷、周间之大变革，自其表言之，不过一姓一家之兴亡与都邑之移转，自其里言之，则旧制度废而新制度兴，旧文化废而新文化兴。”⑥

（二）周易是政治家兴国安邦经验的总结

1. 兴国安邦乃为“经纶”

《周易》将兴国安邦比喻为“经纶”。经纶的本义是指治理乱丝，理出头绪，使之由紊乱无序的状态变为井井有条的有序状态。《周易·象辞·屯》曰：“云雷，屯。君子以经纶。”《屯》卦的卦象是坎上震下，坎为水、雨、云，为陷，为险；震为雷，为动，云在雷之上，将雨而未雨，表示刚柔始交，阴阳尚未和洽，象征屯难之世。就天象而言，这是天地造始之时，雷雨之动充盈于宇间，冥昧混沌，万物萌动，艰难丛生，整个世界呈现出一片紊乱的无序状态。就人事而言，情形

① 《诗经·大雅·文王》。
② 《尚书·召诰》。
③ 《尚书·咸有一德》。
④ 《孟子·离娄上》。
⑤ 《尚书·泰誓》。
⑥ 海甯、王国维合编辑的《观堂集林卷第十》（殷商制度论）。

也同样如此。君子观此卦象，推天道以明人事，应该发扬刚健有为的精神，像治理乱丝那样，拨乱反正，“有攸往，利建侯”，这正是适宜创建公侯基业的时机。《周易》的“经纶”之道就是周文王、周武王的政治理念的综合，所谓“文武之道”是也。

2. 治国的“文武之道”

所谓文道就是讲德政。周易中虽然有“君权神授”的思想，但同时强调君要爱民富民，君权神授内容有腐朽性，而爱民富民的内容有合理性。统治阶级为了维护其自身制度，便编造了“君权神授”的谎言，“君权神授”既是国家观的理论基础，又是实现其专制统治的政治核心。《师》上六曰：“大君有命。开国承家”。君主接受天命，建立国家，设置都邑，统治四方。《益》六二曰：“王用享于帝，吉。”“享”即享祭，“帝”即天帝。君王享祭于天帝，祈求降福。《小畜》九五曰：“有孚挛如，富以其邻。”以诚信做伴，与邻家共富。《周易·象辞·小畜》曰：“‘有孚挛如’，不独富也。”《泰》六四曰：“翩翩，不富以其邻，不戒以孚。”这里，《周易》的作者以批评口吻言道：往来翩翩，不与邻家同富，也不以诚信作为告诫。《周易·象辞·泰》曰：“天地交，《泰》。后以财成天地之道，辅相天地之宜，以左右民。”意思为天地相交，因而安泰，君王应当仿效这一自然法则，适当剪裁运用，辅助天地，达成孕育万物的目标，调整人民的生活，使其和谐安泰。因而《周易·彖辞·泰》赞曰“天地交而万物通也，上下交而其志同也”。《家人》六四曰：“富家，大吉。”使家庭富裕是最大的吉利。《周易·象辞·家人》曰：“君子以言有物，而行有恒。”因而《周易·彖辞·家人》赞曰“正家，而天下定矣”。

所谓武道就是讲礼法，这里面有等级观念，讲到特权，也有讲到礼制、法制，讲到秩序。等级、特权内容有腐朽性，而礼法、秩序内容有合理性。《坤》六三曰：“含章可贞。或从王事”。《复》上六曰：“用行师，终有大败。以其国君，凶。”《临》六五曰：“知临，大君之宜，吉。”《大有》九三曰：“公用亨于天子，小人弗克。”《屯》和《豫》卦辞都有“利建侯”语。这些爻辞中的王、国君、大君、公、侯等都是属于有身份、有特权之人，属于奴隶主阶级。《蒙》初六曰：“利用刑人，用说桎梏”，这是在讲法。《比》九五曰：“王用三驱”，《易·观》曰：“盥而不荐，有孚颙若”，“曷之用？二簋可用享”，这是在讲礼。《易·坎》曰：“《习坎》：有孚维心，亨。行有尚。”这是在讲秩序。当然，在《周易》讲法和秩序的时候，有旧时代残酷的一面，《睽》六三曰：“其人天且劓”，《困》九五曰：“劓刖，困于赤绂”；天，即在罪人的额上刺字，也称为“墨刑”；劓，割鼻；刖，断足。这些足见当时刑罚手段的残酷。

马王堆帛书《易之义》中有一段话专门讲到了阴阳与文武之道，其话语总结得好：“是故天之义刚健动发而不息，其吉保功也。无柔救之，不死必亡。重阳者亡，故火不吉也。地之义柔弱沉静不动，其吉保安也。无刚助之，则穷贱遗亡。重阴者沉，故水不吉也。故武之义保功而恒死，文之义保安而恒穷。是故柔而不杻，然后文而能胜也；刚而不折，然后武而能安也。”话中处处讲到了阴阳均衡的道理。其实，从《易之义》倡导的主导思想来看，在言天地、阴阳、刚柔时，还是以天道为主导，甚至在一定程度上有扬“键”抑“川”之嫌（著者注：《周易》通行本中的“乾”和“坤”两卦，在帛书《周易》称“键”和“川”，《易之义》亦如此）。但当具体论述到人事的文武之道时，则着重强调了文的一面，显然，这是西周以来“人文化成”的文化传统得到了更多重视的结果。《易之义》的作者能够认识到文武各自有偏颇确属难能可贵。“武之义保功而恒死”，武可以建功立业，但刚者易折，必然带来死亡，所以“恒死”；“文之义保安而恒穷”，文能够确保安宁，但柔者易衰，容易陷于羸弱困顿，所以“恒穷”。“重阳者亡，重阴者沉”，达到极致的文和武，各自偏于一端，总不免凶多吉少。“川之至德，柔而反于方；键之至德，刚而能让。此键川之参说也。”“键川之参说”亦即“乾坤之合德”。可见，《易之义》作者所推崇的至德是不偏不倚的中正之道，既不偏于阳刚，又不偏于阴柔，欣赏的是刚柔相济、文武兼备的道理，这与《周易》的“阴阳合德，刚柔有体”的思想是相一致。

3. 不学易者不可为宰相

在长期的社会发展中，《周易》之所以一直享有群经之首的崇高地位，主要是由于人们从政治的角度在对所有的历史典籍的比较中，认定《周易》对社会的治理、对兴衰治乱规律的研究和认识，最能启发人们的政治智慧。《春秋》也含政治智慧，所以太史公曰：“故有国者不可以不知《春秋》。”“为人臣者不可以不知《春秋》。”[①] 但与《周易》相比较，司马迁这样评价道：“《春秋》推见至隐，《易》本隐之以显。”[②] 意思是《春秋》是通过具体的历史事例来揭示事物极隐微之处，而《周易》则是在讲明事物深奥道理之后彰显其发展的趋势和规律。显然，《周易》由于视野开阔，思想深邃，因而抽象的水平更高，启示的意义更强。班固与司马迁有同感，他评价道：六艺之文，《乐》偏于仁，《诗》偏于义，《礼》偏于礼，《书》偏于知，《春秋》偏于信。“五者，盖五常之道，相须而备，而《易》为之原。故曰‘《易》不可见，则乾坤或几乎息矣’，言与天地为终始也。”[③] 班固对《周易》的突出作用再次加以了确认。自此以后，《周易》可以兴国安邦便成为了历史的共识。

不识易者不得入仕在汉代就已成为了规矩。最早《易纬·坤凿度》引后汉王凤的话说：“不读易经者，不得登朝。”而后，该文献又援引注云：“虞世南曰：‘不读《易》，不可为宰相。’”虞世南，初唐重臣。后来，南宋大学问家王应麟在引述完虞世南语后表示：“《易纬·坤凿度》注者未详其人”，但对虞世南语表示赞

---

① 《史记·太史公自序》。

② 《史记·司马相如列传论》。

③ 《汉书·艺文志》。

同，称此话为“天下名言也”[①]。现代学者南怀瑾针对此话题说道：“自唐虞世南有言：‘不读《易》，不可为将相。’于是有用世之志，济世之才者，尤孜孜有索于《易》矣。”[②]

二、宝贵的治国理念和政治理想

《周易》中政治学的遗产实际上集中反映了以周公为首周人的政治理念和治国智慧。周公作为杰出的政治家，他先后辅佐父亲周文王、哥哥周武王及侄子周成王，翦殷平叛，封侯建国，制礼作乐，建立了较完善的国家经济和政治体制，为中国历史上的第一个盛世“成康之治”打下了坚实的基础。周公的政治理念和治国智慧主要体现在《尚书》诸篇中，在《周易》中有所表达，由于孔子十分欣赏周公的理念及其作为，因此，在《易传》中这些政治理想和智慧得到了充分的阐发。这些思想有：民本崇德、广业安生、尊礼重法、革故鼎新、天下和谐等。

（一）民本崇德

1. 周人最先懂得民本崇德的道理

民本思想在中国思想史上源远流长，夏人曾曰：“皇祖有训，民可近，不可下。民惟邦本，本固邦宁。”[③] 意思是说，人民只可亲近，不可威狎，人民乃是构成国家政治的基础，只有基础坚固，国家才有安宁。这是中国最早记载民本思想的史书文献。但多数史家认为“五子之歌”非夏人所作。民本思想应始于殷周时期。卜辞中没有“民”概念，因而甲骨文中并未发现“民”字。金文的“民”字像刺目状，即像是一把锥子刺进眼睛，可见“民”的本意是奴隶。《说文解字》对“民”解释：“民，众萌也。”“民”在殷周时代被赋予了新意：虽然仍是一群被奴役、被统治的人们，但开始被理解为“有意义的多数”，认定从他们中间能窥探到天意。史家认为《尚书·盘庚篇》为殷人所作，里面多次使用到“民”字，开始有了“民本”的萌芽。遗憾的是殷人的认知是一回事，践行则是另一回事，殷人由于“惟不敬厥德，乃早坠厥命”[④]。接受殷人的教训，真正视“民”为本开始于周人。周人认为：“天畏棐忱；民情大可见。”[⑤] 意思是上天是否真诚地保佑你，要在民情中体现出来。“若保赤子，惟民其康乂。”“用康乂民作求。”强调说：“用康保民，宏于天，若德裕乃身，不废在王命。”[⑥]这里民本思想尽现。周人最先懂得了这样的道理：“得天下有道，得其民，斯得天下矣；得其民有道，得其心，斯得民矣；得其心有道，所欲与之聚之，所恶勿施尔也。”[⑦] 这虽是孟子的见解，但却是

① 王应麟：《困学记闻》。
② 南怀瑾：《中国文化泛言》，复旦大学出版社 1995 年版，第 54 页。
③ 《尚书·五子之歌》。
④ 《尚书·召诰》。
⑤⑥ 《尚书·康诰》。
⑦ 《孟子·离娄上》。

对周人实践的总结。后人将孟子的这段话浓缩为“得民心者得天下”的道理。孟子还表达过：“民为贵，社稷次之，君为轻。”① 因此，中国自古就有“天下为公”的理念。是“公”就不是“私”，因而就不是“家天下”；是“公”就不是“少数人”，因而也就不是一阶层、一势力、一团体的天下，天下乃为天下人之天下。“天下为公”始终是中国人所追求的“梦想”和理想。

得天下在于得民心，得民心在于施德政，“以德辅天”，才能兴邦治国。在周人眼中，“德”的核心内容就是“康民”“保民”。王国维指出：“《尚书》言治之意者，则惟言庶民。《康诰》以下九篇，周之经纶天下之道胥在焉，其书皆以民为言。”民本观念自周以后成为了开明统治者的一种自觉意识。统治者逐渐懂得，天命无常，民意才是现实的。王国维的结论：“其所以祈天永命者，乃在德与民二字。文、武、周公所以治天下之精义大法胥在于此。”②

2.《尚书》诸篇体现周人崇德思想

《尚书》多反映的是周人的思想，《尚书·皋陶谟》记载了舜帝与皋陶、大禹讨论政务的对话，集中讨论到德治的话题。皋陶既是中国司法的先驱，同时也非常重视以德治国，在这里，皋陶提出了“九德”概念：“‘亦行有九德。’禹曰：‘何？’皋陶曰：‘宽而栗，柔而立，愿而恭，乱而敬，扰而毅，直而温，简而廉，刚而塞，强而义。彰厥有常，吉哉！日宣三德，夙夜浚明有家。日严祗敬六德，亮采有邦。翕受敷施，九德咸事，俊乂在官，百僚师师，百工惟时，抚于五辰，庶绩其凝。’”大意为皋陶说：“考察人的行为有九种美德。”禹问：“哪九种美德呢？”皋陶说：“宽宏而又坚栗，柔顺而又卓立，谨厚而又严恭，多才而又敬慎，驯服而又刚毅，正直而又温和，简易而又方正，刚正而又笃实，坚强而又良善。时常表彰那些具有九德的好人，便会吉祥！每日能表现出三种美德，日夜都恭敬努力。这样做，卿大夫就能保持其封地。每天能庄严地实践六种美德，并用以辅助政事于国，作为诸侯就能保持他的邦国。对于九德都能普遍地推行，使其具备的人都出来任职做事，才德超群的人都获得官位。百官臣僚相互学习效法，把自己职责内的事务做好，使政事与天象的运转相顺应，那样各种事情就都会成功。”随后皋陶曰：“天聪明，自我民聪明；天明畏，自我民明威。达于上下，敬哉有土！”意思是说上天的视听须依从臣民的视听；上天的赏罚须依从臣民的赏罚。天意和民情是相通的，懂得了这个道理才有国家呀。最后皋陶曰：“朕言惠，可厎行？”禹曰：“俞，乃言厎可绩。”君王的话是说到了，不知实行得如何？禹回答道：放心，说到做到，还要有好的成效。可见，《皋陶谟》仅是《尚书》的一篇，有着浓浓的人本的意味。《尚书》诸篇均有民本崇德的内容，体现了周人对此问题的重视。

---

① 《孟子·尽心下》。

② 海甯、王国维合编辑的《观堂集林》卷第十（殷商制度论）。

3.《周易》"经传"反映"民"与"德"的状况

话既然说到此，就带来这样的话题：史传《周易》的卦爻辞由文王和周公所撰写，但比较遗憾，《易经》中德、民二字较稀缺；《易经》六十四卦全部卦爻辞中没有"民"字；"德"字仅分别在讼、小畜、恒、益四卦中出现过五次。德与民既然在文王和周公那里如此重要，但在《易经》里面却又如此稀缺，似乎有些说不过去。这样，便产生了大胆的推想：他们二人可能都不是《易经》的卦爻辞原创者，他们或许进行了一些文字的补充和修饰，《易经》的卦爻辞应该来源于更早的年代，由《易经》卦爻辞中缺少"民"与"德"的字，间接地证明了它可能沿袭于《连山易》和《归藏易》，间接地证明了"三易"的存在。德与民思想在《易传》中有了较充分的阐发。如说到"民"有：《周易·彖辞·节》曰："天地节，而四时成。节以制度，不伤财，不害民。"《周易·彖辞·益》还说："损上益下，民说无疆。"《周易·系辞》倡导"吉凶与民同患"。说到"德"有：《周易·说卦》云："立天之道，曰阴与阳；立地之道，曰柔与刚；立人之道，曰仁与义。"《周易·系辞》云："安土敦乎仁，故能爱。"《周易·系辞》在说到卦与德行的关系时，集中言道："《履》，德之基也；《谦》，德之柄也；《复》，德之本也；《恒》，德之固也；《损》，德之修也；《益》，德之裕也；《困》，德之辨也；《井》，德之地也；《巽》，德之制也。"在《易传》的作者看来，这些卦的卦辞从某一方面对德予以了阐述。

（二）广业安生

1. 德治在于利民

"业"在这里指的是事业，即发展生产，繁荣经济。"生"就是生命、生民、百姓。《尚书·皋陶谟》记载了皋陶与大禹讨论政务的话题。说到德政，皋陶认为："在知人，在安民。"大禹赞同并接着说道："知人则哲，能官人；安民则惠，黎民怀之。能哲而惠，何忧乎？"意思是知人善任是明智的表现，能够用人得当。能安定民心便是给他们的恩惠，臣民都会记在心里。能做到明智和给臣民恩惠，还有什么不放心的。显然这是周人的心得和认识。周人吸取了殷鉴，懂得了天命在于王政，王政在于德治，德治在于利民。周朝建立后，周人首先要求亡国的殷人发挥专长，跑买卖，做生意，自食其力作新民，"乃服惟弘王应保殷民，亦惟助王宅天命，作新民。"①

2. "新民"和"亲民"之争

历史上曾有过"新民"和"亲民"之争。由于朱熹径直用"新民"释解《大学》里的"亲民"，导致王阳明的不赞同，王依旧坚持"亲民"说，最终这一命题的争论竟然上升到理学和心学的更大范围的争辩。我们应当承认"新"和"亲"

① 《尚书·康诰》。

有区别，区别有三：一是对象不同，“新”指向的是被统治阶层，是训诫的口气，“亲”指向的是统治阶层，是劝慰的口吻；二是性质不同，“新”在于改变，“亲”在于坚守；三是目的不同，“新”的目的是做个守法勤勉的“臣民”，“亲”的目的是做个仁德明治的“人主”。同时我们认为二者有非本质的区别，二者都认同隐藏在不同命题后面的一致性，即发展经济的目标。这里，我们无意做前辈们命题的裁判，我们认同的是他们不同命题后面所趋同的目标。周人执政后，体会到民生的重要，“民无常心，惟惠之怀”[①] 因此，“惠康小民”、“裕民”、“恤民”始终是其目标和要务。《周易》经和传中广业安生的内容很多。《易经》有需、小畜、大畜、大有、颐、益、丰诸卦，里面有着对富足生活的向往。《周易・系辞》有云：“富有之谓大业，日新之谓盛德。生生之谓易”；《周易・乾文言》云：“君子进德修业，欲及时也”。《周易・系辞》曰：“夫《易》，圣人所以崇德而广业也。”崇德与广业是《周易》并行强调的，推崇德政与开拓各项事业常是巩固政权，增强社会凝聚力的两个重要方面。

（三）尊礼重法

1. 周礼是国家奠基礼

《礼记・乐礼》曰：“周道四达，礼乐交通。”孔颖达疏：“周之道德，四方通达。”周以重礼乐闻名。近代历史学家夏曾佑曾说：“孔子之前，黄帝之后，于中国大有关系者，周公一人而已。”[②] 在夏先生看来，周公超人的功绩就是为周朝的制度建设花费了心血，封侯建国、制礼作乐，是周公对中国文化的最大贡献。以至于西周被称之为“礼治”的时代。孔子主张“克己复礼”复的就是“周礼”，而“周礼”的创制者周公也是孔子心目中的“偶像”，以至于多次闯入孔子的梦境中。《周易》重视礼教。《周易・象辞・大壮》主张“非礼弗履”，强调：“女正位乎内，男正位乎外，男女正，天下之大义也。”《周易・彖辞・家人》曰：“父父，子子，兄兄，弟弟，夫夫，妇妇，而家道正。正家，而天下定矣。”

2. 礼法互为表里

在周人那里，“礼”常常以法律或高于法律的面貌出现，周人强调出礼入刑，所谓出礼入刑，即“出于礼，入于刑，礼之所去，刑之所取”[③]。礼要辅之以刑，“失礼则入刑，相为表里。”[④] 也就是说，礼是犯罪之前的积极预防，刑是犯罪之后的消极惩罚，礼与刑各具不同功能而相互配合。正是这种认识，周人提倡“明德慎罚”政策。“惟乃丕显考文王，克明德慎罚，不敢侮鳏寡，庸庸，祇祇，威威，显民，用肇造我区夏。……封，予惟不可不监，告汝德之说于罚之行。”[⑤] 明确了

① 《尚书・蔡仲之命》。
② 夏曾佑：《中国历史教科书》，光绪三十年版。
③ 《论衡・谢短篇》。
④ 《后汉书・刑法志》。
⑤ 《尚书・康诰》。

"明德"就在"慎罚"之中,"慎罚"体现了"明德"。《周易》贯彻了这一思想,《周易·说卦》主张统治者"南面而听天下,向明而治"既要"明罚敕法"(《周易·象辞·噬嗑》),又要"申命行事"(《周易·象辞·巽》)。主张"刑罚清而民服"(《周易·彖辞·豫》),唯有此方能"施命诰四方"(《周易·象辞·姤》),最后达到"遏恶扬善"(《周易·象辞·大有》)和"作乐崇德"(《周易·象辞·豫》)的目的。

(四)革故鼎新

《诗经》曰:"周虽旧邦,其命维新。"周虽然是旧的邦国,其使命在革新。《大学》还引经据典,进一步发挥说,早在商汤时期,"盘铭"上就刻着"苟日新,日日新,又日新"警句。从此,改革维新成为传统,如同人要每天洗澡一样,天天都要将污垢洗涤,后来儒家又引申出"澡身而浴德",即《礼记·儒行》倡导人们要时时进行精神上的洗礼,品德上的修炼,指出适变求新是一个持续不断的过程。《周易》认同革故鼎新,其关键在于"损益盈虚,与时偕行"(《周易·彖辞·损》)。《周易·系辞》深刻指出了"穷则变,变则通,通则久"的道理。《周易》欢呼革故鼎新,《周易·彖辞·革》曰:"天地革,而四时成。汤武革命,顺乎天而应乎人。"这里,"顺乎天",指符合历史发展的客观规律,"应乎人",指适应人民的利益和愿望。近代革命的先行者孙中山先生的"适乎世界之潮流,合乎人群之需要"是古代这一思想的集中反映。周人在革故鼎新思维中包含着强烈的忧患意识,周公最先提出了"殷监"的思想:"古人有言曰:'人无于水监,当于民监。'今惟殷坠厥命,我其可不大监抚于时!"[①] (笔者注:"监"即为"鉴"意。)《周易》里表现了强烈的忧患意识,《周易·象辞·既济》云:"思患而豫防之"。《周易·系辞》倡导:"君子安而不忘危,存而不忘亡,治而不忘乱,是以身安而国家可保也。"就是说君子当随时存戒惧之心,平安之时不要忘掉危险,生存之时不要忘掉灭亡,治理之时不要忘掉祸乱,未雨绸缪,防患于未然,如此生命才会得到安全而国家才会得到保障。

(五)天下和谐

《尚书·尧典》曰:"允恭克让,光被四表。格于上下,克明俊德,以亲九族。九族既睦,平章百姓。百姓昭明,协和万邦。"几句话内容丰富:说到统治者的自身修德,所谓"克明俊德";说到族群间关系的协调,所谓"以亲九族";说到对待民众的态度,所谓"平章百姓";说到与邦国关系,所谓"协和万邦"。这些话,既是周人对尧帝功德的赞颂,也是周人对美好社会的向往,正是尧的德行,他的时代呈现为"大道之行,天下为公"[②] 的理想治世。如何做才能天下和谐呢?首先,要求社会各成员间的和谐。《周易·彖辞·否》云:"天地不交而万物不通也,

---

① 《尚书·酒诰》。
② 《礼记·礼运》。

上下不交而天下无邦也。”这是说：天地之气不交接，阴阳闭塞，万物就不会通畅地生长；以人事比附，君主和臣民不沟通，意见隔阂，国家就会不像个样子。《周易》寄希望于统治者，《周易·彖辞·同人》云：“唯君子为能通天下之志。”就是说只有君子，能通达天下臣民百姓的志趣。《周易·彖辞·咸》云：“圣人感人心而天下和平。”其次，要求国家间的“万国咸宁”。《周易·彖辞·比》提出了“以建万国，亲诸侯”的主张，要求君主分封建国、亲比诸侯，使诸侯国听命于中央，保持诸侯国同中央宗主国和谐统一的政治局面，君主亲和诸侯，诸侯环卫君王。王夫之将其比作“水之依地，地之承水”的亲密无间关系，故能“以一人而统万方”①。最后，天下和谐要求有必要实力做保证。《周易·彖辞·坎》提到“王公设险以守其国”。国家须建设险要的关塞、巩固的国防，以防止敌人的入侵。《师》卦象征着军队，《周易·彖辞·师》云：“《师》。君子以容民畜众。”国家要有常备军队，而军人不应畏惧战争。《周易·彖辞·震》云：“出可以守宗庙社稷”，即保卫家园理所当然。《周易·彖辞·师》还说到：“刚中而应，行险而顺，以此毒天下，而民从之，吉又何咎矣！”意思是说，为正义的战争虽然会造成伤害，但人民愿意跟随，这当然是吉祥的，哪里会有过错呢？

三、正确看待这份政治遗产

（一）周易政治智慧的借鉴意义

王国维在《殷商制度论》中说：“中国政治与文化之变革，莫剧于殷、周之际。”不难看出，周人吸取了殷人的教训，在如何治理国家和社会过程中提出了一整套的政治理念和原则，并且践行之，取得了一定的效果。这些成果体现在《周礼》中。实际的《周礼》既包括官制和政制，也包括有关乡、朝、冠、聘、婚、丧、祭、射等日常繁复的一整套礼仪制度。作为儒家经典的《周礼》包括《周礼》、《仪礼》、《礼记》，合称三礼。《周礼》成书的时间虽然学界有不同的见解，但一致的是它是周以后开明之士的细心总结，为而后的继任者在理论上提供了指导，在典章制度上提供了制度的范式。《周易》是周人在实践基础上的心血凝结，不但成为后世学者文人的学问渊薮，而且在政治上总结出聚人安民，崇德广业，尊重礼法，励精图新，居安思危，团结和谐等众多的治国安邦的智慧。这些政治思想财富不但为历史上的仁人贤士所阐发宣扬，为历史上的明君贤臣所遵照奉行，即便是在今天，也仍然有着很好的借鉴意义。

（二）民本和民主

当然，必须指出，周人所建立的制度归根结底是封建专制制度，是因“私”承袭的“家天下”，与“天下为公”的理念相悖。民本思想和现代提倡的民主思想

① 王夫之：《周易内传》。

虽然字面上仅一字之差，但理论实质却整整差了一个时代，差距在于理论基础是两个截然不同的社会经济形态。民为邦本观点是中国思想家提出，为以农业为基础的中国封建社会形态所容纳，并且是以维护“家天下”为宗旨的，既如此，当然为当时的开明的统治者所认可。而民主观点则最先由古希腊人提出，伴随市场经济和社会形态的演进，后由近代的工业为基础的资本主义社会所吸收，并且不断地加以充实和完善；因而，民主的现代内涵是由一整套的理念和相应的制度、机制构成，为世间多数国家所认同并且加以实行。当然，我们必须承认民主体制在各国的实践过程中存在着差异，体现出了与历史传统和民族文化的有机联系。简言之，民本与民主的关键差异就在于“意志主体”的置换。民本的要害是仍然没有摆脱“为民做主”的窠臼，更多地体现在意识和道德的层面上，缺乏制度上的设计与安排，缺乏法律上的保障与惩治。因此，中国历史上的民本思想多以劝诫、训诰类的文字形式表现出来，至多做一些政策上的调整，并不会威胁到他们的既定利益和执政根基，而所实施的措施是统治者或者是专制制度的维护者们完全可以接受的。

明清之际的大思想家顾炎武是看清这一问题实质的人。他在《日知录》中曾言道：“有亡国，有亡天下。亡国与亡天下奚辨？曰：易姓改号，谓之亡国。仁义充塞，而至于率兽食人，人将相食，谓之亡天下。……知保天下然后知保国。保国者，其君其臣，肉食者谋之；保天下，匹夫之贱，与有责焉耳矣。”顾炎武的这段话后来被梁启超浓缩为了“天下兴亡，匹夫有责”八字语，进而鼓舞着亿万民众为着自身的命运而奋斗。顾炎武着重区分了“亡国”与“亡天下”概念的不同，强调了天下乃为百姓之利益的主张。在他看来，维护一个政权，只是当权者、执政者关心的问题，跟百姓的关系不大；而维护天下的道义，拯救黎民的苦难，则是每个普通人都该努力去做的。因而才有了“天下兴亡，匹夫有责”的呐喊。顾炎武的鲜明政治观点，特别是从思想方面突破了古代一朝一姓的君臣观念，突破了传统社会的家国的范畴是难能可贵的，他的思想浸染着近代民主主义的精神。

（三）德政和宪政

商人敬天，传三十王，延续六百余年，后因逆天而施暴政终遭覆灭。周人顺天敬人，凡三十六王，延续了八百余年，周代已是中国历史上存活最长的朝代，最后仍逃不脱灭亡。如此看来，“以德配天”并不总是灵验，中国历史的进程并不支持所谓“德政”就一定享有“天命”的道理。在商品经济的条件下，在物欲和私利的面前，由统治者强调“德治”，向大众推行“品德”方面的训导常常既显得苍白，也多少有些虚伪。“德治”必配“明君”，因此，期盼“明君”降福于天下，期盼“明君”为百姓做主、谋利，就成为了一些人的惯性思维。历史的事实告诉我们，部分“贤人”企图靠“德治”来调节社会矛盾起作用一时，不能起作用永久。社会矛盾尖锐的结果，最终会导致一次次的社会动荡，而这些动荡又为社会各阶层的重新洗牌创造了条件，成为了历史上改朝换代的契机。中国历史上这样的悲喜剧已经演义得足够多了。中国传统社会的“德治”里面并不缺乏

“法”，而有些“法”还是相当严酷的。关键是这个“法”仍是由少数的专制统治者制定，是为维护“家天下”服务的。它和现代意义上的法律思想体系、立法程序及其匹配的一整套机制还是有相当距离的，仍然算作是“人治”的社会，而不是“法治”的社会。要想走出中国式的历史循环仅靠上述的政治智慧，或所谓旧时代的高明的统治术显然是不够的，我们还需要借助于更多的现代智慧才行。执政团队的廉洁且有效率的工作除了靠体制或机制的合理设定、靠法治的有效保障之外，其他的都不可靠。德政当然好，但德政不等于宪政。当然宪政也不必然就一定能实现“德政”，即制定或实行起符合道德的、合乎人心的一整套的政策来，但是，这种“代价”是现代的人们或民主的社会总要承担或承受的。中国实现国家治理的宪政之路还任重而道远。

第二节 周易文化与军事学

一、丰富的战争和军事方面的论述

（一）《易经》卦爻辞中关于“兵”的论述

1. “伐鬼方”的考据

《孙子兵法》：“兵者，国之大事，死生之地，存亡之道，不可不察也。”而国家的生死存亡也是易之天职也。易乃国之魂，兵乃国之盾，自古易中兵的内容就占据着相当的比重，处于最重要的位置。《周易》卦爻辞中的有关战争和军事的论述较为丰富。如《易经》记载了有史实依据的战事：“高宗伐鬼方，三年克之”（《既济》）。“震用伐鬼方，三年有赏于大国。”（《未济》）高宗，殷代中兴帝王，名武丁。“鬼方”是谁？在哪？鬼方是商周时居于中国西北侧边疆上的一个少数民族构成的小国。具体在哪？学者意见不一，古代学者大都把鬼方解释为远方、北方国，也有直接称鬼方是西羌。后一些学者根据今本《竹书》等，把鬼方考定在今中国西南一带。王国维在《鬼方猃狁考》中认为鬼方国位置靠北，大致位于今陕西西北部、山西北部和内蒙古西部。今有学者再次肯定了清学者王夫之的考证，鬼方位于今天的湖北省西部，属楚地。理由是《诗经·商颂》赞高宗武丁时说“挞彼殷武，奋伐荆楚”。荆楚就是鬼方。楚人多崇鬼尚巫术，依此，大思想家王夫之在他的著作《周易内传》明确指出：“伐鬼方，《诗》所谓‘奋伐荆楚’也。楚人尚鬼，故曰鬼方。”

2.《易经》其他的战争记录

《易经》还记载了现在一时无法证实的一些战争或战争场景："大师克相遇。"（《同人》）大军攻克（城池）而会师。"用行师，终有大败。以其国君，凶。至于十年，不克征。"（《复》）去作战，最终大败，使得国君处险，导致十年不能出征讨伐。"王用出征，有嘉折首。获匪其丑，无咎。"（《离》）君王用兵出征，有令嘉奖折服了首恶的人，而不是一般同类，故而无咎。还有如"得敌。或鼓或罢，或泣或歌"（《中孚》），"利用行师，征邑国"（《谦》）等，都与军事有着密切的关系。

（二）《易经》的卦爻辞有价值的军事观点

从《易经》的卦爻辞中一些学者总结出了有价值的军事观点，如有以下方面。

1. 正确战争观

《周易》的《蒙》卦涉及战争观。《蒙》上九曰："击蒙。不利为寇，利御寇。"教育蒙昧的方法假若不当，蒙昧者就可能为寇；若适宜，蒙昧者可抵御盗寇。"为寇"是侵犯他人的利益，"御寇"是捍卫自身利益而实施的反击，二者显然性质不同。"御寇"与"为寇"，在《周易》作者看来是两种不同性质的战争。《周易》的《师》卦也是涉及军事和战争内容的卦。《师》卦辞曰："《师》贞，丈人，吉，无咎。"师指军队，贞有占问之意，贞亦当正讲，这里可以理解为用兵要有正义性。丈人即老成持重者，具体指卦中九二，卦中唯一的阳爻，刚中也，军中统帅身份，卦中五个阴爻象征士兵；九二和六五相应，六五柔中且高高在上，象征君王任命统帅来统领军队。整个《师》卦是阐明军队必须是正义之师，统帅必须老成稳重，不可好战喜功。战争还必须要得到人民的支持，才能战无不胜。所以《象辞·师》曰："地中有水，《师》。君子以容民蓄众。"毛泽东领会了《周易》这一点，曾精辟道："兵民是胜利之本"，所谓"人民战争"是也。《周易》涉及战争观的还有《谦》、《坤》等。《谦·六五》："不富以其邻，利用侵伐。无不利。"其象曰："'利用侵伐'，征不服也。"用兵当然是为着征伐不服者，若以德服人不灵的话，那么只好以力服人了。谦逊、谦让不能没底线，被迫用讨伐（惩治），便不会不利的。正义的战争虽然是被迫的，但也是必要的。《坤》卦用"龙战于野，其血玄黄"表明即使付出了血的代价，也要争取正义战争的胜利。

2. 要有国防战备思想

《乾》九三曰："君子终日乾乾，夕惕若厉，无咎。"其意是说，君子要朝夕勤勉、戒惧，不能有稍息的懈怠，假若有随时面临险境的准备，这样才不会有闪失。这是最早的"忧患意识"，而忧患意识是国防战备思想的基础。《象辞·萃》曰："君子以除戎器，戒不虞。"君子应整治兵器，以戒备不测。后来的兵书《司马法》在引用了上述"萃卦"的言语后议论道："夫兵不可玩，玩则无威；兵不可废，废则召寇。”显然，《司马法》作者深刻理解了《周易》“萃卦”象辞中的戒备思想，因而讲出了：“故国虽大，好战必亡；天下虽安，忘战必危”至理名言。《周易》中类似的思想还体现在《泰卦》中，《泰》六四曰：“翩翩，不富以其邻，不戒以孚。”翩翩，轻盈飞翔貌，这里喻人轻浮。不与邻居同富，不以诚信相告诫，还一副轻浮状，预示着要倒霉。果然，《泰》上六曰：“城复于隍，勿用师。自邑告命，贞吝。”复，覆。隍，城下沟壕。城墙倒塌于城壕中，不能出师，在邑中祷告天命，难免受到羞辱。紧接《泰》卦的是《否》卦，《否》九五曰：“其亡其亡，系于苞桑。”苞桑，丛生的桑树，结实坚固之意。其意为：将要灭亡，将要灭亡，幸好与粗壮的桑树连在一起。后来的学者们一致认为《否》卦的这一爻辞鲜明表达出了“忧患意识”。因此才有孔子在《易传》中针对此爻辞的议论：“是故，君子安而不忘危，存而不忘亡，治而不忘乱；是以身安而国家可保也。”

3. 出师要有名

“出师以律，否臧凶。”（《师》）对“律”有学者理解为军队的纪律，还有学者解释为军乐、乐律。其实，“律”乃号令、动员令，“律”最好解释为是战斗的檄文。一旦出兵征讨，总要有个理由，这就是出师有名。从来的战争皆如此。夏启讨伐有扈氏有过动员令，就是著名的“甘誓”。夏王宣布：“有扈氏威侮五行，怠弃三正。天用剿绝其命，今予惟恭行天之罚。”[①] 有扈氏违背天意，轻视金木水火土五行，怠慢甚至抛弃了我们颁布的历法。上天因此要断绝他们的国运，现在我只有奉行上天对他们的惩罚。随后战于甘，夏朝始立。商汤伐夏有过动员令，就是著名的“汤誓”。商王宣布：“有夏多罪，天命殛之。”“夏氏有罪，予畏上帝，不敢不正。”“遂与桀战于鸣条之野”[②]，桀死夏亡，商朝建立。武王伐纣也开了一个誓师大会，有过动员令，就是著名的“牧誓”。武王宣告：“俾暴虐于百姓，以奸宄于商邑。今予发，惟恭行天之罚。”[③] 总之，都说自己是正义的，都是“替天行道”，并以此来聚集民众、鼓舞士气。战争难免残酷和牺牲，唯有这样的动员，才可能争取到战争的胜利。

4. 选好军中主帅

“《师》贞，丈人，吉，无咎。”（《师》）贞，占问。丈人，老成持重之人。占问军队统帅，宜成熟的、足智多谋之人担当。这样吉祥免灾祸。“长子帅师，弟子舆尸，贞凶。”（《师》）为什么会有这样截然不同的结果呢？关键在于主帅的人选。“长子”在这比拟为大人物，并非大儿子；“弟子”在这比拟为小人物，也并非次子。战争只可交由具有统帅才能的“大人物”指挥，才可能取得胜利。若让“小人物”参与决策，必然失败。所以，《周易·象辞·师》曰：“‘长子帅师’，以中

① 《尚书·甘誓》。
② 《尚书·汤誓》。
③ 《尚书·牧誓》。

行也。‘弟子舆尸’，使不当也。”其不当的代价当然只有用车装载着尸体回来。

5. 军队奖惩严明

出征打仗必须奖惩分明。立功受到嘉奖，错败担当惩罚。“王三锡命”（《师》）。锡即赐；命即名分和奖赏。意为君王论功行赏，三次嘉奖其功劳。学者解释嘉奖即“三赐命”的内容，一说为：一命受职，二命受服，三命受位；另一说为：一命受爵，二命受服受车，三命受马。有奖就有罚。“或从王事，无成。”“或锡之鞶带，终朝三褫之。”（《讼》）鞶带，古时依官阶而颁赐的腰带。褫，剥夺。意为迷惑地跟从君王做事，不会有政绩。颁赐的腰带，一天之内三次被剥夺。

6. 讲究军事战术

“师左次，无咎。”（《师》）次，就是驻扎。军队驻扎在左侧，不会有危险。这指宿营时要讲究地形。“惕号。莫夜有戎，勿恤。”（《夬》）惕，忧恐。莫，暮之意。戎，兵戎，戒备。恤，忧患。忧恐时呼叫号令，相互提醒，即使黑夜里有情况，也不必担忧。这是宿营时情景，明确号令，派好哨兵，昼夜提防，保持戒备。所以《周易·象辞·夬》曰：“有戎无恤，得中道也。”而“无号，终有凶”（《夬》上六）。告知了有备无患，而无备有患的道理。“伏戎于莽，升其高陵，三岁不兴。”（《同人》）设伏兵于草木密林中，登上高地观测，三年内不宜动手。所以《周易·象辞·同人》曰：“‘伏戎于莽’，敌刚也。‘三岁不兴’，安行也。”

二、《周易》思想对兵家理论的影响

（一）《易》之为书，兵法尽备

兵家作为春秋时诸子百家中的一支，在中国历史和中国文化史上都占有重要的位置。兵家主要代表人物，春秋时期有孙武、司马穰苴；战国时期有鬼谷子、孙膑、吴起、尉缭、魏无忌、白起等；汉初有张良、韩信，汉后三国时有曹操、周瑜、诸葛亮等。今存兵家著作有《黄帝阴符经》（参见彩色插图 40）、《六韬》、《三略》、《孙子兵法》、《司马法》、《孙膑兵法》、《吴子》、《尉缭子》、《将苑》、《百战奇略》等。兵家的实践活动与理论，丰富了朴素唯物论与辩证法思想，是中国古代宝贵的思想遗产。《易》乃兵之师，为历代学者所公认。《易》与“兵”联系多多：《易》，一阴一阳之谓道，兵，一胜一负之谓战。《易》，立天之道曰阴与阳，立地之道曰柔与刚，立人之道曰仁与义，天地人三才；兵，有天时地利人和之说法；孙子有所谓兵家五事：道、天、地、将、法，里面就包含着天地人三才。《易》讲变化，时变我变；兵也讲变化，敌情变己亦变。《易》用八卦来表征世间万象；兵则用八卦来排兵布阵，攻守兼备。《易》崇阳数为九；孙子曰：动于九天藏于九地。《易》有六爻；而兵有六韬等等。宋代王应麟在《困学记闻·易》中称：“盖《易》之为书，兵法尽备，其理一也。”可谓总结得到家。《周易》对兵家理论的影响可以分为战略和战术两个层面。

（二）战略层面的影响

1.《周易》整体的思维影响着兵家

《周易》论事理总愿天地人一起综述。“天下之理得，而成位乎其中矣。”意思是说人成位于天地间。“六爻之动，三极之道也。”何谓三极之道？天地人。在兵家那里，三极之道是取胜之道。齐孙子《孙膑兵法·月战》曰：“间於天地之间，莫贵於人。……天时、地利、人和，三者不得，虽胜有殃。”孟子后来总结道：“天时不如地利，地利不如人和。”① 在吴孙子的《孙子兵法·始计》里，天地人诸元素被概括为军事的“五事”。“一曰道，二曰天，三曰地，四曰将，五曰法。道者，令民于上同意，可与之死，可与之生，而不畏危也。天者，阴阳、寒暑、时制也。地者，高下，远近、险易、广狭、死生也。将者，智、信、仁、勇、严也。法者，曲制、官道、主用也。凡此五者，将莫不闻，知之者胜，不知之者不胜。”“道”指军事行动的指导思想，它是决定战争胜负的首要条件；“天”指天时，也可理解为不可控的外在因素；“地”指地利，地理环境和态势；“将”可理解为人和，决断力、组织力和鼓动的力量；“法”所强调的就是制度设计、系统效能、法纪严明等问题。

2.《周易》阴阳变化的思维影响着兵家

清代学者魏源看得清：“故夫经之《易》也，子之《老》也，兵家之《孙》也，其道皆冒万有，其心皆照宇宙，其术皆合天人，综常变者也。”②《周易》中的阳阳对立、变化之理，经过历代兵家的研究探索，发展成为兵法中的刚柔、奇正、彼己、虚实、进退、胜败等对立矛盾而又互相转化的朴素辩证的军事思想。例如《孙子兵法·谋攻》将兵阵与水相比附：“夫兵形象水，水之形，避高而趋下，兵之形，避实而击虚。水因地而制流，兵因敌而制胜。故兵无常势，水无常形。能因敌变化而取胜者，谓之神。”由此还萌发出了兵家的“谋略”意识。因谋略而区分出了统帅者的高低，即所谓：“故上兵伐谋，其次伐交，其次伐兵，其下攻城。攻城之法，为不得已。”接着，孙子为“谋略”总结道：“故曰：知彼知己，百战不殆；不知彼而知己，一胜一负；不知彼不知己，每战必败。”易之阴阳在《鬼谷子》那里由“捭阖”来表达，《捭阖》是《鬼谷子》的开篇之作。“捭阖者，天地之道。捭阖者，以变动阴阳，四时开闭，以化万物。……捭阖者，道之大化，说之变也；必豫审其变化，吉凶大命系焉。”③ 捭为开启，阖为闭藏。捭阖之术，也就是开合有道、张弛有度。在鬼谷子看来，捭阖之术是世间万物运转的根本。了解了它就可以“无所不出，无所不入，无所不可。可以说人，可以说家，可以说

① 《孟子·公孙丑下》。

② 魏源：《孙子集注序》。

③ 《鬼谷子·捭阖第一》

国，可以说天下。”①

3.《周易》的中和而万物生的思维影响着兵家

“中和”思维造就了中华民族性格整体上偏和善与内敛、不暴烈和狂躁；产生冲突时也极少主动攻击对方，而愿被动防御，主张后发制人；中华民族本质上是一个崇文而不尚武的民族。早在两千多年前，中国古人就认识到“国虽大，好战必亡；天下虽安，忘战必危”② 的道理。这一道理表现在兵家理论中的就是“慎战”原则。“止戈为武”，汉字“武”的造字本意透露出这个民族的深层理念。所以班固说：“仓颉作书，止、戈为武，圣人以武禁暴整乱，止息干戈，非以为残而兴纵之也。”③ 意思说：仓颉造字，止戈为武，上古的道德智能极高的人之所以采用武力是为了禁止残暴、整治祸乱、停止战争，而不是听任它残害民众而置之不管。“慎战”原则里面，首先包含着“不战而胜”良好的期许，所谓“不战而屈人之兵，善之善者也”④。其次，不可否认，里面正所谓有毛泽东的“人不犯我，我不犯人；人若犯我，我必犯人”⑤ 的原则。在古人那里，武是为着止武，选择战争为的是最终消除战争。总之，也包含着“义战而战”和“以战止战”的丰富内容。

（三）战术层面的影响

1.《周易》对兵家战术的影响

兵家在战术方面的许多论述也受到《周易》里思想的启发和影响。例如，《周易》重“时”，兵家也非常讲究“时”。“时”首先是“时机”，抓住转瞬即逝的时机就可能赢得一个战役或一场战斗的胜利；“时”还体现为“迅捷”，所谓“兵贵神速”，大军作战，宜速决而不宜久拖。《周易》有阴阳虚实之说，兵家也非常讲究“阴阳虚实”的结合，所谓“兵不厌诈”，“避实击虚”，这便是所谓兵谋诡道的意思。《周易》提倡“变通”，兵家讲究“变通”的灵活运用，讲究随机应变，主张“将在外，君命有所不受”，这是将帅可以根据实际情况而变通君命的原则。

2.《周易》与八卦阵

诸葛亮的“八卦阵”应算是《周易》影响兵家的战术的一个例证（见图 8－1）。

八阵图分别以天、地、风、云、龙、虎、鸟、蛇命名，即天覆阵、地载阵、风扬阵、云垂阵、龙飞阵、虎翼阵、鸟翔阵、蛇蟠阵，每阵各以六个小阵组成；中间是中军阵，中军由十六个小阵组成，中军加之周围八阵，共九个大阵，六十四个小阵。天、地、风、云为“四正”，龙（青龙）、虎（白虎）、鸟（朱雀）、蛇（螣蛇）为“四奇”。另外，尚有二十四阵布于后方，以备机动之用。

---

① 《鬼谷子·捭阖第一》

② 《司马法》

③ 《汉书·武五子传赞》。

④ 《孙子兵法·谋攻》。

⑤ 《毛泽东选集》第 2 卷，人民出版社 1991 年 6 月第 2 版，第 590 页。

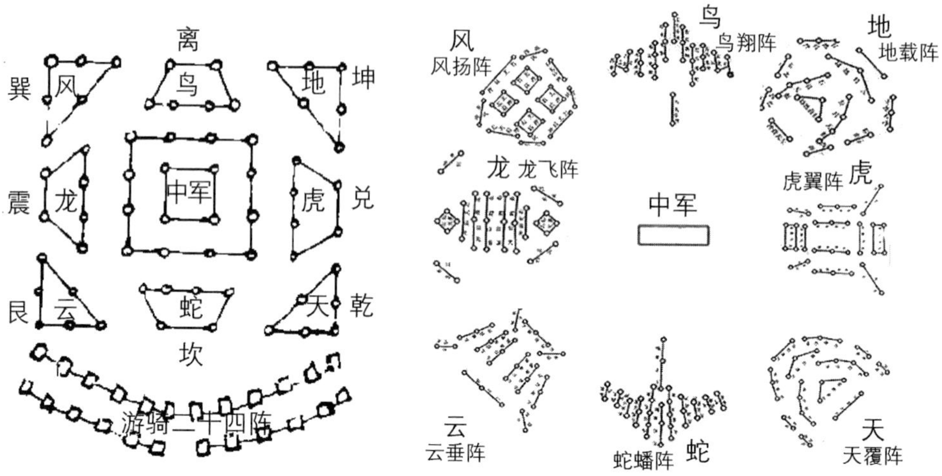

图 8－1　诸葛亮的“八卦阵”示意图

3.《周易》对《三十六计》的影响

《周易》对兵家战术方面最有力的影响体现在《三十六计》上。社会上不少人误以为“三十六计”是春秋时的兵圣孙武所发明，或者认为“三十六计”是《孙子兵法》书中的内容，这是很大的误会。

“三十六计”话语先于书籍。语意最早源于南北朝时期，而将“三十六计”写成书籍出版大致在明清时代，作者已不可考。《三十六计》或称“三十六策”，作者以《周易》思想为指导，根据中国古代卓越的军事思想和丰富的战争经验总结而成，通过列举了古代三十六个兵法策略，传授给人们克敌制胜的谋略，是一部充满智慧的兵书。不清楚《三十六计》的作者是出于尊重，还是出于卖弄，他在每一计的后面都特意加入了《周易》中的卦爻辞句式，使得整部书“易味”十足。整个读下来，有些“易”语言与所谈的“计策”有联系，而还有一些的联系则显得比较牵强。当然，其中也不乏有创意、有见地的思想，从而构成了祖国优秀传统文化的一部分。较有新意的如第一计“瞒天过海”，书曰：“备周则意怠，常见则不疑。阴在阳之内，不在阳之对。”前半句讲兵计，后半句讲易理。防备得周全时，则容易麻痹大意；习以为常的事，常会因形成思维定式而失去警觉。这里“阴”指机密、隐蔽，“阳”指公开、暴露。秘密隐藏在公开的事物里，而并非在其外。暴露给你的，恰恰隐匿着有你忽略的东西。军事上“伪装”原理就在于此。一个明代人，借着《周易》的名头，圆了自身喜好军事、研究兵法的梦想，也算是无悔人生。《周易》与兵家的结合，《三十六计》算是一个杰作。

4. 兵家思想也影响着社会生活

必须看到，《周易》影响着兵家，易为兵之源，兵以易为师。谈易必会谈到兵；反过来，谈兵也必会扯上易。谈易不谈兵流于虚妄，谈兵不谈易难免是鲁莽。中华文化有兵家遗产，而兵家理论经过了无数次战争的提炼，其智慧与谋略反过来又深深影响着整个中华民族。言国必言兵，治国先治军。从而，上至帝王将相的政治“官场”，下至百姓生活的经济“市场”；大及国家的安危，小及邻里的和睦；深到民族精神的构成，浅到日常交往的机巧，处处都留下了兵家谋略的痕迹。

必须指出，中国自汉代以后的发展，国家综合实力有过几次较大的起伏。汉代的国家实力达到一定高峰后，有所回落；到了隋唐，国家的实力再次达至一个高峰，后又有回落；随后的北宋第三度达到了盛极，此后便走入了一个较长的下行的区间。赵宋王朝，国力的强盛使得多数国人有些飘飘然，享乐之风渐浓，阳刚之气渐失，尚武文化率先沉沦了，逐渐有“家国不言兵，男儿少戎装”的情景。南宋诗人林升的诗句“暖风熏得游人醉，直把杭州作汴州”是当时人们心态的写照。自此以后，兵家的智慧和谋略常用来对内了，演变成了权谋之术，或曰驭人、陷人之术，逐渐成为了官场、职场和商场中的人们之间尔虞我诈、勾心斗角的宝典；而兵家文化及其兵家更主要的功能——护卫、戒备和威慑的功能，却被国人逐渐淡忘了。假设南宋的统治者能够重新弘扬起尚武的文化，有语曰：“撼山易，撼岳家军难”，假设岳家军的精神常在、战斗力犹存，而不是被内部所瓦解的话，那么，可以想见，近九百年来的国内朝代相互更替的历史将会被改写，近两百年来的国家和民族被国外列强欺辱的历史也将被改写，只可惜历史是不允许假设的。

第三节 周易文化与伦理学

一、《周易》中丰富的伦理思想

（一）《易经》卦爻辞中的伦理思想

中国哲学区别于西方哲学，重要的就在于有着浓重的人文气息和伦理色彩，《周易》作为中国哲学的扛鼎之作具有丰富的伦理思想便顺理成章了。

《易经》的卦爻辞中有丰富的伦理思想。仅举八个经卦的卦爻辞为例。如有：“君子终日乾乾，夕惕若厉，无咎。”（《乾》）乾乾，勤勉不懈。君子白日勤奋而不懈怠，夜晚戒惧似有危厉，即使处险也无咎害。“亢龙有悔。”亢，穷极、高极。龙飞的过高则有悔。表明了世间盛极必衰、物极必反的道理。“含章可贞”（《坤》）。章，美德。贞，正。蕴含美德可以守正。“有孚维心，亨。行有尚。”（《坎》）孚，诚信。维，维系。尚，赏。有诚信系之于心，亨通顺利，行动受到奖赏。“履错然。敬之，无咎。”（《离》）履，礼。错，昔，古时二字互假。行礼开始即应崇敬。“敦艮，吉。”（《艮》）敦，敦厚。敦厚知止，则有吉。“和兑，吉”，“孚兑，吉，悔亡。”（《兑》）意思为和颜悦色则吉，心悦诚服则吉，后悔的事情消亡。八个经卦中有六个经卦涉及伦理内容，可见其比例之高。《周易》还有专门讲诚信内容的《中孚》卦，专门讲敦亲内容的《家人》卦，专门讲谦和内容的《谦》卦等。

（二）《易传》中的伦理思想

《易传》中有着丰富的伦理思想，有着儒家伦理，也包含着道家伦理；论及伦理思想几乎覆盖了自然伦理、社会伦理和人生或心灵伦理的诸方面；涉及中国伦理的各个范畴。以下以中国儒家伦理的几组范畴为例。

1.《易传》论及仁义礼智信内容

《周易·说卦》云：“立人之道，曰仁与义。”“仁”即是仁爱之心，孔子说过：“仁者爱人”。《周易·乾文言》曰：“君子体仁，足以长人”，对此朱熹解释道：“以仁为体，则无一物不在所爱之中，故足以长人。”[①] 说到“义”，《论语》有“见利思义”。荀子说：“先义而后利。”《周易·乾文言》云：“利物，足以和义”。并且发挥道：“君子敬以直内，义以方外，敬义立而德不孤。”（《坤文言》）。说到“礼”，《论语》有“克己复礼。”《周易·象辞·大壮》云：“君子以非礼弗履。”说到“智”，孔子说“知者不惑，仁者不忧，勇者不惧”。《礼记·中庸》说：“知、仁、勇，三者天下之达德也。”这里“知”即是“智”，它不是死知识，而是活智慧。《周易·系辞》曰：“仰以观于天文，俯以察于地理，是故知幽明之故。原始反终，故知死生之说。”“神以知来，知以藏往，其孰能与於此哉！古之聪明睿知神武而不杀者夫?”说到“信”，《论语·为政》中孔子曰：“人而无信，不知其可也。”《周易·系辞》曰：“天之所助者，顺也；人之所助者，信也。履信，思乎顺，又以尚贤也。是以自天佑之，吉无不利也。”

2.《易传》论及忠孝节廉内容

忠与孝是儒家倡导的重要伦理思想，也是维系中国古代社会的核心内容。《易传》为此作了重要论述。“忠”一般指臣民对君主、国家的关系而言，臣对君要“忠”，对自己的职守要尽心尽责。孔子曰：“君使臣以礼，臣事君以忠。”[②]《周易·乾文言》曰：“君子进德修业。忠信，所以进德也；修辞立其诚，所以居业也。”意思是说君子终日自强不息，注重增进自己的品德，完善自己的事业。“孝”是指子孙对先辈而言。子对父当“孝”，要尊敬和孝顺自己的父母。《论语·学而》曰：“君子务本，本立而道生。孝弟也者，其为仁之本与。”主张：“弟子入则孝，出则

① 《周易本义》。

② 《论语·八佾第三》。

悌，谨而信，泛爱众，而亲仁。行有余力，则以学文。”[①]《周易·彖辞·萃》曰：“王假有庙，致孝享也”；关于“节”，多义词，原意仅指贞节、节操，后扩展为气节、操守。《论语》中有“长幼之节不可废也。”这里的“节”指规矩，礼节。讲气节的有“岁寒，然后知松柏之后凋也”[②]。《周易》有“节卦”，《周易·彖辞·节》曰：“当位以节，中正以通。天地节，而四时成。节以制度，不伤财，不害民。”提倡“《节》。君子以制数度，议德行”（《周易·象辞·节》）。“君子以慎言语，节饮食。”（《周易·象辞·颐》）提倡“节而信之”（《周易·序卦》）。说到“廉”，《论语·宪问》记载了孔子对“廉”的态度：“宪问‘耻’，子曰：‘邦有道，谷；邦无道，谷，耻也。’”还说：“其身正，不令而行；其身不正，虽令不从。”[③] 还说：“士而怀居，不足以为士矣！”[④]《周易·象辞·否》曰：“君子以俭德辟难，不可荣以禄。”俭，收敛，也有朴素之意。辟，避。君子以低调、简约来规避险难，不可以富贵为炫耀。提倡“君子以施禄及下”（《周易·象辞·夬》）（参见彩色插图41）。

3.《易传》还论及自强、宽恕、谦逊等品德

说到“自强”，有“天行健，君子以自强不息”（《周易·象辞·乾》）。有“君子以独立不惧，遁世无闷”（《周易·象辞·大过》）。说到“宽恕”，有“君子学以聚之，问以辩之，宽以居之，仁以行之”（《周易·乾文言》）。提倡“厚德载物”（《周易·象辞·坤》）。说到“谦逊”，有专门谈到“谦”的卦爻辞。所谓“天道亏盈而益谦”，“人道恶盈而好谦”（《周易·彖辞·谦》）。提倡做“谦谦君子”，其《谦》卦辞曰：“《谦》：亨，君子有终。”

二、《周易》伦理思想评价

（一）《周易》是穷理尽性之书

《周易》被认为是穷理尽性之书，阐述天地间大道理的同时，还讲到了人世间的伦理道德。二者融为一体，既强调人应效法天地，按照宇宙自然的秩序来规范自己的行为，又强调人应发扬自强不息的精神，奋发精进，实现自己所禀赋的善性，而要本归于和顺，以“保合太和”作为道德追求的最高目标，这就是《周易》伦理思想的特色，也是《周易》伦理思想的总纲。从汉朝开始，在儒家那里，便把《周易》列为“五经”之首，而后还有“九经”、“十三经”之首，根本原因在于它所蕴涵的义理在提高人们的认知水平的同时可以提升道德思想境界。在道家

① 《论语·学而》。
② 《论语·子罕》。
③ 《论语·子路》。
④ 《论语·宪问》。

和道教那里，《周易》始终居“三玄之冠”，也是看重它具有颐养心性之功。这是《周易》显著区别于其他经典的地方。

（二）《周易》伦理的特点

1. 自然律和人间道德律的统一

周易伦理有着哲学的高度，它是从“天人合一”天地人一体角度讲伦理。《周易·乾文言》云：“与天地合其德，与日月合其明，与四时合其序，与鬼神合其吉凶”，因而体现出自然律和人间道德律的统一。

2. 《周易》具有“泛伦理观”

《周易》有一种“泛伦理观”，其特点是自然伦理凸显。《周易·系辞》云：“夫乾，其静也专，其动也直，是以大生焉。夫坤，其静也翕，其动也辟，是以广生焉。广大配天地，变通配四时，阴阳之义配日月，易简之善配至德。”强调“天地之大德曰生”，万物“生生不息”谓之《易》，“生生不息”就是变化发展，《周易》就是阐明这个道理的。

3. 融汇儒道两家的伦理

《周易》伦理是融汇儒道两家的伦理。儒家伦理有忠与孝、仁与义、容忍与宽恕、谦逊，《礼记·儒行》曰：“儒有澡身浴德。”《周易》里面似乎儒家思想更多一些。道家或道教伦理体现在哪里呢？道教的劝善、俭行、厚生是特点，一方面以长生成仙的美好幻想来引导人们自觉地遵守伦理道德；另一方面又用赏善罚恶的神灵威力来迫使人们遵守伦理道德。正面引导与反面恐吓相结合是其特征。道家伦理以尚柔、处下、无为著称。有意思的是司马谈在《论六家要旨》中批评“儒者博而寡要，劳而少功”，批评“墨者俭而难遵”，批评“法家严而少恩”，批评“名家使人俭而善失真”，唯独对道家推崇，说“道家使人精神专一，动合无形，赡足万物。其为术也，因阴阳之大顺，采儒墨之善，撮名法之要，与时迁移，应物变化，立俗施事，无所不宜，指约而易操，事少而功多”。显然是一副道家学者的风范。儒道伦理各有优势，也有其互补性。

4. “自律”与“他律”相结合

《周易·说卦》则站在阴阳哲学的高度对这些看法进行了一次理论上的升华，提出了“立人之道，曰仁与义”的命题。照《周易》看来，为什么仁与义必须有机地结合而不能有偏，是因为只有如此才能符合囊括天人的性命之理，而性命之理的本质就在于阴与阳、柔与刚、仁与义的和谐统一。就仁义必须符合客观外在的性命之理而言，《周易》的伦理思想可以说是“他律”的；但是仁义为人性所固有，人发挥自己的本性，由尽性以至于命，就这一方面来看，《周易》伦理思想又可以说有“自律”的一面。

（三）《周易》伦理在社会领域的三个倾向

1. 天人同构的思想倾向

“天人合一”思维易导致天人同构的意识产生，而天人同构意识往往容易虚化了人，神话了天，天的概念里面就有了天帝、天命理念，真龙天子似乎在人间显现了。天人同构的直接产物便是家国一体思维。家国一体既有培育正向思维的一面，也有培育负向思维的一面。即容易产生“天朝子民”意识，也容易产生效忠于一人或一宗派的“小团体主义”。传统社会的统治者爱讲“忠君顺民”，“精忠报国”，“爱国”的鼓噪不绝于耳。九十多年前，针对“爱国”“卖国”帽子满天飞，陈独秀就曾写过一篇题为《我们究竟应当不应当爱国?》的文章，文章说：“要问我们应当不应当爱国，先要问国家是什么。原来国家不过是人民集合对外抵抗别人压迫的组织，对内调和人民纷争的机关。善人利用他可以抵抗异族压迫，调和国内纷争；恶人利用他可以外而压迫异族，内而压迫人民。”文章结尾说：“若有人问：我们究竟应当不应当爱国？我们便大声答道：……我们爱的是国家为人民谋幸福的国家，不是人民为国家做牺牲的国家。”[①] 显然，现代先进人物陈独秀的话中既包含着对古代学人顾炎武区分“国”与“天下”思想的肯定，也是对科学社会主义思想本质的一种诠释。

2. 贤君明主的思想倾向

中国传统文化中“英雄史观”意识浓厚。这种思想倾向易导致倚重“人治”，容易神话贤君圣主。传统文化常呈现为以人治代替法治，以道德代替法律的现象。上层社会“贤君”宣传，一些有识之士忧患意识、进谏与劝善的意识和行为既不能阻止昏君或暴君的出现，也不能阻止底层社会“刁民”和“暴民”的产生，并不能有效防止社会的激荡和颠覆。常常是这个情景：一旦自然发生了较大的灾害，或统治集团内部出现了较大问题，或社会各阶层发生了较大的变故，“变天”就成为了老百姓心中的期盼。“替天行道”、“造反有理”，所谓“皇帝轮流坐，明年到我家”的孙大圣名言是深埋于中国百姓心底的东西，由此，朝代的更替在传统社会里便形成了一种周而复始的循环。

3. 藏“法”于“礼”中的倾向

用伦理色彩的“礼教”治国，导致政治道德化，而道德政治化，“礼”里面有“法”，这种藏“法”于“礼”中，有其欺骗性，“软刀子”亦可以杀人。在明清的小说里，在近现代作家的各类作品中，利用“礼教”杀人的例子不胜枚举。

上述的三个倾向表明《周易》伦理思想毕竟是专制社会的产物，所谓文明之治也好，太平盛世也罢，前面说了“意志主体”的置换，最终交付人民的自由抉择才是社会伦理的最高标准。自己选择，自担责任和后果，这也是一个民族走向

① 《独秀文存》，《每周评论》1919年6月8日第25号，上海亚东图书馆1922年版。

政治成熟的必由之路。伦理道德作为调节人与人之间及个人与社会之间关系的行为规范的总和，在不同的历史时期，有着不同的道德观念，作为一种社会意识形态，总要打上时代烙印。《周易》的伦理道德思想，既有精华可供吸收的一面，又有糟粕应当摒弃的一面。作为传统的道德观念，并不是毫无意义的，它不只是对于研究中国伦理思想史有价值，对于当代社会建设社会主义的核心价值观，建设社会主义的精神文明，仍然有着借鉴的作用和启迪的作用。

第四节 周易文化与其他人文社会科学

一、《周易》与法学

（一）《周易》堪称中国法学的源头

1.《周易》经传文本里法律记录

《周易》经传文本里，记载着大量的法律现象，并论述了一些具有开拓性和启发性的法律思想，这些文字不但对古代法制历史产生了重要影响，留下了宝贵的精神遗产，而且对于当代建设法治中国也有着重要的借鉴意义。

《周易》古经中谈及法律的卦爻辞不算多，有《蒙》、《讼》、《噬嗑》、《鼎》等卦。例如，《蒙》初六："发蒙，利用刑人，用说桎梏，以往吝。"《讼》九二："不克讼，归而逋"；九四："不克讼，复即命渝。安贞吉"；九五："讼元吉。"《噬嗑》："亨，利用狱。"《鼎》九四："鼎折足，覆公餗。其刑渥"。《易传》文本谈及法律文字明显多起来，除了上述几个卦继续发挥内容里面已有的法律思想，再增加的还有《豫》、《贲》、《解》、《丰》、《旅》、《中孚》等卦。例如，《周易·彖辞·豫》曰："圣人以顺动，则刑罚清而民服。"《周易·象辞·贲》曰："山下有火，《贲》。君子以明庶政，无敢折狱。"《周易·象辞·解》曰："雷雨作，《解》。君子以赦过宥罪。"《周易·象辞·丰》曰："雷电皆至，《丰》。君子以折狱致刑。"《周易·象辞·旅》曰："山上有火，《旅》。君子以明慎用刑，而不留狱。"《周易·象辞·中孚》曰："泽上有风，《中孚》。君子以议狱缓死。"

《周易》作为古老的典籍，为法治中国提供了开拓性和启发性的法律思想。在中华法制史上处于重要地位的著名法典《唐律疏议》中，引用《周易》法律思想和文字的地方随处可见。如《名例疏》开篇曰："夫三才肇位，万象斯分。禀气含灵，人为称首。莫不凭黎元而树司宰，因政教而施刑法。"在肯定了人在天地间地位的同时，也肯定了法律在人类社会中的突出地位。接着曰："不立制度，则未之前闻。故曰：‘以刑止刑，以杀止杀。’刑罚不可弛于国，笞捶不得废于家。……易曰：‘天垂象，圣人则之。’观雷电而制威刑，睹秋霜而有肃杀。”援引《周易》语，表达了法律如同圣人模仿自然现象一样，是理所当然的。而后又曰：“易曰：‘理财正辞、禁人为非曰义。’故铨量轻重，依义制律。……法亦律也，故谓之为律。”再引《周易》语，强调了依照义理而制定法条的必要性。同时还强调曰：“德礼为政教之本，刑罚为政教之用”。总之，《周易》的大道理始终贯穿于整部的《唐律疏议》中。

2.《周易》与中国第一个大法官

据史书记载中国历史上第一位有姓有名的大法官叫皋陶。而最早记录皋陶的书则是《归藏易》。《归藏易》已佚失，在一些古文献中留有片断。如清代马国翰的《玉函山房辑佚书》中有《归藏易》的辑本。在这部《归藏易》里说到《明夷》卦，《明夷》曰：昔者夏后启筮乘飞龙而登于天，而枚占于皋陶（占筮者），皋陶曰：“吉。吉而必同，与神交通。以身为帝，以王四乡。”这段话是现在通行本中没有的。这段话里讲到了皋陶，可见皋陶其人，不仅是人们通常知道的一个法官，而且还是一个卜官。

《尚书》里有《皋陶谟》一篇。皋陶，是舜帝的大臣，掌管刑法狱讼，被公认为“司法鼻祖”。谟，就是谋。《皋陶谟》较详细地记载了皋陶的法治思想。他帮助舜“明于五刑，以弼五教”。“五刑”即对原始刑法做了一次较为系统的修订，制订了黥、劓、刖、椓、大辟等几种刑罚，此外，还以流刑作为五刑的“宥刑”，鞭刑作为官刑，扑作为教刑，金作为赎刑。皋陶之刑为以后的奴隶制刑法制度奠定了基础。夏代的“禹刑”，商代的“汤刑”和西周时的“九刑”或“吕刑”，都是从皋陶之刑发展而来。“五教”则是父义、母慈、兄友、弟恭、子孝。他还定“五礼”，设“五服”，亲“九族”，立“九德”，他主张以“法治”来辅助“德治”，德主而刑辅，当这些重大举措付诸实施后，从而建立起了正常的社会秩序，为最终国家的确立打下了基础。《尚书》中记录有“罪疑惟轻，功疑惟重。与其杀不辜，宁失不经”的言语①，据称这也是皋陶的思想，其意思是罪行轻重若有疑问时，宁可从轻处置；功劳大小若有疑问时，宁可从重奖赏；刑事裁判难以决断时，与其错杀无辜的人，不如让通常适用的法律在此种情形下失灵。皋陶这个思想与现代审判中适用的观念“疑罪从无”思想是一致的。

皋陶作为中国第一个大法官的事迹颇具神话色彩。古书记载皋陶其人，相貌有些怪异，他在对案件裁判时，爱使用一只名为獬豸的神兽来决断，所谓獬豸是一头类似于山羊形态的独角的灵兽，又称“任法兽”。每当遇到疑难案件难以判断时，獬豸便用其独角指向一方的当事人，被独角触中的人被认为有罪，没有触中的人被认为无罪，独角兽顶了谁，谁就输了官司。后来人们为了显示像獬豸一样的英明和公正，还发明了“獬豸冠”，又称“法冠”，取桶状造型戴在头上以示其

① 《尚书·大禹谟》。

清明。《后汉书·舆服志下》就记录了秦汉时的法官就带着这样的“法冠”审案。皋陶还被后世奉为“狱神”，民间流传着“皋陶造狱，划地为牢”的说法，相传皋陶掌管司法时，划地为牢，从而建立了中国最早的囚禁罪犯的地方。史书记载在皋陶掌管司法期间，天下既无虐刑也无冤狱，天下太平。爱国诗人屈原在《离骚》中盛赞皋陶的功绩：“汤禹严而求合兮，挚咎繇而能调。”挚是伊尹，汤的贤相，咎繇即是皋陶。屈子的诗意是，成汤和夏禹都能和帮助自己治理天下的人相敬相合，伊尹和皋陶也能和他们的君主和衷共济。孟轲也曾热情歌颂皋陶：“尧以不得舜为己忧，舜以不得禹、皋陶为己忧。”① 唐代著名诗人皮日修在《咎繇碑》文中评价皋陶：“德齐于舜、禹，道超乎稷、启。”“帝禹立，而举皋陶荐之，且授政焉。”充分肯定了皋陶在历史中的突出作用。唐宋以后，皋陶被人们尊为与尧、舜、禹齐名的“上古四圣”。

（二）《周易》中的法律思想

在一些法律专家的眼中，《周易》经传文本里有价值的法律思想有：

1. “明罚勅法”

《噬嗑》卦乃法律卦。它上卦“离”为明，下卦“震”为雷，既有耀刺人目的光明，又有雷霆万钧的威势，这是雷电，是“法”的基本特征。所以卦辞曰：“亨，利用狱。”其象曰：“刚柔分，动而明，雷电合而章。柔得中而上行，虽不当位，‘利用狱’也。”这是指《噬嗑》六五爻，不当位但柔中，所以亨。《周易·象辞·噬嗑》曰：“雷电，《噬嗑》。先王以明罚勅法。”《噬嗑》卦集中表达了立法的必要性。同样，《丰》卦是上卦“震”，下卦“离”，仍为雷电之象，所以《周易·象辞·丰》曰：“雷电皆至，《丰》。君子以折狱致刑。”“折”是断的意思，“狱”是案件的意思，这里再次强调了刑罚的必要性。

2. “刑罚清而民服”

法律分明则服众。“刑罚清”有两个含义：一个意思是说法律条文的制定要清晰，“铨量轻重，依义制律”。有法可依，宽严适度。《论语》曾道：“刑罚不中，则民无所措手足。”所谓“不中”就是指不恰当，那样的话，老百姓就不知如何是好。另一个意思是说执法要公正，倘若执行起来不分明、不清白，徇私枉法，这样的执法者是难以服众的。荀子曾言：“法者，治之端也。”② 强调法对于治理国家和社会的重要位置。王应麟《困学记闻》曰：“法行则人从法，法败则法从人。亦格言也。”

① 《孟子·滕文公上》。
② 《荀子·君道篇》。

3. “利用刑人，用说桎梏”

大力进行法制教育是《周易》法律思想的特点之一。《蒙·初六》象曰：“‘利用刑人’，以正法也。”如果说《噬嗑》卦是法制卦，那么《贲》卦就是文教卦，倡导文明教化的功能。所谓“观乎人文，以化成天下”。一方面讲法制教育，另一方面讲道德教育，这是文明社会必备的两手。正所谓“德礼为政教之本，刑罚为政教之用”。《周易·象辞·贲》：“君子以明庶政，无敢折狱”，意为政令要开明，政务要公开、公正，但不要干预司法，这会削弱法律的尊严。

4. “明慎用刑，而不留狱”

倡导慎重执法。公开而谨慎地运用法律，迅速裁判而不要拖拉。“明慎用刑”其实就是努力做到不枉不纵，既不滥用职权、超越职权，也不是消极的或不作为的，而是依法行政，依法办事，秉公执法。“留狱”，即稽延狱讼，“不留狱”则迅速裁判诉讼。孔颖达疏：“此以静止明察，审慎用刑而不稽留狱讼。”整个《讼》卦是表现争辩、诉讼之卦。但该卦的主题却是《讼·象》所言：“天与水违行，《讼》。君子以作事谋始。”意思是说君子处理问题，要在开始时就好好谋划，尽量避免争讼的发生。九二爻辞和九四爻辞都说“不克讼”，意为没有在争讼中取胜。并警告说“讼不可长也”。“不留狱”是《讼》卦的基本意思。

5. “赦过宥罪”

即提倡赦免过错，宽恕罪行之意。《周易·象辞·解》曰：“雷雨作，《解》。君子以赦过宥罪。”孔颖达疏：“赦谓放免，过谓误失，宥谓宽宥，罪谓故犯。过轻则赦，罪重则宥，皆解缓之义也。”对犯有一般过错的人，应该赦免的就要赦免；对犯有严重罪行的人，也要减轻其刑罚。《周易·象辞·讼》曰：“以讼受服，亦不足敬也。”明代张居正曾上《请宥言官疏》：“将仰庇量调外任，或降边方杂职，令其省改图报，则我皇上天宽地容之量、赦过宥罪之仁，将传之万世而有光矣。”

6. “议狱缓死”

此谓审议狱案，暂缓死刑。中孚乃诚信之意，所以《周易·象辞·中孚》曰：“君子以议狱缓死。”孔颖达疏：“故君子以议其过失之狱，缓舍当死之刑也。”对于犯有死罪的犯人，应该再仔细核实证据，进行充分地论证、评议；确该死罪的也可以缓期执行。在缓期期间如发现审判有误，尚可纠正；倘若人头落地，就没有改正的机会了。《晋书·孝武帝纪》载：帝下诏曰：“朕有惧焉，震惕于心。思所以议狱缓死，赦过宥罪，庶因大变，与之更始。”孝武帝将议狱缓死，赦过宥罪等举措同实施新政联系起来。

《周易》并不是专门的法典，但却对中国的法制历史起到了巨大的作用，是中国法律学术的源头。民国时期已有这样的见解。民国时期曾担任过司法部长的居正在《为什么要重建中国法系》一书中，通过列举了《噬嗑》、《贲》、《旅》、《中孚》、《蒙》、《坎》、《讼》等卦后，他指出：“可知吾国法律萌芽之早，远在数千年之前”，“考我国法律起源悠远，观《易经》所示刑法之象，即其明证。”① 今天，我们在承继《周易》遗产的同时，千万不要遗落掉《周易》法律思想这份宝贵的精神遗产。

二、《周易》与教育学

（一）《周易》中的教育思想

1.《蒙》卦集中反映了教育主题

教育思想的渊薮归于《周易》。《周易》作为中国最古老的文化典籍，里面有着丰富的教育思想，今天我们许多的教育思想、理念和方法都来源于它。比如，我们把早期教育称之为“启蒙”教育，其来源就是《周易》的《蒙》卦。不光《蒙》卦集中反映了教育的主题，《周易》其他地方也都或多或少谈及教育。《周易》六十四卦的排列顺序是乾坤两卦打头，然后是屯卦，紧接着便是《蒙》卦。《序卦传》是这样表达的：“有天地，然后万物生焉。……屯者，物之始生也。物生必蒙，故受之以《蒙》。《蒙》者蒙也，物之稚也。”对于蒙昧、幼稚的生命授之启蒙教育就是必要的了。重视早期教育，肯定学而知之的道理，成为中华民族的好传统。长久以来“天地君亲师”成为人们祭拜的对象，体现出传统社会敬天法地、忠君爱国、孝亲顺长、尊师重教的价值取向。继承这一好传统的主要是儒家，道家对教育采取的是虚无的态度，是不可取的。如果说孔子是中国第一位开班收学生的老师，那么，《周易》既是他的职业指导的手册，也是他从事教育的重要教科书。

2. 受教育与否是人和动物的区别

孔子本人就是好学的典范。《论语》中的“学而不厌，诲人不倦”（《述而》），“敏而好学，不耻下问”（《公冶长》），“笃信好学，守死善道”（《泰伯》），都是他的名言。亚圣孟子继承孔子衣钵，他说：“饱食暖衣，逸居而无教，则近于禽兽。”② 孟子把受教育与否看成是区分人和动物的重要标志。何谓“教”？字形从孝从文，以文彰孝即为教；或者说，在儒家看来，教育应从“孝道”始。所以，后来学人编著的《增广贤文》中所云：“羊有跪乳之恩，鸦有反哺之义。”人若无孝，连禽兽不如。又有“养儿不教如养驴，养女不教如养猪”的尖刻话语。《周易·观》象曰：“风行地上，《观》。先王以省方观民设教。”提倡用教育来引导民风和习俗。同样的意思，孔子说：“子欲善，而民善矣。君子之德风，小人之德草，草

---

① 《居正文集》，华中师范大学出版社 1989 年版。

② 《孟子·滕文公上》。

上之风，必偃。”① 偃，仆倒。君子品德就像风，小人品德就像草，风往哪边吹，草就往哪边倒；“德风”必使社会风气得到净化。这里，既肯定了教育的作用，同时，也表明了教育者个人师范作用的重要，教人要先正己，身教重于言教。自此以后，深受儒家文化影响的整个中国社会和家庭都始终把教育放在了优先的位置上。

（二）《周易》的教育原则

1. “蒙以养正”原则

“正”是《周易》中的一个非常重要的概念，《周易·坤文言》曰：“正位居体，美在其中，而畅于四肢，发于事业，美之至也。”“正”意味着“当位”，意味着“亨贞”，意味着符合社会规范，代表着或做事或做人被社会所认可，是品德教育的核心内容。所以《周易·象辞·蒙》曰：“蒙以养正，圣功也。”古人均看重它，程颐说：“养正于蒙，学之至善也。”② 王夫之说：“养其正于童蒙，则作圣之基立于此。”③

2. “教思无穷”原则

《周易·象辞·临》曰：“君子以教思无穷”。提倡教育要启发思考，教育在于教会人终生学习的好习惯。对此孔子有名言：“学而不思则罔，思而不学则殆。”④《周易·乾文言》在谈到学与问关系时言道：“君子学以聚之，问以辩之”，这与《论语》中的“博学而笃志，切问而近思之”⑤ 观点相一致。

3. 知识更新原则

《周易·象辞·坎》曰：“水洊至，《习坎》。君子以常德行，习教事。”“洊至”是一再地到来之意。由于坎卦由两水叠加，即表示水一再到来之意，此卦要求君子仿效这一精神，不断进修自身的德行和学识，熟习教化的业务。这与孔子倡导的“学而时习之，不亦悦乎”⑥ 的主张是一致的。

（三）《周易》倡导的教育内容和教育方法

1. 教育内容要均衡

《周易》倡导的教育内容既有德育，也有智育。《易》多处谈到育德，例如，“君子以果行育德”（《周易·象辞·蒙》）；“君子以懿文德”（《周易·象辞·小畜》）；“君子以振民育德”（《周易·象辞·蛊》）；“君子以自昭明德”（《周易·

① 《论语·颜渊》。
② 《程颐易传》。
③ 《船山遗书·俟解》。
④ 《论语·为政》。
⑤ 《论语·子张》。
⑥ 《论语·学而》。

象辞·晋》)；“君子以反身修德”（《周易·象辞·蹇》)。近代思想家康有为读懂了《周易》，他在《大同书》中曾明确地提出了“蒙养之始，以德育为先”的理念。《周易》也多处谈到培育智慧，言道：“仰以观于天文，俯以察于地理，是故知幽明之故。原始反终，故知死生之说。精气为物，游魂为变，是故知鬼神之情状。”提倡“通其变，遂成天地之文；极其数，遂定天下之象”（《周易·系辞上》)。智育在康先生那里也依然重要：“才智之民多则国强，才智之士少则国弱，……故今天之教，宜先开其智。”[①]《周易》讲究知识要均衡，“观乎天文，以察时变；观乎人文，以化成天下。”（《周易·彖辞·贲》）提倡既进行“天文”教育，也进行“人文”教育。这里的“天文”教育实际包括了大自然的多方面教育，包括有天文知识、各种物理现象、四季节气等，有地理知识、物候现象、种植和养殖、动物和植物等，还包括人体知识、卫生保健等。这里的“人文”教育则包括有信念教育、法律教育、艺术教育、心理教育、家庭教育等。

2. 实用的教育方式和方法

(1) 因材施教，重在启发引导。《蒙》卦曰：“匪我求童蒙，童蒙求我。初筮告，再三渎，渎而不告。”这是借用卜筮原理来说明教学原理。意思是并非我去求蒙昧的学童，而是蒙昧的学童求我教导。诚心学若第一次问，告诉他，二次、三次问同样的问题，则是“渎”，“渎”含冒犯的之意，就不能告诉他。这与《论语》中的意思一致：“子曰：‘不愤不启，不悱不发，举一隅不以三隅反，则不复也。’”[②] 不到他努力想弄明白而不得的程度不要去开导他；不到他心里明白却不能完善表达出来的程度不要去启发他。如果他不能举一反三，就不要再反复地给他举例了。

(2) 深入浅出教学方法。《周易》在论述乾坤之道高深的同时，始终强调“易简”的道理。《周易·系辞》开篇言道：“乾以易知，坤以简能。易则易知，简则易从。易知则有亲，易从则有功。有亲则可久，有功则可大。可久则贤人之德，可大则贤人之业。易简，而天下之理得矣；天下之理得，而成位乎其中矣。”又云：“夫乾，确然示人易矣。夫坤，隤然（音颓然，柔顺貌）示人简矣。”乾的法则是确定的，就是昭示平易的道理。坤柔顺的本意就是展现简便的道理。只有“易简”才能为人所理解，所遵循。深入浅出是一切教育者的高追求。

(3) 学以致用的方法。《周易·系辞》云：“见乃谓之象，形乃谓之器，制而用之谓之法”，提倡“备物致用，立功成器以为天下利”，讲究学习和实践相结合。

三、《周易》与社会学

《周易》中涉及社会学内容，实际主要在婚姻和家庭两个方面。其卦有《屯》、

① 《大同书》。

② 《论语·述而》。

《咸》、《家人》、《艮》、《归妹》、《大过》等十余卦。散于各卦爻辞的思想经整理后，有如下几个方面的观点。

（一）“正家而天下定矣”

《周易·序卦传》云：“有天地，然后有万物；有万物，然后有男女；有男女，然后有夫妇；有夫妇，然后有父子；有父子，然后有君臣。”夫妇组成了家庭，成就社会的基础。《周易》专有《家人》卦，《周易·彖辞·家人》曰：“父父，子子，兄兄，弟弟，夫夫，妇妇，而家道正。正家，而天下定矣。”《尚书·多方》载周公的话说：“自作不和，尔维和哉！尔室不睦，尔维和哉！尔邑克明，尔惟克勤乃事。”你们自身不和，应该和好起来！你们家庭不和，应该和睦起来！要使你们的城邑清明，你们应该能够勤于你们的职事。显然古人很早就认识了家庭在社会中的作用。何谓“正家”？王应麟《困学记闻》中说：“《易》言‘积善’曰家，《大学》言‘兴仁兴让’曰家，家可以不正乎？”意思是说《周易》的《坤文言》理解“正家”是“积善之家，必有余庆；积不善之家，必有余殃”。《大学》理解“正家”是“一家仁，一国兴仁；一家让，一国兴让；一人贪戾，一国作乱”①。所以才有：“欲治其国者，先齐其家；欲齐其家者，先修其身……身修而后家齐，家齐而后国治，国治而后天下平。”② 这个修身、齐家、治国、平天下的理念，对后世的影响极大。

（二）和谐家庭的构建与经营

《周易·彖辞·家人》曰：“《家人》，女正位乎内，男正位乎外。男女正，天地之大义也。家人有严君焉，父母之谓也。”显然《周易》是主张女主内而男主外的家庭类型，这是那个时代的思想局限，其实，幸福的家庭并非有固定的模式。幸福的家庭贵在营造。《家人·九三》涉及营造家庭氛围的话题：“家人嗃嗃，悔，厉吉。妇子嘻嘻，终吝。”嗃嗃，冷酷之意；嘻嘻，骄纵嬉笑之貌。治家过严，难免咎悔，但治家骄逸，必带来羞辱。在《易》作者看来，父母应做严君、做表率，宁可偏严，不可偏松。所以《周易·象辞·家人》曰：“‘家人嗃嗃’，未失也；‘妇子嘻嘻’，失家节也。”严格不失掉什么，而放纵一定会失掉尊严。《家人·上九》曰：“有孚威如，终吉。”家庭有诚信有威严，最终是吉利的。针对这部分内容，王应麟在《困学记闻》道：“凡物以猛为本者，则患在寡恩；以爱为本者，则患在寡威。故家人之道，尚威严也。”其见解赞同严格些，与《易》的观点类同，这是他个人见解，见仁见智罢。他还强调说：“凡教在初而法在始。家渎而后严之，志变而后治之，则悔矣。”其意思是家教要赶早，规矩要早立，否则就会因晚而后悔，他的这个意见还是说得到位的。周易《小畜》卦里谈到“夫妻反目”一词，其《周易·象辞·小畜》曰：“‘夫妻反目’，不能正室也。”亦即不能“齐

① 《大学·九章》。

② 《大学·一章》。

家”。夫妻间贵在相互尊重、包容，不允许欺骗，王应麟《困学记闻》有总结：“言行可以欺于人，而不可以欺于家，故《家人》之《象》曰：‘君子以言有物，而行有恒。’”在王应麟看来，相互忠诚并且有所担当才是家庭经营的正道。人都希望夫妻和美、家庭和睦，为此，司马迁在《史记·田敬仲完世家》记载了这样一件事：“齐懿仲欲妻完，卜之，占曰：‘是谓凤凰于蜚，和鸣锵锵。’”蜚同“飞”，锵锵指凤凰的鸣声，这段话的整个意思是齐懿仲想把女儿嫁给陈完为妻，专为此事进行占卜，占卜的结果说这叫做凤凰飞翔，和谐的鸣声锵锵，乃吉祥之意。于是，齐懿仲终于答应把女儿嫁给陈完为妻。可见，古人齐懿仲也是非常关注女儿未来的夫妻关系和家庭生活的，但他动用占卜的方式来预测女儿家庭是否美满，恐怕还是靠不住的。

（三）关注婚姻和生育

1.《归妹》卦讲的是婚姻话题

婚姻话题在《屯》、《贲》、《睽》卦都提到“匪寇婚媾”，意即不是盗寇，是来求婚的。《屯·六四》：“乘马班如，求婚媾。往吉，无不利。”其《周易·象辞·屯》曰：“求而往，明也。”表明明媒正娶。去外族迎亲，路途遥远，需要骑马驱车。《泰》和《归妹》爻辞均提到“帝乙归妹”。其中《归妹》全卦讲的是婚姻话题，女嫁人曰“归”，“妹”谓少女。《归妹·六五》：“帝乙归妹。其君之袂，不如其娣之袂良。月几望，吉。”袂，衣袖，这里代指服饰、容貌；娣，随姐同嫁一夫之妹的称呼，即为女弟，以“女”字作为“弟”字偏旁，得一“娣”字，以示其性别。帝乙归妹说的是同一个故事：帝乙嫁少女与周文王为妻。帝乙，商代帝王，商纣王之父。帝乙亲自主持将少女嫁于文王，并将其女之娣陪嫁；妹妹的服饰、容貌都胜过姐姐，出嫁选在月圆之日（既望日），是吉祥的。姪娣婚姻是古代婚姻制度一种，嫡妻的妹妹或姪女也要随着一同嫁过来。相传尧之女娥皇、女英就同时嫁给了舜帝。

2.《周易》对婚配和生育的评论

《周易》对不同年龄人结合有其不同的评价。《大过·九二》：“枯杨生稊，老夫得其女妻，无不利。”稊，老根发新芽。其《周易·象辞·大过》曰：“‘老夫女妻’，过以相与也。”评价老夫少妻类型为“相与”有些过。《大过·九五》：“枯杨生华，老妇得士夫。无咎，无誉。”其《周易·象辞·大过》曰：“‘枯杨生华’，何可久也。老妇士夫，‘亦可丑也’。”评价老妻少夫类型为不会长久，看着也不舒服。《周易》关注生育事宜。《渐·九三》：“妇孕不育，凶。利御寇。”其《周易·象辞·渐》曰：“‘妇孕不育’，失其道也。”《渐·九五》：“妇三岁不孕，终莫之胜，吉。”其《周易·象辞·渐》曰：“‘终莫之胜吉’，得所愿也。”妇人三年没有怀孕，最终不能得胜呈现为吉象，接受其事实便是得其所愿。

（四）关注少男少女爱情

1.《咸》卦和《艮》卦描述了婚爱

周易中的《咸》卦和《艮》卦都形象地描述了青年男女婚爱的情景。上经三十卦《乾》、《坤》打头，以创始宇宙万物的天地开始；下经三十四卦《咸》卦打头，则是以人伦发端的男女关系开始。《咸》卦在六十四卦中有着特殊的地位，讲感应，即交感之意，乃夫妇之道也。《咸》卦，下艮上兑，艮为少男，兑为少女，卦中三阴三阳，两两相应，表明少男少女相感应，男女相爱，所以《周易·彖辞·咸》曰："咸，感也。柔上而刚下，二气感应以相与。止而说，男下女，是以'亨利贞，取女吉'也。天地感而万物化生，圣人感人心而天下和平。观其所感，而天地万物之情可见矣。"少男少女们"憧憧往来"，彼此增加着了解，由初六直到上六的过程，体现了感应也是由下而上的过程。"初六：咸其拇"，拇，脚大趾，感应由脚趾开始；"六二：咸其腓"，腓，腿肚子，感应传导到小腿上；"九三：咸其股，执其随"，股，大腿，执，代指臀部及身体，大腿一动使之整个身子随之动起来；"九五：咸其脢"，脢，背部肌肉，脊背因感应而动起来；"上六：咸其辅，颊舌。"辅，颚部，颊，面颊、腮边，舌，感应最后传导到最上部，口周边都动起来。整个体现了男女双方相互爱慕，彼此接纳，交感沟通，结为夫妇，是一个自然的过程。《艮》与《咸》意思相近。《艮》卦，上艮下艮，艮为山、为止，艮为少男，该卦爻辞中所说的部位与《咸》大致同步：即"艮其趾"、"艮其腓"、"艮其限"，限，腰胯；"艮其身"、艮其辅。在婚恋问题上少男的行为应该有所规范，所以，《周易·彖辞·艮》曰："艮，止也。时止则止，时行则行，动静不失其时，其道光明。"

2. 以爱情为基础婚姻才是道德的

婚姻以爱情为基础，情感应由心生，由心始，不可装扮，不可亵玩，不可勉强，不可妄动。荀子说："《易》之咸，见夫妇。夫妇之道不可不正也。君臣父子之本也。"① 婚姻只有以爱情为基础才是道德的。东晋高僧慧远曾说："《易》是以感应为主体。"② 将《周易》与禅修联系在一起，佛讲"缘"而易讲"感"，慧远意思是说，《周易》里面含有很深的佛教的禅意。"感"包含着男女感应之道，且"感"字去"心"为"咸"，"咸"有"皆"之意。其意谓男女之感可以泛化和贯彻于世间万事万物之中，乃为宇宙普遍性真理的体现。所以《周易·系辞》谓"感而遂通天下之故"。将感应扩展到很大范围，作为进化发展到顶层的人类来说，感应本不该差，作为西方人的荣格也体会到了《周易》强调感应的深意。

---

① 《荀子·大略》。

② 《世说新语》。

第五节
《周易》开中国人文学术的先河

一、中国特色的社会人文学术

（一）人文学术总受哲学思想的支配

人文学术总在哲学的统领下，离不开哲学的指导。中国哲学在以《周易》为首的经典引领下有着自己鲜明特色。如果说哲学总要指导人们解决所面临的三重任务：人与自然关系，人与人关系，人和内心的关系。而中国哲学偏重于仅仅教会人们去解决人与人关系，其他两个方面则有忽略和缺失。梁漱溟先生曾表达过这样的意思：西方人长于自然，中国人长于社会，印度人长于内心，似乎有些道理。“周人尊礼尚施，事鬼敬神而远之”①，当弟子向孔子问“事鬼神”之事，孔子答：“未能事人，焉能事鬼!”弟子再问“死之事”，孔子答：“未知生，焉知死。”② 孔子的鲁国周文化厚重，周文化这一近人事而远鬼神，管生前，不管身后，重民意而轻神意的观念，打下了中国人文学术的基础，孔子儒家显然继承了周文化的传统，同时又为整个中国文化打下深深的印记。我们没有像西方人那样，经过了哲学启蒙之后又去敬了神灵，被宗教压抑了上千年。总之，在信仰或超验方面西方人仿佛绕了一个大圈圈。我们似乎走了个“捷径”；但我们的捷径走得异常的“狭窄”。传统中国的学术，儒道两家最具影响，其中儒家的影响最重。受儒道哲学理念的影响，中国人向外思维、探求思维、求异思维弱化，视野偏窄；少自然，多社会；不活跃好奇，偏沉闷内省；思辨和分析思维能力弱化，思维工具不全面；少观察探险，多静坐惜生。反观西方，在主客两分的哲学理念下，把自己独立出来，作为观照者，而将世界当做“客体”对象来认识，这样容易看得清晰。我们“天人合一”理念，大观念没错，从终极的角度看，和西方的哲学理念比较不分高下，谈不上谁优谁劣。但由于我们缺乏“跳出来”的必要的中间环节，认识就显得不甚清晰了。“整体”要的是了解局部、细部的整体，“综合”要的是在分析基础上的综合。否则就只好混沌或模糊了。“不识庐山真面目，只缘身在此山中”，我们的“捷径”非但没有使自己赶到前面去，反而落在后面了，这个教训我们要记取。

① 《礼记·表记》。
② 《论语·先进》。

（二）“天地君亲师”的信仰

我们的信仰“天地君亲师”，其人文气息浓厚，但每一项具体分析起来都有一些缺陷。“天地”，我们讲敬畏没有错，但这与大胆地探究并不矛盾；我们是敬畏有余探究不足。在这个天地概念下顺从自然的内容多些，而认知和改造自然的内容少些。换一个角度看，假若缺乏对“天地”性质的认识，就等于不了解空间的大小，不了解人究竟该和天地保持怎样的距离，人的活动空间就不会扩展，自由的幅度就减少，西方人较早明白了这个道理。“君”，包含着人们期望贤良、爱国、重德行、守规矩等内容，中国人爱将人君与百姓比作舟与水关系，认识到“水能载舟，亦能覆舟”的道理。至于“人君”的产生？如何“造舟”的问题则想得少。“换舟”不少见，甚至有“皇帝轮流坐，明年到我家”民谚。这里只有“一山难容二虎”意思，只有做山大王的意思，而没有合作和服务的意思。这个“君”里面缺少民主意识、良性竞争意识，缺少制衡、监督机制。“亲”，重亲情，讲孝悌有合理性。传统农业社会里，人际关系相对简单，原有的内容能够维系家庭和宗族的稳定。但随着社会进步，其缺陷性凸显。而今“亲”融进了经济、财产等内容，融进了新文化内容，急需尽快调整，以适应新形势。原有“亲”的内容中缺乏平等的意识、重男轻女，现如今提倡家庭成员间的平等意识，尊重个人权利。亲与孝分不开，新时代的“孝”需要补充新的内容，进行新的阐释。市场经济是“陌生人”经济，急需提倡公德意识，讲究诚信，倡导“无缘大爱”；要克服“小圈子”意识，在公私关系上少打“亲情牌”。“师”，尊师重教是中国好传统。老师应是“红烛”、“人梯”，而不能是高坎、卵翼和学阀。西方人亚里士多德有名言：吾爱吾师，吾更爱真理！类似的思想古代中国也有，韩愈在《师说》中云：“弟子不必不如师，师不必贤于弟子，闻道有先后，术业有专攻，如是而已。”可见，“师”里面要增添争辩意识和超越意识才是。

（三）浓重的伦理色彩

中国人文学术一个鲜明的特征是伦理色彩浓。人们普遍重礼仪，循秩序，守规矩。但中国的伦理思想中缺少一些必要的成分。如缺少辩证性，理就会讲偏，缺少科学性，理就会讲伪。社会伦理特别要讲到公正和正义，否则，伦理说教就会变得伪善，公序良俗反而会被践踏和丢弃。只讲私德不讲公德不对，大讲公德不讲私德也不行。道德伦理要结合经济发展讲，要结合社会文明进步讲，要看长远、看整体，否则会越讲越糊涂；离开“义”讲“利”是可怕的，而离开“利”讲“义”也是苍白的。今天讲伦理，要能够结合效益意识、风险意识、代价意识讲才更具全面性。

二、东方人文学术的评价

（一）中西人文学术发展的路径有差异

西方人所走过的人文学术路径经历了一个“否定之否定”的过程。古希腊的人文学术很发达。似乎人的自由和解放路途平坦而光明。谁想随着罗马帝国的建立，西方人文学术受到挤压，基督教的兴起和逐步的演变，终于成为西方人文学术发展的障碍。漫长的中世纪，经院哲学使得西方的人文和科技的意识都受到压抑。只是随着欧洲文艺复兴的到来，民主和科学才得到了重新的弘扬。欧洲人的人文学术不仅迅速追上来，更突出的是它的科技水平随之也迅速追上来。中国的人文学术在春秋战国时期达到繁荣的高峰，史称“诸子百家”时代。而后经历“秦火”和汉初的“罢黜”，儒家被认可为“官方”意识形态，其他各家则命运各异，学术虽不及先秦那样活跃，但相对平稳，没有发生“异教徒”被处死的极端事例。各学派、各流派交融会通是主流。

（二）人文学科背景有着较大差异

中西人文学科不仅内容上有差异，而且背后支撑的学科差异也是蛮大的。背后支撑的学科包括哲学和逻辑，包括众多的自然学科；换句话说，正是背后支撑学科的差异性，导致其人文学科内容的差异性。拿逻辑来说，西方人的逻辑工具相对完备，演绎思维和归纳思维均衡，中国人归纳思维有优势，但演绎思维不严谨，思维的推导中不大讲究逻辑的规则。千万别说欧洲的中世纪思想上没有收获，演绎逻辑正是在中世纪经院哲学的严苛要求下，得到了规范化和精细化的过程，缜密的思维成为日后科研和科技进步的助推器。面对所谓的物质世界，西方人就有本体意义上的讨论，还有认识意义上的讨论，而认识意义上的讨论又可以再分为科学层面的认识，还有价值层面的认识等等，思维的条理性、层次性都是逻辑训练的结果。仅就“人”这一命题而言，西方人就有众多的解释和回答：人由猴变化而来，人是动物，人是机器，人是自由的，人是理性的，人是自私的，人是经济人，人不是手段、人是目的等等。可见，即便是对同一个命题的理解，由于内涵和外延的理解差异，导致其探究的深度、广度都会大不同！我们如果仅停留或满足于“天人合一”相对空泛的范畴上，不往里添加更多的内容，人文学科的滞后便是明摆着的。

（三）中西人文学术均衡问题上有差异

1. 科技和人文学科需要均衡发展

中国的人文学术有传统、有优势是大家公认的。但中国偏科现象严重，传统社会里，很长一段时期内忽视自然科学的发展，官方的儒家意识上有轻视，而整个国家在机制上采取了不重视、不支持、不鼓励政策，整个国家实力逐渐落后下来便成为了必然。科举考试有值得肯定的地方，但在促进科技进步这一点上起到的是负面的效应！科举考试导向文史方面的作用明显，自然科学和技术几乎不考，长此以往，导致自然科学和技术被忽略，许多与其有交集的文科学科也就上不来，也使得人文学科变得狭窄和单薄。西方相比较而言，两者均衡。就今天的人才标准来说，高素质的人才一定是科学素养与人文素养相结合的人才。少人文，易偏执而淡漠，打着探索的旗号，痴迷于不计后果的“科学”研究，狂妄且冷酷，这是“疯子”。而少科学，易虚伪而造作，多道貌岸然的“人文”关怀，唱着空泛的高调，伪善且厚颜，这是“骗子”。我们既不要当“疯子”，也不要当“骗子”。历史上的中国多人文人才，少科学人才，现如今似乎又有些颠倒过来了，学理工科的人大大多于学文科的人，不知这是对历史上出现的偏科的一种“报复”呢？还是时代需求的使然？

中国的现阶段，上面所说到的两个“子”，即“疯子”和“骗子”都不算多，但现阶段脑残的“傻子”却渐多。知识的海量且交融与个体知识的有限且结构单一的矛盾，资讯传播的迅捷与大脑加工整理滞后的矛盾，这是时代造就的大背景；同时，快节奏的生活节拍，浅阅读，碎片化信息的摄取，这是现代人生活的常态；加之整个教育呈现为功利教育、应试教育、速成教育、灌输教育的倾向，教育宗旨出现问题，多重的教育环节出现问题，教育不注重人格的培养，不重视逻辑的训练，特别是缺少“批判性思维”的训练，“傻子”渐多就毫不奇怪了。当前，人群中的私欲膨胀、少廉寡耻、唯利是图、急功近利等现象普遍存在，“傻子”若再和“无耻”交织在一起，为国家和民族带来的隐忧是沉重的。

2. 人文学科的重心须调整

同是关注利益，重心也有差异，中国人整体利益至上，这里既有儒家的传统，也有被殖民的惨痛教训吸取后集体意识增强所起到的作用。不可否认，这有着积极的意义。当然，传统社会也好，现实社会也好，都少不了人为的宣传整体利益高于个人利益。新中国成立以后，加大了宣传没有集体哪有个人的价值取向，一段“大河有水小河满，大河无水小河干”的话语，体现出一种与西方存在差别的中国特色的价值倾向。西方提倡个人权益优先，个人组成集体，没有个人哪有集体，小河有水，大河才不会干涸。由此体现出中西价值观点的不同。双方都有调整的必要，谁需要调整得更多一些呢？我们需要调整得更多一些。我们知道任何的比喻总是不完美的。因为要借助自然界现象做比喻，就一定要从自然界的固有逻辑出发，需要符合自然本身的规律性，从物理和事理的角度看，是“小河有水大河满，小河无水大河干”，因为大河是由千百条小河汇聚而成的。现实中常出现这样的情形：大河有水小河无水，大河无水小河有水的现象，这不奇怪。生活中一时出现的大河有水而小河无水的现象，这只能是一个暂时的现象，没有了上游的来水，大河也会很快地干涸，只不过有一个时间差而已。若水量不足，小河的水流不到大河中去，便会有小河满而大河干的情况发生。让大河的水自动回补到小河中去，大自然本身是做不到的。所谓“大河有水小河满，大河无水小河干”与真实的生活经验相悖，其宣传的效果就不会好。至于在人类社会中间，让个人感觉到集体的温暖，而社会或集体保护个人、关照个人、资助个人确是完全做得到的，但这与引用那个不恰当的自然景象做比喻是没有任何关联的。

弘扬传统的人文精神，发扬集体主义的优良传统，与此同时，增强个人的权利意识，加大对个人权益的保障，进而激发出每一个个体的创造力和活力，这是中国复兴的必要前提，也是走向复兴的中国人文科学的应有之义。

第九章

周易文化与文学艺术

“文”即指事物的纹理和形态。从《周易》最先创制“天文”和“人文”之说，最先使用“文化”的概念，就可知《周易》不但有着特有的审美意识，而且还有着原初的文明意识。《周易》的“经”和“传”都从不同的角度谈到了美，蕴含着深邃的审美思维，是中国人美学思想的发端。由周易文化中引出的美学思想对中国的文学和艺术都产生了深刻的影响。中西方的美学思想存在着差异性，使得中西方的审美意识不能不带有区别，也就使得中国人的审美有其自身的特质和情趣。中国的文学艺术无疑是世界文学艺术殿堂中的奇葩。

第一节
周易文化与中国人的审美

一、《易经》最早发现了“美”

通观《易经》的全部卦爻辞，虽不见一个“美”字，但我们能从卦爻辞中窥探到《易经》对“美”探赜索隐的初步探索，体会到其中钩深致远的美学意蕴。

（一）“亨者，嘉美之会也”

“美”由《乾》《坤》两卦始。《易经》《乾》卦由六阳爻组成，纯阳之卦，象征天，卦辞为“元亨，利贞”。《坤》卦由六阴爻组成，纯阴之卦，象征地，卦辞为“元亨，利牝马之贞”。后者比前者多了“牝马”之词，《易经》的作者由事物的不同性质或性别看到了事物的不同功能，从对功能的赞辞中便透露了由价值判断向审美判断的漂移和过渡，不同的功能价值便由此产生了不同的审美志趣。后世的学者正是在此受到了多方面的启发，为“美学”的发展留下了广阔的发挥的空间。《周易·系辞》曰：“乾道成男，坤道成女。乾知大始，坤作成物。乾以易知，坤以简能。”帛书《周易》为凸显乾与坤的不同性质，帛书的“乾”卦直接写作为“键”字，以展现刚健的性质，显现阳刚之美；坤具有承顺的性质，有其阴柔美的一面，帛书《周易》的“坤”卦直接写作为“川”字，以水流代之。《周易·乾文言》最先解释了元亨利贞：“元者，善之长也；亨者，嘉之会也；利者，义之和也；贞者，事之干也。”后人对“亨者，嘉之会也”的理解有一个扩展的过程。在早年，将“嘉”理解为“善”，《尚书·无逸》中的“嘉靖殷邦”，《周礼·大宗伯》的“以嘉视亲万民”都作“善”讲，因而《尔雅》释词曰：“嘉，善也。”到东汉许慎的《说文解字》便有美意的解释：“嘉，美也。”孔颖达《周易正义》曰：“嘉，美也。言天能通畅万物，使物嘉美之会聚，故云嘉之会也。”《伊川易传》曰：“亨者，嘉美之会也。”“嘉”从此具有了善美的双重属性。

（二）“含章”为美

在《乾》《坤》两卦中，学者们还注意到了《坤》卦的六三爻辞：“含章可贞。”认为“章”也具美意。《小雅·六月》：“织文鸟章，白旆央央”，郑玄笺曰：“鸟章，鸟隼之纹章”。《左传·僖公二十四年》曰：“耳不听五声之和为聋，目不别五色之章为昧。”《淮南子·坠形训》：“色有五章，黄其主也。”这里将“章”理解为颜色。可见，“章”与花纹、色彩相连。《周易正义》疏曰：“章，美也”。朱熹在《周易本义》直接释“含章”为“内含章美”。《易经》另一处还有“含章”一词，《姤·九五》曰：“以杞包瓜，含章。有陨自天。”杞：杞柳，可编制为盛瓜器物。陨，降落。其意为：以杞柳器物盛瓜，含有章美，由天而降。有意思的是周易大家刘大钧针对此爻专门写道：“此爻我们虽以前人之说解之，但笔者疑此爻恐记录了一个古代故事。人们看到一个盛瓜的柳条器似的物体，包含着光明，自天而降。由爻辞记录的内容看，很像是对一次不明飞行物的记录。”[①]《易经》涉及“美”概念的，还有《随·九五》曰：“孚于嘉，吉。”存诚信于善美，吉祥。还有《贲》卦，贲有修饰、纹饰之意，增添了人为加工的艺术之美的内容。

二、美具有不同的形态

《周易》通过对乾坤不同功能的赞美，已经揭示了美有不同的形态，这种最初的划分为后人所感知和发挥。

① 刘大钧：《周易古经白话解》，山东友谊出版社1989年版，第85页。

（一）“阳刚”与“阴柔”——壮美与优美

1. 美的两种形态

《易经》的《乾》卦充满着阳刚之气。作为纯阳之卦，它以“龙”作为形象加以展示和说明：“潜龙勿用”，“见龙在田”，“龙跃于渊”，“飞龙在天”。后人后来赋予它的引申义，多具阳刚的性质，如：乾为天、为君、父，为金、玉，为良马，为大赤。《坤》卦充满着阴柔之气。作为纯阴之卦，以“牝马”为形象，后人赋予它的引申义，多具阴柔的性质，如：坤为地、为众，为母，为布、釜，为子母牛，为黑。在《周易》作者看来，大自然虽然存在着万事万物，但可以被归纳为阳刚与阴柔两大类别。凡阳爻居中，被称之为“刚中”，凡阴爻居中，被称之为“柔中”，它们都具有善美的性质。后人依据“阳刚”与“阴柔”，在美学上便区分出美有不同的形态——壮美与优美。

壮美就是具阳刚性质之美，优美就是具阴柔性质之美。何为壮美？“飞龙在天”（乾）、“火在天上”（大有）、“雷出地奋”（豫）、“雷在天上”（大壮）、“雷电皆至”（丰），均有壮美的气势。何为优美？“山下出泉”（蒙）、“山上有泽”（咸）、“风行水上”（涣），均有优美的韵律。

2. 不同的审美意识

美具壮美与优美的不同形态，不能不影响到我们日常生活中的审美意识。落日风暴、高山大川、松柏菊梅的美属于壮美，晓月清风、曲桥流水、荷美兰香属于优美。这种对美形态的区分也影响到了中国的各类艺术创作。如诗歌中的边塞诗属壮美风格，“走马川行雪海边，平沙莽莽黄入天。”（岑参）“边城何萧条，白日黄云昏。”（高适）而诗歌中的田园诗属优美风格，“晨兴理荒秽，戴月荷锄归。”（陶潜）“酌酒会临泉水，抱琴好倚长松。”（王维）宋词有两种风格，“大江东去”（苏东坡）代表的是豪放类型，有壮美的特点；“轻解罗裳，独上兰舟”（李清照）代表的是婉约类型，有优美的特点。《周易》从来认为阴阳不能孤立地存在，孤阳不生，孤阴不长。《周易·系辞》曰：“乾，阳物也，坤，阴物也。阴阳合德，而刚柔有体。”因而，阳刚与阴柔相辅相成。刚中有柔，柔中有刚才是正理。写田园诗的王维有雄浑的一面，如“大漠孤烟直，长河落日圆”。婉约词人李清照仍不失巾帼的豪迈，“天接云涛连晓雾，星河欲转千帆舞。”这是因为中国人都懂得“一阴一阳之谓道”的道理。

（二）“天文”与“人文”——自然美与社会美

1. 美的两大领域

《周易》在区分了壮美与优美之后，还探讨了自然美与社会美的关系。《周易·彖辞·贲》云：“观乎天文，以察时变；观乎人文，以化成天下。”“文”作为多义词，引申义多，但其原初的本义是人对外部事物错综纹理或形象的反映。甲骨文字的“文”是一个正面的“人”的象形，特别放大了胸部，并在胸部画了“心”，意为外部的映像在心中便是“文”。《礼记·乐记》曰：“五色成文而不乱。”刘熙《释名》曰：“文者，会集众彩，以成锦绣。会集众字，以成辞义，如文绣然也。”这里的“文”主要强调自然界中存在的各色交错的纹理和色彩，如日月星辰，风雷水火、山河大地、动物、植物的斑纹和色彩等，这实际上已经肯定了美的自然属性的意义。许慎《说文解字》曰：“文，错画也，象交叉。”《周易·系辞》曰：“物相杂，故曰文；文不当，故吉凶生焉。”这里不但肯定了“文”的自然性，亦即自然美的方面，还特别强调了人对“文”的认识，似乎只有当“文”与人对“天理”认识的相符合、并且满足了人世间的伦理要求，才具备了“美”的意义。在中国古人那里，“真和善”便有“美”的意义，“元亨，利贞”也具“美”的意义。否则，非但不美，还有祸殃。正所谓“文不当，故吉凶生焉”。这实际上已经肯定了美的社会属性的意义，增添了社会美的内容。因而，《易传》区分“天文”与“人文”的意思也就清晰了。换句话说，“天文”强调的是自然美，“人文”强调的是社会美。

2. 自然美和社会美的交融

我们知道，在人将大自然作为实践对象的过程中，任何的“美”总会深深地打着人的印记。说到自然美，常指将山水等具有客观实在性的客体作为观照的对象，更多地注重事物外在的形式或形态，功利色彩弱化，以追求不加修饰的原生态为高层次；在领悟自然美时更多地要借助于人的感官，依赖于人的感性的认识。而社会美则是将人及其活动作为观照的对象，更多地注重事物形式和内容的一致性，社会美本身交织着价值的判断，包含着对实践主体的人和实践过程的肯定，亦即对人的本质力量的肯定；在领悟社会美时感官的参与不言而喻，但这不是关键，关键在于更多地渗透着人的理性的认识。《周易》作者在说到“天文”，即说到自然美时，紧接着说到“人文”，即说到社会美，这种将“天文”和“人文”杂糅在一起美学观是极其可贵的，它不但沿袭和彰显了中国学术具有浓厚的伦理色彩的特征，还为中国的美学研究奠定了基础、铺设了道路，它深刻影响到了中国人的审美。在中国人的审美意识里，自然美和社会美犹如水乳交融，毫不勉强、也绝无造作、自然而和谐地结合在一起。“天文”与“人文”杂糅的美学观不仅是中国美学思想的鲜明特色，为审美提供了一种独有的范式，集中表现了东方人的审美志趣和情调，而且也为美学批评提供了更广阔的视角与空间。需要强调的是，这种美学观还是进入中国艺术大门的一把钥匙，它为认知和理解众多门类的中国艺术提供了必要的指南。

三、中国人审美意识中的多重关系

如何理解由“天文”与“人文”杂糅的美学观所提供了一种独有的审美范式？或者说，这一美学观点在东方人审美志趣和情调的表达过程中起到怎样的作用？我们可以从中国人多重的审美意识中得到解释，《周易》在这方面为我们提供了基本线索。中国人的审美意识中交织着这样几重关系：象与意关系，在象意关系中还交织着形神关系；虚与实关系，在虚实关系中还交织着真假关系；正与邪关系，在正邪关系中还交织着善恶关系。

（一）象与意关系

1. “圣人立象以尽意”

《周易·系辞》云：“子曰：‘书不尽言，言不尽意。’然则圣人之意，其不可见乎？子曰：‘圣人立象以尽意，设卦以尽情伪，系辞焉以尽其言，变而通之以尽利，鼓之舞之以尽神。’”《周易》最初提出的“立象以尽意”并不是针对美学或艺术的。说到“立象”是指圣人制作、创造卦象，而“尽意”是企图通过乾坤六十四卦探赜索隐，钩深致远，以定天下之吉凶，成天下之亹亹。但由于“立象以尽意”包含着深刻的美学的、乃至哲学的道理，进而成为了中国美学思想中最重要的内容之一。《周易》第一次明确提出了一个对一切艺术创作都具根本性的问题，即“象”与“意”的关系问题。因为一切文艺作品都要创造出一个感性的形象来表现或传达艺术家心中的某种“意”。有些艺术门类是直接用“象”来达“意”的，如绘画、雕塑、书法、建筑、戏曲等。有些艺术门类是间接用“象”来达“意”的，例如文学作品。众多形式的文学作品首先是要用语言或文字来塑造一个典型的“形象”，然后再借助于这个典型的“形象”来表达出自己的“意”。李苦禅大师的儿子、清华大学美术学院李燕教授总结得好：“‘意象’这个词现在在美术理论方面好像很时髦，有些人认为它来自西方，是从抽象主义来的，其实不然。中国的书画艺术并不像西方那样重视表象绘画语言的运用，而是重视意象绘画语言的运用，从古文字学上来看祖先就重意象。你看一个‘见’字，不要鼻子和耳朵，只留下看东西的眼，呈现就是见。站立的人形头上加一横就表示‘天’，这都是意象。这种意象观集中表现在《周易大传》‘圣人立象以尽意’之中。到南北朝的刘勰《文心雕龙》中更明确地说：‘独造之匠，窥意象而运斤。’可以说《周易》的意象观乃是中华美学的核心思想，某种意义上说，不了解《周易》，就不了解中华美学与中国的一切艺术。”①

2. 提倡形神兼备

“象与意”关系还交织着哲学命题“形与神”关系。形神关系问题既是中国哲学上争辩的命题，也是美学上争辩的命题。较早提出美学上形神关系的是东晋大画家顾恺之，他提出绘画意在传神，其“迁想妙得”、“以形写神”等观点为中国传统绘画奠定了基础。他尤善绘人物画，谈到心得，特别说到“传神写照，正在阿堵中”，阿堵即眼睛，强调描绘眼睛是人物画艺术中的最重要的技巧。自顾恺之后，美学中这种“重神轻形”思想首先影响到了中国绘画，中国绘画的独特笔墨线条和写意性，所追求的是似与不似间的精妙。另外，“重神轻形”思想也影响到

① 陈建军、珊泉：《中华周易》，北京师范大学出版社 1993 年版，第 104 页。

了除绘画外的其他艺术门类。当然，提倡形神兼备，辩证统一，始终是中国古典美学理论的主流流派。由象意关系、形神关系后来又引出了美学的虚实关系。

（二）虚与实关系

1. 重要的美学概念

《周易》虽然没有直接说到虚与实，但作为一对范畴其思想来源于《周易》的阴阳观念。老子最先体会到阴阳既相对又相和的性质，并将这一辩证性质扩展为“有无”、“高下”、“虚实”、“强弱”等。“是以圣人之治，虚其心，实其腹；弱其志，强其骨。”① 道家最先将虚实概念确定下来并将其丰富起来。将虚实概念明确理解为阴阳的说法来自于医家。《素问·宝命全形论》曰：“天有寒暑，人有虚实。”明代医家吴崐作注曰：“寒暑者，天之阴阳消长也。虚实者，人之阴阳消长也。”② 虚实是中医八纲辨证的重要内容，八纲为表里、寒热、虚实、阴阳。医家一般理解虚，是指正气衰弱；实，是指正气和病气都亢盛。《黄帝内经·素问》中有《通评虚实论》云：“邪气盛则实，精气夺则虚。”虚实概念还较早地应用于兵家。《孙子兵法》中有专门的《虚实篇》，曰：“夫兵形象水，水之行，避高而趋下；兵之形，避实而击虚；水因地而制流，兵因敌而制胜。故兵无常势，水无常形。”在兵家的谋略概念中，虚实概念还有真假的意思，所谓“虚”，佯攻、诈败、伪装都可以划入“虚”的范畴。后来，虚实概念又融入中国人的审美意识中，并且广泛运用于各门艺术实践中，成为中国美学和艺术中一对重要的范畴。

2. 各个艺术门类中虚实运用

中国绘画运用虚实概念最具典型性。中国画艺术首先表达的不是简单生活的再现，而是内心的创造，似与不似之间的虚实关系正是艺术创造的重要法则；其次在绘画技法上，运用“留白”来表现墨色与空白的一种虚实相生关系，虚中有实，实中有虚，构图中的“留白”与主题表达构成了有机统一，从而成为中国绘画的一大特色。中国的书法艺术也借鉴了虚实，书法中的“飞白”便是“虚”。同时，墨色的浓淡、枯润，字迹的大小、粗细、方圆、奇正，运笔的顺逆、曲直、刚柔、巧拙，布局的疏密、呼应等都是书法中的虚实的运用。经过这些精妙的处理，中国书法创作使得简单的白纸黑字成为了精深的艺术形式。中国表演艺术也大量运用虚实法则，传统的戏曲并不设置实景，也没有过多的布景，一桌一椅，便区分了前台与后台、室内与室外，戏曲中有些表演程式和手法完全是“虚化”处理，“真境逼而神境生”，体现出了中国戏曲的独特的艺术魅力。建筑中的柳暗花明、曲径通幽的设计，空灵的隔间，疏朗的布局都是虚实运用的杰作。文学创作也可以用到虚实。为此有人总结说：有者为实，无者为虚；有据为实，假托为虚；客观为实，主观为虚；具体为实，抽象为虚；显者为实，隐者为虚；有行为

① 《老子》第三章。
② 《黄帝内经素问吴注》。

实，徒言为虚；当前为实，未来是虚；已知为实，未知为虚等等。诗歌中的写景是实，实象、实境、实事是实，“床前明月光”是实，“乱石穿空，惊涛拍岸，卷起千堆雪”是实，诗歌中抒情是虚，感怀、寄情、弘志是虚，“疑是地上霜”是虚，“人间如梦，一尊还酹江月”是虚。

3. 虚实的伦理内涵对审美的影响

作为多义词，虚实还包含着真假含义及其关系，这种伦理色彩的判断在美学上当然也是有意义的。此时的“虚”指的是虚假、虚伪，此时的“实”指的是真实、实在。我们知道美学中有“艺术美”，自然美和社会美构成现实之美，而艺术美则是对现实美的加工整合，它常常源于生活，又高于生活。艺术美允许一定“虚构”的成分，但“虚构”不能是胡编滥造，因此，在这一过程中，进行去伪存真、去粗取精，进行抽取、提炼、浓缩、组合等就是必然的了。真实的东西未必“美”，但虚假的东西一定不美。一时的蒙骗或表面的鲜亮终不能持久，等到揭露出本质一定是“丑”的。

（三）正与邪关系

1. 审美意识中正邪概念

中国人审美意识中的正邪关系也是重要的概念，而这一概念是由《周易》提倡“中正”而移植过来的。卦为六爻，二、五爻居中，所以吉辞多矣；阳爻处初、三、五为正，阴爻处二、四、上为正。位正便吉多凶少。居中必然正，而正未必处中。《周易》描述“正”的术语是“贞”，贞就是正道、周正、正面的意思。“邪”为不正，不正则凶险。“正邪”原本是论及吉凶的概念，但后来的人们将这一概念既延伸至中医学观念中，又延伸至美学观念中。美学中的“邪”便有了多义性：除了有邪恶和丑陋的意思外，还具有美学意义上的“灰色的”或“黑色的”色调内容。如果说“正”之美是正大之美、勃发之美、欢乐之美；那么，“邪”之美则是诙谐之美、凋零之美、幽怨之美；“邪”还是人们理解“唯美”概念的重要参照元素。

2. 各艺术形式中正邪的美学内涵

“中正”的东西一定具有“美”的性质。“中”就是“恰如其分、恰到好处”，最典型的例子是公元前3世纪中国诗人宋玉在《登徒子好色赋》中描绘一位美人的话：“增之一分则太长，减之一分则太短；着粉则太白，施朱则太赤。”这一美女，其身体和容貌都恰到好处，不足或者超过都不令人满意了。“正”比“中”宽泛些，“正”又是多义词，因此在中国人眼中，“正”具多方面的美感。首先正道具有美感。正道是人间大道，不可违，春绿夏红秋黄冬白是大自然的装扮，它由规律使然，正所谓“人间正道是沧桑”，它具科学美。反映正道的作品即使是灾难片，即便是悲剧，由于有规律的性质在里面，也具有庄严而崇高的美感。西方人似乎更愿意欣赏这种具有悲壮色调的美。其次周正具有美感。周正包含端正、匀称、协调的内容。周正不必然对称，西方所谓“黄金分割线”也不是对称的。但中国人还是比较喜好对称事物的，建筑强调中轴线，两边对称；民间剪纸对称图案很多；对对子，贴春联都具有对称性。周正的意思只要比例合适，布局适当就具备了美。中国绘画和书法中一个重要的艺术标准就是周正之美。最后正面具有美感。这个正面是广义的意义，并不是说侧面就不美的意思。诗歌多是正面的歌颂和抒情，歌唱要求“字正腔圆”。即一切积极的、健康的、向上的东西就具备了美。艺术作品中的正面人物能带给人们美感，当然，反面人物是“邪”，当邪恶以其失败或灭亡呈现在人们面前时，它能带给人们的是另外的美感。中国戏曲中有正面的角色，或生或旦，旦有正旦一角，俗称“青衣”。“青衣”常是戏中“主角”，多扮演的是端庄、严肃、正派的人物。中国戏曲中还有“丑”角，分文丑、武丑，丑角以言语诙谐，表演夸张滑稽为特征，作为配角在戏中多起到映衬和烘托主角的作用。“无丑不成戏”的谚语表明，丑角的插科打诨，丑角的“邪”在戏中有点睛之妙，体现了美的另一种风格。美学意义上的“正”和“邪”可以成为表演艺术的一对“搭档”，如流行于山西、内蒙古的“二人台”，流行于东北的“二人转”等都具有这样的性质。“中正”之所以是中国美学特征之一，完全是中正包含着和谐之意，和谐为美是中国人根深蒂固的观念。

3. 正邪的伦理内涵对审美的影响

审美中的正与邪关系必然包含着伦理意义上的善与恶关系。“正”带有“公正”、“正义”的内涵。“邪”带有“偏邪”、“邪恶”的内涵。这就要求我们的艺术家们，一要为弘扬正义而讴歌，给予社会提供正能量，创作出顺应历史潮流、反映时代本质特征的优秀作品，进而鼓舞人民奋发有为，为美好的生活而努力；二要求我们艺术家们“居中守正”。坚守住艺术家的良心和良知，具备艺术上的操守，不被金钱俘虏，不被富豪们“绑票”，坚持真善美，抵制假恶丑。

四、审美所呈现的不同风格

（一）乐观趋向和悲观趋向的审美

美具有阳刚之美和阴柔之美，由这两种性质美的客观性加之审美意识的多重关系的主观性，必然引出审美的不同风格。审美风格大致分两大类：一类是积极的乐观趋向的审美，这是热烈、生发、健康类型的审美，它包括欢乐之美、光明中正之美、和谐圆满之美；另一类是消极的悲观趋向的审美，这是冷寂、落败、病态类型的审美，它包括悲伤之美、晦暗扭曲之美、凄凉残缺之美。美内在所具有的阴阳性质使得审美风格不能不带有如此的辩证对立的或互补的性质。当然，审美风格的划分是相对的，并不否认它们之间的相互渗透、补充以及组合成新的类型。

（二）中西方美学思想的比较

中国美学思想与西方美学思想比较，有其差异性。借用著名的法国雕塑家罗丹曾经说过的一句话：生活并不缺乏美，而是我们缺乏发现美的眼睛。中西美学虽然均认同阳刚之美包含着崇高与悲壮，但明显的差异在于对“悲壮”的理解：西方美学的悲壮里面有着太多的恐惧、悲伤和毁灭，西方人将这种“痛感”认同于某种的“快感”，因此，西方人对于人间“悲剧”相对开放和释然一些，这同西方传统文化，特别是宗教文化相关联。中国人的“悲壮”当然也有毁灭和死亡，但其“痛感”中并不夹杂“快感”的成分；中国人对“痛感”的常用疗方是期盼之心，既期盼着未来悲剧不再重演，也期盼着随着时间的流逝将以往的悲剧淡忘。这也就能够解释中国的悲剧色彩的作品相比起西方来说要少一些，而中国的老百姓爱看团圆戏，偏好皆大欢喜的结局，因此中国老百姓中爱喜剧的远比爱悲剧的人要多得多。

第二节 周易文化对中国文学的影响

一、凝成汉语中的成语和名句

作为较早的典籍，《周易》为我们留下许多经典的话语，最终凝成汉语中的成语和名句。我们辑其中一部分如下。

（一）《周易》中的成语

1.《易经》中成语

元亨利贞，潜龙勿用，飞龙在天，亢龙有悔，群龙无首（乾）；不速之客（需）；开国承家（师）；密云不雨，富以其邻，既雨既处（小畜）；无平不陂，无往不复（泰）；谦谦君子（谦）；不事王侯，高尚其事（蛊）；反复其道，七日来复（复）；无妄之灾（无妄）；自求口实，虎视眈眈（颐）；枯杨生华（大过）；日昃之离（离）；不恒其德，或承之羞（恒）；羝羊触藩（大壮）；有孚中行（益）；一握为笑（萃）；震惊百里（震）；日中见斗（丰）；史巫纷若（巽）；匪夷所思（涣）。

2.《易传》中成语

同声相应，同气相求，水流湿、火就燥，云从龙、风从虎，贵而无位，高而无民，天下文明，与时偕行，云行雨施（《乾文言》）；承天而时行，天玄而地黄（《坤文言》）；万国咸宁，坤厚载物，德合无疆，耳目聪明，日中则昃、月盈则食，当位以节，中正以通（《彖辞》）；天地交泰，无往不复，裒多益寡，称物平施，非礼勿履，以同而异，见善则迁，有过则改，治历明时（《象辞》）；天尊地卑，方以类聚、物以群分，在天成象、在地成形，乐天知命，崇德而广业，探赜索隐、钩深致远，服牛乘马、引重致远，断木为杵、掘地为臼，穴居野处，上栋下宇、以待风雨，知微知彰、知柔知刚，天地絪缊、万物化醇，阴阳合德、而刚柔有体，人谋鬼谋、百姓与能（《系辞传》）。

3. 依其本意稍加改造的成语

《易经》有：九五之尊（乾），反目成仇（小畜），否极泰来（泰否），三阳开泰（泰），损已必益（损益），革故鼎新（革鼎）。《系辞传》有：穷则思变，殊途同归，寒来暑往，诲盗诲淫，见仁见智，洗心革面，金兰之交。

“不三不四”的成语典故主要来自《周易》。有些资料的解释似是而非。正确的解释是：卦有六爻，从下往上，初、二为地，三、四为人，五、上为天。《说卦传》曰：“立天之道，曰阴与阳；立地之道，曰柔与刚；立人之道，曰仁与义。兼三才而两之，故《易》六画而成卦。”日间若说某人为“不三不四”，泛说即骂他不是人，细说便指责他不仁不义，缺乏做人之道。

（二）《周易》中的名句

1. 《文言》中的名句

《乾文言》：（1）君子学以聚之，问以辩之，宽以居之，仁以行之。（2）夫大人者，与天地合其德，与日月合其明，与四时合其序，与鬼神合其吉凶。

《坤文言》：（1）积善之家，必有余庆；积不善之家，必有余殃。（2）君子敬以直内，义以方外，敬义立而德不孤。（3）君子黄中通理，正位居体，美在其中，而畅于四支，发于事业，美之至也。

2. 《彖辞》中的名句

（1）乾道变化，各正性命，保合大和，乃利贞。（2）天地交，而万物通也；上下交，而其志同也。（3）刚柔交错，天文也；文明以止，人文也。观乎天文，以察时变；观乎人文，以化成天下。（4）君子尚消息盈虚，天行也。（5）天地养万物，圣人养贤以及万民。（6）天地感而万物化生，圣人感人心而天下和平。（7）日月得天而能久照，四时变化而能久成。（8）父父，子子，兄兄，弟弟，夫夫，妇妇，而家道正；正家，而天下定矣。（9）损益盈虚，与时偕行。（10）天地革而四时成，汤武革命，顺乎天而应乎人。（11）时止则止，时行则行，动静不失其时，其道光明。（12）日中则昃，月盈则食，天地盈虚，与时消息。

3.《象辞》中的名句

（1）天行健，君子以自强不息。（2）地势坤，君子以厚德载物。（3）君子以经纶。（4）君子以果行育德。（5）君子以作事谋始。（6）君子以容民畜众。（7）君子以懿文德。（8）君子以俭德辟难，不可荣以禄。（9）君子以遏恶扬善，顺天休命。（10）君子以振民育德。（11）君子以教思无穷，容保民无疆。（12）上以厚下安宅。（13）君子以多识前言往行，以畜其德。（14）君子以慎言语，节饮食。（15）君子以独立不惧，遯世无闷。（16）君子以立不易方。（17）君子以远小人，不恶而严。（18）君子以自昭明德。（19）君子以言有物，而行有恒。（20）君子以反身修德。（21）君子以见善则迁，有过则改。（22）君子以施禄及下，居德则忌。（23）君子以除戎器，戒不虞。（24）君子以顺德，积小以高大。（25）君子以恐惧修身。（26）君子以思不出其位。（27）君子以居贤德，善俗。（28）君子以申命行事。（29）君子以朋友讲习。（30）君子以制数度，议德行。（31）君子以行过乎恭，丧过乎哀，用过乎俭。（32）君子以思患而预防之。（33）君子以慎辨物居方。

4.《系辞传》中的名句

（1）日月运行，一寒一暑。乾道成男，坤道成女。（2）是故，君子居则观其象而玩其辞；动则观其变而玩其占。（3）《易》与天地准，故能弥纶天地之道。（4）仰以观于天文，俯以察于地理，是故知幽明之故。（5）与天地相似，故不违。知周乎万物，而道济天下，故不过。旁行而不流，乐天知命，故不忧。安土敦乎仁，故能爱。（6）一阴一阳之谓道。（7）仁者见之谓之仁，知者见之谓之知。（8）富有之谓大业，日新之谓盛德。生生之谓易。（9）广大配天地，变通配四时，阴阳之义配日月，易简之善配至德。（10）二人同心，其利断金；同心之言，其臭如兰。（11）明于天之道，而察于民之故。（12）是故，《易》有太极，是生两仪，两仪生四象，四象生八卦，八卦定吉凶，吉凶生大业。（13）法象莫大乎天地；变通莫大乎四时；悬象著明莫大乎日月；崇高莫大乎富贵。（14）备物致用，立功成器以为天下利。（15）河出图，洛出书，圣人则之。（16）天之所助者，顺也；人之所助者，信也。（17）是故，形而上者谓之道；形而下者谓之器；化而裁之谓之变；推而行之谓之通；举而错之天下之民，谓之事业。（18）天地之大德曰生，圣人之大宝曰位。何以守位曰仁。何以聚人曰财。理财正辞、禁民为非曰义。（19）日中为市，致天下之民，聚天下之货，交易而退，各得其所。（20）《易》，穷则变，变则通，通则久。是以自天佑之，吉无不利。（21）善不积，不足以成名；恶不积，不足以灭身。小人以小善为无益而弗为也，以小恶为无伤而弗去也，故恶积而不可掩，罪大而不可解。（22）是故，君子安而不忘危，存而不忘亡，治而不忘乱，是以身安而国家可保也。（23）德薄而位尊，知小而谋大，力小而任重，鲜不及矣。（24）君子上交不谄，下交不渎。（25）君子知微知彰，知柔知刚，万夫之望。（26）君子安其身而后动，易其心而后语，定其交而后求。君子修此三者，故全也。(27)《易》之为书也，不可远；为道也，屡迁。变动不居，周流六虚，上下无常，刚柔相易，不可为典要，唯变所适。(28)《易》之为书也，广大悉备。有天道焉，有人道焉，有地道焉。兼三才而两之，故六；六者非它也，三才之道也。(29)危者使平，易者使倾，其道甚大，百物不废。惧以终始，其要无咎，此之谓《易》之道也。

5.《说卦传》中的名句

(1)观变于阴阳，而立卦；发挥于刚柔，而生爻；和顺于道德，而理于义；穷理尽性，以至于命。(2)立天之道，曰阴与阳；立地之道，曰柔与刚；立人之道，曰仁与义。兼三才而两之，故《易》六画而成卦。(3)圣人南面而听天下，向明而治。

6.《序卦传》中的名句

(1)有天地，然后万物生焉。盈天地之间者，唯万物。(2)有天地，然后有万物；有万物，然后有男女；有男女，然后有夫妇；有夫妇，然后有父子；有父子，然后有君臣；有君臣，然后有上下；有上下，然后礼仪有所错。

二、《易》中有诗及诗中有“易”

(一)《易经》卦爻辞里的诗歌

1.《易经》——一部古老的歌谣集

说到中国文学的发端，人们常想到《诗经》，其实比之更早的应算是《易经》。《易经》在夹杂着卜筮语言的同时，也为我们保存了当时社会广为流传的很多歌谣与诗。一些学者从“以言者尚其辞”的角度，认为许多卦爻辞源自当时的古歌谣，爻字古通“繇”，而繇即谣。“爻辞”即是“谣辞”，乃歌谣之辞。因而有些学者认为《易经》是一部比《诗经》更早、更古老的歌谣的汇集，其艺术水平与《诗经》不相上下。

2.诗一般语言的爻辞

《易经》中不少的爻辞有诗一般的语言，其中一些爻辞本身就是一首小诗。例如，《中孚·九二》曰：“鸣鹤在阴，其子和之。我有好爵，吾与尔靡之。”译成现代诗话：山阴处一声鹤鸣，小鹤也在随声应和；我珍藏着美酒啊，愿和大家共饮同喝！《渐》卦整个卦的六个爻辞的开始部分构成了一首具有递进特点的小诗：“鸿渐于干，鸿渐于磐，鸿渐于陆，鸿渐于木，鸿渐于陵，鸿渐于逵。”译成现代诗话：鸿雁翔落河边，鸿雁翔落石上，鸿雁翔落田野，鸿雁翔落树间，鸿雁翔落高岗，鸿雁翔落道旁。排比齐整，极具画面感和跃动的韵律。类似的排比还有《困》卦的六个爻辞：“困于株木，困于酒食，困于石，困于金车，困于赤绂，困于葛藟。”译成现代诗话：困固于树上，困醉于宴席，困顿于石下，困囿于金车，困窘于赤绂，困陷于葛藟。《明夷·初九》曰：“明夷于飞，垂其翼。君子于行，三日不食。”明夷，指日蚀，这里代指太阳鸟，古代传说日中有三足鸟。译成现代诗话：明夷神鸟飞翔，哪怕低垂着受伤的翅膀。君子远行，三日不食也绝不彷徨。这里的“明夷于飞”与《诗经》中的“凤凰于飞”句型相似。

（二）“易”开启了国人的诗性智慧

《易》中有诗，同时易理也影响诗的创作，开启了国人“外师造化，中得心源”[①] 的诗性智慧。天地间的日月风雷雨雪的自然律动，触发了诗歌抑扬顿挫的声韵和音律；天地间四时节气的冷暖更替和色彩变化，撩动了诗人的情志与才思，情以物迁，辞以情发，情景交融的诗境便产生了。孔子是较早肯定诗歌在生活中起作用的古代先哲。孔子言道：“《诗》可以兴、可以观、可以群、可以怨。迩之事父，远之事君，多识与鸟兽草木之名。”[②] 意思是说《诗经》可以激发情志，可以观察自然和社会，可以结交朋友，可以讽谏怨刺世间不平之事。近可以用来侍奉父母，远可以应用侍奉君王，还可以知道不少鸟兽草木的名称。可见，孔子从来是很重视艺术的教化作用的。易重视“象”的思维培育了国人发达的形象思维；易的发散、表征的思维特点开创了诗歌中“比兴”的艺术手法；易讲究变化的思维，使得中国的诗歌与时偕行，不断地用新的形式表现其不同时代人的情感，风情万种，美轮美奂。所谓楚辞汉赋唐诗宋词是之也。

（三）诗中浓厚的“易”的韵味

1. 唐诗宋词中的“易”韵

国人擅长诗歌，“易”入诗顺理成章。唐诗中意境绝美的当推张若虚的《春江花月夜》：春江潮水连海平，海上明月共潮生。滟滟随波千万里，何处春江无月明！唐人师造化，多发情志，如李白《下江陵》：朝辞白帝彩云间，千里江陵一日还。两岸猿声啼不住，轻舟已过万重山。宋人师造化，多抒情思。如程颢《秋日偶成二首》所言：“闲来何事不从容，睡觉东窗日已红。万物静观皆自得，四时佳兴与人同。道通天地有形外，思入风云变态中。富贵不淫贫贱乐，男儿到此是豪雄。”[③] 朱熹是理学家中出色的诗人。他的《水口行舟二首》是脍炙人口的佳作。其一：昨夜扁舟雨一簑，满江风浪夜如何？今朝试卷孤篷看，依旧青山绿水多。其二：郁郁层层夹岸青，春山绿水去无声。烟波一棹知何许，鶗鴂两山相对鸣[④]。对于诗和“理”关系，朱熹在《诗集传序》中总结道：“人生而静，天之性也。感于物而动，性之欲也。夫既有欲矣，则不能无思；既有思矣，则不能无言；既有

---

① （唐）张彦远：《历代名画记· 卷十》。
② 《论语·阳货》。
③ 《二程集》，中华书局 1981 年版。
④ 《朱熹集》，四川教育出版社。

言矣，则言之所不能尽而发于咨嗟咏叹之余者，必有自然之音响节奏而不能已焉。此诗之所以作也。”在《答杨宋卿》中他又说：“是以古之君子德足以求其志，必出于高明纯一之地，其于诗固不学而能之。”这里的“高明纯一”显然是指“中得心源”后所达到的境界。

2. 中华楹联中“易”韵

诗中“易”韵味还有由阴阳所引发的诗歌中的对仗。所谓对仗，即“天对地，雨对风。大陆对长空”，后来由此发展出了对联的形式，中华楹联成为了文学中的重要形式之一。诗中若想求得“易”的韵味浓厚莫过于“五行”入诗或用五行做对子。史上最经典的“五行”对子要算是“烟锁池塘柳”了。人们用此做上联，求对下联。此联最初出自于陈子升的《中洲草堂遗集》。而后这一千古绝句引出了许多典故。最有名的典故是说乾隆临江南科考，正赶上两名举子的成绩难分伯仲，于是乾隆便出此联而试之，一名举子一见此上联当即调头退下了，而另一名则想了半天也只好悻悻而去。于是，乾隆钦点先走者为第一名。众臣不解问其故，乾隆说：“此联为绝对，能一见便知难而先退者必为才思敏捷者，后退者稍微迟钝些。”众人释然。此联确可称得上为绝对，上联五字，嵌“火、金、水、土、木”的五行为偏旁，且意境很美，宛如一幅山水画；后人多有续缀下联的，但佳句很少，一些下联即使仍用五行的偏旁字勉强对上，其意境也比上联差远了。

还有一副流传很广的对子，其内容有不同的版本，也颇具文化味，而且主人翁也换过多人，有说是发生在康有为身上的事，也有说是发生在梁启超身上的事，现如今已经很难细考了。从流传的时间较久，以及从对答的机敏劲看来，都更像是明代大才子唐伯虎的故事。说的是唐伯虎进京赶考时，在京城去拜见一学界的前辈，心高气傲的他到得府上报名曰：江南才子唐寅求见，门房照原话传进去，老先生一听乐了，自称是才子求见，便有心试一试其才学，当下出一上联：“四水江第一，四方南第二，自称江南子，你是第一？还是第二?”门房将上联传达给了唐伯虎，伯虎立刻悟出了老先生的话意，思索了片刻，下联便有了，答曰：“三教儒居先，三才人居后，晚生本儒人，岂敢居先，不敢居后。”老先生闻后，又惊又喜，便决定召见了他。现实版的唐伯虎哪里有点秋香的浪漫。历史上记载，真实生活中的唐寅命运多舛，由于受考场舞弊案的牵连，被罚终生不得为官。仕途的不顺迫使他回乡后只得靠卖画为生，据此反而印证了“天无绝人之路”和“天生我才必有用”的道理。庆幸的是从此中国的官场上少了一名普通的官吏，而中国的书画界却多了一位旷世的奇才。

三、古典小说里“易”的融入

《周易》作为中国传统文化的集中代表，不能不影响到中国的古典小说。由于《周易》出身于卜筮，特别是里面所杂陈的“术数”内容繁多，因此，其自身便不能不带有未知的记述和幽冥的探秘内容，有其神秘的色彩不可避免。《周易》这方面的特质对文学产生的最直接影响，就是古代的志怪类小说与笔记类小说的昌盛。本书有些材料的转引也多出自于这两类小说的叙述。

先秦的较漫长时期是志怪类或笔记类两类文字的孕育和发展的重要阶段。与此同时，上古时代的许多神话传说也均被这些文字记录了下来。记录这两方面内容的文字不仅散见于古史记述中，如《国语》、《左传》等；也散见于先秦诸子的文集中，如《庄子》、《墨子》等；但更大量的还是在专门的记述文集中，如《山海经》、《汲冢琐语》古本等，先秦大文豪屈原的《离骚》、《天问》里也有大量的幽冥的成分与奇异的内容，也都被后世的文学形式所吸收。秦汉至魏晋南北朝时期，是这两方面文字发展为志怪类小说与笔记类小说的重要阶段，也是这两类小说成熟以致于达之繁盛的阶段。再往后的年代，唐宋元明清历代都有代表性的书籍出版，始终绵延不绝。靠前一些的时代，志怪类小说偏多且流行，靠后一些的时代，逐渐地笔记类小说占了主流。学术界将志怪类小说和笔记类小说又分为三种类型，需要说明的是三种类型的分类并不纯粹，有时是杂陈在一起的，仅是大致的区分：

第一种类型，偏于记述地理、自然或风土人情方面的奇异现象。除以《山海经》为代表外；还有：汉代托东方朔名的《神异经》和《十洲记》；晋代张华的《博物志》，《博物志》体量庞大，有四百卷之多；宋代洪迈的《夷坚志》体量同样庞大，有四百二十一卷。此类书还包括明代张瀚的《松窗梦语》八卷等。

第二种类型，偏于记述神鬼妖仙、花仙木精或媚狐灵蛇等怪异现象。有：三国时曹丕的《列异传》；东晋荀氏的《灵鬼志》；东晋干宝的《搜神记》，《搜神记》是志怪小说的一个成就的高峰。后来还有晋末陶潜的《搜神后记》；南北朝颜之推著的《集灵记》等。若明代吴承恩的《西游记》另算的话，沾“西游”边的还有《续西游记》，《后西游记》，《西游补》等。后期志怪小说这部分内容的另一个成就高峰是清代蒲松龄的《聊斋志异》。

第三种类型，偏于记述以往社会间所发生的琐闻异事、志怪传奇，并且企图在记述发生怪异现象的同时更多地掺入考据辨证的色彩，掺入人文伦理的议论。而后的时代，第三种类型的书籍渐多，大多的笔记类小说也多为此类型。这种类型的有：署班固所著的《汉武故事》、《汉武内传》，汉人郭宪著的《汉武洞冥记》，南北朝刘义庆的《幽明录》三十卷，刘义庆还编辑了《世语新说》也属此类书籍。唐段成式著《酉阳杂俎》（二十卷）和《酉阳杂俎续集》（十卷）。名曰“杂俎”，所以里面的故事前面二类的也很多。宋代此类大部头书就是《太平广记》；往后有明代瞿佑的《剪灯新话》，昌祺的《剪灯余话》等；再往后便是三位清人的笔记类作品：纪昀的《阅微草堂笔记》，袁枚的《子不语》，吴炽昌的《客窗闲话》均属于这类的小说。

这里，我们不准备展开《周易》与志怪类小说和笔记类小说的关系，我们仅以中国古代小说中的“四大名著”作为代表，谈谈《周易》对中国古典小说的影响。

有人说古代“四大名著”丰富了中国人的情感，没有错，但是，若没有以

《周易》为代表的思想经典就没有“四大名著”为代表的文学经典。古典“四大名著”里都或多或少地融入有周易文化的内容。周易文化讲天地人系统思维，而“四大名著”恰恰从不同方面体现出了这一思想：《西游记》侧重于讲自然，《水浒传》侧重于讲社会，《三国演义》侧重于讲国家，《红楼梦》侧重于讲家庭。这样，“四大名著”就分别从自然、社会、国家、家庭这四个方面将人类社会生活构成了一个有机的整体。当然，“四大名著”都有一个共同的主题：这就是人文教化的功能。即进行所谓自然伦理、社会伦理、国家伦理和家庭伦理的教化，艺术的讴歌人性中的真善美，鞭笞假恶丑，惩恶扬善，这构成它们的共同的主题。当然，人文教化的主题既是一切中国人意识中的一大特色，也是这四部书之所以成为经典的充足理由。

（一）《西游记》的“易”味道——明“佛”暗“道”

1.《西游记》视野最阔

《西游记》“易”味浓。《西游记》开篇就说到了《易》的内容：天地之数，十二地支，天清地爽，阴阳交合，三皇治世，五帝定伦等。小说还先后引用《周易》大家邵康节的话，引用《易经》中的观点，以示其权威性。然后云：“天气下降，地气上升；天地交合，群物皆生。生人、生兽、生禽，正谓天地人，三才定位。”小说这话语多么像《周易》的语言风格。四大名著中《西游记》的视野最阔，天宫、地府、陆上、水下都写到了。虽然其内容是一个不畏艰难，西天取经的故事，似乎和佛教关系多一些，但里面儒道佛思想杂糅，“易之和”的思想尽现。《西游记》最具鲜明特色的是自然伦理思想。例如开卷诗就已点明：“自从盘古破鸿濛，开辟从兹清浊辨。覆载群生仰至仁，发明万物皆成善”。而自然伦理思想与道家思想最接近。历史上曾为吴承恩是否是小说《西游记》的作者有过争议，这是由于小说《西游记》自明代流行后，多种版本都不署作者名，引得社会上的人们纷纷猜测，难免有臆想或异说。清代时，曾盛传《西游记》作者是大道士邱处机，后又有人认为作者可能是邱处机道教流派的传人。不可否认，《西游记》小说的作者吴承恩有着浓厚的道家思想，他曾作《二郎搜山图歌》，其内容与《西游记》的开篇诗大同小异：“我闻古圣开鸿濛，命官绝地天之通。轩辕铸镜禹铸鼎，四方民物俱昭融。”民国期间，大学者胡适在《西游记考证》中指出：“这一篇《二郎搜山图歌》很可以表示《西游记》的作者的胸襟和著书的态度了。”由此胡适肯定了吴承恩是《西游记》作者的身份。《西游记》确有道骨仙风，《西游记》第一回中当写道石猿遂自称美猴王时，随后作者作诗一首：“三阳交泰产群生，仙石胞含日月精。借卵化猴完大道，假他名姓配丹成。内观不识因无相，外合明知作有形。历代人人皆属此，称王称圣任纵横。”这里所谓的“大道”和“配丹成”，到底指的是什么呢？这里意味多多。显然，吴承恩不仅是一个有着道教修养的高人，也是一个精于隐语暗喻的高手。

2.《西游记》的自然伦理思想

吴承恩的“四方民物俱昭融”是他自然伦理思想集中体现。《西游记》对大小妖精的处置方法是多种多样的，但值得人们注意的是，吴承恩显然不赞成将一切鬼怪妖魔都斩尽杀绝，许多时候被描写为或被神仙收编了去、或化回原形予以放生，总之，采取的是感化、给生路或出路的政策，这里面当然有佛教教义的意思，但也有较通达的态度，符合当今保护生态多样性的提倡，体现出自然伦理思想的精髓。至于书里面利用变幻手段非要害人的白骨精，自然不在宽恕的范围内。毛泽东曾诗云：“僧是愚氓犹可训，妖为鬼蜮必成灾”，唐僧本人是可以教育的，但唐僧的错误是不允许再犯的；“今日欢呼孙大圣，只缘妖雾又重来”，热情赞美了孙大圣的明鉴能力。人间总会有妖孽，对于今天的人们，保持其警惕总是必要的。

（二）《水浒传》的“易”味道——民意“天”从

1. 谈笑看吴钩

《水浒传》的“易”味主要是“民”味更足。它不像《西游记》利用对自然和神话人物的描写间接地反讽人类社会，而是以准纪实的艺术手法，运用白描的表现手段直接反映社会间的各色人物，因此，它具有深刻的人民性和现实主义风格。《水浒传》开篇诗云：“刹时新月下长川，江湖桑田变古路。”提倡“谈笑看吴钩”，显然深谙“易”变化之理。《水浒传》首回，借昏官洪太尉扯下伏魔殿的封皮，掘开由龙章凤篆，天书符箓护卫的石碑下石板，一声响亮过处，只见一道黑气冲天，从此梁山泊上便有了一百零八条好汉，由三十六天罡星和七十二地煞星组成。

2. 艺术解读“替天行道”

《水浒传》作者施耐庵高人一等的本事在于接下来的第二回，他暂不提天罡地煞星君们的转世之事，笔锋一转，集中描写了街头混混高俅当上高官，徇私枉法、胡作非为之事。大才子金圣叹对此评论道：“乃开书未写一百八人，而先写高俅者，盖不写高俅，便写一百八人，则是乱自下生也；不写一百八人，先写高俅，则是乱自上作也。”[①] 金氏评得好，无愧大才子之名！上梁不正下梁歪，高俅是乱自上作的代表人物之一。“官逼民反”或“逼上梁山”是《水浒传》的鲜明主题。如此多的各色人物，已不能再平稳地生活下去，可见社会的动荡；其原因在于社会的官场伦理、商场伦理、情场伦理尽丧，天下哪有不乱的道理。前面我们说到周人制“易”很重要的缘由就是要讲“理”和“礼”。前一个是“天理”，后一个是“周礼”，总归是要讲社会的伦理；否则，天怒人怨，变天、换天，“替天行道”就不可避免了。《水浒传》似乎是艺术的解“易”，解读天地人之大道，其可贵之

① 《金圣叹点评水浒传》。

处就在于关注了社会和谐的问题，凸显了社会伦理的重要性。

（三）《三国演义》的“易”味道——天下姓“公”

1. 刘备与“易”的缘分

《三国演义》的视野恢弘，最具庄重的色彩。由于是在真实人物基础上的艺术再加工，便无形增添了一份历史厚重感。《三国演义》的“易”味既有家国的情愫，又有谋略的感慨，还多少有一点对英雄豪杰命运的悲凉。有意思的是《三国演义》第一回写到刘备出场就“易”味十足。书云：“玄德幼孤，事母至孝；家贫，贩屦织席为业。家住本县楼桑村。其家之东南，有一大桑树，高五丈余，遥望之，童童如车盖。相者云：‘此家必出贵人。’玄德幼时，与乡中小儿戏于树下，曰：‘我为天子，当乘此车盖。’叔父刘元起奇其言，曰：‘此儿非常人也！’因见玄德家贫，常资给之。年十五岁，母使游学，尝师事郑玄、卢植，与公孙瓒等为友。”书中说到相风水的话题，稍前还说到相面于刘备本人，所谓“两耳垂肩，双手过膝”。同时还透露说刘备曾就学于易学大家郑玄，这些交待实际上都是为刘备日后三顾茅庐恭请“易学”高人诸葛亮做了重要的铺垫。

2. 天下是谁家之天下

《三国演义》以三国争雄为题材，其主题必然围绕着天下是谁家之天下？罗贯中站在国家伦理的高度用艺术的表现手法实际回答了这一严肃的话题。书中人物诸葛孔明、张松、华歆等人，在不同场合都说出同样的意思：“天下者，非一人之天下，乃天下人之天下也。”这是《三国演义》较其他名著表现得更为庄重的地方，也是《三国演义》小说的精髓之所在。这一话语最早来源于易大家姜尚，太公曰：“天下非一人之天下，乃天下之天下也。同天下之利者，则得天下；擅天下之利者，则失天下。”[①]《礼记·礼运》云：“大道之行也，天下为公。”“天下为公”遂成为了人们的共识。天下为公不为私也是《三国演义》主题思想。

3. 谁是天下英雄

罗贯中借书中典型人物的塑造还回答了到底谁是天下英雄的问题。《三国演义》第二十一回有一段曹操和刘备一起饮酒并谈论当今天下谁是英雄的情节。其实这个情节历史上实有其事。《三国志》先主传中载：“时曹公从容谓先主曰：‘今天下英雄，唯使君与操耳。本初之徒，不足数也。’先主方食，失匕箸。”只不过作者陈寿老前辈记载的过于简明，所以后来被罗贯中好一通的发挥。罗本人道统思想浓厚，也有普通百姓对明君贤臣的期待，其答案自然是有德行者为天下英雄。在罗看来，刘备是“有道之君”，这样，“尊刘贬曹”就成为《三国演义》的明显的思想倾向。书中除了描写了曹操和刘备，还刻画了众多生动的典型人物，如诸葛孔明、周瑜、关羽、张飞和赵云等，总之，罗贯中将这些英雄人物的才能和道

① 《六韬·卷一》。

德、性格和行为放在具体的历史进程中，揭示出所存在的冲突及最终不能获得预期结果的历史必然性。正是这种浓重的悲剧色调，大大深化了《三国演义》的思想内涵，其文化震撼力和永恒的艺术魅力也在于此。

4. 古今多少事，都付笑谈中

《易》云：“通变之谓事，阴阳不测之谓神。”世间唯有“变”永恒。《三国演义》开篇词一首《临江仙》唱得好，唱出了“变”的主题：滚滚长江东逝水，浪花淘尽英雄。是非成败转头空。青山依旧在，几度夕阳红。白发渔樵江渚上，惯看秋月春风。一壶浊酒喜相逢。古今多少事，都付笑谈中。罗贯中是领会《周易》思想的文学家。

（四）《红楼梦》的“易”味道——梦缘人生

1. 曹雪芹精通阴阳之理

《红楼梦》的“易缘”体现在多方面。《红楼梦》爱谈论阴阳。红楼梦第三十一回借湘云和翠缕主仆二人对答用简短话语解析了阴阳之理。湘云：“天地间都赋阴阳二气所生，或正或邪，或奇或怪，千变万化，都是阴阳顺逆。”翠缕：“这么说起来，从古到今，开天辟地，都是些阴阳了？”湘云：“糊涂东西，越说越放屁，什么都是些阴阳！况且‘阴阳’两个字还只是一个字，阳尽了就是阴，阴尽了就是阳；不是阴尽了又有一个阳生出来，阳尽了又有个阴生出来。”翠缕：“这糊涂死我了！什么是个阴阳？没影没形的。我只问姑娘，这阴阳是个怎么样儿？”湘云：“这阴阳不过是个气罢了。器物赋了，才成形质。譬如天是阳，地就是阴；水是阴，火就是阳；日是阳，月就是阴。”显然，曹雪芹精通阴阳之理。

2.《红楼梦》须“反着”看

《红楼梦》中“风月宝鉴”情节不但鲜明地体现出曹雪芹的阴阳思想，而且还有解读曹雪芹创作思想和手法的意味。“风月”寓意着男女关系，男阳女阴；“宝鉴”一面是骷髅，另一面是美女，骷髅为阴为死，美女为阳为生，寓意着生阳死阴的观念。《红楼梦》中跛足道人叮嘱贾瑞只照反面，别照正面，暗含着知死而后生的道理。也契合佛教的“面死而生”的道理。贾瑞不听话，不愿意看反面，总愿意看正面，看正面便看见凤姐在镜子里招手，殊不知“宝鉴”之理是表象为阳生，实则为阴死，对这种只知生、不知死的前世花痴、情债坯子，最终钻进去作死是最好的归宿。有些研究“红学”的专家甚至认为“风月宝鉴”的道理还是读懂《红楼梦》的钥匙。在脂砚斋重评石头记（庚辰本）里，风月鉴的情节一出现，脂砚斋在旁夹批道：“凡看书人从此细心体贴，方许你看，否则此书哭矣。”脂砚斋强调，镜子即是此书！在小说里说到此镜“两面皆可照人”句后，脂砚斋又在旁夹批道：“此书表里皆有喻也。”镜子有正反两面，此书有表里两层。依此理，脂砚斋要求读者：“观者记之，不要看这书正面，方是会看。”点出了《红楼梦》亦“反着”看的道理。反看《红楼梦》才能读懂《红楼梦》！曹公“轮回”思想的意味，作为知己朋友的脂砚斋是晓得的。

3. “易”味十足的一部《红楼》

《红楼梦》讲到了命理。宝玉、黛玉、宝钗的三角恋爱中纠结着五行生克的观念，当然，三者的最终命运不能仅用五行生克来庸俗地解释，曹雪芹并不迷信命理。这部分内容在命理文化一章曾讲到。《红楼梦》讲到了占卜。《红楼梦》在第一百零二回里讲到贾珍的妻尤氏病了，贾珍的儿子贾蓉建议请人占卜的环节。其内容在占筮文化一章曾讲到。《红楼梦》说到了厌胜术，其内容在术数文化一章曾讲到。《红楼梦》和术数的占梦有关联。一部《红楼》，起于梦，结于梦；爱做梦，能释梦；看似写梦，实非写梦。曹雪芹梦进梦出，梦真梦幻，梦情梦境，梦言梦语，不愧是写梦的高手。写梦如此多，但并未冲淡《红楼梦》现实主义的基调，这就不是一般人能做到的。有人统计，《红楼梦》长短大小写了32个梦，前八十回共写了20个梦，后四十回共写了12个梦。著名的当然是几个靠前的：甄士隐梦幻识通灵、贾宝玉梦游太虚幻境、贾瑞死前春梦、王熙凤梦见秦可卿等。曹雪芹爱说谶有目共睹。《红楼梦》中有谶语、谶诗、谶戏、谶事，还有图谶。谶事如第六十六回，柳湘莲以鸳鸯剑为定亲之礼，预伏日后尤三姐饮剑殉情。谶语有第二十八回，宝玉将袭人的汗巾换蒋玉函的茜香罗，蒋又在宴会上说出：“花气袭人知昼暖”之语，暗隐日后蒋、花二人的百年好合。谶戏在第八十五回，黛玉生日之时演了一出戏，戏名为《冥升》。“冥升”乃《周易·升》之爻辞：“上六：冥升，利于不息之贞。”戏及戏名都应是曹雪芹的杜撰。人家过生日，点戏居然叫《冥升》，亏曹公想得出，创意十足且谶意十足，真乃大才子风！曹雪芹借书中人物之口解释道：“这是新打的《蕊珠记》里的《冥升》，小旦扮的是嫦娥，前因坠落人寰，几乎给人为配，幸亏观音点化，她就未嫁而逝，此是升引月宫，不听见曲里头唱的‘人间只道风情好，那知道秋月春花容易抛，几乎不把广寒宫忘却了！’”一出《冥升》，实际是对林黛玉仙逝和最后归宿的交代。图谶和诗谶在第五回，便是有名的金陵十二钗正册、副册的介绍。这些介绍有图画有文字，文字是一首小诗，预言了大观园中女子们日后的不同命运，令人印象深刻。似是宿命，实非宿命。这就是曹雪芹高的地方，也是《红楼梦》的伟大之处。

4.《周易》与《红楼梦》

《周易》与《红楼梦》有许多相似的地方，例如，人们对《周易》的解读五花八门，莫衷一是。而人们对《红楼梦》的解读，分歧也很大。有人说它是政治小说、社会小说、历史小说，有人说它是伦理小说、家庭小说、情爱小说，甚至还有将其说成是豪门秘事、准宫廷秘史等，同样莫衷一是。正应了鲁迅所言，面对《红楼梦》：“单是命意，就因读者的眼光而有种种：经学家看见《易》，道学家看见淫，才子看见缠绵，革命家看见排满，流言家看见宫闱秘事。”[①]《红楼梦》在

① 鲁迅：《中国小说史略》。

不同人的眼中自然便不同。中国的文化人有意思，学理绕不开《周易》，文艺避不开《红楼梦》;《周易》用来修饰深沉，要些学者范儿;《红楼梦》用来装点浪漫，要些文艺范儿，二者有互补性。有人说，看懂了《周易》，就能基本看懂《红楼梦》，红学家周汝昌先生说：红楼梦是中华文化小说，中华文化的根本就是周易，读懂周易是基础！这些话的意思笔者大致明白，所循的途径笔者也基本认同。问题是，谁敢说真正看懂了《周易》？读懂了《周易》？《周易》是开放的，永远处于“未济”、未完成状态，没有尽头的。莫非说此话的意思是说红学的研究也无止境？果真如此的话，笔者便是赞同周老先生话的。

第三节 周易文化对中华艺术的影响

一、周易文化与造型艺术

（一）绘画和书法

绘画和书法都是以画面或形象示人，不能不受到《易》的象思维影响。二者均是墨的艺术，书法尤为如此，中国的书画视墨为本色，墨亦分五色，五色之交变幻无穷，此理同于五音、五行之变。墨为阳，纸为阴，阴阳之道，合二而一乃太极之美。《周易》对绘画和书法影响大致有这样几个方面（参见彩色插图42）。

1. 观物取象，万象有殊

《周易》的“观物取象，万象有殊”观念启发了艺术家，因而艺术家们无不“以自然为师”，古人爱称自然为“造化”，便有了“以造化为师”艺术宗旨。造化者非圣非贤，何德何能为师乎？其生生不息，常在日新，一物一式，各美其美，足以为师焉！“师造化”一说最早提出者是唐代画家张璪。他主张“外师造化，中得心源”。“外师造化”明确了大自然是艺术的源泉，“中得心源”肯定了主体意识参与艺术创作的过程，揭示出任何艺术品总是主体与客体、形象与意象、表现与再现的统一。这一理论深受画家的推崇，并且成为中国绘画的一个重要的创作原则。后来的绘画大师无不遵循之。明代画家董其昌在《画禅室随笔》中表示：“画家以古人为师，已自上乘。进此当以天地为师。”并且提倡画家“读万卷书，行万里路”。清初著名的画家石涛在《苦瓜和尚画语录》中提出“夫画者，形天地万物者也”，明确指出绘画就是描绘天地万物形象的。书法同理，汉代书法家蔡邕一段话可做概括："夫书肇于自然。自然既立，阴阳生焉。阴阳既生，形气立矣。"[①] 西方艺术家亦肯定艺术来源自然，这一点上中西差异不大。如达·芬奇在他的《画论》中曾指出：自然是绘画的源泉，绘画是自然的模仿者。他还根据古罗马以来绘画发展史的过程指出，如果画家取法自然，绘画就昌盛，不取法自然，绘画就衰微；达·芬奇从哲学和历史两方面说明画家必须以自然为师。艺术要师法自然，中西同理。

2. 立象尽意，象表心声

《周易》的"立象尽意，象表心声"观念启发了艺术家。"尽意"就是"中得心源"，此时在艺术家脑中的"象"已不再是纯自然的"自在之象"了。认识的"成像"不能不受到更深层次文化的影响，因此在这一点上，不但中西的差异明显了，就是中国画自身差异也在放大，艺术由此呈现出多元化趋势。绘画有领域的不同，自然的、人文的，还有因理念、手法、流派和风格而不同。

西方绘画大师达·芬奇这样理解"尽意"：一方面他倡导以自然为师，另一方面他又十分强调理性的重要，要求画家们具备透视学、光影学、人体解剖学等方面的知识，用以指导绘画创作，忠实地反映自然万物的形态；并且号召在临摹过程中和丰富的想象力结合，和自然竞赛，创造出自然中没有的形象。其中透视学、人体解剖学在传统中国画是没有的。西方绘画讲究先做自然的忠实观照者。"画家的心应当像镜子一样，将自身转化为对象的颜色，并如数摄进摆在面前的一切物体的形象，应当晓得，假如你们不是一个能够用艺术再现自然一切形态的多才多艺的能手，也就不是一位高明的画家。"[②]

中国人的"尽意"产生了中国画"似与不似"的经典命题。"似与不似"的争辩是伴随着文人画而兴盛起来的。自宋代有了皇家画院后，宋徽宗讲求"形似"和"法度"，导致两宋宫廷绘画都追求高度的"写实"风格。宋代文人画的出现实在是对宫廷画师们"写实匠气"的反叛。从宋代苏东坡始，到元代倪云林等都对"形似"予以了批评。最先提出"似与不似"命题的是明人王绂，他在《书画传习录》中云："岂知古人所云不求形似者。不似之似也。"为文人画所追求的"神似"而鼓吹。明代大画家徐渭就曾在《画百花卷与史甥，题曰"漱老滤墨"》作诗云："不求形似求生韵，根拔皆吾五指栽。"[③] 清代大画家石涛强调作画时主观感受。如石涛在《一画章》中所言："夫画者，从于心者也。""画受墨，墨受笔，笔受腕，腕受心。""一画之法，乃自我立。"[④] 石涛多在题画中说："天地浑溶一气……不似之似似之。""不似之似当下拜。"齐白石大师说过："作画妙在似与不似之间，太似为媚俗，不似为欺世。"追求"似与不似"之间的境界成为了中国画的传统。

---

① 蔡邕：《九势》。

② 达·芬奇：《画论》。

③ 《徐文长全集》卷五。

④ 《苦瓜和尚画语录》。

中国画有“画分三科”说，即人物、花鸟、山水。实际囊括了三个方面：人物画所表现的是人类社会，人与人的关系；山水画所表现的是人与自然的关系，将人与自然融为一体；花鸟画则是表现大自然的各种生命与人和谐相处。三者之合构成了宇宙的整体，相得益彰。这都是《周易》“天人合一”的思想在中国绘画艺术上的体现。中国的人物画贵在“神似”，花鸟画贵在“情趣”，山水画贵在“意境”，三种画法都不大讲究西方人所倡导的透视学和光影学，当然比例、远近要讲，但人物画细到人体解剖学层面是没有的。

中国书法追求其神韵更是如此。董其昌有句名言：“晋人书取韵，唐人书取法，宋人书取意。”[①] 这是历史上书法理论家第一次用韵、法、意三个概念划定晋、唐、宋三代书法的不同审美取向。现代大画家吴冠中有过带总结性的发言，他说：“概括地看，相对地说，西方美术偏重于形与质，而中国美术则更珍视神与韵。无论在西方和东方，都有不少画家在探索两者的结合。这其中，郎世宁着意刻画了形似而丢失了神韵，是失败的例子。……林风眠绘画的中西结合就是以中国韵律为骨干，画面中形的变化转折服从韵律的指挥，一如声腔决定吐词发音的短长。”[②]

3. 得意忘象，日新盛德

《周易》“得意忘象，日新盛德”观念启发了艺术家。进而产生“师承间关系”的持久话题。较早挑起这话题的是唐代书法家李邕，因曾任北海太守等职，人称“李北海”。他在谈到书法家要敢于创新时最先提出“似我者俗，学我者死”。后有吴昌硕的“学我，不能全像我。化我者生，破我者进，似我者死”。再后有齐白石大师的“学我者生，似我者死”。艺术之路最可贵是“师其意而不泥其迹”。学习，不是跟着前人亦步亦趋，而要另辟蹊径。齐白石本人便是继承与创新的典范。在《白石诗草》中，齐白石写道：“青藤、雪个、大涤子之画，能纵横涂抹，余心极服之，恨不生前三百年，或为诸君磨墨理纸。诸君不纳，余于门外饿而不去，亦快事也。”并有愿做“走狗”一说。清代艺术家郑燮（号板桥）对明代艺术家徐渭（号青藤道士）极为钦慕，便谦称是“徐青藤门下走狗郑燮”。齐白石仿效其意作诗云：“青藤雪个远凡胎，老缶衰年别有才；我欲九泉为走狗，三家门下转轮来。”青藤是徐渭，雪个是朱耷，号八大山人，大涤子是石涛，老缶是吴昌硕，号缶庐。齐白石用调侃的方式表达了他对前辈的敬重与仰慕。白石老人的艺术成就是“青出于蓝而胜于蓝”的最好诠释。20 世纪还涌现出了许多绘画大师，包括黄宾虹、徐悲鸿、刘海粟、张大千、李苦禅、李可染等，他们几乎都遵循了一条共同的艺术创作规律，即“师古人、师造化、师己心”。作为齐白石学生的许麟庐在记住恩师的“学我者生，似我者死”的八字教诲后，悟出了自己的“寻门而入，破门而出”的八字心得，亦格言也。京剧大师郝寿臣曾告诫自己的弟子说：“把我捏碎了成你，不要把你捏碎了成我。”也算是艺术上的箴言。

① 《画禅室随笔》。

② 《百花园里忆园丁》，见《吴冠中文集》，山东美术出版社 2011 年版。

4. 与时偕行，唯变所适

周易“与时偕行，唯变所适”观念启发了艺术家。中国古人很早就认识到了艺文随时代而嬗变的特质。刘勰在《文心雕龙·时序》中就有“时运交移，质文代变”以及“歌谣文理，与世推移，风动于上，而波震于下者也”之说。艺术因时代而流变从未停止过。艺文有所谓楚辞汉赋、魏晋诗文，唐诗宋词、元曲及明清小说。书法艺术以书体划分有篆书、隶书、草书、楷书和行书五大类。其演变走势大致与时偕行。即秦篆、汉隶、南北朝草、唐楷和唐行。“笔墨当随时代”，是清代画家石涛的一句名言，既像是对历史的总结，又像是对未来的期许。历史上中国画每发展到一个新的时期，总会产生新的艺术表现形式与新的画风。如隋唐之前，中国画的艺术表现均以线描为主，宋元之后，随着禅宗思想的影响，产生了写意的艺术风格。总起来说，这些变化包括有技法风格的变化、题材的变化、人文精神的变化，以及绢本与纸本的变化等，这些变化无不体现该时代的人文思想与艺术特色。正是因为有了这些艺术特点，其作品才得以传世，并且成为代表一个时代风貌的艺术珍品。

（二）雕塑及其他造型艺术

雕塑是造型艺术主流，雕实施的是减法，有石雕、玉雕、砖雕，有木雕、竹雕、骨雕、牙雕等。塑实施的是加法，有泥塑、面塑，各类陶瓷制品等。造型艺术除了雕塑外，还有家具设计、文房用品、园艺盆景、珠宝首饰、工艺摆件、奇石和各类文玩等。

1. 雕塑所表现的多样艺术风格

雕塑作为造型艺术主流，它的产生和发展与人类的生产活动紧密相联，同时也受各个时期宗教、道德、哲学等社会意识的直接影响，《周易》所能施加的影响无非还是以阴阳为主的理念。美学意义上的阳刚与阴柔体现在雕塑作品就风格而言，首先分粗犷与细腻。秦陵俑马威武雄壮，汉陵墓前石雕雄浑刚健，特别是霍去病墓前的马踏匈奴石雕最具典型性，有粗犷一面。汉代石雕也有细腻风格的，如东汉都江堰出土的李冰石像。汉代墓中出土的玉雕大都细腻精致。粗犷和细腻与材质有一定的关系，一般说来，石雕粗犷，玉雕细腻，骨雕、牙雕更加细腻。石雕中花岗岩粗犷，汉白玉石细腻；木雕中松柏木粗犷，黄杨木细腻。中国各地佛像众多。北方的佛像多偏于粗犷、豪迈，有“大丈夫之相”，属于壮美；南方的佛像多偏于细腻、婉约，所谓“秀骨清相”，属于优美。同是佛造像乐山大佛有阳刚之美；而洛阳龙门的卢舍那佛有阴柔之美。“金戈铁马黄沙，秋风冀北；小桥流水杏花，春雨江南”，这便是中国艺术两大地域风格的生动写照。阴阳观念影响雕塑还表现为简约与繁复。简约属阳，繁复属阴。雕塑简约风格的典型代表仍是霍去病墓前的伏虎石雕，一整块石料仅利用若干线条便表现出了虎的雄健和威猛。雕塑繁复风格主要体现在砖雕上，砖雕由周代瓦当和汉代画像砖发展而来，到北宋形成较繁复的风格，出现了深浅浮雕、圆雕、镂雕、透雕等形式，题材多样，内容丰富，人物众多，成为建筑装饰的重要部分。

2. 家具造型设计的不同风格

简约与繁复在家具的设计上体现得最为明显，明清家具则是这两种风格的典型代表。明代是中国家具史上的黄金时代，明代家具具有典雅、简约的时代特色。明属火、尚红属阳。被后世誉为的“明式家具”，是指材美工精、典雅简朴具有特定造型风格的家具，明式家具以结构上的合理化与造型上的艺术化著称，充分地展示出简洁、明快、质朴的艺术风貌，从而达到了美学、力学、功用三者的完美统一。清代家具也是中国家具史上的黄金时代，清代家具以富丽豪华、装饰考究著称。清属水、尚黑属阴。清人追求奇巧，崇尚华丽气派，乾隆时期到达巅峰。一般家具都能做到材质优良，设计巧妙、做工细腻，装饰繁复，进而形成清式家具的风格。尤其清代的宫廷家具，能融和中西艺术，造型奇特，制作上汇集雕、嵌、描、绘、堆漆、剔犀等多种高超的技艺，其繁复性是显著区别于明式家具的。这使得清式家具不但具有极高的工艺价值和艺术欣赏价值，而且还具有极高的历史文化价值和收藏价值。

3. 盆景造型的多样风格

中国美学理念上的“神胜于形”影响着整个造型艺术。因此中国人的审美过程中更多地有“心象”的因素，客观的美和主观想象的美杂糅在一起，这使得中国人的审美对象比起其他民族来似乎包容得大、宽泛得多，因此，造型艺术门类和品种便呈现为多种多样、五花八门。盆景便是富有自然情趣的东方造型艺术。盆景应始于汉晋时期，至唐代已成为贵族人家的一种陈设。1972 年在陕西唐代章怀太子墓的甬道壁画上出现了盆景画面，起码证明盆栽的艺术不会晚于唐。盆景兴盛于宋代，宋代已有了盆景类别和风格的划分。盆景主要分两大类：树木盆景和山水盆景；风格有五大流派：即岭南派、川派、扬派、苏派、海派等。盆景是大自然景物的缩影，它运用“咫尺千里，缩龙成寸”等“以小见大”的手法，把树木花草、山石水土等物质材料进行艺术加工布局在盆盎中，以优美的造型和深远的意境再现名山大川及诗情画意的图景，是集园林栽培、雕塑绘画等艺术互相融为一体的综合性造型艺术。盛唐期间，日本来华的遣唐使节将盆景艺术带回了日本国，从此受到日本国民的喜爱。盆栽的艺术在日本得到了发展，形成了自己的风格。大致经日本的营销和推广，盆栽技艺和盆景艺术于 19 世纪走向欧美，并逐步开始在国际上普及和流行。

4. 其他的造型艺术

观赏石和奇石的赏玩与收藏也是东方造型艺术的一朵奇葩。观赏石和奇石应是从山水盆景和案头小摆件结合发展而来的。它是以自然形成为要素，形体较小，精美别致，并配有盘、盆、座、架等，以室内陈列布置或几案摆设为主的具有较高观赏和收藏价值及文化艺术品位的石质艺术品。传统赏石或奇石的要求是瘦、透、漏、皱，现如今又增添了质、形、色、韵。观赏石和奇石贵在自然天成，现在较多的奇石人为加工的比重越来越大，如打磨、雕刻，成为半天然奇石或全加工处理过的天然奇石。

盛世好收藏。现珠宝玉器、各类文玩被人们追捧。文玩包括有不同玉质的手把件，贵重木质制作的把件或手串，有文玩核桃、橄榄核雕等。这些传统的小型造型艺术不仅为人们的生活增添了新的情趣，也成为了现时代人们的收藏新品。

二、周易文化与表演艺术

表演撇开具体的内容而言，其形式本无所谓优劣之分，也无所谓先进与落后之分。但当不同国家或民族的表演艺术形式相比较时，呈现出较大差距的时候，便不能不引起我们的注意。当有人说中国的表演艺术与中国作为一个文明古国的地位不相称的时候，你又会怎样想呢？我们是否需要了解以《周易》为首的中国文化，包括各种思想意识到底对中国的表演艺术起到怎样的作用呢？

（一）戏剧与戏曲

戏剧与戏曲是表演艺术的最主要形式。以《周易》为首的中国文化对中国表演艺术似乎产生了两种作用，一种是促进的作用，另一种是阻碍的作用。对戏剧与戏曲而言，这两种作用都显得尤为明显。

1. 周易文化对戏剧与戏曲的促进作用

促进的作用有目共睹。首先还是美学思想的影响。当戏剧大师黄佐临提出“世界三大表演体系”时，其目的是想摆脱当时盛行的用“现实主义”这样的西方戏剧理念套中国传统戏剧的表演的不当做法。所谓“世界三大表演体系”并非代表世界戏剧界的共识。但毕竟以梅兰芳为代表的中国戏曲表演体系区别于其他两种戏剧表演风格，中国戏曲是“神形兼备”，写意风格突出，虚拟的、程式化的方法大量运用，并以演员为中心的载歌载舞、高度综合的舞台艺术。中国戏曲以这种将间离与共鸣统一，程式化的体验与表现相结合的、主角演员领衔的一整套戏剧思想，自立于世界戏剧之林。其次是伦理思想的影响。传统文化以儒家文化为主体，儒家文化又以伦理道德为本位，中国戏曲艺术无不充满着道德教化的色彩。戏曲中的脸谱往往有寓褒贬、别善恶的功能。在长期的社会生活中，戏曲脸谱色彩形成约定俗成的共识：如红表忠勇，如关羽等；黑表刚直，如包拯、张飞等；白表奸邪，如曹操等；蓝表威猛，如窦尔墩等；黄表阴狠，如宇文成都等；绿表暴躁，如程咬金等；紫表耿介，如樊哙等；金银脸一般用于神、佛、鬼怪，象征虚幻之感，如二郎神等。

2. 周易文化对戏剧与戏曲的阻碍作用

阻碍的作用在哪呢？研究戏剧史的人提出了这样一个问题：古代希腊雅典至少在公元前534年，已经有了正规的戏剧演出。此时中国的孔子已是一个年轻人了。另外，古埃及、古印度，都在比中国戏曲出现早得多的时代有了戏剧；中国戏剧姗姗来迟，到宋元之际才崭露头角，大约迟到了一千七百多年。戏剧的生成为何没有与上述国家同步？相距时间如此之大的背后原因在哪里呢？笔者以为原因有四个方面：

第一，早期戏剧的宗教内容被民族的早熟所省略。古希腊戏剧源于酒神颂表演，古印度戏剧源于民间迎神赛会的表演。可见，古希腊、古印度戏剧多源于宗教祭祀活动。在中国，由于《周易》等文献的产生，宗教祭祀活动受到理性思维的梳理，开始了重人事而轻鬼神，早期戏剧赖以生存的重要内容失去了。殷人原不乏巫觋歌舞的，《尚书·伊训》曰："恒舞于宫，酣歌于室，时谓巫风。"周人虽然也讲究娱乐，但接受了殷人过分享乐的教训，较早告别了天真浪漫而趋于务实，趋于理性和人文的思考。像一个早慧的孩子，早早地就失掉了童真和欢乐。这也是中国远古神话相比起古希腊和古印度来说要少很多的原因。中国的戏剧是以戏曲形式表现的，中国戏曲不是来源于宗教祭祀，而是来源于世俗的娱乐。最终于宋金时期在南曲戏文和北曲杂剧基础上臻于定型，至元代成熟并发展起来。

第二，周人讲娱乐是要循礼的，一切"乐"要服从和服务于"礼"。《礼记·表记》曰："周人尊礼尚施，事鬼敬神而远之。"随着社会管理的完善，伦理教化也随之加强，周礼广泛而周详，周礼对歌舞有了严格规范。孔子要弟子做到"非礼勿视，非礼勿听，非礼勿言，非礼勿动"①。中国传统文化提倡"文以载道"②，文即各类文章，包括文学作品，道则是道德、道义、正义、伦理的方面。中国传统文化的核心理念是讲"和谐"，而戏剧创作的规律是要暴露矛盾、制造冲突，进而刻画人物，从而揭示出特定条件下特定人物的命运。两者不同调，而让位的只能是戏剧了。

第三，文学样式的发展态势限制了戏剧的发展。戏剧是一门综合的艺术，它复杂于诗歌和散文。别林斯基曾经指出："戏剧类的诗是诗底发展的最高阶段，是艺术的冠冕，而悲剧又是戏剧类的诗底最高阶段和冠冕。因此，悲剧包括戏剧类底诗底整个本质。"③ 戏剧需要较多的人物关系和故事性情节的脚本，需要演员的扮演，需要场地及观众的参与。从戏剧发源早的经验看，古希腊、古印度戏剧都有雄厚的叙事文学基础作依托，古希腊戏剧许多取材于荷马史诗，表现神话或英雄的传说。古印度戏剧多来自梵教和佛教的叙事诗中的故事。中国叙事文学在宋元之前不发达，戏剧便缺少了其他文学形式的有力支撑。

---

① 《论语·颜渊》。

② 《周子通书·文辞》。

③ （苏）别列金娜选辑：《别林斯基论文学》，梁真译，新文艺出版社1958年版。

第四，戏剧这种艺术样式，要求有更大一些的自由空间，否则就很难实现其功能，发挥其作用。统治阶层对其的态度是能否顺利发展的关键。中国戏曲能在元代兴盛有其必然性，一是此门艺术所需的元素具备了，二是社会环境相对的宽松；这样，戏剧的巨人便产生了，产生了以关汉卿为首的“元曲四大家”。早年间，在中国吃戏曲这碗饭的实属不易。侯宝林大师的相声里说到了旧时艺人的不易。唱戏即便唱的是“红净戏”、“忠义戏”也会遇到出资人的不满意，找麻烦要求改唱一出“关公战秦琼”，让艺人们好生为难。政治上的风吹草动，戏剧常首当其冲。因此，限制过多，干预过多，艺术息矣。

（二）舞蹈与音乐

1. 周易文化和舞蹈

如果说在中国，戏剧晚出有多方面的原因，相对于舞蹈与音乐条件则宽松了许多。舞蹈与音乐来自于远古，在周人眼中，舞蹈与音乐不但有愉悦的功能，更认定有教化的功能，所以得到了支持和鼓励，中国的戏曲恰恰是在历代歌舞的基础上发展而来的。

《周易》对舞蹈的影响首先体现在强调要在周礼的规制下行事。周代的祭祀乐舞与殷商已大不同，已经不允许殷商那种娱乐性很强的巫觋乐舞流行了，周代歌和舞都是高度礼仪化的。礼乐是严肃的，不是供人享乐的。《乐记》曰：“是故先王之制礼乐也，非以极口腹耳目之欲也，将以教民好恶而反人道之正也。”强调的是“教民好恶”而非“口腹耳目之欲”。礼仪中唱什么歌，跳什么舞，用什么乐器，乃至歌、舞、器乐的人员都有一定之规，不可随意更改。《乐记》曰：“乐由天作，礼以地制。过制则乱，过作则暴。”舞蹈有规制的。如“佾舞”排列成纵横人数相同的古代舞蹈，“天子用八，诸侯用六，大夫四，士二。夫舞所以节八音，而行八风，故自八以下。”[①] 天子六十四人，诸侯三十六人，大夫十六人，士四人。当一位按周礼只能用“四佾”规格歌舞的大夫，却用了周天子才能使用的“八佾”规格时，孔子谴责季氏曰：“八佾舞于庭，是可忍，孰不可忍也！”[②] 居然用六十四人在自己的庭院中奏乐舞蹈，对这样不合礼制的事都能容忍，还有什么事情不能够容忍呢？此时的乐舞都已经成为周礼的组成部分了。

《周易》对舞蹈的影响其次体现在美学思想运用舞蹈编排中。中国古典舞蹈是动静结合、刚柔相济，动作讲究“精、气、神”，这种“精、气、神”就是“气”和“韵”的结合。“气”着重于艺术的内容，“韵”着重于艺术的形式，二者水乳交融般地汇聚于舞蹈每一个动作之中。其表现形式要“圆、曲、拧、倾”体现“圆融周游”之美。总之，中国古典舞蹈的精髓是气韵在内，圆融表外，是贯彻阴阳互补、阴阳和合美学理念的舞蹈形式。

---

① 《左传·隐公五年》。
② 《论语·八佾》。

2. 周易文化和音乐

“和”理念既适用于舞蹈，也适用于音乐。最早的“和”字写作成“龢”，左边从“龠”，龠就是古代一个竹制的多管的乐器，类似于笙箫。“龢”字内有三个“口”，众多的“口”要吹有三个“口”的龠，必须用和乐技法才能使得乐声和悦。右边从“禾”。《说文解字》：“龢，调也，音与‘和’同。”段玉裁注：“经传多借‘和’为‘龢’。”言明“和，相应也”。在古人的思想中，音乐可以通彻于天，调和天人关系，可见音乐在古代的地位举足轻重。

《周易》的阴阳五行很早就和“五音”联系在一起。中国古代的“五音”为：宫、商、角、徵、羽。《汉书·律历志》指出：“五声之本，生于黄钟之律，九寸为宫，或损或益，以定商、角、徵、羽；九六相生，阴阳之应。”这说明宫声以律管九寸为基础，而商、角、徵、羽也都以九、六为基，九为阳，六为阴，阴阳二气相应而生，将音乐的产生与《周易》紧密地连在了一起。

中国至迟在汉就将“音”扩为“七音”。《史记》里说“高渐离击筑，荆轲和歌，为变徵之声”，《后汉书》里也说：“黄钟为宫……应钟为变宫。”这样便形成：宫、商、角、变徵、徵、羽、变宫，即简谱里的“1、2、3、4、5、6、7”七音。宋代正式定义为“七音”，即“五声加二变”（宋代郑樵《七音略》）。最早将五音和五行联结的是《黄帝内经》。《素问·阴阳应象大论》将五行与众多事物对应起来：五行，木火土金水；五方，东南中西北；五脏，肝心脾肺肾；五音，角徵宫商羽；五色，青赤黄白黑。《灵枢·邪客》曰：“天有五音，人有五脏；天有六律，人有六腑。”“脾应宫，其声漫而缓；肺应商，其声促以清；肝应角，其声呼以长；心应徵，其声雄以明；肾应羽，其声沉以细。此为五脏正音。”

将音乐纳入教化是古人的共识。《荀子·乐论》认为，导之以礼乐是移风易俗的最好方式：“乐者，圣人之所乐也。而可以善人心。其感人深，其移风易俗。故先王导之以礼乐，而民和睦。”《乐记》曰：“故礼以道其志，乐以和其声，政以一其行，刑以防其奸。礼乐刑政，其极一也；所以同民心而出治道也。”“金石丝竹，乐之器也。诗言其志也，歌咏其声也，舞动其容也。三者本于心，然后乐气从之。是故情深而文明，气盛而化神。和顺积中而英华发外，唯乐不可以为伪。”已经说得很明白了。孔子是清楚的：“宫为君，商为臣，角为民，征为事，羽为物。……宫乱则荒，其君骄。商乱则陂，其官坏。角乱则忧，其民怨。征乱则哀，其事勤。羽乱则危，其财匮。”① 孔子又是纠结的：一方面，他肯定音乐的正面效应，用音乐实施教育，引导人们向好向善；另一方面，歌舞的娱乐性也有负面效应。有所谓乱世之音，亡国之音，消沉之音，堕落之音。“是故知声而不知音者，禽兽是也；知音而不知乐者，众庶是也。唯君子为能知乐。是故审声以知音，审音以知乐，审乐以知政，而治道备矣。”②孔子的纠结后来也常常成为统治者的纠结，在正负能量和利弊社会的两者相权中，选择的是限制或干预多了些。文化塑人，制度

①② 《乐记》。

束人，长此以往，其结果导致中华的主体民族——汉民族养成了内敛而拘谨，含蓄而寡欢的秉性，总体的活泼性和开放性不够；由此也就造成了在漫长的历史长河中鲜有得以流传的歌舞和音乐存世；有之，也由于普及程度的不够，没有能够"学而时习之"① 便被遗忘于历史的记录中，淹没于琐碎的日常过程中了。今非昔比，今天中国各地的大妈们的广场舞跳得丰姿绰约，势不可挡，遍布城乡，走向世界。这既表明了时代的进步与开放，也体现了民众的自娱自乐、乐观向上的心态。各地健身操、广场舞的流行，或许是对过去压抑年代的一种反弹的体现，也或许是过上小康生活的人们追求健康生活方式的一种表现形式吧。

① 《论语·学而》。

第十章

周易文化与经济生活

《周易》中不但保留有上古社会的丰富的经济史料，是对古代社会经济生活的全扫描，而且还有着一些有价值的宝贵的经济思想，这些思想在今天仍具有借鉴的意义。《周易》虽然本质上具有哲学的意义，但在其功能上，实际是为“君子”和“大人”治国所用，所以，《周易》又具有管理学的意义，是中国特色的管理宝典。《周易》还与商朝、商人和商业有着密切的关系。商道哲学的精髓是“易道”。历史上曾提倡过“儒商”，现如今，与其“儒商”，不如“易商”。

第一节 《周易》中的经济思想

一、古代民生经济的真实写照

（一）《易经》卦爻辞中的民生经济

1. 较完备的上古社会史料

周易研究的大家高亨认为：“《周易》古经是具有较高的价值。它所记载的社会现象相当广泛，关于经济情况的如农业、畜牧、渔猎等，关于社会制度的如封侯建国、阶级、婚姻、家族等，关于人们生活的如饮食、衣服、宫室、器皿等，关于人们活动的如祭祀、征伐、守卫、诉讼等，关于人们思想意识的如道德观念、政治观点等，都涉及一些。虽然是东鳞西爪、片玉碎瑶，不完整、无系统，然而由于殷、周之际的史料极其缺乏，所以此书就成为比较重要的上古社会史料，得到史学家的珍视。”[①] 殷周时代，社会生产达到了一定的水平，《诗经·商颂》中有“商邑翼翼，四方之极”的语句，由此引得“四方来集，远乡皆至，则财不匮”[②]。由此可以想见到都市的繁盛、商品的交易在当时已很普遍。《易经》不到5000字，但却记录了当时的许多物产和生产、生活用具，植物有杨、柳、桑、杞、茅、苋陆、蒺藜、葛藟、瓜等；动物有牛、羊、豕、鹿、虎、豹、狐、龟、鱼、豚鱼、鲋、鸟、鸿、雉、隼等；用具有：床、舆、鼎、缶、瓶、瓮、筐、樽、簋、斧、牿、矢、帛、袂等。《易经》透露出了早期商品生产与交换的时代特征。

2. 卦爻辞中所反映的社会经济生活

《周易》八个经卦中就有经济生活的内容。如坤卦“黄裳元吉”，穿黄色的下服是吉祥的。坎卦“樽酒簋贰”，少量的酒食。离卦“畜牝牛，吉”，蓄养母牛，吉利。震卦“亿丧贝”，估计要丧失财产。巽卦“田获三品”，田野打猎获取到“三品”。古时天子诸侯打猎，猎获的野兽，分做三等，“品”为等级的之意，“三品”实际是所谓“三杀”，即射中心脏为上杀，晒干后可作祭品；射中腿部为中杀，可以宴宾客；射中腹肠为下杀，仅供自己食用。

《周易》六十四卦中的经济内容更加广泛而庞杂。《史记·货殖列传》云：“天下熙熙，皆为利来；天下攘攘，皆为利往。”殷周多是行商，《易经》有“大车以载，有攸往，无咎”（《大有》）；“憧憧往来”（《咸》）；“反复其道，七日来复，利有攸往”（《复》）。《易经》中谈到“怀其资”，“旅于处，得其资斧”（《旅》），“巽在床下，丧其资斧”（《巽》），“亿丧贝”（《震》），这里的“资”“贝”都是古时对货币的描述。郭沫若依此分析道：殷周时代在金属货币出现前，资贝（即海贝）为古代的货币。《易经》中多次叙述到贩奴之事，“旅即次，怀其资。得童仆”、“旅焚其次，丧其童仆”（《旅》），“利有攸往，得臣无家”（《损》），“利出否。得妾以其子”（《鼎》）。《易经》中还有描述从事商业活动时遭受损失，甚至被打劫的言辞，“负且乘，致寇至”（《解》），意思是肩负车载较多货物，招致盗匪来。“或系之牛，行人之得，邑人之灾”（《无妄》），“其行次且。牵羊悔亡”（《夬》），“丧羊于易”（《大壮》），“丧牛于易”（《旅》），多次透露出交易中遭人偷窃受到损失的情况。

（二）《周易》所涉及的民生领域

1. 《易经》所反映的内容

郭沫若曾将《周易》内容分为十类：商旅、耕种、工艺、家族、阶级、战争、

---

① 《高亨<周易>九讲》，中华书局2011年版。

② 《礼记·月令》。

祭祀、赏罚、宗教、艺术；其中商旅、耕种、工艺是经济生活的重要方面，大致占到三分之一。李镜池曾将《周易》内容分为十二类：行旅、战争、享祀、饮食、渔猎、牧畜、农业、婚媾、居处及家庭生活、妇女孕育、疾病、赏罚讼狱。其中行旅、渔猎、牧畜、农业是经济生活的重要方面，也占到三分之一。如果从宽泛意义看，《周易》六十四卦的卦爻辞中反映经济生活的比重要超过周易总体内容的三分之一。常涉及的经济活动有五大类：渔猎、牧畜、农业、手工业、商业，而多种的民生生活又放射到交通运输（舟楫、畜力）、城建家居、衣食住行等等。

2.《易传》所反映的内容

《易传》中涉及经济的言辞不但多而且有条理。如《周易·系辞》中谈到的神农时代“日中为市，……交易而退，各得其所”，反映出那时的交易有了时间和场所；《周易·系辞》中还谈到“服牛乘马，引重致远，以利天下”，“舟揖之利，以济不通，致远以利天下”[1]，都是对商旅的描述。《易传》中开始反映出周以后国家对商业的管理。西周时曾规定“处商必就市井”[2]，《易传》中便有“至日闭关，商旅不行”（《周易·象辞·复》），反映出当时对交易场所和时间的限制；“重门击柝，以待暴客”[3]表明对货物存放、防止遗失有了措施；“士大夫不杂于工商”[4]，“君子以远小人，不恶而严”（《周易·象辞·遁》），反映出西周奴隶社会严格的等级制度，而商人的地位并不高的状况。

二、《周易》中有价值的经济思想

《周易》有丰富的经济思想，“易经”中有，更多体现在“易传”中。《周易》文本中较有特色的经济思想大致归纳：

（一）发展经济的思想

《周易》认识到经济是社会发展的基础。虽然《周易》认为“天地养万物”，但人们仍需“自求口实”（《周易·象辞·颐》），人们自己必须进行生产。“物畜然后可养”、“物畜然后有礼”[5]。有了一定的财富储蓄，才能满足人们物质的和文化的需要。在这个意义上，《周易》曰：“君子以振民育德”（《周易·象辞·蛊》）。这一思想同春秋时管仲的“仓廪实则知礼节，衣食足则知荣辱”[6]思想相似，同历史唯物主义的观点相接近。《周易·系辞》提出的“富有之谓大业，日新之谓盛德”，“崇高莫大于富贵”，意思是只有富裕起来才称得上是

①③ 《系辞传》。

②④ 《逸周书》。

⑤ 《序卦传》。

⑥ 《管子·牧民》。

大业；财富创造，使之不断增长，追求创新，才称得上是盛德，繁荣富强才是光荣而崇高的事业。因此《周易·系辞》的观点也是同历史唯物主义的观点相接近。

（二）新财富观

《周易》对财富有很多独特的看法。《周易》曰："以财成天地之道，辅相天地之宜，以左右民"（《周易·象辞·泰》），追求财富、生产财富是崇高的事业，乃人间正道，也是治理百姓的最基本的条件。《周易》指出："何以守位曰仁。何以聚人曰财。理财正辞、禁民为非曰义。"[①] 守位曰仁，聚人曰财，这同后世将君王与民众关系喻为舟与水的关系是异曲而同工。《周易》首次提出了"理财"概念，认为管理财富、处理财政要靠道义。班固对这段话赞扬说："《易》称'天地之大德曰生，圣人之大宝曰位；何以守位日仁，何以聚人曰财。'财者，帝王所以聚人守位，养成群生，奉顺天德，治国安民之本也。"[②] 《周易》主张"利者，义之和也"[③]，提出"义利和谐说"。在中国的思想史上，孔子虽有"见得思义"、"见利思义"之说，提出了"义然后取"[④] 的思想，但未能达到"义利和谐统一"的高度。倒是墨子的"兼相爱，交相利"[⑤] 观点有这一思想的倾向。《易传》"义利和谐说"思想显然更接近于墨家而疏离于儒家。儒家尤其到了孟子时代，将"义利"有绝对对立起来的倾向，使得后世的儒家"非利轻商"的色彩浓重了起来。

（三）农工商三业并举观点

《周易》尊重农耕，认为农业是致富的基础，赞美先人曰："先王以茂对时育万物"（《周易·象辞·无妄》），夸赞古代帝王配合季节、顺应时序，孕育万物。接着强调说"'不耕获'，未富也"（《周易·象辞·无妄》）。《周易》重视工艺和工匠。认为"以制器者尚其象"是圣人的本职，曰："备物致用，立功成器以为天下利，莫大乎圣人。"[⑥]这里"功"同"工"，指用人力加工器物，创立工种制造出各种器具，为天下谋福利是圣人高尚的事业。《周易》同时还重视商业，如《周易·系辞》云："日中为市，致天下之民，聚天下之货，交易而退，各得其所。"描述的是集市贸易。"服牛乘马，引重致远，以利天下"[⑦]，描写的是行商、商旅。在漫长的中国古代社会，重本（农）轻末（工商）的思想长期占统治地位。这一思想发端于战国初期的魏相李悝，然后是商鞅、荀况、韩非，再后历代有多位政治家持此主张，这些人只知无农不稳，不知无商不富的道理，这一主张在一定程度上对经济发展带来了负面的效果。《周易》的农工商三业并举理念便显得尤

①⑥⑦ 《周易·系辞》。

② 《汉书·食货志上》。

③ 《周易·乾文言》。

④ 《论语·季氏》和《论语·宪问》。

⑤ 《墨子·兼爱》。

为可贵。

（四）薄赋和均富的意识

《周易》曰："损上益下，民说无疆；自上下下，其道大光。"（《周易·彖辞·益》）主张国家与君上要轻徭薄赋，增加百姓收入，这样百姓就会无比高兴；君上经常施恩惠于民，才是正大光明之道。又曰"上以厚下安宅"（《周易·象辞·剥》），君上只有实行宽厚政策，轻罚没、薄税收，不与民争利，百姓才有可能安居乐业。《周易》提出均富的主张："有孚挛如，富以其邻"（《小畜》），《象辞》进一步解释云："不独富也"（《周易·象辞·小畜》）。《周易》同时指出了实施均富的举措："损刚益柔有时。损益盈虚，与时偕行"（《周易·彖辞·损》），提出在一定的条件下要削减富者、强者的财富，增加贫者、弱者的收益。提出了"君子以裒多益寡，称物平施"政策（《周易·象辞·谦》），治国者应善于取多余以补不足，衡量财富的多少以平均施受于人。"称物平施"的语意中还有童叟无欺、公平交易的意思。

《周易》这种薄赋和均富的意识，对后世历代思想家都有重大的影响，也是后世农民起义时所提的"均贫富"口号的思想先导。

（五）节俭理念和诚信原则

《周易》提出了节俭的理念。首先国家政府部门、各个行政机关要节俭，"节以制度，不伤财，不害民"（《周易·彖辞·节》）。国家役民用财要有节制，这样才能保护人力物力的再生产。加大公务开支，奢华办公都是不允许的，都是违法乱纪的现象。其次个人也要节俭，"君子以俭德辟难，不可荣以禄"（《周易·象辞·否》）。劝导人们遵守公德，完善自身。需要指出的是《周易》的崇俭思想不同于道家的"绝巧弃利"、"见素抱朴，少私寡欲"理念[①]。《周易》主张的是节而有度，认为"苦节，贞凶。悔亡"（《节》）。曰："'苦节不可贞'，其道穷也。"（《周易·象辞·节》）告诫人们若节俭过度，则造成损害，产生反效果。《周易》立场是："物不可以苟合而已，故受之以《贲》；《贲》者饰也。"[②] 意思是恰当地讲究一点"文饰"是可以的。《周易》还提出了人际交往中的"诚信"重要原则。整个"中孚"之卦都是专门讲诚信的。"天之所助者，顺也；人之所助者，信也。"[③] 强调"君子以言有物，而行有恒"（《周易·象辞·家人》），提倡"节而信之"[④]。可见，诚信在任何时候都是社会人际关系的一块基石。

---

① 《老子》第十九章。

②④ 《周易·序卦传》。

③ 《周易·系辞》。

第二节 周易文化与管理科学

一、《周易》——管理文化的宝典

（一）《周易》中的管理哲学

1.《周易》是一部管理哲学的书

《周易》的立意就是顺天而应人，这就是大管理的思想。《周易》本质上虽然是哲学的，但在功能上，实际是为“君子”、“大人”们的治国所用，所以，《周易》又是管理学的。治国与治理一企业、一团体道理是一样的，治国之道就是“管理之道”，就是管理的哲学、管理的艺术、管理的文化。有人认为，21 世纪的管理必将是带有哲学意味的管理成为主流，而管理哲学又必然提升文化的作用和潜力，这样，管理向优秀传统文化的回归便成为趋势。《周易》尚能治国，焉有不能治理其他团体的道理！有人在管理方面忽视民族文化、片面效仿西方管理的模式，其结果只能是邯郸学步，不仅学不好西方的东西，最后连自家的珍宝也会丢失。《周易》里面的管理哲学，即管理的许多观点对国家、对各级组织皆适用。周易文化不但应当成为企业文化的基本构成，而且还应当成为民族企业特色的自然体现，成为中国化的企业管理的圭臬。

2.“管理易”流行

世间有“管理易”流行。“管理易”的学者们认为《周易》本身就是一部讲管理哲学的书。成中英是“管理易”的倡导者。他在《中国企业管理模式的构思》一书中指出：“《易经》可以成为中国式管理的哲学基础。这是从两个意义上讲的，第一，《易经》哲学是整个中国哲学的起源，是共同文化思想的源泉。第二，中国古代哲学，一是讲整体化；二是定位化；三是应变；四是创新，创新构成新整体，这个过程就是生生不息。这应成为中国企业管理的哲学思维方法。”曾仕强也是“管理易”的倡导者。他把《易经》引入现代管理，提出了“大易管理”概念，并且预言“大易管理”的时代已经来临。他认为，20 世纪 50 年代，美国式管理最为强劲有力，形成了美国人的霸主地位；20 世纪 70 年代，日本式管理扶摇直上，被形容为“日本第一”。预计到了 21 世纪 20 年代，中国特色“大易管理”将显示出威力。什么叫做“大易管理”？就是“应用易经原理来实施管理”，具有“管理与伦理结合”特质的管理。

3. 管理的“简易、不易、变易”

管理哲学看重《周易》的“三易”原理。“三易”本是东汉学者郑玄学易后的总结，即“简易”、“不易”、“变易”。在他看来，理解了“三易”就理解了世间的大道理。《周易·系辞》云：“乾知大始，坤作成物。乾以易知，坤以简能。易则易知，简则易从。易知则有亲，易从则有功。有亲则可久，有功则可大。可久则贤人之德，可大则贤人之业。”这里讲到了“不易”和“简易”。《周易·系辞》又云：“刚柔相推而生变化。”“刚柔者，昼夜之象也。”“通乎昼夜之道而知，故神无方而易无体。”这里讲到了“变易”。曾仕强的“大易管理”概念中将“三易”理解为管理的核心内容。“易理”包括三大原则（即易简、不易、变易），三大内涵（理、象、术）和四大要素（阴、阳、时、位），讲究有变有常，理、象、术联锁和时、位、阴、阳配合。“大易管理”就是充分运用这些原则，指导管理者修正管理思维，抓住变中之常，适时采取应对措施，合理调整内外关系，从而在充满变化的环境中立于不败之地。管理哲学专家乾泉也便推崇“三易”。他认为《周易》的“三易”是企业管理理论发展的基本方向，又是中国管理哲学的核心。他表示：“要用中国管理哲学重塑中国商道文化，共同探索和矫正我们的目标与行为方式，共同履行我们的责任与伦理道德，共同面对我们的未来。”他认为：“中国经济的崛起还不足以支撑和诠释中国和平崛起与构建和谐社会的价值理念，中国文化的崛起才是中华民族真正的崛起。”①

4. 管理的“微、彰、柔、刚”

管理哲学看重《周易》的“微彰柔刚”原理。《周易·系辞》云：“君子知微知彰，知柔知刚，万夫之望。”管理学专家们认定这几句话道出了管理的精髓。美国经济学家、经济决策专家、诺贝尔经济学奖获得者赫伯特·亚历山大·西蒙教授到中国讲学，他的开场白这样说：“美国的管理学已经走向了死胡同，只是一些不协调的一般性知识，缺少一个有意义的结构……中国的朋友们请我来讲管理学，本来还是可以讲一下的，可是，昨天我到了承德的避暑山庄，看到了乾隆皇帝的‘四知书屋’中匾额上的‘刚柔密大’四个大字，我就感到不好讲了……我认为这四个字就是中国也是全世界管理的百科全书；不仅是中国管理学的灵魂，还是世界管理的典范。不管是管理国家、公司企业、机关，还是军队，这四个字都是管理学的百科全书。”② 显然，西蒙教授不但理解了乾隆所提匾额的字面意思，而且进一步理解了《周易》所蕴含的深邃的管理思想。事实上，“知微知彰，知柔知刚”的“四知”是管理的基本要素：密大就是微彰，微彰是管理者的大小、远近的视野，密的关键是细节、大的关键是全局和趋势；柔刚是管理者的处事的手段和方法，柔刚的关键在于度的把握和执行力；微彰柔刚四者是辩证统一的。同时，

---

① 乾泉：《易经与管理——中国管理之痛乃人文之痛》，《中华工商时报》2008 年 10 月 10 日。

② 黄如金：《21 世纪中国式管理》，经济管理出版社 2008 年版，第 52 页。

微彰柔刚的次序也是管理的重要原则，先微后彰，先柔后刚；若次序颠倒了，一定会带来波折和损失。

（二）具有东方文化色彩的管理宝典

《周易》作为管理宝典，具有东方文化的色彩，其管理的内容主要包括四大理念："人"理念，"和"理念，"时"理念，"中"理念，简称就是"人和时中"四个字。这构成《周易》管理宝典核心内容。有人说，掌握了"易道"就是掌握了"商道"，何谓"易道"？"人和时中"就是易道。

1. "人"理念

《周易》曰："显诸仁，藏诸用，鼓万物而不与圣人同忧，盛德大业至矣哉！"① 又曰："天地之大德曰生，圣人之大宝曰位。何以守位曰仁。何以聚人曰财。"② "人"理念就是要以人为本，这是管理的根本。要做到敬人，信人，利人。敬人是尊重身边的每一个人，不论其身份、地位、相貌和年龄。敬人又包括为人和容人：为人就是要知晓世间没有完全脱离社会之人，社会性是人的基本属性；知道这点便能容人，包容他人，特别是包容他人的缺点。信人是相信人善良和本真的基本面，相信人的更新和提升的能力。信人又包括识人和用人：交友与共事都需要了解和鉴别，这就是识人；用人是在识人基础上知人善用，用人所长，用人不疑。利人就是指有利于他人，广义的他人即有利于人类或者是全社会。利人也包括助人和济人：助人：用自己言行和能力去帮助人，广义的利人；济人则主要是经济的帮扶和资助。一个人若在社会上能秉持这些理念并做到这些，那么，做企业管理也就不会差了。

2. "时"理念

《周易》曰："承天而时行"③，"时止则止，时行则行，动静不失其时"（《周易·彖辞·艮》），"时"理念就是要与时偕行，这是管理的关键。在《周易》看来，"时"是事物得失、吉凶、成败的重要条件。清代学者惠栋在《易汉学》中说："易道深矣，一言以蔽之曰：时中。""时"理念包含着审时、适时、及时三方面的内容。首先是审时，自然、社会都会变化，人们的消费趋向、水平也会变化，商家必须具有战略的眼光，洞察趋势，审时度势，做出具有前瞻性的研究和部署，才能争取主动。其次是适时，随着时间的变化，适时推出应时的产品满足消费者，适时不是刻板地适应季节，而是适应时尚、引领潮流，适时意味着灵活应变。最后是及时，这个"时"就是"商机"。机不可失，时不我待。时机在商业经营中极为重要。早一步、快一步海阔天空；晚一步、慢一步水尽山穷。机会对于经营者来说，常常意味着是生存与发展的关节点。

---

①② 《周易·系辞》。
③ 《周易·坤文言》。

3. “中”理念

《周易》曰：“中正以观天下”（《周易·彖辞·观》）；“中以行正也”（《周易·象辞·未济》）。《周易》由“爻位”引出的崇尚“中正”的思想是中华传统文化的一个显著特征，在《周易》看来，居正位、守中道便是吉利和美善的事情。《周易》讲“中”。“中”即不偏不倚，内含着公平的原则，“中”理念就是要秉持中正，即公平中行，方正光明，这是管理的重要原则。“公生明，廉生威”。讲“中道”还告诫人们做事情既不要过，也不要不及，恰好即是中，适度即是中。在管理的各个环节上，失衡、过度对于任何商家都是危险的事情。《周易》还讲“正”，“大‘亨’以正”（《周易·彖辞·革》）。“正”，对商家而言，首先要认识和摆正自己的位置，不和自然较劲，不和环境较劲，也不和自身的能力较劲。“正”也可以引申为做正人君子，爱岗敬业、忠于职守、公正廉洁、公平诚信等。

4. “和”理念

《周易》曰：“圣人感人心而天下和平。”（《周易·彖辞·咸》）“乾道变化，各正性命，保合大和，乃利贞。”（《周易·彖辞·乾》）《周易》讲“中正”是以“和”为最高境界的。“和”理念就是要追求“和合”二字，前一个是和气生财，后一个是合作共赢，这是管理的目标。和气生财讲究的是生意理念和待客态度。过去生意经中的顺口溜带便有这方面的内容，例如，面带三分笑，顾客自会到；和气能生财，蛮横客不来；和气客自来，冷语客不买；百问不烦，千挑不厌。合作共赢讲究的是机制契约和诚实守信。这里关键要理解竞争与合作的辩证关系是现时代潮流。人们常说，具有成长性质和长远发展潜力的企业应该是那些善于合作的企业，所谓最有竞争力的企业是最善于结盟的企业。合作意味着变大，合作包含着互补，合作有机遇，当然也面临挑战，只有共担风险，同舟共济，才能达到合作共赢的目的。不管怎么说，合作共赢是对“商场如战场”的一种超越。

二、周易文化在现代管理中的应用

（一）周易五行思想与现代管理

管理专家爱将周易五行思想运用于管理，但样式和方法各异。我们不必拘泥于某一专家的观点，但必须理解其基本的思路，所谓基本的思路即应当产生这样几个方面的效果：整体思维，功能意识，平衡观念和生克思想。整体思维和平衡观念好理解，周易五行思想是对万千事物性质的一个概括。管理有五行思想首要就是视野要广阔，考虑要全面，现代管理是一个系统工程，所以一定要有整体思维。五行有生克制化，因此要均衡发挥作用，某一个过强或过弱都是不利于企业发展的。这里，我们重点分析五行的不同功能及其相互生克关系在企业管理中的作用。

1. 五行和企业中不同的管理部门

有人将五行和企业中的不同管理对应起来。木，相对于采购与物流、库存管理；火相对于质量与企划管理；土相对于生产与工程管理；金相对于销售与研发管理；水相对于人力资源与财务管理。要充分认识五行的相克属性。比如金克木，销售计划的变化必然要对采购物流产生影响，研发设计的变更也必然影响原材料的采购等。木克土，在采购物流过程中，若发生库存断货或品种不全的情况肯定制约生产流程。土克水，人员素质和技能影响产品质量，生产成本与盈利密切相关。水克火，员工素质和技能的教育或培训是必要的，质量管理的预防成本投入是必须的，否则，产品质量出问题便是早晚的事。火克金，一旦质量有问题肯定要影响声誉，销售必然会下来。促其五行相生，防止五行相克，是管理者要着力解决的问题。

2. 五行与企业管理的五种“力”

有人将五行与企业管理的五种“力”结合起来。土，核心内驱力；金，策划决断力；水，应变协调力；木，持续创造力；火，激情鼓动力。土作为中心，深厚而稳健、有旺盛的生发力，这就是决策的动力，这就是土生金。金作为战略规划，要处变不惊，智慧应对，智慧来源于洞察和应变的能力，这就是金生水。水象征智慧，智慧体现在创新能力上，适应市场需要才能正确掌握生产的方向，经过准确的市场调查，企业的适销产品像树木一样茂盛地生长出来，企业如同根深叶茂的林木，生机盎然、郁郁葱葱，这就是水生木。树下好乘凉，好效益会吸纳更多的人才，激发人更高的积极性。火有热情，火有温暖，这就是木生火。同时，火还象征着文明，生产的持续发展促进企业文化提升。而这种提升又会增强凝聚力，激发创造力，使得整个企业蕴含着勃勃生机和活力，这就是火生土。企业中的向心力、内驱力、决断力、应变力、创造力、协调力，互相交织在一起，共生共荣，合成事业兴旺发达的不竭动力，就一定能创造出和谐、奋进的企业文化，使之生生不息。还有一种对五行象征五种能力解释：核心竞争力（金）、驾驭变化力（水）、学习创新力（木）、价值提升力（火）、资源整合力（土）。认为“五行”的平衡艺术贵在“中”。中即指中位、中道（见图 10 – 1）。

3. 五行与企业中的五种职能人

有人将五行与企业中的五种人对应起来，这五种人是理念策划师、战略规划师、经营设计师、管理工程师和目标检验师。

理念策划师可类比为木，木曰曲直。曲直就是想象，就是创新。想象和创新正是理念策划师的特征。战略规划师可类比为火，火曰炎上。炎上就是向上，就是至高，向上和至高正是战略规划师的特征。经营设计师可类比为金，金曰从革。从革就是改造，就是整合，改革和整合正是经营设计师的特征。管理工程师可类比为水，水曰润下。润下就是集结，就是凝聚。集结和凝聚正是管理工程师的特征。目标检验师可类比为土，土曰稼穑。稼穑就是收获，就是绩效。收获和绩效正是目标检验师的特征。

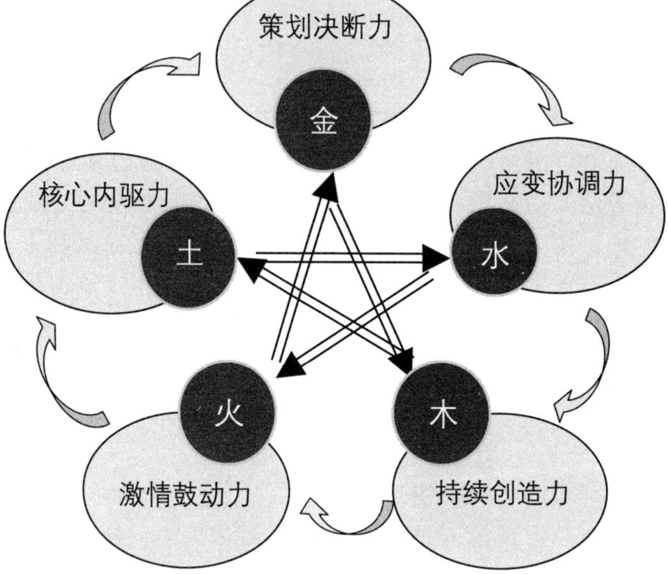

图 10－1　管理中的五种“力”

4. 五行与五常在管理中的配合

有人将五行与传统的五常相结合，五常是仁、义、礼、智、信。再将二者应用于管理理论中。具体的对应关系是：木主仁，以人为本，人性化企业宗旨和内部的人性化管理，其目标是让顾客满意；火主礼：遵章守纪，流程规范化，制度法制化，其目标是追求管理的标准化；土主信：认真负责，诚实敦厚，其目标是企业 执行力的建设以及产品的质量跟踪和延伸服务；金主义：以义求和，以义求利，其目标是研发和销售，以优质的产品引导消费市场，服务于社会；水主智：讲谋略，讲学习，其目标是建立一个知识型企业（见图 10－2）。

（二）周易八卦思想与现代管理

1. 八卦思想和管理中八元素

管理专家也爱将周易八卦思想运用于管理。将八卦与管理中的计划、生产、物流、质检、财务、人力资源、科技研发、信息公关等诸元素结合，运用易理对现有管理进行战略构架、系统分析、统筹优化和科学诊断，由此能带来很好的效果。当然，这种结合的具体形式和方法各不相同。我们不必拘泥于某一专家的观点，但其基本的思路仍旧是整体思维、八卦属性所带来的功能意识，管理中阴阳平衡思想以及层次的观念等。这里重点谈谈属性所带来的功能意识。

2. 八卦性质和管理

八卦既代表一种事物，还象征一种状态。这些和管理是怎样的关系呢？乾为天，性质状态为刚健，主抓战略规划和新产品研发，属于决策管理；坤为地，性质状态为

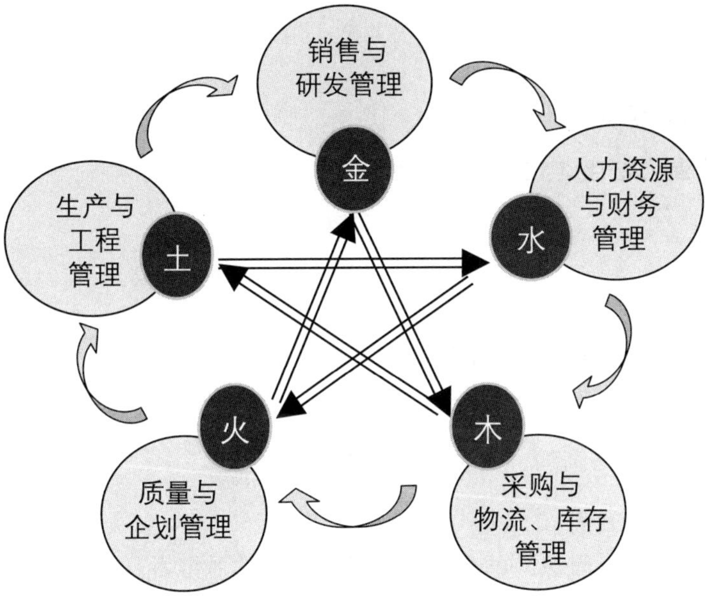

图 10-2 五行与管理示意图

柔顺，按计划实施，规范运营，属于生产管理；震为雷，性质状态为响动，主抓检验，提升品牌工作，属于质量管理；巽为风，性质状态为成长，进行信息收集、业绩统计，属于营销管理；坎为水，性质状态为风险，主抓资金往来、盈利的计算，属于财务管理；离为火，性质状态为明丽，是企业的形象推广者，主抓广告宣传，属于公关管理；艮为山，性质状态为贮藏，主抓采购库存、材料供应，属于物流管理；兑为泽，性质状态为喜悦，主抓组织建构、员工培训，属于人力管理（见图 10-3）。

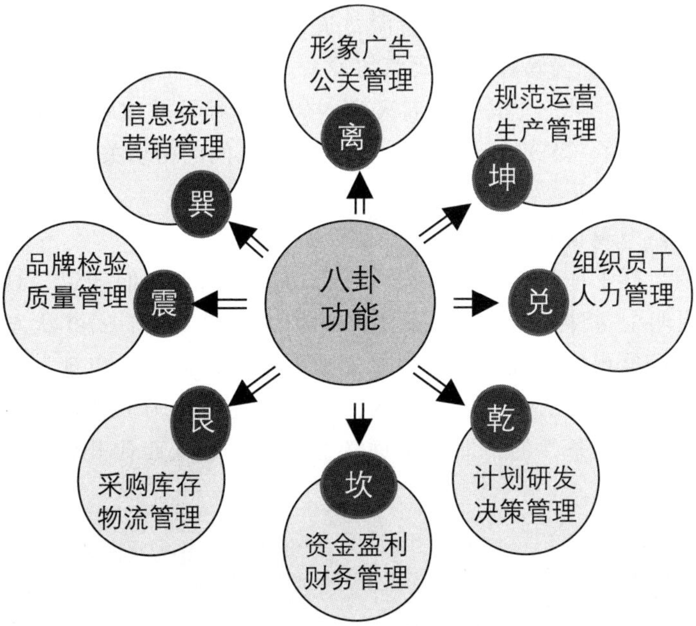

图 10-3 八卦与管理示意图

第三节
周易文化与商业经营

一、《周易》与“商”的天然联系

（一）《周易》与商朝、商人和商业分不开

1.《周易》与商朝

周人不但是是《周易》的作者，而且是商朝的后继者，也是“商人”的征服者；还是称买卖人为“商人”的最早使用者。

《周易》的成立与殷商王朝的灭亡有关。《周易》作于何时？何人所作？所作何为？已很难详知了。《周易·系辞》云：“《易》之兴也，其当殷之末世，周之盛德邪？当文王与纣之事邪？”在这里，《易传》的作者以委婉的口气回答了上述三个疑问，即《周易》产生于殷末周初，作者是周文王，其目的与商纣之事有关。对此，史学家司马迁在《史记》中予以了肯定，“文王囚而演易。”[①]“西伯之臣闳夭之徒，求美女奇物以献纣，纣乃赦西伯……”[②]“西伯之脱羑里归，与吕尚阴谋修德以倾商政。”[③]班固在他的《汉书·艺文志》中进一步指出：“殷周之际，纣在上位，逆天暴物，文王以诸侯顺命而行道，天人之占可得而效，于是重易六爻而作上下篇。”肯定了《易经》与灭商的关系。今有学者著书认为：“《周易》卦爻辞是文王、武王、周公、成王兴周灭商的历史进程及其成败因由的记录。”[④]更加直截了当地表明了《易经》的成立与殷商灭亡之间的密切关系。

2.《周易》与商人和商业

殷商王朝与商业有关系吗？回答说有密切的关系。我们知道，真正意义上的商业必须满足两个条件：第一，商品生产的扩大使得交换日益扩大与频繁，生产者与需求者已很难直接接触并一次得以完成；第二，商人的出现。一部分人从生产领域游离出来，专门从事买进卖出的活动，并逐渐成为一种社会的职业。应当说，能满足上述二个条件的，即真正意义上的商业是从商代开始的。当然，那时

① 《史记·太史公自序》。
② 《史记·周本记》。
③ 《齐太公世家》。
④ 李大用：《周易新探》，北京大学出版社 1992 年版。

的商业实际上是在奴隶主的操纵和驱使下，由被称作“小臣”的商业奴隶来完成的。而有独立身份的、较自由意义上的商人是周代以后才逐步出现的。周克商以后，周人认识到“皇天无亲，惟德是辅”[①]的道理，实施了“敬德保民”的措施，周公让商的遗民“各安其宅，各田其田”[②]，同时也允许商朝遗民在官府的控制下，发挥其长，跑买卖搞交易。而商朝遗民为生活所迫，也不得不如此做，便有了从事交易之人为“商人”之说，“商人”干的职业便是“商业”。显然，称买卖人为“商人”，称交易为“商业”应最先由周人口中叫出的。在周人眼中，生意场上较在行的当属这帮前朝遗民，此称谓便由此延续了下来。显然，今天的商人和商业的称呼与古时的殷商王朝有关联。

（二）《周易》与经商的联系

“易”与“商”就其字意而言也是相通的。“易”引申义较多，但交换的意思古来有之。远古的商业经营多为行商、商旅。《诗经·商颂》中有“商邑翼翼，四方之极”反映了商都的繁盛，由此引得“四方来集，远乡皆至”[③]。殷周多是行商，才有“大车以载”，“反复其道，七日来复”（《复》）。《周易·系辞》中的“服牛乘马，引重致远，以利天下”，“舟楫之利，以济不通，致远以利天下”，都是对商旅的描述。西周规定“处商必就市井”[④]，市井出现使得交易有了较固定的场所，《周易·系辞》云：“日中为市，致天下之民，聚天下之货，交易而退，各得其所”，这里的“交易”便是交换贸易的意思。《易经》中“丧羊于易”、“丧牛于易”，这里的“易”也为交易之意。而“商”即有交换、交易、贸易的意思。可见“易”“商”相通。《周易》中有大量对货币的描述。朋，当时的货币单位。据王国维考证：“古贝五枚为系，二系为朋”[⑤]，也就是十个贝为一朋。《易经》中《损卦》和《益卦》中都说到“十朋之龟”，意为价值很高的龟。还有“君子有攸往，……利西南得朋，东北丧朋”（《坤》卦），“憧憧往来，朋从尔思”（《震》卦），都有货币的意思。“资斧”、“贝”都是古时对货币的描述，如“怀其资”，“旅于处得其资斧”，“巽在床下，丧其资斧”，“亿丧贝”等，由对货币的使用程度上看，足见那时贸易的繁盛。

（三）周易文化对现代商业经营的意义

如今商业经营与经济活动同义。纵观天下万千经营者，许多商家具有良好的条件，金融资本雄厚，人力资源优越，还有着广阔的市场前景和广泛的社会人脉，但仍不能持续发展，最重要的原因就在于缺乏深厚的企业文化，企业文化的灵魂是商道哲学，商道哲学的精髓是“易道”。作为周易文化，易道概括起来就是前面

---

①② 《尚书》。

③ 《礼记·月令》。

④ 《逸周书》。

⑤ 王国维：《观堂林集·释朋》。

说到的“人和时中”的四字理念。这里不再赘述。

1. 周易的义理对商家的意义

《周易》作为中国文化的渊源，它不但影响着中国的主流文化，主要指儒、释、道，而且也影响着属于亚文化的商业文化。其一，天人合一，天地人和谐学说。今天的经营者们，工商企业的法人也好，自然人也罢，都有一个如何与自然界相处的问题。商家必须提高保护自然环境和维护自然生态平衡意识的自觉性，任何有背于此的行为都是不道德，甚至是违法的，而最终结果必然危害到人类自身。“天人合一”思想的合理意义与今天的系统思想、整体观念相类似，商家应当以整体的思维处理好自己与社会，自身与自然的各种关系，用系统的方法找准自己的位置，发挥能动性，自强不息，建功立业。其二，阴阳两种性质的相对及其转化思想。经商有两面，买与卖、进与出、盈与亏，生产与消费、流通与贮存、节约与浪费等。注重阴阳平衡是商家成功的保证。《乾》卦上九有“亢龙有悔”的古训，周易同时又承认“否极泰来”，商家飞利浦言“让我们做得更好”，商家澳柯玛言：“没有最好 只有更好！”这两句话都是合乎易理的。其三，发展日新的进取精神。“富贵之谓大业，日新之谓盛德”，市场变化快，创新发展、开拓进取，否则就可能被淘汰。环顾世界知名企业，哪个不是靠独辟蹊径的创新以及坚韧不拔的进取相结合而独步天下的？其四，《周易》的假象喻义与现代管理中的 CI 理论契合。英文 CI（corporate identity）是企业形象识别系统的简称，其实质是企业的全部内涵通过抽象化、艺术化、个性化的视觉具象展示出来，如麦当劳的金色“M”，可口可乐公司红白相间的动感字母组合，微软公司的彩色格等。不能说中国人不重视商家形象，自古买卖场上就有所谓“金字招牌”说，中国人也并不缺乏将丰富的内涵寓于视觉形象中的思维特点，《周易》便是证明。我们不必妄自菲薄。只不过我们有必要将其再规范化、再精细化些，将这一模式自觉地移植和运用到企业的经营管理中。

2. 周易的文化功能对商家的意义

周易文化的姓名文化对商业经营有意义。商家名称，既是企业形象的体现，又是产品品牌的载体。所以，一个好的商家名称，是企业的身份证，是商家的无形资产，是市场地位和财富的象征。一个美好的商用名称，常常是商家财富的“吸盘”。一些商家不正是靠着悠久而显赫的声名，靠着过硬的产品品质，赢得誉满环宇、百年兴隆。古语曰：“商名叫响，黄金万两。”正所谓“名利名利，名在前，利在后”。国内叫响的有同仁堂、稻香村、海尔、格力等，国际叫响的有可口可乐、麦当劳、苹果、奔驰等。因此，关注和爱惜商家自身字号、品牌和商标始终是商业经营者的重要工作。

周易文化的风水文化对商业经营有意义。虽然商业的业态千差万别，但好风水带来财运的道理是一样的。“藏风便有生气，得水方进财源。”商业环境的风水好坏，直接影响经营者的财运。“风水”不神秘，就是选址、布局及其内部的布置，当然还要有好的经营。科学的选址与巧妙的构造布局，是商家经营顺利、生意兴隆的重要基础。肯德基风水选址的原则和顺序是：（1）城市之中选商圈，分析周边的消费人群，类似于看形势；（2）商圈选定后测评落客点，类似于选择“龙穴”；（3）力求形成同业的扎堆成势，常与麦当劳结伴，设计好朝向和门堂，类似于找准“水口”；（4）人性化设计内部环境，厕所干净整洁，有儿童活动空间，桌凳设计紧凑滑溜，适应快餐行业，类似于勘验土壤沙石，林木植被，总之，将细部做好。可见，著名企业绝不是浪得虚名，原来买卖兴隆的背后有风水的功劳。

一些商业巨子们是这样看待风水的。比尔·盖茨说：不光中国，我在世界任何一个地方要开微软公司的分公司的时候，选择住房都要请风水师看，风水师不看过我不敢用这样的房子。李嘉诚说：我一生笃信风水，在盖我的香港总部长江集团中心的时候，我听从我的风水师的建议，长江集团中心要高过旁边的汇丰总行（179 米），但要矮过另一旁的中银大厦（367 米）。娃哈哈董事局主席宗庆后说：在我办公室的众多陈设中，我最钟爱这座大理石浮球——风水轮。我不仅相信风水，我还相信测字。“娃哈哈”三个字其实就暗藏玄机：这个女字旁，说明娃哈哈公司里的女人多；土字多，是说公司的根扎得很深不会倒；然后娃哈哈三个字都是九笔，为至尊之数，因此在中国是最大的也是最强的。当然，口字比较多，娃哈哈受到的是非评论也多。成功人士对商业风水的见解可以作为我们的借鉴。

二、“儒商”还是“易商”的话题

（一）关于“儒商”话题

1. “商”在当初不入“流”

人们常常爱谈到儒与商的结合，即所谓“儒商”话题。儒商一般是指以中国古代儒家理念为宗旨、从事交易经营活动的生意人。儒商有广义和狭义之分：狭义上说，是指以儒家学说作为行为准则的商人。广义上说，是指具有中国传统文化的积淀，兼备儒、墨、道、法、兵家之长的商人。儒商与一般商人最本质的区别就在于，这一群体是非常重视经济伦理、遵守市场法则、信守商业道德、不义之财不取之人。从历史上看，儒与商原本是不搭边，所谓文不经商、士不理财，清高的儒士对商贾一向抱有轻蔑的态度。在孔子的门生中，子贡是家累千金的富商，但在跟随孔子周游列国时同样吃尽了苦头，日子一样过得清贫寒酸。儒学的后人们没有看中子贡经商的榜样，恰恰仅强调他敬重老师，崇尚精神富足的一面，以至于后来的儒家有些走偏，重名轻利的倾向愈加鲜明。司马谈讲六家：儒、墨、名、法、阴阳、道德；刘歆讲九流：儒、墨、道、法、名、阴阳、纵横、农、杂，儒均排在首位，而没有商的位置，商在当时可称为不入流。

2. 司马迁最早讲到经商与儒人的关系

作为有见地的史学家司马迁是最早关注商与儒关系的人，《史记·货殖列传》中的思想至今仍具启发的意义。

第一，经商求富，人之本性。“富者，人之情性，所不学而俱欲者也。”[①] 人们追求财富的欲望是用不着学习而天生具备的。“人各任其能，竭其力，以得所欲。故物贱之徵贵，贵之徵贱，各劝其业，乐其事，若水之趋下，日夜无休时，不召而自来，不求而民出之。”[②]人们各自以自己的才能来行事，竭尽自己的力量，以此来满足自己的欲望。因此，物品价格低廉，商人就会把商品销售到可以贵卖的地方；物品价格昂贵，商人就会从价格低廉的地方运来销售。各自勤勉而致力于他们的本业，乐于从事自己的工作，如同水向低处流，日日夜夜而永无休止，他们不待召唤自己就赶来，物产不须征求而百姓们自己就生产出来。

第二，最先是商资助于儒，才使其名彰。“七十子之徒，赐最为饶益。原宪不厌糟糠，匿於穷巷。子贡结驷连骑，束帛之币以聘享诸侯，所至，国君无不分庭与之抗礼。夫使孔子名布扬於天下者，子贡先後之也。”[③]孔门七十多个高徒之中，端木赐（即子贡）最为富有。孔子的另一位高徒原宪穷得连糟糠都吃不饱，隐居在简陋的小巷子里。而子贡却乘坐四马并辔齐头牵引的车子，携带束帛厚礼去访问、馈赠诸侯，所到之处，国君与他只行宾主之礼，不行君臣之礼。孔子所以得以名扬天下，不过是子贡在人前人后辅助他的结果而已。司马迁称赞子贡经商才干曰：“子贡好废举，与时转货资。喜扬人之美，不能匿人之过，常相鲁、卫，家累千金。”[④] 意为子贡不仅擅长依市场行情变化贱买贵卖，从中获利，而且还巧于言辞，善于公关，曾出任过鲁国和卫国的国相，最终积累成巨富。

第三，财富是行仁义的前提和基础。“礼生於有而废於无。故君子富，好行其德；小人富，以适其力。渊深而鱼生之，山深而兽往之，人富而仁义附焉。”[⑤]就在说明礼仪产生于富有而废弃于贫穷。人民富了，仁义也就归附于他们了。“故曰：‘天下熙熙，皆为利来；天下攘攘，皆为利往。’夫千乘之王，万家之侯，百室之君，尚犹患贫，而况匹夫编户之民乎！”[⑥]即便是千乘兵车的天子，有万户封地的诸侯，有百室封邑的大夫，尚且担心贫穷，何况编在户籍册子上的普通百姓呢！“长贫贱，好语仁义，亦足羞也。”[⑦] 长期处于贫贱地位，妄谈仁义，也足以值得羞愧了。

第四，经商要靠德行和智慧取胜。成功者，“皆非有爵邑俸禄弄法犯奸而富，尽椎埋去就，与时俯仰，获其赢利，……变化有概，故足术也。”[⑧]商界精英不是靠爵位封邑、俸禄收入或者靠违法犯罪而发财致富的，靠的是推测事理，进退取舍，随机应变，去获得盈利的，致富的方式、途径有其规律，是值得认真学习、研究的。“夫纤啬筋力，治生之正道也，而富者必用奇胜。”[⑨]精打细算、勤劳节俭，是

①②③⑤⑥⑦⑧⑨ 《史记·货殖列传》。

④ 《史记·仲尼弟子列传》。

发财致富的正路，但想要致富的人还必须出奇制胜。

第五，算是归结，也是忠告："由是观之，富无经业，则货无常主，能者辐凑，不肖者瓦解。"① 由此看来，致富没有固定的行业，而财产也没有一定的主人，有本事的人能够聚集财富，而没有本事的人则会破败事业，散失财产。

3. 子贡应算是最早的儒商

端木赐（前520—前456），复姓端木，字子贡。汉族，春秋末年卫国（今河南鹤壁市浚县）人。孔子的得意门生，孔门十哲之一，"受业身通"的弟子之一，孔子曾称其曰"瑚琏之器"。瑚琏是一种尊贵的祭祀用的器皿，即用玉石加以装饰的用来盛放黍稷容器。子贡在孔门十哲中以言语闻名，利口巧辞，善于雄辩，办事通达，曾任鲁国、卫国之相。史载子贡善货殖，精于经商之道，曾通商于曹国与鲁国之间，富致千金，为孔子弟子中的首富。子贡有高财商，也有"君子爱财，取之有道"之风，所谓"端木遗风"即是指子贡遗留下来的诚信经商的风气。"端木遗风"便是儒商风范，这不仅使他本人成为了汉族民间信奉的财神，而且也成为商界的共同财富，为后世所推崇（参见彩色插图43）。

《论语》中对子贡言行记录较多。《论语·公冶长》记载，孔子问子贡："汝与回也孰愈?"孰愈，谁更强些？更好些？颜回是孔子最得意的门生，子贡对此是深知的，当孔子向子贡提出这样的问题时，子贡明白且有涵养，他回答说："赐也何敢望回？回也闻一以知十，赐也闻一以知二。"可见颜回是很有天分的。面对子贡的回答，孔子是认可的："弗如也，吾与女弗如也。"不如他，我和你都不如他。其实到底子贡与颜回哪个更强些，不但世人有目共睹，孔子心里也是有数的。子贡与颜回比，就政经之事，颜回要弱得多；其个人的生存能力而言，颜回连生计都快成了问题。《论语·先进》载孔子之言曰："回也其庶乎，屡空。赐不受命，而货殖焉，臆则屡中。"意思是说颜渊在道德学问上接近完善，但却贫困。而子贡不甘现实的安排，主动去做买卖，预测行情，且每每猜对。面对子贡经商的才干，司马迁在《史记·货殖列传》中以相当的笔墨对这位商业巨子予以了表彰。《史记·孔子世家》曾载孔子困陈、蔡间，绝粮，情形十分危急，当时孔子的门徒们个个面面相觑，不知所措，是"子贡使楚"，"楚昭王兴师迎孔子，然后得免"。足见子贡在孔门弟子中的位置。作为杰出者，子贡一时声望有超越他的老师的趋势，当时鲁国的大夫叔孙武叔就公开在朝廷说："子贡贤于仲尼"。鲁国的另一大臣子服景伯把叔孙武叔的话转告了子贡，但子贡表态说："譬之宫墙，赐之墙也及肩；窥见家室之好。夫子之墙数仞，不得其门而入，不见宗庙之美，百官之富。得其门者或寡矣。夫子之云，不亦宜乎?"② 意思是说，自己那点学问和本事好比矮墙里面的房屋，谁都能看得见，而孔子的学问和本事则好比数仞高墙里面的宗庙景观，不得其门而入便不得见，更何况能寻得其门的人又少之又少。正因为如此，诸位

① 《史记·货殖列传》。
② 《论语·子张》。

所说是不恰当的。《论语》中所记录这一段，既表现了子贡面对赞誉的淡定态度，也反映出他实事求是的精神，还反映出作为杰出商人的他鉴人识理的诚信原则。应当说，他对自己的评价是准确的，他对孔子的评价也是准确的。

4. 宋代以后儒商融合加速

唐宋以后，科举取仕，官僚体制逐渐形成了一个相对开放的体系，社会阶层间的流动性增强。所谓："古者四民分，后世四民不分。古者士之子恒为士，后世商之子方能为士。"① 由于读书是费钱之事，必先有钱资才可能读书科考。因此，自宋以后，儒与商便加速了融合的过程，因商而儒而仕者大有人在。而科举场上的失意者，由此弃学从商，为其后代赚取读书资本的同时，也将习得的儒家伦理带入了商界，使商界从此有了儒雅的风气。儒商就应运而生了。儒商渐多还有一个因素不能遗落，那就是虽然科举取仕形成了"学而优则仕"的主渠道，但取仕仍然留有其他的门路，如军功、捐资或承袭爵位等。其中捐个官也是要有雄厚资本的，一些人便动起了走曲线求取功名之路的心思，为此，所谓"陶朱事业，端木生涯"也不失成为了一些有头脑的文化人的一种选择了。

（二）"儒商"还是"易商"

1. "儒"范畴应对不了新的经营环境

人们将儒与商并提，恐怕是人们希望经营者们既有儒士的仁义道德之风，又有商人经营理财之道吧。这是一种普遍的善良愿望，这种愿望在旧时代的具体制度和环境下，其实现的可能性大些。为什么呢？因为旧时代是自然经济的性质，商品经济不很发达，整体经济规模小，交易有限，特别是一些涉及民生的产业还具有官办垄断的色彩。而旧时代官僚体制，当官的多数是经科举考试选拔的，算是儒人，因此，这种经济基础与这样的官僚体制总体是相适应的，实现儒商结合，有其现实性。而今时代变了，性质、规模、交易方式都变了，今日的商业环境使得有些儒家范畴已很难适应了，现代市场经济是道德经济，更是法制经济；已经不是熟人经济，而是陌生人经济，更何况今日的企业家们不但重理念，而且也重操作，讲究技艺，而传统儒家轻技艺、尚清谈的风格已为时代所不取。新时代需要新的经营理念的支撑，商家需要新的企业文化。

2. 倡导做"易商"

儒商的本意是义利结合，但将二者结合好谈何容易。商场毕竟不同于官场，经商言利，天经地义。因此，从来商场如同战场，虽不见血火兵刀，但激烈与残酷的程度仍足以让人心力交瘁，为此商家自始就学习兵家，希冀从兵家典籍中找到克敌制胜的良策。然而，自古兵家习"易"！兵圣孙武的"兵无常势，水无常

① 沈垚：《落帆楼文集》卷二十四。

形"[①] 是《周易》随机应变思想的发挥。春秋时的范蠡是较早将《周易》用于军事中的兵家，他说："古之善用兵者，因天地之常，与之俱行，后则用阴，先则用阳，近则用柔，远则用刚。"[②] 正是这个范蠡，早年以"易"运兵，扶助越王勾践灭了吴国，而后以"易"行商，将"易"的道理运用于经营中并且大获成功，成为富翁，人称陶朱公，被后世尊为商业界的祖师爷。"易"乃兵之师，商家既然可以拜兵为师，何不直接拜"易"为师呢？这才是正宗！更何况有商业先师范蠡的成功例证呢！在这个意义上，与其提倡"儒商"，不如提倡"易商"。事实上，"易"的范畴大于"儒"的范畴。《周易》里面不但具备了儒家的精华思想，更有儒家所缺乏的自然哲学思想和丰富的辩证思想，在这些思想中有着更多的科学成分和理性智慧的光芒，这些恰恰能为今日的企业家们提供丰厚的文化底蕴和有价值的启迪。现时代对商家和企业家们的要求，常常是商人、学者与社会活动家为一体的理想人格，儒家的范畴显然不能满足这一人格素质的要求。商人的品格不必说，就学者和社会活动家品格而言，就要求今天的企业家们必须有现代科技知识、生态环保观念，还要有良好的人际关系，能够将各方利益相平衡的功夫，必须具备前瞻预见与随机应变的本领，还要有成本意识和风险意识等等。倡导"管理易"，倡导做"易商"恰逢其时。

3. 何谓"易商"？

我们认为"易商"的特征在于：

（1）讲究阴阳五行和八卦的知识，知晓其间的变化和生克制化。

（2）具备道家易的内容：有强烈的自然意识，尊重自然，朴素天然、讲节俭、去奢华，环保低碳，自觉追求绿色生产力，实现绿色经济。

（3）具备儒家易的内容：以人为本，经世济民，讲礼法，讲诚信，义利相和。具备忧患意识和变革意识。

（4）重视象数，有着科技意识和创新思维；重视"时中"，讲究智慧和谋略。

（5）发挥周易的各功能的作用。尊重命理文化，认识自己，扬其长，避其短；尊重姓名文化，珍视字号，爱惜名誉；尊重风水文化，趋吉避凶，趋利避害；特别要尊重预测的功能，认清趋势，做好前瞻的安排。

《周易》实际上是一部讲变化的书，"夫易者，变化之总名、改换之殊称。"[③] 现代的商战，实际上是一场全方位、多因素、持续的人、财、物之间的较量。既然可变因素难以胜数，那么应变之策就应层出不穷。《周易》的变化之理，应变之道，完全可以成为企业家们商海游弋的舵轮。相信国内外的企业家们定会从中国古老的典籍中发掘出更多的有价值思想并从中受益。以"易"经商、以"易"行商的"易商"会越来越多起来。

---

① 《孙子兵法·虚实篇》。

② 《国语·越语下》。

③ 孔颖达：《周易正义》。

第十一章

周易文化与处世为人

中国传统文化中有着丰富的处世为人的经验和智慧。有些人爱将处世为人看成一体，所以有时也称为人处世，但笔者认为处世和为人二者既有联系，同时也是有区别的。处世更多关注的是社会关系，考虑的是做事；而为人更多关注的是自身修养，考虑的是做人。前者应对的是世情，考验的是待人接物、协作做事的本事，一个人与人相处和交往过程中除了态度之外，还有方法和技巧的方面。而后者面对的是良心，直接拷问的是人品和良知，诚实、守信、善良是最宝贵的。正由于有所区别，才有不同的对策。所谓圆润处世，方正做人；低头处世，昂首做人等不同的价值取向。可见，二者处理起来的原则和方法有其不同。当然，二者联系又是紧密的，做人是处世的前提与基础，而处世则是一个人德性和智性的外化表现形式。《周易》作为中国传统文化的重要典籍，包含着丰富的处世和为人的深邃道理，是需要我们认真学习和细细品味的。

第一节 周易文化的处世之学

一、顺天应人的和谐理念

（一）周易的核心价值是和谐

1. 太和、中和、保和

周易的和谐理念是中华民族和谐思想的重要渊薮。《周易·彖辞·乾》云："乾道变化，各正性命，保合大和，乃利贞。首出庶物，万国咸宁。"北京故宫有三大殿——太和殿、中和殿、保和殿，都借用周易语带上"和"字，什么意思呢？就是和为本，和为上，提倡和谐。"太和"是最高境界的、理想状态的和谐；"中和"是由阴阳两种力量相互协调产生的和谐；"保和"就是当出现不和谐的时候，进行一种积极的变化和有效的调适使之继续保持和谐。和谐理念成为了中华文化的核心价值观。

2. 儒、道、佛三家的"和"

儒家讲"和为贵"、"和而不同"。道家讲"挫其锐，解其纷，和其光，同其尘，是谓玄同"。佛家讲"尚和"，我们将二字颠倒一下，便称出家人为"和尚"；佛家还有"和合"二仙。针对和谐，佛家提出过"三和"：与天地和，与众生和，与内心和。后来世间又有"四和"说：与自然和，与社会和，与他人和，与内心和。古代有所谓的"六合"：东南西北上下。今天我们借其"谐音"也提倡"六和"，即六个方面都处于"和谐"状态（见图 11－1）。

图 11－1 六和图

它们是：自然和顺，国家和平，民族和睦，邻里和好，家庭和美，身心和悦。和谐就是顺天而应人，“顺天”就是和谐的自然观，“应人”就是和谐的社会观。

（二）和谐的自然观

和谐的自然观是在“天人合一”思想统领下有这样一个顺序：敬天—识天—顺天—乐天，中心思想是顺天。

1. 敬天

所谓敬天，就是要在现代文明人心中升腾起带有复古色彩的、有现代科技为依托的、经过哲学思维反思的自然崇拜。敬天侧重于宗教和信仰，侧重于宇宙观和本原论。人类走出蛮荒后的最大问题就是过分的自负和无节制的索取。人虽然可以成为能够自我意识的主体，能够反观自然，但归根结底仍是自然的一部分。对自然的依赖性，或许随着社会的进步其形式和程度有所改变，但实质是不变的。以往的教训就在于我们总爱自以为是并轻举妄动，其结果常常遭到自然的报复。地球变小了，人的影响力加大了，人与环境的关系更具敏感性了，因此，保持对自然的敬畏是现代文明人的最基本的态度，是我们赖以恒久生活下去的最先决的前提。

2. 识天

所谓识天，要正确认识人与自然的关系，侧重于认识论。生物链、生物圈概念是我们认识的高度，在相当长的时期内，我们赖以生存星球的唯一性决定了人与自然环境是命运共同体，保护环境就是保护我们自己。我们要清楚：能源、淡水不是取之不尽的道理，许多地方短缺已成为常态，要充分认识到地球上资源的有限性。生态文明的内涵是：面对资源约束趋紧、环境污染严重、生态系统退化的严峻形势，必须树立尊重自然、顺应自然、保护自然的生态文明理念，走可持续发展道路。识天的关键在于我们能否意识到，人类的未来，归根结底不在于人智能的增加，而在于人欲望的减少。识天之人不会暴殄天物，会自觉抵制奢华与浪费；知足和感恩使得他们会选择低碳和绿色的生活，意识到人自身的责任并积极行动起来，热衷于公益活动，成为社会正能量的一部分，环保要从今做起，从我做起，从细做起。

3. 顺天

所谓顺天，就是要顺天而行，侧重于方法论，顺天的意思就是顺天而行，因时而动，生产活动、社会活动皆如此。《周易·彖辞·革》在谈到商汤王、周武王的革命时，明确地说：顺天而动，不失其时，“汤武革命，顺乎天而应乎人。《革》之时大矣哉！”这里说得很明白：商汤周武的革命为什么能成功？原因就在于这场革命“顺乎天而应乎人”。“顺乎天”，遵循天意之谓也，引申也可以理解成遵循自然规律，“应乎人”，合乎民心之谓也。顺天可以理解为在尊重自然规律基础上，实施绿色经济、集约经济、循环经济。只有顺天，大自然才宽厚，才慷慨；否则就会遭遇灾祸、品尝恶果。《中庸》上有句话说得好：“君子居易以俟命，小人行险以侥幸。”朱熹释曰：“‘居易’，素位而行也。‘俟命’，不怨乎外也。‘侥幸’，谓所不当得而得者。”[①] 可能会有人对“俟命”不以为然，认为这未免太消极了吧！不是的，“俟命”是知晓天高地厚的一种坦然。

4. 乐天

所谓乐天，是面对生活持一种超越功利的审美的态度，一种智慧的达观。侧重于人生观和价值观。《周易·系辞》曰：“与天地相似，故不违。知周乎万物，而道济天下，故不过。旁行而不流，乐天知命，故不忧。安土敦乎仁，故能爱。”世间之所以有人感受人生是“苦旅”，可能是过于着意于功利上面，诸如金钱、名誉、地位等。有了这些东西缠身，人就超脱不起来了，自由不起来了，也就快乐不起来了。智人、君子懂得乐天知命的道理，知命就是知道感恩、知道舍取、学会放下；即使有些目标没有达到也不会消沉，更不会颓废。人生第一要务是谋生，但人生高境界却是“乐生”，用“乐生”的态度应对谋生，谋生为的是享有乐生并包含在乐生之中。人的一生，从攥拳来到撒手去，从哭到笑方为正理。印度哲学主张“面死而生”，后来佛教将其改造为“向死而生，转身去爱”，这与《周易》的“乐天知命”有异曲同工之妙！乐天知命还表现为热爱自然、热爱生活，常常表现为徜徉大自然中，寄情于山水，忘形骸于天地之间，与大自然建立起一种和谐的关系。孔子曾以“克己复礼”为己任，但并不如意，但他不“怨天尤人”。他曾让他的四个学生回答今生的愿望，四个人的回答各不相同，但他对学生曾皙的“春服既成，冠者五六人，童子六七人，浴于沂，风乎舞雩，咏而归”[②] 的人生态度给予了认同，显示出晚年孔子学“易”后乐天而达观的一面。现代智者丰子恺曾说：“你若爱，生活哪里都可爱。你若恨，生活哪里都可恨。你若感恩，处处可感恩。你若成长，事事可成长。不是世界选择了你，是你选择了这个世界。既然无处可躲，不如傻乐。既然无处可逃，不如喜悦。既然没有净土，不如静心。既然没有如愿，不如释然。”乐天的生活态度是一种智者的生活态度。

（三）和谐的社会观

所谓和谐的社会观就是如何“应人”。如何“应人”？如何实现社会和谐？可从以下四个维度来做。

1. 经济的角度

经济的角度就是做好经纶事业。《周易》主张发展生产，安定人民生活。《周易·系辞》里面讲了诸多方面：发展农业，“耒耨之利，以教天下”，满足生活必

---

① 《中庸》第十四章。

② 《论语·先进》。

需；发展手工业，“备物致用，立功成器以为天下利”，使其物质丰富；还要发展商业，“日中为市，致天下之民，聚天下之货，交易而退，各得其所”，促成物资交流，满足人民生产生活的需要。《周易》有浓厚的民本思想，“何以守位曰仁。何以聚人曰财”，要求君主发“财”以“聚人”，施“德政”以求安，倡导国家要节约开支，“节以制度，不伤财，不害民”，鼓励“与民同患”，体会民瘼，洞察时艰，才能“身安而国家可保也。”

2. 政治的角度

政治角度就是明法崇礼。周朝主管法律的官员叫“司冠”，《礼记·王制》说：“司冠正刑明辟，以明狱讼，必三刺。”意为经过三审之后，“告于王，王三又，然后制刑”。强调依法办事，强调程序的重要。崇礼就是讲礼仪，而礼仪是有规制的。遵守规制，遵守秩序。政治还要讲“协和万邦”，协和万邦就是要协调好各方面的关系，包括协调好内部关系，特别协调好对外关系。

3. 文化的角度

文化的角度：讲道德、讲诚信，讲做人，培育君子之风。讲教育，培育高智能的各类人才。开展各类文化事业，用艺术的力量育人。

4. 社会整体角度

社会整体角度：首先讲“匡正”，在《周易》看来，当位叫“正”，不当位叫“不正”。《周易·彖辞·师》曰“能以众正，可以王矣”，各就各位，国家就立起来了。我们现在讲“匡正”，就是要主持正义，坚守正道，弘扬正气。在全社会讲法律公正、执法公正，弘扬社会正气，抵制歪风邪气。其次讲“尚和”，《周易》有个《同人》卦，其卦辞曰：“同人于野，亨。利涉大川，利君子贞。”孔颖达这样解释：“与人同心，足以涉难，故曰利涉大川，与人和同，易涉邪僻，故利君子贞也。”其意思是说与人同心，本是好事，可以克服大的困难，但是与人和同，如果动机不正，心术不好，也有可能在一起干坏事，所以说只对君子有利。后宋人朱熹、清人陈梦雷对此的解释都如是，显然，其语言的背后都遵循着孔子的“君子和而不同，小人同而不和”（子路篇）思想的。“尚和”就是社会各个方面都能够得到均衡发展，包括人口、环境和经济发展能够协调起来，个人的身体和精神以及文化的发展也能够协调起来，各族民众能够和谐共处、协调发展。

二、刚柔相济的处世哲学

（一）奉行“时中”的处世信条

1. 与时偕行

与时偕行是《周易》的重要思想，也是处世的信条之一。《周易》多处地方讲到。《周易·乾文言》曰："终日乾乾，与时偕行。"《周易·彖辞·损》曰："损益盈虚，与时偕行。"《周易·彖辞·益》曰："凡益之道，与时偕行。"唐人李鼎祚在《周易集解》上引三国人虞翻的话说："变通趋时，故与时偕行。"类似的思想还有《周易·坤文言》曰："承天而时行"。《周易·彖辞·大有》曰："应乎天而时行，是以'元亨'。"《周易·彖辞·遁》曰："刚当位而应，与时行也。"《周易·彖辞·丰》曰："天地盈虚，与时消息"。

与时偕行虽然来自于农业社会，因为时令对农事显得尤为重要，但命题本身仍具有普适性，充满着智慧。现如今的人们爱说"与时俱进"，与时俱进也是道理，只是如今庸人容易理解偏差。"与时俱进"不能完全替换了"与时偕行"。因为在古人智者看来，"与时偕行"不但包含着"与时俱进"，同时还包含"与时俱止"和"与时俱退"的意思！时进我进，时止我止，时退我退，是"与时偕行"的全部内容。与时俱进好理解，我们当如何理解"与时俱止"呢？《周易·彖辞·艮》曰："艮，止也。时止则止，时行则行，动静不失其时，其道光明。"我们又如何理解"与时俱退"呢？《周易·乾文言》在解释《乾》卦上九爻辞"亢龙有悔"时说道："'亢'之为言也，知进而不知退，知存而不知亡，知得而不知丧。其唯圣人乎？知进退存亡，而不失其正者，其唯圣人乎！"所以古人才有"'亢龙有悔，与时偕极"的告诫。

2. 倡导中道中行

《周易》"二"、"五"爻位是中位，或"刚中"、或"柔中"，因此这两个爻位的爻辞相对祥和。尚中是《周易》的重要思想，也是处世的信条之一。《周易》言"中"比言"时"的地方要多得多。由中位、中道之理到中和、中行之用构成中国人的处世智慧。先是"中"，兼顾了两端的性质，再交集，便是"和"，事物才能发展。儒家经典《中庸》认为中是不偏不倚，庸是平常、寻常，不奇异怪诞。中庸就是平常而不可改易的中正和谐的道理。"中也者，天下之大本也，和也者，天下之达道也。致中和，天地位焉，万物育焉。"① "中和"遂后成为达观处世的共识。周敦颐说："惟中也者，和也，中节也，天下之达道也，圣人之事也。"② 程颐说："若至中和，则是达天理。"③ 司马光说："苟不能以中和养其志，气能浩然乎！"④ 朱熹说："但能致中和于一身，则天下虽乱，而吾身之天地万物不害为安泰。而不能者，天下虽治，而吾身之天地万物不害为乖错。其间一家一国，莫不然。"⑤ 戴震说："中和，道义由之出。"⑥ "中和"思想的践行是"中行"。《小畜》下卦乾为健，上卦巽为入，九二、九五均刚中，所以其《彖》曰："健而巽，刚中

① 《中庸》。
② 周敦颐：《通书·师第七》。
③ 《伊川易传·乾·彖》。
④ 《温国公文集》卷四。
⑤ 《中庸或问》。
⑥ 《原善下》。

而志行，乃’亨‘。”《周易》的《象辞》在师、泰、蛊、复、晋、解、夬、既济、未济等卦中多次提到“中行”或“中道”。

3. 正确理解“中道”、“中行”的道理

何谓“中行”呢？走在大路的中间是“中行”，走在正道上是“中行”！古有“允执厥中”① 的遗训，指言行符合不偏不倚的中正之道。今北京故宫的中和殿上高悬“允执厥中”匾，四字乃乾隆御笔。许多人爱误解“中”，中不溜不好，我要当先进，争上游，但那是一种企图心和进取心，和这里的“中道”、“中行”不是一个意思。“中”是一种终极的判断，是一种“哲思”。人难得遵行中正之道，为什么呢？一是“中”有个识得的问题。中国人普遍缺乏逻辑思维的训练，遇到问题，偏执、偏激的人居多，能够找出“中位”的人本不多，而知晓“执两用中”思维的人就更少；二是“中”的坚守。人们好走偏，两端一跑，留在中间的反倒成了少数。左派说你右，右派说你左，让你夹在中间左右难为人。在孔子心目中，理想人格当然是“中行”。他说：“不得中行而与之，必也狂狷乎，狂者进取，狷者有所不为也。”② 意思是若找不到奉行中庸之道的人和他交往，只能与狂者、狷者相交往了。狂者敢作敢为，狷者对有些事是不肯干的。社会上和一群或者亢奋激进、或者麻木懒惰的人共事总是很难的。

4. 将“时”和“中”结合

《周易》往往把“时”与“中”联系起来，在“中”这个概念里，时间是个重要的构成，“时中”的含义要求人们既懂得适当其时的道理，又要将其运用得恰如其分。冬季穿棉衣、毛衣是“适中”，夏季穿短袖衫、裙子是“适中”，反之，冬穿单夏穿棉就不是“中”的概念了，传统养生有“夏季多苦少甘宜偏咸，冬季多酸少咸宜偏辛”，就有“时中”的道理。“中”也不是处于绝对的中心位置，而是依条件和场合的变化而有所变动调整。黄金分割线是 0.618，而不是 0.5；高速路行车时速在 100 公里的话，其车距 100 米是安全的也是合适的；银行内划定的等候“一米线”是文明的距离，也是合适的。胖人运动减肥，其运动量要多增加一些是“中”；与高龄老人讲话嗓门要更大一些是“中”。可见，因对象和场所的不同，“中”的位置和尺度也就会有相应的调整，而不是一个僵死的东西，它体现的是一种人生经验的总结和升华，是一种生活智慧了。

（二）亦儒亦道、进退皆是的人生态度

1. 儒道均有刚柔的两面

古人习《周易》，从它里面引出了儒道两家，都各有自身的道理。其实二者都有刚柔的两面。《周易》思想外化产生对世间事物的两面性看法：天健而地顺，山

① 《尚书·大禹谟》。

② 《论语·子路》。

刚而水柔。既有儒家“仁者乐山，智者乐水”的见解，也有道家“上善若水”的智慧；既有儒家“经世济民，建功立业”的刚健一面，崇尚阳刚，也有道家“清静无为，退隐逍遥”的柔顺一面，笃信阴柔。同时，《周易》思想内化对自身修行的也有两面性：儒家强调内刚：坦荡君子，刚正不阿；讲仁义礼智信，董仲舒曰：“夫仁、义、礼、智、信五常之道，王者所当修饬也。”① 儒家将此五常配合“三纲”作为封建社会教化的主要内容。但儒家也讲外柔：谦谦君子，温良恭俭让，《论语·学而》曰：“夫子温良恭俭让以得之。”朱熹注：“五者，夫子之盛德。”道家强调外柔是众所周知：老子讲“道”有多种性质。其中说到“道”有“柔软”和“处下”的特征，像“水”，老子赞美水：“水善利万物而不争”，然后讲出“水”之七善：“居善地，心善渊，与善仁，言善信，正善治，事善能，动善时。”② 道家最鲜明提出了“柔弱胜刚强”的观点。“坚强者死之徒，柔弱者生之徒”（《老子》第七十六章）。“知其雄，守其雌；知其白，守其黑；知其荣，守其辱。”（《老子》第二十八章）但道家也并不缺少“内刚”性质，还说到水：“天下莫柔弱于水，而攻坚强者莫之能胜，其无以易之。”（《老子》第七十八章）世间没有比水更柔弱的了，但摧毁坚固之物没有什么能胜过水，没有什么能代替它。老子还表达过这样的意思：“知我者稀，则我者贵。是以圣人被褐怀玉。”（《老子》第七十章）显露出老子内心的强大。

儒道在处世方面确有差异，以处理恩怨问题为例。针对老子主张“报怨以德”（《老子》第六十三章）的观点，孔子的学生问老师：可不可以以德报怨？孔子明确表示反对，答曰：“以直报怨，以德报德”（宪问篇）。即以正直的态度对待怨恨，以仁德回报仁德。孔子“何以报德?”的反问是机智而有力的。假若你以德报怨，那你拿什么报德呢？你手上已经无牌可打了，你回报恩仇的方式没有了差别，错误就由此产生了。可见，老子是以“神”的标准看人，而孔子是以“人”的标准看人。当今中国社会多次出现扶起老人反遭诬陷的事，这种以怨报德的不耻行为，直接威胁着整个社会的伦理底线。也许作为圣人的孔子早已想到了此类事情的发生，看来还是孔子能看透国人的心啊。

2. 进则尊儒，退而崇道

对待人生态度，中国人吸收了儒道两家的智慧。有一说曰：“进则尊儒，退而崇道”，这话基本勾勒了二者的基本处世倾向。

但儒家的进取不意味必定升官发财，“圣人不以位为乐也，在《易》谓之‘虎尾’，在《书》谓之‘朽索深渊’。”③ 有孔子事迹作为典范。《吕氏春秋》记载了这样的故事：孔子一生中最倒霉的时候是困在陈国与蔡国之间，绝粮七日，只能清水煮野菜。此刻，孔子两个最忠实的学生子贡、子路都有些动摇，但夫子却饿

---

① 董仲舒：《举贤良对策一》。

② 《老子》第八章。

③ 王应麟：《困学记闻》。

着肚子在屋里弹琴，两个人抱怨道："杀夫子者无罪，藉夫子者不禁，夫子弦歌鼓舞，未尝绝音，盖君子无所丑也若此乎？"意为：现在人家杀你白杀，抢你白抢，您还有心在这儿弹琴唱歌，难道君子是这样没心没肺的吗？并表示我们已是穷困到家了。孔子凛然道："君子达于道之谓达，穷于道之谓穷。今丘也拘仁义之道，以遭乱世之患，其所也，何穷之谓？故内省而不疚于道，临难而不失其德。大寒既至，霜雪既降，吾是以知松柏之茂也。"孔子回答掷地有声：这种经历是我的幸事，这叫什么穷困。严寒冰雪方显松柏之长青。书中记载孔子说完，又继续抚琴，子路受到教育，随着音乐起舞。深受教诲的子贡感叹曰："我不知天之高，不知地之下。古之得道者，穷困也乐，显达也乐，所乐的不是穷困或者显达。而是得道后的心情啊。"儒家对于穷达，有后来孟子的总结："穷则独善其身，达则兼善天下。"①

道喜退隐、无为，但老子的"无为"是忠告别"妄为""肆为"的意思，"无为"确是"有为"。道家同样关注社会生活，《道德经》中有许多关注社会、关注民生的内容，也有告诫统治者的内容。只不过"智者"影响社会的方法、方式不拘一格。"我无为而民自化，我好静而民自正，我无事而民自富，我无欲而民自朴。"又曰"以正治国，以奇用兵，以无事取天下"（《老子》第五十七章）。对统治者告诫说："太上下知有之，其次亲之，其次誉之，其次畏之，其次侮之。信不足焉，有不信焉。"（《老子》第十七章）就处世智慧而言，进，多做事未必是正能量，退，少做事未必是负能量。世间君子进则福，小人进则祸；小人退，少做事为幸，君子退，少做事为不幸。小人若得意正所谓："德薄而位尊，知小而谋大，力小而任重"。② 唯此，孔子评价说这种情况没有不招灾祸的。

3. 庙堂江湖皆乐忧

还有另一说曰："青年学儒、中年习道、老年敬佛。"表达了随着年龄的增长而重心有所调整，也有其合理性。中国古代士大夫的处世意识里是儒道佛思想是兼而有之的。范仲淹在《岳阳楼记》中云："不以物喜，不以己悲。""居庙堂之高，则忧其民；处江湖之远，则忧其君。是进亦忧，退亦忧。""先天下之忧而忧，后天下之乐而乐。"进而尊儒，庙堂之上亦乐亦忧，退而崇道，江湖之远亦乐亦忧。忧国忧民情怀是古代士大夫中的先进意识。

4. 尺蠖之屈和龙蛇之蛰

屈伸俯仰皆常事，喜怒哀乐即生活。《周易》中有专门一段讲屈伸之理："往者屈也，来者信也，屈信相感而利生焉。尺蠖之屈，以求信也。龙蛇之蛰，以存身也。"③ 这里的"信"就作伸张讲。屈含伸之意，退存进之理，《周易》用"尺蠖之屈"和"龙蛇之蛰"的生动比喻讲出了屈伸进退的深刻道理。欧阳修《醉翁

① 《孟子·尽心上》。

② 《系辞传》。

③ 《周易·系辞》。

亭记》云："醉翁之意不在酒，在乎山水之间也。山水之乐，得之心而寓之酒也。"其实作者在乎或不在乎什么都是可以的。生活的样式多种多样：京城牡丹真美艳，涧边幽兰亦清香。你既可以选择灯红酒绿的歌舞场，也可以选择渔樵相伴的山野间；你愿意柴米油盐酱醋茶，他愿意琴棋书画诗酒花。生活本来就没有唯一的模式或者是固定的模式。

（三）"义利"、"损益"、"舍得"的价值取向

1. 利者，义之和也

在处世中，《周易》要讲到利益。《周易》讲"利"的地方很多，如利贞、利居贞、利建侯、利见大人等。但这些"利"是指适合、适宜的意思。《周易·乾文言》在解释元亨利贞时曰："元者，善之长也；亨者，嘉之会也；利者，义之和也；贞者，事之干也。"这里的"利者，义之和也"，其意为"利"使得一切事物，各得其宜，彼此和谐。但此时毕竟将"利"和"义"放在一起，构成传统文化中著名的一对范畴。在而后的文化传承中义利词义有所变动，"义"被多解释为适宜的意思，《中庸》曰："义者，宜也。"后来又扩展为凡合宜的道德、行为或道理都称之为"义"。"利"则特指能满足人类生活需要的物质利益，或带有功利色彩事情。孔子将义利作为识人的重要方面"君子喻于义，小人喻于利"（里仁篇）。孔子主张"君子义以为上"（阳货篇）。孔子也讲利，提倡"见利思义"，对于合乎道义的利，取之无妨，叫做"义然后取"（宪问篇）。"利是烈马义为缰，义利相和水流长。"利在义的引导下奔驰才有意义，而信马由缰是危险的。

2. 损与益的道理

《周易》讲物质利益的地方体现在对《损》《益》两卦上。"损"是减少，何谓减少？是相对于《泰》卦卦象而言，《泰》卦的下卦减少、而上卦增加一个阳爻就构成《损》卦卦象，所以其《彖》曰：损下益上。《益》卦既是《损》卦的"综卦"，其卦象又相对于《否》卦卦象而言；《否》卦的下卦增加、而上卦减少一个阳爻就构成《益》卦卦象，所以其《彖》曰：损上益下。在《周易》作者看来，下为重，虽然损下益上，但如果"损而'有孚，元吉，无咎。可贞'"（《周易·彖辞·损》）。只要理由正当，仍然是可行的。对损上益下，则曰："民悦无疆；自上下下，其道大光。"（《周易·彖辞·益》）《周易》对损益的议论透露出浓厚的民本思想。

《周易》损益思想影响到了道家。老子曰："为学日益，为道日损，损之又损，以至于无为。"（《老子》第四十八章）企图通过不断地减少，以达到无欲无求，最终达至无为的境界。《周易》损益思想更影响到了儒家。史书上记载了这样一个情节："孔子读易至于损益，则喟然而叹，子夏避席而问曰：'夫子何为叹？'孔子曰：'夫自损者益，自益者缺，吾是以叹也。'"[①] 大意是：孔子读《易经》，读到

① 《说苑·敬慎》。

损益二卦时，深深地发出了叹息。学生子夏离开座位问老师，您为何叹息呀？孔子回答：自损之人定会受益，自益之人定会缺损，我是为这个道理而感叹啊。孔子对损益之转化的见解可谓精辟到了极点。所谓自损之人，就是谦逊之人，这种人由于谦恭自抑，坦诚虚心，不怕吃亏的人，反而获得理解，赢得帮助，结果是受益的。所谓自益之人，就是骄横的人，这种人由于盛气凌人，不愿吃亏，爱将功劳、荣誉归于自己，这种人定会遭受损失，其最终结果往往要吃大亏。真正肚里有货的人总是谦卑的、低调的，腹内空空的人才好张扬。一片水田一眼望过去，低着头的是稻子，而高扬着头的是稗子，稻穗因沉甸甸果实而放低了自己，稗子肚里空空才随风摇曳。大自然月满则食，水满则溢。而人满则咎，对于那种不懂得损益转化的人，还是《红楼梦》说得形象："金满箱，银满箱，转眼乞丐人皆谤。正叹他人命不长，哪知自己归来丧！""因嫌纱帽小，致使锁枷杠。"不论是正剧还是谐剧，人世间类似充满辩证性质的剧情难道不是天天在上演着吗？！

3. 舍与得的道理

应当说国人中的多数人未必能理解孔子的损益转化的道理。后来人们将"损益"用更直白一些的"舍得"来表达。"舍得"一词应源于佛家。不得亦舍曾是佛家的提倡，佛祖以身饲虎，则无所得，佛家境界显然更高一些，算修道的高层次吧。国人依照自己的习惯思维，后来逐渐转义为舍得对应，即所谓有舍有得，不舍不得之意，这已经向世俗转化了，因为在多数国人的盘算中，只舍而不得的事是划不来的，算修道的中层次吧。更有一些人确有这样一种本性：乐于获得而不愿舍弃，这是没有修道的结果。殊不知，舍与得既是一个道理，也是处世为人的一门功课，这是要在修为中悟得的。快乐的源泉在本心，真正的快乐，不是拥有的多，而是计较的少！心中长存善解、包容、知足和感恩，心中就永远洁净与光明！名利在身是一种"得"，但何尝不是一种"失"，失去的是悠闲、恬适和洒脱。有人认为舍是一种懦弱、一种逃避，要所谓"锲而不舍"的精神，这显然陷入了片面的认识。舍，是一种解放、解脱和放下；舍，意味着明亮、豁然、轻松与愉悦；舍，常与成熟、智慧、坚毅同行。殊不知人类发展的历史就是一部有"舍"有"得"的历史：我们舍去了攀援，选择了行走；舍去了速度，赢得了高度；舍去了自身浓密的毛发，穿上了御寒且多彩的衣裳；舍去了依赖自身肢体强壮的可能，换来了制造和使用工具的能力。没有舍哪里有得！再进一步说，生命的设计就是舍与得的巧妙复合：用陈旧、衰老生命的"舍"换来鲜活、勃发生命的"得"；一个人生活中得到再多，终有一舍；再如何地不舍，也总归要舍。生命的延续是靠着"生生不息"即个体生命间的"舍""得"循环才获得了恒久的意义。

（四）方圆处世的生存智慧

1. 外圆而内方的道理

"方圆"之说源于古代的钱币，外圆而内方，方圆处世是中华生存智慧。孟子曰：“规矩，方圆之至也；圣人，人伦之至也。”又曰：“不以规矩，不能成方圆。”[①] 中华数千年的处世智慧浓缩于方圆之中，里面渗透着阴阳相交、刚柔相济的道理。对此，鬼谷子是肯定的，他说：“阴阳相求，由捭阖也。”此天地阴阳之道，而说人之法也，为万事之先，是谓“圆方之门户。”[②]《淮南子·主术训》云：“心欲小而志欲大，智欲圆而行欲方；”洪应明的《菜根谭》曰：“处治世宜方，处乱世当圆。”黄炎培给儿子写道“和若春风，肃若秋霜；取象于钱，外圆内方”。教导做人应当方圆并用。我们为人处事，本当该方则方，该圆则圆。方是以不变应万变，圆是以万变应不变。方不是呆板，圆不是奸猾；有方无圆则寡亲，有圆无方则不立；方是做人的脊梁，圆是处世的锦囊。方圆结合，才能书写精彩的人生。依方圆之道处世并不为儒家所独享，道家也主张相似的思想。“是以圣人，方而不割，廉而不刿，直而不肆，光而不耀。”（《老子》第五十八章）意思是：所以圣人，方正而不生硬，锐利而不伤人，耿直而不放肆，光明而不炫耀。

2.《周易》认同内方外圆

《周易》里面并没有直接讲到“方圆”说。《周易·坤文言》是这样表达的：“‘直’其正也；‘方’其义也。君子敬以直内，义以方外，敬义立而德不孤。”敬是立身之道，义是处事之道，直和方在这里都是名词作动词用，使之正直、使之方正的意思。这句话可以简浅解释为：以敬心矫正内在的思想，以义德规范外在的行为。如此看来，《周易》似乎有内外均主张“方”的意思。其实不是，我们由《泰》、《否》两卦的彖辞来看。《泰》卦是乾下坤上，下卦为内卦，上卦为外卦，其《彖辞》曰：“内阳而外阴，内健而外顺，内君子而外小人，君子道长，小人道消也。”《否》卦是坤下乾上，其《彖辞》曰：“内阴而外阳，内柔而外刚，内小人而外君子。小人道长，君子道消也。”如果阳为方，阴为圆，显然《周易》是赞同内方而外圆，内健而外顺的，此乃君子之风。相反，如果是内圆而外方，内柔而外刚，此乃小人之风。在《周易》作者看来“内君子而外小人”是可以的，即害人之心不可有，防人之心不可无。对外交往允许先小人而后君子。“内小人而外君子”是不可以的，即指以假象示人者，社会上对这种人，即所谓道貌岸然者是需要提防的。可见，内方外圆的为人处世是《周易》所认可的。

3. 如何践行内方外圆

所谓内方外圆，就是内阳而外阴，此乃君子之道。内方后来多指做人，方就是品质，即做人要有原则和品格。内方的内容，包括重义守信，有节有为，好学勤勉，淡泊宁静，所谓无欲则刚；若内不方而圆，则与上述内容相悖。外圆后来多指处世，圆就是指处事的方法，处世要讲究圆通。外圆的内容，包括内敛谦虚，圆融变通，也包括大智若愚，韬光养晦，所谓有容乃大，难得糊涂。若外不圆而

① 《孟子·离娄上》。

② 《鬼谷子·捭阖第一》。

方，则与上述内容相悖。假若最理想的情形是内方外圆，那么则有这样几重道理：内方而外圆，社会和个人同幸；内圆而外方，社会和个人同不幸。内外同方，或许社会幸而个人不幸；内外同圆，或许个人幸而社会不幸。“方圆说”若分不清内外或者拿不好分寸，则都会有“负面效应”的产生。中国文化犹如一条大河，它的“河流效应”会导致形成民族意识的“河滩现象”：一眼望过去，到处都是圆圆的鹅卵石，带棱角的石头不多。中国人喜好和田玉的“籽料”，因为它是河流的产物，所以品质要好于“山料”。“籽料”晶莹圆润的品质满足了中国人独特的审美取向，而这种“审美”是和中国文化以及民族心理有着某种暗合。传统文化的负面效应则容易产生“苟且”意识和“犬儒主义”倾向。有这么一群中国人，平日在下面牢骚满腹，上到台面则颂扬奉承，话语肉麻。此种人遇事自己不出头，愿意别人出头。倘若成功了，他散言之：早该如此，天理民意，并且心安理得一同来分享其成果；倘若失败了，他散言之：想出风头，算定就不行，然后暗自庆幸没有参与，赶快撇清关系，以防受到牵连。这类人的处世之道是圆过了头，已经没有一点方正的影子了。

第二节 周易文化的为人之道

一、周易文化中的人生智慧

（一）中西方不同文化氛围下的自我认识

1. 西方人的自我认识

西方人的自我认识是在哲学的“主客两分”理念下的我，即与客观世界相对立的主观的我。在这个大前提下有四层意思的剥离：当强调主体的我，和一切客体相区别，这个客体包括自然世界和社会，甚至包括其他的精神客体，这是从认识论角度的划分；当强调肉体的我，和精神的心灵的世界相区别，这是从信仰的宗教角度的划分；当强调个体的我，在空间上和群体的人类社会相区别，这是从社会学和伦理学角度的划分；当强调现实的我，在时间上和多数群体的人类社会相区别，这是从历史学和人类学角度的划分。

西方人在自我认识上还有心理学上所讲四个“我”：公开的我，我知、人知；隐私的我，我知、人不知；背后的我，我不知、人知；潜在的我，我不知、人也不知。关于潜在的意识，训练有素的专家可以通过多项测试和手段有所认识。当然，这里所说的知与不知都只具有相对的意义。西方学者在讲区别、对立的同时，也讲联系、统一。人恰恰是在主客体的互动中得到自我认知和自我肯定的。

西方人愿意在认识自然，改造自然过程中认识自我，爱强调我就是我，提倡个性解放和法的约束，尊重个人的创造性，保护知识产权，其终极目的是“人化”自然。

2. 中国人的自我认识

中国人的自我认识是在哲学的“天人合一”理念下的我，即天地人中的我。强调整体性，整体大于和高于部分。我不仅生于天地之间、而且还是在宗法人伦间的我。就哲学意义上的人的解放程度而言，西方人不仅比中国人要大，也更彻底些。而这一特点会传递到对自然的探究上，传递到科学的精神中，会起着持续的、深远的作用。

中国人的自我认识并没有西方人逻辑上的分门别类和层次上的细分。首先要循“天伦”，从金木水火土到仁义礼智信是很自然的。《中庸》曰：“天命之谓性，率性之谓教，修教之谓道。”由天到人。由于中国人又相信“天道远，人道迩”，与其祭天求神，“不如修德”。因此也认为：“反求诸己，其身正而天下归之。”① 唯此可以由人达天。孟子曰：“尽其心者，知其性也；知其性，则知天矣。”② 在较笼统地讲整体思维的同时，也讲区别、对立。如荀子曰：“明于天人之分，则可谓至人矣。”③

中国人愿意在顺应自然过程中的自我认识，爱强调集体中的我，诉诸伦理比诉诸法要来得寻常且容易。所谓《夏书》中的“正德、利用、厚生”，其目的是通过约束自身来认识自然，提倡利用自然，改善民生。

3. 个人自我完善三个方面

尽管中西方在自我认识上存在差异，但都赞同现实中人追求自我完善的必要性。人如何寻求自我完善呢？有三个方面的内容：始终善待自我；不断提升自我；尽心愉悦自我。

始终善待自我，要做到自我接纳、自我肯定、自我欣赏。接纳和肯定自己是人生活下去的最基本的支撑。存在主义哲学之所以有意义，就在于它是给那些失去勇气继续生活下去的人写的，萨特曾经这样表达过。弗洛伊德哲学之所以有意义，就在于它的本我、自我、超我的次序是不容颠倒的。一个人与其有勇气面对死亡，那么，就也拿出勇气面对艰难的、苦涩的生活，哪怕是贫穷也罢，疾病也罢，残缺也罢，丑陋也罢。一些中国人看到这样强调自我，容易想到这是不是有点利己主义了？和中国传统的“集体主义”有些相悖。当我们已经远离了田园牧歌式经济形态，远离了僵化的思想意识，当我们身处于市场经济的大潮中，身处

---

① 《孟子·离娄上》。
② 《孟子·尽心上》。
③ 《荀子·天论》。

于竞争的意识氛围中，面对着中国现阶段精神疾病和心理障碍的高发时期，这样的思想更新是必需的，也是必要的。

不断提升自我，要做到自我适应、自我鞭策、自我实现。不能说人都能够成为时代的弄潮儿，但必须顺应潮流而不要被潮流所淘汰。人生路漫长，不怕慢，就怕站；你没有看见吗？田径场上，人们除了将掌声给第一个撞线的人，还愿意把掌声给坚持到底的人。永远不要小看自己，因为人的发展有着无限的可能性。爱你的人才关注你的进步，否则没有人鞭策你。你必须自我激励、自我鞭策，实现自我的梦想。“癞蛤蟆想吃天鹅肉”是一句有着贬损意味的俗语，假若我们换一个角度看，有梦想总比没有梦想强！癞蛤蟆正是凭借着这个梦想而被人们广泛地传播，也由于这个梦想里带着执着与坚守，因而也会得到一份尊重。这个时代，屌丝的嬗变、逆袭的成功都已经算不得奇迹了。

尽心愉悦自我，要做到自我调整、自我放松、自我开心。每个人都有自身的压力，只不过形式不同、大小不同，因此每个人都有解压的必要。假若生活无趣，我何求来生？假若生活有趣，我今生足矣。如果生活中非要有阴影的话，请不要罩在心上，不妨搭在眼前，这样，避开阳光的直射，可以让我们看得更清楚。总之，人要学会劳逸结合、张弛有度，学会自我的释放。寻求有益的、健康的娱乐方式，自得其乐。

（二）东方色彩的人生智慧

1. 人生的智慧多种多样

《周易》崇尚“三”，八经卦为三爻。整体世界分为三部分：天、地、人，天地人各有所爱，各有其道理。人对其适应也有相应的道理：天道酬顺，地道酬变，人道酬和。古代学术有三家，各有自己的人生智慧：儒家讲“内圣”、“自省”；道家讲人贵有自知之明；佛家讲“参悟”。集合众家之说，可以总结出人生的秘密有三，即：在内、不在外；在己、不在他；在心、不在身。《周易》爱讲阴阳，从修行的角度有所谓的“三界六心”说。三界是：自然、社会、自身共三个世界。六心是：自然阴性之心——敬畏，自然阳性之心——探究；社会阴性之心——羞耻，社会阳性之心——博爱；自身阴性之心——平和，自身阳性之心——坚毅。我们修行的目的是具备“六心”。

2. 老子的人生智慧

古人讲人生智慧也爱讲到“三”。“三”有时是实际数，有时是个虚数，即泛指多数。老子的人生智慧体现在他的“三宝”理论中，老子曰：“我有三宝，持而保之，一曰慈，二曰俭，三曰不敢为天下先。慈，故能勇；俭，故能广；不敢为天下先，故能成器长。”（《老子》第六十七章）老子说，我有三件宝贝，持有而尊重它。第一件叫慈爱，第二件叫节俭，第三件叫不敢处在众人之先。因为慈爱所以勇敢，因为俭朴所以宽广，因为不敢自傲居天下之先，所以能成就大器。老子的“三宝”实为人生箴言，“慈”乃修身之本，“俭”乃育性之根，“不敢为天下先”乃养心之道。老子还说：“知其雄，守其雌，为天下溪。为天下溪，常德不离，复归于婴儿。知其白，守其黑，为天下式。为天下式，常德不忒，复归于无极。知其荣，守其辱，为天下谷。为天下谷，常德乃足，复归于朴。”（《老子》第二十八章）老子用简单明了的“三知”和“三守”清楚告诉了人们人生的秘诀和自然辩证的妙要之所在。集中体现了老子“守雌贵柔”和“知阳守阴”的人生大智慧。

3. 孔子的人生智慧

孔子也常以“三”表达其对生活的种种看法，《论语·季氏》里孔子说道：“益者三乐，损者三乐。乐节礼乐，乐道人之善，乐多贤友，益矣。乐骄乐，乐佚游，乐宴乐，损矣。”意思为：有益的快乐有三种，有害的快乐也有三种。以得到礼乐的调节为快乐，以称道他人的长处为快乐，以多结交贤明的朋友为快乐，是有益的；以骄奢淫乐为快乐，以游玩无度为快乐，以吃吃喝喝为快乐，则是有害的。告诫人们要追求有益的快乐。孔子又说：“侍于君子有三愆：言未及之而言谓之躁，言及之而不言谓之隐，未见颜色而言谓之瞽。”愆：音千，过失。瞽：音古，瞎。意思为：侍奉君子会有三种过失：没到该说的时候开口就说，这叫做毛躁；到了该说的时候却不说，这就是隐瞒；不看君子的脸色信口乱讲，这叫做盲目。告诫人们言语要看准时机，把握分寸。孔子在这里还说：“君子有三戒：少之时，血气未定，戒之在色；及其壮也，血气方刚，戒之在斗；及其老也，血气既衰，戒之在得。”意思为：君子要有三种警戒：年轻时，血气尚未稳定，要警戒在酒色；到了壮年，血气方刚，要警戒在争斗；到了老年，血气衰微，要警戒在贪得。告诫人们在人生的不同阶段，与人的身体状态相关联，会出现不同的危险倾向，须留意加以提防。

4. 讲三讲四的人生智慧

卦有六爻，人为三、四爻，成语说此人“不三不四”，即指此人不仁不义。可见做人要讲“三”讲“四”的。“三”和“四”中包含着人生智慧。孔子较早地说到“君子三不”。孔子曰：“不知命，无以为君子也。不知礼，无以立也。不知言，无以知人也。”（尧曰篇）孔子说：“不懂得天命，没有可能成为君子。不懂得礼，没有可能立足于社会；不懂得察言观色，没有可能认识人。”在这里，孔子讲出了君子立身处世的三个重要的原则。隋代教育家、思想家王通也有著名的“君子三不”：“君子不受虚誉，不祈妄福，不避死义。”① “虚誉”指不真实的声望和荣誉，“妄福”指非分的福气或不正当的享受，“死义”指为正义而献身。这三者分别属于精神价值、物质享乐和道义责任。不受、不祈、不避，能做到这“三不”的人，便是“真君子”。后人又续了一些“君子三不”，例如，三不斗：不与君子斗名，不与小人斗利，不与天地斗巧。三不争：不与上级争锋，不与同级争宠，不与下级争功。提倡人生要有三种修炼：看得透想得开，拿得起放得下，立得正

① 《文中子中说》卷六《礼乐篇》。

行得直。《淮南子·缪称训》云："圣人不求誉，不辟诽，正身直行，众邪自息。"换成今天的话就是走自己的路，让别人说去吧！毁誉面前均泰然方为真君子。

今人讲人生智慧还是冯友兰先生的人生"四境界说"最具哲理，这是他哲学思想中最为珍贵的一部分。"四境界说"即自然境界、功利境界、道德境界、天地境界。在冯友兰先生看来，一个完整的哲学体系，必须能够说明个人与其周围各方面的关系，这四种境界即是人与周围各方面可能有的四种关系或四种境界。其中的"自然境界"是最低层次的精神境界，是指人对其行为只有生物直觉；"功利境界"是指其行为都有他们所确切了解的目的；"道德境界"是指其行为所及的对象是利他的；"天地境界"就是人和宇宙的关系，是一种自觉，有超社会、为天地立心的意义，这是一种最高、最完善的境界。

（三）周易所理解的个人修为

1. 知性为阳、德性为阴

老子曰："万物负阴而抱阳，冲气以为和。"万物无不分阴阳。就大自然来说，天为阳、地为阴；日为阳、月为阴；山为阳、水为阴。就个体人来说，男为阳、女为阴；头为阳、四肢为阴；表体为阳、内脏为阴；知性为阳、德性为阴；意志为阳、仁爱为阴。就社会关系来说，父亲为阳，母亲为阴；事业为阳、家庭为阴，社会人际为阳，家人亲友为阴。就性质来说，明为阳、暗为阴；热为阳、寒为阴；刚健为阳、柔顺为阴；发散为阳、聚合为阴。一个人的成长过程，就是在这阴阳不断地衍生、发展、变化中，在这阴阳交替中的过程累积、蓄养，不断地进行着储善、益智、养性、修身的过程。宋代王应麟在《困学记闻》中曰："知识欲高明，故效天。操履贵笃实，故法地。"也认可知性为阳、德性为阴的说法。总之，周易所理解的个人修为，阳要具备天的品格，阴要具备地的秉性，这种阴阳和合，刚柔兼备就浓缩在"自强不息、厚德载物"这两句话中。君子就应该像天宇一样运行不息，即使颠沛流离，也不屈不挠；就应该像大地一样包孕万物，有着博大的胸怀和仁慈的情感，没有任何东西不能承载。

2.《周易》所理解的君子与"大人"

周易提出的君子四德：元、亨、利、贞。"元"有大与始的含意；"亨"是通；"利"是祥和；"贞"有正与固的意思。孔子在《周易·乾文言》中，将"元亨利贞"与社会人事的道德修行联系了起来："元者，善之长也，亨者，嘉之会也，利者，义之和也，贞者，事之干也。君子体仁，足以长人；嘉会，足以合礼；利物，足以和义；贞固，足以干事。君子行此四者，故曰：乾：元亨利贞。"在孔子看来，"元"是生成万物的根元，一切善行的首要条件。"亨"是天生成万物的意图的流布与扩散，使一切美好的事物集合。"利"是天生成万物的意图的完成，使一切的物，各得其宜，彼此和谐。"贞"是天生成万物的意图，纯正而且执着，为一切事物的骨干。孔子认为，君子应体认实践至善的仁，才足以领导他人；君子若能够使一切美好的事物，集合于一堂，才能够合乎礼仪，亦即道理；君子若能够使万物得到利益，才足以使道义达到和谐的状态；君子若能够执着的固守纯正，才足以使一切事物具有骨干，立于不败之地。惟有君子才能够实践这四项德行，这就是元、亨、利、贞的道理。《周易》频出现“利见大人”语。这里的“大人”当与“小人”相对时，强调的是“有德”；当与君子相对时，强调的是“有位”。《周易》在提出了“君德”话题时，同时强调说这也是“大人”的四德，即学、问、宽、仁。“君子学以聚之，问以辩之，宽以居之，仁以行之。……君德也。”[①]意思是说，君子求知好学，为的是累积智识；抱着怀疑的态度，不耻下问，目的是明辨是非；君子以宽厚的态度，待人接物；以仁爱的态度，作为自己行为的准则。在《周易》看来，君子不必然是大人，但大人必须为君子。在传统文化里，圣人、大人和君子还是有区别的。《庄子》曾曰：“大人者，圣人不足以当之”[②]，其意思是说圣人仅有“德”但无“势”，所以不能称其为大人。孔子有“君子三畏”说，即“畏天命，畏大人，畏圣人之言”。显然，在孔子看来，大人非圣人，具备了君子“四德”之人才够得上做“大人”，大人当是“德”“位”兼备之人。

3. 君子与“大人”的修为

作为“德”“位”兼备的“大人”就该有“大气”。何谓“大气”呢？

“大气”首先是人生的境界，要有大格局。所谓大格局就是站得高看得远，“海阔天边云做岸，山高绝顶月为峰”。天地人心，浑然天成；日晖月华，坦荡雍容。

“大气”其次是世间的操守，要有大度量。所谓大度量就是有气度、有雅量，敢负责、敢担当，生活中始终修德自省、自强坚韧，忍人所不能忍，容人所不能容。始信“水唯能下方成海，山不矜高自及天”。

“大气”最后是生活的感悟，要有大智慧。所谓大智慧就是理解人生如梦、人生贵缘，没有什么过不去的，也没有什么放不下的；秉持成熟而淡定、豁达而从容的生活态度。

人生一世，草木一秋，何不学梅之风骨，傲而非恃；兰之雅香，幽而无怨；竹之有节，秀而不佻，菊之艳丽，媚而不娇。古时称梅兰竹菊各异的品性为“花韵”，自古就有“不清花韵，难入高雅境界”之说，“花韵”揭示的是花的内在美，本质美，说是花文化之精髓，实际是人审美意识一种投射。梅兰竹菊，古时称之为花中的“四君子”，花木尚有品格，况且人乎？“花之君子”的各异的品性和风韵实为人间君子所仿效。

《周易》“尚中”，现实生活中做人做事“中行”、“中庸”总是不错的。“尚中”是性格之事吗？非也！“尚中”是一种大格局的思维，俗话有“性格决定命运”，其实，“性格决定顺逆，见识关乎存亡”，个人顺逆事小，而国家存亡事大。当然，“尚中”是一种明白和释然，是聪明人的一种智慧的生存。总之，“中行”、

① 《周易·乾文言》。

② 《庄子·则阳》，崇文书局2004年版，第307页。

“中庸”作为一种“哲思”，它实际并不妨碍人们的上进和追求。一些人爱追求顶级、极致，只是需要仔细想一想，从来都是“山外青山楼外楼”的道理，所谓“吉尼斯纪录”也仅是相对的而已。人持“中行”、“中庸”的态度，就是不偏不倚，不走极端的一种人生态度。人若过精，则近于妖，过昏，则近于愚；过信，则近于痴，过疑，则近于瘾；过亲，则近于媚，过疏，则近于矜；过喜，则近于癫，过忧，则近于迂。智慧之人应力求做到内守、中正、厚德、有为。

二、周易文化中的做人道理

（一）如何做好自己

1. 君子以慎辨物居方

《周易》中教导如何做好自己的话语很多，总的说来是方正为本，正直、正义；中孚之道，讲究诚信、仁义，遵守人际交往中的道德规范。周易提倡具“成己安命”觉悟，执趋吉避凶的法则，践戒奢以俭的慎行。周易提倡“乐天知命”达观心态，淡定而豁达，心静而致远。中国传统文化中有许多关于修身养性箴言，其中“慎”话题令人印象深刻。《周易》多次用到“慎”字。《周易·象辞·颐》曰：“君子以慎言语，节饮食。”《周易·象辞·旅》曰：“君子以明慎用刑，而不留狱。”《周易·象辞·未济》曰：“君子以慎辨物居方。”这与《周易·系辞》中的“惧以始终，其要无咎，此之谓易之道也”的宗旨是一致的。

2. 传统文化中的“三慎”之说

中国传统文化中有两个版本的“三慎”：一种“三慎”是：慎独—慎微—慎终。“慎独”《中庸》所倡：“是故君子戒慎乎其所不睹，恐惧乎其所不闻。莫见乎隐，莫显乎微，故君子慎其独也。”意思是说，君子在别人看不到的时候也是谨慎自律，在别人听不到的时候也是畏惧小心。康熙的《庭训格言》也看重“慎独”，言道：“《大学》、《中庸》俱以慎独为训，则为圣贤第一要节。后人广其说曰：暗室不欺。”“慎微”就必须要做到不以恶小而为之，注意每一件细小的事情。谨防小节不保终累大德。古人的话精辟：“君子不谓小善不足为也而舍之，小善积而为大善；不谓小不善为无伤也而为之，小不善积而为大不善。是故积羽沉舟，群轻折轴。故君子禁于微。”[①]“慎终”便是一个人要注意保持晚节。不管是做人还是做事，都该有一个善始善终的好的结局。一般说来，慎始还是比较容易的。时间和过程一长，便容易放松了、懈怠了，这些人不懂得“行百里者半九十”的道理，所以难得慎终。社会上有些人将“慎终”改为“慎始”，稍有不妥，因为“始”与“微”意思相近，而不谨慎的事发生在过程的后半段的几率要大得多，还是“慎终”达意。另一种“三慎”是：慎思—慎言—慎行。《周易》有言：“言行君

① 《淮南子·缪称训》。

子之枢机，枢机之发，荣辱之主也。言行，君子之所以动天地也，可不慎乎?”①意思是说，言论和行为，对于君子来说，如同门的轴，弩箭的扳机，一旦发动，就已经主宰了荣誉或耻辱。君子的言论和行为，足以动摇天地，怎么能够不谨慎呢？可见，这个“三慎”，即慎思、慎言、慎行发端于《周易》。

3. 诸葛亮和吕端的不同做人智慧

谨慎处世不但可以立人，也可以成事。明代思想家李贽曾有自题联语曰：“诸葛一生惟谨慎，吕端大事不糊涂。”李贽实际上是在夸这两个人智慧，赞美其为人。诸葛先生大家都知道，吕端何许人也？《宋史·吕端传》载：“太宗欲相端。或曰：‘端为人糊涂。’太宗曰：‘端小事糊涂，大事不糊涂。’决意相之。”意思是宋太宗赵光义欲立吕端为相，当时的宰相为吕蒙正，宋太宗与其商量。吕蒙正说，吕端为人糊涂，不能为相。宋太宗回答：“端小事糊涂，大事不糊涂。”决意让吕端为相。后吕蒙正不得不交出相位，让位于吕端。吕端清正廉洁，公而忘私，体恤民众，忠心扶主报国，上任后干得很好，常让宋太宗有“犹恨任用之晚”的感慨。有人可能会求全责备：诸葛先生是不是太谨慎了，少了一些为人的洒脱，如果谨慎与洒脱都在诸葛身上体现那也就不是孔明先生了，空城计就不能演了，即使演也就会不灵了。吕端大事不糊涂，如果他大小事都不糊涂多好呀！小事也精明也就不是吕端了。人的精力有限，在小事上也精明的人，难免大事糊涂；换个角度讲，小事上太精明，本身就已经不智慧了。20 世纪 70 年代中期，病榻上的毛泽东在一次召见叶剑英元帅时，口述了此联并书写相赠：“诸葛一生惟谨慎，吕端大事不糊涂。”一来高度评价叶剑英在许多过往的大是大非面前的沉着果敢，二来道出了自己百年之后对国事的隐忧，希望叶帅能在危难之时挺身而出，挽危局于即倒，似有托付之意。后来的历史证明，叶帅没有辜负毛泽东的嘱托（参见彩色插图 44、45、46）。

4. 做人的四对道理

做人有高、低，多、寡，硬、软，冷、热这样的四对道理。具体说就是做人应当是：格调要高身要低；本事要多欲要寡；骨头要硬心要软；头脑要冷血要热。格调是做人的基本价值取向，格调要高就是人要立志高远，不要太实际，否则易流于低俗；现阶段能否做到不趋炎附势，不同流合污，不为虎作伥。身要低就是要谦逊，所谓“高调做事，低调做人”。本事要多就是要有知识、有能力，本领强、能耐大；要能够拿得起、顶得上、撑得住、干得来，正所谓“艺不压身”。欲要寡就是放低自身的需求，物欲、情欲，哪怕是食欲过强都易伤到心志和身神，所谓“非淡泊无以明志，非宁静无以致远”。骨头要硬就是不奴颜婢膝，不谄媚强权，不惧怕富豪。要抬得起头，面对真理、原则敢于坚持；面对威逼利诱，敢于说“不”。心要软就是富有感恩心和同情心，要有对弱者的悲悯情怀；要能够曲得

① 《系辞传》。

下身，弯得下腰来说话，人若能为他人流泪就说明起码还有人味。心硬者易导致铁血冷面、无情无义。头脑要冷就是勤思考，慎思考，遇事不冲动，讲道理，理直不必声高，理直仍可气和。血要热就是做人不光有高度和厚度，还要有温度的道理。人要富有正义感，充满正能量，关键时刻能够见义勇为与见义智为，如今所言便是做个“暖男”，而绝不做苟且之人或冷血之人。归根结底，对社会而言，善良比聪慧更加可贵，聪慧常是一种先天的禀赋，而善良则是一种后天的选择。我们知道，坏的事情会由愚蠢而造成，但更多的、更坏的事情常由不善而造成。对个人而言，善良也比聪慧做起来更难，因为聪慧的举动有时无须意志或情感的参与，而善良的举动往往是有意志或情感的成分参与其中的。

5. 人生的八种财富

财富教育应是每个人的必修课，只有当人们认清了财富在自己生命中的位置和用途，才能够明确方向，认准目标。过往，人们对于财富的疯狂追逐，遮挡住了人们的视线，他们忽略了心灵的成长，抛弃了自己和家人的健康，将其一生的快乐和幸福，系于货币数字后面多加几个“0”上，从而偏离了人生正确的轨迹。一些人年轻时拿人生赌拼财富，年老时再用财富来苟延人生，算总账未必是划算的。当然，卡耐基、盖茨、巴菲特、乔布斯、李嘉诚、马云等国际大富翁或华人世界的大富翁们，他们对财富的见解值得尊重。坊间曾流传苹果总裁乔布斯的临终遗言：“人的一生只要有够用的财富，就该去追求其他与财富无关的，应该是更重要的东西，也许是感情，也许是艺术，也许只是一个儿时的梦想。……我生前赢得的所有财富我都无法带走，能带走的只有记忆中沉淀下来的纯真的感动以及和物质无关的爱和情感，它们无法否认也不会自己消失，它们才是人生真正的财富。”是否真是乔布斯的话并不重要，但说的在理。世间还有比创造财富更值得人们去尝试的是创造感动和幸福。同时，人们常常留心在成功的结果，往往忽略掉中间的过程，创造财富的艰难过程也可以是一种快乐的人生，而财富也不仅仅是有钱，还有心智和力量。财富应当是智慧和能力的双丰收，是物质与精神相结合的产物才是。古希腊的大才子苏格拉底早已看透了财富与人品的关系，他说过：“首先要关心改善自己的灵魂，这是更重要的事情。我告诉你们，金钱并不能带来美德，美德却可以给人带来金钱。”① 现代中国的大才子、画家丰子恺也曾以带有调侃的口吻说到财富与人品的关系，他言道：“有些动物主要是皮值钱，譬如狐狸；有些动物主要是肉值钱，譬如牛；有些动物主要是骨头值钱，譬如人。”丰子恺能够像说相声里面的“抖包袱”那样，在似乎是算计的表象下揭示出深刻的内涵，丰大师不愧为人称“天才”的高人。

人真正的财富是什么呢？并非金钱、权势和名望，而是八种这样的财富：父母恩赐的健康身体；浇铸于灵魂上的信念；激荡于心底下的梦想；丰盈于头脑中的睿智；袒露于眉宇间的自信；融化于血液里的骨气；珍藏于肚腹内的情怀；渗

---

① 《西方哲学原著选读》，商务印书馆1981年版，第69页。

透于体貌外的秀美。在一个人身上，假若这八种财富能够拥有其二三就应知足了；假若能够拥有其四五就已经很富有了，假若能够拥有其六七就足够圆满且幸福了。世间有学“易”的高人，总结出了所谓的人生“十然”：来则偶然，走则必然；学之释然，活之坦然；誉时端然，毁时淡然；得亦泰然，失亦欣然；尽其所然，顺其自然。“十然”之心得我以为然也。

6. 古代“经典”在做人中的效用

中国人受“三教”影响。“三教”在做人方面自有一套。纪晓岚在《阅微草堂笔记》中曾这样评价这三家：“道家主张以祈祷免灾，佛家主张以忏悔赎过，儒家则主张以修德来战胜邪魔。道家、佛家是治末，只有儒家才是治本。”纪晓岚用“本末”相分有些偏颇。三家之理，各有其用，只不过三家叙述道理的方式略有不同：道家好像是拐个弯在说，佛家则是倾向心内的默说，而儒家似乎更愿意直面的正说。三家均有内力，也都具“心功”。

道家讲出世，道气重，近仙，人易趋浮飘；儒家讲入世，儒气重，近欲，人易趋世俗；佛家讲万法皆空，众象轮回，佛气重，近寂，人易趋淡漠；笔者以为偏重其中任何一家都是不妥的。当然，三家也各有长，儒家有积极进取，建功立业的一面；道家有顺其自然，追求完善的一面；佛家有苦其心志，慈爱群生的一面。对此，我们应当兼收并蓄，不可倚重偏心。清代雍正皇帝有曰：以佛治心，以道治身，以儒治世。这是他从政治家的角度而言的心得。从做人角度，我们可以是：以易达观，以法束行，以儒修身，以道养生，以佛静心。

（二）如何与人相处

1. 孔子的交友标准

针对交往，孔子在《论语》中有大量的这方面言语值得学习。较突出的是孔子提出的交友标准：“益者三友，损者三友。友直，友谅，友多闻，益矣。友便辟，友善柔，友便佞，损矣。”（《论语·季氏》）谅：诚实。便辟：善于逢迎谄媚的人。便佞：善于用花言巧语取悦于人。意思为有益的朋友有三种，有害的朋友有三种。朋友正直、朋友诚实、朋友见多识广，是有益的；朋友奉承、朋友谄媚、朋友花言巧语，是有害的。总之，近君子，远小人，是孔子的一贯思想。《周易》引孔子的话讲到如何与人相处：“君子安其身而后动，易其心而后语，定其交而后求。君子修此三者，故全也。危以动，则民不与也；惧以语，则民不应也；无交而求，则民不与也。莫之与，则伤之者至矣。”（《周易·系辞》）译成白话是，孔子说：“君子必定先使本身安定，然后才行动；必定先使自己心平气和，然后才说话；必定先建立感情，然后才有所诉求。君子有了这三项修养，所以，待人处事，才会完美与圆满。若本身危险，而要采取行动，则人民不会跟随；以言语恐吓，则人民不会响应；没有建立感情，而去要求，则人民不会支持；得不到支持，伤害你的人，就要来到了。”这里，孔子实际上制定的是与人接触的三项功课。

2. 由近及远三部分人

社会间与人交往无非三部分人，由近及远：家人和亲友，朋友和熟人，陌生人。针对前两类人，《周易》有专门的卦对应，即《家人》卦和《同人》卦。《周易·家人》曰："《家人》：利女贞。"《周易·彖辞·家人》曰："《家人》，女正位乎内，男正位乎外。男女正，天地之大义也。家人有严君焉，父母之谓也。父父，子子，兄兄，弟弟，夫夫，妇妇，而家道正。正家，而天下定矣。""家道正，天下定"，这一理念不仅是传统社会的根基，也是今天构建和谐社会的细胞和基础。《周易·彖辞·同人》曰："《同人》，柔得位得中，而应乎乾，曰《同人》。"同人上乾下离，唯一的阴爻六二相应九五，因而《周易·彖辞·同人》曰："中正而应，君子正也。唯君子为能通天下之志。"针对《同人》卦，《周易·系辞》曰："二人同心，其利断金。同心之言，其嗅如兰。"表达了对朋友间"金兰之交"的赞美。《周易》产生于传统的农业社会，或也可称之为熟人经济社会，因而《周易》没有针对第三类人即"陌生人"的专门的卦爻辞。但由于《周易》其他的卦爻辞说的都是一般的道理，具有普适性，因此，我们可以理解为都是为"陌生人"所说的。历史上的中国是一个熟人社会，其特点是人与人之间有着一种私人关系，人与人通过这种关系联系起来，构成了一张张不同亲疏度的关系网，这一关系网的最大弊端是没有人情关系常常办不成或办不好事情。现阶段中国社会还是一个"熟人"的经济社会，"熟人经济"是不发达商品经济的表现形式，是小农意识在市场经济中的反映。熟人经济像一种"帮衬"经济、"圈子"经济、"联谊"经济，更形象一点是一种"涟漪"经济，越向外延展就越平淡稀疏。这种经济形态实际是以淡漠和排外心理为基础的，是平面的、线性联络的，而不是立体的多点式的联系。改革开放，在一定程度上实现了包括人口在内的资源的自由流动，熟人经济的社会形态正在改变的过程中，但意识和心理的转变过程不会是短时期完成的。熟人经济不适合现代市场经济，更不适合方兴未艾的电子商务或网络经济。我们必须向"陌生人经济"转化，必须学会陌生人社会的人际交往的法则和规矩。

3. 学会陌生人社会的人际交往

作为陌生人社会，人际交往应如何做呢？有以下四个层次的问题：

（1）首先是意识上做调整。要意识到我们都是社会的人，要有"五洲四海皆兄弟"的情怀，人人平等，因而在言语和态度上要表现为以诚相待，礼仪为先。要学会多角度来考虑问题，提倡换位思考，多替他人着想，切忌自我中心。人又是务实的，趋利避害是本能，因此人与人之间的关系就是一种交换的关系，这种交换必须是接近于等价的或均衡的，而这种等价或均衡并非是一个单一的经济的数字。尊重他人，顾全他人的面子，让他人感到自己重要。学会赞赏他人，用称赞和真诚的欣赏作为开始。善于和一切陌生人打交道，宽容别人，就是庄严自己，欣赏别人，就是圆满自己。人活在世间，生命是你自己的，你必须得为自己负责。

任何人的帮助都是情分。有人帮忙，那是社会恩赐予你的幸运；无人帮忙，那也是自然展示给你的公正。即使面对不幸，沮丧、怨恨、暴虐都不是正确的应对。

（2）其次是行为方式要适应意识，首先想到他人的需求，对此诉求表示尊重和理解。满足他人的自重感和表达，学做一个善于静听的人，鼓励别人多谈论他们自己，多表达自身的观点。真挚地关切他人，多谈论别人感兴趣的话题。尤其当他人遭到困难、挫折时，及时伸出援助之手，给予帮助，这种帮助印象会是深刻的。用真诚表达自己的观点，让对方觉得是和他们的想法相向而行，让对方体会到你在尽力去从对方的立场上想问题和解决问题。给对方以赞许，同时尝试请求他人的帮助，让对方产生一种高尚的动机或自尊的需求。用鼓励的办法，使你要对方所做的事好像很容易做到，使对方乐于去做你所建议的事。提出一个带挑战性课题或项目，激发双方去合作，共同完成。

（3）再次是注重交往与交谈必备的技巧。在与别人交谈时，要注意倾听他的讲话，不时观照对方，并给予适当的反馈。聚神聆听代表着理解和接受，是连接心灵的桥梁。始终保持微笑。记住他人的名字，因为对这个人来说，它是语言中最甜美、最重要的声音。在表达自己思想时，要讲究简洁、生动和幽默。表达自己观点时可以明确，但语气可以和缓。指出别人的失误时，不妨先自我检讨、自我追究，在指责别人错误时，要注意场合，措辞要平和，以免伤人自尊心，产生反抗情绪。总之，应避免争执，避免扩大分歧。幽默是语言的调味品，它可使交谈变得生动有趣。保持一种幽默神态是自信的表现。

（4）学会与人保持适当的距离。文明社会是讲究距离的社会。许多地方有画出的“文明线”。遵守这一距离的要求。每个人都有自尊的需求，有隐私的要求，即使在夫妻间、父母和子女间也要有相应的距离，这叫隐形的“文明线”，也要遵守。保持对坏人或小人的警惕。莫要以己之心度人。所谓“知人知面不知心”，“害人之心不可有，防人之心不可无”。不要有侥幸的心理，不要有占便宜的心态，学会拒绝。庄子曰：“君子之交淡若水，小人之交甘若醴；君子淡以亲，小人甘以绝。”① 君子以义相交，其之间的交情像水一样清淡；小人以利相交，其之间的交情像美酒一样甘甜。君子之间的交情虽然平淡，却能保持长时间的亲近；小人之间的交情虽然甜蜜，却一点也不牢固，容易断绝。“陌生人”之交应该崇尚的是君子之交，而君子之交就是诚信之交。

4. “无缘大慈，同体大悲”的境界

文明社会的构建需要德育和智育双翼，需要法制和道德双轮，这是毫无疑义的。传统文化中优良成分仍是构建和谐的陌生人社会的重要支撑。儒家的“礼义廉耻”、“温良恭俭让”如是，佛家的“无缘大慈，同体大悲”如是。搞好人际关系首先是一种修养，要胸襟豁达、善于接受别人及自己。同时它也是一门艺术，有一定的要求、规范和技巧，需要区分不同的场合、具体的情况而定，并不是一

① 《庄子·山木》，崇文书局 2004 年版，第 231 页。

个僵死的东西。虽然国人相对内向一些、拘谨一些，但伴随着时代的步伐，我们如果能够虚怀若谷，更加开放自己，更加洒脱起来，我们就一定能在“陌生人”间建立起良性的人际关系，建设好一个和谐的社会。

（三）正确处理好几对关系

1. 德与智、智与知、知与德的三者间关系

有这样三句话：德助于智，而智不助于德；智优于知，而知不优于智；知益于德，而德不益于知。如何理解这三句话呢？

其一，德重于智与知。德为人之本。从社会整体角度，从安全和生存角度，总会这样想：宁可出残次品或废品，也别出危险品。若为害，两者相权取其轻，因此一个社会宁可养傻子，也决不养害人精。我们必须懂得德能补智的道理。德能补智有三个理由：第一，德是一种信仰。信仰具有一种持续的力量，这种恒心和毅力是能够弥补“智识”上的暂时缺憾，德的效能往往要延后或滞后一些时候才能表现出来。第二，德是一种“心智”，一个人心地磊落平和，为人诚实友善，其人便能够听得到天地间的“慈音”，就能够获取“天启”和“地眷”，坦荡做人，疾患难侵，己不害人，亦己害少。同时，也能够感受到人世间的“善意”，进而增添其心智。第三，德能借助到“他智”。德关乎人品，人贤能聚人，人善有人帮。一个人自身能力有限，而众人拾柴火焰高。反之，智不必然能补上德的缺失。

其二，智优于知。智是智慧，知是知识。我们说两者之间不仅不能画等号，而且智慧优于知识。知识是山，智慧是水，水因山而盈，山因水而秀；知识是静谧的潭，智慧是活泼的泉；知识像一间书屋，哪怕里面收藏和陈列着许多稀罕物或者奢侈品，但它容易落满灰尘；而智慧则更像是一把经常使用的闪亮的金钥匙；知识可以直接获得，可以传播、复制和分享；而智慧不能直接获取，它需要经过自己头脑的加工整理，经过一番体味、领悟而获得；知识可以“饰外”，可用来炫耀，能够唬人骗人，如一纸文凭或一副头衔便有这样的效果。当然，有时候知识与文凭或头衔也是不相符的。而智慧则只会“秀内”，它能够启迪人，让人茅塞顿开。有广博知识的人不一定有很高的智慧，同样，一些有智慧的人也不一定要有广博的知识。

其三，知是育德增智的基础和途径，德和智都要在知识的土壤和阳光雨露下滋长，德行和智慧也许有先天的成分，但主要靠后天的学习和教育，离开一定的知识积累的过程，其他的就会成为空中楼阁。德、知、智与感官关系是：德，付之于嗅觉而馨香；知，付之于视觉而眩目；智，付之于触觉而温润（见图 11－2）。

2. 言论与行动的关系

针对言论与行动的关系《周易》有言，《周易·象辞·蒙》曰：“君子以果行育德”。《周易·象辞·家人》曰：“君子以言有物，而行有恒”。古人对此也有言论，孔子曰：“君子耻其言而过其行。”（宪问篇）“君子欲讷于言而敏于行”（里仁篇）。《墨子·修身》曰：“士虽有学，而行为本焉。”《荀子·修身》曰：“道虽

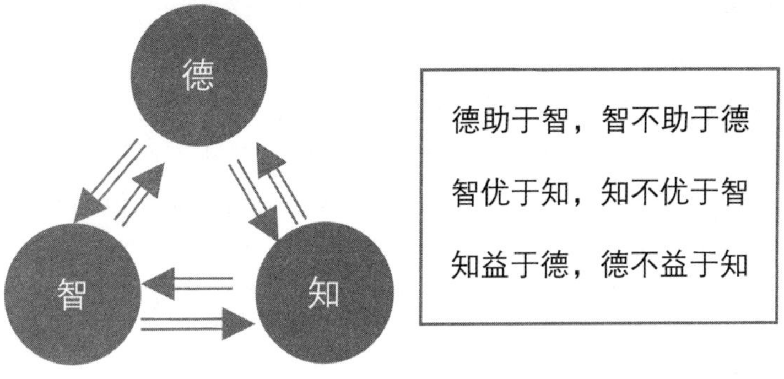

图 11－2　德智知三者间的交互关系图

迹，不行不至；事虽小，不为不成。”杨雄说：“君子强学而力行。”[①] 朱子说：“知之愈明，则行之愈笃；行之愈笃，则知之益明。”[②] 唯此古人将其概括为“知行观”。王阳明对知与行有更进一步的见地，他说：“知是行的主意，行是知的功夫。知是行之始，行是知之成。”[③] 阳明先生特别强调“知行合一”，认为不必然先知后行，而是知中有行，行中有知，他非常看重行的作用。“行胜于言”应是阳明思想的逻辑推论。

清华大学礼堂前有一古典的计时器——日晷，它原为圆明园遗物，1920 届学生毕业时将它献给了母校。日晷下部的底座上镌刻着 1920 届同学们所欣赏的铭言“行胜于言”，这实为当时校长梅贻琦所推崇的理念，随之，“行胜于言”成为了清华大学的校风（参见彩色插图 47）。“行胜于言”，亦即行动胜过言说。反观今天的人们恰有“言胜于行”之嫌。今天的人们不可谓不知，也不可谓寡言，非不知也，非寡言也，实乃弗行且不为也！所以在今天，“行胜于言”古训确有醍醐灌顶之功效。魏晋时代，风流名士以清谈为风尚，被王羲之砭为：“虚谈废务，浮文妨要，恐非当今所宜。”[④] 意为空谈荒废了政务，浮辞妨害了国家大事，恐怕不是当前所应该做的！清初大思想家顾炎武针对当时一些学者“束书不观，游谈无根”的流弊言道：“孰知今日之清谈，有甚于前代者？昔之清谈谈老庄，今之清谈谈孔孟。未得其精而已遗其粗，未究其本而先辞其末。不习六艺之文，不考百王之典，不综当代之务，举夫子论学论政之大端一切不问，而曰一贯，曰无言。以明心见性之空言，代修己治人之实学。”[⑤] 他将这些弊端斥之为“清谈误国”，真可谓一语中的。现流行的警句是“空谈误国，实干兴邦”确与“行胜于言”思想一脉相承。马克思也曾表述过相似的观点，他说过：“一步实际运动比一打纲领更重要。”[⑥] 马克思在伦敦的墓碑上刻着他著名的格言：哲学家们只是用不同的方式解释世界，

① 《法言·修身》。
② 《朱子语类》卷十四。
③ 王守仁：《传习录》。
④ 刘义庆：《世说新语·言语》。
⑤ 顾炎武：《日知录》卷七《夫子之言性与天道》。
⑥ 马克思：《哥达纲领批判》，人民出版社 1972 年版，第 3 页。

而问题在于改造世界。

思想是根，行动是花，成功是果。相对于埋在地下的种子或根而言，能够开花，释放美丽就够了，哪怕是娇艳一时，也依然让人惊鸿一瞥。人们愿意看见开花，也愿意看见结果，成功是每一个人所向往的；开花不必然结果，人生或许也有只开花，不结果的时候，这既不悲情，也不是悲剧，同样值得赞许，勇于行动胜于坐而论道。庄子曾说："狗不以善吠为良，人不以善言为贤。"[①] 西方有谚语云：如果仅凭嗓门就会收到效果的话，驴子便是功臣。这岂不是天大的笑话。

3. 做人与做事的关系

做人与做事总的要求是本本分分做人，认认真真做事。细致说来，其关系有两层意思：一是要先学会做人，然后再学会做事，有个先后的关系；二是低调做人，高调做事，还有个高低的关系（参见彩色插图49）。

先学会做人，再学会做事，两者的先后次序性是重要的。孔子曰："弟子入则孝，出则弟，谨而信，泛爱众，而亲仁。行有余力，则以学文。"（学而篇）"人而无信，不知其可也。"（为政篇）孟子曰："爱人者，人恒爱之，敬人者，人恒敬之。"（离娄下）"君子莫大乎与人为善"（公孙丑上）。在这里，孔子、孟子都表达了先做人，后做事的意思。学会做人，首先自己要学做好人，在社会上做好事，做善事，不做缺德事、不做亏心事。《增广贤文》上说："万事劝人休瞒昧，举头三尺有神明。"正所谓康熙帝的"暗室不欺"的道理[②]。殊不知，除了"你知、我知"，还有"天知、地知、人知"！学会做人，其次要适应社会，搞好人际关系。多从他人处着想，内方而外圆。"处世不必与俗同，亦不宜与俗异；做事不必令人喜，亦不可令人憎。"[③] 学会做人最后要学会识别人，交善友，防恶友，以利于趋利避害。"知人者智，自知者明。"（《老子》第三十三章）"智小者不可以谋大，趣卑者不可以谈高。"[④]

学会了做人，便有了做好事的基础，但做事仍须智慧。"欲速则不达，见小利则大事不成。"（子路篇）可见，做事仍有谋略、方法和程序等问题在里面。做事的本事取决于能力问题，这是属于"才气"的问题。从根本意义上讲，"德"与"才"不是并列关系，非要有所舍取的话，宁要德而舍去才。我们当然希望理想的状态，即一个人既有德又有才，德才兼备。同时，我们也可以接受有德而无才者，也不担忧无德而无才者；我们所惧怕的是无德而有才之人。俗话说得好："笨蛋终比坏蛋好，蠢人总比歹人强"，老百姓是明这个理儿的。好人无才，做不好事情，损失也不会太大；坏人有才，不是事情没做好的问题，而是做坏事情做得大、做得不留痕迹，从而会造成巨大的损失。

---

① 《庄子·徐无鬼》，崇文书局2004年版，第293页。
② 《庭训格言》。
③ 《菜根谭·其他》。
④ 《菜根谭·评议》。

古人曾拿做人做事用山水比喻。古语曾讲，做事如山，要踏踏实实，像山一样稳重；做人如水，能适应任何的环境，像水一样纯净而包容。山水的道理实际就是刚柔的道理。海纳百川，有容乃大；壁立千仞，无欲则刚。有一副对联说得好：水唯能下方成海，山不矜高自及天。我们可以遵循做事如山、做人如水的道理。

做人做事还有个高低问题，这就是低调做人，高调做事。做人是品质、性质问题，做事是方式、方法问题。显然做人是做事基础和前提，因此，重点当然是在做人方面了。低调做人显然有道家的风骨和气韵。“上善若水，水善利万物而不争，处众人之所恶，故几于道。”（《老子》第八章）老子赞美水之性，水与物无争，安于卑下，故近于道。明代学者李贽在他的《老子解》中有详析：“水固善利万物而不争者也，何以见其不争也？众人处上，彼独处下；众人处高，彼独处低；众人处易，彼独处险；众人处顺，彼独处逆；众人处洁，彼独处秽；所处尽众人之所恶，夫谁与之争夫？不争故无尤，此所以为上善也。”低调做人，表现的是一种品格，一种修养，一种智慧，一种谋略；同时还是一种胸襟，一种格调，一种气度，一种姿态。它是做人的最佳风貌。

低调做人有这样几个好处：一是由于不声张、不喧闹，有一种宁静的环境，可以使人沉淀下来，易于思考，暗蓄力量、悄然潜行，在不显山不露水中完善自己，成就事业。二是由于姿态低，不招人嫌、不惹人妒，易博得周围人的好感和亲近，较易于保护自己、融入人群中，在与人和谐相处中或许就能得到贵人的扶助。三是居卑处下，可以更深切地体味世间的冷暖，看清周围人的人性，提升鉴识能力，易于交到知心或好友。得意时朋友好聚，失意时知己难逢。四是用此磨炼自身的心性，做到安贫乐道、藏锋守拙。居卑不谄媚，处下不委琐。临高不骄狂、不造作。位低不消沉、不自弃。

如果说低调做人好理解，那么，高调做事应如何理解呢？高调做事就是做起事来认真负责，不敷衍、不糊弄，做事要高标准、严要求；丁是丁，卯是卯；一心一意，一丝不苟。高调做事应包括这些内容：做事态度要认真，做事的标准要严格，做事的过程要规范，做事的结果要令人满意。

4. 做生活的有心人

联合国21世纪教育委员会提出21世纪教育的四大支柱是：学会求知、学会做事、学会共处、学会做人。学会做人是四大支柱的关键和核心，也是教育的目的和根本。人生既是一本大书，也是一部长戏，并不是用思想或若干个概念就能说清楚了。人世间是个大舞台，这个大舞台的主角是谁？著名画家丰子恺曾说：“这个世界不是有钱人的世界，也不是无钱人的世界，它是有心人的世界。”是的，人世间是有心人的。是人都长着桃形之心，世间哪有无心之人呀？有心人指的不是狭隘意义的生理之心，而是更大的社会意义的人心。林语堂先生有过八味心境说：爱心，凡事包容，诸事忍让；虚心，谦虚为人，低调做事；清心，寻找心灵的平静；诚心，将心比心，广结善缘；信心，积极心态的力量；专心，使人生更有效率；耐心，机会在等待中出现；宽心，学会选择，懂得放弃。我们何不做这样的“多心”之人！有真心和正心的人就好，有雄心和信心之人，便有担当；有决心和赤心之人，便有护佑；有良心和热心之人，便有温暖；有潜心和恒心之人，便有梦圆。有心人当然不包括有着祸心、邪心、贪心、黑心之人。谁是真正的有心人呢？有心人是有着远大志向和抱负的人，为着改变而坚守的人；有心人是智慧的人，有着发明创造的人；有心人是有道德的人，是播撒爱心和善意的人。总之，有心人是那些过着平实生活的、但却为有意义的生活而诚实付出的一群人。有心人的“心”又是怎样的境界呢？古人有过经典的话语：“大其心，容天下之物；虚其心，爱天下之善；平其心，论天下之事；潜其心，观天下之理；定其心，应天下之变。”[①] 古希腊哲人苏格拉底说过：“未经审视的生活是毫无价值的。”让我们大家都做生活中的有心人。

① （唐）施肩吾撰，李竦编：《西山群仙会真记》。

第十二章

周易文化与中华民俗风情

《周易》作为中华意识文化的源头，不能不对中华民俗风情施加其观念上的影响；久而久之的民俗风情也对文化的内容与形式及其传承提供着源头活水的作用。民俗文化是一个大系统，它项下包括衣食住行、婚丧生老的诸习俗，也包括节日文化；民俗文化还包括许多社会的亚文化，可以包括江湖文化、草根文化、侠义文化、行业文化、禁忌文化、情色文化等。思想意识文化和民俗文化的相互影响、相互渗透、相互作用，构成了一个民族鲜活的整体风貌。

第一节 意识形式与民俗风情的相互渗透

一、民俗文化及其多样性

（一）民俗及其形式

1. 民俗的内涵

《周易》成为后世学者文人的学问渊薮，周礼为历代后继者在典章制度上提供了制度范式，周时取得的这种思想文化上的进步和制度规范的创建，应该看做是中国古人自走出蒙昧时期后，所进行的有意识的思想活动过程中逐步积累的精神财富。由思想上和制度上形成的精神财富会沉淀在民族的习俗风情中。周易文化与民俗风情处在相互影响、相互渗透、相互作用之中，研究周易文化形态便不能不涉及民俗风情。

我们知道文化是人们在由自在世界向属人世界转化的社会实践过程中，人的存在状态、劳动成果，乃至人的一切活动印记的总和，说到底，文化就是人化。广义文化包括物质文化、制度文化、精神文化和民俗文化诸方面。何谓民俗呢？若拆开分别讲字义，“民”指多数人。《说文解字》释：“民，众萌也。”又释“众，多也”；又释“萌，草芽也”。《说文解字》的“民”意指芸芸众生。《春秋谷梁传·成公元年》曰：“古者有四民，有士民，有商民，有农民，有工民”；《管子》调整了顺序曰：“士农工商四民者，国之石，民也。”“俗”的意思是指习惯。《说文解字》释：“俗，习也。”俗又解释为风俗。《正韵·屋韵·人声》释：“俗，风俗也。上所化曰风，下所习曰俗。”“上所化曰风”里的这个“风”字有两层意思，一是教化，二是风行。《毛诗·序》说：“风，风也，教也。风以动之，教以化之。”东汉郑玄笺：“如风之偃草也。”唐孔颖达疏：“风训讽也，教也。”总之，民俗，字义的简单理解就是老百姓的习惯风俗。包括人们的习以为常的生活态度和生活方式。

2. 民俗的基本形式

在现实生活中，民俗是一种思维模式、行为模式和生活模式，其内涵相当广泛。《礼记·王制》记载：“六礼：冠、昏、丧、祭、乡、相见。七教：父子、兄弟、夫妇、君臣、长幼、朋友、宾客。八政：饮食、衣服、事为、异别、度、量、数、制。”大都在民俗文化的范畴中。民俗的基本形式主要大致有语言、服饰、饮食、宅居、出行、婚姻、生养、丧葬、过年、过节等。

语言的民俗，是约定俗成的语言表达方式。首先是区别于书面语的口语形式。口语里首先是基本的民族语言。同一民族语言下又可分为方言，指通行于一个地方的语言；土语，指更小范围内通行的语言；俚语，较直白的粗俗的语言。语言中还有：谚语或俗语，揭示自然现象或社会现象的规律与规则的语言；成语，用现成的固定搭配的语词表达意思的语言，里面常包含典故。术语，某一领域的专门用语。语言中还有歇后语，套语、耳语、谜语、隐语等等。口语形式包括口头文学，其形式如民歌、民谣、民间故事、神话、传说、叙事诗等。民间音乐的民俗，如劳动号子、山歌曲调、说唱音乐、鼓乐、寺院音乐、洞经音乐等。与口语相对的当然还有多种形式的书面语言。语言的民俗我们这里并不过多涉及，我们重点在后面的几种民俗形式。

信仰的民俗，由于祭祀和礼拜的对象和仪式不同会带来行为模式的不同。如汉族多信仰儒教、道教和大乘佛教。蒙古族、藏族信仰喇嘛教，中国西南地区的傣族、佤族、布朗族、德昂族等少数民族信仰小乘佛教。回族、维吾尔族、柯尔克孜族、塔塔尔族、乌孜别克族、塔吉克族、东乡族、撒拉族、保安族等民族信仰伊斯兰教。全国各地都有基督教和天主教的信众。中国东部沿海地区还有“妈祖”信仰，又称“天后”崇拜。还有一些民族则保留着原始的自然崇拜和多神信仰，包括祖先崇拜、图腾崇拜、巫教、萨满教等。信仰的民俗还会带来各式禁忌的习俗，如佛教有戒荤腥、戒饮酒，伊斯兰教忌食猪肉、忌喝有酒精饮料，基督教忌食动物的血液和内脏等。

社会的民俗，包括生产和生活方式的民俗，为人处世、人际交往的民俗，工艺和技艺展示的民俗等。

首先是日常生活的习俗，包括衣食住行诸方面。

其次是礼俗，包括社会的礼仪和个人的行为举止的规范。古代有五礼：吉礼（祭礼）、嘉礼（冠礼、婚礼）、宾礼（宾客迎送往来之礼）、军礼（军旅、征战之礼）、凶礼（丧葬之礼）等。现代有迎宾礼、阅兵式、各类纪念集会的礼俗，例如一国的民众，有升国旗，唱国歌，每年庆祝国庆的民俗。国际竞技体育比赛中，要为获胜者奏国歌、升国旗，也是国际活动中对一国民俗的尊重。礼俗还有大项目开工落成典礼、日常交往礼节、人生礼仪（诞生礼、成年礼、结婚礼、祝寿礼、丧葬礼）等。

再次是社会组织的民俗：民间团体或学术团体的民俗，商会、行会协会有敬自己行业神的民俗，像渔民敬妈祖、木工敬鲁班等。有以地缘关系为纽带的同乡会组织，他们有自定的乡规民约的民俗。有以同学名义的同学会，以血缘关系为纽带的亲属组织，现如今，社会上有各类的线下和线上的“群”组织，都应算是有着自身特点的民俗活动。

最后是物质生产和生活中技能和工艺方面的民俗。这包括民间医药及其他知识技能，民间医药如中医、蒙医、藏医、苗医、瑶医等。其他知识与技能，如识别矿脉、探矿、淘金、采珠、采药、鉴宝等。还有农、林、牧、渔生产、生活的技能和民俗，以及各种民间工艺技术，如民间工艺有：象牙雕、玉雕、景泰蓝、各类漆器、雕漆、金漆镶嵌、花丝镶嵌、年画、版画等，有陶瓷、泥塑、各式陶艺，有木匠、石匠、泥瓦匠们雕梁画栋的技艺，铁匠的技艺，还有刺绣、剪纸、风筝、料器、皮影、彩灯等诸多的民俗工艺制作。

不同民族有着不同的民俗，有时候这种民俗活动就转变成了节日，所以民俗包括节日的习俗。汉族有除夕、春节、清明节、端午节、中秋节欢度的习俗，其他少数民族除了过这些节日外，还有自己民族特色的节日，如：祭敖包（蒙古族）、那达慕（蒙古族）、雪顿节（藏族）、跳花节（苗族）、火把节（彝族）、牛王节（壮族、布依族等）、盘王节（瑶族）、泼水节（傣族等）、刀竿节（傈僳族）、古尔邦节（维吾尔族等）、花儿会（土族、回族等）、祭山神节（仡佬族）、丰收节（高山族）等。利用岁时欢聚、节庆娱乐，各民族的民间游戏、民间舞蹈、民间体育、民间文艺、民间戏剧等都统统包括在社会民俗中。

（二）文化包含民俗，民俗传承文化

1. 文化包含民俗，民俗传承文化

如何理解文化和民俗的关系？民俗是一种特殊的文化现象。什么是文化呢？文化是一个多方面、多层次含义的概念。现代汉语里“文化”最浅显的意思就是要“识文断字”，即有初步的文字知识。在古代汉语里，“文化”的意思就是“以文教化”的意思，就是代指中国统治者所实行的文治（与武功相应）与教化的简称。近代以来，在西方学术的影响下，文化的涵义有所扩展，英文 Culture，源出拉丁文，本意是指“耕作”、“培植”、“培养”，后来转义为“教养”、“修养”、“学问”、“文化”的含义。19 世纪后半叶，英国文化人类学家爱德华·伯内特·泰勒（1832—1917）曾对文化做出过比较经典的定义：“文化，或文明，就其广泛的民族学意义来说，是包括全部的知识、信仰、艺术、道德、法律、风俗以及作为社会成员的人说掌握和接受的任何其他的才能和习惯的复合体。”[①] 文化学权威如此说，可见，文化涵盖习惯或习俗，研究民族的习俗是文化方面的重要工作。那么，文化和民俗到底有怎样的关系呢？

文化包含着民俗。广义文化包括习俗文化。习俗文化，泛指一个国家、民族、地区中长期一起居住的民众所创造、共享、传承的风俗生活习惯，是在普通人民群众（相对于官方）的生产和生活过程中所形成的一系列物质的、精神的文化现象，是民间民众的风俗生活文化的统称，所以也称民俗文化。《周易·象辞·渐》曰：“君子以居贤德善俗”，文化中包容着民俗，同时又影响着和引导着民俗。

民俗传承着文化。民俗作为一种特殊的文化现象，民俗文化常呈现出这样一些特征：

其一，民俗是一种“遗留的惰性的文化”。它是人和环境相互适应的结果，是一定社会阶段生活状态的延续；有些民俗很少受社会变革的影响，即使受社会变革的影响也有其滞后性或前代遗风的特征，这和追求时髦、新潮的风尚正相反，因此民俗有连贯性、传承性特征，也有厚重性、顽固性特征。恩格斯曾表达过这样的观点：“传统是一种巨大的阻力，是历史的惰性力，但是由于它只是消极的，所以一定要被摧毁；”[②] 这里，有两点意思是明确的，第一，恩格斯认为传统是一种巨大的阻力，是历史的惰性力；第二，传统是消极的，所以要摧毁。特别是对恩格斯后一种意思的表述许多人表示了不理解。似乎有些武断！其实这正是“摘句”的弊端，其稍长一些的原话是：“无论英国资产者的宗教愚钝，或是大陆资产者的事后皈依宗教，恐怕都不能阻止日益高涨的无产阶级的潮流。传统是一种巨大的阻力，是历史的惰性力，但是由于它只是消极的，所以一定要被摧毁；因此，宗教也不能长期成为资本主义社会的保护物。如果说，我们的法律的、哲学的和

---

① （英）泰勒：《原始文化》，连树声译，上海文艺出版社 1992 年版。

② 恩格斯：《社会主义从空想到科学的发展》英文版导言，《马克思恩格斯选集》第 3 卷，人民出版社 1972 年版，第 402 页。

宗教的观念，都是在一定社会内占统治地位的经济关系的或近或远的枝叶，那么，这些观念终究抵抗不住因这种经济关系完全改变而产生的影响。除非我们相信超自然的奇迹，否则，我们就必须承认，任何宗教教义都不足以支持一个摇摇欲坠的社会。"① 可见，这里所要摧毁的"传统"特指的是"宗教的教义"，而不是所有传统的东西；所要表达的是一切的观念最终要随着它赖以依存的经济基础的改变而发生改变，这种表述当然是一种历史唯物主义的观点了。

其二，民俗是一种"立体的动态的文化"。它生动而鲜活地存在于社会中，既不仅是书本上的记载，也没有静止于研究者的书斋里，常常是以多种感官能够感觉到、接触到的形式存在着，即以多媒体的形式存在于社会之中。在这个意义上，也有人称之为"活文化"或"活化石"。

其三，民俗更多是一种"非物质形态的文化"。与物质文化、硬文化比较，它更多呈现非物质化、软文化特征，具有润物无声和渗透的功能。

其四，民俗是一种"大众文化和底层文化"，这主要是与官方文化和精英文化相比较而言，体现着它所具有的素朴性、广泛性特征。民俗既反映着文化，也传承着、丰富着文化。

2. 多元文化造就多彩的民俗风情

中华文化所具备的多种性质造就了中华民俗风情也具有多重性。中华民俗具体有哪些性质呢？大致有以下六种：其一，民俗具有广泛性，涉及社会生活的方方面面，几乎没有遗漏，有巨大的吸附力。其二，民俗具有集体性，集体遵从并且经过反复地演练强化，具有一定的世俗约束力。其三，民俗具有传承性，世代传递、沿袭，形成了一股强大的惯性力量，进而形成思维定式和行为模式。其四，民俗具有底层性，草根的特质使之具有蒙昧和散漫的特点，常与官方的意志有种隔膜，有一种离心力倾向。其五，民俗还具有多样性，各地域、各民族习俗不同，风格各异。是谓"百里不同风，千里不同俗"。其六，民俗有变异的性质，会因时光的流逝而有所变化，旧的民俗会被自然所淘汰或被人为所变革，新的民俗会不断产生，民俗新陈代谢的能力从来没有停止过、也从来没有被削弱过。民俗文化既是文化形态中的重要组成部分，也是民族文化中的一朵奇葩。

绚丽的中华文化引导出多彩的民俗风情。中华民俗有远源流、广地域、多民族的特点。远源流就是历史悠久，传承有序，没有被打断。广地域就是中华有些习俗传播到整个东亚和东南亚。多民族就是民俗的民族差异，丰富多彩。中国各民族的民俗相互融合，有同有异，其中共同特征有：其一，尊传统、恋乡土；其二，敬神灵、敬祖先；其三，重团聚、讲亲情；其四，求吉利、祈祥福等。民俗，是依附人民的生活、习惯、情感与信仰而产生的一种文化形态。中华民族的民俗文化，说到底，具有融合和凝聚的功能，培育了社会的共同性。对增强民族的认

① 恩格斯：《社会主义从空想到科学的发展》英文版导言，《马克思恩格斯选集》第3卷，人民出版社1972年版，第402页。

同感，塑造民族品格，强化民族精神，都起到了不可替代的作用，对形成社会的核心价值观也起到它所起的重要作用。

二、文化形态对民俗风情的制约和影响

（一）观念及意识形态层面的制约和影响

1. 周易文化的影响

说周易文化对民俗的影响，主要是作为一整套思想体系，从观念意识上的影响。中华民俗有其共同的特色，它们是尊传统、敬祖先、恋乡土、重亲情、祈祥瑞等，中华民俗文化从某种程度上来说是周易文化在生活中多方面的折射。如《周易》里有卜筮，民俗中就有请神驱鬼，就有打卦占问，人们借助于《周易》来占问的内容五花八门：占命运、占前程、占婚姻、占寿夭等；《周易》里有祭奠礼仪，民俗中就有祭祀的活动，就有分时候、分节律的庆典和节日；《周易》里说到衣服和饮食，民俗中就有服饰文化和饮食文化；《周易》里有宅居和行旅，民俗中就有风水文化和出行文化；《周易》里有婚丧嫁娶的内容，民俗中就有红事和白事的规矩；《周易》讲“生生不息”，民俗中就有生育文化；《周易》讲“颐养”，民俗中就有养生文化。总之，在《周易》“天人合一”观念影响下，由于各地因地因时不同，因此各地的习俗就略显差异。

2. 其他主流意识的影响

主流意识的影响主要是儒、释、道的影响。儒家思想是我们中华文化的重要组成部分，在传统思想中仍占有强势的地位。由于儒家是“入世”的，所以对社会习俗的影响最大。意识会不自觉地有其色彩，会以儒家道德规范进行评判；行为会不知不觉地以其为准则，受到儒家仪礼的约束。儒家的影响，例如，“忠孝”的影响，提倡对国家尽忠，对父母尽孝。服兵役、尽职工作并诚实纳税、遵纪守法并热心公益就是对国家尽忠。年轻时尽早独立，绝不“啃老”，成家后，常回父母家看看，物质和精神双反哺就是对父母尽孝。“功名”的影响，尊师重教，求得智力的早开发，上名校，具备过硬的本领；然后成家立业，建立业绩和功名是社会对成功者的评判尺度，人们都力求做一个成功者。“君子”的影响，提倡“克己复礼”、“三省吾身”，注意自身修养，争取有个好人缘，有着较好的社会评价等。

释家和道家的影响，主要是宗教观念的影响，而任何宗教观念中都有“慈悲”、“劝善”的一面，因此，释道两家学说对于道德修养有所助益。由于释道两家都具有“出世”的一面，因此，对于放松心情，和缓竞争态势，融洽人际关系有所助益。释家和道家的这种与儒家所形成的互补关系，所发挥的恬淡、闲适的功能也能对人们的生活给予调剂的作用。释家和道家的影响还包括戒律和仪轨方面的影响，这对人们习俗的影响更是直接的。

（二）行政制度和其他文化形式对习俗的制约和影响

1. 国家制度层面的制约和影响

周易文化除了在意识上施加其影响外，动用行政的力量、利用制度层面影响其百姓生活便主要靠《礼》环节来制约和实施了，《礼》是国家意志的制度化、世俗化的体现。作为儒家经典的《礼》实则包括《周礼》、《仪礼》、《礼记》三部书，合称“三礼”。其中的《周礼》最古老，《仪礼》最详尽，《礼记》则最具思想性。其实，从春秋时期的儒家“六经”，后到秦汉时期的“五经”，“礼经”都在其中，而这一阶段的“礼经”并不是“三礼”，而是一个，主要指的是《仪礼》。“三礼”之说是东汉郑玄以后的叫法，最早的儒家“五经”经典是《仪礼》。《仪礼》今本通行十七篇。里面除了少部分涉及官制和政制外，主要是大量的社会层面的礼仪制度。历朝礼典的制定，大多以《仪礼》为重要依据，对后世社会生活影响很大，深深地影响着和规范着民俗。

《仪礼》主要记载古代贵族（包括国君、诸侯、卿、大夫、士）从成人、结婚、社会交往直到丧葬的各种礼节，其中还交织着燕飨、朝聘、乡射等各种政治和社会活动中的礼仪规范。按儒家的说法，人类之初，为了满足自己的欲望，人和人就要生出是非来。于是圣贤便制出各种礼制来维持社会秩序，教导人谦恭，教导人节制，教育人礼让、互敬互爱，这便分别制定出了制度之礼、宗教之礼、习俗之礼。《史记》曾载：“孔子为儿嬉戏，常陈俎豆，设礼容。”这一记述表明圣人儿时的游戏都是在制礼作乐，可见礼在圣人心目中的位置。《仪礼》开篇是《士冠礼》，该篇实际从古代的“成丁礼”演变而来。从一个人的“成人礼”讲起，意味着从此他开始参与到了社会的各项事务去，开始独立地承担自己的那份责任。随后《仪礼》有《士昏礼》（婚礼）、《士相见礼》、《乡饮酒礼》、《乡射礼》（乡间射赛仪式）、《燕礼》（酒宴礼节）、《大射仪》（祭祀礼）、《聘礼》（问候之礼）、《丧服》（死者家属服丧期）、《士丧礼》（安葬诸仪式）等诸篇。这些篇章的每一个细节都承载着不同的功能，在看似繁琐的各项程序中，表达着先民们对神明、对社会、对生活的尊重与热爱；同时各篇又彼此照应，构成社会一个较完整的规范体系。仪礼的制定是社会文明和进步的标志，中华民族之所以被称为礼仪之邦，“礼仪文化”是文明中国的核心内容之一。

2. 各类意识形式的制约和影响

文化孕育民俗，但一旦形成习俗的力量便具有了强大的活力和持久力，因此，民俗可以反作用高端文化形式的建设，可以起到挽救和修补的作用。孔子曾曰：“礼失而求诸野”[①]，就是这个意思。孔子的话提醒我们，文化蕴藏于民间，文明也蕴藏于民间。加强民间的习俗的引导和梳理，是一项有意义的文化工程。

对百姓日常行为、习俗的制约和影响，除了官方用法规约束外，运用道德的

① 班固：《汉书·艺文志·诸子略序》。

力量也是一个方面。包括运用人伦宗法、公序良俗、乡规民约的作用，弘扬正气，打击歪风邪气；鼓励先进，鞭策后进。多运用道德感化和舆论监督的作用，争取扫除陋习、恶习，树立新风尚，做到与时俱进，移风易俗。

艺术在民俗中能够起到很大的作用，能够焕发精神和开启民智。对此，孔子是清楚的，他既是鼓吹者，也是践行者。他主张以乐载道，认为音乐可以净化心灵，改造人的精神世界，可以陶冶情操、淳化民风，进而达到和而不同的政治局面。据《史记·孔子世家》中记载，孔子懂得乐理，他自己曾创作了琴曲《陬操》。此外，孔子对唱歌也十分热爱，周游列国十余年间，他几乎天天曲不离口，临死前还在唱歌且在歌声中故去。荀子也认为，音乐是移风易俗的最好方式："乐者，圣人之所乐也。而可以善人心。其感人深，其移风易俗。故先王导之以礼乐，而民和睦。"①

3. 禁忌文化对习俗的制约和影响

提升其民俗向好、向善，就不能不提到禁忌文化的作用。每个民族都有自己的禁忌文化，中国的禁忌文化无疑是从远古传习下来，无疑是《周易》打下了最初的基础，并在《周易》的观念下，不断生成演化的。这一点司马谈看得最清楚："尝窃观阴阳之术，大祥而众忌讳，使人拘而多所畏。"② 意思是，我曾经在私底下研究过阴阳之术，发现它注重吉凶祸福的预兆，禁忌避讳很多，使人受到束缚并多有所畏惧。讲"阴阳之术"的不是别人恰是《周易》。所以，后来范晔也说了大致相同意思的话："子长亦云：'观阴阳之书，使人拘而多忌。'"③ 由此可见，禁忌多由《周易》的阴阳观念或五行观念所引发并衍生发展的，禁忌在民俗文化中尤显得格外地突出。

禁忌，即禁止或抑制的意思。其源流悠远，有人研究认为有四个方面的起源：即灵力说、欲望说、仪轨说和教训说。总之，经长期积淀便形成了普遍的民间习俗文化现象，随之渗透到人们的物质生活和精神生活的各个领域，进而成为人们思想道德和行为举止的一种规范。《礼记·典礼》载："入竟（境）而问禁，入国而问俗，入门而问讳。"从古至今，了解禁忌习俗，约束自己的行为，学会在不同场合、环境与不同层面的人打交道，是研习人际关系、进而融入社会的必修课。生活的方方面面皆有禁忌，主要体现在：交往、语言、祭祀、婚姻、丧葬、生养、服饰、饮食、居住、出行、过年、过节及日常居家等诸方面。举例来说，交往方面禁忌目无尊长，即所谓"没大没小"或不孝父母；禁忌举止不雅，如叉开腿站，跷"二郎腿"坐，当着人掏耳朵、挖鼻孔、吐痰、放屁等。语言方面人们都应说敬语、谦语、吉祥话，禁忌粗话、脏话、不吉利的话，现在要求各个行业都要有忌语限制挺好的，如对长辈要称"您"、"您"，忌说"你"、"他"；医生对病家，

① 《荀子·乐论》。
② 司马谈：《论六家要旨》。
③ 《后汉书·方术》。

忌说“没法治了”、“看也白搭”之类的话；教师忌说“笨蛋”、“蠢才”、“朽木不可雕”、“弱智”之类的话；服务窗口行业的人忌说“这不归我管”、“等着去”、“不知道”、“烦死人”之类的话；一般人哪怕是对丧家也忌说“死”、“亡”之类的话等等。

中国少数民族中的土家族有所谓“七不出，八不归”的禁忌，这些禁忌既带有几分温情又带有几分严肃。“七不出”说的是出门前，主人若这七件事没办好就不要出门。这七件事是柴、米、油、盐、酱、醋、茶，即平常我们说的开门七件事，这是生活的必备条件。“八不归”说的是出门后，归来的人若这八件事没做好就不要回家。这八件事是孝、悌、忠、信、礼、义、廉、耻，这是古人八条做人的基本道德准则，违犯了其中的任何一条，都是对不起祖宗和家人，都是无颜面回家的。这些禁忌内容既有着浓郁的生活气息，有体现出中华民族崇尚道德的淳朴民风。

应当看到，民间各种禁忌中有经验性、科学性、礼仪性和道德规范性的一面，也有宗教信仰性、非科学性和迷信性的一面。我们有责任梳理和引导，正如恩斯特·卡西尔所说：“宗教中的各种禁忌有压抑人的本能的负面效果，这是为了避免完全的无政府状态的出现。这就需要我们发现宗教禁忌的‘激励和追求的力量’，这是一种积极的宗教态度与情怀。各种禁忌给人添加了重负，我们要有意地加以解除，从而获得新的积极的发展方向，那就是对生命冲动创造性的有效引导。”[①] 恩斯特·卡西尔要求从禁忌中提取积极的力量，孔子认定可以从民间获取到正能量，即“礼失而求诸野”，这两个人的见解有着异曲同工之妙。

第二节
中华民俗风情中的《周易》精髓

一、周易文化对衣食住行的影响

（一）周易文化对服饰习俗的影响

服饰是人类——这一特有动物所独有的劳动成果。我们的祖先在与人猿相揖别后，为了遮身暖体，他们披着树叶与兽皮，在风雨中挨过了上百万年的艰苦岁月，终于跨进了文明时代的门槛。服饰既是人类一个物质文明的成果，也是一个精神文明的成果。甚至可以说，几乎从服饰诞生时日起，人们就已将自己的生活

① （德）恩斯特·卡西尔：《人论》，甘阳译，上海译文出版社2004年版。

习俗、审美情趣、色彩爱好渗透于服饰之中，随着历史的演进，种种意识形式、宗教观念和各种文化心态都沉淀于服饰之中，构筑成了服饰文化的丰富内涵。《周易》无疑在这个丰富内涵中占有着重要的位置。《周易》对于服饰文化的影响主要有以下几个方面。

1. 黄帝及妃创制衣裳

《周易·系辞》云："黄帝、尧、舜，垂衣裳而天下治，盖取诸《乾》《坤》。"《九家易》对"黄帝、尧、舜，垂衣裳而天下治"的解释是："黄帝以上，羽皮革木以御寒暑，至乎黄帝始制衣裳，垂示天下。衣取象乾，居上覆物，裳取象坤，在下含物也。"① 易学家高亨训诂"垂"当借为"缀"，缝之意也。《说文解字》："缀，合箸也。"箸，附也，合箸既联合二物使相附着，缀即缝意，缀衣裳即缝制衣裳也。垂、缀乃一声之转。史传"胡曹作衣"说。胡曹是黄帝的臣子，擅于制衣，为中国历史上第一个制作衣服的专家，是衣服的发明者。《吕氏春秋·勿躬》记载："大桡作甲子，黔如作虏首，容成作历，羲和作占日，尚仪作占月，后益作占岁，胡曹作衣，夷羿作弓，祝融作市，仪狄作酒，高元作室，虞姁作舟，伯益作井，赤冀作臼，乘雅作驾，寒哀作御，王冰作服牛，史皇作图，巫彭作医，巫咸作筮。此二十官者，圣人之所以治天下也。"《世本·作篇》又记载：胡曹作冕。可见，胡曹不仅发明了衣服，而且发明了帽子。胡曹的创造最终要记在黄帝的功劳簿上，墨子在《辞过》中表达道："古之民，未知为衣服时，衣皮带茭，冬则不轻而温，夏则不轻而凊。圣人以为不中人情，故作诲妇人，治丝麻，梱布绢，以为民衣。"将利民的许多发明权与英明的君主联系起来，似乎是古人的一种思维定式。

史上还记载黄帝妃嫘祖始制衣料。《史记·五帝本纪》载："黄帝居轩辕之丘，而娶于西陵之女，是为嫘祖。"朱熹在《通鉴纲目·前编》中指出："西陵氏之女嫘祖为帝元妃，始教民育蚕，治丝茧以供衣服。"史间认为嫘祖是中华民族养蚕缫丝的第一人，从此人们有了漂亮的服饰。嫘祖被祀为"先蚕"（蚕神）。唐代韬略家、《长短经》作者、大诗人李白的老师赵蕤所题唐《嫘祖圣地》碑文称："嫘祖首创种桑养蚕之法，抽丝编绢之术，谏诤黄帝，旨定农桑，法制衣裳，兴嫁娶，尚礼仪，架宫室，奠国基，统一中原，弼政之功，殁世不忘。是以尊为先蚕。"对嫘祖的功绩给予了充分的肯定。

2. 服装的款式随时代而变化

中国古代服饰的发展是与当时的政治、经济、科技、文化的发展密切联系的，并与历代的典章制度直接相关，打下了鲜明的时代烙印。

从夏、商时代起到西周止，创立了一整套严格而繁琐的衣冠服饰制度，并直接以衣冠服饰作为人的尊卑、贵贱表征的标志，在质地、色彩、造型、款式等方

① 见李鼎祚：《周易集解》卷十五。

面都有严格的规定。《周礼·春官》："司服掌王之吉凶衣服，辨其名物，与其用事。王之吉服，祀昊天上帝，则服大裘而冕，祀五帝亦如之；享先王则衮冕；享先公、飨射则鷩冕；祀四望山川则毳冕；祭社稷五祀则絺冕；祭群小祀则玄冕。"说明当时宫中已有专门负责帝王百官着装的官员（司服）了。在祭祀、典礼等重大礼仪或平日生活中，无论帝王、后妃、公卿百官、黎民百姓的服饰，均需严格按规定的质地、色彩、款式、图纹穿戴，不可逾越。

春秋战国之交，封建制度逐渐取代了奴隶制度，政治、经济、思想、文化诸方面均发生了急剧的变化，出现了"百家争鸣"的局面，对当时人们的服饰产生重大影响。当时流行冕服、玄端、深衣、曲裙。冕服承袭周制，是帝王、诸侯及公卿、大夫的礼服。玄端是一种黑色礼服，亦可作晏居时的便服。深衣是"衣裳相连，被体深邃"的服装，不分男女，上至公侯，下至庶人，均可通用。史称"深衣制"。古人有"朝玄端，夕深衣"说。后来，深衣逐步替代了玄端。

秦基本沿袭战国时期服饰，其服装式样依然是大襟右衽交领的款式。汉初，提倡节俭，因此初期冠服制度，大体承袭秦制。后出现"文景之治"，服饰也逐渐开始讲究了。汉武帝时，有了"改正朔，易服色"的初步规定，直到东汉明帝永平二年（公元59年），下诏正式采用周礼，制定了较全面的官服制度，由此，成为衣冠制度在中国得以贯彻执行的开端。汉明帝的祭服、朝服制度包括冠冕、衣裳、鞋履、佩绶等，各有等序，它的重点在冠冕，朝服采用深衣制。由于汉代织绣很发达，所以有钱人家就可以穿绫罗绸缎漂亮的衣服。一般人家穿的是短衣长裤，贫穷人家穿的是短褐（粗布做的短衣）。汉朝的妇女穿着有衣裙两件式，也有长袍，裙子的样式也多起来。

魏晋南北朝时期，男子的服装有时代特色，一般都穿大袖翩翩的衫子。直到南朝时期，这种衫子仍为各阶层男子所爱好，成为一时的风尚。此时妇女服装承袭秦汉的遗俗，在传统基础上有所改进，一般上身穿衫、袄、襦，下身穿裙子，款式多为上俭下丰，衣身部分紧身合体，袖口肥大，裙为多折裥裙，裙长曳地，下摆宽松，从而达到俊俏、潇洒的效果。

唐朝服饰形成了独特的开放浪漫风格。袒胸、裸臂、披纱、大袖、长裙是唐代妇女最典型着装形象。唐代的妇女服饰，是历代服饰文化的佼佼者。衣料质地考究，造型雍容华贵、装扮配饰富丽堂皇。唐代的女装主要是衫、裙、帔，还有短袖半臂衫（套穿在长衫外面）。最时兴的女子衣着是襦裙，即短上衣加长裙，裙腰以绸带高系，几乎及腋下。唐代男子不分尊卑贵贱，均穿着圆领袍衫和幞头袍衫。女子衣领的式样多种多样，甚至流行过裸露胸脯的袒式衣领。可见唐朝在文化思想和服饰上都非常开放。正是由于繁荣的唐朝与世界不同文化的交流才使得当时的服饰呈现多元化的发展。

宋朝统治者注重文治，宋明理学的发展多少束缚了人们的思想，其观念影响到人们的着装，使宋朝的服装一改唐朝服饰旷达华贵、恢弘大气的特点，服装造型封闭，颜色严肃淡雅，色调趋于单一。宋代的女装是上身穿窄袖短衣，下身穿长裙，通常在上衣外面再穿一件对襟的长袖小褙子，很像现在的背心，褙子的领口和前襟，都绣上漂亮的花边。受封建礼教的影响，没有了裸露胸脯的服饰，反而束胸更流行，还出现了缠足的陋习，俗称“裹小脚”。宋代的男装大体上沿袭唐代样式，一般百姓多穿交领或圆领的长袍，做事的时候就把衣服往上塞在腰带上，衣服的色彩也较为单调。

明代朱氏称帝后，为了恢复汉族的礼仪，便制定了以周汉、唐宋为准则的新服饰制度。以袍衫为主要服饰，而官员则以补服为常服，头戴乌纱帽，身穿圆领衫。所谓补服，是指在袍衫前有一块方形刺绣图案的官服，文官图为飞禽，武官图为猛兽。用袍衫颜色和图案的分别来区分官阶品位（参见彩色插图48）。平常穿的圆领袍衫则凭衣服长短和袖子大小区分身份，长大者为尊。明代官服中最具特点的是乌纱帽，乌纱帽翅因戴者官职、身份不同而各异。其形制前低后高，两旁各插一翅，通体皆圆。帽内另用网巾以束发。明朝的儒生文士男子服饰，大多穿圆领或斜领的青布直身的宽袖长衣，头戴四方平定巾。明代的贵妇多是穿红色大袖的袍子，一般妇女只能穿一些浅淡的颜色。裙子宽大，样式很多。

清朝是中国服装史上改变最大的一个朝代，清代是个满汉文化交融的时代，尤其是服装文化，官方强迫汉人适应满人的服饰，渐渐形成了一套有别于明代的服饰体系。同时，清代服饰又是中国古服与近代服的交接点，它的存在是以后发展到近代男士的长袍马褂、女士的旗袍的前提。长袍马褂是清朝男子最常穿的服饰。马褂是穿在长袍外面的短褂子，长度只到腰际，袖仅掩肘，短衣短袖便于骑马，所以叫“马褂”。质料依风土民情、家境贫富有所不同。传统衣料有棉、麻、丝和裘皮，近代以后使用洋布渐多。男子多四季戴帽，重要场合戴礼帽，平时戴便帽，即瓜皮小帽，颜色是外面黑，里面红。劳动者一般戴毡帽或笠帽，或用帕巾裹头。南方劳动者往往盘辫代帽。妇女服饰在清代可谓满、汉服饰并存。满族妇女以旗袍为主，旗袍衣身修长，衣袖短窄，与历时数千年的宽袍大袖拖裙盛冠，潇洒富丽，纤细柔弱的中国服装形成鲜明的对比。旗装以它用料节省、制作简便和穿着方便，取代了古代的衣裙，这是后人易于接受的主要原因。

民国后，中国人的服装穿着进入多元化时期，有的穿西服，有的长袍马褂，同时有西服中服混穿的。民国初年，出现过一股强烈的服装崇西潮流，原因在于辛亥革命的整个制度构想是直接来源于西方，当时的革命党人大都有在西方生活的经历，因此在生活方式包括服装特色上都比较西方化，这些都直接影响着当时的社会时尚。民国后的社会舆论强调：“民国新建，亟应规定服制，以期整齐划一。今世界各国，趋用西式，自以从同为宜。”① 民国元年政府规定了男女礼服的形制，男子有大礼服和常礼服。大礼服分昼礼服和晚礼服两种，均采用黑色衣裤和领结。常礼服有西式和中式两种，中式即长袍马褂，女子礼服是身长齐膝，有领，对襟式，裙的前后有镜面，两侧做裥，两端有带结的式样。都市女子结婚采用头披白纱，身着礼服，手持花束，举行新式的“文明”结婚仪式；农家女子仍然穿红袄戴珠冠，乘坐花轿，其间有一些繁琐的程式，保持着旧式的风俗。中山

① 《申报》1912年8月20日。

装据说由孙中山设计，其内在含义是衣服外的四个口袋代表“四维（即礼、义、廉、耻），前襟的五粒纽扣和五个口袋（一个在内侧）分别表示孙中山的五权宪法学说（行政权、立法权、司法权、考试权，还有监察权在领口（纽扣）和内侧（口袋），以彰显监察权的人民监督作用）；左右袖口的三个纽扣则分别表示三民主义（民族、民权、民生）和共和的理念（平等、自由、博爱），衣领为翻领封闭式，表示严谨的治国理念；衣袋上面弧形中间突出的袋盖，笔山形代表重视知识分子，背部不缝缝，表示国家和平统一之大义。

新中国成立后，女装曾时兴过一阵列宁装和“布拉吉”，“布拉吉”即俄语的连衣裙。一般干部都穿中山装，人民群众便以这种服装来表达对新时代的认可和欢迎，于是中山装在20世纪80年代之前始终是中国男装一款标志性的服装。女正装除领子式样有所变化外，其他部分变化不大。旗袍可以说是中国留在西方人印象中最深刻的。其实旗袍最初的样式是旗人女子所穿，样式较为宽松保守，而西方文化进入中国以后，国人思想逐渐开放，对旗袍进行了改良，进行“中西合璧”，也就是我们现在所看到的量身定制的、强调女人线条的，甚至开叉至臀部的改良旗袍了。

进入现代社会，不同的民族之间服饰的差别依然存在。民族服饰作为民族文化的重要组成部分，是非语言文化交流的途径之一，在传统文化的保持和传承方面起着重要的作用。

3. 服装所承载的文化意义

俗话说得好：“佛要金装，人要衣装”，“人靠衣裳马靠鞍”，从古至今，服装无论是从质地、款式直到颜色、配饰等，其承载的文化意义多多。那么中国的服饰文化有哪些具体的内容呢？

首先，在服装颜色上有着文化积淀。《周易》尚黄。《坤》六五爻的爻辞：“黄裳，元吉。”对此爻辞最早的解释来自于《左传》昭公十二年的记载，子服惠伯解释曰：“黄是中色，裳是下饰……”在此高亨作注曰：“元，大也。裳，裙也，裤也。周人认为黄裳是尊贵吉祥之物，代表吉祥之征，故筮遇此爻大吉。”又说：“黄裳黄裙内服之美，比喻人内德之美，故大吉。”在古老的五行说中，土在中，色为黄，黄色乃中央的颜色，这一观念后来一直影响着中国。黄裳为什么元吉呢？裳为下衣，古人上衣长，罩住下衣的外边，里面是黄色的下衣，体现了内在的美德，所以元吉。正如《坤》卦象辞曰：“黄裳元吉，文在中也。”《周易》对黄色独钟还体现在：《噬嗑》六五爻辞：“噬干肉，得黄金，贞厉，无咎。”《离》六二爻辞：“黄离，元吉。”《解》九二爻辞：“田获三狐，得黄矢。贞吉。”为什么出现黄色的卦象都是吉利的呢？这与黄为中色有关，而信奉“中道”是《周易》的一贯思想。

中国古代服饰色彩演变中受五行生克学说的影响很大。史传黄帝时是土气胜，尚黄色，故服装及服饰都用黄色；夏朝是占木德而成天下，木克土之故，夏人尚青色，故服饰用青色；商朝是占金德而得天下，金克木之故，商人尚白色，故服装服饰均用白色；周朝是占火德而得天下，火克金之故，周人尚红色，故服饰用红色；到秦始皇时，阴阳家都说是因尚水德而得天下，水克火之意，因此秦朝就确定为水德，五色里面配合水德的颜色是黑色，于是秦尚黑，所以秦的服饰标准色都是黑色，以凸显自己的正统性。到了汉朝，统治者认为汉承秦后，当为土德。五行说认为土克水，而土是黄色，于是汉人服色尚黄。这里，五行生克走过了一个循环，而中国朝代更替的历史却走过了数千年。

其次，彰显服饰作为“礼”的功能。古代社会的统治者为巩固自身地位，扩展了服饰的功能，服装除能蔽体之外，还被当作分等级、别贵贱的象征，这就是“礼”的服饰的体现。自有了帝制，便有了与该时代相应的服饰等级标志，即“十二章纹”文化，指中国古代帝王及高级官员礼服上绘绣的十二种纹饰，它们是：日、月、星辰、群山、龙、华虫、宗彝、藻、火、粉米、黼、黻等，通称“十二章”，绘绣有章纹的礼服称为“衮服”。注疏《周礼·春官·司服》的学者们的解释为：日月星辰，“取其明也”；山，“取其人所仰”；龙，“取其能变化”；华虫，“取其文理”（即取其五彩的外貌）；宗彝，取其忠孝，因有的绘成虎与猿形，虎，“取其严猛”，猿，取其“智”；藻，取其洁净；火，取其光明；粉米，取其“养人”（即取其滋养）；黼，半黑半白的斧型图案，取其“割断”（做事果断之意）；黻，“黻”专指正反两“弓”相背的图案，取其“背恶而向善”之意[①]。这一文化为历代所继承。《礼记》中对衣着等级作为了明文规定：“天子龙衮，诸侯如黼，大夫黻，士玄衣裳，天子之冕，朱绿藻，十有二旒，诸侯九，上大夫七、下大夫五，士三，以此人为责也。”从西周到两汉都有官服的等级规定。隋炀帝制定了隋代的官服制度，帝王将相各服其服。黄色既代表中央，帝王服色采用黄色，大致从隋起，黄色也就成了皇帝的专用服色。唐代的官服，赤黄色（赫黄）为帝王所专用，因赤黄色近似太阳的颜色，“天无二日”，日是帝王尊位的象征。黄袍也被视作封建帝王的御用服饰，臣民一律不得僭用。唐代规定了以品级定袍衫的颜色，即所谓“品色服”。三品以上紫袍，佩金鱼袋；五品以上绯袍，佩银鱼袋；六品以下绿袍，无鱼袋。官吏有职务高而品级低的，仍按照原品服色。这种规定一直延续到清代。在清代，对黄色还有了进一步的规范，如皇太子用杏黄色，皇子用金黄色，而下属各王等官职不经赏赐是绝不能服黄的。

明清时代，官员的等级凸显在官服上“补子”上。所谓“补子”即明清两代官员在朝服的前胸后背处分别装饰一块方形的图案，又称“胸背”或“背胸”。一般用彩线绣制，亦称“绣补”，也有织造的。文官用禽，武官用兽，以示差别，是区分文武官官职品级的主要标志。透过“补子”，我们看到了古代官吏等级制度的缩影。据《明史·舆服志》记载，洪武二十四年（1391 年）规定，官吏所着常服为盘领大袍，胸前、背后各缀一块方形补子，文官绣禽，以示文明，武官绣兽，以示威武。一至九品所用禽兽尊卑不一，藉以辨别官品级别。文官一品仙鹤，二品锦鸡，三品孔雀，四品云雁，五品白鹇，六品鹭鸶，七品鸂鶒，八品黄鹂，九

① 见（唐）贾公彦疏：《周礼·春官·司服》。

品鹌鹑；武官一品、二品狮子，三品、四品虎豹，五品熊罴，六品、七品彪，八品犀牛，九品海马。清代时略作了些调整，文官一品鹤，二品锦鸡、三品孔雀，四品雁，五品白鹇，六品鹭鸶，七品鸂鶒，八品鹌鹑，九品练雀；武官一品麒麟，二品狮，三品豹，四品虎，五品熊，六品彪，七品、八品犀牛，九品海马（参见彩色插图49）。

最后，与服装相匹配的饰物佩戴也有着文化的意义。各类饰物指头部装饰品以及手、项、臂上的饰物，大致包括簪、钗、步摇、梳子、头花、耳饰、项饰、臂饰、指饰等，这些可统称为首饰。簪即笄，是固定发髻的单股长针。古代男女都用笄，开始多为竹制，后来渐用骨、象牙、铜、金、银等制作，工艺日益精巧，图案精美异常。钗为固定发髻的双股长针，钗头制成各种形状，雕龙镂凤，嵌珠镶玉，描花刻草，显得尤为华贵。步摇亦称珠滴，是饰有金玉花兽，并缀有五彩垂珠的簪钗，行步时随人摇动，故有此名。今人的饰物比古人要简化了许多。古人除首饰外，佩饰还有专用于佩戴在身上的其他饰物，有佩玉、佩带、佩绶、香囊、佩刀、佩剑等。

佩玉，是古人的一种习俗。古之君子必佩玉，《礼记·玉藻》曰："君子无故，玉不去身，君子于玉比德焉。"意思古人佩玉，并不是为着纯粹的装饰美，也并非在于祈求吉祥，而是表明仿效玉的德性。《礼记·聘义》记载："子贡问于孔子曰：'敢问君子贵玉而贱碈者何也？为玉之寡而碈之多与？'孔子曰：'非为碈之多，故贱之也；玉之寡，故贵之也，夫昔者君子比德与玉焉：温润而泽，仁也；缜密以栗，知也；廉而不刿，义也；重之如坠，礼也；叩之，其声清越以长，其终讪然，乐也；瑕不掩瑜，忠也；孚尹旁达，信也；气如白虹，天也；精神见于山川，地也；圭璋特达，德也；天下莫不贵者，道也。《诗云》：言含君子，温如其玉。故君子贵之也。'"在孔子看来，君子佩玉是为弘扬玉的"仁、知、义、礼、乐、忠、信、天、地、德、道"诸项品德的。

佩带一般是由丝、葛、兽皮制成并绣花的多彩带子，佩于腰间。宋明时官人上朝时要束金线圈结而成的琉璃装饰带或玉器装饰的红束带。古代女子出嫁时还系上称为"缨"的彩色带，以示人有所属。由佩缨还引出服饰流行的话题。指的是"邹缨齐紫"两个典故。两个典故均出自于《韩非子·外储说左上》。其中"邹缨"说的是："邹君好服长缨，左右皆服长缨，缨甚贵。邹君患之，问左右。左右曰：'君好服，百姓亦多服，是以贵。'君因先自断其缨而出，国中皆不服长缨。"说的是邹国国君喜好系长长的帽带，邹君左右的人也系长帽带，因此使帽带非常贵。邹君为此而担忧，他就问左右的人，帽带为什么这么贵。左右的人说："国君您喜好系，百姓也就都来系。大家都去买，所以贵了。"邹君于是率先剪断了帽带然后出宫去让百姓看。这样全国的人都不系帽带了。"齐紫"说的是春秋时齐国国君的事："齐桓公好服紫，一国尽服紫。当是时也，五素不得一紫。桓公患之，谓管仲曰：'寡人好服紫，紫甚贵，一国百姓好服紫不已，寡人为之奈何？'管仲曰：'君欲止之，何不试勿服衣紫也。谓左右曰：吾甚恶紫之臭。于是适有左右衣紫而进者，公必曰：少却，吾恶紫臭。'公曰：'诺。'于是日郎中莫衣紫；其明日，国中莫衣紫；三日，境内莫衣紫也。”说的是齐桓公好穿紫色衣服，国都的人都穿紫色衣服。在那时，五件没染色的衣服换不了一件紫色衣服。桓公很忧虑此事，对管仲说：“我好穿紫衣，紫色甚贵而且全国都的人都穿紫衣，我应该怎么办呢?”管仲回答说：“您若打算制止这种情况，为什么不试着不穿紫衣呢？您可以对左右的人说，我非常讨厌紫色的味道。如果有左右的人穿紫衣来见您，您就严肃地说，后退！我讨厌紫色。”齐桓公说：“好！就这样做!”这样做了以后，果然当天官员们就都不穿紫衣了；第二天，国都的人也不穿了；第三天全国的人都不穿紫色衣服了。由于“邹缨齐紫”说的都是国君喜好什么，下边的人就喜好什么。因此“邹缨齐紫”就成了“追风”、“赶时髦”的代名词了。

迄今为止，人们喜好追逐上流社会之风尚依旧在世界各国皆如此。有人分析过此种现象的原因：有服饰的亲和心理，有攀附权贵的心理，有畸形变态的邀宠心理，也有追逐君主个人魅力的心理。孟子说过：“上有好者，下必有甚焉者矣。君子之德风也。小人之德草也。草尚之风，必偃。”① 意思是说居上位的人有什么爱好，下面的人一定爱好得更深。君子的德好像风，一般人的德好像草，风吹向哪边，草就倒向哪边。“上行下效”的成语由此而来。“上有所好，下必甚焉”的道理，告诫人们，作为领导人或具有社会影响的公众人物，例如，各级行政的官员和文体界的“大腕”、“明星”，他们的一言一行必须谨慎，必须充分考虑社会影响，否则将造成严重的负面后果。服饰如此，其他诸多事物莫不如此。

（二）周易文化对饮食习俗的影响

1. 周易最先将饮食提升为文化的层面

中华饮食文化是中国文化的重要组成部分，《礼记·礼运》曰：“饮食男女，人之大欲存焉。死亡贫苦，人之大恶存焉。故欲恶者，心之大端也。”《周易》对中华饮食文化起着开拓的作用。在《周易》的卦爻辞之中，有着颇多与饮食有关的内容，或由饮食活动加以引申推衍的内容，以至于出现了德性修养、文化建构等话题。由此可以显示出《周易》作者对于“饮食”是既重视生活的经验也重视从中抽离出来的抽象道理。《周易》涉及饮食的有蒙、需、噬嗑、颐、家人、困、井、鼎、震、渐、中孚、未济等十余个卦的卦辞和爻辞。大致包括几个方面的内容：饮食的重要性，自养为乐的思想；透露出食物的丰富性，烹饪方式的多样性；饮食与养生的关系；饮食方式和规矩的话题。例如，《需》卦象曰：“云上于天，《需》。君子以饮食宴乐。”《需》九五曰：“需于酒食，贞吉。”《序卦传》曰：“物稚不可不养也，故授之以《需》；《需》者饮食之道也。”《周礼·天官·膳夫》：“掌王之食饮膳羞。”郑玄注：“饮，酒浆也。”“膳，牲肉也；羞，有滋味者。”食饮膳羞乃为美味的食品。例如，《噬嗑》卦，似上下咬合状，所以有咀嚼之意，其《象》曰：“颐中有物，曰《噬嗑》，《噬嗑》而‘亨’。”《噬嗑》六二曰：“噬肤，灭鼻。无咎。”肤，柔软的肉，郑玄注：“肤，胁革肉”；灭，浸没之意，进食美味

① 《孟子·腾文公章句上》。

时，鼻陷在软肉中，大吃咀嚼之态，虽然吃相欠妥，但进食总是美事，也不予追究。再例如，《颐》卦曰：“《颐》，贞吉，观颐，自求口实。”其《彖》曰：“《颐》：‘贞吉’，养正则吉也。‘观颐’，观其所养也；‘自求口实’，观其自养也。天地养万物，圣人养贤以及万民。”其《象》曰：“山下有雷，《颐》；君子以慎言语，节饮食。”《程颐易传》曰：“故君子观其象以养其身，慎言语以养其德，节饮食以养其体。”《颐》卦由饮食讲到了养生，又讲到了修行。同样讲到这些内容的还有《未济》卦，《未济》上九曰：“有孚于饮酒，无咎。濡其首，有孚失是。”孚，诚信也。饮酒乃自乐，寓诚信于饮酒之中，无咎害；但如果是（醉酒后）酒把头都打湿了，虽然有诚信，但失其正，也是不好的。所以其上九《象》曰：“‘饮酒濡首’，亦不知节也。”饮酒以至于失态，是无节制的结果，不是好事情(参见彩色插图50)。

中国人是较早在餐饮中饮酒的民族之一。原始部落的人们发现采集的果实经过一段时间的放置会发酵，形成酒的气味，发酵后果子流出的水好喝，于是，饮酒的历程便开始了。后来人们又发现剩饭发酵后也有酒的气味，也能流出一种液体，味道醇香甘美，于是主动酿酒的过程就开始了。酒的发明者，史传仪狄或杜康。晋人江统所著的《酒诰》中有这样的记载：“酒之所兴，肇自上皇，或云仪狄，一曰杜康。”仪狄，大禹时代人；杜康，据说就是夏代国王少康。而杜康之名又盛于仪狄。东汉许慎《说文解字》曰：“古者少康初箕作帚、秫酒。少康，杜康也。”孔颖达疏引汉应劭《世本》：“杜康造酒。”张华撰《博物志》一书认为杜康是汉朝酒泉太守。宋人高承在《事物纪原》云：“不知杜康何世人，而古今多言其始造酒也。”杜康造酒的名头大，还要归功魏武帝曹操的著名诗篇《短歌行》“对酒当歌，人生几何？……何以解忧？唯有杜康……”远古时期的酒，是未经过滤的酒醪，呈糊状和半流质，商周时代，开始有了酒曲复式发酵法，开始大量酿制黄酒。约一千年前的北宋年间，中国人发明了蒸馏法，从此，白酒走入到百姓的餐桌上。《周易》是最早涉及中国酒文化的典籍。《周易》涉及酒的卦爻辞亦不少。除上面已列举的《需》卦、《未济》卦外，还有如：《坎》六四曰：“樽酒簋贰，用缶纳约自牖。终，无咎。”《家人》六二曰：“无攸遂，在中馈，贞吉。”中馈喻酒食。其《象》曰：“六二之‘吉’，顺以巽也。”《论语·先进》有《侍坐》一章曰：“咏而归。”“归”为“馈”。郑玄注：“鲁读馈为归，今从古。馈，馈酒食也。”《后汉书·王符传》李贤注：“中馈，酒食也。”还有《困》九二曰：“困于酒食。朱绂方来，利用享祀。征凶，无咎。”其《象》曰：“‘困于酒食’，中有庆也。”在中国人的饮食中，酒始终是佐餐的饮品之一。酒文化作为饮食文化的一部分，它是一种特殊的文化形式。作为一种特殊食品，酒既是物质的，但同时又是精神的，它融入于整个中华五千年的文明史中，从饮食烹饪、养生保健到文学艺术创作、文化娱乐活动，乃至人的情志及人生态度无不有酒的印记。酒若和茶比较而言，更多地体现的是人世俗的一面，舒张放纵的一面，本真且旷达，有追求超越和解脱的性质。酒文化在中国传统文化中占有独特的位置。

与佐餐须有酒的道理相似，中国人佐餐或日常饮品中还有茶。中国是被称之为神奇的东方树叶——茶的故乡，也是茶文化的发源地。茶更多地体现的是人文雅的一面，内敛含蓄的一面，宁静而平和，有追求淡泊和睿智的性质。

《周易》和中国的茶文化有渊源，被后世尊为“茶圣”的陆羽其名便取自于《周易》。陆羽（733—804），字鸿渐；唐朝复州竟陵（今湖北天门市）人，号竟陵子。据《新唐书》载：“陆羽，一名疾，字季疵，复州竟陵人。不知所生，或言有僧得诸水滨，畜之。既长，以《易》自筮，得《蹇》之《渐》，曰：‘鸿渐于逵。其羽可用为仪。’乃以陆为氏，名而字之。”① 陆羽一生富有传奇色彩。因其相貌丑陋而成为弃儿，被竟陵龙盖寺主持僧智积禅师在当地的西湖之滨拾得。智积是个出家人，不能收养孩子，就把这孩子送到了一个叫李儒公的人家里。李儒公原来只有一个女儿，看到又来了个男孩很是高兴，就收下了。因为不知道这孩子的姓名，李儒公自己的女儿叫季兰，李儒公就根据孩子脸上的伤痕，依行辈字取名季疵，“疵”就是有点瑕疵的意思。季疵长大后，不满于“季疵”二字，习《易》后自己揲蓍占筮，“得《蹇》之《渐》”，《蹇》为本卦，水山《蹇》，由于上六为变爻，阴变阳，遂变为风山《渐》，《渐》为“之卦”。按照规则其用变爻的爻辞占断，此爻《渐》卦上九曰：“鸿渐于逵。其羽可用为仪，吉。”依其意便取名陆羽。吉人自有天相，日后陆羽渐展才华，撰《茶经》三卷，成就了世界上第一部茶叶的专著。正如陆羽《茶经》卷下《六茶之饮》概言之：“茶之为饮，发乎神农氏，闻于鲁周公。”中国茶的发现和利用已有四五千年历史，武王伐纣，茶叶已作为贡品；先秦《诗经》有茶的记载；在汉朝，茶叶已成为佛教“坐禅”的专用滋补品；魏晋南北朝，已有饮茶之风；隋朝，全民普遍饮茶已成习俗；唐朝，茶业昌盛，茶叶成为每日必饮的生活必需品，街市上出现了茶馆、茶宴、茶会等，客人来访要敬茶成为了待客礼仪。宋朝，流行斗茶，贡茶和赐茶等等。茶是中华民族的举国之饮，且长盛不衰，传遍全球。宋代陈师道为《茶经》作序道：“夫茶之著书，自羽始。其用于世，亦自羽始。羽诚有功于茶者也！”陆羽逝世后，后人尊其为“茶神”。

豆腐是中国饮食中不可缺少的，据说豆腐的发明和术数有关，这样便和《周易》也有了联系。史传西汉淮南王刘安是中国豆腐的创始人。刘安雅好道学，欲求长生不老之术，不惜重金广招方术之士，其中较为出名的有苏非、李尚、田由、雷波、伍波、晋昌、毛被、左昊八人，号称“八公”。刘安邀八公相伴，登北山而造炉，炼仙丹以求寿。淮南一带原盛产优质大豆，这里的山民自古就有用山上清泉水磨出豆浆作为日常饮料的习惯，一日，刘安端着一碗豆浆，在炉旁看炼丹出神，不慎将豆浆泼到了炉旁供炼丹的一小块石膏上，不多时那块石膏不见了，液体的豆浆却变成了一坨白白嫩嫩、散着豆香的东西。八公中的田由大胆地尝了尝，觉得很是美味可口。于是，刘安就让人把他没喝完的豆浆连锅一起端来，把石膏碾碎搅拌到豆浆里，一时，又凝出了一锅白生生、嫩嘟嘟的东西，取名为“豆腐”。黄豆汁与石膏相遇能生成豆腐，刘安成为了豆腐的发明人。由于豆腐在宋以

① 《新唐书》卷一九六《隐逸》。

前的文献中少记载，因此人们曾怀疑豆腐始于汉的真实性。汉代的《淮南子》、南北朝的《齐民要术》，以及宋代以前的各类文学作品都少提到豆腐。然而，后来在1960年河南密县发掘的打虎亭一号汉墓中所发现的大面积画像中有豆腐作坊图的石刻，而墓主人是东汉末期人，这就为汉代已有豆腐生产提供了充分的证据。现存文献中较早提到豆腐的是北宋一位无名氏的《怀古》诗："寿阳鸡犬仍做声，八公仙人化旧尘。笑煞淮南炼丹术，炼丹不成豆腐真。"该诗道出了豆腐的制作来自于淮南王刘安的炼丹术。稍后是南宋的朱熹，他作有八首素食诗，其中一首写道："种豆豆苗稀，力竭心已腐。早知淮南术，安坐获泉布。"将豆腐说成是"淮南术"。明朝以后，关于豆腐的记载逐渐增多，其中明初叶子奇作的《草木子·杂制》篇道："豆腐始于汉淮南王刘安，方士之术也。"仍称之为"术"。明代的李时珍在《本草纲目》中说："豆腐之法，始于淮南王刘安。"李用了"豆腐之法"，而非"豆腐之术"，将豆腐的制作从"术"中解放出来。现如今，中国各地豆腐制作的菜肴的风格迥异，较著名的有麻婆豆腐、一品豆腐、文思豆腐、蟹黄豆腐、家常豆腐、炒麻豆腐，还有煨豆腐、酿豆腐、煎豆腐、炸臭豆腐和小葱拌豆腐等。

《周易》不仅是最早将人们的日常饮食上升为文化层面的一部典籍，而且饮食文化中的酒、茶以及豆腐都和它有着密切的关系。

2. 中华饮食文化的几个特征

由《周易》始，中华饮食便具备了如下几个特征。

其一，强调时令饮食。由"天人合一"到"天人相应"。在漫长的生活实践中，古人逐步体会到人与自然界存在着非常密切的关系。自然界一年四季的变化，直接影响着人体的生理功能的变化。在四时气候变化中，春属木，其气温；夏属火，其气热；长夏属土，其气湿；秋属金，其气燥；冬属水，其气寒。根据春温、夏热、长夏湿、秋燥、冬寒这一年中气候变化的规律，总结出了春生、夏长、长夏化、秋收、冬藏的养生原则。如《素问·四气调神大论》云："夫四时阴阳者，万物之根本也。所以圣人春夏养阳，秋冬养阴，以从其根。逆之则灾害生，从之则疴疾不起。"《素问·六元正纪大论》还说："用温远温，用热远热，用凉远凉，用寒远寒，食宜同法。"意为服食温性热性的食品药物，应该避免在温暖炎热的春夏季节，食用凉性寒性的食物药品，不宜在秋冬寒冷之季。这些都是要求人们根据春夏秋冬四季阴阳的消长、寒暑的变化来调节饮食，保养身体，适应自然，延年益寿。就饮食而言，人们提出了春清、夏调、秋补、冬防的原则。所谓春清，春季阳气升发，宜用扶助人体正气，清除人体一冬所纳入的多余物质，宜选用清理肝胆火旺之饮食。可以择用绿色清淡的多纤维的蔬菜、萝卜以及燕麦等。所谓夏调，夏季耗伤津液，常发汗影响小肠吸收，易使人心火上炎，面红耳赤，口舌生疮，因此易降心火，调理心志，调理脾胃，宜选取银耳、绿豆、苦瓜等清火食品，荸荠、鸭梨之类偏凉性的水果。所谓秋补，气候渐趋凉，宜滋阴润肺。经春清夏调之后，这时需要适当补充营养，使气血充盈，阳生阴长，适当增加动物蛋白的摄取，同时也要荤素搭配好，所谓"贴秋膘"一定要适当节制。所谓冬防，气候寒冷，体虚不御寒而伤肾，活动量少，食入量增多，体内容易积存过多脂类物质，而气血运行缓慢，心脑血管疾病易发生。饮食不要油腻或厚味，饮食宜采用粥或煲汤的形式。同时注意适当运动，为防止便秘，多食富含纤维的食品，可进食苹果和香蕉等。

其二，强调地域饮食。原有俗话说，“南甜北咸，东辣西酸”。说的是中国各地由于水土和气候、饮食习惯和文化等方面的差异，不同地区人们对口味的喜好便不同。恰说明“一方水土养一方人”。南甜北咸，说的是中国南方人口味偏甜，爱吃甜食，北方人口味偏咸，爱吃咸食。东辣西酸，说的是山东人爱吃葱，较辣，而山西人爱吃醋，这和山西人偏面食有关，由于面食碱性大，醋酸能中和碱性，所以山西人食性偏酸。现如今，由于地域扩大了，这句俗话稍有了改动，改作南甜北咸，西辣东鲜。后一句的西辣，主要指川、云、贵人爱嗜辣味道；而东鲜，主要指东南沿海的人们喜好口味清淡的海鲜产品，如上海、苏、浙、闽、粤等地人。过去有所谓四大菜系：鲁菜、川菜、淮扬菜和粤菜；后来在这个基础上又形成了“八大菜系”：鲁菜、川菜、湘菜、苏菜、浙菜、徽菜、粤菜、闽菜。现如今，除了八大菜系外还有一些较有影响的菜系在逐渐形成自身的特色，开始叫响且流行起来。如有一定年头的北京菜，京菜系包含了满蒙民族风味，包括清真菜肴；北京在河北境内，明清后作为首都，直隶官府菜肴逐渐出了名，京菜也包括直隶官府菜，这样就把京菜同河北的菜肴合在一起了。上海本帮菜，自通商开埠后，海菜以精制、西洋风味浓郁而独具特色；而后兴起的还有鄂菜、豫菜、赣菜、东北菜等等。

其三，强调均衡饮食。早在两千多年前的《黄帝内经》中就提出了均衡饮食的原则：“五谷为养，五果为助，五畜为益，五菜为充，气味合而服之，以补精益气。此五者，有辛酸甘苦咸，各有所利。或散或收，或缓或急，或坚或耎，四时五藏，病随五味所宜也。”同时，还具体解释道：“五谷：粳米甘，麻酸，大豆咸，麦苦，黄黍辛。五果：枣甘，李酸，栗咸，杏苦，桃辛。五畜：牛甘，犬酸，猪咸，羊苦，鸡辛。五菜：葵甘，韭酸，藿咸，薤苦，葱辛。”[①] 今天我们不必非要搞清楚五谷、五果的具体品种，理解食物的多样性和搭配，理解膳食均衡的道理就够了。五谷中杂粮主要的营养成分是碳水化合物，其次是植物蛋白质，最能养五脏，补精气。而水果含有丰富的维生素、无机盐和纤维素，它能辅助“五谷”、“五畜”，使人体获得更全面的营养。五畜泛指动物蛋白，这里缺乏水产品，鱼虾类食品，应补充进来。要知道肉奶蛋最为补人，能滋养人体精血。补充人体必需的氨基酸，与主食相辅，更能促进人体健康。蔬菜含有的水分多，维生素多，特别是纤维素多。综合来说，谷物水果蔬菜以及肉奶禽蛋的巧妙搭配最有营养，对健康最有益。

其四，倡导食补养生，主张食补胜药补。同时，药也可进入饮食之中，所谓药膳。进补有四大类食物：补气类食物：大米、小米、黄米、糯米、大麦、小麦、

① 《黄帝内经·素问·藏气法时论篇》。

莜麦、黄豆、红豆、大枣白扁豆、豌豆、土豆、白薯、山药、胡萝卜、香菇、鸡肉、牛肉、兔肉、青鱼、鲢鱼等。补血类食物：胡萝卜、龙眼肉、荔枝肉、桑椹、血豆腐、动物肝脏、海参、平鱼、黑芝麻、黑木耳等。补阳类食物：韭菜、刀豆、豇豆、核桃仁、羊肉、狗肉、鹿肉、动物肾脏、鸽蛋、鳝鱼、海虾、淡菜等。滋阴类食物：白菜、梨、葡萄、桑椹、枸杞子、银耳、百合、牛奶、猪肉、甲鱼、龟肉、乌贼鱼等。

其五，讲究美食烹饪。《礼记·礼运》曰："（昔者）未有火化，食草木之食、鸟兽之肉，茹其毛，饮其血。"随着文明发展，饮食文化也就同步发展了，开始讲究了。

首先，有多种的烹饪形式。炊饮器具多种多样：古代有鼎、鬲、釜、甑等，今天家庭必备有煎锅（平底锅）、炒锅、煮锅、蒸锅等。烹饪方式多种多样，它们是：煎、炒、烹、炸、炝、爆、扒、熘、煸、焗、烧、烤、灼、涮、汆、煮、焖、炖、烩、蒸、腌、酱、卤、蜜、凉拌、糖渍、腊作、熏制，大致有二十余种。

其次，提倡色香味形四者俱佳，讲究美食，历代都有美食家。一些名人有条件成为美食家，各地都有一些以名人命名的菜肴。例如有"曹操鸡"，因曹头痛病发作，厨师遵医嘱，用仔鸡精心烹制的药膳鸡，曹的病很快就好了。该菜肴又称"逍遥鸡"，是徽菜一道名菜。有"五柳鱼"，五柳，是陶渊明的号，实为浇汁鱼，为四川名菜。有"太白鸭"，据说由李白亲手制作，献给玄宗品尝。玄宗吃后赞不绝口，并说："此菜世上少有，可称太白鸭。""太白鸭"遂成为四川的一款名菜。有"东坡肉"，诗人苏轼号"东坡居士"，此道菜据称是为纪念东坡所做，而并非由他本人创制；苏东坡是四川人，而东坡肉实为红烧肉的一种，偏甜口，属浙菜菜系。有"文山肉丁"，文天祥号"文山"，由他亲自烹制一道赣菜佳肴。清代以后，最著名的一道菜是"宫保鸡丁"，由清朝四川总督丁宝桢所创制。"宫保"是丁宝桢的荣誉官衔。宫保鸡丁不仅是川菜名品，也名扬海外。名扬海外还有"左宗棠鸡"，一道湘菜名肴。其实该菜品与左公的关系不大，仅因为他是湖南名将而已。类似的还有"李鸿章烩菜"，属于直隶官府菜。李鸿章是安徽人，也算入徽菜系中。新中国的缔造者毛泽东爱吃红烧肉，"毛氏红烧肉"遂流行开来此款菜偏辣味，成为湘菜系列中的佳肴。

最后，传统饮食对食材的利用可谓是登峰造极，这也是中华饮食文化的特色之一。对植物而言，根茎叶果实均可食；对六畜而言，从头到脚、从里到外也均可食。相比较而言，国外一些民族受宗教的影响，主要受习俗的影响，对六畜的头脚和内脏均不食，那就更谈不上如何做和吃了。中国人对食材的利用，在物质相对匮乏的年代，真正做到了物尽其用，体现的是一种节约的精神和勤俭的态度。但中国人的食材过于广泛，有破坏环保的嫌疑；其中食用燕窝和鱼翅便是一种罪过。同时，中国人的饮食还有讲究鲜活或生猛的一面，讲究吃"叫"与"跳"，在这一过程中难掩其残忍的一面，可见，无论是厨房里的加工过程还是餐桌上的吃相都有调整和改进的必要，以便跟上时代文明的脚步。

3. 饮食是中华文明礼仪的一部分

中华饮食，源远流长，同时，中国自古又为礼仪之邦，将饮食和文明结合在一起的最好说明是中国人所使用的筷子。筷子古时称“箸”，文献最早记录是殷商时已在使用了，但实际的应用应当更早。当古代先民在烧烤食物时，需要借助木棍、枝条或竹枝来翻动食物；稍后一些时候，当利用陶器炖煮食物时，为便于熟，进行了碎块化的切割，加上有了汤汁，也需要借助木棍、枝条的搅动；东方民族多食谷物，谷物多呈颗粒状，也需要借助木棍、枝条的搅动，以免粘附陶底而焦煳；久而久之，“箸”就成为了人们饮食中的重要工具。“箸”应和炖煮类的陶器相伴产生的。目前出土最早的实物是河南省安阳市殷墟侯家庄出土的铜箸和湖南省香炉石遗址出土的骨箸。多数学者们认为中国在新石器时代就已经使用上竹木制成的箸了。《周易》里没有出现“箸”字，但“箸”却蕴含着“易理”。两根成一双，太极是一，阴阳是二，一分为二，合二为一。用时一动一静，动者为阳，静者为阴。“箸”形状前圆后方，也寓天圆地方之意；前圆，易于使用，后方，便于持执；“持方而行圆”还是社会做人的道理。《周易》是周人的杰作，周人正是从饮食的角度，从“箸”中悟到了体现于《周易》中的许多道理。记载“箸”的最早文献是《韩非子·喻老》：“昔者，纣为象箸而箕子怖。”而后，司马迁在《史记·十二诸侯年表》中言：“有纣为象箸，而箕子唏。”唏，哀叹状。在殷商忠臣箕子看来，纣王用象牙筷子，必配玉杯，吃珍馐，极度奢侈，乃亡国之兆，所以他才因恐怖而发出哀鸣。“纣为淫逸，箕子谏，不听。人或曰：‘可以去矣。’箕子曰：‘为人臣谏不听而去，是彰君恶而自说于民，无不忍为也。’乃被发佯狂而为奴。”[①] 纣王暴虐，箕子力谏无效，有人劝箕子逃亡，箕子言：“为人臣者劝谏不听就离去，岂不是故意暴露君王的罪行而自己讨好百姓，我不忍这样做。”于是，他选择了装疯自贱为奴以避祸。《易经》中有赞赏箕子的文字，《易经·明夷》六五曰：“箕子之明夷，利贞。”其《象》曰：“‘箕子之贞’，明不可息也。”《易经》借此说明，光明正义的东西可能会一时被遮蔽，但绝不会消亡。历史上以纣王为首的一帮殷商人，“肉山酒海”般地胡吃海喝，最终亡了国。周人正是吸取了殷商人的教训，才有了《周易》里强烈的忧患意识和节俭意识，才有了将饮食纳入礼仪之中的必要。中国较正式的饮宴礼仪应始于周公的倡导，始于《周礼》，即由国家出面制定了一整套的严格的饮食礼仪。

首先，周人认为饮食是国家体现其德政的一部分。国家从上做起，反对大吃大喝，暴殄天物；反对公款吃喝，加重百姓的负担。《尚书》中有多篇涉及吃喝的话题，可见周人对此的警觉。《周易·象辞·颐》曰：“君子以慎言语，节饮食。”言语和饮食为何得以并列？因为在古人看来，话多伤气，寡言养生，言语可以兴邦，同样也可以丧邦；同理，吃喝可以养生，同样也可以致病，吃喝非小事，也关乎国之兴衰。言语、饮食两者道理相通，都需要君子注意的。

① 《史记·宋微子世家》。

其次，周人认为饮食也是个人体现其德行的一部分。饮食礼仪的重要部分便要注意自己的“吃相”，千百年的演进，海内形成了一整套的饮食进餐的礼仪。如酒席或餐桌上，就坐在自己合适的位置上；离桌距离也要适当。有“好客离桌一尺”说；进餐时应让长辈先动碗筷用餐，而不能抢在长辈的前面。夹菜时，从靠近自己盘子且从盘边夹起，不许隔着盘子夹菜，不许站起来夹菜，不许用筷子在菜盘子里扒拉，不能爱吃的菜总去夹，一次不宜夹得过多等。夹菜后要先放在自己面前的托盘内，再细细品尝，咀嚼时不许发声，不许吧嗒嘴，喝汤也不许发声。如果你想给主人或者长辈夹菜，要用公筷公勺，这不但符合公共卫生的礼节，也符合中餐礼仪。吃饭时，要端起碗吃，大拇指扣住碗口，食指、中指、无名指托住碗底，手心空着，吃饭只能碗就口，不能口就碗。宴席上忌讳饭前用筷子敲空碗，忌讳将筷子竖插在盛有食品的碗内，忌讳嘴里含着食物说话，忌讳当着客人打喷嚏、抠鼻子、剔牙等等。

需要特别指出的是中国人与西方人在饮食文化上的差异在于：中国人将宴饮作为喜乐愉悦生活的一部分，缺少了西方文化在进食前要祈祷的一个过程，西方人桌前祈祷的庄重形式和感恩内容的表达多少降低了进食所带来的欢乐气氛，反而凸显了满足生理需要的功能性。而中国人则不然，“人生得意须尽欢，莫使金樽空对月”，酒席宴上的欢乐异于其他时段，若各自闷吃，平淡无奇反而不习惯，自会有人出来活跃气氛，寻求热闹的场面。宴席餐饮对于中国人而言，除了满足口腹之欲外，更主要的还有精神上多方面需求的满足，这种进食中的精神上需求的满足大大会超越肠胃需求的满足，因而，铺陈与排场现象常见，而醉倒或者浪费就难以避免。中国人在这方面的花销总是不吝惜的，餐饮的开销倘若私费不便多说，倘若公费就涉及腐败；中国人的腐败往往是由餐桌上开始的，宴席上吃喝歌舞的享乐之风从来是历史上改朝换代的前奏曲。正是这一原因，自商周以来，历朝历代的凡为清醒的执政者就不能不管住嘴且刹住享乐之风。幸好近年来，“三公经费”得到了遏制，高档烟酒的消费量也渐趋正常。在中国，“吃喝无小事”真不是一句玩笑话，确实与家国社稷相连，古今皆然，这既须让执政者时刻警醒，也须让全体的国人都认识到的。

饮食文明还要说到酌酒品茶。美酒配佳肴，中国人把喝酒不但作为餐桌上不可少的一道程序，而且作为了交友和沟通情感的重要手段。所谓“感情有没有，全凭一口酒；感情深不深，是否一口闷”，“是人不喝酒，枉在世上走，见面不喝酒，难交好朋友”。喝酒自然有着许多的规矩，在早年间，粮食是宝贵的，酒乃粮食制作，是粮食的精华，因此，待客时敬人喝酒体现的是一种尊贵与敬重。随着酿酒工艺的普及，佐餐饮酒遂成常俗。在以后的岁月中，待客时敬人喝酒的美意善举逐步演变成了不将客人喝倒不算喝好的一种做派，这哪里还是文明待客之道？这种不文明的喝酒陋习应当摒弃。酒讲究品牌，黄酒类的有即墨老酒、绍兴花雕酒。白酒在20世纪60年代国家曾评出八大名酒：茅台、五粮液、古井贡、泸州老窖、全兴大曲、西凤、汾酒、董酒。后来又有郎酒、酒鬼酒、剑南春等赢得口碑。品茶相对饮酒要文明得多，品茶的规矩也很多。所谓茶道，即将茶理寓于一定的仪礼之中，不但讲究名茶、好水、美景、佳人、雅事、细器；还讲究洗茶、泡茶、闻香、啜饮的各个程序，真乃雅士所为。不同的茶，有的清淡，有的浓酽；茶可以为饮，为食，为药；也可以为听，为赏，为悟；还可以为诗，为画，为书。中国茶道从远古的《周易》中传承了变化之道，种植、采摘、制作若有变化，便引得香气、口味也有所变化，中国人实际把品茶变成了一个养心怡情的过程。茶因制作不同，常以色分：红茶、绿茶、青茶（乌龙茶）、白茶、黑茶等，还可以由形态或形状来分：白毫、毛尖、银针，珠茶、片茶、沱茶、砖茶等。

（三）周易文化对居所习俗的影响

1.《周易》对住宅文化的宏观影响

如何对待人居环境，《周易》自身说得并不多，大致有十余处，其话说得都很短，也多为大的则的话。如《易经》有《屯》初九曰："利居贞"。意为有利于守正而居。《需》六四曰："出自穴"，上六曰："入于穴"。从自己居住的地方出来，进入自己居住的地方。《革》上六曰："征凶，居贞吉。"出征有凶，居而坚守吉利。《丰》上六曰："丰其屋，蔀其家。窥其户，阒其无人。三岁不见，凶。"即"宽大的屋子，阴影遮蔽了家，窥视其门户，静悄悄空无人迹，三年什么也没有见到，凶。"《周易·象辞·剥》曰："上以厚下安宅。"《周易·象辞·渐》曰："君子以居贤德善俗。"《周易·系辞》曰："上古穴居而野处，后世圣人易之以宫室，上栋下宇，以待风雨"。《周易·杂卦》曰："《屯》见而不失其居。"

周易的思想主要影响到几部书，由这几部书构建了中国独有的"风水"文化。一部为《青乌子相冢书》。此书在汉代已流传，里面的观点曾被多种文献所引用。一些人认为晋代郭璞《葬书》中所言"经曰"的所谓"经书"应为《青乌子相冢书》。后世还流传的一部被尊为风水之宗的《葬经》，署名是汉青乌先生撰。《青乌先生葬经》前有署名为金丞相兀钦仄的序文，序文称："青乌先生汉时人，精地理阴阳之术，而史失其名。晋郭氏《葬书》引经曰为证者，即此是也。"有专家认为是后人托名的伪书。托的名人就是青乌子，称为青乌先生。青乌、青乌子到底是一人，还是两人？现有资料不能够确定。而《青乌先生葬经》到底是汉代遗失的文献？还是后人托名作品也不能确定。由后人托名的还有一部风水的奠基著作是《黄帝宅经》，署名黄帝所作，经专家们考证，应是唐代的作品，是唐人在前人的学术观点基础上，通过自身进一步的分析和研究而总结的成果。唐代还有一部重要的风水著作是《管氏地理指蒙》，署名为三国时的管辂所著。管辂确为三国时期魏国的著名术士、大相师，被后世堪舆家奉为祖师。但《管氏地理指蒙》仍是托名之作，也应是唐代的作品。巧得很，《黄帝宅经》和《管氏地理指蒙》最初都和一个叫陈石莲的居士有关，都是由他编辑出版的。关于陈石莲居士的资料不多，估计他应是唐代人，是一个精通风水的学者，至于这两部书的来源，真是历史遗存？还是他本人托名的杜撰？还是有一些未解之谜。但这两部书是风水师们的必读之书则是无疑义的。奠定"风水"一词含义的书是南北朝人郭璞写的《葬书》。《葬书》明确道：风水乃"藏风得水"，藏风为"生气"，得水为"聚气"，人因元气聚则生，因元气散则死；风水理论的精髓在于一切都是围绕着保护和维持人生命的活力为宗旨。当然，有后世学者认为《葬书》也是托名之作，但其证据不如《黄帝宅经》和《管氏地理指蒙》的证据充分。风水之书喜好托名似乎是一种风气，寻其原因无非有三：一是为增强其著作的权威性，二是扩展其流通的传播面，三是提高了出书人的知名度。

2. “风水”就是人居环境的学说

《黄帝宅经》说：“宅，择也，择吉处而营之也。”中国先民逐步认识到居住环境对人们生活的影响。古者有言道：平夷之地，人多忠信；厚重之地，人多福寿；秀颖之地，人多清丽；湿下之地，人多重浊；高元之地，人多狂躁；顽硬之地，人多执拗；散乱之地，人多游荡；尖恶之地，人多杀伤。这些说法未必科学，但却说出了地理环境与人有着某种关系的道理。风水并不神秘，无非是对人居环境提出若干个原则和几项基本的要求。

人居环境中有几项原则：安全性原则，科学性原则，宜居性原则。原则一定要有四个方面的满足：满足生活的需要，符合卫生的要求，顾及伦常的诉求，应和审美的情感。人居环境的还有几项基本的要求或者说是必走的程序：

第一，整体的考察。风水理论思想把环境作为一个整体系统，这个系统以人为中心，包括天地万物。系统中每一要素、环节都有紧密的联系，风水学的功能就是要宏观地把握好、整合好各子系统之间的关系，寻求最佳地组合。

第二，观形和察势。清代《阳宅十书》指出：“人之居处宜以大地山河为主，其来脉气势最大，关系人祸福最为切要。”风水学非常重视山形的走向和地势的起伏，所谓“龙、穴、砂、水、向”均在考察范围内。观形和察势最要紧的是要依山且傍水。同时还要观察“气动”的状况，整个形势要利于藏聚“生气”，只有生气充沛，动植物才会欣欣向荣，人类在其中才会健康长寿。

第三，地质与水文。风水学思想对地质的勘察很讲究，甚至是挑剔的。认为地质中的元素决定人的健康。过去年代的有些风水师，在缺乏检测仪器时，当亲临现场相地时，常用手研磨土块细细观察，或用口舌去品嚼泥土，有时甚至会下挖土井进一步测土壤的厚度和察看深层的土质。勘察水就更细了，水源、水流、水量、水质等。考察水流和水量常俯身聆听地下水的流向及声音。考察水质常用“品尝”的方式验水，不同地域的水分中含有不同的微量元素及化合物质，有些可以致病，有些则可以治病。总之，嚼土尝水是过去风水师们常有的举动，可见对水土的重视。

第四，立基和定位。立基就是找对穴口。这是风水理论的核心内容。定位的大原则就是坐北朝南原则。但在实际考察中，方位也还要因地制宜。

第五，规划和制造。这里面还要贯彻因地制宜的思想，处中适中的思想和适度改造的思想等。中国人在房屋建造的工艺方面有其独门的技术，这是可以引以自豪的。

古代人认为好住宅要满足“四灵”的方位，即前朱雀，后玄武，左青龙，右白虎。其各自特点为：前照、后靠、左活、右通。循着“四”的原则，住宅方面有几个“四”字诀：原则一定要有四个方面的满足：满足安全的需要，满足卫生的诉求，满足便捷的愿望，满足舒适的感觉。能够藏风聚气的好住宅必须同时具备四个基本条件：一是自然环境美；二是具体位置佳；三是建造格局好，四是居室布置得当。人居环境实际是由多层次环境构成，从大到小有四个层次：自然环境，社会环境，居所环境，室内环境。四个层次的环境都要统筹考虑。

风水学说实际具备有了古代哲学、天文学、地球物理学、地质地貌学、水文学、自然生态学、环境景观学、建筑学、社会伦理学、美学、民俗学等方面的丰富内涵，又由于和《周易》的天然联系，因此里面还有阴阳学、五行学、干支学、星宿学、预测学、日课学等知识，因此，风水学是一门庞大的综合类学科。因此，无论是进行城市规划和建设，或者是进行房地产项目的开发以及进行个人的私家宅邸的建造，如果能注重到风水科学的研究和运用，便会收到好的效果，不但会使人对周边的环境、对建筑和居所产生一种亲切感和舒适感，而且还会促进身心健康，达之家庭和事业的兴旺。如若不然，则效果是相反的。

3. 住宅文化中的其他民俗

住宅文化中的开放性与封闭性。北京四合院民居具有开放性与封闭性合一的特征。院内的正房（北房）、南屋以及东西厢房形成四围，相互敞开。讲究的院落前出廊子后出厦，四围房屋由带顶的廊子连接，下雨天去各屋也淋不着。院墙对外不开窗，大门处设影壁，影壁的作用既起到遮挡效果，保护隐私，也有产生柔风的功能，有利于健康。体现开放性与封闭性合一最典型的是南方客家人的“土楼”。“土楼”对外是封闭性的，高围墙，不开窗。对内则是开放性的，家族间呈现开放性，现代所谓的核心家庭概念似乎都不明显，仍是传统的“大家庭”概念。

强调等级的门当与户对。门当原本是指在大门前左右两侧相对而置的一对呈扁形的石墩或石鼓。因鼓声宏阔威严，厉如雷霆，百姓信其能避邪，故民间广泛用石鼓代“门当”。户对则是指位于门楣上方或门楣两侧的木雕或砖雕的装饰物件。户对形状有圆形与方形之分，圆形为文官，方形为武官。这种木雕或砖雕位于门户之上，且为双数，或一对两个，或两对四个，“户对”多少与官品大小成正比。有“户对”的宅院，必须有“门当”，因此，“门当”与“户对”常常同呼并称。后来遂成为了社会观念中男女婚嫁时衡量彼此条件的常用语。传统社会显现等级的还有大门上的门钉数字。皇家建筑，每扇门的门钉是横九路、竖九路，一共是九九八十一颗钉。九是阳数之极，是阳数里最大的，象征帝王最高的地位。王府的门钉是七路乘七路，亲王是七路乘九路，再往下臣子或官吏的府邸大门就是五路乘五路了。

居住禁忌是传统文化的重要内容，又可以细分为庭院禁忌和居室禁忌。庄院忌开正阳门，意为正阳门只有朝廷皇帝贵官才能通行。一般人家留正阳门则扶保不住，家人易生病灾。从进门方向看，门要开向偏右手边一些。水道不宜冲门，流水要绕门而过，这样财帛不会外流。院门不可冲道，冲道的话要立一石碑，写上“泰山石敢当”以破之。门可冲门，但不可咬门，门不可直对窗户。住宅基地，有前不载桑、后不载柳、院内忌栽鬼拍手（杨树）之说。当然现在住楼房的多，那么，居室禁忌有哪些呢？居室大门忌正对楼道门或电梯门。进门处设玄关，忌一览无余。居室装修要适当，不宜豪华、繁复。家中不要任意安装明镜。厅里若要装镜子，也仅在一面墙为宜，不要两面都装，造成反射和视觉混乱。卧房里不要装大面的镜子。沙发要摆放在背有实墙依靠的地方。而床的摆放方面，床头对房门是大忌，最好整张床都不要对着门，同时床的摆放不宜在窗户下，应离窗口有一段距离。家中可以有一些陈设品，但要注意陈设品的颜色、风格的搭配，如果搭配不好，很容易把家中弄得像个陈列馆，甚至像个超市，这样就不好了（参见彩色插图51）。

（四）周易文化对出行习俗的影响

1.《周易》对出行论述

《周易》在古作占卜之用，而古人出行亦为大事，出行卜占以求平安乃为寻常之举，因而《周易》的许多卦爻辞均有所涉及，只不过都极为简要。如《坤》卦辞曰：“君子有攸往，……利西南得朋，东北丧朋。”有攸往，有所行。朋，原为古代货币单位，这里假借为朋友。君子出行，往西南可以得到朋友，往东北则丧失朋友。《屯》卦辞曰：“勿用，有攸往”。“有攸往”还见于《大有》、《贲》、《剥》、《复》、《大过》等。《需》卦辞曰：“利涉大川。”“利涉大川”还见于《讼》、《同人》、《谦》、《蛊》、《大畜》、《颐》等。《谦》上六：“利用行师，征邑国。”《豫》卦辞曰：“利建侯行师。”《贲》初九：“贲其趾，舍车而徒。”《复》六四曰：“中行独复。”卦爻辞中还有征、旋、履等都与出行有关。

2. 古人出行的工具及其演变的进程

《周易·系辞》云：“刳（音枯，从中间挖空之义）木为舟，剡（音眼，削刮之义）木为楫，舟楫之利，以济不通，致远以利天下，盖取诸《涣》。服牛乘马，引重致远，以利天下，盖取诸《随》。”人类济不通以致远的追求从未停止过。人类最初的出行是在陆地并且靠双脚，后来人们驯服了马，骑上马就能跑得很快，走得很远。后来人们又发明了双轮车，马拉动轮车，人坐在上面，便轻快得多了。以后又陆续有了牛车、驴车等，畜力车伴随人类社会的发展延续了很长的时间（参见彩色插图52）。秦汉以后，有了步辇和肩舆，东汉时班固《西都赋》提到它：“乘茵步辇，惟所息宴。”三国时魏文帝曹丕的《校猎赋》里也提到它：“步辇西园，还坐玉堂。”步辇乃是由人力用木杠抬着前行的简易坐塌，步辇或肩舆应是轿子的前身。直到隋唐时期，它只能是帝王和后妃们代步的工具，皇帝坐的称龙辇，皇后坐的称凤辇，其他人是没有资格享用的。唐代画家阎立本的《步辇图》，画的就是唐太宗乘坐步辇的情形（参见彩色插图53）。步辇、肩舆用以短途载人，畜力车辆用以运货和远途载客。宋以后轿子流行开来，北宋画家张择端的《清明上河图》中就有轿子的出现。古代的轿子，大致有两种形制：一种是不上围子的凉轿，也叫亮轿或显轿；另一种是配上帷幔的暖轿，又叫暗轿。明清时节，人力的轿子和畜力的轿车曾并行了较长一段时间（参见彩色插图54）。畜力的轿车又称“骡驮轿”，其形制是用两根长杠子架在前后两头骡子的背上，中间部分置轿厢，人坐在其中，可以应对较远的路程。轿子或轿车始终是贵族所能享用的。以后，人们发明了动力车，是一种靠机械运动来行走的两轮车，这种车子后来冠以“自行车”；1860年，法国人又制造出以蒸汽机为动力的两轮车，这就是后来的摩托车；再后人们又发明了燃烧汽油行走的轿车，从此迎来了汽车的时代。有轨道的火车也应运而生，它运力大且速度更快。而今陆地交通仍以汽车和轨道交通的火车为主要工具，其动力则以电力为发展的趋势。除了陆地，人们还开辟了水上交通，水上交通工具从人力划的独木舟到板船、帆船，再发展到蒸汽船、汽轮机船和各式动力船只；动力船只里以核动力为最高水平。相比较而言，虽然船的航行速度较慢，但其载重量大，通行便利，直到现在绝大部分的物资运输还是要靠轮船来完成的。人们曾梦想像鸟儿一样飞翔，后来经过不懈的努力实现了这个梦想，于是就又出现了滑翔机、飞机、火箭乃至宇宙飞船。人类海陆空全方位的出行工具的演变是一部文明演进的历史。简单归结人们出行工具发展的轨迹：陆地为：徒步—马—马车—人力车—自行车—摩托车—汽车—火车；水上为：独木舟—木竹筏—人力板船和桨船—风力帆船—汽船—各式轮船；空中为：滑翔机—螺旋桨飞机—喷气式飞机—火箭—宇宙飞船等。

3. 古人地位不同其出行的方式便不同

古代人出行因其地位不同，出行的动静和方式大不同。

皇帝出行叫“卤簿”。蔡邕《独断》中记述：“天子出，车驾次第，谓之卤簿。”汉应劭《汉官仪》解释：“天子出车驾次第谓之卤，兵卫以甲盾居外为前导，皆谓之簿，故曰卤簿。”卤簿的“簿”就是册簿的意思，就是把“车驾次第”和保卫人员即装备的规模、数量、等级形成文字的典籍。用现代语言转述就是国家元首的出行时所要实行的仪仗和礼仪的一整套规定，用文字固定下来并严格照此执行。卤簿仪制分为四等：大驾卤簿、法驾卤簿、銮驾卤簿，骑驾卤簿。大驾卤簿，用于郊祀祭天；法驾卤簿，用于朝会和太庙祭祖；銮驾卤簿，用于行幸和平日的出入。骑驾卤簿，用于军典或阅兵；卤簿的御车总称为“辂车”。辂车又分大辂、玉辂、金辂、象辂、革辂、木辂等不同的规制。

官员出行要乘坐轿子，这里讲究颇多。皇家用的明黄色，一般人是绝对不可用。尚书、侍郎、督抚一类三品以上的官员，可以乘坐绿呢大轿，再往下就只能乘坐蓝呢大轿。抬轿夫役的人数，由坐轿官员的级别决定。官越大，轿夫越多，有四人、六人、八人抬之别。在京城里走动可以乘四人抬的轿，出城才能乘八人抬的轿。官员出行，需先清街。官轿前的差役们，扛两块“回避”、“肃静”牌子，边走边在前面吆喝，鸣锣开道。鸣锣的次数，代表了官职的高低。清朝官员等级分“九品十八级”，每品又分正从二级。县一级官员县令、把总、安抚使司佥事等出行，一般官阶正七品，鸣锣七下，称七棒锣；州府一级官员知府、千户、安抚使等出行，一般官阶五品或六品，鸣锣九下，称九棒锣；道府一级官员道台、布政使或按察使副使、宣慰使等出行，一般官阶正四品上下，鸣锣十一下，称十一棒锣；省一级官员总督、巡抚、副都统、总兵等出行，一般官阶正二品以下，要打十三棒锣。中央下来人到地方办事，也均按其品阶接待。鸣锣丝毫不差，不能乱敲。因而民众听到几声鸣锣，就知道今日出行的是几品官员。听到鸣锣声，沿途民众都会自觉退让或下跪迎接。退让不及冲撞了仪仗，就是藐视朝廷，轻则打板，重则杀头，即使官员之间也不例外。官阶小的乘轿出行路上若遇到官阶比他高的，要停下来避到路边，长跪迎送，待大官的轿马过去后，方可重新上道。这叫“避轿制度”。

二、周易文化对婚丧生老的影响

（一）周易文化对婚姻习俗的影响

1. 周易文化对婚姻的论述及其影响

在传统社会中，最受人们重视的、对日常生活影响最大的莫过于婚姻和家庭生活。因此，婚姻和家庭文化在传统文化中也占有重要的位置。《周易》创始人伏羲的重要功绩就是对婚姻中各种规矩的制定。他先是禁止了辈分不分、尊卑不讲的男女随便交合，然后逐步明确了嫁娶仪式和媒妁伉俪之礼。史学专家吕思勉认为，伏羲氏制定的远古“婚姻法”，主要有以下内容：第一，男女不准任意交媾，必须是夫妻才能交媾；第二，婚姻实行男婚女嫁，女子要到男方部落“安家落户”；第三，男女婚配，要由酋长或者长者做“媒人”；第四，男方必须给女方送两张兽皮作为婚礼；第五，在同一氏族内，亲亲不准婚配。也有史料记载证明，婚姻规矩的制定功绩在于女性自身的争取，是女娲氏的功劳。女娲氏率先在婚姻上提出三个条件：第一个是正姓氏，第二个是通媒妁，第三个是要男子先行聘礼。何谓正姓氏呢？女娲氏认为，夫妻结合必然要生儿育女，若同一个祖宗的男女却配不得夫妻，影响后代健康。古语所谓“男女同姓，其生不蕃”是历验的。正姓氏便是同姓的，一律禁止通婚。何谓通媒妁呢？女娲氏认为，男女结合不能太轻率，须要郑重嫁娶的意思。走一定的程序，哪怕是繁复一些的程序以体现婚姻的庄重。媒妁自然会牵扯上多人，这无非是为着增大离异时的所要背负的心理负担和人情账单。何谓男方要先下聘礼呢？女娲氏认为，大凡天下，女子对不住男子的少，男子对不住女子的多。聘礼无非表明一种诚心求恳的意思，也是一种尊敬礼貌的态度，真心实意请求来替我主持家政，上奉祭祀，下育儿孙，而并不是随随便便快我之情欲的。聘礼定为两张兽皮，不多不少，贫富咸宜，也取一个成双配对，以求吉祥的意思。

婚姻是大事，《周易》必涉及。周易文化培育了婚姻文化，这一文化中有健康思想，也有不健康思想。例如，有男尊女卑观念，婚姻和家庭中男主外、女主内思想，婚姻庄重性话题，和谐家庭的构建与经营的话题等。《周易》涉及婚姻的卦是《咸》、《恒》两卦。䷞泽山《咸》卦，卦辞曰：“《咸》：亨，利贞，取女吉。”取女即娶女。其卦象是泽山相感，女在上，男在下，女尊男卑，少男追求少女，两情相悦，表示爱情的纯洁。䷟雷风《恒》卦，与“咸”互为综卦。其卦辞曰：“《恒》：亨，无咎，利贞，利有攸往。”前者为少男少女，后者为长男长女，意寓老夫老妻；同时，男在上，女在下，男尊女卑，象征古代夫妇关系常理，阴阳和谐，故能成就幸福的婚姻，使得家庭得到恒久的维系。涉及婚姻内容的卦还有《屯》、《蒙》、《大过》、《家人》、《姤》、《渐》、《归妹》等。周易中的命理文化中有婚姻属相的匹配观念，在后来的择偶过程中有着一定的影响。周易相学文化中有所谓夫妻之相的内容，对于夫妻和美，家庭稳定有重要的参考意义。周易养生文化中男女间关系，即古代御女术、房中术的一些内容对于现今家庭中夫妻性生活的调适也有重要的参考价值，因为性生活也是幸福婚姻的重要内容。

2. 古代婚姻重礼轻爱的时代局限

古代真正意义上的婚姻制度成型于夏商周时期。自夏启建立夏朝开始，统治者实行的就是家国相通、亲贵合一的宗法制度。为了维系这种以血缘关系为纽带的组织形式，统治者在政治实践中推行从上至下的嫡长子继承制，而为了保证嫡长子的纯洁性，在婚姻上，夏、商、周三代均实行一夫一妻多妾制。到了西周，随着周礼的确立，婚姻制度逐步细化。《周易》在婚姻中的观念后来在《周礼》中得到了充分的体现。《礼记・中庸》说：“君子之道，造端乎夫妇。”因此，儒家对婚礼非常重视。古代对婚姻解释有三种见解。第一种，汉代郑玄说：“婚姻之道，谓嫁娶之礼。”唐代孔颖达解释：“男以昏时迎女，女姻男而来……娶妻之礼以昏为期，因而名焉。”这里是从嫁娶的仪式来说的，让我们了解到了古代婚姻举行的时间。也就是说婚礼在黄昏时刻举行，于是“昏”就由一个时间概念演变为一整套的行为规范。男子娶妻就叫做“成婚”。一男一女结为夫妇就叫做“结婚”。古代婚礼一般选在傍晚举行，举行完毕后就可入洞房歇息了，相比于今天的婚礼显得要简便些。今天，有一些年轻人不认可婚礼在傍晚举行，认为那是“二婚”举办的时间，这显然是对传统的婚礼文化的不了解。至于说到今天的有些婚礼仪式改在了中午并无不可，习俗可随人愿；只不过由于时间较充裕，常使得婚礼时间拖得较长，容易把人搞得很疲劳。第二种，郑玄说：“婿曰婚，妻曰姻。”孔颖达说：“……此据男女之身，婿则昏时而迎，妇则因而随之，古云婿曰婚，妻曰姻。”这是从夫妻的称谓来说的，也就是说婚姻就是夫妻关系的转义。第三种《尔雅・释亲》中说“婿之父为姻，妇之父为婚……妇之党为婚兄弟，婿之党为姻兄弟。”《郑风孔疏》说：“妇党称婚，婿党称姻。”婚姻是两大家族的结合，由此便有了姻缘亲属关系，而非仅是两个当事人的事。古人的此种见解，确实需要今天的青年男女再做一番思量，其内在合理性在哪里？当然，古人把婚姻庄重起来的一个重要原因是子嗣的问题，拿今天的话说，就是孩子或后代的问题。所以《礼记・昏义》曰：“婚姻者合二姓之好，上以事宗庙，下以继后世。”其意义重大，又曰：

“礼之大体，而所以成男女之别，而立夫妇之义也。男女有别而后夫妇有义；夫妇有义而后父子有亲；父子有亲而后君臣有正。故曰，昏礼者，礼之本也。”从这种血缘伦理道德观念出发，儒家便把婚礼看作是整个礼制的基础。

正是这种重子嗣、重后代意识，导致古代婚姻的“重礼轻爱”的特征。《诗·齐风·南山》有云：“娶妻如之何，必告父母……娶妻如之何，非媒不得。”在古时，人们印象里媒人是沟通男女双方的唯一媒介，“男女双方非媒不知名”，这成为为中国古代婚姻的通例，也是一个原则：就是“父母之命，媒妁之言”的原则。婚姻由媒人与父母参与或做主，而且只有举行了正式仪式的婚姻才被社会和家庭所认可。在重礼的同时忽视了当事人的感情，当事人没有自主的权利，此种情况下，就极易产生无爱的婚姻。在今天人们的眼中，没有爱情的婚姻是不道德的。古代婚姻还有“同姓不婚”的原则，如《国语·晋语四》所说：“同姓不婚，惧不殖也”；《左传·僖公二十三年》也记载：“男女同姓，其生不蕃”，认为同姓通婚将影响种族的繁衍和后代的素质。这是出于伦理和生理两个方面的考虑。总之，“重礼轻爱”，重子嗣、重传代的背后仍是宗法社会的规则，仍是家族利益至上原则的体现。

3. 婚姻的礼仪和习俗

《仪礼·士昏礼》是中国关于婚礼的最早记载，而后逐渐形成一整套的婚姻礼仪，起码以后的汉族婚礼皆以此为基础。虽然在以后岁月中，各朝各代有所补充或删减，但大致的程序还是延续了下来。中国传统的婚礼习俗有“三书六礼”之说。

三书是指结婚过程中、即在六礼程序中所用的文书：订亲文书，又称聘书，指男女双方正式缔结婚约，施纳吉礼时用。过礼文书，简称礼书，即彩礼的清单，施纳征礼时用。迎娶新娘的文书，又称迎亲书，施亲迎礼时用，即结婚当日迎接新娘过门时交付女方的文书。

六礼是指《士昏礼》中所载的六项程序性的内容：纳彩、问名、纳吉、纳征、请期、亲迎。按今天的语言来解释，作为第一步，纳彩是择配、初步相亲的意思，委托媒妁转达联姻的意图，也就是俗话所说的“说媒”，如果对方拒绝了，当然无须继续；如果对方同意考虑，就进入第二个步骤。第二步问名，即所谓满足“合八字”要求。在古代婚俗中，讨回姑娘的出生年、月、日、时，要请懂得《易经》的阴阳先生推算，只有男女双方八字相合才可以定亲，否则便有“冲”、“克”之忧。古代的问名习俗中，还含有问清姑娘是谁生的，即问清是亲生的还是收养，是正室所生还是继室所生。封建时代为求婚姻的门当户对，问清嫡庶关系是至关重要的。一般来说，男女双方的八字相合，得了吉兆之后，就认为婚姻可以成立，便有了第三步纳吉。纳吉，指正式提亲，接纳这一吉祥与幸运。男方将这一事实告诉女家，谓之纳吉。第四步纳征，亦称“纳成”，即男家往女家送聘礼。《士昏礼》曰：“使使者纳币以成婚礼”，孔颖达疏：“纳征者，纳聘财也。征，成也。先纳聘财而后婚成。”经此仪礼后婚约完全成立。男方家未送彩礼时，婚姻未必成立；而女家拒收彩礼说明事情也未办成。现在一些地方仍然还是以“送彩礼”而对方“收下彩礼”作为定下婚约的标志。如此便走到第五步请期。请期，指择定娶亲的日子，就是俗话所说的“成亲之日”。请期要征得女方家同意，所以称“请”，以示对女家的尊重。然后再用口头或书面的形式告知女方家。请期，从来就有“择吉”的内容，即要挑选吉日吉辰。周易文化在此又有发挥它功能的一面。早年间，选择吉日是要请占星家或占卜师占上一卦来定的，后来有了历书，直接翻看黄历上记载的宜忌，避开“忌日”就行了。今天的年轻人多数已经不依黄历上的宜忌行事了，他们选定的日子往往是节庆之日，其关注于结婚日的喜庆气氛和易于纪念的意义。同时，节假日一般都有假期，有利于宾客参加，时间比较从容，宜于安排各种活动。也有一些年轻人结婚日子的选择意在吉祥的数字上或者是谐音上，总之，民俗的多元化、多样性是当今时代的特征，任何民俗形式只要不和公众利益冲突，不和公序良俗相悖，便可以随意选择，他人无须干预。最后第六步是亲迎，成婚之日，男家派人，包括婿亲会同媒人、亲友至女方家迎娶新妇，即新郎官亲自迎娶新娘，完成婚礼的全过程。在这六礼中，前五个都是预备程序，只有第六个才是正式的婚礼（参见彩色插图55）。

以后的年代，人们逐渐觉得六礼程序太复杂，到南宋时，理学家朱熹将“六礼”就浓缩成“三礼”了，“自议婚而下，首曰纳采，问名附焉；次曰纳币，请期附焉；次曰亲迎。纳采即今之系臂，纳币即今之定聘，请期即今之催妆，到亲迎则婚礼成矣。”[①] 朱熹将纳采和问名合并，将纳吉、纳征、请期合并，最后亲迎，这样，就变成纳采、纳币、亲迎三项，简略多了，明清以后，包括近代，大多沿用了三礼的规制。今天的年轻人虽然已经不讲究老规矩，但上述必要的程序还是少不得的。

中国传统婚嫁有许多禁忌，有些禁忌讲不出什么道理。如婚礼当日，忌让人坐在新床；婚礼当日，新娘不可任意躺在床上，否则会长病在床。成亲日新娘离开娘家时，哭得愈厉害愈好，因为“不哭不发”。新娘的衣服忌有口袋，以免带走娘家财运。新娘的镜子也忌借给他人。结婚后第三天，新婚夫妇携礼回娘家，即为归宁。但切记当天需在天黑前赶回夫家，不能在娘家过夜。结婚后的四个月内，除蜜月旅行外，新娘也忌在外过夜；新娘不可参加任何婚丧喜庆的仪式，以免冲喜等。

（二）周易文化对丧葬习俗的影响

1.《周易》对丧葬的议论

人类文明的发展展示出这样一条轨迹，伴随生产力的发展，即使是原始社会时期的早期，无论是出于情感还是出于恐惧的心理，逐步演变出了葬的习俗。特别是在原始宗教意识的影响下，人们逐渐产生了灵魂不死的观念，于是，人们葬的习俗便逐步打上深深的文化的烙印。《周易》对丧葬有所论述，《系辞传》曰：“古之葬者，厚衣之以薪，葬之中野，不封不树，丧期无数。后世圣人易之以棺

① 《新编事文类聚翰墨全书·乙集·婚礼》。

椁，”其大意为，远古时人死之后，后人不忍见死者遗体腐烂，于是就把尸体放在野地里，然后盖上树枝掩住以作衣，既不挖坟墓，堆土为坟，也不种树作为标记，更没有丧期的规定。后世圣人，教以更文明的形式，以棺椁装殓葬之于地下。从此便有了丧葬的礼仪。古时的人们多采用土葬的形式，中国各地还有水葬、悬棺葬等，树葬或瓮棺葬仍算土葬的一种。火葬的流行与后来佛教的传入有着直接的关系。现如今，火葬已成为普遍的殡葬方式，并有专门的殡仪机构提供整套的服务。据历史记载，殡葬原是土葬的文言用词，相对于先民们把死者置于野外而言，殡葬是对死者遗体进行处理的文明形式。“帷殡，非古也，自敬姜之哭穆伯始也。”[①] 它是社会文明发展的必然产物。殡葬最鲜明的特征是“藏”，“葬也者，藏也。藏也者，欲人之弗得见也。是故，衣足以饰身，棺周于衣，椁周于棺，土周于椁。”[②]当然，后来由上流社会开启的厚葬之风则是不足取的。由于中国人对待生死有其独特的地方，因此衍生出独特的丧葬文化，丧葬文化是中国传统文化的重要组成部分。

2. 传统文化对丧葬文化的影响

传统文化中的思想意识必然影响到丧葬文化。人皆恋生，中国人不例外亦恋生。对相对短暂的生命其感慨良多：如古人歌吟道：“人生天地间，忽如远行客，”“浩浩阴阳移，年命如朝露。人生忽如寄，寿无金石固。”[③] “对酒当歌，人生几何？譬如朝露，去日苦多。”[④] 古人叹云：“人生如白驹过隙。”“人生一世，草木一春。”可见，好生讳死是中国人意识的特征之一。《礼记·曲礼》载：“天子死曰崩，诸侯死曰薨，大夫死曰卒，士曰不禄，庶人曰死。”中国人有意尽量躲开“死”的字眼，譬如现代人死了，一般人也不直说死了，口头语言称“走了”、“去了”；书面语言则称逝世，驾鹤、仙去、西行等。中国民间称丧事为后事，称死人的穿戴为寿衣，称停尸房为太平间等等。西方人恋生，这和中国人是一样的；但在对待“死”的问题上，中西方人的观念差距似乎就大了些。西方人看待生命过程更趋理性，在西方人眼中，生命仅是灵与肉的暂时合一，万灵皆然，其区别只在于长短不齐；或许更直接的原因是西方的宗教文化弱化了西方人对死亡的恐惧。网络上盛传的乔布斯在美国斯坦福大学的演讲不知是真是假，但其表达的内容却代表了西方人面对死亡的一种理性思维，乔布斯说：“没有人愿意死，即是想进天堂的人们，也不会为了去那里而死去。然而，死亡是我们每个人共同的归宿。没有人能够摆脱它。我们注定如此。因为死亡很可能是生命中最好的一个发明。它将旧的清除以便给新的让路。”西方人对待死亡的这种开通与达观的态度是值得我们学习的。

当然，中国人的好生讳死并不意味着怕死。例如中国人称保卫家国的死，常

---

①② 《礼记·檀弓上》。

③ 《昭明文选·古诗十九首》。

④ （汉）曹操：《短歌行》。

有美辞，叫牺牲、殉国、献身、捐躯，还有带道德伦理色彩的词叫成仁、就义等。儒家鼻祖孔子有不怕死的精神，同时，他对死有着自己独特的看法："未知生，焉知死"①，此话既透露出孔子对死亡的深不可测的感叹，也表明了他自己的价值取向。史书《说苑》记载了这样一段对话。孔子的学生子贡问老师："人死后有知否？"孔子答曰："我想说人死后有知吧，担心孝子们用妨碍活人现有生活的不当方式厚葬其死者；我想说人死后没有所知吧，又怕不肖子孙弃亲而不葬。欲知人死后究竟是有知还是无知，你死后慢慢就知道了。"② 孔子这段奇妙的回答表明他把先人的死与后人的所为以及对周围人的影响联系在一起，这与他一贯重视活在当下的思想、重视社会伦理思想是相一致的。

传统文化的生死观必然影响丧葬文化，中国古代的丧葬活动，与其说是围绕着"死"，倒不如说是围绕着"生"而展开的；"丧事"更多的是做给活着的人看的，有着浓厚的社会人伦色彩，也许这正是孔子所施加影响的结果，也是他本人希望看到的。传统文化中还有一些观念影响丧葬文化。如等级观念的影响，体现在葬礼中便有不同人有不同的对待现象，其墓葬规制也有严格的限定。受"事死如事生"观念的影响，荀子曰："丧礼者，以生者饰死者也，大象其生，以送其死，事死如生，事亡如存。"③ 中国古代人崇信人死之后，在阴间仍然过着类似阳间的生活，对待死者应该像对待活着的时候一样，体现在墓葬中便有人殉出现和大量陪葬物的出现。例如，史书上曾记载秦始皇陵极其豪华，其地下寝宫内"以水银为百川江河大海，机相灌输，上具天文，下具地理，以人鱼膏为烛，度不灭者久之"④。丧葬文化中还有一些迷信的观念，体现在后面将要说到的诸多禁忌中。总之，丧葬文化中的腐朽东西是我们必须摒弃的。周易文化对丧葬文化的影响除在仪礼方面外，最重要的还在墓地的选址上，所谓择"阴宅"，这在后面的"风水"一章会有所论述。

文明时代自有文明时代的丧葬理念。在古人看来，丧葬不只是单纯的安葬死者，它直接影响到社会的伦理规范乃至政治秩序。继承孔子衣钵的孟子云："养生丧死无憾，王道之始也。"⑤ 在孟子看来，生养死葬各得其所，乃为王道乐土的理想社会。丧祭不仅可以慎终追远、节哀顺变，还可以培养人们的尽孝之道和慈爱之心。正由于丧葬仪礼有如此重要的社会功能，所以受到历代官方和民间的广泛重视，被视为世间的大事，并由此培育出了中国枝繁叶茂的丧葬文化。

3. 传统丧葬的礼仪和习俗

中国地广人多，各地人们的信仰不同、习俗不同，导致丧葬的礼仪也就不同，只能择其主要的介绍。从过程来看，大致包括初丧礼仪、治丧礼仪、出丧礼仪和

---

① 《论语·先进》。
② 《说苑·辨物》。
③ 《荀子·礼论》。
④ 司马迁：《史记·秦始皇本纪》。
⑤ 《孟子·梁惠王上》。

终丧礼仪等内容。

（1）初丧礼仪。初丧礼仪是对死者尸体进行最初处置和发布消息的时期，其中包含若干个仪式性的程序，有些程序蕴含着浓郁的信仰内容。这些仪式性程序有：停尸和招魂仪式。停尸仪式即将遗体移到正屋明间的灵床上，在亲属们的守护下度过生命中最后的时刻，这叫做“停丧”。然后是招魂或送魂仪式，一方面希望死者灵魂活转回来，另一方面则要告诉死者的灵魂离开，表现了人们两种相互矛盾的民俗心态。确证死者无再生的迹象，接后是沐浴仪式和穿寿衣，沐浴在招魂之后进行，沐浴就是清洗尸体。濯发曰沐，澡身曰浴。先洗头后洗身，然后修剪指甲、胡须等。洗身应由子女或近亲属承担，最好由同性别之人完成。沐浴的同时便是穿寿衣的过程。这之后古代还有饭含仪式。饭含是饭和含的合称，即以珠、玉、贝、米之类纳于死者口中。饭是用米；含用珠、玉、贝等放入死者的口中。饭含一般在沐浴仪式后举行。现代有时还须请人化妆的过程。初丧阶段的一个重要礼仪就是报丧仪式，这几乎是与上述的活动同时进行，它用发信息的方式把逝者离去的消息告诉亲朋好友，若为知名人士还须告知媒体。

（2）治丧礼仪。治丧礼仪是指在家完成的出殡前的整个仪程中包含有若干个仪式性的程序，是丧葬习俗非常重要的过程。这些仪式性的程序有：它包括设置灵堂，接受人们的吊丧、入殓、亲人成服等内容。首先是吊唁仪式。即亲友接到讣告，可前去吊丧，并慰问死者家属的过程。丧事不发请柬，亲朋好友得知消息后应立即前去，不应拖延。死者家属要对前来吊唁的人迎送答谢。吊唁者应着深色庄重服装，前去吊唁一般都应携带一捧素花或者烧纸，可以准备花圈，也有赠送死者挽幛或少量现金的。然后是入殓仪式，指收尸入棺，汉族民间俗称为“归大屋”，这就意味着死者与世隔绝，与亲人最后一别。亲人成服是指在丧礼中，晚辈给长辈穿孝主要是为了表示孝意和哀悼。这本来是出自周礼，是儒家的礼制，后来，又被人们引申成为亡人“免罪”的意思。

（3）出丧礼仪。出丧礼仪是把灵柩发送到墓圹安葬的整个过程的礼俗，古代也称作“出殡”。出丧礼仪包括择地择日的卜兆宅葬日、然后有启殡、送葬等礼俗，属于丧葬礼制中的重要内容。《礼记·曲礼上》：“丧事先远日。”孔颖达疏：“卜先从远日而起，示不宜急徼，伸孝心也。”《左传·宣公八年》：“礼，卜葬先远日，辟不怀也。”杨伯峻注：“卜葬者，卜葬日也。先远日者，此月下旬先卜来月下旬，不吉则卜中旬，又不吉则卜上旬，由远日而及近日。盖古人以为父母既葬，其哀渐夺，非孝子之所欲，由于不得已而为，故卜葬期先远日，表示不急于求葬，微伸孝心耳。”送葬习俗，俗称“出殡”。亲友们来后，先吊纸，摆上供品后，即行大礼祭奠，折下的供品，要拿一点放到为死者准备的“咸食罐”中；出殡这天上午，要把死者的枕头秕子拿到街上准备下午停灵的前边，和放在棺材后被称作“影身草”的一束谷草一起烧掉。孝子、儿媳、已婚的孙子孙媳要披布，儿子儿媳披白布，孙子孙媳披蓝布，将棺木放到杠罩上后，孝子和近亲还要摆上供品祭奠，称“迎灵祭”，也要行大礼。有的地方则称“祭杠”，祭奠完后，扣上罩，有礼相喊着“摔盆起程”。孝子摔盆或摔瓦后，即起来前行，杠罩在后，再后是乘车的孝女们手捧糊制的金斗银升摇钱树等，跟着杠罩一路哭着奔坟地。送丧是丧仪的一个过程，也叫送葬。它包括在途、路祭、及墓、下棺等程序，是出殡的最主要仪式。送丧的完成标志着丧仪“葬”的过程的结束。葬后祭祀活动，包括安葬死者第二天圆坟，摆供，烧纸，跪哭着祈祷，坟上添土。坟头上的幡要拔三拔，插三插。烧七，死去七天为一期，大多烧至三七或五七。有的地方习俗死者死后一个月、二个月、一百天都要上坟，每次上坟都要上供烧纸跪哭。

新时代，殡葬有了法规，一切依法办事。现在的整个殡葬过程包括对死者遗体的处理、死者哀悼仪礼的布置等工作，都可以由政府主办的专门的殡葬部门统一安排了。这中间的如向遗体告别、开追悼会、致悼词、送花圈挽联、出殡送葬、火化，安葬或安放骨灰盒等一系列的殡葬仪礼都有专业人员帮助指导、并且一并予以解决了，真正为死者家属做了实事。

（4）终丧礼仪。要举行“做七”仪式。古代人们认为，人死后七天才知道自己已经死了，所以要举行“做七”仪式。“头七”最重要，所以需要做得体面、庄重。以后每逢七天一祭，“七七”四十九天才结束。“做七”说法主要是受佛教和道教的影响。有钱者会举行盛大的水陆法会，大做水陆道场。而在一般的民间，普通人家“做七”大致以家庭自己祭奠为主，他们从死者去世之日起，每七天举行烧纸祭祀仪式，所以也叫“烧七”，这是对佛道斋会的简化仪式。“做七”，通俗的解释谓人死后阴魂每七天要过一道关，共要过七道关，所以，每到一关时，家人要烧纸祭祀，助其过关。至百日则有百日祭。周年时则举行周年祭，怀念自己的亲人，并将此作为“忌日”。有些地方在死者去世三周年时也行烧三周年礼，从此以后则不再举行特别的祭祀仪式，和其他祖宗一样，仅仅在逢年过节时受子孙们的祭拜。

丧葬有禁忌。给死者穿寿衣时，忌眼泪掉在死者身上。停尸守灵，忌猫鼠等动物近前或从尸体上越过。入殓时，用席箔罩头，忌日光照到死者。在治丧后“七七”天内不准孝子理发，守孝期不得穿红衣、戴红巾；长辈人逝世，儿女须用白布封鞋，忌期须过百日。不得在父母丧后百日内结婚。亡者入殓，忌哭嚎呼喊名字。忌将尸体或棺木停放别人家门口等。

（三）周易文化对育幼习俗的影响

1. 周易文化关于生育的论述及其影响

《周易》对生育的论述虽不多，但重视生育的态度是鲜明的。《周易·系辞》云：“天地之大德曰生”。又说：“生生之谓易”。《周易·序卦》曰：“有天地，然后有万物；有万物，然后有男女；有男女，然后有夫妇；有夫妇，然后有父子；有父子，然后有君臣；有君臣，然后有上下；有上下，然后礼仪有所错。”此段论述将生育作为建构自然和社会的一个重要的环节。《周易》“生生不息”不仅是对生育的一种态度，也是中国人信仰文化的有机构成。

《周易》“生生不息”观念影响到传统文化，中国传统文化是很重视生育事情的。这里，最典型语言就是“不孝有三，无后为大”，它语出《孟子·离娄上》，是孟子在评价舜结婚之事说的。原话为："不孝有三，无后为大，舜不告而娶，为无后也，君子以为犹告也。"原文的意思是：不孝顺的事情有三件，以没有子孙后代最为重要。娶妻本应先告诉父母，舜帝没告诉父母而娶尧帝的二女为妻，就是因为担心绝了后代，所以明理的君子看来，虽然没有禀告父母，就和禀告了父母是一样的。孟子只说了不孝顺三件事情中的一件，其余两件是什么？他没有交待清楚。后来汉代人赵岐作注时做了说明："于礼有不孝者三事，谓阿意曲从，陷亲不义，一不孝也；家穷亲老，不为禄仕，二不孝也；不娶无子，绝先祖祀，三不孝也。三者之中，无后为大。"① 其意思是说，一味顺从，见父母有过错而不劝说，使他们陷入不义之中，这是第一种不孝；家境贫穷，父母年老，无法满足他们的温饱、生病也无钱医治，自己既无俸禄也无功名，不能光耀门庭，这是第二种不孝；不娶妻生子，断绝后代，逢年过节，无后代为祖先扫墓祭拜，这是第三种不孝，第三种不孝就是孟子所说的最大的不孝了。这一思想对中华民族的影响是深远的。

中国传统文化重视生育，还与中国人的信念有关，与中国人对待生死的观念有关。在儒家的观念里，超越死亡是可以用"生生不息"来实现的，儒家文化重视的是整个宗族的繁衍和昌盛，个体肉体的死亡不可悲，他的生命在他的后代中得到了延续。在传统文化看来，有限的个体生命一旦融入于无限的宗族繁衍的链条中就获得了永恒的意义。在中国人"不朽"的信念中，家族人口的生产和再生产始终是一个极为重要的内容。中国人的宗祠和族谱都在强化着这层意义。"无后"之所以为"大"，其缘由就在于它是中国人"永垂不朽"信念大厦的重要的基石和支撑。

周易文化还影响到生殖文化。孙思邈在《备急千金要方》中说道："夫欲求子者，当先知夫妻本命，五行相生，及与德合，并本命不在子休废死墓中者，则求子必得。若其本命，五行相克，及与刑杀冲破，并在子休废死墓中者，则求子了不可得。"将生育与五行和命相放在一起谈，在外人看似乎不搭，但孙真人却是笃信的。作为医药大家，针对不孕不育，他开出了药方："凡人无子，当为夫妻俱有五劳七伤，虚羸百病所致，故有绝嗣之患。夫治之之法，男服七子散，女服紫石门冬丸及坐药荡胞汤，无不有子也。"②

2. 传统文化中的育儿环节

古代中国是一个重视宗法的社会，门第家族在人心目中占有极重的分量，传宗接代是大事，生孩子便是每个家族的重大事情。古代在这方面有许多繁文缛节。

首先是孕期。孕妇饮食要杂，荤素搭配，干稀搭配。鼓励其多吃，"一人吃俩人饭"。孕期行为举止要端正，不做剧烈活动，心态要平和，多看美图，多听美乐等。孙思邈率先提出了"胎教"的概念："故妊娠三月，欲得观犀象、猛兽、珠

① （汉）赵岐：《孟子章句》。

② （唐）孙思邈：《备急千金要方》卷二《求子》。

玉、宝物，欲得见贤人君子、盛德大师，观礼乐、钟鼓、俎豆、军旅陈设，焚烧名香，口诵诗书，古今箴诫，居处简静，割不正不食，席不正不坐，弹琴瑟，调心神，和性情，节嗜欲，庶事清净，生子皆良，长寿，忠孝仁义，聪慧无疾。斯盖文王胎教者也。”① 孕期内饮食的禁忌较多，如忌食兔肉，预防豁唇；忌食生姜，预防六指；忌食驴、马肉，据说吃驴、马肉要超期不生。传统观念中的孕期饮食禁忌有些可能是夸大其词了，但是准妈妈确实不同于一般人，为了自己和腹中胎儿的健康，有所忌口是必要的。

其次是产期。大致一个月左右，旧时称“坐月子”。妇女的这种调养是必需的，调养得好，带来的是往后几十年的健康身体；调养得不好，会带来产后生理的或心理的疾患。当然这期间有道理的和没道理的禁忌也多，需要甄别，切忌迷信。婴儿一出世，即要“报更”或“报生”，如果是男孩，称“添丁”，是女孩，称“添千金”。《礼记·内则》云：“子生，男子设弧于门左，女子设帨于门右。”若生男孩，则在门左挂一张木弓，象征男子的阳刚之气，所谓“载弄之璋”，即弄璋之喜；璋，美玉，望将来有玉一样的品德（参见彩色插图56）。若生女孩，则在门右挂一块手帕，象征女子的阴柔之德。所谓“载弄之瓦”，即弄瓦之喜。瓦，纺锤，望将来有好的女工（参见彩色插图57）。宋代以后流行产后三天为婴儿举行“落脐炙囟”的仪式，也称为“洗三”，为新生儿洗澡，洗去污秽，保佑新生儿健康成长。有些地方还有“乞奶”习俗，即当母亲没有初乳或少奶汁的时候所举行的一种仪式。为婴儿起名是产期中一项重要的事宜，而起名受周易文化影响很大。产期中最大、也是最后的工作是摆满月酒。此时产妇已出“月子”，不再有较多禁忌。一般在办满月酒的同时，还有为婴儿“剃头”（即理发）等习俗。旧时有保存胎毛的习俗，现如今有用胎毛制作支毛笔保留的选择。

最后是哺乳抚养期。这期间两件事重要：庆百晬和过周晬。晬（zuī），晬是满一周期的意思，古代称婴儿满一百天或一周岁都称晬，满百日称“百晬”，满一周岁称“周晬”。宋代孟元老的《东京梦华录·育子》中曾有记述：“生子百日，置会，谓之百晬；至来岁生日，谓之周晬。”百晬，新生儿出世后一百天，父母要举办宴会，邀请亲戚朋友来庆贺，而亲戚朋友多在这天携带礼品来参加宴会，以表祝贺和祝福。周晬乃为较久远习俗，除设宴为一周岁的孩子庆生，还要举行“拈周试晬”仪式，俗称“抓周”。南北朝时《颜氏家训·风操》中就有记载：“江南风俗，儿生一期（即满一周岁），为制新衣，盥浴装饰，男则用弓、矢、纸、笔，女则用刀、尺、针、缕，并加饮食之物及珍宝服玩，置之儿前，观其发意所取，以验贪廉愚智，名之为拭儿。”后《东京梦华录·育子》中也记述道：“至来岁生日，罗列盘盏于地，盛大果木、饮食、官诰、笔砚、算秤等经卷针线应用之物，观其所先拈者，以为征兆，谓之‘试晬’，此小儿之盛礼也。”“抓周”实际是古人对幼儿兴趣喜好、性情和身体协调性等诸方面所进行的一种测试。

① （唐）孙思邈：《千金要方》。

3. 蒙稚时期的重要环节是教育

孩子逐渐长大后，在养育和保育的基础上就要实行教育了。何谓“教”？《说文解字·教部》：“教，上所施下所效也。”甲骨文的“教”，原本的写法是“教”。教字左边不是“孝”，不是土加斜杠加子构成，而是爻加子构成。“教”左下方是一个“子”字，表示小孩，子上面是两个交叉的符号，即“爻”字，《说文解字·爻部》：“爻，交也。象《易》六爻头交也。”“教”字右边是一只手拿着一根教鞭的意思（支）；整个字像一人手持教鞭教一小儿学习卦爻之状，由此可知，远古对儿童的教育中是以教授他们掌握易的卦爻知识为基础的。这毫不奇怪，因为易知识就代表了大自然的知识，易知识里就包含着大自然中所有的知识。“教”原本是一个会意字，金文和小篆的字形沿袭了甲骨文字形，其结构基本是一致的。到了楷书“教”字形有了较大的变化，左边讹变成了“孝”字了，整个字也由会意字变成形声字了。

《周易》《蒙》卦是讲教育的。在六十四卦的卦序中列第四位，列在乾、坤、屯后面，即天、地和物生之后，可见古人对教育的重视。《周易·序卦》曰：“蒙者蒙也，物之稚也。”“蒙”即蒙昧、幼稚的意思。人都要经过蒙昧、幼稚的童年，无知者无畏，这里面便蕴含着很大的风险。山水《蒙》卦，艮上坎下，艮为山，有止的作用，坎为水，具险义，所以《周易·象辞·蒙》曰：“山下有险，险而止，《蒙》。”如何避险？唯有教育。正所谓《礼记·学记》所言：“玉不琢，不成器；人不学，不知道。是故古之王者，建国君民，教学为先。”正是《周易》的倡导，重视教育始终是中华民族的优良传统。

（四）周易文化对敬老习俗的影响

1.《周易》中的涉及敬老的话题

《周易》直接说到敬老的话题不多，《蛊》卦算是涉及老人的话题，或更准确一点说是涉及父子间和母子间关系话题的一个卦，从中可以引出敬老的话题。如《蛊》卦初六：“干父之蛊，有子，考无咎。厉，终吉。”干，匡正、挽救。蛊，在这里引申为过失。考，原意是老，多指亡父，古人对活着的父亲也称“考”。其意为：匡正父亲的过失，有这样的儿子，父亲便没有灾祸。虽有危厉，最终得吉。《蛊》九二：“干母之蛊，不可贞。”即匡正母亲之失，不可固执守正。也就是说，不宜厉色严词，应如其《象》曰：“‘干母之蛊’，得中道也。”即应以中庸的方式加以解决。《蛊》九三：“干父之蛊，小有悔；无大咎。”匡正父亲的过失，过程中多少有些懊悔的地方，但没出现大的过错。其《象》曰：“干父之蛊，终无咎也。”《蛊》六四：“裕父之蛊，往见吝。”裕，宽容之意。宽容父亲的过失，前行会出现羞辱。《蛊》六五：“干父之蛊，用誉。”用荣誉来匡正、弥补父亲的过失。其《象》曰：“‘干父用誉’，承以德也。”《蛊》卦并不是一个令人愉悦的卦。作为卦名“蛊”，其字的本意就是器皿中的食物因腐败而生虫。整个《蛊》卦的卦爻辞从一开始就容易使人失望，因为它讲述的是一个前辈们出了事，后人们应采取怎样恰当的措施加以弥补的内容，所以各爻均涉及父母的话题。虽然引出的话题有些沉重，但我们依稀看到了父子间、母子间的亲情，感受到了源远流长的尊老敬老的孝顺心意。中华尊老敬老的传统，《周易》中的《蛊》卦算是一个源头。

2. 儒道遗产中的敬老意识

人终将老去是谁也回避不了的事情。面对死亡《周易》有言曰：“仰以观于天文，俯以察于地理，是故知幽明之故。原始反终，故知死生之说。精气为物，游魂为变，是故知鬼神之情状。”又曰：“与天地相似，故不违。知周乎万物，而道济天下，故不过。旁行而不流，乐天知命，故不忧。安土敦乎仁，故能爱。”[①]“知死生之说”、“乐天知命”，体现出一种通达而坦然的态度。儒道两家虽然均继承了《周易》的“知命”理论，但在生死问题上，或者说在追求“不朽”问题上仍表现出极大的不同。

面对死亡，早期的道家持顺势而为、坦然面对的态度，做个融入天地间的智者即为不朽，“是谓深根固柢长生久视之道。”[②] 后来的道教则以个体的修炼，追求延寿，追求“长生久视”，以期望长生不死做神仙为目标。道教的目标虽然是非理性的，但通过修炼强身健体做到了，延寿的效果有了，这是必须肯定的。对待生命，道家的坦然和道教的延寿期许，都在客观上培育和提升了中华敬老意识，这也是必须肯定的。

儒家比起道教来显得要理性得多。儒家追求“不朽”大致有两个方面。第一方面，在儒家看来，不朽并不是个体肉体的不朽，而是精神的不朽。儒家有所谓“三不朽”说，即立德、立功、立言。“豹闻之，‘太上有立德，其次有立功，其次有立言’，虽久不废，此之谓三不朽。”[③] 孔颖达在《春秋左传正义》中对德、功、言三者分别做了界定，言道：“立德谓创制垂法，博施济众；立功谓拯厄除难，功济于时；立言谓言得其要，理足可传。”孔颖达的总结可谓精要。一个人虽然死了，但是他的德行、功绩、思想却保存了下来，这三者都有超越死亡的意义。人难得同时具备“三立”。立德者乃开天辟地、经天纬地的大家，古往今来能有几人？立功者偏重于武功，立言者偏重于文彩，而文武兼备者又能有几人？儒家这种“三不朽”信念，这种推崇圣贤、英雄和智者的举动对敬老意识无疑有所帮助。第二方面，儒家懂得个体延寿的力量远不如代际更替的力量大。所谓“不朽”，并不是个体形体的不朽，而是家族和宗族的昌盛，使之不朽。在传统社会的儒者看来，一个人的生命可以在其后代的身上延续着便是不朽，延续了家族的兴旺便是一种功德。基于这样的认识，传统社会对于做出功德的长者或长辈，产生敬重的意识便是很自然的事情了。所以说，儒家这两个方面的态度都对敬老意识产生了很大的促进作用。

---

① 《周易·系辞》。

② 《老子》第五十九章。

③ 《春秋左氏传》襄公二十四年。

3. 敬老与孝亲习俗的传承

正是在《周易》以及儒家和道家等传统文化的熏陶下，使得中华敬老与孝亲的习俗源远流长，醇厚沁香。

首先，尊老敬老习俗源远流长，养老的机制和设施齐备。《礼记·王制》载："有虞氏养国老于上庠，养庶老于下庠。夏侯氏养国老于东序，养庶老于西序。殷人养国老于右学，养庶老于左学。周人养国老于东胶，养庶老于西胶。"东汉学者郑玄注曰："皆学名也，异者四代相变耳。"即庠、序、学，就是当时的敬老院和学校，养老和蒙学在一起。《孟子》中也说，"设为庠序学校，以教之。庠者，养也；校者，教也；"[①] 可见，从古代自夏、商、周始，敬老就有了较周全的举措，只不过那时的社会将老有所养与幼有所学放在一起，这确是一大特点。但是，这并不意外。何谓"教"？我们从字形看，"教"从孝从文，意思为"以文彰孝"便是教。在儒家看来，人的教育本应从"孝道"开始，而养老和蒙学在一起恰好形成了最直接、最生动的现场教育和现身教育。应当承认，各个家庭养老还是古代社会的普遍形式。公元521年，南朝的梁武帝建立"孤独院"，专门收养老人和孤儿。这是中国历史上第一个由政府开办的"养老院"。从此以后，虽然各朝各代的叫法有所不同，但是，"养老院"制度却一直沿袭了下来。例如，唐代叫"悲田院"；宋代叫"居养院"，宋徽宗时期，老人的年龄标准为50岁，这使得养老的人群得到了较大的扩展。南宋时，还出现了专门为包括老人在内的各种贫民设立的福利医疗机构，叫惠民和剂局。明代时改叫"养济院"，养济院均设在寺庙和道观的里面或周边，并设"惠民药局"，惠民药局是南宋惠民和剂局的延续。清代改称"养济院"和"施棺局"。新中国成立后，叫做"敬老院"，新中国的敬老院制度是在农村"五保户"的基础上逐步发展起来的。

其次，有了中华敬老的节日。《周易》称阳爻为九，农历九月九日，两九相重为"重九"，也为"重阳"。先秦时期就有了重阳这一天祭祀、祭祖活动的记载[②]。至汉代，《西京杂记》载："九月九日，佩茱萸，食蓬饵，饮菊华酒，令人长寿。菊华舒时，并采茎叶杂黍米酿之。至来年九月九日始熟，就饮焉，故谓之菊华酒。"[③] 相传自那时起，便有了重阳时节人们求寿的习俗。三国时期，曹丕写下的《九日与钟繇书》，"重阳节"之名有了正式的记载。魏晋时期，赏菊饮酒、秋游登高已成习俗。唐代，重阳节被定为正式的民间节日，普天同庆。"九九重阳"，因为与"久久"同音，九在数字中又是最大数，有长久长寿的含义；而且恰值秋季，秋是一年收获的黄金季节，因此，重阳节寓意深远，习俗众多，包括观赏菊花、遍插茱萸、吃重阳糕、饮菊花酒，还有秋游赏景、登高远眺等。20世纪20年代末毛泽东曾填《采桑子·重阳》词一首，中有"人生易老天难老，岁岁重阳，今又

① 《孟子·滕文公上》。
② 见《吕氏春秋·季秋纪》和《楚辞》。
③ 《西京杂记》卷三。

重阳，战地黄花分外香”的感慨。可见，将重阳与人之老联系乃人之常情。因此，1988 年中国把每年农历的九月九日定为“中国老年节”、“敬老节”，使得这一传统的节日有了现代的意义和内涵，这一天成为了全社会尊老、爱老、助老、乐老的节日。

再次，敬老祝寿的习俗久远。史料记载，《周易》作者周文王就倡导敬重老年人，他率先垂范，对伯夷和太公两位年高德劭的老者关怀备至。《周礼·月令》中规定：“是月也，养衰老，授几仗，行糜粥饮食。”周王每年仲秋之月都设宴招待老人，席间对于年老力衰的老人要授予“高年王杖”，王杖的杖头饰鸠，象征着老人饮食如鸠，咽而不噎，乃是一种健康的祝福；所授之杖，是国王所赐故称王杖，显其身价（参见彩色插图 58）。周朝规定各地方官每年都要举行一次盛大的尊老“乡饮酒礼”，以示对长者的尊敬。《后汉书·礼仪志》中记载：汉成帝时：“仲秋之月，县、道皆案户比民，年始七十者，授之以玉杖，哺之糜粥。八十、九十，礼有加赐。玉杖长尺，端以鸠饰。鸠者，不噎之鸟也，欲老人不噎。”而后历代均仿效之。唐宋时期，官府要给治下的老人赐坐凳，用糯米做的饼来招待老人。明代皇帝朱元璋本身是个大孝子，同时也十分关注养老敬老，曾多次颁诏全国“尊高年，设里老，优致仕，赐爵位”的政策，并推行实施[①]。清代时皇家多次举办过“千叟宴”，康熙六十寿辰时（1713 年）曾设宴畅春园，招待 65 岁以上的千余老者。以后的乾隆、嘉庆两朝也曾多次设宴于畅春园、皇极殿，参宴者多时达五千人。清代朝廷还诏会各地对百岁以上的“人瑞”老人，要给予银两、建坊、题匾等特殊的奖励。一般民间也讲究“过寿诞”的礼仪。年少时过生日叫“庆生”，一般五十岁以后再过生日就叫“过寿诞”。各家“过寿诞”依家境情况有所不同，逢五逢十的“整寿”更隆重些。民间祝寿常有送寿桃、吃寿面的情节，文人间还有题寿联，送礼幛，也有叫寿幛的情节。传统文化中对高龄老人有尊称。如称 60 岁的老人为花甲之年，称 70 岁的老人为古稀之年，称 80 岁或 90 岁的老人为耄耋之年，称 90 岁的老人为鲐背之年，称 100 岁的老人为期颐之年。同时，高龄还另有别称：如 77 岁为喜寿，草书喜字似七十七。88 岁为米寿，米字写出来好似八十八。99 岁为白寿，百字少一横为白，意思是一百减一。108 岁为茶寿，茶字上为“艹”，下为“八十八”，意思是八十八加上二十便为一百零八岁。这些别称体现了人们对长寿的期许以及对长寿人的美好的祝福。“天意怜幽草，人间重晚情。”[②] 关怀老人，让他们感受到人世间的温馨与美好，才能远离孤独和恐惧，才能活得更健康和长久，才能欣慰地走完他们的人生旅途。每个人都将老至，尊敬老者等于尊重自己；关怀老人，其实就是关心我们自己。

最后，孝文化得以发扬光大。传说舜以大孝显名天下，而尧以德取人，遂舜被举荐，可见中华孝文化源远流长。孝文化在传统社会有三大功能，第一，有利于家庭的和睦，主题是感恩。父母生下我们并把我们抚养成人，付出了许多爱和

① 见（清）张廷玉：《明史》，中华书局 1974 年版。

② （唐）李商隐：《晚情》。

辛苦，做子女的就应该以同样的爱心去关怀与照顾父母，以滋长其爱心亲情。第二，有利于宗族的团结和文化的沿袭。主题是传承。老人常是宗族内或民族间团结的纽带和稳定的基石，老人同时还是传统文化的承载者和传承人，以至于我们的文化得以薪火相传，绵延不绝。第三，有利于社会安定和谐。主题是国泰民安。传统社会重视老年人权益，循长幼之序，定尊卑之礼，是出于维护其统治的需要，出于宗法的等级社会的需要。正如《礼记·王制》所说："养耆老以致孝。"《礼记·乡饮酒义》中载曰："民知尊长养老而后能入孝弟；民入孝弟，出尊长养老，而后成教；成教而后国可安也。"揭示了古代社会重视养老制度的根本原因。在这样的制度设计下，儒家倡导的孝文化得到了发扬光大。三大功能由小到大与儒家倡导的修身齐家治国平天下的目标是同步的。

万福"德"为大，百善"孝"当先。"孝"是中国文化中最久远、最基本传统伦理观念。"孝"被认定为"德之本"和"教之所由生者"[①]，并被儒家视为"性之原点"、"至德要道"。"臣无祖母，无以至今日；祖母无臣，无以终余年。母、孙二人，更相为命。是以区区不能废远。"[②] 这是名篇《陈情表》所言，血脉亲情，溢于言表。"孝"最深藏、最柔软、最初始，由"孝"出发便能走得坚实和顺畅。一个家庭乃至一个国家，孝、慈、仁、爱之风盛行，家庭便能和谐，国家亦能安泰。就一个人而言，"孝"使得生活本身成为一个爱的循环：我们由父母所养而成人，也将为人父母，哺育下一代；随着时光流逝，父母老了，我们要侍奉父母，让父母颐养天年。"孝顺还生孝顺子，忤逆还生忤逆儿。"[③] 我们要懂得这样的道理。今日孝人，明天人孝，我们有好榜样，后人也会将爱和孝道传递下去，如此循环不已。今天社会提倡孝道，首先，要存"孝之心"。"羊有跪乳之恩，鸦有反哺之义。"[④]人无孝心，禽兽不如。其次，要行"孝之举"。尽孝贵在践行，不给自己找任何理由可以推脱、搪塞和敷衍对老人的孝行。尽孝还要及时，"子欲孝而亲不在"的后悔药无处买。再次，要明"孝之义"。孝之要义在于"顺"，多用耳，少用嘴；多理解，少猜忌；多赞美，少报怨。子女之孝除了物质和金钱的给予外，还要有精神的抚慰和关怀。最后，要让"孝之彰"。尊老敬老既要有健全的保障机制，又要在全社会形成良好的社会风气，表彰"孝子"，弘扬"孝道"。真正实现"老吾老，以及人之老；幼吾幼，以及人之幼"[⑤]的理想社会的和谐景象。

---

① 《孝经·开宗明义》。

② （西晋）李密：《陈情表》。

③④ 《增广贤文》。

⑤ 《孟子·梁惠王上》。

第三节 周易文化和中华传统节日

一、中华传统节日的产生、演变及其周易文化的影响

（一）中华传统节日的诸多来源

1. 来源于对自然的和社会的神秘力量的原始崇拜

原始社会，出于对神秘力量的恐惧，不但对神秘力量有所想象，同时也会产生最初的原始崇拜和迷信禁忌。这是构成中华节日的来源之一。这里面包括：除夕；初五祭拜“路头神”；农历二月二“龙抬头”等。

除夕是春节的前夜，又叫年三十。有一种古老传说，说是古时候有个凶恶的怪兽叫夕，每到岁末便出来害人，后来人们知道了夕最怕红色和声响，于是逢年三十的晚上，家家户户贴红春联，燃放爆竹，来驱除夕兽，以求新一年的安宁。这种习俗从此流传下来，年三十晚上便称作除夕了。喜红色的习俗也流传下来，中国人认定它是喜庆、吉祥的颜色。往后每逢过年或过其他节日，红色总是最基本的色调。

初五祭拜“路头神”，路头神即财神。古来素有“五祀”，即祭祀户神、灶神、土神、门神、行神。“路头”就是行神。那么行神为何会变成财神呢？这和此风初在吴地流行有关。吴地自古繁华，商业的发展，财货流通的加剧，而财货往来于陆水之间，路在冥冥之中主宰了财货的兴衰。清代顾禄《清嘉录》云：“正月初五日，为路头神诞辰。金锣爆竹，牲醴毕陈，以争先为利市，必早起迎之，谓之接路头。”又说：“今之路头，是五祀中之行神。所谓五路，当时东西南北中耳。”此风后由吴地扩展到南方各地，再影响到全国，由原初的“抱路头”、祭拜行神演变为直接祭拜财神、“迎财神”的风俗了。农历正月初五这天，与南方习俗不同的是北方兴“破五”习俗。何谓“破”？一般的说法是从“小年”始，甚至从“腊八”始，过年的习俗和禁忌较多，人们此期间不可“轻举妄动”，但一过了初五，就基本上算过了年了（注：年禧习俗有长有短，短的到初五或初七，长的要到十五或二月二），不再有什么禁讳了，此为“破”义。“破五”当日南方有接五路神，而北方有“拒五穷”，细究则异曲同工。“五穷”也叫“五鬼”。指“智穷、学穷、文穷、命穷、交穷”等五种穷鬼。拒绝的手段就是动用爆竹和扫帚把穷气穷鬼赶跑、扫除，贴门签也是“拒穷”的方式。“破五”一定要吃饺子，做馅时菜板要剁得叮咚响，让四邻听见，以示正在剁“小人”；包馅时捏饺子皮叫捏住“小人”

嘴，不要让“小人”搬弄口舌是非。

农历二月二“龙抬头”，又称“农事节”、“春龙节”。其实此节和“天象”有关。此时，苍龙星宿开始从东方露头，角宿，代表龙角，开始从东方地平线上显现，约一个钟头后，亢宿，即龙的咽喉，升至地平线以上，接近子夜时分，氐宿，即龙爪也出现了。这就是“龙抬头”的过程。以后每天显现的日期均向前提早一点，经过一个多月时间，整个“龙头”就“抬”起来了。即所谓“龙抬头”。当然，这一天还有气候变化的征候，雨水渐多起来，人们祈望敬龙祈雨，好有一个好年景。据称二月二还是土地公公的生日，称之“土地诞”，要给土地公公“暖寿”，一些地方有到土地庙烧香祭祀、敲锣鼓、放鞭炮的习俗。清末的《燕京岁时记》载：“二月二日……今人呼为龙抬头。是日食饼者谓之龙鳞饼，食面者谓之龙须面。”民间曾有俗话说：“正月不剃头，剃头死舅舅。”对于这种解释还有着不同的说法，认为此一说实为汉人怀念明朝的举动。满清入关后，要求子民都要随满族的发式，将前额的头发剃光，后边的头发编成一条长辫垂下。这种“剃发令”遭到了汉族人的抵制。“死舅”实为“思旧”，以正月里不剪发来表达抗争，其实仅是前朝子民心怀故国的无奈之举。

2. 来源于宗教文化

宗教节日的主题是神灵和偶像的崇拜，节日主要来源于道教和佛教两个方面。道教节日有：农历正月初九玉皇大帝诞日；“三元节”，即上元节、中元节、下元节；农历三月三王母娘娘诞日，真武大帝诞日；农历三月二十三日妈祖诞日；农历四月二十八日的药王诞日；农历五月间的城隍诞日；农历腊月二十三灶王爷祭日等；佛教节日有：农历正月初一为弥勒菩萨诞日；农历二月十九日观音菩萨诞日；农历四月初四文殊菩萨的诞日；农历四月初八佛诞日，又称“浴佛节”；每年农历七月十五日为佛教的“盂兰盆节”；农历七月三十日为地藏王节；腊八节由佛教引来。

“三元节”与道教关系密切。道教有三官，天官、地官、水官，谓天官赐福、地官赦罪、水官解厄。三官的诞生日分别为农历的正月十五、七月十五、十月十五，这三天就被称为“上元节”、“中元节”、“下元节”。上元节就是元宵佳节。中元节民间俗称为“鬼节”。相传这一天，地狱大门打开，阴间的鬼魂会放禁出来，有主的回家，没主的就会四处游荡。有谚云：“七月半，鬼乱窜。”为此，这时的人们纷纷以诵经作法方式超度孤魂，防止它们为祸人间，保佑家宅平安。一些地方在这一天有放水灯的习俗。所谓水灯，就是在一块小木板上扎一盏灯，由于莲花亲水，大多数都用彩纸做成莲花状，叫做“水旱灯”，也叫“荷花灯。”按传统的说法，水灯是为了给那些冤死鬼引路的。灯灭了，水灯也就完成了把冤魂引过奈何桥的任务。上元节人们张灯结彩庆元宵，中元节燃灯是由上元而来的，人们认为，中元节虽为“鬼节”，也应该张灯，即为鬼庆祝节日。只不过人鬼有别，所以，上元张灯和中元张灯不一样。人为阳，鬼为阴；陆为阳，水为阴。所以，上元节张灯在陆地，中元节张灯在水中。下元节就是水官解厄之日，其习俗主要是祭祖，通过祭祖祈福消灾。

“城隍”一词最早来自《周易》。《泰》卦上六：“城复于隍，勿用师，自邑告命，贞吝。”城，城廓、城墙；隍，城外护城的壕沟；复，覆；城墙倾覆倒塌于城壕之中。不能出师，在邑中祈告天命，占之会有悔吝。其象曰：“城复于隍，其命乱也”，泰卦后面跟着否卦，说明由泰而否，颓势已现，“其命乱也”，只可待机而动，蓄力而为。《说文解字》也解释城隍曰：“城，以盛民也”，“隍，城池也。有水曰池，无水曰隍”。城隍后来便演变为城市的保护神，并且有了护佑善者，惩治恶者；慑民督官，怯灾除患等多项职能，祭祀城隍主要为全方位的祈福消灾。

腊月二十三，又称“小年”，是民间祭灶王爷的日子。据说，是日灶王爷都要上天向玉皇大帝禀报这家人的善恶，让玉皇大帝赏罚。因此送灶时，人们往往要在灶王像前的桌案上供放糖果、清水、料豆、秣草；其中的糖果即关东糖为灶王爷准备的，祭灶时，把关东糖用火融化，涂在在灶王爷的嘴上。这样，他就不能在玉帝那里讲坏话了。而后三样则是为灶王爷的坐骑备的料。民间有“男不拜月，女不祭灶”的习俗，因此祭灶王爷，只限于男子。另外，灶王和诸神还要回来，大年三十的晚上还得有“接灶”、“接神”的仪式。

每年的农历七月十五日同时也是佛教的“盂兰盆节”。盂兰盆，梵文音译。“盂兰”，倒悬的意思，倒悬即形容苦厄之状，盆是指盛供品的器皿。佛经中有《盂兰盆经》，佛教认为供此具可解救已逝去父母、亡亲的倒悬之苦，盂兰盆即有“解倒悬”之意。依照佛家的说法，这一天，佛教徒举行“盂兰盆法会”供奉佛祖，济度苦难，用以报谢父母的慈爱养育之恩。这原本是印度一种佛教仪式，由于合乎中国慎终追远的习俗，大致于南北朝的梁武帝时期流行开来，并逐渐与道教的“中元节”合在一起了。唐人韩鄂在《岁华纪丽·中元》吟道：“道门宝盖，献在中元。释氏兰盆，盛于此日。”便是一个见证。“盂兰盆节”也兴“放灯”，放荷花灯就具有佛教的色彩，其目的是用来慰藉四处漂泊的亡灵，照亮亡灵们回家的路。用佛家的话来说，就是普渡慈航。这里，中华习俗已经将佛与道的说法融合在一起了。

3. 来源于敬祖祭奠的礼仪

中华节日来源于敬祖祭奠礼仪的不少，最先是追思祖先，到祖坟上进行各种祭祀活动，或到宗祠的牌位前祭拜；随后逐步增加了对贤人或名人的祭奠和纪念活动。这类节日有：寒食节；端午节；农历十月初一的祭祖节等。

寒食节，又称“禁烟节”、“百五节”。它是由古代禁火节习俗演变而来，通常是冬至后的第105日，与清明节日期邻近。寒食节源于春秋时介子推被焚于绵山的典故。“子推言避世，山火遂焚身。四海同寒食，千秋为一人。”唐代诗人卢象《寒食》诗中所言即是寒食节的来历：当时介子推与晋文公重耳流亡列国，曾割股肉供文公充饥。文公复国后，子推不求利禄，与母归隐绵山。文公焚山以求之，子推坚决不出山，和他的母亲一起抱树而死。文公葬其尸于绵山，修祠立庙，并下令于子推焚死之日禁火寒食，以寄哀思，后相沿成俗。寒食节是中国传统节日中形成最早的节日。

4. 来源于古代的历法

中华节日另一个来源是源自农业社会的时令与节气，源自丰收的庆典和丰腴的喜庆。这里有：春节；立春节；清明节；中秋节；冬至节等。

立春节，即二十四节气之首的立春日。此时气温回暖，象征春天开始了。古时，立春日要行迎春礼，举行祭太皞、芒种的仪式；还要进行各项的迎春活动，诸如鞭打春牛、喝春茶、剪春幡、食春盘、卷春饼，即所谓“咬春”。宋朝女诗人朱淑贞有立春诗：“停杯不饮待春来，和气先春动六街。生菜乍挑宜卷饼，罗幡旋剪称联钗。”将立春时节的景致进行了勾描，别有一番情味。

农历七八九月为秋，中秋节恰是秋天的正中，所以又称为仲秋节。“中秋”最早出现在《周礼》一书中。到唐初被定为国家的节日。《唐书·太宗记》有“八月十五中秋节”的记载。中秋节兴盛于宋，至明清时，已与元旦（农历元旦即春节）齐名，成为仅次于春节的中国第二大的传统节日。

冬至是中国农历中一个重要的节气，也是中华民族的一个传统节日。早在二千五百多年前的春秋时代，中国就已经用土圭观测太阳，测定出了冬至，它是二十四节气中最早被测定出来的，时间在每年的公历 12 月 21 日至 23 日之间。是日，在中国北方有吃饺子的风俗，而在南方则多吃汤圆等食品。

5. 来源于特殊日子里的求吉、祈福心理

中国人对农历中的月份和日期假若数字相同则抱有极大的兴趣，认定由于是所谓“特殊的日子”，就会带来吉祥和福气。如一月一（春节），二月二（龙抬头），三月三（王母娘娘和真武大帝圣诞日），四月四（文殊菩萨的圣诞日），五月五（端午节），六月六（天贶节），七月七（七夕节），九月九（重阳节）等。

农历六月初六是“天贶节”。贶，赠送之意。该节起源于宋真宗赵恒。某年的六月六日，他声称上天赐给他天书，遂定该天为天贶节，还在泰山脚下的岱庙建造了一座宏大的天贶殿。这一天又是“姑姑节”。“六月六，请姑姑”。过去，每逢农历六月初六，农村的风俗都要请回已出嫁的老少姑娘，好好招待一番再送回去。由于这里面有一个女儿救父、翁婿和好的故事，后民间相沿成习，成为一个消解仇怨、家庭和睦纪念日。农历六月初六还是佛教中一个节日，叫做“翻经节”。传说唐僧到西天取经回来，不慎将所有经书掉落到海中，捞起来晒干了，方才保存了下来。因此每逢这天，寺院都会将藏经摆出来晾晒，以防霉变。

七夕节，又名乞巧节，是中国传统节日中最具浪漫色彩的节日。这一晚，妇女们在庭院中穿针引线，向织女星乞求智巧，故称“乞巧”。牛郎织女的传说使其成为象征爱情的节日。此晚常有礼拜紫姑活动（拜紫姑有在正月十五祭拜的，紫姑又称是“厕神”。也有在此祭拜的）。紫姑又名七姐、七姑，迎紫姑又称“迎七姐”、“接七姑”。其仪式虔诚而隆重，各式家什、用具都精致小巧，要陈列花果、女红，实际是妇女们祈祷福禄寿喜的一场活动。2006 年，七夕节被中华人民共和国国务院列入国家非物质文化遗产名录，认定为“中国情人节”。同时列入名录的还有九月九日的重阳节，被定为“中国敬老节”。

民俗节日可以推陈出新，公历的 11 月 11 日年轻人们新创造了一个“光棍节”，四个“一”像四条光棍，又称“双十一节”，这是流行于中国大陆一个娱乐性节日。它起源于现代网络文化和校园文化。这一天，众多的单身男女举办交友聚会活动，增加接触，力求摆脱单身状态的日子，因此又叫“脱光节”，即尽快脱离光棍的日子，希望找到另一半。这一天，被商家看中，于是各大商家（特别是线上销售的商家）以脱光为由头，成为了商品打折促销的好时机，“光棍节”逐步又演变成为了互联网上的“购物节”，年轻人本来就是消费的主力，于是，这一天逐渐成为了中国、乃至全球的最大的互联网购物的狂欢节日。

（二）中华传统节日的演变

中华传统节日的起源、演变和发展是一个漫长的过程。其演变大致经历了下面若干个阶段：即起始于先秦，定型于秦汉，流变于魏晋，兴盛于唐宋，延续于明清，维持于民国和新中国等六个时期。

1. 起始于先秦

中国的传统节日多起源节气和祭祀，这在中国的商周时期就已经开始形成。中国古代的这些节日，大多和天文、历法、数学，以及后来划分出的节气有关，这从文献上至少可以追溯到《夏小正》、《尚书》等。到战国时期，一年中划分的二十四个节气，已基本齐备，后来的很多传统节日，都和这些节气密切相关，如春节、清明、中秋、冬至等。最早的风俗活动和原始崇拜、祖先的祭祀、迷信的禁忌有关；神话传说也为节日平添了几分浪漫色彩，如祭祀龙图腾，就是祭祖的一种形式；祭祀土地神为“社祀”等。所有这些形成了最初一批的中华节日。

2. 定型于秦汉

中国主要节日如除夕、元旦、元宵、寒食、端午、七夕、重阳等大都在汉代成型。其原因有三：其一，汉代大一统局面的出现，促进了各地区风俗的融合，先秦时期的荆楚文化圈、巴蜀文化圈、吴越文化圈、齐鲁文化圈、秦文化圈等，到汉代逐渐融为一体，强有力的国家政权对节日风俗的统一和定型起了重要的促进作用。其二，汉代节日定型与当时历法的发展有密切的关系，尤其是“太初历”确立了以建寅月为岁首，这为节日的风俗注入了科学元素，由先秦传承下来的节气和祭祀方面的一些节日得到了巩固和加强。其三，经济发展，政治局面稳定，文化繁荣也促进了节日文化的兴盛。一方面，统治上层有意为之，一些历史人物如屈原、伍子胥、介子推、曹娥等成为某些节日的纪念人物，取代了原先的原始崇拜和信仰，增强了节俗的人情味和教化意味，清明节祭扫逐渐演变成为了一种国家行为。另一方面，民间的民俗也在转化中，一些风俗上升为礼俗，一些礼俗成为了礼仪，礼仪和习俗融合成为了节日的胚胎。节日在生成和固化中，如除夕、元宵节以及七夕、重阳等。

3. 流变于魏晋

魏晋南北朝时期，民族的迁徙、融合，推动了民族文化的交流，进而促进了节日文化的融合与发展。这一时期主要是宗教文化逐渐融入节日中。道教节日增加，如上元节、中元节和下元节及道教中人物的诞辰日等；佛教节日也大大增加，如“腊八节”及佛教中人物的诞辰日等；同时，魏晋玄学和当时雅士们追求的闲淡、清谈之风对节俗有影响，使得节庆向娱乐欢快方面更多地转化了。

4. 兴盛于唐宋

唐宋时期是中国社会经济和文化最鼎盛的时期，必然为节日文化的发展创造最优厚的条件。民俗节日已经完全从祭祀的庄重中，从禁忌的神秘中摆脱出来，走向礼仪性、娱乐性，演变成为了良辰美景的佳节、休闲度假的佳节、吃喝玩乐的佳节。春节贴门神原是为辟邪，后变为除旧迎新的对联形式，放爆竹原是一种驱邪祛祟的手段，此时变成了欢乐的举动；元宵节祭神灯火变成了游艺观灯活动；端午节有了划龙舟的游乐节目；中秋节祭月变成了赏月；重阳节由登高避灾演变为秋游赏菊。在节日风俗的演变中，每个节日里都有对应的节日食品，无疑增添了欢乐的成分，节日还增添了许多娱乐活动，如放风筝、荡秋千、踩高跷、跑旱船、拔河等等。节日的内容日益丰富多彩，表现出文化的繁荣和太平盛世的风貌。

5. 延续于明清

进入封建社会后期的明清阶段，整个社会的发展较为迟缓，此时的节日也趋向稳定平和的发展期。辽、金、元时期，融入了一些少数民族习俗。明晚期，在外来文化和商品经济的双重冲击下，以农业经济为基础的节日风俗逐渐被人们所冷淡，如祭天地习俗弱化，祭城隍快要取代祭土地神了。清晚期，外来文化的渗透愈加明显，西风东渐，洋节日多起来。

6. 维持于民国和新中国

民国和新中国成立后，政治元素上升，政治性的节庆日多起来；经历新文化运动及以后多次的运动后，传统节日日渐凋零，这里面的原因是多样性的，有新时代对旧时代事物的肃清和批判，如扫除封建迷信的原因，传统节日自身缺乏与时俱进的元素也是重要的原因，传统节日除了伴随节日的特色食品外，普遍缺乏文化的内容。好在近些年大陆将几个传统节日列为了国家公休假日，年轻人关注和参与传统节日的人逐渐多起来，或许在这个过程中会生发出具有文化内涵的节日新元素。

（三）周易元素在传统节日中的体现

1. 龙文化的彰显

首先一些节日里有“龙”的概念。正月十五闹花灯，最炫花灯是龙灯。宋代吴自牧在《梦粱录》中有关于南宋时龙灯的记述："元宵之夜……草缚成龙，用青幕遮草上，密置灯烛万盏，望之蜿蜿如双龙之状。"这是艺人们扎制的仅为观赏的静止的龙灯。还有舞动的龙灯，《沪城岁事》载："游手环竹箔作笼状，蒙以绘，绘龙鳞于上，有首有尾，下承以木柄旋舞，街巷前导为灯牌，必书'五谷丰登，官清民乐'。"舞龙的"龙"，通常都安置在当地的龙王庙中，舞龙之日，以旌旗、锣鼓、号角为前导，将龙身从庙中请出来，接上龙头龙尾，举行点睛仪式。龙身用竹扎成圆龙状，节节相连，外面覆罩画有龙鳞的巨幅红布，每隔五六尺有一人掌竿，首尾相距约莫有十数来丈长。龙前由一人持竿领前，竿顶竖一巨球，作为引导。舞时，巨球前后左右四周摇摆，龙首作抢球状，引起龙身游走飞动。南宋大词人辛弃疾有对元宵节灯会的经典赞颂："东风夜放花千树。更吹落、星如雨。宝马雕车香满路。凤箫声动，玉壶光转，一夜鱼龙舞。"彰显龙的节日还有二月二龙抬头。北方更加重视，因为中国北方多旱少雨，将龙引入家中图的是风调雨顺的意思，便有了"二月二，龙抬头；大仓满，小仓流"的民谚。北方一些人家在这一天还用彩纸、草节、细秫秸等穿成串悬于房梁之上，称"穿龙尾"，也是留龙在家之意。民俗认为这一天人们的食物都为龙身上之物，如：面条是龙须、烙饼是龙鳞、饺子是龙耳等等。于是人们在二月二多吃面条、烙饼，因食龙之须、鳞对龙无多大伤害；最忌的是吃米饭，因为米饭是龙子。这一天，妇女还忌用针线，以免不小心扎伤龙目。以上活动体现了龙与百姓生活息息相关的特点。端午节划龙舟也有龙元素。

节日里舞龙，并不仅限于元宵节，许多中国传统节日里都有。关于"舞龙"，先秦有文献零星的记述，较为详细的记述是汉代董仲舒的《春秋繁露》，在四季的祈雨祭祀中，依照五行思想，春舞青龙，夏舞赤龙和黄龙，秋舞白龙，冬舞黑龙；每条龙都有数丈长，每次5—9条龙同舞。舞龙不仅出现在祭祀中，还流行于汉代宫廷中的"百戏"中，即所谓"鱼龙曼延"的舞蹈。《汉书·西域传》载："设酒池肉林以飨四夷之客，作巴俞都卢、海中砀极、漫衍鱼龙、角抵之戏以观之。"东汉张衡的名篇《西京赋》里就描述了"鱼龙曼延"的舞蹈："巨兽百寻，是为曼延。……海鳞变而成龙，状婉婉以昷昷。舍利飏飏，化为仙车，骊驾四鹿，芝盖九葩。"

东汉以后，节日里不仅有了舞龙，还有了舞狮。较早的舞狮应为"狮舞"，应始于汉末，是随着西域的佛教一同传入进来的，狮子是文殊菩萨的坐骑。西汉时，汉武帝派张骞出使西域，狮子是同孔雀等一起由西域带回来的贡品。东汉时的宫廷舞蹈"鱼龙曼延"中曾提到过"舍利兽"，有人认为，"舍利兽"是"灵兽"，就是麒麟瑞兽，麒麟虽为鹿的偏旁，但古人亦认同为狮子；也有人认为"舍利兽"是西域的"大猫"，所以还应当是狮子的形象。可见，在东汉时节，狮和龙已经一同出现在舞台上，是"鱼龙曼延"系列角色中的两个角色。到三国时期，"狮舞"逐渐独立成一个节目，并开始向"舞狮"转化了，成型的"舞狮"形式出现在南北朝。有人说其形式来自于西凉的"假面戏"，也有人认为它来自于五世纪时南朝的刘宋军队，后由军队再流入民间的。总之，到唐代时，舞狮已盛行于宫廷、军旅和民间，变为节日里的一项经常性的活动了。唐代诗人白居易、元稹曾以同名长诗《西凉伎》描绘和盛赞了“西凉舞狮”。白居易的诗歌写道：“西凉伎，西凉伎，假面胡人假狮子。刻木为首丝作尾，金镀眼睛银贴齿。奋迅毛衣摆双耳，如从流沙来万里……”把西凉伎中的舞狮描写得栩栩如生。以后，舞狮作为一个节日习俗便固定下来了。舞狮在后来的发展过程中，逐步又分出了“南狮”和“北狮”、“文狮”和“武狮”的区别。

2. 节日里的两件事：驱邪纳福

节日里常做的两件事就是驱邪纳福。第一件事就是驱邪。过大年驱邪首先是贴门神。最初的门神是刻桃木为人形，挂在门的旁边，后来是画成门神的人像张贴于门上。唐代以前，门神是神荼、郁垒，据说二人专门管鬼，有他们守住门户，大小恶鬼不敢入门为害。唐代以后，门神换成了唐代人秦叔宝（秦琼）、尉迟恭（尉迟敬德）。贴门神寄托了劳动人民一种辟邪除灾、迎祥纳福的美好愿望。驱邪举措其次给“压岁钱”。过去的钱是硬币，铜币，有一定的分量，“压岁”是“压祟”，压住邪恶的意思。“压岁钱”给晚辈有驱邪祈福的意思，并非是压住岁数不让长的意思。给年幼晚辈的应叫“压祟钱”。但现在有了一些变化，“压岁钱”也有成年的晚辈给付老人的，期望的用此来压住老人的岁数，希望他们的年龄不要再长了。包含有长寿的期望，这样看来，“压岁钱”给老人似乎更名副其实。驱邪举措的最后是放鞭炮。放鞭炮稍有讲究。吃完年夜饭的时候应放红色的小鞭，寓意着“红红火火”，即12点前放的都叫“爆竹”，其功能是辞旧岁，祛晦气，驱邪除祟。12点后已是大年初一，新年到，则放黄色的钢鞭，象征着“满地黄金”，此时放的就叫“炮仗”，其功能是迎新春、接喜气、祈福纳祥。现如今，鞭炮的燃放弊大利小，禁放或限放已成大趋势，如何将民俗与时代的环保理念兼顾，这是摆在新世纪的人们面前的一道新课题。

节日里要做的第二件事是纳福。纳福举措首先是要做的是新年“三贴”。

一是贴春联对联。春联源于古代的桃符，始于五代。据说是后蜀主孟昶先是叫学士辛寅逊在桃板上题词，又嫌他写得不工稳，便自己动手写了“新年纳余庆，嘉节号长春”。从此，题桃符便演变成写春联了。春联到宋时成为了年俗，到明清时，据说是朱元璋的倡导才盛行起来。

二是贴福字。福字一般要正着贴，只在特殊的地方倒着贴。“福字倒贴”是以讹传讹的一件事。据说起源于一个故事：传说慈禧年间，一次慈禧在写“福”字时，边上多写了一点，刚要扔掉，善于讨好的李莲英立刻跪着说：“老佛爷多给了我们一点福。”后来在贴“福”字时，当时一个太监不识字，将福字贴倒了，李莲英又顺势说：“这是老佛爷给我们的福到（倒）了。”闹半天，“福”字倒贴是和李莲英的巧嘴连在一起的。实际在民俗中，只有垃圾箱和水缸上的“福”字是倒贴的。其他地方的“福”字都是要正贴的。

三是贴门签。门签是过年时老百姓经常贴在门上或窗户上的一种下面带穗儿的剪纸，门签其实叫“拒穷”，即拒绝贫穷的意思。来历据说来自姜子牙。相传姜子牙封神的时候把神全封完后，却把他老婆落下了，姜子牙只好封她做了个“穷神”。老婆说：“穷就穷吧，好歹也是个神，但我总得有个落脚的地方啊。”姜子牙说：“你哪里都可以去，但就是不能去穷人家。”老婆说：“我怎么知道哪个是穷人家呀？”姜子牙说：“穷人家的门窗上都挂着破破烂烂的东西。”于是，以后百姓在过年的时候都要在自家的门窗上挂些破布条以拒穷神到家，叫做“拒穷”。后来人们就用剪纸代替了破布条。

纳福举措其次是新年初始的“敬香祈福”。敬香，通常用单数，即一支或者三支。一支表示一心一意，一帆风顺。三支表示福禄寿三星高照。年初向神灵敬香，原本是一个普通的程序，现在已被“争烧头炷香”所侵扰，出现了比拼谁胳膊粗、力气大；谁财大气粗的不良倾向。“争烧头炷香”这种行为不可取。敬神，心性的修炼讲究的是心诚和持久，一年仅一次的头炷香说明不了什么；神灵，你所顶礼膜拜的偶像也不会因为你烧了第一炷香就有所“偏心”。若如此想，则是你对神灵的丑化和玷污。

3. 节日中的忌讳

中国人过的农历新年可以理解为不同的时间段，最短的就是初一到初五；拖后两天到初七也是；再到正月十五还是；最后到二月二也算。中国传统过年有许多禁忌，有些说不出道理或者道理很勉强，我们了解就是了，不必太在意。第一，过年要说好话，忌打骂孩子。传统认为孩子初一若挨了骂，就要挨一整年的骂。尤其要求初一这天要说好话，不能说粗口不雅之言。春季期间若是不小心摔破了东西，要说“碎碎平安”，实则“岁岁平安”之意。第二，忌随便扫地或乱倒垃圾。打扫，要由门口往里扫，表示聚财；原来有忌倒垃圾，现在看来这是不合道理的，垃圾存放有碍健康。但要文明处置生活垃圾。第三，忌过问债务之事。传统认为，过年期间不管是被人要债、还是向人讨债都要禁止，否则，一整年都会很倒霉，会被债务缠身。第四，忌吃鱼头和鱼尾。过年期间鱼是必备菜，曰“年年有余”。吃鱼时，应将头尾留下不吃，这样就表示来年不仅有吃穿，还有剩余。第五，已婚女子忌初一、四、五回娘家。过年期间，嫁出去的女子和女婿只能在初二或者初三回女方娘家，据说这样才不会把娘家吃穷。第六，过节期间忌酗酒、赌博；初一大早忌催人起床，否则让对方感觉整年都会被人催促着；还有习俗认为整个春节期间忌剃头等。

二、中华传统节日的欢度及其意义

（一）中华重大的传统节日简介

中国传统节日多，地方节日和少数民族的节日不胜枚举，我们只能择其主要的。中华民族作为一个大家庭，普遍能接受的较大的传统节日有：春节、元宵节、清明节、端午节、中秋节、腊八节等。

1. 春节

春节是中国人最重要的节日，也叫过年。传统的中国年或称年禧因各地习俗差异，有长短不同的时段，长的从腊月初八一直到二月二龙抬头，这是一个完整的中国年概念。短的有从腊月二十八到正月十五，闹花灯后才算过完了年。进入近代，生活节奏加快，过年的时段也就越来越短了，腊月二十九到正月初七或者是年三十到初三就是过春节了。俗语说得好“有钱没钱，回家过年”、“叫花子也有三天年。”

传统过年通常要做这样几件事：第一，全家人围坐在一起吃丰盛的“年饭”。桌上有一种装饰的“鱼”是不能动的，因为这鱼代表富裕和年年有余，象征来年的财富与幸运。第二，年三十晚上北方兴包饺子，并伴随着零点的钟声吃饺子。饺子谐音“交子”，此刻要跨年，有特别的意义。北方人包饺子，南方人做年糕。水饺形似“元宝”，年糕音似“年高”，都蕴含吉祥如意的好兆头。第三，燃放鞭炮，年前用于驱鬼称爆竹，年后用于迎神叫炮仗。第四，贴春联和福字，讲究的还有贴门神、贴门签。贴门签是“拒穷”的主要手段。第五，给孩子压岁钱，新时代敬老，也有晚辈给老人祝寿金的。第六，走亲访友“拜大年”。

过年的习俗除守岁外，还有初一的一大早亲朋邻里之间的相互拜年祝福，初五的“迎路神”和“破五”习俗等。春节期间，庙会红火，逛庙会成为节日消遣的主要活动，庙会上有各种小吃，有演出，有各类文娱活动，传统的文娱活动以狮子舞、龙灯舞、划旱船、踩高跷最为普遍。现如今，春节期间各地传统的庙会和“社火”等仍然在延续着，并不断有新元素、新形式加入；与此同时，具有时代气息的节日新元素也在增加着、演变着，例如，春运、春晚都是绕不开的话题；短信、微信的拜年，商家的打折促销，节日的红包等，都构成了现在人们过春节的新内容。

2. 元宵节

农历正月十五为元宵节，又称上元节、灯节。相传汉文帝时就定为节日了，司马迁的《太初历》已将元宵节列为重大节日。过元宵节，有吃元宵和观灯的习俗。元宵以糯米粉为皮，内裹果料糖馅，圆形，白嫩滑软，北方吃元宵，南方吃汤圆，是“团圆”的象征。元宵节观灯始于公元一世纪，与道教的学说有一定的关系。流传至今，每到元宵节许多城市都会举办灯会，展出各种彩灯，造型新奇，千姿百态。元宵节除灯会外，还有舞龙、舞狮，还有彩车、花车，踩高跷、跑旱船、扭秧歌等精彩表演。

3. 清明节

冬至后106天是清明节，清明节的前一天是寒食节，由于两个节日相差一天，后就合并在一起了。清明，古称三月节，此时正逢大地回春，雨水充沛之时，农谚云：“清明前后，种瓜点豆。”清明节最重要的习俗是扫墓和踏青。扫墓是由寒食节祭奠，发展为一般性祭祖。到祖坟、祭堂、公墓上坟添土，摆供品祭奠，以示对先人的缅怀。清明正是踏青时，又称“探春”、“寻春”、“踏春”。三月天，芳草吐绿，杨柳依依，邀亲朋好友，携妻带子，远足郊外，好不惬意。现代人仍沿袭这一传统，每逢此时，选明媚之日踏青赏景，饱览大好风光。

4. 端午节

农历五月初五为端午节，又称端阳节。最初端午的源起不清，各地传说不同，祭奠的对象就不同。吴地纪念伍子胥，越地纪念孝女曹娥，楚地纪念屈原，大致到隋统一后，逐渐汇集于祭奠屈原了。相传屈原投江后，荆楚之人怕鱼儿吃他的尸体，争相坐龙舟到江心抛下用竹叶包米做成的粽子，后即成风俗。这一天，吃粽子是每个家庭主要内容，还有饮雄黄酒、佩香囊等。端午节正值夏季，因此还有挂艾叶习俗，艾叶有驱赶蚊虫的功效。据称佩香囊和系五色丝线有避邪驱瘟的效果。此时的集体活动便是划龙舟、赛龙舟。现如今，端午节的龙舟竞渡不但是世界各地的华人社团的活动，也成为了世界各国人们普遍喜爱的一项活动了。

5. 中秋节

中秋节恰是秋天的正中，所以又称仲秋节。中国自古有“春分祭日，秋分祭月”的习惯，中秋节即为祭月。传统有“男不拜月，女不祭灶”说，按阴阳理论说，男属阳，女属阴，月属阴，日属阳，因此女子多拜月。中秋节最著名的神话就是嫦娥奔月了：嫦娥偷吃灵药，背着后羿上天，定居在月宫中；从此，后羿思念嫦娥，便摆祭品祭奠。传说月上有广寒宫，有桂花树，有蟾蜍和玉兔，吴刚伐树，玉兔捣药等，后祭拜兔爷遂成风俗。祭月的供品有果品、月饼，吃各式月饼成为了中秋节的重要内容。八月十五乃月圆之夜，中秋节回家，带月饼送父母，以表达感恩之情，实现家庭团聚，所以中秋节又称团圆节。凡不能回来，“举头望明月，低头思故乡”思乡之情倍生，但也只有把酒遥祝家人平安，被迫“千里共婵娟”。

6. 腊八节

农历十二月初八叫“腊八”，又称“腊日”，古代祭礼中有“腊祭”一说，“腊”从“肉”旁，就是用肉“冬祭”。腊祭在十二月份举行，故称该月为腊月。《说文》载：“冬至后三戌日腊祭百神。”可见，先秦的腊祭在冬至后的第三个戌日。腊祭这一天便为腊日。后来佛教传入，为扩大影响，附会说腊八节为释迦牟尼成道之日，遂之，腊日里便又多了佛成道的内容，在佛教领域被称为“法宝节”，南北朝时，腊日已经固定在十二月初八，佛教的内容渐浓，自此相沿成俗。每逢腊八节，佛院用杂粮煮粥以分发善男信女，广结善缘。一般家庭把糯米煮烂，里面加入果仁、莲子、红枣、桂圆、红豆、白糖等，即为腊八粥。粥既用以祭祀，也将馈赠亲友。据说吃了腊八粥，大人小孩可保平安。腊八粥可吃若干天，剩粥是好兆头，取其“年年有余”。腊八是新年前奏，以后每天怎样准备过年，北京地区有一首童谣交代得很清楚：

小小子儿你别馋，过了腊八就是年；腊八粥，喝几天，哩哩啦啦二十三；
二十三，糖瓜粘；二十四，扫房子；二十五，磨豆腐；二十六，炖大肉；
二十七，杀公鸡；二十八，把面发；二十九，蒸馒首；三十晚上熬一宿；
大年初一去拜年，新禧一年祝平安。

（二）中华传统节日的欢度及其意义

1. 中华传统节日欢度的特征

中华传统节日的特征可以从外延和内涵两方面看。

从外延的角度看，有民族性。所谓民族，就是人们在历史上形成的一个具有共同语言、共同地域、共同经济生活以及表现于共同文化上的共同心理素质的共同体。这个民族性首先是中华这个大民族的共性，其次是内部的56个民族的个性，使得整个民族的节日五彩缤纷。有节律性。中国传统的民俗节日是以农业文明为根基的；古代历法的创制，同样和节气、物候以及从事的农业紧密联系，因此，中华传统节日有着较严格的节律性，其背后有着科学性和实用性的支撑。有地域性。中国幅员辽阔，气候、地貌大不同，节日呈现的内容和形式就不同，年三十北方人吃饺子，而南方人吃年糕；同样过元宵节，北方的元宵和南方的汤圆不仅作法不同，馅料也不同。总之，各地过节的风俗有融合性，也有演变性。融合性就是相互借鉴，演变性就是因地制宜、因时制宜。

从内涵的角度看，有几个主题。团聚的主题。阖家欢聚，敬老孝亲。节日必然伴随着一个“回家”的潮汛，所以说“春运”是中国专属名词，是最重要的节日——春节的伴奏曲。市场经济带来了人口流动的频繁，因而，节日期间的家庭团圆、敬老孝亲就显得尤为重要。欢乐的主题。它体现在方方面面，衣食住行有变化，衣，穿新衣；食，吃美食，聚餐；吃时令食品和节日食品；住，打扫门庭、居室；行，逛庙会、郊游、旅行出游。节日里吃喝玩乐不可少，须尽兴，放鞭炮、放烟花在传统社会原是不可少的内容，现如今如何发展需要人们的智慧。交往的主题。相互走动，串亲戚，相互恭贺，礼尚往来，也是节日的主要基调之一。当然，随着时代发展，如何增添节日里的新内容，增加里面的文化的内涵，是摆在人们面前的新课题。例如有节日红包发放的管理和规范？有传统庙会的如何办下去，办得更好？电商如何开发新的营销模式？而传统商家怎样才能抓住节日商机等？

2. 中华传统节日所面临的挑战

随着中国改革开放的不断深入，随着全球经济一体化进程的加快，随着国际交往的日益密切和频繁，中国的节日文化受到一定的冲击，这是外界文化的冲击；还有来自自身内部的冲击：中国社会正面临着从传统农业社会向现代工业社会的转型，城镇化的进程在加快，整个社会的节奏在加快。在内外的双重压力下，中国传统节日有“三化”趋势，即处于日益淡化、渐趋异化、不断消化的过程中，这是令人担忧的。

所谓日益淡化，即对节日所蕴含内容的无视。节日的文化内涵却越来越少，人们参与的热情越来越淡，关键是年轻人对此关注度低。有些节日近乎名存实亡，如具人文色彩的寒食节、七夕的乞巧节，具自然色彩的立春节和冬至节等。有些节日虽然还能被人们记起，主要是它的空壳式的形式或它借以表达的那些非主要的内容。如一些传统节日里，我们仅能记起的是该节日的食品：如元宵节里的元宵；端午节的粽子，中秋节的月饼等，其他更主要内容则被忽略了。

所谓渐趋异化，就是渐渐在远离节日的主题。既然节日都关注于“吃食”，节日变成商家的“商机”，变成了“促销食品”的战场。小一些的传统节日已无暇顾及了；祭奠先祖的日子回不去了，哪怕是清明节；家庭的团圆已很难做到了，哪怕是中秋节；孝亲也常力不从心了，哪怕是重阳节。节日里的家庭盛宴已很难有大家一起做的过程，许多人家的聚餐已经搬到外面的餐馆中去了。

所谓不断消化，小一些的传统节日已逐渐被人们所遗忘。大一些的传统节日中的更具文化价值的东西在丢失或者变得更加稀薄，使得人们对它的记忆更加的模糊。这是我们亟须解决的课题。

与此同时，西方的各式“洋节”对中国的年轻人影响极大。年轻人们参与“洋节”的热情很高，尤以情人节和圣诞节为甚。每逢情人节，鲜花卖得快，蛋糕巧克力卖得快，咖啡馆爆棚。圣诞节越来越被商家所看重，圣诞树、圣诞老人随处可见，到处是商家的节日广告，打折促销的商家比比皆是，歌厅夜总会家家爆满。影视厅里也满座。“洋节”更受年轻人的喜爱，其原因何在？我们应寻找内在的缘由。面对多重的挑战，我们必须找出对应的办法来。

3. 中华传统节日的意义及其弘扬

中华传统节日有如下几个方面的意义：

（1）中华传统节日有着人文主义的光芒。中国人向来不敬神灵敬祖先，敬贤良，即便很多节日来自祭祀也是如此。关注现世，活在当下；关注社会，讲究人伦，这是由中国传统文化的特质所决定的。具人文色彩的节日有春节、元宵节、寒食节、清明节、端午节，七夕节、重阳节等。当然西方节日也具人文主义，如情人节、母亲节、父亲节、感恩节等。中国没有情人节是和中国文化中过于沉重的“理学”和“道学”的传统有关，与中国文化在男女关系上缺乏浪漫元素有关。中国没有母亲节、父亲节令人遗憾，但是中国人并不缺乏对父母养育之恩的报答，春节、清明节、重阳节里面都包含有孝亲的内容。

（2）中华传统节日有着科学主义的光芒。这是中华传统节日特色，也是优势于西方、比西方更富于理性的一个方面。有着历法上依据的、具科学色彩的节日有春节、立春节、清明节、中秋节、冬至节等。西方人宗教的节日较多，而且也过得隆重，如圣诞节、复活节、万圣节等，均有着浓浓的宗教气息。

（3）中华传统节日是一种恢弘文化的浓缩，有着多方面的“人文以教化”的功能。常常伴随着是团圆、欢聚、孝亲的时机。

（4）中华传统节日是放松、怡乐、休闲、出游的好时机。节日总是儿童们盼望的日子，节日里穿新衣、吃美食，可以收到大人们的礼物和压岁钱。节日在旧时代还是女人们盼望的日子，元宵的灯节，七夕节都是少女们较放松或更自由的时候。清明时节的踏青，重阳时节的登高，也总能够让人心旷神怡。节日是勤劳的中华民族难得的可以求得一份安逸的时刻。

中华节日文化既是我们的先辈长期不懈地探索自然规律的产物，里面包含着大量科学的天文、气象和物候知识，也是中华哲学思维、社会伦理思想和审美意识的集中体现；既是一种成熟的文明的缩影，也是多彩的社会习俗的图画。我们有责任保护起来，发扬下去。

如何保护和发扬中华节日文化呢？其弘扬的途径与对策有：

（1）要有针对传统节日的明确的法律条文，这些法律和条例应对传统节日起到保障和保护的作用，同时，保护又要与保护传统文化遗产的相结合，与保护非物质文化遗产相结合。

（2）要有宣传和组织传统节日中丰富内涵的机制和有效途径。宣传贯彻传统节日保护的基本原则，宣传弘扬传统节日中所蕴含着的丰富的人文精神等。关键是要有组织传统节日活动的机构和团体，这些机构和团体还要有一定的经费保障。

（3）要有传承和欢度传统节日的重点措施。恢复传统节日的假期是向自身的传统致敬，是进行传统文化教育的有效途径。关于放假的话题。中国现法定的国家节假日 11 天，国际排名中间；国家规定的带薪休假日 10 天，国际排名偏后；加 52 个周末双休日 104 天，总计 125 天；导致整个休假天数的排名偏后。鉴于中国人家庭观念重，欢聚、孝亲的需求，可以再增加法定国家节假的天数，加一天给重阳节，为中华“孝道”开路，加两天给端午，让端午节成为中国夏季的长假期，错峰并缓解金秋十月国庆节的长假期，并且还可以为中国的夏季经济和亲水经济做出贡献。如若，中国法定的国家节假日就将由现在的 11 天增加为 14 天，这样便接近了我们的近邻日本和韩国，也进一步缩小了与周边其他国家，如马来西亚、泰国、菲律宾、印度等国假期的差距。

（4）节日文化的发展需要和市场相结合，文化搭台，经济唱戏，注重传统节日文化的商业运作和市场开发，使得节日经济和节日文化相互促进。

中华传统节日是一项重大的民族文化遗产，它承载着丰厚的历史文化内涵。在中国走向繁荣、走向现代化的今天，在实现民族伟大复兴的进程中，别忘了，中国传统节日文化绝不是前行路上的包袱，而是征途中的润滑剂和能量棒。